教育公平研究译丛　丛书主编　袁振国

中国教育发展
出版工程

教育社会公平手册

〔美〕威廉·艾尔斯（William Ayers）

特雷丝·奎因（Therese Quinn）

戴维·斯托瓦尔（David Stovall）◎主编

张春柏 等◎译

上册

Handbook of Social Justice in Education

华东师范大学出版社

图书在版编目(CIP)数据

教育社会公平手册/(美)威廉·艾尔斯等主编;彭正
梅,张春柏等译.—上海:华东师范大学出版社,2020
(教育公平研究译丛)
ISBN 978-7-5675-9506-4

Ⅰ.①教… Ⅱ.①威…②彭…③张… Ⅲ.①教育—公平
原则—手册 Ⅳ.①G40-052

中国版本图书馆 CIP 数据核字(2020)第 035804 号

本书由上海文化发展基金会出版专项基金资助出版

教育公平研究译丛

教育社会公平手册

主　　编	[美]威廉·艾尔斯(William Ayers)　特雷丝·奎因(Therese Quinn)　戴维·斯托瓦尔(David Stovall)
上册翻译	张春柏等
下册翻译	彭正梅　周小勇　伍绍杨等
责任编辑	彭呈军
审读编辑	王冰如　朱小钗
责任校对	王丽平　胡　静　时东明
装帧设计	卢晓红

出版发行	华东师范大学出版社
社　　址	上海市中山北路 3663 号　邮编 200062
网　　址	www.ecnupress.com.cn
电　　话	021-60821666　行政传真 021-62572105
客服电话	021-62865537　门市(邮购)电话 021-62869887
地　　址	上海市中山北路 3663 号华东师范大学校内先锋路口
网　　店	http://hdsdcbs.tmall.com

印刷者	常熟高专印刷有限公司
开　　本	787×1092　16 开
印　　张	69
字　　数	1026 千字
版　　次	2020 年 9 月第 1 版
印　　次	2020 年 9 月第 1 次
书　　号	ISBN 978-7-5675-9506-4
定　　价	228.00 元(上下册)

出版人　王　焰

丛书序言

袁振国

教育公平是人类社会的共同追求,也是衡量一个国家文明水平的重要标志;教育公平涉及千家万户,影响个人的终身发展,是人民群众的重要关切;教育公平既与个人的利益、观念、背景有关,所以众说纷纭、莫衷一是,又取决于历史水平、文明程度,所以不断发展、渐成共识。

教育公平是一个需要不断努力无限接近的目标,在历史的进程中也许可以分为梯度推进的四个阶段:机会公平、条件公平、过程公平和结果公平。机会公平的本质是学校向每个人开门——有教无类;条件公平的本质是办好每一所学校——均衡发展;过程公平的本质是平等地对待每个学生——一视同仁;结果公平的本质是为每个学生提供适合的教育——因材施教。这四个阶段相互关联、相互促进、相辅相成。

机会公平:学校向每个人开门——有教无类

有教无类是 2500 年前孔夫子提出来的教育主张:不管什么人都可以受到教育,不因为贫富、贵贱、智愚、善恶等原因把一些人排除在教育对象之外。[①] 有教无类体现了深厚的人文情怀,颇有超越历史条件的先知先觉气概。有教无类的思想虽然早在2500 年前就提出来了,但真正做到人人能上学却不是一件容易的事。30 多年前(1986年)我国才以法律的形式提出普及九年制义务教育,经过不懈努力,到 2008 年才真正实现了全国城乡免费九年制义务教育。

作为现代社会的普遍人权,教育公平体现了《世界人权宣言》(1948)的基本精神。《世界人权宣言》第二十六条第一款明确规定:"人人都有受教育的权利,教育应当免

---

① 也有一种说法,认为有教无类是有教则无类的简化,人原本是"有类"的,比如有的智有的愚,有的孝顺有的不肖,但通过教育可以消除这些差别——即便是按照这种说法,还是强调教育的公平价值。

费,至少在初级和基本阶段应如此。初级教育应属义务性质。技术和职业教育应普遍设立。高等教育应根据成绩而对一切人平等开放。"《中华人民共和国教育法》规定:"公民不分民族、种族、性别、职业、财产状况、宗教信仰等,依法享有平等的受教育机会。"但要做到这一点,需要艰苦的努力和斗争。

拦在有教无类征途上的第一道门槛是身份歧视。所谓身份歧视,就是将人分为高低贵贱的不同身份,赋予不同权利,剥夺多数人受教育的基本权利。古代印度有种姓制度,根据某种宗教体系,把人分成婆罗门、刹帝利、吠舍、首陀罗四个等级,权利和自由等级森严,在四个等级之外还有不入等的达利特,又称贱民,不能受教育、不可穿鞋,也几乎没有社会地位,只被允许从事非常卑贱的工作,例如清洁秽物或丧葬。根据人口普查数据,印度目前有 1.67 亿达利特人,其文盲率竟高达 60%。

拦在有教无类征途上的第二道门槛是智力歧视。所谓智力歧视,就是主张按"智力"赋予权利和资源,而智力被认为是遗传的结果,能人、名人的大脑里携带着聪明的基因,注定要成为卓越人士。英国遗传决定论者高尔顿认为,伟人或天才出自名门世家,在有些家庭里出名人的概率是很高的。高尔顿汇集的材料"证明",在每一个例证中这些人物不仅继承了天才,像他们一些先辈人物所表现的那样,而且他们还继承了先辈才华的特定形态。这种理论迎合了资产阶级的政治需要,成为能人治国、效率分配资源的根据。根据这种理论,有色人种、穷人、底层人士被认为是因为祖先的遗传基因不好,先天愚笨,所以活该不值得受到好的教育。当然这种理论早已被历史唾弃了。

条件公平:办好每一所学校——均衡发展

能不能上学是前提,是教育公平的起点,进不了学校的大门,什么机会、福利都无从谈起。但有学上与上什么学差别很大,同样是九年义务教育,在不同地方、不同学校可能有着完全不同的办学水平。为了加快工业化的进程,在很长时间里我们采取的是农业支持工业、农村支持城市的发展战略,实行的是"双轨制",维持的是"剪刀差",城市和农村的教育政策也是双轨的,不同的教育经费标准,不同的教师工资标准,不同的师生比标准,等等;与此同时,为了集中资源培养一批优秀人才,形成了重点学校或重点班制度,在同一座城市,在同一个街区,不同的学校可能有很大差别。

2002 年中国共产党第十六次全国代表大会首次把公平正义作为政治工作的重大主题,把促进公平正义作为政治工作的出发点和归属,教育公平被列为教育最核心的词汇。2004 年十六届四中全会提出了"工业反哺农业、城市支持农村"的时代要求。2007 年,时任中共中央总书记胡锦涛在当年庆祝教师节的讲话中第一次提出了"把促进教育公平作为国家基本教育政策"的要求,2010 年《国家中长期教育改革和发展规划纲要(2010—2020 年)》对此做了具体的政策阐释和工作部署,指出:教育公平的基本要求是保障每个公民依法享有公平接受教育的权利;促进教育公平的关键是机会公平,重点是义务教育的均衡发展和帮扶困难人群,主要措施是合理配置公共教育资源(在区域之间向西部倾斜,在城乡之间向农村倾斜,在学校之间向薄弱学校倾斜,在人群之间向困难人群倾斜)。2012 年党的十八大继续把促进教育公平作为教育工作的基本方针。"十二五"期间采取了一揽子的计划和措施,促进中国的教育公平水平迈出了重大步伐。我和很多外国朋友进行过交流,他们都充分认可中国在促进教育公平方面的巨大努力和明显进展。

过程公平:平等地对待每个学生——一视同仁

在不同的学校受到的教育不同,在同一校园内甚至坐在同一个教室里也未必能受到同样的教育。这是更深层次的教育公平问题。从政府责任的角度说,促进教育公平的主要措施是合理配置公共教育资源,缩小城乡、区域、学校之间的差距,创造条件公平的环境。但是,对每个具体的学生来说,学校内、班级内的不公平对个体发展的影响更大、更直接,后果更严重。

关注一部分学生,忽视一部分学生,甚至只关注少部分学生,忽视大部分学生的现象并不在少数。只关注成绩优秀的学生,而忽视成绩后进的学生,有人称为"厚待前10 名现象"。同在一个学校里,同在一个课堂上,不同学生的学习机会和发展机会大相径庭。由于升学竞争的压力,由于人性自身的弱点,聪明伶俐的、长得漂亮的、家庭背景好的学生很容易受到更多关注,被寄予更大期望,相反,那些不那么"讨喜"的学生就经常会受到冷遇甚至嘲讽。早在 20 世纪 80 年代我就做过关于农村学生辍学的调查,发现辍学的学生 80% 以上并不是因为经济原因,而是因为在班上经常受到忽视、批评甚至嘲讽。上学对他们来说没有丝毫的乐趣,而是经受煎熬,因此他们宁可逃离学校。针对期望效应的心理学研究表明，被寄予更高期望的学生会得到更多的"雨露阳光"，性格会更加活泼可爱，学习成绩也会明显比其他同学提高得更快。优秀的学生、讨喜的学生通常会得到更多的教育资源，比如会得到更多的提问，会得到更多的鼓励，作业会得到更认真的批改，做错了事也会得到更多的原谅。有时候，课堂上的不公平可能比硬件实施上的不公平更严重，对学生成长的影响也更大。怎么把保障每个公民平等接受教育的权利这样一个现代教育的基本理念落到实处，怎样确保平等对待每个学生，保障每个学生得到平等的学习机会和发展机会，是过程公平的问题，需要更细心的维护，需要教育观念和教师素质的更大进步。

结果公平：为每个学生提供适合的教育——因材施教

说到结果公平，首先不得不申明的是，结果公平并不是让所有的人得到同样的成绩，获得同样的结果，这是不可能的，也是不应该的，事实上也从来没有一种公平理论提出过这样的主张，但是这种误解确实有一定的普遍性，所以不得不画蛇添足予以申明。教育公平并不是大家一样，更不是把高水平拉到低水平。所谓教育结果公平是指为每个人提供适合的教育，即因材施教，使每个人尽可能得到最好的发展，使不同家庭背景的学生受到同样的教育，缩小社会差距的影响，阻断贫困的代际传递。正因为如此，教育公平被称为社会公平的平衡器。

"最好"的发展其实也是一个相对的概念，随着社会文明水平和教育能力的提高，"最好"又会变得更好。这里的因材施教也已经不是局限于教育教学层面的概念，而是具有了更为广阔的社会含义。首先，社会发展到较高水平，社会形成了比较健全的人才观和就业观，形成了只有分工不同、没有贵贱之分的社会文化，人人都能有尊严地生活；其次，心理学的研究对人的身心发展规律有了更深刻的认识，对人的身心特点和个性特征可以有更为深刻和准确的认识，人的个性特点成为人的亮点，能够受到充分的尊重；第三，教育制度、教学制度、课程设计更加人性化，教师的教育教学水平得到很大的提高，信息化为个性化教育提供了极大的便利，社会各界都能自觉地围绕以人为本、以学生的发展为中心，给予更好的配合和支持；第四，教育的评价对促进学生的个性发展起到诊断、激励的作用，每个人的不可替代性能得到充分的展现，单一的评价标准，统一的选拔制度，恶性的竞争态势，僵化的课程和教学制度，自不待说大班额等得到根本性的扭转。

因材施教是为相同的人提供相同的教育,为不同的人提供不同的教育,就是在人人平等享有公共资源的前提下,为个性发展提供更好的条件。但区别对待不是等差对待,现在有些学校也在积极探索课程选修制、弹性教学制,试图增强学生的选择性,促进学生有特色地发展,这当然是值得鼓励的,但是有一种潜在的倾向值得注意,就是在分类、分层教学的时候,要防止和反对将优质资源、优秀教师集中在主课和高程度的教学班级,非主课和低程度的班级则安排相对较差的资源和较弱的师资,把分类、分层教学变成了差别教学。

机会公平、条件公平、过程公平、结果公平并不是简单的高低先后的线性关系,而是相互包含、相互影响、相辅相成的。目前机会公平在我国已经得到了相对充分的保障,也可以说有学上的问题已经基本解决,但部分进城务工人员子女、特殊儿童、家庭经济困难学生,地处边远、自然环境恶劣地区的孩子还未能平等地享有义务教育;随着大规模的学校危房和薄弱学校的改造,办学条件的标准化建设,我国的办学条件得到了大跨度的改善,但师资差距在城乡、区域、学校之间并没有得到有效缩小,在某些方面还有拉大的危险;过程公平正在受到越来越多的关注,但远远没有得到应有的重视;结果公平无疑是教育公平向纵深发展的新指向、价值引导的新路标。

在这个时候我们组织翻译《教育公平研究译丛》,就是为了进一步拓展国际视野,借鉴历史成果,也为更好地总结和提炼我们促进教育公平的理论和实践经验,促进世界不断向更高质量、更加公平的教育迈进。译丛一共 10 册,其中既有专注的理论探讨,也有国际案例的比较研究,既有国家政策的大型调查,也有学校层面的微型访谈,在研究方法上也是多种多样,对我们深化教育公平研究无疑会有多方面的启示。这10 册译著的内容摘要如下。

《教育公平:范例与经验》:本书探讨几个紧迫的问题:各国内部和国家之间差距有多大?是否有有效和负担得起的方式可以缩短这些差距?本书的作者是世界各地重要的教育创新者,他们报告了一系列独特的全球案例研究,重点了解世界各地哪些教育项目在解决不公平问题和改善教育成果方面特别有效。

《教育公平:基于学生视角的国际比较研究》:本书记录了学生在学校内外的正义经历,并将这些经历与他们个人正义感的发展和对公平的判断标准联系起来。本书特别关注的一点是向读者呈现那些潜在弱势学生群体的看法和经历。

这一小学生群体包括有学习困难或行为问题的学生,明显较不适合"学术轨道"的新移民学生,以及母语为非主流语言或是来自社会经济贫困阶层的学生。

《生活的交融:亚洲移民身份认同》:本书阐明了新的理论观点、提供新的实证依据,以了解亚洲一些国家和地区的某些移民群体在生活中如何以及为什么把文化、社会、政治和经济的特征与不同地区和聚居地的根本特点相结合。本书的编著者共同推动了交叉性分析新方法的产生。交叉性分析考察大量的因素,如种族、性别、社会阶层、地理位置、技能、文化、网络位置和年龄是如何相互影响,从而进一步危害或改善人们获得所需资源的途径。

《教育、公正与人之善:教育系统中的教育公平与教育平等》:本书把对教育公正的思考与对人之善和教育目的的思考结合起来,揭示出:仅对某些分配模式作出评估还远远不够;还必须澄清分配物的价值。从这种意义上来说,对教育价值的深入思考也是解释教育公正的一部分。

《幻想公平》:本书作者探讨了平等和教育问题,特别是平等和质量之间的冲突,之后他转而探讨了诸如社会阶层之类的社会因素与教育公平之间的关系。同时,他还讨论了知识社会学的新支持者们的观点,这些人声称不平等的原因在于我们组织知识以及将知识合法化的传统方式。最后,他将注意力转向文化问题以及建立一个共同课程的愿望。在书的最后,作者犹犹豫豫地声明自己是个非平等主义者——并非因为他强烈反对平等,而是因为他热烈地相信质量之于教育的重要性。他无法理解在当前对平等主义政策趋之若鹜的情况下,教育的质量如何能够得到保证。这是一本极具争议的书,它既通俗易懂,又别出心裁,同时也不乏严厉的批评。

《科尔曼报告:教育机会公平》:该报告根据美国《1964 年民权法案》的要求,经过广泛调查,以白人多数族群所获得的机会为参照,记录了公立学校向少数族裔的黑人、波多黎各人、墨西哥裔美国人、东亚裔美国人,以及美国印第安人提供公平教育机会的情况。该报告的比较评估建立在区域性及全国性的基础上。具体而言,该报告详细介绍了少数族裔学生和教师在学校里面临的种族隔离程度,以及这和学生成绩之间的关系,衡量因素包括成绩测试,以及他们所在的学校类型。调查结果中值得注意的是,黑人学生和教师在很大程度上被以不公平的方式与白人师生隔离,少数族裔学生的成绩普遍低于白人学生,并且更容易受到所在学校质量的影响。

《日趋加大的差距:世界各地的教育不平等》:经济增长究竟是造就了机会的开放(如社会民主国家),还是导致公众为公立教育机构的少数名额展开激烈竞争(如福利制度较薄弱的发达国家);民办高等教育的惊人增长,一方面弥补了高等教育机会的缺口,但另一方面也给部分家庭带来了严重的债务问题,因为这些家庭必须独自承担这种人力资本积累。在不平等日益扩大的背景下,世界各国展开了对教育优势的竞争。对于理解这个现象,比较研究是一种至关重要的方法。本书对该问题研究的贡献在于:在对不同教育体系进行描述之外,展开详细的国家案例研究。

《教育社会公平手册》:作者指出教育的社会公平并不是什么新的理念,也不是又一个对现状修修补补的改革倡议,教育的社会公平是民主社会教育和教学的根基,是民主建设的基石。我们将迎来一个文明先进、充满希望的黄金时代,在这个时代,儿童会成为最受瞩目的社会成员,而教学将回归本真,被视为最重要、最高尚的事业。这一点虽然在政策和实践上会有分歧,但却很少被公开质疑。本书将作为教育改革斗争中的一件利器,提醒我们教育不可改变的核心地位。社会公平教育是建立在以下三大基石或原则之上的:1. 公平,即公平性原则;2. 行动主义,即主动性原则;3. 社会文化程度,即相关性原则。

《教育、平等和社会凝聚力:一种基于比较的分析》:本书采用不同的方法,主要关注两个问题:一是社会层面,而非个体、小群体及社区层面的社会凝聚力;二是教育如何影响以及在什么背景下影响这种社会凝聚力。因此,本书所探讨的是最广义上的社会凝聚力结果,作者们不仅从融入劳动力市场的角度,而且从可能与社会凝聚力相关的更广泛的社会属性角度对这个问题进行了探讨,后者包括收入不平等的结构性、社会性和经济性议题:收入低下,社会冲突,以及基于信任、容忍度、政治投入与公民自由的各种文化表现形式。

《学校与平等机会问题》:本书聚焦大众教育中的"平等—效率"困境。如今的很多教育研究将目光投向教育改革,人们期待那些改革能关注平等机会这个问题。西方国家的学校也探索了许多替代方案,诸如去分层化、更灵活的课程、重视子女的自我观感胜过重视他们的学业成绩、通过测试来确保没有子女掉队,以及为低收入家庭提供选择。本书研究者收集到的证据表明,尽管展现了一些进步的可能通道,他们仍然对于很多学校所采取的激进的改变机会结构的政策的有效性提出了质疑。根据目前所知,人们不宜期望短期能出现奇迹。最好的方法就是通过一个高效的教育体系来挑战每位受教育者,让他们都实现自己的潜力。在这个意义上,一个高效的教育体系也有助于实现平等。

2018 年 5 月

《教育社会公平手册》主编

威廉·艾尔斯(William Ayers)

伊利诺大学芝加哥分校教育学特聘教授

特雷丝·奎因(Therese Quinn)

芝加哥艺术学院艺术教育学副教授

戴维·斯托瓦尔(David Stovall)

伊利诺大学芝加哥分校教育政策研究和非洲裔美国人研究副教授

前言

孩子一代接一代来到这个世界,我们对他们负有责任,因为我们是他们成长的唯一见证人。海平面在上升,光线在黯淡,情侣们互相拥抱,而孩子们只能拥抱我们。在我们松开拥抱对方的双手的那一刻,在我们互相失去信任的那一刻,大海就将把我们吞没,从此暗无天日。

(James Baldwin, 1985, p. 393)

在梦想中,我们看到了另一个世界,那是一个诚实的世界,绝对比我们生活的世界更加公平。在那个世界里不需要军队;和平、公正和自由无处不在,就和面包、鸟儿、空气、水、图书和声音一样,没有人把它们看作遥不可及的东西。一切美好的事物都就是这样简单。在这个世界里,政府理性善意,领袖思路清晰,国家无为而治。这个世界并非过去的梦想,并非我们的祖先传下来的。它是未来的梦想,始于我们下一步的行动。

(Subcomandante Insurgente Marcos, 2001, p. 18)

并非沿自过去的梦想

或许我们已经看不到民主国家教育的最重要使命了。或许作为一个社会,作为公民整体,我们暂时失明了。若果真如此,我们应该得到原谅,因为我们的失明在很大程度上是可以理解的。

匆匆启动的学校改革,一路颠簸,喇叭长鸣,声嘶力竭,令人精疲力尽。成千上万教育顾问,为他们感知到的每个问题带来了百万药方,令人身心俱疲。同时,批评家们 往往是在意识形态的驱动下——对教育工作者、父母和孩子劈头盖脸、怒颜厉色的斥责,令人失魂落魄。因此,如果我们暂时忘了集中精力实现教育事业的高尚目标,我们或许还可以原谅自己,只要从现在开始纠正即可。

民主国家的教育事业在本质上是一项人性化的事业,离不开对人的启蒙和解放。教育引领我们丰富知识、充实自己,去见识世界、理解世界、增长才干,变得更加强大、更加无畏、更加上进,更加高效地参与到我们的工作、生活和社会活动中去。教育开辟了一条摆脱无知与偏见、恐惧与落后、纠缠与束缚的道路,教育为我们每个人都打开了一扇门,是人类的福音,社会的福音,民主的福音。

公共教育的使命就是帮助父母把孩子和青少年培养成为思维缜密、坚忍不拔、富有想象力且品行端正的成年人,成为能够创造生产力、具有社会价值并且实现自我价值的人。课堂和学校必须成为年轻人展望、规划和续写民主生活的场所。民主的实现既不能靠当权者,也不能靠专家,而是靠能够自我管理、自主创新,并构建与重塑自己生活的公民。民主教育是一项人人共有、共治、共享的事业。

教育的社会公平并不是什么新的理念,也不是又一个对现状修修补补的改革倡议,为了社会公平的教育是民主社会教育和教学的根基,是民主建设的基石。我们将迎来一个黄金时代——文明先进,充满希望,儿童会成为最受瞩目的社会成员,而教学将回归本真,被视为最重要、最高尚的事业。而这一点虽然在政策和实践上会有分歧,但却很少被公开质疑。本书将作为教育改革斗争中的一件利器,提醒我们教育不可改变的核心地位。

今天,在这个"高风险问责制"的时代,关心教育社会公平的人们正处在一个十字路口。在这个关口,希望用改革方案取代令人恐惧的学校话语与实践的人们,必须自觉地为公共教育制订积极的行动计划。我们必须实事求是,认识到:公共教育体系正面临着日益严重的私有化倾向的威胁,常常沦为维持现状的流水线。"冷酷的事实"和"艰难的抉择"已经成了当权者(如大城市的学校体系、地方和国家官员、跨国公司、军队等)的口头禅。根据这些逻辑,詹姆斯·鲍德温(James Baldwin)和马科斯(Subcomandante Insargente Marcos)的希望和期待就可以说明公共教育问题百出的原因——"梦想"太多,"行动"不足。但是,我们还面临着另一个现实:如果我们不继续努力进行反思、理解和创建教育年轻人的新体系,我们就会继续在失败中挣扎,当权者就有理由继续摧毁我们的梦想,限制我们实现梦想的能力。而这,正是社会公平教育所能给予我们的东西。

* * *

社会公平教育是建立在以下三大基石或原则之上的:(1)公平,即公平性原则,是指平等享受最具挑战性、最有益于成长的教育经历,要求将最有特权、最有见识的人们能为他们子女提供的教育资源作为所有孩子能够享受的标准。同时,这也要求最终结果的公平,有时候还必须矫正和弥补历史上形成的根深蒂固的不平等现象。(2)行动主义,即主动性原则,要求教育工作者充分参与,引导年轻人去观察和理解,必要时改变眼前的一切。这就是摆脱被动、悲观和绝望的态度。(3)社会文化程度,即相关性原则,是指抵制物质主义和消费主义的负面影响,抵制白人至上主义、父权制、恐同症等社会弊病——培养我们的自我身份意识和与他人关系的意识,始终牢记我们先辈的奉献、坚持和勇气以及他们在追求公平的斗争中所取得的胜利,牢记各种理念与其所处的经济、历史和文化背景之间的联系,这也正是我们生活于其中的背景。

社会公平教育包括三个"R":相关性(Relevant)、严谨性(Rigorous)和革命性(Revolutionary)。我们在改变自己的生活的同时,也在改变整个世界。

＊ ＊ ＊

这部分旨在把一些表示承诺与可能性的关键词语有机地联系起来,并穿插一些"非传统"专家的声音。本书中每个部分的引言都摘自行动主义者、知识分子、教育工作者和艺术家的著作或言论,并由此展开相关章节的内容。每段引言都由本《手册》的编辑精心挑选,相关部分的编者或章节作者并不参与此项工作。这些引言旨在由此及彼、由表及里,激发读者的深入思考。

xv

(尚文博　译)

参考文献

Baldwin, J. (1985). *The Price of the Ticket*. New York: St Martin's Press.
Subcomandante Insurgente Marcos. (2001). *In Our Dreams We Have Seen Another World*. In
　J. Ponce De Leon (Ed.). *The World is Our Weapon*. New York: Seven Stories Press.

致谢

本《手册》的主编们感谢加布里埃拉·菲茨（Gabriela Fitz）、阿莫斯·肯尼迪（Amos Kennedy）、比阿特丽兹·洛佩兹（Beatriz Lopez）、格里塞尔·马丁内斯（Grisel Martinez）、伊莎贝尔·努内斯（Isabel Nunez）、马丁·里特（Martin Ritter）和伯纳多·萨拉扎（Bernardo Salazar）协助统整原稿、设计封面以及汇编相关资料。

瑞克·艾尔斯（Rick Ayers）对琳达·克里斯滕森（Linda Christensen）表示感谢。

兹维·贝克曼（Zvi Bekerman）所编写章节的项目由伯纳德·范莱尔（Bernard Van Leer）基金会资助。

艾伦·布兰特林格（Ellen Brantlinger）衷心感谢帕特里夏·胡尔塞博什（Patricia Hulsebosch）在章节编写的各个阶段进行了仔细的校对，并提出了有益的建议。

朱利奥·卡马罗塔（Julio Cammarota）和奥古斯丁·罗梅罗（Augustine Romero）衷心感谢社会公平教育项目以及洛伦佐·洛佩兹（Lorenzo Lopez）、何塞·冈萨雷斯（Jose Gonzalez）、基亚拉·坎内拉（Chiara Cannella）和肖恩·阿尔克（Sean Arce）。

第48章由里科·古斯坦（Rico Gutstein）独立完成，但是该章故事中涉及的教学、计划、评估和分析由以下三人合作完成：乔伊斯·西娅（Joyce Sia，教师）、菲·盘恩（Phi Pham，教师）和帕特里夏·布恩罗斯佐（Patricia Buenrostro，运算支持人员）。该研究由美国国家科学基金会资助，项目编号♯ESI－0424983，本章所表达的观点不代表赞助机构的观点。

阿维·莱辛（Avi Lessing）感谢安娜·迪弗尔·史密斯（Anna Deavere Smith）倾听的勇气。

波琳·利普曼（Pauline Lipman）和卡伦·蒙克曼（Karen Monkman）感谢丽莎·帕克·肖特（Lisa Parker Short）对编辑工作的认真协助，感谢其他十二位同事慷慨地校阅了第七部分的各章。

克里斯·梅奥（Cris Mayo）感谢玛拉·萨彭·舍文（Mara Sapon Shevin）和特雷丝·奎因（Therese Quinn）尽心尽力的编辑工作，感谢斯蒂芬·胡特（Stephanie Foote）的参与和宝贵意见。

莫尔瓦·麦克唐纳（Morva McDonald）和肯·泽纳（Ken Zeichner）感谢卡普·帕

克(Cap Peck)对其编辑的章节提出的意见。

朱莉·塞尔(Julie Searle)"对在一年相处时光中教给她很多东西的学生表示爱和感谢"。

克里斯汀·斯里特(Christine Sleeter)非常感谢乔尔·韦斯特海默(Joel Westheimer)和凯伦·比格亚克(Karen Suurtamm)对其章节初稿提出的宝贵建议。

安德鲁·斯迈勒(Andrew Smiler)感谢玛拉·萨彭-谢文(Mara Sapon-Shevin)和芭芭拉·加里(Barbara Garii)对其章节原稿提出的意见。

帮助劳伦斯·谭(Laurence Tan)完成第31章的合作者如下:卡赫拉·辛默契克(Kahelah Symmetric)、丹尼斯·帕切科(Denise Pacheco)、张本基(Benji Chang)、非凡五级青年之星(the Phenomenal 5th Grade YoungStarZ)和美国瓦茨青年集体(the Watts Youth Collective)。

（尚文博　译）

目 录

前言   1

致谢   1

上　册

第一部分　历史和理论的视角   1

1. 教育评估中的公共利益和私人利益   7

2. 教育民主公民：弗雷德里克·杰克逊·特纳、历史
   教育和大学推广运动   21

3. 无政府主义运动与教育   33

4. 社会公平的历史和批判性解读   43

5. 黑人民权中的冲突、讽刺与社会公平：布朗案和
   马丁·路德·金的教训   61

6. 为公共生活做准备：教育、批判理论及社会公平   73

7. 教育与法律：为了征服还是社会公平？   83

对第一部分的回应：教育和社会公平运动   121

第二部分　教育社会公平的国际视角   125

8. 流动的贱民化   131

9. 全球政治、性别公平和教育：当代问题与辩论   147

10. 全球化时代非洲的教育社会公平问题   163

11. 社会公平、身份政治，以及激烈冲突社会的整合：
    以色列取消巴勒斯坦—犹太种族隔离的教育面临的
    机遇与挑战   187

12. 超越市场公平：反对新自由主义教育话语　促进
协商民主和经济平等　　　　　　　　　　　207

对第二部分的回应：教育社会公平的国际视角　　225

第三部分　种族、民族和语言：追寻教育社会公平

227

13. 土耳其、丹麦以及伊拉克库尔德斯坦地区库尔德
儿童的教育语言权　　　　　　　　　　　233

14. 谁来为我们失聪者做决定？　　　　　　　261

15. "那么贫困白人呢？"　　　　　　　　　285

16. 解读白人特性：白人种族知识与反种族主义
教学法　　　　　　　　　　　　　　311

17. 歧视、文化还是资本？ 教育研究中种族问题在
理论化方面的缺陷　　　　　　　　　335

对第三部分的回应：种族、民族和语言　　371

第四部分　性别、性和教育社会公平

375

18. 为酷儿青年营造安全的学校环境　　　　383

19. 勇敢抗争，冷静应对，坚决回击：能动性、反抗与
可能性——女同性恋青年的校园故事　　411

20. 前进与障碍：同性恋—异性恋联盟改变学校社区
的尝试　　　　　　　　　　　　　　431

21. 城市学校中黑人男生的社会公平教育：为不同的
男性特质创造空间　　　　　　　　　　447

22. 针对所有学生的艾滋病预防教育和性教育：社会
公平教育中的关键问题　　　　　　　465

23. 学校里无意识的性别课程　　　　　　481

对第四部分的回应：消除教师对女性化教学的恐惧　　497

第一部分
历史和理论的视角

肯尼思·J·索尔特曼(Kenneth. J. Saltman)编辑导读

如果说世界上还有什么不容置疑的东西,那就是建立在压迫之上的社会体系在人类活动的所有领域都打上了看似无解的冲突印记。如果说世界各民族还有一个共识,那就是在当下解决这些冲突绝非易事。

(Glendinning, 2003)

我从不奢望看到乌托邦的实现。不,我认为人总要有些可以为之奋斗的东西。这就是为什么当我们遇到混乱时说"我害怕了,真的怕了,我不想牵涉进去",我就会说,"风雨之后必有彩虹"。事实也确实如此。人们都是被自己吓怕的,他们害怕即将发生的事情。但是事情总会发生,事物不会一成不变。变化是天下万物的不二法门。如今它正在来临。

(Clark & Brown Stokes, 1990, p. 126)

本部分中的各章都有一个共同的认知贯穿其中,那就是不同的人和群体总是在争夺重述历史的话语权,对历史重新作出种种解释,而这些解释又总是和更广义的物质与符号的斗争以及各种力量和权力结构纠缠在一起。虽然社会公平并没有一个统一或固定的含义,但各章都会从学校教育、课程设置、教学法、政策、文化、政治和经济等视角,通过拓展民主价值的范畴,详细论述社会公平的历史概念。各章节的作者以不同的方式讨论了学生、教师、家长和公民在理解历史,为实现更加公正、更加民主的未来的过程中面临的问题。这是当下迫在眉睫的任务。

致力于实现社会公平的教育工作者、公民和行动主义者正面临着近年来社会不公平沉渣泛起的现象。在美国,针对青年、贫困者、工人阶级和有色人种的经济战争已经打响,在这场战争中,巨额的财富被重新分配到经济金字塔顶端的群体,儿童贫困和家庭贫困在急剧增加。公共物品与包括医疗保健、公共教育、公共住房在内的公共服务正在消失,通过私有化手段成为最富有人群的投资机遇。尽管全美上下贫困者和工人阶级社区的公立学校得不到充足的资金和资源,却还要面临各种惩罚性的措施,包括失去救助资金、学校关门和私有化。此外,随着这些物质财富和资源重新流向上层经济群体,右翼政治团体发动的反民主的政治与文化攻击也在疯狂进行。

2001年以来,美国的行政权力逐渐集中,公民自由和宪法对公民的民主保障遭到了彻底的破坏。布什政府、共和党和他们的同谋民主党一起侵犯了公民的人身保护权、地方武装权、隐私权、集会权、不受搜查和扣押的自由、不受残酷刑罚的自由,等等。恐怖文化和敌视歧见的文化应运而生,公共民主更是备受打击。这种对民主的破坏在很大程度上是大众媒体和政府在全球反恐战争的旗号下创造的意识形态的杰作,引发了集体性的历史遗忘症。在原教旨主义"反恐战争"的思维下,原本水火不容的意识形态和价值观变得水乳交融,创造强大的敌人也成为了斗争的手段之一,但在目前的政治环境中,连质疑重大事件的历史也会被视作叛国行为。

历史对民主的重要性在于,它为公民在说出真相时提供了一种理性的自卫手段。从入侵伊拉克到促使基地组织和塔利班形成的冷战阴谋,到美国政治自由主义和激进主义的历史,再到草根群体社会公平运动的历史,美国大众文化日益沉迷于现在,同时却故意忘却过去。这在一定程度上与知识和信息的商品化有关,因为商品化的知识和信息大多通过企业媒体生产和传播,它们在把转瞬即逝的东西出售给被动的消费者时,添加了经济和意识形态利益。事实上,公立学校仍是过度商业化的社会中为数不多的能够对知识和信息进行调查和讨论的场所之一。这些调查和讨论可以为形成更加复杂的历史视角奠定基础,进而加深个人和社会对相关问题的理解,促进公共协商和公共行动。换句话说,公立学校是塑造民主精神的关键场所。然而,在今天的公立学校里,教育改革对公共民主文化的攻击日益加剧,这些改革把事实与其背后的价值观和假设相分离,把人们所说的真相与这些人的利益和观点相分离,并将知识视为某种静止的物品,像商品一样提供给学习者。

简言之,持续的标准化考试、"基于表现的评估"以及课程标准化中强化的实证主义,不仅扼杀了学生的好奇心和他们的探究能力,还否定了知识创造的对话性本质。当前新的改革把知识的传授视为必须由上而下、由所谓的专家("有识之士")决定的事情。依此观点,知识和学校教育据称是客观、中立的。但是,不用说,这种对教育政治性的否认本身就是一种政治,因为那些"有识之士"的价值观、利益和意识形态被标准化考试、按成绩分班和评定等级的客观性和中立性掩盖了。对这些根本价值和假设的否认不仅仅会威胁到个体对世界的批判性解读能力的发展,使人们无法采取共同行动来改变世界,而且还隐含在实证主义改革中,错误地假定"神圣的知识"是普遍的永久性真理,从而歪曲了历史的真相。我们必须认识到,对真理的认定从来就是有条件的,具有片面性,这并不是要否定客观现实,而是要认识到对真理的认定从来就是一种主观选择。而新教学改革的实证主义却以虚假的客观主义为假设,认为主体在解释真相的过程中对知识客体本身没有任何影响。

主体如何达成对真相的认定是个历史性问题。在研究客体的过程中只有把塑造历史的主观力量纳入视野,才能更接近客观现实。但这不是在主张相对主义,恰恰相反,主体总是靠历史的思维传统来解读世界、影响世界的。新教育改革实证主义漠视历史的倾向不只是个认识论问题,还是个本体论问题。新教育改革为了实现知识的标准化,把知识和物质世界客观化了,如此一来,不断变化中的物质现实和知识就成了改革的威胁,而不是可以用来认识这些变化背后的力量的因素。但是教学是一种通过对话交流,产生意义、创造文化的活动。教学并不是简单地传授预先设定的一个个客观真实的单元。这种教育理念实在是一种教条。虽然教师不可避免地会行使教育和政治权威,但正是教育的易缪性和相对的不确定性本质,以及多种解读的可能性,知识得以从更广泛的社会问题、急需解决的公共问题以及权力关系视角进行理解,因此,这种解释性的知识可以成为社会干预的基础。

本部分中的各章分别聚焦教育社会运动历史的不同方面,既各有侧重,又相互联系。一些章节重点关注广泛的社会运动,而另一些则注重体制内的社会运动。德龙·博伊尔斯(Deron Boyles)、托尼·卡鲁西(Tony Carusi)和丹尼斯·阿蒂克(Dennis Attick)从历史视角概述了教育社会公平的哲学起源。伊诺拉·布朗(Enora Brown)描述了在历史上教育和法律如何被用作阶级压迫和种族压迫的工具,并展现了关于当代新自由主义者以及反肯定性行动的教育政策和改革,历史能告诉我们什么。桑德拉·马西森(Sandra Mathison)研究了历史上教育评估的意义问题以及公共教育评估和私立教育评估理念之间的斗争。她撰写的这一章凸显了从公共教育评估向私立教育评估转向的危险性,因为后者是为新自由主义意识形态服务的。霍勒斯·霍尔(Horace Hall)讲述了民权运动的历史和布朗案留下的遗产,并详细讨论了当代批判教育理论的问题。和马西森一样,马克·范奥弗贝克(Marc VanOverbeke)对教育制度史进行了讨论,讲述了高等教育推广运动的故事。同时,他还针对这个为工人阶级服务的大众教育计划成效不彰的情况提出了一些问题。戴维·加伯德(David Gabbard)讨论了无政府主义运动的历史,建议公共教育需要向彻底解放的方向发展。加伯德的立场与更为普遍的马克思式激进教育传统不同,他对以州立义务教育为手段实现广泛的社会公平的可行性提出了质疑。佩皮·莱斯蒂纳(Pepi Leistyna)讲述了当代激进青年运动的历史,呼吁注重理论的中心地位,为实现社会民主的变革而进行理论化工作。

(尚文博　译)

参考文献

Clark，S.，& Brown Stokes，C.（1990）．*Ready from within*．Lawrenceville，NJ：African World Press.

Glendinning，C.（2003）．Introduction．In W. Churchill（Ed.），*On the justice of roosting chickens*（pp. 1 - 2）．Oakland，CA：AK Press.

1
教育评估中的公共利益和私人利益

桑德拉·马西森(Sandra Mathison)

5　　　　　　如果我们能够共享一个苹果，我们就能共享一个社区。

　　我在完成一门中学快班课程的评估后收到了一张海报，上面那句话就是海报上的标题。在六个多月的时间里，我与这所学校及该课程的利益相关者（包括学生、老师、家长、学校管理人员以及毕业生）合作，对八、九年级学生的快班课程进行评估。这是一项基于利益相关者的评估，随着评估过程的不断展开，收集的例证也逐渐分为不同的类型。在此过程中学生们开始有了兴趣，并与我一起努力，逐渐培养起数据收集的能力，之后学生们就开始独立收集数据。最终的报告和结论是利益相关者团队共同努力的结果。

　　虽然教育评估涉及一系列不同的方法，但这是我一贯进行教育评估的方法。而我做这项工作没有得到任何酬劳，学校没钱进行评估，学区也没钱，学校希望使用的评估方法既不具备优先性，也不受政府资助。

　　下面这段话出自美国教育部出版的《探索与实施基于严密证据的教育实践：简明易懂的用户指南》（*Identifying and Implementing Educational Practices Supported by Rigorous Evidence：A User Friendly Guide*，2003）一书：

　　　　人们认为，在医学、福利和就业政策以及心理学等领域，经过精心设计、实施的随机对照试验是评估干预有效性的"黄金标准"。本节讨论什么是随机对照试验，并对证明这类试验应在教育中发挥类似作用的例证作一概述。

　　这也是美国教育部制定的教育评估计划中当前阶段的重点工作。

教育评估的历史背景

　　总体来说，教育评估是一项公益性工作——虽然很多领域都会进行评估，在许多情况下还会得到各种支持。教育评估源于 1965 年通过的《初等和中等教育法案》（Elementary And Secondary Education Act，ESEA）中的相关规定。《初等和中等教育法案》作为美国总统林登·约翰逊(Lyndon Johnson)"向贫穷宣战"计划的一部分,为学校、社区以及有困难的儿童提供了联邦援助。目前的资金约为每年 95 亿美元,《初等和中等教育法案》现在仍是联邦政府为基础教育学校提供的最大单项资金来源。通过开设许多 Title 课程,特别是 Title Ⅰ 课程,《初等和中等教育法案》已经成为致力于改进学校的教学内容和教学方法以及评估教学活动的主要手段。在约翰逊总统对《初等和中等教育法案》的构想中,教育评估被视作一项公益性工作(就像教育和学校一样),为大众的公共利益服务。可我想说明的是,虽然教育评估仍是一项公益性工作,却在越来越多地为私人利益服务。

《初等和中等教育法案》的通过标志着教育评估开始步入正轨,"八年研究"计划(Eight Year Study)虽然主要与课程理论和设计的发展相关,但在教育评估领域也发挥着重要作用。八年研究计划涵盖了 30 所分布在美国各地的中学,这些学校为不同的社区服务(Aiken, 1942),其中,每所学校都开发了自己的课程,不受政府规定的约束,也不必顾及学生参加高校入学考试的需求。在项目执行的初期,人们还在争论如何评定项目成败的时候,年轻的拉尔夫·泰勒(Ralph Tyler)挑起大任,领导评估工作,还得到了洛克菲勒基金会(Rockefeller Foundation)的资金支持。现在为人们所熟知的"泰勒原理"(Tyler Rationale)就是八年研究的成果之一,这一原理已成为一种常识性的理念,即课堂教授的内容以及教学评估的方法取决于学生的学习需求(Tyler, 1949)。

泰勒的评估团队设计了许多具体的课程测试,帮助每所学校提高自我设计的能力,组织各种情境下的活动、制定活动的目标;此外,该团队还明确了学习者在评估活动中的角色,开发了可以达成预期目标的数据库(包括描述性的学生成绩报告)(Smith & Tyler, 1942)。所有这些发展都与从 20 世纪 70 年代至今的评估概念的发展息息相关。学习机会的观念与方法的课程敏感度相关;而对评估能力构建的广泛关注,又与泰勒在帮助学校独立评价其工作质量和价值方面的贡献有着紧密的联系;事实上,民主与赋权的方法以及其他所有基于利益相关者的方法,都与学习者在评估中的积极参与密切相关;自然主义的评估方法又与行为的描述性数据的使用密不可分。

八年研究计划于 1941 年结束,其研究成果分成五卷在 1942 年发表,但此项成果的光芒不幸被同时期美国军队在二战中的积极作用所遮蔽。尽管如此,拉尔夫·泰勒与八年研究的工作者确确实实为未来教育评估人员的工作打下了坚实的基础。

《初等和中等教育法案》在 1965 年通过时(拉尔夫·泰勒曾作为约翰逊政府的教

育顾问参与立法），公共资金的支出必须进行核实，这一要求迫使教育者承担了一个陌生的角色。教育研究者和教育心理学家也参与进来，帮助实施《初等和中等教育法案》规定的评估。但是从总体上说，在提供预期的评价信息方面，从业者和研究人员所做的努力并不成功。《初等和中等教育法案》所支持的补偿性项目本身就十分复杂，再加上项目实施的场所又是各种复杂的教育机构，因此上述努力成效甚微。

既然联邦政府的政治家们，特别是《初等和中等教育法案》的起草人罗伯特·肯尼迪（Robert Kennedy），主要对问责制感兴趣，《初等和中等教育法案》的评估要求，尤其是最大的补偿性项目，就强调州以及国家的流程和参照数据要统一，但许多评估者都发现这个要求可能会造成误导（Jaeger，1978；Wiley，1979）。在这一时期，教育评估领域所取得的进步至少在某种程度上与联邦的评估方法形成了对比，特别是 Title Ⅰ项目，主要把关注点放在了学生成就方面（表述为"常态曲线当量"）。

7　　　　　了解学生表现的好坏当然并没有错。然而，学校毕竟是教育机构，不应该只满足于了解学生的表现。从过程方面来看，教育与学生智力的培养密切相关，而检查学生知道多少东西并不一定有用，也不足以让这一过程变得更加有效。（Eisner，1979，p. 11）

满足向联邦政府报告的强制要求与满足评估信息的地方性需求是一对矛盾，也是一个主要的争议点。学区在遵守联邦的报告准则这方面做得最为欠缺，但同时又在寻求指导意见，探索如何评估地方学校的情况。一个学区可能只需要一个人来完成向联邦政府报告的强制性要求，但为了顾及到更广泛的地方利益，许多学区，特别是大学区，都建立了评估部门。

20 世纪 60 年代末期到 80 年代是教育评估发展的黄金时期。这一时期，各种评估模型纷纷涌现，出现了真正激动人心的理智性探索，特别是在教育领域。深受传统教育影响的教育心理学家们茅塞顿开，把他们的思考转向评估。例如，美国教育考试服务中心（Educational Testing Service，ETS）出身的心理测量学家罗伯特·斯特克（Robert Stake）就曾撰写了《教育评估的面貌》（"Countenance of Educational Evaluation"）一文，对教育干预的本质和决定其有效性的重心这两个问题进行了重新定位（Stake，1967）。著名教育改革研究者埃贡·古巴（Egon Guba）扬弃了调查、发展和推广的方法，采用了自然主义和定性的方法，根据实际情况对教育干预进行了细致的研究（Lincoln & Guba，1985）。心理测量学领域的天才李·克龙巴赫（Lee Cronbach）没有把研究的重点放在评估的技术测量层面，而是侧重于以政策为导向的评估本质。这种观念导致了对内部和外部效度的根本性重建，其中包括区分可用性与合理性两种概念和概念化的外部效度，而不是作为研究或评估设计的技术特征（Cronbach，1982）。

现在称为《不让一个孩子掉队》法案（No Child Left Behind，NCLB）的《初等和中等教育法案》，虽然堪称教育评估的推动力量，但是教育领域的其他方面也已经同步发展起来，成为人们认识现代教育评估全貌的共同组成部分。国家教育进展评估（National Assessment of Educational Progress，NAEP），有时俗称"国家成绩报告"，创立于 20 世纪 60 年代中期，该项目长期致力于使用系统化的教育数据来改善和普及公共教育。但是，弗朗西斯·凯佩尔（Francis Keppel）却对美国学生学习成绩相关信息的匮乏感到遗憾，此人在 1962—1965 年间任美国教育委员会主任，还曾任哈佛教育学院院长。

很明显，美国的教育还未能正视如何确定学生在校学术表现的质量这一问题。在这方面还缺乏信息。没有报告系统来提醒州或联邦当局弥补教育缺陷，课程就不得不按照社会和经济数据来设计……（Keppel，1966，pp. 108‐109）

在拉尔夫·泰勒倡导的引领下（泰勒长期参与教育评估领域的关键活动，在这方面做出了巨大的贡献），国家教育进展评估作为一个体系不断发展，对学生进行了一系列的抽样检测，而不是简单地对所有学生进行相同的测试。在当时，为了缓解人们对评估会被用于向地方和州教育当局施压的担心，评估结果最初只在四个地区进行了公布。起初大量借助于卡内基公司（Carnegie Corporation）的民间筹资，国家教育进展评估得以继续发展，而早期对监管者和专业机构，如全国英语教师理事会（National Council for Teachers of English）的担忧则被证明是完全有根据的。事实上现在州级国家教育进展评估的分数并不保密。在里根政府时期，随着教育部长特雷尔·贝尔（Terrel Bell）把评估结果绘制成遭人诟病的图表挂到墙上，评估数据的功能发生了转移。在那个年代，有人希望对各州的教育水平进行比较，所以需要制定适用于所有州的指标，而国家教育进展评估计划为这一项目买了单。阿肯色州（当时的州长还是克林顿）等南部各州都赞成进行州与州之间教育水平的比较，并相信这将会鼓励各州之

8

间的教育竞争,营造一个改善教育水平的环境。

在教育评估稳定发展的期间,评估大多由政府资助,其主要资金来源是美国教育部,但也有其他的联邦机构,如美国国家科学基金会(National Science Foundation)等。此外,还有许多其他基金会,如卡内基(Carnegie)基金会、洛克菲勒(Rockefeller)基金会、福特(Ford)基金会和惠好(Weyerhaeuser)基金会等。公共资金的支持和这一时期自由进步的政治环境都对事业发展做出了巨大的贡献,使得把评估作为一项公益的设想成为现实。于是人们开始思考,判断教育和学校是否出色的最佳方法是什么,从而又促进了全国范围内展开的关于优质教育和优秀学校标准的热烈讨论。

例如,在这一时期进行的元评估的数量相对较少,其重点主要放在评估是否公平,是否符合公共利益的问题上。关于元评估有两个很好的例子,其中一个是对"坚持到底计划"(Follow-Through)的元评估(House, Glass, McLean, & Walker, 1978)(全盘批判经济学家艾丽斯·瑞夫林(Alice Rivlin)的计划变量实验,认为这种评估没有针对"坚持到底计划"模型对地方社区的独特贡献给予公平的评价),另一个是对布什优越计划(Push-Excel)的元评价(House, 1988),杰西·杰克逊(Jesse Jackson)的"青春励志项目"却因查尔斯·墨菲(Charles Murray)的评估遭到废止,而后者并未能在地方社区因地制宜考量项目[Murray 与 Richard Herrnstein 合作编写了《钟形曲线:智力与美国生活中的阶级结构》(*Bell Curve: Intelligence and Class Structure in American Life*, 1994)]。

新的新自由主义时期与教育评估

现称为《不让一个孩子掉队》法案的《初等和中等教育法案》再度批准,使评估的需求进一步增加。但《初等和中等教育法案》下的评估比较宽泛,而《不让一个孩子掉队》法案则对评估的操作方法作了更为详细的规定,增加对不佳表现的处罚细则。较早的《初等和中等教育法案》更加侧重于学生的表现,而《不让一个孩子掉队》法案则通过提出"年度进步"(Annual Yearly Progress, AYP)的概念来关注学生的表现,同时,联邦政府的持续资助现在也取决于各个学校所有学生在学业方面所取得的"持续大幅度进步"。

《初等和中等教育法案》于 1965 年获得批准,虽然法案的重点在于其统一性和标准化,但也开拓了新的领域,为评估学科做出了巨大的贡献,但是《不让一个孩子掉队》法案却缩小了评估的范围。目前,用于教育评估的联邦资金有所缩减,评估的负担也通过学生测试转移到了州和地方层面。《不让一个孩子掉队》法案强制执行了所谓的评估(可接受指标、进步指标以及缺乏进步的后果),但是并没有为执行授权提供任何资金。小布什宣布,随着《不让一个孩子掉队》法案的再度批准,"美国的学校将走上改革的崭新道路,这是一条孕育成果的道路"。对此没人会有异议。教学的专业化程度已经有所降低,并且变得更加机械呆板(Mathison & Freeman, 2003);尽管测试在大多数情况下都受到了误导,发表测试结果为出版社和评分公司带来的生意和利润却有了显著的增加(Popham, 2004);学校出于恐惧也不得不去追求无法实现的目标(Linn, 2005)。由此可见,崭新的道路并不一定是最好的道路。

目前根据《不让一个孩子掉队》法案进行的评估(对学生学习和学校进行评估的标准化测试)虽然相对比较狭窄,但是这种评估本身也是政治价值观变化的结果。20 世纪 70 年代,公众和政府的新自由主义情绪(民主党和共和党共同的意识形态)开始对政府政策产生重要影响,1980 年以来,这种影响日益明显。新自由主义不强调政府对经济的干预,而是通过鼓励自由市场,减少对公司运营和经济发展的限制,强调包括社会公平在内的社会进步。

美国学校的危机及其引起的忧虑都围绕国际竞争和工作效率的概念展开,换言之,我们的学校要为经济利益服务。出版于 1983 年的《危机中的民族》(*A Nation At Risk*)一书吹响了教育改革的号角:"我们社会的教育基础目前正受到不断泛滥的平庸思想的侵蚀,这威胁到了国家和民族的未来……事实上,我们一直都在轻率地进行单边教育裁军。"

虽然晚了几年时间,但在 1989 年布什总统和州长们还是在夏洛茨维尔召开了"教育峰会"(Education Summit)。会议确立了六项普及性的教育目标,预计于 2000 年实现。克林顿(Clinton)总统于 1994 年签署文件,将"目标 2000"写入法律。具体来说,目标 3 和目标 4 与学业成就相关,为确定教育评估的重点和方法铺平了道路。

1990 年,在联邦政府的资助下,实现这些国家目标的程序得以确立。国家教育目标委员会(National Education Goals Panel, NEGP)和国家教育标准与测试理事会(National Council on Education Standards and Testing, NCEST)成立,负责回答教育领域的众多问题:当下需要解决的主要问题是什么? 应该进行什么样的评估? 应该设立哪些评估的标准?

1996 年的教育峰会由 40 个州的州长和超过 45 位商业领袖出席,他们支持在州和地方明确重点学科领域的学术标准,商业领袖也承诺在安置设施时会考虑州政府设立的标准。1999 年召开了另一场教育峰会,聚焦美国学校面临的三大挑战——提高教育工作者的素质、帮助所有学生达到更高的标准,以及加强问责制,并具体规定了每个州解决这些问题的途径。2001 年召开的最后一次教育峰会上,州长与商业领袖们在纽约帕里塞德斯的 IBM 会议中心齐聚一堂,为设计和实施测试提供指导,其中包括国家测试计划的开发。《不让一个孩子掉队》法案的通过则是 20 世纪 80 年代初期以来这一系列事件的巅峰。

在确定学校任务和评估方法这两大问题的过程中,商业利益和市场之手的作用清楚地体现在商业领袖们在教育峰会中扮演的角色中。而支持这一观点的理由也十分充分,美国公司首席执行官协会——商业圆桌会议(Business Roundtable),以及更具针对性的 13 个商业协会的联盟——教育改革商业联盟,都对缩小教育评估范围、采用标准化成就测试,给予了政治上的支持和积极的推动。

随着《不让一个孩子掉队》法案的通过,美国教育部也同步减少了教育评估的经费支持。部分原因是政府目前认定为优秀评估的范围缩小了,同时也是因为美国教育部自视为教育评估和研究的评判者,而不是赞助人。

美国教育部认可四种课程评估:(1)持续改善(使用市场调查的方法);(2)课程表现数据(使用基于表现的数据管理系统);(3)描述性的课程实施研究(使用被动的、描述性的方法,如调查、自我报告和案例研究);以及(4)具体干预手段的严格现场试验(随机安排的现场试验)。最后一类评估是主要的项目,常被称为"新一代的严格评估"。使用这类评估方法实施评估后得出的结果,会收入美国教育科学研究所(Institute of Education Sciences,IES)的有效教育策略资料中心(What Works Clearinghouse),使用这一方法实施的介入、进行的实践或设立的课程还可以获得政府"基于实证的最佳实践"这一出版许可。

正如本章开头引言部分所反映的,评估必须是随机的临床试验,可以通过准实验或断点回归方法来实现。虽然目前有这类教育评估,但是数量却很少;实际上,从 20 世纪 60 年代开始,很多工作已经转向设计不同的评估方法和评估调查模型(不仅仅是借用的研究方法)以回答评估方面的各种问题。这些关于可行性、实用性、需求、成本、预期和意外结果、伦理以及合理性的问题都是评估领域特有的问题。

虽然新自由主义围绕《不让一个孩子掉队》法案把教育表现为一件商品，使用单一的指标体系，促进市场系统提高了学校的教育水平，但其与美国政府授权随机性临床试验的关系却有所削弱。然而，新自由主义的特点就是依靠专业知识和消除或至少减弱民众的声音。许多评估方法都建立在参与者指导和实施评估的基础上，新自由主义的方法与这些方法不同，实验设计由专家掌控，参与者（特别是服务的提供者和接受者）与其说是品行端正的社会政治演员，不如说是匿名对象。

从许多方面看，评估学科研究的是评估中实验设计发挥的作用——这种研究可能会有一定用处，但大多数情况下却不切实际，经常局限于回答一系列不变的评估问题。作为评估设计必要条件的实验设计可能需要政治养料才能发芽、成熟。

评估焦点和鼓励实现个体利益的方法

直到 20 世纪 70 年代，甚至 80 年代，价值体系都一直受进步主义影响，此后，教育评估一直受到新自由主义的价值体系指导，直至今日。学校是公司，教育是产品，产品应当高效生产，而在做出决策时要注意底线。在这一体系中，鼓励行动的价值（和言辞）自然是不言而喻的。问责制是有益的，用简单节约的方法追究学校责任也是有好处的，选择或竞争可以促进质量的提高，而提高就业率则比教育的其他目的更符合道德。这些都最充分地体现了新自由主义的价值体系，计量经济学引发人们开始思考这些简单节约的方法到底是什么——单一指标体系的吸引力，如标准化测试和附加值概念在教师评估中已经得到推广。

下文的两个例子可以解释新自由主义下的评估重点。

例 1："学校事务"

11

"学校事务"的目的可以这样描述："'学校事务'给予政策制定者、教育工作者和家长他们所需的工具，以做出更为理智的决定，改善学生的表现。'学校事务'不仅可以让利益相关者参与进来，赋予他们一定的权力，还可以对他们进行教育。"

"学校事务"是标准普尔公司（Standard and Poors）设计的产品，之后为麦格劳-希尔集团(McGraw-Hill Companies)所有,后者是教育测试系统最大的生产商,并且承诺可以在方便的地方(schoolmatters.com)提供下列便捷的服务:

- 学生表现:国家和州测试结果、参与度、出席率、毕业率、辍学与升学比。
- 花销、收入、纳税和债务:每个学区的财务数据以及与州和县数据的对比。
- 学校环境:班级大小、教师资格和学生人口数据。
- 社区人口:成人教育水平、家庭收入和劳动力数据。

从这些内容可以看出,该网站的互动性很强,其中使用了一系列的指标:学校规模、阅读成绩、数学成绩、特殊需求(仅限于英语学习者的信息)、师生比、民族、收入和住房花费。但是还有很多关于学校和教育的问题在"学校事务"中没有得到体现,因为这些问题往往被认为没有必要提及,或是数据不容易收集或统计,或是没能反映学校培养技术工人的详细构想。其中缺少的指标包括:学校课程的类型、健康、基础设施的质量、如书/纸/铅笔等资源的可用性、损耗率、辍学生获得一般同等文凭(General Equivalent Diploma, GED)的比例、志愿服务和社区活动的参与度。

此外,讨论校内校外因素的用语也确实不同,在讨论校内因素时,甚至还需要注意父母和社区对学生学业成就的重要性。

> 研究表明,教育水平和父母的参与是影响孩子学术表现的关键因素。为了开发所有学生的潜能,需要学生、老师、家庭和社区的共同参与,提高学生的表现水平。

其中的言外之意就是父母应该自己先受教育,然后再改善学生的表现——这对其他参与者来说,在道德的意义上很有借鉴价值。

这一点恰恰与班级规模这一校内因素形成对比。如果学校可以做出一些改变,使学生的表现得到改善,但却必须付出一定代价,"学校事务"建议谨慎决定。

> 在一些情况下,如果班级规模较小,学生的表现可能会得到改善;例如,研究表明,低收入家庭的学生在低年级可能因班级规模较小而受益。但在全国范围内对小班的讨论却意见不一,如果实施政策减小了班级规模,就意味着必须聘请更

多的教师,但并不是每个社区都有充足的合格教师资源。

除上述好处以外,减小班级规模还有其他作用——学生父母和教育者不必再花费 12
时间考虑采用其他可能提高成本的措施,这些措施不利于以最低的成本生产教育产
品。事实上,标准普尔公司倡导的是"提高教育资源的回报率"而不是保证充足的
资源。

例 2: 有效教育策略资料中心

正如上文提到的,有效教育策略资料中心(What Works Clearinghouse,WWC)通
过具体规定特殊、可行的评估设计,承诺实施"新一代的严格评估,即随机临床试验
(Randomized Clinical Trial,RCT)"。有效教育策略资料中心想要"寻找可以为测试效
果提供最有力证据的研究:首要的是准确实施的随机对照试验和断点回归研究,其次
是经过精心设计的准实验研究"。

由于教育评估的资金来源减少,美国教育部通过有效教育策略资料中心把注意力
转向了评估及评估研究。

> 有效教育策略资料中心旨在采用一套方便使用的数据库以及便于用户阅读
> 的报告,促进消息来源广泛的教育决策制定,为教育消费者对可复制的、旨在改善
> 学生表现的教育干预(如课程、产品、实践和政策)的有效性进行高质量的审核。

有效教育策略资料中心界定有效研究的标准,基于对设计元素的检验。最后通过
的都是那些达到值得关注的设计标准的研究,其具体内容则不在考虑之列。

评估的目的

这两个例子从不同的角度说明,评估作为一项公共事业可以为私人利益服务。打
个比方,由市场评级公司建立的学校评级数据库,可以引进并巩固以新自由主义市场

为导向的价值观,并解释学校教育是什么以及我们应如何对其进行评估。由美国教育科学研究所(Institute of Education Sciences,IES)推荐的评估设计概念不仅专业性强而且限定的范围较窄,该评估和有效教育策略资料中心的计划解释了什么是评估知识以及关于教育和学校教育有哪些地方值得注意。

这些都是有利因素,在公共学区内工作的评估者表示,他们不会再进行"评估",而是加紧根据《不让一个孩子掉队》法案的规定,对学生进行标准化测试,而且还要思考如何才能设计出随机临床试验,为迫切需要资金的地方性评估筹集经费(Mathison & Muñoz, 2004)。

教育评估一直以来都在不断发展,未来也将继续发展下去。在发展初期,教育评估还带有进步主义的印记。在那时,教育及教育评估由公共资金支持,可定义为一种公益行为,为所有人的利益服务。教育评估还反映出一些价值(包括效率、社会公平和民主)并且在财政方面得到公共资金的支持。20 世纪 80 年代,新兴的自由主义价值观取代了进步主义价值观,所有评估都要求明确评估对象的善性品质,而且这种善性品质是在社会中进行构建的;主导的教育评估方法反映了社会政治的时代精神。目前,新自由主义和新保守主义并存,教育及教育评估越来越多地反映出这些价值,包括商品化、私有化以及犹太教和基督教共有的道德准则。评估实践(像很多社会实践一样)是一个时代价值观、信仰和偏好的反映。

一些教育评估者仍然追随着泰勒、斯特克、古巴和克龙巴赫的脚步,虽然步子不大,但却通过实施评估,向人们普及对教育和学校教育的理解。教育工作者们取得的成就包括:参与性的教育评估方法和基于参与者的教育评估方法,承认地方环境重要性的方法,以及最弱势群体在判断教育是否符合他们的最大利益时的重要参与程度,考虑学校复杂作用的需要,这类需要小到基本的就业技能,大至公民身份和社会发展(Mathison,出版中)。评估能力构建是一种帮助人们自行判断学校水平的策略,同时也是众多评估者的根本目标(King, 2005)。草根团体,如马萨诸塞州教育改革联盟(Massachusetts Coalition for Authentic Reform in Education, MassCARE),拒绝在评估教育质量时,把学业成就作为唯一标准。20 世纪七八十年代,评估研究的数量曾有过爆炸式增长,令人激动,而目前,仍有教育评估会建立在当时研究的基础上——我个人进行的教育评估就是这样,但有时我还能从海报中得到报酬。

(尚文博　译)

参考文献

Aiken, W. M. (1942). *The story of the Eight Year Study*. New York: Harper Brothers. Retrieved February 13,2007, from http://www. 8yearstudy. org

Cronbach, L. J. (1982). *Designing evaluations of educational and social programs*. San Francisco: Jossey-Bass.

Eisner, E. W. (1979). The use of qualitative forms of evaluation for improving educational practice. *Educational Evaluation and Policy Analysis*, 1(6),11 - 19.

Herrnstein, R. , & Murray, C. (1994). *The bell curve: Intelligence and class structure in American life*. New York: Free Press.

House, E. R. (1988). *The politics of charisma: The rise and fall of PUSH/Excel Program*. Boulder, CO: Westview Press.

House, E. R. , Glass, G. V. , McLean, L. D. , & Walker, D. C. (1978). No simple answer: A critique of the follow-through evaluation. *Harvard Educational Review*, 48,128 - 160.

Jaeger, R. M. (1978). *The effect of test selection of Title I project impact*. Paper presented at the annual meeting of the American Educational Research Association, Toronto.

Keppel, F. (1966). *The necessary revolution in American education*. New York: Harper & Row.

King, J. A. (2005). A proposal to build evaluation capacity at the Bunche-Da Vinci Learning Partnership Academy. In M. C. Alkin & C. A. Christie (Eds.), *New directions for evaluation*, 106,85 - 98.

Lincoln, Y. , & Guba, E. (1985). *Naturalistic inquiry*. Newbury Park, CA: Sage.

Linn, R. L. (2005). Conflicting demands of No Child Left Behind and state systems: Mixed messages about school performance. *Education Policy Analysis Archives*, 13(33). Retrieved February 13,2007, from http://epaa. asu. edu/epaa/v13n33/

Mathison, S. (in press). Serving the public interest through educational evaluation: Salvaging democracy by rejecting neo-liberalism. In C. B. Cousins & K. Ryan (Eds.), *Handbook of educational evaluation*. Newbury Park, CA: Sage.

Mathison, S. , & Freeman, M. (2003). Constraining the work of elementary teachers: Dilemmas and paradoxes created by state mandated testing. *Education Policy Analysis Archives*, 11(34). Retrieved February 13,2007, from http://epaa. asu. edu/epaa/v11n34

Mathison, S. , & Muñoz, M. (2004). Evaluating education and schools for democracy. In S. Mathison & E. W. Ross (Eds.), *Defending public schools: The nature and limits of standards based educational reform and testing* (pp. 71 - 81). Westport, CT: Greenwood Press.

Nation at Risk. (1983). http://www. ed. gov/pubs/NatAtRisk/index. html

Popham, J. (2004). Standards based education: Two wrongs don't make a right. In S. Mathison & E. W. Ross (Eds.), *Defending public schools: The nature and limits of standards based educational reform and testing* (pp. 1 - 26). Westport, CT: Greenwood Press.

14

Smith, E. R. , & Tyler, R. W. (1942). *Appraising and recording student progress.* New York: Harper.

Stake, R. E. (1967). The countenance of educational evaluation. *Teachers College Record, 68* (7),523 – 540.

Tyler, R. (1949). *Basic principles of curriculum and instruction.* Chicago: University of Chicago Press.

U. S. Department of Education. (2003). *Identifying and implementing educational practices supported by rigorous evidence: A user friendly guide.* Retrieved February 12,2007, from http://www. ed. gov/rschstat/research/pubs/rigorousevid/index. html.

Wiley, D. (1979). Evaluation by aggregation: Social and methodological biases. *Educational Evaluation and Policy Analysis, 1*(2),41 – 45.

2

教育民主公民

弗雷德里克·杰克逊·特纳、
历史教育和大学推广运动

马克·A·范奥弗贝克(Marc A. VanOverbeke)

弗雷德里克·杰克逊·特纳(Frederick Jackson Turner)是 20 世纪初最著名的历史学家之一,他认为美国西进运动的发展解放了自由土地,促进了美国独特民族身份的形成。在 1893 年美国芝加哥召开的世界哥伦比亚博览会上,特纳称"边缘地带是美国化进程最为迅速、最有成效的地区",其影响在"推进民主化的过程中"最为显著。他在发言结束时警告人们:"边缘地带已经不复存在,随着它的消失,美国历史的第一阶段也已画上了句号。"(Turner,1893/1994b,pp. 33,53,60)随着边缘地带的关闭,大型公司与企业的发展,城市开始兴起,社会阶层不断分化,这一切都令人赞叹。20 世纪初的美国正处于一场影响深远的变革之中。特纳和其他的学者、改革者想弄明白,美国人民在当时是怎样面对如此巨大的变化的。特纳在他职业生涯中的大部分时间都在思考,既然美国已经不再拥有充足的自由土地,那么又该如何促进美国民主,巩固美国身份。他提出这样一个问题:究竟什么才能接替边缘地带并且帮助美国人民过渡到新世纪? 特纳在威斯康星大学任历史学教授,他希望通过大众教育和历史研究来解决新世纪的难题。

特纳认为,如果威斯康星州的公民能够了解过去的历史和他们祖先们在其历史中发挥的作用,他们就能更好地理解目前的情况和美利坚合众国,并运用这些知识批判性地思考社会所面临的问题,从而在维护民主的过程中发挥重要的作用。为使历史和教育成为保证民主公民身份的基础,特纳主张拓宽历史学科研究的焦点,使之不仅限于历史学家重点研究的总统、君王和伟大的发明家,还包括他们一直以来都忽视的普通人民。他希望威斯康星州的公民能够站在过去的角度审视自身,从中获得力量。

但是仅仅拓展历史学的研究范围还不够,特纳觉得还必须让人们直接了解这一历史学的新概念。于是他把目光转向威斯康星大学的扩展课程,寻求进一步的答案。在特纳看来,扩展方案可以让严格的高难度课程走出校园,进入人们居住的社区和城市,而历史学科在这一课程中就发挥着关键的作用。他希望让所有公民都获得知识,这样他们就能掌握需要的信息,确保美国向着和谐、民主、公平的方向发展。在上述过程中,特纳还提出了一系列重要问题:这些知识应该由谁获得,获取知识的途径又应该由谁来掌握？教育与社会行动之间有着怎样的关系？谁来决定最重要的知识是哪些？这些都是现代社会公平观念的核心问题。

II

19 世纪末期发生的重大事件造成了广泛的影响，特纳决定依靠威斯康星大学来帮助美国人民适应这些事件，他也一直奋力走在前列，利用威斯康星大学这一平台满足该州公民的学习需求。特纳本人也是土生土长的威斯康星州人，他早年曾在威斯康星大学麦迪逊分校获得学士和硕士学位，1889 年在美国约翰霍普金斯大学获得博士学位之后，又返回威斯康星大学担任历史学教授。他在威斯康星大学的历史研究颇具影响力，是学校在该领域的核心人员，又于 1891 年加入了其他科系，开设了美国最早的推广课程和成人教育课程。特纳及其同事设立的课程和学分系统相当复杂，很难达到向该州居民普及知识的目的。威斯康星大学的教授们在整个校园开设课程，通常以讲座的形式开展，为期六周，总共六次。每场讲座过后，学生还可以选择留下来对一些话题进行讨论，深入思考相关问题。参加课程和讨论的学生每周需要完成相应的阅读任务，在威斯康星大学参加考试，并完成课堂任务得到学分。课程开设的第一年里，特纳及其同事在 34 座城市教授了 47 门课程，学生总数超过 8 000 人，其中一半会在讲座结束后留下来参与讨论。他们在接下来的几年也按照这个规模开展课程，课程的数目大致保持不变。但全国开设这一课程的并不只有威斯康星大学，在 19 世纪末的美国也有其他高校开设类似的课程（Billington，1973；Chamberlin，1893；Curti & Carstensen，1949a，b；Kett，1994；Rudolph，1968；Turner，1893b）。

这些课程都采用了更为准确的教育观念。威斯康星大学的校长汤姆斯·钱伯林（Thomas Chamberlin）在"高校英语类推广课程"的开课典礼上，就曾明确强调过推广方案的重点。他所指的就是英国剑桥大学于 1873 年设立的推广方案，该方案的课程"涵盖众多科目，涉及范围广泛，有利于自由高等教育的普及"，可以让学生"全面掌握相关原则，接受真正的思维训练"（Roberts，1891，p. 123）。结果，威斯康星大学开设了众多推广课程以供学生选择，其中包括艺术、人文、自然科学等等，甚至还涉及细菌学、政治经济学、英国文学、植物生理学、景观地质学以及斯堪的纳维亚文学。其中一些学生还参加了特纳的课程，内容涉及北美殖民、美国政治、美国发展历史以及西进运动。

推广方案以威斯康星大学的其他外展方案为基础,提供上述类型的课程,但又与其他外展方案不同,因为外展方案包含 1885 年成立的农业学院培训项目。这些学院更侧重于生活中实用或实际的方面,培训农民学习新的农业技术。相对而言,推广方案的目标并不是通过几场讲座重点培养实用技能或激起大众的学习兴趣,而是要求更高、更为严格的综合性研究方案。推广课程让学生接触人文科学和自然科学,进行专业研究,学习专业技能,从而拓宽他们的眼界。20 世纪初的大学教授们正在改变学术学科,使之适应科学的调查和研究原则。特纳认为,从这些研究中得到的知识可以改善人们的生活,逐步提高人们的审美,树立文化观念。他主张大学教授需要成为"把高等文化传播到他所在社区的倡导者",分享宝贵的知识。特纳赞成所谓的"社会推动力,鼓励高校人员向普通人民普及科研成果"(Turner,1891/1994a,p. 29)。换句话17 说,推广课程的讲师可以离开大学校园,而讲座的笔记也将跟随他们流传开来(Brubacher & Rudy, 1968; Chamberlin, 1893; Curti & Carstensen, 1949a, b; Lucas, 1994; Rudolph, 1968; Thelin, 2004; Turner, 1890/1938, 1893b; Veysey, 1965; Wisconsin Teachers' Association, 1891)。

特纳认同当时许多教育改革者的共同观念,认为教育可以保证民主公民身份,于是他投身于推广方案,希望能够使丰硕的学术成果走向大众。虽然很多参加推广方案的学生本身的受教育程度相对较低,但特纳仍对他们有着很高的要求,他在每堂课上都要求他们批判性地思考历史问题,在下结论之前考虑证据是否充分。例如,在北美殖民的课程上,他要求学生追溯到西班牙的航海大发现和殖民现象对 16 世纪英国人对美洲的看法造成的影响。在讨论"挪威的航海活动是否影响到哥伦布的活动"这一问题时,特纳要求学生认真考虑正反两方面的观点。在美国的奴隶制问题上,他探究造成奴隶问题的各种因素,并与学生讨论"在奴隶制地区废除奴隶制的合理性"(Turner, n. d. [1892],1893a,1895)。

特纳始终坚持推广课程应当坚持高标准,因此从不给学生太容易的历史材料学习单。他反对只注重有趣的历史故事,或是为了方便理解忽略历史研究的重要细节和复杂问题,因为这样会使历史研究失去意义。可他并不反对引人入胜的历史描述或是增加历史故事的趣味,吸引受众,他也在自己的讲座中加入精彩的故事和趣事,但却坚持应当全面理解历史,否则历史研究只会徒劳无功。特纳解释说:"如果课程的最终目的是寻求历史真相,而不是只注重于生动的陈述形式,那么采用有趣的风格,甚至以图片的形式展现历史故事都无可厚非。"(Turner，1891/1994a，p. 12)他在讲座中不会为了使故事引人入胜,就根据表面情况简单地把细节问题一掠而过或随意歪曲事实。他要求学生在课上集中精力、勤于思考,反对像通俗的讲座那样尽量减少争辩,简化分析过程,为了精彩的故事而掩饰真相。他也不会为了教育的民主化,就一味迎合受众。

特纳一方面通过推广方案向大众普及知识,一方面提倡至少在历史学领域使知识的形式更加多样化、更加大众化。他主张突破传统观念,广泛研究历史,而不仅仅是探索那些伟大的英雄,或只注重研究宗教斗争和政治团体的兴起。同时,他认为历史研究的重点过多地集中在"宫廷的尔虞我诈、骑士的英勇无畏以及那些宫殿和金字塔",但这只是"少数精英的历史",换言之,历史中还有许多其他故事,如身份卑微的农民,他人无法想象的辛勤劳作,成就"希腊荣耀"的奴隶制。在特纳看来,历史是"社会所有组成部分的传记",而这部传记不仅包括英雄和政治家,还包括"广大的人民群众"。以人民大众为重点的研究反映了特纳的观点,那就是普通人民对民族的发展有着重大影响。他断言,经济发展和普通人民生活的社会环境、财产的所有权、财富的分配情况,这些都是"民族崛起或衰败的隐性因素"。普通劳动者建立自己的国家和文明的斗争,才是历史学家真正需要研究的,"除此之外的历史大多只是华丽的故事,没有多少研究价值",特纳愤怒地说道(Turner，1891/1994a，pp. 15，18)。

但是,在讨论社会传记时,特纳却并没有忽略政治家和统治者发挥的作用。教皇、国王、总统也是他在课程中重点讲述的对象,其中包括哥伦布和麦哲伦,华盛顿与杰弗逊。他同样也会讲到马丁·路德和宗教改革,以及乔治三世,这些都是历史中的关键人物,忽略他们和忽视普通人民同样是有问题的。而且特纳本身也并没有只专注于这些重要人物而忽视普通民众。在推广课程的讲座中,他强调"土地上的劳作者",探索威斯康星的毛皮商人和美国南部地区的奴隶的作用。他的讲座还讨论了印第安文明与普韦布洛的悬崖建筑,印第安部落之间的贸易及其与欧洲早期移民的相互影响。讲到新英格兰殖民问题时,特纳把重点放在原始殖民者的特点上面,"几乎完全是英国"移民。讨论学校生活和经济生活时,他还从各种书中收集典型的短文作为学习材料,以突出新英格兰的社区生活,其中包括马萨诸塞州的官方记录。此外,在西进运动与移民的讲座中,特纳还探讨了苏格兰裔的爱尔兰人在西进运动中的重要性(Turner，n. d.［1892］,1893a,1895)。

他希望威斯康星的公民能通过推广课程来审视自身,他自己之前也曾向他们普及这一点。他认为,如果美国民众想要自己的力量强大起来、得到重视,就需要掌握这些

18

知识。特纳在 1890 年夏天的一次演讲中提到:"对公立学校的教师而言,或许历史最大的作用就是巩固公民身份。"在特纳看来,历史教育与公民身份之间有着直接的联系,并且其他希望调整教育结构、增加美国历史课程的改革者也认同这一点。他认为,历史知识和历史鉴赏可以使一个国家强大起来,如果这个国家的公民还可以享受民主权利,在他们的努力下,国家将会变得更加强大。但是他也坚持认为,美国民众只有理解普通人民在历史中的作用,才能逐渐地充分理解过去和现在的情况,而特纳目前在做的就是把历史和现在联系起来。他说:"现在只是经过发展的过去,而过去则是尚未发展的现在。"(Turner, 1891/1994a, pp. 19,28)

大多数美国人不会成为政治家或行业的重要领军人物。然而,他们将会一如既往地帮助塑造美国的特征和身份认同。特纳断言,如果他们可以了解过去和自身在其中扮演的角色,就一定能够理解自己现在,以此推断,甚至是将来需要发挥的作用。他承认,历史知识让"我们认识到前人遗产的丰富、未来生活的可能以及当今时代的精彩"。它赋予人们"新的思想与感受,新的目标与动力"。特纳说,这些"思想和感受会渗透到人们的行为之中",而这些行为又会"创造良好的政治局面"并且改善社会。一个普通的美国人并不具有总统和国王那样的影响力,但他们要是都受过教育,并且团结起来,就获得了塑造美国的力量,并决定美国向着民主和公平的方向发展(Curti, 1961;Reese, 1995; Reuben, 2005; Turner, 1891/1994a, pp. 23,29)。

在特纳看来,历史的价值在于要求人们穿过复杂的历史事件,思考人们自己与过去和现在的联系,进而巩固其公民身份。他断言,历史知识如果与推广课程相结合,将会产生革命性的影响。特纳曾类比威斯康星的村社作过这样的暗喻,大学推广课程将会成为一种途径,"让教育的灌溉水源流向威斯康星州贫瘠的土地"(Turner, 1893b, p. 315)。他利用推广课程的机会让威斯康星州渴望知识的居民直接接触历史,推广课程也曾一度达到高潮,在当时他还宣称该方案将会在"我们的城镇、村庄和大城市掀起一场真正的革命"。在现代民主的推进过程中,推广课程和历史学有能力成为革命的载体(Turner, 1891/1994a, p. 29)。

特纳为了鼓励推广课程和历史学在公立大学的发展,以浓墨重彩的辞令宣传教育革命,但真正实现教育革命所需的却不仅仅是豪言壮语。他竭尽全力举办讲座,希望能够使推广方案以一种制度的方式在全州得到确立,拓展人们对历史概念的理解,让人们认识到自己在美国社会中发挥的作用。然而,即便是在推广课程讲师和连续几届校长的大力支持下,推广运动也未能像特纳设想的那样实现。推广方案在刚开始推行时非常顺利,受到了人们的广泛支持,但是到了19世纪80年代中期,课程却未能像刚开始那样吸引众多学习者和不同社会阶层和背景的人们。推广运动不是仅为富人设计的,甚至连主体受众的定位也不是富人。在参与推广课程的前提条件中,财富和提前准备都不重要,重要的是学习和研究的兴趣。但是即便没有学术训练要求,推广运动也未能普及到全州上下,引发威斯康星州居民的学习兴趣。特纳发现社会各阶层的人都来听他的讲座,主要有商人、专家、大学生和当地教师,但大部分还是女性和专家。

结果,推广运动成了主要满足特定群体的系列讲座,并没有像特纳预想的那样惠及广大的普通人民。他当时认为,了解自身历史的一般居民会仔细思考威斯康星州面临的重要问题,从而促进社会进步。但是推广运动却未能吸引各个社会阶层的受众,特别是工人阶级的关注,历史作为一种工具在威斯康星州和美国传播公民身份意识的效力因此大打折扣。准备推广课程、前往农村社区、开设各种讲座,这些都需要教职人员花费大量的时间和精力,但特纳渐渐发现,简单地提供教育机会并不意味着人们就会蜂拥而至地来参加课程、聆听讲座。人们对推广课程的兴趣不足,这令特纳深感失望,他表示自己需要更多的时间进行研究。1896年,他彻底停止举办推广方案的讲座,当时推广运动在全国范围内正在日渐衰落(Billington, 1973; Birge, 1892; Chamberlin, 1893; Curti & Carstensen, 1949a; Kett, 1994; Mood, 1938; Powell, 1892; Rosentreter, 1957; Turner, 1893b; Veysey, 1965)。

III

正如特纳所展望的,推广方案可以把教育和历史结合起来,让人们直接学习知识,倡导尊重普通人民在塑造自己的国家时发挥的作用,并鼓励积极的公民身份。他让普通人民接触到大学的学术生活,强调人民在国家形成过程中的关键作用。他还注意到了普通人民在过去的地位,并通过推广教育让人们了解并思考那些人的心声。正如众多学者和史学家所指出的,特纳通过自己不懈的努力取得了成功,他还是促使历史学科的研究重点转移的历史学家之一,将历史研究从只关注伟大政治领袖和权势者的业绩与身处的时代,转移到了解决普通人民的问题上。作为一位颇具影响力的历史学家,特纳和其他进步的历史学家一起有力地改变了这个学科,对今天的学者仍然有着巨大的影响(参见 Billington，1973；Cronon，1991；Curti，1961；Hofstadter，1968；Novick，1988)。当时的美国正在经历经济社会的重大变革，特纳利用拓展历史学科的范围、扩展课程，改善教育机会，在实现社会在公平方面取得了一定的成就。曾经一度被史学家和大学忽略的普通人民也逐渐获得了话语权。

20

然而，特纳却未能在威斯康星大学把蓬勃发展的推广方案延续下去，使得他主张的教育、历史和民主公民身份之间的关系遭到削弱。但是这次失败与他的成功一起，却成为了后来改革的借鉴。他和其他教育改革者塑造了新世纪的美国教育，有助于人们更好地理解教育和社会公平之间的联系。特纳的经历引发了许多值得思考的问题。

特纳本以为人们会抓住一切机会获取知识、接受教育，批判性地反思自己所学的东西，并且将其付诸实践，帮助美国跨越世纪之交，迎接新的变化，从而造福整个国家。特纳似乎认为设立推广方案和开设课程就已经足够了，而且学生也会认识到自己需要学习而都跑去听讲座。他希望吸引广大的普通人民，但他们对特纳和其他教师的课程和所传授的知识并不感兴趣，尤其是工人阶级还面临着各种困难，包括漫长的工作日、有限的业余时间和较差的学术基础，这些都阻碍了他们利用推广方案提供的机会进行学习。因此，推广方案本身就面临着重重障碍，再加上特纳的讲课风格问题，很可能也影响了讲座的出席率。虽然特纳也曾收集过一些历史故事和奇闻轶事，希望可以引起观众的兴趣，他也在努力寻求合适的授课语言和讲座风格，在保持学生兴趣的同时达到教育的目的。由于受众的教育背景和个人兴趣各不相同，因而难以接受复杂的知识体系，特纳所面临的困难就是这种矛盾的体现。他支持影响历史学研究领域的严密学术争论，据说他本人也颇具演说天赋，但却未能找到合适的语言和方法让历史为听众所理解和接受。

特纳与许多当时的改革者一样，并没有考虑过大众可能无法或者并不想把他们的想法和感情转化为造福美国的实际行动。他所倡导的行动能够满足社会整体的需求，而不是个人需求，但是听课的一般民众却不一定这么想。历史的教训，特别是个人在独立面对边缘地带的环境那段历史，教育美国人要接受对自己有利的行为和观念，甚至是以他人的利益为代价也在所不惜。因此根本无法保证一般居民在面对庞大的官僚体制、强势的行业巨头以及普遍的垄断现象时会有机会发出自己的声音，更不用说为他人发声了。而特纳却相信，如果"身份卑微的土地上的劳作者"能够努力搞清楚过去和现在的关系，认识到人民在历史事件中的决定性作用，就可以用他们自己的力量塑造未来,并且成为更优秀的民主公民。特纳最根本的信念是:如果人们能获得知识,就会对知识进行反思,并合理运用知识以造福国家。

　　然而,特纳那份对普通民众的信心以及推广方案本身的热情却都未能继续下去。他把普通民众带入大学的生活,认同他们在国家形成过程中所发挥的主动作用,并使这些人成为历史研究的重点。在这一过程中,他为历史专家理解人民的作用创造出了一片独立的空间。虽然民主曾一度在辛勤的边境开拓者手中得以实现,但当下的时代正在经历深刻的变革,需要受过高等教育的专家帮助普通民众理解美国以及他们自己在这个国家中的地位。到了 1910 年,特纳开始强调长期研究可以为学习专业知识和培养领导才能奠定基础,有利于民主事业的蓬勃发展,因此具有十分重要的地位。他主张:"我们需要经验丰富的立法人员、公众领袖和教师,需要更多公民接受高等教育,让他们形成一种开明的态度,冷静地面对现代生活中的种种问题,有独立思考的能力,只有这样州立大学才能捍卫民主。"(Turner, 1910/1994c, pp. 115 - 116)这些"冷静的"领头人需要在高校的图书馆、研讨室、大讲堂进行学习,以获取专业知识。而这些知识的高度并不是参与推广方案的学生听一两次课就能达到的。他们刚刚品味到学术生活的滋味,但这也说明他们并不会成为专家。未来的领袖需要长期参与辩论和讨论,不断反思并接触不同的观点。

　　特纳认为教育和历史知识是维护民主的关键,提倡实行推广方案,他提出了一些当下教育工作者需要解决的问题:不同年龄段的学生在利用教育机会时会面临什么样的障碍,怎样才能克服这些障碍?教师能否与学生建立有意义的联系?教育能否让人们付诸行动,那会是怎样的行动?要使学生成为领袖和专家需要在教育方面做多少准备工作,而决定专家需要掌握哪些知识的标准又由谁来确定?在理解教育与公民身份、教育与机会、教育与社会公平之间的关系时,特纳的观点和研究仍有借鉴意义,甚至还可以启发人们提出一些值得思考和讨论的问题。对特纳而言,这或许才是历史学和教育的终极目标:提出观点和问题,让所有人对它们进行有意义的讨论,并探讨可以促进社会福祉的方案和行动。

(尚文博　译)

参考文献

Billington, R. A. (1973). *Frederick Jackson Turner: Historian, scholar, teacher*. New

York: Oxford University Press.

Birge, E. A. (1892). The university extension class. *Wisconsin Journal of Education*, 22, 256 – 257.

Brubacher, J. S. , & Rudy, W. (1968). *Higher education in transition: A history of American colleges and universities, 1636 – 1968.* New York: Harper & Row.

Chamberlin. T. C. (1893). Report of the president. In *Biennial report of the Board of Regents of the University of Wisconsin for the fiscal year ending September 30, 1892* (pp. 44 – 45). Madison, WI: Democrat Printing Company.

Cronon, W. (1991). Turner's first stand: The significance of significance in American history. In R. Etulain (Ed.), *Writing western history: Essays on major western historians* (pp. 73 – 101). Albuquerque: University of New Mexico Press.

Crunden, R. (1982). *Ministers of reform: The progressives' achievement in American civilization, 1889 – 1920.* New York: Basic Books.

Curti, M. (1961). Frederick Jackson Turner. In O. L. Burnette, Jr. , (Ed.), *Wisconsin witness to Frederick Jackson Turner: A collection of essays on the historian and the thesis* (pp. 175 – 204). Madison: The State Historical Society of Wisconsin.

Curti, M. , & Carstensen, V. (1949a). *The University of Wisconsin: A history, 1848 – 1925* (Vol. 1). Madison: University of Wisconsin Press.

Curti, M. , & Carstensen, V. (1949b). *The University of Wisconsin: A history, 1848 – 1925* (Vol. 2). Madison: University of Wisconsin Press.

Gewirtz, S. (2001). Rethinking social justice: A conceptual analysis. In J. Demaine (Ed.), *Sociology of education today* (pp. 49 – 64). New York: Palgrave.

Greene, M. (1998). Introduction: Teaching for social justice. In W. Ayers, J. A. Hunt, & T. Quinn(Eds.), *Teaching for social justice: A democracy and education reader* (pp. xxvii-xlvi). NewYork: New Press/Teachers College Press.

Hofstadter, R. (1968). *The progressive historians: Turner, Beard, Parrington.* New York: Alfred A. Knopf.

Kett, J. F. (1994). *The pursuit of knowledge under difficulties: From self-improvement to adult education in America, 1750 – 1990.* Stanford, CA: Stanford University Press.

Lucas, C. J. (1994). *American higher education: A history.* New York: St. Martin's Press.

Mood, F. (1938). Introduction: Turner's formative period. In E. Edwards (Comp.), *The early writings of Frederick Jackson Turner* (pp. 1 – 39). Madison: University of Wisconsin Press.

Novick, P. (1988). That *noble dream: The "objectivity question" and the American historical profession.* Cambridge, UK: Cambridge University Press.

Powell, L. P. (1892). University extension and the public schools. *Wisconsin Journal of Education*, 22, 210 – 213.

Reese, W. J. (1991). Social justice through the lens of social history. In D. A. Verstegen & J. G. Ward (Eds.), *Spheres of justice in education* (pp. 35 – 52). New York: HarperBusiness.

Reese, W. J. (1995). *The origins of the American high school.* New Haven, CT: Yale

22

University Press.

Reuben, J. (2005). Patriotic purposes: Public schools and the education of citizens. In S. Fuhrman & M. Lazerson (Eds.), *The public schools* (pp. 1 - 24). New York: Oxford University Press.

Roberts, R. D. (1888). *A new university*. London: C. F. Hodgson.

Roberts, R. D. (1891). *Eighteen years of university extension*. Cambridge, UK: Cambridge University Press.

Rosentreter, F. M. (1957). *The boundaries of the campus: A history of the University of Wisconsin extension division, 1885 - 1945*. Madison: The University of Wisconsin Press.

Rudolph, F. (1968). *The American college and university: A history*. New York: Alfred A. Knopf.

Schafer, J. (1938). Editorial comment: Turner's early writings. *The Wisconsin Magazine of History, 22*, 213 - 231.

Thelin, J. R. (2004). *A history of American higher education*. Baltimore: Johns Hopkins University Press.

Turner, F. J. (n. d. [1892]). *Syllabus of a university extension course of six lectures on the "Colonization of North America."* Madison: University of Wisconsin.

Turner, F. J. (1893a). *The colonization of North America from the earliest times to 1763: Syllabus of a course of six lectures*. Madison, WI: Tracy, Gibbs.

Turner, F. J. (1893b). The extension work of the University of Wisconsin. In G. F. James (Ed.), *Handbook of university extension* (pp. 311 - 324). Philadelphia: American Society for the Extension of University Teaching.

Turner, F. J. (1895). *American development, 1789 - 1829: Syllabus of a course of six lectures*. Madison, WI: Tracy, Gibbs.

Turner, F. J. (1938). Frederick Jackson Turner to H. B. Adams. In W. S. Holt (Ed.), *Historical scholarship in the United States, 1876 - 1901: As revealed in the correspondence to Herbert B. Adams* (pp. 144 - 145). Baltimore: Johns Hopkins Press. (Original work published December 8, 1890)

Turner, F. J. (1994a). The significance of history. In J. M. Faragher (Comp.), *Rereading Frederick Jackson Turner: "The significance of the frontier in American history" and other essays* (pp. 11 - 30). New York: Henry Holt. (Original work published 1891)

Turner, F. J. (1994b). The significance of the frontier in American history. In J. M. Faragher (Comp.), *Rereading Frederick Jackson Turner: "The significance of the frontier in American history" and other essays* (pp. 31 - 60). New York: Henry Holt. (Original work published 1893c)

Turner, F. J. (1994c). Pioneer ideals and the state university." In J. M. Faragher (Comp.), *Rereading Frederick Jackson Turner: "The significance of the frontier in American History" and other essays* (pp. 101 - 118). New York: Henry Holt. (Original work published 1910)

Tyack, D., & Hansot, E. (1982). *Managers of virtue: Public school leadership in America,*   23

1820 - 1980. New York: Basic Books.

Verstegen, D. A. (1991). Introduction: Justice and education. In D. A. Verstegen & J. G. Ward(Eds.), *Spheres of justice in education* (pp. 1 - 7). New York: HarperBusiness.

Veysey, L. (1965). *The emergence of the American university*. Chicago: University of Chicago Press.

Wiebe, R. (1967). *The search for order*, *1877 - 1920*. New York: Hill & Wang.

Wisconsin Teachers' Association. (1891). Minutes from the thirty-eighth annual session of the Wisconsin Teachers' Association, Madison, December 29, 1890. *Wisconsin Journal of Education*, *21*, 16.

3

无政府主义运动与教育

戴维·加伯德(David Gabbard)

24 　　加里·卡米娅(Gary Kamiya)在给 Salon. com 撰文时曾深入地思考过这样一个问题：尽管布什政府不断地在滥用职权，小布什本人是怎样避免遭到弹劾的呢？布什的"问题可远不止挑起伊拉克战争，"卡米娅写道，"他的政府一直深陷在严重的丑闻之中，一波未平又起一波，从应对卡特琳娜飓风失败，到批准非法电话窃听、批准非法刑讯，再到他史无前例地利用'签署声明'违抗自己反对的法律，以及骇人听闻的冈萨雷斯(Gonzales)和七位联邦检察官被解职事件①。"(Kamiya，2007)但为什么没人弹劾他呢？

　　在卡米娅看来，如果从现实政治的角度来解释，"主要原因很明显"。由于美国国会中民主党只是微弱多数，并没有弹劾布什的政治意愿。他们对这一举动的利弊权衡再三，担心弹劾总统可能会适得其反。所以他们更宁可放长绳索，让布什玩下去，最终在 2008 年的选举中吊死共和党。

　　但是卡米娅却发现了布什不仅目前没有遭到，而且将来也不大可能会遭到弹劾的更深层次、更令人忧虑的原因，因为这与布什本人无关，与民主党也无关，真正原因在于我们——美国人民。卡米娅认为"布什是个战争贩子"。

　　　　这在我们国民心态的深处产生了共鸣。尽管美国媒体，甚至许多美国公民都反对伊拉克战争，但在美国支持伊战背后的那种情感力量，那种融入愤怒和憎恨的爱国主义核心，让国会难以直接抵制伊战。这是一种民族神话。弹劾布什就意味着迫使我们自己抵制我们民族那暴力、伪善的核心精神——正视、反省并最终摈弃它。但是我们还没准备好这样做。(Kamiya，2007)

　　如果要正视和反省我们这种暴力、伪善的民族核心，我们就必须认识到这种核心背后的成因。正如科内尔·韦斯特(Cornel West，2004)在《民主的重要性》(Democracy Matters)一书中所主张的：

——————————

① 指 2006 年七位联邦检察官因政治原因被布什政府解职，而当时的司法部长事后在国会对此做假证的事件。——译者注

　　美国的民主实践在人类历史上独一无二,这并不是因为我们是上帝选中来领导世界的人,也不是因为我们总是维护世界公平正义的重要力量,而是因为我们拒绝承认美国民主的种族主义和帝国主义之根。我们与众不同,正是因为我们否认奠定美国民主的反民主基石。世界上没有哪个民主国家能像美国一样恬不知耻地沉醉在自欺欺人的清白之中,沉醉在自我麻痹的状态里不愿面对自己历史的阴暗面。这种逃避历史的情结——或者说像青少年一样逃避有关自身的痛苦真相——说明,即使年龄增长、体格变大、力量增强,但我们仍未真正长大。(p. 41)

　　卡米娅(2007)只是断言"我们需要接受治疗",韦斯特(2004)则开出了更加具体的药方。韦斯特呼吁缔造"民主的社会文化(paideia)——培养积极主动、知识渊博的公民——以求保持并深化民主实践"(p. 42),以及鼓励"说真话(parrhesia)——坦诚、无畏的言论——这是任何民主事业的命脉"(West,2004,p. 209)。他认为,如果我们要避免"自欺欺人的清白",避免"在自我麻痹的状态里逃避我们历史的阴暗面",就必须采取上述的措施。

　　但凡致力于社会公平教育的教育工作者,都会急切地响应韦斯特的号召,倡导无畏的言论,支持他们所主张的美国学校的重要使命——"培养积极主动、知识渊博的公民"。然而可悲的是,却没人比这些教育工作者更为了解美国的"暴力与伪善"之痛。福克斯新闻频道是典型的暴力、伪善的官方网络,其节目主持人比尔·奥赖利(Bill O'Reilly)曾在全国范围内对科罗拉多大学的教授沃德·丘吉尔(Ward Churchill)进行了妖魔化宣传。但早在此之前,印第安纳州布卢明顿市门罗县的社区学校法人就拒绝续签小学教师德博拉·梅耶(Deborah Mayer)的聘用合同。《儿童时代》(*Time for Kids*)杂志是美国《时代》(*Time*)周刊的儿童版,梅耶因谈论该杂志2002年11月13日一期中的内容激怒了当局。该期杂志报道了发生在华盛顿特区的一次反对美国入侵伊拉克的和平抗议活动。一位学生因此问梅耶她是否"也会参加和平抗议活动"。梅耶告诉班上的学生,她每每驾车看到有人高举标牌,请求驾车者"为和平鸣笛",她都会鸣响车笛表示支持。她还告诉学生,她认为人们"在发动战争之前,应该先寻求和平的解决方案"。随后班上的学生在学校里讨论了冲突的解决方案,之后就再也没有谈起这一话题。然而不久后,一位支持布什(Bush)的家长在校长办公楼前投诉了梅耶,该学区随后就拒绝续签她的聘用合同(Egelko,2007)。

　　于是梅耶向法院起诉校方非法解雇,但是法官萨拉·埃文斯·巴克(Sarah Evans

Barker)却判决她败诉,理由是"根据美国宪法第一修正案,包括梅耶女士在内的广大教师,无权在上课时表达自己的观点"(Global Research,2007)。后来,在美国联邦第七巡回上诉法院上,著名的新自由主义法学家、审判长弗兰克·H·伊斯特布鲁克(Frank H. Easterbrook)也支持了巴克的判决。伊斯特布鲁克写道:"表达方式是教师在交易中的货物,是她出售给雇主、用来换取薪水的商品。"(Egelko,2007)虽然梅耶还打算继续上诉,但她对最高法院接手此案并不乐观。如果上述判决有效,特别是考虑到伊斯特布鲁克的判决中新自由主义的观点,那么今后的学校就根本没有社会公平可寻。在这种情况下,我们就更应该重视从无政府主义的角度评价教育,并且认识到推进民主教育改革是徒劳的。或许我们应该开始考虑抵制国家强制的义务教育体系,而不仅仅是改革学校,来探索寻求社会公平的最佳途径。

无政府主义的批评

1840 年皮埃尔-约瑟夫·普劳德霍(Pierre-Joseph Proudhon)发表了著作《财产是什么?》(*What is Property?*),成为全世界第一个无政府主义者。但是最先号召废除国家体制的人并不是他。为了弄明白无政府主义的起源,学术研究将无政府主义的历史追溯到了威廉·戈德温(William Godwin)。戈德温于 1793 年发表的著作《关于政治公平的调查》(*Enquiry Concerning Political Justice*),将思想自由视为政治自由的基础,创建了全面的针对公立学校的无政府主义评论体系。正如乔尔·斯普林(Joel Spring)所解释的,戈德温相信,"由于人们不断提升自身的推理能力和对问题本质的理解,他们对于最佳政府形式的理解也在不断变化"(Spring,1994,p. 42)。斯普林指出,虽然戈德温承认教育在培养理性思考能力的过程中发挥着重要的作用,并且这种能力可以引导人们进行自我管理,但他也"认为国家教育系统是威胁自由最危险的因素之一"(Spring,1983,p. 68)。"在把这样强大的机器(教育)交给这样糊涂的代理机构(政府)管理之前,"戈德温警告说,"我们理应仔细考虑一下自己在干什么,因为政府必定会利用教育,增强自身的控制力,并使之永久化"(Godwin,1946,p. 302,引自 Spring,1994,p. 42)。

戈德温的警告确实值得我们反思,政府控制的学校能否成为帮助学生发展推理能力、为社会公平服务的场所? 此外,戈德温还启发我们进行深入思考,学校作为国家权力的工具，与其说是像韦斯特提倡的那样培养"积极主动、知识渊博的公民"，不如说是在为卡米娅所谓的"暴力、伪善的民族核心"摇旗呐喊。

为回应戈德温的忧虑，现代无政府主义理论家诺姆·乔姆斯基（Noam Chomsky）以过去 200 年间的历史经验为武器，把"机构的基本作用和学校的功能"描述为"提供意识形态服务：对遵守和顺从的现实选择"（2003，pp. 37－28）。在乔姆斯基的分析结果中，公立学校的义务教育让孩子从小就进入灌输式的体系中学习，这种体系"提倡顺从，反对独立思考"，目的就是"不让人们提出直接影响到自己和他人的重要问题"（Chomsky & Macedo，2000，p. 24）。在德博拉·梅耶的案例中，重要的问题当然就是指美国入侵伊拉克的事。请不要忘记，正是学生自己发起了有关梅耶参加和平抗议活动的讨论。因此，学校董事会的决定和法庭的判决向学生和教师传达了一个明确的信息："我们不讨论你可能关心的'问题'。"这一信息自然强调了乔姆斯基的论点，即学校的作用就是压制独立探究，强化遵守和顺从。

埃玛·戈德曼（Emma Goldman）在 20 世纪早期也进行了类似的观察。"现在的学校到底是什么？"她提出质疑："孩子现在去的学校就像是罪犯的监狱、士兵的营房——在这里，一切都是为了打破孩子的意志，然后捣碎、揉捏，最后重塑成完全不同的东西。这是一个只有绝对的纪律和一致性的体系"（n. d.）。

在米歇尔·福柯（Michel Foucault）更具分析性的著作中，戈德曼对学校的描述得到了有力的支持。在《疯狂与文明》（*Madness and Civilization*，1988）和《纪律与惩罚》（*Discipline and Punish*，1995）等几部著作中，福柯为我们指出了一种独特的历史怪象。实际上，受政府资助的义务教育体都从某个相同的历史节点开始转变为现代的监狱，每所学校都按照陆军营房来设计。义务教育的目的不是为了教育大众，反而是要人们遵守纪律。福柯（1995）所提到的"纪律"是指一种处理方式。

> [这种方式]既可以增强主体的力量（从经济的效用角度来看），又可以削弱主体的力量（从政治的顺从角度来看）。简言之，这种方式可以切断来源于主体的力量，一方面把这种力量转化为一种"才能"、"能力"并进行加强，另一方面又逆转了这种力量的方向，使之转化为一种隶属的关系。如果在经济开发中把劳动力和劳动产品分离，就像是强迫服从纪律会在主体中建立起才能和支配之间的约束性关系。（1995，p. 141）

27

此外,义务教育还可以通过提升个人在经济体系中的生产力,起到约束个人的作用,同时还可以削弱个人抵制经济剥削的能力,而政治体系则从一开始就强迫学生上学,使学生遭受经济剥削,因此个人抵制政治体系的能力也遭到削弱。

本杰明·拉什(Benjamin Rush)曾签署过《独立宣言》,同时也是公认的"美国精神病学之父"。他发现,建立个人对国家在情感上的忠诚会削弱个人的抵制(政治体系的)能力,于是在著作中特别阐释了早期义务教育的支持者如何看待这一问题的重要性。拉什于1786年完成了文章《关于共和国狭义教育模式的思考》("Thoughts Upon the Mode of Education Proper in a Republic")——7年后,戈德温就发表了他的著作《关于政治公平的调查》(*Enquiry Concerning Political Justice*)。拉什宣称"爱国主义的原则需要建立在巩固偏爱的基础之上,众所周知,我们对祖国最强烈的偏爱就是在人生中最初的二十年间形成的……我们的学校",他认为"通过创造一个全面统一的教育体系,使大众都成为同样的人,这更利于政府管理人民,形成安定统一的局面"(1786)。下面引用的内容来自同一个文献:

> 为了让青年得到宗教教育的好处,必须用某个教派的教条和规则约束他们。从本质上看,人类是不可管理的动物,我们不断观察特定的社会和国家,学会了把宗教的种种限制施加到国内的公民政府,这样,我们就创造出了人类社会完备的秩序和美德……
>
> 让我们教育学生他们只是公共财产,并不属于自己。让我们教育学生要关爱自己的家庭,但必要时必须为了祖国的利益抛弃甚至忘记自己的家庭……
>
> 在教育青年人时,让我们的校长拥有绝对的权威。学校的管理就像家庭的管理一样,虽然不一定严厉,却是武断专制的。在这种教育模式中,我们让青年人遵守法律,并由此让他们成为共和国的良好公民。我确信,这些最优秀的公民,在21岁之前从不了解,或从未感受过自己的意愿。我常常在想,我们的社会秩序井然,幸福安康,这真要归功于学校弥补了家长管理的缺失,培养了年轻人顺从听命的习惯。
>
> 根据上述观察,学校完全有可能转化为共和国的机器。如果我们期待它们在这台政府的大机器中发挥作用,这一点就必须达成。

无人不知的"美国校长"诺厄·韦伯斯特(Noah Webster)完全同意这一观点。"良好的共和国公民，"韦伯斯特写道，"是由政治机器造就的，在这种体制中，孩子刚会说话就要接受教育，检验他天生的独立性和情感，让他服从年龄大的孩子，遵守州、市和教区的法律规定。"（引自 Spring，2005，pp. 48－49）韦伯斯特在决定美国教育和文化发展方向的过程中发挥了重要的作用，他编写了一系列书籍，截至 1801 年，这些书籍的销量已经超过了 150 万册，到 1875 年，销量达到了 7 500 万册，成为了 19 世纪美国学校的主要教材。韦伯斯特传记的作者哈里·华菲尔（Harry Warfel）这样描述这些书籍：

> 这一系列书籍自成体系，决定了美国教育长达一个世纪的发展。随后出现了数十位模仿者，他们都打着韦伯斯特民族主义的旗号。"'美国'一词成了所有教材标题中必不可少的字眼，竞相展现爱国主义情怀。"（引自 Spring，2005，p. 48）

现在我们可以把卡米娅所说的"暴力、伪善的民族核心"追溯到美国义务教育实践的源头。美国的一位老校长在 1910 年写道："我们的学校已经失败了，因为它们是基于强迫和限制的教育机构……它们认为，所有学生都应该有着相同的兴趣、相同的成长经历，同时还要……在当时（1910 年）的情况下，教师只是生产机器人的机器人。"（Goldman，1912）

而反观 2007 年，不难发现，时隔将近一百年后，情况却并没有多少改观。根据埃玛·戈德曼的观点，我们应当认识到，在政府持续资助的义务教育体制下，"孩子的成长受到了阻碍，思维变得迟钝，身心也变得扭曲，无法在残酷的社会竞争中立足，独立发展。确实，当今世界里没有独立因素的东西最遭人厌"（Goldman，1912）。

还有希望吗？

无政府主义对义务教育的批评几乎没有为学校维护社会公平的希望留下多少空间。在当代新自由主义的推动下，学校管理开始走向私有化，然而就是这渺茫的一丝希望也在迅速消逝。

由于目前的学校都过度依赖对教师的直接赋权，所以与其进行学校改革，或许不如从政治权利的游戏手册中汲取教训。学校董事会通过民主选举产生，学校则通过对董事会的控制进行有效的运作。如果教育工作者希望在学校中创造民主公开的环境，从而促进社会公平，他们就必须先从地方入手，改变地方学校董事会的民主状况，给教师教学和学生学习留出更多的自由空间。

　　巴克法官和伊斯特布鲁克法官的判决虽然听起来十分严苛，但他们也只是声明教师必须遵守雇主制定的课程政策。除了那些由民营管理公司，即教育管理组织（Educational Management Organizations，EMOs）有效控制课程决策的地区以外，教师的"雇主"是民主选举产生的学校董事会。只有当地方学校董事会开始认识到并且承认教育和民主之间的重要联系时，学校才能通过制定具体的有关课程与其他事项的方针决策，着力解决社会公平问题，并取得有意义的成果。

（尚文博　译）

参考文献

Chomsky, N. (2003). The function of schools: Subtler and cruder methods of control. In K. J. Saltman & D. A. Gabbard (Eds.), *Education as enforcement: The militarization and corporatization of schools* (pp. 27 – 28). New York: Routledge.

Chomsky, N., & Macedo, D. (2000). Beyond a domesticating education: A dialogue. In D. Macedo(Ed.), *Chomsky on miseducation* (p. 24). Lanham, MD: Rowman & Littlefield.

Egelko, B. (2007, May 14). "Honk for peace" case tests limits on free speech. *San Francisco Chronical*. Retrieved June 17, 2007, from http://www. sfgate. com/cgi-bin/article. cig? file = /c/a/2007/05/14MNG9PPQGVV1. DTL

Foucault, M. (1988). *Madness and civilization: A history of insanity in the age of reason*. NewYork: Vintage.

Foucault, M. (1995). *Disicpline and punish: The birth of the prison*. New York: Vintage.

Global Research. (2007). Judge rules teachers have no free speech rights in class. Center for Research on Globalization. Retrieved June 17, 2007, from http://www. globalresearch. ca/ index. php? context = viewArticle& code = 20061020& article1d = 3551

Godwin, W. (1793). *An enquiry concerning political justice*. Charlottesville, VA: Electronic Text Center, University of Virginia Library. Retrieved June 17, 2007, from http://etext. virginia. edu/toc/modeng/public/GodJust. html

Goldman, E. (1912). The social importance of the modern school. Emma Goldman Papers, Manuscripts and Archives Division, The New York Public Library, Astor, Lenox, and Tilden Foundations. Retrieved June 17, 2007, from http://dwardmac. pitzer. edu/anarchist＿ archieves/goldman/socimportms. html

Kamiya, G. (2007, May 22). Why Bush hasn't been impeached. Salon. com. Retrieved June

29

17,2007, from http://www. salon. com/opinion/kamiya/2007/05/22/impeachment

Proudhon, P. -J. (2003). *What is property: Or, an inquiry into the principle of right and of government*. Oshawa, Ontario: Mondo Politico. Retrieved June 17, 2007, from http://www. mondo politico. com/library/pjproudhon/whatisproperty/toc. htm

Rush, B. (1786). Thoughts upon the mode of education proper in a republic. In *A plan for the establishment of public schools and the diffusion of knowledge in Pennsylvania, to which are added, thoughts upon the mode of education proper in a republic*. Retrieved June 17, 2007, from http://www. schoolchoices. org/roo/rush. htm

Spring, J. (1983, Spring). The public school movement vs. the libertarian tradition. *The Journal of Libertarian Studies*, 7 (1), 68. Retrieved June 17, 2007, from http://www. mises. org/journals/jls7_1/7_1_3. pdf

Spring, J. (1994). *Wheels in the head: Educational philosophies of authority: Freedom and culture from Socrates to Paulo Freire*. New York: McGraw Hill.

Spring, J. (2005). *The American school 1642 - 2004*. New York: McGraw-Hill.

West, C. (2004). *Democracy matters: Winning the fight against imperialism*. New York: Penguin.

4

社会公平的历史和批判性解读

德龙·博伊尔斯(Deron Boyles)

托尼·卡鲁西(Tony Carusi)

丹尼斯·阿蒂克(Dennis Attick)

教育工作者似乎无时无刻不在谈论着"社会公平"问题。他们把通过课堂实践实现更民主的社会视为己任。虽然从总体上来说,教育工作者的用意都是好的,但他们对社会公平的定义和实践却大不相同。结果就造成了这样一个局面:教育工作者们在社会公平的旗号下做着互相矛盾的努力。多样化的定义带来了多样化的理解,虽然多样性对于实现教育民主来说必不可少,但本章的目标是阐明社会公平的历史和背景。确定了这一目标后,我们还要找到不同定义之间的争议点,探索特定政党运作背后的文化和政治利益,并分析关于这些利益的种种假设。换句话说,我们希望通过研究社会公平概念的历史背景,批判性地思考社会公平支持者所提出的根本假设。最终,社会公平批判性的历史提供了一定的背景和基础,使得有志于通过教育实现社会公平的教育工作者能够更好地从不同的角度来阐释各自观点。

教育社会公平的概念表明,学校和社会中充斥着不公平现象。有些社会公平支持者把"社会公平"这一概念放在现行的精英教育体系中审视;另一些支持者则把"社会公平"看作是与精英教育体系等个体意识形态直接对立的概念,他们还支持公立教育体系,以此来解决目前不公平的社会中存在的社会不公问题。本章以充满分歧、重构和变化的参与民主制度为背景,把公立教育看作个人因素引发社会变化的关键。在教育领域中,教育社会公平的历史主要解决不同"社会公平"概念的差异以及差异的转化问题,以求更好地对教育社会公平的讨论进行定位。换句话说,有些团体支持教育改革,其目的就是为了以社会公平的名义保持权力和特权规范的现状。但与此同时,也有团体希望在社会公平的保护下废除这些特权。

公平的古典观念[1]

当下,对社会公平的不同理解都可以追溯到柏拉图(Plato)的《理想国》(*Republic*)一书,这一点已经过考证,而在该书中苏格拉底(Socrates)对公平的含义提出了质疑(Plato, 1991)。与那时相比,公平在现代的含义和重点当然已经发生了巨大的变化,但要重新解决公平的概念问题,教育工作者可能会遇到许多可在《理想国》中找到或由这本书引发的问题。苏格拉底和他的对话者最初把公平定义为,帮助某人的朋友并伤

害其敌人。这一定义给出后马上就被摒弃了,因为给自己的朋友帮忙本身就是不公平 31
的。苏格拉底在考察了不同公平定义的形成过程,以及对不同公平定义的反驳意见
后,决定自己建立言论中的城邦,这就是著名的"美好城邦"(kallipolis),苏格拉底希望
找到公民生活中公平和不公平现象的起源。在"美好城邦"中,他根据欲望、激情和理
性三种要素在三分系统中所占的比例,对公平进行了描述。苏格拉底认为,对城邦和
个人来说,只有当这三者保持平衡时,公平才能得以实现。构建好城邦之后,苏格拉底
及其谈话者在《理想国》的第七卷(Book Ⅶ)中通篇都在谈论教育问题,因为教育对维
持"美好城邦"中的公平而言必不可少。

柏拉图也把自己著名的洞穴寓言作为教育实践的舞台。洞穴中的囚徒在镣铐的
束缚下被迫看着墙上的影像。有一个囚徒挣脱了镣铐,转身看到炫目的火光,才意识
到他面前一切的都只是影像,而不是实物——火光才是这些影像的来源。那个获得自
由的洞穴囚徒走向了光明,但却被阳光刺得睁不开眼,不得不又回到洞穴中,解放了其
他的伙伴,于是他们也看到了形成影像的火光。

最后,柏拉图认为贵族就是政府,应由他们对洞穴中的囚徒进行充分的教育。虽
然本章主张民主制高于贵族制,但是也应该注意到教育和自由之间的这种早期联系
(并且返回洞穴是一种公平的行为),因为这样既可以发展教育社会公平的历史,又可
以避免提出无中生有的概念。教育与自由的联系也是任何社会公平历史的根本点,其
原因在于,任何上溯到神话黄金时代有关公平的观点都是有问题的。关于本章的重
点,我们将更具体地讨论为什么当下以民主的名义来理解专制的公平理想,这一观点
从目的上就有点匪夷所思。柏拉图和苏格拉底对公平的讨论都极具价值,但本章并不
赞同永恒不变或非历史的公平观念。作为将对公平的非历史解释视作问题的必然结
果,把《理想国》作为从历史角度研究社会公平问题的出发点,是解决历史公平问题的
必经之路,但这并不意味着柏拉图支持社会公平。真正的"社会公平"概念直到人类历
史的后期才出现,未见于对公平的古典讨论。在下文中笔者将对新的、独特的社会公
平观念的兴起进行概述,但这一观念最初来源于调查,之后才演化成为公平的含义。
为此,我们把《理想国》列为西方社会全面研究公平和公平与教育关系的开山之作。

亚里士多德(Aristotle)接着《理想国》中柏拉图对公平问题的讨论,对该话题展开
了详细的探讨。他试图在《尼各马可伦理学》(Nicomachean Ethics)一书中,通过研究
"公平"的各个组成部分来理解公平。在研究不同的"公平"时,亚里士多德的独到之处
就在于他把"公平"看作分配。这一点很值得注意,因为一些当代作者也认为,虽然分

配公平与社会公平不能混为一谈,但二者之间也确实有一定的联系。笔者将在下文详细讨论目前分配公平与社会公平之间的关系。亚里士多德和柏拉图一样,心里最初并没有社会公平的概念,但他创立的分配公平概念对后来的社会公平支持者造成了巨大的影响。

亚里士多德解释道,分配公平的核心在于财产;例如,荣誉、财富及其他物质的东西(Aristotle, 1999)。如上所述,分配公平在于成比例,讨论四个方面的界限,即两个人和应当属于他们的财产份额。即时,两个人之比与两份财产之比相同。亚里士多德列出等式,"因此,A∶B=c∶d 或 A∶c=B∶d。同时,一项组合(例如,人加上财产)的比例与另一项组合(如人与人)的比例相等。如果一个联邦满足上述的分配(荣誉、财富等)条件,那么这个联邦就是公平的"(p. 119)。[2] 根据亚里士多德的观点,如果上述比例不相等,就会出现不公平的行为或不公平现象,即一个人得到的财产多于他应得的份额,而另一人得到的财产少于他应得的份额。这个公式的重要性就在于对财产的强调。属于一个人的财产可以是物质的(如财富),或非物质的(如荣誉),但这两种财产都可以给予或剥夺,这就是分配。虽然物质财产的给予或剥夺简单明了,但在分配公平的原则中,为了把非物质的东西理解成可以给予或剥夺的财产,必须把这些东西具体化。我们之后会在本章用该理论批判现代分配公平的观念。这里值得注意的一点是,早在亚里士多德的理论中就已经把非物质的事物,如表现和机会,理解成可量化的财产,并采用平等或其他方式对其进行分配,这样一来,分配公平的定义就倾向于把非物质的事物视为可以量化的事物了。

社会公平的兴起

在古典思想中,"社会"从未与"公平"产生过联系,甚至在中世纪思想中也没有。事实上,中世纪最杰出的历史人物之一,圣·托马斯·阿奎纳(St. Thomas Aquinas)最大程度上地借用了亚里士多德关于公平的思想和对公平的分类,从基督教神学的角度对公平和慈善进行了区分,并且强调严格遵守有关公平的法律规定,不容变通。[3] 但是如果我们采用汉纳·阿伦特(Hannah Arendt)的观点,就会发现社会的概念在古典时期和中世纪都尚未诞生,直到现代才出现。在她看来,古典时期对公共和私有领域的区分逐渐瓦解,形成了现代观念中社会与亲密的概念,这才产生了"社会"这一概念。

1840 年,耶稣会牧师路易吉·塔普瑞利(Luigi Taparelli)第一次使用了"社会公平"这一术语,虽然很少有学者研究此人,但他的例子却可以说明,如果按照汉纳·阿伦特的观点,社会的概念直到中世纪都没有出现。

塔普瑞利毕生都在对笛卡尔式的怀疑提出异议,他关心的主要问题是意大利的统一进程。笛卡尔(Descartes)的怀疑虽然激进,但在当时却颇受欢迎,假如这样的想法影响到了意大利国家的形成,结果会怎样?塔普瑞利从中预见了私人利益终将凌驾于公共廉政的趋势(Behr, 2003)。换句话说,根据塔普瑞利的观点,一种观念如果重视独立思考,并且怀疑外部世界的方方面面,就必然会导致人们对自己利益的重视甚于公共利益,这一点很值得怀疑。塔普瑞利精通托马斯主义哲学,作为回应,他构建出了一套聚焦社会各阶层的当权者与国民关系的社会理论(Behr, 2003)。简单来说,社会是由其他更小的社会构成的。这些较小的社会,如政府和公民团体,可以帮助实现更大社会的公共利益,而较大的社会又有助于实现比其更大的社会中的公共利益,层层向上递推,最终整个社会都向着实现公共利益的方向努力。正如贝尔(Behr)(2003)提到的:"在这一背景下的'帮助'是由下至上,而不是由上至下的,下级团体对上级团体起作用,实现上级社会中的公共利益,使整个社会成为更完美的组织。"(p. 105)因此,正如塔普瑞利最初的定义,社会公平是在以这种方式组织的社会中实现的,这样可以"使各级的个体交往自由最大化"(Behr, 2003, p. 114)。

塔普瑞利的社会公平理论在当时独树一帜,因为在他看来,社会公平要在国民的共同努力下,向着全社会推进,而不是像柏拉图、亚里士多德的思想那样,或者在某种程度上像托马斯主义的思想那样,传统的、由上及下的权威性观念。他的观点听起来甚至更像是当前对针对深受大公司利益影响的政治体系"草根"运动的呼吁。但是限于塔普瑞利在著书时的保守政治环境,他一直被人们称作"诡辩者和反动狂热者"(Behr, 2003, p. 99)。但这并不意味着假如人们曾在历史上同情塔普瑞利,接受他的观点,今天就不会产生对社会公平问题的讨论,也不意味着社会公平的概念应当重新借用塔普瑞利的独到观点,从罗马天主教的角度理解公共利益。但是塔普瑞利把社会公平作为一个具体概念,为我们找到了社会公平的起源,提出了与多样性、连续性的历史公平截然不同而又联系紧密的理论,而社会公平便是建立在这一理论基础之上的推论。

虽然本节探讨了社会公平这一术语的起源,但塔普瑞利对于教育社会公平的讨论,似乎并没有多大影响,特别是在美国。他的著作及其大部分评论都是拉丁语或是

33

意大利语版本的,很少有英译本。时过境迁,尽管公平的概念从欧洲大陆传至美洲大陆时是通过新教而非天主教,但公平仍可以在圣经中找到其根据。随着欧洲殖民者在如今的新英格兰地区扎根,移民们出于对孩子教育的关心,制定了相关的法律,最终成为了现行的美国教育体系。

社会公平与美国教育

欧洲移民在美国的教育以他们对清教的虔诚为基础,因此教育的目标是要培养年轻人的功能性读写能力,这样他们就可以阅读圣经,并养成良好的职业道德(Spring,2001)。美国第一部关于教育的法律是 1647 年在马萨诸塞州通过的"老骗子撒旦法"(*The Old Deluder Satan Law*)。该法律规定,超过 100 户家庭的城镇必须建立语法学校,教授年轻人阅读和写作,同时逐渐向他们传授基督教的价值观(Urban & Wagoner,2003)。这些早期的语法学校代表了美国正规教育的最初形式,目的是为了保持基督教的传统,维护严格的社会秩序(Spring,2001)。

纵观 18、19 世纪,美国教育已经变得更加正规,尽管当时教育的主要对象是有钱送孩子上私立学校的精英白人家庭的男孩(Urban & Wagoner,2003)。这些私立学校按照西方文学和文化的标准,给学生提供非宗教性的教导,像早期语法学校那样对宗教的狂热也逐渐褪去。但是这些私营机构只接收来自上层社会的白人男孩,因此从机会平等的角度来看,当时并没有考虑社会公平问题(Spring,2001)。事实上,甚至到了 19 世纪中叶,惠及所有年轻人的"公立"教育体系,具体来说只涉及所有的年轻白人,公立教育体系这一想法最初也是政治领袖在努力加快民主进程时应运而生的。正是公立教育的最初概念,以维护和促进"公共"利益为名义,为公立学校的设立奠定了基础。

美国马萨诸塞州教育局的第一任局长贺拉斯·曼(Horace Mann)通过发展自己的公立学校,最先对建设惠及所有年轻人的公共学校的设想进行了探索性的实践。随着美国人口的快速增加、城市化和工业化的高速发展,曼对公立学校的探索也终于有了成果(Lubienski,2001),他希望建立一个由州政府管理的公立学校教育系统,让所有美国青年都接受公平合理的教育,而教育的内容则深受人们当时的共同经历和 19 世纪生活价值观的影响(Urban & Wagoner,2003)。罗伯特·奥斯古德(Robert

Osgood）（1997）认为，曼的公立学校运动颇具改良主义和乐观主义精神，因为曼希望通过共同的教育，把来自不同社会群体的学生团结在一起，从而减小这些群体之间的摩擦。

曼对美国学校的展望代表了对不同群体学生进行教育的最初尝试，但他的展望是否得到实现则还有争议。正如乔尔·斯普林所言：

> 公立学校教育需要在所有社会成员之间传播一种共同的阶层意识，从而创造出一种共同的社会阶层。让富人和穷人的孩子上同一所学校，可以使共同社会阶层的成员身份取代不同社会阶层的摩擦，由此为社会提供一套共同的政治价值观和道德价值观。（Spring，2001，p. 113）

从这一层面上来说，公立学校就是要为学生提供公立教育，团结所有学生，最终消除不同民族（ethnic groups）、不同社会经济阶层之间的社会不平等现象。

虽然曼公立学校的理念援引了一些分配社会公平的观念，但许多后续的教育实践都与他的目标背道而驰，这似乎也不足为奇。首先，虽然公立学校对所有的年轻人进行教育，但是这种教育以欧洲新教徒的传统和具体价值观为基础。其次，没有证据表明，公立学校曾解决过曼所说的社会问题，包括财富和资源分配不平等的问题（Spring，2001）。再者，公立学校非但没有减少不平等现象，反而建立了许多正规的体系，如标准化的课程和标准化的能力分组，在过去的150年间，引发了学校中新的不平等现象（Rogers & Oakes，2005）。

公立学校在20世纪早期继续蓬勃发展，但与此同时，也有越来越多进步的教育工作者更加直言不讳地批判公立教育导致的社会不公现象。约翰·杜威（John Dewey）大概是20世纪作品最为丰富的进步哲学家、教育家，他的许多哲学思想影响了许多教育社会公平的观念。在杜威的诸多早期作品中，他认为，学校不能脱离社会而存在，学校的主要职责是让学生参与探究真实的社会问题（Dewey，1900/1990，1916/1944）。在《教育中的道德原则》（*Moral Principles in Education*）一书中，Dewey写道："除了引导学生参与社会生活外，学校没有任何道德方面的目标。"（Dewey，1909/1975，p. 11）他主张，学校应当是富有朝气、充满活力的社区，学生应当在这里仔细研究与社会平等相关的各种问题，而不是孤立地学习课程中的东西。在杜威看来，学校在培养学生的批判性思维方面发挥着重要的作用，而受过学校教育的学生将来会创建更加平等的社会(Kliebard，1994)。

杜威认为,创建公平社会的根源在于民主学校,学生在这里自由地与其他人进行时下的探究,影响目前的社会实践。他强烈要求创建"连接空间"(joint space),方便学生之间的协作,在反对不平等现象的过程中重建知识(Rogers & Oakes, 2006)。在《民主与教育》(*Democracy and Education*)一书中,杜威认为:

> 民主不仅仅是一种政府的形式;它主要是一种社交生活的模式,包括互相的经验交流。随着参与个人兴趣研究的学生不断增加,分配给学生的空间也随之扩展,这样,每个学生都必须参考其他学生的行动,来对比自己的行动,从而对自己的行动作出评价,进而指导自己的行动。先前,由于阶级、种族和国家领土的屏障,人们无法充分理解自身活动的含义,而连接空间相当于打破了这些屏障。(p. 89)

35　　在杜威看来,只有在个人可以自由地选择自己的职业时,社会公平才能得以实现,从总体上也会为其他居民和整个社会的福祉做出贡献。

纵览约翰·杜威关于教育的著作,他始终强调公众积极参与的重要性,让公众在民主学校接受教育,自由参加内容广泛、参与性强的探究活动。杜威相信,个人可能会因为不公平现象深受其害、不堪重负,从而主动参与到改善社会的工作中去,只有这样社会才会变得更加公平。再让我们回到《民主与教育》这本书中,杜威提出:

> 用正规的方法定义人们所期望的转化并不困难。这种转化代表了一个人人有所为的社会,每个人都忙着让他人的生活更有意义,忙着使维系人们关系的纽带更加明显,从而打破隔离人们的屏障。(1916/1944, p. 316)

在杜威看来,创建公平的社会,需要全社会的成员主动参与到民主的进程中。此外,他还坚持认为,虽然社会中还充斥着种种不平等现象,但是学校不应复制社会现状,而应把年轻人培养成主动的社会人,努力使社会不公现象得到改观。

一方面杜威的思想影响了教育重建主义运动,另一方面,乔治·康茨(George Counts)和哈罗德·鲁格(Harold Rugg)都主张分配社会公平的探索必须成为美国教育的课程核心(Kliebard,1994)。康茨对学校导致社会不平等这一观点表示怀疑,而鲁格则把注意力放在了社会研究的主题领域上。虽然两人所采用的教学法不同,但康茨和哈罗德·鲁格都认为,富人和穷人之间的经济和社会差距正在损害美国的民主,减少人们的机会(Stern & Riley,2002)。通过把学校作为社会的中心,在这样的学校中经济和社会的差异会受到质疑和批评,两人希望借此打造一套公平公正的新型社会秩序。

哈罗德·鲁格对美国课程体系的挑战,反映出他把分配社会公平的元素逐渐渗透到美国教育过程中所做的努力。他在批判社会研究的过程中,把杜威的整体课程观念拓展为课程科目。鲁格认为,所有的课程都是社会研究,所有的社会研究主题都与社会问题有着直接的联系(Stern & Riley,2002)。从这一层面上来说,他把社会研究的主题看作批判性地审视社会不公的实践,而不是牢记历史事实的过程。鲁格主张,教师应当作为引导者,与学生一同批判性地评价当下的社会问题。在他的课程中,教师和学生应当研究"现实世界中的问题,以求创建和维护一个更加公平、民主的美国社会"(Stern & Riley,2002)。鲁格坚信,他的社会研究方法可以根除学校里的消极状态,并激励老师和学生"主动关心社会公平"(Kliebard,1994)。

乔治·康茨和其他的重建主义者一样,批评美国教育体系在社会不公问题上的消极状态。他在20世纪20年代时曾是一位坦率的社会主义者,反对教师和学校共同构建人人平等的社会。康茨的最终目标是用社会公平问题的新焦点代替根植于美国学校中的个人主义(Kliebard,1994)。他认为,除非学生学会用更加激进的教育观点反驳保守的教育规定,否则社会就不可能成为一个公平的实体(Westbrook,1991)。

一方面,重建主义者把学校看作改善社会不公现象的关键,不断取得进步,另一方面,非洲裔美国学者、教师和学生正在奋力争取教育机会。美国南北战争结束后的几年间,曾经的奴隶开始在美国东海岸地区建立学校(Spring,2001),在19世纪最后的25年间,非洲裔美国人努力争取(和白人)平等的教育机会,希望通过提高文化水平,得到更大的政治权力,实现经济繁荣。虽然在19世纪后期,非洲裔美国人的教育领袖在为年轻人争取教育机会方面,取得了巨大的进步,但是直到1900年,非洲裔美国儿童仍在种族隔离学校接受教育,得不到白人教育机构的援助,学校的资金依然匮乏(Spring,2001)。

W·E·B·杜·博伊斯(W. E. B. Du Bois)和布鲁克·T·华盛顿(Booker T. Washington)是19世纪末期为非洲裔美国儿童争取平等教育机会的最重要的两位学者。华盛顿是奴隶出身,在汉普顿学院(Hampton Institute)就学,而杜·博伊斯出生

36

在马萨诸塞州的波士顿,在私立学校读书(Newman,2005；Urban & Wagoner,2003)。虽然两人都为非洲裔美国人争取平等的教育机会,但是在如何最好地教育年轻人,让他们积极地为自己的社会平等和经济平等作斗争这一问题上,这两位教育领袖却有着截然不同的观点。

布鲁克·T·华盛顿提倡为非洲裔美国人提供平等的教育机会,根据他的观点,教育应当培养人们在工业社会所需的各种技能。在华盛顿看来,只有非洲裔美国人在经济生活中拥有了工作,挣到了薪水之后,平等和公平才有可能实现。有鉴于此,可以将华盛顿的公平理解为分配公平,因为获得物质财产的机会等同于实现公平的机会。他认为：

> 学生应当接受教育,这样的话,他们就可以在自己生活的南方地区适应目前的生存状况……每个毕业生就会拥有足够的技能、智慧和高尚的品德,可以维持自己和他人的生活;使人人都热爱劳动,而不是好吃懒做。(Washington,1901/1995,p. 120)

华盛顿认为,有了高尚的职业道德和个人品德,非洲裔美国人就能享有平等的社会地位。

W·E·B·杜·博伊斯则提倡另一种教育观念,即学校应当教授非洲裔美国儿童获得社会和政治权力所需的技能,同时加深他们对争取平等的理解(Spring,2001)。与华盛顿不同,杜·博伊斯回避了公平的分配观念。他认为,实现社会的公平民主,需要每个人的能力和经历都得到认可(Seigfried,1999)。在杜·博伊斯看来,所有社会成员对社会都有贡献作用,应当享有平等的机会发挥自己的长处来改善社会。杜·博伊斯主张,如果民主"把女性、黑人、穷人排除在外,或因为与智力无关的天生品质把任何阶层排除在外,民主都会遭到破坏……"(Du Bois,1903/1994,p. 45)。为此,他支持社会全员都参与当前的对话,对社会公平观念进行改革和重塑。

1954年的布朗诉托皮卡教育局案(*Brown v. Board of Education of Topeka, Kansas*),或许是分配社会公平在教育领域最成功的范例。美国有色人种促进会(National Association for the Advancement of Colored People,NAACP)将该案件提请至最高法院审议,最后以依法制裁公立学校中的种族隔离行为而告终。在教育社会公平领域,该案件具有里程碑式的意义。美国有色人种促进会认为,在公立教育中"保持隔离,但是平等,这一做法并没有任何意义",根据种族来区分学校从本质上来说就是不平等(Spring, 2001)。"布朗案"推翻了美国学校中的种族隔离制度,这个案件可以理解为分配公平的一个示例。随着公立教育在更大的社会背景下实施,仅为人们提供平等的教育机会还远远不够。如果真正意义上的社会公平得以实现,每人都将有能力影响可以给予或拒绝提供教育等服务的权力结构系统。

　　自从 20 世纪 70 年代后期以来,公立教育一直在努力增进人们对以分配社会公平理想为基础的社会公平的理解。因此,学者和政客也都声称,教育公平应该分配给那些需要或值得给予教育公平的人们。正如我们所主张的,教育公平的概念可以用无数种方法来解释,仅从分配角度理解公平,会使不同的群体都声称自己致力于促进教育社会公平。

目前的社会公平

　　理解社会公平的意义十分困难,因为不同的视角就会有不同的社会公平观。正如本章开篇所述,由于社会公平的意义广泛多样,不同的团体为了实现社会公平的努力方向可能截然相反。例如,在教育领域,黛安娜 · 拉维奇(Diane Ravitch)(1994, 2005)、莫蒂默 · 阿德勒(Mortimer Adler)(Adler & Paideia Group, 1982)、切斯特 · 芬恩(Chester Finn, 1993)、赫特林(Hertling)(1985)、E · D · 赫希(E. D. Hirsch)(Hirsch, Kett, & Trefil, 1988)和鲁恩泽(Ruenzel)(1996)等学者,主张通过同化的方法实现社会公平,其推崇的教育哲学思想维持着美国目前极度不平衡的权力结构。与此同时,批判理论家、进步主义者和自由主义者目前则正在为实现教育领域的社会公平而奋斗。具体来说,他们希望能够揭露并根除他们的反对者力图捍卫的权力结构。为什么目标如此不同的群体,却都在为社会公平呐喊?

　　为了回答这一问题,我们必须明确每个群体所主张的社会公平到底是什么。艾丽斯 · 玛丽昂 · 杨(Iris Marion Young, 1990)在她的著作《公平和政治差异》(*Justice and the Politics of Difference*)中讨论了社会公平的概念,提出了"分配范式"这一重要概念,她将"分配范式"定义为"把社会公平和分配设想为同延概念的趋势"(p. 16)。换句话说,某人从分配范式的立场出发,主张分配平等,在实现平等之后,他对公平的要求就完全得到了满足。此外,分配范式"假设对公平的所有分析都采用单一模型:把公平作为讨论核心的情况，与人们分配货物，比较每人所得的部分的多少这种情况类似"(p. 18)。杨对分配范式的定义与亚里士多德先前对相关问题的讨论非常相似。自从分配公平的概念产生后，许多学者虽然对其进行了完善，但分配公平在提出时声明的首要原则，以及上文所提亚里士多德公式中所表达的内容则一直保持不变。例如，莫蒂默·阿德勒(Adler & Paideia Group, 1982)、芬恩(1993)、赫希等人(1988)和其他"文化素养"的提倡者所主张的教育机会平等，都以保证学生获取相同的资源(如文化素养课程)为目标，以分配范式的角度为出发点。要抛开这一范式就意味着质疑每个学生能否公平地获得他/她的份额。

38

因此，许多现代的学者都倾向于把社会公平与分配公平等同起来，但是问题也随之而来。把社会和分配两种公平的形式合并起来更加强调财产的分配，从广义上看，却损害了社会所需的那些不易量化的特质，如道德、行为和思想，每种特质都是"理想的"社会公平中的一部分。当然这并不意味着应该摒弃或取代分配的观念。无可否认，没有分配推论的社会公平理论并不可取，因为资源的公平分配对教育来说具有重要的意义。但是需要注意的是，在社会公平和分配公平之间，并不存在二者等同或一方包含另一方的关系。正如杨(1990)在谈及教育机会时所作的声明：

> 在美国的文化背景下，对男孩和女孩、工人阶级的孩子和中产阶级的孩子、黑人儿童和白人儿童而言，即使他们能够获得平等的教育资源，也常常无法享受平等的教育机会。(p. 26)

公平的分配观念有利于实现人人平等的理想，让每个人都得到均等的份额。虽然这样的分配对实现公平来说必不可少，但就社会公平而言，人人平等概念的重点并不是解放，因为如果解放成为重点，就会强调把人们从压迫中解放出来。虽然分配公平和社会公平在很多重要的方面都有重合的地方，但若将二者混为一谈，社会公平的概念就变得贫乏。在教育领域中就可以看出这一问题的严重性，那些赞成分配社会公平的学者，往往把知识具体化为教师储存在学生脑中的东西，而除此之外，学生的大脑似乎空空如也。保罗·弗莱雷(Paulo Freire)将这一过程批判为"储存方法/灌输"(2005)。《文化素养》(Cultural Literacy; Hirsch et al., 1988)一书的作者、核心知识基金会的创始人赫希，Jr. 等人，以知识的具体化为方法进行研究，声称他们找到了"社会公平的议程"(Ruenzel, 1996)，在他们开设的课程里，那些为了考试成绩而记住长篇历史事实的学生才是成功的学生。

肯尼思·豪(Kenneth Howe，1997)的政治观点则与赫希的完全相反，也一直坚定地批判其观点，他及时、广泛地研究了社会公平对教育机会平等的作用。肯尼思·豪反对赫希的核心知识项目，并认为"他的提议甚至连无用都算不上。对于那些在历史上无权参与的群体而言，赫希的建议甚至会阻碍他们获得平等的教育机会"(p. 3)。关于目前教育问题讨论中存在的种种困难和矛盾，上文中提到了两种对立的观点，通过反思我们会发现，双方其实都把实现社会公平作为自己的目标。豪显然与赫希有着截然不同的观点，但两人却都声称自己是在努力实现社会公平。而对教育社会公平感兴趣的教师又该如何把豪和赫希所主张的社会公平区分开来呢？

豪的社会公平概念似乎有时接近于分配公平，但有时又与分配公平不同，这可能是由于他常常奉行传统的公平观念，因此认为分配公平等同于社会公平。例如，在解决与压迫相关的问题时，杨(1990)认为有些事物不属于"分配范式"，而豪(1997)却主张不压迫原则，声称"不压迫根植于民主的要求之中，不压迫原则必须适用于组成政治团体的人，而且他们也必须遵守不压迫原则，也就是说这是一个相互的过程"(pp. 69 - 70)。虽然豪把不压迫原则建立在杨的成果(1990)之上，但是这一原则所需要的相互性(例如，不同群体之间的付出与索取)很容易落入分配公平的模型，从而把不同群体(如男女同性恋青年与基督教原教旨主义者两个群体)(p. 70)间对不压迫原则的平等分配理解为社会公平。从这层意义上说，豪的研究代表了目前许多进步学者对于社会公平的研究。本章基于杨(1990)对"分配范式"的批判，把豪书中的内容看作社会公平和分配公平难以明确区别的例证。如果认为豪主张的社会公平与赫希提倡的相同，那就误解了豪的观点。

所以，对豪的后续讨论可以从两条线索展开。其一，把他的著作作为对人们解读社会公平方法的极端尖锐的批判，指出人们在维护现行教育机会框架的过程中所犯的错误。例如，豪将某些思想家的"保守"批判为文化帝国主义，因为他们强调为了维持统一的文化，需要保证课程的统一。其二，豪采用的社会公平概念可以与分配公平互换，有时二者还无法区别，这就体现出了本章强调的许多难以确定的地方，这些都是历史上教育社会公平所面临的著名难题。如果分别梳理这些线索，会发现他们没有分别出现在豪的著作中。换句话说，从上文来看，第一条线索为豪对保守教育机会的批判，第二条线索为豪对社会公平与教育公平的混淆，第一条线索会受到第二条线索的同步影响。虽然本章赞同豪(1997)对保守教育理论家的批判，例如赫希、阿德勒、拉维奇和

39

约翰·查布(John Chubb),但也会继续对豪进行解读,强调教育工作者在区分社会公平和分配公平时面临的困难。

豪(1997)对布朗案的判决进行了重新假设:"即使情况与现实相反,资源在实行种族隔离的学校中得到了平等分配,法律禁止的种族隔离也会对遭受隔离的群体造成侮辱,使他们的意志消沉,从而达到永远让他们处于弱势地位的目的。"(p. 78)豪的假设拓展了他的推论,但也恰恰显示出其把社会公平和分配公平等同起来的错误。设想一下,假如在布朗案的判决后,学校废除了种族隔离,所有的资源在学校中都得到了平等的分配,根据豪的假设,公平分配的条件将得以满足,但是以种族歧视、阶级歧视、性别歧视(以及其他歧视)的形式出现的压迫问题,在废除种族隔离的学校和实行种族隔离的学校中仍然得不到解决。甚至在分配意义上理解机会时,即这类资源也得到平均分配时,压迫现象仍会继续猖獗下去。而本章所设想的社会公平便是根除压迫现象,但这并不是说社会公平不涉及分配公平,或者分配公平不涉及社会公平,而是社会公平必须与分配公平在教育领域并行,才能构建更加公平的社会。此外,教师、学生、行政人员和父母等群体的代表也正在进行对话,主动把社会公平看作分配公平的推论,将分配公平和社会公平加以区别。这种对话实际上就是解放受压迫人群的实践,力求发现并根除压迫学校群体的体制结构和个体结构。

如果我们从认可和自尊的角度看,就会发现豪(1997)的观点中存在另一个问题。他承认,甚至"当教育机会的(完全)平等无法实现时,在社会公平方面仍然存在许多有待努力的地方,其中就包括教育领域。在这一方面,(教育机会平等的)参与式解读要求所有人都得到认可并且拥有自尊"(p. 89)。这里的"要求"属于公平的分配形式,这一点可以得到论证。但认可和自尊两种资源在学校这种管理机构都无法得到分配。

当然,学校也有各种各样的方法,通过分配平等的方式营造一个有利于上述品质形成的环境,这就需要重点强调分配公平与社会公平并行的重要性。但我们也认为,认可和自尊都是在社会交往中产生的,而社会交往公平与否只能由分配的结果来决定。如果不忽略这种结果,分配就只能是不公平的,对解决很多认可形式中固有的压迫问题(如认为其他种族比自己的种族低劣,在种族歧视的世界观中理解自我等)毫无益处。再次重申,就是在这一点上,我们可以根据社会公平的观点提出,特定的认知形式是不公平的,在这个过程中,我们并没有诉诸分配结果,而是揭露了种族主义内在的压迫。

这两个例子表明,在学校中即使在分配公平的需求得到满足时,不公平现象也可能继续存在。首先,即使我们同意豪关于布朗案的思维实验,种族歧视的现象也并不会得到改观,因为根据法律废除种族隔离无法解决种族歧视问题,而在同一所学校的不同群体都同样抱有种族歧视。同样,第二个例子显示,群体和个人即便实现了认可和自尊,仍然会不知不觉地内化和表达自己受到的压迫。

结论

本章中,我们给出了很多历史上的社会公平概念,反思了教育社会公平思想。我们认为,过去一个世纪以来,教育理论家和学者把社会公平和分配公平的概念合并在了一起。持有与社会公平相对立的意识形态的学者和教育领袖们则把社会公平概念化成一种存在于分配范式中的理想,他们声称可以通过给学生提供平等的教育机会和参与精英领导体制的机会实现社会公平。另一方面,那些致力于社会公平教育的教师、学者和领袖持有与分配公平不同的观念,他们正力图在学校及更大的社团中解决社会不公平问题,引领社会变革。

目前,美国教育实践以标准化观念为基础,努力让年轻人参与到全球经济活动当中。如果一个教育体系倡导公平观念,学生在其中也平等地享有教育机会,但是该体系中已经出现了阶层分化,那么,在这个教育体系中,理解公平在教育中的非分配观念这一目标从理论上来说将无法实现。此外,教育学生融入全球经济体系,并不需要学校解决不公平问题;全球化教育只需要学校为学生在精英领导体制中提供相似的经历。当下和未来对社会公平问题感兴趣的教育工作者和学者,必须充分考虑分配公平的概念,努力实现民主的教育,从而引领真正的社会变革。

(尚文博　译)

注:

1. 下面的部分以古希腊哲学思想作为出发点。虽然柏拉图对公平问题的讨论所作的贡献颇有价值,但是我们不把他的哲学思想作为非历史、非文化问题的参考依据。他在《理想国》一书中的理论涉及到了公平和教育问题,因此很有借鉴意义,但是我们要避免使用经典的或欧洲中心论的方法来证明他的理论。
2. 在这个公式中,A 和 B 代表人,c 和 d 代表他们财产的份额。
3. 有关范例的内容,请参见圣·托马斯·阿奎那所著《神学大全》(*Summa Theologica*;　41

London: Burns, Oates, and Washbourne, 1918), 61 和 63 节 (Vol. 10, pp. 157 – 167, 186 – 194).

参考文献

Adler, M. J. , & Paideia Group. (1982). *The paideia proposal: An educational manifesto.* NewYork: Macmillan.

Arendt, H. (1998). *The human condition* (2nd ed.). Chicago: University of Chicago Press.

Aristotle. (1999). *Nicomachean ethics* (M. Ostwald, Ed. & Trans.). Upper Saddle River, NJ: Prentice-Hall.

Behr, T. C. (2003). Luigi Taparelli D'azeglio, S. J. (1793 – 1862) and the development of scholastic natural-law thought as a science of society and politics. *Journal of Markets and Morality*, 6 ,99 – 115.

Brown v. Board of Education of Topeka, 347 U. S. 483(1954) and 349 U. S. 294(1955).

Core Knowledge Foundation. (1999). *Core knowledge sequence: Content guidelines for gradesK-8.* Charlottesville, VA: Core Knowledge.

Dewey, J. (1944). *Democracy and education.* New York: Simon & Schuster. (Original work published 1916)

Dewey, J. (1975). *Moral principles in education.* Carbondale: Southern Illinois Press. (Original work published 1909)

Dewey, J. (1990). *School and society.* Chicago: University of Chicago Press. (Original work published 1900)

Du Bois, W. E. B. (1994). *The souls of Black folk.* Mineola, NY: Dover. (Original work published 1903)

Finn, C. E. , Jr. (1993). *We must take charge: Our schools and our future.* New York: The Free Press.

Freire, P. (2000). *Pedagogy of the oppressed* (30th anniversary ed.). New York: Continuum. (Original work published 1970)

Hertling, J. (1985, October 30). At senate hearing, advocates promote benefits of "choice." *Education Week.* Retrieved December 10,2006, from http://www. edweek. org/ew/articles/1985/10/30/06280012. h05. html

Hirsch, E. D. , Kett, J. F. , & Trefil, J. S. (1988). *Cultural literacy: What every American needs to know.* New York: Vintage Books.

Howe, K. R. (1997). *Understanding equal educational opportunity: Social justice, democracy, and schooling.* New York: Teachers College Press.

Kliebard, H. (1994). *The struggle for the American curriculum.* New York: Routledge.

Kohl, H. (1980). Can the schools build a new social order? *Journal of Education*, 3 ,57 – 66.

Lubienski, C. (2001). Redefining "public" education: Charter schools, common schools, and the rhetoric of reform. *Teachers College Record*, 103 ,634 – 666.

Newman, J. W. (2005). *America's teachers: An introduction to education* (5th ed.). New York: Allyn & Bacon.

Osgood, R. L. (1997). Undermining the common school ideal: Intermediate schools and ungraded classes in Boston, 1838 - 1900. *History of Education Quarterly*, 37(4), 375 - 398.

Plato. (1991). *The republic of Plato* (2nd ed., A. D. Bloom Ed. & Trans.). New York: Basic Books.

Ravitch, D. (1994, Fall). Somebody's children. *Brookings Review*, 4 - 9.

Ravitch, D. (2005, November 7). Every state left behind. *The New York Times*, p. A23.

Rogers, J., & Oakes, J. (2005). John Dewey speaks to Brown: Research, democratic social movement strategies, and the struggle for education on equal terms. *Teachers College Record*, 107, 2178 - 2203.

Rogers, J., & Oakes, J. (2006). *Learning power: Organizing for education and justice.* New York: Teachers College Press.

Ruenzel, D. (1996, August). By the book. *Teacher Magazine*, 25 - 29.

Seigfried, C. H. (1999). Socializing democracy: Jane Addams and John Dewey. *Philosophy of the Social Sciences*, 2, 207 - 230.

Spring, J. (2001). *The American school: 1642 - 2000* (5th ed.). New York: McGraw-Hill.

Stern, B. S., & Riley, K. L. (2002). Linking Harold Rugg and social reconstructionism to "authenticity"in theory and practice. *Curriculum and Teaching Dialogue*, 4, 113 - 121.

Urban, W. J., & Wagoner, J. L. (2003). *American education: A history.* New York: McGraw-Hill.

Washington, B. T. (1995). *Up from slavery.* Mineola, NY: Dover. (Original work published 1901)

West, C. (2004). *Democracy matters: Winning the fight against imperialism.* New York: Penguin Press.

Westbrook, R. B. (1991). *John Dewey and American democracy.* Ithaca, NY: Cornell University Press.

42

5

黑人民权中的冲突、讽刺与社会公平

布朗案和马丁·路德·金的教训

霍勒斯·R·霍尔（Horace R. Hall）

　　研究历史时,最理想的状况是我们能得出结论:历史既不是偶然的,也不是各种小灾小难的结果。历史是我们作出的关于生活的决定,我们越了解它,就越能意识到每个人的选择如何在影响他人的生活。此外,历史向我们展现了深深植根于我们社会中的结构性不平等现象,以及我们如何在先人们努力的基础上继续与之斗争。曼宁·马拉布尔(Manning Marable, 2006)在他的著作《黑人历史实录》(*Living Black History*)中写道:

> 　　有学识的公民能从历史中吸取教训,这又能反过来逐渐提升公民的能力。"历史健忘症"会阻碍原本有望成功的社会运动。当过去、现在与未来的鸿沟逐渐弥平之时,人们就能更强烈地意识到他们正在成为自己历史的"创造者"。因此,对于被压迫者来说,要重构历史就难免要通过政治行为,或者说政治实践,将现在打造成未来。(p. 37)

　　受到马拉布尔这段话的影响,历史学家、社会学家和法学者都广泛记录了 1954—1955 年间的"布朗诉托皮卡教育局"案(*Brown v. Board of Education of Topeka, Kansas*)和 1955—1968 年间发生的民权运动(Civil Rights Movement),并从中吸取教训。这些教训无疑能提升公民能力,并且如果足够用心,还能避免"历史健忘症",进而促进现在与将来的社会运动。然而,下文的讨论并不是对这些里程碑事件的全面历史回顾。更准确地说,我是想用政治历史的研究方法来审视这些事件,希望能借此扩大讨论,让我们对历史拥有更加深刻的感知,并且提升我们公民行动的能力。因此,出于本文结构上的需要,我将对这些事件催化出的一些社会冲突作一概述,随后讨论它们各自的讽刺性所在。最后我将在社会公平教育的基本框架内,在结尾处对这些冲突和讽刺的意义进行简短的思考,并着重反思个体在何种程度上通过"社会观点采择"(social perspective-taking)来引发个人和制度上的变化。

布朗案(反种族隔离学校中的种族隔离思想)

　　"布朗诉托皮卡教育局"案是一起集体诉讼案,共包括五起个案,分别发生在堪萨斯州、特拉华州、南卡罗来纳州、弗吉尼亚州和华盛顿特区的种族隔离学区。当时,最重要的民权组织——美国有色人种促进会(NAACP)将这些案件整合起来,进而突出隔离学校设施的违宪性,试图一次性结束校园种族隔离(Brown,2004)。布朗案的决议废除了1896年"普莱西诉弗格森案"(*Plessy v. Ferguson*)确立、存在了近60年的"隔离但平等"(separate-but-equal)政策(Franklin & Moss,1988)。1954年,《布朗案1号决议》(*Brown* I)宣布,隔离的学校设施是"实质上的不平等",并违反了《第十四条修正案》(the Fourteenth Amendment)确定的"平等保护条款"(Equal Protection Clause)(Franklin & Moss,1988)。1955年,《布朗案2号决议》(*Brown* II)重提《布朗案1号决议》中对原告的救助事宜,并提到隔离学校制度的废除必须"以合适的速度稳步进行"(Brown,2004)。在之后的30年间,"合适的速度"变成了一个相对的概念。法院将开展反种族隔离的主要权力交给了州政府和各地学校管理层,导致计划的推进非常缓慢,尤其是在美国那些不认同公众舆论和法庭判词的地方(Butler,1996;Mack,2005)。

20世纪60年代,在各州和地方层面出现了大规模的白人抵制反种族隔离的现象,这往往表现在技术性拖延和学生转学方面(Mawdsley,2004)。举一个极端的例子,弗吉尼亚州的爱德华王子县(Prince Edward County,Virginia)就关闭了所有的公立学校。对反种族隔离学校的公然排斥主要出现在南北战争前的美国南方地区。布朗案决议公布10年后,"在11个南部州中的7个之中,仅有2.14%的非洲裔美国儿童上了反种族隔离学校(Horowitz & Karst,1969)"(Mawdsley,2004,p. 246)。尽管1964年的《民权法案》(*Civil Rights Act*)为各学区反种族隔离提供了更多动力(因为联邦政府会为这些地区提供资金),但是在20世纪70年代和80年代,出现了"白人群飞"(White flight)现象,大批白人家庭从城市中心搬到了郊区(Kruse,2005)。在这段时间,法院推出了校车服务来接送学区外的学生,以此来加快"合适的速度",并在城市社区内建立种族分布更平衡的学校。然而,黑人儿童基本上都被校车送到了距离他们家最近的学校。在这个事例中,由于法院无法控制住宅区的隔离,"白人群飞"就成了反对学校种族融合最有效的手段(Andrews,2002;Brown,2004)。

布朗案引起的其他社会冲突体现在它所带来的各种矛盾。在这些讽刺性的事件中,最值得注意的是"平等择校权"(equal access)和黑人自我认同发展之间的关联。美国有色人种促进会认为,隔离的合法性会对黑人儿童的心理产生负面影响,因此反种族隔离学校成了确保黑人健康的自我认同感以及未来黑人与白人之间的和谐关系的首要手段(Martin,1998)。对于后者,正如前文所述,布朗案激起了白人对种族融合的强烈抵制,转学和"白人群飞"都体现了这一点——这两个因素在当今的就学券(school vouchers)和住宅改善项目上依然发挥着影响。然而,对于前者,除了美国有色人种促进会提到的负面影响,大规模的学校反种族隔离化可能还会给黑人学生带来另一种形式的伤害。黑人的平等择校权表现在对"隔离学校设施在本质上是不平等的"这一观点的认可,并且也需要依此来进行改善。因此,法院最初的措施并不是(通过学校课程、教师工资和基础设施)为黑人学校提供同等的财政支持,也不是引入白人学生。相反,法院的观点是:黑人学生的故乡在种族上都是劣等的,而他们想要占领的地方在文化上都是优等的(Butler,1996)。于是,黑人学生被强制塞到白人的学习场所,这对于一些人来说意味着极度的敌意和暴力(Martin,1998;Ogletree,2004)。贝尔(Bell,2004)指出,黑人儿童"在白人为主的学校里被送进送出",并且"总是遭受赤裸裸的种族憎恨,以及根本无视他们需求的课程"(p. 112)。另外,法院为推进平等择校权而采取了错误方法,他们对培养黑人健康的自我认同感有着盲目自信,其带来的后果是:黑人学校或关闭、或合并;黑人教师和校长在各自的社区内失业,其社会地位也随之下降;黑人学生被迫离开他们充满尊重和自我认知的文化环境,而被盲目地扣上了白人的课程设置和意识形态(Karpinski,2006;Ogletree,2004)。

上述的影响在今天依然存在,黑人学生和拉丁裔学生依然在与社区错位的残留影响作斗争,他们面临的现实依然是就读于大范围实行种族隔离的学校,这些学校往往资源匮乏、学生过多、强调标准,且过多地采用惩罚性的纪律措施(Conchas,2001;Hall,2006;Noguera,2003;Stevens,2002)。作为公民活动的参与者,我们应该明白,布朗案的局限性在于对"平等"的定义从最开始就十分模糊。虽然布朗案想要从法律上废除(依据肤色进行的)种族隔离来创造公平的竞争环境,而实际上也可以说做到了,但这仅仅是在原则层面上。平等应该更加切实地与经济平等联系起来。单靠种族融合无法消除贫穷集中的区域,更不能改变一些人种族隔离的想法。在美国有色人种促进会追求社会公平的过程中,由于"平等"逐渐混同于"同一"(sameness)这一政治修辞(即用于评判其他所有种族群体的白种人的标准),人们在诉讼中逐渐丧失了"平等"这一目标。即便有所有这些不足之处,布朗案依然应被视作是一次胜利。它挑战了一个"白人至上"的残酷制度,这种制度植根于存在了将近 300 年的奴隶制、吉姆·克劳主义[①]和种族暴

45

---

① 吉姆·克劳(Jim Crow)是美国白人演员赖斯(T. D. Rice)于 1828 年创作的一个黑人角色的名字,后来逐渐变成了贬抑黑人的称号和黑人遭受种族隔离的代名词。吉姆·克劳主义由此得名,指美国统治阶级对黑人实行种族隔离和种族歧视的一套政策和措施。——译者注

力之中。虽然它与社会公平和教育机会平等还相差甚远，但"布朗案"的裁决确实带来了一系列连锁反应，推动着其他人改变社会生活的各个方面。下一部分将讨论民权运动及其主要人物——马丁·路德·金博士（Dr. Martin Luther King Jr.）。

马丁·路德·金（和民权运动）

民权运动的遗产在于它力图通过法律和教育的结合解放边缘化群体，并改善他们的生活。它主要被视作一场反种族隔离运动，其成就之一在于通过了核心民权和反贫穷法规。由于美国有色人种促进会提出的废除种族隔离的法律措施不断被推迟，居住在南方的许多黑人极为不满，这场运动最初就是这种不满爆发的结果（Lehman，2006）。虽然黑人社群承认"布朗案"取得了成功，但他们并未停止与其在住房、就业、投票权和隔离公共设施方面所处的二等公民地位作斗争，在学校中也是如此。在不采用诉讼的情况下，南部一些小型黑人基层组织转而采用非暴力抗议的策略。1955 年的阿拉巴马州蒙哥马利公交车联合抵制事件（Montgomery，Alabama Bus Boycott）就是一个明显的例子，它同时也是促成民权运动的一个因素。罗沙·帕克斯（Rosa Parks，当时美国有色人种促进会的一名积极分子）遭到逮捕，成为了持续一年的联合抵制事件的导火索。该事件的组织者是尼克松（E. D. Nixon，时任美国有色人种促进会蒙哥马利分会主席），领导人是缺乏经验而又有些勉强的马丁·路德·金，事件将成百上千人卷入其中，包括金在内的大批抗议者遭到逮捕，一定程度上使得事件获得了全国范围的关注，联邦政府迫于压力介入此事，最终通过了一项全市禁令，不再运行种族隔离的公车（Gordon，2000）。联合抵制的成功把金推上了民权运动的领导和代言人的位置，也促使其他地方组织如学生非暴力协调委员会（Student Nonviolent Coordinating Committee，SNCC）参与到非暴力抗议中，其形式包括静坐抗议、祈祷示威、宣读示威和"自由之行"[①]（Miller，2004）。虽然这些一般由学生组织的抗议活动相对独立于金自上而下的领导，但媒体却常常把两者联系起来（Fairclough，1987；Lawson & Payne，2006）。

① 自由之行（Freedom Ride），指为争取公民权利，民权活动家们去美国南方各州乘坐实行种族隔离的交通车辆作示威性旅行的运动。——译者注

正如布朗案掀起了大规模的种族不和以及立法抵制，涉及多种社会环境的民权运动也使得种族紧张程度陡然上升。该运动的一个伟大之处在于它囊括了全国和地方层面的众多组织，包括美国有色人种促进会和种族平等协会（Congress of Racial Equality，CORE），金领导的南方基督教领袖联合会（Southern Christian Leadership Conference，SCLC），以及一些地方性的草根组织。这些主要扎根在南方州的组织把人们动员起来，揭露了白人的敌意，并利用媒体将其在全国范围内公之于众（Lawson，1997；Levy，1998）。因此，美国各地的人们都见证了白人对黑人非暴力抗议的激烈抵抗。电视、报纸和杂志抓拍的一些可怕的照片展现出这样一幅幅景象：白人普通民众、警察、消防员和其他公务人员对示威者不断发表仇恨言论，甚至进行报复袭击。在金看来，媒体的关注正是民权议程中的一个组成部分，因为组织和动员本身并不能带来改变，更需要的是唤起民族良知（Washington，1986）。事实的确如此——压迫者和被压迫者的面孔不断被曝光在每天的新闻中，如 1957 年的"小石城事件"（The Little Rock Nine），该事件中黑人学生最终成功入读了阿肯色州饱受争议的小石城中央高中（Little Rock Central High School）；又如 1960 年在弗罗里达州的塔拉哈西、乔治亚州的亚特兰大、北卡罗来纳州的格林斯博罗和田纳西州的纳什维尔四地爆发的"午餐柜台静坐事件"，在该事件中黑人大学生对餐饮设施消除种族隔离的迟缓表示了抗议；再如 1963 年 3 月在阿拉巴马州的伯明翰发生的事件，事件中的高中学生和教师们抗议歧视性的选民登记，当局不得不动用消防水管和警犬来镇压；同样在 1963 年 3 月，西雅图的人们抗议零售商店不公平的雇佣政策；同年，伯明翰发生了第 16 街浸礼会教堂爆炸案，该教堂是民权运动组织者经常开会的场所，爆炸案导致 20 名教堂成员受伤和 4 名年轻女孩身亡；1965 年塞尔玛到蒙哥马利的游行（又称为"血腥星期日"，Sunday Bloody Sunday）中，成千上万的示威者聚集在州议会大厦前，抗议黑人选民登记中的恐吓战术，结果却换来了警察的毒打和催泪弹的袭击（Lawson，1997；Levy，1998）。随着新闻照片的披露，示威者们遭受的令人发指的非人镇压被进一步放大，由此影响了主流舆论对该运动的情感，削弱了南方以白人为中心的商业结构，并迫使政治势力介入调停（Lee，2002）。

民权运动（Civil Rights Movement）中浮现出的一个有趣的悖论在于金、媒体和运动本身这三者的交汇点。如上文所述，媒体把几乎全部有组织的非暴力抗议都和金联系起来。虽然这些新闻报道有助于为该运动吸引全国的关注，但这也使公众高估了金的权力和地位。虽然他对独立行动的组织所作的努力表示欢迎（比如南方大规模的静坐示威），但他对于它们的策划和成果却基本上一无所知（Garrow，1986）。即便如此，媒体还是把金看作主要的协调者，由此引起了全国和地方层面的其他抗议组织者们的怨愤。在《民权运动之辩，1945—1968》（*Debating the Civil Rights Movement，1945 - 1968*）一文中，劳森和佩恩（Lawson & Payne，2006）写道：

> 他们中的很多人抱怨，觉得那些危险的、吃力不讨好的发动工作都是由学生非暴力协调委员会和种族平等协会完成的，金却只需要往来于城市之间，对那些崇拜他的群众发表演讲，而把处理麻烦这种事丢给别人……相比组织者，他更像是一个动员者，善于鼓动大量群众参与媒体主导的短期事件，但却从未在任何地方待得久些，建立能够独立进行持续斗争的地方性组织。（p. 115）

这段话并不是想贬低金博士的杰出领导，而是想指出媒体是如何把他偶像化，并以此影响当时的公众舆论的。新闻报道和公众认知迎合了广泛流行的"顽强的个人主义"（rugged individualism）美国精神，也由此贬低了其他基层抗议活动的组织贡献。这反过来又把金变成了普遍理解中的民权运动的创造者、英雄和烈士，最终构建了一部被曲解的历史（Lawson & Payne，2006）。奇怪的是，在金和民权运动利用媒体放大其努力的同时，这项运动本身的基础却在无意中被缩小了。拥有共同诉求并献身于社会变革的民众聚集起来，他们每天的行动构成了运动的根基。然而今天的学校历史书依然暗示着学生：要想动员大规模的民众，必须有一个伟大而无处不在的领导者把他们组织起来。对此，激进主义者却不以为然。他们认为，民权运动一开始就在潜意识中告诉民众：除非出现一个核心的大人物来推动并掌控他们的"运动"，否则仅凭一腔热血的他们将一事无成（从罗莎·帕克斯（Rosa Parks）等人的行为就能看出这一点），这随之引发了一种精神上的瘫痪。

民权运动带来了一系列反歧视的立法，从根本上改变了美国在选举、住房、就业和移民方面的社会政策，的确值得大书特书。随着各种这类法案的通过，人们逐渐形成了一种假设，认为就像布朗案那样，"平等的融合"（integration as equality）一定能平息种族矛盾，改善所有黑人民众的生活（Carnoy，1994）。然而，黑人民众在多大程度上受益于民权立法，却取决于他们各自所处的社会阶级。马拉布尔（Marable，1998）认为，在资本主义社会，一个人社会阶层的分布完全取决于他"拥有的资产、原料资源、所受的教育和掌握的权力"（p. 151）。虽然民权法令为中产阶级和工人阶级的黑人（那些相对在体制内的黑人)带来了很多权利,但对于那些失业、文盲、贫穷、无家可归的黑人(那些基本被体制所忽略的黑人)来说,这些法令却罕有裨益(Marable,1998)。诚然,种族融合的确是帮助黑人公民在美国社会中凭借自身努力获得社会政治地位的重要因素,但它却未能帮助黑人全面参与到经济之中(Levy,1998)。因此,民权立法的受益人主要是那些之前已经自立、更容易融入白人社会秩序的黑人。一方面,这场运动争取到的只是矛盾的缓和,并且还是在白人社会的大环境下。另一方面,民权运动的收获具有调和的性质,而且还是根据白人社会的条件达成的调和(Lawson & Payne,2006)。它传达的信息是:"我们会给你们权利,也许还有一些特权,但你们永远别想获得权力。"这些条件很自然地成为了这种粗暴的个人主义思想的基础,而这种思想恰恰遮盖了人们对这场运动的认知。在过去 30 年间,这种无处不在的思想改变了舆论,不知不觉间摧毁了民权运动的成果,还控制了政策结果,使之强调个人主义、竞争和私有化(Bonilla-Silva,2001)。今天我们之所以能观察到这个现象,是因为太多的劳动大众觉得自己赋税太重、就业不充分,公共教育机构广受诟病、受私人控制而只能服从(Bell-McKenzie & James,2004;Saltman,2000)。

社会视角采择("平等"与"公平"之争)

也许,我们理解布朗案和民权运动中的冲突和讽刺的最佳途径就是从"平等"这一概念入手。虽然种族融合能将社会平等最大化、使种族冲突最小化,但它却逐渐变质,成了群体的同化。如果换种表达方式,"平等的融合"实际上就是把黑人的思想纳入优势群体的意识形态,包括他们的规范、标准和习惯。于是,以无限的认知论、宇宙论和本体论为代表的黑人身份认同惨遭另一个文化的标尺所丈量与定义。反过来,黑人民众又遭受了一种文化道德上的偏见,这种偏见把他们个人的问题归结成了群体的病态和缺陷。虽然为了利用资源以满足个人需求,有必要融入更大的系统,但是彻底的融入却要以失去自身的人性为代价,自己也很难再将他人看作完整的人。所以,作为社会活动者和宣传社会公平的教育工作者,我们还能从布朗案和民权运动中吸取另一个教训,那就是要对"平等"的含义加以辨别。戈登(Gordon,1999)是这样区分"平等"(equality)与"公平"(equity)的:"平等需要相同,但公平需要的是依据不同对象的特征和需求提供适合且足够的关注……要保证教育公平,必须根据每个个体具体的功能特性来加以对待，并保证它足以适合其现实状况"(p. xiv)。于是，我们作为人在互相认识的时候，要以以下两点为目的：其一，弄清每个人的需求和状况；其二，在从个人到制度的各个层面上改变压迫行为，并使其人性化。但问题是如何才能做到这些？

为了回答这个问题，我建议采用社会视角采择的方法，作为我们教育行动的一个拓展。作为人类，我们很难将关于他人特征的理论和关于如何与他们相处的看法区分开来(Selman, 1980)。在这个例子中，社会视角采择可以建立一个新的文化架构，来帮助个体重新审视扎根于我们内心深处的关于人种、阶级、族裔和性别（甚至包括仇恨）的主观看法。通过叙述、诗歌、口头历史和言语，这种自我定义的行动会让我们进入他人的生活。它使我们得以一睹他人的世界，并告诉我们一些远超他们的肤色、他们居住的社区以及大社会关于他们的统计数据的信息。社会视角采择鼓励学生在课堂上反思他们自己关于所处社会群体的理论，并对其加以重构，以此激发他们对压迫进行批判性讨论，探寻如何使之在多个层面上得到改变。在教育家们将它付诸行动的时候，里欧(Rio)等人(Rios, Trent, & Vega-Castaneda, 2004)认为，"教学生认识差异性的过程也有助于教师在生活中发现异同"，他们通过这种方法来"理解、实践、支持社会公平，并把这种观点传播给他们的学生，以此来让他们理解并改善社会"(p.6)。就这一点而言，社会公平已不仅仅是从理论上鼓吹平均主义，它还需要一场真正的变革来彻底改变并滋养我们人类的生存。

为了接纳并改变人性，我们必须首先理解其私密而不受控制的本质。通过挖掘成与败、爱与恨、无知与清醒的故事，我们可以理解我们共有的人类主题。这些故事有助于瓦解那些分离我们的世界，让边缘群体无法拥有权力的种族隔离思想。社会视角采择作为社会公平的一个小小的部分，却发挥着至关重要的作用。它促使我们深刻地审视自己并承认：我们可能是压迫者，也可能是被压迫者，但这并非无法改变。我们接触其他人讲述的故事，了解他们的人生和他们所做的选择，我们就越来越能意识到一个人看起来微不足道的过去对我们共同的未来会有多大影响。只有这时我们才真正明白"平等"和"公平"的含义，意识到它们在不同人和不同社群中都会以不同的形式出现。

（杜宇潇　译）

参考文献

Andrews, K. T. (2002). Movement-countermovement dynamics and the emergence of new institutions: The case of "White flight" schools in Mississippi. *Social Forces*, *80*(3), 911 – 936.

Bell, D. (2004). *Silent covenants: Brown v. Board of Education and the unfulfilled hopes for racial reform*. Oxford: Oxford University Press.

Bell-McKenzie, K. , & James, J. S. (2004). The corporatizing and privatizing of schooling: A call for grounded critical praxis. *Educational Theory*, *54*(4), 431 – 444.

Bonilla-Silva, E. (2001). *White supremacy and racism in the post-civil rights era*. Boulder, CO: Lynn Reiner.

Brown, F. (2004). The road to Brown, its leaders, and the future. *Education and Urban Society*, *36*, 255 – 265.

Butler, J. S. (1996). The return of open debate. *Society*, *33*(3), 11 – 18.

Carnoy, M. (1994). *Faded dreams: The politics and economics of race in America*. Cambridge, UK: Cambridge University Press.

Conchas, G. Q. (2001). Structuring failure and success: Understanding the variability in Latino school engagement. *Harvard Educational Review*, *71*(3), 475 – 505.

Fairclough, A. (1987). *To redeem the soul of America: The Southern Christian Leadership Conference and Martin Luther King, Jr*. Athens: University of Georgia Press.

Franklin, J. H. , & Moss, A. A. , Jr. (1988). *From slavery to freedom: A history of Negro Americans* (6th ed.). New York: McGraw-Hill.

Garrow, D. J. (1986). *Bearing the cross: Martin Luther King, Jr. , and the Southern Christian Leadership* Conference. New York: Morrow.

Gordon, E. W. (1999). *Education and justice: A view from the back of the bus*. New York & London: Teachers College Press.

Gordon, J. U. (2000). Black males in the civil rights movement. *The Annals of the American Academy of Political and Social Science*, *569*(1), 42 – 55.

Hall, H. (2006). *Mentoring young men of color: Meeting the needs of African-American and Latino students*. Lanham, MD: Rowman & Littlefield.

Karpinski, C. F. (2006). Bearing the burden of desegregation: Black principals and Brown. *Urban Education*, *41*, 237 – 276.

Kruse, K. M. (2005). *White flight: Atlanta and the making of modern conservatism*. Princeton, NJ: Princeton University Press.

Lawson, S. F. (1997). *Running for freedom: Civil rights and black politics in America since 1941* (2nd ed.). New York: McGraw-Hill.

Lawson, S. F. , & Payne, C. M. (2006). *Debating the civil rights movement*, 1945 – 1968. Lanham, MD: Rowman & Littlefield.

Lee, T. (2002). *Mobilizing public opinion: Black insurgency and racial attitudes in the civil rights era*. Chicago: University of Chicago Press.

Lehman, C. P. (2006). Civil rights in twilight: The end of the Civil Rights movement era in 1973. *Journal of Black Studies*, *36*(3), 415 – 428.

Levy, P. B. (1998). *The civil rights movement*. Westport, CT: Greenwood Press.

Mack. K. W. (2005). Rethinking civil rights lawyering and policies in the era before *Brown*. *The Yale Law Journal*, *115*(256),256 - 354.

Marable. M. (1998). *Black leadership: Four great American leaders and the struggle for civil rights*. New York: Columbia University Press.

Marable, M. (2006). *Living Black history: How reimagining the African-American past can remake America's racial future*. New York: Basic Books.

Martin, W. E. , Jr. (1998). *Brown v. Board of Education: A brief history with documents*. Boston & New York: Bedford/St. Martin's.

Mawdsley, R. D. (2004). A legal history of Brown and a look to the future. *Education and Urban Society*, 36,245 - 254.

Miller, J. (2004). *Sit-ins and freedom rides: The power of nonviolent resistance*. New York: PowerKids Press.

Noguera, P. A. (2003). Schools, prisons, and social implications of punishment: Rethinking disciplinary practices. *Theory into Practice*, *42*(4),341 - 350.

Ogletree, C. J. , Jr. (2004). All deliberate speed. *Reflections on the first half-century of Brown v.* Board of Education. New York: W. W. Norton.

Rios, F. , Trent, A. , & Vega-Castaneda, L. (2004). Social perspective taking: Advancing empathy and advocating justice. *Equity and Excellence in Education*, *36*(1),5 - 14.

Saltman, K. J. (2000). *Collateral damage: Corporatizing public schools—A threat to democracy*. Lanham, MD: Rowman & Littlefield.

Selman, R. (1980). *The growth of interpersonal understanding*. New York: Academic Press.

Stevens, J. W. (2002). *Smart and sassy: The strengths of inner-city Black girls*. New York & Oxford: Oxford University Press.

Washington, J. M. (Ed.). (1986). *A testament of hope: The essential writings of Martin Luther King*, *Jr.* San Francisco: Harper & Row.

Young, I. M. (1990). *Justice and the politics of difference*. Princeton, NJ: Princeton University Press.

50

6

为公共生活做准备

教育、批判理论及社会公平

佩皮·莱斯蒂纳(Pepi Leistyna)

美国的公共教育系统是民主最重要的基础之一。毕竟，它让全美各地的孩子能够学习成为负责任的公民，并学习在我们这个充满了各种机遇的社会里生活的必要技能。

（George W. Bush，2002 年 5 月 1 日）

这个陈述是个明显的口误，可悲得像是出自一个半文盲的人之口。造就负责任的公民确实需要社会成员共同参与到维护健康的公共机构中，抑制而不是纵容那些机会主义力量，这种力量漠视公众生活，同时却极力垄断知识和利润。

假定任何民主国家的公立学校总是代表公民意志和责任的机构，年轻人的福祉是地球上几乎所有政治运动的托词，这些机构应该鼓励年轻人通过批判意识去了解他们所能行使的权力。

在全世界的每个国家中，年轻人总是争取社会公平的斗争的主力军。仅在过去的500 年中——确切地说自从中世纪欧洲的大学诞生以来，社会已经经历了大规模的转型，这种转型是由年轻人引起的，或者说年轻人至少注入了一部分能量（Boren，2001；Sherrod，Flanagan，Kassimir，& Syvertsen，2005）。

随着 1989 年 11 月 20 日《儿童权利公约》（the Convention on the Rights of Child）的正式批准，联合国首次从制度上采取措施来实现青年对国际事务的参与：

第 12 条：缔约国应确保有主见能力的儿童有权对影响到其本人的一切事项自由发表自己的意见，对儿童的意见应按照其年龄和成熟程度给以适当的对待。

第 15 条：缔约国确认儿童享有结社自由及和平集会自由的权利。

为了调动年轻人的积极性，必须摒弃过度简单化的观念，即孩子栖息在无知的国度里。孩子自出生之日起，就开始接受价值观和信仰的熏陶——这意味着融入特定的群体——无论他们是否意识到，他们将占据一个与生俱来的意识形态和政治空间。重要的问题是：他们将学习什么样的文化实践，将接受什么样的青年观，以及年轻人对这一过程有什么影响？

52　　不幸的是，年轻人，特别是那些贫困或是受到种族歧视的年轻人，通常被排除在外,不能参与书写历史、描写社会真相、讨论社会政策和实践。事实上,美国社会中的保守派一直在不遗余力地侵蚀着参与式民主的空间,企图阻止年轻人发出自己的声音。论及公立学校时,诺姆·乔姆斯基(Noam Chomsky, 1999)说:

> 自幼儿园开始,教育系统就一直试图抑制独立性;它试图教学生服从。他们不会鼓励孩子或任何人提出挑战或质疑。你要是提出质疑,你的行为就有问题,就要受到处罚。他们期待你重复命令、服从命令、奉命行事……(p. 117)

即使是那些善意的、要求给予学生"权力"和"发言权"的呼吁,也从未直接从年轻人那里听取过意见。许多教育家都没有意识到,即使是最进步、最关心学生的教师都不能赋予学生们什么权力。人们以为,教师用知识魔杖点一下学生的肩膀,就大功告成了。这种施惠于人的观念可以休矣。对他们的这种批评同样适用于"给予发言权"的观念。声称能把表达意见的权力赋予他人是一种傲慢的行为。因为所有人都拥有话语权——往往是批评的权力,对教育者来说真正的挑战是展现营造对话空间的意愿,让各种经验和世界观都能得以分享。换句话说,教师们有能力并愿意创造必要的自我赋权条件,让不同家庭背景的孩子自己去探索、推理、揭示,并根据他们生活的世界背后的真相行事吗?

毫无疑问,美国的年轻人有许多理由为改变社会而努力。从全国范围来看,五分之一的儿童成长于贫困家庭中;目前920万儿童没有医疗保险;390万人无家可归(这一数字以每年5%的速度增长),其中130万(或39%)是儿童。在所有工业化国家中,美国在消除青年贫困方面所做的努力方面排名第17,在婴儿死亡率方面排名第23。除了这些经济上的困难,年轻人在种族、语言、残疾、宗教、性别和性行为各个方面都遭受着诸多歧视。

美国的年轻人面临着越来越多的问题,政府对此也采取了一些应对措施,如标准化的课程、高风险测验、问责机制、只能使用英语的指令、严格的零容忍政策,以及严苛的预算削减等。在这个"不让一个孩子掉队"——被人们反讽为"对年轻人的战争"——的时代,600万儿童已经掉队。与此同时,数百万学生在多动症的名义下被药物驯服,而现在公立学校大部分被私营企业所控制,如制药企业、出版社、食品公司、盈利性教育管理组织,以及企业说客。

虽然《不让一个孩子掉队》法案的名称本身意味着公正、同情和公平;考试热的煽动者承诺给这个民族的儿童带来学业和职业上的成功,但是他们却并不在意不公平现象存在的原因。当这些倡导教育的公司模式的人躲在科学、客观和常识等概念背后时,联邦和各州与政策却没有——任何好的教师教育项目和公立学校的课堂中最重要的——对种族主义、社会阶层结构和其他压迫性的、有害的意识形态进行认知和分析,没有看到它们是怎样渗透到教育实践和教育机构的环境中去的。这些因素对学生学业的影响,比他们能否接触到抽象的内容、单语语境和经常性的评估要重要得多。

53

在这种政治背景下,保守人士自然会把美国的问题怪罪到先进的教育项目、民主的社会政策以及有组织的劳工头上。从幼儿园到 12 年级的学生们需要学会怎样成为改变现状的有效动力。要让学生成为历史的"主体"而不是被动的"客体",读写能力的发展应帮助他们读懂经济、社会和政治的客观现实,这些现实将塑造他们的生活,帮助他们发展必要的批判意识,从而定义、理解并改变这些现实(Freire & Leistyna, 1999)。

为了将年轻人的解放作为正式课程的一部分,教育工作者可以动员学生成立政治组织(重要的斗争群体),表达他们的关切、实现他们的目标。这正是美国宪法而不是华尔街议程的授权书所保护的。这样的政治参与要求的是实际运用——理论和实践不断发展的关系。教育工作者可以指导学生进行批判性的探究和理论学习。不要被传统的所谓"高级的思维技巧"所迷惑,这里的"批判性"意味着能够理解问题、分析问题、提出问题,并影响塑造人们生活的社会政治和经济现实。发展批判意识并不是让人们学习某种特定的思维方式,而是让他们学会更深入地思考对他们有影响的那些问题和权力关系。

在这种不断的反思和行动中,理论包含着人们是怎样诠释、分析和归纳为什么世界以这样的方式运转。理论关心的是在我们身边的事发生的原因和方式,并不是简单地关注正在发生了什么以及怎样作出有效的反应。理论为世上万物的原因和方式提供现存的解释,而理论推定则是一种能力,一种积极地运用知识和人类实践,探究贯穿其中的必然联系和社会历史环境并最终改变它们的能力。理论鼓励大家根据自己的经验、专长和洞见,去评估所有概念运动和实践运动的优缺点,然后把它们放在新的语境中重新推断它们的各种可能的处境。作为任何政治计划的一部分,理论推定始终面临一个挑战,那就是想象并显示其他的政治空间、政治身份以及更加公平的经济社会文化关系。它使观念得以产生,联盟得以建立,反抗、行动主义及结构性改变得以发生。

在理论推定的训练过程中,学生可以在社会运动和行为研究中获得大量对理论和实践的深刻见解,这证明了社会运动的力量及其对人、公众话语、政策、机构和政府的影响。理论推定关注行动主义者是怎样理解并利用相关机构在经济、政治和文化关系改变过程中产生的漏洞。此外,理论推定还关注组织和网络是怎样发展起来、发挥作用,并且改变的。行动研究都有个清晰地融入其理论和实践中的政治和改革的议程。这种探索模式的支持者们信奉与他人合作研究,并试图理解和改变任何现状。学生不仅应该学习这些研究领域,而且应被鼓励做他们自己的实践项目。

在这种非民主的时代,这种批判性实践经常遇阻也就不足为奇了。世界上的青年们当然可以被视为民主化的力量,有能力消除社会中的结构性不平等。正因为这个原因,保守人士非常警惕,想方设法遏制和控制他们。在美国,保守的教育家如黛安娜·拉维奇(Diane Ravitch)、琳恩·切尼(Lynne Cheney)和威廉·贝内特(William Bennett)——这些无孔不入的共和党和资本利益集团——一直在声称,构成教育和其他社会政策与实践的基本价值观、利益和权力关系已经破坏了学术环境。这种貌似不偏不倚的、把公众对社会机构尤其是学校的理解非政治化的努力,显然是维持现状的保守策略。

换句话说,这种对理论推定的攻击与公立学校被用作说教的力量有一定关系。这些公立学校把学生塑造成无批判能力的接受者和现有理论的消费者,但是却很少将他们视为积极的有创造力的参与者。全世界的公立学校都成了商业逻辑的牺牲品,根据这种逻辑思想被包装成在市场里交换的商品,而不是鼓励人们去探究、去研究这种逻辑本身以及公共能源和空间的使用问题。在这些公共教育的商业模式中,所有的(被人为割裂的)领域只能生产技师,而跨学科的思想家和关于这个世界的社会知识的生产者却无法脱颖而出。因为所有层次学生的注意力都转移到其他方面,不能批判性地解读历史和现存的社会结构,尤其是那些滥用权力的结构。他们往往会沦为新一波被剥削的劳动力和再生产者,以及(无论他们意识到与否)压迫性社会实践的目标。这种缺乏探究、分析和行动力的状况,正是批判性的行动主义教学哲学应该努力改变的。

课堂里的社会公平:历史的教训

作为正规教育的一部分,向学生展示历史上行动主义者改变世界的努力,具有极大的意义。历史上,有太多草根组织、跨文化和跨世代的合作及国际团结的例子可供我们借鉴。课程可以包括对美国劳工运动的探索和年轻人在其中的参与情况:这些课程应调查一些重要的历史事件,如 1899 年的报童罢工事件、1903 年的"儿童十字军"以及 20 世纪 30 年代美国青年代表大会(the American Youth Congress,AYC)的发展。学生可以研究 20 世纪 50 年代为废除校园种族隔离所做的努力,以及学生非暴力协调委员会的事迹。他们可以从许多运动中为自己的政治计划获取大量灵感,如 20 世纪 60 年代的民权运动和"为了民主社会的学生"等组织鼓动的校园行动主义活动。此外,关于政府鼓励年轻人参与公共政策的制定所做出的努力也有不少经验教训可以吸取,如 20 世纪 70 年代的美国国家青年资源委员会(National Commission on Resources for Youth)等。学生们必须学会进行档案研究的方法,才能在浩瀚的历史中进行探索。

美国的年轻人同样继承了大量有关激进的思想、研究和行为的遗产(Duncombe,2002;Tilly,2004)。在实践中他们必须利用现存理论,研究具有重大历史意义的事件,以及这些事件中为经济社会公平努力过的个人和组织,其中包括:废奴主义者,第一国际和第二国际,古巴、墨西哥和俄罗斯革命,无政府-工团主义,社会民主实验,第一和第二波女权主义浪潮,以及反殖民、公民权利、本土化和反战运动。此外,还可以从贸易联盟复兴、劳动和环境联盟、反核抗议以及抗击艾滋病的全球网络等历史中学到很多东西。

重要的是,这种研究不能满足于对一些领导过很多运动的主要人物的简介,而是应该进入普通人为争取改变而进行的斗争,因为正是这些斗争为伟大的领导者搭建了崭露头角的舞台。

学生还可以从那些运动批判性地从过去借鉴来的方法中学到一些东西。以 1999 年发生的对社会历史产生重大影响的西雅图 WTO 抗议为例。这场涉及多方利益、分散化的示威行动主要由直接行动网络(the Direct Action Network,DAN)协调,是多年政治改造的产物(Kauffman,2002)。西雅图的抗议者们从历史中汲取了力量,如和平运动、20 世纪 50—60 年代的民权运动、70 年代早期的反核与环境运动、80 年代反对美国干涉中美洲的行动,以及近几十年的反殖民运动、女权主义运动、同性恋运动和反种族歧视理论研究和行动主义等。

西雅图抗议中采用的许多技巧和策略,如亲和团体、发言委员会、建立共识以及非暴力抗争,都有历史的渊源。亲和团体——选择目标和策略的小型抗议群体——的起源可以追溯到西班牙的伊比利亚无政府联盟,该联盟在 20 世纪 30 年代的西班牙内战中采用了这个地下组织结构。后来在 20 世纪 60 年代末 70 年代初的美国,"为民主社会的学生"(Students for a Democratic Society,SDS)的分会、其他民权组织和积极的反战组织重新改造了它(Kauffman,2002)。发言委员会会议沿袭了早期俄国苏维埃革命的做法。从国际上看,20 世纪 70 年代的"反核"抗议改造了这种方式,使亲和团体的代表聚在一起、进行对话并制定行动计划。这种达成一致、共同决定的想法源自贵格会,并被尊崇不同声音、包容和对话的女权主义运动进一步完善。影响非暴力抵抗运动的则是甘地(Mahatma Gandhi)领导的将印度从英国殖民统治中解放出来的运动和后来在马丁·路德·金指导下的美国民权运动。

发起西雅图抗议的力量也受到了 20 世纪 70 年代的反越战争运动的影响,这场运动采用了小型分散的运作策略,与 20 世纪 60 年代的许多大而笨拙的组织结构完全不同。

另外,许多西雅图的抗议者还得益于 ACT UP 这个组织的运作方式,这是一个成立于 20 世纪 80 年代末的激进的抗艾滋病联盟。它的组织成员厌倦了传统的党派政治、造成分裂的身份政治和固定抗议点废话连篇的无用演说。"通过对民权运动时代非暴力不服从、流动剧团、经验丰富的媒体工作以及直接行动的创新,ACT UP 帮助改变了这个世界的激进主义。"(Shepard & Hayduk,2002,p.1)当代的行动主义者拒绝艺术表现和社会责任的二元对立,借用中世纪以来盛行的嘉年华式政治的一些元素(Bakhtin,1984),充分地利用了科技、街头剧院、木偶、街区聚会、艺术、音乐和舞蹈。

在西雅图,许多为经济社会公平而战的行动主义者还从 20 世纪 70 年代中期的许多运动中学会了建立联盟,如反国际货币基金组织的骚动、推翻南非种族隔离政府的斗争、反对北美贸易自由协议(North American Free Trade Agreement,NAFTA)的示威、萨帕塔革命、1995 年的反世贸组织抗议、1998 年多边投资协议的关停,以及同年在达沃斯发生的反世界经济论坛(World Economic Forum,WEF)示威活动等。

我们探索行动主义的历史,并非试图唤起保守年代的怀旧感,也不想提供一张让人们严格按剂服用的药方;确切地说,它是鼓励年轻人对革命进行批判性借鉴和改造的方法,因为这些斗争从理论、经验和实践等方面为当代的斗争提供了取得成功的跳板。这些经验教训应该是任何旨在培养学生融入公共生活的教育体制的一部分。

学生不仅乐意表达对自己的生活和紧密相关的事物的兴趣,如果允许他们对周围的世界发挥实质性的政治影响,他们对教育和社会现状也会有极大的兴趣。当给他们表达的机会时，年轻人比谁都乐意并且也有能力去分析社会不公现象并对这些问题提出解决方案。在过去 20 年中，年轻人发起的运动已经充分证明了这一点。各年龄层和各年级的学生发起的运动基于以下这些原因：教育改革、移民权利、艾滋病意识、环境保护、动物权利、反战行动主义、公民自由、同性恋、残疾和妇女权利等。他们还与血汗工厂、种族主义、警察暴行、贫穷以及监狱关押人数的上升进行了斗争。最近发生了许多反对歧视性社会与教育政策的抗议活动，如加州由"批判性抵制青年力量"和"青年组织社区"等组织领导的抵制 187 号、209 号、21 号提案的抗议活动。事实上，还有许多组织值得我们去研究，如"青年公会"、"青年行动主义计划"、"自由儿童计划"以及"国家青年权利协会"等。

但是，必须注意的是社会公平并没有固定的定义。除了对社会公平的保守主张以外，意识形态谱系上所有获得了权力的社团事实上有可能形成压迫性的多数统治。青年应该从历史的实例中学习，充分知晓女权主义运动、工人阶级斗争、男女同性恋群体、反种族主义运动和反全球化运动等都有过歧视性和保守主义的倾向；还有一些争取国家主权的斗争也转变为法西斯主义，群众革命变成了极权主义，社会民主则屈从于资本主义的要求。

如果进步的教育者和社区活动者想创造有公民意识的学生，让他们准备好积极参与活跃的公共领域，那么就应该让孩子了解组织技巧正在经历怎样的彻底变化。这种变化是行动主义者有效利用新科技的结果。青年人通常对新事物并不陌生，但是却不知道它们是如何被用来发起社会公平运动的。

首先，学生应该探索自从印刷术、报纸、电话、广播、电视和电影等发明以来，媒体是如何在行动主义运动中发挥关键作用的。这样他们就更容易理解文化产品和传播是怎样通过电子、多媒体和无线技术，特别是因特网带来新生活的。帮助个人和组织进行动员的是一个无线多媒体的调色板，包括笔记本电脑、个人电子辅助设备、手机（内置电子相机）、短信、寻呼机、全球 GPS 定位系统和电子摄像机。这些技术给组织与合作活动带来了便利。和前面提到的工具一样，因特网在文化行动主义领域引领了一场革命。不久以前，行动主义者手段很少，但要做的很多，而如今的新型混血儿"聪明的暴民"（smart mobs）却拥有大量的工具，包括电子邮件、博客、播客、电脑传真、服务器、超链接、聊天室和可下载的街头海报等。这些工具和其他网络工具可以在一些相关的问题上用于教育大众，构建并动员社团，协调地区、国家和全球事务，并影响地区甚至全球范围内的政策制定。它们还可以依靠即时翻译软件超越语言的界限。有效利用网络播放，新闻媒体提供通往网络广播和视频的路径、信息和照片档案，并经常上传更新新闻报道。有大量的超组织网站能使公众了解正在发生的事件，支持现实生活中的动员活动，通过超链接将行动主义者与其他志趣相投的组织连接起来。另外，还有不间断的电子信息流，通过在线杂志和信息网页向公众发布。

这些创新技术也使很多传统的行动主义方式转向电子化的非暴力反抗，以网上请愿、联合抵制、封锁、静坐、黑客行动和其他网络抗议的形式进行斗争。

也许这些技术最革命性的贡献是从根本上推动了社交网络的进步。因特网使拥有相关设备的人跨越了地域、政治和职业的界限。网络文化帮助不同群体超越传统的界限，发展跨因特网的同盟，发展合作的知识。同时，它还提供了更多进行有效政治斗争的途径。学生们可以学习这些途径是如何彼此协调的，并在其激励下把这一切付诸实施。

在这个全球化的时代，没有任何社会能独善其身，不受新自由主义经济政策和实践的影响。任何地区的事件都有全球性的影响，反之亦然。青年行动主义者任何建设性的、跨学科的、多维度的方式都有国际性的组成部分。现在生活在地球上的 63 亿人口中，将近一半年龄在 25 岁以下。全球 10 亿贫困人口中有一半是儿童。殖民统治残酷历史的残余还在产生受害者，种族主义和父权制依然存在，每年有 1 100 万 5 岁以下的孩子死于营养不良、污水或水资源匮乏、疾病以及居所简陋。全球数以百万计的青年不能接受正规教育，很多人被卷入性贸易和血汗工厂，或者陷入军事冲突，经常被迫为其他人的经济与意识形态战争打仗卖命。

美国的学生需要了解全球公平运动把地区政治（如特定地区的条件、传统、经济利益）和全球一体化结合起来的创新性努力。这个目标已经并应继续寻找民主和革命身份认同的新形式，从而认识到争取经济和社会公平斗争中的差异与共性，通过对话和行动来维持"许多运动的运动"。这样，美国的青年就能和全世界的其他青年团结起来，更有效地走上政治舞台。

如果真如总统所言，"美国的公共教育制度是我们民主最重要的基础之一……它让全美的儿童学习怎样成为负责任的公民"，那么，教授社会公平应该是课程的重要组成部分。

（宋思齐　译）

参考文献

Bakhtin, M. (1984). *Rabelais and his world*. Bloomington: Indiana University Press.

Boren, M. E. (2001). *Student resistance*. New York: Routledge.

58 Chomsky, N. (1999). Demystifying democracy: A dialogue with Noam Chomsky. In P. Leistyna (Ed.), *Presence of mind: Education and the politics of deception* (p. 117). Boulder, CO: Westview.

Duncombe, S. (Ed.). (2002). *Cultural resistance reader*. London: Verso.

Freire, P., & Leistyna, P. (1999). A dialogue with Paulo Freire. In P. Leistyna (Ed.), *Presence of mind: Education and the politics of deception* (p. 46). *Boulder, CO: Westview*.

Kauffman, L. A. (2002). A short history of radical renewal. B. Shepard & R. Hayduk (Eds.), *From Act Up to the WTO: Urban protest and community building in the era of globalization* (p. 207). London: Verso.

Shepard, B., & Hayduk, R. (Eds.). (2002). *From Act Up to the WTO: Urban protest and community building in the era of globalization*. London: Verso.

Sherrod, L. R., Flanagan, C. A., Kassimir, R., & Syvertsen, A. K. (Eds.). (2005). *Youth activism: An international encyclopedia* (2 vols.). Westport, CT: Greenwood Press.

Tilly, C. (2004). *Social movements, 1768–2004*. Boulder, CO: Paradigm.

教育与法律

为了征服还是社会公平？

伊诺拉·布朗（Enora R. Brown）

引言

> ……国家往往会创建并维护某种形态的文明和某种类型的公民(以及集体生活和个体关系),消除某些习俗和态度,同时传播另一些习俗和态度……而法律则是(和学校体系与其他机构及活动一起)达到这个目的的工具。(Gramsci, 1971, p. 246)

美国的公立教育正面临困境,过去几代人来之不易的成果正在被司法裁决和新自由主义政府的政策侵蚀。过去 150 年间,各种社会运动和包括非洲裔美国人、拉丁美洲裔美国人、美洲土著和精英白人群体在内的个体不断努力,为争取法律、社会和经济权利,确保所有层次上的教育公平,发挥了至关重要的作用。这些具有历史意义的成果——包括 19 世纪末自由民局学校(Freedmen's Bureau Schools)的成立和普遍公共教育的确立、1954 年布朗诉托皮卡教育局案(*Brown vs. Board of Education*)和公立学校废除种族隔离制度、20 世纪 60 年代民权主义运动兴起,包括 1968 年通过的双语教育法(Bilingual Education Act),和 20 世纪 70 年代肯定性行动政策(affirmative action,也译作"平权法案")的实施——所有这些成果都正被美国法院系统性地废除。并且,法院的这种倒行逆施还得到了由市场驱动、拒绝承认种族差异的退步意识形态的支持。当今的立法机构正在破坏一大批旧时的法令,例如《不让一个孩子掉队》法案(No Child Left Behind Act,NCLB,2001)把公共教育私有化了;1996 年加利福尼亚州 209 号修正案、得克萨斯州霍普伍德决议(Hopwood Decision in Texas,1996)、加州大学董事会诉巴基案(*Regents of University of California v. Bakke*,1978)、密歇根州的葛鲁特诉波林格案(*Grutter v. Bollinger*,2003)等案件都加速了平权法案的废除。227 号修正案和地方性法令规定使用纯英语教学,废除了双语教育,取消了非英语教育的合法性。2007 年 6 月 28 日最高法院的裁决,则是给人们实现平等、废除种族隔离教育的努力以最新的司法打击。此项裁决限制、禁止、撤销了在教育机构中自愿实施种族融合的权利,对人们改善种族不平等的努力有着深远的破坏性影响。

目前这种社会政策的反转并不是什么新鲜事。在美国历史上,富裕阶层利用法律谋利的事司空见惯,他们通过法内法外的种种形式,用提供、扩展、抑制废除公共教育和其他社会商品等手段攫取、规训、分化劳动力,不惜一切代价抛弃失业人群,以确保资本在国内外的扩张。教育原本是调节贫富的杠杆,法律理应是公平的保障,但是联邦和各州运用公共教育和法律的历史却揭示了一个事实:二者都是为维持一个阶层分化的社会服务(Brown et al. , 2003)。这段历史对如今追求教育社会公平,通过策略性运用教育和法律实现平等的努力有着诸多启示。

60

本章将按时间顺序阐述国家如何策略性地利用教育和法律制裁手段,强化对美洲土著的征服和对墨西哥裔美国人的压制,巩固对非洲裔美国人的奴役,从而创造并维持了一个种族化、阶级化的社会。本章将讨论对被征服者的种族隔离和剥削的合法化问题,这种隔离和剥削促成了美国的殖民化、西部扩张和工业化。本章还将叙述国家通过教育、宗教和种族意识形态攫取土地和劳动力,从而“自然地”巩固自己的经济、政治力量的过程。本章借鉴了安东尼奥·葛兰西(Antonio Gramsci)和谢里尔·哈利斯(Cheryl Harris)的研究成果。葛兰西假设教育和法律是国家、公民社会和政治社会的两大支柱,在主流文化中通过人们的认可与暴力行为“行使霸权”。谢里尔·哈利斯在对法律作批判性分析的基础上提出,法律构建并代表了各种社会意义,社会中占统治地位的权力和结构中的种族和经济等级制度因此得以制度化。本章认为,合法的授权和法律的保护是实现或确保教育平等的必要条件,但不是充分条件。实现社会公平的努力,必须向社会结构和主流意识形态发起挑战,因为这些社会结构和主流意识形态者才是美国种族—阶级等级制度的根源所在。

本章的第一部分审视布朗诉教育局案和相关的公民权利立法之后,非洲裔美国人、美洲土著和拉丁裔美国人的得与失。第二部分,即“权力的基础:土地、劳动力和种族意识形态”,为读者提供了相关的历史概述,包括16—18世纪的法条、教育和宗教,所有这一切,都为种族征服、建立美国资本主义制度立下了汗马功劳——掠夺了美洲土著和墨西哥裔美国人的土地,通过奴役非洲黑人带来了大量劳动人口,并构建了相应的种族意识形态。第三部分“权利之源:美国的扩张主义和社会的抵制”讨论与西部扩张相关的政治问题,包括吞并墨西哥和对奴隶制与种族压迫日益强烈的抵抗。第四部分“权力的巩固:工业资本主义的崛起”讨论美国是如何通过战争等手段废除了奴隶制,但是却恢复了白人至上主义,以确保对美洲土著的征服,建立一个与工业资本主义相适应的公共教育体系。本章最后讨论了在新自由主义教育改革和反肯定性行动立法的背景下,美国的上述遗产对当前追求社会公平的努力的启示,同时还提出了把公共教育作为一项民主权利和反对社会不平等的手段的种种可能性。

布朗诉教育局案——前进两步,后退两步,再计算得失

> 这项法律很自然地掩盖了其中的内容,模糊了社会选择的后果,使之看上去似乎是不可避免的。结果,社会关系的扭曲并没有得到真正有效的干预,因为不平等现象被掩盖了,人们几乎看不到它们的存在。社会的现状被视为是公平的,尽管实际上既不平等,也不公平。(Harris,1995,p. 287)

2007 年 6 月 28 日最高法院的第 5 - 4 号裁决将时光拉回到布朗诉教育局案之前的年代,那时种族隔离是合法的,教育也不平等。正如谢里尔·哈利斯所言,统治阶层否认社会中固有的结构性不平等,颁布了一系列"没有种族偏见"的政策,借《不让一个孩子掉队》法案之力,恢复了学校里的种族隔离制度,并使之再度合法化。这项裁决,正如首席法官罗伯茨(Roberts)宣读的声明中所暴露出来的,把关于种族问题的讨论与宣扬种族歧视混为一谈:"停止种族歧视的方法就是停止种族基础上的歧视行为"(*New York Times*,2007 年 6 月 29 日,p. 1)。罗伯茨的观点支持法院的裁决,也与日益流行的观念一致,即种族平等已经实现,1964 年的民权法案(Civil Rights Act)结束了种族主义和种族歧视。如此看来,就没有必要通过种族融合、肯定性行动、双语教育或向贫困者和有色人种提供社会服务等方法解决社会不平等现象。事实远非如此。

民权运动引发的立法的确暂时改善了社会不平等现象。二战结束后,美国成为倡导民主的强大资本主义国家,民权运动很快接踵而来,但是胜利是短暂的(Anderson,2004,2007;Brown,2005;Clotfelter,2004)。一方面,民权运动带来的变化不可谓不大,在 1970—1991 年间,美国学校种族隔离被废除,辍学/毕业率、双语教育和各种族的大学入学率都得到了改善。1964 年民权法案促使布朗诉教育局案生效后,美国南部废除种族隔离的学校中,非洲裔美国人的入学率从 1‰迅速上升至 44%(Orfield,2006,p. 13;Langemann,1996)。1968 年双语教育法案颁布后,双语教育取得了长足的进步;1974 年的刘诉尼克尔斯一案(*Lau v. Nichols*)胜诉,也根据民权法案的要求

采取了肯定性行动（Darder，1997；Ruiz，1997）。1972—1998 年间，美国的学校辍学率降低，非洲裔美国人的辍学率从 30％降至 20％；拉丁美洲裔美国人的辍学率从 30％降至 28％，但在 1979 年又蹿升至 40％；美洲土著的辍学率最高，1991 年达到 36％（而白人的辍学率仅为 11％—17％）（Hauser，Simmons，& Pager，2004；Reyhner & Eder，2004）。在 20 世纪 60 年代末至 70 年代末贝克（Bakke）案之前，在肯定性行动的推动下，有色人种学生的大学录取率和入学率显著提升。但是另一方面，布朗诉教育局案却加速了非洲裔学校的大量关闭，造成了南方成千上万的非洲裔学校教师和校长失业（Anderson，2005；Russell & Hawley，1983）。废除对拉丁美洲裔美国人的种族隔离措施则有些不温不火，1969—2001 年间西部地区种族隔离学校拉丁美洲裔美国人的入学率从 42％增至 80％。而美洲土著学生的隔离状态，在居留地和本地学校几乎没有什么变化。

在民权法案颁布后的 10 年内，出现了司法上的反弹。米利肯诉布拉德利案（*Milliken v. Bradley*）的 I 号和 II 号裁决（1974，1978）（Street，2005；Orfield，2004，2005），反对将接受教育作为一项宪法权利，停止废除城郊地区的种族隔离，鼓励白人群飞。1978 年巴基案中当事人对"逆向歧视"和"优惠待遇"的主张和对第 14 修正案的违反导致了肯定性行动的终止。1991 年俄克拉荷马诉道尔案（*Oklahoma v. Dowell*）的裁决，正式终止了种族隔离的废除，允许学生返回自己的社区学校。1984 年早川（Hayakawa）的提案和 1996 年英语赋权法案推动了一系列立法行动，宣布英语为美国的官方语言，而 227 号提案（1998）、203 号提案（2000）和 31 号提案（2001）则取消了加里福尼亚州、亚利桑那州和科罗拉多州的双语教育。这些法案、提案和裁决开始阻碍补偿性的反歧视政策的实施，使教育中种族不平等的现象回到了 20 世纪 70 年代前期的水平——学校的种族隔离制度公然恢复，双语教育规模减小，高校毕业率和入学率下降（Macedo，1997；Orfield，2005）。

上述立法对学校里的有色人种学生产生了深刻影响。到 2001 年，距布朗案近 50 年后，多种族学校中非洲裔学生的入学率由 44％骤降至 30％，65％的非洲裔和拉丁美洲裔学生就读于非洲裔和拉丁美洲裔学校，79％的白人学生就读于白人学校（Orfield & Lee，2004，p. 16）。在多种族学校中：白人占 12％，亚洲裔占 42％，拉丁美洲裔占 27％，非洲裔占 23％，美洲土著占 20％（Orfield，2006）。1998—2007 年，《不让一个孩子掉队》法案提倡浸入式英语教学，使加利福尼亚州双语学校的入学比例从 29.1％降至 5.5％，从而拉高了全国的辍学率（Crawford，2007；Gonzalez，1997；

62

Yzaquirre & Kamasaki, 1997)。2001 年美国中学的毕业率为：非洲裔 50.2%，美洲土著 51.1%，拉丁美洲裔 53.2%，亚洲裔 76.8%，白人 74.9%；白人学生和有色人种学生的差距达到 22%—25%。男性有色人种学生的毕业率也有所下降：非洲裔 43%，美洲土著 47%，拉丁美洲裔 48%（Orfield, 2004, p. 17）。许多学生因为学校的排斥政策、高风险测试、留级和劣质教育的影响而辍学或被开除（Darling-Hammond, 2005, 2007；McNeil, 2000；Mishel & Roy, 2006）。由于政府新批准的征兵政策为应征的辍学生提供现金奖励，对刑事审判的开支增加了 600%，而对公共教育的开支只增加了 25%，这些辍学的学生往往不是进入军队就是踏上从学校到监狱的犯罪道路（school-to-prison pipeline）（Alvarez, 2007；Darling-Hammond, 2005；Philpott, 2006；Silent Epidemic, 2007）。

20 世纪 80 年代中期至 90 年代，由于学费大幅上涨，补助削减，非洲裔学生的大学入学率持续下降（Dobbs, 2004；Moore, 2005；Orfield & Miller, 1998）。2003 年 6 月最高法院关于密歇根大学的录取问题的争议裁决加速了这个趋势，使得非洲裔学生在公立和私立大学的录取率分别降低了 26% 和 32%，然而来自校友家庭的白人学生录取率却上升了，名牌大学的肯定性行动也是一个例子（Katznelson, 2005）。

由于上述司法反弹的结果，办学经费、教学质量、师资培训、教学和资金资源的不平等现象进一步恶化了（Darling-Hammond, 1998；Darling-Hammond & Berry, 1999；Street, 2005；Wise, 2005）。在本研究的样本城市中，1989—2002 年间生均经费的差距增加了 50%，达到了 2∶1；例如，在芝加哥富裕的白人郊区与多数非洲裔和拉丁美洲裔学生居住的贫困城区间，这一比率是 \$17 291 ∶ \$8 482（2002）（Kozol, 1991, 2005），而根据《不让一个孩子掉队》法案成立的特许学校，考试分数的限制和经费的短缺等因素更加剧了这种不平等现象。大学精英预备学校不受法令和联邦废除种族隔离法规的限制，这些学校主要分布在白人社区，比例严重偏高，形成了越来越多的种族隔离学校（Allensworth & Rosenkrantz, 2000）。短期证书班毕业的、受教育程度最低的新教师往往被派往低收入的有色人种学校，教授他们专业领域之外的知识，这些教师三年后的留任率也是最低的（Darling-Hammond & Berry, 1999）。面对这些触目惊心的不和谐现象，教育部长玛格丽特·斯佩林斯（Margaret Spellings）的网上视频节目和《不让一个孩子掉队法案如何使非洲裔美国人、西班牙裔美国人和美洲印第安人受益》的报告，却罔顾事实，制造了一切安好的假象。但实际上并非如此。正如詹姆斯·安德森（James Anderson）在《两个布朗的故事》（*A Tale of Two Browns*）中所说的,1954 年的裁决是"宪法平等和……公共教育不平等的遗产……"(2005，p. 16)。

　　这些数据表明,不平等现象迅速回潮,也许是因为布朗诉教育局案、民权立法和其他裁决没能、也不可能矫正或改造整个社会的不平等结构。尽管实现有色人种的教育平等前景良好,但是上述措施随时可能会被束之高阁。这些措施的初衷并非是要颠覆国家的统治制度,即种族—阶级等级制度。这个制度始终存在,它通过居住隔离、基于财产税的办学经费、白人迁移、学生择校和精英学校的地点,以及实际上的种族不平等理念控制着教育领域。这些措施维持着不平等的基本结构,对贫困者和有色人种的好处往往只不过是暂时的副产品。此外,社会政策的战略性回归和社会不平等现象加剧,是建立在历史上制定的一系列法律、教育政策和教育实践的基础上的,在"天定命运"、"开化异教徒"和"全民的民主"的旗号下,这些法律、政策和实践被当权者用来攫取土地和自然资源、维持劳动大军以及积累资本(Takaki，1993；Woodson，2004；Zinn，1980)。虽然这段历史已经模糊不清,且被罗伯茨(Roberts)等人彻底否定,他们鼓吹以实现平等的名义建立"没有种族偏见"的法律,但是,历史上国家对法律、教育和种族思想的利用从未间断。所有这一切,无论表面上有什么变化或假象,都是为了维持不平等现象,而这正是我们为实现社会公平的努力必须关注的。

　　21 世纪出现的种族和阶级压迫形式,根植于这个国家早期的征服与资本积累。本章的下一部分将概述一些法律条款或教育禁令在征服美洲土著、非洲裔美国人和拉丁美洲裔美国人的过程中所起的作用,对这些群体的剥削帮助统治阶层攫取土地、造就劳动大军,同时使种族意识形态成为创造和维持美国资本主义运转的润滑剂。

权力的基础：土地、劳动力和种族意识形态

早期的征服：对美洲原住民的土地占有和种族化

　　　如今国会政体典型的霸权"规范"运作方式是国家暴力与统治阶层认可相结合的方式,二者互相平衡,相互制约。(Gramsci，1971，p. 80)

　　攫取土地作为资本的来源、造就劳动力大军和灌输种族意识形态,是欧洲殖民统治初期的三大特点,也是南、北美洲社会经济不平等的根源。1492 年之前,加勒比海

地区的原住民能自由地使用自己的土地,建立了集体的生活方式与教育、宗教和社会法律体系,并因此得以生存下来。哥伦布从西班牙来到美洲,带来了疾病和殖民意图,破坏了原有的阿拉瓦克人的经济、政治和文化生活,开启了种族灭绝式的掠夺、奴役,以及对西半球土著居民的土地、生命和劳动力的征服。1521 年,西班牙人对墨西哥原住民实行了殖民统治;1527 年又运来了非洲黑奴,去种植可可、开挖银矿,建设他们统治了 300 年的殖民地(Churchill, 1997;Menchaca, 2001)。早在公元前 750 年,自由的非洲裔腓尼基航海家们就先于欧洲人到达了北美的大西洋海岸,但在 1526 年西班牙人率先将非洲黑奴运至南卡罗来纳,强迫他们充当劳动力,补充被奴役的美洲土著的不足(Loewen, 1995;Van Sertima, 1976)。

非洲黑奴与原住民一同奋起反抗,迫使西班牙人暂时放弃了他们的殖民计划。
64 1565 年西班牙人从美洲土著和法国新教徒手中夺取了圣奥古斯丁和弗罗里达,1598 年他们进入西南部,夺取了现在的新墨西哥。由此,西班牙人开启了"新世界"的欧洲殖民化进程。而他们当年采用的统治手段在他们离开之后仍将长期延续。

种族同化和诱使美洲土著、墨西哥人皈依天主教是西班牙殖民统治中最重要的部分(Churchill, 1997;Menchaca, 2001;Reyhner & Eder, 2004;Samora & Simon, 2007;Spring, 1994)。这一过程的关键工具就是教育和法律。布尔戈斯法(The Law of Burgos, 1512)规定将墨西哥原住民西班牙化,要求接受国王土地授予、拥有 50 名以上印第安奴隶的农场主实施"监护征赋制",帮助"拯救印第安人的灵魂并保护他们的生命"(引自 Reyhner & Eder, 2004)。为此,在为原住民制定的各种形式的"教会奴隶"条件下,耶稣会会士和其他天主教修道会建立了学校和传教机构。

殖民者还建立了一个严格复杂的从西班牙人到非洲裔混血人的"种族"种姓等级制度,其中包括半岛人/克里奥尔人、梅斯蒂索混血儿、印第安人和非洲裔梅斯蒂索混血儿,1575 年又通过了反种族通婚法。在这个社会经济特权体系中,墨西哥人、非洲人和印第安人成为了无偿的农业劳动力,是殖民者生存的"必要资源"。西班牙人对被征服的劳动力的种族化进程,预示了一个世纪之后英国殖民者的同样行径。英国殖民者最终战胜了法国、西班牙和葡萄牙的殖民者,无情地掠夺了墨西哥和美洲土著的土地,并重新定义了种族差异,这种定义成为了他们永久地占有土地和劳动力的基础。

新教传教士在弗吉尼亚州的詹姆斯敦(1607)和马萨诸塞州的普利茅斯(1620)建立了第一批永久英国殖民地之后,美国资本主义劳动制度的基础在 17 世纪开始成形。从原住民那里获取土地是第一选择,正如詹姆斯·列文(James Loewen, 1995)所言,宗教信仰融合和文化帝国主义构建了殖民者和美洲土著之间的等级关系。最初，白人殖民者与原住民同生共存，互通有无，互相融合，并在原住民的指导下适应新的环境。但是，他们一旦适应了水土之后，便开始实施他们掠夺土地的侵略计划，获得了对原住民军事和文化的统治。殖民地建立还不到两年，第一次波瓦坦战争（Anglo-Powhatan War，1609－1613）爆发，殖民者的步步紧逼，迫使瓦汗森纳卡克部落（Wahunsonacock Nation）奋起反击，并取得了胜利。第二次波瓦坦战争迫使瓦汗森纳卡克部落屈服于殖民统治。英国殖民者吸取了先前失败的教训，预料到了原住民会继续反抗"外来"入侵，采用公开战争和秘密行动结合的手段来征服他们，如枪袭、摧毁农场、烧毁玉米地、清洗村庄、饥饿战术、抢劫、酷刑、夷平小镇、出售有病毒的"贸易毯子"、投毒、蒙骗和欺诈条约等。殖民者的土地掠夺和原住民的抵抗以新的形式继续进行着。新英格兰联盟（1643）则联合东北部的殖民地通过教育和传教的征服策略，回击了"印第安人的攻击"。

到了17世纪中期，殖民者在新教的"祷告镇"（Praying Towns）建立学校，通过隔离控制、教育"开化"使印第安人脱离"其他异教徒"，"彻底改变他们的思维习惯和行为……将他们转变为有教养、勤劳和优雅的公民……灌输美德和虔诚……教他们学习英语，取代不完美的野蛮人方言"（引自 Reyhner & Eder，2004，p. 29），这也是殖民者征服原住民的一部分。原住民对强制性皈依进行了激烈反抗，对此，殖民者每年都威胁处死拒绝服从的人，并妖魔化土著居民的长发和其他文化规范（Spring，1994）。让原住民皈依的措施包括哈佛印第安学院（1636）和威廉玛丽学院（1693）的建立，前者还提供了阿尔贡金语版的《圣经》（Reyhner & Eder，2004）。面对贵格会教徒（Quakers）等群体的反抗，殖民者一方面通过持续战争攫取他们的土地，另一方面则通过教育和宗教皈依来对他们进行安抚和教化。

殖民者深信"上帝就在他们一边"，信奉"命运早已注定"和白人至高无上的信条，他们系统地剥夺美洲土著的财产，将他们逐出自己的家园，"……摧毁他们……享受他们耕作的土地……并在此安家"（引用自 W. Churchill，1997，p. 147）。残忍的战争、宗教皈依和欺诈的条约遭到了抵制，如佩科特部落（Pequot Nation）遭到屠杀，并在1636年哈特福德条约（Treaty of Hartford）中被解散，这引发了1676年的"菲利普国王战争"，作为报复，纳拉甘赛（Narragansett）和万帕诺（Wampanoag）部落摧毁了祷告镇（Loewen，1995；Reyhner & Eder，2004）。17世纪的殖民有两大特征，一是殖民者对美洲土著的军事和意识形态战争，后者即教育和宗教，意在夺取他们的土地；二是殖民者获取劳动力的努力。

奴隶制：无偿的劳动力、法律和白人至上主义

> 种族和财产这两大概念之间的相互作用，在建立和维持种族和经济领域征服与被征服的关系中扮演着关键的角色……白人在种族和经济上的主导地位通过奴隶制融合了起来……奴隶制创造了一种特殊的、财产与人类混合的范畴——一种反映在法律层面上的不稳定的杂合。（Harris，1995，pp. 277-278）

最初，殖民者用"源源不断的"美洲土著奴隶和 1616 年涌入的欧洲契约仆役来生产有利可图的劳动力密集型经济作物——烟草。欧洲劳工是一贫如洗的失业工人和刑满释放的囚犯，他们变成了主人/雇主的"抵押财产"，用来支付他们跨大西洋航行、食物、衣服和住宿的费用。最初，这些英国、德国和苏格兰仆人与美洲土著，非洲黑奴以及契约仆役在一起劳动，遭受烙刑、公开鞭刑和其他残忍的惩罚，在当了四到七年抵押劳工后，他们联合起来反抗苛刻的工作和生活条件（Article，1640）。那些存活下来的仆人有些去做了学徒，在契约结束后能在殖民地开始"自由地"生活。除了部分健康的美洲土著之外，其他人对欧洲人带来的疾病都没有免疫力。天花和其他因牲畜和强迫劳动引起的欧洲流行病夺走了很多人的生命（Loewen，1995）。

尽管劳工的需求压力导致移民人口在白人契约仆役中的比例高达 80%—85%/90%，但是他们通常是短期契约，加上美洲土著和欧洲仆役预期寿命的缩短，因此劳动力成本较高。从非洲运来的奴隶维持了劳动力的供给，逐渐取代了白人契约仆役，在1640—1680 年间，非洲黑奴的数量由 150 人增加到了 3 000 人，而白人契约仆役的数量却减少了。在宗教信仰方面，欧洲和非洲契约仆役的差异越来越明显。尽管英国殖民的一个明确目标就是传教，这也是个正当理由，但对非基督教的非洲黑奴最初的宗教歧视却渐渐被"种族"或生理差异歧视所取代，导致了奴役、区别性惩罚以及非洲黑奴由短期性仆役向终身制奴隶的转变。非洲黑奴的永久性奴役身份将"代代相传"，由他们的孩子所继承，成为一种源源不断的，更高产且有利可图的劳动力来源。

南方的地主也清楚地看到，白人和黑人劳动者之间物质和心理上的差异将确立一种重要的等级制度，可用来维持奴隶制，使其成为财富的来源。1668 年，白人仆役是黑人奴隶的 5 倍多，并在 1676 年的培根起义（Bacon Rebellion）中和黑奴一起加入起义军，反抗地主的剥削。这种黑人和白人劳工的阶级联合和进一步的起义对地主阶级构

成的威胁,加速了向奴隶制的转变,并使黑奴和白人契约仆役人数比例戏剧性地翻转了过来——到 1700 年,这一比例变成了五比一。随着跨大西洋奴隶贸易的兴起,欧洲移民人数下降,直到 18、19 世纪后期才再次上升。非洲奴隶在地理上与故土隔绝,语言与欧洲人不同,外貌上也很容易辨认,而且是高产的劳工,因此,购买黑奴成为了有利可图的人力投资,仅次于跨大西洋奴隶贸易本身的红利。奴隶贸易为北部的区域经济带来了新兴的盈利产业,如航运业、原材料生产、朗姆酒贸易、手工业、纺织业、新兴的保险业,以及法律和会计行业,这些产业对非洲无偿劳动力的剥削,构成了奴隶制的利润中的重要部分(Murphy,2005)。

殖民者顺利地获取土地和劳动力的同时,制定了一系列法律,这些都成为在劳动群众/阶级中建立种族等级制度的不可或缺的工具。1660—1705 年间通过的《奴隶法典》(Slave Codes),逐步把种族化的地役权和奴隶制以法律的形式固定了下来(Franklin,1994;Higginbotham,1978)。这些法律通过严苛的控制手段将奴隶的从属地位制度化;例如,限制奴隶的行动、禁止四人以上奴隶的集会,禁止奴隶在法庭上提供证词,禁止奴隶与他人交换被撤销的平民身份和经济独立地位。1661 年,弗吉尼亚通过了《逃亡奴隶法》,确认了奴隶制。一年后,又根据被奴役的年限规定了奴隶和契约奴仆的区别,以及奴隶身份的继承和获得自由的条件。至 1670 年,各州的法律规定,皈依基督教不能改变奴隶的身份,奴隶可以受到体罚,不受法律保护,而自由的黑人和美洲土著不能用基督徒为奴,即白人契约奴仆,也不能"未经陪同"进入自由白人的家。奴隶主开始担心奴隶的反抗和起义,于是在 1680 年和 1682 年出台了多项反暴动法,禁止奴隶携带武器或在无证件、无主人管理的情况下旅行(1687),否则将受相应的处罚。随着没有奴隶的白人及其他穷人组成了"非正式"的奴隶巡查队,1691 年,反逃跑法(antirunaway)颁布,让没有黑奴的白人进行"非正式"的巡逻,防止"黑人、黑白混血儿和其他的奴隶"逃跑,这是在法律中首先使用种族(race)的概念。同时,该法律还禁止种族间通婚、处罚生育混血孩子的白人母亲,而黑人母亲的混血孩子将成为奴隶。这项法律还规定了奴隶解放的苛刻条件。但是,1705 年弗吉尼亚州议会通过的《奴隶法典》,将奴隶制度化,封禁了奴隶的身份,将非洲人的身份界定为财产,而将白人界定为人类:

> 所有被输入这个国家的仆人,如果在母国不是基督徒,都将被视作奴隶。这个范围内所有的黑人、黑白混血儿和印第安奴隶……都将成为不动产。任何奴隶　67

如果反抗主人,就将被处罚,过程中如被杀死……主人将不受任何惩罚……事情将视同从未发生。(Hening,1809,p. 447)

这样,到了 18 世纪,奴隶制度在法律上确定了下来,并融入了殖民地的社会和经济结构,非洲奴隶的劣等地位成了一种具体的"常识"。奴隶制的种种残暴行为都有文献记录,包括奴隶非人的生活条件、鞭打、烙印、体罚、拆散家庭、奴隶拍卖、蓄养奴隶以及强奸非洲妇女等。于是,许多非洲黑奴不顾严重后果,试图逃跑,去寻找他们的家人,一旦被抓就将被视作偷了主人财产的贼遭到惩罚,因为他们本身就是主人的财产。北方的奴隶制虽然和南方同样残忍至极、道德沦丧,但在北方无论是气候还是经济条件都不适合发展大规模的土地种植园,马萨诸塞州的清教徒也多多少少减缓了种植园的扩张。另一方面,奴隶的怠工、破坏、攻击、逃跑和叛乱此起彼伏,造成了持续的威胁,这是北方奴隶主和殖民者面对的日益严重的现实问题(如 1663 年的弗吉尼亚起义和 1712 年的纽约起义)(Aptheker,1983;Doak,2006)。

正如约翰·霍普·富兰克林(John Hope Franklin)所说:"奴隶逃跑的最大影响,也许就是对奴隶制的公然违抗。奴隶主和奴隶都知道,总有黑人甘愿冒死一搏,以求摆脱束缚。"(Franklin & Schweninger,2000,p. 293)从 1704 年到 1754 年,奴隶主加强了镇压、暴力和巡逻行动。1739 年,南卡罗来纳州发生了史陶诺暴动(The Stono Rebellion),促使该州通过了《全面奴隶法案》(Comprehensive Slave Act),禁止奴隶阅读或学习英语,违反者将遭到惩罚。

《全面奴隶法案》是 1819 年前出台的一系列同类的州法律中的第一部,这些法律通过禁止非洲人接受教育对塑造奴隶制的结构起到了决定性作用。在南方,禁止奴隶接受教育被认为防止了奴隶接受"自由和平等"观念,从而变得不可控制。这种观念会煽动奴隶反抗(如 1800 年的加布里埃尔·普罗瑟(Gabriel Prosser)和 1820 年的登马克·维西(Denmark Vesey))。这项法律还扩大了先前的契约奴仆之间的差距,这些奴仆现在分化为自由的白人劳工和白人地主的财产奴隶两大类。此外,基督教被视为提高道德水平、减少反抗、更好地控制奴隶的一种手段。于是,"教育不以文字","听而不读《圣经》",就成为了奴隶主对奴隶进行宗教教育的方法。但是,尽管会受到法律制裁,非洲奴隶还是在偷偷地自学,或者向自由黑人、白人和那些想提高工作效率的地主学习。同时,宗教也成了受奴役的非洲人自我逃避和对奴隶制进行社会反抗的工具。

尽管教育最初被视为教化美洲土著的手段,但是非洲裔美国人连这一点都被剥夺,导致了贫困黑人与当时已经揭竿而起、反抗共同压迫者的白人和美洲原住民之间的鸿沟,从而防止非洲人产生为自由而起义的念头。这种鸿沟将融入种族化的等级制度,巩固奴隶主寡头统治的经济和政治权力/霸权,支撑即将到来的工业资本。因此,《黑奴法典》和其他法律规定对非洲奴隶教育的限制,为奴隶制的巩固提供了坚实的基础,1793 年轧棉机的发明便是这一现象的标志。为满足出口需求,轧棉机的生产数量迅速增加到了先前的 50 倍,进而提高了奴隶的需求和价格,促进了奴隶贸易、纺织业和航运业的发展,同时还通过了第一部联邦《逃奴追缉法》(Fugitive Slave Law),并引入了奴隶保险制度,保护南方和北方的金融投资。

68

轧棉机的发明巩固了奴隶制,也造成了非洲裔美国人地位的进一步下降。由于"剩余"的男性和女性奴隶被贩卖到相邻的各州,非洲裔美国人只能离家弃子,家庭四分五裂。虽然奴隶的无偿劳动是北部和南部利润的主要来源,也是以种族划分等级的工人阶级的基础,但是对土地资本的追求仍在继续。土地和劳工是私人财富积累和资产阶级与劳动阶级发展的根本。

一种新民主: 不平等的宪法和法律基础

> 与美洲土著相关的法律,假设征服确实会产生主权国家。印第安人见证了殖民者的财产法和美国的兴起,其中充斥着暴力行径,而这种暴力行径却被法律认可并得以延续。同时,殖民者把这些法律视作习俗和"常识"。(Harris, 1995, p. 280)

> 作为财产和人的奴隶的双重矛盾特征,体现在宪法的代表条款中。(Harris, 1995, p. 278)

在 17 世纪后期和整个 18 世纪,随着奴隶制成了一种生活方式,争夺土地所有权的斗争愈演愈烈,范围扩大到了对美洲土著的争夺。土著部落经常联合起来抵抗侵犯他们土地的英国和其他欧洲殖民者,如 1655 年发生在纽约的桃树战争(Peach Tree War)、1663 年发生新泽西州的对抗荷兰的伊索珀斯战争(Esopus War)、1715 年发生在南卡罗来纳州的雅马西战争(Yamasee War)、1723—1727 年发生佛蒙特州的达默战争(Dummer's War)。在 1689—1763 年即北美殖民地战争期间(Churchill, 1997)的四场殖民地间战争中,美洲土著部落时而与英国人结盟,时而与法国人结盟,最终英国人击败了法国人,并将他们逐出美国。英国人打败法国人之后,美洲土著发动了庞蒂亚克战争(Pontiac's Rebellion),反抗英国殖民者的残酷统治。他们初战告捷,但是后来却因为接受了感染了天花的毛毯而输掉了这场战争。巨额的战争费用和英国的海上重商主义促使英国颁布了"国王公告"(Royal Proclamation,1763),禁止殖民者定居在阿巴拉契亚山脉以西地区或未经允许购买土地。这导致已经在西部获得了土地的"帕克斯顿青年"(Paxton Boys)和殖民者对美洲土著的屠杀,还引发了之后反抗英国的美国独立战争(Revolutionary War)(Reyhner & Eder,2004)。

1776年的独立战争使殖民者暂时停止攫取原住民的土地,集中精力和英格兰作战,也促使殖民者呼唤自由、平等和不可剥夺的权利。为了达到这一目的,殖民者向印第安人和非洲奴隶寻求帮助,和英国人作战;但是,由于他们虐待被殖民者,撕毁与被殖民者的协议,所以他们得到了截然不同的回应。尽管许多印第安人有意避免参加另一场欧洲人的冲突,但是奴隶解放的前景和削弱征服者的机会却吸引了一些人加入了反抗英国的战争。一些非洲黑奴和原住民自愿或被迫为殖民者而战,但他们战后的境遇反而更加不堪,他们的反抗也因此更加激烈。殖民者疯狂地发起了消灭印第安人的运动;在17年后的1972年,随着轧棉机的发明,对奴隶的控制也进一步加强了。然而,这一切都发生在殖民地从英格兰独立后,"人人民主"的新民族话语大行其道之时。

1787年通过的美国《宪法》呼吁实现民主,具有讽刺意义的是,这个美国的立国之本,却是从原住民的民主治理原则中借用来的。在奴隶制背景下,这部《宪法》作为一种国家机制和投资,其倡导的平等只适用于白人男性,以及所有各州在立法机构的平等代表权(Anderson,2005,2006)。但是,"人人平等"这一治国条文,与人们对摆脱奴役、争取自由的真正的民主追求相吻合,导致逃奴数量急剧增长;同时,出于经济和道德原因,有人开始主张废除奴隶制。1781年,黑奴马姆·贝特(Mum Bett)在纽约胜诉,获得了自由。此外,《宪法》的"五分之三条款"将非洲裔美国人降格为五分之三个人,此条款维护了南方奴隶主的财产利益,限制了南部地区在国会的投票权,并且提高了对南部的征税。另外,《逃奴条款》(Fugitive Slave Clause)又证明了在社会生活和美国人的心目中,非洲裔美国人只是一种财产,而非人类。1788年,《逃奴条款》被写入宪法。这一条款与宪法格格不入,引发了关于"平等是一部分人的平等还是所有人的平等"的疑问。1777—1804年之间,七个北方州正式通过法律废除了奴隶制,但是在实践中,奴隶制在25—50年之后才真正终结。人们担心奴隶无法"融入"社会,害怕大量奴隶从南方涌入,夺走贫困白人的工作,还有人抱持着根深蒂固的种族隔离观念。所有这些不仅延缓了北方奴隶制的终结,还引发了对非洲裔美国人的暴力行为。北方各州通过了一系列法律,把自由奴隶排斥在新美国的经济、政治和社会生活之外。对种族问题的担心还延伸到对移民的限制上,1790 年通过的《美国国籍法》(the Naturalization Act)保留了"道德品质高尚"的"自由白人"的美国公民权利。至此,白人殖民者、美洲土著、非洲裔美国人以及墨西哥裔美国人之间的阶级关系就这样这被写入了这个新国家的第一部法律之中。

先前的殖民者现在已从英国独立,手握美国《宪法》,不再受英国的管束,可以肆无忌惮地继续征服美洲土著,掠夺他们的土地了。但是,殖民地战争造成的大量伤亡迫使美国政府不得不采用减轻赋税和非军事威胁与孤立策略来榨取更多的土地。美国政府制定了文化适应—兼并计划(acculturation-aquisition plan),通过条约和文明/教育项目和平协商土地问题。"有约束力"的条约、法律和其他策略成为了和平地保护既得利益、获取更多土地的主要工具(Avalon Project,2007)。从 1778 年到 1889 年,殖民者同美洲土著签订了 400 多项条约,通过"外交方式"寻求共存,夺取他们的土地并且将原住民限制在指定的居留地内。在土地吞并的过程中,条约常常是"逐步"展开的,先确定"印第安土地",然后限制居留地,最后赤裸裸地侵占土地。条约常常欺骗性地将土地转移给"移民者",更多的情况下则是无视、忽略、撕毁那些交换条款或保护美洲土著权利的条款。《西北地域法令》(Northwest Ordinance, 1787)就是一例。该法令在从"英格兰夺取的"美洲土著的土地上非法地建立了没有奴隶的领地,这块领地最终成为了今天的俄亥俄州、印第安纳州、伊利诺斯州、密歇根州、威斯康星州和明尼苏达州。该法令承诺忠实地保护美洲土著的"财产、权利和自由",但是这项承诺和许许多多其他承诺一样,很快被殖民者抛诸脑后。在和平谈判中,肖尼人(Shawnee)反对美国将他们定义为同英国结盟的"被征服的民族",拒绝了美国购买他们土地的条件。肖尼人组建了一个联盟,发起了惨烈的战斗,抗击美军,企图阻止美国政府吞并他们的土地。美军在倒树(Fallen Timbers)①发起了复仇之战,迫使原住民在 1775 年签署了《格林维尔和约》(Greenville Treat),割让土地。虽然原住民每次都会奋起反抗,拒绝彻底妥协,用土地换取教育,但是那些欺骗性的协议使他们割让了近十亿公顷土地给美国,

70

---

① 当时美军隐蔽在俄亥俄州西北部一处由倒伏在地的大树构成的天然伐木鹿寨后,经过会战基本瓦解了当地原住民的抵抗。这场战争因此被称作"倒树之战"或"鹿寨之战"。——编辑按

以换取教育和其他"好处"(Spring, 1994)。

倒树之战结束后,教育和其他说服性策略成了美国文化适应—兼并计划的核心。政府建立"交易所"或"工厂",方便美洲原住民向白人定居者出售土地换取现金。他们希望通过这个工厂体制引起原住民对金钱和消费品的兴趣,教会原住民寻求财富积累,并说服他们重视私有财产的"优越性",从而改变他们共享资源的习俗。此外,政府还派特使到"印第安地区",为原住民建立学校,教育并说服他们放弃为了发展畜牧业、农业和"家庭生活"而打猎,其目的是减少原住民对狩猎土地的"需求",从而让白人接管大量"未开发的土地"。美国政府计划让美洲土著顺应欧洲美国人的经济、政治和社会生活方式,从而以最小的阻力接管这些土地,然而这并非易事(Spring, 1994)。原住民非常看重自己的生活方式,对"白人"破坏性的生活方式不屑一顾。过去 200 年间原住民见惯了殖民者背信弃义的行为,不再相信他们。一个典型的例子就是牧师萨姆森·奥卡姆(Samson Occom),他是一位皈依了基督教的美洲土著,在英国为印第安人教育筹集了大量资金。这些钱在 1769 年被传教士用来建立达特茅斯学院,然而该学院招收的学生却主要是白人。许多其他为美国原住民建立的学校一样也,包括哈佛学院和威廉玛丽学院(Reyhner & Eder, 2004;Spring, 1994)。

18 世纪后期,美国的"印第安政策"主要是谈判条约、建立交易所以及各种说服教育策略,而为其撑腰的就是战争。这些政策是在美国宪法的框架内制定的,这部宪法支持民主,但是却用法律的形式把不平等现象制度化了。这为政府无视与原住民的谈判,夺取他们的土地提供了依据。宪法中的"五分之三条款"明确"排除了印第安人",开启了非人待遇的先例,粉饰殖民者的虐待行为,并将他们置于"道德法律义务之外"。独立战争后,美国政府虽然暂时将注意力转移到外交上,但这并不能掩盖他们大规模掠夺土地、屠杀原住民以积累资本的种种行为。到了 1800 年,原本 500 多万的美洲土著人口减少了 95%,只剩下 60 万人 *(Churchill, 2004),而侵占他们的土地的行为还在继续。18 世纪的重要发明还推动了商品生产,包括由水动力转向蒸汽动力(18 世纪 80 年代),纺织厂的工业纺纱(1783 年),钢铁冶炼代替采煤、陶器制作和冲压工程(1786 年),以及蒸汽动力机的发明(1804 年)。原住民的大量减少、奴隶创造的巨大利润和新兴机械化的快速发展,为大规模工业化的发展铺平了道路。

71

---

* 原文数字如此,似有误。——编辑注

权利之源：美国的扩张主义和社会的抵制

西部扩张的政治策略：教育和法律

　　对个人施加教育压力是为了获得他们的肯定与配合，把必需和胁迫转变为
"自由"。教育被归为"法律上中立的"、在文明社会中非强制性的"义务"，但
是……能以改变习俗和思维方式、行为方式和道德规范等形式对集体施加影响。
法律则是国家全部积极的教化活动中具有压制性的消极一面……（Gramsci，
1971，pp. 242,247）

　　对黑人的束缚与倡导"人人"自由的共和国话语之间存在着无法调和的固有
矛盾，但是法律却用黑人是不一样的人种这一假设来自圆其说。（Harris，1995
p. 286）

　　由于法律承认并且保护白人特权，法律规定了人种等级的统治和被统治的地
位。接着，白人特性作为一种种族特权被"科学"所证明，成了法条中的"客观事
实"。（Harris，1995，pp. 281,283）

　　19 世纪上半叶，社会政治蓬勃发展，进一步巩固了土地、劳动力和种族意识形态，
成为美国新兴工业资本主义民主的重要部分。它们包括：（1）淘金热出现后通过的
《文明基金法案》（the Civilization Fund Act，1819）和《印第安人迁移法案》（the Indian
Removal Acts，1830），以及联邦政府在奴隶制问题上的妥协（1820—1850）所反映出的
文化适应和兼并过程；（2）科学种族主义的出现和在美洲土著、非洲裔美国人和反种族
主义白人日益高涨的反抗运动（1829—1853）；（3）墨西哥脱离西班牙赢得独立、美墨战
争以及最后签署的《瓜达卢佩伊达戈条约》（Treaty of Guadalupe Hidalgo，1821 -
1848）。不难看出，美国在北美大陆的扩张和创建一支劳动大军的过程中，教育和法律
起了关键作用。

　　美国政府尝到了自由的甜头，打着"天定命运论"的旗号，怀着对财富和权力的无
限渴望，加速制定新的法律，利用联邦政策通过教育手段"教化"剩下的原住民，把他们

逐出了理想的土地,赶到了西部。教育被用作针对美洲土著的一种重要的权宜之计,也是政府为了获得土地的"投资"以及确定原住民的社会地位所需的意识形态灌输的重要来源。文明基金法案为宗教团体和一些其他组织提供经济支持,用以教育原住民并说服他们相信美国政府的仁慈和智慧,教授他们英语并引导他们皈依基督教。正如一个众议院委员会所宣称的:"现阶段我们国家面临一个重要抉择——要么教化这些森林之子,要么把他们彻底灭绝。"(Reyhner & Eder, 2004)由于解决"印第安问题"是美国政府的首要任务,政府于1824年建立了印第安事务办公室,隶属于国防部,负责战争、教育、贸易并监督管理与原住民相关的条约与资助事项(Churchill, 2002; Travel & History, 2007, www.u-shistory.com/pages/h3577.html)。国防部的战略布局将原住民定位为潜在的"国家敌人",可随时对他们发动战争或采取其他必要的军事行动。

72

1928年乔治亚州的淘金热促进了土地和财富的积累,催生了《印第安人迁移法案》(1830)。杰克逊总统的观点是"在他们脚下点火,他们感到烫时,自然会离开"(引自Heidler & Heidler, 2007)。这个决定性的法案强制命令切诺基部落(Cherokee)从乔治亚州迁移到密西西比河西岸,并在金矿安排了卫兵防止当地居民进入。这种从剥夺土地到强制迁移的过程在《印第安贸易与往来法》(the Indian Trade and Intercourse Act, 1790, 1802, 1834)的最终版中得到了更多的支持。该法案划定了"印第安土地",对美洲土著在这片土地上进行贸易和旅行作了限制;法案还中止了联邦政府对密西西比以东地区在教育上的支持。政府任命"自愿割让领土"的部落领袖担任土地谈判的负责人,有效地使美洲土著部落沦为没有权利的保护区。正如1831年的最高法院的裁决所陈述的,原住民是"依附美国的部落,处于被监护的状态,就是被监护人与监护人之间的关系"(Reyhner & Eder, 2004; Spring, 1994)。面对入侵者毁灭社区、掠夺庄稼和土地、屠杀生命的暴行,美洲土著奋起反抗,不断斗争,保护他们的家园(Churchill, 1997)。他们在1832年的黑鹰战争(the Black Hawk Wars)和塞米诺尔战争(the Seminole Wars, 1832, 1835 - 1842)中奋勇抵抗,这是塞米诺尔人和非洲黑人共同参与的最大规模的奴隶反抗运动(1835—1838)(Aptheker, 1983; Bird, 2005)。美国民兵的攻击迫使美洲土著同意用数百万英亩的土地去交换一小片地带,而其他非洲黑奴和塞米诺尔人则迁移到了没有奴隶的墨西哥。这个悲惨的迁移过程始于白人违反了杰克逊总统和切诺基部落之间签订的欺骗性协议,最后18 000名切诺基人被关进了拘留营。1838年他们在7 000名士兵的押送下走完了"血泪之路"(Trail of Tears),从乔治亚州迁移至俄克拉荷马州。迁移之后,切诺基人仿效西可奇人(Cheeks)和乔克托人(Choctaws)以及东部的传教士的做法,于19世纪40年代用割让土地换来的钱建立了学校。但是,许多原住民拒绝皈依基督教,拒绝接受政府灌输的思想,也拒绝接受白人的优越地位,因为他们希望通过接受教育、提高文化水平来获得自己种族的生存与福祉(Reyhner & Eder, 2004; Spring, 1994)。但是,他们相对的和平是短暂的,扩张主义者在寻找新的土地,淘金者在寻觅财富,19世纪20年代新一波的欧洲移民也在抢夺土地,而爱尔兰人为了逃离英国人造成的马铃薯饥荒(Potato Famine, 1846-1850)导致的贫困和死亡也涌入了美国。1849年,印第安事务办公室从国防部转入内务部,并改名为"印第安事务署",这标志美国政府的政策转变为通过居住地制度"教化"印第安人。1851—1868年的《拉勒米堡条约》(The Fort Laramie)保证让美洲土著独享大平原和黑山(包括Sioux、Blackfoot、Assinaboin、Crow Nations、Gros Ventre、Cheyennes、Arapahoes等部落)的使用权,为印第安儿童提供"使命"教育,寻求白人和印第安人之间的和平,用为期50年的年金和补偿获取探矿者通往金矿和西部的安全通道。但是,接下去发生的却是大量白人涌入了这片土地,美国更是在1803年通过非法的路易斯安那购地案从法国人那里获得了土地。

大量白人定居者聚集到西部,形成了新的州,奴隶制问题也随之凸显了出来。到1804年为止,虽然七个北方州都正式废除了奴隶制,1808年奴隶贸易也随之结束,但是在南方奴隶制和奴隶贸易依然故我。南北方都关注着蓄奴州和自由州的数量对比,维持在国会中地区权力的相对平衡。最终双方达成了三项妥协和一个法庭裁决,但是这些妥协和裁决的基础并不奴隶制的道德问题,而是各州权力的平衡和"国家的统一"。《密苏里妥协案》(Missouri Compromise, 1820)承认缅因州是个自由州,除密苏里地区之外,在路易斯安那购地案所得区域内奴隶制被视为违法。在1850年的妥协案中,加利福尼亚成为自由州,同时犹他州和新墨西哥州则自行决定。1854年《史葛判决案》(The Dred Scott Decision)否认了黑人的公民地位和起诉权,并撤销了在《密苏里妥协案》中对奴隶领土的裁决。这些裁决都反映了南北双方在奴隶问题上日益尖锐的政治经济矛盾。

73

科学种族主义和社会抗争

19世纪20年代后,对奴隶制的抗争日益高涨,关于奴隶制道德问题的矛盾也不断升级。与此同时,为奴隶制正名的科学种族主义的种子播撒在了肥沃的土壤中。植物分类学家卡罗勒斯·林尼厄斯(Carolus Linnaeus)的早期理论对不同种族在思维方式、道德和生理方面的差异将人类分为黑色人种、白色人种、黄色人种和红色人种，并在此基础上提出了一些假设。1774年，爱德华·朗（Edward Long）创造了一个简单的分类方式，他的人种同源理论认为，人类有着相同的起源，但是其他学者则相信多元发生论，认为不同种族有不同起源。最后，法国人亚瑟·德·戈比诺（Arthur de Gobineau）在1853年发表了他著名的研究成果《人类种族的不平等》(The Inequality of Human Races)一书，将"种族"划分为不同的等级，并提倡维持种族的完整和纯洁，保护社会秩序。这些种族优劣的理论强化了非洲人和印第安人是劣等人种的观点，为种族歧视进行了辩解。这些理论支持用颅测量法等方法，记录不同"种族"之间的固有差异。科学种族主义支持了美国殖民化协会（American Colonization Society，1817）的信仰，认为非洲人天生低劣，该协会还努力推动非洲裔美国人移民到非洲。科学种族主义作为一种意识形态的武器，为优生学运动奠定了基础，加强了种族主义的制度化，成为了美国工业资本主义发展的奠基石。科学种族主义努力把种族间的不平等自然化的过程，激起了人们对奴隶制更为激烈的反抗。

19世纪中叶，反抗奴隶制的斗争日益高涨，黑奴起义此起彼伏，逃跑事件层出不穷，他们还与美洲土著的起义进行了全面的合作（Aptheker，1983；Doak，2006；Franklin & Schweninger，2000）。自由黑人大卫·沃克（David Walker）发表了著名的《呼吁》(Appeal，1829)一书引导了反抗。他呼吁奴隶武装反抗他们的奴隶主，他说："美洲是我们的美洲，不是白人的美洲；我们用自己的血汗建造了美洲，你们难道愿意让他们驱使我们，剥夺我们的财产和家园吗？"他指出，白人害怕黑人的觉醒，"白人明白他们对我们带来了多大的伤害，他们害怕我们成为文明的人，报复他们的行径，这将是他们的灾难"。两年之后，在1831年，一位名叫纳特·特纳（Nat Turner）的奴隶领导40个奴隶在弗吉尼亚州的南安普顿杀死了50多个奴隶主。结果，政府开始更严厉地执行《奴隶法典》，废奴运动也随之爆发。著名的黑奴享利·海兰德·加尼特（Henry Highland Garnet）携家带口逃离了奴隶制，最后就读于奥奈达神学研究所，在那里他发表了著名的演讲《反叛宣言》("A Call to Rebellion"，1843)。加尼特因为这篇震撼人心的演讲及其坚定的政治行动主义和出色的组织能力而家喻户晓，常常被人们和白人废奴主义者威廉·劳埃德·加里森（William Lloyd Garrison）相提并论。加里森是报纸《自由者》(Liberator)的编辑，他在1831年建立了反对奴隶制协会。在他们的领导下，废奴主义者更加勇敢地宣传自己的观点，甚至影响了法庭的判决，救出了许多逃奴。

在加里布埃尔·普罗瑟和登马克·维西领导的奴隶起义的影响下，奴隶反抗运动在南方遍地开花。1835—1838 年间，佛罗里达州爆发了塞米诺尔奴隶起义（the Seminole Slave Rebellion），约翰·霍斯（John Horse）带领数百名奴隶从他们的大农场逃往塞米诺尔，和在 1776 年反抗殖民者的塞米诺尔人会合。塞米诺尔人和非洲黑奴迅速摧毁 21 个最发达的大农场之后，其他一些大农场投降了，他们的奴隶也迁徙至西部追求自由。这是规模最大、持续时间最长，也是最为成功的奴隶起义——但在历史书上却被遗漏了。当时在运奴船上也发生了两次起义。1839 年，在西班牙阿米斯塔德号（Amistad）运奴船上，黑奴在钦奎（Cinque）的领导下发动了起义。这艘船开到了美国，在那里这些黑奴得到了废奴主义者的强大声援，结果美国最高法院在 1984 年裁决释放这些黑奴。在阿米斯塔德号起义之后，在从弗吉尼亚的汉普顿去往新奥尔良的路易斯安娜的路上，克里奥耳号（Creole）运奴船上的奴隶们接管了这艘船并开到巴哈马群岛，获得了自由。曾经在纽约遭受过非人折磨的女奴、废奴主义者和女权倡导者索杰娜·特鲁斯（Sojourner Truth）发出的正义之声反映了奴隶对自由日益强烈的渴望。1842 年，她在"圣灵的召唤"之下，带着一个孩子逃离奴隶制，然后开始在全美国进行巡回演讲，并在西部为奴隶们寻求自由的土地。1851 年，她在俄亥俄州妇女权利大会上发表了题为"难道我不是女人吗？"（"Ain't I a Woman"）的演讲，极大地鼓舞了全美国的黑人，一时名声大噪。1850 年，另一位曾经的黑奴、勇敢的地铁售票员哈丽雅特·塔布曼（Harriet Tubman）解放了她的家庭，她还护送数百名奴隶前往北方和加拿大，直到奴隶制终结。她得到了许多白人废奴主义者的声援，还与曾在 1859 年领导过著名的哈普斯渡口（Harpers Ferry）之战的约翰·布朗（John Brown）有过密切的接触。但是，科学种族主义和对奴隶制的反抗激起了强烈的反应。1857 年通过的《史葛判决案》作出具体规定，强调黑人是财产，不能在法庭上作为公民和原告，并推翻了《密苏里妥协案》对奴隶领地的限制。《奴隶法典》的部分条款被删除，同时增加了一些残酷的新条款，同时在美国的城市里暴发了一波白人暴力行动，如 1838 年在费城发生的警察许可的纵火行为和在黑人社区的狂暴行径。人们争取自由的斗争一直持续着，直到 1865 年奴隶制被废除。

墨西哥土地的吞并和种族化的驱逐行为

美国为争取自由而进行的斗争和 1821 年墨西哥从西班牙独立的情况颇为相似。当时墨西哥临时政府一独立就立即废除了西班牙的种族秩序，逐渐关闭了传教机构，并出台了一系列经济政策来应对持续了 300 年的种姓制度的影响。他们制定的"伊瓜拉计划"(the Plana de Iguala)规定印第安人、梅斯蒂索人(Mestizos)和艾芙洛梅兹人(Afromestizos)享受和白人一样的公民权利。为了"赢得"被征服者的拥护,政府采用了教育、宗教和语言交流的策略。尽管表面上墨西哥正处于解放奴隶的进程中,但是原住民(包括玛雅人、印第安人和美洲土著)被奴役的情况依然存在。1824年通过的新宪法禁止奴隶贸易,并宣布让在美国被奴役的移民前往墨西哥(Menchaca,2001)。《殖民总法》重新划分了土地,纠正了种姓制度对土著美洲人的定位。

但是,墨西哥独立不久,墨西哥政府就通过放宽移民政策,欢迎来自欧洲的移民,以寻求帮助"应对"非基督教原住民的反抗。这些殖民者是土地重组的真正受益人,他们还将奴隶非法带入了现在的得克萨斯州西南部。当墨西哥总统维森特·格雷罗(Vicente Guerrero)发表解放宣言,宣布解放奴隶为自由的墨西哥公民时,那些殖民者就发动了叛乱。这些殖民者日益壮大,最后占据了得克萨斯州人口的多数,他们无视解放宣言,要求得到和墨西哥公民一样多的土地,并且最终发起了独立运动。1836年,殖民者发动反对墨西哥的战争,使得克萨斯州脱离而出,并于1837年提出希望加入美国。美国政府对得克萨斯州的奴隶制和可能与墨西哥发生的战争权衡之后,于1845年强行吞并了得克萨斯,使之成为了美国的一个蓄奴州。随之出现的墨西哥与美国的边界争端导致了1846年的美墨战争。1848年美国获得了胜利并迫使墨西哥签订了《瓜达卢佩伊达戈条约》(the Treaty of Guadalupe Hidalgo),条约承诺保护被征服的人民的权利。根据后来签订的《加兹登条约》(Gadsen Treaty,1845),美国购买了墨西哥的土地,向南扩张了版图,为最终在19世纪60年代中期建造横贯美国大陆的铁路提供了充足的土地,更重要的是,这项条约大大地减轻了美国欠墨西哥的债务,严重损害了墨西哥的财政状况。到1854年,美国通过"吞并、战争和购买"的手段,从墨西哥掠夺了今天的加利福尼亚州、亚利桑那州、新墨西哥州和得克萨斯州以及内达华州、犹他州、科罗拉多州、俄克拉荷马州、堪萨斯州和怀俄明州的一部分(Menchaca,2001,p.216)。这加剧了南方和北方在自由州和蓄奴州问题上的权力斗争。对墨西哥领土的吞并加强了1824年门罗主义(Monroe Doctrine)的"和善"誓约,保护新独立的拉丁美洲共和国免受欧洲殖民主义的压迫,实现美国对内控制和对外扩张的"天定命运"。但是,美国吞并墨西哥对原住民来说却有着非常严重的后果。

尽管美国政府保证让所有的墨西哥居民拥有完整的公民权利,并且享有门罗主义的保护,但是协议签订不到一年,美国就违反了协议。美国重新制定了一个和之前西班牙人的种族化体系类似的体系,没收了墨西哥人的财产。由于墨西哥人是"白人",

因此仍然享有完整的权利,而梅斯蒂索人、美洲土著、艾芙洛梅兹人和黑人的血统则决定了他们无法享受同样的权利。被割让土地上的美国立法机构有权决定公民的资格,他们剥夺了美洲土著的权利并限制了墨西哥人的权利。1848 年的加州淘金热加速了对土地的扩张,大量的白人前往西部勘探,赶走了当地的原住民,制定了非法的规则来谋求财富。1851 年通过的《加利福尼亚土地法》(California Land Act)设立了一个委员会,重新审视土地的归属,并对墨西哥人课以重税,为的是剥夺他们的土地和财产。1855 年又通过了《反游民法》(the Anti-Vagrancy Act),把墨西哥人视为"外国人",禁止他们拥有土地和金银矿。1855 年的《补充法》(Another Act)取消了州宪法中法律必须有西班牙语版的规定。1848—1928 年间,这些法案都得到了执行,许多墨西哥人遭受了私刑,并被粗暴地逐出自己的家园,他们的公民权利也被剥夺了。只有极少数墨西哥人在后来的饥荒中存活了下来。被逐出家园、失去土地的墨西哥人被迫成为自己土地上的矿区、铁路、罐头食品厂和服务岗位的廉价劳动力,被推上了迅速致贫的轨道,直至今日。在这个耳熟能详的美国业绩史中,墨西哥从西班牙独立使之成为了美国肆无忌惮地扩张版图、征服北美洲大陆的主要目标。

与此同时,随着一系列法案的出台,那些在西部获得自由的黑人和美洲土著也被逐出家园、丧失土地,被迫沦为劳工。1834 年通过的《印第安交流法》(the Indian Intercourse Act)中的条款把美洲土著限制在居留地内,逃跑者将被处以死刑。同时,政府还制定了《西北部条例》(the Northwest Ordinance),剥夺了美洲土著的土地拥有权。1853 年的《优先买卖法》(the Preemptive Act)宣布,所有的"印第安土地"均为公共土地,为公众所有。1862 年的《宅地法》(the Homestead Act)则允许白人移民占有那些新划定的"公共土地",剥夺西部美洲原住民和墨西哥人的土地,禁止他们享有政府的赠地。1854 年的《堪萨斯—内布拉斯加法案》(the Kansas-Nebraska Act)废除了《密苏里妥协案》,并允许各州自主决定成为自由州还是蓄奴州,迫使黑人要么背井离乡,要么成为奴隶。1860 年通过的《加利福尼亚契约法》(the Indentured Act)允许白人在西部地区合法拥有美洲土著契约奴,还允许对美洲土著契约奴不满意的白人公开拍卖他们(Menchaca,2001)。白人殖民者声称他们"稳定"了加利福尼亚州,要求享受土地分配的特权,而墨西哥人、美洲土著和非洲裔美国人却从"小农场主变为了无地的劳工"(Menchaca,2001)。

随着美国向西扩张,从英国手里夺取了俄勒冈领地(1846),又吞并了墨西哥北部一半的土地,美国的领土面积翻了一番,美国的"天定命运"正在顺风顺水地成为现实。

一方面,教育、法律和科学种族主义对美国扩张领土、强迫被征服的人民成为劳工提供了便利和借口。另一方面,民主的理想也开始在这片土地上为人们所接受,新兴的工业资本主义迅速发展,带来的需求与日俱增。所有这一切,引发了人们对奴隶制、种族压迫和不公平现象日益强烈的反抗。19 世纪早期白人殖民者和美洲土著与黑奴之间为实现统治和平等的斗争,塑造并巩固了 19 世纪后半叶美国资本主义的优势地位和权力。

权力的巩固:工业资本主义的崛起

19 世纪后半叶,美国的多次战争终结了奴隶制、削弱了白人至上主义,并帮助美国最后攫取了美洲土著的土地和西班牙的殖民地,还建立了与工业资本主义相匹配的公共教育体系。

大反转:奴隶制的终结和重建工作

19 世纪后半叶发生了多次军事战争——包括美国南北战争、翁迪德尼之战(Wounded Knee Battle)和美西战争。这些战争使美国得以攫取大片土地和大量"无偿的"劳动力。随着一系列法律的通过和教育机构的建立,这些军事成就得到了巩固,同时出现了各种不同形式的种族歧视,而这些种族歧视一直延续到 20 世纪中叶的民权运动才最后终结。第一场重要的战争就是南北战争。

1860 年林肯当选为总统时,南方与北方之间围绕着奴隶制扩张问题的紧张关系终于爆发了。随着他的胜选,南方于 1861 年退出了合众国,组成了南部邦联,并颁布了支持奴隶制的宪法。虽然奴隶制只是个道德问题,但是为了保全合众国,南北战争(1861—1865)还是爆发了。在南北战争结束之前,林肯深谋远虑,颁布了《奴隶解放宣言》(Emancipation Proclamation, 1863),此举为北方获得了国际支持,但是奴隶们并没有得到解放。同时,由于废除还是保留奴隶制是各个州的权力,《逃奴追缉法》不但没有被废除,反而得到了加强。尽管合众国并没有努力去废除奴隶制,但是这个宣言依然鼓舞了具有民主思想的人们为结束奴隶制而斗争。1865 年,南部联邦投降,南北战争结束,宪法第十三条修正案也正式废除了奴隶制。随后难民署、自由民事务署和荒地事务署开始了重建工作。虽然资金不足,政府还是设立了自由民事务署,向人们提供食物、衣物、住房和财产救助，并为获得自由的奴隶伸张正义、建造学校。

这一切令非洲裔美国人兴高采烈，但是寻亲、谋生和随之而来的白人恐怖的反弹行动等问题又让黑人清醒了过来，如 1865 年密西西比州通过的《黑人法典》和 1865—1866 年 3K 党的成立，两者都旨在通过暴力反对废除奴隶制。另一方面，重建工作虽然很短暂，但却为黑人带来了许多进步，如海勒姆·雷维尔斯（Hiram R. Revels）（任期 1 年）和布兰奇·凯尔索·布鲁斯（Blanche Kelso Bruce）（6 年期满）首次当选为黑人参议员，一些其他政府职务也开始由黑人担任，一些重要的法律法令也相继颁布，让黑人有了获得良好教育的机会。第十四条修正案保障了黑人的公民权利与平等接受法律保护的权利，《史葛判决案》也被推翻；1866 年的《民权法案》赋予了非洲裔美国人完全的公民权利（美洲土著被排除在外）。1867 年通过了《重建法案》，南方回归合众国，黑人也获得了解放。1870 年通过的第十五条修正案规定黑人拥有选举权，1871 年通过了《民权法案》，又称《3K 党法案》，规定强制执行第十四条修正案，为南方受虐待的黑人提供救助。1875 年通过的《民权法案》保障黑人享有使用公共设施、参加陪审团的平等权利。在重建期间，一些北方人来到南方支持自由民事务署为实现种族平等所做的努力，然而还是有一些人通过腐败和投机攫取土地，大发横财（Stampp，1967）。为了让非洲裔美国人享受工业教育，许多历史性的黑人大学（historically Black colleges and universities，HBCUs）纷纷建立起来，包括霍华德大学（1867）、汉普顿学院（1868）、佛罗里达州农业机械大学（1873）和塔斯克基学院（1881）。正如杜波依斯（W. E. B. DuBois）所说的："自由民事务署（和重建工作）最大的功绩，就是为黑人建立了免费的学校，并提出让南部所有阶级的孩子都接受免费基础教育的建议。"

另一方面，重建工作也使《黑人法典》得以通过，推翻了第十三条修正案，重新确定了南方白人至上的地位，并限制了非洲裔美国人的公民权利和其他合法权利，如婚姻、拥有或租赁财产、独立工作、种植谷物以及在城镇居住的权利。这些法条旨在控制黑人，确定黑人农业工人的地位。从 1865 年到 1877 年重建结束，南方各州用非法的暴力与恐吓手段残酷地实施了《黑人法典》。人头税、（为确定有无投票选举资格而进行的）文化水平测试和财产要求剥夺了黑人的权利。很快，在南方和北方都出现了许多日落城镇（其中许多城镇至今依然存在），暴力威胁黑人在日落之前必须离开那些城镇（Loewen，2006）。于是，治安暴力不断升级，白人暴乱日益猖獗，攻击黑人社区的暴力行径时有发生，如孟菲斯大屠杀（the Memphis Massacre）、警察在新奥尔良的多次屠杀行为、3K 党的成立、路易斯安那州的奥伯路萨斯大屠杀（the Opelousas Massacre）、密西西比州的克林顿大屠杀(the Clinton Massacre)和发生在南卡罗来纳州的一系列攻击黑人事件。这些屠杀和攻击最后只能由联邦军队出面解决。最终,非法势力得到了州官方的认可:1872年自由民事务署被撤消,《特赦法案》通过并恢复了南方邦联各州的全部权利,1877年联邦军队从南方撤回,重建工作正式结束。1877年,北方与南方做出了最终的妥协:共和党的拉瑟福德·海斯(Rutherford B. Hayes)成为总统,交换条件是北方军队从南方撤离。

78 　　从1882年至20世纪中叶,治安暴力成了南方各州辅助治安的手段,发生了大量警察批准的私刑事件。种植园主用恐吓、欺诈和暴力等手段恢复了昔日的权力,许多贫穷白人则用这些手段发泄对自己经济地位的不满和对黑人"抢了他们的饭碗"的怨恨。一时间私刑像瘟疫一样蔓延开来,非洲黑人首当其冲;在西南部新成立的各州,废奴主义者和墨西哥人也成了攻击对象;西部各州的受害者则主要是美洲土著;中国人和来自其他地方的移民也在这些"娱乐"性事件中被肆意杀害。萨姆纳(Sumner)提出的"40英亩和一头驴法"(40 acres and a mule law)被否决,奴隶的土地"占有权"被取消,在保护私有财产神圣不可侵犯的名义下,土地的重新分配也随之被废除。非洲裔美国人被夺走了土地,被迫为从前的奴隶主工作,成为了按收益分成的佃农或工人。虽然工业资本主义的发展当时还离不开无偿劳动力,但是南方和北方都需要黑人去棉花地劳动以维持棉花的出口。黑人被剥夺了公民的权利,在社会、教育和就业各方面受到歧视,同时还通过了针对黑人的劳役抵债制度,白人至上主义卷土重来,而劳工阶级则再度成为了被奴役的对象。《黑人法典》和恐怖统治为吉姆·克劳/种族隔离时代(the Jim Crow era)的到来铺平了道路。1883年最高法院的裁决推翻了1875年的《民权法案》,宪法允许在公开场合歧视黑人种族隔离时代正式来临。该项裁决把非洲裔美国人"隔离但平等"的地位制度化了。1896年,普莱西诉弗格森案(*Plessy v. Ferguson*)的裁决就基于"隔离但平等"的信条,判定种族歧视合宪。该裁决声称,宪法第十四条修正案禁止州政府歧视黑人,但没有禁止公民歧视黑人。此外,1899年的卡明诉县委员会案(*the Cumming v. County Board*)的裁决则判定,即使各学校不能获得同样的设施,种族隔离学校也是合法的。如此,非洲裔美国人二等公民的地位被制度化了。

对美洲土著土地的最后征服

在南北战争过程中,掠夺原住民土地的战争并未停止。1862年的《宅地法》通过后更是变本加厉，一大批殖民者被允许每人侵占 160 英亩原住民的土地，加速了对原住民土地的最后掠夺。在南北战争期间，这种对土地的征服加剧了白人对美洲土著的残酷杀戮，如残杀参与明尼苏达起义（即桑提人战争，Santee War，1862）的苏部落（Sioux）；派雇佣军铲除敢于反抗的原住民，如沙溪部落（Sand Creek，1864）和沃希托河部落（Washita，1868）的原住民；屠杀科罗拉领地爱好和平的人们，包括儿童。1866年内战后，第九和第十骑兵团以及非洲裔美国水牛兵重新组建成了"和平时期"的军队。尽管黑人参议员布兰奇·凯尔索·布鲁斯反对虐待美洲土著，但是非洲裔美国水牛兵成为了政府在西部扩张、驱逐原住民的帮凶。水牛兵纪律严明，号令如山，勇猛无比，常常被用来与当地美洲土著的同盟。1862 年国会通过了一个法案，授权建造一条横跨美国大陆上的铁路，促进西部殖民地的发展。关于墨西哥边界重新谈判的《加兹登条约》使铁路项目得以推进。在许多白人劳工放弃修建铁路而去西部淘金的时候，逃离土豆饥荒的爱尔兰人、前来淘金的中国移民、奴隶制即将崩溃背景下的奴隶以及被剥夺了土地的墨西哥人，为建造这条铁路提供了大量的劳动力。1865 年，联邦与中太平洋铁路公司（Union and Central Pacific Railroad Companies）开始雇用爱尔兰人、中国人、非洲裔美国人和其他欧洲移民建造铁路。对美国土著来说，铁路的修建不啻是个大灾难。他们因此失去了大片土地，大量的水牛被宰杀，以满足铁路工人的食物需求，牛群也被赶了出去，许多"士兵"驻扎了进来"防止"原住民破坏铁路（Reyhner & Eder，2004；Takaki，1993）。1867 年，大多数来自东部的美洲土著居住在"印第安领地"，而那些来自西部的原住民则被限制在自己的居留地内。内战刚结束时，美国政府开始缓解和原住民的冲突，寻求"相对的和平"。但与此同时，玛利亚斯大屠杀（Massacre on the Marias，1870)等其他报复性屠杀仍在发生。

1867 年和平委员会建立，与美洲土著订立条约，安抚他们日益高涨的"敌对"情绪，镇压他们对殖民者强占土地、屠杀四千余万头水牛以及强建铁路等暴力行为的抵抗。和平委员会的目标与重建时期的自由民事务署一样，就是要加快完成美洲土著的文化适应，最终融入社会。但是，没有社会公平这个目标是不可能实现的。首先，该委员会的政策中有一条规定，就是用英语教学来代替原住民的语言。和平委员会还认为，摧毁美洲土著的文化，使之与美国政府结盟，能解决白人与美洲土著之间的敌对问题，有利于他们适应新的文化（Spring，1994）。1870 年，政府拨出多笔资金支持在印第安人的居留地上开发新的工业项目，建造新的学校。1873 年《文明基金法》被废除，同时增加了联邦基金，这反映了政府政策从支持私人传教士的教育转变为通过印第安事务署向原住民提供由联邦资助的教育。这种集中教育和 1871 年的《民权法案》一样,不再承认土著部落的独立性,并规定所有条约都必须得到国会两院的批准(Churchill, 2004)。这标志着政策的转变,从重新安置独立的土著部落("血泪之路"便是一个缩影)到限制他们居住在政府保护的在保留地内,这个政策一直持续到 1953 年。

美国政府的"相对和平"政策和对生活在与世隔绝的西部平原上的原住民的漠视,在 1874 年发生了戏剧性的转变。当时在美洲土著的圣地,位于加利福尼亚州黑山的帕哈萨帕(Paha Sapa)发现了黄金。大量矿工潮水般涌入当地,连招呼都不打,就开始大肆破坏土地,开采黄金。虽然美国政府曾于 1868 年签署了《第二次勒拉米约》(the second Treaty of Laramie),承诺尊重苏族人的土地所有权,但是金矿发现后,美国政府便将承诺抛诸脑后,很快便把夏安族(Cheyenne)和苏族人逐出家园,和之前在乔治亚对待切罗基族人(the Cherokees)的方式如出一辙。1875 年美国政府向苏族人提出购买他们的土地,遭到了拒绝,接着削减该地区的基金施压未果,便在 1876 年发出最后通牒,宣布没有住在居留地上的苏族人为敌对势力。1876 年,乔治·卡斯特(George Custer)率领的一支部队在小巨角河战役(the Battle of Little Big Horn)中被坐牛部落(Sitting Bull)和苏族部落歼灭。在随后几场延续了 14 年的大苏战争(the Areat Sioux Wars)中,政府军也惨遭失败。后来政府采用了政治手段把原住民迁移了出去,例如,1877 年的《曼尼潘尼协议》(the Manypenny Agreement)没收了帕哈萨帕 90 余万英亩土地,并将土著人限制在保留地内。1878 年,为了加强军队在保留地的"内部执法行动",政府建立了第一支原住民警察队伍。

1887 年通过的《道斯土地占有法》(the Dawes Severalty Act)——俗称《普通分配法》(General Allotment Act)——可以说是政治绝杀。根据该法案,每个原住民家庭户主可分配到 160 英亩土地,其余每人可得到 80 英亩土地,这样便大幅度减少了原住民拥有的土地。此外,该法案还以美洲土著的"血统"为基础划分等级,使土地所有权种族化。在帮助原住民适应私有财产权的借口之下,《道斯土地占有法》压缩了土著部落的领土面积,而那些"剩余的土地"则给了迁移到西部的白人移民。1877—1887 年间,450 余万白人迁移到西部,使原住民与白人的比例变成了 1∶40。1889 年,在俄克拉荷马区(the Oklahoma District),有 200 万英亩的土地到了 10 多万殖民者手里;同年,蒙大拿、南北达科他和华盛顿被允许建州,1890 年爱达荷和怀俄明也成为了独立的州。19 世纪 90 年代,美洲土著进行了持续不断的战斗,反抗殖民者的入侵,但是 1890 年的翁迪德尼之战中，美国取得了"安定"西部的决定性胜利。在苏族鬼舞教（the Ghost Dance religion）的伪装之下，第九骑兵团在松树岭（Pine Ridge）屠杀了 250 余名土著男女和儿童，并且没收了达科他领地（the Dakota Territory）（Spring，1994；Churchill，1997）。1898 年，《柯蒂斯法案》（the Curtis Act）"正式废除"了原住民在俄克拉荷马领地（the Oklahoma Territory）的法院和政府，把五个土著部落纳入《道斯土地占有法》的管辖范围，为之后 1907 年俄克拉荷马获得州的地位奠定了基础，美国的印第安领地从此不复存在。1898 年美西战争后，美国又获得了波多黎各、关岛和菲律宾，其领土扩张达到顶峰。

普及教育：对文化适应、阶级形成和社会流动的影响

19 世纪后半叶，美国为非洲裔美国人、美洲土著和墨西哥人引入种族化教育体系，巩固美国土地扩张，也获得了大量的劳动力，并为工业化的发展做好了准备。19 世纪 30 年代发起的公立学校运动（Common School Movement）聚焦于白人并推动了公共教育的发展，其目的是为了"教化"19 世纪中后期日益增长的爱尔兰移民和其他欧洲国家移民，截至 1854 年，爱尔兰移民的人口数量已超过了 200 万人。在联邦政府开始解决非洲裔美国人的教育问题之前，奴隶和自由黑人就已经在奴隶制期间秘密地办起了学校，如德沃（Deveaux）建立的学校。德沃是一名女教师，1833—1865 年在乔治亚的萨凡纳（Savannah）任教。在自由民事务署成立之前，奴隶和自由黑人就自费建起了学校。玛丽·皮克（Mary Peake）就是当时第一批教师之一，她于 1861 年在弗吉尼亚的门罗堡（Fortress Monroe）建了一所黑人学校。南北战争后，非洲裔美国人的教育得到了进一步发展。正如杜波依斯所说的："在美国南部，用公共经费为所有人提供公共教育，是黑人首先想到的。"（引自 James Anderson，1988，p. 6）最先为实现由州政府支持的全民公共教育、捍卫奴隶解放、反对农场主的统治而斗争的南方居民，就是曾经的奴隶。

但是，19 世纪 60 年代后期，一批北方和南方的白人企业家、社会科学家和慈善家等"黑人教育的白人设计师"设计了一种关于黑人工业教育的特殊形式，取代了以往残酷的社交、恐吓和控制的教育形式，以满足高效、有组织的农业部门的需求，作为这个新兴的工业国家与英国之间贸易的一种补充（Watkins，2001）。这些"设计师"主张对黑人进行工业教育、对白人进行传统的教育，并为此提供了资金支持，他们还为白人劳工提供了有限的物质和心理特权，用这种种族特权弥补他们不利的社会地位。这种分层式的公共教育一方面让黑人和白人劳工屈从于富有阶层的剥削,另一方面则满足了发展中的工业社会的教育培训和意识形态需求。北方慈善家和普及公共教育的倡导者威廉姆·鲍德温(William Baldwin)下面的话,抓住了建立非洲裔美国人学校背后的实质动机:

81 　　　对黑人进行适当的教育,具有不可估量的潜在经济价值。时间已经证明,黑人最适合承担繁重的体力劳动。这样,南方的白人劳工就能离开农田和矿井,做更为专业的工作,把简单的体力活留给黑人。(引自 Anderson,1988,p. 82)

　　　组织良好的白人工会将把工资抬得过高,这样就会发生冲突,由于黑人的工资较低,工会不得不减薪,不然白人的饭碗就会被黑人劳工抢去。(引自 Anderson,1988,p. 91)

　　　除了在极端的情况下,我坚决反对为黑人提供高等教育。(引自 Anderson,1988,p. 247)

　　鲍德温等人为公共教育提供经济支持的主张,指的是为黑人提供一种工业技术教育,和对白人的高等教育完全不可同日而语。这种教育是分化工人阶级、为工业资本家利益服务的一种手段。这种类型的教育已经被汉普顿学院(Hampton Institute,1868)和塔斯克齐学院(Tuskegee Institute,1881)等在这一时期建立起来的黑人学校实现了。这些学校虽然差异很大,但是“黑人教育的白人设计师”的经济动机和南部白人种植园主反对公共教育的动机却并无二致,后者是害怕教育会燃起工人对经济和政治权益的渴望。二者在剥夺黑人的公民权利、种族隔离、对黑人进行经济压迫方面高度一致。这些“设计师”创立了一种新的、对资本主义民主的发展至关重要的普及公共教育。他们同样“忽视”了他们的反对者对非常猖獗的3K党等恐怖组织暴力行径的资助,这些行径迫使获得自由的奴隶重新回到奴隶状态,在黑人和贫穷白人劳工之间打入了一个楔子,重新建立了白人寡头统治(Zinn,1980)。结果,这些“设计师”与他们的反对者殊途同归,分别用合法和非法的手段保护了南方和北方富裕阶层的经济利益。他们“分工合作”,一方对黑人进行工业教育,另一方则对他们实行恐怖统治,共同维护了社会和经济秩序。1896年普莱西诉弗格森案的裁决判定种族隔离合法,进一步巩固了这种秩序。公共教育分化了工人阶级，使被征服者适应征服者的文化，这就是当时的社会秩序。

乔克托部落（Choctaw）和切诺基部落（Cherokee）等土著部落在欧洲人入侵之前，就已经开始通过办学努力保护自己的文化和语言。但是美国政府却另有盘算，他们的教育目标是涤除原住民的宗教、语言和生活方式，使之美国化、适应并融入西方文化。为此，他们建立了许多纪律严格的公立走读学校、契约教会学校和工业（职业）寄宿学校。1878 年，土著学生根据联邦的契约开始与被送往汉普顿学院和非洲裔美国人一起学习，直到 1923 年资助停止。土著学生必须学会说英语才能拥有书本，他们只能进行最低限度的学术研究，防止他们"背离基督教和逃避繁重的劳动"。1879 年，第一所政府经营的寄宿制学校卡莱斯尔印第安工业学校（Carlisle Indian Industrial School，1879 - 1918）成立，旨在帮助土著儿童适应美国文化。该校是由普拉特中尉（Lt. Pratt）在宾夕法尼亚州的一个兵营旧址上建立的。卡莱斯尔有着极端的文化种族灭绝思想，就是："杀死印第安人，解救人类。"当时还有一句更极端的白人格言："死去的印第安人才是好人。"最初，一些父母想让他们的孩子学习英语，以便能够更好地与白人协商，所以他们"自愿"送孩子上学。但是，印第安警察和美国军队用夜间突查等手段强迫孩子与"外国人"到寄宿学校就读。教育的愿景与现实相距甚远。那些孩子被迫"换上新衣服、重新打扮、更改姓名"，放弃自己的语言、价值观、服饰、姓名、信仰和生活方式，"换上白人的那一套东西"（Reyhner & Eder，2004）。这些学生只能接受职业培训，而那些职业往往是过时的、正在被大规模工业生产淘汰的职业，如锡匠、铁匠、马具制作工等。土著儿童必须遵守严格的纪律，从事繁重的劳动，学习困难的课程，并作为廉价的仆人伺候白人儿童。卡莱斯尔印第安工业学校的学生因此身心备受摧残。他们被强制灌输基督教和英语，就像普拉特所说的："我们要教化印第安人，让他们融入文明；而要教化他们，就必须让他们待在学校里。"（Reyhner & Eder，2004）这些孩子们回到家里后，就会疏远他们的家庭、部落甚至他们自己。这类学校让印第安家长惊恐万状，许多人因此宁可坐牢也不愿意把孩子送到寄宿学校去。松岭印第安人居留地的圣拉布尔学校（St. Labre，1884）、圣玫瑰学校（Holy Rosary，1888）和其他印第安教会学校都遵循着同样的教育模式。政府针对"印第安问题"采取了三管齐下的措施：提供教育和基督教信仰，把原住民限制在居留地内，并限制他们的土地分配，必要时动用武力来达到目的。在印第安人的迁徙过程中，非居留地的学校义务教育不是强制性的。在翁迪德尼之战和西部六州成立后，为美国原住民的孩子提供义务教育成为了基

82

本国策,在 1892—1897 年间由训导员强制执行。

结论：历史和社会公平的重要性

到了 20 世纪,美洲土著曾经的家园变成了美利坚合众国,同时出现了一支新的劳动大军。在美国政府的庇护之下,白人至上主义的种族意识形态写入了法典。1924年,无数被屠杀的原住民被永久地隐匿在了居留地上,因为他们被归入了美国公民的名册,不再是"被监护者"。墨西哥北部地区被吞并后,墨西哥人被迫成为了廉价劳工,在西北部的白人农场或工厂干活。但是《驱逐法案》(Deportation Act, 1929)通过后,他们开始被认定为他们自己土地上的"非法的外国人"。黑人奴隶解放后成为自由劳工,迁移到北方,在雨后春笋般出现的工厂里工作,同时不断涌入的还有欧洲移民、墨西哥人、美洲土著和其他有色人种。欧洲殖民者和美国政府依靠教育、法律和灌输种族意识形态等手段维持着他们通过暴力获得的土地和劳动力。

殖民主义者把提供或拒绝提供教育作为一种战略,通过让美洲土著适应欧洲文化、抚慰他们或者分化非洲黑人和白人劳工等手段,制造了对其霸权统治的社会认可。随着工业化的发展,美国政府实施了大规模的义务教育,以此同化在汽车装配线、钢铁和煤炭生产线上工作的多种族/民族劳动大军。工业教育和传统自由教育这两个根据种族分离的教育体系,维持着在奴隶制时期形成的种族分界。今天,则以契约学校和精英学校继续维持着贫富之间的这种种族分界。《民权法案》和布朗案暂时结束了隔离教育的不平等现象,但是这种立法却无法消解长期存在的,具体体现在经济、政治方面的种族阶级差异——造成这种鸿沟的根源便是教育。而为了经济目的维持社会不公现象的,却是由美国联邦和各州政府支持的立国之法。

自从美国"建立"以来,真正的民主的面具始终是其固有的矛盾(Foner, 1998)。另一方面,以条约、《奴隶/黑人法典》和大量法案、法令和裁决形式出现的法律,对土地吞并、教育改造和宗教皈依,以及对特定群体在身体、社会和意识形态方面的征服而言,都是必不可少的。法律促进了在美国殖民、西部扩张和工业化进程中生成的经济和政治力量的发展。正如谢里尔·哈利斯所说:"法律把种族分级制度中的统治地位和从属地位具体化了。"另一方面,新崛起的美国通过了民主法律,支持企业家们在商业和政治参与上的竞争,这些都为普通大众所接受。但是,虽然美国政府表面上根据宪法提倡民主(实际上是白人民主),这个政府却立法保护种族不平等,并违反了许多条约,非法攫取大量土地,吞并领土、向西部扩张,以获得土地和劳动力,牟取经济利益。同样,尽管宪法第十三、十四、十五条修正案结束了奴隶制,保障了不同种族的公民权利和选举权,但是,这些权利在重建时期结束时也被粗暴地废除了。这些民主权利成为了发展工业经济、确保"国家完整"的牺牲品。最终,武力统治造就了事实上不公平的法律。历史上,各州在维护还是废除民主权利问题上的态度,始终取决于是否有利于维护统治精英阶层的政治经济利益,是否有助于消除工人大众的反抗。于是,重建时期的民主立法也好,由社会起义和民权运动推动的民主立法也好,都很快被粗暴地推翻,重新恢复了白人至上主义意识形态支持的,事实上的种族隔离和社会不公。

历史上,由种族或民族差异造成的意识形态和物质分界,使劳工阶级无法团结起来反对工业家集团,确定了劳工阶级的劳动大军地位(Roediger, 2005)。让白人至上主义成为"常识"的意识形态为教育、住房和社会机构中的种族隔离提供了正当的理由(Fredrickson, 1971; Oliver & Shapiro, 2006)。这种意识形态使"正在变成白人"的爱尔兰人和其他欧洲移民受到鼓舞,使之开始憎恨那些夺去"他们的工作",渴望在一战之后获得平等地位的黑人和其他有色人种。对有色人种的憎恨和维持种族等级制度的迫切情绪在1919年的"红色仲夏"(the Red Summer)的恐怖中达到了高潮。当时城市里私刑泛滥(以1919年的芝加哥为最),反映了墨西哥北部被吞并、重建时期结束、原住民的土地被没收之后暴力成灾的情形。把少数种族作为替罪羊,以及白人对黑人民权的强烈抵制,成了统治阶层有力的霸权工具,使整个社会不平等现象的回潮,成为一种"常识"性的"自然秩序"。

这段历史对当下教育中的社会公平有着深远的影响。各州不约而同地利用教育、法律和种族意识形态的手段,制造人们的认同,对被征服者实施暴力压迫,为美国资本主义共和国的民主利益服务。各州政府采用的手段具有双重功能,它们有可能用来促进教育公平和广泛的社会公平,也可能有种种的局限性。法律承认并保护统治精英级的利益,同时也提供一些重要的(虽然可能是临时的)、值得我们为之斗争和维护的民主权利。重要的是,我们必须认识到,这种民主立法虽然是日常生活中不可或缺的,但是却不足以实现真正的民主,因为这种平等的程度与统治精英阶级的利益是背道而驰的。因此,为了保住贫困儿童在美国社会中获得机会的一线希望和可能性,我们必须努力采取肯定性行动。我们还必须在法律上作出努力,保障公共教育,为所有的孩子争取平等的资助和资源,并且保障所有的学生都能得到健康和营养方面的帮助。同

84

时,我们必须把公共教育的解放性功能和阶级分层教育的奴役功能区分开来。

至关重要的是,我们必须在社会行动、课程和理论上作出努力,确保实现民主教育的目标——教学生学会批判性思考,挑战各种假设,为贫困和被压迫群体创造可能性。我们必须审视、质疑和揭露那些支撑美国种族阶级体系的主流意识形态,如不承认种族差异的思想、白人至上主义、精英领导体制、私有资源被公共资源的蚕食、个人利益高于社会公益的思想,等等。换言之,我们必须为维护我们的人权和自由而斗争,在资本主义民主的范围内来保护那些真正的努力,创造至少人人机会均等的局面,并且为那些破坏性的主流"常识"提供一种不同的世界观。但是,我们不能忽视等式的另一边——仅仅靠立法、教育和在体制下反对种族意识形态并不能带来广泛的社会流动,实现真正的平等,也不能抹掉征服的历史。社会行动和社会运动在争取民主的斗争史上具有重要的地位,弥足珍贵。现今的新自由主义政策废除公共教育,用个人选择代替社会服务,无视过去/现在的社会不平等现象,宣传不承认种族差异的思想,以此否定种族的社会意义。我们必须牢记:"各州往往会创造和维持某种文明和公民群体,而法律和学校系统则是达成这一目的的工具。"(Gramsci, 1971, p. 246)因此,为了实现真正的民主,我们必须创造新的可能性、新的策略和新的结构,同时我们还必须仔细分析、充分利用现有的法律、教育和意识形态资源。

(宋思齐　译)

参考文献

Allensworth, E., & Rosenkrantz, T. (2000). *Access to magnet schools in Chicago*. Chicago: Consortium on Chicago School Research.

Alvarez, L. (2007, February 14). Army giving more waivers in recruiting, *New York Times*.

Anderson, J. (1988). *The education of Blacks in the South, 1860 - 1935*. Chapel Hill: University of North Carolina Press.

Anderson, J. (2004, July). Crosses to bear and promises to keep: The Jubilee anniversary of Brown v. Board of Education. *Urban Education*, 39(4), 359 - 373.

Anderson, J. (2005). *Looking back: Historical perspectives on Brown v. Board of Education*. Ch. 1 - A tale of two Browns: Constitutional equality and unequal education.

Anderson, J. (2006, January/February). Still desegregated, still unequal: Lessons from up North. *Educational Researcher*, 35(1), 30 - 33.

Anderson, J. (2007, June/July). Race-conscious educational policies versus a "color-blind Constitution": A historical perspective. *Educational Researcher*, 36(5), 249 - 257.

Aptheker, H. (1983). *American Negro slave revolts*. NewYork: International Publishers.

Avalon Project. (2007). Control by treaties: Law/policy, 1778 - 1994. Retrieved from http://www. yale. edu/lawweb/avalon/ntreaty. htm

Bird, J. B. (2005). The largest slave rebellion in U. S. history. Retrieved from http://www. johnhorse. com/highlights/essays. htm

Blumer, H. (1990). *Industrialization as an agent of social change*. New York: Aldine de Gruyter.

Board of Education of Oklahoma City Public Schools v. Dowell, 498 U. S. 237(1991).   85

Brown v. Board of Education of Topeka Kansas, 347 U. S. 483(1954).

Brown, K. (2005). *Race, law, and education in the post-desegregation era: Four perspectives on desegregation and resegregation*. Durham, NC: Carolina Academic Press.

Brown, M. Carnoy, M. , Currie, E. , Duster, T. , Oppenheimer, D. , Shultz, M. , & Wellman, D. (2003). *White-washing race: The myth of a color-blind society*. Berkeley: University of California Press.

Churchill, W. (1997). *A little matter of genocide: Holocaust and denial in the Americas 1492 to the present*. San Francisco: City Lights Books.

Churchill, W. (2002). *Struggle for the land: Native North American resistance to genocide, ecocide, and colonization*. San Francisco: City Lights Books.

Churchill, W. (2004). *Kill the Indian, save the man*. San Francisco: City Lights Books.

Clofelter, C. (2004). *After Brown: The rise and retreat of school desegregation*. Princeton, NJ: Princeton University Press.

Crawford, (2007). A diminished vision of civil rights: No Child Left Behind and the growing divide on how educational equity is understood. *Education Review*, *6*,1.

Cumming v. Richmond County Board of Education, 175 U. S. 528.

Darder, A. , Torres, R. , & Gutierrez, H. (Eds.). (1997). *Latinos and education: A critical reader*. New York: Routledge.

Darling-Hammond, L. (1998). Unequal opportunity: Race and education. *Brookings Review*, *16*(*2*),28 - 32.

Darling-Hammond, L. (2005). No Child Left Behind and high school reform. Retrieved from http://www. qualityednow. org/statelegresource/conference2005/session6-HSReform. pdf

Darling-Hammond, L. (January, 2007). A Marshall Plan for teaching: What it will really take to leave no child behind. *Education Week*, *26*(18),28,48.

Darling-Hammond, L. , & Berry, B. (1999). Recruiting teachers for the 21st century: The Foundation for Educational Equity. *Journal of Negro Education*, *68*(*3*),254 - 279.

De Gobineau, A. (1853/1999). *The inequality of human races*. Brooklyn, NY: Howard Fertig.

Doak, R. (2006). *Slave rebellions*. New York: Chelsea House.

Dobbs, M. (2004, November 22). Universities record drop in Black admissions. *Washington Post*, p. A01.

DuBois, W. E. B. , & Lewis, D. L. (1998). *Black Reconstruction in America, 1860 - 1880*.

New York：The Free Press.（Original work published 1935）

Foner, E.（1998）. *The story of American freedom*. New York：W. W. Norton.

Franklin, J. H.（1994）. *From slavery to freedom：A history of African Americans*（7th ed.）. New York：McGraw Hill.

Franklin, J. H., & Schweninger, L.（2000）. *Runaway slaves：Rebels on the plantation*. New York：Oxford University Press.

Fredrickson, G.（1971）. *The Black image in the white mind：The debate on Afro-American character and destiny, 1817－1914*. Hanover, NH：Wesleyan University Press.

Gonzalez, G.（1997）. Culture, language, and the Americanization of Mexican children. In A. Darder, R. Torres, & H. Gutierrez（Eds.）, *Latinos in education：A critical reader*（pp. 158－173）. New York：Routledge.

Gramsci, A.（1971）. *Selections from the prison notebooks of Antonio Gramsci*. New York：International Publishers.

Grutter v. Bollinger, 539 U. S. 306(2003).

Harris, C.（1995）. Whiteness as property, In K. Crenshaw, N. Gotanda, G. Peller, & K. Thomas（Eds.）, *Race theory：The key writings that formed the movement*（pp. 276－291）. New York：The New Press.

Hauser, R., Simmons, S., & Pager, D.（2004）. High school dropout, race-ethnicity, and social background from the 1970s to the 1990s. In G. Orfield（Ed.）, *Dropouts in America：Confronting the graduation rate crisis*（pp. 85－106）. Cambridge, MA：Harvard Education Press.

Heidler, D., & Heidler, J.（2007）. *Indian removal*. New York：W. W. Norton.

Hening, W. W.（1809）. *The Statutes at large：Being a collection of all the laws of Virginia from the First Session of the Legislature in the Year 1619*（V. 3）.

Higginbotham, A. L.（1978）. *In the matter of color：Race and the American legal process：The colonial period*. New York：Oxford University Press.

Hopwood v. State of Texas, 78F. 3d 932(5th Circuit, 1996).

Katznelson, I.（2005）. *When affirmative action was white：An untold history of racial inequality in 20th century America*. New York：W. W. Norton.

Kozol, J.（1991）. *Savage inequalities：Children in America's schools*. New York：Harper Perennial.

Kozol, J.（2005）. *Shame of the nation：The restoration of apartheid schooling in America*. New York：Three Rivers Press.

Langemann, E., & Miller, L.（Eds.）.（1996）. *Brown v. Board of Education：The challenge of today's schools*. New York：Teachers College Press.

Lau v. Nichols, 414 U. S. 563(1974).

Loewen, J.（1995）. *Lies my teacher told me：Everything your American history textbook got wrong*. New York：Touchstone Books.

Loewen, J.（2006）. *Sundown towns：A hidden dimension of American racism*. New York：Touchstone Books.

86

Macedo, D. (1997). English only: The tongue-tying of America. In A. Darder, R. Torres, & H. Gutierrez (Eds.), *Latinos in education: A critical reader* (pp. 269 - 278). New York: Routledge.

McCarthy, C. (1998). *The uses of culture: Education and the limits of ethnic affiliation.* New York: Routledge.

McNeil, L. (2000). *Contradictions of school reform: Educational costs of standardized testing.* New York: RoutledgeFalmer.

Menchaca, M. (2001). *Recovering history, constructing race: The Indian, Black and White roots of Mexican Americans.* Austin: University of Texas Press.

Milliken v. Bradley, 418 U. S. 717(1974).

Mishel, L., & Roy, J. (2006). Rethinking high school graduation rates and trends, Economic Policy Institute: Research for Broadly Shared Prosperity. Retrieved from, http://www. epi. org/content. cfm/book_grad_rates

Moore, J. (2005). *Race and college admissions: A case for affirmative action.* Jefferson, NC: McFarland.

Murphy, S. (2005, Winter). Securing human property: Slavery, life insurance, and industrialization in the Upper South. *Journal of the Early Republic*, 25,615 - 623.

Oliver, M. & Shapiro, T. (2006). *Black wealth/White wealth: A new perspective on racial inequality.* New York: Routledge.

Orfield, G. (Ed.). (2004). *Dropouts in America: Confronting the graduation rate crisis.* Cambridge, MA: The Civil Rights Project.

Orfield, G. (2005). Why segregation is inherently unequal: The abandonment of Brown and the continuing failure of Plessy, New York Law School. *Law Review*, 49,1041 - 1052.

Orfield, G. (2006). *Racial transformation and the changing nature of segregation.* Civil Rights Project. Cambridge, MA. : Harvard University Press.

Orfield, G., & Lee, C. (2004). *Brown at 50: King's dream or Plessy's nightmare?* (pp. 1 - 54). Cambridge, MA: The Civil Rights Project. http://www. civilrightsproject. ucla. edu/ research/reseg04/brown50. pdf

Orfield, G., Losen, D., Wald, J., & Swanson, C. (2004, March). Losing our future: How minority youth are being left behind by the graduation rate crisis—*Executive Summary.* President and Fellows of Harvard College (p. 2).

Orfield, G., & Miller, E. (1998). *Chilling admissions: The affirmative action crisis and the search for alternatives.* Cambridge, MA: Harvard Education Publishing Group.

Philpott, T. (November 22,2006). Army signs more dropouts. Retrieved from http://www. military. com/features/0,15240,119382,00. html

Plessy v. Ferguson, 163 U. S. 537(1896).

Regents of the University of California v. Bakke, 438 U. S. 265(1978).

Reyhner, J., & Eder, J. (2004). *American Indian education: A history.* Norman: University of Oklahoma Press.

Roediger, D. (2005). *Working toward whiteness: How America's immigrants became white.*

87

New York: Basic Books.

Ruiz, R. (1997). The empowerment of language-minority students. In A. Darder, R. Torres, & H. Gutierrez (Eds.), *Latinos in education: A critical reader* (pp. 319 - 330). New York: Routledge.

Russell, C., & Hawley, W. (Eds.). (1983). *The consequences of school desegregation*. Philadelphia, PA: Temple University Press.

Samora, J., & Simon, P. (2007). A history of the Mexican-American People http://www. jsri. msu. edu/museum/pubs/MexAmHist/chapter1-22. html

Silent Epidemic. (2007). Why students drop out: Statistics and facts about high school drop out rates. Retrieved from http://www. silentepidemic. org/epidemic/statistics-facts. htm

Spellings, M. (August, 2005). *How No Child Left Behind Benefits African Americans, Hispanic Americans, American Indians*. Washington, D. C.: U. S. Department of Education. Retrieved October 29, 2006, from http://www. ed. gov/nclb/accountability/achieve/edpicks. jhtml? src = az

Spring, J. (1994). *Deculturalization and the struggle for equality: A brief history of the education of dominated cultures in the United States*. New York: McGraw-Hill.

Stampp, K. (1967). *The era of Reconstruction, 1865 - 1877*. New York: Vintage Press.

Street, P. (2005). *Segregated schools: Educational apartheid in post-civil rights America*. New York: Routledge.

Takaki, R. (1993). *A different mirror: A history of multicultural America*. New York: Back Bay Books.

Travel & History (2008). Bureau of Indian Affairs. Retrieved from http://www. u-s-history. com/ pages/h3577. html

Van Sertima, I. (1976). *The African presence in ancient America: They came before Columbus*. New York: Random House.

Watkins, W. (2001). *The White architects of Black education: Ideology and power in America, 1865 - 1954*. New York: Teachers College Press.

Watkins, W. (2005). *Black protest thought and education*. New York: Peter Lang.

Wise, T. (2005). *Affirmative action: Racial preference in Black and White*. New York: Routledge.

Woodson, C. G. (2004). *The education of the Negro prior to 1861: A history of the education of the Colored People of the United States from the beginning of slavery to the Civil War*. Whitefish, MT: Kessinger Publishing.

Yzaguirre, R., & Kamasaki, C. (1997). *The Latino civil rights crisis*. The Civil Rights Project. Berkeley, CA: UCLA.

Zinn, H. (1980). *A people's history of the United States*. New York: Harper Perennial.

对第一部分的回应：
教育和社会公平运动

安东尼·阿诺夫（Anthony Arnove）

历史上,美国的社会公平运动对教育的关注体现在两个根本意义上。每一次自觉的改革和深入的社会变革运动都会努力教育自己的成员,挑战当时关于"恰当的"教育内容和形式的主流思想。社会公平运动还试图改变教育的制度规范,挑战主流社会对教育的理解。在美国,教育从来就是一个有争议的领域,今天依然如此。

以废奴运动为例,美国的奴隶冒着生命危险学习阅读和写作。道格拉斯(Douglass)在《弗雷德里克·道格拉斯的生平叙事》(*Narrative of the Life of Frederick Douglass*)一书中回忆道:

> 我和奥尔德(Auld)夫妇一起生活后不久,奥尔德太太开始非常友善地教我英文字母。在学会了字母之后,她就帮助我学习拼写简单的单词。就在这时,事情被奥尔德先生发现了,他立即禁止奥尔德太太继续教我,告诉她教奴隶读书不但是非法的,而且不安全……"你听着,"他说,"教会了黑鬼(指我)读书,黑鬼就不听话了,就不适合再当奴隶了。他马上会不服管教,对主人毫无价值。对他自己也有害无益。这会使他不满现状,郁郁寡欢……"从那一刻起,我明白了从被奴役到获得自由的道路何其艰难……虽然我明白没有老师,学习会很困难,但是我怀着远大理想和坚定的目标,决心不惜一切代价学会读书。主人坚决的态度,以及他告诉他妻子教我读书会带来可怕的恶果,令我相信他的话里包含着真理。他最害怕东西就是我最想得到的东西;他最爱的东西就是我最恨的东西。他所说的、必须小心避免的"恶果",则是我梦寐以求的善果。而他强烈反对我读书学习的理由,却只能激发我学习的欲望,坚定我的决心。(p. 48)

道格拉斯描述了人们组织秘密学习小组,通过《北极星报》(*The North Star*)等报纸,最终在替代性学校里自我教育的过程。废奴运动希望集体教育自己的成员,并改变植根于种族主义社会秩序的教育体系,这种秩序否认了非洲裔美国人的人性。

89 在工业革命时期,马萨诸塞州洛厄尔镇工厂里的妇女组成了不同的阅读小组,在挑战有关妇女"自然"社会地位的性别歧视观念的过程中,她们开始编写和发行自己的报纸。在 1841 年《洛厄尔报》(*The Lowell Offering*)发表的一篇名为"新社会"("A New Society")的文章中,塔比莎("Tabitha", Betsy Chamberlain)描述了一个假想的组织，该组织规定如下：

1. 忽视自己女儿，不为她提供与儿子同等教育的父亲，将被视作异教徒，驱逐出本组织。

2. 本组织成员每天受雇工作时间不得超过 8 小时。

3. 劳动者应劳有所值，劳动报酬应足以让劳动者关注自己科学、文化方面的发展。

4. 女性和男性必须同劳同酬，足以使她们能够保持适当的独立性和体面的外表。(p. 209)

洛厄尔镇的女工认为，妇女必须享有和男性平等的权利，努力发挥劳动者的创造力。

20 世纪 60 年代和 70 年代，妇女权利运动、同性恋权利运动、公民权利运动和反战运动都进行了内部教育，组织宣讲会，建立学习小组，发行报纸、书籍和其他出版物。许多人还开始质疑资本主义的教育体系，因为其试图培养一支温顺的劳动力队伍，而不是具有批判能力的独立的思想家。她们的经历说明，绝大多数教科书和课程是如何强化关于女性和其他被压迫群体的刻板印象，如何否定对美洲土著掠夺的历史、为万恶的奴隶制辩解、无视劳动人民的斗争，并美化美国军事干预的历史的。

然而，这些不仅仅是历史问题。今天，这些斗争正在挑战"为测试而教学"的教育模式，这种模式限制了教师的主体性，强调死记硬背而不是批判性学习，这些斗争还在努力抗击公立学校体系私有化的倾向，扭转美国学校体系恢复种族隔离制度的势头，在新的社会运动中，争取实现以人为本而不是以利润为本的世界。教育仍将是人们改善现状、憧憬美好未来的关键战场。

（宋思齐 译）

参考文献

Chamberlain, B. (1997). *The Lowell offering: Writings by New England mill women* (1984 - 1845). New York: W. W. Norton. (Original published 1841)

Douglass, F. (1997). *Narrative of the life of Frederick Douglass.* New York: Signet Classics.

第二部分
教育社会公平的国际视角

法扎尔·里兹维(Fazal Rizvi)编辑导读

接受适当教育的重要性,由此可见一斑。为此,教育工作者首先必须受到正确的教育,不把教学视为谋生的手段,同时必须具有帮助学生抛开一切教条、不受任何宗教信仰束缚的能力。

(J. Krishnamurti, 2004, p. xxvii)

唯物主义认为,人是环境和教养的产物,因此,人的改变是环境和教养所致。唯物主义观点忘记了改变环境的是人本身,而教育者自身必须先接受教育。因此,唯物主义观点势必将社会分为两部分,其中一部分优于社会,而不断改变着的环境与人类活动或自我变化(Selbstveränderung)的巧合只能被理性地理解为革命实践。

(Marx, 1845/1924)

本《手册》这一部分的标题为"教育社会公平的国际视角",其中提出了很多相互关联的问题。国际视角如何帮助我们更好地理解社会公平及其与教育的关系? 教育社会公平是一个普遍的定义吗? 它在世界各地的表达方式在多大程度上是相同的? 如果不同的话,那么差异又在哪里呢? 我们可以从不同教育体系解决社会公平问题的方式中学到什么? 全球化在多大程度上使教育社会公平目标更加难以实现? 在一个全球的相互联系和相互依存愈发紧密的世界中,民族国家内部和各国之间各种形式的不公平是如何变化的? 教育应该如何成为实现全球公平的工具? 这些只是这一部分五篇文章探讨的一些问题,旨在促进关于社会公平思想的意义和重要性的对话,这种对话不仅是批判性和反思性的,而且具有比较和跨国的性质。

对社会公平和教育的任何比较与国际分析都表明,不可能有一个普遍的定义。作为一种理想,社会公平也许是普遍适用、人人向往的,但在不同的文化和民族传统中却有着不同的表达方式。事实上,社会公平的意义在历史上是逐渐形成的,充满了政治矛盾和分歧。社会公平并不是指所有道德和物质领域都可以想到的主要或基本商品。话虽如此,但需要认识到的是,不公平是现实的存在,是所有经历过的人都认可的。那些饱受饥饿贫困或无家可归的人不需要任何抽象的哲学讨论,就能意识到他们被边缘化、受歧视和被压迫的现实。因此,公平的观念不仅指出了一些真实的、触手可及的东西,还指出了那些无意努力减轻不公平影响的社团的道德败落。

92

　　然而，在政治领域，社会公平本质上是一个有争议的概念，追求社会公平的行为是某种特定的权威与特定历条件下的政治愿望和行动主义相结合的产物。例如，在过去的几十年里，多数西方国家对社会公平概念的政策思考始终是围绕着三种不同的哲学传统展开的：自由主义、市场个人主义和社会民主主义。自由人道主义下的社会公平概念与约翰·罗尔斯(John Rawls, 1972)的观点最为接近，他把社会公平从公平的角度概念化，表达了个人自由的原则和国家在制定政策和方案方面负有主要责任的观点，旨在消除因不平等的权力关系所导致的人们获得资源和平等参与社会活动的障碍。

　　另一方面，市场个人主义与其说诉诸公平的理念，还不如说是反映了人民应有的权利。它意味着国家无权分配人民通过自己的努力生产的私人财产。它强调市场在经济和社会交换过程中的重要性，这种思维传统拒绝重新分配的观念，认为国家未经个人允许转移个人财产是不公平的。与之相反，社会民主主义的公平观则反对这种个人主义，强调社区成员的需求。社会民主主义认为"需求"是个主要而非次要的范畴。因此，这种对需要的解读不同于基于慈善的"需求"观，这种需求观与"公平"和"沙漠求生原则"如出一辙。

　　因此，必须指出的是，市场个人主义和社会民主主义对于社会公平与市场的本质有着截然相反的理解。前者认为市场对促进社会交流和进行个人选择至关重要，而社会民主的观点则认为，除非市场受到严格的控制，否则公平观念与市场并不完全相容。市场个人主义假设个人拥有"财产权"并能在市场上进行交换。与之相反，社会民主主义强调"人权"，强调平等对待公民，保证言论自由和行动自由，保证公民平等参与决策的权利。社会公平的比较分析表明，不同国家的政策关注的是社会公平传统的不同方面。例如，在斯堪的纳维亚国家，社会民主原则至少到最近为止一直为凯恩斯主义所主导。国家力求通过各种再分配计划为所有人提供平等的教育机会。在后殖民发展中国家，建设项目必须坚持社会民主原则，提高人民的文化水平和教育参与水平。与此相对照，美国更倾向于市场个人主义，特别是自从所谓的里根经济革命以来，教育政策奉行的是个人选择权和政府问责制。

　　20世纪80年代后期以来，市场个人主义在世界范围内的教育政策发展中日益强势。这种看似全球趋同的新自由主义思想已经广泛出现在有关全球经济变化本质的话语中，这种话语把全球经济描述为"知识经济"，因此需要比以往更高水平的教育和培训。这样一来，教育社会公平的思想把人们获得教育的机会和全球化政治紧密地联系了起来。现在教育的目的越来越多地从人力资本的角度进行表述,鼓励个人、组织甚至国家进行经济投入,鼓励人们从新的公共管理的视角来看待教育,提倡个人选择权和系统问责制为核心的教育管理。

显然,全球化已经改变了教育政策的制定方法,唤起了有关"全球紧迫事务"的理念,这些政策通常以改革的语言表达。但是,全球化对不同群体和社区的影响却大不相同,在全球范围内造成了很大的差距,一些社区从全球化中受益匪浅,而另一些社区的经济和文化生活却遭到了重创。全球化进一步改变了教育发展优先顺序的话语模式。这种模式越来越多地受到一系列新自由主义规则的影响——不仅影响了我们对教育治理的思考方式,而且影响到了它的基本目的。解释全球化的一种特殊方式已经成为全球霸权,以各种形式削弱了对教育公平的社会民主主张。

全球化还削弱了国家在推行更强有力的再分配政策和方案上的权威性。对教育社会公平的传统思考方式在为国家实现更多平等的机会和结果方面发挥了很大的作用。国家必须应对更多的资源重新分配的诉求。人们期待国家制定方案,确保反映沙漠求生原则或公平原则的状况。但是,在全球经济环境下,任何国家的选择都会受到一定的限制,越来越向极简主义倾斜,关注如何促进竞争,提高经济效益。国家政策机制之间的联系日益紧密,网络的新逻辑要求结构调整。然而,并非所有国家都以同样的方式进行国家结构的调整,这再次凸显了从国际视角看待社会公平问题的重要性。

然而,国家并不是社会公平斗争的唯一场所。在全球范围内开展的当代社会运动,有许多方面,包括阶级问题、性别、种族、残疾、性和宗教问题等,都凸显了新的差异政治。正如南希·弗雷泽(Nancy Fraser, 1997)所指出的,争取承认的斗争(the struggle for recognition)正在迅速成为政治冲突的典型形式,因此异质性和多元化必须成为公平的规范。这样一来,群体认同就代替了阶级冲突,成为政治动员的主要媒介。当然,物质上的不平等现象并没有消失,但是现在这些现象却与承认差别的要求,以及代表地方、国家和全球决策机构的要求联系了起来。

换言之,正如杨(Young, 1990)所说的那样,分配范式告诉人们关于社会公平的三大传统思考方式已经不足以把握全球互联互通和相互依存的复杂性以及当代的认同政治。分配范式涉及社会所有成员在道德上正确的利益分配和负担。但是这种逻辑显然适用于物质产品,如财富和收入的分配,在尊重、承认、权利、机会和权力等非物质资源的方面是不充分的,因为不公平也可以源于代表、解释和沟通的社会模式。如此,社会经济结构内部的分配问题就显得尤为重要了,同样,身份、差别、文化的认同和剥削问题也同样重要。

　　这些问题与教育公平问题高度相关,因为在教育中,学生学会了发展自我价值感和可以接受的社会交往模式。当然,这些文化事实在不同的社区中有着不同的解释,因此我们不仅需要了解差异,还需要理解将一个地方的公平观念与其他地方联系起来的相关性。对相关性的强调凸显了超越国家的敏感性有多么重要,有了这种敏感性,人们才能对全球人员、思想和技术流动带来的大量文化互动所产生的差异进行协商。

(宋思齐　译)

参考文献

Fraser, N. (1997). *Justice interruptus*. London: Routledge.

Krishnamurti, J. (2004). *This matter of culture*. Chennai, India: KFI.

Marx, K. (2002). *Theses on Feuerbach* (Vol.3; C. Smith, Trans., based on work done jointly with D. Cuckson). Moscow: Institute of Marxism-Leninism in Marx-Engels Archives. Book 1. (Original work published 1845/1924)

Young, I. M. (1990). *Justice and the politics of difference*. Princeton, NJ: Princeton University Press.

8

流动的贱民化

简·肯威(Jane Kenway)

安娜·希基-穆迪(Anna Hickey-Moody)

本章涉及的广泛研究关注变化中的地区和身份的社会基础与文化基础之间的交集，因为地区和身份越来越多地卷入全球性的流动中，同时又试图脱离这种流动。[1] 本章讨论的重点是西方发达国家城市以外地区的流动和停滞，及其对关系和不平等现象的影响。阿帕杜拉（Appadurai，1996，2000）用他的"景观"（Scapes）概念讨论了流动性问题。种族景观（ethnoscapes）指：

> ……构成我们生活其中的、不断变化世界的人类景观：游客、移民、难民、流亡者、异国劳工以及其他迁徙的群体和个人构成了这个世界的基本特征，并且似乎正在以前所未有的程度影响着各个国家的政治及国家间的政治关系。（2000，p. 95）

种族景观的活文化在全球意识形态景观（移动的政治思想）和媒体景观（移动的电子图像）中被重新设置。这些景观共同构成想象的世界。这样的世界是"多重的，是遍布世界的个人和群体的历史想象"（Appadurai，1996，p. 2）。

我们在吉鲁（Giroux，1999）假设的基础上研读了全球意识景观和媒体图景。吉鲁假设文化在叙事、隐喻和形象的创造中发挥了核心作用，这种叙事、隐喻和形象对人们如何看待自己以及自己与他者的关系具有强大的教育力量。

我们通过鲍姆（Bauman，1998a，1998b）的"全球流动的层次"（global hierarchies）和科利斯特瓦（Kristeva，1982）提出的"贱民化"（abjection）概念，为阿帕杜拉的"景观"和"想象世界"（imagined worlds）的教学潜力增加了政治和情感因素。这些概念使我们能够思考年轻的土著男性是如何沦为"贱民"的。我们展示了这个本地化过程是如何与人、思想和形象的全球流动交织在一起的。将这一系列理论资源汇集在一起，有助于我们凸显当代社会对长期以来的社会与文化偏见的反思。

本章关注的是澳大利亚原住民（Aboriginality）相关的错综复杂的不公平政治景观。我们首先简要阐述一下我们所说的"贱民景观"。然后我们将讨论游客的意识形态景观和媒介景观是如何构建原住民的贱民形象的。在整个过程中，我们注意到这种有害的政治因素对男子气概和性别动态造成了影响。本章将聚焦澳大利亚的一个旅游景点——库伯佩迪（Coober Pedy，沙漠中的蛋白石采矿小镇）。我们把这个研究中识别、收集和阅读数据的方法称之为"基于地区的全球人种学"(place-based global ethnography;参见 Kenway, Kraack, & Hickey-Moody, 2006, pp. 35－59)。这一方法论将阿帕杜拉的全球景观和与布洛维等学者(2000)的全球人种学概念联系在一起,并与地方间的流动相关。在人种学的田野调查中,研究人员对 36 位年轻人进行了深入的引导式访谈。在 6 周内,24 名男性每周都会接受采访,12 名女性每两周接受一次采访。在母亲、父亲、社区成员、教师、青年和福利服务人员中间进行了松散结构的焦点小组和亲合小组的讨论。他们与许多当地人进行了非正式对话。所有参与者都是匿名的。田野调查还涉及各种社区和青年的聚集地(如学校、海滩和主要街道),以及各种活动(如体育比赛、迪斯科舞和地方嘉年华)。我们把这些本地化的内容与全球媒体和意识形态景观联系起来,收集并分析了大都市以外地区在电影、电视、印刷媒体和互联网媒体上的流行话语。

公共教育中的媒体景观和意识形态景观

吉鲁(1999)认为,教学法不能再被圈在学校的围墙里,而应该走向日常政治的场所,正是这些场所塑造了人们的身份,唤醒了人们的欲望,并给人们的经历赋予了形式和意义。阿帕杜拉认为这类场所就是全球媒体景观和意识形态景观——思想观念、形象和交往的文化习俗。吉鲁的"公共教育学"概念基于这样一种信念,即学术界必须:

> 承认文化作为教育场所的首要地位,在这个场所中,人们的身份不断转换,权力得以展现,学习成了一种政治行为,因为它不仅是获得力量的条件,也是想象反向社会变革的领域。(2004, p.60)

在吉鲁看来,文化即是教育。我们就是从自己在文化中的地位了解自己和自己与他人的关系的。吉鲁认为,更明确地思考文化如何影响身份生产和权力关系问题,这本身就是将文化视为教育的预期结果之一。在展示文化的教育作用时,吉鲁希望我们能够更清晰地看到与消费媒体文化相关的种种影响。对他来说,这是一项重要的任务,因为这种关于文化作用的知识是获得力量和"想象……社会变化"最本质的东西(2004b, p.60)。

例如,吉鲁(2004a)在《阿布格莱布(Abu Ghraib)之后的教育》一文中提请人们关注照片的性质和照相技术如何催生了某些特定的意义;这些意义如何与更广泛的话语和权力关系联系在一起;以及这些场所是如何允许或禁止反抗和挑战的。在本章中,我们分析了作为公共教育学形式的地方和全球的媒体和意识形态景观。土著方言中和网络上对原住民的描写,土著长老受人尊敬的永远奔波的鬼魂,公众人物和个人信仰,所有这些都交织在一起,成为媒介和人种景观对澳大利亚原住民的不断变幻的教育学描述。

有害的流动性和非流动性景观

弗雷泽(Fraser,2005)认为社会不公主要有两种形式,即"社会经济的"不公平和"文化或象征性的"不公平。这两种根深蒂固的社会不公受到了全球运动的影响。前者指的是经济剥削、边缘化和贫困的经历。后者涉及文化支配、不承认和不尊重。弗雷泽指出,虽然一些社会群体遭受的主要是经济上的不公平,但也可能涉及文化贬值,反之亦然。在全球化的环境中,正如阿帕杜拉所言,"世界正处在移动之中"。在这个环境中,关于流动性、非流动性及其影响的不公平政治观点是对物质不公平和文化不公平这两个观念的有效补充。

将这些不公平的人种景观联系起来的途径之一,就是全球意识形态景观和媒体景观的贱民现象。在 20 世纪 80 年代初,科利斯特瓦(Kristeva,1982)对与贱民有关的肉体、心理和社会过程作了理论探讨。她发现了与食物、废物和性差异相关的三种主要的贱民化形式。从那时起,贱民就与那些不干净、不纯洁甚至不道德的体液、人、物和地方联系了起来。贱民群体扰乱了"身份、制度、秩序"(Kristeva,1982,p.4),并且激起了将污秽驱逐在外、建立起自我边界的欲望。这涉及社会禁忌的产生和个人与群体的心理防御。只要贱民挑战身份和社会秩序的概念,就"必须"被抛弃。沦为贱民的过程就是那些所谓"不洁者"被唾骂、排斥和抵制的过程。但是,"贱民"不接受这种驱逐和边界,经常威胁要越过这些边界,污染里面的环境。因此贱民被视为对"纯净和秩序"的威胁。格罗斯(Grosz,1989)指出,贱民是"不可能彻底消灭的,他们会徘徊在我们的边界,破坏甚至瓦解表面统一的主体"(p.71.)。

贱民化景观在全球范围内蔓延,影响了国家和地方的权力。正如我们将说明的那样,贱民化景观重新激活了丑陋的殖民史以及大都市与他者空间的地缘政治关系。这些丑陋的东西为不公平现象辩解,转移人们对社会苦难的注意,从而否定被边缘化人群的社会现实。它们是通过新自由主义的经济和社会意识形态编织起来的,意在使全球经济结构调整中的阴暗面合理化。同时,它们还为国家减少对有害政治流动带来的经济文化后果的受害者的福利支持进行辩解。紧张的社会关系被憎恶的语言表现出来,于是人们接受了这样的观点:有些社会群体,尤其是福利保障很差的黑人群体,可以被视为垃圾。贱民化景观也可以与全球人种景观的商品化长链纠缠在一起。下面我们将进一步解释,由于文化被用来为利润服务,使贱民化的过程变得更为复杂。

原住民的贱民化

麦克林托克(McClintock,1995)解释了贱民化的历史和空间过程,他认为:

> 贱民群体是指那些被工业帝国主义排斥但又不可缺少的人,包括:奴隶、娼妓、被殖民者、家政工人、精神病人、失业者等。某些临界区变成了贱民区并被强力管制,如阿拉伯旧城区、犹太贫民窟、爱尔兰贫民窟、维多利亚式阁楼和厨房、棚户区、精神病院、红灯区和卧室。(p.71)

在澳大利亚原住民贱民化的复杂历史中,我们可以清楚地看到贱民被驱逐、被禁足于"贱民区",而后又返回"栖息地"(haunt)的过程。这些贱民化的过程是澳大利亚殖民史和新殖民史的一部分,在最近与土著福利接受者贱民定位有关的"向下"羡慕的话语中,这些贱民化的过程再次被表达了出来。在与旅游产业有关的意识形态景观和媒体景观中,情况也是如此。

流动的有害政治和与之相关的贱民化过程,是 18、19 世纪英国占领军对待澳大利亚原住民的特点之一。被逐出家园并被当做非人类污染物的土著澳大利亚人被剥夺了土地,被迫抛弃了他们的法律和习俗,没有了公民身份,受到白人定居者的粗暴对待和剥削(Broome,2001;Reynolds,1999)。澳大利亚的殖民历史涉及掠夺、否认和剥削原住民的问题,他们仍然经历着经济上的不公平和广泛的社会排斥、文化否认和诋毁。这一切都证据确凿,不容置疑。这种不公平是其流动性的组成部分,不仅包括自

98

愿流动,也包括被迫流动(Haebich 2001)。

土著男性的生活际遇和机会受到了严重限制。根据《土著和托雷斯海峡岛民健康国家战略框架》(NATSIHC;2003,p.10),大量土著男性身体和精神健康很差,他们酗酒和滥用药物,并有家庭暴力行为。53％的土著男性在50岁之前就去逝了。他们的自杀率和被监禁的比率均高于非土著男性。他们的学历和就业机会低于非土著澳大利亚男性,个人和家庭收入也特别低。这些男性的生活模式其实在他们年轻时便已显现。土著男孩的学业方面成绩也远不如他们的非土著同龄人。实际上,在完成中小学教育和获得高等教育资格方面,土著男生就比非土著男生的可能性要小得多。土著男性有22％无业,而非土著男性只有8％(Australian Burean of Stratistics [ABS],2003,p.25)。居住在偏远地区的土著男孩无法获得其他澳大利亚男孩认为理所当然的住房和环境健康设施,包括安全饮用水、连续供电、有效的下水道系统、住房和交通(ABS,2003,p.35)。

各种政府福利支持似乎并不能改变这种状况,同样,各种和解办法似乎也无法消除种族主义情绪。与这种情况交织在一起的是一个贱民的种族化版本——贫困的白人劳工和靠福利救济的白人联合起来,把原住民贱民化,因为在他们看来这些土著是不知感恩、没有资格享受特权的"特权阶层"。

上述想法在库伯佩迪非常普遍,当地的原住民有很多福利待遇,"很容易"得到政府的补贴和津贴。就拿上学来说,为了鼓励土著年轻人经常去上学,教育体系也进行了调整。例如,那些住在乌姆纳社区(Umoona Community,主城区以外的一块居住区)的孩子每天都有校车接送上学,而当地的白人学生则步行上学(多数学生比土著学生住得离学校更近)。州政府也为土著学生提供了学费补贴和课外活动的补贴。这种额外的经济资助使许多人愤愤不平。事实上,政府的福利资助是当地白人居民将当地土著居民贱民化的一个核心因素。14岁的斯特凡尼·莫尔德(Stefani Moulder)和大多数人的想法一样:

> 学校组织野营活动的时候,我们要交200澳元而土著学生只交20澳元。因为政府会为他们买单,但是我觉得这很愚蠢。他们(土著学生)认为自己是这里的主人,但是他们并不是主人。

99　　　斯特凡尼的逻辑是,每个有经济困难的人都应该得到相同的经济补助。从"常识"

来说这个逻辑看似很合理,但是却忽视了土著居民的历史和目前的困难。和大部分居民一样,斯特凡尼认为这种福利并不能公平地解决澳大利亚原住民的问题,即他们在社会、文化和政治方面未得到承认的问题。人们普遍认为当地贫困的白人更需要也更值得政府的帮助。另外,斯特凡尼说的"他们认为自己是这里的主人,但是他们并不是主人"这句话给了我们一个痛苦的提醒:土著居民曾经拥有这片土地,但现在却没有。那些区区福利,与他们失去的土地和独立以及他们在身份和尊严上遭到的打击相比,实在是一种微不足道的补偿。但是斯特凡尼却也认为土著居民不应如此"傲慢",不应看上去像"这里的主人"一样。

土著居民的这种"傲慢""是由长期存在但是现在饱受争议的歧视塑造出来的"(Cowlishaw,2004,p.11)。这种"傲慢"包含了他们自尊的宣言和对"永久保持贱民状态"的断然拒绝。这种状态隐藏在"永久受害者的地位"之中,与以"被伤害的土著居民"为中心主题的政治相关(Cowlishaw,2004,p.52)。在土著社区内外,谁代表谁?如何代表?在什么问题上代表?这些都是极具争议的核心问题,对当地的旅游产业来说,问题就更突出了。

游客的目光

如今,在文化和经济上对原住民的贱民化是全球旅游意识形态景观和媒体景观的一个显著特点。鲍姆将那些自己选择在外旅行,并且在旅行过程中基本上不承担地方义务的人称为"游客"(tourists)。"他们或走或留,随心所欲。一旦某个新的去处向他们招手,他们立马就会走人。"(1998,p.92)鲍姆关于游客的概念是当今社会思想中许多"流动性的隐喻"之一(Urry,2000,p.27),而他关于游客的隐喻主要指全球化过程中的流动性获胜者,如"全球商人、全球文化管理者和全球学者",他们都是"从空间里解放出来的人"(Bauman,1998,pp.89-93),因为他们可以支配的资源较为丰富。鲍姆的"游客"包括了真实的游客——他们为了寻求"经历"将休闲和旅行结合了起来(MacCannell,1999)。

旅游业已经成为世界各地许多都市以外社区的重要经济复兴战略,其中涉及地方宣传。旅游业在于发现和宣传特色,因为特色是一个地方独特的记号。这种宣传也是打造和推介各地区与众不同的"卖点"。土著文化已成为澳大利亚旅游业一个极具价值的卖点,特别是对那些科恩和肯尼迪(Cohen & Kennedy,2000,p. 219)称为"另类旅行者"(而不是大众旅行者)的游客来说更是如此。这些人想要冒险,亲近自然,重振精神,或体验真实的世界。科恩和肯尼迪(2000,p. 221)指出,"另类旅行者"渴望"体验异国文化",追寻"荒野、偏远地区的特性",以及"非正统与不寻常的东西"。他们"倾向于和当地人直接互动并且显示出对传统文化的兴趣"。

我们讨论的当代思想景观和媒体景观,是为了挑逗这些游客的口味而建立的某些全球、国家、州和地方的旅游文本话语。这些文本和一些相关的空间实践涉及选择性承认与擦除的复杂的贱民化过程。原住民的特性十分复杂(Cowlishaw,2004),可分为两大部分;某些方面成为了旅游业的文化装饰,而另一些方面则被否定了。当原住民的特征缺乏市场价值或是偏离地方形象时,这些特征就会被否定、被抹掉。将原住民限制在贱民区内、在"游客的目光"(Urry,1990)之外,就可以抹掉这些特征。另外,原住民身份中具有市场价值的方面就成了旅游业的"氧化锆"——人造的文化宝石,或曰旅游业的釉料。

土著澳大利亚人有自己与众不同并且不断发展的文化和历史,尽管过去和现在都受到了不公平的待遇,但他们的文化和历史仍然具有重要的意义。但是只有土著文化和历史中那些精选的部分成了澳大利亚文化旅游产业的瑰宝。这是贱民生活中可以接受并可以商品化的那部分,其中包括原住民文化知识、古代艺术、与大地的联系以及灵性的体验,而这些部分都被划拨给了旅游业。这种商品化和异国情调化的过程可以理解为当代土著贱民化的例子,其中涉及一整套白人群体希望看到的、经过精心排练的舒服形象。这些例子暗示,澳大利亚已经驱散了白人入侵和不公平的创伤的幽灵,并达成了和解。作为文化瑰宝的化身,原住民的身份必然会与殖民的过去和新殖民的现在紧密地联系在一起。

在吸引旅游人口的同时,对澳大利亚大城市以外地方的营销往往涉及澳大利亚原住民的历史和空间定位。因此,这些历史和空间定位可能会与澳大利亚灌木景观混为一谈,被用来让大都市以外的地方显得特别有趣和深刻。但人们可能会忽视这样一个事实,即许多原住民现在居住在大都市,大城市里的原住民和他们的生活场所也可能成为旅游者的心仪之地。这里的消费者驱动心理学是,游客们会觉得原住民的历史有一种诱人的、近乎感性的东西。为了与这些古老的力量联系起来,人们必须旅行并贴近大地,因为土壤中有这些"神秘民族"的足迹。这些意识形态景观中隐含着土著男子气概的比喻。真正的原住民的阳刚之气,与智慧的部落长老的永恒思想、灵性智慧的来源、手持长矛或棍棒的娴熟的猎人和追踪者、忧郁的吹奏迪吉里杜管的乐手以及身披装饰、遍布伤痕的半裸的庆典舞者完全融为了一体。这种文化特性令人着迷,但最终又是不切实际的。这可以是去游览一个地方的理由,但不是一种能在这个经济驱动的世界中的实用生活方式。这种时空凝固和奇异想象的例子在网上的旅游媒体景观里比比皆是。下面的例子集中体现了贱民化的过程。

孤独星球出版社(the Lonely Planet)出版的文本代表了当代全球旅游媒体景观和意识形态景观的一个重要特征,对全世界的偏僻之地有着重要的影响。他们支持"说走就走的探险"(Friend,2005,p. 20)。《原味澳洲之旅》(*Journeys to Authentic Australia*)是一本孤独星球出版社所谓"原汁原味的澳洲"的旅行指南。孤独星球出版社宣称澳大利亚的西部正是它"原汁原味"的区域,从南澳大利亚的甘比尔山(Mount Gambier),经澳大利亚中南部的爱丽丝泉(Alice Springs),到达尔文和北领地的顶端,再沿着西澳大利亚的海岸向下,经奥尔巴尼(Albany)和埃斯佩兰斯(Esperance),最后再回到南澳大利亚。孤独星球出版社称这块地区是澳大利亚"真正的心脏和灵魂"。事实上,根据出版社的建议,在这块土地上旅行是"触碰澳大利亚的心脏和灵魂"的一种方式(The Lonely Planet,2005)。古老的原住民文化是"原汁原味"的澳大利亚的主要特征,它使澳大利亚成为人们向往的土地:

> 远离澳大利亚东海岸有一片片宝藏密布的超级海滩,这里有令人叹为观止的自然风景、正宗的内陆经验、世界一流的葡萄酒和美食、古老的原住民文化,以及珍稀动物。当然,还有坚韧而热情的人民,他们把澳大利亚的这块地方变成了迷人难忘的地方。(Lonely Planet,2005)

101

上面使用的"古老"一词,暂时把原住民文化与"坚韧而热情的人民"(其中包括原住民)和那些"把澳大利亚的这块地方变成了迷人难忘的地方"的人区分了开来。在这里,贱民化的意识形态景观运用了麦克林托克(1995,p. 37)"全景时间"的概念。"全景时间"是指"以隐身的视角从一个单筒目镜中看到的全球历史形象"(McClintock,1995,p. 37)。全景时间隐去了殖民地人民的完整历史,但同时却使那些具有异国情调的历史特征变成超可视的旅游景观。

可悲的是,原住民的情感在大多数的澳洲土著旅游建筑中并没有起到重要的作用。这些建筑完全不符合库伯佩迪地区的建筑本身就是旅游目的地的理念。该地区的地区委员会宣传网站旨在向"全世界"观众展示库伯佩迪。区议会援引了一个可替代的有关土著人民的旧概念,即土著人仅仅与景观有关。下面引用的话摘自该网站的这一特定页面。这段话对土著居民与社区的描写用了该页上三分之一的过去时态动词。而在这一页上对土著民族的描写没用一个现在时态:

> 几千年来,原住民一直在这片地区行走。由于沙漠环境,原住民都是游猎者和采食者,他们不停地旅行,寻找食物和水源,参加传统的仪式。(District Council of Coober Pedy,2005)

这个网站介绍说,库伯佩迪周围的土地充满了原住民古老的流浪生活知识的神圣意义。但是,这些"游猎者和采食者"与库伯佩迪现存的、庞大的土著居民群体之间没有任何联系,仿佛当地原住民的现代文化正在人们的想象中逐渐灭绝。如果只关注他们的过去,就更容易把他们从现在抹去。

人们把原住民构建成某种精灵,为这块土地注入了人们向往的品质,同时还把他们尊为迷人的瑰宝,和精美的本地土特产、现场艺术及旅游景点一起供人消费。例如,南澳大利亚旅游委员会(South AustralianTourist Commission,SATC)建议,对背包旅行或四轮驾驶有"特殊兴趣"的游客不妨体验一下本土文化。在南澳大利亚旅游局网站的背包客宣传页面(2005)上可以看到迪吉里杜管的照片和委员会关于土著文化网页的链接,后者也以历史的角度讨论原住民,或将原住民描述为使澳大利亚景观值得旅游消费的特殊成分。这种回顾/消费的景观话语看似一个连续体,但是,一提到"用库纳人(Kaurna)的眼睛看待城市"和学习吹奏迪吉里杜管,这种连续体就被打破了。有趣的是,没有一个南澳大利亚旅游委员会所谓有"特殊兴趣"的旅游团是原住民组成的,也没有任何土著居民的形象代表了有"特殊兴趣"的群体,其中包括家庭、男女同性恋、携带宠物、残疾、背包客和自驾游的游客。

南澳大利亚旅游委员会(2005)的宣传网站建议游客不妨:

102

> ……在南澳大利亚博物馆参观世界上最大的原住民文物展,在塔达亚(Tandanya)学习吹奏迪吉里杜管的技巧,或在导游的带领下游览托恩德(Tauond),通过库纳人的眼睛体验这座城市。阿德莱德以南的库隆(Coorong)国

家公园于 1975 年被列为国际重要湿地。几千年来,它一直是纳林杰里(Ngarrindjeri)原住民的家园——他们古老的贝丘(垃圾和火土墩)散落着贝壳,在遍布沙丘的遮蔽处还可以找到取暖石。纳林杰里原住民把这个区域称为卡兰(Karangh),意指"细长的脖子"。今天,纳林杰里在亚历山德里娜湖上的库隆营地(Camp Coorong)分享他们的文化。您可以住在简朴的民宿,以便了解当地的环境、食物、库隆人的传统生活和梦想故事。1929 年,在恩戈特-恩戈特(Ngaut Ngaut)保护公园的默里河发现了一副距今 7 000 年的男孩骨架。如今,你可以在导游的引导下参观考古遗址,并聆听部落首长们细述该地区的梦想传奇。(南澳大利亚旅游委员会,2005)

没有人提到谁是"部族酋长"。当代原住民富有创意的实践或艺术形式,以及当代原住民对他们的文化历史被商品化的态度,也被排除在关于土著文化的讨论之外。没有人提到这些文化旅游的收益去了哪里,谁拥有这些被宣传推介的土地,谁的公司在为游客提供"简单的民宿,以便了解……库隆人的传统生活和梦想故事"。

抹除和空间净化

关于澳大利亚原住民的历史想象被市场营销的另一个例子,可以在媒体企业费尔法克斯数码公司的国际旅游网站上找到。这个网站被称为"澳大利亚丛林流浪旅行指南"(the Walkabout Australian Trarel Guide,2005)。"丛林流浪"(Walkabout)原指原住民在丛林里的流浪,有着深厚的文化内涵。但是,这个概念只是一种语言噱头,而不是与当代原住民文化的全面接触。事实上,在库伯佩迪,"澳大利亚丛林流浪旅行指南"根本没提镇上的原住民,在讨论该镇的多元文化人口时他们被完全抹掉了:

目前,大约有 4 000 人居住在城镇及其周边,来自超过 45 个民族。大多数人来自希腊、南斯拉夫和意大利(该镇与地中海一个尘土飞扬的村庄惊人地相似),也有许多购买蛋白石的中国人。(Fairfax Digital,2005)

这里没有提及原住民,尽管他们占库伯佩迪总人口的 11.8%(ABS,2001)。这个比例明显高于希腊人(4.0%；ABS，2001)和南斯拉夫人(2.8%；ABS，2001)的比例。只有1.4%的库伯佩迪居民出生在中国。这里的意大利人口太少，没有被澳大利亚统计局列入名单。

如本例所示，旅游业导致了模拟现实的发展。这些模拟的现实掩盖了那些被视为有损于"最佳面貌"的东西，包括基于地方的分化、分层和冲突。旅游业对地方的包装和出售不仅是为了凸显那些有营销价值的差异性，也是为了抹除某些令人不快的差异性。在库伯佩迪，这种"抹除"是一种"空间净化"的形式，目的是为游客提供一个"干净的空间"(Sibley，1995，p. 77)。于是，为了吸引游客，这里的许多原住民都被隐身了。

库伯佩迪旅游业的发展，使本镇的形象日益成为关注的焦点。甚至连一些年轻的非土著居民也认为，主要街道上的土著居民有损于本镇的形象。13岁的佩林·里夫林(Pailin Rieflin)认为"他们〔原住民〕让这里看起来脏乱不堪。街道也被那些原住民酒鬼给毁了。"14岁的查克·克林顿(Chuck Clinton)也认为：

> 他们像苍蝇一样飞来飞去。他们过去常常在街上一边晃来晃去，一边胡喝海饮，我甚至看到他们互相扔砖头……现在虽然情况好些了，但是偶而还能看到有人在街上晃荡，干坏事，这使库伯佩迪看上去糟糕透了。

苍蝇是个贱民的象征。街道上的原住民被认为是肮脏的、危险的。他们在公共场所的酒精消费被视为一个特殊的问题。事实上，原住民的形象经常被构建成公共场所的酒鬼。16岁的马里奥·西科恩(Mario Ciccone)说："这真的不是你想看到或者希望你的孩子每天看到的东西。"当局已经采取措施让原住民从主街上搬离，建立"无酒区"的举措最令人瞩目。

镇当局向总检察长办公室提出申请，使本镇的街道无酒精化。在街道上喝酒的人会被依法驱离。鉴于在户外喝酒的主要是原住民，所以这种改变的意图显然就是种族主义行为。这也意味着任何被发现在镇上喝酒的原住民，无论是否在镇上居住，都会被赶到乌姆纳去。这导致了一系列后续问题，如暴力现象的增加和财产损失。这也造成了科利绍(Cowlishaw)所说的"备受尊敬的原住民与声名狼藉原住民之间的冲突"。之后乌姆纳社区成了一个"无酒区"。此举引起其他库伯佩迪市民的强烈反对，市民们意识到他们不能轻易地将酗酒者赶到乌姆纳的贱民区，而且他们也不能用这个借口为迎合游客的目光制造一个"干净空间"。

科利斯特瓦解释说："'恐惧'这个词一出现,就像海市蜃楼一样淡出,变成幻觉般的幽灵微光,弥漫到每个角落。"(1982,p. 6)贱民形象使得原住民的身份和文化既可以被抹除,又有利可图。但是这也意味着旅游业一直在"淡出"变成"幻觉幽灵般"的恐惧,被抹除的东西又回来"附身"在这个产业上。一种特殊的恐惧与我们所说的"贱民的力量"有关(见 Cowlishaw,2004)。这种特殊的力量源于"长期的不满"和"由过去的不公平造成的始终悬而未决的愤怒和怨恨"(Cowlishaw,2004,pp 75,189)。

这种力量首先来自把这个群体贱民化的贬义的象征代码。"贱民的力量"意味着"站在贱民的立场"(Cowlishaw,2004,p. 158),通过蔑视和不敬来嘲弄和放大贱民化,最后把球丢给原来的肇事者。科利绍谈到一些年轻的土著男性参与这一进程的方式。结果,由于他们在街上吵闹、打架,或向商店橱窗投掷石块、或饮酒或嗅闻汽油,许多人直接触犯了白人法律体系。她解释了其中的原因:

愤怒和贱民化都表现在法庭上和大街上。他们使用的语言令白人听众感到困惑、惊慌和难堪。他们似乎证实了畸形原住民的荒诞形象。

科利绍指出:"白人所蔑视的土著经验和行动,可以理解为土著胜利地击败了羞辱他们的企图。"(Cowlishaw,2004,p. 192)结果,人们会像对待冠军一样对待这些年轻人,高喊着"你真棒"。这种"绝对过分"(Cowlishaw 2004,p. 163)的举动意在令占支配地位的白人感到不安、恶心和惊恐。因此,我们可以说,为迎合游客的目光而进行的"空间净化",所制造的可能恰恰是它试图隐藏的那种行为。

科利斯特瓦解释道:

人们因为不承认贱民化的同类,反而对贱民化有了些许认识,因此,在定义他们之前,[他]把两者都赶了出去,并建立了自己的领地,让贱民群体处于边缘地带……恐惧强化了他的领地……(1982,p. 6)

移动的贱民化?

我们期待创造贱民化移动景观的可能性。我们通过增加空间、政治和情感密度来强化阿帕杜拉的全球景观。这些景观与地方的种族、贫困和性别结构交叉影响。即使是国家内部的小迁移也可能受到有害的贱民化全球意识形态和媒体景观的影响。我们已经说明了种族和媒体景观是怎样以互相矛盾的方式把"当地"的人口贱民化的。我们还用边缘化地区的例子进一步充实了关于全球文化经济的分离性流动的观点。此外,我们发展了"贱民化景观"的概念,显示了自觉感情和贱民化现象如何影响了人们的想象。它们对澳大利亚土著居民中处于经济和文化上被边缘化、污名化位置的人口有着传感效应。此外,我们把长期以来的不公平现象与当代贱民化景观联系起来,凸显了有害政治的运动和停滞及其引发的传染性的不满,从而重新书写了这些不公平现象。在地方和全球层面,教育似乎都是可以用来移动贱民化景观的最重要的社会进程。课堂环境和流行的教学方法,如电影、电视、广播、互联网和印刷媒体,都可以作为工具来回应和阻断由本土和全球贱民化景观引发的贱民化进程。

（宋思齐　译）

注：

1. 这项更为广泛的研究(Kenway, Kraack, & Hickey-Moody, 2006)认为,青年男性和性别关系被边缘化、污名化了,但有时候西方发达国家大城市以外的一些地方却被浪漫化、异国情调化了。我们谨对澳大利亚研究理事会资助这项为期三年的研究,对安娜·克拉克(Anna Kraack)对本章的贡献,对帕尔格雷夫出版社(Palgrave)允许转载著作的部分内容,表示诚挚的感谢。

105　**参考文献**

Appadurai, A. （1996）. *Modernity at large: Cultural dimensions of globalization*. Minneapolis: University of Minnesota Press.

Appadurai, A. （2000）. Disjuncture and difference in the global cultural economy. In F. J. Lechner & J. Boli (Eds.), *The globalization reader* (pp. 322 - 300). Oxford: Blackwell.

Australian Bureau of Statistics. （2001）. Updated Coober Pedy stats 2001 census. Retrieved December 2, 2005, from http://www. abs. gov. au/

Australian Bureau of Statistics. （2003）. *The health and welfare of Australia's Aboriginal and Torres Straight islander peoples*. Report 4704. 0, Retrieved August 11, 2005, from http://www. abs. gov. au/

Bauman, Z. （1998a）. *Globalization: The human consequences*. Cambridge: Polity.

Bauman, Z. （1998b）. *Work, consumerism & the new poor*. Buckingham: Open University Press.

Burawoy, M. , Blum, J. A. , George, S. , Gille, Z. , Gowan, T. , Haney, L. , et al. (Eds.).
(2000). *Global ethnography: Forces, connections, and imaginations in a postmodern world*. Berkeley: University of California Press.

Broome, R. (2001). *Aboriginal Australians: Black responses to White dominance, 1788 – 2001* (3rd ed.). St. Leonards, NSW: Allen & Unwin.

Cohen, R. , & Kennedy, P. (2000). *Global sociology*. New York: New York University Press.

Cowlishaw, G. (2004). *Blackfellas, Whitefellas and hidden injuries of race*. Oxford: Blackwell.

District Council of Coober Pedy. Retrieved July 9, 2005 from http://www. opalcapitalofthe-world. com. au/history. asp

Fairfax Digital Media. (2005). *Walkabout Australian travel guide*. Retrieved July 8, 2005, from http://walkabout. com. au/index. shtml

Fraser, N. (2005, November-December). Reframing justice in a globalizing world. *New Left Review*, *36*. Retrieved September 12,2006, from http://www. newleftreview. net/? page = article&view = 2589

Friend, T. (2005, August 13). He's been everywhere, man. *The Good Weekend*, *The Age Magazine*, 20 – 24.

Giroux, H. (1999). Cultural studies as public pedagogy making the pedagogical more political. *Encyclopaedia of philosophy of education*. Retrieved May 15,2005, from http://www. vusst. hr/ENCYCLOPAEDIA/main. htm

Giroux, H. (2004a). Education after Abu Ghraib: Revisiting Adorno's politics of education. *Cultural Studies*, *18*,779 – 815.

Giroux, H. (2004b). Cultural studies, public pedagogy, and the responsibility of intellectuals. *Communication and Critical Cultural Studies*, *1*(1),59 – 79.

Grosz, E. (1989). *Sexual subversions: Three French feminists*. Sydney, Australia: Allen & Unwin.

Haebich, A. (2001). *Broken circles: Fragmenting indigenous families 1800 – 2000*. Fremantle, Australia: FACP.

Kenway, J. , Kraack, A. , & Hickey-Moody, A. (2006). *Masculinity beyond the metropolis*. New York: Palgrave Macmillan.

Kristeva, J. (1982). *Powers of horror*. New York: Columbia University Press.

Lonely Planet, The. (n. d. /a) *Journeys to authentic Australia*. Retrieved July 8,2005, from http:// www. lonelyplanet. com

Lonely Planet, The. (n. d. /b). *Guide to Aboriginal Australia*. Retrieved July 8,2005 from http:// www. lonelyplanet. com

MacCannell, D. (1999). *The tourist: A new theory of the leisure class*. Berkeley: University of California Press.

McClintock, A. (1995). *Imperial leather: Race, gender and sexuality in the colonial contest*. New York: Routledge.

National Aboriginal & Torres Straight Islander Health Council (NATSIHC). (2003). National
　　strategic framework for Aboriginal and Torres *Strait islander health*: *Framework for action
　　by governments*. Canberra: NATSIHC.

Reynolds, H. (1999). *Why weren't we told? A personal search for the truth about our history*.
　　Ringwood, Victoria: Penguin.

Sibley, D. (1995). *Geographies of exclusion*: *Society and difference in the west*. London:
　　Routledge.

South Australian Tourist Commission, The (STAC). Retrieved July 8, 2005 from http://
　　www. southaustralia. com

Urry, J. (1990). *The tourist gaze*. London: Sage.

Urry, J. (2000). *Sociology beyond societies*: *Mobilities for the twenty-first century*. New
　　York: Routledge.

106

9

全球政治、性别公平和教育

当代问题与辩论

阿曼达·凯迪（Amanda Keddie）

马丁·米尔斯（Martin Mills）

引言

虽然人们制定了许多全球性社会公平的紧迫任务,如 1948 年发布的《世界人权宣言》中提到的那些任务,但是性别公平仍然是个难以捉摸的理想。事实上,尽管长期以来国际政策(参见 UNIFEM,2005—2006)非常重视妇女和性别公平问题,特别是女孩的教育问题(如达喀尔框架,2000;Jomtein,1990;UNESCO,2006),妇女贫困与受压迫的情况几乎没有得到改善(Tikly,2004)。尽管有些报告认为,自从制定了全球性社会公平的紧迫任务以来,全球妇女和女童的状况有了缓慢的(虽然是不稳定的)改善,但显然,女孩这个群体在教育方面仍面临许多不利问题。在许多"发展中国家",女孩甚至被剥夺了接受最基础的教育的权利;在其他地方,女孩虽然拥有上学的机会,但许多女孩却成了性骚扰和性虐待的受害者;在许多地方,女孩的文盲率和辍学率高得惊人,有些女孩在学校里接受的教育质量与男孩相比也差得惊人。

在"发展中国家",主流的社会和文化传统毫无例外地放大了这些性别差异。在有些文化传统里,男孩上学比女孩上学更加重要,由于贫穷和学校教育花费的增加,情况就变得更糟糕了。近年来,在许多非西方国家,特别是在伊斯兰世界消除这些不公平现象的障碍,就是强推西方意识形态中关于"发展"的理念引起的持续冲突。毫无疑问,正如我们在本章中讨论的,西方和伊斯兰国家的意识形态冲突,对消除目前阻碍女孩教育进步的障碍方面几乎没有任何帮助。

"发达国家"女孩的情况则有所不同。西方国家资源丰富,且经过了几十年的女权主义改革,这些国家的女孩群体的情况比非西方国家要好很多。从 20 世纪 70 年代末期起,许多西方国家在国家公平政策上一致强调提高女孩子的学业成就,这大大提高了女孩的总体学业成就。然而,从 20 世纪 90 年代初期开始,出现了对女权主义教育进步的强烈反对,受此影响,针对女孩的性别改革也有所退步(Blackmore,1999;Hayes,2003)。目前,女孩的公平问题已被束之高阁,同时另一个咄咄逼人的观点却顺势回归了——"那么男孩们的情况呢?"(Lingard,2003)

在本章,我们把这种性别优先的趋势放在 9·11 事件后新自由主义和新国际政治的全球化进程之中进行考察。本章将首先回顾全球新自由主义议程的回归影响,阐述植入这个议程中的男性主义和新自由主义制度对妇女的经济、社会和身体健康的影响，以及对她们的教育机会的限制窄化，所有这些都是与性别公平的目标背道而驰的。在9·11事件后全球政治形势变化的大背景下，我们关注新的国家安全话语、西方与伊斯兰国家之间的对抗关系，以及卷土重来的民族主义（Rizvi，2004）等给实现性别公平造成了哪些问题。我们关切的焦点主要是，这些安全话语是怎样通过消除反对的声音、支持保守主义或原教旨主义价值观的回归来阻碍性别公平的。

在探讨这些全球性话语对性别问题的本土化效果时，我们特别关注了澳大利亚和埃及的一些性别平等和学校教育趋势。这并不意味着这两个国家分别代表了西方和非西方的语境，而是说双方都提供了一种方法来揭示在全球性别公平和教育领域内发生的特殊"转型"。选择这两个国家作背景，是因为这不但便于我们讨论在新自由主义范式内构建的性别政策的全球影响，还便于我们讨论关于最近美国及其盟友和伊斯兰国家之间，以及这些国家内部的紧张关系，对教育性别议程产生了什么影响。

全球化、新自由主义和性别

自20世纪80年代中后期以来，西方主流的新自由主义话语获得了全球性政治霸权地位。占主导地位的效率准则与成本—效益分析"伦理"把"市场"奉为公共政策的组织原则（如Apple，2005）。基于市场是受消费者的选择和需求驱动和调节的理念，新自由主义话语构建了一个关于他们能够公平有效地对资源进行按劳分配的信念。然而，正如许多评论家始终认为的那样，这些追求经济效益的去政治化策略不仅没有实现公平公正的社会，实际上反而加剧了各种族、性别和阶级在资源和权力分配方面的不公平现象（Apple，2005；Eisenstein，1998；Mohanty，2003）。

关于新自由主义或资本主义话语的全球扩张对非西方国家或"发展中国家"有什么影响的问题，已经有了很多争论。许多评论家将这种扩张理解为帝国主义的计划，旨在实现从"西方国家"到"其余国家"的单向文化同质化（Giroux，2002；Rizvi，2004）。全球资本需要当地国家确保资本积累所必需的社会凝聚力和经济增长（Rizvi，2004），这一进程通过将那些所谓的发展中国家纳入一些制度安排，使它们在经济上有利可图，在政治上俯首帖耳（Tikly，2004），从而构建并延续巨大的全球不平等现象（Tikly，2004）。蒂克利（Tikly，2004）等人（Goldman，2005；Hardt & Negri，2001）认为这个议程"……有助于在更大程度上确保美国、西方同盟国和全球资本主义的利益"(p. 173)。

根据这些观点,蒂克利(2004)指出,在西方与非西方传统中,关于社会变革或发展的意识形态往往是相互冲突的。他特别批评强加在其他文化传统上的西方进步观念,因为这些观念强化了对"欠发达国家"的偏见,简单化地把"欠发达"定义为"欠缺"。这种学科范式极大地限制了发展中国家确定自己的社会议程的能力(Chabbott,2003;Tikly,2004)。布莱克莫尔(Blackmore,2000)在探讨这些问题时,谈到了关于效率与经济的西方"符咒",这些"符咒"具体体现在世界银行等组织的结构调整和贷款条件政策上。他认为,这些监管政策不仅限制了"发展中国家"的自主权,而且损害了社会公平目标的实现(Abouharb & Cingranelli,2006;Goldman,2005;Mohanty,2003),包括寻求消除贫困和妇女压迫的进步主义议程(Blackmore,2000)。

所有这一切是因为,支持以经济为中心的政策的个人主义、独立和自由主义等新自由主义理想,本质上是支持性别不平等的男权主义理想。人们普遍认为,这种理想只倾向于承认公共领域的男性化自我,因此"掩盖了两性关系中的权力和不平等的根本原因"(O'Connor, Orloff, & Shaver,1999,p. 45)。这些原则营造了扩大私有化范围和放宽公共服务管制的全球环境,削弱了那些加剧性别歧视的福利国家。无论是在西方国家还是在非西方国家,自 20 世纪 70 年代以来,许多妇女和弱势群体的贫困程度都有所增加,这是因为自由主义削弱了保护主义的福利政策(Blackmore,2000;Bulbeck,1994;Hatem,1994)。当然,这种保护主义和福利政策对于在当前全球环境下追求性别公平的目标是必不可少的:

> ……妇女和女童仍然占据全世界贫困人口的 70％和难民的大多数;[在那里]女童和妇女占了["发展中世界"]近 80％的流离失所人口,妇女拥有的财产不到全世界的百分之一,而她们受到战争、家庭暴力和宗教迫害的影响却最为严重。(Mohanty,2003,p. 234)

布莱克莫尔(2000,p. 475)认为,当政治必要被纳入市场,"……性别平等(通常)被认为是新旧民主国家都无法承担的奢侈品……",这完全制约了开始纠正这些刻板的性别不平等的任何希望。他指出,在这种范式下,两性平等政策只有与生产力挂起钩来,才有正当理由。

这种把妇女与生产力问题挂钩的方式是围绕一系列政策和举措的话语的重要特征，这些政策和举措通常来自关注发展中国家妇女的多边机构(Tikly，2004)。更有效地发展妇女生产力，并将她们的生产力融入国家和国际经济，是世界银行的重要扶贫战略。解决贫困问题的另一补救办法涉及世界银行关于妇女生育能力的话语。在这方面，人们关心的是人口过剩和日益严重的贫困问题，导致有些低收入国家采取措施控制妇女的生育能力。这种以经济为中心的措施遭到了强烈的谴责，被认为是新帝国主义和生物种族主义惩罚妇女的方式(Tikly，2004；Wangari，2002)。人们尤其谴责这些措施忽视了低收入和高收入人群之间消费模式的巨大差距和"经济全球化对贫困与当地环境的影响"(Tikly，2004)。其中最重要的也许是，为了证明性别平等政策的合理性，有关国家通过了新自由主义的效率和经济制度：

> ……把基于个人权利、性别平等和姐妹情谊的妇女赋权的西方概念[和同质的世界观]强加给非西方国家……这个概念没有考虑到许多低收入国家的女性遭受的那种独特的压迫和权力关系，也没有考虑到其他更为集体化的、围绕着基本需求的"权利"组织起来的当地的斗争形式。(Tikly，2004，p.184)

110

虽然这些西方妇女赋权的观念改善了妇女在发展中国家的社会经济地位，但是还有许多其他问题表明，基于这些观念的举措并没有减少贫困、解决妇女受压迫的问题(Keddie，1991；Mohanty，2003；Tikly，2004)。例如，凯迪(Keddie，1991)描述了特别贫困的妇女遭受的苦难，如简陋的工作条件、极低的工资，以及远离安全的农村生活等。

新自由主义、教育和性别平等

在全球范围内，新自由主义话语对作为公共机构的教育产生了重大的影响。这些话语在认可教育与资本主义之间的核心关系时，把学生视为一种人力资本(Apple，2005)。这里，为西方和非西方国家的教育改革议程提供的资源，往往是出于确保本国的全球竞争力的关切。这些关切是为了确保学生接受适当的教育，成为未来的劳动力，以便在日益增长且竞争激烈的全球经济中具备足够的生产力。正如艾普尔

（Apple，2005）指出的，虽然在新自由主义对人力资本增长的关注下，各国出台了多种多样的教育计划，但是许多计划把重点放在改善就业以及与工作相关的教育项目上，并强调提高学术标准和更严格的测试。

泰勒和亨利认为，这些信条的支配地位，特别是"……越来越强调由市场推动教育投入……以及把结果而非输入作为政策和经费投入的杠杆的做法……"（2000：1—2），都是社会公平的严重倒退。他们认为，放松管制的竞争环境、教育经费的削减和"市场优势"的压力，与实现更公平的结果是格格不入的（参见 Gillborn & Youdell，2000）。在这些压力下，学校产生的表现性文化导致了对于学习成绩以及对某些方面的教育测量（主要是容易量化的读写能力和计算能力）的痴迷。这种关注被认为是一种狭隘的成就观，对广泛的社会问题置之不理，从而降低了教育的效率（Mahony，1999；Pallotta-Chiarolli，1997）。因此，重要的教育问题往往被忽视，特别是那些对女孩有不利影响的教育问题，如通过学校的男性主义基础设施来延续性别二元论（Mahony，1999），以及学校暴力和性骚扰等问题（Kenway，Willis，Rennie，& Blackmore，1998；Pallotta-Chiarolli，1997）。此外，对于那些由于性别或其他身份关系（如阶级或种族）被边缘化的学生群体，这些表现性文化形成了一种教育氛围，促使广大教师更加重视效率和基本技能而不是社会公平（Lingard，2003）。

在反对教育中女权主义利益的背景下，西方语境（如澳大利亚）中，这些更广泛的话语，已将性别平等问题从 20 世纪 70 年代和 80 年代关注女孩的社会公平焦点转移到选择性地强调某些标准和男孩的学业成绩上（Lingard，2003；Mills，2003）。对教育公平的重新阐述强调读写教学的结果，使男孩在学业上处于不利地位，从而推动了众多大规模政府资助计划的出台，如澳大利亚有一项 1 940 万澳元的"男孩成功计划"，旨在改善男孩的学业成绩。许多人士批评催生这种计划的大环境是追求性别公平目标的障碍。这种氛围反映了性别公平问题适得其反，使大家"争当受害者"的效果，忽略了阶级和种族对加剧许多男孩和女孩在教育方面的不利因素的重要性，无视了男孩和成年男性在学校以外享有相对的经济和社会优势，更无视了许多女孩继续处在不利地位的情况（Collins，Kenway，& McLeod，2000；Francis & Skelton，2005；Lingard，2003）。

与学业标准和从学校到工作的关联相关的重要问题，在许多方面与发展中国家的学校教育问题是一致的，和在这些背景下为适应全球经济增长的要求而进行的教育调整也紧密相关。根据 1960 年联合国采纳的观点，教育是经济发展的一个关键因素，以此为基础的人力资本理论在发展中国家的教育文献中处于主导地位(Resnik，2006)。的确，为维持发展中国家的经济增长而筹集人力资本仍然是世界银行关于教育话语的中心平台，也是多边发展机构的一个关键政策领域(Little，2003；Schultz，1971；Tikly，2004)。为此，像世界银行这样的机构在通过社会干预和资源提供的酌处权影响发展中国家的教育议程时，具有重大的惩戒性权力(Chabbott，2003；Jones，1998)。这里，蒂克利(2004)指的是那些扩展和扩大符合西方理念的教育和培训计划。

这些计划被批评是推动市场一体化的世界体系(Jones，1998)。但是蒂克利(2004)和其他学者(Stiglitz，2002)看到了最近的变化，这些变化把多边机构的资源供应与解决社会问题联系起来，如通过教育发展全球公民的理念。蒂克利等学者还把这一转变与更广泛的新自由主义的要求联系起来，认为民族国家内部的社会凝聚力是全球资本主义可持续性的关键。尽管这种转变明显反映了对人权的善意关注，但是，鲍尔(Ball，1998)认为，世界银行等组织把公平视为政府的一个残余关切，因此，教育的社会和福利目的被系统性地弱化了。

尽管这些解释都不无道理，但是这种优先领域仍然把女孩视为一个需要肯定性行动和特别对待的弱势群体——这与西方对男孩的关注不同。例如，世界银行支持的"千年发展目标"(Millennium Development Goals，MDGs)，其中之一就是促进性别公平和赋予妇女权力，另一个目标是普及小学教育(联合国教科文组织，2005)。世界银行为在发展中国家实现这两个目标而采纳的创新计划是向允许女儿上学的家长发放津贴。这项津贴用于补贴赤贫家庭的教育费用和对女孩离家的补偿(世界银行，2006)。里兹维(Rizvi，2004)认为，这种围绕性别公平目标的全球性社会运动体现了超民族和地域的全球团结的原则。尽管西方主导的新自由主义范式在解决两性平等的问题上远非无懈可击，但是，正如上文所指出的，对女孩的关注在减少发展中国家的性别不平等方面已经取得了一些进展，因此从全球公平角度看无疑具有积极意义。

然而，全球新自由主义议程造成了西方和非西方国家的性别公平和教育目标的显著倒退。强调市场优先于社会公平问题的表现性文化已经违背了西方国家女孩的利益，扭曲了男女公平的优先顺序，把重点放在了男孩身上。在非西方国家，新自由主义议程的一些方面(将妇女和女孩视为公平群体)，可以认为是实现性别公平的一大进步。虽然我们并不希望贬低这一点，但是对西方强加的关于赋予妇女和女孩权力的单一观点的评价，仍然存在着文化排他性的问题。我们下面讨论9·11事件之后的新全球叙事，即安全问题、民族主义回潮问题，以及西方与伊斯兰教之间不断升级的对抗问

112

题。我们将用澳大利亚和埃及的一些关于教育的辩论来说明实现性别公平的主要障碍所在。

9·11 事件后的性别问题

自从 2001 年 9 月 11 日美国恐怖主义袭击事件发生以来,全球叙事对国家安全的关注主导了许多西方国家的政治议程。这种对安全的担忧,由于恐惧文化,尤其是漫延在与美国结盟的西方国家中的恐惧文化的推波助澜,助长了民族主义的复活和对伊斯兰教相关的事物妖魔化(Rizvi,2004)。另一方面,由反美/西方情绪塑造起来的伊斯兰民族主义也死灰复燃。全球"反恐战争"所产生的民族主义倾向,反映了对保守的或原教旨主义价值观的回归,而对有关异议的压制,则意味着对全球性别平等潜在的有害后果。

西方对美国 9·11 袭击事件做出了各种反应,除了对阿富汗和伊拉克发动战争以外,还对澳大利亚、美国、加拿大和英国等国家的边缘化社区(主要是穆斯林社区)实行了更严密的管理和监视(Rizvi,2004)。这种对国家安全的关切同时也压制了有关社会公平问题的重要讨论。和许多战争一样,"反恐战争"成为一种民族主义话语,用来把全体国民团结成一个与"他们"誓不两立的"我们"。要做到这一点就不允许不同意见的存在,要求坚持一套共同的价值观(在西方盛行的、符合白人利益的、保守的盎格鲁中心主义的价值观),以及对"他们"的恐惧和不信任。在目前的环境中,"他们"就是威胁"我们"的生活方式的穆斯林,"我们"对他们的恐惧已经被用来证明对穆斯林社区的压迫是正当的,并且这种恐惧还被用来把反对所谓西方价值观的穆斯林描绘成破坏"战争的努力"的人。这种民族主义话语,经过政治话语简单化的道德包装,阻碍了民主的辩论(Giroux,2002;Hooks,2003;Rizvi,2004)。胡克斯(Hooks,2003)等评论家对 9·11 事件后批评性辩论受到的压制表示了特别的关切:

> 在短短几个月后,许多公民不再相信生活在多元化的社区、反种族主义工作和谋求和平这些活动的价值。他们放弃了对正义治愈力量的信念。死硬派白人至上主义民族主义分子抬高了丑陋的声音,到处公开叫嚣。敢于反对、批评、挑战错误信息的人都被贴上"叛徒"的标签。随着时间的推移,我们看到,那些敢于为

社会公平而奋斗、反对任何形式控制的个人和团体遭到了日益强烈的抵制。(p. 10)

在与西方同盟国"反恐战争""右翼政策"(即所谓的"意愿联盟")相关的新保守主义叙事的推波助澜下,这种盲目的道德正义的民族主义兴起,和白人至上主义与父权制理论一道,使学校和教育的社会公正进程发生了严重倒退。胡克斯(2003)认为,这种民族主义限制了社会批判性教学,并加强了对学校的教学内容和教学方法的监督。例如,在澳大利亚,与盎格鲁中心主义和男性主义一脉相承的新保守主义的形象影响了联邦政府的国家价值观教育议程。这一议程与学校升旗仪式倡议一起,用于培养年轻人的民族主义自豪感,并呼吁实施更严格的澳大利亚历史教学(通常侧重于澳大利亚的英国传统,而不是多元文化社会的发展)。伴随着这些计划的,是对穆斯林学校的公开怀疑,具体表现为政府对课程和教学法的监督,以及对特定文化传统的管理。例如,在澳大利亚,和其他地方(特别是臭名昭著的法国)一样,有些政府部长甚至呼吁禁止穆斯林女孩在公立学校戴头巾——这个伊斯兰教的象征被视为对"澳大利亚"生活方式的"标志性蔑视"。在英国,已经出台了把伊斯兰学校划归地方教育当局管理的计划。具有讽刺意味的是,在美国这个以言论自由自诩的国家,有些教师竟然仅仅是因为批评美国发动的阿富汗和伊拉克战争、或试图研究 9·11 袭击背后的原因而遭解雇(Giroux, 2002)。

这些宏观趋势对性别公平事业显然是极为不利的。众所周知,社会批评和关于主流意识形态的辩论是促进学校性别公平教育的基石(Alloway, 1995;Davies, 1993;Martino & Pallotta-Chiarolli, 2005)。压制身份政治和社会文化公平领域的这种质疑和辩论,特别是在表现性文化已经扭曲了公平问题,对其社会结果置之不理的学校环境里,很可能会对性别公平产生抑制作用。这种趋势将无法纠正学校内外的男性主义话语,使歧视女性的管理体制沉寂无声,正是这些制度强化了学校文化中普遍存在的性骚扰和对女性的文化边缘化现象。

这些趋势至少可以看作是助长了当前反对进步教育的普遍、高调的政治抵制。在保守政治所谓的"回到基础"的方法中,这种抵制试图限制特定课程材料的关键议程,而这些议程原本是为了促进对有争议的政治和文化问题的探讨。澳大利亚媒体经常抨击这种进步的议程。例如,《澳大利亚人报》(The Australian)坚决反对"批判能力"的培养——经常谴责这种能力是过度虚无主义、过分批评欧洲中心主义、民族主义和保守主义的,或嘲笑它是"解构主义的后现代噱头"(Donnelly, 2006)。更广泛地说,这种新保守主义的趋势,特别是考虑到像澳大利亚、英国和美国这些西方国家的反女权主义政治(当时的澳大利亚总理约翰·霍华德(John Howard)在公开表示他认为澳大利亚已经处于"后女权主义时代"时,暗示了女权主义已与澳大利亚无关),似乎有可能进一步放大在新自由主义环境中已经恶化的性别差距。在这种环境中,保守的妇女和家庭意识形态在政府政策和公众意识里已经根深蒂固。

在埃及等非西方国家中,新的全球叙事在9·11事件之后也给追求性别公平带来了重大挑战。马扎维(Mazawi, 2002)指出,这主要是因为,作为对全球西方文化的回应,"……原教旨主义在全球范围内以各种形式死灰复燃"(p.60)。在埃及反西方情绪日益高涨的背景下,人们对西方/自由主义意识形态侵蚀破坏埃及的身份认同、传承和传统的行为的不安与愤恨也随之增长,因此这种原教旨主义的回潮是不太可能阻挡的。在美国借新的安全话语重申其在国际关系中的全球权威和龙头地位的情况下(Rizvi, 2004),就更不可能了。

但是,遏制宗教原教旨主义,特别是好战的伊斯兰原教旨主义,促进埃及的社会稳定,是支撑主要国际捐赠机构的发展和援助议程的关键要素。毫无疑问,埃及的地缘政治特点意味着它是美国和西欧国家的一个重要盟友——特别是在9·11事件后中东和北非地区的不稳定局势持续威胁着西方利益的形势下(Sayed, 2005)。

在更为广泛的国家安全话语中,埃及的公共教育体系被定位为可以营造这种稳定环境的最重要方式之一。的确,正如库克(Cook, 2000)所说,公共教育被视为打击埃及最危险的威胁——伊斯兰极端主义——的主要手段。因此,埃及得到了相当大的援助,让它沿着西方发展的路线,努力实现现代化,更确切地说是扩展世俗教育(Cook, 1999, 2000)。不过,据库克(1999, 2000)等人的观察(参见 Mazawi, 2002;Sayed, 2005),许多埃及人对世俗教育非常反感,主要是因为其反对宗教信仰、推崇自由主义的原则与伊斯兰教的传统和哲学有着根本的冲突。库克(2000)认为,伊斯兰世界有许多人将世俗化教育与"教育种族隔离制度"相提并论,将其视为穆斯林衰落的缩影。此外,正如库克(2000)所指出的,一个流行的观点是,世俗教育政策和埃及对西方的盲目模仿是埃及失去自我身份的罪魁祸首。

9·11事件后,国际对抗升级,西方发展模式在人们的心中幻灭,埃及持续的贫困状况也没有丝毫缓解。在全球民族主义死灰复燃的背景下,埃及也加强了努力,寻求与西方截然不同的民族认同。伊斯兰激进组织已经成功地与埃及公众建立了日益增强的联盟关系(Sayed, 2005)。重要的是,这些群体已经利用公众对世俗教育的普遍鄙视,为(宗教原教旨主义盛行地区的)贫困者和被剥夺权利的群体提供了越来越多的教育选择(Sayed,2005)。这种趋势,尤其是在性别差距巨大的情况下,在向着千年发展目标中完成性别平等和初等教育任务前进的轨道上引发了人们特别的关切。

在全球性的全民教育(*Education-for-All*)框架(UNESCO,1994)下,埃及教育部作出了相应的努力来改善女孩的境况,特别是社会文化障碍持续阻碍她们的出勤、学习和培训的情况。这些障碍扩大了性别差距,而这和许多因素有关,包括:父母对保护女儿的端庄稳重与人身安全的关注;义务教育政策缺乏执行力;贫困问题和教育与基本学校用品的花费上升;家庭普遍认为教育男孩是更好的投资;对女孩的家庭责任的文化期待;父母不愿把女儿送到男女同校的学校,以及女孩早婚与辍学率升高的关系(World Bank,2003)。

我们认为,在埃及的教育西化与死灰复燃的伊斯兰原教旨民族主义之间的紧张氛围中,限制女孩学业成就的文化和社会经济障碍可能会加强。许多研究者,特别是女性主义研究者,发表过很多文献,讨论保守派和原教旨主义者对伊斯兰教的解读如何对妇女形成了特别的压迫(Ghoussoub,1987;Kazemi,2000;Keddie,1991)。人们普遍认为,这种压迫与《古兰经》如何以强调和僵化性别差异的方式表现妇女有关,在这些方式中,不平等的做法(例如,与政治代表权和经济安全有关的问题)从男子和妇女的不同性质和需要的角度得到解读(Keddie,1991)。在近期,埃及等国家的妇女压迫不断加剧,其原因在于反西方情绪的高涨,更具体地说,是穆斯林对西方制裁带来的变化的抵抗和西方对妇女赋权的看法。在这样的背景下,如凯迪(1991)所说,家庭已经成为反对西方文化、政治和经济攻势的最后堡垒,因此保持伊斯兰化的妇女角色的企图已经达到一致,因为这是伊斯兰教的试金石。正如凯迪(1991)进一步指出的那样,妇女压迫不断加剧是因为:"恢复古兰经对着装、一夫多妻制等的强制令是衡量优秀穆斯林的表面标准"(p.17)。而在目前的反西方背景下,或更准确地说是反美国,"优秀的穆斯林"就可以理解为对西方文化帝国主义在行为上的蔑视和反抗。

阻碍女孩上学,限制女孩表现的大部分都是文化上的壁垒,而人们通过阅读《古兰经》中的保守内容更是加强了这种文化壁垒,实现妇女、平等、女孩和学校教育方面的千年发展目标的未来轨迹看来并不光明。当然,从9·11事件后伊斯兰教的基本解释得到发展的情况看,阻碍女童上学的文化传统可能会进一步得到巩固。

115

结论

在本章中,我们探讨了与新自由主义全球化进程中有关性别公平的一些问题。特别是我们关注了这些进程中的效率和经济制度与创造有利于追求性别公平目标的环境这两者之间的矛盾。在这样一种思想中,政治被市场的需要所包容,民主观念从政治概念转变为经济概念,资源和权力的不平等分配在性别(以及种族和阶级)中日益明显。社会政策的衰落和福利服务的减少是必然的后果,在不同程度上对全世界的妇女产生了特殊的不利影响。在非西方或发展中世界,这些紧迫任务中的帝国主义,特别是在强化妇女同质化观念和增强权力方面,对许多妇女和女孩来说更为不利。

116   在阐明这些制度对教育公平方面的不利影响时,我们突出了性别不平等的关键问题。这里我们强调了在许多西方学校教育背景下,聚焦表现性文化的有限的学术成果,更具体来说是文化素养成果是如何歪曲性别平等问题,使男孩成为一个处境不利的群体,并使许多女孩的教育经历继续成为主要的不公平现象的。在讨论这些制度如何影响非西方背景下的两性平等和教育领域时,虽然我们承认全球新自由主义议程的某些方面已使许多女孩和妇女生活得到改善,但这些制度对非西方环境的文化特点却不甚合适,这着实令我们关注。

基于这些关注,我们在9·11事件之后教育的紧迫任务改变的背景下,探讨了澳大利亚和埃及等国家的一些性别方面的辩论和问题。我们认为,民族复兴主义、安全、西方和伊斯兰教之间对立升级的新叙事,这些已经渗透到了全球教育议程中,为追求性别公平目标导致了特殊的问题。这些叙事被认为与澳大利亚和埃及的一些主要教育趋势交叉,进一步加剧了新自由主义议程的负面影响。许多西方国家限制性别公平,特别是澳大利亚,我们认为,9·11事件之后的新叙事会阻碍学校中的社会批判性和进步的关键议程,还会强化保守/新自由主义政治的盎格鲁中心主义,对社会性别平等计划非常不利。发生在非西方背景的埃及的辩论被视为许多穆斯林国家教育经历的反映,也被与9·11事件后的叙事相提并论,用以提出倒退的性别公平建议。在这里我们强调,在埃及日益严重的对抗和人们对西方强加的、包括教育在内的发展模式的幻灭,因"反恐战争"而进一步恶化,所有这些都巩固了伊斯兰原教旨主义对埃及许多地区的控制。这种情况加大了许多文化障碍,从而进一步限制了埃及境内女孩和妇女实现性别公平的可能性。目前反西方情绪的高涨,推动了伊斯兰原教旨主义的复兴、对《古兰经》的保守解读,并加重了对妇女和女孩的压迫,对实现两性平等和教育的千年发展目标极为不利。

在追求全球性别公平的目标时,显然必须消除西方和非西方背景下的这些消极因素。在反对推动全球资本主义崇拜的新自由主义话语的斗争中,人们发表了与社会公平和反全球化问题相关的论文,探讨了如何消除上述消极因素的方法(如 Giroux, 2002; McLaren, 2000)。然而,如本章所述,尽管在全球化进程中首当其冲的是女孩和成年女性,但是这些论文很少提及性别问题(Mohanty, 2003)。在全球化的男性化话语和反全球化运动中的男性化话语中,莫汉蒂(Mohanty)提醒我们,把女权主义议程和项目明确化的任务已经迫在眉睫。她呼吁创立没有国界的女权主义,提出建立反对资本主义的全球女权主义团结联盟,揭露对妇女形形色色的压迫,重新展望妇女集体社会抵抗的愿景,并为女权主义的发展指出一条希望的大道。当今世界,全球资本主义虽然正在毁掉社会行动的可能性,但是也开辟了新的可能性,莫汉蒂敦促人们"跨越地域、身份、阶级、工作、信仰……",形成一个跨国女性主义的团结联盟(2003, p. 250)。她认为,只要这个团结联盟在关注日常生活中微观政治的同时,也关注全球经济和政治进程的宏观政治,那么,解放的政治(liberatory politics)就不是不可想象的。这种反对倒退政治的团结联盟将是 9·11 事件后挑战和改造日益残酷的文化景观的中流砥柱(Mohanty, 2003)。

117

(宋思齐 译)

参考文献

Abouharb, M., & Cingranelli, D. (2006). The human rights effects of World Bank structural adjustment, 1981 - 2000. *International Studies Quarterly*, 50, 233 - 262.

Alloway, N. (1995). *Foundation stones: The construction of gender in early childhood*. Carlton, Australia: Curriculum Corporation.

Apple, M. (2005). Are markets in education democratic? Neoliberal globalism, vouchers, and the politics of choice. In M. Apple, J. Kenway, & M. Singh (Eds.), *Globalizing education: Policies, pedagogies, and politics* (pp. 209 - 230). New York: Peter Lang.

Ball, S. (1998) Big policies/small world: An introduction to international perspectives in education policy. *Comparative Education*, 34(2), 119 - 130.

Blackmore, J. (1999). *Troubling women: Feminism, leadership and educational change*. Buckingham, UK: Open University Press.

Blackmore, J. (2000). Warning signals or dangerous opportunities? Globalisation, gender, and educational policy shifts. *Educational Theory*, *50*(4),467 – 486.

Bulbeck, C. (1994). Where to now? The contemporary loss of faith in feminism's transformative power. *Social Alternatives*, *12*(4),10 – 14.

Chabbott, C. (2003). *Constructing education for development: International organisations and education for all*. New York: Routledge Falmer.

Collins, C. , Kenway, J. , & McLeod (2000). *Factors influencing the educational performance of males and females in school and their initial destinations after leaving school*. Canberra: DEETYA.

Cook, B. (1999). Islamic versus western conceptions of education: Reflections on Egypt. *International Review of Education*, *45*(3/4),339 – 357.

Cook, B. (2000). Egypt's national education debate. *Comparative Education*, *36*(4),477 – 490.

Davies, B. (1993). *Shards of glass*. St. Leonards, Australia: Allen & Unwin.

Donnelly, K. (2006, September 23 – 24). The literacy debate: Subject for complaint. *The Weekend Australian*, 24.

Eisenstein, Z. (1998). *Global obscenities: Patriarchy, capitalism, and the lure of cyberfantasy*. New York: New York University Press.

Francis, B. , & Skelton, C. (2005). *Reassessing gender and achievement*. London: Routledge.

Ghoussoub, M. (1987). Feminism or the eternal masculine in the Arab world? *New Left Review*, *161*,3 – 18.

Gillborn, D. , & Youdell, D. (2000). *Rationing education: Policy, practice, reform and equity*. Buckingham, UK: Open University Press.

Giroux, H. (2002). Democracy, freedom and justice after September 11th: Rethinking the role of educators and the politics of schooling, *Teachers College Record*, *104*(6),1138 – 1162.

Goldman, M. (2005). *Imperial nature: The World Bank and struggles for social justice in the age of globalisation*. London: Yale University Press.

Hardt, M. , & Negri, A. (2001). *Empire*. London: Harvard University Press.

Hatem, M. (1994). Egyptian discourses on gender and political liberalisation: do secularist and Islamist views really differ? *The Middle East Journal*, *48*(4),661 – 676.

Hayes, D. (2003). Mapping transformations in educational subjectivities: Working within and against discourse. *International Journal of Inclusive Education*, *7*(1),7 – 18.

Hooks, B. (2003). *Teaching community: A pedagogy of hope*. New York: Routledge.

Jones, P. W. (1998). Globalization and internationalism: Democratoc prospects for world education. *Comparative Education*, *34*,143 – 155.

Kazemi, F. (2000). Gender, Islam and politics. *Social Research*, *67*(2),453 – 475.

Keddie(1991). Deciphering Middle Eastern women's history. In N. Keddie & B. Baron (Eds), *Women in middle eastern history*. London: Yale University Press.

Kenway, J. , Willis, S. , Rennie, L. , & Blackmore, J. (1998). *Answering back*. London:

118

Routledge.

Lingard, B. (2003). Where to in gender theorising and policy after recuperative masculinity politics? *International Journal of Inclusive Education*, 7(1),33 - 56.

Little, A. (2003). Motivating learning and the development of human capital. *Compare*, *33* (4),437 - 452.

Mahony, P. (1999). Girls will be girls and boys will be first. In D. Epstein, J. Elwood, V. Hey, & J. Maws (Eds.), *Failing boys: Issues in gender and achievement* (pp. 37 - 55). London: Open University Press.

Martino, W., & Pallotta-Chiarolli, M. (2005). *Being normal is the only way to be: Adolescent perspectives on gender and school*. Sydney: UNSW Press.

Mazawi, A. (2002). Educational expansion and the mediation of discontent: The cultural politics of schooling in the Arab states. *Discourse: Studies in the cultural politics of education*, *23*(1),59 - 74.

McLaren, P. (2000) *Che Guevara, Paulo Freire and the pedagogy of revolution*. Oxford: Rowman & Littlefield.

Mills, M. (2003). Shaping the boys' agenda: The backlash blockbusters. *International Journal of Inclusive Education*, 7,57 - 73.

Mohanty, C. (2003). *Feminism without borders*. Durham, NC: Duke University Press.

O'Connor, J., Orloff, A., & Shaver, S. (1999). *States, markets, families: Gender, liberalism and social policy in Australia, Canada, Great Britain and the United States*. Cambridge, UK: Cambridge University Press.

Pallotta-Chiarolli, M. (1997). We want to address boys' education but... In J. Kenway (Ed.), *Will boys be boys?* (pp. 17 - 21). Deakin West: Australian Curriculum Studies Association.

Resnik, J. (2006). International organizations, the "education-economic growth" black box, and the development of world education culture. *Comparative Education Review*, *50*(2), 173 - 195.

Rizvi, F. (2004). Debating globalisation and education after September 11. *Comparative Education*, *40*(2),157 - 171.

Sayed, F. (2005, Spring,). Security, donors' interests and education policy making in Egypt. *Mediterranean Quarterly*, 66 - 84.

Schultz, T. (1971). *Investment in human capital*. New York: Free Press.

Stiglitz, J. (2002). *Globalisation and its discontents*. London: W. W. Norton.

Taylor, S., & Henry, M. (2000). Challenges for equity policy in changing contexts. *The Australian Educational Researcher*, *27*(3),1 - 15.

Tikly, L. (2004). Education and the new imperialism. *Cambridge Journal of Education*, *40* (2),173 - 198.

United Nations Development Fund for Women (UNIFEM). (2005 - 2006). *UNIFEM annual report: 30 years of challenge/30 years of change*. New York: Author.

United Nations Educational Scientific and Cultural Organisation (UNESCO). (1994).

Monitoring Education-for-All goals: Focussing on Learning Achievement (Joint UNESCO-Unicef Project). Paris: Author.

United Nations Educational Scientific and Cultural Organisation (UNESCO). (2005). *Millennium Development Goals.* Retrieved September 10,2006, from http://www. un. org/millenniumgoals/

United Nations Educational Scientific and Cultural Organisation (UNESCO). (2006). Education for All International Coordination. Retrieved October 1,2006, from http://portal. unesco. org/education/

119 Wangari, E. (2002). Reproductive technologies: A third world women's perspective. In K. Saunders (Ed), *Feminist post-development thought: rethinking modernity, post-colonialism and representation* (pp. 298 - 312). London: Zed.

World Bank. (2006). *Stipend program rewarded with success.* Retrieved October 9,2006 from http://web. worldbank. org

World Bank, Social and Economic Development Group. (2003). *Arab Republic of Egypt, gender assessment.* Washington, D. C. : Author.

10

全球化时代非洲的教育社会公平问题

里昂·蒂克利(Leon Tikly)

希拉里·达基(Hillary Dachi)

引言

本章旨在讨论全球化时代非洲实现教育社会公平目标的可能性和局限性。本章将回顾一系列地区性的举措在社会公平方面的影响。由于撒哈拉以南的非洲是最可能落后于全球化进程的地区（World Bank，2006；Economic and Social Research Council［ESRC］，2006），我们对它给予了特别关注。我们之所以聚焦在地区层面，是因为非洲各国政府、捐赠者和非政府组织越来越重视地区的教育社会公平问题（Robertson et al.，2007）。两个典型的例子就是"非洲发展新伙伴计划"（New Partnership for Africa's Development，NEPAD)[1] 的推出和"非洲委员会"（Commission for Africa，CFA)[2] 的成立。各地还有许多其他举措，这些都影响着社会公平与教育。[3] 本章将首先建立一个理论框架来理解社会公平，并对撒哈拉以南非洲的社会公平和教育的大环境作一简述，然后将重点关注五个相互关联的主题，它们作为例证共同展现了在这片大陆上实现社会公平目标的可能性与局限性。

构建理解非洲语境下社会公平的框架

美国政治学家南希·弗雷泽（Nancy Fraser）对全球化语境下的社会公平进行了一段引人深思的分析。她认为：

直到最近，大多数研究公平理论的学者都好像理所当然地将威斯特伐利亚体系下的主权国概念（Westphalian sovereign state）当作他们调查的框架。然而现在，全球化的加速改变了社会互动的规模。因此，我们有必要重新审视社会公平问题。要明确实现公平的先决条件，我们就必须思考：到底谁才是利益相关者？哪些是地方事件、哪些是国家事件，哪些是区域性事件、哪些是全球性事件？该由谁来回答这些问题？他们又该如何选择回答的方法？不论是想公平地进行结构调整或保障原住民土地权，还是公平地处理移民问题或全球变暖，抑或是公平地

解决失业和同性恋婚姻问题，都是如此。（Fraser，2006，p. 1）

在这里，弗雷泽突出了全球化时代讨论社会公平的复杂性，在非洲地区尤其如此。比如，她强调西方国家的模型（威斯特伐利亚体系下的国家概念，Westphalian state）并不完全适用于非西方语境。她还强调了这场争议的另一个特征，那就是：要理解社会公平问题，就必须考虑到大的经济、政治和社会环境问题。弗雷泽的观点有如下几层涵义：其一，我们应基于对非洲的分析来进行论证，而不是想当然地认为可以照搬西方的教育与社会公平模式。其二，在讨论教育问题时，有些意见被人们接纳，而有些却始终无人理会，弄清为什么会这样和讨论的问题本身同样重要。

弗雷泽有效地展现了社会公平的三个维度。第一个维度是"再分配"，它与获取资源的机会（在这里就是获取高质量教育的机会）及其可能带来的结果息息相关。森（Sen）认为，教育带来的一系列认知与情感上的变化对人的健康快乐十分重要，能帮助受教育者取得更高的经济效益，使其成为更加健康、安全、活跃的公民（Sen，1999）。在这里，森对能力的界定有助于我们理解这些变化。然而，怎样才算是高质量的教育以及如何获得它却面临新自由主义和教育市场化的挑战，我们随后将就此展开论述。第二个维度是"认可"，意思是我们要先弄清边缘群体一直以来的诉求，然后再认可它们。在非洲，边缘群体包括妇女、农村居民、艾滋病患者、孤儿和脆弱的难民儿童，还包括文化、语言、信仰、种族或性取向方面的少数群体。在本章，"认可"问题基本上就是：所谓的高质量教育到底该在多大程度上满足这些群体的需求？这也涉及公开的正式课程的设置以及学校如何获取资源的问题。第三个维度是"参与式公平"（participatory justice），指的是个体和群体有权在讨论教育事务时发表观点并积极参与决策。这一点非常重要，因为不论是弗雷泽还是本章节的论证，都认为它是实现再分配与认可的前提。

在继续讨论之前，我认为有必要作一些说明。在把社会公平放到非洲语境下讨论之前，我们首先要进行审慎的思考。"社会公平"最初发源于欧洲启蒙运动和西方人文主义，而并非在非洲。这些事件发生时，非洲正好在经历一段异常残酷的历史，人民饱受西方殖民主义与奴隶贸易之苦。[4] 我们必须承认这段历史，同时也要意识到，早在被殖民以前，这块大陆上的土著居民对公平就已经有了自己的理解（Ramose，2006）；此外，我们也要明白社会公平思想往往是与殖民主义和奴隶制度作斗争的关键。确实，这块大陆上最近掀起了一股研究社会公平的浪潮，一系列新举措的推出和新作品的出版都反映了这一点。[5] 同时,我们也要承认,和世界其他地方的公平问题一样,关于非洲社会公平的看法太多太杂,而这些看法又总是互相冲突。[6] 要注意的第三点是:与西方类似的争论不同,把社会公平的框架运用到非洲时,再分配问题明显比认可和参与问题更为重要。就这一点而言,苏珊·乔治(Susan George, 2003)认为,全球化背景下日益加剧的贫困和不平等现象已成为实现全球权利的最大障碍。不过在我们看来,在非洲语境下,虽然再分配问题无疑是核心,但它与认可和参与问题却是密不可分的。

非洲社会公平的背景环境

本节旨在强调非洲社会公平大环境中的各个要素,以此为基础来理解教育在实现社会公平的过程中扮演的角色。表 10.1 总结了一些关键的事实,来凸显全球化时代的非洲在经济、政治和人类发展方面所处的地位。

表 10.1　全球化背景下的非洲:非洲国家融入世界经济体系

122

- 全球 11% 的人口(7 亿人)生活在撒哈拉以南的非洲,而该地区国民生产总值(GDP)却仅占全球 GDP 总和的 1%(World Bank, 2005, p. xx)。
- 非洲的全球贸易份额从 1980 年的 6% 跌至 2002 年的不足 2%。发达国家限制了非洲产品在其国家的销售,并设置了其他"供应侧"壁垒,非洲因此受害不浅(CFA, 2005)。
- 1970 年,非洲在世界出口量中占比 3.5%,而到 2002 年末则跌至 1.4%(World Bank, 2005, p. xx)。
- 如果以接受的外国投资流动在总收入中的占比来衡量,非洲(2%—3%)尚且与所有低收入国家的平均值持平,但在绝对数上则偏低。投资主要集中在石油和钻石等高价值的资源型产业上(CFA, 2005)。
- 每年,非洲约有高达 150 亿美元的大笔资金外流。约 40% 的非洲股票份额被非洲以外的地区持有(CFA, 2005)。
- 非洲的侨汇份额在 GDP 中的占比超过东亚、中亚、欧洲和太平洋地区,然而只算现金汇款,非洲在所有低收入地区中只能敬陪末座(CFA, 2005)。

这些事实反映了非洲在各方面被全球化进程边缘化的严重程度。由此,出台政策和项目,改变非洲在全球经济中的地位,并以此解决贫困问题成为了社会公平争论的一个焦点。然而,虽然大部分非洲人都较为贫困、被排斥在全球化之外,但我们必须认识到有一部分人面临的形势更为严重。表 10.2 中呈现的非洲委员会(CFA)提供的数据就能反映这些问题。

表 10.2 非洲的社会排斥

123

- 虽然 20％的家庭由女性当家,并且 80％的农业生产和所有的家庭副业都由女性承担,但是她们却被排除在体制之外,很难获得收入。她们主要承担照顾家庭的重任,入学率低。她们常遭受骚扰和暴力,丧夫后还会失去财产(CFA, 2005)。
- 非洲年轻人占总人口比例位居各大洲第一位。然而,受到经济停滞、高失业率和艾滋病的影响,这一代虽人数众多却尤其脆弱。这种脆弱性在城市贫民窟尤为明显。在 1999 年的埃塞俄比亚,城市年轻人的失业率达到 38％,而在 2000 年的南非甚至高达 56％(CFA, 2005)。
- 快速的城市化进程也导致更多儿童流浪街头。例如,内罗毕(Nairobi)的流浪儿童数量在三年间从 4 500 涨到 3 万,其中还有许多是孤儿。日益严重的孤儿危机正在形成一个严峻的新挑战。2003 年,非洲共有 4 300 万孤儿,相比 1990 年上涨了三分之一。地区冲突是孤儿出现的罪魁祸首,而艾滋病也逐渐成为重要诱因。到 2010 年,孤儿数量预计将达到 5 000 万(CFA, 2005)。
- 撒哈拉以南的非洲生活着 5 000 万残疾人。在乌干达,残疾致贫的可能性比身体健全的人高出 38％,残疾本身还会带来更多的开支。
- 其他经常遭到排斥的群体还包括土著人和少数民族,他们中的有些人,如非洲大湖地区(Great Lakes)的巴特瓦人(Batwa),甚至没有任何权利。

来源:非洲委员会(2005)。

对于非洲的窘境及其社会不公平的本质和成因,人们提出了不同的解释。比如,非洲委员会(CFA, 2005)总结了一系列政治原因,包括不当的管理、与体制结构相关的民事冲突、不良的投资环境、日益依赖初级产品的工业、昂贵的运输费、殖民时代遗留下的脆弱的基础设施,以及起步较晚的制造业等。此外,还有一系列环境因素(比如农业的低产量和气候变化的影响)以及人为因素(包括不佳的健康状况、低水平的教育以及人口增长和城市化的压力),在它们的影响下,那些结构性因素进一步恶化。非洲委员会(CFA)还提到了影响非洲和外部世界关系的一系列因素,包括对外直接投资(Foreign Direct Investment,FDI)低、援助环境的不断变化,以及非洲对世界市场的控制力欠缺等。

另一种分析从纳米比亚劳工运动(Namibian labor movement)的视角,举例说明了非洲思想上激进的传统[该传统可追溯到 1972 年沃尔特·罗德尼(Walter Rodney)和1965 年夸梅·恩克鲁玛(Kwame Nkrumah)的事业],也阐述了近期一些激进的评论家对于全球化中非洲问题的分析(Amin, 1997;Bond, 2001;Chossudovsky, 2001;Hoogvelt, 1997)。这个视角主要从奴隶贸易和欧洲人掠夺资源的遗留问题来解释非洲现在的处境,该问题在非洲遭受殖民时期和最近的新殖民主义时期达到顶点,在新自由主义全球化的影响下进一步恶化。引发了很多他国资金支持的战争和冲突的冷战,非洲在物资、财政和知识方面对前殖民主义宗主国持续性的依赖,布雷顿森林体系建立的机构(国际货币基金组织和世界银行),以及让西方得以继续在非洲发号施令的外援等,所有这些都损害了非洲人民的利益。此外,大多数非洲领导人腐败无能,忙于专权自肥,愿意主动放弃权力者屈指可数(Labour Resource and Research Institute[LaRRI], 2003)。

这些激进的评论从本质上反映了一种观点,把关于非洲发展议程的新自由主义思潮的影响与强大的捐赠者和国际利益联系起来,而这些又与非洲的贫困和不平等现象息息相关。在最近一则文献综述中(Robertson et al. , 2007),作者追溯了从 20 世纪 80 年代至今新自由主义思潮的发展历程。虽然这一思想的表现形式和影响有所变化,但它一直都是决定政策话语的一个重要因素。新自由主义的倡导者往往反对社会公平的观点,相反,他们强调自由市场中个体企业家发挥的作用才是自由和繁荣的基础。[7]正如恩多耶(Ndoye, 1997)等人所说,这些观点违背了集体和公共的基础,而非洲历史上的很多基层组织正是通过这一基础发展起来的。

人们需要更多的民主,边缘群体需要更多发声,政治领导人需要承担更多责任,这些问题同样也是非洲社会排斥和不公平问题的争论焦点。许多评论家质疑一些领导人和政权的公信力,这些政权与非洲联盟(African Union, AU)、非洲发展新伙伴计划(Bond, 2001;LaRRI, 2003)和非洲委员会有着千丝万缕的联系。比如,有人指责非洲委员会,认为它对许多地方存在的统治阶层压迫(主要受害者包括妇女、穷苦的农民、外国移民以及难民)问题闭口不谈,对于民族主义、部落主义、宗教和地区主义的分裂性作用也讳莫如深(CFA secretariat, 2005, p. 1)。这些批评必须要放在非洲民族国家的语境下进行讨论。关于西方国家的争论往往想当然地以为所谓的"威斯特伐利亚国家模式"(Westphalian state model)无比优越。[8]然而,非洲国家的形式却更具有后殖民国家的特点。威斯特伐利亚模式下的国家都诞生于先前就存在的实体国家,而后殖民时期非洲国家间的国界都是殖民者武断划分的。与威斯特伐利亚模式不同,人们往往把后殖民国家的统治模式描述为"个人统治""精英协商"(elite accommodation)或"贪吃政治"(belly politics),而这些国家则常被称作"影子国家"或"新世袭国家"(neopatrimonial state)(参阅 Bøås, 2003)。

一些评论家虽然承认某些批评的合理性,却也指出,非洲发展新伙伴计划和非洲委员会的确致力于保证和平、安全、民主和社会公平,只不过努力程度尚嫌不足。还有一些人指出"好的管理"不一定要依靠西方的模式(Ake, 1998;Cheru, 2002;Cornwell, 1998)。康韦尔认为,非洲领导人也应该负责"建立自愿性质的社区管理,鼓励农村的基层运动来创设其他决策机构,并且运用人们习惯意义上的公平、公正和政治义务的概念"(1998,p. 14)。切鲁(Cheru,2002)总结了一系列的基层民间组织,比如农民组织、非正式经济和自助组织、人权运动、贸易联盟、宗教组织、亲民主团体、妇女运动、环保主义者以及其他民间社会运动,着眼于教育问题的运动也位列其中。

受教育机会

在我们看来,非洲有太多人一直无法获得接受高质量教育的机会,因此提供这类机会成为了实现非洲教育社会公平再分配的根本。提供基本的教育离不开经济发展和生产力的提高(包括农业生产力)(Appleton & Balihuta,1996),也与个体的经济福利息息相关(Hannum & Buchmann,2005)。在各个地方社区中,教育也扮演着关键的角色:它能提供获取信息的渠道,以此来支持可持续生计的可能性和多样性,也能让社区切实享受其权利(Lawrence & Tate,1997)。许多地方机构也支持达喀尔框架(Dakar framework)[9] 和教育方面的"千年发展目标"(Millennium Development Goals,MDGs),即:

- 保证所有男孩和女孩都能接受完整的小学教育;

125

- 尽量在 2005 年前,解决小学和中学教育中的性别歧视问题,并在 2015 年前将其在所有层面上彻底消除。

表 10. 3 呈现了一些关于受教育机会的事实和数据。虽然这类机会的缺乏是一个影响着成千上万非洲儿童的普遍问题,但有些群体所面临的情况尤为严峻。比如,在非洲,女孩平均只能接受 6 年教育,而男孩却能上 8 年学,这一点令人颇为担忧(UNESCO,2002)。在中学教育、大学教育和职业教育中,不理想的教育成果和低参与度更为突出。"千年发展目标"对女性受教育机会问题的关注,不仅有助于承认她们的平等权利,还能惠及她们的健康和福利,包括与艾滋病作斗争的能力,也包括她们对自己生育的决定权(参见 Benefo,2005;Department for International Development [DfID],2000a;Hannum & Buchmann,2005;Lloyd,Mensch,& Clark,2000)。例如,援引最近的一项研究(Abu-Ghaida & Klasen,2004),非洲委员会指出:

表 10.3　非洲教育与培训的参与度

- 非洲的预期受教育年限位居全球末位。一个非洲儿童平均只能上 7.8 年学(包括小学、中学、高等教育),而世界平均受教育年限为 10.5 年,低收入国家平均值则为 9.9 年(UNESCO,2005,p.38)。
- 非洲学前教育的毛入学率(Gross Enrollment Rate,GER)为全球最低,仅为 5.6%,而全球平均值为 48.6%,低收入国家平均值则为 34.3%(UNESCO,2005,p.302)。
- 2002 年,非洲小学教育的毛入学率(GER)仅为 91%,为全球最低,而超过学龄的小学生人数为全球最高(40 370)。非洲的小学退学率高出其他地区(为 40.5%,而所有低收入国家平均值仅为 25.5%),而顺利升入初中的比率又低于所有地区(为 53.8%,而所有低收入国家平均值为 84.5%)(UNESCO,2005,p.44)。
- 2002 年,非洲中学教育的毛入学率(GER)也是全球最低,仅为 28.4%,而全球平均值为 65.2%,低收入国家平均值为 58.3%(UNESCO,2005,p.342)。非洲高等教育的毛入学率(GER)为 2.5%,也是全球最低,而全球平均值为 21.2%,低收入国家平均值为 11%(UNESCO,2005,p.350)。

　　有些国家尚未迈向"千年发展目标"中的性别平等目标(这些国家接近一半都在非洲),与教育系统更发达的国家相比,其儿童死亡率高出 1.5%,体重不足的儿童也多出 2.5%。(CFA,2005,p.181)[10]

　　为妇女和女孩提供教育也有助于她们走出贫困,带来广泛的经济效益。[11] 通过提升女性工作的时间,劳动力供给形势会逐渐好转(UNESCO,2003)。最后,通过成人扫盲项目来教育妈妈们也有助于提升她们子女的入学率和在校表现(UN Millenium Project,2005)。

　　有特殊教育需求的人(包括残疾人)常常无法接受教育,因为学校本身就已不堪重负、资源不足,更别说满足他们的需求了(UNESCO,2005)。孤儿(包括艾滋孤儿)以及其他弱势儿童更有可能无法接受教育。父母双方中一人的过世可能导致孩子较晚进入小学,也可能降低女孩的入学率(Ainsworth,Beegle,& Koda,2002)。这些近年来困扰非洲的冲突对于受教育机会和社会公平问题产生了巨大影响(参阅 Robertson et al.,2007)。[12] 例如,联合国开发计划署的一项报告(UNDP,2005)发现,在 1976—1992 年莫桑比克内战时期,超过半数的小学或关闭或遭到毁坏。此外,该署还报告称,暴发冲突的国家可能减少对教育的投入,该国的父母也更可能因担心暴力问题而拒绝将女孩送入学校(Kirk,2004)。同样,与家境较好的儿童相比,贫困儿童失学的可能性要大得多,也更可能受到冲突的影响(Seitz,2004)。

然而,这一争论不仅局限于小学教育。要想实现社会公平的目标,通过成人扫盲项目来解决青年和成人的文盲问题也同样重要(UNESCO,2005)。虽然学术界对于"识字"的益处已有共识,但对其确切的含义却颇有争议[13]。它不仅被视作一项基本人权,也被认为是经济增长、可持续发展、个人和社区强盛以及民主形成的关键。然而,不幸的是,虽然世界大部分地区的文盲率都下降了,但非洲的不识字人数却从 1970 年的 1 亿零 800 万上升为 2004 年的 1 亿 4 100 万。而且,在 2015 年前最有可能无法达到消除文盲目标的 30 个国家中,有 21 个在非洲(UNESCO,2006)。这部分归咎于政府对扫盲项目的重视不够,没有优先将捐赠款用在这方面。

同样,提高学前教育的入学率也有不少压力,而学前教育是孩子之后学习和生活的基础。现阶段,非洲的学前教育入学率为全球最低(参见表 10.3)。另外,由于中学教育和高等教育对于可持续发展非常重要,还能提供掌握中高级技能的人才,因此这两个层面的教育需求也在上涨。就高等教育而言,为了解决非洲问题、打破对西方的依赖链条,就必须开发出本国的自主研究能力(African Union [AU],2005;Tikly et al.,2004)。此外,正如我们所见,全球化使得劳动力逐渐非正式化。阿芬雅都等人(1999)、蒂克利等人(2003)以及金和麦克格里斯(King & McGrath,2002)指出,在非洲,很多毕业生都会加入约亚·卡里(Jua Kali)的非正式部门,该部门在许多地方经济中起到了支柱作用。在这方面,这些作者提出的问题是:基本职业技能是否应该被包括在基础教育之中。在儿童和成人学习基础农业和各种手工艺等其他生存技能方面,类似的论证已较为成熟。现在需要的是从整体上规划教育投资,考虑非洲各地不同的现实情况和优先等级,保证对不同部门和不同程度的教育与培训的投资平衡。

教育质量

但是,受教育机会问题并不只是要让人们享受正规教育。非洲社会不公平的一大特点在于,许多学习者即便接受了教育,其质量也很不理想。然而,正如伊隆(Ilon,1994)所说,在新兴的全球精英和其他人口之间,受教育机会的鸿沟在逐渐扩大,"全国教育系统可能会一分为二,变成穷人的地方系统和富人的全球系统"(p.99)。在这个高度分化的环境下,最上层人士能享受私立教育,从而具备在世界舞台上竞争的能力;中层人士会接受良好但并非全球级别的教育;然而广大的下层人士只能接受各地的公

127

共教育,因而只能从事"被边缘化的低技能职业"(p. 102)。

　　教育质量之所以重要有几个原因。比如,大量文献证明提升教育的质量与相关性最终将有助于提高入学率、降低失学率(Bergmann, 1996; Lloyd et al., 2000; UNESCO, 2005)。教育质量的提升能带来学生认知和情感能力的进步,进而加速经济发展、加强社会凝聚力。

　　教育质量不高也有各种原因,其中主要包括:教师群体资质不足、薪水微薄、士气低落,同时还受到了艾滋病影响的冲击(例如,AU, 2005; CFA, 2005);基础资源匮乏,包括教学材料和课本的不足;过大的班级规模(随着最近入学率的提升,该问题愈加恶化);课程设置缺少相关性(见下文);"教师中心"与"独裁教学"的盛行;糟糕的基础设施,缺乏电力、饮用水和基本卫生设施;领导技能的稀缺,以及低水平的社区参与度。此外,高等教育的质量问题因人才流失和研究条件不良而进一步恶化。在全球化时代,与教育质量相关的一个核心问题是:该如何应对非洲教育中逐渐扩大的数字鸿沟? 在民众对科技的接触度上,非洲远远落后于世界其他地区(UN, 2005b)。[14] 而越来越多的人已达成共识,认为信息与通信技术(Information and Communication Technology, ICT)可能有助于建立一个以学生为中心、基于问题的协作教学与学习以及考核机制(Haddard & Draxler, 2000; Hawkins, 2002; World Bank, 2004)。然而要想落实这些益处并实现学习方式的转变,信息与通信技术的使用必须纳入国家政策并在学校中得到落实。据联合国教科文组织称,就这方面而言,大多数非洲国家都仍处在发展的"萌发"阶段(Farrell & Wachholz, 2003),导致许多学生依然连最基本的信息通信能力都不具备。[15]

　　教育质量还受到其他因素的影响,它们虽然并未受到广泛的关注,但从社会公平角度来说同样重要。布什和索尔特阿里(Bush & Saltarelli, 2000)展现了教育的两面性,认为其负面因素并不会减少暴力冲突,反而会使它们更有可能爆发。他们认为,教育的负面因素主要体现在:不均等的教育分配及其创造并保护的特权,把教育当作文化压榨的工具,以及利用教科书来鼓吹偏见(Bush & Saltarelli, 2000, p. vii)。戴维斯(Davies, 2004)介绍了学校教育系统可能会复制社会不平等、增加紧张感、成为战争催化剂的多种途径。联合国开发计划署曾描述过一个案例:在塞拉利昂(Sierra Leone),贫困带来的辍学导致许多年轻人加入反对派武装。[16] 此外,在非洲,女性更有可能在学校受到性别方面的虐待(Forum for African Women Educationalists [FAWE], 2003; Leach, Fiscian, Kadzamira, Lemani, & Machakanja, 2003),青少年女孩甚至可能主动承担性风险以此来支付教育开销(Vavrus,2003,2005)。而且,女孩在学习某些领域的课程(如科学、数学和科技教育)时往往会遇到特殊的困难(Swainson,1998)。面对学校老师和同学的欺凌和虐待,那些在家同样遭受暴力与冷落的儿童会显得尤其脆弱(Leach et al.,2000),艾滋孤儿很有可能就属于这一类,他们和 HIV 阳性的学习者一样,也因为这一疾病的污名而备受歧视。

128

非洲发展新伙伴计划(NEPAD)和非洲委员会都曾多次呼吁提高教育质量(e.g. CFA,2005)。而其中最重要的包括:提升教师水平,优化课程设置和教学法,提供足够的教科书和其他教学材料,承担更多的责任并提高社区参与度。非洲发展新伙伴计划还特别提出要解决数字鸿沟问题,并且在信息与通信技术方面采取了一些举措,同时出台的还有一系列类似举措。[17] 一些评论家认为课程设置要更加照顾女生的需要,比如可以重视一些更适合女性的科目,或是更加关注女性的强项及其在非洲文化中扮演的监护角色(Mazrui,1999)。目前一个核心问题是,很少有女性在机构中担任高级别职务,在国家政策制定层面上也很少见到女性的身影。而对十几岁的女孩来说,她们的核心问题则是能否使用合适的卫生设施(UNESCO,2005)。非洲女性教育家论坛(Forum for African Women Educationalists,FAWE)是一个为非洲女性争取教育机会的组织,在它看来,性别问题需要从整体上解决,并且主导所有领域的政策和实践(FAWE,2003b)。非洲委员会的文件则着重关注对孤儿和弱势儿童的帮扶,比如那些住在偏远农村地区的儿童,他们更有可能进入基础设施薄弱的学校。课程改革也越来越关注开发培养生活技能的项目,提供艾滋病教育和公民意识教育等。而对于难民和遭受暴力的人群来说,人权和公民权方面实践与教学的教育质量则最为重要。

非洲文化复兴和亟待解决的语言问题

非洲的教育质量问题和语言与文化密切相关。例如,非洲委员会就曾指出:"教育系统常常建立在已有课程设置的基础之上,因此往往局限于传统的学术科目……然而,课程更应该根据各地的历史、文化和语言来设计"(CFA,2005,p.187)。报告还建议,课程开发必须由非洲领导,并且围绕非洲的价值取向进行。非洲的"集体主义"或"社群主义"文化与西方的"个人主义"不同,因而对开发需要的条件也有不同的理解,而这一直是非洲人文主义思潮的关注点,也是思考非洲文化复兴的重点。"非洲文化复兴"这一概念为非洲发展新伙伴计划提供了许多政治与学术灵感,也反过来给了非洲委员会(CFA)许多启发。虽然这些观点与之前列举的部分看法相符,但它们还需要进一步完善。例如,非洲具有多种多样的文化传统、语言和宗教,然而却没有人考虑具体要选择其中的哪些文化价值取向来开发课程,也没有人想过该如何恰当地传递那些被认为会压迫其他群体的规范和价值。

对于语言问题,非洲委员会 2005 年发表的报告解释道,现在难以选定并采用一门合适的语言作为颁布政策和法令的媒介,这与过去殖民时期国界的划分息息相关。这方面的一个核心冲突在于,非洲领导的发展到底该使用本土语言还是欧洲语言作为指令媒介(Association for the Development of Education in Africa [ADEA], 2005)。一方面,采用一门全球性语言能提供一个通用语,进而减轻民族矛盾。而且很多人认为掌握英语对国家的繁荣和强盛尤其重要。由于私立学校多采用英语授课,因此很多家长更支持用英语作为指令媒介。同时,获得合适的英语材料相对容易;英语在多语种情境下也时而被当作一门"中立"的语言(ADEA, 2005, p. 1)。另一方面,没有国家能够在不大力发展本土语言的情况下取得科技进步,日本和韩国在全球舞台上取得成功的经验都能证明这一点(Mazrui, 1999)。此外,在教学和心理方面,通过母语来学习也有益处,在学习的早期阶段尤其如此。在这些优势的影响下催生了一批更加具有批判性的观点,将欧洲语言的流行视为散播西方消费文化的工具,甚至上升到新殖民主义的高度(如 Brock-Utne, 2001; Brock-Utne, Desai, & Quorro, 2004; Moodley, 2000; Pennycook, 1995; Phillipson, 1999; Watson, 1999)。

在全球化时代,语言权利变得空前复杂。在菲利普森(Phillipson, 1999)看来,这种复杂性主要体现在对非标准英语和方言的使用与承认上。在拉苏尔(Rassool, 1999)看来,这主要是在跨国语境下承认语言权利的问题,比如难民或移民的语言权利。然而,不论总的语言政策鼓励的是全球性语言还是地方性主流语言,处于不利地位的总是那些说非主流语言的群体(Brock-Utne et al., 2004; Trudell, 2005),他们很可能认为学习这些语言会对他们的文化造成威胁(Aikman, 1995)。有些民族(包括牧民和游牧者)还认为正规教育不仅与他们的文化互不相容,甚至是互相敌对的(如 Dyer, 2001; Tshireletso, 1997)。

面对这些复杂而矛盾的情况,非洲国家逐渐采取一种双语或三语思路,在早期先发展本土语言,随后再转而重视英语等全球性语言(Heugh, 2005)。在南非等国,每个学校共同体有权在不违背总的国家准则的前提下自由选择教学语言。大湖倡议(The

Great Lakes Initiative［GLI］，2004）尤其注重克服根深蒂固的民族分裂矛盾，这是殖民时期语言的一个遗留问题，以此来保证地区合作与和平。许多地区性举措都决心推动非洲的语言发展，但却没有提出具体的政策建议来将这一决心落实到行动，非洲委员会、非洲发展新伙伴计划和非洲联盟都是如此。现在的问题是缺乏足够的资源、培训和政治意愿来支持这样的政策（Brock-Utne et al.，2004），因而学校往往还是继续将英语默认为交流语言。

教育私有化和教育市场化

在非洲，关于教育质量的争论又与教育私有化和教育市场化息息相关。从 20 世纪 80 年代开始，教育私有化和教育市场化就成为了低收入国家教育政策的共同特征（Bullock ＆ Thomas，1997；Whitty，Power，＆ Halpin，1998），只是不同地区市场化的程度有所区别罢了（Bennell，1997）。教育私有化的推进与当代全球化的新自由主义思潮有关。在大多数非洲国家，教育市场化表现为：鼓励对学生收取使用费的政策，在私立中小学和大学盛行，而且城市地区的一些学生逐渐对"选择"这一概念形成了狭隘的理解。

非洲委员会支持在提供教育和培训方面建立伙伴关系。它指出：

> 非洲在历史上，基于信仰的组织、民间团体、私营部门和社区等非国家行为体提供了许多教育机会，其中一些表现非常出色，但另一些（一般面向那些付不起公立学校学费的学生）却因为国家管理缺失而质量不佳。（CFA，2005，p. 186）

130

非洲委员会支持建立公共或私人的合作关系，尤其在提供中学和高等教育方面进行合作。教育私有化对教育方面的社会公平有着很大的影响。例如，20 世纪 80 年代至 90 年代早期，多个国家开始收取使用费，这对小学和中学的入学率产生了严重影响。在坦桑尼亚等国家，对于逐渐恶化的教育不平等现象，人们认为私人办学也难辞其咎（Lassibille，Tan，＆ Sumra，1998）。非洲私立学校和公立学校的教学质量简直天差地别（Kitaev，1999）。20 世纪 80 年代以来，撒哈拉以南的非洲鼓励在中学和高等教育阶段提供私人教学，然而该政策仅仅使这两个层面的入学率出现些微上升（比如

1991 年的中学入学率为 20. 1％,而到 2000 年仅上升到 24. 3％)(UNESCO,2002)。非洲联盟则认为高等教育私有化不利于大学"实现其宏大的使命,具体包括:引导批判性思考、生成知识、鼓励创新、培养各种能力、树立'文明公民意识'、为民主奠定基础、建设国家并加强社会凝聚力"(AU, 2005, p. viii)。

通过引入《服务业贸易总协定》(General Agreement on Trade in Services,GATS)来实现高等教育市场化,这一行为本身在许多低收入国家就颇受争议(Tikly,2003b)。非洲国家签署这样一份协定,就意味着将提供教育的权利开放给了外国人,而相比之下那些西方工业国家则具有明显的市场优势。随着高等教育逐渐国际化,针对《服务业贸易总协定》,非洲联盟发表了《阿克拉宣言》(Accra Declaration),呼吁推动双方互惠互利的国际化进程。它号召非洲政府在高等教育方面进一步接受《服务业贸易总协定》前要审慎思考,最好先考虑清楚贸易性跨国教育如何能更好地服务于国家和地区发展重点。同样,非洲大学联合会(Association of African Universities [AAU], 2004)也担心仅凭市场化力量无法保证跨国教育为公众服务,也难以维护社会公平。

政府领导与治理,以及边缘群体的代表和发声

在教育领域,各种举措无一例外地强调教育在政府领导与治理方面的作用。这些问题影响着弗雷泽框架的第三个方面——代表边缘群体的权利并让其能在政策辩论中发出自己的声音,因而对实现我们的目标至关重要。一些地区性举措在"有效治理"方面提出了很多具体的建议,这在许多相关文献中得以体现(如 Ashton & Green,1996;Carnoy, 1999;Cheru, 2002)。另外我们也要注意,仅仅开发领导人的技术能力是不够的,还必须带来切实有效的改变。在之前关于后殖民国家的讨论中,我们就能发现:推动非洲社会公平需要领导人承担更多责任。非洲委员会(2005)认为教育在这方面可以发挥重要作用,因为有教养的公民更有能力让领导人承担起责任。

131 然而,大部分组织的重点都是开发政府的领导能力(也就是发展自上而下的领导),而对于发展非政府的、民间团体的领导力几乎漠不关心。这样看来,非洲发展新伙伴计划和非洲委员会虽承诺发展民主制度,并为民间团体提供培训来让其更有效地参与政策宣传和政策制定,但事实似乎不尽如此。一些评论家认为,现在的政策制定

议程一直受到捐赠者操控,这与发展有效而负责的本土领导是格格不入的(如 Sogge, 2002；Samoff, 1992,1999)。

总结

非洲教育行业的社会公平问题涉及多个层面,受到多个决定性因素的影响,包括非洲贫困和不平等的现状,以及非洲在全球经济中逐渐下滑的地位。我们在这里提到的许多问题都与缺乏资源有关,就此非洲委员会建议:"捐赠者和非洲政府应实现他们对全民教育(Education for All)的承诺,保证每个非洲儿童都能上学。捐赠者应该每年再额外提供 70 亿—80 亿美元,而非洲政府则应制定全面的国家计划来提供高质量的教育"(CFA, 2005, p. 184)。然而,国际社会可能无法依照其承诺提供资金,尤其在现在的国际形势下,越来越多的发展资金被投入美国领导的"反恐战争"之中,而非洲获得的资金则越来越少,这也许是非洲委员会和其他举措所面临的最大挑战(参阅 Robertson et al, 2007)。同时,非洲政府要把对教育的投资放在优先地位,而不是将其开支用在支持武装冲突等其他领域。最后,对于社会公平的三个要素(一是对教育机会进行再分配,二是承认边缘群体和遭受社会排挤群体的权利,三是保障其有权决定政策的关注点),不应该在它们之间划分太过明确的界限。相反,这三个目标之间是紧密联系、互相促进的。

（杜宇潇　译）

注:

1. 2001 年 10 月,非洲发展新伙伴计划(NEPAD)得到非洲国家元首(African Heads of State)批准,这是刚刚成熟的非洲联盟(AU)的官方发展项目。它是一项综合发展计划,致力于实现可持续经济增长、消除贫困,并结束非洲在全球化进程中被边缘化的现状(NEPAD, 2001a)。
2. 这被认为是非洲领导人对人民的承诺,也是非洲与世界其他地区合作的框架。2004 年 2 月,非洲委员会(CFA)由时任英国首相的托尼·布莱尔(Tony Blair)启动,致力于用全新视角重新审视非洲的过去与现在,以及国际社会在其发展道路上所扮演的角色。它的创立虽部分是为了回应非洲发展新伙伴计划以及非洲的其他相关举措,但更是为了利用英国在八国集团(G8)和当年下半年在欧盟(European Union)主席国的身份,力求学习这些集团和其他富裕国家与非洲国家的长处。

3. 文中虽对此有所提及,但并未给出细致的描述,请参阅他处(Robertson et al.,2007)。

4. 具体而言,社会公平源于一些作家的思考,比如约翰·罗尔斯(John Rawls)。他曾追溯耶稣会(Jesuits)的古老传统,围绕着约翰·洛克(John Locke)的自由主义、杰瑞米·贝瑟姆(Jeremy Bentham)和约翰·米尔(John Stuart Mill)的实用主义以及伊曼纽尔·坎特(Emmanuel Kant)的道德哲学展开思考。

132

5. 例如《帕巴祖卡新闻》(*Pambazuka News*)。它是一个泛非洲的出版物,每周组织论坛来讨论非洲的社会公平话题,教育问题也包括在内!(该信息于 2007 年 4 月 11 日取自 http://www.pambazuka.org/en/)

6. 例如,正如一些西方的价值观和规范对社会公平的原则有所违背,非洲的价值观和规范也面临这个问题。这些问题突出体现在女性割礼、父权主义、恐同现象以及对土著和其他少数群体的压迫等方面。此外,一些个人和群体虽然支持某些社会公平的目标(比如种族平等),但对另一些问题却相当保守(如女性的社会地位)。

7. 这里我们想到的主要是一些新自由主义思想家,比如海克(Hayek)和玛格利特·撒切尔(Margaret Thatcher)(撒切尔夫人),后者因其对"社会性"事务的激烈反对而备受瞩目。

8. 这是一个"理想型"的主权国家模式,与 1648 年在威斯特伐利亚签订的和平条约有关,其特征包括:公共和私人机构被划分开来;国家通过掌控经济资源和垄断武力行为来维持其自治权;法律的统治建立在公众支持的基础之上;以及,国家是一个民族国家,在这个意义上,它的统治者往往是一个内部团体,他们拥有共同的文化和民族遗产。

9. 2000 年 4 月 26 日—28 日,于塞内加尔首都达喀尔举办的世界教育论坛(World Education Forum)确立了这一框架,它为在世界和地区范围内实现高质量教育全覆盖的目标勾画了蓝图。(该信息于 2007 年 5 月 1 日取自 http://unesdoc.unesco.org/images/0012/001211/121147e.pdf)

10. 同样,非洲委员会也建议:"在非洲国家的发展规划中,政府必须想办法通过合理分配资源来让女孩和男孩都能入学,捐赠者也需要承担这些额外的费用。"(CFA,2005,p.185)

11. 据估计,为女孩多提供一年教育,大约能助其最终薪水提升 10%—20%(Dollar & Gatti,1999)。

12. 在冲突发生时,2/3 非洲国家在冲突的影响下入学率不足 50%(Watkins,2000)。应英国国际发展署(DfID)的委托,史密斯(Smith)和沃克斯(Vaux)完成了一份报告(2003,p.9),其内容显示,在 1 亿 1 300 万辍学儿童中,82% 来自正在经历危机或刚度过危机的国家。

13. 在这里介绍联合国教科文组织全球监测报告(GMR)团队对此的定义(UNESCO,2006,p.30):如果一个人能够参与所有需要识字能力的活动,他的团队和社区需要识字能力才能有效运作,且他还能持续运用这种能力进行阅读、书写和计算并以此来推动自己和社区的发展,这样他才算拥有有效的识字能力。

14. 在这方面,布彻(Butcher,2001)统计显示,在非洲的 8 亿 1 800 万人口中,1/4 拥有收音机,1/13 拥有电视机,1/35 拥有手机,1/40 拥有固定电话,1/130 拥有个人电脑,1/160 使用网络,1/400 收看付费电视。

15. 除上述内容外还应注意:非数字信息与通信技术(nondigital ICTs)同样有助于补充教师知识储备并为弱势学生提供更多机会。数字技术虽然能带来长远的教育变革,但如果只关注新的信息与通信技术(ICTs)而忽略其他,则可能导致这些成果向精英人群倾斜,因为只有他们才能享受这些技术。其结果是，至少在短期内，数字鸿沟反而会扩大。

16. 一项针对塞拉利昂前武装分子的调查显示，加入暴力反叛的绝大部分人都是在战前生活条件恶劣的年轻人，其中有一半都因付不起学费或学校关闭而辍学（UNDP，2005，p. 159）。

17. 除了非洲发展新伙伴计划推出的电子学校项目，还有一些其他相关举措，包括：非洲信息与通信技术普及度提升计划（CATIA）（http://www. catia. ws）；全球电子学校和社区项目（http://www-wbweb4. worldbank. org/disted/）；以及利兰—非洲全球计划（Leland Initiative-Africa Global Initiative）。（信息取自网站 http://www. usaid. gov/regions/afr/lelnad/）

参考文献

133

Abu-Ghaida, D. , & Klasen, S. (2004). *The costs of missing the millennium development goal on gender equity*. Institute for the Study of Labour (IZA Discussion Paper 1031). Bonn, Germany.

Afenyadu, D. , King, K. , McGrath, S. , Oketch, H. , Rogerson, C. , & Visser, K. (1999). *Learning to compete: Education, training and enterprise in Ghana, Kenya and South Africa*. Department for International Development, UK (DfID) (Education Paper 42). London: DfID.

African Union (AU). (2005). *Revitalizing higher education in Africa: Synthesis report*. Accra, Ghana: Department of Human Resources, Science and Technology.

Aikman, S. (1995). Language, literacy and bilingual education: An Amazon people's strategies for cultural maintenance. *International Journal of Educational Development*, 15(4),411-422.

Ainsworth, M. , Beegle, K. , & Koda, G. (2002). *The impact of adult mortality on primary school enrolment in North Western Tanzania*. Washington, D. C. : The World Bank.

Ajulu, R. (2001). Thabo Mbeki's African renaissance in a globalising world economy: The struggle for the soul of the continent. *Review of African Political Economy*, 87,27-42.

Ake, C. (1988). Building on the indigenous. In P. Fruhling (Ed.), *Recovery in Africa: A challenge for development co-operation in the 1990s* (pp. 19-21). Stockholm: SIDA.

Alphonce, N. R (1998, July 8-10th). *Tertiary education reforms in Tanzania and New Zealand and the vocational extolation*. Paper presented at the Higher Education Research and Development Society of Australasia (HERDSA) Conference, Auckland, New Zealand.

Amin, S. (1997). *Capitalism in the age of globalization*. London: Zed Books.

Appleton, S. , & Balihuta, A. (1996). Education and agricultural productivity: Evidence from Uganda. *Journal of International Development*, 8,415-444.

Ashton, D. , & Green, F. (1996). *Education, training and the global economy*. Cheltenham, UK: Edward Elgar.

Association of African Universities (AAU). (2004,27th-29th April). *Accra declaration on GATS and internationalization of higher education in Africa. Participants' Declaration*, at the Workshop on the Implications of WTO/GATS for Higher Education in Africa. Accra,

Ghana: AAU.

Association for the Development of Education in Africa (ADEA). (2005). Learning, but in which language? *ADEA Newsletter*, *17*(2),1.

Atkinson, T. (2002). Is rising income inequality inevitable? A critique of the transatlantic consensus. In P. Townsend & D. Gordon (Eds.), *World poverty: New policies to defeat an old enemy*(pp. 25 - 53). Bristol, UK: The Policy Press,.

Benefo, K. D. (2005). Child schooling and contraceptive use in rural Africa: A Ghanaian case study. *Population Research and Policy Review*, *24*(1),1 - 25.

Bennell, P. (1997). Privatisation in sub-Saharan Africa: Progress and prospects during the 1990s. *World Development*, *25*(11),1785 - 1804.

Bergmann, H. (1996). Quality of education and the demand for education—Evidence from developing countries. *International Review of Education 42*(6): 581 - 604.

Bøås, M. (2003). Weak states, strong regimes: Towards a "real" political economy of African regionalization. In J. A. Grant & F. Söderbaum (Eds.), *The new regionalism in Africa*(pp. 31 - 46). Aldershot, UK: Ashgate.

Bond, P. (Ed.). (2001). *Fanon's warning: A civil society reader on the new partnership for Africa's development*. Trenton, NJ: Africa World Press.

Brock-Utne, B. (2001). Education for all—In whose language? *Oxford Review of Education*, *27*(1),115 - 134.

Brock-Utne, B., Desai, Z., & Quorro, M. (2004). *Researching the language of instruction in Tanzania and South Africa*. Oxford: One world.

Bullock, A., & Thomas, H. (1997). *Schools at the centre: A study of decentralisation*. London: Routledge.

Bush, K. D., & Saltarelli, D. (2000). The two faces of education in ethnic conflict: Towards a peacebuilding education for children. Florence: Innocent Research Cemtre, UNICEF. Retrieved January 1,2008, from http://www. unicef-icdc. org/publications/pdf/insight4. pdf

Butcher, N. (2001). *Technological infrastructure and use of ICT in education in Africa: An overview*. Paris: Association for the Development of Education in Africa.

Carnoy, M. (1999). *Globalization and educational reform: What planners need to know*. Paris: UNESCO.

Cheru, F. (2002). *African renaissance: Roadmaps to the challenges of globalization*. London: Zed Books.

Chinkin, C. (2002). *Gender and globalization. Way forward. Quarterly Report of the World Youth Foundation*. Retrieved January 7th, 2006, from http://www. worldassemblyofyouth. org/way-forward/may_issue/gender. htm

Chisholm, L. (2005). The politics of curriculum review and revision in South Africa in regional context. *Compare*, *35*(1),35 - 100.

Commission for Africa (CFA). (2005). *Our common interest: Report of the Commission for Africa*. Retrieved November 11th, 2006, from http://www. commissionforafrica. org/ english/home/newsstories. html

Commission for Africa (CFA), Secretariat. (2005). *Summary of main points emerging from consultation*. Retrieved January 7th, 2006, from http://www. commissionforafrica. org/french/consultation/consultation-dfs/review_of_consultation. pdf

Cornwell, R. (1998, Winter). The African renaissance: "The art of the state." *Indicator South Africa*, 9 - 14.

Davies, L. (2004). *Education and conflict: Complexity and chaos*. London: Routledge Falmer.

Department for International Development (DfID). (2000a). *Eliminating world poverty: Making globalization work for the poor, white paper on international development*. Retrieved January 7th, 2006, from http://www. dfid. gov. uk/Pubs/files/whitepaper2000. pdf

Department for International Development (DfID). (2000b). *Poverty alleviation and the empowerment of women*. London: Author.

Dollar, D. , & Gatti, R. (1999). *Gender inequality, income, and growth: Are good times good for women?* World Bank Policy Research Report on Gender and Development (Working Paper Series No. 1). Washington, D. C. : World Bank.

Dyer, C. (2001). Nomads and education for all: Education for development or domestication? *Comparative Education*, *37*(3),315 - 327.

Economic and Social Research Council (ESRC). (2006). *Africa after 2005: From promises to policy*. Retrieved January 7th, 2006, from http://www. esrc. ac. uk/ESRCInfoCentre/Images/africa_after_2005_tcm6-13210. pdf

Farrell, G. , & Wachholz, C. (Eds.). (2003). *Meta-survey on the use of technologies in education in Asia and the Pacific (2003 - 2004)*. Bangkok: UNESCO. Retrieved January 7th, 2006, from http://www. unescobkk. org/ips/ebooks/documents/metasurvey/

Forum for African Women Educationalists (FAWE). (2000, March). FAWE strategic plan. *FAWE News*. Nairobi: FAWE.

Forum for African Women Educationalists (FAWE). (2002). *The ABC of gender responsive education policies*. Nairobi: FAWE.

Forum for African Women Educationalists (FAWE). (2003, January-June). *Engendering EFA: Is Africa on track?* FAWE News, 11. Nairobi: FAWE.

Fraser, N. (2006). Retrieved November 11th, 2006, from http://www. newschool. edu/GF/polsci/faculty/fraser/

Galabawa, J. C. J. (2004,26th - 27th August). Implications of the World Trade Organization (WTO)'s GATS on higher education delivery in Tanzania. Paper presented at the Workshop on the Role of Higher Education in the Development of Tanzania: Prospects and Challenges, organized by the Higher Education Accreditation Council (HEAC), Dar es Salaam.

George, S. (2003). Globalizing rights? In M. Gibney (Ed.), *Globalizing rights*(pp. 15 - 33). Oxford: Oxford University Press.

Great Lakes Initiative (GLI). (2004). Retrieved November 11th, 2006, from http://www. aglionline. org/

Haddard, W. D. , & Draxler, A. (2002). *Technologies for education: Potential, parameters and prospects*. Paris: UNESCO/Washington, D. C. : The Academy for Educational Development.

135 Hannum, E. , & Buchmann, C. (2005). Global educational expansion and socio-economic development: An assessment of findings from the social sciences. *World Development*, *33* (3),333 – 354.

Hawkins, R. (2002). *Ten lessons for ICT in education in the developing world*. Cambridge, MA: Harvard CID. Retrieved January 7th, 2006, from http://www. cid. harvard. edu/cr/ pdf/gitrr2002_ch04. pdf

Held, D. , McGrew, A. , Goldblatt, D. , & Perraton, J. (1999). *Global transformations: Politics, economics and culture*. Cambridge, UK: Polity Press.

Heugh, K. (2005). The case for additive bilingual/multilingual models. *ADEA Newsletter*, 17 (2),11 – 12.

Hoogvelt, A. (1997). *Globalization and the postcolonial world: The new political economy of development*. London: Macmillan.

Independent, The. (2005, December 27th). Bracelets and pop concerts can't solve our problems. Retrieved November 11th, 2006, from http://news. independent. co. uk/world/ africa/article335183. ece

Ilon, L. (1994). Structural adjustment and education — adapting to a growing global market. *International Journal of Educational Development*, 14(2),95 – 108.

International Labor Organization (ILO). (2004). *A fair globalization: Creating opportunities for all. Report of the World Commission on the Social Dimensions of Globalization*. Geneva: ILO.

Keller-Herzog, A. (1998). *Globalization and equality between women and men*. Stockholm: SIDA.

Khor, M. (2002). *Rethinking globalization: Critical issues and policy choices*. London: Zed Books.

King, K. , & McGrath, S. (2002). *Globalization, enterprise and knowledge: Education, training and development in Africa*. London: Springer.

Kirk, J. (2002, November). Promoting a gender-just peace: The roles of women teachers in peacebuilding and reconstruction. *Gender and Development*, *50 – 59*. Retrieved January 7, 2008, from, http://www. oxfam. org. uk/what _ we _ do/resources/downloads/gender _ peaebuilding_and_reconstruction_kirk. pdf

Kitaev, I. (1999). *Private education in sub-Saharan Africa: A re-examination of theories and concepts related to its development and finance*. Paris: UNESCO.

Labour Resource and Research Institute (LaRRI). (2003). *Nepad: A new partnership between rider and horse?* Windhoek: Author. Retrieved January 7th, 2006, from http://www. sarpn. org. za/documents/d0000406/index. php

Lassibille, G. , Tan, J. , & Sumra, S. (1998). *Expansion of private secondary education: Experiences and prospects for Tanzania*. (Working Paper Series on Impact Evaluation of

Education Reforms 12). Washington, D. C. : World Bank.

Lawrence, J. , & Tate, S. (1997). *Basic education for sustainable livelihoods : The right questions.* New York: United Nations Development Programme.

Leach, F. , Fiscian, V. , Kadzamira, E. , Lemani, E. , & Machakanja, P. (2003). *An investigative study of the abuse of girls in African schools*(Education Research Report No. 54). London: Department for International Development.

Lloyd, C. B. , Mensch, B. S. , & Clark, W. (2000). The effects of primary school quality on school dropout among Kenyan girls and boys. *Comparative Education Review*, 44(2), 113 - 147.

Mazrui, A. (1999, November 23rd). *The African renaissance : A triple legacy of skills, values and gender.* Paper presented to The African Renaissance—From Vision to Reality Conference, The Barbican Centre, London.

Mittelman, J. (2000). *The globalization syndrome.* Princeton, NJ: Princeton University Press.

Mohan, G. , Brown, E. , Milward, B. , & Zack-Williams, A. B. (2000). *Structural adjustment : Theory, practice and impacts.* London: Routledge.

Moodley, K. (2000). African renaissance and language policies in comparative perspective. *Politikon*, 27(1), 103 - 115.

New Partnership for Africa's Development (NEPAD). (2001a). The new partnership for Africa's development. Retrieved January 7th, 2006, from http://www. avmedia. at/nepad/ indexgb. html

New Partnership for Africa's Development (NEPAD). (2001b). *Reversing the brain drain.* Retrieved January 7th, 2006, from http://www. nepad. org/2005/files/health. php, last accessed 07/01/06

New Partnership for Africa's Development (NEPAD). (2001c). *Bridging the education gap.* Retrieved January 7th, 2006, from http://www. nepad. org/2005/files/health. php

New Partnership for Africa's Development (NEPAD). (2001d) *Skills development.* Retrieved January 7th, 2006, from http://www. nepad. org/2005/files/health. php

New Partnership for Africa's Development (NEPAD). (2001e) *Integrating higher education.* Retrieved January 7th, 2006, from http://www. nepad. org/2005/files/health. php

Ndoye, M. (1997). Globalization, endogenous development and education in Africa. *Prospects*, 27(1), 79 - 84.

Nkrumah, K. (1965). *Neo-colonialism : The last stage of imperialism.* London: Panaf.

Obidegwu, C. (2004). *Post-conflict peace building in Africa : The challenges of socio-economic recovery and development* (Africa Region Working Paper Series, No. 73). Washington, D. C. : World Bank. Retrieved May 11th, 2005, from http://www. worldbank. org/afr/wps/wp73. pdf

Ogot, B. A. (2004). The marketing of international education: Lessons from Australia and Africa. In D. K. Some & B. M. Khaemba (Eds.), *Internationalization of higher education : The African experience and perspective* (pp. 5 - 14). Eldoret, Kenya: Moi University Press.

136

Pennycook, A. (1995). English in the world/The world in English. In J. Tolleffson (Ed.), *Power and inequality in language education* (pp. 17 - 26). Cambridge, UK: Cambridge University Press.

Phillipson, R. (1999). The globalization of dominant languages. *Education in Africa*, 8,199 - 216. Oslo: Institute for Educational Research.

Ramose, M (2006). An African perspective on justice and race. Retrieved November 11th, 2006 http://them. polylog. org/3/frm-en. htm

Rassool, N. (1999). *Literacy for sustainable development in the age of information.* Clevedon, UK: Multilingual Matters.

Robertson, S. Novelli, M. Dale, R. , Tikly, L, Dachi, H. , & Alphonce, N. (2007). *Globalization education and development: Ideas, actors and dynamics.* London: Department for International Development.

Rodney, W. (1972). *How Europe underdeveloped Africa.* London: Bogle-L'Ouverture.

Rose, P. (2003). Community participation in school policy and practice in Malawi: Balancing local knowledge, national policies and international agency priorities. *Compare*, *33* (1), 47 - 64.

Samoff, J. (1992). The intellectual/ financial complex of foreign aid. *Review of African Political Economy*, *53*,60 - 87.

Samoff, J. (1999). Education sector analysis in Africa: Limited national control and even less national ownership. *International Journal of Education Development*, *19*,249 - 272.

Scholte, J. A. (2006). *Globalization: Crucial choices for Africa in ESRC. Africa after 2005: From promises to policy.* Swindon, UK: Economic and Social Research Council.

Sen, A. (1999), *Development as freedom.* Oxford: Oxford University Press.

Seitz, K. (2004). Education and conflict: The role of education in the creation, prevention and resolution of societal crises — Consequences for developmental cooperation. German Technical Cooperation/ Duetsche Gessellschaft fur Technische Zusammenarbeit (GTZ).

Simon, D. (2003). Deteriorating human security in Kenya: Domestic, regional and global dimensions. In J. A. Grant & F. Söderbaum (Eds.), *The new regionalism in Africa.* Aldershot, UK: Ashgate.

Sogge, D. (2002). *Give and take: What's the matter with foreign aid.* London: Zed Books.

Southern African Development Community (SADC). (1997). *Protocol on education and training.* Retrieved January 7th, 2006, from http://www. sadc. int/

Swainson, N. (1998). *Promoting girls' education in Africa— The design and implementation of policy interventions* (Education Research Paper No. 25). London: Department for International Development.

Tikly, L. (2003a). The African renaissance, NEPAD and skills formation: Policy tensions and priorities. *International Journal of Educational Development*, *23*(5),543 - 564.

Tikly, L. (2003b, May 29). GATS, globalization and skills for development in low-income countries. In R. Carr-Hill, K. Holmes, P. Rose, & T. Henderson (Eds.), *Education and the general agreement on trade in services: What does the future hold?* (Report of the

Fifteenth CCEM preliminary Meeting). London: Commonwealth Secretariat.

Tikly, L., Lowe, J., Crossley, M., Dachi, H., Garrett, R., & Mukabaranga, B. (2003). *Globalization and skills for development in Rwanda and Tanzania.* London: Department for International Development.

Trudell, B. (2005). Language choice, education and community identity. *International Journal of Educational Development, 25*(3), 237 - 251.

Tshireletso, L. (1997). "They are the government's children." School and community relations in a remote area dweller (Basarwa) settlement in Kweneng District, Botswana. *International Journal of Educational Development, 17*(2), 173 - 188.

United Nations. (2005a) *The inequality predicament: Report on the world social situation 2005,* UN Department of Economic and Social Affairs. Retrieved July 1st, 2006, from http://www.un.org/esa/socdev/rwss/rwss.htm

United Nations. (2005b). *Understanding knowledge societies.* New York: Author.

United Nations Development Programme. (2005). *Human development report 2005: International cooperation at a crossroads: Aid trade and security in an unequal world.* New York: Author. Retrieved January 7th, 2006, from http://hdr.undp.org/reports/global/2005

United Nations Educational, Scientific and Cultural Organization (UNESCO). (2002). *Is the world on track? Global monitoring report 2002.* Paris: Author.

United Nations Educational, Scientific and Cultural Organization (UNESCO). (2003). *EFA global monitoring report 2003/4: Gender and education for all: The leap to equality.* Paris: Author.

United Nations Educational, Scientific and Cultural Organization (UNESCO). (2005). *Education for all: The quality imperative—EFA global monitoring report 2005.* Paris: Author.

United Nations Millennium Project. (2005) *Investing in development: A practical plan to achieve the millennium development goals.* Retrieved July 10th, 2006, from http://www.unmillenniumproject.org/reports/fullreport.htm

Vavrus, F. (2003). *Desire and decline: Schooling amid crisis in Tanzania* New York: Peter Lang.

Vavrus, F. (2005). Adjusting inequality: Education and structural adjustment policies in Tanzania. *Harvard Educational Review, 75*(2), 174 - 201.

Watkins, K. (2003). *The Oxfam educational report.* Oxford: Oxfam International.

Watson, K. (1999). Language, power, development and geopolitical changes: Conflicting pressures facing plurilingual societies. *Compare, 29*(1), 5 - 22.

Whitty, G., Power. S., & Halpin, D. (1998). *Devolution and choice in education: The school, the state and the market.* Buckingham, UK: Open University Press.

Wolfensohn, J. (1999). *Education and development.* Washington, D.C.: World Bank.

World Bank. (2004). *Technology in schools: Education, ICT and the knowledge society.* Washington, D.C.: World Bank. Retrieved January 7, 2006, from http://www1.

worldbank. org/education/pdf/ICT_report_oct04a. pdf

World Bank. (2005). Africa—Development indicators. Washington, D. C. : World Bank.

World Bank. (2006). *World development report—Equity and development*. Washington, D. C. : World Bank.

World Development Movement (WDM). (2005, April 29th). Press Release, 2004. WDM.

Young, R. (1992). Colonialism and humanism. In J. Donald & A. Rattansi (Eds.), *"Race", culture and difference* (pp. 243 - 251). London: Sage.

11

社会公平、身份政治，以及激烈
冲突社会的整合

以色列取消巴勒斯坦—犹太种族隔离的
教育面临的机遇与挑战

祖伊·贝克曼（Zui Bekerman）

引言

本章中探讨的论点，我已酝酿许久。简而言之，我认为，尽管那些善意的、自下而上的教育创新是为认同、包容与共存所做的努力，但引导这种创新的主要动力是阶级利益，而非多元文化利益。因此，这些教育环境仅仅为那些已经享有社会公平的人们提供进一步的社会公平。这些论点源于以色列一项卓越的教育计划下长达七年之久的人类学研究。这项计划旨在通过建立（住在以色列的）巴勒斯坦人和犹太人能一起学习的双语学校，从而培养出互相认可、和谐共存、友好相处的新一代学生。这里我提出的观察与之前的研究成果并不矛盾，反而是一种补充。这些观察强调教育领域中纵向研究的重要性以及对日益扩展的背景做出解释，并在此背景下提出我们的见解的必要性。

研究中，我意识到的基本问题之一，便是自己对这些学校以及它们在以色列社会中的功能的观察视角本身，受到了宏观政治结构（如民族国家）的影响。这些结构将我们的视线固定在我们自己经常没有"意识"到的方面。比如，我发现在民族背景下，阶级问题是多么容易被忽略，因为我们所渴望的是文化与身份范畴的东西。我还发现，我们多么容易受浪漫主义方式的影响；这些方式关注相互冲突的不同民族文化群体或者种族群体的融合，然而却忽视了这些群体下面的那些子群体的存在。这些子群体也许需要从这种大群体或者其他不同的结构中抽离出来。如果我们能够解释这种不同的结构，就能拓宽我们对问题的理解，从而提出更好的建议。

在我最近出版的著作中，我关注的问题主要是双语问题、多元文化问题、认同形成以及相关者的期待，因为这些问题是学校的日常教育实践不可避免的问题（Bekerman，2002，2003c，2004，2005a，2005b；Bekerman & Horenczyk，2004；Bekerman & Shhadi，2003）。我利用之前收集的数据，研究了更大的相关问题，那就是将教育改革作为促进社会公平的手段，更确切地说，在激烈冲突的社会中，通过教育改革促进社会公平的可能性问题。我相信，基于这项特定案例的分析，与之前基于"常规"学校的分析不同，我们反对之前人们提出的通过群众教育促进身份认同与社会公平的全国性框架的论点更加成熟了。以色列是一个充满裂痕的国家（Shafir & Peled，

2002），其教育系统被种族隔离所控制，犹太教育领域的改革也大多是自上而下的改革。更确切地说，在以色列的案例中，对自下而上的综合性改革进行探究是最重要的。这种改革方案在吸收霸权势力，努力减轻少数民族的痛苦时，极易被这些势力利用，为他们的自身利益服务。

139

在结束引言之前，我想提一下我的犹太背景。之所以提出这个问题，是出于对理论视角的敏感。这些理论视角强调，在任何研究活动中，研究者的社会文化背景以及历史轨迹都是相关项（Denzin & Lincoln, 2000；Haraway, 1991）。这种敏感性在此案例中，需要加倍重视，因为本研究是在现代社会矛盾冲突最棘手的一个地区进行的（Bar-Tal, 2000）。实际上，种族、民族以及宗教认同影响着人们的生活，既将个体紧密连接，又把他们彼此分开（Appiah & Gates, 1995）。人们在构建和被构建的过程中，不断地调整着自己的身份认同（Harre & Gillett, 1995；Sampson, 1993）。尽管在当前情况下，我的犹太背景是与生俱来的，但是我相信，通过多年的生活经历和受过的各种社会历史视角下的理论训练，我已经能够用一种批判的眼光审视自己以及我所做的研究的外部环境。要做到这一点并非易事，各种（来自我自身和他人的）质疑始终存在（Bekerman, 2003b）。因此，除了我自己的反思以及批判立场外，我在整个研究过程中努力确保所用的数据均得到起初对我的"种族/民族/文化"身份并不信任的那些群体的认同。

教育改革和范式理论

教育塑造民族意识和国家的意识形态，对于民族国家机器的生存至关重要。教育同时也是社会流动性的主要引导因素。因此，教育及其目标成为激烈争论的焦点也就不足为奇了。不同的社会群体对所谓的"好的教育"持有不同的观点，因此这些争论在这些社会群体间引发冲突，同时也带来妥协。甚至即便观点相同，在如何实现"好的教育"的问题上，他们的看法也不尽相同。争论点主要集中在阶级、民族或者种族差异上。尽管并非所有的公民都参与到争论之中，但所有人实际上都或多或少参与其中并付出了代价。

当政者清楚地看到，贫困人口所得甚少。然而，为了保持自身的权力，他们必须对贫困人口的命运表示关注并试图改善他们的处境。在现代环境下，改善贫困群体现状的中心领域就是国家建立的平民教育机构,这就意味着教育改革和社会改革实际上是齐头并进的,至少我们是被这样告知的。

简而言之,教育改革背后有三个主要的假设:(1)公平可以通过教育体制改革得以实现;(2)现行教育体制下的不公平现象是无知而非恶意的产物;(3)在考虑上述所有情况的同时,可以通过教师培训改善现状,从而实现对所有人的社会公平(Roger & Oaks, 2005)。

上述假设是建立在第二套文化假设之上的。例如,在以色列的案例中,第二套设想假定犹太文明最基本的价值观念就是重视对"他者"的爱与认同,摒弃种族主义的视角。这样,如果没有意料之外的障碍,犹太文明就能衍生出公平,犹太人都只会心怀善念。鉴于此,改革只需在技术层面上发力,如课程重组、延长学时、培训教师等。而所有这一切都是在严格的实证主义研究专家的指导下进行的。

可是,越来越清楚的是,除了少数例外,教育改革并未产生好的结果。即便教育改革会获得某种程度的成功,我们仍须考察中上层阶级为了他们孩子的福祉、为维持现存的差距所做的努力。毫无疑问,中上层阶级将成功实现教育改革,从而再一次让我们意识到,教育中需要纠正的往往和教育本身并无多大关联,但是和学校所在的世界却息息相关,因为这是一个他们需要去支持的世界。无论如何,本研究支持的观点认为,在过去半个世纪,西方国家进行的教育改革在改善贫困群体的机会方面收效甚微。(Anyon, 1995; Apple, 1999; Berliner, 2006; Hirschland & Steinmo, 2003; Ravitch, 2000; Sarason, 1990; Tyack & Cuban, 1995)。类似的研究结果在以色列有文献记录(Shye & Zion, 2003)。

以上观点着重强调了分配以及对贫困人群的照顾问题。这种观点极易被认定为是一种共产主义式的做法,因为它们挑战了教育引发改变的力量这一神话。实际上,一些受马克思主义影响的教育理论家就曾提出过这种观点,如威利斯(Willis, 1997)、伯恩斯坦(Bernstein, 1970)、韦克斯勒(Wexler, 1992)和阿普尔(Apple, 1982)等人,但这并不意味着他们无足轻重。

如前所述,关于教育改革的争论并不仅仅是围绕阶级问题展开的。随着后现代理论的发展,试图无视或是削弱阶级潜在影响力的传统做法得到了加强。阶级,作为一个分析范畴,似乎已退居幕后,取而代之的是和文化与身份相关的范畴。当前,大部分关于教育问题的思考,包括对改革的呼吁,都集中在这个方向。这里只要提一下众多讨论教育改革中的多元文化的学术出版物就足够了(Banks & Banks, 1995)。它们的主要论点与一些哲学家们的著作不谋而合，这些哲学家们包括挑战自我中心视角的泰勒（Taylor，1994）、挑战共产主义视角的克里姆利卡（Kymlika，1995）、挑战女权主义传统的本哈比卜（Benhabib，1992）和弗雷泽（Fraser，1997），以及政治科学领域的思想家华尔兹（Walzer，1984，1997）和杨（Young，1990，2000）等人。这些论点呼吁人们超越在西方社会和政治权利立法方面占统治地位的个人中心主义视角。甚至一些在传统观念影响之下，努力保持阶级与认同、个人与全体范畴之间的平衡的人也发现，将这些论点概念化非常困难。比如，弗雷泽的双焦法在把我们的目光聚焦到经济再分配和文化认知的同时，也在尽力防止把一个范畴并入另一个范畴之中。本哈比卜认为，她的审议模式为反抗多数人的专制提供了内在保护，然而她对于"理性"的过分强调，有时候却反而支持了她希望超越的普遍视角。杨指出了人们在理解他异性（alterity）时的局限。她强调了主体地位的基本不对称性。在她看来，交流并不一定能达成共识。根据杨的观点，放之四海而皆准的假设是不存在的。她提倡对政治和社会经济困难重新进行协商，从而保证边缘群体能够积极有效地参与其中（包括否决对他们来说不可接受的多数群体的决定）。她的提议虽然可圈可点，但是要挑战在非多元化的潮流中运行的社会运动却是困难重重。

决定采用何种视角并非是个人选择的问题。我在引言中提到过，我研究中的主要发现之一与理解宏观政治形式有关，如民族国家是如何以我们有时没有意识到的方式抓住我们的视线的。采用阶级的视角或是文化与身份的视角，反映的不仅仅是个人的意识形态倾向。

个人化视角的采用以及文化与身份范畴的发展，与民族国家的发展息息相关（Elias，1998；Porter，1997；Watt，1997；Williams，1961）。无论站在何种理论立场来看待民族主义，无论是将它视为一种蛰伏力量的觉醒（Smith，1998），还是一种新型的社会组织产物（Gellner，1997），民族主义都似乎是"人类历史上最成功的意识形态"（Birch，1989），它塑造了我们当下的视角。不管构成民族主义的成分是公民还是种族，民族国家努力通过制度实践的发展（最强有力的措施便是教育），使人口同质化，从而使其居民拥有独特感（个体身份）和归属感（文化身份），而这两种身份我们现在都认为是天然的。

在民族的框架之下没有了阶级的位置，以至于在大多数情况下，我们生来就以为阶级差异、文化差异以及种族差异是互不相关的东西。关于民族主义理论的评论（Hutchinson & Smith，1994）大多忽视了阶级范畴，尽管由于与我们下面的评述相关

141

的原因,在马克思主义传统中阶级与种族一直被视为对立的两极(Connor,1972)。

社会科学以及相应的社会分析也受到了民族国家结构的影响。雷谢(Reicher)和霍普金斯(Hopkins,2001)以及比利格(Billig,1995)等人敦促社会科学界要认识到民族结构在塑造我们对种群身份认同时的决定性影响。我们在身份认同以及种族归属感等问题上的平面化视角,并不能反映人类经历的动态机制,也无助于加深我们对这一复杂情况的理解。

这些问题在最近批评界和女权主义界关于社会公平和教育问题的讨论中得到了共鸣。关于分配和认同的话语很容易地与上述问题保持一致。甚至上面提到的理论家们也不否认社会阶级是与社会分析相关的范畴,但他们依然要求加上文化与身份这两个范畴。在他们看来,和多元文化主义理论的情形一样,因这两个范畴是本质主义身份观与文化观的牺牲品而对其加以批判是不合理的(Arvizu & Saravia-Shore,1990;Bekerman,2003a;Hoffman,1996;Urciuoli,1999)。

鉴于以上内容,应当明白,为什么我对取消种族隔离的双语学校的阐述是基于理论文化身份的框架了。我们在参观或听说这类学校时,总会关注社会阶级范畴,这一范畴虽然很重要,但不应成为我们理解这类学校时的唯一范畴。其他的范畴相继出现,如民族、种族、文化范畴等都进入了我们的视野。这些范畴的出现也引发了关于阶级理论能否用作社会教育分析之基础的质疑。在多年的现场考察中,随着考察的深入,我发现关注文化与身份的理论框架严重缺乏,人们的视线往往集中在更大的、参与者与研究者能在其中发挥作用的社会政治环境上。在考察社会公平与教育改革在学校里的呈现情况的过程中,我围绕这些路径展开讨论。

鉴于有些读者不太熟悉以色列的现状,下面拟先对以色列的社会政治背景做一个简短的历史回顾。

142　双语教育项目的政治、社会文化以及教育背景

以色列建国以来,正如其独立宣言中宣告的那样,始终致力于实现不受宗教和种族干扰的全体公民间政治与社会地位的完全平等。但是,很大程度上,以色列作为一个种族民主国家(Smooha,1996),并没有欢迎合法的犹太团体(Anderson,1991)之外的任何团体积极参与到政治、文化或其他社会领域中去。虽然从表面上看占人口总数

20％的以色列巴勒斯坦人享有公民的所有权利，但是长期以来他们被认定为怀有敌意的少数族群而备受欺凌。在政治方面，他们鲜有代表地位；在社会、经济以及教育方面，他们享受的基础资源也非常薄弱(Ghanem，1998)。从总体上看，以色列的巴勒斯坦人在地理上处于隔离状态，同时在制度上和立法上也深受歧视(Al-Haj，1995；Kretzmer，1992)。

尽管以色列宣称要通过其教育体制让全体民众享有同等的机会，但是犹太人群体和阿拉伯人群体之间鸿沟犹存。如 1980 年阿拉伯人与犹太人高中就读人数比率为0.64；1990 年，这一比率升至 0.69；2002 年，则达到 0.84(Shye & Zion，2003)，显而易见，差距在缩小。这种改善还表现在通过大学入学考试的学生人数比例。1991 年，有45.4％的阿拉伯裔学生和67.3％的犹太学生获得大学文凭，到了 2001 年，这一比率分别升至 59.1％和69.7％(Central Bureau of Statistics［Israel］，2002)，这也反映出群体间的差距依旧存在。

不仅仅学校系统是隔离的，课程设置也是隔离的。犹太地区的课程主要集中在犹太国家以及犹太民族建设方面的内容，而巴勒斯坦地区的课程则清除了任何与巴勒斯坦国相关的内容(Rouhana，1997)。犹太学生被号召加入集体性质的犹太国营企业，而巴勒斯坦学生则被要求接受以色列作为犹太民主国家的定义(Al-Haj，2002；Gordon，2005)。在有关文化和民族历史的问题上，他们不能自由选择自己的叙事方式。最后值得一提的是，以色列境内的巴勒斯坦教育体制的有些特点，体现了这一群体独特的社会文化背景(Abu-Nimer，1999)。其中之一是专制的师生关系模式，那是一种非常传统直接的教学方法。而教师则处于忠于他们的雇主教育部还是忠于他们的巴勒斯坦族群的矛盾之中。以色列官方一直以来为限制教师的任命设置了安全校长的职位，这个职位直到 1994 年才被废除(Kretzmer，1990；Rouhana，1997)。总而言之，以色列境内的阿拉伯教育体制不享有政府给予犹太教育体制的那种优惠，这造成了两者间的巨大差距，也导致了阿拉伯教育体制的落后状况。

主要发现

如引言所述，我的论点是建立在数据之上的，这些数据来自我 1999 年以来的纵向人类学研究。对于这一研究方法的细节感兴趣的读者可以查阅我之前出版的著作

（Bekerman，2002，2003c，2004，2005a，2005b；Bekerman & Horenczyk，2004；
Bekerman & Shhadi，2003）。限于篇幅我不得不跳过方法论上的细节，对描述性材料
也只能作一简述。这样我多年研究积累的丰富数据难免挂一漏万。想了解更多的相
关细节，可以参阅我之前出版的著作。

　　双语教育中心是个非政府机构，成立于1997年，旨在主要通过发展双语和多元文
化，实现巴勒斯坦族群和犹太族群在教育领域的平等合作（Bekerman，2004）。第一所
学校于1998年开办，位于以色列南部的犹太人居住地米斯卡夫。第二所学校作为"开
放式"试点学校于一年后开办，是耶路撒冷自由教育模式的捍卫者。几个月后，这所学
校作为试点学校（实验性学校）中的重点项目（取消隔离的学校），迁移至一处独立的地
点。在解释该双语学校迁址问题时，家长们认为学校总是迁来迁去的，这种实验也太
过分了。第三所也是最近的一所学校于2004年开办，位于卡夫卡拉（Kfra Kara）。考
虑到卡夫卡拉是一个实行种族隔离的穆斯林巴勒斯坦村落，这无疑是个惊人的转变。
有史以来第一次，犹太家长们被要求把他们的孩子送至只有巴勒斯坦人居住的地区
就学。

　　这些学校是以色列教育部支持的非宗教学校。这些学校基本上采用和犹太非宗
教学校相同的标准课程。两者间的主要区别就在于，这些学校采用希伯来语和阿拉伯
语双语教学。

　　这个教育项目不得不面对史珀斯凯（Spolsky）和肖哈密（Shohamy，1999）描述的
"单语型社会"。在这种社会里，只有一种语言（希伯来语）与民族身份挂钩，其他语言
（如阿拉伯语），尽管被官方定为教学与公共使用中的第二语言（Koplewitz，1992；
Spolsky，1994），仍是被边缘化了。

　　这些学校采用一种强力添加式双语模式，强调在所有教学环节中对称使用两种语
言（Garcia，1997）。这些学校的另一个显著特点就是在各种教学活动中，为保持这种
对称性而采用强制性的平等结构。学校配有两名校长，一位是巴勒斯坦人，一位是犹
太人。每间教室也配有两名年级教师（homeroom teacher），也是一位巴勒斯坦人，一
位犹太人。学生人数也按此配比，各占一半，家长委员会的比例也是如此。

　　与其他实行种族隔离的教育机构相比，这些学校的教学实践似乎还是成功的。尽
管还未进行全面评估，这些学校的巴勒斯坦学生某些方面的表现要优于那些就读于种
族隔离学校的巴勒斯坦学生。

　　和许多其他双语项目一样，这些双语学校的一些具体做法、视角和期待与它们的

目标有些矛盾。虽然全体教职工都非常努力，它们依然没有能在双语教学实践中实现完全的平衡与对称。尽管目前语言政策向阿拉伯语倾斜，但由于英语的引入和以色列对多元文化教学方法的低容忍度，以及它的同质性背景，双语教育对学校里的犹太学生收效甚微，至少目前是这样（Amara，2005；Bekerman，2005b）。然而，虽然教师与非政府机构认识到这是阻碍学校实现既定目标的巨大障碍，但是犹太与巴勒斯坦家长们似乎并不担心。只要双语教育不损害教育的质量，犹太家长很乐于提供支持。这个教育创新项目加强了他们的自由地位，同时加深了他们的孩子对他者文化的理解与敏感性，对此他们似乎非常满意。而巴勒斯坦家长则热衷于追求在以色列目前的社会政治环境下可能得到的最好教育。我们做过一个访谈，从中可以清楚地看到，在以色列目前的社会政治环境下，短时间内出台一项自上而下的多元文化、多语种政策，简直是天方夜谭。出于他们对孩子教育的期望，他们倾向于让孩子学习英语，并培养他们高级希伯来语读写能力。

随着学校课程中英语的引入，越来越多的犹太家长及其孩子质疑是否还有必要学习阿拉伯语，如果有必要的话又应该投入多长时间。巴勒斯坦家长对于增加英语的学时也持肯定态度。在更大的环境里，希伯来语是当地的主导语言，而英语则是进入国际社会的潜在的敲门砖。在这样的形势下，阿拉伯语面临被彻底取代的危险。这个大环境带来的冲击太过巨大，即使对于最善意的双语教育项目也是如此。

尽管作为这些学校意识形态目标的核心，双语教育并不是唯一需要面对的领域。所有心怀善意的教师和家长们均承认他异性的合理性。然而，要让他异性获得承认，就必须先对其进行塑造与提炼。以色列有时候是块暴力地塑造身份与其孪生兄弟——文化的沃土。然而"事实"却是，犹太人由于他们强大的力量得到了巴勒斯坦人的承认，无论其情愿与否，而这种情况就使巴勒斯坦人处于唯一需要被承认的不幸境地。在学校里，由于对称教学理念（学校教学目标的基础）的存在，巴勒斯坦学生必须接纳犹太学生，所幸，他们也能同样被犹太学生接纳。巴勒斯坦人似乎处于一种被阿伦特（Arendt，1979）和阿冈本（Agamben，1998）称为"非公民地位"的位置，因此他们需要人权。

对民族国家的认同意味着对民族身份和文化的认同，而这也成为学校里互相角逐的两个范畴。宗教问题相对容易处理，人们有时互相包容，有时接受对方宗教的一些特定意义。家长们强调更好地了解和理解他者文化的需求，他们相信学校正在实现这一目标。教师们也重视类似的目标，有关这些问题的教学活动与庆典（如学习宗教文本,光明节、圣诞节以及 Idel-Fiter 庆典等)似乎也在有效的合作中轻松地展开。这些庆典活动带着极强的宗教色彩。事实上,由于大部分犹太家长属于以色列社会中的世俗群体,而穆斯林人口虽然更加传统但大多没有宗教信仰,因此,宗教的影响是不平衡的(Bekerman,2004)。虽然有时候犹太家长对宗教问题表现出担忧与矛盾情绪,但是他们可以从文化活动的宗教基础中找到安慰,因为他们担心(多数时候并未明说)自己孩子的犹太身份在参与双民族活动的过程中被侵蚀掉。

人种学数据显示,对于家长和教育工作者而言,民族身份问题已经成为教育面临的终级挑战(Bekerman & Maoz,2005)。在一个学年中,民族问题进入一个相当离散的时间段,在以色列犹太历中对应纪念日和以色列独立日,而在阿拉伯历中对应巴勒斯坦民族灾难日(Nakba)(Bekerman,2002,2004)。根据教育部的政策,这三所学校在纪念日当天均会为犹太群体举办特殊的仪式,巴勒斯坦群体则无需参加。根据学校与周围社区的(复杂)关系,在教育部的监督下,在灾难日当天,学校会为巴勒斯坦群体举行单独的纪念活动。虽然学校里的犹太人明显代表以色列社会中政治上自由、中间偏左派的群体,但巴勒斯坦民族性的表达方式在自由派犹太人看来并不总是合法的。对于大部分自由犹太人而言,学校里的以色列巴勒斯坦文化与宗教的表达方式是合法的。然而,他们既不欢迎巴勒斯坦当局提倡的民族认同,也不欢迎任何试图否定以色列作为犹太国家的权利的观点。

对于巴勒斯坦族群,特别是教师而言,紧张局势非常明显。教师们把自己视为守护巴勒斯坦民族叙事的前线卫士,而这一民族叙事长期一直没有得到以色列教育当局的承认。这些学校虽然一直在努力,并且有时也得到了最有可能的结果,但是它们依然处于尴尬的境地。在这些重要的纪念场合,犹太人受到自由主义的限制。巴勒斯坦人则不得不接受现实,无可奈何地接受他们的民族身份,因为他们明白,如果拒绝接受这种身份就会毁掉他们孩子接受更好教育的希望,而这是他们改变命运的钥匙。但是,当他们选择后退时,却使他们在自己的群体内处境危险,因为这个群体很难接受他们越过隔离教育的界限,进入融合的环境。背叛是很难得到原谅的。

家长的背景和视角最终揭示了阶级范畴的中心地位。去年有一所学校中 55% 的巴勒斯坦孩子和超过 80% 的犹太孩子的父母中至少有一人拥有学位(另两所学校也确认了相似的数据,尽管并不正式)。毋庸置疑,也或许正如人们的预期,把自己的孩子送进双语学校的家庭,都属于中产阶级或中上层阶级。

从我对这些家长的多次采访看,有一点非常明显,他们对于学校的主要关注点和社会秩序的变化，特别是与分配公平或社会认同相关的变化，并无关系。虽然这些家长对以色列多数群体与少数群体之间的关系持自由的观点，但他们最终关心的还是学校的运作方式能否保证自己的孩子在以色列社会获得优先地位。确保孩子的社会流动性是家长关注的焦点。许多家长虽然不会送他们的孩子去没有平等观念的学校就读，但是他们追求的并不是对孩子的解放式教育。

与流动性目标相比，所有关于身份与文化的问题都是第二位的。这并不意味着参与其中的家长不关心本民族的文化与身份。相反，他们把这些问题视为私人领域内的问题，与学校环境和社会领域无关。主要的问题在于，学校是在民族国家的环境中发展起来的，对身份与文化有一种渴求，因此它们不能也不会允许让这些问题束之高阁。

最后，同样重要的是，我们的观察表明，孩子们是最终的挑战。通过对他们的仔细观察，我们轻易地发现，他们每个人对自己的身份都有清晰的认识。同时，我们也注意到，孩子的年龄越小，日常生活中的群体归属感就越不重要。从孩子们的角度看，其他方面的差异取代了身份与文化上的差异。运动、游戏、时尚、爱好，以及音乐和电视节目的选择，或其他行为特征，是孩子们在选择玩伴与朋友时更加看重的。孩子们对周围环境以及家长的存在十分敏感。他们最终会在稍后的阶段显露出与家长的相似性。但是在那之前，他们会抱怨大人过于强调民族身份和文化差异，意识到在种族平等方面所做的努力其实是对种族间界限的再次肯定。孩子们一直在向我们表明，这个世界其实是可以用不同于目前的政治制度所凸显的范畴组织起来的。

讨论

146

以色列的社会政治背景似乎需要通过一些我们在开篇中提到的那类理论视角来分析。这些视角挑战了阶级理论，可以说是理解社会背景和教育改革潜在成功的唯一分析工具。撇开困难复杂的社会政治背景，从这些描述性材料中我们可以看到一个在文化敏感策略指导下，成功地实施教学实践的教育环境。这些策略在一个官方教育政策不感兴趣的地区帮助发展了一个自下而上的改革项目。

杰出的创业精神与积极的政治氛围，以及多数群体与少数群体的教育与意识形态的需求相结合，使这种教育实验得以应运而生。这一努力跨越禁忌的界限，为饱受冲突之苦的人们打开了信任与公平的大门。如上所述，这些学校的结构向我们显示，在以色列这种冲突肆虐的社会,营造平等的社会环境是可能的,多数犹太人和巴勒斯坦人在这一结构下可以幸福共处。这些学校通过群体间对称的理念和实践表明,结构转型可以把我们朝平等与社会正义的方向推进一大步。从这一点看,取消隔离的双语学校创新实践,不啻是一项前无古人的成就。

然而,从上面的描述中,我们还有更多的发现。深入的调查向我们展现了一幅更复杂的画面。人们在双语教育、文化敏感和包容性课程方面的努力,因其前所未有的实践获得了认可,但是这些努力似乎并不顺利。虽然如此,鉴于以色列目前的政策,这些努力也不能说是失败了。它们取得了部分成功,但是利益相关的各方却并不满意。这些教育实践的大环境,让利益相关各方保持了对文化和身份本质主义的理解。这些政策以具体化、扭曲文化与身份的方式对他们加以塑造,偶尔强化刻板的视角,或是突显一些并不一定有助于他们理解自身或实现目标的方面。虽然这些努力有些"失灵",我们依旧可以推定,没有这些努力,这些学校就不会允许这两个群体的代表参与其中。由于学校没有努力增加包容性课程,家长们觉得不是很有必要把孩子送到这样的环境里读书;另一方面,他们也担心遭到自己所在社群的报复。特别需要指出的是,家长们对学校实行的双语与多元文化政策有着各种各样的担忧,这些担忧主要来自少数族群家长,有的是共同的,有的是个人的。私下里,他们似乎对与认同与包容相关的问题并没有表现出特别的担忧。即便课程里没有认同与包容的内容,只要学校里没有公开的种族偏见,家长们依然会把孩子送进双语学校。在一个渴求身份认同与文化差异的社会,学校公开采纳包容性视角可以帮助家长在公共层面上为自己的选择找到充分的理由。

这些学校吸引了犹太与巴勒斯坦人口中具有同质性的部分。这一点不难理解,因为双语课程的实施必须符合学校的对称政策,学校需要从家长那里收取一定的学费来弥补教育部经费的不足。这些学校从教育部获得的经费与一般种族隔离学校获得的经费差不多。从某种意义上说,中上层阶级是在利用多元文化意识形态来增加他们的流动机会和他们的阶级流动性。根据布迪厄(Bourdieu, 1991)的观点,我们可以说,他们追求的是与以色列市场相关的文化资本,而不是市场本身的改革。

147

从整体上看,由于大环境的因素,巴勒斯坦人家长大可放心,他们的孩子在学习希伯来语读写的同时,也能学会阿拉伯语技能。这种读写技能对他们的孩子在将来向上流动的过程中在各种机构内取得成功大有帮助。然而自相矛盾的是,双语学校强调通过阿拉伯语教学来保持不同语言间的平衡,这种做法却可能会影响巴勒斯坦人实现在说希伯来语的以色列社会里向上流动的抱负。犹太人虽然表面上支持双语平衡，但是他们之所以对教育创新项目感到满意，是因为这些创新有助于加强他们政治自由的立场，并为他们的孩子提供更好地了解"他者"文化与传统的机会。他们也许很乐意让他们的孩子学习阿拉伯语，但并不认为这是绝对必要的。犹太家长很清楚，阿拉伯语并不是向上流动的钥匙，在当今的大环境下更是如此。然而，参与一个看似公平的教育创新项目所带来的象征价值，以及一个优秀的学习机构的附加值，已经足以让家长们认为自己的孩子有必要去双语学校了。

总而言之，阶级利益是引导家长决定将自己的孩子送进双语学校的主要因素。如此，除了那些已经享有分配公平和在入校之前已经享有社会公平的群体，双语学校并不能促进以色列的社会公平。

相对于统治阶层强制实施的自上而下的改革（在我们案例中，占据优势的群体依据自身需要将少数群体议程中一些有限的部分融入他们自身的立场，从而巩固他们的权力地位），自下而上的改革还是比较成功的，但是它们实现的改革似乎只是为社会中的某些特定人群，主要是那些持有与统治阶层一致的价值观的社会群体服务的（Apple，2001）。看来无论何种方向的改革，总是为当权者的利益服务的。

结论

以理论为基础的、传统的新马克思主义认为体制化的教育改革不可能实现其宣称的目标，即实现全社会范围内的公平。对这一观点，我在文章的开头已提出质疑。这是由社会政治环境中的文化与身份的显著特征所决定的。在最近的一些理论中，人们探讨了补救的方法。这些理论强调了阐释文化认知与身份政治的需要。这些理论视角看上去在教育创新中起到了积极成功的作用，但对教育创新的发展并不重要，有时候甚至会妨碍到它的目标，因为对它们进行解释的是那些利益相关者。即使是文化敏感理论（并非本质主义或具体化的范畴），在最好的情况下，可以回答人们并未提出的问题，但在最坏的情况下，却掩盖了需要改变的基础，即物质利益和资源分配的基础。

因此，学校（体制化教育）从前不是、现在不是、将来也不会成为为社会公平而斗争的角斗场。在学校里这种斗争或许应该得到支持，但是我们绝不能期望学校成为赢取社会公平战争的角斗场。这些斗争与其说与身份和文化的认同相关，还不如说与资源分配相关。这些斗争的角斗场在政治领域,而非教育领域。这并不意味着教育是非政治的,事实上它始终具有政治性质。这只是意味着,虽然我们的学校是在所谓的"政治变革"的口号下运作的,但它们更多地却是在支持现存的不对称现象。学校不能重新配置资源,也不能帮助广大民众在现有的分配系统下重置自己的位置。在采纳文化敏感以及多元文化策略的时候,它们充其量只是在复制现有的社会制度。

我们必须对任何提出身份与文化问题的讨论保持警惕,包括那些看似免受将文化基础具体化的本质主义观点影响的讨论,如在本章引言中提到的那些。不加鉴别地坚持这些观点隐藏了一个事实:在当今这样一个国家边界不再代表清晰的民族身份的世界里,民族国家范围内的那些文化敏感和语言敏感的教育项目主要是为阶级和政治议程服务的。无论是何种原因,这些教育创新项目,往好里说,没有实现其目标;往坏里说,就是没有意识到它们失败的原因。

我们必须把埃利亚斯(Elias,1998)和威廉姆斯(Williams,1961)发起的批判性工作继续下去,努力探寻文化与身份概念的发展和现代民族国家发展间的复杂联系。在我们的分析中,我们必须着重研究统治阶层为实现他们的目标而实施的策略与措施。此外,这些研究应该有助于我们批判性地看待现有的社会心理理论,这些理论构成了当前理论层面的教育改革和多元文化主义的基础。

最后需要研究的是根深蒂固的范式理论,这种理论支持民族国家意识形态以及支撑其权力的传统大众社交工具——学校。民族国家的单一立场认为文化是一元的,并以此来排斥他者(Bauman,1999;Billig,1995;Gellner,1983),而学校和国家的课程计划的中心任务就是将个人禁锢在这些单一的视角里,不容许任何异端的存在。如果没有对话对这一立场的认识论基础进行深入讨论,那么我会怀疑这些教育创新项目,哪怕意图再好,是否有助于推进社会公平。

上述评论绝不是在批评少数群体或多数群体的行为。对他们作出评判太过容易,也太不公平,因为他们做的事情,我们大多数人都会去做,为的是保障我们的孩子能拥有一个更好的未来。此外,现有的范畴与实践将来可能会包括更大的群体和政策制定者,通过对其加以重新阐述,精英计划可以对大环境产生积极的影响。

在目前阶段,鉴于以色列的社会现实,取消种族隔离的学校首次在本地区提供了一种部分平等的选择,同时,这些学校也提供了一个如何让"事情"平衡一点的范例,即便是在冲突肆虐的地区。我们并不想支持大型的自下而上的改革方案,如果这种改革只是想提高那些已经在流动的人们(哪怕是巴勒斯坦—犹太混合群体)的流动性的话。

但是，作为一个小型项目，它有可能有助于改变社会舆论，激励人们仿而效之。这些学校再次促使人们质问，国家教育体制的目的究竟是什么。学校也许应该做好自己，提高各种素质的教学能力，而不是培养一个同质化的市民群体。话说回来，我们很清楚困难所在，也认识到教育从来都不是中立的或是不受意识形态影响的。但是，我们可以选择支持实施实实在在的结构性变化的环境（如我们的学校做的那样），为实现对称和平等而努力，而不是过分在意或支持文化与身份的差异。

在社会分析中，我强调了阶级的重要性，但这并不代表我否认其他的相关范畴。爱德华（Edward，1993）曾说过，我们从来都不是一体的。显然，我也许需要把我的研究推进一步，把文化和种族的问题纳入我的视野，但不是把它们当作相互排斥的范畴来研究。同时，对所有参与者展开深入调查，寻找他们排斥或接纳某些特定范畴而非另外一些的动机。

那些双语学校的孩子们似乎对这个教育创新项目非常了解，而且如鱼得水。唯一的问题是，我们成年人是否已经准备好了对他们的深刻理解给予关注和鼓励。对此，我表示怀疑。

致谢

本论文的研究在初期得到了福特基金会（Ford Foundation）的赞助（Grant Number：990 - 1558），最后三年的资金来自伯纳德·范莱尔基金会（Bernard Van Leer Foundation）。同时感谢薇薇安·伯斯坦（Vivienne Burstein）和朱莉娅·斯莱姆（Julia Schlam）在核订原稿时提供的洞见与帮助。

（张侃宁 译）

参考文献

Abu-Nimer, M. （1999）. *Dialogue, conflict, resolution, and change：Arab-Jewish encounters in Israel*. Albany：SUNY.

Agamben, G. （1998）. *Homo Sacer：Sovereign power and bare life* （D. Heller-Roazen, Trans.）. Stanford, CA：Stanford University Press.

Al-Haj, M. (1995). *Education, empowerment, and control：The case of the Arabs in Israel.*

Albany, NY: SUNY Press.

Al-Haj, M. (2002). Multiculturalism in deeply divided societies: The Israeli case. *International Journal of Intercultural Relations*, 26,169–183.

Amara, M. H. (2005). *Summary report: The bilingual model*. Jerusalem: Hand in Hand-The Center for Arab Jewish Education in Israel.

Anderson, B. (1991). *Imagined communities: Reflections on the origins and spread of nationalism*. London: Verso.

Anyon, J. (1995). Race, social class, and educational reform in an inner-city school. *Teachers College Record*, 97(1),69–94.

Appiah, K. A. , & Gates, H. L. (1995). *Identities*. Chicago: University of Chicago Press.

Apple, M. W. (1982). *Education and power*. Boston: Routledge & Kegan Paul.

Apple, M. W. (1999). Rhetorical reforms: Markets, standards and inequality. *Current Issues in Comparative Education*, 1(2),6–18.

Apple, M. W. (2001). Educational and curricular restructuring and the neo-liberal and neo-conservative agendas: Interview with Michael Apple. *Curriculo sem Fronteiras*, 1(1), i-xxvi.

Arendt, H. (1979). *The origins of totalitarianism*. New York: Harcourt Brace Jovanovich.

Arvizu, S. , & Saravia-Shore, M. (1990). Cross-cultural literacy: An anthropological approach to dealing with diversity. *Education and Urban Society*, 22(4),364–376.

Banks, J. A. , & Banks, C. A. M. (Eds.). (1995). *Handbook of research on multicultural education*. New York: Macmillan.

Bar-Tal, D. (2000). From intractable conflict through conflict resolution to reconciliation: Psychological analysis. *Political Psychology*, 21(2),351–365.

Bauman, Z. (1999). *Culture as praxis*. London: Sage.

Bekerman, Z. (2002). Can education contribute to coexistence and reconciliation? Religious and national ceremonies in bilingual Palestinian-Jewish schools in Israel. *Peace and Conflict: Journal of Peace Psychology*, 8(3),259–276.

Bekerman, Z. (2003a). Hidden dangers in multicultural discourse. *Race Equality and Teaching*(formerly *MCT-Multicultural Teaching*), 21(3),36–42.

Bekerman, Z. (2003b). Never free of suspicion. *Cultural Studies—New Methodologies*, 3(2),136–147.

Bekerman, Z. (2003c). Reshaping conflict through school ceremonial events in Israeli Palestinian-Jewish co-education. *Anthropology & Education Quarterly*, 34(2),205–224.

Bekerman, Z. (2004). Multicultural approaches and options in conflict ridden areas: Bilingual Palestinian-Jewish education in Israel. *Teachers College Record*, 106(3),574–610.

Bekerman, Z. (2005a). Are there children to educate for peace in conflict-ridden areas? A critical essay on peace and coexistence education. *Intercultural Education*, 16(3),235–246.

Bekerman, Z. (2005b). Complex contexts and ideologies: Bilingual education in conflict-riddenareas. *Journal of Language Identity and Education*, 4(1),1–20.

Bekerman, Z. , & Horenczyk, G. (2004). Arab-Jewish bilingual coeducation in Israel: A long-

150

term approach to intergroup conflict resolution. *Journal of Social Issues*, *60*(2), 389 – 404.

Bekerman, Z., & Maoz, I. (2005). Troubles with identity: Obstacles to coexistence education in conflict ridden societies. *Identity*, *5*(4), 341 – 358.

Bekerman, Z., & Shhadi, N. (2003). Palestinian Jewish bilingual education in Israel: Its influence on school students. *Journal of Multilingual and Multicultural Development*, *24* (6), 473 – 484.

Benhabib, S. (1992). *Situating the self: Gender, community and postmodernism in contemporary ethics*. New York: Routledge.

Berliner, D. C. (2006). Our impoverished view of educational reform. *Teachers College Record*, *108*(6), 949 – 995.

Bernstein, B. (1970). Education cannot compensate for society. *New Society*, *15*(387), 344 – 347.

Billig, M. (1995). *Banal nationalism*. London: Sage.

Birch, A. H. (1989). *Nationalism and national integration*. London, UK: Unwin Hyman.

Bourdieu, P. (1991). *Language and symbolic power*. Cambridge, MA: Harvard University Press.

Central Bureau of Statistics [Israel]. (1995). *Statistical abstract of Israel*. Jerusalem: Author.

Connor, W. (1972). Nation-building or nation-destroying. *World Politics 24*, 319 – 355.

Denzin, N. K., & Lincoln, Y. S. (Eds.). (2000). *Handbook of qualitative research* (2nd. ed.). London: Sage.

Elias, N. (1998). Civilization, culture, identity: "Civilization" and "Culture": Nationalism and nation-state formation: An extract from the Germans. In J. Rundell & S. Mennell (Eds.), *Classical readings in culture and civilization* (pp. 225 – 240). New York: Routledge.

Fraser, N. (1997). *Justice interruptus: Critical reflections on the "postsocialist" condition*. New York: Routledge.

Garcia, O. (1997). Bilingual education. In F. Coulmas (Ed.), *The handbook of sociolinguistics* (pp. 405 – 420). Oxford: Blackwell.

Gellner, E. (1983). *Nations and nationalism*. Oxford: Basic Blackwell.

Gellner, E. (1997). *Nationalism*. New York: New York University Press.

Ghanem, A. A. (1998). State and minority in Israel: the case of ethnic state and the predicament of its minority. *Ethnic and Racial Studies*, *21*(3), 428 – 448.

Gordon, D. (2005). History textbooks, narratives, and democracy: A response to Majid Al-Haj. *Curriculum Inquiry*, *35*(3), 367 – 376.

Haraway, D. J. (1991). *Simians, cyborgs, and women: The revision of nature*. New York: Routledge.

Harre, R., & Gillett, G. (1995). *The discursive mind*. London: Sage.

Hirschland, M. J., & Steinmo, S. (2003). Correcting the record: Understanding the history of federal intervention and failure in securing U. S. educational reform. *Educational Policy*, *1*, 343 – 364.

Hoffman, D. M. (1996). Culture and self in multicultural education: Reflexions on discourse, text, and practice. *American Educational Research Journal*, *33*(3),545 – 569.

Hutchinson, J. , & Smith, A. D. (1994). Introduction. In J. Hutchinson & A. D. Smith (Eds.), *Nationalism* (pp. 3 – 13). Oxford & New York: Oxford University Press.

Koplewitz, I. (1992). Arabic in Israel: The sociolinguistic situation of Israel's linguistic minority. *International Journal of the Sociology of Language*, *98*,29 – 66.

Kretzmer, D. (1990). *The legal status of the Arabs in Israel*. Boulder, CO: Westview.

Kretzmer, D. (1992). The new basic laws on human rights: A mini-revolution in Israeli constitutional law? *Israel Law Review*, *26*(2),238 – 249.

Kymlika, W. (1995). *Multicultural citizenship: A liberal theory of minority rights.* Oxford: Clarendon Press.

Porter, R. (1997). Introduction. In R. Porter (Ed.), *Rewriting the self histories from the Renaissance to the present* (pp. 1 – 17). London: Routledge.

Ravitch, D. (2000). *Left back: A century of failed school reforms.* New York: Simon & Schuster.

Reicher, S. , & Hopkins, N. (2001). *Self and nation.* London: Sage.

Rogers, J. , & Oaks, J. (2005). John Dewey speaks to Brown: Research, democratic social movement strategies, and the struggle for education on equal terms. *Teachers College Record*, *107*(9),2178 – 2203.

Rouhana, N. N. (1997). *Palestinian citizens in an ethnic Jewish state.* New Haven, CT: Yale University Press.

Said, E. (1993). *Culture and imperialism.* New York: Vintage.

Sampson, E. E. (1993). *Celebrating the other: A dialogic account of human nature.* Hemel Hempstead, UK: Harvester Wheatsheaf.

Sarason, S. B. (1990). *The predictable failure of educational reform: Can we change course before it's too late?* San Francisco, CA: Jossey-Bass.

Shafir, G. , & Peled, Y. (2002). *Being Israeli: The dynamics of multiple citizenship.* Cambridge: Cambridge University Press.

Shye, A. , & Zion, N. (Eds.). (2003). *Education and social justice in Israel: On equality in educational opportunities* (Vol.4). Jerusalem: The Van Leer Institute (in Hebrew).

Smith, A. (1998). *Nationalism and modernism.* London: Routledge.

Smooha, S. (1996). Ethno-democracy: Israel as an archetype. In P. Ginosar & Bareli (Eds.), *Zionism: A contemporary polemic* (pp. 277 – 311). Jerusalem: Ben-Gurion University (Hebrew).

Spolsky, B. (1994). The situation of Arabic in Israel. In Y. Suleiman (Ed.), *Arabic sociolinguistics: Issues and perspectives* (pp. 227 – 236). Richmond, UK: Curzon Press.

Spolsky, B. , & Shohamy, E. (1999). Language in Israeli society and education. *International Journal of the Sociology of Language*, *137*,93 – 114.

Taylor, C. (1994). The politics of recognition. In D. T. Goldberg (Ed.), *Multiculturalism: A criticalreader* (pp. 75 – 106). Oxford: Blackwell.

151

Tyack, D. , & Cuban, L. (1995). *Tinkering toward Utopia: A century of public school reform*. Cambridge, MA: Harvard University Press.

Urciuoli, B. (1999). Producing multiculturalism in higher education: Who's producing what for whom? *Qualitative Studies in Education*, *12*(3),287 - 298.

Walzer, M. (1984). *Spheres of justice: A defense of pluralism and equality*. New York: Basic Books.

Walzer, M. (1997). *On toleration*. New Haven, CT: Yale University Press.

Watt, I. (1997). *Myths of modern individualism: Faust, Don Quixote, Don Juan, Robinson Crusoe*. Cambridge, UK: Cambridge University Press.

Wexler, P. (1992). *Becoming somebody: Toward a social psychology of school*. New York: Routledge.

Williams, R. (1961). *Culture and society, 1780 - 1950*. Hardmondsworth, UK: Penguin Books.

Willis, P. (1977). *Learning to labor: How working class lads get working class jobs*. New York: Columbia University Press.

Young, I. M. (1990). *Justice and the politics of difference*. Princeton, NJ: Princeton University Press.

Young, I. M. (2000). *Inclusion and democracy*. Oxford: Oxford University Press.

Tripp, D., & Stokols, I. (2003). *Discipline-based theory: A constructivist under standing*. Cambridge, MA: Harvard University Press.

Brumley, S. (1993). Multiculturalism: attitudes toward education. *Who's interpreting education, Contemporary Educational Issues*, 1(2), 16-14.

Roberson, (1988). *Supporting community and family*, educational involvement. Nice Y. X. Polytechnic press.

Walter, M. (2001). *Reflections on New Haven, CT*, Yale University Press.

Wetherell, (1997). *Materials, education and development*, 176, Oxford: Blackwell.

Brook, Cambridge: Cambridge University Press.

W.A, R. (1992). *Personal, supports, Family social development in school*, New York: A, press.

Wittmann, R. (2000). *Learning schools and x*, 12(3), 16-6, 192, Mitchell press, UK: Penguin press.

Wills, R. (2003). *Learning in the Undergraduate class in the constructivist classroom*. Times: Chicago University Press.

Young, F.M. (1992). *Discourse and development of the social brain in a*, UK: Blackwell University Press.

Ziegler, M. (2001). *The analytical society, Oxford*, Oxford University Press.

12

超越市场公平

反对新自由主义教育话语　促进协商民主
和经济平等

大卫·赫尔什（David Hursh）

自公共教育出现,其目的和组织方式一直备受争议。其中一个核心争论就是,教育是否是提升国家经济生产力或培育全面发展的民主公民的主要手段之一。20世纪早期,泰勒(Frederick Winslow Taylor, 1911)关于"科学管理"的著作提出要通过标准化、问责制、奖励和处罚等手段提升工作效率(Kanigel, 2005)。一些教育工作者也以此作为其理论基础,例如,当时颇具影响力的教育专员大卫·斯内登(David Snedden)就以泰勒的观点为基础,把教育的作用定义为"让经济尽可能高效地运转"(Wirth, 1977, p. 163)。在斯内登看来,学校不仅应该为企业利益服务,在组织形式上也要像工厂一样;不管是字面上还是象征意义上,凡是对商业有益的,对教育也有益。斯内登在《培养追随者与团队领袖的教育》(*Education for a World of Team Players and Team Workers*, 1924)一文中将社会比作一艘潜艇,上面有一名指挥官、几个军官以及众多的下属。他主张,学校应当培养少数学生成为领导者,训练大多数学生"跟随领导者的步伐"。根据斯内登的说法,决定哪些学生成为领导者的因素几乎是"命运使然",取决于学生的性别、种族和阶级。少数白人男性会沿着预定的轨迹登上领导岗位;其余的只能扮演从属角色。对学校的评判标准也应当基于其对经济增长的贡献,而不是是否促进了经济平等或培养了具有批判精神的公民。所谓民主社会,其实就是领导做决定,其他人不加批判地接受。每个人都各安其位、各司其职,社会正义就实现了。

与之相对,杜威强烈反对斯内登等人拥护的社会效率观,他认为教育的首要目的是培养有批判性思维的民主公民。在杜威看来,包括工作场所在内的所有社会机构都应促进个人发展,并按照"为社会全体公民的全面发展所做的贡献"这一标准来进行评判(Dewey, 1919/1950, p. 147)。杜威和斯内登在《新共和》(*The New Republic*)杂志上展开了公开辩论。杜威提出,不应按商业需求来培养学生。他感兴趣的教育培养的不是"能够适应现行工业体制的工人",而是能够"改变现行工业体制,并最终完成体制转型的人"(Dewey, 1915, p. 42)。杜威希望学校可以培养出能够把工作场所变得更为民主的公民。对杜威而言,教育机构的评估应该以其对人类发展的贡献为标准,而不是基于"毫无意义的利润追求"(Wirth, 1977, p. 169)。

在杜威(1987)看来,要让人们有效地参与民主化进程,需要培育"民主的思维与行动习惯",其中学校发挥着十分关键的作用。杜威的自由观并不等同于随心所欲(参见杜威的《经验与教育》(*Experience and Education*, 1934))。换言之,在他看来,自由只存在于人际交往之间；与他人一起组建社群，共同承担改善自身和社会的任务。为了实现这一目标，需要个体互相之间进行协商，同时养成"开明、宽容多样性、公平、理性理解、尊重真理以及批判性评价"的习惯（Olssen, Codd, & O'Neill, 2004，p. 269）。

总而言之，杜威认为，教育对协商民主的发展至关重要。

时隔一个世纪后回望斯内登等人的观点，他们提倡社会效率，似乎过于迷信商业的优越性，对人类的能力过于悲观，但在目前实施的新自由主义经济与教育政策的推动下，他们理想得以再度回潮。新自由主义也把经济摆在优先地位，认为"个体寻求私人利益时，经济系统才能达到最佳运行状态"。追求个人利益能促进自由企业的发展，因此市场经济运作总会带来比政府计划更好的结果（Lauder, Brown, Dillabough, & Halsey, 2006，p. 26）。新自由主义者认为，如果政府不再通过公共资金对机构和私人进行干预，放手让个人自由地追求自己的利益，社会运行即可达到最佳状态。越来越多的城市、州以及联邦政府围绕着竞争与定量测量的市场原则对教育进行重构，因为这些原则可以在最大程度上提升教育效率、实现社会公平。

目前新自由主义的观点与政策正在重新定义社会公平，重新塑造美国学校与社会。本章旨在揭示上述观点的不足并对其提出挑战。对社会的不同构想建立在对社会公平本质的不同假设之上。对身为教育工作者的我们而言，理解这一点至关重要。我们必须确定哪些概念对我们有意义，并且以它们为基础，建立包括学校在内的各种机构。我认为，新自由主义政策会加剧经济和社会的不平等，恶化社会和自然环境。简而言之，新自由主义的社会正义观念会危害人类及其周围的世界，因此是不公平的。

本文从新自由主义之前的社会民主自由主义开始讲起，以方便我们理解新自由主义是如何重新定义社会的本质特征的。随后，我将阐释目前新自由主义的个人主义、平等、市场以及选择是如何在地区（芝加哥）、州（纽约）以及联邦层面（《不让一个孩子掉队》法案）形成教育政策基础的。最后，我将提出一些举措，巩固强调公平和协商民主的社会公平概念。

新自由主义者对社会民主自由主义的攻击

在 20 世纪 70 年代新自由主义兴起之前，主流的思潮是社会民主自由主义，它兴起于 20 世纪 30 年代的美国总统富兰克林·罗斯福当政时期。社会民主自由主义政策本身就是对当时盛行的自由放任主义社会和经济政策的回应,在自由放任主义政策下,国家几乎不能确保个人和社会福利。1935 年,罗斯福在国会施政报告中明确表示,过度的市场自由是造成大萧条背景下经济、社会问题的根源(Harvey, 2005)。因此,他的社会民主自由主义政策侧重于确保个人的生存和发展的必需品。罗斯福主张社会公平的自由观念,"如果国家和民间团体重新配置资源,从而消除贫困饥饿,保障人民生活水平及家庭体面,防范生活中主要的风险和灾难,那么这种社会正义就能够实现"(Harvey, 2005, p. 183)。罗斯福最终的设想不仅仅是提供基本必需品,他在1944 年提出第二套《人权法案》,其中包括:

> 拥有合适工作、获得丰厚报酬的权利……吃饱穿暖及娱乐的权利……每个家庭能够体面生活的权利;享受适当医疗服务并且有机会享受健康生活的权利;享受充足经济保障,免受高龄、疾病、事故以及失业带来的恐惧的权利;以及享受良好教育的权利。(引自 Sunstein, 2004, p. 13)

罗斯福的政策一方面是源于需要,另一方面是迫于政治压力。显然,自由放任主义政策不能缓解大萧条带来的问题。穷人、失业者和其他公民都吵着要求解决方案。作为回应,罗斯福实施了社会民主自由主义政策,其中包括依靠财政赤字创造就业机会、政府监管银行政策、社会保障和其他福利计划。后来,第二次世界大战爆发,政府出于战争需要,加强了对日常经济生活的干预。

因为政府规划对经济复苏和第二次世界大战的胜利起到了关键性的作用,美国和西欧国家的公民迫切要求国家持续干预经济,继续保障公共福利(Judt, 2005)。此外,战后个人收入的增长促进了企业利润的增加,同时满足了公民和企业的需求。资本与劳动者之间的"历史性妥协"成为二战后几十年的特征。为了增加工资,工人们不仅同意资产阶级对工作场所进行控制,还接受了资产阶级对投资和经济增长的控制,跨国公司为主要的控制者。

然而,为拓宽个人和政治权利所做的努力也受到了质疑。国会屈服于南方政治人物的要求,把农业和家政服务人员排除在社会保障的范围之外,而这些工作一般由非洲裔美国人承担,因而许多非洲裔美国人无法享受社会保障(Katznelson, 2005)。甚至连现在广受尊敬的《退伍军人权利法案》(G. I. Bill)在当时也"激起了除最温和的商界领袖外所有人的愤怒,这些商界领袖厌恶自由主义议程,认为新政与工人运动和民主党联系密切,只会继续取悦美国工人(Fones-Wolfe,1994,p. 7)。罗斯福的第二套人权法案同样很快被人遗忘,现在看来也只是乌托邦。

当时,社会民主自由主义并不稳固,到了20世纪60年代后期,随着企业净利润开始出现下滑,它遭到了越来越多的攻击(Parenti,1999,p. 118)。利润下滑主要是因为竞争日益加剧,世界经济日趋开放,企业无法把增加的工资成本转嫁到消费者身上。于是,对新兴的新自由主义者来说,压榨工人工资就成了减少利润损失的方法之一。1979年,美国联邦储备银行主席保罗·沃尔克(Paul Volcker)提出,"工人的平均工资必须下调"(引自Bowles & Gintis,1986,p. 60)。沃尔克制定政策提高了美联储的利率,导致"经济长期严重衰退,工厂倒闭,工会四分五裂,债务国也处于破产的边缘,开始进入长期的结构性调整"(Henwood,2003,p. 208),工人的实际工资缩水。

20世纪70年代末和80年代初,里根总统和撒切尔夫人分别在美国和英国开始系统地推行新自由主义政策,通过减少国家对个人福利的责任消除社会民主自由主义。与社会民主自由主义相反,新自由主义是"一套政治经济常规理论,认为在倡导私人财产所有权、自由市场以及自由贸易体制的框架中,才能解放个人创业的自由及相关技能,从而最大限度地造福人类"(Harvey,2005,p. 2)。在新自由主义的经济秩序下,国家的权力仅限于"创建并维护一个适合政治经济活动的体制框架"(p. 2)。因此,世界银行和国际货币基金组织等非政府组织,可以向各国政府施压,消除贸易壁垒和减少社会支出。

对于新自由主义者而言,市场非常重要。

> 市场将竞争作为一种构建机制,通过这种机制,资源和地位能够得到高效和公平的分配。市场中"看不见的手"[见于亚当·斯密的《国富论》(*The Wealth of Nations*),1976/1776]被认为是决定各竞争个体分配所得的最有效方法。(Olssen et al.,2004,pp. 137-138)

此外,新自由主义政策强调"经济上解除管制,实现贸易自由化,取消(包括教育、健康和社会福利部门在内的)公共部门,同时加强金融部门对生产和商业的主导地位(Tabb,2002,p. 7)。新自由主义强调:

> 将货物和服务等公共财产私有化——由公共部门提供转为私营部门提

供——同时解除对私营生产者的行为管制，允许他们追求更多的利润，大大减少对基于非市场标准进行再分配的社会成本的限制。新自由主义的目的是否定所有阻碍纯市场逻辑的集体结构。(Tabb，2002，p. 29)

新自由主义不仅改变了社会结构，而且还改变了个人与社会之间的关系。根据社会民主自由主义政策，社会不平等是一种社会责任。社会正义要求通过社会项目以及资源和权力的重新分配，最大限度地减少不平等现象(Levitas，1998，p. 14)。根据新自由主义政策，不平等是个人选择的产物，不应当由社会福利项目承担后果，个体应该承担更多责任，努力成为高产的劳动力。新自由主义政府不承担个人福利的责任，认为个人的幸运(或不幸)都是自己造成的。撒切尔夫人有一句名言："没有所谓的社会……只有作为个体的男人和女人以及家庭。没有人民政府将一事无成，但人民首先必须照顾好自己。"(Thatcher，1993，pp. 626 - 627)

新自由主义社会旨在培养能够参与市场竞争，有创造力、竞争力和理性思维的人(Peters，1994)。他们将成为企业家，对自己、自己的进步以及自己的立场负责。莱姆克(Lemke，2002)把新自由主义描述为寻求：

把负责任、有道德的个体与具有经济理性的个体团结起来。新自由主义希望培养负责任的国民，使他们拥有良好的道德素质，能够理性地对特定行为的利弊与其他选择进行评估。(p. 59)

156　　个人都变成了"企业家"(Foucault，1979，引自 Lemke，2001)，在包括教育、医疗保健和养老金在内的商品市场中各显神通。

社会民主自由主义、新自由主义与教育

二战后的几十年间，美国和西欧国家的教育奉行了社会民主政策，扩展到更多的年级，服务更多的学生。美国各州希望提高中学毕业率，招收更多学生以扩展国家支持的高等教育系统。教育被视为实现社会公平虽不充分但却必要的条件。直到最近，大部分人都认为，公共教育是一项公共责任。

然而,新自由主义者否认教育应该由国家承担这一理念。他们认为,教育应该尽可能地私营化,或者强制形成一个开放的教育竞争市场,结果出现了私立学校、特许学校和教育券系统等。米尔顿·弗里德曼(Milton Friedman, 1995)呼吁教育要从(贬义的)"政府机制"向"市场机制"转型:

> 我们的小学和中学体系需要进行根本性的重构,这种重构只能通过将教育体系的主要部分私有化实现——比如,允许私人盈利性产业发展,提供多样化的学习机会,与公立学校进行有效竞争。(p. 1)

在新自由主义者提倡的市场体制下,应当使用标准化的措施和课程标准对学校进行评估,以利于"消费者"比较不同的学校,进而做出选择。目前,新自由主义政策在各地区、州和联邦直接或间接地宣传教育政策的基础,呼吁建立标准、实施标准化的考试以及出台问责制。新自由主义信念在市场中以及私有化的过程中,为推动教育体系的发展奠定了基础,其中公共资金主要用于资助私营企业和宗教组织。

最近芝加哥、纽约以及联邦政府根据《不让一个孩子掉队》法案推出的改革,反映了教育领域新自由主义的普遍影响。对这些改革基本依据作一审视,就能揭示出这样一个事实:新自由主义者不仅改变了我们谈论教育、组织教育的方式,同时也改变了我们对社会公平的看法。

彼琳·利普曼(Pauline Lipman)在《高风险教育:不平等、全球化和城市学校改革》(*High Stakes Education:Inequality,Globalization,and Urban School Reform*,2004)一书中,将她最近对芝加哥教育改革的分析置于新自由主义崛起的全球背景之下,展示了企业精英和政治精英是如何通过改革进一步把芝加哥重新打造成全球金融和旅游中心的。新自由主义政策给予国际金融的特权超过了给予劳动者、鼓励个人通过市场在经济和社会生活的各个领域追求自身的利益。芝加哥的教育政策采用的是"企业式的调控体系,重点关注高风险测试、标准和矫正等问题"(p. 36)。

为了吸引和留住国际化城市发展所需的专业劳动力,芝加哥市学区实施了许多新的项目,包括国际大学入学考试和大学预科课程,为中产阶级和上层社会的孩子进入大学做准备。同时,大多数有色人种的学生以及工人阶级出身的孩子则通过一些项目为加入服务业和零售业做准备。这些项目侧重于"职业教育、限制性(基本技能)课程、强化式的教学以及学生管理"(p. 49)。利普曼描述了不同项目的启动过程,说明了那

157

些在学术上要求更为严苛的项目,如何吸引高收入家庭的孩子,培养高阶层人士,而那些使用直接教学手段,或培养学生从事低收入服务行业工作或参军的项目又如何迎合了低收入的非洲裔美国人和拉丁美洲裔居民的需求。

利普曼(2004)还讨论了测试政策,包括学校公开标准化考试成绩,通过强制学生成绩低的学校(学生主要来自有色人种和贫困家庭)实行更为死板的教学方法,使项目间的差异合法化。她指出大学预科项目鼓励中产阶级家庭留在城市居住,在一个极不平等体系中营造一个机会平等的假象(p. 56)。芝加哥项目当时虽然名义上是一项减少不平等的改革措施,但实际上却加剧了不平等现象,加大了经济和社会差距。她的结论是:

> 我所讨论的政策制度为一个等级森严的社会提供了不同层级的知识、技能和身份。在统一标准的名义下,当局推行了一系列标准化政策,并实施了语言文化同化政策,把语言和文化日益多元化的劳动力塑造成最最顺从、最易管理的未来劳动大军。这个制度把人民视为达到其目的的一种手段。"节约型教育"与会计式话语使人沦为潜在的资本积累来源、全球经济扩张的操控者或服务提供者,以及富人休闲娱乐的配饰。学生们沦为考试分数的奴隶、未来劳动力市场的填空者、监狱里的犯人以及战争中的炮灰。教师则沦为教育流水线上的技术员和检验员——成为历史的"客体",而不是"主体"。尽管各层次人们的出发点都是好的,但是这个制度本身却从根本上否定了人性。(p. 179)

最近,利普曼(2005)解释了为什么说芝加哥市长新制定的"复兴 2010 计划",在由企业主导的董事会逐渐接管为穷人设立的学校后,是雪上加霜。复兴 2010 计划"要求关闭 60 所公立学校,开设 100 所小学,其中三分之二将会是由私营组织经营的特许学校或合约学校",这些学校还雇佣非工会的教师以及学校职工(Lipman, 2005, p. 54)。学校将不再由地方学校理事会管理,理事会内的教师、家长以及社区成员也不再由选举产生,而是由芝加哥新学校(New Schools for Chicago)决定。芝加哥新学校是一个由企业和芝加哥公立学校领导组成的董事会,领导由芝加哥商业俱乐部任命,这是一个代表城市企业精英及政治精英的组织。芝加哥新学校将通过研发基于学生考试成绩的"绩效合同",使用当前企业的模型对学校进行评估。逐渐破坏学校的民主管理,从而进一步减少专业教师,同时将公共资金转移至私有营利性公司。这只是复兴

2010 计划中一部分。

利普曼(2004)的研究阐明了政策制定者的策略,即"将由州造成的社会不公平的责任转嫁到家长、学生、学校、社区以及教师身上"(pp. 171 - 172)。芝加哥的政策制定者和那些在布什当政时期的政策制定者一样(Hursh, 2005),肯定标准化测试和问责制能够增强公平,从而推进新自由主义议程,"以高标准要求所有的学生"。然而,正如利普曼所说的,芝加哥的学校多培养学生从事零售、服务业,或者入伍当兵。此外,在提升学生考试成绩的过程中,学校不能根据学生所处的文化环境设立课程。因此,来自低收入家庭和有色人种家庭的学生不大可能有好的表现,这不仅是因为对他们的期望较低,也因为课程与他们的实际经历脱节。然而政策制定者却说,所有的学生均享有相同的机会,学生的失败要归咎于个人努力不足。利普曼的研究还显示了相关政策是如何将学生失败的责任,由学校学术水平低和缺乏必要的经济与文化资源转嫁至学生自己头上的。

纽约州以及联邦教育官员跟随芝加哥的步伐,推广测试,实施问责制,推行教育市场化。他们认为,在竞争日益激烈的全球经济形势下,新自由主义改革对于保证所有学生和国家的成功十分必要。他们将增加教育和经济生产力的"必要性"话语与指责教师指导不当和评估学生不合理的话语结合了起来,《不让一个孩子掉队》法案的支持者也采用了这项策略。从 20 世纪 90 年代起,纽约州标准化考试委员会和教育专员实施基于标准的评估和标准化测试制度,把通过五个全州性的标准化考试设为毕业的标准,同时要求高中学生报名参加国家调控的课程并顺利毕业,从而取消了本地研发的课程。在制定新的测试要求的过程中,纽约州通过立法,建立了多达 100 所通常由营利性的商业公司管理的特许学校,把学生和资金从公立学校身上吸走。

纽约大学前校长卡尔·海登(Carl Hayden, 1999,引自 Cala,与教育副专员的个人通信,New York, 2000)和现教育专员里查德·米尔斯(Richard Mills)为新的制度辩护,因为标准以及标准化测试是保证包括有色人种学生和贫困学生在内的所有学生均能获得学习机会的唯一途径。他们认为,在工业化末期以及全球化兴起时期,这些学生不会再允许失败。所有的学生都必须在教育上获得成功以确保个人与国家在经济上的成功。海登(与 Richard Brodsky 和 Richard Green 的个人通讯,New York State Assembly, 2001)把测试要求描绘成改善生活前景的手段。在过去,对穷人和少数族群儿童来说这种改善是不可能的。但是大多数时候,在日渐复杂的经济环境下,这样的孩子毕业时往往仍然没有获得成功所必备的技术与知识。此外,海登和米尔斯都认为,过去课程标准由客观决定,标准化测试为评估学生的学习情况提供了有效可靠的学习方法。他们说,这种客观的方法是必需的,因为教师和管理者评估学生学习情况的客观性与准确性并不值得信任(Hayden, 1999, 2001)。

在联邦层面,《不让一个孩子掉队》法案要求各州制定标准化测试和评估体系,以确定学校是否正在实现"适当的年度进步"(Adequate Yearly Progress, AYP)。《不让一个孩子掉队》法案之所以成为法律,是因为它像各种标准、测试和建立在这个法案之上的问责机制一样,表面上希望改善教育,尤其是为了那些在历史上始终处于不利地位的学生,包括有色人种学生以及贫困学生。布什总统提倡把《不让一个孩子掉队》法案作为在国家层面复制一些各州改革所取得的"成功"的一种手段。前任教育部长罗德尼·佩奇(Rodney Paige)甚至把《不让一个孩子掉队》法案描述成马丁·路德·金(Martin Luther King, Jr.)领导的20世纪60年代民权运动的延伸。

159　　　　44年前,马丁·路德·金博士说,"目前国家面临的最大的挑战就是解决种族隔离和种族歧视问题,以及充分实现我们的民主理想",《不让一个孩子掉队》法案做到了这一点。这个法案为所有儿童提供了平等受教育的机会。它让我们距离宪法的承诺更近了一步。(Paige & Jackson, 2004)

佩奇和杰克逊(Jackson)的目标就是把《不让一个孩子掉队》法案的反对者锁定为反民权主义者。在对平等的论述中,佩奇添加了两项在纽约州和芝加哥的改革争论中突出的论述:测试提供更为客观的评估,而全球经济的竞争需要教育改革。在《要知道些什么,要去哪里:针对父母的〈不让一个孩子掉队〉法案》(U. S. Department of Education, 2002)一文中,佩奇向公众传达了《不让一个孩子掉队》法案所宣称的好处。他告诉读者,标准化测试提供了一种可以有效可靠地评估学生学习状况的手段,这种方法改进了以教师为主导的评估。家长指南告诉父母,《不让一个孩子掉队》法案会通过标准化测试(U. S. Department of Education, 2002, p. 12)向父母提供客观的数据。此外,客观的测试数据是必要的,因为在过去,"很多家长都把孩子培养成全A生,但是当发现孩子并未做好上大学的准备时,却为时已晚。这就是《不让一个孩子掉队》法案向家长提供孩子表现情况的客观数据的原因之一"(p. 12)。他暗示老师既没有严格地执行标准,也没有准确地评估学生,从而掩盖了自己的失败和学生的失败。

然而,联邦和各州的教育改革并没有实现改进学生评估和改善教育平等的目标。

在纽约州，几乎每个标准化考试都因组织混乱、误导学生、试题错误，使用高估或低估了学生学习状况的分级量表而饱受诟病。批评者称，标准化测试的难度级别取决于国家教育部门(SED)是想提高毕业率还是想显得严谨、严格。只需通过调整分数线，任何考试的及格率都可以调整，低通过率可以调整为高通过率，反之亦然。对于学生毕业必须通过的那些考试，国家教育部门会降低分数线让学生更加容易地通过。相反，高阶的选修课，如物理和化学，考试难度就会提高(Winerip, 2003)。

而且，有时异常高或异常低的不通过率并非有意为之，而是学生能力不够。2003年6月，数学 A 考试(学生毕业必须通过的考试)的组织情况相当混乱，所有的测试分数都不得不取消。全州只有 37% 的学生及格(Arenson, 2003)。位于罗切斯特的威尔逊磁铁高中，是一所拥有国际学士学位课程的城市学校，在《新闻周刊》(*Newsweek*)的排行榜上排名全国第 49 位，但这所学校所有参加考试的 300 名学生均未通过此次考试(Rivera, personal communication, 2003)。

此外，这些新自由主义改革加剧了教育不平等现象。纽约州的数据证明，高风险测试损害了教育成就。完成高中学业的学生越来越少，有色人种学生和残疾学生更少。从 1998 年至 2000 年，辍学率增加了 17%。根据哈佛民权研究中心的一篇报道，目前纽约州是所有州中毕业率最低的，其中非洲裔美国学生的毕业率为 35%，拉丁美洲裔学生的毕业率为 31%(Orfield, Losen, Wald, & Swanson, 2004)。据哈尼(Haney, 2003)报道，目前纽约的毕业率在全国排名第 45 位。标准化测试对英语语言学习者产生了负面影响，而这些语言学习者正是 2002 年文凭获得率最高的少数群体(Monk, Sipple, & Killen, 2001)。最后，残疾学生的辍学人数由 1996 年的 7 200 人增加至 2001 年的 9 200 人。

由于种种原因，《不让一个孩子掉队》法案一直备受责难，其中最主要的原因就是未能实现其既定目标，减少教育不平等现象，也没能达成更容易实现的目标，证明公立学校的弊端以便将其私有化。奥菲尔德(Orfield)在哈佛大学做了一个关于民权的研究项目，在研究报告(2006)的前言中做了如下的总结：

> 《不让一个孩子掉队》法案既没有明显提高学生成绩，也未能缩小种族差距……各州报告的成功经验只是在吹嘘本州测试政策明显提高了当地举行的测试成绩，但是这种成就却未能在独立的国家级考试(国家教育进步评估)中体现出来。(p. 5)

160

尽管最近的新自由主义的教育改革者也许没有实现其提高所有学生的学习成绩的目标,但是他们的改革却显著改变了教育话语以及公共教育的组织和服务方式。教育通常被视为经济增长的关键因素,现在却正在被重组,以培养掌握他们的最终职位所需技能的劳动者。此外,因为学校不应该只为企业服务,而应该和企业一样被置于市场竞争的环境中去,企业高管宣称自己比教育者更擅长组织和经营公共教育系统。因此,企业在教育政策的制定方面发挥了更大的作用,例如,商业俱乐部在决定芝加哥教育政策时就发挥了中心作用,公司和保守派智库在完善和通过《不让一个孩子掉队》法案时发挥的作用也可见一斑(DeBray,2006)。目前,标准化测试、问责制、审核和选择权在教育政策话语中占主导地位。

此外,尽管新自由主义意识形态倡导市场免受政府干预,但正如思拉普和威尔莫特(Thrupp & Wilmott,2003)在上文中所指出的那样,所有市场都需要监管和控制。在芝加哥,根据《不让一个孩子掉队》法案,教育选择是企业和政府共同干预的结果,从而削弱了家长和社区的控制。然而,新自由主义者无法通过直接干预教师的日常生活来控制教学,只能间接地通过标准、测试和市场进行不太明显的干预。标准化测试和其他问责机制使管理实体得以间接地干预课堂教学,只关注结果,同时把实现目标的手段交给学校。鲍尔(Ball,1990)将这一策略描述为"远程控制",然而其他学者则将其描述为"审核"或"评估"的兴起(Clarke & Newman,1997;Gerwitz,2002;Whitty,Powers,& Halpin,1998)。因此,在新自由主义的影响下,对学校的管制由地方层面转至州和联邦层面(Ball,1994;Rose,1999)。由于家长和学生对教育的投入仅限于他们选择的学校,因此被边缘化了。

新自由主义纳入了市场话语和体系,从而改变了我们思考和参与民主的方式。对市场的强调,使聚合式民主取代了协商民主。聚合式民主的形式强调尊重个人的选择权;每个家庭选择他们各自喜欢的学校,有些学校因此得以蓬勃发展,而另一些学校则萎靡不振,最终可能被迫关闭。杨(Young,2000)认为,这种体制强调个人选择,但却忽略了做出这些选择的原因。她指出:"他们的选择是无法解释的,根本无法从内容、缘由或动机的标准去判断这种选择的好坏。它们完全是游离于政治过程之外的东西。"(p. 20)例如,《不让一个孩子掉队》法案规定,家长和学生可以据学校的标准化测试成绩选择报另一所学校,这些成绩在很大程度上反映的可能不是学校的质量,而是学生的社会经济地位。由于这样的选择是家庭的选择,"个人完全不需要考虑自身利益以外的东西"。换言之,他们在做出选择、考虑后果时,不必顾及家庭外其他人的因

161

素。这种决定"缺乏清晰的公众意识,而公众意识是在民主公民及其达成某些决定的动机间的互动形成的"(p. 20)。古特曼和汤普森(Gutmann & Thompson,2004)补充道:

> 聚合式民主有严重的缺陷,不能作为民主决策的原则基础。如果以现有或稍微更正的偏好作为集体决定的底线,聚合性的概念会从根本上接受,甚至可能加强目前的社会权力分配格局。权力的分配可能公平,也可能不公平,但聚合的概念并不提供任何作出决定的原则。更重要的是,他们不提供任何可以改变公民关于分配看法的过程。(p. 16)

关于学校的目标以及应该如何实现和评估这些目标的争论,现在已经结束了。与之相反,协商民主要求人们参与影响他们生活的决策和过程,运用自己的知识与技能去影响周围的人(Young,2000,p. 156)。杨的观点和杜威一样,认为社会机构,特别是学校,应当促进个人的发展,并通过"公民间的交流以及公民与政府官员间的交流实现改变,以公开的、批判性的方式讨论问题"(p. 167)。同样,杜威(1916)也把民主描述成为"一种有关联的生活模式,一种共同交流经验的模式"(p. 87)。马西森(Mathison,2000)在讨论杜威关于协商民主的理念时指出,这需要人们集体决定做什么以及怎么做,"因此,意见的分歧必须通过商议,而不是以强迫或诉诸情感和权力的方式来解决"(p. 236)。这并不能保证问题的解决,但是"只要他们愿意参与关于自身信仰的讨论,只要他们的信仰与现有的最佳证据相符,并且,只要他们对自己的信仰足够开明,那么社区成员可以持反对意见"(p. 237)。

审议模式提供了空间,从而人们可以捍卫自己喜好的正当性,聆听别人的意见,并且在可能的情况下,发现新的理解,达成新的妥协。这种讨论和辩论有一个积极的效果,那就是能够让人们在捍卫自己的观点、倾听对方的观点的过程中,深化自己关于学校教育的目标和过程的理解。公民在加深理解的基础上修正自己的观点,从而确定社会和教育目标的过程,本身也是一个自我教育的过程。此外,杨和杜威都认为,强化公民社会,使其保持相对独立于政府的自治也是非常重要的。如此,就有可能"限制国家权力,使其以更可靠、更民主的方式运作"(Young,2000,p. 159)。

重新把权利和商议引入教育社会公平

鉴于新自由主义者的主要目标是促进经济和企业的发展,同时削弱国家福利,让个人负责自己的福祉,所以他们没能实现他们的承诺并不让人感到惊讶。同时,新自由主义者不让公民参与民主决策,让企业领袖为私人利益而非公共利益指导教育政策(如他们在芝加哥和华盛顿特区所做的),这一点也不令人惊讶。

然而,新自由主义依旧存在,部分原因是在其倡导者的构想中,他们的改革在全球化的经济中是不可避免的。社会学家布迪厄(1998)指出:

> 他们提出的一整套建议看上去都是不证自明的。他们想当然地认为,最大限度的增长、生产力和竞争力,都是人类行为的最终和唯一目标。换言之,经济的力量是不可抵挡的。再换句话说,根据经济学中所有预设之基础的预设,经济与社会被彻底地分离了,社会被弃之不顾了。(p. 31)

作为回应,我们必须审视新自由主义改革对民主制度的危险,同时恢复协商民主,支持给予个人选择权以外的一些权利。在新自由主义者看来,社会公平只需要保证每个人均有市场的准入权即可。如果他们未能取得教育和经济上的成功,那是自己的问题。

相反,我们需要重申社会公平的原则,在此基础上,罗斯福提出了《第二权利法案》,如工作权、居住权、医疗护理权,以及获得经济保障从而免受年老、疾病、事故和失业带来的恐惧,而最重要的还是获得"良好教育"的权利(Sunstein, 2004,p. 13)。哈维(Harvey)在《新自由主义的简短历史》(*A Brief History of Neoliberalism*, 2005)一书中,将在日益全球化的时代我们需要考虑的权利也纳入了上述权利之中,这些权利包括:

> 生存机会的权利;参加政治组织,享受"良好"治理的权利;由直接生产者(工人)管理生产的权利;保持身体完整且不受侵犯的权利;进行批判而不必担心被报复的权利;享有体面、健康的生活环境的权利;对共同财产资源享有集体管控的权利;生产空间的权利(即进入并重建环境的权利);保持差异的权利,以及作为物种

沿袭我们固有的状态的权利(即成为完整的人的权利)。(p. 204)

这些权利应当怎样定义,以及我们应当怎样为之努力还需要仔细考量。正如杜威所说的,我们还需要重新思考所有的社会机构,特别是学校,是如何提倡社会公平理念的,在此理念之下,上述权利将得到重视。学校应该是这样一个地方:在这里,孩子的理性能力能够得到培养;孩子们对自己未来要成为什么样的人,在一个什么样的社会生活有批判性的思考。社会公平要求对新自由主义进行批判,因为它加剧了不公平现象,同时要对社会和公共教学进行彻底的再思考,鼓励协商、民主参与以及个人自治。

(张侃宁 译)

参考文献

Arenson, K. (2003, August 27). New York math exam trials showed most students failing. *New York Times*, C12.

Ball, S. (1990). *Politics and policymaking in education: Explorations in policy sociology*. London: Routledge.

Ball, S. (1994). *Education reform: A critical and post-structural approach*. Buckingham, UK: Open University Press.

Bourdieu, P. (1998). *Act of resistance: Against the tyranny of the market*. New York: The New Press.

Bowles, S., & Gintis, H. (1986). *Democracy and capitalism: Property, community and the contradictions of modern thought*. New York: Basic Books.

Clarke, J., & Newman, J. E. (1997). *The managerial state*. Thousand Oaks CA: Sage.

DeBray, E. (2006). *Politics, ideology, and education: Federal policy during the Clinton and Bush administrations*. New York: Teachers College Press.

Dewey, J. (1915, May 5). *The New Republic*, 3, 40.

Dewey, J. (1916). *Democracy and education*. New York: Free Press.

Dewey, J. (1934). *Experience and education*. New York: Macmillan.

Dewey, J. (1950). *Reconstruction in philosophy*. New York: The New American Library/ Mentor Books. (Original work published 1919)

Dewey, J. (1987). Democracy and educational administration. In J. A. Boysdon (Ed.), *John Dewey: The later works, 1925 - 1953*. Carbondale & Edwardsville: Southern Illinois University Press. (Original work published 1937)

Fones-Wolfe, E. (1994). *Selling free-enterprise: The business assault on labor and liberalism 1945 - 1960*. Urbana: University of Illinois Press.

Friedman, M. (1995, June 23). *Public schools: Make them private*. Briefing paper no. 23.

163

Retrieved from http://www.cato.org/pubs/briefs/bp-023.html

Gerwitz, S. (2002). *The managerial school: Post-welfarism and social justice in education*. New York: Routledge.

Gutmann, A., & Thompson, D. (2004). *Why deliberative democracy?* Princeton, NJ: Princeton University Press.

Haney, W. (2003, September 23). *Attrition of students from New York schools*. Invited testimony at a public hearing "Regents Learning Standards and High School Graduation Requirements" before the New York Senate Standing Committee on Education, Senate Hearing Room, New York.

Harvey, D. (2005). *A brief history of neoliberalism*. Oxford: Oxford University Press.

Henwood, D. (2003). *After the new economy*. New York: The New Press.

Hursh, D. (2005). The growth of high-stakes testing in the USA: Accountability, markets and the decline of educational equality. *British Educational Research Journal*, *31*(4), 605 – 622.

Judt, T. (2005). *Postwar: A history of Europe since 1945*. New York: Penguin.

Kanigel, R. (2005). *The one best way: Frederick Winslow Taylor and the enigma of efficiency(Sloan technology)*. Cambridge, MA: MIT Press.

Katznelson, I. (2005). *When affirmative action was White: An untold history of racial inequality in twentieth-century America*. New York: W. W. Norton.

Lauder, H., Brown, P., Dillabough, J., & Halsey, A. H. (2006). *Education, globalization, and social change*. Oxford: Oxford University Press.

Lee, J. (2006). *Tracking achievement gaps and assessing the impact of NCLB on the gaps: An in-depth look into national and state reading and math outcome trends*. Boston: The Civil Rights Project of Harvard University.

Lemke, T. (2001). "The birth of bio-politics": Michel Foucault's lecture at the Collège de France on neo-liberal governmentality. *Economy and society*, *30*(2), 198.

Lemke, T. (2002). Foucault, governmentality, and critique. *Rethinking Marxism*. *14*(3), 49 – 64.

Levitas, R. (Ed.). (1986). *The ideology of the new right*. Cambridge, UK: Polity Press.

Lipman, P. (2004). *High-stakes education: Inequality, globalization, and urban school reform*. New York: Routledge Falmer.

Lipman, P. (2005). We're not blind. Just follow the dollar sign. *Rethinking Schools*, *19*(4), 54 – 58.

Mathison, S. (2000). Promoting democracy through evaluation. In D. Hursh & E. W. Ross (Eds.), *Democratic social education: Social studies for social change* (pp. 229 – 241). New York: Falmer Press.

Monk, D., Sipple, J., & Killen, K. (2001). *Adoption and adaptation: New York States school districts' responses to state imposed high school graduation requirements: An eight-year retrospective*. New York: Education Finance Research Consortium. Retrieved from http://www.albany.edu/edfin/CR01_MskReport.pdf

Olssen, M., Codd, J., & O'Neill, A. M. (2004). *Education policy: Globalization, citizenship and democracy.* Thousand Oaks, CA: Sage.

Orfield, G. (2006). Forward. In J. Lee (Ed.), *Tracking achievement gaps and assessing the impact of NCLB on the gaps: An in-depth look into national and state reading and math outcome trends.* Boston: The Civil Rights Project of Harvard University.

Orfield, G., Losen, D., Wald, J., & Swanson, C. (2004). *Losing our future: How minority youth are being left behind by the graduation rate crisis.* Cambridge, MA: The Civil Rights Project at Harvard University.

Paige, R., & Jackson, A. (2004, November 8). Education: The civil rights-issue of the twentyfirst century. *Hispanic Vista.* Retrieved (Dec. 11, 2007) from http://www. hispanicvista. com/HVC/Opinion/Guest_Columns/1108Road_Paige-Alphonso_Jackson. htm

Parenti, C. (1999). Atlas finally shrugged: Us against them in the me decade. *The Baffler, 13,*108 – 120.

Peters, M. (1994, June). Individualism and community: Education and the politics of difference. Discourse: Studies in the cultural politics of education, *14*(2),65 – 78.

Rose, N. (1999). *Powers of freedom: Reframing political thought.* Cambridge, UK: Cambridge University Press.

Snedden, D. (1924, November). Education for a world of team players and team workers. *School and Society, 20,*554 – 556.

Sunstein, C. (2004). *The second Bill of Rights: FDR's unfinished revolution and why we need it more than ever.* New York: Basic Books.

Tabb, W. (2002). *Unequal partners: A primer on globalization.* New York: New Press.

Taylor, F. W. (1911). *The principles of scientific management.* New York: Harper Brothers.

Thatcher, M. (1993). *The Downing Street years.* London: HarperCollins.

Thrupp, M., & Wilmott, R. (2003). *Education management in managerialist times: Beyond the textual apologists.* Maidenhead, UK: Open University Press.

U. S. Department of Education, Office of the Secretary. (2002, April) *What to know and where to go: A parents' guide to No Child Left Behind.* Washington, D. C. : Author.

Whitty, G., Powers, S., & Halpin, D. (1998). *Devolution and choice in education: The school, the state, and the market.* Philadelphia: Open University Press.

Winerip, M. (2003, March 12). Passing grade defies laws of physics. *New York Times,* A22, B7.

Wirth, A. (1977). Philosophical issues in the vocational-liberal studies controversy (1990 – 1991): John Dewey vs. the social efficiency philosophers. In A. Bellack & H. M. Kliebard (Eds.), *Curriculum and evaluation* (pp. 161 – 172). Berkeley, CA: McCutcheon Press.

Young, I. M. (2000). *Inclusion and democracy.* Oxford: Oxford University Press

对第二部分的回应：
教育社会公平的国际视角

莉萨·李（*Lisa Lee*）

简·亚当斯(Jane Addams)于1931年获诺贝尔和平奖,成为美国历史上第一位(也是唯一一位)获得诺贝尔和平奖的女性。她曾在芝加哥教育委员会任职三期,成绩斐然。对于亚当斯而言,确保青少年教育的重要性与建立广泛的社会福利体系密不可分。虽然亚当斯因其结束国外军国主义的成就而闻名,但她也强烈地认为,没有公平就无和平可言,而只有当我们创造条件让和平在自己的国家、社区蓬勃发展时,这种公平才得以维持。这些条件包括公共住房、公共卫生、足够生活的工资、社区活动场所和绿地,以及学校里充满活力的艺术和音乐节目,让来自不同背景的年轻人均可以放飞想象,发挥无限的创造力。

此外,还有当时非常重要的一件事,她在1899年帮助建立了美国第一所少年司法法院。该法院位于豪尔安居会(the Hull House Settlement,或译为"赫尔馆协会")对面的大街上,亚当斯就在那里生活和工作。亚当斯坚持认为,我们不应该把那些"不可教化"的学生隔离起来,而是应该思考"我们应当如何回应年轻人的梦想"。这个问题后来成了她最为著名的一篇文章的标题。

如果我们努力提出并回答这个事关我们的公共机构和我们自身的问题,也许有助于确保我们共同的福祉。如今,在亚当斯去世短短几代人之后,"福祉"(welfare)一词的意义却发生了如此深刻和灾难性的翻转。惊异之余,我们有必要问问自己:这是怎么回事?我们的和平意识、公平意识以及与他人团结的意识到底出了什么问题,以至于我们已经看不到这些问题与年轻一代的教育之间密不可分的关系了?

（张侃宁　译）

参考文献

Addams, J. (1994). How shall we respond to the dreams of youth? In *The spirit of youth and the city streets*. Edison, NJ: Transaction Press.

第三部分
种族、民族和语言
追寻教育社会公平

由安妮特·享利(Annette Henry)编辑导读

　　一个残酷的真相是，大部分美国白人对黑人的教育从未有过任何兴趣，除非是为了白人的利益。这里说的不是黑人儿童的语言问题，遭到鄙视的不是黑人儿童的语言，而是他的经历。鄙视孩子的人不能教育孩子，因为孩子承受不了愚弄。任何要求孩子否定自己经历、与自己赖以生存的一切一刀两断的人，都不能教育孩子，因为那样孩子就会陷入万劫不复的深渊，他将不再是黑人，也永远无法成为白人。黑人已经因此失去了太多自己的孩子了。

（Baldwin，1979）

　　种族认同与语言认同是一体双面——我就是我的语言。如果我不能为我的语言感到骄傲，我同样也不会为自己感到骄傲……如果我想说的是西英混合语，但却不得不讲英语或西班牙语，只要我必须去适应说英语的人，而不是让他们来适应我，那么我的语言将是非法的。

（Anzaldúa，1987）

　　白人父亲告诉我们：我思，故我在。我们每个人心中的黑人母亲——那位诗人——在我们的梦里低语：我感觉，故我自由。

（Lorde，1984，p. 100）

　　这部分的各章节讨论了一系列关于语言、种族、文化、公平和正义等方面的问题。哲学家格雷斯·利文斯顿（Grace Livingston）写道：对社会公平的追求需要"探究、揭露和讯问，所谓的正义是如何通过概念范畴、框架结构和社会问题而产生的，这些范畴、概念和问题构成了批判性教育研究在跨学科领域的不同维度"（正在出版）。这些章节对某些认知理解所依赖的话语提出了挑战。每一章都提出了一个案例或数个案例，如某个人的教学方法，特定的语言或历史事件，或文化群体。

　　其中两章探讨了遭受压迫的文化和语言少数群体的双语、民权和人权问题。在第13章中，谢利·泰勒（Shelley Taylor）和托夫·斯库特纳布-坎加斯（Tove Skutnabb-Kangas）审视了库尔德人的案例，包括他们的语言、身份，特别是西方国家的压迫，解释了他们对语言人权问题（LHRs）的争论。美国的少数群体、双语和语言权利问题充满了政治争议和对立情绪。在本章中，泰勒和斯库特纳布-坎加斯谴责了所有社会成员公平的缺失现象。他们认为，类似于欧洲库尔德少数群体深受其害的文化和语言人权的缺失问题,在历史上今天的美国也不断重演。库尔德人的案例在世界性和地方性的语言社区产生了强烈共鸣,这些语言社区发现自己处于不公平的境遇:他们被分散、压迫、殖民,被迫隐身,沦为少数群体,在某些情况下甚至会被杀戮。想想美国对待土著居民和非洲奴隶的方式,和他们对待"不受欢迎的"拉丁裔移民的态度,再想想这些族群的语言被压制甚至被"抹掉"的情况,问题就很清楚了。泰勒和斯库特纳布-坎加斯批判了目前在美国只说主导语言的政策。他们的批评非常及时,正如我们所提到的那样,美国确实仍然信奉单一语言的神话(Edwards,2004)。举一个例子,《不让一个孩子掉队》法案带来的后果是,之前的"双语教学办公室"现在挂上了"美国英语习得和语言教学办公室"的牌子(Spring,2005)。因此,"只说英语"的政策不仅导致了隔代之间的母语流失,更导致了语言上的种族灭绝。我们必须更深入地思考为什么语言不仅只是文化实践的记录,同时也是特定文化精髓的句法和语义表达(Tsuda,1985)。

加劳德特(Gallaudet)大学的两位教育家海伦·图曼(Helen Thumann)和劳伦·西姆斯(Laurene Simms)(第 14 章)为帮助人们理解聋人争取包括身份、文化、语言、课程以及研究等各个方面独立自主的斗争提供了一个历史背景。他们讨论了非聋人社区的霸权性实践——聆听问题。听力研究者和临床专家强化了失聪现象和聋人教育研究中关于听力缺陷/偏差的正常模型。虽然聋人社区的异质化程度远远超过了他们的统计(Padden & Humphries,1988),图曼和西姆斯仍认为应该对聋人的教育进行研究。这种研究应该由聋人进行、为聋人服务、以聋人为对象,并以反非聋人霸权的框架作为参照。此章仍以他们在加劳德特大学的社会政治生活为例,说明社会公平本身蕴含了自我授权,这也是唯一真正的授权行为(Marable,1990)。确实,正如美国黑人民权领袖杰西·杰克逊(Jesse Jackson)所说,1988 年加劳德特大学聋人学生发起了为期一周的抗议,要求选出他们第一位聋人校长,因为"非聋世界没有倾听"他们的心声(Gannon,1989,p. 88)。

最后三章分析了种族问题的各个方面。里奇·李·艾伦(Rickey Lee Allen,第 15 章)和宙斯·莱昂纳多(Zeus Leonardo,第 16 章)讨论了研究文献和教学实践中的白人问题。这两章可以串起来读,因为作者们都通过与未来教师共同完成的反种族主义的工作,解释了米尔斯(Mills,1997)的种族契约理论,并使其复杂化。他们用自己教育学理论中的案例对北美文化中白人的影响和白人种族知识进行了理论化。莱昂纳多认为,虽然白种人避免对种族主义进行分析和讨论,他们却并不缺乏有关种族的知识。事实上,他们是种族化不折不扣的参与者。

莱昂纳多写道:"种族主义的概念是理解美国全貌和历史的核心。"(p. 241)教师教育项目中最艰巨的挑战之一就是让(大多是白人和女性)学生意识到,种族和种族主义并不只是统计数据或与他们本身无关的事件(Berlak & Moyenda,2001;Chapman,2007)。学者告诉我们,种族是美国社会的组成部分,因此白人学生很难克服种族问题(Cochran-Smith,2004;Henry,2005),对他们而言,还要面对米尔斯(1997)所说的"无知的认识论"问题,和白人至上体制的历史与当代实践,以及他们自己在其中的作用。教室是可以进行想象并促进社会转型的场所,同时,它也是一个对教育者而言具有高度争议的场所,这些教育工作者在努力打破边界,并试图改变"白人家长的视角"(Dash,1992)。艾伦批驳了白人的同质性导致白人特性的观点,从而把白人特性这个概念复杂化了。他从相关的文献、自己的教学以及他本人的阿巴拉契亚背景中选取案例,解构了"非贫困白人"和"低地位白人"的现实。艾伦探究了白人,尤其是中产阶级白人或"非贫困"白人是如何拥护白人霸权统治的,同时他还讨论了贫困白人是如何效忠于白人种族政体并从中获益的。和莱昂纳多一样,艾伦的项目旨在引领课程与教学改革,培养教育的批判意识(Freire,1970)。艾伦呼吁人们理解白人在政治和社会结构关系上的异质性。

在第17章中,阿曼达·刘易斯(Amanda Lewis)、卡拉·奥康纳(Carla O'Connor)和詹妮弗·穆勒(Jennifer Mueller)研究了非洲裔美国人的案例,批评关于学生学业成绩和黑人青年的教育研究没有把种族这个文化变量放在足够高的理论层次来讨论。这些研究说明,研究人员未能充分探究跨领域的相关问题,如性别、阶级和来源国。他们说明了这些分析传统的局限性,并提出从另一种理性的视角和"更有效的起点"重新研究这个问题,使之更具解释力。作者们探索了几种多维度的生态学方法,从理论上理解种族和其他相关概念,以及日常的社会、物质和年轻人的教育生活。

作为渴望转型的教育工作者,我们必须注意到,不公平现象已经被司空见惯的理论、政策和实践历史化和自然化了。此外,尽管每章只探讨一个方面或一个群体,我们必须避免"片面"的社会公平模型(Henry,正在出版);我们必须承认社会公平的相互交叉性,正如刘易斯、奥康纳和穆勒所警告的那样。事实上,亚历山大(Alexander,2005)写道:"种族总是被性别化,阶级总是被种族化,性和种族也总是交织在一起。"(p. 156)通过这种交叉性,我们可以帮助教师把学生培养成为这个世界的批判性阅读者和对社会公平孜孜不倦的追求者。

(张侃宁　译)

参考文献

Alexander, M. J. (2005). *Pedagogies of crossing: Meditations on feminism, sexual politics, memory, and the sacred*. Durham, NC: Duke University Press.

Anzaldúa, G. (1987). *Borderlands/la frontera: The new mestiza*. San Francisco: Aunt Lute Books.

Baldwin, J. (1979, July 29). If Black English isn't a language, then tell me, what is? *New York Times*.

Berlak, A., & Moyenda, S. (2001). *Taking it personally: Racism in the classroom from kindergarten to college*. Philadelphia: Temple University Press.

Chapman, T. (2007). *"I feel like I don't have the right to lord it over them": A White teacher's attempts at critical multiculturalism*. Paper presented at the Annual Conference of the American Educational Research Association. Chicago, IL.

Cochrane-Smith, M. (2005). *Walking the road: Race, diversity, and social justice in teacher education*. New York: Teachers' College Press.

Dash, J. (1992). *Daughters of the dust. The making of an African American women's film*. New York: The New Press.

Edwards, V. (2004). *Multilingualism in the English-speaking world*. Malden, MA: Blackwell.

Freire, P. (1970). *Pedagogy of the oppressed*. New York: Continuum.

Gannon, J. (1989). *The week the world heard Gallaudet*. Washington D. C.: Gallaudet University Press.

Henry, A. (2005). Black feminist pedagogy: Critiques and contributions in W. Watkins (Ed.), *Black protest thought and education* (pp. 89 – 106), New York: Peter Lang.

Henry, A. (in press). Feminist theory. In S. Tozer, B. Gallegos, & A. Henry (Eds.), *Handbook of research in the social foundations of educations*. Mahwah, NJ: Erlbaum.

Livingston, G. (in press). Historical memory and the foundations of the critical categories of justice in education. In S. Tozer, B. Gallegos, &. A. Henry(Eds), *Handbook of research in the social foundations of education*. Mahwah, NJ: Erlbaum.

Lorde, A. (1984). *Sister outsider: Essays and speeches*. Trumansburg, NY: Crodding Press.

Marable, M. (1990, May). Toward Black American empowerment. *African Commentary*, 16 – 21.

Mills, C. (1997). *The racial contract*. Ithaca, NY: Cornell University Press.

Padden, C., & Humphries, T. (1988). *Deaf in America: Voices from a culture*. Cambridge, MA: Harvard University Press.

Spring, J. (2005). *American education* (11th ed.). New York: McGraw-Hill.

Tsuda, Y. (1985). *Language, inequality and distortion*. Amsterdam: John Beniamins.

170

13

土耳其、丹麦以及伊拉克库尔德斯坦地区库尔德儿童的教育语言权[1]

谢利·K·泰勒和托夫·斯库特纳布-坎加斯

教育中的语言人权：综述

关于教育绩效的研究表明，语言少数族群（linguistic minority，LM）的儿童在主导语言的沉浸式[2] 学习课程中的表现，往往远逊于同班的以主导语言为母语的儿童。这不仅仅反映在日常应用中，还反映在语言测试（主导语言）和在校学业方面。语言少数族群的儿童淘汰率更高，在校期更短，失业率也更高；有些群体甚至还有吸毒、犯罪以及自杀等现象。这似乎证明，和那些母语就是学校的教学语言的儿童相比，这些孩子似乎并未从教育权中获得同样的利益；而这种差异的根源就在语言。关于这个问题的教育学和社会学观点，以及反映语言人权的人权因素，可参见斯库特纳布-坎加斯（Skutnabb-Kangas, 2000）；关于这个问题的法学观点，可参见瓦雷纳斯（Varennes, 1996）；关于这些观点的概要，可参见马加、尼科赖森、查斯克、邓巴以及斯库特纳布-坎加斯（Magga, Nicolaisen, Trask, Dunbar, Skutnabb-kanga, 2005）。

本文中，我们将土耳其、伊拉克、丹麦等国的库尔德人作为"特殊案例"，以解释语言人权（LHRs）的存在与缺失这一普遍现象。

为什么选择库尔德人？为什么要做比较？

库尔德人常常被称作世界上最大的没有自己国家的民族。由于过去几个世纪中库尔德人居住过的国家（包括叙利亚、阿塞拜疆、伊朗、土耳其以及伊拉克）都没有做过基于语言与种族的人口普查，我们只能估计库尔德人的数量在 2 500 万到 4 000 多万之间，具体取决于统计数字来源的可靠性（McDowall, 2004）。比如，库尔德社会党秘书长凯马尔·伯克（Kemal Burkay）（n. d.）以及维基百科（n. d. -c）给出的在伊朗、伊拉克、叙利亚以及土耳其地区的库尔德人口总数较高，分别为 3 650 万和 3 750 万，另外还有至少 1 500 万的库尔德人散居在其他国家。[3] 土耳其境内的库尔德人口最多，至少为 1 500 万，很可能远远不止。根据美国中央情报局提供的数据（CIA, 2007），库尔德人口已占到土耳其总人口的 20%。[4]

大部分库尔德人把自己视为一个民族。库尔德斯坦（库尔德人在此生活了几百年，经常和其他民族杂居在一起，但大多数情况下他们在自己的地区是个多数族群）的边界并不清晰，但是除了那些在意识形态上最反对库尔德的政治家以外，人们对于何处为库尔德核心地区却并无争议。在土耳其，库尔德人的存在一直不被认可，直到最近。1983 年 4 月 22 日颁布的土耳其法律中关于政治党派第 2820 号法案第 81 款就有下述（近乎超越现实的）规定："在土耳其，禁止宣称少数民族的存在。禁止保护或发展非土耳其文化与语言的行为。"这里的第二部分间接承认了少数民族的存在——如果少数民族不存在的话，又何必颁布法律禁止对其的保护与发展？该条法律于 1991 年 4 月 12 日废除，同一天，《打击恐怖主义法》（第 3713 号）生效。这条法律同样有效但更加隐晦地宣称了少数民族的存在（参见 Skutnabb-Kangas，2000，pp. 517–518）。最近一次否定库尔德人的存在是在《土耳其刑法典》第 301 条中，该条款禁止使用任何关于库尔德人的表述，包括在服装上使用库尔德风格的色彩。对于儿童而言，如果他们的种族、语言甚至存在都被否定了，又怎么可能获得教育中的语言人权呢？

当这些儿童或他们的家长移民到一些西方民主国家，如我们案例中的丹麦，他们就能更容易地享受这些权利了吗？欧盟官方政策赞赏并声称支持多种语言的使用，但是对于欧盟的库尔德人也一视同仁吗？

如果库尔德人能够自己决定如何教育他们的孩子，那么他们会像许多亚洲家长（中国香港地区、新加坡和印度部分地区）一样，选择以英语为教学媒介，还是会选择另一种广泛使用的国际语言，如阿拉伯语？伊拉克库尔德斯坦地区政府管辖下的库尔德儿童拥有教育语言权吗？对于伊拉克境内的库尔德人而言，他们曾经遭受的压迫，尤其最近在萨达姆统治下遭受的压迫，是否让他们学到了什么？库尔德人是否也会反过来压迫伊拉克库尔德斯坦地区的语言少数族群，如亚述人或土库曼人？我们相信，从这三个相关国家对待库尔德人的方式中，可以得到与社会公平普遍相关的经验教训。

库尔德斯坦西北地区（土耳其）的教育语言权（缺失）

很遗憾，本部分只有一句话：从 2008 年早春起，土耳其的库尔德人没有选择教育语言的权利。

所有的教育活动都以土耳其语为媒介。儿童不能在学校学习库尔德语。无论是在托儿所、幼儿园还是学校，都没有以库尔德语为媒介的教育活动。从理论上说，面向儿童与成人的库尔德语课程是被允许的，但是目前有关这种教学的规则却使之基本上不可能实现。

173   以下是 2002—2006 年间的法庭案例，在这些案例中，库尔德语和关于库尔德文化的表述或公开被禁，或被贴上"恐怖主义活动"的标签被禁，而《土耳其刑法典》第 301 条中关于恐怖主义的定义本身就模糊不清。

> 在一个提交至国家安全法庭审判的案例中，有 27 个 11—18 岁的迪亚巴克尔青少年因为主张他们接受母语（库尔德语）辅导的权利而遭到起诉。国家检察官以"帮助（资助）恐怖组织"为由对他们提起诉讼，求刑 3 年零 9 个月。[6]
>
> 2002 年，有学生请愿，要求的只是接受库尔德语选修课教育的权利。然而这一请愿却被判有罪，"因为此要求被视为帮助（恐怖分子）库尔德工人党建立政治组织的行为。2002 年 1 月，内政部要求国家检查官以"加入恐怖组织"的罪名对发起请愿、要求选修库尔德语的学生和家长提起控告，求刑 12 年。截至 2002 年 1 月 23 日，共有 85 名学生和 30 多名家长被判处监禁，1 000 多人遭到拘留（其中包括未成年人），仅仅是因为他们"要求将库尔德语作为第一语言教育的选择权"。[7]

甚至在今天，"广播电视中的库尔德语儿童节目"仍然是被"禁止"的。[8]2005 年 8 月，BIA 新闻中心的一则报道就描述了正在实行的限制：

> "当地媒体业，如果想用土耳其语之外的语言播报节目"，即库尔德语，"必须提交一份宣誓书"，阐明自己的行为与意图，"声明播出节目的目的不是教授此门语言"。[9]

有些试图"学习库尔德语"的教师，只是为以后有机会教库尔德语做准备，即便如此，他们仍然成为"反恐警察"的目标，为莫须有的"企图从事恐怖主义"活动而受到严刑拷打。"12 个人中有 11 个是教师，"有人告诉我们，"他们因在 Kiziltepe 一起学习库尔德语而被警方逮捕、拘留、拷打。"[10]

瑞典通讯社 TT 在 2006 年 8 月 25 日报道说，土耳其当局在伊斯坦布尔缴获 1 208 本库尔德语版的关于 Pippi Långsrump（即 Pippi Longstocking，世界著名童话人物"长袜子皮皮")的图书。这些图书由一家为库尔德人提供教育项目的机构于 8 月 7 日从瑞典寄出。图书被分发至 5 所库尔德村子里的图书馆。众所周知,阿斯特丽德·林格伦(Astrid Lindgren)关于"长袜子皮皮"的图书已经被译成 85 国语言。[11]

在土耳其加入欧盟的谈判过程中,《土耳其刑法典》第 301 条遭到了最严厉的批评。下面我们引用其中与语言关系最密切的部分,同时附上最受尊敬的评论家马丁·希宁(Martin Scheinin)的一段评论。《土耳其刑法典》第 301 条于 2005 年 6 月 1 日的立法改革中正式颁布,专门针对诋毁土耳其民族、土耳其共和国以及国家的基础和机构的行为。这一点体现在该刑法的前两条内容中:

> 1. 公开诽谤土耳其民族、土耳其共和国或土耳其大国民议会的,处六个月以上三年以下有期徒刑。
>
> 2. 公开诽谤土耳其共和国政府、国家司法机构以及国家军事或安全机构的,处六个月以上两年以下有期徒刑。

174

虽然该刑法第 4 条称,"有关批评的言论不构成犯罪",我们在"恐怖主义犯罪活动"的一览表(摘自该刑法第 5 条和第 6 条)中却注意到以下内容:

> 为恐怖组织或出于恐怖主义目的进行宣传的,处一年以上三年以下有期徒刑……根据本段条款内容,以下行为也将判处刑罚:
>
> a) 佩戴恐怖组织的徽章或标志,以表明自身为该组织成员或支持者身份;身着(让人联想到)带有恐怖组织徽章或标志的制服;为掩盖身份,在游行和集会中,部分或完全遮住面部的行为。
>
> b) 出于组织的目的携带海报、横幅、标语、图片、布告牌、器械和其他材料,喊口号或使用音频设备。

联合国打击恐怖主义,促进和保护人权与自由特别报告员马丁·希宁在 2006 年 5 月 21 日发给土耳其国会司法委员会的一封信中告诉土耳其政府,新的反恐法律。

> ……在安全部队使用武力、引入"对自由表达的不合理限制"方面不符合比例均衡的要求,且有惩罚未参与暴力的公民之虞。使用如此宽泛的恐怖主义定义,

加上如此之长的恐怖主义罪行清单,这种危险愈发加剧了。(Fernandes,2006b)

类似的态度也可以在针对该刑法第 19 条有关非政府组织监控言论自由表述的抗议信中找到(Mendel,2006)。

在美国支持的反对"库尔德工人党"的"战争"中,很明显目前在"土耳其法律实践"中使用的"直线推理",实际上就是"因关系而获罪"(Rud,2005,p. 57)。关于这种推理的例子就来自教育领域:

    1. 恐怖组织库尔德工人党鼓吹使用库尔德语的权利,包括在教育领域。

    2. 所以,任何倡导使用库尔德语权利的人都涉嫌支持恐怖组织罪("协助和煽动",土耳其《刑法》第 169 条)。

丹麦库尔德人的教育语言权(缺失)

根据目前的统计,大约有 130 万名库尔德人以外籍劳工和难民的身份居住在欧洲(Council of Curope,2006)。从 20 世纪 60 年代起,丹麦就雇用了许多外籍劳工,直至 1973 年永久性关闭边境。到 1995 年,丹麦境内的外国公民共有 19.5 万人,其中最大的群体来自土耳其(Just Jeppesen,1995)。1995 年,3.5 万名土耳其人居住在丹麦,占来自第三世界国家公民的 30%。1991 年 1 月,18 056 名移民儿童在丹麦的学校就读,其中 7 148 名为"土耳其人"(即土耳其人或库尔德人)(Holmen & Jørgensen,1993)。丹麦人和德国人一样,把所有第三世界国家的移民统称为"土耳其人",尽管他们中的很多人其实是库尔德人(Leggewie,1996,p. 79)。实际上,据统计,早在 1981 年,居住在丹麦的所有"土耳其人"中,60%—70% 的人口其实是库尔德人(Skutnabb-Kangas,1981)。在过去 40 年间,这种错误的分类对丹麦的库尔德儿童的教育语言权造成了非常复杂的影响。20 世纪 60 年代入境外来劳工的子女和孙子女目前已进入丹麦公立学校系统,被称为第二代或第三代移民或是"efterkommere"(直译为"后来者"——并没有说明在谁之后)。对于这些"efterkommere",丹麦官方人口普查数据中将其单独列为一类。

根据丹麦统计局(Statistics Denmark,2006)统计,截至 2006 年 1 月,丹麦的总人口数接近 550 万（5 427 459），其中 31 008 人为土耳其"移民"，24 542 人为土耳其 efterkommere。[12] 考虑到库尔德人在丹麦已居住了 40 年，历经三代，官方文件给出的丹麦民族儿童和其他民族儿童的区别值得关注。这一区别反映了目前丹麦各民族间社会划分的方法，这种划分方法使得接受母语教育成为一部分人的优先权，而非所有人都享有的权利，各种族因此陷入了分裂与对抗。随着最近丹麦教育语言政策的变化，丹麦各地政府仅负责给父母来自丹麦海外自治领地格陵兰岛和法罗群岛以及欧盟其他成员国地区（Kristjánsdóttir，2003）的适龄儿童提供免费的母语教学（作为一门单独的课程而非教学媒介）。各地政府可以为儿童提供母语教育，或者允许以自行组织母语教育为由向移民群体收费。这使得对库尔德儿童通过接受母语教育行使教育语言权的限制变得更为复杂了。现在称为欧盟成员国的许多欧共体国家，根据自己对"民族语言"（national language）这一术语的理解，对 1977 年欧共体有关于移民工人子女受教育的指令作出了不同的解释。这些不同的解释导致了不同的政策，直接影响到哪种语言的移民工人子女可以接受母语教育（MT）。

纵向人种学研究有关库尔德儿童在丹麦受教育情况的调查显示，对于该指令如何应用于欧盟成员国境内的库尔德儿童，不同的调查对象有着不同的解读。一些人认为，丹麦等欧盟成员国有义务为库尔德人提供母语教学，因为库尔德语在土耳其属于一种民族语言。另一部分人则认为，丹麦境内的库尔德民族应当把土耳其语作为母语来接受教育，因为库尔德语虽说是一门（备受争议的）民族语言，但不是土耳其的官方语言。此外还有人认为，丹麦政府不提供以库尔德语为母语的教学，实际上是默认了土耳其当时的民族语言政策（"除土耳其语之外，其他语言一律不得在教学中当作母语教授"，引自《土耳其宪法》第 42 条第 9 款，Skutnabb-Kangas & Bucak，1995，p. 355）。然而，还有一些人认为，无视并非所有的土耳其人都是"土耳其人"这一事实，与丹麦政府在土耳其境内库尔德人的语言权利问题上的不作为（不决策）行为正好契合；由于许多丹麦人认为维护少数族群的语言不符合丹麦性格，不应该成为优先政策，所以少数族群的语言权利在丹麦得不到支持（Taylor，2001）。在这个意义上，无论是过去还是现在，说库尔德语或其他少数族群语言，在丹麦均被视为对丹麦民族的侮辱，就和在土耳其说库尔德语被视为对土耳其民族的侮辱一样。然而，尽管在土耳其或丹麦要求用库尔德语母语教学被视为触犯了《土耳其刑法典》第 301 条（"来自其他国家的土耳其公民如犯下侮辱土耳其民族的罪行，惩罚力度将增大 1/3"），但是这一行为在丹麦却并未（尚未！）触犯丹麦刑法。

176

泰勒(Taylor, 2001)的研究表明,在由相同人数的丹麦学生和土耳其学生参与的丹麦语—土耳其语双语/双文化项目中有一个特点,那就是(隐藏的)库尔德人口:被视为是"土耳其人"的学生中,实际上有一半是库尔德人。研究中最核心的问题是,这种错误的分类是怎样出现并持续下去的?答案涉及很多层面。其中一点,课程要按照土耳其学生和库尔德学生的公民身份,即作为丹麦人还是土耳其人,对学生进行登记。由于流散的库尔德儿童是世界上最大的无国家民族的成员,所以他们"被"隐身、被定义为"土耳其人"了。然而,本项目初期的一个政策文件表明,双语/双文化项目计划委员会实际上意识到(混淆土耳其人和库尔德人)这一潜在的错误。这份报告的4.4节"土耳其和库尔德儿童"(Tyrkiske og kurdiske born)专门讨论了人口的变量问题。内容如下:

> 在本辖区内,土耳其和库尔德的小学生有两个入学选择——双文化学校或单一文化学校,在实践层面将两个群体分开是可行的。毫无疑问,从语言的角度,这种安排是更可取的。但是,这个问题事关土耳其和库尔德两个民族,因此不只是个语言问题。委员会对此评估后认为,如果将这两个民族清晰地区分开来,那么我们将会像丹麦人一样,陷入政治和情绪问题的泥潭。区分民族会带来的后果很难想象。(p. 15)

因此,丹麦政府决定尊重土耳其国内的语言政策,尽管那些库尔德人已经迁徙至丹麦的土地上。

然而这又带来了另一个问题,那就是为什么居住在丹麦的库尔德家长从来没有反对这一政策?再次回归到《土耳其刑法典》第301条,根据该刑法第3条,即使在流散的库尔德人中使用库尔德语教学也是被禁止的。对居住在丹麦的库尔德人("在其他国家的土耳其市民")而言,要求接受库尔德语母语教学是"对土耳其民族的侮辱",其惩罚不只严峻:"惩罚力度将增大1/3"。与库尔德家长、丹麦的土耳其和库尔德教育者的访谈表明,库尔德家长非常害怕因在丹麦寻求以库尔德语为媒介的母语教学而受到负面影响。他们经常回土耳其过暑假,不仅担心自己会受处罚,同时也担心会牵连到在土耳其的亲人。1981年首次向来自土耳其的库尔德裔教师教授库尔德语的阅读和写作课程时,课程的参与者就收到了来自土耳其大使馆的威胁。在此期间授课地点还发生过入室盗窃事件,唯一失窃的东西是参与者的名单。当我们(课程组织者,包括

Tove Skutnabb-Kangas)向丹麦相关部门投诉合法活动(学习如何阅读和写作一门语言)受到干扰时,却未收到任何回复。《土耳其刑法典》第 301 条表明,目前,这种威胁依然存在,它通过限制库尔德语母语教育,有效限制了库尔德家长决定如何教育孩子的能力。因此,丹麦的案例表明,如果儿童的民族、语言以及存在感在某个国家(如土耳其)遭到否认,那么他们在受教育过程中,将无法获得语言人权,或是其行使语言人权的能力可能受到严重的限制。哪怕他们的父母或祖父母移民到一个丹麦这样的西方民主国家,也是如此。库尔德人的库尔德特性遭到"否认",一方面是因为他们是一个没有国家的民族,另一方面是因为丹麦民族将维护非丹麦母语教学视为对丹麦民族的侮辱,同时,土耳其的凯末尔主义者(凯末尔·阿塔图尔克理念的追随者)将维护库尔德母语教学视为对土耳其民族的侮辱。这些因素综合起来,解释了丹麦的库尔德儿童教育语言权缺失的现象。

177

南库尔德斯坦(伊拉克)的教育语言权

南库尔德斯坦地区(伊拉克北部)有 550 万人口,其中绝大多数为库尔德人,但如今情况已经大不相同。该地区(面积约为 8 万平方公里,约占伊拉克总面积的 18%)包括埃尔比勒、苏莱曼尼亚、杜胡克、基尔库克等省以及迪亚拉省和尼内瓦省的部分地区。在伊拉克境内的五百多万库尔德人口中,有三分之二的人居住在上面提到的前三个省(Kurdistan Democratic Party, KDP, n. d-a)。这三个省属库尔德地区政府管辖(Kurdistan Regional Government, KRG;2006),其余的依旧由伊拉克政府管辖。

南库尔德斯坦的所有教育,包括大学教育,都是免费的。联合国受教育权特别报告员托马舍夫斯基(Tomasevski, 2006)在提交给联合国的最后一份报告中,对 170 个国家的教育免费或付费程度进行了考察。在这些国家中,半数以上的教育,甚至小学教育都是付费的(见托马舍夫斯基文件中的表 25)。从小学中消除经济贫困基础的全球模式是"减轻贫困"全球战略的一部分。教育花费经常超出穷人力所能及的范围。目前的趋势是,由原来的免费义务教育向市场导向的教育转变,甚至连小学教育的经费也由政府承担转变为家庭预算。从这个角度看,南库尔德斯坦的做法确实值得赞扬。伊拉克库尔德斯坦地区的"教育阶梯"包括,"2 年学前教育,针对 4—5 岁的儿童(非义务);6 年初等义务教育,针对 6—11 岁的儿童;6 年中等教育,包括两段为期 3 年的教育,以及 2—6 年的高等教育"(KDP,n. d. -b)。

　　萨达姆执政期间,南库尔德斯坦地区的所有教育都是以阿拉伯语为教学媒介的;然而,自从 1991 年"安全港"(禁飞区)建立后,库尔德人取得了自身对教育的行政控制权。伊拉克新宪法第 4 条于 2005 年 10 月 15 日通过,内容如下:

　　　　第一:阿拉伯语和库尔德语是伊拉克的两大官方语言。伊拉克人用母语教
　　育儿童的权利,如土库曼语、古叙利亚语以及亚美尼亚语,应根据教育方针,在政
　　府教育机构和任何私人教育机构得到保障。(Wikipedia,n. d. -a)

　　目前,库尔德斯坦的库尔德儿童学习的所有科目均以库尔德语作为教学媒介。南库尔德斯坦教育部小学和幼儿园总干事阿卜杜勒阿齐兹·S·法利斯(Abdulaziz S.
178　Faris)告诉住在埃尔比勒(库尔德语称其为豪莱尔)的本文第二作者,在小学阶段,对库尔德儿童而言,英语也是一门必修课程(私人通信,2006 年 3 月)。法利斯(私人通信,2006 年 3 月)进一步评论说:母语为亚述语、土库曼语以及阿拉伯语的儿童在库尔德斯坦依旧使用亚述语/古叙利亚语、土库曼语以及阿拉伯语接受教育;这些儿童把库尔德语和英语当作第二语言或者是外语来学习,少数民族在教育部有自己独立的部门,并配有总干事。本文第二作者与土库曼语教育总干事法拉丁·巴哈丁(Fakhradin Bahaddin)、亚述语教育总干事纳扎尔·汗那·基佐(Nazar Hana Khizo,私人通信,2006 年 3 月)在位于埃尔比勒的教育部见过多次。这些会见给她留下了这样的印象:与新宪法生效前后的情况相比,这些总干事们对目前少数民族群体在教育领域所处的地位十分满意。但是批评的声音显然依旧存在(有关亚述语教育,参见 Odisho,2004)。

　　亚述语/古叙利亚语、亚美尼亚语、迦勒底语、土库曼语以及阿拉伯语在被当作母语教授的同时,也作为选修课程对那些想学习它们的人开放,但是英语(以及为非库尔德语使用者开设的库尔德语)却是必修的第二语言/外语。在与本文第二作者的一次私人晚餐中,前教育部长阿卜杜勒-阿齐兹·塔布(Abdul-Aziz Taib)说:"世界上每一个儿童都有接受母语教育的权利。"(私人通信,2006 年 3 月 15 日)[13] 在本文第二作者和前部长及其兄弟穆伊德·塔布(Mueyed Taib)律师[14] 共同出席的私人晚餐中,阿卜杜勒-阿齐兹·塔布(私人通信,2006 年 3 月)再次重申了这一观点。由此可见,在伊拉克库尔德斯坦地区,无论是库尔德儿童还是其他大多数少数民族的儿童,其基本的语

言人权都是受到尊重的。

当然,问题还是存在的。中东媒体研究所(Middle East Media Research Institute, MEMRI)中东经济研究项目的资深分析师尼姆罗德·拉斐利(Nimrod Raphaeli, 2006)称:

> [在]中东经济研究项目中,库尔德语和英语将是两种主要语言,而阿拉伯语 和其他的少数民族语言一样,将成为选修课程。毋庸讳言,新一代的库尔德人,包 括许多在库尔德的大学读书的学生,都无法熟练地使用阿拉伯语。这种情况会造 成一个严峻的问题,那就是他们将来如何融入联邦制度下的伊拉克社会。(n. p.)

尽管库尔德斯坦的繁荣是显而易见的,可是,腐败、任人唯亲和糟糕的治理问题也 同样明显。此外,在伊拉克的其他地区仍然存在缺电少油的情况,使大量库尔德人的 生活十分艰难。贫困也是个严重的问题。尽管本地和海外投资促进了经济的快速发 展,许多家庭的生活水平仍处于贫困线以下。所有这些都对儿童的健康造成了影响, 包括粮食的供应和摄取。

包括教材在内的学校资源与供应依旧十分匮乏。尽管出于好意,教师培训依旧非 常传统,往往非常专制,而且供不敷求。把学校里基本上不用的语言作为教学媒介,不 但费时费力,还需要进行大量的培训。目前,语言规划里尚无培训计划,因为在此之前 首先要有个语料库规划和语言习得规划。这里还存在着另一种风险,那就是来自美国 和英国的出版社以及其他机构的不合理"建议"。这些建议之所以被接受,一方面是因 为迫切需要,另一方面则是因为人们缺乏关于语言与教育的科研意识与经验。但是可 以感受得到,人们的意图和动机都是好的。这一点从包括儿童杂志在内的儿童文学繁 荣方面就不难看出来。

伊朗、伊拉克、叙利亚、土耳其以及苏联的库尔德人及其语言简史　　179

库尔德人是中东最古老的居民之一,库尔德斯坦属于古美索不达米亚文明 (Skutnabb-Kangas & Bucak, 1995)。库尔德语蕴含着丰富的遗产,至少已有 3 000 年 的历史,最古老的库尔德文学读本可以追溯到库尔德斯坦的伊斯兰化以前(Skutnabb-

Kangas & Bucak，1995)。根据 1923 年的《洛桑条约》，库尔德斯坦被土耳其、伊朗、伊拉克、叙利亚以及苏联五个国家瓜分(Chaliand，1993；Mauriès，1967)，随后库尔德语言群体也变得四分五裂。从那时起，库尔德人被置于土耳其、伊朗、伊拉克和叙利亚的殖民统治之下，数十万库尔德人被逐出家园，流离失所，迁移至这些占领国(occupying states)的其他地区，或被迫逃往他国。因此，库尔德人很难像其他聚居在一起的语言族群一样发展自己的语言(Skutnabb-Kangas & Bucak，1995，p. 351)。

库尔德语有四种不同的方言，但最主要的有两种(Hassanpour，1992)，一种是库尔德语北部方言北库尔德语(Kurmanji)，在伊拉克库尔德斯坦北部、高加索、土耳其、叙利亚以及伊朗西北部地区使用。另一种是库尔德语中部方言库尔德语(Kurdi)或称索拉尼语(Sorani)，在伊朗西部和伊拉克库尔德斯坦中部地区使用。北库尔德语是使用最多的一种方言，尤其是在土耳其，据估计，全世界 75％ 的库尔德人都说北库尔德语(Chyet，1992，p. xix)。在过去一百年间，库尔德人被迫从主要使用库尔德语的省份迁移至土耳其内部地区。虽然北库尔德语言并未因此完全消失，但是较之前已经有了很大的变化。受土耳其化的相关政策影响，库尔德人被从东部省份驱逐至内部地区，于是出现了普遍的借词现象，"库尔德语词汇……在库尔德斯坦的不同地区朝不同的方向演变着"(Skutnabb-Kangas & Bucak，1995，p. 352)。土耳其化政策还造成了另一个负面影响，那就是被剥夺了语言人权(如以库尔德语为媒介的教学)的库尔德人从来没有机会学习用他们的母语进行阅读和写作。

1972 年，世界范围内的库尔德人中，有 82％ 认可自己的库尔德身份，这些人集中在土耳其东(南)部边界主要使用库尔德语的八个省份(Bulloch & Morris，1993，p. 180；Kendal，1993，p. 39；McDowall，1991,2004)。哈桑普尔(Hassanpour，1992，p. 22)的"地图 9"(Map 9)显示，北库尔德语和扎扎其语(Zaza/Dimilî)[15] 的使用者集中在两个被主要使用库尔德语的省份包围的区域。这意味着用这两种方言作为教学语言是可行的，但是，被用作教学媒介的却是地位更高的语言(英语)，真实的情况正如肯德尔所言："在土耳其，没有一所学校用库尔德语教学，尽管使用这种语言的人数占土耳其总人口的四分之一。"

由于语言与方言间的界限模糊，出于政治上的原因而非语言上的原因，人们无法分清究竟存在着一种由几种方言组成的库尔德语，还是几种库尔德语。不过，维基百科还是罗列了以下库尔德语的次方言：北库尔德语(Kermanshahi)、莱基语(Laki)、古拉尼语(Gorani)以及扎扎其语(Zazakî/Dimilî)。尽管不清楚有些语言或方言(如扎扎其语)是否可以称为"库尔德语",绝大多数说扎扎其语的人还是将自己视为库尔德人,把自己的语言视为一种库尔德方言。再如网上有一家教授北库尔德语、索拉尼语(Sorani)以及扎扎其语(Dimilî)语的库尔德学校,其创始人(Diljen,2006)就把扎扎其语(Dimilî/Zazakî)描述成一种300万库尔德人使用的库尔德方言。

　　《洛桑条约》同样使库尔德语书写系统变得四分五裂。例如,伊拉克和伊朗的库尔 180 德语字母表是阿拉伯语字母表的修改版,土耳其和叙利亚使用的是修改后的拉丁语字母表,而定居在原苏联境内的库尔德人使用的则是修改后的斯拉夫字母表(维基百科,n. d. -b)。

比较与比较后得到的教训

　　我们可以通过考察下述情况的程度来分析儿童的教育语言人权问题:

　　1. 他们的母语被接受和尊重;

　　2. 他们能完整地学习自己的母语(这是他们主要的教学语言);

　　3. 他们没有被强迫改变语言;

　　4. 他们学习一门官方语言;

　　5. 不管他们说的是哪种母语,均可从所受教育中获益(详情可见 Skutnabb-Kangas,2000,pp. 501 - 505)

　　从其中的三项描述中可以清晰地看出,南库尔德斯坦的库尔德儿童(很大程度上还有亚述和土库曼儿童)在教育中享有基本的语言人权。

　　然而另一方面,土耳其和丹麦都损害了库尔德儿童的语言人权。土耳其公然、粗暴地使用了恐吓、威胁、公开禁止、监禁以及酷罚的手段。丹麦的手段则比较巧妙隐秘,多为暗中禁止,不知不觉地将库尔德语从教学中抹去。这两个国家都美化自己的官方语言与文化(土耳其语和丹麦语),贬低库尔德语言和文化(在丹麦,其他少数民族语言也被贬低,如阿拉伯语,其他文化与宗教也受到贬低,特别是伊斯兰文化)。

　　土耳其共和国的建国元勋、首任总统凯末尔·阿塔图尔克(Kemal Atatürk)[16] 这样看待土耳其语:

　　　　土耳其语是世界上最美丽、最丰富、最简洁的语言之一。因此,每一个土耳其人都热爱自己的语言,努力提升土耳其语的地位。土耳其语是土耳其民族神圣的宝藏。虽然土耳其历尽灾难,但是她的道德价值、风俗习惯、民族记忆、兴趣取向等,总之,所有使土耳其能够成为国家的一切,都通过她的语言保存了下来。(Virtanen,2003,p.15)

丹麦人民党的几位极右翼国会议员也曾对丹麦的民族性有过类似的赞美(2007)。只要在该党的主页(Dansk Folkeparti,n.d.)上搜索"sprog"(语言)一词,就会看到这类词语。

土耳其和丹麦在贬低库尔德语的做法上有所不同。在土耳其,库尔德人长期以来一直被称为"山地""土耳其人"。当"库尔德语"一词在土耳其出现时,人们并不把它视为一种独立的语言,而是一种土耳其方言。然而事实上库尔德语属于印欧语系,土耳其语则不是——这两种语言毫无关联。下面的一些例子反映了库尔德语和库尔德民族受到的压迫。

"我们国家没有少数民族",1990年2月,一位"来自安卡拉的高官"对纽约时报记者艾伦·考威尔(Alan Cowell)如是说。

1989年5月,土耳其国家安全委员会发起了一场运动,否认独特的库尔德民族和库尔德语言的存在。他们发行的宣传手册被分发到东南部地区的各个学校,声明库尔德语不是一种独立的语言,而是一种土耳其方言。

"从来就不存在库尔德民族或库尔德国家。库尔德人只是土耳其文化与习惯的载体。人们想象中的新库尔德斯坦地区曾经是土耳其原住民的家园……库尔德语是土耳其语的边界方言。"——奥汉·图尔戈根(Orhan Turkgogan)博士(均引自 Fernandes,2006a)

另一方面,在丹麦,中立和右翼政客认为所有移民丹麦的少数民族语言都是无用的语言(不决策政策由此而生),妨碍丹麦语学习。他们甚至称丹麦语为"第二代"(即移民少数民族的孩子)的母语:

"毫无疑问,那些只在丹麦短暂居留的难民应该保留自己的母语。但是如果一个人在丹麦出生长大,而且将在这里生活一辈子,那么他的母语就是丹麦语——就是这样。"（Svend Erik Hermansen，社会民主党，引自 Skutnabb-Kangas 2000，p. 109）

土耳其和丹麦政府都对这两种语言间的关系作了辩解，这是为了让强制性的语言与文化的同化政策看上去是行之有效的，是对少数族群唯一合理的政策——是为他们好，国家教育当局正在"帮助"少数族群的儿童。有趣的是，土耳其和丹麦虽然都不是殖民地，但却都在学习美国的榜样。美国人屠杀或强行同化原住民，从他们的土地、水源和其他物质资源攫取利益，土耳其人则企图在肉体、语言以及文化层面，彻底排除库尔德成为一个民族的可能性。美国不能容忍其他语言和文化，将其视为"非美国"，是对"美国性"的威胁，同样，土耳其和丹麦（的许多政治家）将其他语言文化视为对国家完整性的威胁，会贬低"土耳其性"/"丹麦性"。美国大力支持土耳其对"库尔德工人党恐怖分子"（即全体库尔德人）的战争（见 Skutnabb-Kangas & Fernandes，2008），土耳其和丹麦针对库尔德人种族灭绝的意识形态与美国过去和现在实行的对原住民肉体上的种族灭绝和（对移民）文化语言上的灭绝性同化政策可以说是异曲同工。在下面引用的罗斯福的话中，我们只需把"移民"改为"库尔德人"，把"美国人"改为"土耳其人/丹麦人"，把"英语"改为"土耳其语/丹麦语"，就可以看到从 1923 年至今土耳其的意识形态和现在丹麦的意识形态：

> 首先，我们应当坚持一种观点，那就是如果移民来到美国，融入我们，诚心诚意成为美国人，那么他们应当和其他人一样得到平等的待遇，因为如果出于信仰、出生地以及血统的不同而歧视这些人，就是一种暴行。但是这就意味着这些人在所有的方面都成为了美国人，不能再有其他身份……在美国只能忠诚于美国。任何声称自己除美国人身份外还有其他身份的人，根本不能算美国人。我们的土地上只能树立一面国旗，那就是美国国旗……我们只有一种语言，那就是英语……我们只有一份独一无二的忠诚，那就是对美利坚民族的忠诚。(p. 554)[17]

以上的话引自罗斯福（Roosevelt，1919）。无独有偶，下面阿塔图尔克（Atatürk，1931）的话更令人震惊：

> 语言是一个国家的核心特征之一。土耳其的国民首先必须说土耳其语……　　182

那些说其他语言的人在国家处于困境时，可能会联合说其他语言的其他人打击我们。（穆斯塔法·凯末尔·阿塔图尔克，引自 Meiselas，1997，p. 145）

这种强制同化的背后，有一个主要的全球性原因：有一种错误的假设认为，少数民族的存在必然会导致一些人的不忠诚和民族国家的分裂。这一假设本身就是错误的。事实上，往往正是由于人权（包括少数民族权利、语言和文化人权）的缺乏，在民族和语言差异与经济和政治不公平交织在一起的时候，就会导致冲突，使少数民族萌生脱离国家的愿望。

全球范围内的比较：面对母语与自身未来之间的抉择，同化并非自由选择

根据联合国（1948）通过的《防止及惩治灭绝种族罪公约》（Genocide Convention）的定义，对少数民族的同化教育就是种族灭绝的行为。土耳其系统性对待库尔德人的方式符合本公约第二条所列的五种种族灭绝的定义：

本公约内所称灭绝种族系指蓄意全部或局部消灭某一民族、人种、种族或宗教团体，犯有下列行为之一者：
（a）杀害该团体的成员；
（b）致使该团体的成员在身体上或精神上遭受严重伤害；
（c）故意使该团体处于某种生活状况下，以毁灭其全部或局部的生命；
（d）强制施行办法，意图防止该团体内的生育；
（e）强迫转移该团体的儿童至另一团体。
（UN，1948，E793）

根据第二条（e）款"强迫转移该团体的儿童至另一团体"和第二条（b）款"致使该团体的成员在身体上或精神上遭受严重伤害"（强调斜体为笔者所加）的定义，土耳其和丹麦在库尔德族儿童的教育问题上犯了灭绝种族罪。下面举几个世界其他地区的案例，说明根据这两个定义，教育是如何被用来实现灭绝种族的目的（更多详情可见 Skutnabb-Kangas，2000）。

其中一个案例是皮尔霍·杰纳夫(Pirjo Janulf, 1998)对瑞典的九年级芬兰裔儿童进行的一项大规模纵向调查。调查发现,所有的教学活动都是以瑞典语为媒介的——当时没有以芬兰语为媒介授课的班级。15 年后,杰纳夫再次回到瑞典,找了尽可能多的当初芬兰裔的试者,结果发现,即使他们自己并没有完全忘记芬兰语,但是没有一个人对自己的孩子说这门语言(Janulf, 1998, p. 2)。他们的孩子也被强行转移至多数语言族群。这就是土耳其和丹麦企图通过教育对库尔德儿童所做的事。

1998 年,在引自马丁(Martin, 2000a)的一份加拿大报告("基蒂克美奥特地区防止因纽特语消亡的斗争")中提到了因纽特儿童的遭遇,在整个教育生涯中,他们只接受过以英语为媒介的教育。当他们步入青少年阶段后,已无法与他们的祖父母流利地交谈。土耳其和丹麦境内库尔德儿童的情况也一样。同化教育本身就是种族灭绝行为,因为它在语言和文化的层面,强行把儿童从他们自己的族群转移至其他族群。

183

威廉姆斯(Williams, 1993, p. 24)曾在赞比亚和马拉维做过一项研究,调查对象为 1 500 名一年级到七年级的学生。赞比亚学生从第一天起就以英语为媒介接受教育,而马拉维的学生在入学后前四年以当地语言、主要是母语接受教育,而英语只是一门课程,从五年级开始才切换至英语媒介教学。大部分赞比亚学生"两种语言的阅读能力都很弱,或者根本不具备两种语言的阅读能力"。威廉姆斯(1995)说,即便是英语的测试成绩,赞比亚的学生依旧稍稍落后于马拉维的学生。除此之外,马拉维的儿童还学习母语的读写。威廉姆斯(1998)总结道,将英语作为教学媒介的政策存在着明确的风险,可能会阻碍而不是促进学生的学业和认知发展。从《防止及惩治灭绝种族罪公约》的意义上,这已经构成了"精神上遭受严重伤害"。土耳其(以及丹麦)的许多库尔德儿童的教育也很有可能阻碍他们的认知和学术发展。

1985 年,凯瑟琳·佐祖拉(Katherine Zozula)和西蒙·福特(Simon Ford)在加拿大发表了一份关于接受以英语为媒介的教育的因纽特儿童的调查报告,题为"基瓦丁地区的双语教育"(引自 Martin, 2000a)。该报告讨论了该地区因纽特学生英语和因纽特语读写能力都很差的情况,读了九年以后只达到四年级的水平。米克·马龙(Mick Mallon)和亚历克西娜·库布鲁(Alexina Kublu)(1998,引自 Martin, 2000b)证实了这个观察的结论,并指出许多年轻因纽特人无法熟练使用英语和因纽特语,并且表现出无所谓的态度。这可能与土耳其的许多库尔德儿童和丹麦的一些库尔德儿童的情况类似。

在美国,少数群体语言人权缺失的情况也与土耳其以及丹麦的情况类似。这也是妨碍美国少数群体成员实现成就的一个主要因素。《不让一个孩子掉队》法案中的高风险测试和其他措施也没能有所帮助。贝克尔(Baker，2006)认为，《不让一个孩子掉队》法案的核心就是让州、学区和学校为英语熟练程度有限的(LEP)学生的表现负责(p.198)。实际上，该法案的目的是"通过惩戒失败来显示年度英语评估的进步"；因此，这项法案的重点就是加快学生的英语习得速度(Edwards，2004：120)[18]。但从实际情况看，在提高英语学习者的能力方面，《不让一个孩子掉队》法案并未达到既定目标。

《不让一个孩子掉队》法案同样也没能在整体上提升学生的数学与阅读成绩。Stephen Krashen(2007a)引用了两项研究的结论，详细记录了该法案的效果与它的目标之间有多大的距离。一是哈佛民权项目发表的李(Lee，2006)的报告，二是伯克利加州教育政策分析中心的富勒(Fuller)等人(2006)撰写的报告，两份报告都提到：

> 自《不让一个孩子掉队》法案通过以来，国家阅读测试成绩并无些许改善，数学成绩的提升速度与法案颁布前也毫无二致。李的报告得出的结论与白宫的声明相反，种族群体之间的差距以及高低收入群体间的差异几乎没有改变。

如果像贝克尔(2006)所示，《不让一个孩子掉队》法案的目的是提高英语学习者的能力，并且也如凯瑞舍恩(Krashen，2007a，2007b)所报告的，主导群体和少数群体儿童之间的差距并没有改变，那么政府当时制定、最近又再度授权执行这个法案的动机是什么？

克劳福德(Crawford，2000)概述了以主导语言为唯一媒介的缩减型*沉浸式教学与美国进行的唯英语运动之间的联系。在意识形态上，唯英语运动和罗斯福(Roosevelt，1919/1926)的观点非常接近，其中混杂了罗斯福对平等和效忠国家的理解。对于罗斯福、阿塔图尔克以及很多支持唯英语运动的丹麦人和美国人而言，效忠一个国家，意味着——只有一个美国、一个土耳其或一个丹麦——其象征就是只说一种语言：英语、土耳其语或丹麦语。克劳福德(2000)认为，有些人抱着只能说英文的心态，对他们来说，母语教学只代表个人对社会多样性的适应，但是这种适应具有危险

184

---

*指第二语言学习中，第二语言干扰了母语的学习，从而替代了母语，把母语"削减"掉的现象——译者注。

性,有可能会导致主导群体成员向社会平等的一端"下滑"。如此,"白色盎格鲁-美利坚人种的优势会不会越来越少? 让每个人都享有语言人权? 这种前景对特权阶层和权力阶层,以及持相似世界观的人来说,无疑是恶梦"(p. 28)。将土耳其语或丹麦语换成英语,与唯英语政策如出一辙。

虽然人们对少数族群儿童语言适应问题的恐惧似乎有些夸张,但是当这种恐惧转换成国家语言教育政策时,就会产生有害的影响。以主导语言为唯一媒介的缩减型沉浸式教学可能会招致对原住民、少数群体或主导语言群体学生的严重精神伤害。这种尝试往往能成功地强行将他们转移到另一个语言群体。这就是语言上的种族灭绝。

一种行为要被定性为灭绝种族罪,还必须有犯罪故意。这些国家是否有意"强迫转移"某一"团体的儿童至另一团体",并"致使该团体的成员在身体上或精神上遭受严重伤害"? 是的,很遗憾,这些国家确实有这样的犯罪故意。许多案例显示(如,Fernandes, 2006a, 2006b, in press-a, in press-b; Skutnabb-Kangas & Fernandes, 2008),土耳其一直怀有抹杀库尔德语和库尔德人身份的犯罪故意。从过去到现在,无数文件均公开表达了这一故意。虽然丹麦种族灭绝的故意相对不太明显,但是人们仍旧能够从效果判断出它的故意。

主导语言为唯一媒介的沉浸式教学项目"得到了广泛的证实,对使用少数语言群体的学生收效甚微"(May & Hill, 2003; May, Hill, & Tiakiwai, 2003,一项彻底的两卷本双语教育研究调查)。这就是土耳其正在对库尔德儿童使用的模式。19 世纪末,缩减型教学模式的负面结果就已经很清楚了。国家和教育当局(包括教会)获悉这一情况已经很长时间了(Hough & Skutnabb-Kangas, 2005)。自联合国教科文组织(UNESCO, 1953)专家组图书《教育中通俗语言的使用》(*The Use of Vernacular Languages in Education*)的出版算起,关于原住民与少数群体教育组织的"现代"研究成果至少已有 50 年的历史。如果各国不管这些,不管恰当的添加型教学*取得的积极成果,在知晓其消极结果的情况下继续实施缩减型教育,且不提供其他选择,那么"转移儿童","致使"他们在"精神上遭受严重伤害"就一定是主观故意的。

土耳其和丹麦应该怎么做呢? 从研究中可以知道,对于处于社会底层的土著或少数族群儿童而言,接受以母语为主要媒介的教学时间越长,使用主导语言的能力也就越强。当然前提是他们接受的是高质量的教学,最好是双语教师的教学。如果土耳

---

* 指第二语言的学习没有干扰母语的学习,两种语言都被习得的情形。——译者注。

185　　其/丹麦想让库尔德儿童学好土耳其语/丹麦语,最好的方法就是聘用通晓土耳其语/丹麦语和库尔德语的双语教师,使用库尔德语为主要教学语言,同时把土耳其语/丹麦语作为一门语言课程来教。有人说学生的背景如此多样化,母语教学实不可行,这一点经常被用来解释没有提供双语教育的理由。但是本文已经显示,即使在库尔德儿童的数量足够多、完全可以采用双语教育的许多地方(如土耳其东南边境库尔德人最为集中的八个省份),库尔德人依旧没能享受母语教学。土耳其和丹麦在这方面过于短视,只关注所谓的对其官方语言的诋毁,与此相比,(伊拉克)南库尔德斯坦的做法却相当有远见。

　　尽管(伊拉克)南库尔德斯坦体系还远未达到其目标,但却构思并实施了三语教育的体系。这种体系可以与印度得失参半的三语教学方案相媲美(请参阅 Annamalai,1995,1998,2001,2003,2005;Mohanty,2000,2006 等)。如果这种构思可以转化为政策,并像(伊拉克)南库尔德斯坦一样,在物质条件和政治上面临许多挑战的地区付诸实践,那么,土耳其和丹麦学校的目标最起码应该是培养适龄儿童使用三种语言:

　　　　1. 对于所有人:母语(阿拉伯语、亚美尼亚语、丹麦语、库尔德语、土耳其语等);

　　　　2. 对于所有少数民族:国家的主导语言(土耳其语或丹麦语);对于土耳其语或丹麦语使用者:国内少数族群语言;

　　　　3. 对于所有人:英语(或另一门主要的国际语言)。

　　土耳其和丹麦的学校有条件实现(伊拉克)南库尔德斯坦三语教学体系的构想,既能让少数民族儿童保持自己的语言和身份,又能让他们享受母语为媒介的教育的优势。丹麦和土耳其所欠缺的,是像南库尔德斯坦那样代表语言少数群体儿童利益的良好意图和动机。但是他们的语言沙文主义却牺牲了以母语为媒介的教育带来的就业前景、身心健康、生存机会以及社会公平。这对所有居住着原住民、少数族群以及受压迫的多数群体的国家都是一个值得借鉴的教训。欧洲安全与合作组织(欧安组织,OSCE)的 55 个成员国,包括加拿大和美国,都有负责少数民族事务的高级专员,其主要责任是防止民族冲突。根据欧安组织的第一位高级专员马克斯·范德·斯托尔(Max van der Stoel,1997)的报告,他曾与很多少数民族进行过交流,发现他们的诉求主要有两个:一个是享有更多的政治和经济权利,另一个是以母语为媒介接受教育的权利。1996 年欧安组织颁布了《关于少数族群教育权利的海牙建议》(*The Hague Recommendations Regarding the Education Rights of National Minorities*)(Foundation for Inter-Ethnic Relations, 1996),为少数族群的教育提供了权威的指导原则。范德·斯托尔(1997)从国际法的角度进行了解释,他说:

> ……在工作过程中,我越来越意识到,教育对保护与深化少数族群成员身份意识有着至关重要的作用。显而易见,对于少数族群而言,加强母语教育也是至关重要的。(p. 153)

《海牙建议》(1996)提倡在小学和中学阶段主要提供以母语为媒介的教学,聘用掌握少数族群儿童的母语并以官方语言(或"国家语言")为第二语言的双语教师。《海牙建议》(1996)的注释中提到:

> 在沉浸式教学方法中,所有课程全部以国家官方语言为媒介开展,并且把少数族群儿童与多数族群儿童融合在一个班里,但是这样的做法并不符合国际标准。(p. 5)[19]

186

联合国(2004)人类发展报告将文化自由与语言权利和人类发展联系起来,提出:

> "鼓励"个人融入主流文化最有效的手段,莫过于使他们的母语在获得经济、社会和政治回报等方面毫无用处。面对这种母语与前途之间非此即彼的选择,是否接受同化并非自由的选择。(p. 33)

最基本的社会公平要求,儿童不需要在母语和前途之间做出选择;然而,本章所述的三个案例则显示,丹麦和土耳其的库尔德族儿童必须在他们的母语和自己的前途之间做出选择,因为这两个国家并不提供库尔德语母语教学。虽然(伊拉克)南库尔德斯坦地区的教育体系并不理想,仍面临着很多物质条件和政治方面的困难,但是这并没有阻止这个地区构想、推行并提供三语教育体系。因此,(伊拉克)南库尔德斯坦的案例对丹麦、土耳其和其他国家具有示范作用,因为它不仅保障了库尔德儿童的教育语言权,还为所有语言少数族群的儿童争取了教育的社会公平。因此,本章在重点阐述土耳其、丹麦和伊拉克三国是如何对待库尔德人的同时,还为所有关心语言与文化公平的教育工作者提供了具有普遍意义的经验和教训。

（张侃宁　译）

注：

1. 谢利·K·泰勒主要负责丹麦的数据,这些数据基于泰勒(2001)的研究结果以及更新的信息;托夫·斯库特纳布-坎加斯主要负责土耳其和伊拉克的数据,其中一部分数据来自斯库特纳布-坎加斯和费尔南德斯(Fernandes, 2008)的研究。其余部分由多位学者合作完成。俞红芳(Hongfang Yu)帮助调整了本文的格式,认真勤勉,在此一并表示感谢。

2. 沉浸式(sink-or-swim)是指在没有学习过主导语言就开始通过这种语言(如在丹麦的丹麦语)接受教育的语言少数族群的孩子(如丹麦的库尔德人)。他们没有受过母语为媒介的教育,也没有得到其他母语方面的支持,而是被置于一种任其沉没、挣扎或畅游的环境,如同不会游泳的泳者在没有上过游泳课,也没有救生员的情况下,被扔进游泳池一样。

3. 根据哈桑坡(Hassanpour, 1992)的报道,自 20 世纪 70 年代以来,库尔德人已经流散到了欧洲、北美洲、大洋洲、黎巴嫩、日本等国家和地区。关于库尔德人在欧洲散居的情况,请参见麦克道尔(McDowall, 2004)的研究。

4. 世界范围内库尔德人的确切数据我们不得而知,因为:(a)库尔德人及其种族和母语问题从来没有纳入任何人口普查的范围;(b)受访者担心认同自己的库尔德人身份会遭到报复;(c)中东的一些政府当局总是尽可能少报库尔德人口(Hassanpour, 1992: 12; Kendal, 1993, p. 39; Yassin, 1995, p. 37)。然而,根据 2007 年 4 月 17 日美国中央情报局(CIA, 2007)更新的国家报告,库尔德问题专家得出了与之前麦克道尔(1991, p. 9)的研究同样的结论,即库尔德人约占土耳其人口总数的 20%—25%。

5. 请注意,库尔德语和阿拉伯语的名字因为音译的原因在拼写上会有所不同,有多种拼写形式(参见下方的注 15)。

6. 土耳其《自由报》(*Hurriyet*)2002 年 6 月 11 日报道称"27 个孩子被送交迪亚巴克尔的国家安全法院",转载自 2002 年 6 月 17 日—6 月 28 日第 160 期《IMK 每周信息服务》(IMK Weekly Information Service)。检索自 http://www. kurds. dk/english/2000/news107. html;援引自费尔南德斯(Fernandes, 2006a),详见 http://www. variant. randomstate. org/, 2007 - 01 - 03。

7. 阿兰姆(Aram, 2002).《阴谋与危机:土耳其问题和库尔德问题——90 年代至今》(*Conspiracy and crisis: Turkey and the Kurdish question: From the nineties to the present day*),该文由阿兰姆出版社的记者和研究人员合作编写,于 2002 年 1 月在伊斯坦布尔出版。检索自 http://www. zmag. org/content/ForeignPolicy/aram0122. cfm, 2006 - 10 - 16。

8. 拉德(Rud, 2005: 65)。另见哈桑坡(2006a)。

9. BIA News Centre(2005)。2005 年 8 月 25 日 BIA 新闻中心报道,十家当地媒体排队在新闻中心为库尔德语广播登记;此处援引自费尔南德斯(2006a),检索自 www. variant. randomstate. org/,2007 - 01 - 03。

187

10. 耶迪辛·冈德姆(Yedinci Gundem，2002). 库尔德儿童因学费问题遭受折磨，转载自 2002 年 5 月 13 日—5 月 24 日第 156 期《IMK 每周信息服务》(Weekly Information Service)。检索自 http://www. kurds. dk/english/2000/news102. html；此处引自费尔南德斯(2006a)，检索自 www. variant. randomstate. org/，2007 - 01 - 03。

11. 《库尔德语言人权报告》(*Kurdish Linguistic Rights Report*，2006)，于 9 月 14 日—9 月 17 日在马其顿共和国召开的奥赫里德(Ohrid)年会上，提交至国际笔会的翻译和语言人权委员会。检索自 http://www. info-turk. be/338. htm，2008 - 07 - 16。

12. 为方便比较，2006 年 1 月份发布的来自其他国家的后代人口普查数据中，有 1 690 人来自挪威，336 人来自加拿大，4 189 人来自越南。

13. 教育部的口译员把前教育部长阿卜杜勒·阿齐兹·塔布关于托夫·斯库特纳布-坎加斯的评论从库尔德语翻译成英语。

14. 在第二场晚宴期间，由该律师担任库尔德语—瑞典语的翻译。

15. 库尔德的大部分事物(比如地名、语言/方言名称)都有库尔德语名称和相应的土耳其语/伊拉克语/伊朗语/叙利亚语名称。如 Zazaki 是土耳其语，Dimilî 是库尔德语。北库尔德(土耳其库尔德)的非官方首都在土耳其语中叫迪亚巴克尔(Diyarbakir)，但在库尔德语中叫 Amed，参考文献中出现的名称为土耳其语。另外，如注 5 所述，地名，语言/方言名称有多种拼写方式。(如 Kurmanji 与 Kermanshahi，Zaza、Zazaki 与 Zazakî，Dimili 与 Dimilî 等均是异体词——编辑按)

16. 关于阿塔图尔克的更多信息，可参见维基百科(Wikipedia, n. d. -d)。

17. 《城市传奇和民间传说》(*Urban Legends and Folklore*, n. d.)也同样引用了这段话，引自《西奥多·罗斯福论移民——网络故事档案》(*Theodore Roosevelt on Immigrants—Netlore Archive*)，检索自 http://urbanlegends. about. com/library/bl_ roosevelt_on_immigrants. htm，2006 - 10 - 16。

18. 关于《不让一个孩子掉队》法案中各项规定的总结，参见贝克(Baker，2006：198—199)。

19. 参见注 2 关于此术语的定义与解释。

参考文献

Annamalai, E. (1995). Multilingualism for all—An Indian perspective. In T. Skutnabb-Kangas (Ed.), *Multilingualism for all* (pp. 215 - 220). Lisse, The Netherlands：Swets & Zeitlinger.

Annamalai, E. (1998). Language choice in education：Conflict resolution in Indian courts. In P. Benson, P. Grundy, & T. Skutnabb-Kangas (Eds.), *Language rights* [Special issue]. *Language Sciences*，20(1)，29 - 43.

Annamalai, E. (2001). *Managing multilingualism in India*. New Delhi：Sage.

Annamalai, E. (2003). Medium of power：The question of English in education in India. In J. W. Tollefson & A. B. M. Tsui (Eds.), *Medium of instruction policies. Which agenda? Whose agenda?* (pp. 177 - 194). Mahwah, NJ：Erlbaum.

Annamalai, E. (2005). Nation-building in a globalised world：Language choice and education in India. In A. M. Y. Lin & P. W. Martin (Eds.), *Decolonisation，globalization，language-ineducation policy and practice* (pp. 20 - 37). Clevedon, UK：Multilingual Matters.

Baker, C. (2006). *Foundations of bilingual education and bilingualism* (4th ed.). Clevedon, Avon, UK/Toronto: Multilingual Matters.

Bulloch, J., & Morris, H. (1993). *No friends but the mountains: The tragic history of the Kurds*. New York: Penguin Books.

Burkay, K. (n. d.). The Kurdish question—its history and present situation. Retrieved October 26th, 2006, from http://members. aol. com/KHilfsvere/Kurds. html

Chaliand, G. (1993). Introduction. In G. Chaliand (Ed.), *A people without a country: The Kurds & Kurdistan* (pp. 1-10). New York: Olive Branch Press.

Chyet, M. (1992). Foreword. In A. Hassanpour (Ed.), *Nationalism and language in Kurdistan, 1918-1985* (pp. xix-xxi). San Francisco: Mellen Research University Press.

Central Intelligence Agency (CIA). (2007). *The world fact book*. Turkey. Retrieved April 19th, 2007, from https://www. cia. gov/cia/publications/factbook/geos/tu. html

Council directive on the education of the children of migrant workers [77/48610]. (1977, July 25th). Brussels: European Community.

Council of Europe. (2006). The cultural situation of the Kurds. Retrieved January 3rd, 2007, from http://assembly. coe. int/Main. asp? link = /Documents/WorkingDocs/Doc06/EDOC11 006. htm

Crawford, J. (2000). *At war with diversity: US language policy in an age of anxiety*. Clevedon, UK: Multilingual Matters.

Danmarks statistikbank (Statistics Denmark). (2006). Befolkning og valg (Population and elections). Retrieved January 3rd, 2007, from http://www. statistikbanken. dk/statbank5a/ default. asp? w = 800.

Dansk Folkeparti (n. d.). Retrieved October 16th, 2006, from http://www. danskfolkeparti. dk/de Varennes, F. (1996). *Language, minorities and human rights*. The Hague, Boston: Martinus Nijhoff.

Diljen, H. (2006). Dibistana kurdî (The Kurdish school). Retrieved January 6th, 2007, from http://www. dibistanakurdi. com/modules. php? name = Content&pa = showpage&pid = 1

Edwards, V. (2004). *Multilingualism in the English-speaking world*. Malden, MA: Blackwell.

Fernandes, D. (2006a). Turkey's US-backed *war on terror*: A cause for concern? *Variant, 27* (Winter 2006). Retrieved January 6th, 2007, from http://www. variant. randomstate. org/

Fernandes, D. (2006b, October). *A step backwards: The effects of the new anti-terror law on fundamental rights and freedoms*. Plenary paper presented at the Third International Conference on EU, Turkey, and the Kurds. European Parliament: EU Turkey Civic Commission.

Fernandes, D. (in press-a) *Colonial genocides in Turkey, Kenya and Goa*. Stockholm: Apec Press.

Fernandes, D. (in press-b). *The Kurdish genocide in Turkey*. Stockholm: Apec Press.

Foundation for Inter-Ethnic Relations. (1996, October). *The Hague recommendations regarding the education rights of national minorities & explanatory note*. The Hague:

Author. Retrieved October 26th, from http://www. osce. org/documents/hcnm/1996/10/ 2700_en. pdf

Fuller, B. , Gesicki, K. , Kang, E. , & Wright, J. (2006). *Is the No Child Left Behind Act Working? The reliability of how states track achievement.* University of California, Berkeley: Policy Analysis for California Education.

Hassanpour, A. (1992). *Nationalism and language in Kurdistan, 1918 - 1985.* San Francisco: Mellen Research University Press.

Hassanpour, A. (2006). Kurdish on death row. *Ideas: The Arts & Science Review, 3*(2), 33 - 35. (Faculty of Arts & Science, University of Toronto)

Helkiør, L. (1987). *Tokulturel 1. klasse i Høje-Taastrup* [*Bicultural Gr. 1 in Høje-Taastrup*]. Høje-Taastrup, Denmark: Høje-Taastrup Kommune.

Holmen, A. , & Jørgensen, J. N. (1993). *Tosprogede børn i Danmark* [Bilingual children in Denmark]. Viborg, Denmark: Hans Reitzels Forlag.

Hough, D. A. , & Skutnabb-Kangas, T. (2005). Beyond good intentions: Combating linguistic genocide in education. In *AlterNative—An International Journal of Indigenous Scholarship, 1,* 114 - 135.

Janulf, P. (1998). *Kommer fi nskan i Sverige att fortleva? En studie av språkkunskaper och språkanvändning hos andragenerationens sverigefinnar i Botkyrka och hos finlandssvenskar i Åbo* [*Will Finnish survive in Sweden? A study of language skills and language use among second generation Sweden Finns in Botkyrka, Sweden, and Finland Swedes in Åbo, Finland*]. Acta Universitatis Stockholmiensis, Studia Fennica Stockholmiensia (Serial No. 7). Stockholm: Almqvist & Wiksell International.

Just Jeppesen, K. (1995). *Etniske minoriteter-ved vi nok?* [*Ethnic minorities in Denmark: Do we know enough?*]. De fremmede i Danmark Series No. 6 [Foreigners in Denmark]. Copenhagen: Socialforskningsinstituttet.

Kendal. (1993). Kurdistan in Turkey. In G. Chaliand (Ed.), *A people without a country: The Kurds and Kurdistan* (pp. 38 - 94). New York: Olive Branch Press.

Krashen, S. (2007a, March 4th). Preserve "core" of No Child Left Behind Act, Bush urges. [Letter to the editor] *Los Angeles Times.*

Krashen, S. (2007b, April 25th). Reading list for a less rosy view of NCLB effects [Letter to the editor]. *Education Week, 26*(34),33 - 34.

Kurdistan Democratic Party (KDP). (n. d-a). *Kurdistan: General info.* Retrieved October 26th, 2006, from http://www. kdp. se/

Kurdistan Democratic Party. (n. d-b). *Kurdistan: Education.* Retrieved October 26th, 2006, from http://www. kdp. se/

Kurdistan Regional Government (KRG). (2006). About the Kurdistan regional government. Retrieved May 9th, 2006, from http://www. krg. org/articles/article _ detail. asp? showsecondimage = &RubricNr = 9 & ArticleNr = 48

Kristjánsdóttir, B. (2003). Viljen til undervisning i tosprogede elevers modersmål [The will to provide instruction in bilingual children's mother tongue]. In C. Horst (Ed.), *Interkulturel*

189

pædagogik: *Flere sprog—problem eller ressource?* [*Intercultural pedagogy*: *Many languages—problem or resource?*] (pp. 85 – 111). Vejle, Denmark: Kroghs Forlag.

Lee, J. (2006). *Tracking achievement gaps and assessing the impact of NCLB on the gaps: An indepth look into national and state reading and math outcome trends.* Cambridge, MA: The Civil Rights Project at Harvard University.

Leggewie, C. (1996, Summer). How Turks became Kurds, not Germans (K. Winston, Trans.). *Dissent*, 79 – 83.

Magga, O. H., Nicolaisen, I., Trask, M., Dunbar, R., & Skutnabb-Kangas, T. (2005). *Indigenous children's education and indigenous languages.* New York: United Nations/ United Nations Permanent Forum on Indigenous Issues.

Martin, I. (2000a). *Aajjiqatigiingni* [Language of instruction research paper]. Report to the Government of Nunavut. Department of Education: Iqaluit, Nunavut, Canada. Unpublished manuscript.

Martin, I. (2000b). *Sources and issues: A backgrounder to the discussion paper on language of instruction in Nunavut schools.* Iqaluit, Nunavut, Canada: Department of Education. Unpublished manuscript.

May, S., & Hill, R. (2003). *Bilingual/immersion education: Indicators of good practice* (Milestone Report 2). Hamilton, New Zealand: Wilf Malcolm Institute of Educational Research, School of Education, University of Waikato.

May, S., Hill, R., & Tiakiwai, S. (2003). *Bilingual/Immersion education: Indicators of good practice* (Milestone Report 1). Hamilton, New Zealand: Wilf Malcolm Institute of Educational Research, School of Education, University of Waikato.

Mauriès, R. (1967). *Le Kurdistan ou la mort* [Kurdistan or death]. Paris: Robert Laffont.

McDowall, D. (1991). *The Kurds.* London: Minority Rights Group.

McDowall, D. (2004). A modern history of the Kurds (3rd ed.). London: I. B. Tauris.

Meiselas, S. (1997). *Kurdistan: In the shadow of history.* Random House: New York.

Mendel, T. (2006). Article 19 global campaign for free expression. Retrieved December 10th, 2006, from http://www.article19.org/pdfs/letters/turkey-amendments-to-terror-law.pdf

Mohanty, A. K. (2000). Perpetuating inequality: The disadvantage of language: Minority mother tongues and related issues. In A. K. Mohanty & G. Misra (Eds.), *Psychology of poverty and disadvantage* (pp. 104 – 117). New Delhi: Concept.

Mohanty, A. K. (2006). Multilingualism of the unequals and predicaments of education in India: Mother tongue or other tongue? In O. García, T. Skutnabb-Kangas, & M. Torres-Guzmán(Eds.), *Imagining multilingual schools. Languages in education and glocalization* (pp. 262 – 283). Clevedon, UK: Multilingual Matters.

Odisho, E. Y. (2004). Assyrian (Aramaic): A recent model for its maintenance and revitalization. In A. Panaino & A. Pries (Eds.), *Melammu Symposia IV* (pp. 183 – 196). Milan.

Raphaeli, N. (2006, October 25th). Kurdistan: The quest for statehood. The Middle East Media Research Institute/MEMRI. *Inquiry & Analysis Series*, *298*. Retrieved November

25th, 2006, from http://memri. org/bin/articles. cgi? Page = archives&Area = ia&ID = IA29806

Roosevelt, T. (1926). *Works* (memorial ed.). New York: Charles Scribner's. (Original work published 1919)

Rud, J. (2005). Turkey's implementation of European human rights standards—Legislation and practice. In M. Muller, C. Brigham, K. Westrheim, & K. Yildiz (Eds.), *EU Turkey Civic Commission: International Conference on Turkey, the Kurds and the EU*, European Parliament, Brussels, November 22 - 23,2004—Conference Papers. GB, KHRP, 53 - 70.

Skutnabb-Kangas, T. (1981). *Bilingualism or not: The education of minorities.* Clevedon, UK: Multilingual Matters.

Skutnabb-Kangas, T. (2000). *Linguistic genocide in education—Or worldwide diversity and human rights?* Mahwah, NJ: Erlbaum.

Skutnabb-Kangas, T., & Bucak, S. (1995). Killing a mother tongue: How the Kurds are deprived of linguistic human rights. In T. Skutnabb-Kangas & R. Phillipson (Eds.), *Linguistic human rights: Overcoming linguistic discrimination* (pp. 347 - 370). Berlin/New York: Mouton de Gruyter.

Skutnabb-Kangas, T., & Fernandes, D. (2008). Kurds in Turkey and in (Iraqi) Kurdistan— A comparison of Kurdish educational language policy in two situations of occupation. *Genocide Studies & Prevention*, 3(1),43 - 73.

Taylor, S. K. (2001). *Trilingualism by design? An investigation into the educational experiences of Kurdish children schooled in Denmark.* Doctoral dissertation, Ontario Institute for Studies in Education at the University of Toronto, Toronto, ON.

Taylor, S. K. (in press). Right pedagogy, wrong language, and caring in times of fear: Issues in the schooling of ethnic Kurdish children in Denmark. *The International Journal of Bilingual Education and Bilingualism*, 12(3).

Tomasevski, K. (2006). *The state of the right to education worldwide. Free or fee:* 2006 *global report.* Retrieved October 26th, 2006, from http://www. katarinatomasevski. com

Tomasevski. net. (n. d.). Katarina Tomasevski. Retrieved October 26,2006, from http:// www. tomasevski. net/

United Nations General Assembly. (1948). *International convention on the prevention and punishment of the crime of genocide.* New York: United Nations.

United Nations. (2004). *Human development report 2004.* Retrieved October 26th, 2006, from http://hdr. undp. org/reports/global/2004/

UNESCO. (1953). *The use of the vernacular languages in education.* Paris: Author.

Van der Stoel, M. (1997). Introduction to the seminar. Education Rights of National Minorities [Special]. *International Journal on Minority and Group Rights*, 4(2),153 - 155.

Virtanen, Ö. E. (2003). Recent changes in Turkey's language legislation. (*Mercator Working Paper*, 11). Retrieved October 15th, 2006, from http://www. ciemen. org/mercator

Wikipedia (n. d. -b). Kurdish language. Retrieved December 19th, 2006, from http://en. wikipedia. org/wiki/Kurdish_language

Wikipedia（n. d.-c）. Kurdish people. Retrieved December 19th, 2006, from http://en. wikipedia. org/wiki/Kurdish_people

Wikipedia（n. d.-a）. Constitution of Iraq—Basic principles, Article 4. Retrieved December 19th, 2006, from http://en. wikipedia. org/wiki/Constitution _ of _ Iraq # Sections _ and _Articles

Wikipedia（n. d.-d）. Mustafa Kemal Atatürk. Retrieved December 19th, 2006, from http:// en. wikipedia. org/wiki/Mustafa_Kemal_ Atat%C3%BCrk

Williams, E.（1998）. *Investigating bilingual literacy*: *Evidence from Malawi and Zambia*. Education Research. London: Department for International Development.

Yassin, B. A.（1995）. *Vision or reality? The Kurds in the policy of the Great Powers*, *1941 - 1947*. Lund, Sweden: Lund University Press.

14

谁来为我们失聪者做决定？

海伦·R·图曼（Helen R. Thumann）

劳伦·E·西姆斯（Laurene E. Simms）

引言

本章旨在审视某些理论,对本研究提出一个经得起推敲的分析。本研究描述了一类人的命运,他们被整个社会归类为"残疾人"(disabled)或"听障人士"(hearing impained),即失聪者(Deaf)[1]。确切地说,本章试图对病理学视角和文化视角下的教育研究和社会研究作一比较。我们是失聪者群体与文化中的成员,同时又是美语手语(American Sign Language, ASL)的熟练使用者,当过失聪儿童教师,现为加劳德特大学教育系的教师。我们对失聪者及其群体是怎样被视为"差一点"的人有过仔细观察和亲身体会。我们将解构给失聪者贴上"能力缺陷"的假设,通过文化和社会语言学视角和医学视角的对比,讨论这些不同视角所造成的影响。我们的目的是通过展现缺乏文化认同对失聪者研究的影响,来脱掉"失聪"现象的病理帽子。最后,本章还将讨论,当人们认识到失聪者群体[2]这个语言文化少数群体拥有的丰富独特的遗产,与他们被期待参与的主流文化一样优秀时,研究人员可以从中得到什么启示。

在人类学意义上,遗产和文化并无优劣之分。从这一点上说,失聪者和听觉正常的人(Hearing people)之间的差异可视为文化差异,而不是听力是否正常的差异(Woodward,1982)。这是美国失聪者群体和文化理解方面研究的新进展,同时也是对美国听觉正常人社会为什么一直迟迟未能放弃把"失聪"看作一种病理状态、把失聪者看成残障人士(handicapped)或残疾人*这个问题的研究的新进展。

* 尽管实践中以"残障"代替"残疾"一词的呼声日益高涨,亦逐渐得到广泛认可与接受,本章出于准确传达原文和区分相近概念的需要,参考世界卫生组织发布的《国际残损、残疾和残障分类》(ICIDH,1980)翻译如下:残损(impairment),指存在解剖结构和运动功能上的损伤或异常;残疾(disability),指个体能力受到限制,不能在标准环境中正常完成某项活动,又称"失能";残障(handicap),指个体不能充分参与社交活动,其作为人的基本权利活动受到影响,又称"社会能力障碍"。而在本书的其他章节,除特殊情况外,尊重习惯用法,不作特别区分。——编辑按

失聪者的历史境遇：病理学观点与文化观点

病理学观点

一直以来，人们都是从医学的角度看待失聪者，因此，根据病理学理论，他们被打上非正常人的标签，即"听力损失"（Chearing loss），因而必须得到治疗。这一病理学视角决定了几个世纪以来的关于失聪者的教育是建立在那些普遍存在的关于另一类人的看法基础上的，这就产生了诸如"正常人"与按传统医学标准判定的"残障人士"的标签。历史上，大多数与残疾人接触过的健全人士都持这一观点，这一点与少数语言群体，如美洲原住民和墨西哥裔美国人在教育系统中的境遇基本相同（Ballin，1930；Davidson，1996；Lane，1992；Spindler & Spindler，1990）。这种把失聪者视为病人的普遍观点，不但阻碍了人们接受美国手语是独立于英语的一门语言，而且还阻碍了人们接受失聪者文化（Deaf culture）是独立于主流文化的一种文化（Lane，1992；Woodward，1982）。这种病理学观点背后的原则是"治好"失聪者，特别是失聪儿童。这种观点强化了一种信念，即失聪儿童教育的最终目标是让他们像听觉正常的人一样生活。

偏离常态常常意味着一种污点（Baker & Cokely，1980；Lane，1992），这种污点反过来又巩固了对政治和经济精英家长式的、父权主义与殖民主义的傲慢（Reinharz，1992）。批判性理论（Freire，1992；Wink，2000）对这些传统的西方式傲慢提出挑战，允许人们解构病理学观点，并且证明在很多其他情况下，包括多数群体与少数群体交往的许多场景中，病理学观点与父权假设具有相似性（Woodward，1982）。

然而，迄今为止，上述批判性理论对听觉正常的人群的文化关于失聪群体的病理学/临床医学观点没有产生任何影响。1880 年，失聪者教育会议在意大利米兰召开，健听的与会者投票禁止在失聪者教育中使用手语，由此病理学观点进入了失聪者教育领域。这一决定不仅禁止在学校里使用手语，同时也导致失聪教师被逐出课堂（Gannon，1981）。在此之前，美国大约 50% 的失聪者教师本身也是失聪者（Gannon，1981）。目前失聪教师的比重大约为 16%，从这一数据中可以看出这个决定所带来的深远影响（Andrews & Franklin，1996 - 1997）。这种数量上的变化基本上剥夺了失聪者对失聪儿童应该接受什么样的教育这个问题的话语权。该会议传达的中心思想是，失聪者群体称之为口语法（oralism）的说话优于手势交流或是手语。结果，与失聪儿童在课堂上的沟通方式，就成了过去 170 年间人们关于学校教育政策争论的焦点。研究

192

者和教育者一直尝试从病理学的角度理解失聪者与听觉正常的人之间的差异,并采取补救措施消除这些差异,也就是说,让失聪者进行口头交流,而不是使用手语。

接下来我们将证明,尽管整个社会是从病理学的角度看待失聪者的,但是失聪者群体却是从文化的角度看待自己的。病理学观点在以下几个方面产生了影响:(1)失聪儿童的教育和语言规划;(2)失聪者教师的培训;(3)涉及失聪儿童和成年人的教育和社会研究。我们对失聪者个体和其他个体在历史上的不同境遇进行分析,发现了病理学观点的起源。无论出于何种原因,失聪者被一般听觉正常的人社会视为"不一样"的人。

社会对于失聪者的看法源自一种对不一样的人更加普遍的二元对立的信念,比如,"正常"与"残疾"。病理学和临床学的观点把大多数人的行为和价值观作为"标准"或"规范",然后重点探讨残疾人是如何偏离规范的。从历史和传统上看,大多数健全人均持这种观点,在病理学和临床学的专业基础上与行动不便者进行交往。偏离标准很可能带来污名(Baker & Cokely, 1992; Lane, 1992),这种污名反过来巩固了政治和经济精英的家长式与殖民主义的傲慢(Reinharz, 1992)。拉德(Ladd, 2003)在定义对失聪者社区殖民化的过程中,解释了大多数听觉正常的人在语言上(与经济上相对)对失聪者群体进行的殖民,这种殖民是通过"向被殖民者强制推行殖民者的语言(此案例中为英语)进行的……"(p. 25)。相反地,文化视角聚焦恰巧不同于"正常"的特定人群的语言经历与价值观。

194

193

表 14.1　失聪者历史境遇年表

公元前 355 年	亚里士多德说:"先天失聪的人变得无知愚蠢,不可理喻。"
公元前 800 年—公元 500 年	为了保证"完美、正常、健康",在希腊和斯巴达,失聪的新生儿会遭到放逐。
到公元 500 年	根据基督教义,人们相信失聪者是被魔鬼附了身。教会对失聪者从来不抱希望,使徒保罗曾写道:"听觉让我们获得信仰"(Van Cleve, 1993:7)。
1485 年	鲁道夫斯·阿格里科拉(Rudolphus Agricola, 1443—1485)写了一篇关于聋哑人(deaf-mute)学会阅读和书写的文章。
1500 年	古罗拉莫·卡尔达诺(Girolamo Cardano, 1501—1576)是第一位承认失聪者有理性思维能力的医师。
17 世纪	胡安·巴勃罗·博内特(Juan Pablo Bonet, 1579—1620)在西班牙马德里出版了第一本关于失聪者教育的专著。 约翰·沃利斯(John Wallis, 1616—1703)出版了 *De Loquela* 一书,据称为第一本描述如何成功教授失聪儿童英语和演讲的书。 瑞士医学博士约翰·安曼(Johann Amman, 1699—1724)开发并出版了教授失聪者演讲与读唇术的方法,书名为 *Surdus Loquens*。

（续表）

1755 年	塞缪尔·海尼克(Samuel Heinicke，1712—1790)在德国建立了世界上第一所面向失聪者的口语学校。 德雷佩神父(Charles Michel Abbe de l'Epee，1712—1789)在法国巴黎建立了世界上第一所面向失聪者的免费学校。
19 世纪	在玛莎葡萄园岛，失聪者和听力健全者用手语进行日常交流，甚至在营业时间也一样。(Groce，1985)
1817 年	第一所面向失聪者的永久性学校在康乃迪克州哈特福特市成立，该校雇用了第一位失聪教师劳伦特·克拉克(Laurent Clerc)。
19 世纪 40 年代	毕业于美国学校(the American School)、创建印第安纳聋人学校的失聪者威廉·威拉德(William Willard)记录了他对手语的早期分析。
1864 年	美国国会成立了加劳德特学院(后更名为加劳德特大学)，这是史上第一所面向失聪学生的高等教育机构。
1880 年	美国全国聋人和聋人运动协会成立；失聪者教育会议在意大利米兰召开，健听的与会者投票禁止在失聪者教育中使用手语，这威胁到了失聪儿童的学习自由以及失聪教师的就业。
1891 年	加劳德特大学增加了教师培训项目。
1960 年	威廉·斯托寇(William Stokoe)的研究证明，美语手语(ASL)是真正的语言。
20 世纪 70 年代	由非失聪专业人员控制的、以英语为基础的手语系统诞生。
1988 年	唯一的面向失聪者和听力有困难(hard of hearing)学生的文科院校加劳德特大学迎来了第一位失聪校长。这是失聪者和残疾人在民权领域的里程碑。
20 世纪 90 年代	在课堂里使用美国手语(ASL)和英语的双语/双文化教育运动诞生。

资料来源：改编自 Gannon，1981。

这个简短的年表显示出一种态度的逐渐转向，从把失聪者视为"不可理喻"(incapable of reason)到认为他们有学习能力，最近还承认了他们有领导能力。听觉正常人的文化(Hearing culture)对失聪者的病理学/临床学观点似乎并未发生显著的变化，而失聪群体所持的观点已向文化视角转变。这一进步最明显的例证从美国的失聪教育历史中可见一斑。

口语与手语的争议

在过去 170 年间，学校的政策以及使用何种方式与失聪学生沟通的问题，始终是备受争议的话题。直到 20 世纪 60 年代末,关于在教学中使用何种语言一直是口语(说话)法支持者和手语(手势)法拥护者争论的焦点。1817 年,美国第一所面向失聪儿童的学校在康涅狄格州哈特福德市成立。学生由同样是失聪者的劳伦特·克拉克教授并用手语来沟通。1880 年,有关失聪者教育问题的会议在意大利米兰召开。在此会议上,口语教学法趋势正式形成。健听的与会者投票禁止在对失聪者的教育中使用手势。甘农(Gannon,1981)解释道,失聪者们迄今仍对 1880 年出台的禁止在失聪儿童教学中使用手语的政策耿耿于怀,这项政策导致了本身失聪的教师被驱逐出课堂。因此,失聪者本身在失聪儿童接受教育的问题上根本没有发言权。口语教学法迅速在美国和欧洲风靡起来。向口语教学法的转向给本身是失聪者的教师带来了深远影响,他们被认为向学生展示了低等的语言。在 1880 年米兰会议之前,约有 50% 的失聪者教师本身也是失聪者。如今,失聪教学法教师仅占教师队伍的 11%。"唯口语法"(oral-only)仍然是美国和世界各地备受青睐的教学方法(Nover,1993)。

亚历山大·格拉汉姆·贝尔(Alexander Graham Bell)的努力

亚历山大·格拉汉姆·贝尔是电话的发明者,该发明原本是为了方便他失聪的妻子,他本人则是口语运动最主要的支持者之一。1883 年,他发表了一篇题为"人类失聪群体的形成"的文章,署名单位是位于康涅狄格州纽黑文市的国家科学院。贝尔写道:"有些人像我一样,认为有缺陷的人类种族对世界而言是一场巨大的灾难。这些人会仔细审查导致失聪者内部通婚的原因,其目的是提供治疗。"(引自 Gannon,1981:75)如有可能,他会夷平面向失聪者的所有走读和寄宿制学校。贝尔认为把失聪儿童"驱逐"到同一个屋檐下是一件残忍的事情。他提出是否可能通过法律禁止失聪者内部通婚,因为这种婚姻会产生失聪的后代(Gannon,1981,pp. 75 - 76)。数年后,明德尔和弗农(Mindel & Vernon,1971)对贝尔的理论提出挑战。他们的研究表明,90%—95% 的失聪者的父母均听力"正常",而且他们的孩子也是听觉正常的人。

乔治·韦迪兹(George W. Veditz)是一位失聪教师,也是政治组织美国聋人协会(NAD)的前主席。他把亚历山大·格拉汉姆·贝尔称为失聪者最害怕的美国人,说"他打着朋友的幌子,因此无论是过去还是现在,都是美国失聪者最害怕的敌人"(援引自 Gannon,1981,p. 77)。由于口语运动受到了贝尔的极大影响,手语(手势)法被禁止在课堂上使用,听觉正常的人的视角在失聪者教育中占据了主导地位。

对美语手语的认知

到了 20 世纪 60 年代,美国以及世界范围内的大多数失聪者学校都使用口语法教授失聪儿童。不管儿童的智力水平如何,那些未能成功使用口语法而使用美语手语进行交流的儿童均被认为是失败的。1960 年,威廉·斯托寇成了第一位把语言科学应用于手语研究的非失聪语言学家。他承认美国手语是合法的人类语言之一。(直到最近才有大学,如亚利桑那大学,认可美语手语作为外语学习的毕业要求。)此外,20 世纪 60 年代,民权运动以及一些宣传团体和社区团体,比如"美国聋人协会"和"失聪者的骄傲",促使政府针对失聪者和其他"残障"群体采取行动。这些群体把美语手语作为失聪者骄傲与文化的象征,从而支持"失聪者意识/遗产"运动,同时呼吁政府在这一直到那时都鲜为人关注的领域采取更多的行动。承认美语手语的语言地位以及对失聪者群体的政治授权是争取语言主导权的新开始。然而,健听的、不以美国手语为第一语言的教育工作者仍在教育过程中起着主导作用,而且禁止在课堂上使用美国手语的政策严重影响了失聪儿童的生活。

美国手语与基于英语的手语系统

20 世纪 70 年代,口语—手语之争进入了一个新阶段。问题从是否要用手语和失聪学生交流转变为用何种手语与他们交流。许多研究人员和教育工作者(主要是听觉正常的人)创建了"基于英语的手语系统"来替代美国手语,试图使口语更为可见(Stedt & Moores, 1990)。这一案例说明了非失聪专业人士是如何控制语言政策的。使用美国手语教授失聪儿童被视为是无意义且无效的。伯恩斯坦、汉密尔顿和索尼尔(Borhstein, Hamilton, & Sornier, 1983)的观点十分明确:

> 大多数失聪儿童能够从这些手语中得到足够信息,从而学好英语吗？这个问题的答案已经清楚地证明:不可能。大部分失聪儿童学不好英语,最近关于年长失聪儿童教育成就的调查表明,平均而言,他们的阅读能力与听力正常的四、五年级孩子相仿,而且并非所有的失聪学生可以达到这一水平。(p. 2)

斯托寇证明美国手语的确是真正的语言,越来越多的手语研究者和学者对语言习得研究做出了杰出的贡献。除了大量关于手语的书籍,如美国手语、法国手语、英国手语等,还有其他大量与失聪者话题相关的书籍,诸如语言学、社会语言学、语言习得和第二语言习得、英语作为第二语言等（Andrews，Leigh，& Weiner，2004；Chamberlain，Morford，& Mayberry，2000；Ladd，2003；Lucas，1989，2006；Lucas，Bayley，& Valli，2001，2003；Metzger，2000）。

196 　　遗憾的是，1880 年米兰会议的结果仍然深刻地影响着美国失聪者群体的日常生活。家长和非失聪教育者在会议上做出决定禁止失聪教育者参与教育实践，这一行为本质上是一种偏见与歧视。会议上提出的口语教学法优于手语沟通的观点，营造出一种假象，即失聪者都同意一种观念——每一个失聪儿童都应当有机会像"听觉正常的孩子"那样生活；这种针对美国手语的经典偏见显然构成了英语霸权主义，并将以英语为基础的手语系统在面向失聪者的学校中推广（Bornstein et al.，1983）。

　　失聪者的教育历史表明，在听觉主义中听觉与口语/耳听视角被赋予了较高的价值，与体能歧视（Lane，1992）、听觉化（类似对非主导群体的同化）十分相似，这些歧视严重影响了失聪者的教育与语言生活。研究人员对在失聪者教育发展中扮演重要角色的群体进行了考察，结果清楚地揭示了控制这种歧视机制的意识形态。此外，历史表明，上述群体尚未有效解决失聪者群体关注的失聪者教育问题（Lane，Hoffmeister，& Bahan，1996）。语言规划依旧在健听的教育者的控制之下。近年来，得克萨斯州失聪者学校、新墨西哥州失聪者学校、位于明尼苏达州的梅特罗（Metro）失聪者学校以及位于洛杉矶的马拉松中学等学校的课程均使用了双语和双文化教学模式。然而，这些课程依旧饱受争议，无法轻易取代失聪者教育中已经被制度化的听觉取向。

　　失聪者的地位目前如何？这段历史对失聪者教育以及失聪儿童生活质量造成了哪些影响？失聪者又该从何处发起"反击"来改变这一情况？遗憾的是，病理学视角已深深地植根于听觉正常人的社会，远比我们想象中的还要根深蒂固，遍及教育和研究的基础。

病理学视角的延续：以教育和研究为渠道

　　诺弗（Nover，1993）讨论了失聪者教育的现状。他指出，失聪者教师培训课程教材的编写者大多都视失聪者为局外人，认为失聪儿童与青年的表现应当像听觉正常的人一样。教师培训课程包括了许多病理学术语，如：听力受损、特殊教育、语言发展障碍、诊断、校正、改进、听力丧失和对正规课程的适应。诺弗进一步解释到，绝大多数的课程都主张只说英语，这一思想以听觉为基础，从病理学的角度看待失聪儿童。诺弗发现教师培训课程可以分为三类：只以英语为中心的倾向（75%）；以失聪者为中心的倾向（例如，强调美国手语的课程；12%）；以及其他课程（13%）。

诺弗（Nover，1993）认为，以失聪者为中心的倾向包括以英语为第二语言的教学、第二语言阅读技能教学、第二语言写作、语言迁移、美国手语文献、失聪者文化、失聪者历史、跨文化问题、双语教育、第一和第二语言习得以及教学等课程，等等。

大部分关注失聪者群体的研究者均受过训练，仅接受过一种文化，即强调只说英语、病理角度以及非失聪者视角的倾向。在大多数教师培训项目中，病理学视角仍然在延续，同时，许多失聪者群体的研究者也坚持这一视角。

越来越多的研究者开始从失聪者文化的角度进行他们的研究。下面一节将对持文化与病理学两种视角的几位研究者进行比较，厘清两个群体之间的差异。

失聪者教育领域的研究

近 200 年来，失聪儿童的听觉无能问题一直是相关研究和教育领域的重点。根据病理学的视角，亚历山大·格拉汉姆·贝尔、伯恩斯坦、林（Ling）等社会科学家以及其他一些人均把失聪者看作是听力损失的偏常群体，把失聪学生与听觉"正常"者进行对比。为了研究一个人是如何被打上"偏常"烙印的，社会科学家给某一特定群体或个人贴上标签，把他们的行为定义为不正常，使之失去自信（Gamson，1991）。因此，这些研究失聪群体的社会科学家明确提出，失聪者是不正常的，是不同于健听群体的人，因为他们不具备听觉正常的人所拥有的东西，即倾听的能力。加姆森（Gamson）和希夫曼（Schiffman）指出，给失聪者打上异常的标签，这是一种使之污名化的过程（Burawoy et al.，1991）。社会科学家给失聪者打上这种标签，从而继续对失聪者的污名化，打击了他们的信心。

此外，在莱恩（Lane）的《仁慈的面具》（*The Mask of Benevolence*，1992）一书中，他认为，尽管那些所谓的科学、医疗和教育领域的"专家"声称是在帮助失聪者及其群体，但实际上，他们的行为会带来极大的危害。换句话说，社会科学家自视为失聪方面的专家，与此同时，失聪者也自认为低人一等，被"训练"成需要依靠听觉正常的人。大部分社会科学家对失聪者持殖民主义和病理学的态度，并且为他们做决定，让他们更加依赖自己,因为这些社会科学家已经在很多方面影响并控制了失聪者的生活。莱恩(Lane,1992)认为,在这种交易中,家长式统治和金钱不可分割。例如,这些以病理学视角看待失聪者的社会科学家撰写了教科书等材料,用于教师培训项目,为教授失聪儿童的教师做好准备。一些研究者编写了关于失聪者教学方法的书籍,他们也凭借自身的专业知识获得认可和利润。伯恩斯坦关于失聪儿童的态度在他的著作中(1990)可见一斑。

> 他对美国目前的手语交流进行了权威的讨论。手语交流是为那些和失聪、语言滞后的儿童及青年(包括听觉可能正常的人)进行交流的专业人士设计的,对参加培训的教师和有兴趣的家长也非常实用。(p. 253)

参加教师培训项目的学生接受的病理学观点,来自于健听的研究者所著的书籍。当这些学生成为失聪者的教师时,他们所持的态度和观念模式认为,失聪者是社会科学家们所说的"偏常者"。重要的是,社会科学家的目的是保持自己在教育和沟通问题上的专业权威性。社会科学家们不愿意放弃他们对失聪者的控制,这才是问题的关键所在。

于是,大量统计和定量研究记录了失聪大学生失败的例子(Allen,1986;Braden,1994;Schirmer,2003;Trybus & Karchmer,1977),但是社会科学家的著作却把它们用于强化体能歧视以及残疾的概念,进而阻碍失聪儿童教育的发展。社会科学家采用听觉取向的传统研究方法,强化了病理学的视角。夏皮罗(Shapiro,1993)注意到,在研究中,非残疾人使用"美化的委婉语"(Shapiro,1993,p. 33)并且坚持一种老套的观点,即残疾人应当受到鼓励,克服各种挑战。相反,布莱克威尔(Blackwell,1993)描述了自己作为失聪者的成长经历。她认为自己并不是残废,许多失聪者认为自己是残废的行为让她非常愤怒。巴汉(Bahan,引自Wilcox,1989)认为,正是这个健听的世界告诉我们,我们是残障人士,是残废。那些受过培训、认为失聪儿童是残障人士的教育工作者仍在降低对失聪儿童的教育期望和教育成就。这种态度又反过来鼓励失聪儿童相信,在绝大多数听觉正常的人眼中,他们是残疾的,因此永远无法与健听的同龄人处于平等地位。

研究美国手语和失聪者文化的语言学家和人类学社会科学家的观点与这种主流观点不同,他们的研究促进了失聪群体新研究视角的发展(Baker & Battison,1980;

Baker & Cokely, 1980；Erting & Woodward, 1979；Groce, 1985；Klima & Bellugi, 1979；Liddell & Johnson, 1989；Lucas, 1989；Padden & Humphries, 1988；Stokoe, Casterline, & Croneberg, 1965；S. Supalla, 1990；T. Supalla, 1986；Van Cleve & Crouch, 1989）。约翰逊、利德尔和埃尔廷（Johnson, Liddell, & Erting, 1989）指出，失聪者偏低的平均学业成就，并非是与生俱来的听力损失学习能力缺陷导致的，而是由于教师的沟通出了问题。在关于教师沟通能力的研究中，贝克（Baker, 1978）提出，教师在同时使用手语和口语时，没有在教学过程中为失聪儿童提供全面、完整的语言输入。穆尔斯（Moores, 1991）在《美国失聪者年鉴》（*American Annals of the Deaf*）杂志上发表了一篇关于教师道德的社论：

> 失聪孩子的教师通常要应对这样一种情况，他们的学生智力正常，但是由于他们英语水平有限，而且缺乏其他沟通技巧，学习成绩的进步受到了限制。教师每年可能只看到标准化测试中很小幅度的成绩提高，因而错误地认为自己对这样缓慢的进步负有责任。（p. 243）

科比特和詹塞玛（Corbett & Jensema, 1981）指出，大多数的失聪者教师是白人、听觉正常的人以及女性。如前所述，教师培训计划是从医学的角度开设课程的。由于大多数健听的白人女性负责失聪儿童的语言和教学，可以预见她们已经在培训中接受过从病理学视角看待失聪儿童的观点。因此，上文所述的很多失聪儿童的教育项目仍在沿用过时的研究理论，把英语作为第一语言进行学习，并主张以家长式的态度看待失聪者。

在一项调查中，伍德沃德和艾伦（Woodward & Allen, 1987）对 609 位小学教师进行了研究。在主要是听觉正常的女性群体中，85% 的人仅掌握极少的美国手语技能。这项研究表明，针对失聪者的教育项目是由健听的教育者负责的，但是他们在教学中传递信息的沟通交流手段是不充分的。获得失聪者教师资格的那些人，可能只上过连两堂都不到的手语课（Maxwell, 1985）。结果一些失聪儿童反而成了他们老师的手语教师；因此，面向失聪儿童的教学时间经常沦为教师向孩子们学习的时间。此外，即使失聪儿童的教师（和未来的教师）知道如何使用手语，他们的美国手语也并不流畅。

这里不妨举个例子。1992 年 3 月，加劳德特大学为美国中西部一所开设双语和双文化课程的失聪者寄宿学校安排了四位学生教师。这四位学生教师包括三名健听

199

的白人女性以及一位自认为听力受损的女性。通过观察这些学生教师在课堂上与孩子们的互动，该校的教师和校长发现她们的手语不过关。于是，学校终止了这些学生教师的在校实习。她们返回加劳德特后被安排到另一所对教师手语要求不高的学校实习。这件事让加劳德特大学的教员和管理层下决心改变它的毕业生学习项目，其中包括从更侧重于文化和语言的视角看待失聪者，并要求学生在实习之前，在文化和语言两个领域均具备充分的知识与熟练的技巧。加劳德特大学修订了失聪者教育项目的教学计划，要求有志任教的学生必须具备熟练的手语能力。然而，要获得失聪者教育的教师资格，必须满足各州和业界与病理学视角相关的课程要求，但在文化和语言视角方面却没有课程要求。虽然 20 世纪 60 年代涌现了新的文化和语言学理论，随后又出现了美国手语和失聪者文化理论，但是把文化和语言视角作为教学的基础，并聘请受过美国手语训练的失聪者和从事失聪研究的大学教师的学校（如得克萨斯州失聪者学校、加州失聪者学校、梅特罗失聪者走读学校和大学（如加劳德特大学、拉马尔大学、波士顿大学）。

作为研究人员的失聪者

莱恩（Lane, 1988）提出，心理学家应包括在各个层面进行研究的失聪者群体。失聪者需要招聘和培训，研究者应当成为失聪者群体的导师和合作者，收集分析数据，解释并推广研究成果。库兹曼（Kurzman, 1991）指出，在理想的情况下，研究中被试应该有话语权；然而，他又警告说，研究者著作中那些复杂的句子和出色的语言可能会提醒被试，让他们意识到自己作为失聪者沟通能力的缺陷。库兹曼建议，应该允许被试提供语言输入，纠正研究者可能犯的错误；在寻求理解被试世界的过程中营造一种被试和研究人员之间的合作感；让被试主动参与对自己的分析研究；同时随着研究的展开，清晰地记录被试的思维反应。帕登和汉弗莱斯（Padden & Humphries, 1988）在《美国失聪者：来自文化的声音》（*Deaf in America：Voices from a Culture*）一书的导论中写到，以传统方式研究失聪者的著作重点关注失聪者所处的境遇，即他们没有听觉，同时还把失聪者生活的所有其他方面解释为没有听觉的后果。与此相反，社会语言学或文化的研究方法侧重于"正常化"，把失聪者看作一个正常的语言文化群体。

莱恩（Lane, 1980）对现有的文献进行了研究，发现超过 350 本教科书和研究报告对失聪者持家长式的态度。虽然还没有人对以往类似的关于失聪者的研究做过调查，但这类研究有可能揭示，听觉正常的研究者占多数，而失聪研究者或失聪者/听觉正常的合作团队（尽管在增加）则非常少。听觉正常的研究者的观点可能不同于失聪研究者甚至不同于二者合作的团队的观点。如果失聪的社会科学家所做的研究数量超过了健听的社会科学家所做的研究，那么失聪者视角最终会反映失聪者群体整体情况的新变化吗？

200

虽然越来越多的高水平失聪研究者对这一领域做出了贡献，我们依旧需要应对顽固老套的观念、消极的阐释以及强加给失聪者的不当病理学理论建议等问题。当社会科学家宣布他们的理论时，其结果往往与失聪者的视角相冲突。例如，研究者继续把失聪儿童与听觉正常儿童的英语读写能力进行比较，却忽略了美国手语的使用也是一种读写能力。因此，对失聪儿童的英语测试和评估的有效性正受到语言学和文化理论的挑战。在一个框架内，研究者认为可能构成问题以及需要补救方案的东西，对不同视角的研究者而言，可能是健康的。持病理学视角的研究者认为，在课堂上教授英语以提升学生的语言和语法技巧十分重要，然而，失聪者认为，他们可以通过美国手语学习英语。莱恩（Lane，1984）补充道："然而（在研究领域）失聪者过去没有，现在仍然没有最终的决定权，决定权往往掌握在他们健听的'恩人'手中。"（p. 413）

尽管一些研究者在自己的研究中涉及了失聪者（既有参与者也有合作者），但这些失聪者的参与有很多限制。坎纳佩尔（Kannapell，1980）是失聪研究领域的一位研究者，她本人也是失聪者。在谈及自己与英国手语开发者的合作经历时（Bornstein et al.，1983），她提到，与这些研究者的合作让她感受到了压迫，而这种压迫感让她彻底醒悟。在意识到自己失聪者身份的不利地位之后，坎纳佩尔最终辞去了这项工作并且开始了新的奋斗，她在加劳德特大学建立了失聪研究专业，最终以教授的身份从该校退休。坎纳佩尔是最早意识到失聪者会因自己的身份和语言产生矛盾心理的研究者之一，这也是她博士论文的题目。与听觉正常的研究者合作的失聪研究者有可能意识不到自己的权利，也可能接受自己在工作中权力很小或者根本没有权力的事实。听觉正常人的家长式统治可能会腐化一些受压迫的少数群体，从而形成一个与当局共谋以维护现状的阶层（Lane，1992）。事实上，研究者更有可能以家长式的态度对待失聪者。不让失聪者积极参与到研究中的问题由来已久。然而，我们发现也有很多语言学和人类学研究者的著作会涉及失聪者，其中失聪者可能是合作研究者、助手或是研究对象（（L. Erting & Pfau，1993；C. Erting，Prezioso，& Hynes，1990；Lucas &

Valli, 1990; Padden & Ramsey, 1997; T. Supalla & Newport, 1978)。例如,在20世纪90年代,美国教育部特殊教育和康复服务办公室资助了两项失聪研究计划。这两项计划均由帕登、拉姆齐(Ramsey)、苏巴拉(Supalla)和辛格尔顿(Singleton)等失聪研究者和听觉正常的研究者合作起草。他们都有与不同失聪者寄宿学校的失聪研究专业人士合作的经历。此外,手语读写(SOL)、视觉语言以及大学的视觉学习(VL2)研究等研究项目,把失聪研究者和听觉正常的研究者聚集起来,共同研究语言发展、失聪儿童教育以及失聪儿童的读写问题。[3]

莱因哈德(Reinharz, 1992:260)注意到女权主义研究人员采用了一种新的视角,即"内部认识论"(epistemology of insider-ness),把生活和工作视为交织的整体。女权主义研究力求实现以下目标:(1)记录女性的生活和活动;(2)从女性的角度理解女性经历;(3)把女性的行为概念化,使之成为社会语境的表达(Reinharz, 1992, p. 51)。

201 这种关于女性的研究对看待失聪者视角的反思做出了很大的贡献。在这种对失聪者听觉视角的新影响下,对待失聪者的家长式态度和污名化也许可以得到根除。作为经验丰富的"内部人"(insider),研究者能够理解失聪者必须以"局外人"(outsider)无法做到的方式进行言说。

莱因哈德还指出,当研究者不能把自己的经验与其他女性的经验区分开来时,对女性经验的过度概括可能会带来危险。她建议女权主义研究者把他们的个人经验也用作研究的材料,让客观性和主观性互为补充,相辅相成。

人类学研究已经表明了失聪者的多样性(Lane, 1992; Lucas, 1989; Padden & Humphries, 1988)。失聪研究者可能已经对或计划对他们的个人和文化经历进行研究,但同时他们又把自己的经历与其他失聪者的经历仔细加以区分(Kannapell, 1980; Stone-Harris & Stirling, 1987; Suppala, 1992)。这种研究方法背离了听觉正常的研究者对失聪者进行研究时使用的传统的同质化模型,成为了一种新的研究方法,让听觉正常的研究者和失聪研究者成为合作者,同时失聪者又作为个体研究者而存在。

这种新趋势(Andrews, Leigh, & Weiner, 2004; Kuntze, 2004; Ladd, 2003)将有机会带来比传统模式更多的失聪者视角,对失聪者进行更为有效的描述。

为了从去病理学的视角看待失聪者群体,同时解构固有的家长式傲慢,有必要发展一种新的研究策略,如重新修订和根除一些带有污名化的术语。伍德沃德(Woodward, 1982)对一些常用的"想当然"的术语进行了讨论,比如"残障"(handicapped)一词:

如果我们更仔细地审视"残障"这一概念及其带来的种种后果，我们得出一个令人相当不悦的逻辑性结论。《美国传统词典》（*The American Heritage Dictionary*，1976）将"残障"定义为："有缺陷，特别是在解剖学、生理学或心理效应上的缺陷，这种缺陷阻碍或限制了正常行为的实现。"(p. 133)

如果我们按传统的残障分类法来定义失聪者，那么他们注定是失败的，因为他们永远不会达到（他们也并不总是想要"实现"）成为听觉正常人的"常态"。大多数失聪者将会继续保持听力缺陷的状态（例如，根据听觉正常人社会的规范），他们依旧"缺乏必要的特质或元素；不完整；有缺陷"。此外，针对听觉正常者，另一个有争议的术语是"听力受损"（Hearing impaired）。这个词更易于接受，包容性也更强，但这个词只是"聋子"的委婉表达。听力受损一词有负面的内涵含义，目前已不被世界失聪者联合会（World Federation of the Deaf）、美国聋人协会（NAD，National Association of the Deaf）和注册聋人翻译师协会（RID，Registry of Interpreters for the Deaf）等组织接受。比安弗尼（Bienvenu，1989）指出，"听力受损"一词仅仅从耳朵受伤和有缺陷的角度定义失聪者，大多数听力学和康复领域的专家喜欢使用这个词，因为他们往往用狭隘的医学观点看待失聪者。此外，比安弗尼对"失聪"（Deaf）一词的误用和未被广泛接受提出挑战，她质问道，"为什么'失聪'一词如此难以接受？是因为它听起来像听觉正常的人普遍误用的'死亡'（death）吗？"(Bradford，1993)

1991年4月，比安弗尼在双文化教育中心的新闻通讯中提出，"失聪"（Deafness）一词的用法（如"失聪领域"中的"失聪"）荒谬且不合人道。她指出，对妇女来说并没有什么"女性（womanness）领域"，对黑人来说也没"黑人（blackness）领域"之说(p. 1)，但是，"失聪领域"却被认为是可以接受的。"失聪"（Deaf）这一术语并没什么可怕的，也并不有损尊严，因此并不需要用矫揉造作的或听起来礼貌一些的词来替代它。即便那些词也不像"无听觉"（non-Hearing）一词有贬低人格之嫌。因此或许应该考虑使用"失聪"（Deaf）和"非失聪"（non-Deaf）这对术语(Bradford，1993)。布拉福德（Bradford）进一步解释说，把失聪者称作"无听觉人士"类似于用"非白人"来形容黑人，听上去就像把失聪群体等同于无生育能力的低劣人口。

失聪者群体内部出现了一些塑造理论的新词汇。虽然这些术语中有不少已经被失聪者普遍使用了几个世纪，但由于上述提到的负面内涵，它们需要被替换掉。为了让人们更好地理解并保持内源性的文化观，"失聪"（Deaf）是比任何其他词语更有力的

202

术语，它展示了一种积极的身份，和身为人类的另一种方式。"失聪"(Deaf)蕴涵着一种语言和文化(Padden & Humphries，1988)，具有包容性。在英语语言美国传统词典(1992)中，"失聪"(Deaf)一词的解释如下：

> 形容词：1. 听觉的部分或完全缺失。2. 聋的，或者与失聪者及其文化相关的。3. 不愿意听或者拒绝听的；不留意的，如，无视我们的反对意见(was deaf to our objections)。名词(与复数形式的动词连用)：1. 被视为一个群体的失聪者。2. 失聪者群体。使用美国手语作为主要交流手段的失聪者的群体。(p. 368)

与之相对，从失聪者角度来看，美国手语被视为主要的、占主导地位的语言。英语被认为是失聪者在美国的第二语言(Grosjean，1982)。此外，诺弗和鲁伊斯(Ruiz，1992)认为，很有必要在心理学、教育学、人类学、社会学等学科中发展以失聪者为中心或与失聪者相关的内容，在此基础上研究者才能获得与失聪者相关的精确的、可接受的文化信息。

病理学视角在失聪者教育中的结果和影响

失聪者的历史遭遇给失聪者群体造成了巨大的伤害。然而，为了证明失聪者教育变革的必要性，只要回顾一下失聪者教育领域所做的大量研究就足够了(Allen，1994；DiFrancesca，1972；Hoffmeister，2000；Padden & Ramsey，1997；Prinz & Strong 1998；Traxler，2000；Trybus & Karchmer，1977；Vernon & Andrews，1990)。这些研究表明，在美国，30%的失聪学生在离开学校时依旧是功能性文盲状态(在教育成就测试中成绩相当于 2.8 级或者更低)；60%的学生阅读水平在 2.9—5.3 级之间(DiFrancesca，1972；Trybus & Karchmer，1977)；只有 5%的学生达到 10 级或以上水平(Jensema & Trybus，1978)。大约一半的失聪高中学生不能达到学历要求，他们要么没有学历，要么就仅有一张肄业证书或者连证书都没有(Schildroth et al. ，1991)。那些自动辍学或因年龄过大而离开学校的高中生占离校学生的 29%，仅有 29%的失聪学生获得高中文凭(Bowe，2003；Schildroth et al. ，1991)。和听觉正常的学生相比，失聪学生毕业后，往往面临失业或就业不充分的情况(Garay，2003；Punch，Hyde，

& Creed，2004）。

　　失聪个体教育的这种情况对他们从学校转向就业岗位的能力造成了严重的影响，进而影响他们的独立生活。琼斯（Jones，2004）强调了教育的重要性，他发现并无明显证据表明失聪者和听觉正常个体在收入上存在巨大差距，差距主要体现在教育水平的高低上。麦克劳德（MacLeod）进行了一系列的调查（1983，1984，1985），这些调查揭示了寄宿学校和主流公立学校的课程中失聪者和有一定重听的毕业生的就业趋势。调查对象的失业率高于正常人，他们即使找到了工作，也通常是蓝领的工作，工资相对较低，几无升职的可能，常常会在一个岗位上待很长时间。失聪和重听服务中心北卡罗来纳州分会（North Carolina's Division of Deaf and Hard of Hearing Services）的前任主席弗兰克·图尔克（Frank R. Turk）博士称，在美国，大约70％的失聪者学校毕业生有社会安全生活补助金（Supplemental Security Income，SSI）。糟糕的教育水平和工作经历表明目前美国失聪者教育正面临着日益严峻的危机。

　　在长期语言、文化和教育的压迫下，失聪者群体成员的职业生涯受到严重影响，于是草根阶层开始发生变化。这种变化始于20世纪60年代的民权运动时期，当时人们意识到失聪者使用的手语并非仅仅当地口语的视觉表现形式，它其实是一种具有独立的语法、句法、历史以及文化的、内容极其丰富的语言。对美国手语的这种认识在民权运动的推动下，催生了失聪者民权的意识。失聪群体由此获得的权力，促使失聪者改变了对自身的看法，同时促使人们批判性地审视美国各所大学和学校的教育方法。这种失聪群体的民权运动在20世纪80年代加劳德特大学争取失聪者当校长[4]的运动中继续发酵。20世纪90年代，美国手语/英语双语教育运动开始了。这些变化反映了对失聪者群体的病理学视角向文化视角的转变。

对研究的影响

　　上面分析了关于失聪者的文化视角与对立的病理学视角及由此产生的对失聪者的压迫和压迫对失聪者教育产生的影响，我们认为，在失聪者和重听儿童的教育中，必须体现更多的失聪者群体的影响和视角。虽然推动美国手语/英语双语教育运动一直在发展，但是仍然非常需要在语言的使用与规划、教育和文化等领域推进更多聚焦失聪者的研究。这些研究应当包括探究非失聪专业人员和失聪者群体间的关系，从而更好地理解并解决双方不同视角之间的冲突（Clifford，1991；Nover，1993）。库兹曼（Kurzman，1991）提到，在社会科学家看来，虽然失聪者群体没有话语权是个不争的历史事实，但是剥夺研究对象为自己发声的权利，却要讨论他们的处境，是极其荒谬的。为了让失聪者在研究中获得更多的影响力，享有掌控权的听觉正常人应该放弃一些权力，招募更多的失聪研究者，并在必要时与他们合作，从而在研究中保持失聪者的视角。失聪者应当有权观察并对听觉正常的研究者的工作进行评价，尤其是在研究的初期阶段。虽然任何一个项目都无法兼顾所有的视角，但是如果失聪者群体能够作为项目的参与者知情并提出批评意见，那么研究者就能赢得失聪者群体对项目的支持。

　　有些听觉正常的社会科学家聘用失聪者只是作为助手，通过他们之间的主导与被主导关系强化了殖民与被殖民关系和目前的权力结构。同时，"聘用"一词也暗含着权力差异，因为失聪者干的是"脏活"，而研究设计本身却是以听觉正常的人为导向的。

204　失聪研究者和听觉正常的研究者之间的合作有助于消除病理学视角，有助于发展与我们的研究内容相契合的并且与失聪者的生活现状相关的解释性理论。过时的传统理论或许可以解释对于某些现象的带有研究者偏见的特定观点，但是我们必须用有效的论点和证据反驳这些错误的理论。事实上，在科学、医疗和教育机构领域自称为失聪者服务的专家，在讨论我们生活的现实并把失聪者描述成残疾人时，就已经给失聪者造成了巨大伤害。伍德沃德（Woodward，1982）指出，除非听觉正常人社会摒弃看待失聪者的病理学视角，或者说放弃把失聪者划分为残疾人的做法，失聪者就不可能真正获得平等。毕竟，失聪者和其他人一样，也向往自由、平等和追求幸福的权利。

（张侃宁　译）

注：

1. 许多作者用首字母大写的"Deaf"代表美国失聪文化的成员，用首字母小写的"deaf"代表听力学环境。

2. 我们使用"失聪者文化"或者"失聪者群体"这些术语的时候，并不意味着所有的失聪者都相信、行动并支持同样的想法和理念。在任何文化与群体中都有着各种不同的失聪者。但是，关于失聪者群体认同问题的访谈和研究，通常先把自认为是失聪文化成员定位成失聪者。例如，在女同性恋失聪者的调查中，接受调查的女性首先把自己定位成失聪者，其次才是女性或女同性恋。

3. 关于读写能力调查（Signs of Literacy）项目的更多信息，请登录网站 http://sol. gallaudet. edu。关于视觉语言（Visual Language）、视觉学习（Visual Learning）项目的更多内容，请登

录网站 http://vl2. gallaudet. edu。

4. 1988 年,加劳德特大学校董会(Board of Trustees at Gallaudet University)选举听觉正常的女性伊丽莎白·津瑟(Elizabeth Zinser)作为加劳德特大学的主席,而她本人则从未和失聪者群体有过接触。另外两名候选者均为失聪男性,并且在加劳德特大学和失聪者群体中都有长期的工作经验。这一结果引发了加劳德特学生、教职工以及更多失聪者群体的抗议。抗议者要求推选一名失聪者做主席,并且失聪者应当占据校董会51%的席位。经过一周的抗议后,校会选举金·乔丹(I. King Jordan)为加劳德特大学的首位失聪者主席。关于"推选失聪校长运动"(Deaf President Now Movement)的详细情况,请参见克里斯琴森和巴纳特(Christiansen & Barnartt, 1995)以及甘农(Gannon, 1989)。

参考文献

Allen, T. (1986). Patterns of academic achievement in hearing-impaired students: 1974 and 1983. In A. Schlidroth & Karchmer, M. (Eds.), *Deaf children in America* (pp. 161 – 206). San Diego, CA: College-Hill Press.

Allen, T. (1994). *Who are the deaf and hard of hearing students leaving high school and entering postsecondary education?* Gallaudet University Center for Assessment and Demographic Studies, Washington, D. C. Unpublished manuscript.

Andrews, J., & Franklin, T. (1996 – 1997, August). Why hire deaf teachers? *Texas Journal of Audiology and Speech Pathology*, *22*(1), 120 – 131.

Andrews, J., Leigh, I., & Weiner, M. (2004). *Deaf people: Evolving perspectives from psychology, education and sociology*. Boston, MA: Pearson Education.

Baker, C. (1978). How does "sim com" fit into a bilingual approach to education? In F. Caccamise & D. Hicks (Eds), *Proceedings of the second National Symposium in Sign Language Research and Training*. Silver Spring, MD: National Association of the Deaf.

Baker, C., & Battison, R. (Eds.). (1980). *Sign language of the Deaf Community: Essays in honor of William C. Stokoe*. Silver Spring, MD: National Association of the Deaf.

Baker, C., & Cokely, D. (1980). *American Sign Language: A teacher's resource text on grammar and culture*. Silver Spring, MD: T. J. Publishers.

Ballin, A. (1930). *The Deaf Mute howls*. Los Angeles, CA: Grafton.

Bienvenu, M. J. (1989, October). An open letter to alumni, students of Gallaudet and friends. *The Bicultural Center News*, *18*.

Bienvenue, M. J. (1991, April). *The Bicultural Center Newsletter*, *21*.

Blackwell, L. R. (1993). Going beyond the anger. In M. Garretson (Ed.), *Deafness: 1993 – 2013*. Silver Spring, MD: National Association of the Deaf.

Bornstein, H. (1990). *Manual communications: Implications for education*. Washington, D. C.: Gallaudet University Press.

Bornstein, H., Hamilton, L., & Saulnier, K. (1983). *The comprehensive signed English dictionary*. Washington, D. C.: Gallaudet University Press.

Bowe, F. (2003). Transition for deaf and hard of hearing students: A blueprint for change. *Journal of Deaf Studies and Deaf Education*, *8*(4), 485 – 493.

Braden J. P. (1994). *Deafness, deprivation and IQ*. New York: Plenum.

Bradford, S. (1993, May). What do we call ourselves? *Deaf Life*, 22 - 26.

Burawoy, M., Burton, A., Arnett Ferguson, A., Fox, K., Gamson, J., Gartrell, N., et al. (1991). *Ethnography unbound: Power and resistance in the modern metropolis*. Berkeley, CA: University of California Press.

Chamberlain, C., Morford, J., & Mayberry, R. (Eds.). (2000). *Language acquisition by eye*. Mahwah, NJ: Erlbaum.

Christiansen, J. & Barnartt, S. (1995). *Deaf President Now! The 1988 revolution at Gallaudet University*. Washington, D. C. : Gallaudet University Press.

Clifford, J. (1990). Notes on (field) notes. In R. Sanjek, (Ed.), *Fieldnotes: The making of anthropology*(pp. 47 - 70). Ithaca, NY: Cornell University Press.

Corbett, E., & Jensema, C. (1981). *Teachers of the hearing impaired: Descriptive profiles*. Washington, D. C. : Gallaudet University Press.

Davidson A. (1996). *Making and molding identity in schools*. Albany, NY: State University of New York Press.

DiFrancesca, S. (1972). *Academic achievement test results of a national testing program for hearing impaired students, United States, 1971*. Washington, D. C. : Office of Demographic Studies, Gallaudet College.

Erting, C., Prezioso, C., & Hynes, M. (1990). The interactional context of Deaf mother-infant communication. In V. Voltera & C. Erting (Eds.), *From gesture to language in hearing and deaf children*. Washington, D. C. : Gallaudet University Press.

Erting, C., & Woodward, J. (1979). Sign language and the deaf community. *Discourse Processes*, 2, 183 - 300.

Erting, L., & Pfau, J. (1993, June). *Becoming bilingual: Facilitating English literacy development using ASL in preschool*. Paper presented at CAID/CEASD Convention, Baltimore.

Freire, P. (1992). *Pedagogy of the oppressed*. New York: Continuum.

Gamson, A. (1991). Silence, death, and the invisible enemy: AIDS activism and social movement"newness". In M. Burawoy, A. Burton, A. Arnett Ferguson, K. Fox, J. Gamson, N A. Gartrell et al. (Eds.), *Ethnography unbound: Power and resistance in the modern metropolis*(pp. 35 - 57). Berkeley, CA: University of California Press.

Gannon, J. (1981). *Deaf heritage: A narrative history of Deaf America*. Silver Spring, MD: National Association of the Deaf.

Gannon, J. (1989). *The week the world heard Gallaudet*. Washington, D. C. : Gallaudet University Press.

Garay, S. (2003). Listening to the voices of Deaf students: Essential transition issues. *TeachingExceptional Children*, 35(4), 44 - 48.

Groce, N. (1985). *Everyone here spoke sign language: Hereditary deafness on Martha's Vineyard*. Cambridge: MA: Harvard University Press.

Grosjean, F. (1982). *Life with two languages: An introduction to bilingualism*. Cambridge,

MA：Harvard University Press.

Hoffmeister, R. (2000). A piece of the puzzle：ASL and reading comprehension in deaf children. In C. Chamberlain, J. P. Morford, & R. I. Mayberry (Eds.), *Language acquisition by eye* (pp. 143 - 164). Mahwah, NJ：Erlbaum.

Jensema, C., & Trybus, J. (1978, August). *Communicative patterns and educational achievement of hearing impaired students* (Series T, Number 2). Washington, D. C.： Gallaudet College, Office of Demographic Studies.

Johnson, R. B., Liddell, S., & Erting, C. (1989). *Unlocking the curriculum：Principles for achieving access in Deal Education* (GRI Working Paper Series, No. 89 - 3). Washington, D. C.：Gallaudet Research Institute.

Jones, D. (2004, Fall). Relative earnings of deaf and hard-of-hearing individuals. *Journal of Deaf Studies and Deaf Education*, 9 ,459 - 461.

Kannapell, B. (1980). Personal awareness and advocacy in the Deaf Community. In C. Baker & R. Battison (Eds.), *Sign language of the Deaf Community：Essays in honor of William C. Stokoe* (pp. 105 - 116). Silver Spring, MD：National Association of the Deaf.

Klima, E., & Bellugi, U. (1979). *The signs of language*. Cambridge, MA：Harvard University Press.

Kuntze, M. (2004). *Literacy acquisition and deaf children：A study of the interaction between ASL and written English*. Doctoral dissertation, Stanford University, Stanford, California.

Kurzman, C. (1991). Convincing sociologists：Values and interests in the sociology of knowledge. In M. Burawoy A. Burton, A. Arnett Ferguson, K. Fox, J. Gamson, N. Gartrell, et al. (Eds.), *Ethnography unbound：Power and resistance in the modern metropolis* (pp. 250 - 270). Berkeley, CA：University of California Press.

Ladd, P. (2003). *Understanding Deaf culture：In search of Deafhood*. Clevedon, UK： MultilingualMatters.

Lane, H. (1980, Spring). *Some thoughts on language bigotry*. A presentation at Gallaudet University.

Lane, H. (1984). *When the mind hears：A history of the Deaf*. New York：Random House.

Lane, H. (1988, February). *Is there a psychology of the Deaf?* A presentation at Gallaudet University.

Lane, H. (1992). *The mask of benevolence：Disabling the Deaf Community*. New York： Alfred A. Knopf.

Lane, H., Hoffmeister, R., & Bahan, B. (1996). *A journey into the Deaf-World*. San Diego, CA：Dawn Sign Press.

Liddell, S., & Johnson, R. (1989). American Sign Language：The phonological base. *Sign Language Studies*, 64 ,195 - 277.

Lucas, C. (Ed.). (1989). *The sociolinguistics of the Deaf Community*. San Diego, CA： Academic Press.

Lucas, C. (Ed.). (2006). *Multilingualism and sign languages：From the Great Plains to*

206

Australia. Washington, D. C. : Gallaudet University Press.

Lucas, C. , Bayley, R. , & Valli, C. (2001). *Sociolinguistic variation in American Sign Language*. Washington, D. C. : Gallaudet University Press.

Lucas, C. , Bayley, R. , & Valli, C. (2003). *What's your sign for pizza? An introduction to variation in American Sign Language*. Washington, D. C. : Gallaudet University Press.

Lucas, C. , & Valli, C. (1990). Predicates of perceived motion in ASL. In S. Fischer & P. Siple(Eds.), *Theoretical issues in sign language research* (pp. 153 – 166). Chicago: University of Chicago Press.

MacLeod, J. (1983). *Secondary school graduate follow-up program of the hearing impaired: Fourth annual report*. Rochester, NY: National Technical Institute for the Deaf.

MacLeod, J. (1984). *Secondary school graduate follow-up program of the hearing impaired: Fifth annual report*. Rochester, NY: National Technical Institute for the Deaf.

MacLeod, J. (1985). *Secondary school graduate follow-up program of the hearing impaired: Sixth annual report*. Rochester, NY: National Technical Institute for the Deaf.

Maxwell, M. (1985). Sign language instruction and teacher preparation. *Sign Language Studies*. 47,173 – 180.

Metzger, M. (Ed.). (2000). *Bilingualism and identity in Deaf communities*. Washington, D. C. : Gallaudet University Press.

Mindel, B. , & Vernon, M. (1971). *They grow in silence: The Deaf child and his family*. Washington, D. C. : American International Printing.

Moores, D. (1991). Teacher morale. *American Annals of the Deaf*, 136(3),243.

Nover, S. (1993, June). *Our voices. our vision: Politics of Deaf education*. Paper presented at the AID/CEASD Convention, Baltimore.

Nover, S. , & Ruiz, R. (1992, June 4 – 6). *ASL and language planning in Deaf education*. Paper presented at the International Symposium in Celebration of the Centennial of Teacher Education. Gallaudet University, Washington, D. C.

Padden, C. , & Humphries, T. (1988). *Deaf in America: Voices from a culture*. Cambridge, MA: Harvard University Press.

Padden, C. , & Ramsey, C. (1997). *Deaf students as readers and writers: A mixed mode researchapproach. Final Report to U. S. Department of Education*. University of California, San Diego. Unpublished manuscript.

Prinz, P. M. , & Strong, M. (1998). ASL proficiency and English within a bilingual deaf education model of instruction. *Topics in Language Disorders*, 18(4),47 – 60.

Punch, R. , Hyde, M. , & Creed, P. (2004). Issues in the school-to-work transition of hard of hearing adolescents. *American Annals of the Deaf*, 149(1)28 – 38.

Reinharz, S. (1992). *Feminist methods in social research*. New York: Oxford University Press.

Schildroth, A. , Rawlings, B, & Allen, T. (1991). Deaf students in transition: Education and employment issues for deaf adolescents. *The Volta Review*, 93,5.

Schirmer, B. R. (2003, Spring). Using verbal protocols to identify the reading strategies of students who are deaf. *Journal of Deaf Studies and Deaf Education*, 8(2),157 - 170.

Shapiro, J. (1993). *No pity: People with disabilities forging a new Civil Rights Movement.* NewYork: Random House.

Spindler, G. , & Spindler, L. (1990). *The American cultural dialogue and its transmission.* NewYork: Falmer Press.

Stedt, F. , & Moores, D. (1990). Manual codes of English and American Sign Language: Historical perspectives and current realities. In H. Bornstein (Ed.), *Manual communications: Implications for education.* Washington, D. C. : Gallaudet University Press.

Stokoe, W. C. , Casterline, D. , & Croneberg, C. G. (1965). *A dictionary of American Sign Language on linguistic principles.* Washington, D. C. : Gallaudet College Press.

Stone-Harris, R. , & Stirling, L. (1987). Developing and defining an identity: Deaf children of Deaf and Hearing parents. In *Proceedings of Social Change and the Deaf. Proceedings of the Second Research Conference on the Social Aspects of Deafness.* Washington, D. C. : Gallaudet University Press.

Supalla, S. (1992). *The book of name signs: Naming in American Sign Language.* San Diego, CA: Dawn Sign Press.

Supalla, T. (1986). The classifier system in American Sign Language. In C. Craig (Ed.), *Noun classification and categorization.* Philadelphia: J. Benjamins.

Supalla, T. , & Newport, E. (1978). How many seats in a chair? The derivation of nouns and verbs in American Sign Language. In P. Siple (Ed.), *Understanding language through sign language research.* New York: Academic Press.

Traxler, C. B. (2000). Measuring up to performance standards in reading and mathematics: Achievement of selected deaf and hard-of-hearing students in the national norming of theninth edition Stanford Achievement Test. *Journal of Deaf Studies and Deaf Education*, 5,337 - 348.

Trybus, R. J. , & Karchmer, M. A. (1977). School achievement scores of hearing impaired children: National data on achievement status and growth patters. *American Annals of the Deaf*, 122,62 - 69.

Van Cleve, J. (1993). *Deaf history unveiled: Interpretations from the new scholarship.* Washington, D. C. : Gallaudet University Press.

Van Cleve, J. , & Crouch, B. (1989). *A place of their own: Creating the Deaf Community in America.* Washington, D. C. : Gallaudet University Press.

Vernon, M. , & Andrews, J. (1990). *The psychology of deafness.* New York: Longman.

Wink, J. (2000). *Critical pedagogy: Notes from the real world* (2nd ed.). New York: Addison Wesley Longman.

Woodward, J. (1982). *How you gonna get to heaven if you can't talk to Jesus?* Silver Spring, MD: T. J. Publishers.

Woodward, J. , & Allen, T. (1987). Classroom use of ASL by teachers. *Sign Language Studies*, 54,1 - 10.

208

15

"那么贫困白人呢？"

里奇·李·艾伦(Rickey Lee Allen)

我从 1997 年以来一直在大学里教授关于白人问题的课程。我从事反种族歧视[1]教育多年，已经习惯了一些白人回应我和其他人关于白人特权的批评，完全能预料他们会说些什么。白人的反驳总是含有歧视性字眼。比如说，当我和非贫困白人[2]讨论种族歧视时，我认为白人种族歧视是一种结构性现象，它赋予所有的白人心理上和物质上的优势。最常听到的抱怨是"那么贫困白人呢？"我第一次从一个非贫困白人口中听到这句话时非常惊讶。我在贫困白人中长大（见注 1），听到过他们在种族关系的讨论中向彼此提起这个问题。但我并不期望非贫困白人问同样的问题，特别是用一种假惺惺的方式关心贫困的白人。我怀疑他们的真诚，因为在我的经历中，从未见过非贫困白人把结束贫困白人的贫困付诸行动。相反，我的经验告诉我，非贫困白人鄙视贫困白人。所以这突如其来的对贫困白人的关心让我感到费解。

白人给他们的白人特权找的各种借口中，我最容易想到的措辞是："贫困白人怎么办？"也许因为我生来是个贫穷的白人，也许我一直认为这句话比许多人想象中更加丰富地描述了美国种族问题的机制。当我们讨论白人特权问题的时候，非贫困白人学生经常打断我说："那么贫困白人呢？"但是，他们在说出这个词语前后对于贫困白人的困境保持了古怪的沉默。似乎非贫困白人认为，只有在讨论白人特权时才有必要讨论贫困白人的问题。这个现象告诉我的是，我们需要进一步审视非贫困白人用"那么贫困白人呢？"这个问题来讨论贫困白人的情况，因为这似乎是一种自私的种族策略。

在我开始反种族歧视教学的前几年，我对"那么贫困白人呢？"这个问题的反应是认为它只是白人避免因种族歧视而受到关注的一种说法，或曰"辞令"[3]（Bonilla-Silva，2003；Bonilla-Silva & Embrick，2006）。尽管这个说法令我很不舒服，我还是把这种感觉压了下来。"那么贫困白人呢？"这句话和其他根本无法自圆其说的种族歧视言论（如"我没有看见肤色差距"和"美国人人机会平等"）在本质上是一样的。对于我来说，它们都是在白人至上的系统中让白人免于面对种族不平等的空洞辞令。

但是，最近几年我渐渐相信有一种非贫困白人使用的辞令和其他辞令有着明确的差别，这是种族内（intraracial）[4]和种族间（interracial）的差别。事实上，这是非贫困白人在种族内使用的辞令之一。它以一种"另一种白人"（如贫困白人）的观念来证明对于白人和有色人种社会和经济差异的分析是不充分的。言下之意这种特权无法使这个特定群体内的所有成员受益，因为有些成员，在这种情况下指贫困白人，没有享受到特权。于是,我们应该在个人层面而不是群体层面上讨论特权问题。因为非贫困白人通常并不关心贫困白人,许多套用这种说法的非贫困白人实际上是暗示应该将他们作为个人对待,而不应仅仅因为肤色把他们看成拥有特权的白人。如果这些非贫困白人更加直接一点,他们会问:"你了解我吗?你怎么知道我是有特权的?"

但是他们并没有那么直接。因为"那么贫困白人呢?"这句话不只是表达了一种个人主义的种族歧视观。它也表明了贫困白人和非贫困白人之间的紧密联系,非贫困白人在贫困白人无法发表自身意见时为他们发声。但是这两类白人真的有积极统一的互动吗?当非贫困白人说出"那么贫困白人呢?"这句话时,真的考虑了他们的利益吗?这两者之间是否有一种潜在的或被规范了的关系让我们很难理解"那么贫困白人呢?"这句话的意义和丰富内涵?

就如我在本章所阐述的一样,非贫困白人对贫困白人的关注为我们提供了一扇探索白人内部政治结构[5]的窗口,这个概念在关于种族的术语中还未被充分理论化。以此为目的,我希望能通过分析贫困和非贫困白人之间的统治[6]联盟(hegemonic alliance)来弄清白人内部的运作方式。虽然这种联盟非常强势,并且很有可能是白人至上的社会结构的主要支柱,它依然存在一些缝隙,我们必须予以揭露、扩大,最终将它推倒。换句话说,政治联盟,如白人政治联盟,可以通过实现社会公平[7]使之瓦解。加维和伊格纳蒂耶夫(Garvey & Ignatiev, 1997)做出了重要的批评:

> 虽然"种族的社会架构"已经成了学术界的一个热词,但是很少有人作进一步的研究。事实上我们可以说,迄今为止哲学家们只是对白人种族进行了阐述,其目的是消灭这种种族。(p. 346)

如果一个种族可以被创造,那么它也可以被消灭。理解白人种族是如何整合在一起的,是打散他们,最终打破他们维持白人至上主义的政治联盟的第一步。所以,我相信批判性分析"那么贫穷白人呢?"这句话,可以给正在进行中的关于如何对美国种族和阶级关系进行理论化的辩论提供一个新的维度。

我在教育学领域教书。我的许多学生未来会成为教师或有抱负的教育学者。和大多数美国教育工作者一样,他们中的大多数是白人。2001年美国国家教育统计中心(the National Center for Educational Statistics)表明,90%美国公立学校教师是白人(National Collaborative on Diversity in the Teaching Force, 2004)。我为学生看待有色人种的方式感到苦恼,而我对非贫困白人学生看待贫困白人的方式更加不安,因为他们会带着这样的方式进入教室或者研究所。于是,本章的另一个目的是讨论贫困白人和非贫困白人关系中的社会公平对贫困白人意味着什么。比如,"那么贫困白人呢?"这句话如何把贫困白人学生定位为一种相对有色人种来说没有特权的人,或者比非贫困白人更加种族歧视的人?对贫穷白人的种族歧视缺乏关注的情况,如何复制了把我们所有人涵盖在内的种族秩序?这种贫困白人的种族化如何塑造了他们有关学校教育的政治主张?最后,我们应该如何为贫困白人设计一种反种族歧视的教育?在批判白人统治联盟(本章下面将详细阐述)的基础上,我将试图回答这些问题,并以白人统治联盟的发展为背景,对贫困白人教育的社会政治语境作一简述。

在本章的某些地方,我将把阿巴拉契亚地区的白人作为贫困白人的案例加以审视。这主要是因为我作为这个群体中的一员更加了解他们的历史、经历和地位。[8]

"那么贫困白人呢?"背后的种族政治

对于我们这些把白人教育视作反种族歧视计划中重要部分的人,我们必须仔细审视那些乍看似乎是对"那么贫困白人呢?"这个问题作出的批判性回应。例如,我们可以从阶级的视角提出,种族批判的局限性在于,虽然它可以展示种族之间权力和差别的结构,却不能展示种族之内权力和差别的结构。我们需要的,从逻辑上说,是基于阶级的或马克思主义的分析,得出种族内的阶级等级体系——如非贫困白人和贫困白人之间的等级关系。这个方法的问题是,它意味着白人的种族化是单一的,白人内部的阶级斗争无法解释贫困白人和非贫困白人各不相同但又相互关联的种族化过程。它同时假设基于种族的分析对于我们理解和阻止种族内部的社会分层毫无帮助。最后,它弱化了贫困白人和非贫困白人的种族联盟,因为它只关心基于阶级的公共冲突(如矿产公司剥削矿工)而不是种族内的默契(如对白人特权的常态保持沉默)。这种方法内在的目的论假设是贫困白人和非贫困白人应该联合起来,而阶级冲突却比他们之间的种族默契更加吸引关注。

在上述的阶级理论看来,我们所知的"白人"似乎并不是政治和历史构建的产物,而纯粹是生物学意义上的联盟。这个视角错误地假定,来自不同阶层的白人族群的联合和"白人种族"的架构、崛起及其对统治地位的坚持毫无关系。换句话说,我们必须思考白人各族群之间早期和现在的权力差距,对于白人种族体制的存在是否具有至关重要的影响。我的看法是白人种族的存在有赖于一个内部的等级制度,这意味着底层的人民必须甘愿服从上层的权威。关于这一点我将在本章后面再作阐述。

如果从白人研究的视角看,还有另一个对"那么贫困白人呢?"这个问题的批判性回应,即可以简单地反驳说,所有的白人,无论其阶级地位的高低,都比有色人种拥有更多特权。因此,完全不必浪费时间把贫困白人和非贫困白人区分开来。这个立场也是很有问题的。关于白人特性的最新研究倾向于将所有的白人归为一组,他们的白人特性赋予了他们特权(如,McIntosh, 1997;McIntyre, 1997;Tatum, 2003)。我相信这个理论趋势的出现是对于人们(特别是白人群体)拒绝就白人特性问题进行持续对话的一种回应。我听过许多反种族歧视教育工作者说白人经常转移话题、把对话主题从种族问题移到阶级问题的例子。他们同时表示,这种话题转移是很难避免的,特别是当人们提出"那么贫困白人呢?"这个问题的时候。对这一点我完全同意。所以我理解为何反种族歧视教育工作者会避免讨论贫困白人和非贫困白人之间结构性特权的差异。但是,逃避贫困白人地位低于非贫困白人的现实最终会削弱种族之间的团结和终结白人至上主义的努力,因为这会失去一个揭露和打破贫困白人和非贫困白人政治联盟的机会。

从白人特性研究视角看,正是因为教育者和学生同时避免讨论贫困白人问题,"那么贫困白人呢?"这个问题才能大行其道。虽然我同意相对于有色人种而言,所有的白人都因白人至上主义而享有特权,但是他们得到的特权显然是不平等的(Heilman, 2004)。虽然阶级、文化和语言的确导致了数代贫困白人的产生,我们却忽视了他们的种族化过程,而正是这个过程给了他们不同的经历,并将他们置于和其他白人不同的政治地位(Hartigan, 2004)。如果我们不能解释贫困白人的种族化问题,我们就看不到白人群体的力量其实来自其占统治地位的群体(如非贫困白人)维系一个坚如磐石、看似自然的政治联盟的能力。深刻地理解种族化在白人种族联盟中的作用是实现种族平等的关键,因为它强调,我们必须破坏白人种族不自然的团结才能打破这个联盟。

为了越过白人无差异特权和马克思主义分析这两种局限的视角,我要提出的是一种对"那么贫困白人呢?"这个问题的批判性种族解释,即基于种族批判理论(Critical Race Theory, CRT)对文本或社会现象加以解读。种族批判理论是用清晰的种族术语解释当今世界的理论(Allen, 2006;Delgado & Stefancic, 2001),其最近几年的发展和法律研究息息相关,而其根源来自杜波依斯(W. E. B. DuBois, 1868—1963)和弗朗茨·法农(Franz Fanon，1925—1961)的研究。在成长的过程中，它形成了新的分支学科，超越了法律研究的范畴。各个社会科学领域的学者把种族批判理论化为己用，并进行了完善和升级。在教育领域，现在已有许多作者加入了种族批判理论的研究（例如，Delgado Bernal & Villalpando，2002；Dixson & Rousseau，2005；Ladson-Billings，1999；Ladson-Billings & Tate，1995；Love，2004；Lynn，1999；Parker & Stovall，2004；Solorzano & Yosso，2002；Tate，1997；Taylor，1999）。

限于篇幅，在此无法详述种族批判理论[9]，不过，为了说明眼前的问题，有必要介绍两种种族批判理论的原则。其一，白人至上主义是一种区域性的、具有结构决定性的社会系统，而我们就生活在其中（Allen，2001，2006；Bonilla-Silva，1996，2001）。白人至上主义是一种压迫性的系统，与其他压迫性的系统如资本主义和父权社会平等且有交集（Bonilla-Silva，1996，2001）。换句话说，白人至上主义并非归于资本主义或父权社会，它们彼此关联，却又截然不同。

其二，种族批判主义对种族的定义，超越了古老的生物学定义的族群观念和较新的社会建构的族群观念。它把种族视为政治组织，而不是较为被动的、政治上中立的社会组织（Mills，1997）。从这个观点看来，种族是政治团体，或者说政治组织，各个种族的政治利益与其在白人至上主义种族等级制度中的地位有着密切关系（Mills，1997）。种族成员主要来自于种族化和政治上对于自身的认知，即法农（Fanon，1952/1967）所说的"身体图式"。所有的种族成员，无论他们自身是否意识到，都是他们种族政治组织的代表（Mills，1997）。换句话说，种族是一种深陷地位和权力群体冲突的人类组织形式。

在白人至上种族等级制度的顶端，白人种族体制尽力保护自己统治的状态，只有在多方面压迫下，他们才会在政治上向有色人种让步。更重要的是，他们会努力从在许多人看来提高了有色人种地位的措施中获取最大的利益。贝尔（Bell，1980，1992）将这个现象称为"利益交汇原则"（interest convergence principle）。他的例子是1954年的布朗案（the *Brown*）判决。他认为对外与苏联的冷战和对内与黑人激进主义的冷战给了白人领导人足够的压力来终止原有的种族隔离。在国际上，白人美国需要"第三世界"有色人种的帮助来对付共产主义，但是美国种族隔离的制度使得许多潜在盟友敬而远之。在国内，美国白人感受到了日益增长的黑人激进主义和共产主义运动的威胁（Bell，1980）。虽然布朗案的裁决看似是有色人种的胜利，白人却赢的更多，他们获得了全球的统治地位，并使苏联解体。并且，布朗案的裁决几乎没有影响到美国的种族等级制度。苏联一解体,美国白人立刻把枪口转向公民权利的政策,如平权法案和双语教育等。

基于种族批判理论的假设,对"那么贫困白人呢?"这句话的一种解释是,对于白人创作的文本必须仔细审视它在政治种族范畴中的涵义。莱昂纳多(Leonardo, 2002)认为,关键是要"扰乱白人的沟通密码"、"拆解白人的话语"(p. 31)。某一特定离题的文本能否巩固白人的统治地位? 它能否强化保护白人权利的政治联盟? 它有没有设置议程,为白人政治联盟提供论据? 论及"那么贫困白人呢?"这句话,我认为所有的答案都是"是的"。请容我进一步解释。

从某个层面来分析,我们可以说"那么贫困白人呢?"这句话鲜少代表非贫困白人关心贫困白人,而更多地是对于他们白人身份[10]的不适。为了避免这种不适,他们发现这种辞令可以让他们把话题引到一个"有教养的"人很少触碰的话题,从而免遭批评。在这样的诱导下,他们避免了以更积极的方式处理他们的罪恶感和防御心理(几乎所有白人都有,我们这些自认为是反种族主义者也不例外)。而这些感受来自他们否认自己在白人至上的社会中不劳而获的特权和地位(Allen, 2004;Helms, 1993)。当然,这一辞令从来不会引起有关为何贫困白人会这么贫困的讨论,因为说话的人从来就没有讨论贫困白人社会经济地位的意愿。他们的目的是停止关于白人特性的讨论。好像在他们看来,只要没人讨论,贫困白人的问题自然也就解决了。

在继续论述之前,我想指出,有些非贫困白人看起来真的向贫困白人表达了他们的关心,不幸的是他们的许多言论缺少对于近在手边的种族问题的根本理解。这些白人从阶级的视角入手,不能够理解以结构性术语分析贫困白人种族化问题的重要性。对于一些真正热心的人,我想虽然他们的意图是好的,但他们还是有意无意地被白人至上主义所支配,想保持白人对有色人种、非贫困白人对贫困白人的统治地位。[11]

同时,我也想澄清,分析白人的贫穷,特别是根深蒂固、世代相传的贫困白人亚文化是非常关键的,因为贫困白人在一定意义上是被压迫的人民,要受到体制上、日常性的非人待遇。忽视他们的处境会让我们失去许多潜在的反种族主义盟友,而他们是能够打破贫困白人和非贫困白人之间那种看似自然的团结的。在《没有种族主义者的种族主义》(*Racism Without Racists*)一书中,博尼拉-西尔瓦(Bonilla-Silva, 2003)在他对白人种族主义的研究中指出,工薪阶层的白人妇女是最有可能推动消除种族歧视的。从我作为反种族歧视教育者的经验来看,生长在贫困环境或工薪阶层的白人比非贫困白人更乐于接受以白人至上主义为批判对象的反种族主义议程。虽然这些例子不足

214

以成为证据,但是却说明人们印象中非贫困白人比贫困白人在种族问题上更进步可能是错误的,需要进一步研究。

将贫困白人非人性化的一种方法就是刻板印象。许多常见的诋毁直接传递了他们在白人群体中的低下地位。然而,史密斯(Smith, 2004)指出,关于贫困白人的刻板印象和关于有色人种的刻板印象并不相同。

> 关于"红脖子选民"(rednecks)和"劣种白人"(crackers)的描写玷污了(男性)白人工人的形象,他们被认为天生是野蛮无知的。他们低人一等的境况常常被看作是不可救药的暴力种族主义的表现。但是,这种扭曲的逻辑并不意味着白人工人是种族歧视的受害者。相反,他们低下的地位代表着种族特权和阶级劣势分离的结果。由于阶级剥削,这些白人地位越来越低,再也不可能足够"白"。作为工薪阶层的白人,他们绝对不能因为足够好而成为真正的"白人",也就是(因颜色而)享有不言而喻的优越和理所当然的特权。(p. 46)

虽然我同意贫困白人不是种族歧视的受害者,但是我不认为他们受到诋毁主要是阶级剥削的结果。种族的观念和白人内部种族政治也是原因之一。贫困白人"不怎么白"[12] 的定位不仅仅是因为对于他们经济条件的态度或所谓的文化失能,也有一些关于他们生来低人一等的想法。直到今天,还有许多非贫困白人相信阿巴拉契亚地区的白人世代贫穷是因为生育破坏了他们的基因[13](Smith, 2004)。这种基因低人一等的想法在媒体上也有体现。电视上的喜剧演员常把阿巴拉契亚地区的白人演成近亲结婚或性交而导致后代有许多生理缺陷的一类人。

还有,贫困白人的刻板形象常常来源于种族观念。比如,种族歧视、落后守旧和基因倒退等贫困的南方白人的负面形象,一直与受过良好教育、有教养的南方白人放在一起,后者可能表现得彬彬有礼,保护看似脆弱的黑人免于贫困白人暴力的种族歧视(Smith, 2004)。在 1996 年的电影《杀戮时刻》(A Time to Kill)中,三位白人律师,两位南方男性和一位北方女性,为一名杀了强奸她的南方工薪阶层白人女儿的黑人辩护。这部电影传递了一个普遍的信息,即有教养的南方白人是有色人种的朋友,没有教养的贫困的南方白人是他们的敌人。这部电影没有描绘任何一个正面的贫困白人形象,似乎所有贫困的南方白人都无法做出反对种族歧视的想法和行为。和电影传达的信息一致的是,这部电影的结尾描绘了一大群疯狂的种族歧视的贫困白人攻击法院，反对判决被告无罪。同时，胜诉的律师成为了反种族歧视的英雄，通过一场场官司从贫困白人的种族歧视下拯救了整个南方。

虽然有些贫困的南方白人的确没有教养，并且有着很恶毒的种族歧视，但问题是看似反种族歧视的电影制作人这样的描绘使得非贫困南方白人看上去是白人中唯一推动消除种族歧视的成员。这些形象告诉人们最应该鄙视的种族主义者是"红脖子选民"(rednecks)和"劣种白人"(crackers)，而不是非贫困南方白人。事实上，白人政治家、商人、教育家和政策制定者都是非贫困白人，这是我们忽视体制性和结构性种族歧视的主要原因。贫困白人被更多的人排斥，即使他们比非贫困白人更缺少体制和经济权力。问题是，非贫困白人需要扭曲贫困白人的形象来美化他们自己的形象。换句话说，他们需要"另一种白人"来证明他们的优越性。我认为这适用于所有的非贫困白人。他们需要一个贫困白人种族主义的形象，来衬托自己反种族主义的形象。

考虑到非贫困白人扭曲了贫困白人的形象，人们也许会以为贫困白人一定会憎恨非贫困白人。但这并非事实。贫困白人看上去并不在乎他们被描绘成狂热种族主义者的形象，事实上或许他们内心已经接受了这个形象，并信以为真。我的怀疑是，许多贫困白人认为他们比非贫困白人更加歧视其他种，但是我不认为他们会在公众面前承认这一点。在我作为反种族歧视教育者的几年里，很少有贫困的白人学生认为非贫困白人比贫困白人更加歧视有色人种；他们也不会说他们比非贫困白人更加歧视有色人种。但这并不代表他们不这么想。他们或许是认为承认这点很丢人。非贫困白人学生就不会有这个问题，他们通常会毫不犹豫地说他们不如贫困白人歧视有色人种。他们认为这是常识。但常识往往会掩盖真相。在这种情况下，常识掩盖了贫困白人的真实认知，甚至非贫困白人也是如此。常识也可以掩盖客观现实：非贫困白人更加歧视别人，因为他们地位更高、权力更大，可以维护或者破坏白人至上主义的社会结构。眼下研究的重点应该是探求两种白人对彼此的看法，特别是彼此认为对方种族歧视的程度。

虽然非贫困白人扭曲贫困白人的形象并没有引起贫困白人的愤怒，但是前者经济上的剥削引起了后者的敌意。比如，阿巴拉契亚地区的白人大多数不信任富裕白人，因为他们长期遭受东北部公司的剥削。从小我就知道不要相信商人，特别是陌生人和在企业里工作的人。我也见过煤矿公司剥削我的一些亲属，在他们患上黑肺病时就把他们抛弃。虽然我住在印第安纳北部的小镇，这种敌意还是在我心里扎了根。二战后，我父亲一家从阿巴拉契亚地区迁移到中西部地区(见注2)。我只能想象依旧居住在山里的白人对于外人的敌意程度。史密斯(Smith，2004)认为非贫困白人感受到了

216

这样的敌意,害怕有一天他们会报复。

这意味着非贫困白人对贫困白人(尤其是像阿巴拉契亚白人这样亚文化群体的成员)的看法与互动大部分是因为害怕报复和(对后者的遗传劣势的)极度厌恶。同时,贫困白人似乎对他们经济上被剥削的现实耿耿于怀,但这并没有让他们脱离这个群体。相反,比起完全脱离白人群体,他们更想成为非贫困白人眼中受人尊敬的白人。

虽然贫困白人有着被系统地非人化的经历,但他们受压迫的同时也在压迫别人。他们也有白人特性,受益于白人特权,尽管他们的回报没有非贫困白人那么多。回到阿巴拉契亚白人的例子中,让我惊讶的是,研究阿巴拉契亚人的研究人员常常把这块地方描绘成没有其他种族的"清白之地"(Billings, Pendarvis, & Thomas, 2004)。这和大众媒体上阿巴拉契亚极端种族歧视的形象完全相反。研究人员研究这块地区时,假设只有矿工和贫困白人住在这里,很少有人认为阿巴拉契亚是一个多种族聚居的地方[14](Hayden, 2004),把它作为白人特性研究的重要场所的人就更少了(Smith, 2004)。比如关于白人特性的批判研究刚刚开始系统地揭示为什么没有更多有色人种住在阿巴拉契亚。换句话说,这里大多数是白人是有原因的。正如史密斯(Smith, 2004)所解释的:

> 如果白人是大多数地区中唯一的人种,那么就不存在"种族关系",因此和种族就没有关系了。白人成为今天阿巴拉契亚的主要人口就是一个令人高兴的人口学现象,而不是白人至上主义行动的产物。种族的清白就这样保留了下来。(p. 43)

这种种族清白的叙事抹杀了南方山区曾经存在奴隶制这一事实。在奴隶制被废除之后,肯塔基州出台了一些不利黑人定居的政策(Smith, 2004)。在田纳西州,诺克斯维尔和查塔努加市禁止黑人贩卖杂货和干货(Smith, 2004, p. 43)。白人至上主义也为白人排除了其他种族的竞争,特别是黑人的竞争,以上只是众多案例中的两个而已。

及至目前,我讨论的是理解"那么贫困白人呢?"这个问题的一种托词。要对种族问题进行更深入的分析,就需要研究贫困白人的种族化如何成为和非贫困白人结构性关系中最基本的部分。研究种族化是为了分析"社会关系,以便理解各种族人民如何看待其他种族与自己的关系"(Hartigan, 2004, p. 61)。在贫困白人和非贫困白人的关系中,我们也必须研究种族内的看法、互动和身份政治是如何产生更大规模的种族

217

秩序,即美国白人至上主义的种族等级制度的(Allen,2007;Bonilla-Silva,1996)。

为了更好的理解"那么贫困白人呢?"这个问题,我们必须思考美国白人政治联盟形成的历史。无论如何,白人种族并非一直存在,它的成员也随时间而变化。关于贫困白人研究和白人种族形成的一个根本问题是:为什么贫困白人违背自己的经济利益与地位更高的白人而不是有色人种结盟?

一个回答是非贫困白人希望有人能够帮助他们镇压土著居民和非洲人民,他们在白人眼中不仅是低等族群,而且还是政治上的对手,必须加以控制。在17世纪初,白人领导者看到了在海地革命(1791—1804)中法国殖民者和奴隶主的命运,于是他们欢迎更多的欧洲白人进入美国,来对付类似的奴隶起义(DuBois,1935)。进入美国的欧洲人大多数是在欧洲地位较低的白人,如爱尔兰人、斯拉夫人、犹太人和南欧白人(DuBois,1935;Jacobson,1998)。因为白人至上主义的历史告诉我们,白人种族制度的行为是从自身利益出发的,我很好奇为何美国非贫困白人会欢迎这些他们认为低等的白人。他们可能感觉到白人至上主义受到了奴隶起义的威胁,所以愿意放低门槛来维持白人的统治。

但是,贫困白人,无论是新来的移民还是过去遭到边缘化的种族,能从这种他们并非顶层群体的本种族政治组织中获得什么呢? 在美国,他们需要的是多种族白人至上社会,才能从中获得杜波依斯(DuBois)所说的"白人特性的公共和心理回报"。在欧洲,他们处于社会底端;在美国,他们就不是了。白人至上主义创造了一种机会结构,使白人在法律上和现实中都可以获得这样的回报(DuBois,1935;Roediger,1999)。非贫困白人给予白人移民——至少是男性——别人没有的投票权和财产权(Roediger,1999)。同时,贫困白人有机会提升他们经济和社会地位,这一点,有色人种是做不到的(Ignatiev,1995;Jacobson,1998;Sacks,1994)。虽然这些白人中许多都无法实现"美国梦"(即成为中等收入家庭),但是实现的那一部分人还是多于有色人种。这让贫困白人相信在多种族的社会中他们是有机会的(DuBois,1935)。

尽管许多贫困白人对这样的安排不甚满意,证据就是他们抱怨机会结构的渗透力有限,而且沦为奴隶的黑人也能从其主人处获得一些特权(如食物和住处)(DuBois,1935),但是他们发现自己的社会地位高于有色人种(Roediger,1999)。我相信白人至上主义的环境告诉他们自己比有色人种优越。黑人被奴役,土著居民失去土地并被残忍杀害,在这样严酷而危险的社会中,我的假设是非贫困白人对贫困白人的偏爱加强了这个强权统治且不平等的非贫困白人和贫困白人的联盟,也加强了美国种族体制对

218　社会经济生活的控制。然而有趣的是,白人联盟中的有些白人获得的权利始终比别人少,但是这种不平等的回报并不妨碍贫困白人(也就是那些获得回报最少的人)成为白人政治联盟的忠实拥护者。

　　在现代的环境下,我认为"那么贫困白人呢?"这个问题说明,白人种族体制中长期存在着一个等级森严的统治联盟。在这个联盟中,贫困白人不会背叛,不会破坏白人至上的现状。换句话说,他们支持一种倾斜的社会结构,白人相对有色人种占据优势(Mills, 1997)。同时,我最重要的观点是,他们服从,无论是主动还是被动服从,习惯于被当作种族歧视的代表,帮助那些获益最多的非贫困白人免于受到种族主义批判。甚至公开与"红脖子"(redneck)形象作斗争的阿巴拉契亚白人也通常不会说谁是种族歧视最严重的人。这听起来就像和没有种族歧视者的种族歧视作斗争一样。就如我之前所说的,许多贫困白人认为非贫困白人不那么种族歧视。事实上,我从没听到一个贫困的白人说:"我希望那些非贫困白人不要把我们刻画成种族歧视的代表了,他们才是真正的罪人。"我不是给贫困白人开脱,说他们没有种族歧视,他们作为个体和系统的一部分对有色人种确有歧视,他们也服从于给有色人种带来极大伤害的白人至上的社会系统。我想表达的是,当我们说起"种族歧视者"时,谁会第一个浮现在你脑海里?我想在大多数白人(甚至包括贫困白人)的脑海中,首先出现的不会是白人"足球妈妈"或者是白人教授这种非贫困白人的形象。问题是,为什么会这样?

　　忠诚的贫困白人充当了反种族歧视的假目标,其好处就是白人特性的公共和心理回报在当前的彰显。他们允许自己成为非贫困白人必需的掩护,分散注意力,使其免受仔细审查,从而获得了有色人种无法获得的种族利益(McIntosh, 1997; Oliver & Shapiro, 1997)。贫困白人要改变自己的境况,必须组织起来,公开反对他们被定型的极端种族主义形象。他们也许不得不联合有色人种批评白人至上的社会体系。事实上,他们必须"种族自杀",舍弃作为白人的利益,换回自己的人性(Allen, 2004)。但是我不相信许多贫困白人,在这个历史节点,已经准备好承担终止白人至上主义的义务。一种韦伯式的描述是,他们"理性地"利用自己的白人特性(Bobo, 1983; Lipsitz, 1998)。他们看到了游戏的奥妙,决定打中庸牌,而不是改变游戏本身。也许贫困白人实际上是在为经济利益而出卖他们的灵魂吧。

　　这种强权统治的种族内安排对非贫困白人有什么好处?这个问题必须得到回答,因为我们需要知道为什么地位较高的非贫困白人希望和他们眼中的"落后者"、"红脖子"、"乡巴佬"和"拖车瘪三"结盟?不管怎么说非贫困白人已经根据自身的政治经济利益定义了白人特性(Haney Lopez,1997)。他们也成功地把非欧洲人排除出了白人族群。"那么贫困白人呢?"他们为什么不重新定义"白人",把那些"低等"的白人从白人的范畴排除出去？

　　我认为非贫困白人不排斥贫困白人的原因是白人统治联盟给了他们更多的利益。如果我们延伸杜波依斯对于非贫困白人和贫困白人的批判思考框架,我的理解是,他们获得了一个缓冲群体(即贫困白人),这是一面他们与有色人种之间的盾牌,是他们征服后者的工具。如果我们不把白人看作铁板一块的群体,我们就会发现非贫困白人将需要与大部分人口结盟来保护他们不应获得的财富和地位,排斥那些希望社会更加公平、更加人性化的政治力量(如许多有色人种)。他们极力避免和有色人种平起平坐,更不用说比他们低一等了。简单地说,白人特性是种族化属性的表现,具有很高的市场价值,在美国的历史上作为政治报酬付给了贫困白人(Harris,1995；Roediger,1999)。

　　如果说本章有什么新意的话,那就是,处于顶端的非贫困白人永远不希望所有白人在经济上平等,因为这样他们就会失去一个掩护他们免于对种族主义和非贫困白人的种族特权批评的工具。重申一下,非贫困白人需要一个白人的"他者",他既有一个极端种族歧视的刻板形象,又是一个忠实的同盟。对贫困白人来说,这两种形象是硬币的两面,双方辩证统一地与对方合作,形成了贫困白人的社会形象和政治定位。这两种形象一起提升了非贫困白人在种族内的地位。换句话说,如果所有白人都不贫困、都没有被认为种族歧视的话,非贫困白人也就不能问出"那么贫困白人呢?"这个问题了；再说,如果没有贫困白人,非贫困白人会失去他们的白人"他者",而这样他们的特权就太扎眼了。在这种情况下,虽然贫困白人还是愿意支持白人至上主义,有色人种却有了一个明确的反对目标。因此,只要他们不脱离白人政治联盟,贫困白人将永远无法实现社会公平。他们投身于白人政治联盟中,不愿意改变种族歧视者的形象,所以他们无法和有色人种团结起来反抗非贫困白人。显而易见,非贫困白人声称贫困白人的现状是个阶级问题而不是种族问题,个中的好处,实在太多。

　　相比于让有色人种承担所有的反种族主义工作,当非贫困白人问"那么贫困白人呢?"的时候,我们贫困白人也要在关于种族的讨论中挑战非贫困白人。我见过太多保持沉默的贫困白人,让非贫困白人干了所有白人统治联盟的卑鄙勾当,有时我们甚至会使用他们的辞令,更积极地支持白人种族主义的行为。我们这么做是为了保障自己的利益,如若不然,我们就像犯了种族叛逆之罪,失去了所有的我们本不应得的、不道德的利益，而即使这样做的报酬是更加人性的生活方式，我们也不愿意这么去做。我们必须脱离这个联盟。简言之，我们必须与之分道扬镳！（更不用说，我们必须找到一段更健康的关系！）我深知说服贫困白人反对非贫困白人的个人和集体性种族歧视，放弃白人特权，和有色人种建立互助互信的政治联盟有多困难，但是，这种反种族歧视策略值得认真考虑。

220 **那么贫困白人学生呢？**

我关于"那么贫困白人呢？"这个问题的评述在教育方面的主要意义在于，从社会公平的视角去教育和研究贫困白人学生问题时，必须关注他们在白人种族体制内受到的种族歧视和他们与其他族群之间的关系。我们缺少一门课程来教导贫困白人学生摒弃他们对于非贫困白人的服从和对白人特质的执着，更要摒弃自己对有色人种的优越感。否则贫困白人会重蹈覆辙，无法和有色人种结成有意义的、具备变革力量的政治联盟。社会公平的途径可以防止这一点，让贫困白人能够更有力地挑战非贫困白人。但是更重要的是，他们必须承认自己在白人至上社会中的地位，通过对其群体享有的种族特权负责获得有色人种的信任，真正地和他们团结[15]起来（Allen，2002，2004）。一旦贫困白人和有色人种形成联盟，挑战非贫困白人的运动就可能获得美国历史上前所未有的力量。

不幸的是，我们离这个实现目标还有很长的一段路要走。白人统治联盟决定了贫困白人学生的教育经历。同时，贫困白人的教育使得他们无形中成为了延续白人统治的棋子。我们可以预见教育在形成白人统治联盟中的作用。因为非贫困白人需要贫困白人充当他们的种族他者，我们不能期待非贫困白人为贫困白人提供资金充足并致力于改革的反种族歧视教育。为了维持他们的联盟，贫困白人不得不学会在政治上满足于现状，同时对非白人族群保持优越感。而他们所受的教育为这一点提供了便利。

政治上的满足是以各种方式传输的。在非贫困白人看来，阿巴拉契亚白人是文化上腐败（如"红脖子"、"拖车瘪三"、"乡巴佬"），生理上落后（如近亲结婚）的人种。我们可以预期，大多数贫困和非贫困白人教师一样，是白人统治联盟的支持者，都认为阿巴拉契亚白人学生存在缺陷。海尔曼（Heilman，2004）在提到她关于中西部阿巴拉契亚白人学生的研究时报告说：

一位因支持进步性课程和多元文化主义思想而闻名的小学校长在给一批新的师范生作入职引导时曾下意识地说:"我们学校中有很多劣等白人。"同样,一位来自印第安那波利斯市的教师悄悄地说:"这些劣等白人学生是社会底层。"(p. 67)

由于社会上关于阿巴拉契亚贫困白人的刻板印象非常普遍,我们可以假设非贫困白人教师发自内心地认为他们的贫困源自以下原因:家庭不和、邻里暴力、酗酒、虐待孩子、早孕、极端种族主义、福利依赖,等等。

这样的负面观点如此根深蒂固,很难想象非贫困白人教师会认为阿巴拉契亚白人学生拥有任何见解深刻的、有价值的知识、经验和智慧。同样,非贫困白人教师不大可能会承认自己也参与营造了贫困白人和有色人种的消极教育环境。我们不能指望这些非贫困白人教师去教贫困白人学生通过学习如何挑战白人统治联盟来获得正面的自我感,因为这违背了非贫困白人的社会规范。相反,这些教师会像教其他白人一样教阿巴拉契亚白人学生,也会因为这些学生不符合"非贫困白人"的典范而惩戒他们。

当然,有些像我一样的一些阿巴拉契亚白人会被视为成功的例外,作为贬低其他人的例子。由于没有一种批判性话语可以揭示成功的神话,许多阿巴拉契亚白人会排斥自己,把本族群的困境归咎于自己和族群里的其他人。我的一位亲戚告诉我:"我告诉我的孩子们,像里奇一样努力读书,你们就能成功。"然而事实上我在高中并没有努力学习,因为我没有必要这样努力。我十分怀疑学习习惯和努力程度可以解释为什么我那个几乎全是白人的高中里只有10%不到的白人学生能进入四年制大学学习。我认为更合理的解释是:我们被教导的是非贫困白人的人性规范与成功模型。我们从未讨论过当一个贫困白人或阿巴拉契亚白人是怎么回事。我们从未被教导白人特权是什么,系统性的种族主义对有色人种有什么影响。最后,我可以肯定确信我的许多同学不知道他们正在被教育成为白人统治联盟需要他们成为的样子。

尽管贫困白人的教育有诸多不幸,但是如果认为像阿巴拉契亚白人一样的贫困白人的社会与教育情况和有色人种一样,那就大错特错了。虽然贫困白人学生被种族化了,但他们毕竟不是"少数种族"。种族的运作和种姓制度相似。和我一样的阿巴拉契亚白人可以进入中产阶级,有色人种却不行,因为我们的肤色是白色的。同时,将阿巴拉契亚白人视为少数种族是严重低估了美国当前系统性、制度性种族歧视的可怕状态及其带给有色人种的影响(Smith, 2004)。一些白人教育学家把阿巴拉契亚白人列为少数种族并声称对于他们的压迫和对有色人种的压迫是相同的。例如，海尔曼（Heilman，2004）讨论了贫困白人如何倾向于加入白人至上的政治组织。为了防止他们加入 3K 党之类的组织，她认为应该研究各种被压迫人群（而不仅仅是阿巴拉契亚白人）边缘化和不公平对待的过程。我个人也认为我们应该研究其他被压迫人群，但我认为她关于"这可以促进各边缘化'种族'的团结和社会行动"（p. 77）的说法有点言过其实。因为这意味着阿巴拉契亚白人是个"被边缘化的种族"。阿巴拉契亚白人的的确确是被边缘化了，但是虽然他们在白人社会里地位很低，他们却仍然被视为白人而不是一个独立的种族。除了默伦琴人的特例，我从未听说过谁会问一个阿巴拉契亚白人："你是什么种族的？"换句话说，社会实践并不能表明阿巴拉契亚白人被看作一个独立的种族，或是族中之族。

　　有时候，我觉得白人学者认为他们必须证明一些贫困白人受到和有色人种接近甚至相同程度的压迫来让人们关注他们的境况。但是刻画一个错误的形象往往适得其反，会让人觉得白人不负责任。贫困白人在反种族歧视的有色人种的心目中就有了一个不可靠的形象，这最终会使贫困白人远离反种族歧视的想象。正如史密斯（Smith，2004）所说：

222

> 有一种论调认为"乡巴佬白人"遭受的压迫甚于其他的群体，这让双方的距离越来越远。这个论调还让阿巴拉契亚白人的特点更加鲜为人知。这种"乡巴佬"的刻板印象是丑陋的种族歧视伤害贫困工薪阶层白人的证明。（p. 51）

　　2000 年的人口普查表明，阿巴拉契亚白人在教育方面享有的好处非常明显，他们的毕业率比有色人种要高出许多。77.5％的阿巴拉契亚白人有高中文凭，17.9％有大学学位。而阿巴拉契亚黑人中只有 69.9％有高中文凭，12.2％有大学学位。西班牙裔阿巴拉契亚人则只有 51.4％的人有高中文凭，13.0％有大学学位（Shaw，DeYoung，& Rademacher，2004）。假设美国的模式适用于阿巴拉契亚地区，我们可以进一步推测，不同的阿巴拉契亚人在种族（与性别）和教育程度方面的差异在职场上体现为不同的经济回报，白人特权的好处被放大了（Fine，1991）。

　　海尔曼（Heilman，2004）认为，教育研究人员忽视了阿巴拉契亚白人学生的困境。对此我没有异议，但是我们必须对这种忽视作出严谨的解释。虽然黑人和拉丁裔人群一直是教育学研究的对象，但他们之前也被忽视过。重视有色人种学生是最近的现象。这不像有些人以为的那样是顺理成章的,反而很大程度上是因为现代的社会公平问题给予了研究人员、教育家、政策制定者很大压力,迫使他们关注有色人种学生。如果他们的教育问题被注意到了而不是隐藏了,那一定是因为他们为了改善自己的教育体验,冒着白人至上主义暴怒的危险做出努力的结果。这种危险是真实存在的。我们可以认为白人实际上报复了有色人种学生,他们构建了一种公共话语,把有色人种学生的问题归咎于所谓的文化缺陷,从而凸显了白人学生的优越性。

如果说贫困白人的问题被隐藏了,那一定是由他们在白人统治联盟中的地位所致。贫困白人似乎不愿意引发有组织的社会运动来促使大众关注贫困白人学生的问题。我认为一个主要原因是他们不想激怒非贫困白人,失去他们作为白人的利益。在当前的种族环境下,促使贫困白人组织这种社会运动的唯一途径是让他们感觉到"逆种族歧视"是他们被忽视的原因。换句话说,教育家们对贫困白人群体如阿巴拉契亚白人的忽视这个问题,应该从白人至上主义意识形态下对白人的歧视这个视角来理解。这个逆种族歧视的理论会保持一种对白人有利的政治形势,从而安抚非贫困白人。但是最终非贫困白人不会破坏贫困白人因此获得的利益,因为他们不想失去他们的白人同盟。这样,最有可能的场景是阿巴拉契亚白人的现状将得以维持,这意味着他们教育问题会继续被忽视。

贫困白人由教育获得了自己低于非贫困白人的观念,这只是整个故事的一半。对于故事的另一半,我们要回答的问题是:贫困白人不组织反种族主义行动,不去努力改变自己所受的非人性的教育,他们能从中得到什么利益? 在关于白人特征的隐性课程中,贫困白人获得了一种相对有色人种的优越感。但是他们获得的利益却不如非贫困白人。另外,非贫困白人和贫困白人的互动是消极的。有人认为这会导致贫困白人的反对,但贫困白人从未进行过大规模有组织的抗议。我不认为任何群体会默默地接受不平等待遇。双方的共谋与贫困白人的满足一定是在胁迫、游说或者两者兼备的情况下达成的。我认为,非贫困白人为贫困白人提供的教育保持了白人政治联盟内部的和谐。即使贫困白人的教育具有歧视性,但还不至于让贫困白人觉得他们比有色人种的教育还要差。现在贫困白人相信他们的情况是要好于有色人种的,当然会有些贫困白人认为平权法案给有色人一种不公平的优势。但是我个人觉得,这些人自己都不信作为群体他们比有色人种活得差。如果我们问一群贫困白人是否愿意作为种族群体(而非个人)和其他种族群体(如黑人)交换社会地位,我不认为任何人会愿意。至少我没有看到有人愿意。贫困白人学生通过接受教育进入了白人统治联盟,他们离开学校

223

时会认为虽然他们所受的教育很差,但至少比黑人和拉丁裔人的教育要好。我认为教育"成功地"把这种信念传递给了贫困白人学生,但我的这种假设还必须通过实证研究来证明,这个研究一定非常有趣。

离校的贫困白人认为他们的世界观和知识系统优于有色人种,这个印象对维持白人至上主义很重要(Mills, 1997)。在某种意识水平上,他们必须认为他们比有色人种优秀。虽然如上文所说,阿巴拉契亚白人认为平权法案和所谓的"逆种族歧视"[16]对他们造成了伤害,但认为这种被伤害感和有色人种低人一等的观念并不是正相关的。如果存在这种正相关,他们对"逆种族歧视"不会特别气愤,因为与非贫困白人做了比较,他们内在地认为自己的地位比有色人种低,并扮演了一个更满足的角色。相反,他们更可能认为自己被剥夺了作为忠诚的优等白人应有的机会。贫困白人的这种社会心理很可能导致他们的愤怒情绪。于是,他们更可能迁怒于有色人种,因为他们作为劣等种族却挥霍了稀缺的机会。同时,贫困白人即便对非贫困白人的欺骗和优越地位有一种矛盾的情绪,也不太可能责怪非贫困白人,因为他们是天然的盟友。

虽然阿巴拉契亚白人和其他贫困白人被关于白人特性的隐性课程教导说他们比有色人种优越,反对白人统治联盟的教育意味着,我们必须停止把贫困白人看作正在形成的种族歧视者。相反,我们必须把他们看作种族内和种族间种族化的受害者。我们必须围绕他们种族化问题来理解和设计教学法,尽可能发挥他们在社会公平方面的潜力。他们必须被视为可能的反种族歧视盟友,有了合适的教育,就能够改变他们和白人统治联盟勾结的情况,在改变他们的命运的同时,改变社会权力更小的那些人的命运。

我们也必须避免把种族分析看成一种空洞的意识形态的阶级分析视角(Leonardo, 2005);同时我们也不能再把贫困白人看作资本主义剥削主要(如果不是唯一)的受害者。这些阶级分析的视角不认为白人至上主义是一种白人共同建构的机会结构,他们不会轻易放弃这种结构,因为白人、即便是贫困的白人在这个结构中也拥有大量的心理利益和物质利益。阶级分析的视角无法解释白人统治联盟是如何通过社会机构(如学校)的运作从而维护美国的种族秩序的。

在《教学和跨文化邂逅》(Walking the Dance: Teaching and Cross-Cultural Encounter)一文中,一位拉丁裔同性恋者吉尔伯特·瓦拉德兹(Gilbert Valadez, 2004)对他培训阿巴拉契亚白人教师的方法做出了强有力的解释。他坦率地描述了他曾经如何接受了"乡巴佬种族歧视者"的刻板形象。他通过教学法改革与学生有了很多良

性互动。这些互动改变了他对阿巴拉契亚白人的想法。在反思他的课程时,他说:

> 我有了很多关于阿巴拉契亚白人生活的感悟。他们中的许多人承受了不公平、偏见、贫困和痛苦。随着时间的推移,比起越来越相互理解,我们之间的差异就没有那么重要了。我的大部分学生认识到了白人特权和白人身份的问题。他们也能够对社会不公平和教育不平等的核心问题发表自己的见解。(p. 163)

瓦拉德兹培训的学生来自中间阶层,既是压迫者也是被压迫者。作为阿巴拉契亚白人,他们的地位低于非贫困白人。许多人经历了物质上的困难和心理上的创伤,这些问题需要分享、情境化和讨论。他们的社会地位也高于有色人种。瓦拉德兹和他们展开了关于白人特权的批判性讨论,要求他们反思自己对白人种族歧视制度的"贡献"。换句话说,他不只把他们看成种族压迫者或者是经济上的受害者。相反,他的人性化教学反映了贫困白人社会地位的复杂现实。

话说回来,我对他的方法也有点批评。它有可能让贫困白人误认为他们作为白人压迫者和贫困白人被压迫者的双重身份之间是没有或基本上没有联系的。如果他们认为贫困白人被压迫是因为阶级原因,那么他们就无法理解为何他们和非贫困白人的联盟不仅压迫有色人种还压迫他们自己。他们也许相信他们的白人身份是自然永恒的。贫困白人学生需要了解白人统治联盟是如何运作的,他们自己在其中扮演着什么角色,以及他们如何才能终止这个联盟。

对白人统治联盟的批判性教育必须直接明确地进行。间接的教育很容易失败。贫困白人必须明白非贫困白人不仅是资本主义的受益者,而且还是白人至上主义的受益者。虽然他们必须知道如何脱离白人统治联盟,但是他们也必须能分辨出他们和非贫困白人在白人至上主义社会中各自的身份。他们必须讨论如何与非贫困白人决裂,和有色人种结成联盟。他们必须鼓起勇气面对非贫困白人的种族歧视和阶级歧视。他们对白人特性的忠诚是一种非人性的疾病,必须予以干预。正如加维和伊格纳蒂耶夫(Garvey & Ignatiev, 1997)所说:"对白人特性的叛逆是忠于人性的表现。"对白人统治联盟的批判性种族教育应该帮助贫困白人通过学习如何反叛白人种族、忠于反种族歧视来赢得自己的人性。换句话说,我们应该教育贫困白人成为有战斗力的"种族叛逆者"。

225

总结

如今，听到非贫困白人问"那么贫困白人呢？"这个问题时，我的反应不一样了。我会用很长时间来解释白人统治联盟的工作机制。我相信我自己也成了更好的反种族歧视教育者。我现在已经能够化解这个问题，并把它用作教学材料。我希望揭露白人统治联盟的真实面貌可以成为社会公平教育领域的一个重点。要让社会公平教育在铲除白人至上制度的过程中发挥有效的作用，就必须把贫困白人转变成种族的叛逆者。这种教育必须有足够的勇气拆解白人种族。有人会认为，只要没有权力差异，种族是可以保留的。但是正如我已证明的，种族是政治构建的产物。白人种族不能保留，其症结就在于它的形成方式。铲除白人至上主义的唯一方法就是打破构成白人种族的小团体联盟。白人的支配地位与特权固然是社会公平教育工作者需要关注的严重问题，但是更深层次的问题却是白人统治联盟。

致谢

衷心感谢安妮特·亨利（Annette Henry）博士的建议。

（杜宇潇　译）

注：

1. 种族主义（racism）是种族统治社会的一种意识形态，在美国则指白人统治（Bonilla-Silva，1996）。美国的种族化社会系统是白人至上主义，有色人种也许也会通过内化的种族主义（如，通过教育认识到自己的种族身份或种族低人一等）或是种族间种族主义（通过教育认为本族优于非白人种族）来支持白人至上的社会。反种族歧视（antiracist），意为通过转化白人种族主义、内化种族主义和种族间种族主义来终结白人至上主义的行动。

2. 如何定义"贫困"（poor）和"非贫困"（nonpoor）太费篇幅，更不要说我使用"贫困"和"非贫困"和"工薪阶层"、"中产阶级"、"上层阶级"进行比较。在此简单说说我的见解。在美国的语境下使用"非贫困"，我的意思是那些从小生活在非贫困家庭中的"上层阶级"、"中产阶级"甚至是一些工薪阶层的白人。不是所有的工薪阶层白人都是贫困的，或是被认为是贫困的。我用"贫困"的一个原因是它是我要批评的一个概念中的一个单词。使用"贫困"这个词是有目的的。我的假设是,当人们说"那么贫困白人呢?"这句话时,他们指的是所有的贫困白人而不是工薪阶级的白人。所以这个词语对我来说更准确,即使定义"贫困"的界限是几乎不可能的。讨论这个词语是否严谨是没有必要的。我倾向于选择一个不完整和二分的定义,至少其提供了一个起点,对长久维持白人至上主义的贫困与非贫困白人的关系展开更大规模的讨论。从操作性定义看,非贫困白人几乎没有多代贫困的经历,他们的家庭的富裕程度和大部分白人相似。更难界定的是白人移民家庭,在移民的前一两代缺少财富和收入,但当他们进入美国的白人社会时,他们成为了"非贫困"人士。这些人里有犹太人、爱尔兰人和斯拉夫人。换句话说,一些白人移民们的情况是否一直如此还缺乏证据,他们是否世代贫穷尚未可知,他们是否"非贫穷"也就不得而知了。相反,"贫困白人"是那些根深蒂固的世代贫穷的家庭和群体,就像阿巴拉契亚白人一样。

3. 博尼拉-西尔瓦(Bonilla-Silva, 2003)认为"辞令"(semantic moves)是"语言学方法和修辞学策略",更简单地说是一个种族主义的"开脱词"。"辞令"(semantic moves)是在对话中出现意识形态冲突时发言者试图让种族主义获得优势的策略。如果作用显著,这些辞令会被不同的种族主义者在不同场合重复使用,一代代传下去。

4. "种族内"(intraracial)指在一个种族内个人或群体之间发生的社会现象。"种族间"(interracial)指不同种族或不同种族中的个人之间发生的社会现象。

5. "政治组织"(political organization)指社会认同群体内权力和地位的分配方法,在本文中是白人种族。通过复杂的冲突和联盟,整个群体获得了团结和社会力量,即使力量和地位是根据人的内在(或种族内)地位高低而分配的。

6. "支配"(hegemonic)是描述构成强权统治(hegemony)系统的各种形象的形容词。艾伦(2002)将强权统治(hegemony)定义为"统治和被统治并非自上而下的压迫,而是两者同意的文化和体制上的行动"(p. 106)。统治联盟是一种统治者和被统治者形成的政治纽带。无论是否有意如此,被统治者的行动是为了保持自己的被统治地位,以稳定保护这样的政治系统和统治群体的较高地位。强权统治更加注重意识形态控制,而不是压迫力。

7. "社会公平"(social justice)是一种平等的、人性化的社会条件,因为它远离了压迫的社会结构,如白人至上主义、父权社会、异性恋和资本主义。同时,这个词语暗示了这样的社会现在还不存在,以及我们必须朝一个公平的社会作出努力。

8. 我认为我既属于也不属于阿巴拉契亚白人群体。我觉得自己是个外人,因为我没有在阿巴拉契亚长大,而是成长在印第安纳州北部的小镇梅达理维尔(Medaryville)。我的父亲是阿巴拉契亚人,就像许多20世纪中叶迁移到印第安纳州的白人一样,为了找一个更好的工作而搬家。我认为我是阿巴拉契亚人,因为我越来越认识到我的阿巴拉契亚特质塑造了我的视角和经历。那个小镇里还有许多从阿巴拉契亚迁移过来的家庭。不是从阿巴拉契亚来的孩子看不起我们,因为我们的说话方式不同,也没有足够财富。他们叫我们"格利特狗"(Grits)。

9. 参考理查德·德尔加多和让·斯特凡奇(Richard Delgado & Jean Stefancic, 2001)的著作《种族批判理论:介绍》(*Critical Race Theory: An Introduction*)。

10. 白人至上主义是维护了白人统治的一种社会制度,白人特性则是一种社会认同,它塑造了白人至上主义,也被其所塑造。作为一种社会认同,白人特质是一种个人和集体的自我表征。它的意义来自作为一个白人在群体中的经历和在世界上的存在方式。像黑人特质或亚洲特质,白人特质不是一个整体的经历和存在方式,即使存在着确定的行为和主观判断

226

227

方法。许多白人对于拥有白人特质感到羞愧,因为他们要为白人特权辩解,忍受罪恶感。他们还未学会如何以反种族歧视的白人为榜样塑造自己的白人特质,从社会和政治方面寻求在白人至上主义社会中更积极地做一个白人的方式(Helms,1993;Tatum,2003)。正如前文所说,虽然现在还是过渡的时期,白人种族最终是要解散的。

11. 最近的社会学研究表明,种族是理解美国财富和阶级情况的关键因素,因为平均每个白人家庭的财富是黑人家庭的十倍(Oliver & Shapiro,1997)。事实上,工薪阶层白人的财富积累也比中产阶级的黑人多(Oliver & Shapiro,1997)。换句话说,"工薪阶层"这样的词语是有欺骗性的,因为这些词反映收入、工作状态和教育,而不是财富。所以,白人工薪阶层和黑人工薪阶层的财富差距被忽视了,因为他们属于同一个"阶层"。

12. 我认为"永远不够白"、"不太白"、"不是全白"和"不是真的白"这些说法是有问题的,因为无法表明贫困白人是获得收益的那一方。用一些词语来描绘一种拥有部分白人特质的人会导致一种谬误,如因为他们"不是全白",所以他们就不是白人。描述他们"白人"的程度是为了说明他们拥有白人的肤色,但是"不怎么白"是因为他们相对低下的地位。描述白人和有色人种之间的个人或群体会出现用词的问题(如一些白皮肤的拉丁人或者白人混血儿)。有些人会用"不怎么白"或者"不是最白"来描述那些没有欧洲血统,否认拥有白人特质的人。

13. 所谓的基因低下对于贫困白人和有色人种来说是不一样的。对于贫困白人来说他们是"变坏的好基因",因为他们近亲结婚,还在山里居住,和外界没有来往。换句话说,这种种族歧视逻辑假设他们原来的基因优秀,因为这些基因来自欧洲,但是外界破坏了这些基因。对于有色人种而言,他们的基因"生来低下",因为白人在历史上认为他们进化不足。换句话说,他们的基因是不会好的,这也是种族歧视的"逻辑"。

14. 黑人、本地土著、西班牙裔人、拉丁裔人还有"默伦琴人"(melungeon)也在阿巴拉契亚定居。总体来说,有色人种占据阿巴拉契亚 11.2% 的人口(Hayden,2004),虽然阿巴拉契亚的种族关系之前还没有受到研究的关注,最近种族之间关系研究的兴起会让种族关系成为阿巴拉契亚研究的重点。阿巴拉契亚种族融合的历史很少有人知道。这些种族混合的人被叫做"默伦琴人"。这些人大多有黑人、本地土著和欧洲血统,有些人被认为是白人,有些皮肤较黑的也会成为歧视的受害者。我父亲一家是默伦琴人。我们的祖先是非洲人、本地土著和欧洲人。除了一些例外,我们中许多人看起来是白人,别人认为我们是白人,也像对待白人一样对待我们。默伦琴人的存在引起了阿巴拉契亚白人血统纯正的问题。

15. "团结"(solidary)是指和别人和谐相处,那些团结的人政治上诉求相似,共同承担责任。

16. 由于缺乏数据支持,对于白人的"逆种族歧视"尚且存在很大的问题(James,1995)。

228 **参考文献**

Allen, R. L. (2001). The globalization of white supremacy: Toward a critical discourse on the racialization of the world. *Educational Theory*, 51(4),467 – 485.

Allen, R. L. (2002). Wake up, Neo: White consciousness, hegemony, and identity *in The Matrix*. In J. Slater, S. Fain, & C. Rossatto (Eds.), *The Freirean legacy: Educating for social justice* (pp. 104 – 125). New York: Peter Lang.

Allen, R. L. (2004). Whiteness and critical pedagogy. *Educational Philosophy and Theory*, 36(2),121 – 136.

Allen, R. L. (2006). The race problem in the critical pedagogy community. In C. Rossatto, R. L. Allen, & M. Pruyn (Eds.), *Reinventing critical pedagogy: Widening the circle of anti-oppression education* (pp. 3 - 20). Lanham, MD: Rowman & Littlefield.

Allen, R. L. (2007, April). *Schooling in white supremacist America: How schooling reproduces the racialized social system.* Paper presented at the annual meeting of the American Education Research Association, Chicago, Illinois.

Bell, D. (1980). *Brown v. Board of Education and* the interest-convergence dilemma. *Harvard Law Review, 93*(3),518 - 533.

Bell, D. (1992). *Faces at the bottom of the well: The permanence of racism.* New York: Basic Books.

Billings, D., Pendarvis, E., & Thomas, M. K. (2004). From the editors. *Journal of Appalachian Studies, 10*(1 - 2),3 - 6.

Bobo, L. (1983). Whites' opposition to busing: Symbolic racism or realistic group conflict? *Journal of Personality and Social Psychology, 45*(6),1196 - 1210.

Bonilla-Silva, E. (1996, June). Rethinking racism: Toward a structural interpretation. *American Sociological Review, 62*,465 - 480.

Bonilla-Silva, E. (2001). *White supremacy and racism in the post-civil rights era.* Boulder, CO: Lynne Rienner.

Bonilla-Silva, E. (2003). *Racism without racists.* Lanham, MD: Rowman & Littlefield.

Bonilla-Silva, E., & Embrick, D. (2006). Racism without racists: "Killing me softly" with color blindness. In C. Rossatto, R. L. Allen, & M. Pruyn (Eds.), *Reinventing critical pedagogy: Widening the circle of anti-oppression education* (pp. 21 - 34). Lanham, MD: Rowman & Littlefield.

Brown v. Board of Education, 3247 U. S. 483(1954).

Delgado, R., & Stefancic, J. (2001). *Critical race theory: An introduction.* New York: New York University Press.

Delgado Bernal, D., & Villalpando, O. (2002). An apartheid of knowledge in academia: The struggle over the "legitimate" knowledge of faculty of color. *Equity & Excellence in Education, 35*(2),169 - 180.

Dixson, A., & Rousseau, C. (2005). And we are still not saved: Critical race theory in education ten years later. *Race, Ethnicity and Education, 8*(1),7 - 27.

DuBois, W. E. B. (1935). *Black Reconstruction in America (1860 - 1880).* New York: Simon & Schuster.

Fanon, F. (1967). *Black skin, white masks* (C. L. Markmann, Trans.). New York: Grove Press. (Original work published 1952)

Fine, M. (1991). *Framing dropouts: Notes on the politics of an urban high school.* Albany, NY: SUNY Press.

Garvey, J., & Ignatiev, N. (1997). Toward a new abolitionism: A race traitor manifesto. In M. Hill (Ed.), *Whiteness: A critical reader* (pp. 346 - 349). New York: New York University Press.

Haney Lopez, I. (1997). *White by law: The legal construction of race* (rev. ed.). New York: New York University Press.

Harris, C. (1995). Whiteness as property. In K. Crenshaw, N. Gotanda, G. Peller, & K. Thomas (Eds.), *Critical race theory: The key writings that formed the movement* (pp. 276 – 291). New York: New Press.

229 Hartigan, J. (2004). Whiteness and Appalachian studies: What's the connection? *Journal of Appalachian Studies*, *10*(1 – 2), 58 – 72.

Hayden, W., Jr. (2004). Appalachian diversity: African-American, Hispanic/Latino, and other populations. *Journal of Appalachian Studies*, *10*(3), 293 – 306.

Heilman, E. (2004). Hoosiers, hicks, and hayseeds: The controversial place of marginalized ethnic whites in multicultural education. *Equity & Excellence in Education*, *37*(1), 67 – 79.

Helms, J. (1993). *Black and white racial identity*. Westport, CT: Praeger.

Ignatiev, N. (1995). *How the Irish became white*. New York: Routledge.

Jacobson, M. (1998). *Whiteness of a different color: European immigrants and the alchemy of race*. Cambridge, MA: Harvard University Press.

James, C. E. (1995). "Reverse racism": Students' response to equity programs. *Journal of Professional Studies*, *3*(1), 48 – 54.

Ladson-Billings, G. (1999). Preparing teachers for diverse student populations: A critical race theory perspective. *Review of Research in Education*, *24*, 211 – 247.

Ladson-Billings, G., & Tate, W. (1995). Toward a critical race theory of education. *Teachers College Record*, *97*(1), 47 – 68.

Leonardo, Z. (2002). The souls of white folk: Critical pedagogy, whiteness studies, and globalization discourse. *Race, Ethnicity and Education*, *5*(1), 29 – 50.

Leonardo, Z. (2005). Through the multicultural glass: Althusser, ideology and race relations in post-civil rights America. *Policy Futures in Education*, *3*(4), 400 – 412.

Lipsitz, G. (1998). *The possessive investment in whiteness: How white people profit from identity politics*. Philadelphia: Temple University Press.

Love, B. (2004). *Brown* plus *50* counter-storytelling: A critical race theory analysis of the "majoritarian achievement gap" story. *Equity & Excellence in Education*, *37*, 227 – 246.

Lynn, M. (1999). Toward a critical race pedagogy: A research note. *Urban Education*, *33*(5), 606 – 626.

McIntosh, P. (1997). White privilege and male privilege. In R. Delgado & J. Stefancic (Eds.), *Critical white studies: Looking behind the mirror* (pp. 291 – 299). Philadelphia: Temple University Press.

McIntyre, A. (1997). Constructing an image of a white teacher. *Teachers College Record*, *98*(4), 653 – 681.

Mills, C. (1997). *The racial contract*. Ithaca, NY: Cornell University Press.

National Collaborative on Diversity in the Teaching Force. (2004, October). *Assessment of diversity in America's teaching force: A call to action*. Washington, D. C.: Author.

Oliver, M., & Shapiro, T. (1997). *Black wealth/white wealth: A new perspective on racial inequality*. New York: Routledge.

Parker, L. , & Stovall, D. (2004). Actions following words: Critical race theory connects to critical pedagogy. *Educational Philosophy and Theory*, *36*(2),167 – 182.

Roediger, D. (1999). *Wages of whiteness: Race and the making of the American working class* (Rev. ed.). New York: Verso.

Sacks, K. B. (1994). How did Jews become white folks? In S. Gregory & R. Sanjeck (Eds.), *Race* (pp. 78 – 102). New Brunswick, NJ: Rutgers University Press.

Shaw, T. C. , DeYoung, A. J. , & Rademacher, E. W. (2004). Educational attainment in Appalachia: Growing with the nation, but challenges remain. *Journal of Appalachian Studies*, *10*(3),307 – 329.

Smith, B. E. (2004). De-gradations of whiteness: Appalachia and the complexities of race. *Journal of Appalachian Studies*, *10*(1 – 2),38 – 57.

Solorzano, D. , & Yosso, T. (2002). A critical race counterstory of race, racism, and affirmative action. *Equity & Excellence in Education*, *35*(2),155 – 168.

Tate, W. F. (1997). Critical race theory in education: History, theory, and implications. *Review of Research in Education*, *22*,195 – 250.

Tatum, B. D. (2003). *"Why are all the Black kids sitting together in the cafeteria?" and other conversations about race* (5th ed.). New York: Basic Books.

Taylor, E. (1999). Critical race theory and interest convergence in the desegregation of higher education. In L. Parker, D. Deyhle, & S. Villenas (Eds.), *Race is... race isn't: Critical race theory and qualitative studies in education* (pp. 181 – 204). Boulder, CO: Westview Press.

Valadez, G. (2004). Walking the dance: Teaching and cross-cultural encounter. *Journal of Appalachian Studies*, *10*(1 – 2),152 – 166.

230

16

解读白人特性

白人种族知识与反种族主义教学法

宙斯·莱昂纳多（Zeus Leonardo）

在种族研究领域，人们普遍认为白人并不十分了解种族问题。由于受生活经历影响，白人学生和教师一直被描述成一个缺乏种族常识、对种族结构性特点知之甚少的种族群体（Dalton，2002；Kincheloe & Steinberg，1997；McIntosh，1992；McIntyre，1997）。有一种观点认为，白人在成长过程中没有受到种族话语的影响，也没有从种族的角度思考过自己的生活选择，更没有想过自己属于某一个种族群体。加里·霍华德（Gary Howard，1999）说得再好不过，白人"无法教授他们所不知道的东西"。这句话引自马尔科姆（Malcolm），意思是说白人教育工作者如果不了解种族，那么就无法教授有关种族的知识。由于遗忘和明显缺乏种族知识，很多白人教育工作者与研究人员都避免研究种族主义，因为"种族问题不是'他们'的研究领域"（Greene & Abt-Perkins，2003）。但是埃鲁德（Aanerud，1997）却不同意这种说法，她认为种族问题影响着包括白人在内的所有人的生活，是人们生活的基础。埃鲁德的观点常常被提出来，这就促使白人开始向着有渊博种族知识的人转变。

有观点认为，从某种角度看，白人最初在种族问题上的无知是有益的，因为这暴露了他们对种族问题的冷漠，以及对解决种族问题缺乏紧迫感。白人过分的冷漠造成了始料未及的严重后果。后果之一就是白人对种族结构和种族问题大呼"冤枉"。白人被视为察觉不到种族问题存在的群体，这样便遮蔽了他们个人和群体在白人特性（Whiteness）构建中的作用（Lipsitz，1998），仿佛种族压迫没有发生在有色人种身上，他们对此一无所知（Leonardo，2005）。然而，本章认为，白人对种族问题，不论是日常生活中的种族问题，还是特权体系结构中的种族问题，都有充分的了解。本文主要通过"让白人特性可见"的方法，实现"让种族问题可见"的目标（Greene & Abt-Perkins，2003）。批判性地解读白人特性，意味着把白人对种族问题的无知视为一个问题，但这并不意味着简单地把白人视为种族主义者，而是为了提高人们对白人在种族关系中的作用的认知。这也意味着种族构成必须放在教师和学生相互协商的实践和文本当中去解读（Harris，1999），以证实教育工作者质疑由常识或真理发展而来的叙事的能力（Bishop，2005），如白人对于种族无知这一"事实"。

白人从不同于有色人种的视角生产种族话语，比如"肤色盲"（color-blind，即无视肤色差异）言论（Leonardo，2006；Schofield，2001），有时也称为"新种族主义"（new racism）（Bonilla-Silva，2005）、"放任自由种族主义"（laissez-faire racism）（Bobo &

Smith，1998)或"象征性种族主义"(symbolic racism)(Kinder & Sears，1981)，这些概念都不应该与白人缺少种族知识的事混为一谈。不仅如此，白人持续规避对种族教育的分析并不代表他们没有参与到种族秩序当中。事实上，这恰恰说明了他们在用视而不见、听而不闻的策略使种族秩序永久化。确认白人充分了解种族问题有两点好处：其一，这让他们对自己基于种族的决定和行动负起责任，其二，这也否定了白人的无辜，把他们视为种族关系的全面参与者。如果白人被认定是充分了解种族问题的人，就意味着他们是种族化的全面参与者；也就是说有色人种和白人都了解种族问题，并不是只有有色人种"了解种族问题"，而白人则对"种族问题一无所知"。本章尝试去建立一个概念性系统，以便理解白人种族知识，同时也为反种族主义在教育领域的实践提出一些建议，供白人教育工作者和有色人种教育工作者在教学中、特别是关于种族问题的教学中酌情采纳。基于下文将要阐述的原因，笔者认为反种族主义教学法不能被白人种族知识所左右。

下文尝试对白人种族知识加以描述，这与列一个名为"白人种族知识"的详细清单不同。根据洛蒂格(Roediger，1994)的观点，我们认为白人种族知识不仅是错误的，而且具有压迫性，仅此两点，再无其他。如果洛蒂格的观点带有"阴谋论"的意味，那么大卫·吉伯恩(David Gillborn，2006)则提醒我们把种族主义永久化并不需要阴谋。如果教育工作者像往常一样管理学校，那么结果就可以预知，并且和种族分层一致。如果说这个速写把白人种族知识逼入困境，描绘成黑暗邪恶的东西，那么这就正好与一种观点不谋而合，即白人特质和与之相关的一切都是暴力的和虚伪的。白人的历史充满了种族灭绝、奴役有色人种事件，以及异化他者的过程。在白人的认知中，世界是为种族统治而划分的。因此，白人的认识论受到了他们固有的压迫性知识体系的影响。威利斯和哈里斯(Willis & Harris，2000)参与了关于认识论在读写能力领域的争论：

> 认识论在政治和阅读研究的交叉领域所扮演的角色不容忽视。认识论可以用来解释希望保持其地位强大的精英群体是如何勾结起来，确定读写能力应如何被概念化、定义、教授和评估的。理解认识论也有助于解释这些精英群体是怎样说服其他人相信他们的观点是正确的。他们暗示，其他关于读写能力的观点都是错误的，因为这些观点不符合他们这一类人的意识形态理念。(p.77)

作为一种认识论，白人特性与白人种族知识似乎希望渺茫。它们同白人的意识形

232

态密不可分,但却同种族分层的批判性理解若即若离。新废奴主义运动反对重构白人特性,认为这种特性毫无价值,应该彻底去除(Hooks, 1997;Ignatiev & Garvey, 1996;Rodiger, 1991)。在这里,笔者将采用古典马克思主义的意识形态而非中性或描述性概念作为标准,评价群体信仰体系,即社会思想的形式(Shelby, 2003)。就对白人特性的研究而言,《意识形态的关键时刻》(*Critical Moment of Ideology*)这本书有助于我们进行种族批判,在强调白人种族知识的描述性特征的同时,也关注其作用与后果。

但是,白人种族知识并不等同于白种人的种族知识。白种人作为历史上实在的思维主体,对于如何了解世界有很多种选择。有时,这种知识就会变成一种蒙昧的认识论(Dillard, 2000;Scheurich & Young, 1997;Wright, 2003),把有色人种的历史经验产生的知识挪为己用。我们常常看到一些反种族主义的白人,他们一方面承认自己的白人特权,一方面又公开指责白人的种族主义(Wise, 2002)。反对白人种族知识所产生的消极影响,支持"教师"去建立专业群体,让这个群体成为提高教学水平和学生学习能力不可或缺的一部分(Ladson-Billings & Gomez, 2001, p. 676)。这样白人特性问题就成了探索反对社区问题的关键。在这个过程中,我们不再寄希望于白人特性这个具有压迫性的种族认识论,而是寄希望于反对种族压迫斗争的白种人。

尽管很多白种人用白人种族知识解释社会生活,但是白人教育工作者的认识论框架并不是由他们的白人特性所决定的。因此,白人通常被怀疑具有白人种族知识,他们通常也是白人话语的主体。但是即便有色人种也可能具有白人种族知识。乔纳森·沃伦(Jonathan Warren, 2002)对巴西和美国的种族关系作比较后发现,尽管巴西黑人的社会地位高低不等,但是他们中的很多人都和美国白人一样,不承认存在种族差异。这一点有力地说明,尽管人们的社会地位对他们的认知影响很大,但是却并不能决定一个人对这个社会结构的理解。因此,接下来的讨论与其说是对白人的控诉,不如说是一个挑战,是一份需要回赠的礼物[1]。

白人种族知识:白人对种族问题知道些什么?

白人特性研究的发展构成了白人对于种族问题知之甚少的现象,这一点不难理解,因为他们是种族结构的受益者。从这个意义上说,非批判性的白人特性研究在种族霸权假设的影响下,认为白人对种族问题并不了解,因此需要有人来教。通常,这就意味着有色人种成了白人的导师,这些人"拍拍白人的肩膀",提醒他们是怎样又"忘记"了种族问题。尼托(Nieto,2003)宣称:"白人教育工作者需要把种族主义问题当作是自己的问题来解决。"(p. 203;原著中为斜体)白人种族知识就某种程度而言是压迫者的认识论,它隐去了关于其本身存在条件的知识。

白人种族知识坚持维护自己的"隐身",我们反其道而行之,让白人特性"显形",是很有意义的。这让人们意识到,"尽管没人宣之于口,但种族问题非常重要"(Enciso,2003,p. 156)。艾西索(Enciso)在对四年级和五年级学生的研究中发现,"真相是调解出来的"。她的证据表明种族问题是个结构性原则,必须在课堂的互动中进行阐释,这不是一个自然发生的现象,而是告诉人们如何构建世界的部分假设。不仅如此,艾西索反对通过人际关系从个人主义的视角理解种族问题,同时她还将种族问题正确地置于一个"二元对立、连贯、重复和理智的体系结构"当中(p. 162),这是一种对白人学生的添加型(additive)教育,而对大部分少数种族青年则是缩减型(subtractive)教育(Valenzuela,1999,2002)。弗莱雷(Freire,1970/1993)认为,当压迫关系涉及群体时,群体结构的受益者就会努力确保这个体系长期存在下去,这样他们就不必全面理解这种压迫过程了。但是,弗莱雷要求教育工作者在迈出"受压迫者教学法"的第一步时对这种假设持批判态度。

作为种族主义的受益者,白人在种族理解(racial understanding)上忽略了自身的发展,但是这种理解不能同种族知识(racial knowledge)混为一谈。由于白人在社会结构中的地位来源于且依赖于对其历史和发展的肤浅理解,因此他们放弃了批判性地理解种族问题(Mills,1997)。这一事实并未妨碍白人实现自己的特权地位,而这是一项教学任务。当生活中出现"打断我们的生活,并挑战了我们的自我认知"的事件时,(Kerdeman,2003,p. 294;Gadamer,1975),我们可能会"突然停滞"(Gadamer语)。从种族的角度看,我认为白人或许会经历"突然停滞"的情况,这样他们的"失去可以成为机遇,让他们意识到自己在顺境中视而不见的东西"(Kerdeman,2003,p. 297)。在种族问题方面突然停滞的时候,白人就会意识到自己为了一个虚幻的、"自我膨胀的状态",放弃对于种族问题"更清晰、更诚实、更深入的理解"。用凯德曼(Kerderman)的话说,突然停滞是对白人贵族(*hidalguismo*)(Rimonte,1997)或"上帝之子"地位的反击,同时让他们对于人性的弱点感到卑微。

这种教学的实现也许就是让麦金托什(McIntosh)所描述的白人特权如此强大的

234

东西。其价值在于它促使白人意识到、甚至惊讶于自己的种族力量。但是我认为,许多白人惊讶的并不是他们以前不知道自己的权力,而是他们没有意识到有色人种也知道这一点。后来白人明白了这一点,并将种族力量的基础归结于白人至上主义,就完全是另一回事了,这要求借助一种有色人种的认识论,白人对种族和种族主义问题的深度参与,削弱了他们对有色人种有效实施差别待遇的能力。否则,他们将不得不把自己的利益看作是不劳而获、任意专制,以牺牲有色人种为代价得来的。当然,这并不代表所有的白人,而是指以白人特性为人所知的集体。在本章中,"Whiteness"一词指一种集体的种族认识论,它的历史就是一部对有色人种施加暴力的历史。

白人是白人特性的主体,而有色人种是其客体。无论他们是否参与,或是反对种族行动,所有的白人都受益于种族行动。博尼拉-西尔瓦(Bonilla-Silva, 2004)使用名词"White"指代"传统"的白人,如定居的欧洲裔美国人,还有新来的白人移民,以及日益增加的被同化的白人、浅肤色的拉丁裔和某些亚洲群体。我们可以对博尼拉-西尔瓦提出的这个分类提出异议,但是他依据白人特性的历史,把某些群体包括在内或排除在外,把"白人"的种类复杂化了。关于这一点,我们只要想想居住在美国的爱尔兰人和英国人就能明白了,他们虽然长期以来彼此之间充满了种族敌意,但是却生活在相对和谐的种族关系中(Ignatiev, 1995)。此外,还可以看看阿拉伯裔美国人的种族地位,最近的一次美国人口普查将他们归为白人,但是自从 9·11 事件以后,他们的种族关系就发生了变化。简而言之,白人特性是一种客观的但却非常灵活的种族力量,其超越个体,"破坏了'白人'类别的稳定性,动摇了种族差异和不平等现象的基础"(Dutro, Kazemi, & Balf, 2005:102)。

当人们把有关白人特性结构的知识形成理论并用其颠覆白人的特权时,这种特性就显得不堪一击了。这种知识可能来自白人本身,却并非源自他们的社会地位或经历。相反,这种知识来源于有色人种的经历。这并不意味着有色人种会因为其身份而变得"正确",而是意味着种族分析从他们客观的社会地位开始。即便种族分析聚焦于白人特性,但也必须着眼于分析种族压迫(Leonardo, 2005)。因为白人种族知识来自特权的一个方面,这一点就常常被回避。有鉴于此,玛格丽特·亨特(Margaret Hunter, 2002)认为:"白人那些从未明说的知识阻碍了反种族教育,因为它否认了种族主义的现实,并力图维持白人特性作为一种种族身份的'隐身性'"(p. 257)。

白人儿童在日常生活和学校教育中了解自己在种族等级中的地位,开始"知道"自己是"谁"。这种"了解",并不是一种有意识的、自我呈现(self-present)的思维模式,相反,它是一种知识的社会状态,有时存在于潜意识中,有时则会渗透到意识的层面。与其说这是人们了解白人的一种行为,还不如说是他们对可能逃过批判性审视种族地位的一种认识。例如,白人小孩很少质疑只讲述白人丰功伟业的历史书,无论这些书是否歪曲了历史(Loewen, 1995),也很少质疑赞颂他们的文明和文化的文学作品(Takaki, 1993),更不会质疑证明白人种族优越性的科学(Stepan, 1990)。于是,他们很快便构建了一个种族宇宙观,把自己设想成宇宙的主人,而有色人种则被视为他者或闯入者。通过这种学习,白人获得了关于种族秩序的宝贵知识,如他们应该和谁交往、玩耍、约会和结婚。白人种族知识发展成为了一种特定的种族自我理解,这种理解始于一种归属感,具体表现为两种方式:其一,白人出生在一个与他们的自我感觉种族和谐的世界中。在电影《颜色恐怖》(Color of Fear)中,主人公罗兰(Loren)认为白人没必要考虑他们的社会地位,因为从世界诞生的第一天起,这个世界就告诉了他们自己是谁。他们不必经历对身份的自我怀疑,像有色人种那样去找寻一种归属感。在美国长大的白人需要面对自己的挑战,但这是一个成长的过程,与"成为白人到底意味着什么?"这个问题基本无关。因为对他们而言,成为白人就意味着有了归属。其二,白人儿童很快就会意识到这个世界是他们的,因为白人对种族的物质和话语过程有一种拥有感(Van Ausdale & Feagin, 2001)。从生产资料到日常生活的意义,白人垄断了种族版图上几乎所有的机构和制度。

白人知识还包括"知道在哪里"穿越社会版图。他们知道黑人住在贫民窟,巴里奥斯(barrios)①住的都是拉丁裔人和墨西哥人(如在洛杉矶),他们还知道中国城有很美味的"民族"(ethnic)食品。通常,白人会避免去这些地方,可能是因为害怕犯罪,也可能是因为对不同文化(如第三世界文化)的不适。对于前者,白人为他们的害怕找到了理由,因为同城郊相比,贫民窟和巴里奥斯的犯罪记录更高。对于后者,白人对于奇怪的亚洲语言发音和这些少数民族聚居区的非正规经济有些焦虑。这些地方离盖璞(GAP)商店和星巴克的确很远。

在由一组学生领头的一次课堂练习中,在讲台上展示的学生问他们的同龄人:"你的种族身份有什么好处?"有意思的是,白人回答说,他们在社会流动性方面更自由。大体上,他们承认从旅游到选择邻居,他们很少受到基于种族因素的影响或害怕种族暴力。白人种族知识是能够想象自己在任何空间的能力,他们不会担心:"会不会有像

---

① 原文为西班牙语 barrios,指说西班牙语居民的聚居区。——译者注

我这样的人（其他白人）住在那里？"当然，很多白人在某些地区买不起房子或者不能去昂贵的旅游胜地旅游，但是这是经济原因，而非种族原因。此外，关于白人恐惧少数种族暴力的问题，无论是架车枪击还是随机犯罪，我们必须考虑到以下事实，即大多数的暴力犯罪都是在同种族范围内的，如黑人帮派之间的暴力或毒品交易。

236　　同样，我的一些有色人种学生看到了自己身份的一些优势，如拉美裔人以及受了几个世纪压迫的非洲裔美国人，他们除英语外还会说另一门语言。但是，值得注意的是，尽管这些例子从个人角度而言都是优势，但是这些优势并非结构性的。就拿双语教育来说，一股反双语教育的浪潮正席卷全国，它是由有争议性的加州 227 号法案引起的。从工作地点到公立学校，拉美裔人不断地被告知他们可以在哪里说自己的语言。在奴隶制及其遗产的问题上，黑人没有任何结构性的优势。他们是明确的种族定性的受害者，同时也是礼仪和社会行为的隐形文化规则的受害者，如异族男女的约会。有色人种学生认识到个人和群体的自豪感并不等同于结构性的优势。

　　白人种族知识，就是知道世界是如何以具有种族意义的方式运作，但是避免用这些术语来讨论它。白人知道怎样不用提及那些词语，选择"族裔特点"（ethnicity）、"国籍"或"背景"等词汇来代替，问一些诸如"你是做什么的"、"来自哪里"等婉转的问题。当一个有色人种的人提到某一个州（比如纽约），问题就会被重申为："不，你到底从哪里来？"此外，知道怎样提起种族主义这个话题的同时却不说出这个词，这甚至是开明的白人话语的一个标志。曼宁·马拉布尔（Manning Marable, 2002）发现了许多这类替换词，如"国家的种族图景"、"整体的种族气氛"、"不同种族的美国人之间的关系"、"种族问题"、"种族主题"、"煽动性主题"、"极为微妙和危险的政治主题"、"种族关系的状态"、"种族战线"和"黑白关系"等（p. 46）。事实上，白人花了大量精力去讨论种族，他们通常在表面上装作中立或没有种族偏见（Myers & Williamson, 2001，Schofield, 2003）。博尼拉·西尔瓦对底特律地区黑人和白人的种族态度进行调查后得出结论，白人会避免直接提及种族问题或使用传统的种族主义的语言，他们会用隐晦、间接或非种族主义的语言去表达他们的种族观点（p. 153）。同时，他的研究团队还发现，只有屈指可数的几个白人受访者没有提及那些有问题的事情（p. 143）。

　　当然，当白人周围没有其他人种时，情况可能会发生变化。大卫·洛蒂格（David Roediger, 1991）在《白人特性的报酬》（*The Wages of Whiteness*）一书的序言中描写了自己的童年经历：

即使在一个完全是白人的城镇，种族问题也从不缺席。我除了学过几首没有意义的爱尔兰歌曲的片段外，从没学过我的德国祖先的传说，但是我几乎没有错过任何种族主义的民俗。孩子们学会了在什么时候吟唱"一二三，快快走/抓住黑鬼的脚趾头"，并以此来决定谁加入哪个队，谁是第一个击球手。我们知道生活——以及打架——并不总是公平的："两个打一个，黑鬼有点逗。"我们学会了不要闲逛："最后一个就是黑宝宝。"我们学会了节约，因为急着去买那些招摇的东西，就是"黑鬼式富有"（即暴发致富）。我们还学会了不去买那些闪闪的"黑鬼绿"的衣服(p. 3)。

洛蒂格暗示，白人种族知识是存在的，它就是以一种特殊的方式"知道"成为白人到底意味着什么。白人种族知识是由一大群隐喻组成的，这些隐喻被用来定义白人的自我感觉和群体感，其对立面就是被诋毁的其他人，在这里就是指黑人(Giroux，1997)。

在迈克尔·摩尔(Michael Moore)关于枪支暴力的获奖纪录片《科伦拜恩的保龄》(Bowling for Columbine)中，查尔顿·赫斯顿(Charlton Heston)认为，美国的犯罪率如此之高，要归咎于其漫长的种族差异(ethnic differences)史。奇怪的是，全国步枪协会发言人认为，枪支犯罪是种族差异的结果，而不是一个根深蒂固的种族分裂社会的产物。对赫斯顿而言，这些差异以及人们日益清晰的建立一个白人同质社会的幻想，正是这些问题的根源。这部片子也展现了白人种族知识的另一面。虽然白人声称自己对种族问题不太了解，但是当他们的种族意识形态受到挑战时，他们就会突然滔滔不绝地发表意见。这些在大学课堂中时有发生。在课堂上，当白人学生有关种族问题的世界观遭到质疑时，他们就会活跃起来，表达他们的"知识"。这个声称自己对种族问题一无所知的群体，在听到他们不喜欢听到的东西时，竟然会用权威专家的口吻高谈阔论起来，这或许会让教育者大吃一惊。当然，正如本章所认为的，在种族问题方面，这些白人学生确实是专家和权威。

知道如何从种族角度以"可接受"的方式行事处世，是白人在日常生活中发展出的一种知识形态。例如，他们常常被告知，有色人种会打"种族牌"。当约翰尼·科克兰(Johnny Cochran)在辛普森案(the O. J. Simpson trial)审判期间提出种族问题时，白人惊愕不已，他们没想到本案居然会和种族问题扯上关系，或者说，种族问题居然会和本案的审判程序扯上关系。他们认为本案与种族问题风马牛不相及，指责辛普森的律师科克兰试图把它弄成一个种族案件。但是，如果我们要弄明白种族间的通婚对大多数

237

白人来说是一个充满了种族意味的问题,只要去看看 1967 年的洛文诉弗吉尼亚州案(*Loving v. Virginia*)就够了(Funderberg,1994)。辛普森案的审判过程,就是反种族间通婚的历史,所以此案本身就是一个种族问题,科克兰并没必要把它种族化(Leonardo,2003a)。白人在本案中以一种极具种族意义的方式作出反应,集中体现了他们的种族知识。他们把种族主义投射到有色人种身上,把自己描绘成非种族主义的旁观者,而不是种族化过程的参与者。换句话说,白人经常打种族牌,是他们对白人特性的一种投入,也是他们引导公共话语的一种方式(Lipsitz,1998)。

在我的课程中,通过大量对话,我和我的学生发现白人其实每天都与种族问题生活在一起。正如电影《美国 X 历史》(*American History X*)中描绘的那样,一些白人学生承认他们经常是和家人一起,通过日常的互动学习种族知识。我们的挑战是要找到一种情境,让人们能够"看见"这种知识。作为我们对托尼·莫里森(Toni Morrison)的小说《最蓝的眼睛》(*The Bluest Eye*)、弗雷德里克·道格拉斯(Frederick Douglass)的自传以及佩吉·麦金托什(Peggy Mcintosh)关于白人特权的论文的解读的回应,白人学生坦承他们很少谈论或分析种族问题。在私底下,白人会说同黑人约会会给自己的朋友和家庭带来尴尬。换句话说,当一个有色人种作为潜在的(即便是不受欢迎的)访客被介绍给家人时,非种族的家庭话语立刻就变成了种族话语。有个学生在一篇作文里写了一个非常贴切的故事:她离开学校之后,收到了以前的同学寄来的一封信,说她原来的座位被一个小黑鬼占了。这位朋友还叫她不要担心,班里的同学不会让这个小黑鬼舒舒服服地坐在那个位子上。我在班上选择一组白人学生,让他们对自己关于种族问题的经历、知识和行为进行反思。但是,并不是所有的白人都以一种接受的态度回应种族分析。通常,他们更多地表现出抵抗和逃避的态度。

在马克斯·韦伯(Max Weber,1978)的理论中,"完美的形式"(ideal type)就是指一个白人学生以最典型的方式打种族牌。在课堂讨论中,有个学生向我承认,因为她的同伴不赞同她的种族观念,所以她觉得自己没有被认可。她觉得因为自己是"非少数种族",所以遭到了冷落。问题就在于这个学生是个白人。我回答了她的疑惑,并向她提供了一些建议。于是她决定在之后的讨论中公开向全班提出抗议,主旨是她关于种族的想法并未得到认真对待,只因她是白人。她认为这是有问题的,如果对多样性的敏感包括白人的参与。在最后这点上,她是对的。基于这个事件以及我对白人种族知识的关注,我想略作一些分析。

首先,这位学生应该受到表扬,因为她能够面对同龄人表达自己对种族问题的感受和看法。关于种族的对话从来就不是件容易事,对白人而言尤为尴尬。她期望公开面对自己的同伴,这本身并不是个问题。第二点,也是有问题的一点,她的种族假设反映了许多白人打种族牌的方式,这也是白人种族知识的一个方面。在此案例中,这位学生整个学期都受到了来自不同种族的同龄人的批评。事实上,最激烈而直言不讳的批评却来自于另一位白人学生。这个案例中的学生认为,自己"受伤害"是因为她的同龄人把她白人女性的身份种族化了。但这却有失牵强,回避了一些问题。例如,为什么她没有注意到班上的其他白人学生并未受到基于种族的伤害。换句话说,为什么偏偏是她被挑了出来,而非其他白人学生呢?

要回答这个问题,我们必须记住,当一个白人处于负面的情境时,往往会把它解释为对整个群体的种族偏见。我的那位学生也许忽略了,她与同伴们发生分歧有着更直接的原因,也就是他们发现她的想法是有问题的。如果我们考虑到白人反对平权行动是因为这样不利于己,而不是把它视为一种历史性的矫正干预形式时,就不难想象这位学生为何与众不同了。当白人觉得受到威胁时,会乐于建构种族知识。这里的种族知识是指个人认为整个群体受到了另一个群体的迫害(即使情况并非如此),并以明确的种族的方式表达出来。换句话说,这个事件就是打白人牌的例子。但是,当境况是正面的、有利于维护群体的权力时,白人就声称他们的优势来自于个人的优点,那是非种族的、中性的,所以是受之无愧的。这表明,白人"知道"何时以维护自己"清白"的方式提出种族问题。事实上,正是在这一点上,白人种族知识神秘地转化为种族无知。白人也突然对种族构成变得健忘起来。

这个案例也指出了白人种族知识的另一个重要因素。在轻松的对话氛围中,白人很愿意加入关于种族问题的讨论。例如,他们很喜欢讨论多样性。如今哪个教师会愿意被看作是反对多样性的呢?但是当讨论的气氛变得紧张或令人不舒服,或者有色人种变得生气和暴怒时,白人的种族决心就会衰退,选择结束种族对话。否则对话就会变得困难重重,压力倍增,而且也很危险。于是,他们的参与变得很困难,过程也很艰辛。有色人种不会做同样的选择,因为对他们来说理解种族主义和形成准确的种族知识与探求自己的人性是一回事。正如乌尔塔多(Hurtado)所发现的,白人会有选择地参与满足自己需要的对话中。这常常是出于他们"不要看起来像种族主义者"的愿望,而不是出于通过诚实的种族工作来实现终结种族主义的承诺。

当白人受到威胁时,他们会打"普遍原则牌"。换句话说,他们挑战种族主义的社会学知识,认为并非所有白人都能从种族主义中受益,或者说白人至上主义者把一个复杂的群体简单化了。他们可能会打"例外"牌,或者抬举那些成功的有色人种人士(Rains,1997)。这样他们就把本质上的制度分析个人化了。在这些情况下,白人变成了他们所指控的有色人种(如不理性、太感性、利用身份政治等)。在课程开始时,教师可能会提醒学生,社会学分析并非针对他们个人,但是当讨论变得激烈、出现不同意见时,白人就会把普遍性理解为他们个人的情况。有色人种学生也会将制度知识个人化,使得他们无法从整体上理解种族问题。但是,当白人误导关于种族模式的知识时,后果是截然不同的。当少数种族抵制关于种族的社会学知识时,他们强化了对自己的压迫;而当白人抵制这种知识时,他们却是要加强自己的霸权地位。

为了维护他们对种族问题的先验知识,白人可能会用例外论来扰乱有关种族问题的激进讨论,以便把种族话语从体制问题导向个人问题。结果,白人种族知识只是从表面上而非根本上构成了它的形式。这种知识只谈个例,不谈模式。因此,它无法理解白人社会中普遍存在的种族主义基础。白人种族知识不是把普遍性的现象作为重要问题的证据,而是将其概括为问题的一部分。因为普遍原则带有定型化的嫌疑,所以被贴上了"政治不正确"的标签。比起仔细检查那些亟需与之斗争的种族主义特殊形式,那些"肤色盲"的白人更乐意提供"种族进步"的例子,似乎对种族主义进行拷问会阻碍社会进步。关于最后一点,最典型的例子就是白人拒绝认真讨论奴隶制的遗产,因为奴隶制一个多世纪以前已经终结。尽管美国社会确实改变了,奴隶制也早已不再合法,但是白人种族知识却没能理解奴隶制对黑人群体、对他们的心灵以及物质的匮乏造成的灾难性影响。

为了消除白人种族知识中的错误假设,白人必须在几个方面进行自我反省。第一,他们必须放弃自己对种族问题不熟悉的想法。第二,他们应批判性地解读许多"不涉及种族问题"的话语,并对白人知识的种族基础进行解析。第三,当种族问题似乎是个合理的话题时,白人必须培养自己对情境的种族敏感性,并询问为什么这个话题在此时与他们相关而非其他时候。最后,白人要参与创建反种族主义教学法,反对把白人神秘化,同时把白人种族知识逐出课堂话语的中心,去除它的特权地位。

反种族主义教育教学法笔记:把白人种族知识逐出课堂中心

反种族主义教学法涵盖了一系列话语和概念。它还包含了几个分析目标,其中之一便是白人种族知识。尽管反种族主义确实包括了教学的方法,但是却不应将其视为一种方法,正如安娜-玛丽亚·弗莱雷和唐纳多·麦卡多(Ana-Maria Freire & Donaldo Macedo,1998)警告人们,不能把保罗·弗莱雷视为一种方法。笔者把反种族主义视为一种话语,认为这种话语同一些特定的关系构成了一个总体方案。反种族主义使白人至上主义以及它的变迁变成了不同种族背景的教育者最关心的问题。实际上,反种族主义是对白人种族知识的认识和批判。这与亨特(Hunter,2002)在关于种族问题的课程中,把白人和男性立场移出中心位置的建议正好吻合(Hunter & Nettles,1999)。

白人至上主义是现代种族主义的一种具体形式,同时也是其他形式种族主义发展的推动力。也就是说,白人绝对是种族关系的获益者。非白人种族主义当然也是一个问题,但若把它等同于白人至上,就意味着忘记欧美霸权是全球性的,无论是日本的帝国主义历史还是中国的经济实力都无法与之比拟。我们可以说,理解白人至上主义和削弱白人种族知识构成了反种族主义分析和教学法的问题。反种族主义首先且最主要是一项政治事业,是一种特殊的工作形式和承诺。换句话说,它的本质不是一种方法、一种职业,或者一门课程。从某种程度上来说,反种族主义是一项否定的事业,它批判的主要目标是使白人至上主义成为许多有色人种学生一种结构性的、每天都可能需要直面的问题(Leonardo,2003b)。

白人特性不应与白人族裔文化(white ethnic cultures)相混淆,后者的一些形式可能是温和的,甚或是批判性的(Leonardo,2002)。与之相反,和白人特性相关的却是殖民、掠夺和背弃。我们完全同意白人新废权运动的观点,认为当今时代最大的问题就是白人种族,但同时,我们有必要对洛蒂格(Roediger,1997)关于白人种族没有文化的说法作出修正(参见 Ignatiev,1997)。白人种族文化是存在的,这种文化与其获取知识、形成观点的方式紧密相关。如果我们接受格尔茨(Geertz)(1994)和埃里克森(Erickson)(2005)关于文化的定义,那么白人作为一个种族,就拥有一种文化。根据他们的定义,文化是指一整套物质仪式、象征意义,以及一个群体共享的理解策略。本文把文化概括为一种认识世界的方法,即一种认识论。人们似乎并不质疑黑人文化或者拉丁美洲文化的存在,但在定义白人种族文化方面却困难重重。

当我们回想起美国历史上的私刑时,会用像明信片一样诡异地流传的、不同年龄阶段的白人聚在一起拍的照片来定义白人种族文化。从这种文化习俗来看,白人儿童及其父母和祖父母都能很容易地从白人种族知识的角度来解读这些照片。白人隔离

240

了物质世界,同时也分隔了认识论世界,把"反知识"(counter-knowledge)和白人常识
分隔开来。这并不意味着白人对历史上类似的事件,如美国原住民寄宿学校的照片没
有矛盾的心态,而是说白人群体对种族关系的整体理解,形成并创造了白人种族文化
和知识。

种族主义的概念是理解美国社会和历史的关键。然而,由于我在教学中发现的那
种白人特性的扭曲效应,白人种族主义的概念在教育课堂话语中有时被滥用,有时又
未被充分使用。它未被充分利用的原因,上面已经有所提及,即人们认为白人种族知
识的引导具有分裂性,所以应该被淡化。总体上,白人学生倾向于避谈种族主义,因为
他们害怕自己成为有色人种批评的对象。在我和学生建立了融洽关系并剥离了附着
在种族主义这个术语上的污名后,我注意到它很快就开始被滥用了。任何与种族相关
的东西都被不分青红皂白地贴上种族主义的标签。在这些情况下,种族主义的分析被
剥夺了其根本的、客观的目标,种族主义不同形式之间的差异也被抹平了。

例如,当拉丁裔人对白人表现出敌意时,他们就会被视为种族主义者;这种敌意就
是种族仇恨。亚洲人表达了对黑人的刻板假设,也被认为是种族主义者;这种假设就
是种族歧视。当黑人为建立非洲人学校据理力争时,也被认为是种族主义者;这种学
校就是种族隔离。结果,所有的群体都可能被构建成种族主义,于是种族主义问题成
了所有种族群体的问题,而不仅仅是白人的问题。当然,这些情况代表了种族主义社
会的症状,这也是教育工作者必须协调和解决的问题。在我的课程中,我发现有必要
把"少数种族之间的政治"、少数种族对多数种族的态度和白人至上主义区分开来,这
样有助于避免把性质的差异和程度的差异相混淆。白人种族知识诱导学生把这些历
史形式等同起来,而反种族主义教学法则坚持把它们区分开来。白人对少数种族的种
族主义和有色人种群体之间的斗争以及少数种族对白人的仇恨有着本质上的差异。

我向我的学生明确表示,尽管拉丁裔人可能会因为种族主义对白人怀有敌意,但
是他们并没有权力把这种敌意付诸行动。当然,一位严谨的教育工作者会指出这些敌
意的根源,所以要用历史的、客观的方式来调解这些仇恨。同样,我所想指出的是,当
亚洲人表达对黑人的种族偏见时,这种行为自然要受到谴责,但是必须要记住的是,在
白人与黑人的历史冲突中,亚洲人只不过是一种社会中间人,是他们之间的缓冲(参见
Leonardo,2000)。换句话说,作为"模范少数族裔",亚洲人通常被当成教训黑人和拉
丁裔人时的陪衬。最后,非洲人学校或者美洲原住民学校只是妥协的产物,因为公立
学校的体制不能满足学生需求。这些学校只是他们为解决群体需求所做的努力。很

241

多白人学生习惯地称这些学校是种族隔离学校，这是不正确的。

如果说种族隔离是一个群体试图维持权力关系的制度性尝试，那么少数种族通过自我分离来解决自己在社会问题方面所做的努力就不能称为"自我隔离"或"逆向隔离"。我们早前见到的白人隔离黑人，让他们住进贫民窟，同时阻止他们进入公立学校（Kozol，1991；Massey & Denton，1993），而以少数种族为主的学校就不会提倡同样的隔离方式。如果隔离是一个群体为了维护群体的权力，对另一个群体采取的行动，那么我们就很难说黑人是为了维护黑人群体的权力，用非洲人学校来隔离白人。同理，美洲土著民族、拉丁裔群体或亚裔美国人群体都不会把白人隔离在他们自己的领地，更不会让他们集中聚居在那里。

这种不承认种族差异的情绪，在加州太平洋法律基金会首席检察官沙龙·布朗（Sharon Brown）呈递给最高法院的一份关于西雅图的诉状中淋漓尽致地展现出来（参见 Blanchard，2006）。这桩案子涉及家长质疑学区把学生的种族作为进入特定社区学校的决定性因素。布朗认为，"把种族作为一个因素……那就意味着他们教育孩子种族非常重要。这完全是错误的。这不是学区应该做的"（p. A8）。只有白人种族知识能够说"种族不重要"，并且用公民权利话语反对在制定公共政策时考虑种族因素。必须用民权运动的话语而不是精神，来指出与"种族重要"相反的意涵。在同一个学区，西雅图平等与种族关系办公室主任卡普里斯·霍林斯（Caprice Hollins）博士创建了一个对种族差异有清楚认识的网站，将个人主义和标准英语的规范化称为"文化种族主义"（Carlton，2006）。之后她收到了来自卡顿（Cato）教育自由研究中心主任安德鲁·库尔森（Andrew Coulson）的批评，因为这种做法挑战了美利坚民族的一个"立国原则"，即个人主义。人们好奇的是，该研究中心是否还将奴隶制和种族灭绝视为美利坚民族的立国原则。

我在教学中发现，白人至上主义的概念对于区分不同形式的种族主义是有帮助的。例如，尽管种族主义已被相对化，用来指任何形式的种族敌意，但是在术语的层面上，白人至上主义的意义仍然是很明确的。这并不意味着要彻底放弃种族主义的概念，而是说在特定的环境下白人至上主义这个术语更加有用。我非常同意大卫·吉伯恩（David Gillborn，2005）的观点，他认为没有把种族主义问题放在中心的教育政策就是一种白人至上主义行为。他解释说：

这一批判性角度是基于这样的认识，即种族不平等和种族主义是教育体系的主要特征。这些特征不是反常的或偶然的特征,不会被时间抹平,它是根本的制度性特征。从这个意义上说,教育政策是白人至上主义的一种行为。(pp. 497 - 498;原著中为斜体)

白人至上主义的概念直接指明了我们讨论的群体。它从政治上明确无误地认定白人就是实施其种族权力的群体。与其相比,黑人、亚洲人、拉丁美洲人至上主义却缺乏可靠的历史参照。因为历史上根本没有这回事。其次,至上主义也没有任何歧义,它意味着某群体建立绝对控制的尝试。这个概念清晰地代表了个人价值体系和制度行为,因为它不但会使人想起三K党的行为和白人种族暴乱的画面,而且还使人想起白人每天表现出来的优越感。再次,白人种族知识成为了一种挑战,因为它把白人至上主义视为过时的东西,或者至少像斯特罗姆·瑟蒙德(Strom Thurmond)过时的思想一样已经无足轻重了。

就白人特权而言,人们普遍认为白人在不同程度上从种族结构中获得利益。由于各种体系的复杂交叉关系,也有不少人认为白人从种族结构中获得的利益并不是均等的(Leonardo, 2005;Mills, 1997;Newitz & Wray, 1997)。从经验知识的层面上看,这似乎是无害的。例如,贫穷的白人、白人女性、白人同性恋都受到压迫。然而,从概念上看,说某些白人群体比那些富有的白人、男性白人和异性恋白人从种族结构中受益要少,这就有误导性了。正如内维茨和雷(Newitz & Wray, 1997)所说,认为"白人垃圾"是种族侮辱,这本身就更有问题。

相反,我认为所有的白人均平等地受益于种族和种族主义,但是他们没有平等地从其他社会关系中获利。人的身上同时集中了很多关系,这些关系产生了一个权力关系的纽带,一个相互依赖的权力体系。这种情况可以用一种因果关系的语言来解释。这样,我们就可以指出,和白人男性相比,白人女性的弱势不在种族方面,而在性别方面,而这一点影响到了她们白人整体的关系。换句话说,令白人女性受压迫的,不是她们在种族关系中的地位,而是她们在性别关系中的地位。同样,"白人垃圾"这个词是对贫穷白人的经济和文化地位的一种诋毁,而不是一种对他们的种族地位的嘲讽。确实,"白人垃圾"包含了一种种族要素,但是从结构上看,白人工人阶级所遭受的剥削,被杜波依斯(DuBois, 1935/1998)所说的"公共和心理工资"改善了(Roediger, 1991)。毫无疑问,社会关系是相互交叉的,其中任何一个变化,都会影响整体关系。如果不给学生提供有因果关系的话语,教育工作者就等于放弃了一个对种族结构利弊的有力解释。这和简单地说白人没有均等地从种族中获益相比,效果完全不同。

我教给学生的另一个观点是,反种族主义是历史的自我反省。这个观点充分反映了历史在塑造今天的社会环境中所起的作用。奴隶制、种族隔离、反苦力法、排斥移民法案,土地的掠夺和其他针对被种族化的主体的犯罪都发生在 100 年前,但也仿佛就发生在昨天。作为反种族教育工作者,我的学生明白了我们的种族化礼物并非是由欧几里得观察者推算出来的,相反,我们目前的境况是白人持续歧视有色人种的产物。关于这一点,我经常以体育运动为例来说明。今天城市中心贫民区的黑人青年,比以往任何时候都更强烈地受到体育界黑人成功场面的诱惑(参见 James, 2005)。许多孩子以为他们打球像迈克尔·乔丹(Mike Jorden),跑步像兰迪·莫森(Randy Moss),游泳像塞米·索萨(Sammy Sosa)。在我的关于多样性的课堂里,我把体育和奴隶制联系起来,向学生解释说,在奴隶制的年代,非洲人被当作白人焦虑的出气罐。白人恐惧肉体的欲望,于是就把非洲人的身体想象成是性能力突出且滥交的。这种对黑人身体的彰显与对非洲劳动力的剥削是同步进行的。种族歧视时期,黑人脸上常常涂上白色,上台表演滑稽说唱,以此排解白人的寂寞。今天,篮球、棒球和橄榄球不再是滑稽说唱,但是黑人的身体却起到了同样的作用。

批判性的学者和教师在教授和种族问题与反种族主义相关的东西时,会面临一些独特的问题。他们认为教授反种族主义是一个社会条件,他们要积极面对,但也要小心翼翼。积极面对种族主义的话题非常重要,因为如果我们不能直接、清晰地描绘它的轮廓,那么它对学生和老师都是有害无益的,就和白人种族知识一样。因此,在我的课上,我尝试引入种族主义的话语,然后用明白无误的语言评判它的后果。但是我不建议用透明的话语(参见 Aoki, 2000;Giroux, 1995;Lather, 1996)。相反,我认为在食堂就餐时、在课堂活动中或者从家到教室的途中,很适合公开讨论种族问题。长期以来,关于种族话题的讨论被扼杀了,因为有个保守甚至是自由的观念认为,任何讨论种族问题的言论都必定会产生新的种族问题。换言之,它会把一种本质上是社会性的结构具体化。当然,这本身就很神秘,因为它把种族问题的提出和对它的崇拜等同起来。关于种族问题的讨论的确有可能使种族的概念成为崇拜的对象,但是这值得冒险一试,因为任何批判性的工作都有这种风险。

每当我讨论种族问题的时候,我都要确保说话时不打结巴,不支支吾吾,不在说"黑人"或"白人"的时候唯唯诺诺,在引用或听到种族主义的例子时,我也不会露出怀疑的神情,似乎对后民权时代竟然还有仇恨的行为感到震惊。和其他学术话题一样,

243

种族问题也是一个可以在课堂上正常讨论的话题,就和在物理课上讨论牛顿、在英语课上讨论莎士比亚一样。我试图消除白人种族知识泼在种族话语上的具有"争议性"的污名。我是否成功了,这另当别论。但是我注意到,当一位有色人种学者提到种族问题时,情况就有些不同。当少数族群学者用朴实的语言谈论种族问题时,她可能被视为好战分子,不必要地对种族关系义愤填膺,因为毕竟这种关系"正在接近尾声"。这样,白人种族知识把用朴实的语言谈论存在问题的学者视为问题的一部分,因为它假定解决问题最有效的方式是聚焦在种族之间的"积极"关系上,而非阴暗的过去。

种族问题涉及学生的情感,我发现这个问题触及学生生活中柔软的一面。所以我在大胆地分析种族问题时,对自己的语言会格外小心。对白人学生来说,听别人说白人种族曾经殖民,并以自己的想象构建这个世界,自然是件很痛苦的事。对他们来说,接受这一点并不容易。正如梅西和丹顿(Massey & Denton,1993)在《美国的种族隔离》(*American Apartheid*)一书中所说,白人故意制造种族隔离,排斥黑人,把黑人赶到贫民窟。许多受教育的白人学生认为自己是正义的,是信仰种族平等的。然而,他们对种族问题的理解往往是肤浅的。同样,有色人种学生被剥夺了讨论基本教育以外的话语权,这很让人吃惊。有色人种学生有足够的经历基础,完全明白种族问题对他们的生活造成的影响,而那些声称自己没有参加种族组织,也没有种族知识的白人学生却不懂这一点。本文提到的各种例子对有色人种学生有些残酷,因为这些故事会唤醒他们代代相传的记忆。他们有时甚至会反对梅西和丹顿的观点,即黑人在美国历史上之所以被长期彻底地隔离,是由于以下两个原因。

首先,他们拒绝被归类于"贫民窟",这个形象在一些非黑人的语境中是个羞耻和尴尬的形象。其次,因为他们是大学生或研究生,是一个靠自己努力脱离"贫民窟"的、具有选择能力的群体,所以他们相信努力上进的人都能和他们一样脱离贫民窟。当然,我们从柯索(Kozol,1991)的《残暴的不平等》(*Savage Inequalities*)一书中得知,住房隔离会导致以黑人为主的居住区出现物质条件匮乏的情况。这种情况也出现在拉丁美洲人聚居区和亚洲难民聚居的市中心贫民区。我们可以看到,在教授反种族主义问题时,特别是当我们意识到资本主义已经对有色人种造成伤害时,就必须对阶级关系保持敏感性。

种族完全是由社会构建的,但是我们却对它投入了物质机制。就其现代意义来说,种族并不是指"群体"(group),尽管有些学生喜欢这一概念。如果种族概念等同于群体概念——认为许多群体在整个历史过程中始终相互压迫——那就会有效地抵消当今种族结构的特殊性了。如果把种族这一概念等同于人们通常理解的"群体差异"，那么特洛伊人就是希腊人的一个种族了，而罗马人也只是另一个种族。就其现代意义来说，种族这一概念起源于许多种族研究学者基于皮肤颜色的分类。也就是说，尽管在《圣经》时代种族这一概念被当作一种比喻，但这并不是它的现代意义。那么我们就必须要问一个根本的问题："什么是种族？"而在白人种族知识中假设这是个已经解决了的问题。种族不是想象的虚构，而是鲁宾·兰姆伯特(Ruben Rumbaut, 1996)所说的一种想象的颜料。其谱系同科学创造和优生学运动完全一致，甚至延伸到从康德(Kant)到克尔凯郭尔(Kierkegaard)的"启蒙"哲学、东方的文化帝国主义、美洲的殖民化和奴隶制的非洲化，以及为了无法想象的暴利在全球范围内对非白人劳工的剥削(见 Allen, 2002; Mills, 1997; Said, 1979)。为了讨论种族特殊的历史形式，我和我的学生最初想理解的就是种族化的现代意义。任何关于种族问题的探讨都必须首先讨论它的分裂倾向。也就是说，白人为了划分世界，将其划分为文明和蒙昧两大部分，以从历史上的黑人客体为背景来描写白人主体。

种族问题分裂了美国，也分裂了整个世界，这是可以证明的。毕竟，种族是欧洲白人创造的概念，它给白人带来了好处，却给非白人带来了负担。然而，这个观察并没有为种族关系的运作机制提供指导，也没有说明白人是如何从种族主义中获得了绝对的利益。换句话说，如果种族问题分裂了世界，白人又是如何成为种族似是而非的历史中的主体呢？马克思主义对抗资本的斗争，应该可以作为所有反种族主义努力的补充，但是我们还必须反思它的不足，解释——除日本卓异论外——为什么欧洲和美国白人剥削了那些由第三世界非白人组成的国际劳动力。我们不难看出，有关于种族分裂国家的论点更多的是对白人特权的规避和神秘化，而不是对它进行诚实的分析，因为"我们必须诚实地评价我们的过去，才能做好准备、迎接未来"(Bell, 1992: 11)。白 245
人种族知识没能诘问历史为什么是以这种方式进行的，欧洲白人采取了什么行动来确保他们的统治，或者说确保了他们关于白人优秀的霸权假设？种族赋予肤色以意义，围绕它创立了一系列机构以使其过程现代化，并建立了一个基于肤色的等级制度，用博尼拉-西尔瓦(Bonilla-Silva, 2004)的话说，就是"颜色统治"(p. 226)。为了超越当前的种族关系(这是有可能的)，我们必须面对种族问题，然后才能越过种族问题。

（赵丹丹　译）

注：

1. "礼物"（gift）这个概念是由马塞·莫斯（Marcel Mauss，1967）在对梅拉尼西亚群岛的人种学研究中提出来的。他发现那里的人们有通过赠送礼物来作为挑战的习俗。在《礼物》（*The Gift*）这本书中，莫斯记录了梅拉尼西亚群岛的原住民彼此赠送礼物的过程，他们相信送礼者因此会获得力量。为了还清这个礼物，受礼者必须推迟一段时间回赠一个不同的礼物，而且通常回赠的礼物更加贵重，使原来的送礼者觉得受之有愧。于是，为了平衡权力关系，这个过程一直在进行着。"礼物"这个概念也一直为几个理论学家所用，包括乔治·巴塔耶（Georges Bataille）、皮埃尔·布迪厄（Pierre Bourdieu）和让·鲍德里亚（Jean Baudrillard）。在教育界，麦克拉伦、莱昂纳多和艾伦（McLaren, Leonardo & Allen, 2000）也把"礼物"这个概念应用到白人特性的研究领域。

参考文献

Aanerud，R. （1997）. Fictions of whiteness: Speaking the names of whiteness in U. S. literature. In R. Frankenberg （Ed.）, *Displacing whiteness* （pp. 35 - 59）. Durham, NC: Duke University Press.

Allen, R. L. （2002）. The globalization of white supremacy: Toward a critical discourse on the racialization of the world. *Educational Theory*, 51（4）,467 - 485.

Aoki, D. （2000）. The thing never speaks for itself: Lacan and the pedagogical politics of clarity. *Harvard Educational Review*, 70（3）,345 - 369.

Bell, D. （1992）. *Faces at the bottom of the well: The permanence of racism*. New York: Basic Books.

Bishop, R. S. （2005）. Working together for literacy: Faces of hope. In B. Hammond, M. Hoover, & I. Mcphail （Eds.）, *Teaching African American learners to read: Perspectives and practices* (pp. 105 - 114). Newark, DE: International Reading Association.

Blanchard, J. （2006, June 6）. Supreme Court to hear Seattle schools race case. *Seattle Post-Intelligencer*, p. A1, A8.

Bobo, L. , & Smith, R. （1998）. From Jim Crow racism to laissez-faire racism: The transformation of racial attitudes. In W. Katkin, N. Landsman, & A. Tyree （Eds.）, *Beyond pluralism: The conception of groups and group identities in America* （pp. 182 - 220）. Urbana: University of Illinois Press.

Bonilla-Silva, E. （2001）. *White supremacy and racism in the post-Civil Rights era*. Boulder, CO: Lynne Rienner.

Bonilla-Silva, E. （2004）. From biracial to tri-racial: The emergence of a new racial stratification system in the United States. In C. Herring, V. Keith, & H. Horton （Eds.）, *Skin/deep: How race and complexion matter in the "color-blind" era* （pp. 224 - 239）. Urbana: University of Illinois Press.

Bonilla-Silva, E. （2005）. "Racism" and "new racism": The contours of racial dynamics in contemporary America. In Z. Leonardo （Ed.）, *Critical pedagogy and race* （pp. 1 - 35）. Malden, MA: Blackwell.

Carlton, D. (2006, June 2). School district pulls website after examples of racism spark controversy. *Seattle Post-Intelligencer*, p. B1.

Dalton, H. (2002). Failing to see. In P. Rothenberg (Ed.), *White privilege* (pp. 15 - 18). New York: Worth.

246

Dillard, C. (2000). The substance of things hoped for, the evidence of things not seen: Examining an endarkened epistemology in educational research and leadership. *Qualitative Studies in Education*, *13*(6),661 - 681.

Douglass, F. (1982). *Narrative of the life of Frederick Douglass, an American slave*. New York: Penguin. (Original work published 1845)

DuBois, W. E. B. (1998). *Black Reconstruction in America*, *1860 - 1880*. New York: The Free Press. (Original work published 1935)

Dutro, E., Kazemi, E., & Balf, R. (2005). The aftermath of "You're only half": Multiracial identities in the literacy classroom. *Language Arts*, *83*(2),96 - 106.

Enciso, P. (2003). Reading discrimination. In S. Greene & D. Abt-Perkins (Eds.), *Making race visible: Literacy research for cultural understanding* (pp. 149 - 177). New York: Teachers College Press.

Erickson, F. (2005). Culture in society and in educational practices. In J. Banks & C. Banks (Eds.), *Multicultural education: Issues and perspectives* (pp. 31 - 60). New York: Wiley.

Freire, P. (1993). *Pedagogy of the oppressed* (M. Ramos, Trans.). New York: Continuum. (Original work published 1970)

Freire, A., & Macedo, D. (1998). Introduction. In A. Freire & D. Macedo (Eds.), *The Paulo Freire reader* (pp. 1 - 44). New York: Continuum.

Funderberg, L. (1994). *Black, White, other*. New York: Quill.

Gadamer, H-G. (1975). *Truth and method*. New York: Seabury Press.

Geertz, C. (1994). Ideology as a cultural system. In T. Eagleton (Ed.), *Ideology* (pp. 279 - 294). London: Longman.

Gillborn, D. (2005). Education as an act of White supremacy: Whiteness, critical race theory and education reform. *Journal of Education Policy*, *20*(4),485 - 505.

Gillborn, D. (2006). Public interest and the interests of White people are not the same: Assessment, education policy, and racism. In G. Ladson-Billings & W. F. Tate (Eds.), *Education research in the public interest: Social Justice, action, and policy* (pp. 173 - 195). New York: Teachers College Press.

Giroux, H. (1995). Language, difference, and curriculum theory: Beyond the politics of clarity. In P. McLaren & J. Giarelli (Eds.), *Critical theory and educational research* (pp. 23 - 38). Albany: SUNY Press.

Giroux, H. (1997). *Channel surfing*. New York: St. Martin's Press.

Greene, S., & Abt-Perkins, D. (2003). How can literacy research contribute to racial understanding? In S. Greene & D. Abt-Perkins (Eds.), *Making race visible: Literacy research for cultural understanding* (pp. 1 - 31). New York: Teachers College Press.

Harris, V. (1999). Applying critical theories to children's literature. *Theory into Practice*, *38*

(3),147 - 154.

Hooks, b. (1997). Representing whiteness in the black imagination. In R. Frankenberg (Ed.), *Displacing whiteness* (pp. 165 - 179). Durham, NC: Duke University Press.

Howard, G. (1999). *We can't teach what we don't know*. New York: Teachers College Press.

Hunter, M. (2002) Decentering the white and male standpoint in race and ethnicity courses. In A. Macdonald & S. Sanchez-Casal (Eds.) *Twenty-first century feminist classrooms: Pedagogies of identity and difference* (pp. 251 - 279). New York: Palgrave.

Hunter, M. , & Nettles, K. (1999, October). What about the white women? Racial politics in a women's studies classroom. *Teaching Sociology*, 27,385 - 397.

Hurtado, A. (1996). *The color of privilege*. Ann Arbor: University of Michigan Press.

Ignatiev, N. (1995). *How the Irish became White*. New York: Routledge.

Ignatiev, N. (1997). *The point is not to interpret whiteness but to abolish it*. Talk given at the Conference on The Making and Unmaking of Whiteness. University of California, Berkeley. Retrieved July 26,2007, from http://www. racetraitor. org.

Ignatiev, N. , & Garvey, J. (1996). Abolish the White race: By any means necessary. In N. Ignatiev & J. Garvey (Eds.), *Race traitor* (pp. 9 - 14). New York: Routledge.

James, C. E. (2005). *Race in play: Understanding the socio-cultural worlds of student athletes*. Toronto: Canadian Scholars' Press.

Kerdeman, D. (2003). Pulled up short: Challenging self-understanding as a focus of teaching and learning. *Journal of Philosophy of Education*, 37(2),293 - 308.

Kincheloe, J. , & Steinberg, S. (1997). Addressing the crisis of whiteness: Reconfiguring white identity in a pedagogy of whiteness. In J. Kincheloe, S. Steinberg, N. Rodriguez, & R. Chennault(Eds.), *White reign* (pp. 3 - 29). New York: St. Martin's Griffin.

Kinder, D. , & Sears, D. (1981). Prejudice and politics: Symbolic racism versus racial threats to the good life. *Journal of Personality and Social Psychology*, 40,414 - 431.

Kozol, J. (1991). *Savage inequalities*. New York: Harper Perennial.

Ladson-Billings, G. , & Gomez, M. L. (2001). Just showing up: Supporting early literacy through teachers' professional communities. *Phi Delta Kappan*, 82(9),675 - 680.

Lather, P. (1996). Troubling clarity: The politics of accessible language. *Harvard Educational Review*, 66(3),525 - 545.

Leonardo, Z. (2000). Betwixt and between: Introduction to the politics of identity. In C. Tejeda, C. Martinez, & Z. Leonardo (Eds.), *Charting new terrains of Chicana(o)/Latina (o) education*(pp. 107 - 129). Cresskill, NJ: Hampton Press.

Leonardo, Z. (2002). The souls of White folk: Critical pedagogy, whiteness studies, and globalization discourse. *Race Ethnicity & Education*, 5(1),29 - 50.

Leonardo, Z. (2003a). Race. In D. Weil & J. Kincheloe (Eds.), *Critical thinking and learning: An encyclopedia* (pp. 347 - 351). Westport, CT: Greenwood.

Leonardo, Z. (2003b). Institutionalized racism. In D. Weil & J. Kincheloe (Eds.), *Critical thinking and learning: An encyclopedia* (pp. 341 - 347). Westport, CT: Greenwood.

Leonardo, Z. (2005). The color of supremacy: Beyond the discourse of "White privilege. " In

247

Z. Leonardo (Ed.), *Critical pedagogy and race* (pp. 37 - 52). Malden, MA: Blackwell.

Leonardo, Z. (2006). Through the multicultural glass: Althusser, ideology, and race relations in post-Civil Rights America. *Policy Futures in Education*, *3*(4),400 - 412.

Lipsitz, G. (1998). *The possessive investment in whiteness*. Philadelphia: Temple University Press.

Loewen, J. (1995). *Lies my teacher told me*. New York: New Press.

Marable, M. (2002). The souls of White folk. *Souls*, *4*(4),45 - 51.

Massey, D., & Denton, N. (1993). *American apartheid*. Cambridge, MA: Harvard University Press.

Mauss, M. (1967). *The gift*. United States: W. W. Norton.

McIntosh, P. (1992). White privilege and male privilege: A personal account of coming to see correspondences through work in women's studies. In M. Andersen & P. H. Collins (Eds.), *Race, class, and gender: An anthology* (pp. 70 - 81). Belmont, CA: Wadsworth.

McIntyre, A. (1997). *Making meaning of whiteness*. Albany, NY: SUNY Press.

McLaren, P., Leonardo, Z., & Allen, R. L. (2000). Epistemologies of whiteness: Transforming and transgressing pedagogical knowledge. In R. Mahalingam & C. McCarthy (Eds.), *Multicultural Curriculum: New directions for social theory, practice, and policy* (pp. 108 - 123). New York: Routledge.

Mills, C. (1997). *The racial contract*. Ithaca, NY: Cornell University Press.

Morrison, T. (1970). *The bluest eye*. New York: Plume Books.

Myers, L., & Williamson, P. (2001). Race talk: The perpetuation of racism through private discourse. *Race and Society*, *4*(1),3 - 26.

Newitz, A., & Wray, M. (1997). What is "White trash"? Stereotypes and economic conditions of poor Whites in the United States. In M. Hill (Ed.), *Whiteness: A critical reader*. New York: New York University Press.

Nieto, S. (2003). Afterword. In S. Greene & D. Abt-Perkins (Eds.), *Making race visible: Literacy research for cultural understanding* (pp. 201 - 205). New York: Teachers College Press.

Rains, F. (1997). Is the benign really harmless? Deconstructing some "benign" manifestations of operationalized White privilege. In J. Kincheloe, S. Steinberg, N. Rodriguez, & R. Chennault(Eds.), *White reign* (pp. 77 - 101). New York: St. Martin's Griffin.

Rimonte, N. (1997). Colonialism's legacy: The inferiorizing of the Filipino. In M. Root (Ed.), *Filipino Americans* (pp. 39 - 61). Thousand Oaks, CA: Sage.

Roediger, D. (1991). *The wages of whiteness*. New York: Verso.

Roediger, D. (1994). *Towards the abolition of whiteness*. New York: Verso.

Rumbaut, R. (1996). Prologue. In S. Pedraza & R. Rumbaut (Eds.), *Origins and destinies: Immigration, race, and ethnicity in America* (pp. xvi - xix). Belmont, CA: Wadsworth.

Said, E. (1979). *Orientalism*. New York: Random House.

Scheurich, J., & Young, M. (1997). Coloring epistemologies: Are our research epistemologies racially biased. *Educational Researcher*, *26*(4),4 - 16.

248

Schofield, J. (2005). The colorblind perspective in school: Causes and consequences. In J. Banks & C. Banks (Eds.), *Multicultural education* (pp. 265 – 288). New York: Wiley.

Shelby, T. (2003). Ideology, racism, and critical social theory. *The Philosophical Forum*, *34* (2),153 – 188.

Stepan, N. (1990). Race and gender: The role of analogy in science. In D. Goldberg (Ed.), *Anatomy of racism* (pp. 38 – 57). Minneapolis: University of Minnesota Press.

Takaki, R. (1993). *A different mirror*. Boston: Little, Brown.

Valenzuela, A. (1999). *Subtractive schooling: U. S. -Mexican youth and the politics of caring*. Albany: State University of New York Press.

Valenzuela, A. (2002). Reflections on the subtractive underpinnings of education research and policy. *Journal of Teacher Education*, *53*(3),235 – 241.

Van Ausdale, D., & Feagin, J. (2001). *The first R: How children learn race and racism*. Lanham, MD: Rowman & Littlefield.

Warren, J. (2002). Critical race studies in Latin America: Recent advances, recurrent weaknesses. In D. T. Goldberg & J. Solomos (Eds.), *A companion to racial and ethnic studies* (pp. 538 – 560). Malden, MA: Blackwell.

Weber, M. (1978). The three pure types of authority. In G. Roth & C. Wittich (Eds.), *Economy and society* (Vol.1, pp. 215 – 216). Berkeley: University of California Press.

Willis, A., & Harris, V. (2000). Political acts: Literacy learning and teaching. *Reading Research Quarterly*, *35*(1),72 – 88.

Wise, T. (2002). Membership has its privileges: Thoughts on acknowledging and challenging whiteness. In P. Rothenberg (Ed.), *White privilege* (pp. 107 – 110). New York: Worth.

Wright, H. (2003). An endarkened feminist epistemology? Identity, difference and the politics of representation in educational research. *Qualitative Studies in Education*, *16*(2),197 – 214.

17

歧视、文化还是资本？

教育研究中种族问题在理论化方面的缺陷

阿曼达·刘易斯（Amanda Lewis）

卡拉·奥康纳（Carla O'Connor）

詹妮弗·穆勒（Jennifer Mueller）

引言

关注种族不平等,是讨论教育在促进社会公平、创造更公平的教育结果和体验中的作用的关键。本章中,笔者将审视种族问题在教育研究中是如何展开,并针对种族问题在文献中概念化不够充分的情况,提请一些关注。具体而言,虽然种族作为一种普通的标识,可以用来解读学校中的群体差异,但是,作为一种社会结构,它却没有被充分地理论化(Lynn & Adams, 2002;Pollock, 2004)。正如下文将阐述的,我们没能更精确地把种族问题概念化,在方法上也是如此,这直接影响到了我们更准确地解读学生的在校表现及其原因的能力。

为了更具体、更清晰地展现我们的论点,本章将聚焦一个问题,即种族问题是如何被用来理解和解释非洲裔美国人这个群体的教育经历。教育研究领域中,非洲裔美国人[1] 是最常被研究的少数群体。很多研究将美国白人(直接或者间接地)作为比较的参照,用来测量、解释和阐述非洲裔美国人的教育经历,同时,研究者还把非洲裔美国人的教育经历和其他少数种族进行了比较。在此基础上,研究者也指出并分析了非洲裔美国人学业水平相对低下的情况,并将之与其他相关种族(如美国白人、亚洲裔美国人、拉丁裔美国人以及移民)用一系列指标做了比较(如标准化测试成绩,高中辍学率和毕业率,累积绩点,高级教育、矫正教育以及专业教育课程的录取率)。对那些冲破失败命运的非洲裔美国学生的研究,重点在于在理解这些学生为什么在学习上比美国白人学生更努力,也更有成就。探索与文化相关的教育学和其他(教学或改革的)干预方法的前景,旨在提高非洲裔美国学生的学业成就,这与彻底消除在教育机会和结果方面的群体(特别是白人和黑人)差异有着一定的联系。显而易见,目前更大的问题是关于种族的概念尚不明确,一系列类似的分析方法可以(也应该)应用于其他群体经历的研究中。但是,本章关注的重点是被研究最多、相关讨论也最多的群体,以便阐明几个更大的理论模型。

本章的讨论试着从当代教育文献中把种族问题归为社会范畴的理论模型开始。回顾过去四十年的研究成果,我们将重点关注对非洲裔美国学生小学和初中教育的研究。在这个领域内,我们已经确定了两个主要的研究传统和一个新的研究重点,教育研究者试图用其找出种族的意义。在这两个主要传统方法中，研究者通常将种族作为一种变量或文化来研究。

我们也会阐明这两个主要传统的本质和理论局限。具体而言，我们将讨论：(1)在估测种族什么时候、以什么方式对黑人的学业成就产生"意义"(significant)方面，这些方法是怎样颠倒了因果关系。(2)这些方法怎样低估了制度性的不平等现象和种族歧视所造成的影响。(3)这些方法怎样遮蔽了非洲裔美国学生的多样性经历，及其与非洲裔美国学生不同的在校表现之间的关系。这些局限性都会严重影响我们准确解释种族在什么时候、以何种方式影响黑人学生的教育经历、学业成就和教育结果。

接着我们将讨论研究非洲裔美国人未来的教育经历，以及它是如何解释上述理论在研究过程中不同阶段的局限性。具体而言，我们将推荐一些有效的研究方向，以便于研究者调整他们的实践和分析重点。我们也确定了新的研究重点，这个研究重点和几个富有成效的调整的出发点同等重要。我们关于调整研究方向的建议自然包含了研究设计和方法的转换。因此，我们还将详细阐述如何使用人种学方法和综合方法来支持这种方向的调整。

种族：一种理论化不足的社会结构

研究非洲裔美国年轻人的学业成就、教育结果和教育经历，都必须关注种族问题。但是，对种族问题不作充分的理论化研究、对其定义太过简单或不确切，都可能会造成更多的问题。因此，我们必须寻求一种更为准确、更为清晰的方式，将种族作为一种社会现象来研究。

为了达到这个目标，我们必须解释当代的教育话语是如何限制了我们理解种族问题的能力，以及是如何让我们对种族影响黑人学生学习经历和表现的情况不甚了了。如上所述，我们将重点讨论在研究中出现的一些范畴(如种族变量、种族文化和种族资本)。此外，我们还必须指出，这些范畴并不是相互排斥的。也就是说，虽然这些范畴指出了在非洲裔美国人的教育话语中，种族被以不同方式概念化，但是这些不同的方式有时可能会直接或间接地出现在同一文本、同一项研究或同一篇文章中。我们也将首先讨论文献中提到种族时最常见的方式，即把种族作为一种变量来研究。

种族,作为一种变量

在大多数实例中(尤其是在教育的社会学和心理学研究中),很少有研究将种族作为一个社会范畴或社会现象来将其理论化或概念化。一般情况下,种族是一种"控制"变量,但是却很少有人在理论方面做出清晰的阐述。正如祖贝里(Zuberi,2001)所说:

251 　　　通常,研究者会在与未被充分解释的实体理论相匹配的统计模型中选择一些(包括种族在内的)变量。然后他们会使用一些数据去预测模型参数,而这些参数的估值和功能会给出研究者感兴趣的结果。但是,这种策略也带来了太多未经证实的假设。(p. 123)

这类研究往往缺乏理论细节,从而变成了一个数据驱动的过程,而它主要确定的是在观察到差异的过程中对其有显著影响的重要变量。这里有几个问题。首先,种族作为一种稳定的(不会因时空变化而变化的)个人属性,通常会包含在统计学模型中。第二,在通常情况下,种族并不会如人们常常暗示的那样,成为社会结果的一个"原因"(Zuberi,2001)。比如,尽管种族歧视可能是造成一些特定结果的原因,但种族本身仅仅是社会位置的标记。种族是一种先赋特征,也是一个政治分类的系统。因此,作为一个变量,种族在功能上是某个不确定的、难以定量的"其他事物"的位置标记(或替代物)。虽然在某些情况下,人们对想象中与种族相关的事物作了阐述(如 Morgan,1996),但是人们通常对种族与某种现象的相关性不进行任何讨论,就认为种族问题是重要的(如 Dauber, Alexander, & Entwisle, 1996)[2]。

但是这并不意味着我们不应该搜集、分析种族数据。正如祖贝里(Zuberi,2001)所言:"种族数据对观察种族偏见对人们的社会经济地位、个人福祉、教育经历与结果所造成的影响必不可少。"(p. 119)这种数据对于跟踪一直以来的种族不平等现象和记录种族进步尤为重要。但是这种数据不应用作指代"特质"(traits)(诸如智力水平或犯罪行为),在有些人的想象中,这些特质是某些种族固有的或在文化上根深蒂固的东西。把种族作为一个变量,在实践上有几个挑战,其中包括如何解释种族的"意义"(significance),以及如何避免因用错理论模型而低估种族歧视所造成的影响等。下面我们将逐一讨论。

对意义的误读

当有些研究提出"种族"是一个与非洲裔美国人的教育结果相关的重要变量时，到底是什么意思？"非洲裔美国人"（或黑人）并不是一个生物学或遗传学的范畴。这是一个在美国境内有着长期种族化经历的社会群体。但是，研究人员在解释统计学意义的发现时，却常常忽视这一点。从把种族视作基因范畴的赫恩斯坦和默里（Herrnstein & Murray, 1994），到支持威廉·达里蒂（William Darity, 2002）所谓"文化决定论"立场的学者，他们都把种族看作是个体或群体内部有着某些缺陷的东西。这里"种族"代表了坏的基因，或者说缺少"文化中的'好东西'"（Darity, 2002, p. 1）。在生物学和人类学文献中已经证明，"种族即生物"（race as biology）的观点是毫无根据的，但是最近这种理论又改头换面，自称为"文化生物学"（biologization of culture）（Bonilla-Silva, 2001）或"命运文化"（culture as destiny）（Darity, 2002），实际上两者并无二致。这些论点表明，在人们想象中的"黑人"社区里，有一组极难把握的（有时被解释为缺陷的）文化特质，这些特质可以用来（至少部分地）解释种族不平等现象。

重要的是，有些研究把重点单方面地放在了记录非洲裔美国人的文化缺陷上，但是这些研究者却无法证实他们的推定。例如，格雷厄姆（Graham, 1994）注意到，"指导有关非洲裔美国人的动机研究，更多的是特定结构与社会经济地位之间的关系，而不是普遍的理论原则，因为相比之下，前者更轻松，也容易解释人们为什么推测黑人动机不足"（p. 2）。[3] 研究者以为可以用动机不足来解释黑人为什么在学校表现差劲，但是他们的发现通常和自己对黑人的假设相矛盾。根据他们的假设，黑人的期望较低、感觉无望、看不到个人努力的重要性、面对失败会选择放弃，并且非常自卑（Graham, 1994）。

此外，关于同质性黑人社区有一组极难把握（并且有缺陷）的特质的观点也面临着一些研究结果的挑战。这些研究表明，与所谓的家庭价值等"文化"标准相比，家庭财富或孩子的经济社会地位更能预测孩子的教育成果（Conley, 1999; Darity, Dietrich, & Guilkey, 2001; Mason, 1996, 1999）。例如，多尔顿·康利（Dalton Conley, 1999）发现，在家庭财富这个变量得到控制的情况下，非洲裔美国人的在校表现与学习成绩如果不是优于白人，也是与白人相当的。这对教育的成败而言并非小事。美国几个世纪以来的系统性种族主义累积下来的后果就是，有些群体拥有的财富远远超过了其他群体（Johnson, 2006; Oliver & Shapiro, 1995; Shapiro, 2004; Wolfe, 1994）。白人至上主义和资本主义在美国的共同发展，意味着即使在黑人解放以后，黑人工人也只能做最差、报酬最低的工作。他们不能加入工会，即便加入了工

252

会，在经济不景气的时候，也往往是第一个被裁掉的，因为他们是最后被雇佣的人（Marable，1983；Takaki，1993）。在可怕的种族隔离时代形成的城市黑人群体，被城区改造项目和贷款歧视等公共或私人行为所重创（Drake & Cayton，1993；Massey & Denton，1993；Sugrue，1996）。造成的一个结果就是，即使收入和教育得到控制，黑人的平均财富也远远低于白人（Oliver & Shapiro，1995；Wolfe，1994）。

如今，尽管收入差异仍然在所有的教育阶层中普遍存在（如表 17.1），但是这种差异和财富差异却不可同日而语（如表 17.2）。财富差距是几个世纪以来种族等级制度所累积下来的，所以可完全解释为代际传递的结果（Wolff，2000）。如表 17.2 所示，黑人家庭的净财富中间值平均只有白人家庭的 2%—3%。[4] 最近的研究也表明，财富对教育的影响大于收入水平（Conley 1999；Johnson & Shapiro 2003；Orr 2003；Shapiro 2004）。但是，在大多数对学生学业成就的分析上，人们没有对财富的影响作过认真的评估。考虑到教育的成败，这一点并非不重要。正如夏皮罗（Shapiro，2004）、约翰逊和夏皮罗（Johnson & Shapiro，2003）以及约翰逊（Johnson，2006）所详细分析的那样，即使是少量的财富代际转移也能为人们提供一系列的教育选择。

表 17.1 2002 年不同受教育程度的 18 岁人口收入中间值（全年）

受教育水平	白人	黑人	比例
低于高中水平	$25 254	$19 859	0.79
高中毕业	$30 875	$25 311	0.82
大学未毕业	$36 361	$30 270	0.83
大学毕业	$51 024	$42 048	0.82
硕士学位	$60 480	$49 078	0.81
专业学位	$96 767	$52 457	0.54

数据来源：美国人口普查局（U.S. Census）。

253   表 17.2 不同种族平均资产净值（1984，1989，1994）

所有家庭	平均值			中间值		
	白人	非洲裔美国人	比例	白人	非洲裔美国人	比例
1984	139.8	25.2	0.81	51.8	0.1	0.02
1989	179.0	34.2	0.19	52.6	1.3	0.03
1994	180.7	32.4	0.81	57.2	1.1	0.02

数据来源：Wolff，2001。

当资源在不同的群体之间出现不平等分配时，就会有多种潜在的后果，特别是当这些群体既不住在一起，也不上同一所学校的时候（Massey & Denton，1993；Orfield，1996；Orfield & Gordon，2001）。正如加里·奥菲尔德（Gary Orfield）及其同事的研究所示，多数白人小孩，即使是贫困家庭的孩子，也不会上极度贫困学校（high-poverty schools）（Orfield & Gordon，2001；Orfield & Yun，1999）。但是大多数的黑色或者棕色儿童，即便是中产阶级家庭的孩子，还是会上这种学校。住房的隔离是关键，正如英杰（Yinger，1995）所指出的，诸如此类的隔离是"一个复杂系统作用的结果。这个系统是由偏见、隔离、歧视，以及种族经济差异同时决定的。这些现象又会相互影响"（p. 122）。罗斯林·米克尔森（Roslyn Mickelson，2001）使用纵向数据观察发现，即使在控制很多个人指标和家庭指标的情况下，在种族隔离的黑人小学上学，对学生的成绩甚至（按成绩）分班也会产生直接或间接的消极影响。关于这一点的测量数据往往很难得到，所以通常没有在分析中提到。但是考虑到持续高度的学校隔离，我们不妨把"种族"作为一个变量。那些没有对财富、隔离或相关问题进行评估的研究往往会张冠李戴，把不相关的意义套到种族头上，而忽视其原本应有的意义。把种族作为一个变量的第二个挑战，就很好地证明了这一点。

种族歧视的分析不足

上面我们提到了一些与种族不相关的意义是怎样被套到种族头上的。与此相反，还有一些例子说明，种族对非洲裔美国人的教育影响没有得到充分的认识。文化在解释教育结果（将在下一节细述）时往往有些模棱两可，而种族的视角却有明显的效果，尤其是它在资源获取方面所起的作用（Johnson，Boyden，& Pittz，2001；Johnson，Libero，& Burlingame，2000；Lewis，2003b）。例如，文献表明，在 K - 8 年级的教育经历方面，白人学生和有色人种学生有着巨大的差异（Carter，1995；Darling-Hammond & Sclan，1996；A. A. Ferguson，2000；Lewis，2003b；Mickelson，2003；Nettles & Perna，1997；Rist，1970）。大量证据表明，在我们的国家学校教育体系中，这些差距是普遍制度化的种族主义的产物。研究人员跟踪记录了不同学生的受罚比率、教师期望、学校内持续增加的种族隔离模式，以及以种族分层为依据的分班制度和对少数种族学校不公平的资助情况（Ainsworth-Darnell & Downey，1998；Ayers，Dohn，& Ayers，2001；Bonilla Silva & Lewis，1999；Feagin，Vera，& Imani，1996；Ferguson，1998a，1998b，2000；Johnson，Boyden，& Pitz，2001；Oreld & Gordon，

254

2001；Oreld & Yun，1999；Roscigno & Ainsworth-Darnell，1999；Valenzula，1999）。

但是，由于研究人员尚未充分将种族结构理论化，因而无法解释不同种族与不同教育机会之间的关联。有一项研究为我们提供了一个很好的例子。研究者控制了学生"以前的成绩"（通常用考试分数或等级为标准），然后测量了种族和一些学业成就之间的联系。这类研究未能认识到"以前的成绩"代表的可能是种族歧视。也就是说，事实上，"以前的成绩"或许可以在一定程度上衡量"以前在教育机会方面的制度性种族主义"。例如，多伯等人（Dauber et al.，1996）讨论了社会背景因素（如种族、社会经济地位等）的影响，这些影响都可以戴上"客观学术背景"的面具。在他们对学生分班情况的研究中，研究人员发现，六年级课程的分班安排（如高级班、普通班和补习班）可以作为预测八年级分班的主要依据。但是，他们还发现，六年级分班安排的主要指标包括了社会背景因素，其中最主要的因素就是种族。这些研究者认为：

> 八年级学生在分班安排的社会背景差异，很大程度上可以用学生学业历史的相关差异来解释。但是，这种说法的说服力，应该被有关六年级初分班安排的社会背景差异的知识所冲淡，因为六年级的分班安排对八年级的分班影响很大……到了八年级的时候，学生在数学课分班安排上的社会背景差异，几乎完全被它们与六年级分班的密切关系遮蔽了。（p. 300）

以上结论说明了如何使用看似"客观的"学生早期学习成绩，作为分析他们后期学习成绩的控制变量，但它又是如何掩盖了其他的影响因素呢。具体来说，在六年级，非洲裔美国学生分在高级班的可能性远远小于同龄的白人学生，相反，他们更可能被分在低级班中。那些模式在八年级中固然是有效的，但是任何用六年级分班安排作为衡量先前学习成绩的客观指标，都不大可能找到种族的影响，因为它们几乎完全被"六年级分班情况"这个变量遮盖了。

同样，利用大量纵向全国性数据的研究，可能常常低估了体制性的种族主义对学生学习成绩的影响。这些研究把"以前的成绩"作为一条标准，似乎这些标准衡量的不是学生"以前的机会"，而是他们的学习能力。例如，摩根（Morgan，1996）曾使用过一种"认知技巧"的测试方法，测试学生在标准化测试中的综合表现。摩根认为这种方法测试的不是"先天的智商能力"，而是学生在接受高等教育时取得成功的能力。也就是说，这种方法是对学生的部分先天智力与事前学术准备的综合测试（pp. 309—310）。

正如奥克斯（Oakes，1988）、多伯（Dauber，1996）和佩塞尔（Persell，1977）等人所说，甚至摩根在他的描述中也承认，这种方法并不能直接测量学生的能力。

一般说来，纳入"以前的成绩"这条标准、同时又暗示种族并不"重要"的研究结果，有可能是错用了有着明显内生性问题的模型。也就是说，在回归模型中纳入种族和学生以前的成绩，就意味着二者会同时产生影响，而事实上，种族（作为制度化种族主义的代表）与学生以前的成绩之间有着因果关系（如六年级的分班安排）。

所以，要解决如何把种族纳入统计模型，以及如何解释种族的意义的问题，我们首先必须形成更清晰的概念。

255

"黑人"种类的多样性

最后，在社会调查中，我们应如何解释把某些人归入黑人或者非洲裔美国人范畴的现象？这类调查说明的是调查对象的自我认同（或者父母认同，取决于谁填写了调查问卷）是黑人或非洲裔美国人，而不是问卷上列出的其他种族。但是，它并没有说明问卷发放与填写的具体情景以及问卷设计对受访者的选择产生了什么影响。依据人口问题的提问方式、可选择的范围以及当时的情景，我们很可能会对"种族/民族问题"得到不同的回答（Harris & Sim，2000；Rodriguez，1991，1992，2000；Rodriguez & Cordero-Guzman，1992）。[5]

此外，这类调查常常让"拉美裔"无法选择种族类别。因此在调查表上的种族选项一栏，常常会将拉美裔作为一类，但是边上还有"黑人但非拉美裔"和"白人但非拉美裔"两个选择。这种定义种族和民族选择的方式，混淆了种族和民族的差别，同时也否定了受访者主张自己的种族与民族归属的权利（如果他们倾向于如此）。值得注意的是，即使调查允许"拉美裔"主张自己的种族归属，[6] 但是令他们恼怒的是，这种选择也是非此即彼的，比如白人与黑人（Rodriguez，2000）。即使研究者（一定范围内）可以利用种族数据，但是他们也会将"拉美裔"作为默认的社会分类，从而避开与种族的相关分析。

此外，在这些调查中，出生地就可以表明黑人的民族归属（如，非洲和西印度），但是研究者很少利用这些信息。[7] 因此，除了少数例外（如 Farley & Allen，1989；Sowell，1978；Waldinger，1996；Waters，1994，1999），没有人研究黑人内部的民族差异以及与之相关的学生的教育结果和经历。有研究者发现，本土黑人和移民黑人学生的成绩，在不同时期显示出不同的差异，因此研究民族差异就显得很有必要（Waldinger，

1996)。顺便说一句,有证据表明在美国学校中竞争力最强和最差的学生都来自于黑人移民(Waters, 1999)。

当研究人员按出生地对黑人进行分类时,重点放在他们的移民身份,而不是民族成员的身份。而且,种族的影响也未被考虑进内。这种情况从波茨(Portes)和麦克劳德(MacLeod)对来自其他地区(古巴、越南、海地和墨西哥)移民儿童的教育进步的研究中可以看出来。波茨和麦克劳德研究的重要性在于,他们研究了接纳这个因素对移民群体孩子学习表现的差异所产生的影响,并且给予了理论关注。但是,研究人员没有注意到移民群体种族身份在一定程度上是怎样影响了接纳的性质。例如,同海地和墨西哥难民相比,古巴和越南难民都受到了"美国政府富有同情心的接纳,并得到了联邦政府很多不同形式的资助"(p. 260)。两位作者指出,那些古巴人和越南人后来利用这些资助"形成了团结有活力的创业群体"。这在一定程度上促成了他们更有竞争力的学习表现。

256　　　然而,波茨和麦克劳德指出,虽然最初几波古巴移民得到了慷慨的政府资助,但这种资助并没有给予后来的移民。虽然研究者指出社会阶层区分了早期古巴移民和后期古巴移民,但他们对另一个事实却讳莫如深,那就是第一批移民不仅出身于社会高级阶层,而且大部分是白人(Pedraza & Rumbaut, 1996)。相反,后来的移民不仅来自社会低级阶层,而且主要是黑人和棕色人种(Pedraza & Rumbaut, 1996)。由此可见,在"种族"对资源获取的制度化方面的影响、决定谁能获取资源,以及种族与社会阶级的交叉影响方面,这项研究都未能进行理论化探讨。

上述调查设计和应用进一步提出了以下问题:(1)我们讨论的对象到底是谁?(2)非洲裔美国人或黑人这个类别包括哪些人,又排除了哪些人?(3)这对我们比较分析非洲裔美国人和其他种族有什么影响?虽然使用一些可控制变量(如社会经济地位、区域、出生地)可以解决部分问题,但由于数据采集的局限性,有些变量往往会被排除在外。

传统的调查方法也限制了我们的评估能力,即评估参与者对提供给他们的种族选项的理解力(即主位研究而非客位研究)。客位研究方法注重研究者提出的分类和解释,而主位研究则让参与者自己介绍和提供研究者未曾预料的分类解释(Watson & Watson-Franke, 1985)。通过更多的主位研究,我们可以设计一些调查问卷,观察受访者是如何理解他们自己做出的种族选择与研究者选择的参数之间的关系。

例如,塞勒斯(Sellers)和他的同事们(Sellers, Smith, Shelton, Rowley, &

Chavous, 1998) 建立了一个种族身份调查的多维模型 (Multi-Dimensional Model of Racial Identity, MMRI)，这个模型对我们理解黑人种族身份的多维性有很大的帮助。这种模型有助于我们评估以下几个方面：(1)"身为黑人"在何种程度上决定了研究对象的身份；(2)研究对象是否把"身为黑人"作为正面或负面的评价，或者相信当被确定为黑人种族时公众视其为正面或负面；(3)什么时候以及在何种条件下，研究对象会认为身为黑人会对自己的经历产生显著影响；(4)黑人的自我认定和特定的种族意识形态是否一致。

然而，像其他调查一样，这个种族身份调查的多维模型(MMRI)一定会限制受访者提出研究者未曾预料的分类的能力。结果就是我们无法评估非先验目标的种族身份的维度，同时也无法充分理解研究对象通过行为(如风格、服饰、语言)而非认知表现出来的那些维度。

非洲裔美国人以不同方式表现自己的种族身份，这在约翰·杰克逊(John Jackson, 2001)的《哈莱姆世界》(*HarlemWorld*)中表现得淋漓尽致。此外，教育研究者还从人种学的视角解释非洲裔美国人以不同方式表现黑人特性(如 Ogbu, 1989)。有时这些不同方式是通过社会等级和性别的相互关系表现出来的(Carter, 2005；Cousins, 1999；Fordham, 1996；Horvat & Antonio, 1999；Kenny, 1999；O'Connor, 1999；Tyson, 2002)。然而，这些表现的复杂性却未被纳入调查研究的范围。

调查研究的强制选择性也让受访者无法对他们的反应作出有意义的解释。这种情况存在于学生确定自己的种族(Harris & Sim, 2001)，以及当他们对实质性问题作出回答时。例如，在一项混合方法的研究中，博尼拉-西尔瓦和福曼(Bonilla Silva & Forman, 2000)发现，受访者对调查项目的回答与他们在访谈中所做的说明相差甚远。

此外，我们没能分析出这些类别的社会建构是怎样(通过从宏观和微观的层面，通过历史以及当代的力量)影响了这些类别的发展，并在某种程度上限制了参与者对某个类别的选择(Cornell, 1996；Hall, 1990；Ignatiev, 1995)。例如，研究者(Bashi & McDaniel, 1997；Vickerman, 1999)发现，一些先前不认为自己是"黑人"的深肤色移民，到了美国以后就声称自己的种族身份是黑人，原因是在美国肤色作为种族的标志，赋予了人们权力。

如上所述，我们未能关注种族研究的一些方法和理论问题。这在用种族作为变量的研究中，对于我们理解经常提到的、在统计学中有着显著意义的一些关系产生了实质性的影响。也就是说，虽然种族研究常常聚焦在黑人的学业成就表现和受教育程度

257

之间的关系(特别是种族之间的教育"落差")上,但是我们却无法解释种族作为一种社会现象对这些关系有什么影响。例如,当研究者发现,用收入和职业预测黑人学业成就表现的准确度,不如预测白人学业成就表现的准确度,我们无法(从实证的角度)确定,这种关系是否意味着:(1)所有社会阶层的黑人都能够理解并表现出"身为"黑人在学校环境中到底意味着什么;(2)黑人特质(Blackness)的意义是由学校等代理人通过某些方式强加到黑人头上的,这些方式降低了社会阶层的意义;(3)以收入和职业为标志的社会阶层代表了文化,和财富相比,社会阶层以不同以及不那么有力的方式决定了机会的多少和获取与否。所有非洲裔美国人的职业和收入水平在财富方面都处于弱势,这一点可以解释他们在学校的表现;(4)上面三点的交叉关系。

忽视"黑人"范畴内部差异的倾向,以及忽视各种机构及其代理人对非洲裔美国学生种族化影响的倾向,说明了在教育研究领域中研究非洲裔美国人的第二种方法,即把种族视为文化的局限性。

种族作为文化

在这个传统内,研究者长期以来一直将文化视为将一个种族群体区别于另一个群体的规范与价值观,或能力与实践。之后,有人研究了非洲裔美国人学业成就比其他种族——特别是白人差的原因。这些研究往往把重点放在探讨将个体标记为黑人的文化规范、价值观、能力和实践与那些构建美国学校的组织与期待的文化规范、价值观、能力和实践之间的落差。

文献综述表明,总体而言,当代教育话语脱胎于把文化视为区别非洲裔美国人和其他种族群体的规范和价值观的观念。虽然这一观念在其他学术领域尚有一席之地(尤其在是关于福利改革的辩论方面),但是教育研究者却越来越回避这种分析性导向的研究。这种规避的部分原因是,人们批评这种观念把白人视为参照规范,把黑人文化解释为一种有缺陷的文化;这种分析没有解释力,因为它倡导的是一种"责备受害者"理论导向。另外,批评者强调,这种早期的研究根本没有抓住文化的实质,只是捕捉到了一些表面特征、活动和行为。更确切地说,如瓦伦丁(Valentine, 1968)等人的研究所表明的,一些文化剥夺理论家把一些贫困黑人的孤立行为或"非行为"挑出来,然后把自己的理解强加在这些行为上,并在此过程中混淆了对通过参与或回避这些活动而"言说"之物的原本的理解。[8]

上述批评确实使一些研究者不再通过规范和价值观的棱镜去检视黑人文化。然而,他们的研究却继续从假定是典型黑人个体的实践和能力的视角,对文化进行理论探讨。[9] 这种文化的概念通常反映在对"与文化相关的教育学"的实践和理论研究中,同时也反映在试图分析种族特有的实践与非洲裔美国人学业成就表现之间的关系。在这种导向下,研究者尤为关注非洲裔美国人那些不符合美国学校规范和期待的话语实践、学习方式和社会性格。[10]

与之前两代人强调规范、价值观,以及用缺陷范式解释非洲裔美国人文化语域的方法相反,有关对非洲裔美国人的能力与实践的研究,通常批评学校及其代理人没有把黑人的实践与能力纳入到学生学习的脚手架(scaffold)中来(Ladson-Billings, 1995; Villegas, 1988)。这类研究尽管取得了进展,但也遭到了批评,说它对支持"黑人"的实践与能力未能给予特别关注。例如,约翰·奥格布(John Ogbu, 1999)就非洲裔美国人英语(或黑人英语)和非洲裔美国青年教育的国家话语问题回应道:

> 国家话语几乎完全聚焦在方言本身的差异。一些人认为……(非洲裔美国人的)学业问题主要是由黑人学生的家庭方言和学校标准英语之间的差异所致。还有些人则认为这些差异不足够引起问题。但是持这两种观点的人都忽略了一点:非裔美国人的学业问题不仅与方言的差异程度相关,还与方言差异所代表的文化意义有关。(p. 148)

福德姆(Fordham, 1999)也认为,我们不能仅限于分析黑人英语在多大程度上"接近或偏离了……标准方言",我们还必须研究"非洲裔美国青年语言实践的意义"(p. 272)。更确切地说,福德姆强调了这些语言实践在多大程度上可以被视为"黑人身份的标志",同时也阐明了有助于认识和抵制强加在黑人头上有关于白人权力的"臆想中的文化传统和实践"(Fordham, 1999:274)。

根据这些说法,当代学者考察了黑人特质是如何通过意义建构而非将能力和实践客观化的方式清晰表达的。按照这个导向,人们根据黑人如何"占用"或者理解公共工具或符号的意义,将他们同其他种族区分开来。这种理论重点与社会学和人类学中"通过人们经历和表达意义的、公共的象征性形式描述文化特征的大趋势是一致的(Swidler, 1986, p. 273)。通过强调意义建构,研究者试图从概念和实践两个层面去研究人们是如何解释、行动和生产相关材料(如艺术形式、工具、书籍等)以及社会文本(如语言、社会互动、意识形态、仪式、道德准则、典礼、行动策略、身份等)的。

259

我们之前引用的福德姆(Fordham，1999)的研究表明，研究人员特别注重了解黑人青年如何接受(或表现)、理解(或感知)种族和学校(这两个美国常见符号)并对其产生作用或在其范围内行事。确切地说，研究者在继续研究以下内容：(1)作为种族主体，非洲裔美国年轻人如何解释自己和其他人；(2)他们是如何构建自己的这些解释与学校的功用之间的关系；(3)他们的行为与在学校取得的成绩代表着什么。在这个研究传统中，约翰·奥格布的文化生态模型(Cultural Ecological Model，CEM)为我们提供了引用最多、影响力最大的概念框架(Jencks & Phillips，1998)。

根据文化生态模型(CEM)，黑人青年可以通过家庭成员和其他成年黑人的经验和叙述，了解非洲裔美国人被征服的历史和现实。作为回应，他们不仅创造出了与主流观点相矛盾的"成功"理论，还对学校的工具性价值不再抱有幻想，同时也产生了对学校及其代理人和机构的不信任，所有这些都动摇了黑人青年遵守学校规范的信念。此外，他们还发展了一种对立的文化身份。黑人青年将学校视为白人学生领地，要求他们像白人那样去"思考"和"行动"，以换取学业上的成功，并限制自己的努力，因为黑人青年不想放弃自己的种族身份，也不想危及黑人群体的归属(Ogbu，1987)。

奥格布的理论框架为身为黑人意味着什么、黑人青年又是如何与之斗争的这些问题的后续研究提供了动力。有些研究支持奥格布的观点(如 Fordham，1996；Gibson，1991；Solomon，1991)。例如，福德姆(Fordham，1996)发现了黑人学生如何反对他们的同龄人对"身为黑人意味着什么"这个问题所做的规范性解释，并在他们努力追求更高的学业成就时，采用了无种族的身份。还有一些研究则要求我们反对奥格布的理论框架，因为这个框架可能会使黑人青年的主体性和表现同质化(Ainsworth-Darnell & Downey，1998；Carter，1999；Cook & Ludwig，1998；O'Connor，1997，1999；Tyson，1998)。例如，卡特(Carter)发现，在她的研究对象——黑人青年的想象中，黑人特质是通过不同地位、偏好和实践(如爱护和尊重其他黑人、能说黑人英语、穿城市青年的流行服饰等)反映出来的，但是从来没有表现出与他们在学校里的学业成就相反的特点。作为对这些调查结果的回应，卡特(Carter，2001)和其他一些学者(如 Ainsworth-Darnell & Downey，1998；Cook & Ludwig，1998)都认为，若要更好地理解黑人青年的学习表现，我们就应该更仔细地研究学校是如何定位黑人主体和黑人"文化"的。

教育研究人员弥补了奥格布的理论框架的局限性、发展出对文化更详细的阐述，把这种阐述与种族和教育关联起来所做的努力，是研究者避开沃尔特·本·迈克尔斯(Walter Ben Michaels，1992)所说的"种族的文化期待"的首次尝试(p. 677)。这种预期只有做出如下假定时才会发生：要当黑人就必须做黑人做的事情，但若不是黑人，你就不可能做黑人做的事情(p. 677)。[11] 当我们通过种族去预期种族文化时，我们不仅将种族具体化为一个稳定、客观和可测量的范畴，还从我们讨论的目的出发，这样就不容置疑地将种族和文化联系在一起。当种族以这种方式存在时，实际上我们没有看到黑人的多样性，低估了多种身份标记的交叉情况，同时也闭口不提黑人特质的涵义在很大程度上是学生带到学校里去的，是学校体制和官员强加给他们的。奥米和怀南特(Omi & Winant, 1994)很早以前就提出："必须努力将种族理解为不断地被政治斗争所转化的、不稳定的、'没有中心'的社会意义的综合体。"(p. 55)在本章的下一节，我们将深入讨论黑人的异质性、阶级和性别交叉，以及在学校的政治斗争中，得到明确表达的制度化种族结构的影响。

260

黑人异质性的界定

无论是讨论规范、价值观、能力、实践，还是主体性和意义建构，研究者通常会针对黑人社区的某个部分报告调查结果，这个群体是由包括但不限于种族的一系列社会影响界定的。虽然研究者会在对参与者的详细描述（如提及黑人研究对象的性别和社会阶层）和研究背景（如提及人口结构、相关机构和研究的地点）中提及这些社会影响，但是他们很少会对这些影响进行分析，而这些报告往往会把研究发现完全归因于参与者的种族。例如，虽然多数把种族视为文化的研究明确地聚焦在当代城市空间里低收入的非洲裔美国人，但是这些研究却往往未能分析社会阶级和位置塑造"黑人"文化的表达方式。这样，研究者简单地将贫困黑人划为一个同质的社会分类，但对时间、空间和社会阶级塑造黑人经历的方式，以及与之相伴的规范、价值观、能力、实践和主体性等问题却闭口不谈。

首先来看空间因素。有充分证据表明，生活在大城市东北部、中西部和南部的黑人的生活受种族和社会阶级隔离的影响，比生活在西部的黑人受到的影响更为严重(Massey & Eggers, 1990)。此外，研究者继续记录在不同学校体系中黑人经历的差异，这种差异是由经济和劳动力市场对学校体系、人口结构，以及资金来源的不同影响造成的（例如 Anyon, 1997；Hertert, 1994；Kozol, 1991；Rubenstein, 1998）。在微观层面，学者们还记录了社区（例如 MacLeod, 1995；Patillo-McCoy, 1999）和学校（例如 Bryk, Lee, & Holland, 1993；Comer & Haynes, 1999；Hemmings, 1996；Sizemore, 1998；Tyson, 1998；Wang, Haertel, & Walberg, 1994）的具体情况对黑人生活的影响。

此外,种族经历还带有历史的烙印。然而,除了少数例外(如 MacLeod,1995;O'Connor,2002;Siddle-Walker,1996),教育研究者在研究时却假定与种族有关的限制和机会在塑造黑人经历的过程中似乎并没有因时而异。举例来说,约翰·奥格布的文化生态模型就否认了黑人在不同时期遭受压迫的不同情况。相反,在该模型中只有一个关于黑人遭受压迫的故事,这个故事通过成年黑人不断地重复,为黑人青年构建了一个如何讲述机会和他们在校表现的框架。但是,社会学家们却在继续关注黑人受压迫经历中的关键性转变。

261　　　社会学家已经发现了从"经济种族压迫"到"阶级压迫"(Wilson,1978)、从"公开"的种族主义到"色盲种族主义"(Bonilla Silva,2001)、从"传统"的种族主义到"自由放任"的种族主义的转变(Bobo,Kluegel,& Smith,1997)。根据奥格布模型的逻辑,我们可以预期在特定时代成年黑人对黑人的机会有不同的叙事。这对不同群体的黑人青年解释他们的生活机会和在校表现有不同的影响。遗憾的是,这种做法并没有考虑到特定环境下的背景和要求(尤其是时间和空间的影响)是如何影响黑人青年的规范、实践和意义建构的,这些都并不罕见。正如斯潘塞、斯旺森和坎宁安(Spencer,Swanson & Cunningham,1991)所说,除了少数例外,"对少数族群青年的语境效果研究非常罕见"(p.368)。

除了时间和空间因素外,黑人还被其他因素进一步划分。非洲裔美国人收入的两极分化,使社会阶级的缓和性影响日益凸显。这种两极分化的定义是"中产阶级的比例下降,富人和穷人的比例急剧增加",这表明在黑人中"富人"和"穷人"分化严重(Massey & Eggers,1990)。此外,政治科学家和社会学家不但记录了黑人中的"穷人"和"富人"如何解读他们的生活机会,还记录了黑人如何定义自己的利益和意识形态(Hochschild,1995;Reed,1999)。

但是,我们也必须认识到,在相同的空间和时间内,相近阶层的非洲裔美国人之间出现了分化。例如,奥康纳(O'Connor,1997)记录了阶级地位相同的非洲裔美国人在同一个时间和空间里,却存在很不相同的社会境遇、世界观和社会身份的情况。此外,有关对黑人中不同性别经历的研究极不充分(O'Connor,2002)。但是,这不仅与研究者是否关注了黑人男性和女性的教育经历有关,还与他们是否在理论上对种族和性别交叉领域进行了深度研究有关。同样,种族和阶级交叉领域,或种族、阶级和性别三角交叉领域并未受到足够关注。在具体阐述交叉领域这个主题之前,我们将先讨论对黑人异质性的忽视，会对我们理解非洲裔美国青年人的教育结果和经历造成怎样的阻碍。

由于缺少对黑人异质性的分析，使我们对身为黑人意味着什么这个问题形成了无缝且必要的简单化概念，并在此过程中阻碍了我们理解非洲裔美国学生表现的实质性差异。除了对黑人学生表现不佳情况的总体描述，研究者还发现了黑人不同时期的在校表现差异很大。例如，20世纪70年代，黑人和白人的受教育程度差距缩小了，而到了80年代中期，黑人与白人大学入学率的差距却显著加大了（Nettles & Perna，1997）。同时，研究者还发现，20世纪70年代黑人和白人考试成绩的差距戏剧性地缩小了，在80年代，这种差距消失了，之后又出现了一定程度的逆转（如阅读和科学的成绩）（Grissmer，Flanagan, & Williamson，1998；Hedges & Nowell，1998）。

从空间上看，我们发现在同一时间段内，东南部黑人的考试分数高于其他地区，而东北部黑人的分数最低（Grissmer et al. ，1998）。此外，研究者还指出，郊区（种族融合）的黑人学生在某些方面的表现（如美国高考分数）优于城里（被种族隔离）的学生，但在另一些方面（如大学先修课程注册率）则落后于后者。同样，在天主教学校和有效学校（effective schools）的黑人学生，他们的表现要优于公立学校和未经改革的社区学校的黑人学生（Bryk et al. ，1993；Wang et al. ，1994）。

在黑人的一些次群体中，尽管中产阶级黑人普遍认为他们比贫困黑人有教育上的优势，但是在某些特定环境中，后者的表现却优于前者（O'Connor，2001b）。然而，虽然黑人男孩在大学录取率和毕业率方面不如黑人女孩（Hawkins，1996；Nettles & Perna，1997），但事实也并非总是如此。在20世纪60年代和70年代中期以前，黑人男性的学习成绩总是要领先于黑人女性（Hawkins，1996；Nettles & Perna，1997）。在20世纪70年代的纽约市，西印度群岛的黑人被大学录取的可能性远高于本地出生的黑人，但二者未能完成高中学业的可能性则相同。到了1990年，西印度群岛的黑人接受大学教育的可能性和本地黑人相同，但他们都更可能是接受教育最少的人群（Waldinger，1996）。

我们就黑人在不同时间和空间的在校表现差异所做的阐述并非详尽无遗。不过这些发现却告诉我们必须要特别关注人们在什么条件下研究了哪些黑人。但是这种关注不能满足于简单描述人物、时间和地点，而是必须要分析这些因素在影响黑人学业成就表现的文化结构中所起的作用，还要上升到理论层面。然而，我们必须强调，在努力建立非洲裔美国人经历的异质性与他们学业成就的异质性之间的理论联系时，我们也必须对各种因素之间的交叉领域给予更为实质性的关注。

262

阶级和性别交叉领域概念化不足

如上所述,影响非洲裔美国人地位的因素不仅有种族,还有性别和社会阶级。基于这种认识,研究者对黑人男性和黑人女性的经历作了对比研究(如 Cross & Slater, 2000; Grant, 1984; Hawkins, 1996; Hubbard, 1999; Waters, 1999)。其他研究明确以黑人男性或黑人女性为对象,或以白人或其他相同性别的种族群体为比较参照(如 Ferguson, 2000; Fordham, 1993, 1996; Holland & Eisenhart, 1990; Taylor, Gilligan, & Sullivan, 1995)。同样,有人尝试解释中产阶级、工人阶级或者贫困黑人的经历(Heath, 1983; Hemmings, 1996; Lareau & Horvat, 1999)。另外,还有人对种族、阶级和性别的交叉问题进行了研究(Cousins, 1999; Horvat & Antonio, 1999)。

但是,许多此类研究却未能以实质性的方式研究交叉领域的问题(进一步讨论请参见 Carter, 1999; Carter, Sellers, & Squires 2002; Frazier-Kouassi, 2002; O'Connor, 2001)。在有些研究中,研究者对不同性别、不同社会阶层的黑人作了比较,同时也对相同性别和社会阶层的白人和黑人作了比较,但是他们只是简单地列出了不同群体在教育经历和学业成就方面的差异,并没有分析参与者的社会阶层或性别地位与种族地位有什么联系,因而无法解释他们观察到的差异。在这些研究中,研究者往往会将一个群体的地位置于其他群体之上。例如,霍兰和艾森哈特(Holland & Eisenhart, 1990)在他们有关大学里的黑人女性和白人女性的研究中,发现了两个群体的女性如何从她们大学里的成就和经历出发,协商女性文化方面的差异。两位作者指出女性文化和与之相关的学业成就与经历之关系的框架不同,这在一定程度上是受到了各自学校同龄人文化的影响,但是作者并未分析种族在这些差异的形成中所起的作用。在这一对性别问题的分析中,将种族分析边缘化的方法,不仅凸显了一部分女性是黑人而另一部分女性是白人的事实,而且还凸显了另一个事实,即那些黑人女性所在学校是传统的黑人大学,而白人女性所在学校则是以白人为主体的大学。

但是,女权主义学者的研究警告我们,不要通过强调某个社会地位贬低另一个社会地位,也不要在不同的社会地位之间建立累积关系或等级关系(比如 Collins, 1990, 1998; Crenshaw, 1991, 1992; King, 1998)。相反,他们迫使我们要审视这些社会地位是如何"紧密地交织在一起,并在主体和主体性经历的呈现(或构建)中循环"(Ferguson, 2000, pp. 22 - 23)。但是,研究者也很犹豫,他们担心在对阶级和性别的相关性进行概念化的过程中,削弱了种族的意义。事实上,一些研究者因此已经遭到过很严厉的批评(如 Wilson, 1978)。但是,把这些社会地位看作是相互交织的、而非

"孤立和独立的"现象，让我们避免了把种族意义排除在外的风险，也避免了将其与同性别和社会阶层相对立的风险。

对种族制度化产物的沉默

在把种族作为文化研究的传统中，最近把文化解释为种族化的意义建构的研究，在交叉问题的研究方面迈出了一大步。例如，福德姆（Fordham，1993）审视了性别和种族因素如何交叉在一起，生成黑人女性对女性特质（womanhood）的概念，以及这些概念如何影响她们追求具有竞争力的学业成就。另外，拉鲁和霍瓦特（Lareau & Horvat，1999）某种程度上研究了黑人父母的种族和社会阶层会如何同时影响他们衡量孩子所在学校种族环境以及为孩子的权益发声的方式。

类似的研究都会使我们逐渐洞悉如何去看待黑人个体，在被阶级和性别定位的同时，作为种族主体，他们是如何（通过主体性和表现）对自己作出阶级和性别的解释的。这些解释影响了黑人个体在学校里思考和行为的方式，以及他们自己或孩子的学业成就表现。但是，这类研究通常关注的是黑人青年带到学校去的种族化（但不是完全种族化的）产物，却很少有人研究学校的构建及其代理机构的实践所带来的种族化产物。也就是说，种族不仅是非洲裔美国人对自己作为种族主体的理解，也是把这种理解付诸与学校相关的行动的产物，还是学校及其代理机构将非洲裔美国人种族化的结果（Davidson，1996；Dolby，2001；Ferguson，2000；Lewis，2003a；Pollock，2003）。

例如，在弗格森（Ferguson，2000）的研究中，黑人和白人男孩都倾向于通过违反校纪校规来表现自己的男子气概（或男性地位）。但是二者在表现方式上却有差异，弗格森强调，黑人男孩发现自己经常惹上麻烦，他们往往在乎的是别人怎么看待自己的表现，而不是自己表现得怎么样。更确切地说，弗格森发现，当白人男孩违反了校规，学校官员就会认为"到底是男孩子"，还说"不算什么错"，并相信"这些男孩在进入社会后才能充分理解他们行为的含义"（p. 80）。相反，当黑人男孩违反校规时，他们的行为就会被"成人化"。也就是说"他们的违规行为会被认为是违背孩子天性的、邪恶的，有着主观故意的行为"（p. 83）。把黑人男孩视作"成人"的解释者（大多是白人权威，并因此在学校里拥有权力）会用"杀鸡儆猴"的方法，惩戒黑人男孩，而不是像对待白人男孩那样，对他们进行劝导（p. 90）。我们往往把种族、甚至种族主体性看作是学生带到学校里的东西，而不将它们看作是教育实践和教育过程的共同产物。

种族作为资本

弗格森(Ferguson，2000)等研究者(上文引用过的)正开始研究种族作为资本，在教育环境中的功能。根据皮埃尔·布迪厄(Pierre Bourdieu)的定义，"资本"就是能够在一定的环境中提高一个人的地位或身份的资源(Bourdieu，1977；Bourdieu ＆ Passeron，1990)。布迪厄讨论了四类资本：经济资本(金钱和财产)；社会资本(关系、社会网络)；文化资本(文化知识、学历)，和象征资本(信誉和合法性象征)。每一种资本都可以转换为其他资本，用以提高或维持社会秩序中的地位(Connolly，1996；Swartz，1997)。种族可以通过以下几种方式成为资本。第一，种族在历史上就影响经济资源，特别是财富的获取(Oliver ＆ Shaoiro，1995)，从而影响了不同人接受不同的教育(Kozol，1991；Orfield，1996)。第二，种族影响了学校里文化资源的接受与奖励方式(Carter，1999；Lareau ＆ Horvat，1999；Tyson，1998)。第三，种族隔离模式可以影响社交网络，从而影响社会资本(Massey ＆ Denton，1993；Orfield，1996)。第四，种族或皮肤的颜色可以成为象征资本。由于种族主义的推定和刻板观点，种族的功能在有意识或潜意识的层面上可以相互影响。在课堂经验上，康诺利(Connolly，1998)指出："很明显，白皮肤在某些环境中就可以成为象征资本。有些教师可能会(直接或间接地)受到一系列种族观念的影响，进而认为白人孩子比黑人孩子更聪明或表现更好。"(p. 21)

在有关学校日常实践和经历的系统研究方面，关于非洲裔美国人教育经历的文献仍存在漏洞。小学研究方向的学者如弗格森(Ferguson，2000)，霍瓦特、魏宁格和拉鲁(Horvat，Weininger ＆ Lareau，2003)，刘易斯(Lewis，2003b)，拉鲁和霍瓦特(Lareau ＆ Horvat，1999)；初中和高中研究方向的学者如戴维森(Davidson，1996)，多尔比(Dolby，2001)，弗格斯(Fergus，2004)，朱伊特(Jewett，2006)，肯尼(Kenny，1999)，奥康纳(O'Connor，2001b)，彼得森·刘易斯和布拉顿(Peterson-Lewis ＆ Bratton，2004)，波拉克(Pollack，2001)，以及大学研究方向的学者如费金等人(Feagin et al.，1996)的研究，在这方面作出了很多重要贡献。但是，学校教育"黑箱"中的日常实践，说明了种族在塑造互动关系和机会方面起着微妙但却强有力的作用，充当着象征资本。遗憾的是，有关这方面的研究实在太少。

引导未来的研究

265

我们对非洲裔美国人教育经历的研究分析，为今后的研究提供了一些建议。我们的建议如下：(1)将研究重点放在学校教育过程和种族意义的建构；(2)引入更多层面的生态学方法；(3)进一步深入研究制度性和日常的种族主义的运作情况；(4)关注种族阶级和性别之间的交叉领域；(5)采用多种方法策略；(6)构建更有说服力的理论来解读种族、文化和自尊等重要概念。

学校教育过程和意义建构

对非洲裔美国人和教育的研究，必须要关注学校教育过程和种族的意义建构问题。这类研究有助于克服上面提到的、目前研究中的一些不足，包括种族如何成为教育环境的产物、如何成为学生"带"到学校的东西，学校的日常互动和实践如何影响教育结果，以及学生如何通过他们的教育经历理解自己种族化的社会地位等问题。这类研究有助于揭示学校将种族塑造成一个社会范畴的方式。

这里，一项特别重要的研究策略，就是人种学研究或参与者观察研究。人种学研究涉及进入社会环境并了解在其中活动的人，因而有希望呈现出非洲裔美国学生在不同环境下的不同角色。正如埃默森（Emerson，1983，p. 25）所阐述的，人种学研究基于"环境并非理解的障碍，而是一种资源"这个假设。人种学"在理解行为者、行动和动机构成的更庞大的社会复合体方面，还提供了经验和理论收获"（Feagin，Orum，& Sjoberg，1991，p. 8）。因此，人种学有可能在种族如何塑造学校里的人际互动，以及为什么不同种族和性别会有不同的纪律处罚模式方面，为我们提供一些深刻的见解。人种学还可以研究人际关系的产生和发展，而不是把人们从生活中抽象出来，并假定他们似乎是在"彼此隔绝"的情况下生活和活动的（Feagin，Orum，& Sjoberg，1991，p. 8）。人种学还可能用来解释在特定背景下，对于非洲裔美国学生而言种族意味着什么，以及他们对自己和他人的理解是如何在与特定人群和地点的关系中发展的。在种族与种族关系的研究中，这类研究对于抓住复杂的社会发展过程、抓住人们言行的一致性或不一致性方面，都非常重要。

研究者曾经表示，"在种族和种族关系领域，一些最具有洞察力的数据是通过参与者观察的方法获得的"（Dennis，1988，p. 44）。我们认为，假如这一传统与多层面的生态分析相结合,同时关注揭示种族主义的"日常特征"及其交叉领域的动态,就能为我们提供关于种族是如何塑造非洲裔美国人的教育经历和结果的真知灼见。简而言之,我们需要更多基于人种学和生态学方法的种族研究,包括种族的影响是如何通过制度性种族主义实现的,它又是如何贯穿在种族、阶级和性别的交叉领域的。下面我们将对这些方法分别作阐述。

多层次的生态分析

生态分析方法要求我们要把微观过程(如学生主体性和行为、师生互动、同伴交往、家庭关系和学校活动参与)与中观层面(如学校和地区政策、实践、人口统计数据和组织),以及宏观层面(如经济力量、种族等级系统和在研究进行过程特定"时间"中的联邦政策)等的影响连接起来。

例如,定量方法的最新进展为在多个层面上建立数据统计模型提供了一个有用的工具(Bryk & Raudenbush, 1992;Frank, 1998)。通过在行动(互动)和影响之间建立经验和分析的联系,我们就能准确评估在特定的时间和历史空间内,特定的背景如何影响非洲裔美国人的教育现状(Spencer, Dupree, & Hartmann, 1997;Swanson, Spencer, & Peterson, 1998)。这种针对特定历史阶段的多层次研究,对我们揭示在同一时间与空间内的黑人学生,和不同时间与空间内的黑人学生在教育经历和结果方面出现差异的原因至关重要。

制度性和日常的种族主义

同样重要的是,多层次的分析奠定了后续研究的基础,让我们得以用更严谨的概念去探索制度性种族主义对于黑人学生在学校中的学业成就和经历的影响。正如霍尔特(Holt, 1995)认为,种族主义分析要求我们去探究"个别行动者"和"社会背景"之间的"连接"。换句话说,我们必须分析"问题的级别",并在人类经验的个人层面和社会与社会力量的层面之间建立一个连续体,以便对各个层面的行为作出解释(p. 7)。因此,霍尔特把种族主义的"日常"行动构想为由奴隶制和奴隶贸易中的事件、结构以及转换所构成的历史大链条中的一个"次要环节"。但是,霍尔特表示,奴隶制和奴隶贸易对当前的种族主义表现并没有决定性作用,而只是为我们对种族主义的反思提供了一个源头。因此,教育研究者必须探索当代社会力量如何为维护和奖励日常种族主义的种族知识、结构和实践提供养料(Essed, 1991)。正如霍尔特(Holt, 1995)所述:

　　　　种族是在日常生活层面，通过给种族他者贴标签的方法复制自己；同样，种族
思想和实践也是在日常生活层面成为自然、不证自明，从而超越挑战的。在种族
最初的历史刺激物——奴隶贸易和奴隶制——消失了很久以后，种族也是在日常
生活的层面复制自己。在这个层面上，看似理性和正常的人们做的却是非理性和
不正常的行为。(p. 7)

　　霍尔特要我们关注的非理性和不正常的行为，不应被简单地想象为传统的、显性
的种族主义，而应该被视为限制某些种族主体的教育机会、支持另一些种族主体教育
机会的复杂的社会过程。在这个理论框架内，我们可以研究更加隐晦的、表面上不露
痕迹的种族主义(Forman, 2001)。因此，我们可以像弗格森(Ferguson, 2000)一样，研
究学校行动者的解释和回应如何塑造了黑人学生在学校的经历，并系统地剥夺了黑人
学生的权利和受教育机会。这样，我们就不仅能明白文化可以如何作为结构来运作
(Hays, 1994；进一步的讨论，也请参见 Gould, 1999)，而且还能建立一个分析视角，揭
示使这些行动合法化、制度化，并得到强化的中观和宏观力量。

种族、阶级和性别的交叉领域

　　对非洲裔美国人的教育研究，必须认真考虑种族如何与社会阶层、性别和其他身
份标记相互交叉。这不仅要包括关注黑人学校学生经历的差异，也要关注阶级和性别
在塑造非洲裔美国人的学校经历与塑造其他群体的教育经历上的差异及其背后的原
因。正如上文所提到的，这类研究必须审视种族、阶级和性别之间相互交织的情况，不
能把它们看作是孤立的、互不相关的社会地位。正如麦卡锡和克里奇洛(McCarthy &
Crichlow, 1993)提出的，你不能用"有关种族纯粹而简单的假设"来解释少数群体的教
育经历，因为在少数群体中，不同的性别、阶级利益和身份往往与种族政治和身份"形
成垂直交叉的关系"(p. xxvii)。不过，在理想情况下，交叉分析应该采用上述多层次分
析的方法来进行。这里，对"问题级别"的研究很有必要，因为"种族、性别和阶级的重
要性在决定人们的生活条件方面既不是固定的，也不是绝对的，一切都取决于当时的
社会历史背景和社会现象(King, 1998, p. 49)。

多方法研究策略

　　要更好地理解非洲裔美国人的教育问题，我们必须辅之以定量和定性方法，还要

267

更积极、有效地开展混合方法研究。例如,在完全理解学生的成绩为什么会有种族差距方面,我们仍面临诸多挑战。最近一些研究表明,学生进入幼儿园的时候就有不同的技能。入学后的最初两年,这些差距非但没有减少,反而增加了(Denton & West,2002;Phillips, Crouse, & Ralph, 1999)。现在我们才刚刚开始完全理解这个过程是如何发展的,以及为什么非洲裔美国学生未能接受充分的教育(Tyson, Darity, & Castellino, 2005)。这个问题,和其他关于非洲裔美国人教育经历的问题一样,只有把定量方法和定性方法有效地结合起来,才能得到彻底解决。田野调查和定性访谈相结合的方法,就是特别有成效的一个方法。杨(Young, 1999)认为,这种定性的访谈是欧文·戈夫曼(Erving Goffman, 1973)所说的"解释图式"的一个突破口。这些图式就是行为者对自己的社会经历和遭遇的总结。所以,当受访个体面临"被迫的选择"时,我们就会得到一个对他们所作反馈的现象学表达。

上述方法的结合配对不仅有助于阐明调查的结果,还有一种重要的纠错功能。例如,最近关于种族问题的研究,无论在学校还是其他方面,都发现了调查数据和定性数据之间的不一致情况。如博尼拉-西尔瓦和福曼(Bonilla Silva & Forman, 2000)认为,人们对抽象的种族调查问题的回答(如他们是否支持种族间通婚),与他们在深度访谈中所给出的回答(如关于异族通婚的感受和他们是否会娶不同种族的人)之间存在差异。此外,在最近的学校研究中,本章的一位作者发现教师和家长报告的观点,与他们在与其他种族群体有直接联系时的行为并不一致(Lewis, 2001)。这些都不是单纯的"矛盾",而是为我们提供了关于种族在不同情境中与情境间运作方式的复杂信息。

268

结论

如本章开头所述,我们在教育问题上发现的一些关于种族运作的问题,不仅影响了我们理解非洲裔美国学生的教育结果,还影响了我们理解所有种族群体的教育结果。例如,很多关于拉丁裔或亚裔美国人群体的研究没有对表型变异给予足够的关注,忽视了群体成功或失败的双峰分布,或者为了解释群体的成就而把文化物化了。在本章中,我们把研究聚焦于非洲裔美国人的教育经历,为的是从更加理论化的视角来理解种族问题,以及这类研究涉及的其他相关概念(如文化、种族主义、自尊等)。关于种族对黑人学生教育结果的意义,则是个必须要加以理论化,不能简单地假设或暗示的问题。我们能不能对学生在校表现的方式和原因作出更准确的解释，至少要取决于我们能不能对种族问题给予更精确的理论（以及方法论的）关注。这个挑战涉及一系列方法论问题，包括制定研究性问题、正确说明定量分析中的统计模型以及正确选择研究设计。

我们必须强调，努力揭示种族、研究设计和方法论等关键概念的理论依据之间更为明确的关系，这不仅仅是个学术问题。教育研究可以通过呈现的政策启示来影响人们的生活。例如，有的研究暗示非洲裔美国学生表现不佳是个人或群体缺陷造成的，也有研究发现学校的政策和实践应该为他们的表现负责，但这两种研究会导致完全不同的政策建议。另外，有研究暗示，非洲裔美国人是个铁板一块的文化群体，他们在不同的时间、空间和环境里面对着相同的问题。这种研究结论抹杀了美国黑人生活的复杂性，并忽略了他们教育经历的重要差异。所以说，这个赌注太巨大了。我们未能在种族、研究设计和方法论等关键的概念之间建立理论上更为严谨的关系，这不仅意味着我们将无法改善非洲裔美国人的教育机会，而且还将对黑人与白人之间已经缩小的教育机会的差距产生负面影响。

（赵丹丹　译）

注：

1. 在本章中，我们通常互换使用非洲裔美国人和黑人这两个术语。但是，之后的讨论显示，黑人涉及一系列少数群体，甚至还包括流散海外的非洲黑人。因此，我们所指的黑人不仅仅是美国黑人。

2. 在这里，我们就不再引用具有极端代表性的例子。相反，我们从主要的社会教育学期刊《教育社会学》（*Sociology of Education*）中选择了一些例子，这些文章非常有趣，也非常重要，但是在这个领域也可能存在缺陷。

3. 这也包括了对黑人更具体的研究，包括：(a)获得成就的需要；(b)心理控制点；(c)成功和失败的因果关系；(d)期望信念；(e)自尊和能力的自我概念。

4. 通常中值是比平均值更好的指标，它在极少数富人分布的顶部更加向上倾斜。

5. 例如，在最近的一次国家数据分析中，哈里斯和西姆（Harris & Sim, 2000）发现多种族的学生根据问题的模型（自填调查或访谈）和提问的地点（学校或家里）对有关种族身份的问题作出不同回答。

6. 例如，美国国家教育纵向研究（NELS）调查要求西班牙裔美国人在问卷中选择"一项"答案，回答问题——"你是什么种族？西班牙裔美国黑人；西班牙裔美国白人；其他。"

7. 但是必须注意，这些揭示出生地点的选项并未提供足够多的种族选项。如一些黑人宣称他

269

们属于哪种种族,并不是由出生地所决定的(如那些自称为西印度群岛人的黑人实际上出生在英国或者美国)(Waters,1990)。

8. 例如,多伊奇(Deutsch,1967)等研究者认为"穷人的隐形价值体系"(特别是贫困黑人)是通过家庭结构、相互关系和活动表现出来的。依据这一推定,他得出结论,贫困黑人因为条件有限,他们很少有晚餐谈话,或在家中读书,去博物馆、图书馆和动物园等活动,所以他们往往不会重视这类"智力活动"。

9. 最近还有一个例子,可参见斯蒂芬(Stephen)和阿比盖尔·特恩斯特伦(Abigail Thernstrom)所著的《没有借口》(*No Excuses*)一书(Thernstrom & Thernstrom,2005)。

10. 具体说来,研究者审视了非洲裔美国人的方言英语(AAVE)和美国学校具有优势地位的标准英语之间不匹配的情况,但是他们却报告了黑人说话和教师教学话语在语音、语调和风格方面的差异(如 Delpit,1988)。此外,研究者还记录了黑人学生的日常经历和知识被贬低的情况(Asante,1991;Ladson-Billings,1994;Willis,1995)。还有学者注意到,黑人学生倾向于相互依存和集体生存,与学校所强调的独立和个人主义形成了对比(Ward,1995)。还有学者对"学习风格"进行了研究,他们认为非洲裔美国学生的学习风格是"场依赖型"(field dependent,学习者通常比较冲动,不会反思,比较依赖社会环境和权威),而美国学校的教学是为"场独立型"的学习者(学习者比较擅长总结概念,分析能力较强,更加独立,以目标为导向,并有自觉意识)设计的(参阅 Irvine & York,1995)。

11. 我们用"Black"一词替换了迈克尔斯(Michaels,1996)对黑人(Nevajo)的称呼。

参考文献

Ainsworth-Darnell, J. W., & Downey, D. B. (1998). Assessing the oppositional culture explanation for racial/ethnic differences in school performance. *American Sociological Review*, 63(4), 536 – 553.

Anyon, J. (1997). *Ghetto schooling: A political economy of urban educational reform*. New York: Teachers College Press.

Asante, M. K. (1991). The Afrocentric idea in education. *Journal of Negro Education*, 60(2), 170 – 180.

Ayers, W., Dohrn, B., & Ayers, R. (2001). *Zero tolerance: Resisting the drive for punishment in our schools*. New York: The New Press.

Bashi, V., & McDaniel, A. (1997). A theory of immigration and racial stratification. *Journal of Black Studies*, 27, 668 – 682.

Bobo, L., Kluegel, J. R., & Smith, R. A. (1997). Laissez faire racism: The crystallization of a "kinder, gentler" anti-Black ideology. In S. A. Tuch & J. K. Martin (Eds.), *Racial attitudes in the 1990s: Continuity and change* (pp. 15 – 42). Westport, CT: Praeger.

Bonilla Silva, E. (2001). *White supremacy and racism in the post-civil rights era*. Boulder, CO: Lynne Rienner.

Bonilla Silva, E., & Forman, T. A. (2000). "I am not a racist, but...": Mapping college students racial ideology in the United States. *Discourse and Society*, 11, 50 – 85.

Bonilla Silva, E., & Lewis, A. (1999). The new racism: Racial structure in the United States, 1960s – 1990s. In P. Wong (Ed.), *Race, ethnicity, and nationality in the United*

270

States (pp. 55 - 101). Boulder, CO: Westview.

Bourdieu, P. (1977). *Outline of a theory of practice*. Cambridge, UK: Cambridge University Press.

Bourdieu, P. , & Passeron, J. C. (1990). *Reproduction in education, society and culture*. Beverly Hills, CA: Sage.

Bryk, A. S. , Lee, V. E. , & Holland, P. B. (1993). *Catholic schools and the common good*. Cambridge, MA: Harvard University Press.

Bryk, A. S. , & Raudenbush, S. (1992). *Hierarchical linear models*. Newbury Park, CA: Sage.

Carter, P. (1999). *Balancing "Acts": Issues of identity and cultural resistance in the social and educational behaviors of minority youth*. Doctoral dissertation, Columbia University, NewYork.

Carter, P. (2001, April). *African American and Latino youths' perspectives on achievement and socioeconomic mobility: What "Acting White" really means to them*. Paper Presented at the Annual Meeting of the American Educational Research Association, Seattle, WA.

Carter, P. (2005). *Keepin' it real*. New York: Oxford University Press.

Carter, P. , Sellers, S. L. , & Squires, C. (2002). Reflections on race/ethnicity, class and gender inclusive research. *African American Research Perspectives*, 8(1),111 - 124.

Carter, R. L. (1995). The unending struggle for equal educational opportunity. *Teachers College Record*, 96(4),19 - 26.

Collins, P. H. (1990). *Black feminist thought: Knowledge, consciousness, and the politics of empowerment*. Boston, MA: Unwin Hyman.

Collins, P. H. (1998). *Fighting words: Black women and the search for justice*. Minneapolis, MN: University of Minnesota Press.

Comer, J. , & Haynes, N. (1999). The dynamics of school change: Response to the article, "Comer's school development program in Prince George's County Maryland: A theory based evaluation,"by Thomas D. Cook et al. *American Educational Research Journal*, 36(3), 599 - 607.

Conley, D. (1999). *Being Black, living in the red: Race, wealth, and social policy in America*. Berkeley, CA: University of California Press.

Connolly, P. (1998). *Racism, gender identities, and young children: Social relations in a multiethnic, inner-city primary school*. New York: Routledge.

Cook, P. J. , & Ludwig, J. (1998). The burden of "Acting White": Do Black adolescents disparage academic achievement? In C. Jencks & M. Phillips (Eds.), *The Black-White test score gap*(pp. 375 - 400). Washington, D. C. : Brookings Institution Press.

Cornell, S. (1996). The variable ties that bind: Content and circumstance in ethnic processes. *Ethnic and Racial Studies*, 19(2),266 - 289.

Cousins, L. H. (1999). "Playing between classes": America's troubles with class, race, and gender in a Black high school and community. *Anthropology & Education Quarterly*, 30 (3),294 - 316.

Crenshaw, K. (1991). Mapping the margins: Intersectionality, identity, politics and violence against women of color. *Stanford Law Review, 43*,1241 - 1299.

Crenshaw, K. (1992). Whose story is it anyway? Feminist and antiracist appropriations of Anita Hill. In T. Morrison (Ed.), *Race-ing justice, en-gendering power* (pp. 402 - 436). New York: Pantheon.

Cross, T., & Slater, R. B. (2000). The alarming decline in the academic performance of African-American men. *The Journal of Blacks in Higher Education, 27*,82 - 87.

Darity, W. A. (2002). *Intergroup disparity: Why culture is irrelevant.* Chapel Hill, NC. Unpublished manuscript.

Darity, W. A., Dietrich, J., & Guilkey, D. K. (2001). Persistent advantage or disadvantage? Evidence in support of the intergenerational drag hypothesis. *The American Journal of Economics and Sociology, 60*(2),435 - 470.

Darling-Hammond, L., & Sclan, E. (1996). Who teaches and why? In J. Sikula (Ed.), *Handbook of research on teacher education* (pp. 67 - 101). New York: Macmillan.

Dauber, S., Alexander, K., & Entwisle, D. (1996). Tracking and transitions through middle grades: Channeling educational trajectories. *Sociology of Education, 69*,290 - 307.

Davidson, A. (1996). *Making and molding identity in schools: Student narratives on race, gender, and academic engagement.* Albany, NY: SUNY Press.

Dennis, R. M. (1988). The use of participant observation in race relations research. *Race and Ethnic Relations, 5*,25 - 46.

Denton, K., & West, J. (2002). *Children's reading and mathematics achievement in kindergarten and first grade* (NCES 2002125). Washington, D. C.: National Center for Educational Statistics, U. S. Department of Education.

Deutsch, M. (1967). *The disadvantaged child.* New York: Basic Books.

Dolby, N. (2001). *Constructing race: Youth, identity, and popular culture in South Africa.* Albany, NY: SUNY Press.

Drake, S., & Cayton, H. (1993). *Black metropolis.* Chicago: Chicago University Press.

Emerson, R. M. (1983). *Contemporary field research: A collection of reading.* Boston, MA: Little, Brown.

Essed, P. (1991). *Understanding everyday racism: An interdisciplinary theory.* Newbury Park, CA: Sage.

Farley, R., & Allen, W. R. (1989). *The color line and the quality of life in America.* New York: Oxford University Press.

Feagin, J. R., Orum, A. M., & Sjoberg, G. (1991). *A case for the case study.* Chapel Hill: University of North Carolina Press.

Feagin, J. R., Vera, H., & Imani, N. (1996). *The agony of education: Black students at White colleges and universities.* New York: Routledge.

Fergus, E. (2004). *Skin color and identity formation: Perceptions of opportunity and academic orientation among Mexican and Puerto Rican youth.* New York: Routledge.

Ferguson, A. A. (2000). *Bad boys: Public schools in the making of Black masculinity.* Ann

Arbor, MI: University of Michigan Press.

Fordham, S. (1993). "Those loud Black girls": (Black) women, silence, and gender "passing" in the academy. *Anthropology & Education Quarterly*, 24(1),3 – 32.

Fordham, S. (1996). *Blacked out: Dilemmas of race, identity, and success at Capital High*. Chicago: University of Chicago Press.

Fordham, S. (1999). Dissin' "the standard": Ebonics as guerilla warfare at Capital High. *Anthropology & Education Quarterly*, 30(3),272 – 293.

Forman, T. A. (2001). Social determinants of White youth's racial attitudes. *Sociological Studies of Children and Youth*, 8,173 – 207.

Frank, K. (1998). Quantitative methods for studying social context in multilevels and through interpersonal relations. *Review of Research in Education*, 23,171 – 216.

Frazier-Kouassi, S. (2002). Race and gender at the crossroads: African American females in school. *African American Research Perspectives*, 8(1),151 – 162.

Gibson, M. (1991). Ethnicity, gender and social class: The school adaptation patterns of West Indian youths. In M. Gibson & J. Ogbu (Eds.), *Minority status and schooling: A comparative study of immigrant and voluntary minorities* (pp. 169 – 203). New York: Garland.

Gould, M. (1999). Race and theory: Culture, poverty, and adaptation to discrimination in Wilson and Ogbu. *Sociological Theory*, 17,171 – 200.

Goffman, E. (1973). *The presentation of self in everyday life*. Woodstock, NY: Overlook Press.

Graham, S. (1994). Motivation in African Americans. *Review of Educational Research*, 64 (1),55 – 117.

Grant, L. (1984). Black females' "place" in desegregated classrooms. *Sociology of Education*, 57(2),98 – 111.

Grissmer, D., Flannagan, A., & Williamson, S. (1998). Why did the Black-White score gap narrow in the 1970s and the 1980s? In C. Jencks & M. Phillips (Eds.), *The Black-White test score gap* (pp. 182 – 228). Washington, D. C. : The Brookings Institution.

Hall, S. (1990). Cultural identity and diaspora. In J. Rutherford (Ed.), *Identity: community, culture, and difference* (pp. 222 – 237). London: Lawrence & Wishart.

Harris, D. R., & Sim, J. J. (2000). *Who is mixed race? Patterns and determinants of adolescent racial idenity*. Ann Arbor: University of Michigan Press.

Hawkins, D. B. (1996). Gender gap: Black females outpace Black male counterparts at three degree levels. *Black Issues in Higher Education*, 13(10),20 – 22.

Hays, S. (1994). Structure and agency and the sticky problem of culture. *Sociological Theory*, 12,57 – 72.

Heath, S. B. (1983). *Ways with words: Language, life, and work in communities and classrooms*. New York: Cambridge University Press.

Hedges, L. V., & Nowell, A. (1999). Changes in the black-white gap in achievement test scores. *Sociology of Education*, 72(2),111 – 135.

272

Hemmings, A. (1996). Conflicting images? Being Black and a model high school student. *Anthropology & Education Quarterly*, 27(1),20 - 50.

Herrnstein, R. J. , & Murray, C. (1994). *The Bell curve: Intelligence and class structure in American life*. New York: Free Press.

Hertert, L. (1994). School financing inequities among the states: The problem from a national perspective. *Journal of Education Finance*, 19(3),231 - 255.

Hochschild, J. L. (1995). *Facing up to the American dream: Race, class, and the soul of the nation*. Princeton, NJ: Princeton University Press.

Holland, D. C. , & Eisenhart, M. A. (1990). *Educated in romance: Women, achievement, and college culture*. Chicago: University of Chicago Press.

Holt, T. C. (1995). Marking: Race, race making, and the writing of history. *American Historical Review*, 100(1),1 - 20.

Horvat, E. M. , & Antonio, A. L. (1999). "Hey, those shoes are out of uniform": African American girls in an elite high school and the importance of habitus. *Anthropology & Education Quarterly*, 30(3),317 - 342.

Horvat, E. M. , Weininger, E. , & Lareau, A. (2003). From social ties to social capital: class differences in the relations between schools and parent networks. *American Educational Research Journal*, 40(2),319 - 351.

Hubbard, L. (1999). College aspirations among low-income African American high school students: Gendered strategies for success. *Anthropology & Education Quarterly*, 30(3), 363 - 383.

Ignatiev, N. (1995). *How the Irish became White*. New York: Routledge.

Irvine, J. J. , & York, D. E. (1995). Learning styles and culturally diverse students: A literature review. In J. A. Banks & C. A. M. Banks (Eds.), *Handbook of research on multicultural education* (pp. 484 - 497). New York: Macmillan.

Jackson, J. L. (2001). *Harlem world: Doing race and class in contemporary Black America*. Chicago: University of Chicago Press.

Jencks, C. , & Phillips, M. (Eds.). (1998). *The Black-white test score gap*. Washington, D. C. : Brookings Institute Press.

Jewett, S. (2006). "If you don't identify with your ancestry, you're like a race without a land": Constructing race at a small urban middle school. *Anthropology and Education Quarterly*, 37(2),144 - 161.

Johnson, H. B. 2006. *The American dream and the power of wealth*. New York: Taylor1 & Francis.

Johnson, H. B. , & Shapiro, T. (2003). Good neighborhoods, good schools: Race and the "good choices" of White families. In A. W. Doane & E. Bonilla-Silva (Eds.), *White out: The continuing significance of race* (pp. 173 - 188). New York: Routledge.

Johnson, T. , Boyden, J. E. , & Pittz, W. J. (2001). *Racial profiling and punishment in US public schools*. Oakland, CA: Applied Research Center.

Johnson, T. , Libero, D. P. , & Burlingame, P. (2000). *Vouchers: A trap, not a choice*.

Oakland, CA: Applied Research Center.

Kenny, L. (1999). *Daughters of suburbia*. New Brunswick, NJ: Rutgers University Press. 273

King, D. (1998). Multiple jeopardy, multiple consciousness: The context of Black feminist ideology. *Journal of Women in Culture and Society*, *14*, 42 – 72.

Kozol, J. (1991). *Savage Inequalities: Children in America's schools*. New York: HarperCollins.

Ladson-Billings, G. (1994). *The dreamkeepers: Successful teachers of African American children*. San Francisco, CA: Jossey-Bass.

Ladson-Billings, G. (1995). Toward a theory of culturally relevant pedagogy. *American Educational Research Journal*, *32*(3), 465 – 491.

Lareau, A., & Horvat, E. M. (1999). Moments of social inclusion and exclusion: Race, class, and cultural capital in family-school relationships. *Sociology of Education*, *72*(1), 37 – 53.

Lewis, A. E. (2001). There is no "race" in the schoolyard: Colorblind ideology in an (almost) all White school. *American Educational Research Journal*, *38*(4), 781 – 812.

Lewis, A. E. (2003a). Everyday race-making: Navigating racial boundaries in schools. *American Behavioral Scientist*, *47*(3), 283 – 305.

Lewis, A. E. (2003b). *Race in the schoolyard: Reproducing the color line in school*. New Bruns wick, NJ: Rutgers University Press.

Lynn, M., & Adams, M. (2002). Introductory overview. [Special Issue: Critical race theory and education: Recent developments in the field]. *Equity and Excellence in Education*, *35*(2), 87 – 92.

MacLeod, J. (1995). *Ain't no makin' it: Aspirations and attainment in a low-income neighborhood*. Boulder, CO: Westview Press.

Marable, M. (1983). *How capitalism underdeveloped Black America*. Boston: South End Press.

Mason, P. L. (1996). Race, culture, and the market. *Journal of Black Studies*, *26*, 782 – 808.

Mason, P. L. (1999). Family environment and intergenerational well-being: Some preliminary results. In W. Spriggs (Ed.), *The state of Black America*. Washington, D. C. : National Urban League.

Massey, D. S. , & Denton, N. A. (1993). *American apartheid: Segregation and the making of the underclass*. Cambridge, MA: Harvard University Press.

Massey, D. S. , & Eggers, M. L. (1990). The ecology of inequality: Minorities and the concentration of poverty, 1970 – 1980. *American Journal of Sociology*, *95*(11), 53 – 1188.

McCarthy, C. , & Crichlow, W. (1993). Introduction: Theories of identity, theories of representation, theories of race. In C. McCarthy & W. Crichlow (Eds.), *Race, identity, and representation in education* (pp. xiii – xxix). New York: Routledge.

Michaels, W. B. (1992). Race into culture: A critical genealogy of cultural identity. *Critical Inquiry*, *18*, 655 – 685.

Mickelson, R. A. (2001). Subverting Swann: First and second-generation segregation in the Charlotte-Mecklenburg schools. *American Educational Research Journal*, *38*(2), 215 – 252.

Michelson, R. A. (2003). When are racial disparities in education the result of racial discrimination? A social science perspective. *Teachers College Record*, *105*(6),1052 - 1086.

Morgan, S. (1996). Trends in Black-White differences in educational expectations: 1980 - 1992. *Sociology of Education*, *69*,308 - 319.

Nettles, M. T., & Perna, L. W. (1997). *The African American education data book*. Fairfax, VA: Frederick D. Patterson Research Institute of the College Fund.

Oakes, J. (1988). Tracking in mathematics and science education: A structural contribution to unequal schooling. In L. Weis (Ed.), *Class, race, and gender in American education* (pp. 106 - 125). Albany, NY: SUNY Press.

O'Connor, C. (1997). Dispositions toward (collective) struggle and educational resilience in the inner city: A case of six American high school students. *American Educational Research Journal*, *34*(4),593 - 629.

O'Connor, C. (1999). Race, class, and gender in America: Narratives of opportunity among lowincome African American youths. *Sociology of Education*, *72*,137 - 157.

O'Connor, C. (2001a). Making sense of the complexity of social identity in relation to achievement: a sociological challenge in the new millennium [Special issue]. *Sociology of Education*, 159 - 168.

O'Connor, C. (2001b, October). *Being Black in a White high school: Re-examining the relationship between racial identity and school performance*. Paper presented at the 2001 National Academy of Education/Spencer Foundation Postdoctoral Fellows' Fall Forum, Berkeley, California.

O'Connor, C. (2002). Black women beating the odds from one generation to the next: How the changing dynamics of constraint and opportunity affect the process of educational resilience. *American Educational Research Journal*, *39*(4),855 - 903.

Ogbu, J. (1987). Variability in minority school performance: A problem in search of an explanation. *Anthropology and Education Quarterly*, *18*(4),312 - 333.

Ogbu, J. (1989). The individual in collective adaptation: A framework for focusing on academic underperformance and dropping out among involuntary minorities. In L. Weis, E. Farrar, & H. G. Petrie (Eds.), *Dropouts from school* (pp. 181 - 204). Albany, NY: SUNY Press.

Ogbu, J. (1999). Beyond language: Ebonics, proper English, and identity in a Black-American speech community. *American Educational Research Journal*, *36*(2),147 - 184.

Oliver, M. L., & Shapiro, T. M. (1995). *Black wealth/White wealth: A new perspective on racial inequality*. New York: Routledge.

Omi, M., & Winant, H. (1994). *Racial formation in the United States: From the 1960s to the 1990s*. New York: Routledge.

Orfield, G. (1996). *Dismantling desegregation: The quiet reversal of Brown v. Board of Education*. New York: New Press.

Orfield, G. & Yun, J. T. (1999). *Resegregation in American schools*. The Civil Rights Project. Cambridge, MA: Harvard University.

274

Orfield, G. and Gordon, N. (2001). *Schools more separate: Consequences of a decade of resegregation*. The Civil Rights Project. Cambridge, MA: Harvard University.

Orr, A. J. 2003. Black-White differences in achievement: The importance of wealth. *Sociology of Education*, 76(4),281 – 304.

Patillo-McCoy, M. (1999). *Black picket fences: Privilege and peril among the Black middle class*. Chicago: University of Chicago Press.

Pedraza, S., & Rumbaut, R. G. (1996). *Origins and destinies: Immigration, race, and ethnicity in America*. Belmont, CA: Wadsworth.

Persell, C. (1977). *Education and inequality*. New York: Free Press.

Peterson-Lewis, S., & Bratton, L. M. (2004). Perceptions of "Acting Black" among African American teens: Implications of racial dramaturgy for academic and social achievement. *The Urban Review*, 36(2),81 – 100.

Phillips, M., Crouse, J., & Ralph, J. (1999). Does the Black-White test score gap widen after children enter school? In C. Jencks & M. Phillips (Eds.), *The Black-White test score gap* (pp. 229 – 272). Washington D. C. : Brookings Institution Press.

Pollack, M. (2001). How the question we ask most about race in education is the very question we most suppress. " *Educational Researcher*, 30(9),2 – 11.

Pollock, M. (2003). *Colormute*. Princeton, NJ: Princeton University Press.

Pollock, M. (2004). Race wrestling: Struggling strategically with race in educational practice and research. *American Journal of Education*, 111,25 – 43.

Portes, A., & MacLeod, D. (1996). Educational progress of children and immigrants: The roles of class, ethnicity, and school context. *Sociology of Education*, 69(4),255 – 275.

Reed, A. (1999). *Stirrings in the jug: Black politics in the post-segregation era*. Minneapolis, MN: University of Minnesota Press.

Rist, R. (1970). Student social class and teacher expectations: The self-fulfilling prophecy in ghetto education. *Harvard Educational Review*, 40(3),411 – 451.

Rodriguez, C. E. (1991). *Puerto Ricans: Born in the U. S. A.* Boulder, CO: Westview Press.

Rodriguez, C. E. (1992). Race, culture, and Latin "otherness" in the 1980 Census. *Social Science Quarterly*, 73,930 – 937.

Rodriguez, C. E. (2000). *Changing race: Latinos, the census, and the history of ethnicity in the United States*. New York: New York University Press.

Rodriguez, C. E., & Cordero-Guzman, H. (1992). Placing race in context. *Ethnic and Racial Studies*, 15,523 – 542.

Roscigno, V. J., & Ainsworth-Darnell, J. W. (1999). Race, cultural capital, and educational resources: Persistent inequalities and achievement returns. *Sociology of Education*, 72(3), 158 – 178.

Rubenstein, R. (1998). Resource equity in the Chicago public schools: A school-level approach. *Journal of Negro Education*, 23(4),68 – 89.

Rutledge, D. (1988). The use of participant observation in race relations research. *Race and Ethnic Relations*, 5,25 – 46.

275

Sellers, R. M. , Smith, M. A. , Shelton, J. N. , Rowley, S. A. J. , & Chavous, T. M. (1998). Multidimensional & model of racial identity: A reconceptualization of African American racial identity. *Personality & Social Psychology Review*, *2*(1),18 – 39.

Shapiro, T. (2004). *The hidden cost of being African American: How wealth perpetuates inequality*. New York: Oxford University Press.

Siddle-Walker, V. (1996). *Their highest potential: An African American schoolcommunity in the segregated South*. Chapel Hill: University of North Carolina Press.

Sizemore, B. (1998). The Madison Elementary School: A turnaround case. *Journal of Negro Education*, *57*,243 – 266.

Solomon, R. P. (1991). *Black resistance in high school*. Albany, NY: SUNY Albany Press.

Sowell, T. (1978). Three Black histories. In T. Sowell (Ed.), *Essays and data on American ethnicgroups* (pp. 7 – 64). Washington, D. C. : The Urban Institute.

Spencer, M. B. , Dupree, D. , & Hartmann, T. (1997). A phenomenological variant of ecological systems theory (PVEST): A self-organization perspective in context. *Development and Psychopathology*, *9*,817 – 833.

Spencer, M. B. , Swanson, D. P. , & Cunningham, M. (1991). Ethnicity, ethnic identity, and competence formation: Adolescent transition and cultural transformation. *Journal of Negro Education*, *60*(3),366 – 387.

Sugrue, T. (1996). *The origins of the urban crisis*. Princeton, NJ: Princeton University Press.

Swanson, D. , Spencer, M. B. , & Peterson, A. (1998). Identity formation in adolescence. In K. Borman & B. Schneider (Eds.), *The adolescent years: Social influences and educational challenges*, 97th yearbook for the National Society for the Study of Education—Part 1 (pp. 18 – 44). Chicago: Chicago University Press.

Swartz, D. (1997). *Culture and power: The sociology of Pierre Bourdieu*. Chicago: University of Chicago Press.

Swidler, A. (1986). Culture in action: Symbols and strategies. *American Sociological Review*, *51*(2),273 – 286.

Takaki, R. (1993). *A different mirror: A history of multicultural America*. Boston, MA: Little, Brown.

Taylor, J. M. , Gilligan, C. , & Sullivan, A. M. (1995). *Between voice and silence: Women and girls, race and relationship*. Cambridge, MA: Harvard University Press.

Thernstrom, A. , & Thernstrom, S. (2004). No excuses: Closing the racial gap in learning. New York: Simon and Schuster.

Tyson, C. (1998). *Debunking as persistent myth: Academic achievement and the burden of "Acting White" among Black students*. Paper presented at the American Sociological Association, San Francisco, CA.

Tyson, K. (2002). Weighing in: Elementary-age students and the debate on attitudes toward school among Black students. *Social Forces*, *80*(4),1157 – 1189.

Tyson, K. , Darity, W. , & Castellino, D. (2005). "It's not "a Black thing": Understanding the burden of acting White and other dilemmas of high achievement. *American Sociological Review*, 70(4),582 – 605.

U. S. Department of Commerce. (1940). *Statistical abstract of the United States 1940* (No. 62). Washington, D. C. : Government Printing Office.

U. S. Department of Commerce. (1960). *Statistical abstract of the United States 1960* (No. 82). Washington, D. C. : Government Printing Office.

U. S. Department of Commerce. (1980). *Statistical abstract of the United States 1980* (No. 101). Washington, D. C. : Government Printing Office.

Valentine, C. (1968). *Culture and poverty: Critique and counter-proposals*. Chicago: University of Chicago Press.

Valenzula, A. (1999). *Subtractive schooling: US-Mexican youth and the politics of caring*. Albany, NY: SUNY Press.

Vickerman, M. (1999). *Crosscurrents: West Indians immigrants and race*. New York: Oxford University Press.

Villegas, A. M. (1988). School failure and cultural mismatch: Another view. *Urban Review*, 20(4),253 – 265.

Waldinger, R. (1996). *Still the promised city? African Americans and new immigrants in postindustrial New York*. Cambridge, MA: Harvard University Press.

Wang, M. C. , Haertel, G. D. , & Walberg, H. J. (1994). Educational resilience in inner cities. In M. C. Wang & E. Gordon (Eds.), *Educational resilience in inner-city America* (pp. 45 – 72). Hillsdale, NJ: Erlbaum.

Ward, J. V. (1995). Cultivating a morality of care in African American adolescents: A culturebased model of violence prevention. *Harvard Educational Review*, 65(2),175 – 188.

Waters, M. C. (1994). Ethnic and racial identities of second generation Black immigrants in New York City. *International Migration Review*, 28 ,795 – 820.

Waters, M. C. (1999). *Black identities: West Indian immigrant dreams and American realities*. Cambridge, MA: Harvard University Press.

Watson, L. C. , & Watson-Franke, M. B. (1985). *Interpreting life histories: An anthropological inquiry*. New Brunswick, NJ: Rutgers University Press.

Willis, A. I. (1995). Reading the world of school literacy: Contextualizing the experience of a young African American male. *Harvard Educational Review*, 65(1),30 – 49.

Wilson, W. J. (1978). *The declining significance of race: Blacks and changing American institutions*. Chicago: University of Chicago Press.

Wolff, E. N. (2001). *Racial wealth disparities: Is the gap closing?* (No. 66, Levy Economic Institute). Annandale-on-Hudson, NY: Bard College.

Yinger, J. 1995. *Closed doors, opportunities lost*. New York: Russell Sage.

Young, A. A. (1999). The (non) accumulation of capital: Explicating the relationship of structure and agency in the lives of poor Black men. *Sociological Theory*, 17(2),201 – 227.

Zuberi, T. (2001). *Thicker than blood: How racial statistics lie*. Minneapolis, MN: University of Minnesota Press.

276

对第三部分的回应
种族、民族和语言

萨利姆·穆瓦基尔（*Salim Muwakkil*）

在黑人历史月（每年二月）期间，我经常受邀在多个教育机构发表演讲。几年前，我决定拒绝这些邀请，因为有太多的纪念活动已经变成了例行仪式。后来我又改变了我的想法。有仪式总比没有好。绝大多数的美国人对我们当前的种族困境几乎一无所知。

例如，很少有美国人知道奴隶制是怎样扭曲了22代非洲裔美国人的文化叙事，并摧毁了他们的未来。如果美国人对奴隶制的破坏性遗产有更多的认识，那么就能更好地理解今天玷污了美国的种族不平等的起源。

在一年中最短的这个月里，无论面对什么样的观众，我都会强调，在由奴隶制所造成的非洲人群大迁徙中，非洲裔美国人成为了一个独特的民族。这个结论常常会引来不满，因此我又解释道，数百万人的非洲人被绑架到美国，仅仅是因为奴隶经济的需要。这个过程造就了一个新的民族，社会把他们作为奴隶，依赖他们的劳动，但是他们却受到歧视和压迫。为了维持这种经济秩序，就产生了一种强制性的、无情的种族等级制度。

讲到这里，很多学生开始理解这些结构性障碍的力量，但他们却往往惊讶于奴隶制所遗留下来的更多弊端：非洲裔美国人被一种依赖于贬低他们的文化所社会化，所以他们从一种白人至高无上的文化视角看待自己。著名的激进学者杜波依斯在他1903年出版的《黑种人的灵魂》（*The Souls of Black Folk*）一书中，将这种窘境定义为"双重意识"。在这本书中，杜波依斯（DuBois）这样写道："这是一种奇怪的感觉，这种双重意识使人们总是通过别人的眼光来看待自己。这个世界用一种搞笑的轻蔑和怜悯的目光看着我们用它的尺子衡量自己的灵魂。"

有些人对黑人的态度总是带有搞笑的轻蔑和怜悯色彩。我借此机会敦促我们国家承认奴隶制给被奴役的非洲人后裔所带来的伤害，并将其作为国民基础课程的一部分。如果没有我们种族历史的大背景，很多美国人都会将当代的种族差异视为一种自然的状态。

一个明显的例子就是充满了戏剧性种族差异的美国刑事司法制度，而美国人一直对此保持容忍态度。非洲裔美国人占美国人口总数的13%，黑人男性接近6%。美国人怎么能够接受这6%的人口却占了这个国家50%的囚犯呢？我们接受了这个事实，因为我们已经被社会化（或者是催眠？）了，从而否认了这些差距。

自从这个国家建立之初，这种文化否认就一直存在；对"自由的土地"和"奴隶的家园"双重身份的逻辑谬论只能否认，不然就会太过刺耳。这种否认的态度在美国根深蒂固，要让我们解脱出来，唯有齐心协力发起一场运动，在这个国家的教育课程里进行全面的修正。在最糟糕的情况下，这个项目似乎是不可能的，至少是非常遥远的，但是我愿意在黑人历史月期间尽一点绵薄之力。

278

（赵丹丹　译）

第四部分
性别、性和教育社会公平

马拉·萨蓬-谢文（Mara Sapon-Shevin）编辑导读

想象一下我们生活在一个没有统治的世界,在那里,男女有别,甚至总是平等的,但是人们有个相互依存的愿景,精神气质塑造了彼此的关系。想象一下生活在这样一个世界里,我们是自己想成为的人,世界和平,充满了可能性。单凭女权主义革命是不能创造这样一个世界的;我们必须结束种族主义、阶级精英主义和帝国主义。在这个世界中,完全自我实现的女性和男性可以共同创造爱的社区,我们生活在一起,实现自由和正义的梦想,生活在人人"生而平等"的现实中。

(Hooks, 2000, p. x)

我们对内心里的那个唯唯诺诺的自己心怀恐惧,内心深处的渴望已经开始……我们对欲望的恐惧使欲望变得可疑,但又格外强烈,任何对真理的压制都会给真理无法抗拒的力量。

(Lorde, 1984, p. 57)

一只死亡的金丝雀只是太多死鸟中的一只

如果你进入一家玩具店说"我想为一个九岁的孩子买一件礼物",那么第一个问题便是"男孩还是女孩",而不是"这孩子对什么感兴趣"。

在美国,大多数的母亲会去询问他们未出生的孩子的性别,她们声称需要知道怎样为即将出生的孩子做"准备"(粉色或者蓝色,娃娃或足球),这会帮助她们和胎儿建立关系。在过去的两周里,我见过四件T恤,上面写着:"未来的花瓶夫人","有这样的胸脯,谁还需要大脑","男孩们,朝他们扔石头",以及"他是同性恋者"(有个箭头指向侧面)。

我们生活在一个有高度性别歧视和性别困扰的世界。路易丝·古尔德(Lois Gould)所写的《X:一个天才儿童的故事》(*X: A Fabulous Child's Story*)出版已经35年了,故事中,父母拒绝告诉人们他们孩子的性别——这引起了苦恼和困惑。如今我们仍然生活在一种被划分类别的状态中。模棱两可——因为一个孩子可能是间性、跨性别、"举止不像女孩"或"看起来像男孩"的,这些都令很多人烦恼不已。显然,那些挑战性别类别和性别规范的人,以及那些经常因为使人困惑而付出沉重(有时)甚至是致命代价的人,有些非常惊世骇俗的特质。待人以尊严和尊敬,因为他们生而为人,这显然非常具有挑战性——我们必须要了解他们的性别、性经验和性行为,以及他们对自己的称呼,这样我们才能知道怎么称呼他们,怎样对待他们。本部分中各章的内容促使我们严肃地——很痛苦地——审视僵化的模式、规则和边界,以及发生在那些越界者身上的事。

尽管"性别歧视"和"异性恋主义"经常被视为独立的类别,但实际上二者是紧密交织在一起的,本章的故事证明了这一点。本章的作者之一安德鲁·斯迈勒(Andrew Smiler)研究了性别角色、期望以及遵从。他的研究显示,很多教训来得又快又严,即便是一个教师的日常问候,如"早上好,男孩和女孩",也强行把孩子划分成两类。那些没有认清自己位置的孩子会被立即纠正。

让我们来分析一个常见的批评,"他就像个女孩",这里面就含有很强的潜台词:男孩表现的方式有很多种,他常常会选错方式;如果他的行为举止像个女孩,就是件很糟糕的事;这意味着女孩的价值比较低;而如果你的行为举止不符合社会对你的角色期待,这就是一个危险的行为,是一种罪恶,它违反了我们的文化、宗教和社会标准。但是这种讨论没有允许我们提出质疑:"违反性别角色为什么会成为一个问题?"

另一位作者伊丽莎白·佩恩(Elizabethe Payne)指出,要体验恐同症的欺凌,你不必是同性恋,你只要看上去有点怪,看上去像同性恋就行了。当学生们开始管理自己和他人的行为时,就会去寻找性别越界的迹象。人们开始顺从或者曲解,以不同的方式(或隐藏、或展示)创建自己的面目。异性恋主义给了我们揭示性别歧视的视角。尽管在这一部分的六章中,有四章都在讨论同性恋、双性恋、跨性别和酷儿(LGBTQ)青年的问题,但是这并不意味着学校里只有两种问题,即同异性恋和双性恋问题。事实上,发生在性少数群体青年身上的事情,告诉我们更多的是关于学校的问题,而不是学生的问题,从中吸取教训可能对每个人都非常重要,不仅是对那些特定的性别身份或性取向的人。

本部分章节纪念埃里克·罗夫斯(Eric Rofes)的研究,帮助我们提出了关于学校中有关酷儿青年的更广泛问题。

滋生校园欺凌现象的学校体系出了什么问题?我们如何为教师的概念以及招聘和培养方式创造了一种条件,让对年轻人进行压迫性分类、分级和定性的制度得到维持和加强?在我们的文化中,当代儿童和青年的地位怎样使他们成为了替罪羊,并饱受骚扰和迫害?我们对学校里同性恋问题的研究,是否多数最终都集中在了同化和改革,而不是真正的文化多元主义和彻底的社会变革?(Rofes, 2005, p. 17)

性少数(LGBT)群体青年的生活可以有两种解读,一种比较传统,另一种比较激进。第一种视角将这些酷儿青年视为受害者,向我们展示了这些大胆越界者的遭遇,以及我们的冷漠。

我们不妨思考一下煤矿里的金丝雀的比喻:

因为早期的煤矿工人没有我们如今的专用设备,他们要测量空气中危险的瓦斯,就用金丝雀测试矿井中的空气质量。金丝雀会不停地歌唱,但是因为鸟类对一氧化碳非常敏感,如果有毒气体上升到危险的水平,金丝雀就会呼吸困难,甚至死亡。这就提醒工人们要立即离开煤矿。

281　　在许多方面,性少数(LGBT)群体青年就好比煤矿里的金丝雀,那些在性别与性经验方面与众不同的青年,对学校的整体文化和环境——如同对空气质量——有很多话要说。我们应该看看与众不同的学生身上所发生的事情,就会知道我们正面临的严重问题,也会知道在我们的学校和社会里存在的危险有毒气体。我们有必要担心空气的质量。

我们都知道30%的酷儿青年有自杀倾向,然而我们对此却几乎毫无作为。举个例子,如果有30%的美国优秀学生奖学金获得者或30%的大学校队运动员试图自杀,那么就会立即引起愤怒和行动。但是,为什么当一个同性恋青年自残、辍学、吸毒、酗酒,或用其他方式毁掉自己生活的机会时,却没有引发同样的反应呢?对于这些酷儿青年可怕的在校经历,通过学校对其做出的回应(或无回应)表明,我们把一些年轻人视为累赘或外人,并随时准备抛弃他们。说得直白点,我们根本不在乎死去的金丝雀。

很多学校进行过大规模反欺凌运动,但是在许多学校中欺凌同性恋的行为仍然是允许的,有时老师甚至会做榜样。一个15岁的男学生称,当他的同学骂自己"愚蠢的同性恋"时,他的老师回应道:"你要知道在课堂上我们是不用愚蠢这个词的。"

一位叫布莱安(Brian)的年轻男子,他在一次大会上作过一篇名为"教人们尊敬所有人"的演讲。在演讲中,他讲述了自己在学校里的经历。他曾在走廊里受到辱骂,有人把他的艺术作品从墙上扒下来，撒上一泡尿，拴在排球网上，最后扔进垃圾桶里，而学校的反应就是告诉他，若要别人不把他当作欺凌的对象，就必须改变自己的外表和性取向。那些欺凌他的人却未受任何处罚。

然而，通过这些受害者的讲述，我们本应该将自己的悲哀和遗憾转为满腔怒火。我们本应该宣布这种情况是完全不能接受的——这已经是一种紧急状态了。但我们为什么不能作出强烈反应呢？事情又该如何有所不同？

改变学校还是有可能的，但事情也并不简单易行。科西尔（Cosier）描写了那些已经成为性少数青年避风港的学校，还对应该改变"典型"学校，还是应该把被视为目标的青年转移到隔离机构这一争论作出回应。我们开始思考怎样才能让学校成为对每个人都很安全的地方，或者我们是否应该妥协于把那些欺凌的对象转移出去。佩恩要求我们"想象一个没有恐惧和孤立的学校"，可是这太难了。在一些人听来，这仿佛就是"想象一个没有恐惧和孤立的监狱"。要在如此多的层面上完成转型，实在是任重道远。梅奥（Mayo）指出，同性恋—异性恋联盟有可能会成为赋权与改变之所，但是成年人的监督仍然可能使这些潜在安全的、有力量的场所成为危险之地。麦克雷迪（McCready）的文章中提到，学校为帮助边缘化的年轻人所设计的方案并没有考虑到多重身份，为一些人提供的安全庇护所对其他人而言却像外星空间。由布兰切特（Blanchett）、斯迈勒和麦克雷迪撰写的章节不但迫使我们去审视学生带进学校里的复杂身份（性别、种族、残疾和阶级），还使我们认识到改革必须要考虑到多重位置和权力关系，这样才可能是有效的。

尽管这部分的有些章节叙述了那些生活在传统边界以外的人们所经历的痛苦和挑战，但他们还是充满了希望。有证据表明，个人、学校和社区都意识到传统和规则的束缚——生活在恐惧当中——会摧毁每一个人。对性别期望进行彻底改革成为了一个广泛的社会公平问题。这也是我们观察学校里的酷儿青年的第二个视角。我们可以把这些青年视作为争取不一样的现实而斗争的勇敢无畏的战士，他们证明了人们有可能在改变自己的同时，也改变周围的人。

罗夫斯质问我们：

> 在过去的二十五年里，我们有没有为了确保年轻人在世界上有更多的自主权和权威性，而将他们从家庭的束缚之中解放出来，或为赋予他们某种权力以跨越社交礼仪的寻常边界做过任何努力？

如果学校要把人民教育成民主体制里积极活跃的公民,那么作为真正的参与式民主的典范,学校就必须进行重组。(p. 138)

好消息是,这不是零和游戏。改善性少数群体(LGBTQ)青年的生活并不会使异性恋学生或与种族、民族、宗教和语言有关的其他人的生活变得更糟。事实上,如果我们不让任何人过上正常的生活,那么所有人的生活都会变得不正常,甚至包括那些不相关的人。

当然,还有斗争的场所、可能性的火花、英勇的行为以及转变:斯迈勒的文章阐明了僵化的性别角色强加到所有人身上的限制,包括那些被认为更占优势地位的或受保护的角色。他明确表示,摆脱束缚我们视野宽度和可能性或与之冲突的框架,符合每个人的最佳利益。

黑人同性恋学生对麦克雷迪说,他们在学习处理复杂的身份问题,在寻求团结的同时保持个性。从这些学生那里我们认识到,如果未能充分关注黑人男子气概和社会权力结构等问题,那么反恐同症工作本身是远远不够的。

科西尔所描述的非传统学校表明,学生完全有可能在没有受到虐待的恐惧之下,全身心地投入到学习中去。依赖规则治理的学校将重点放在维持秩序上,而依靠原则治理的学校则尝试营造社会公平的学校氛围。从这一点上,我们可以看到学校文化的巨大影响。

在佩恩撰写的章节中,我们了解了个人和体制的勇气。有一位家长是学校的主要赞助人,她威胁学校说,如果学校欢迎女同性恋学生,她就会把她女儿转出这所天主教学校。对此,学校的领导告诉她说:"我希望你能为你的女儿找一所好学校。"

梅奥描述的同性恋—异性恋同盟的学生不但被迫研究性别和性取向问题,还被迫去面对群体内部的种族主义。通过这些故事我们发现,要成为同盟者是多么复杂的一件事,也看到了当学生开始把他们自己视为学校内外有力的变革因素时会发生什么。

布兰切特则让我们看到,任何人都有负责任和安全地进行性行为的权利。不尊重这种权利,就会影响到所有人的权利。对一个人的不公平就是对所有人的不公平。

罗夫斯(Rofes, 2005)强烈主张:

彻底的改革必须要转变酷儿或性别错位的青年的教育经历,这些改革也是最有利于边缘化群体(以及特权群体)的改革。(p. 139)

如果学校的文化对那些违背性别和性规范的学生采取刻板、不接受、严厉和惩罚性的态度,那么我们必须意识到,这里的空气就和那个煤矿的比喻一样,是有毒的。在一个更完美的世界里,我们要感谢那些学生,他们让我们认识到他们的学校是不可接受的,认识到他们的经历就是一个警告,是所有必须要解决的问题的试金石。我们要为那些坚持斗争,拒绝接受他人的定义和限制,勇敢地重新定义自己生活的学生点赞喝彩。空气是共享的,环境污染难以避免。即便对那些自以为受到保护、远离毒害的人来说,生命也已经被扭曲,失去了它们的潜能。在这个世界里,由于性别身份、学业成就或外表等原因,没有一个人是安全的,没有一个人能够独善其身。人们花费大量精力试图去适应别人、隐藏自我、让自己为他人所接受,这些精力是巨大的浪费,因为他们本可以将这些精力用在个人和职业的发展上。隐藏自我让人精疲力尽。这并不是什么深奥的问题,而是社会公平的核心。从更积极的角度看,努力改变学校文化——让它敞开胸怀——可以让所有的人获益。皮特·西格(Pete Seeger)提醒我们,"要么我们所有的人都站在彩虹之上,要么一个也没有"。这是一个以大无畏的勇气引领伟大改革的时代。让我们继续奋斗吧。

（赵丹丹 译）

作者说明

谨以本部分的章节缅怀勇敢的思想家和年轻人的支持者埃里克·罗夫斯。他以非凡的远见、充沛的精力和艰辛的工作改善了很多人的世界。让我们继续推进这项工作,以纪念他对世界变革的远见。

参考文献

Hooks, B. (2000). *Feminism is for everybody: Passionate politics*. Cambridge, MA: South End Press.

Lorde, A. (1984). *Sister outsider: Essays and speeches by Audre Lorde*. Berkeley, CA: The Crossing Press.

Rofes, E. (2005). *Status quo or status queer? A radical rethinking of sexuality and schooling*. Lanham, MD: Rowman & Littlefield.

18

为酷儿①青年营造安全的学校环境

金伯利·科西尔（Kimberly Cosier）

---

① "酷儿"（Queer）由英文音译而来，原是西方主流文化对同性恋的贬称，有"怪异"之意，后被性的激进派借
用来概括他们的理论，含反讽之意。具体定义请看本章结尾处的"酷儿术语词汇表"。——译者注

学校能影响年轻人的生活,更准确地说,学校里的人会对年轻人造成影响。对那些不适应严苛的社会规范的孩子,学校给他们的可能是敌意和疏离感。每个孩子都有权拥有一个安全、友好的学习环境,但是有些儿童和青年会受到性别和性问题的消极影响,对他们来说,校园经历可能会充满着困难,甚至是危险。由于儿童和青年本身非常多元,在本章的开头,我将专辟一节简单介绍"酷儿[1] 青年"包括哪些群体。

为了描述酷儿儿童可能面临的问题,我会先讨论一个问题:传统学校为何一直未能有效保护酷儿学生免受歧视?我认为,酷儿的校园经历应该是积极的,为此我呼吁有志于推进社会公平的教育工作者伸出援手。而我的呼吁跟我自己作为一位酷儿学生、老师和研究者的经历相关。

为了鼓励实现全社会的公平,我重点介绍两所安全的公立学校:晨曦非传统高中[2] 和联盟高中。教育工作者必须承担他们的义务,为所有儿童提供安全、友好的环境,让他们了解自己和周围的世界。孩子们在传统学校没能享受到平等的教育,而在晨曦非传统高中和联盟高中却找到了自己的家,他们的故事颇有启示意义。最后,作为对这种变化的支持,我将为相关的教育工作者提供一些有用的资源,其中包括:同性恋和异性恋教育系统(Gay, Lesbian, Straight Education Network,GLSEN)所开发的十点行动列表、术语词汇表和网络资源。

理解问题:谁处于危险之中?

受 LGBT 问题影响的儿童和年轻人并非同质群体[1]。因此,必须把"酷儿青年"作为一个群体,上升到概念和理论层面进行研究。关于这种努力的困难,西尔斯(Sears,2006)写道:"很明显,对于哪些人是酷儿青年这一问题无法达成一致。"(p. 2)他们的性别也许是多样的,他们的父母也许是同性恋者,如果把这些因素考虑在内,我们的研究范围就更大了。

---

① LGBT 是 lesbian, gay, bisexual, and transgender 的缩写,即同性恋者、双性恋者及变性者,下文中统称为性少数群体。具体定义请看本章结尾处的"酷儿术语词汇表"。——译者注

鉴于以上因素，我使用了"酷儿"这一涵盖性的术语，包括所有那些受到他们自己和其他人对同性恋、双性恋、跨性别、间性和未定者问题的观点影响的儿童和青年。一个酷儿可能有个同性恋父亲，或者其本人是异性恋而别人认为其是同性恋，也可能正为了做变性手术在汉堡店工作挣钱。满足这些条件的都算是酷儿儿童。虽然酷儿一词涉及的范围很广，情况多种多样，但我将尽可能对其进行分类。

同性恋和双性恋青年（以及被视作此类的青年） 286

> 克拉里（Claire）：在我就读的高中，有些人会选择出柜，但是人们对待他们就像对待麻风病人一样，避之唯恐不及。我并不在乎别人骂我；但身体上的伤害让我无法接受。请相信我，我的很多同学都遭到过暴力袭击，媒体也报道了。但仅此而已——那些事被报道后便没了下文，也没有任何补救措施。（Young Gay America，2006）[3]

当提到酷儿青年时，人们脑海中最先出现的就是同性恋者或双性恋者。目前，越来越多的酷儿青年选择"出柜"[①]，向同龄人或学校的教职人员公开他们同性恋或双性恋的身份（Owens，1998；Savin Williams，2001）。如今，同性恋—异性恋联盟正如雨后春笋一般在全国的学校涌现，这着实令我吃了一惊。我在 20 世纪 70 年代读高中时，"出柜"这种事连想都不敢想！在那时，我意识到自己爱慕其他女生，但我很清楚，在高中校园里，必须装作自己符合异性恋的主流规范——否则就会让人嘲笑、受人排挤，甚至还有更糟糕的事情会发生（这场戏我演得十分成功，甚至在一次返校会上，还成了舞会选美的亚军。现在了解我的人可能会觉得这相当好笑）。我们在解决同性恋和双性恋青年的问题上取得了巨大的进展，但下文关于学校的研究将显示，很多在校青年仍然面临着种种挑战。

除了上文提到的学生外，还有一些被视作酷儿的青年。事实上，他们可能是男同

---

① 专业术语，"出柜"是指公开宣布自己的性别认同，具体定义请看本章结尾处的"酷儿术语词汇表"。——译者注

性恋者、女同性恋者或双性恋者，但是并没有出柜（甚至连他们都不知道自己的性倾向），他们也可能并不是男同性恋者、女同性恋者或双性恋者，但别人却误认为他们是酷儿，并出于种种原因指责他们的酷儿身份。被认为是酷儿的学生常常不遵守异性恋的社会规范，因而会受到同龄人的指责；指责的形式也多种多样，例如，拒绝男生性要求的女生会受到侮辱，被称作"歹客"（dyke）或"拉子"（lezzie）①。下面就介绍一个这样的案例，我在联盟高中工作时遇到过一个很可爱的小女孩，名字叫埃米莉（Emily）。她先前就读于一所传统的高中，可是同龄人却对她抱有种种偏见，埃米莉总是备受欺凌。有一次，她在走廊上从一群参加体育比赛的男生身边走过时，被他们牢牢地抓住、不能动弹，由于她曾经逃脱过伯父的性侵犯，对这种举止十分厌恶，就大声呵斥了眼前的男生。于是，那些男生就开始骂她"歹客"，还用其他侮辱性的语言攻击她；不久后，班上的许多同学也开始欺凌她。

多样性别和跨性别青年（以及被视作此类的青年）

> 凯瑟琳（Katherine）：我在读三年级时，有位老师非常喜欢看男生和女生之间的比赛。究其原因可能是由于大家都喜欢这样的比赛。但是我却不喜欢。为什么任何东西都得拿出来在男生和女生之间比试一下？拼写比赛、数学题抢答，等等等等。为什么必须把我分在"男生"队里，而我的多数朋友都分在"女生"队里？我甚至还问过自己能否换到女队去。但同学们的回应却是阵阵嘲笑声，老师也责备我不要找麻烦。三年级时，我第一次被明确地列为"另类"。（YouthResource, 2006）

其他的年轻人也因为性别认同的问题而面临着骚扰甚至更严重的侵害。在我们的文化中，性别行为是一个受到严格管控的、错误的二元系统。该系统在孩子很小的时候就开始施加管制：女生要玩女生的玩具，男生要玩男生的玩具，甚至连颜色都受

---

① "歹客"（dyke）或"拉子"（lezzie）都是对女同性恋（lesbian）的侮称，同样，下文的"基佬"（fag/faggot）是对男同性恋（gay）的侮称。本书仅出于研究目的直接引用而不加处理。——编辑按

到管制;我曾见过在幼儿园里,有的男生选择用粉色或紫罗兰色蜡笔,就会受到班级同学的指责!多样性别的儿童无法正常地成为典型的男生或典型的女生,常常让父母和老师操心。父母、老师和其他成年人在这些儿童生活中的消极反应,以及嘲弄、欺凌他们的同龄人,都会对具有非典型性别行为的孩子造成负面影响(Menvielle & Tuerk,2006)。

2005 年,在一次有关多样性别儿童的会议上,我有幸听到了凯瑟琳·图尔克(Catherine Tuerk)和埃德加多·门维尔(Edgardo Menvielle, Md)的发言。他们在美国首都华盛顿的国家儿童医疗中心(CNMC)经营着一家诊所,致力于维护性别多样儿童及其家人的身心健康,在当时,这样的诊所仅此一家。在图尔克和门维尔看来,在我们的文化中,如果一个男生的行为表现被视为具有典型的女性气质,那么他从早年开始就会面临高度的危险。参与国家儿童医疗中心项目的绝大多数家庭,都是出于对多样性别男生的关心才纷纷加入的(Menvielle et al. , 2006)。

"假小子"(tomboy)或行为表现具有典型男性气质的女生(例如,参加接触性运动而不玩布娃娃),她们在传统上比多样性别的男生更容易为人们所容忍(Menvielle et al. , 2006)。但是就我在最近几所小学的观察来看,对年轻假小子的容忍程度也在逐渐降低。这种现象似乎仅在我去过的那几所学校中存在;随着孩子们在早年对性别角色和性角色了解的不断深入,他们对多样性别女生的容忍程度也在不断降低,这一点似乎很有道理。但无论如何,当女生到了性成熟的年龄,她们就不再能够自由地表现出男生的行为举止,因为青春期的假小子也会对我们文化中现行的性别行为二元体系造成威胁(Halberstam,1998)。

跨性别者在某种程度上也是多样性别者,因为他们感到自己的生理性别并不适合自己。YouthResource 是一个由"同性恋、双性恋、跨性别和未定者(GLBTQ)创立并为这些群体服务的"网站,该网站的资料(2006)显示:

> 跨性别者认为,他们生来的性别或出生时的性别并不适合他们……跨性别者也包括那些自认为是"性别酷儿"、性别中立者和/或性别自由者的人——不认为自己是男性或女性的人。易性者则是通过医学手段转换了性别的人,他们把自己的生理性别转换成了自认为合适的性别。(http://youthresource. com/living/content/trans/brochure. htm)

大多数跨性别者在出生时具有典型男性或典型女性的生理性征,但是也有一部分在出生时就是间性人。目前,我们对间性现象的了解正在不断深入,发现间性现象有着诸多的表现形式,有些间性儿童天生就有着明显的生殖器变异,其他间性儿童则只会在染色体上表现出不同,可能永远都不会显现出可见的性状。北美间性人协会(2006)认为:

> 间性现象是一种相对普通的解剖学变异,这种变异使得间性人与"标准的"男性和女性不同;就像人的皮肤和毛发有各种各样的类型,性器官解剖学变异和生殖器官解剖学变异也是同样的道理。间性现象既不是医学病态现象,也不是社会学病态现象。(http://www.isna.org/compare)

在很多情况下,间性状况不会影响孩子的教育经历,但是那些性别认同与自身生理性别不同的孩子,可能同样会面临其他多样性别的孩子所面临的问题。杰弗里·尤金尼德斯(Jeffery Eugenides, 2002)所著的《中性》(*Middlesex: A Novel*)可以帮助大家理解间性人的公共和私人生活,是了解间性人的宝贵资源,可供大家参考。

288　酷儿家庭中的儿童和青年

> 乔舒亚(Joshua):我和我的两个妈妈住在路易斯安那州。有家人的陪伴我感到非常幸运,因为家人给了我很多宝贵的东西,比如无尽的关爱、支持和安全感。我们彼此之间互相照顾,轮流做晚餐。我们一起做游戏,在车里编着荒唐可笑的歌,还喜欢钓鱼……有一对同性恋的母亲,这其中最让人难以接受的还是其他人对我家的嘲笑,但我也渐渐地习惯了,因为其他人怎么想其实无所谓,我自己的想法才真正重要,而且我喜欢我的家庭。(Young Gay America, 2006)

可最终还是会有一些孩子在学校里遭到歧视,原因在于他们的父母或家人是同性恋、双性恋或跨性别者。对这些孩子而言,问题就出在未经人们反思检验的异性恋正统主义上,该主义可定义为在社会和制度层面上对强制性异性恋世界观的维护(Warner, 1991)。有些孩子是显性欺凌、歧视的受害者,但他们往往是因为异性恋正统主义而受到学校教职人员伤害。我们可以想象一下,比方说,如果某个孩子有两位母亲,而所谓的"父亲"其实只是匿名的精子捐献者,那么在父亲节那一天,孩子的内心必定充满着各种矛盾和情感压力。

总而言之,酷儿青年的情况各不相同,他们的家庭情况也一样。有的酷儿青年接受了生活带给他们的一切,顺利地成长,而其他的酷儿青年则在自己和他人的恐惧和偏见下饱受抑郁和焦虑的煎熬。但有一点是肯定的,那就是所有的酷儿青年都需要能够提供支持、关爱且合乎伦理道德的学校教职人员。遗憾的是,这些需求往往得不到满足。下面的研究显示,酷儿青年还很可能遭受社交攻击甚至校园暴力(Bontempo & D'Augelli, 2002; Russell, Franz, & Driscoll, 2001)。更糟糕的情况是,有些酷儿青年甚至还会在家里受到家庭成员的排斥或虐待(D'Augelli & Grossman, 2006; Savin Williams, 2001)。因此,教育工作者需要关爱酷儿青年,努力改变现状。

校园经历的研究

弗雷迪·富恩特斯(Freddie Fuentes)就读于加利福尼亚州的摩根山学区,多年来,他在学校一直遭受辱骂虐待。甚至有一次,有一帮同学还当着校车司机的面一边打他,一边骂他"基佬"(faggot),最后导致他住进了医院。(GLSEN, 2005, p. vii)

埃米莉在先前的学校读书时,也有过相似的经历。有一次,她独自一人坐在自助餐厅的餐桌旁,心情沮丧。旁边有一群学生就开始嘲笑她,骂她"女同性恋"(lesbian)、"女公牛"(bulldyke),还向她扔牛奶盒,埃米莉忍无可忍,跑出了餐厅。对她来说,在以前的学校,这样受欺负简直就是家常便饭。虽然她也曾向校领导反映,寻求帮助,但是校方并未采取任何行动来制止这种欺凌。她说,这就是为什么自己后来转到了联盟高中。(私人交流,2006)

吉姆(Jim)在先前就读的学校饱受了长达两年的欺侮后,转到了晨曦非传统高中。虽然吉姆没有被视作男同性恋,但学校里的恶霸学生说他是"基佬"(faggot),一心想要让他的生活充满痛苦。一天体育课后,那群恶霸学生就开始欺负吉姆,把他逼到了淋浴间不敢出来,从此以后吉姆连学校都不敢去了。他开始经常旷课,成绩一落千丈。吉姆的母亲听说了晨曦非传统高中,便鼓励他申请了这所学校。吉姆觉得,要是没有晨曦非传统高中校长、老师和同学的帮助,他可能会辍学,毁了自己的前途。(私人交流,2000)

289　　　　不幸的是,这些酷儿青年受到骚扰、面临暴力和遭到忽视的故事并不在少数(American Association of University Women,2004；Harris Interactive & GLSEN,2005；Human Rights Watch,2001)。研究显示,社交攻击或欺凌在校园中十分普遍。吐姆洛(Twemlow)、福纳吉(Fonagy)和萨科(Sacco)写道:"校园暴力仍是公众健康的主要威胁,目前与癌症和心脏病并列,是美国公共健康最严重的三大问题。"(2002,p. 304)哈里斯互动调查公司(Harris Interactive)和同志直人网络(GLSEN)的资料显示,"总体来看,有三分之二的中学生反映,他们曾因为自己的外貌、性别、性倾向、性别表达、种族/民族、残疾状况或宗教信仰,在过去的一年里遭到骚扰或攻击"(Harris Interactive & GLSEN,2005,p. 4)。

　　　　因为酷儿问题引发的骚扰事件几乎无处不在(Baker,2002；Harris Interactive & GLSEN,2005；Human Rights Watch,2001；Macgillivray,2004)。GLSEN 在 2003 年和 2005 年进行的学校环境研究显示,"性倾向是学生受到同龄人骚扰的第二大原因,仅次于外貌,这里的性倾向可能是实际的性倾向,也可能是他人认定的性倾向"(Harris Interactive & GLSEN,2005,p. iii)。科西乌(Kosciw,2003)写道:

> 在美国所有的学校——没有例外——针对性少数群体学生的暴力、偏见和骚扰仍是稀松平常的事……至少有五分之四的性少数群体学生称自己曾因为性倾向而受到过语言上的骚扰,至少有九成的性少数群体学生称自己曾经常或频繁地听到过对同性恋表示厌恶的言语,如"基佬、歹客"(faggot、dyke)或"那太同性恋了"(that's so gay)等。(p. 5)

　　　　根据科西乌的研究,性少数群体学生称自己感到学校不安全的可能性,是非性少数群体学生的三倍。

教师对酷儿问题的看法

　　　　除了对学生进行调查外,哈里斯互动(Harris Interactive)和 GLSEN(2005)的研究还调查了中学教师对学校中欺凌和骚扰现象的看法。半数接受调查的教师称,欺凌"在他们的学校是一个很严重的问题"(p. 4)。大部分接受调查的教师表示,保证性少数群体学生的安全和身心健康是他们的责任,只有极少数的教师表示,他们不应该为酷儿青年营造安全的校园环境负责。大多数教师说,如果听到学生用侮辱同性恋的言语对酷儿青年进行辱骂，或以其他的行为欺凌酷儿青年，他们愿意介入，制止这些行为。

学生对教师的回应能力和/或意愿的看法

不幸的是，教师表示会帮助酷儿青年的情况，与学生自己感觉到的真实情况之间，存在着明显的差异。大多数学生表示，他们觉得教师不会介入。即便教师在问题发生时介入，也无法改变酷儿学生所面临的不利情况。因此，大部分学生不会向学校教职人员反映自己受到欺凌和骚扰的情况。GLSEN 的研究显示：

> 尽管在参与调查的教师中，只有9％的教师不认为自己有义务为同性恋、双性恋和跨性别学生营造安全的学习环境，但这些学生仍然不会去向教师寻求帮助。他们中的大多数（57％）从未向教师、校长或其他教职人员反映过受骚扰或侵犯的情况。有十分之一的学生表示，自己不会向学校反映受到骚扰或侵犯的情况，因为他们认为教师或教职人员无力改善局面。（Harris Interactive & GLSEN，2005，p. 80）

这项发现表明，"教师愿意向学生提供的帮助与学生对教师愿意采取行动的看法，这两者之间存在明显的差距，需要进行弥合"（Harris Interactive & GLSEN，2005，p. 80）。

酷儿青年也明白，他们在问题出现时，不可能像其他同学一样依赖大多数学校教职人员的介入。一些教师、教职人员和管理人员认为，满足性少数群体儿童和青年的需求有悖于他们的宗教信仰。其他的父母和学生也可能会认为，禁止对同性恋表示消极的态度损害了他们的权利，但是"按照宪法规定，他们也并没有权利欺凌或恐吓其他学生"（Kosciw，2003，p. 12）。虽然学校社区的成员都有权表达自己的观点，特别是在宗教信仰的问题上，但他们并不能以此为由让性少数群体学生感到不安全，或是感到他们的教育处于危险的境地。

如上文所述，在参与调查的教师中，只有9％不认为自己要为维护酷儿青年的学习环境安全负责，而其余的人连酷儿所面临的问题都无法理解。他们责备遭受骚扰和欺凌的受害者，而不是努力去解决酷儿的问题，抑或是低估了欺凌现象对酷儿儿童和青年造成的影响。帮助包括酷儿在内的所有学生建立安全、公平、情绪健康的学习环境,是每位教育工作者的责任(National Education Association,2006)。关爱学生的老师如果想要实现社会公平,那就必须努力让那些遭受骚扰的学生相信自己能够提供帮助。

艰难的斗争

根据我自己多年的教学经验,我支持学生们的看法,即学校教职人员不会采取措施为酷儿青年改善校园环境,下面的故事将证明这一点。虽然我现在在大学工作,但曾经也在中学担任艺术教师。我来战略规划委员会之前的几年里,该委员会进行过一项学校环境调查,发现相当多的学生害怕走过走廊或使用洗手间等。也有数量较少但仍值得注意的学生反映,自己觉得整个学校并不安全。为了解决这一问题,校领导采取了一系列的措施,鼓励老师利用课间时间在走廊处积极地与学生进行交流,理解他们的想法,学校也聘用了一位身体健壮(但公平正直)的退役海军陆战队员担任校长助理。

我刚开始在那所学校工作时,学校的环境总体来说相当不错。但是仍有一件事情让人感到烦恼。像很多其他的学校一样(Harris Interactive & GLSEN,2005;Human Rights Watch,2001),在这所学校里也会频繁地听到对同性恋的恶言恶语。这些辱骂性言语的使用频率高得令人费解,假如我每次听到"基佬"一词都会得到五美分,那么我发誓早就攒够钱可以退休了!据我所知,在我们学校没有学生公开宣称自己是同性恋者、双性恋者、跨性别者或其他类型的酷儿。我很清楚学校里是有酷儿学生的,他们和其他学生一样(或者就像我以前一样选择不出柜,或者不知道出柜和不出柜有什么区别)。我也知道带有仇恨的言论会伤及学校里的每个人,所以我尽量阻止人们使用那些侮辱性的言语,但是发现自己就像西绪福斯①一样,在完成一项不可能的任务。

我的同事们说我"太敏感了"。可我知道那些教师的言外之意是在警告我——"年轻人,我们虽然喜欢你,但不要太过分了!"但我仍然坚持着(当时很年轻也很倔强)。由于我拒绝忽视对同性恋的侮辱性语言,曾一度给自己惹上了很大的麻烦。米奇(Mitch)是我班上的一个男生,他的父母是社区里的杰出公民。有一次,他嘲笑了班里

291

---

① 西绪福斯(Sisyphus)是希腊神话中的人物,因触犯众神受到惩罚——把一块巨石推上山顶,但巨石每每未达山顶就又滚下山去,于是他就不断重复、永无止境地做这件事,他的生命就在这样一件无效又无望的劳作当中慢慢消耗殆尽。——译者注

的另一位同学,说那个同学是"基佬"(fag),我不准他那样说,可他偏不,嘴里一直骂着"基佬",放学后我罚他留校。第二天,他的母亲来教室找我,说她儿子"非常生气",认为我给孩子的纪律处罚"不公平"。我向她解释了事情的来龙去脉,跟她说明,我已经明确警告过米奇,如果他再在班级里骂同学"基佬"会有怎样的后果,但是米奇无视我的警告,还继续辱骂,所以我认为自己的处理是妥当的。

但那位母亲可不这样想,还暗示是我因为"个人情感"影响了自己的判断(言外之意当然就是威胁)。我坚持认为自己的决定没有错。这件事闹到了校长那里,他敷衍了事地告诉米奇要尊重老师和同学后,就让他走了。米奇和他的母亲一离开办公室,校长就冲我笑了一下。他们离开后,校长笑盈盈地表示,希望我不要管这些事。她说,我"必须明白学区是面向家庭的",并且我最好考虑一下"在斗争中要站在哪一边"。当时我还没有准备好为这次斗争丢掉自己的工作,所以就没再管这件事。

社交攻击对学习成绩的影响

上文提及的各种大型研究,以及美国大学女性协会的报告《不友好的走廊》(*Hostile Hallways*)(1993,2001)均显示,"在学校中受骚扰的经历及不安全的学习环境,与学生的学习成绩有着直接的联系"(引用自 Harris Interactive & GLSEN, 2005, p. 3)。上个月里,为了自己的安全,酷儿学生旷课的可能性比总体学生的平均水平要高出四到五倍(Harris Interactive & GLSEN, 2005;Kosciw, 2003)。报告显示,频繁受到肢体骚扰的酷儿学生计划上大学的可能性更低,他们的成绩也比肢体上未受到骚扰的学生低半个绩点(Bontempo & D'Augelli, 2002;Russell, Franz, & Driscoll, 2001;Russell, Serif, & Truong, 2001)。即便不考虑其他因素,提高所有学生的学习成绩也应该被视作每位教育工作者的责任;因此,为酷儿学生营造安全的学习环境关乎每位教育工作者。

转变负面描述

酷儿青年面临着各种社会问题所带来的危险,其中包括学习成绩差、旷课、辍学和无家可归等。他们吸毒、酗酒的概率比异性同龄人更高,甚至还有危险的性行为(Kissen, 2002; Mallon, 1998; Padilla, Neff, Rew, & Crisp, 2006)。最令人担忧的是,性少数群体青年具有自杀想法的概率明显高于异性恋青年,而他们实际自杀的概率更是远高于异性恋青年(D'Augelli, Hershberger, & Pilkington, 2001)。在一项研究中,"高达60%的性少数群体青年表示,他们认真地考虑过自杀,同样有60%的性少数群体青年认为,他们的性倾向会成为他们生活的障碍"(Padilla et al., 2006, p. 1)。

这项报告确实令人沮丧,但却为我们提供了宝贵的信息。代表酷儿青年权益的教育工作者和了解过酷儿青年的教育工作者,必须将酷儿们所经受的欺凌和虐待记录在案,以便在必要时为他们提供案例支持。但我仍然认为,对酷儿青年负面事件的持续关注,会使酷儿青年和关心他们的人在心理上和情感上处于一个危险的状态。"在走廊上"(Human Right Watch, 2001)有着潜在的危险,在关于酷儿青年的大多数出版物中,也总是提到潜在的危险,酷儿青年几乎看不到他们自己的正面形象。昆利文(Quinlivan, 2006)在提及学校关于酷儿问题研究的困难时写道:

> 在有缺陷的框架中给酷儿贴标签是有问题的。酷儿学生会被附上一套不同于异性恋规范的特征,从而产生把他们推向病态的危险。(p. 13)

酷儿也在为他们的社区做着自己的贡献,仅仅关注消极的方面,除了博取人们的同情以外,对改善他们的处境毫无帮助,反而会让他们和他们的父母觉得,如果他们无法融入到异性恋主流价值观的模式中,他们的人生道路必定是惨惨戚戚、危险重重的。一个孩子如果觉得世界上没有人能理解自己的感受,那么对他的负面描述并不能给他带来任何希望,反而还会令酷儿青年反思(引自 W. E. B. Dubois),"成为问题青年是何种感觉?"因此,我们亟需为酷儿青年提供一些积极的故事。

改变酷儿青年生活的两所学校

下文中我将以小故事的形式,讲述自己在两所公立非传统学校中的经历。考虑到有些孩子无法适应传统学校里严苛的社会结构,下面提到的这两所学校就是专为这些孩子设立的。故事的开头都是消极的,但都逐渐向着充满希望的方向发展。

晨曦非传统高中

我穿过一扇扇玻璃门,走进晨曦非传统高中,突然发现自己丝毫感受不到体制中的那种拘谨。秘书室就在入口的右手处,我在门口停下,往里面张望。学校的秘书桑迪(Sandy)虽然非常忙,但还是热情地接待了我。第一次到这所学校我有点紧张,就解释说我是来看美术老师诺埃尔(Noel)的。"哦,是的,"桑迪笑着说,"诺埃尔说你今天会来探望她的,请等一下,我马上带您去她的房间。"

我在一旁等着,看到一个女生从一个大房间里走出来,后来我才知道那个是"公共房间"(The Commons)。那个女生询问桑迪能否用一下旁边的电话,她想打电话问一下妈妈如何收养一只小猫。桑迪当时正急着从桌前的一摞文件中翻找东西,但她仅凭声音就认出了那个女生。桑迪一边在一堆表格中翻来找去,另一边也抓住短暂的间隙说:"萨曼莎(Samantha),你可以用会议室的电话。"她一抬头看见眼前的小猫,惊呼道:"哦,天哪! 多么可爱的小家伙啊!"

那身材娇小的女孩温柔地抱着怀中的小猫。她衣服穿得有点奇怪,与小巧的面容很不相称,一张小脸上盖着浓重的眼线、厚厚的口红。女孩身着一件硕大的军服,似乎罩住了她小小的身子,外套之下,她上身一件黑色紧身衣,衣服先前被撕开了一个大口子,用大约 57 个别针钉了起来,下身穿了一件露骨的短皮裙,格外引人瞩目,脖子上还套了一个粗厚带刺的黑皮项圈,腿上裹着网眼袜,下面是齐膝高的马丁靴,这才凑齐了一身的行头。我想她的时尚品位应该是她无法融入先前学校的原因之一。

过了一会儿,一个男生走到萨曼莎身后,长长的手臂紧紧地搂住她,女孩也顺势靠在了男生的怀里。那男生个子很高,超过六英尺,一副白白净净的娃娃脸,顶着一头刺猬似的金色染发。他身穿一件"明亮彩虹"牌(Rainbow Bright ®)盖袖 T 恤,下面是一条宽松的橙色工装裤。男生的胳膊搂着女孩,他五颜六色的手镯和女孩黑色与草绿色相间的衣服形成了鲜明的对比。男孩腰一弯,把脑袋放在女孩瘦弱的肩膀上说:"我们来养她(猫)吧。"

当时我正为博士论文做准备,在晨曦非传统高中进行实地调研的期间,了解到了这两个孩子以及许多其他另类人群的故事。在来到晨曦非传统高中之前,萨曼莎和凯莱布(Caleb)在一所更大也更为传统的学校相识,成为了朋友。在那时,两人都因为另类而备受骚扰。因为萨曼莎的样子与众不同,平常就被轻蔑地冠以"撒旦教徒"(Satanist)之类的称呼。凯莱布则会面临更为残酷的对待,他常常受到骚扰,有时还是肢体上的攻击,究其原因只是因为他是同性恋。于是,两人为了互相保护,形成了表面

293

上的假恋爱关系；但这个办法并没有起多大作用。后来，当他们听说了还有非传统学校的存在，并且这类学校欢迎无法融入传统学校的学生，就迫不及待地抓住机会提出了申请（"晨曦"[New Dawn]是一所公立的非传统学校，但学生必须提交书面申请，申请通过后方能入学）。

萨曼莎和凯莱布在"晨曦"就读后，才抛开了之前的假情侣关系，自由自在地做回了自己。我在"晨曦"待了一年的时间，发现在这里，由校长、老师、其他的学校教职员工以及同学刻意营造的学校环境，充满着关爱与帮助，这对几乎所有的学生而言都至关重要。桑迪作为学校秘书，单单凭声音就可以认出萨曼莎。在这样的校园环境下，学生们知道，他们可以依靠"晨曦"集体的成员，"明白这些成员为什么要这样做"。对凯莱布和其他酷儿学生来说，"晨曦"就像是他们的救世主。我在这所学校度过了几个月后，凯莱布跟我说，如果不是因为"晨曦"学校，他确信自己已经自杀了。我在"晨曦"调研期间，凯莱布并不是唯一一个向我表达类似情感的同学。学校和学校里的人们可以改变酷儿的生活。

联盟高中

密尔沃基市的联盟学校是第一所为受到欺凌、骚扰的学生建立的学校，在当地、全国和国际范围内都受到了广泛的关注。但媒体的关注却造成了意料之外的结果，使得人们开始公开讨论欺凌现象。有些电台听众热线节目的主持人，把联盟高中称作是"失败者"的学校，甚至还有人宣称，在这样的学校没有民主可言。比如，有篇文章就引用了乔治·华盛顿大学公共利益法教授的一段发言：

> 高中教育通常是培养基本公民价值观的最后机会，其中就包括对多元化社会的宽容，而把受害者从受害环境中转移出来，从很多方面来说都是一种妥协。如果学校的管理者无法营造一个健康安全的环境，解决方案是任用新的管理者，而不是新建立一所学校。（Carr, 2006, p. 1）

虽然我同意这一观点的核心内容，但现实的情况是，一些学生没有时间等待！对晨曦非传统学校和联盟中学里的好多学生而言，他们在先前学校所经受的欺凌和骚扰太过危险，没有时间等待大人们完成那样长期、复杂的目标。埃米莉在之前的学校不断被人骂作"歹客"，还有人在自助餐厅向她扔牛奶盒，她没有时间等大人们来解决这一燃眉之急。因此，她不得不选择离开，找一个她可以安全地接受教育的地方。幸运的是，埃米莉和其他密尔沃基地区的酷儿青年有联盟高中可以就读。

2005年，联盟高中秋季学期开学的第一天，校园里就吵吵闹闹，回荡着人们紧张不安、期待不已又充满活力的声音。第一堂课的上课时间还远远没有到，许多学生就早早地来了。尽管一些学生不想表现出来，但大家似乎都对这所学校抱有很高的期望。全体学生看上去就像是从"另类玩具岛"（the Island of Misfit Toys）航行过来的一样。他们站在学校的建筑外面，焦急地等待着，迎接生活的改变。

虽然联盟高中不是仅为接受酷儿学生设立的，但看到这么多酷儿也不足为奇。在等候的人群中我看到了几张熟悉的青年面孔，他们是我在密尔沃基市的一个性少数群体中心认识的，该中心名为"Q项目"，是由酷儿青年组织发起的。这群青年里面大多数都是跨性别的女生，她们每次看到熟人都要激动地尖叫。有个小家伙，很明显对性别（和其他形式的）多样性没有多少了解，被眼前的场景吓得发抖。学校的创始人蒂娜·欧文（Tina Owen）走了过去，轻轻地搂住那个小家伙，悄悄地和他谈起话来，想打消他的恐惧。我看到此情此景，心里如释重负，这所学校欢迎所有人，一点不假。

教学楼的门终于开了。上课前，我们还有时间混在学生中间。我坐在一个哥特式打扮的孩子身旁，他身高6英尺4英寸，名叫克里斯（Chris），以前我从没见过。他单独坐着，弓着身子，努力地显示出一股"别他×惹我"的样子。克里斯的妆画得很吓人，眼睛上涂着浓重的黑色眼线，黑色的口红在嘴角处越画越细，最后形成向下撇的两个尖头，整张脸就和防护面具一样。他和"晨曦"的萨曼莎一样，也穿着奇怪的哥特式制服——主要是黑色的衣服，上面带着很多的拉链、别针和其他威胁性、束缚性的装饰，还有与吸血鬼有关的配饰。可我并没有被他的外貌和气势吓到，反而很高兴地和他聊起天来。果然不出所料，他实际上非常可爱、非常温和。

他在先前的学校曾经是一位橄榄球员，但是后来他的成绩下滑，没法再待在球队里了。之后，他对哥特文化产生了兴趣，把自己当成"性别酷儿"，意思是他不想受到性别和传统规矩的约束——这并不是说他想成为一个女生。他为自己打造了新的身份，但是渐渐地也开始受到先前队友的嘲弄，无奈之下，他离开了之前的学校。联盟高中开学那天，他眼线画得像两个黑圈，透出一副既充满蔑视又饱含沮丧的矛盾神情，克里斯嘴里发着牢骚，说他憎恨学校，对这所学校也没抱多大希望，并不指望有多大改观。

过了一段时间后，就在那一年寒假前，联盟高中召开了一次全校会议，克里斯站到台上对全校发表了讲话，我当时感动得流下了泪水。他涂着黑色的口红，面带灿烂的微笑,突然振臂一挥,向自己的同学和老师表示感谢,感谢他们让他感到自己在联盟高中是受到欢迎的。克里斯说他坚信是联盟高中挽救了他辍学的命运,甚至还拯救了他的性命,防止他走上自杀的道路。此时此刻,克里斯百感交集,不能自已,仿佛强忍着泪水。这类感言在晨曦非传统学校和联盟高中常常可以听到。

埃米莉(那个被扔牛奶盒的女孩)与联盟高中也同样有着特殊的联系。2006 年的春天,埃米莉正跟着我在做一个美术项目,她跟我说,从小学之后她第一次感觉到自己成了学校集体中的一员。她说自己热爱联盟高中,因为老师倾听他们的声音,和他们密切相伴,确保他们在真正地学习,这些点点滴滴都体现出老师对她和其他孩子的关爱。"有时会感觉到老师在故意惹你心烦,"埃米莉说道,"但是你心里明白,这是因为他们想让你有所作为、取得成功。"埃米莉还说,她认为学校在进行决策时能够倾听学生的声音,这十分重要。在埃米莉看来,每周的学校会议都很重要,因为在会议上你可以和全校交流自己的想法。她认为,联盟高中坚持反对欺凌的原则,致力于实现社会公平的使命,为每个学生营造了安全的环境。

在那年春天之前,埃米莉已经不再害怕做她自己了。虽然她说自己在先前的学校遭受欺凌时变得非常胆小而且"静默",但那天下午,我们在学校大门忙着弄大型横幅的时候,她已经非常开放健谈了。来到了联盟高中后,埃米莉已经以双性恋的身份出柜了。当时她正在和杰克(Jake)谈恋爱,她的男友杰克在涂鸦和"地下杂志"艺术方面颇具天赋,此外,他还自封为朋克派无政府主义者。埃米莉说她喜欢杰克是因为他"很有趣——像女孩子一样漂亮"。

杰克总是努力地想让自己看上去强硬些,所以穿着莫霍克和朋克风格的服装,衣服大概 1 英尺左右长,但埃米莉的话没错,尽管他努力装强硬,但样子还是很漂亮。在艺术创作方面,杰克设计过几条横幅,但我最喜欢的还是他绘制的大型连环漫画,因为这类作品最能体现出他创作的标志性涂鸦角色——"莫蒂鼠"。在这幅绘画作品中,莫蒂鼠总是开开心心地顶着一头"自由女神式的刺猬发"(你们称之为莫霍克式尖发)。可不久后,因为酷儿问题,它的快乐灰飞烟灭了,甚至还有联谊会的男生冲它扔"东西"。后来,莫蒂发现了一本联盟高中的宣传手册,这本手册深深地吸引了它。于是,它就去调查了这所学校,发现这里的感觉像家一样,有好多和它一样的另类伙伴。在一心想要强硬起来的杰克心里,这是对联盟高中的最高评价,这部作品在同性恋艺术中心(Gay Arts Center)展出时甚至为他赚了些名气。

对克里斯、埃米莉、杰克和其他无法适应先前学校里社会规范的酷儿青年而言,那些愿意倾听他们心声的老师,可以改变他们的生活。倾听不仅仅是给你一个可以靠着哭泣的肩膀;倾听意味着设计一套反映多样性需求的课程,照顾到学生的利益和需要;倾听意味着以学生的实际经历作为出发点,坦诚地讨论社会问题;倾听甚至意味着承认学生之间另类的爱情和性欲,尊重性别的多样性。接受性别、性倾向和其他形式的身份多样性,可以极大地促进酷儿青年身心的健康发展,反之,则会使他们受到忽视、冷落,甚至造成更为严重的后果。而对一些孩子而言,关爱呵护他们的老师甚至可以拯救他们的生命。

实现公平的第一步:反歧视政策

研究表明,在反歧视政策中对性倾向和性别认同方面的问题作出规定,可以对酷儿青年的学校环境造成积极的影响(Harris Interactive & GLSEN, 2005)。可是酷儿青年与在校园里受到歧视和敌意的其他群体不同,他们并不能依靠反歧视政策,这一点很令人遗憾(Harris Interactive & GLSEN, 2005)。因此,从官方实行政策的角度来看,酷儿青年常常成为隐形的少数群体。根据先前的研究,努力把性倾向和性别认同方面的规定列入政策当中,是实现公平的第一步。

促成改变的框架

学校体系和师生关系之间相互依赖,理解这一点对于创造学校文化、帮助另类儿童十分重要。我在对晨曦非传统高中进行调研期间,总结出了三大文化主题,这些主题同样适用于联盟高中。第一大文化主题是规则导向的学校文化与原则导向的学校文化,这一主题解释了学校如何确立自己的体系以及学校体系如何影响学生之间的差异(Cosier, 2001,2004)。

规则导向的学校更加注重监管,但是这些学校不但不能在社会公平的原则下营造关爱体贴的校园环境,而且还不能容忍差异。因此,对酷儿青年而言,规则导向的学校不是安全的环境。另一方面,原则导向的学校文化只坚持几条大原则,而不是琐碎的规则。由于学校管理的概念得到了扩展,原则导向的学校对于差异问题就更加开放,

296

并且由学生承担责任。学生的意见在"晨曦"和联盟高中的管理过程中,发挥着至关重要的作用。这种方法起到了赋权学生、营造学校中社会公平的环境的效果。

第二大主题是官僚主义教学法与关系型教学法,这一主题可以解释上文中提到的师生间的不同关系。在规则导向的学校中,教师更倾向于扮演规则的执行者。他们变成为规章程序服务的官僚主义者,因此不可能把教学看作是教育工作者与学生之间的一种互利关系。相比之下,原则导向的学校文化则更加顺应关系型教学。但需要注意的是,关系型教学并非原则导向的学校所独有,不论在哪类学校中,总会有老师站在关系型教学的立场上,大多数规则导向的学校也一样。对处于不安全环境中的学生来说,关系型教学无疑是增进学生间的关系,增强他们适应能力的最重要因素。

第三大主题是学生与学校间的疏远与亲近,这一主题解释了前两种主题的相互作用在学生身上产生的不同结果。我在"晨曦"和联盟高中遇到的几位学生,在受规则约束的学校中就读时,由于大部分教师都非常官僚,他们就与学校疏远了。我认识的大部分学生在先前的学校里都被视作问题学生。令人难以置信的是,当他们转到基于原则进行管理,以关系型教学为主的学校之后,这些学生就逐渐开始亲近新的学校集体,成为"问题学生"的可能性也大大降低。事实上,他们中的许多人甚至成长为坚强、积极的领导人。

学校的文化既不可能完全以规则为导向,也不可能完全以原则为导向。师生关系都是由不同程度的官僚主义元素和关系型元素构成的,而学生个人对学校集体的疏远感或依恋感每天都在波动。总体来说,"晨曦"和联盟高中侧重于原则和关系;证据就是学生对学校的依恋。学生知道他们的老师对某些话题的态度很开放,而这些话题在规则导向的学校中则讳莫如深。在"晨曦"和联盟高中里,老师允许学生接触"危险的知识",这也是以原则为导向的一部分(Britzman,1998,p. 2)。也就是说,老师和学生可以坦诚地探讨性别多样和性的相关问题,把多样性看作一种价值,而不是对行为准则的破坏。

结论

在晨曦非传统高中工作的期间,我发现酷儿学生来这里上学,是因为他们在先前的学校里是同学、老师和管理者欺凌和骚扰的目标(Cosier,2001)。欺凌现象的根本原因在于恐同症（不理智地对所有与酷儿有关的事物感到恐惧和厌恶）和厌女症（不理智地对所有与女性有关的事物感到恐惧和厌恶），联盟高中的情况也是如此。虽然酷儿学生从众多不同的学校来到"晨曦"和联盟高中就读，但是他们先前的负面经历确实惊人地相似。同样相似的当然还有他们依恋新学校集体的原因：原则导向的学校体系和关系型教学。两所非传统学校的学生都说，他们选择待在这里是因为感觉自己的声音在这里可以得到倾听，可以受到新学校集体中所有人的关注和爱护。很多同学还反映说，自己刚加入学校集体时，就感到这是他们人生中第一次感受到安全的学校环境。

虽然"晨曦"和联盟高中这两所非传统学校的规模都不大，但是他们为酷儿（和其他另类的）学生服务的原则却简单易懂，不论是以全校还是单个教室为单位，这些原则都适用于更加传统的学校设置。传统学校也不一定有多恐怖；学校集体的成员可以选择做出改变。

即使整个学校还不能接受性别多样性和性多样性，教师仍然可以做出改变。蒂娜·欧文在创办联盟高中之前，曾在一所大型的城市高中工作，她就在自己的班级里为学生营造了一个安全的环境。多年以来，蒂娜的学生不断和她分享酷儿青年的故事，她从中受到了启发，决定为受欺凌和骚扰的孩子开办一所不同的学校。事实说明，只要一两个老师就可以带来不同。根据哈里斯互动和GLSEN（2005）的研究，"关爱酷儿青年的学校教职人员改善了一系列的指标，其中包括安全感的提升、逃学天数的减少和计划接受高等教育的比率"（p.12）。所以，教育工作者们，请勇敢地在你们的班级为酷儿和其他另类青少年营造一个安全的环境。

如果整个学校都愿意做出改变，那么所有的成员都必须明白，改变所涉及的过程是非常广泛、非常系统的。在学校范围内做出性倾向和性别认同的反歧视规定是一个开始。重新改造学校的体系，增强原则性，推广关系型教学——这是一个不间断的、有点杂乱的民主化过程——坚持下去！学生参与课程决策以及学校或班级的管理，这一点至关重要。同时，学校的规则也应当具有意义，例如，在"晨曦"和联盟高中，只要学生不"辱骂"学校的成员，偶尔无意地说几句脏话，也不会受到惩罚。为了让年轻人在学校有真正的安全感，必须允许并且鼓励他们说出自己的想法，不用担心学校领导的报复。

对想要帮助酷儿青年的教师而言，勇敢、正直和持之以恒这三点是必备的品质。教育工作者如果想改变酷儿青年在学校中受到疏远的情况，就必须要认识到倾听是这一过程中的关键因素,上文中已再三强调。有了上述简单(但不容易实现)的几个特点,晨曦非传统高中和联盟高中已经可以作为酷儿青年的模范安全学校,甚至可以为规模更大、更加传统的学校做出表率。虽然并非所有学校都能够或都应该和这两所学校一样,但也应该向着这个方向努力,比现在做得更好。如上所述,欺凌和骚扰现象应被视作公共健康危机,这对青年人的身心健康发展至关重要,同时需要学校教职人员真正负起责任,公平平等地教育所有儿童和青年。

相关教育工作者的可用资源

GLSEN 提出为确保所有学生都能够拥有安全的班级环境,教育工作者应当做到10 点。

1. 不要以为人人都是异性恋。长久以来的异性恋观念让同性恋者、双性恋者和跨性别者不敢公开自己的身份,无法公开身份是对个人自我意识的极大摧残。学校组织及其专业人士在语言和态度上必须具有包容性。通过提醒他们自己,每个部门、每个班级以及每个团队中都有性少数群体,教师们就可以"故意忘却"同性恋歧视。

298 2. 保证平等。学校中的性少数群体需要知道,他们的学校重视平等,保护他们免受歧视。学校应当在性倾向和性别认同方面做出反歧视、反骚扰的规定。此外,性倾向、性别认同及性别表达应当明确作为多元文化和多样性中的一部分,向所有人宣传人人平等的理念。

3. 营造安全的环境。学校有义务主动采取措施,确保所有学校成员都享有参与权,而且无需惧怕骚扰。学校还必须明确声明,不论是身体暴力,还是语言骚扰,比如"基佬"和"歹客",都会受到惩罚。建立一个"安全区"计划——展览海报、贴纸和宣传资料——是宣传学校对所有人而言都安全的好方法。

4. 注重图书馆资源和媒体资源的多样化。学生在查找有关性别和性的准确资料时,首先会去图书馆。但一般情况下,图书馆里很少有关于性少数群体问题的资料。图书管理员和媒体专员需要确保他们的馆藏资料更新及时,能真正反映我们世界的多样性。反映性少数群体主题的作品及其作者应当突出介绍,方便学生查找。图书馆和媒体中心应当在收录的资料中涉及性少数群体的节日和活动,并且应努力确保每个班级图书角的资料也一样齐全。GLSEN 书店以"一站式购物"的方式为大众提供性少数群体的相关资料。

5. 为教师和职工提供培训。学校教职员工需要做好准备，为他们工作中接触到的所有学生提供服务，其中包括本人是性少数群体的学生和家属是性少数群体的学生。所有的教育工作者，不论个人信仰或宗教信仰如何，都应该理解性少数青年/家庭的需求，并且培养相关的技能来满足他们的需求。

6. 提供合适的医疗和教育服务。虽然性少数群体的问题不仅仅是一个"健康问题"，但是在涉及有关性和性传播疾病的健康教育时，也应当谨慎敏感地考虑他们的问题。顾问和健康服务人员在提到性少数群体的敏感性问题时，要格外小心。健康专家可以自学相关服务和机构方面的知识，准备好宣传手册和其他资料，从而为他们工作中接触到的性少数群体学生和家庭提供帮助。

7. 做一个模范。行动比言语更有说服力，消除对性少数群体偏见的最有效方法就是矢志不渝地以实际行动说话，坚持欣赏所有的人类，谴责任何形式的歧视。虽然有些性少数群体教育工作者、辅导教师和管理者选择出柜，这无疑对异性恋学生和性少数学生都有好处，但是好的模范不必是性少数群体，而性少数群体教职员工也不需要为了成为优秀模范而出柜。其实，所有的教职员工都可以成为学生的模范，方法也很多。比如，示范一些表示尊敬的语言，遇到有人骚扰性少数群体的情况时及时出面介入，把一些有关性别和性多样性的图片带到课堂上进行安全展示，并给予肯定的评价。

8. 为学生提供帮助。同龄人间的接受和支持是在校学生产生归属感的关键。同性恋—异性恋联盟（GSAs）不仅可以给予学生这种归属感，还可以给学校带来积极的影响。比如，抵制对性少数群体的偏见，提高人们对同性恋歧视问题的意识，增强人们对性别/性认同多样性的意识。而对这些方面感兴趣的同学，都欢迎加入同性恋—异性恋联盟（GSAs）。目前，在 GLSEN 进行过注册的同性恋—异性恋联盟超过 1200 个，在全国范围内数量则更是数不胜数。不妨考虑一下，去同性恋—异性恋联盟担任顾问，为社区中的学生提供帮助，这样也会方便学生组成社团，增进大家对酷儿问题的理解，从而促进平等的实现，进一步改善学校的环境。

9. 重新评估课程。教育工作者需要总结课程中出现的有关性少数群体的问题——但这不仅局限于健康教育等课程，还应该包括英语、历史、美术和自然科学等学科。现有的课程内容应当进行扩展，适当加入有关性少数群体的图片（比如对犹太人大屠杀和民权运动的研究）。在课堂上应当定期讨论涉及性少数群体的时事、流行音

299

乐和电影以及其他的媒体报道。教育工作者应该精心细致地筛选班级图书角资料和相关故事,安排合理的阅读任务,其中应该充分体现人类的多样性。最后,教育工作者还应该利用"教育时机",把问题、评论和人身攻击的实例当成教育学生学习性少数群体及相关知识的机会。学生们的大部分时间都花在课堂上,只要性少数群体的问题在课堂里还被视作"特殊"问题,那么在课下,学生就会继续把性少数群体看作边缘人群。

10. 扩展娱乐活动和课外活动。课外活动常常可以为校园生活奠定基调,比如晨会、电影之夜和游园会等活动,应当经常包括可以反映世界多样性的内容。特殊的性少数群体活动和节日应当在全校范围内进行庆祝,例如性少数群体历史月(LGBT History Month,即十月)和同性恋骄傲月(Pride Month,六月)。学校的课程中应当定期邀请演讲嘉宾,安排讲座,在校园普及性少数群体的独特需求和性少数群体所取得的相关成就(GLSEN, 2005)。

酷儿术语词汇表

两性现象(Androgyny):在外貌、态度或行为方面既具有男性特征,又具有女性特征。

双性恋者(Bisexual):对两种(或任何)性别的伙伴有好感的人。

生理性别(BiologicalSex):由我们的染色体(男性为 XX,女性为 XY)、荷尔蒙(女性为雌激素/黄体酮,男性为睾酮)和内部、外部生殖器(女性为外阴、阴蒂、阴道,男性为阴茎和睾丸)决定。

性别焦虑症(Gender dysphoria):表达对自己(生理和解剖学上的)性别不满意的心理学术语。典型的性别焦虑综合征与易性症相同。

性别认同(Gender identity):这是一个人内心最深处对于自己是"男性"或"女性"的认同,即我们怎样认识和称呼自己。大多数人形成的性别认同与他们的生理性别一致。但是对一些人来说,他们的性别认同与生理性别并不相同。

性别酷儿(Genderqueer):认为自己是"男性"或"女性"性别之外的人,或不认为自己是"男性"和"女性"的人,或既认为自己是"男性"又认为自己是"女性"的人,抑或是具有某种程度的男女混合特质的人。

性别角色(Gender role):社会上对分属男性和女性的角色和行为的定义。性别角色因文化而异。从大体上来说,我们社会认可两种不同的性别角色。

恐同症(Homophobia):指对同性恋的恐惧和厌恶,特别针对其他人的同性恋,但也指对自己同性恋情结的恐惧和厌恶(内化恐同症)。跨性别歧视(Transphobia)是一个较新的同类术语,指对易性者的恐惧和厌恶。

异性恋主义/同性恋歧视(Heterosexism):认为异性恋具有优越性,对同性恋怀有偏见。异性恋主义/同性恋歧视与恐同症的恐惧和偏见不同。

300

异性恋正统主义(Heteronormativity):"把异性恋和异性恋关系作为社会中基本、'自然'的现象,将其合法化并给予特别优待"的常规和制度(Cohen,2005;24)。

间性人(Intersex 两性间的人或 Intersexual):出生时兼有男女两性全部或部分的性器官或染色体,或具有发育不完全的性器官或不确定性器官的人。该词用于替代有歧视之嫌的"雌雄同体/两性人/阴阳人"(hermaphrodite)。

LGBT(同性恋者、双性恋者及跨性别者)/GLBTQ(同性恋者、双性恋者、跨性别者及酷儿)/GLBTIQ(同性恋、双性恋、跨性别者、间性人及酷儿):用于指代酷儿人群的一系列首字母缩略词,字母的顺序和首字母的数量因使用者而异。这些字母指代含义如下:(L)esbian 代表"女同性恋者";(G)ay 代表"男同性恋者";(B)isexual 代表"双性恋者";(T)ransgender 代表"跨性别者";(I)ntersex 代表"间性人";(Q)ueer or (Q)ueer and (Q)uestioning 代表"酷儿"或"酷儿"和性别存疑者。现在明白我为什么用"酷儿"一词了吧?

出柜(Out/Coming Out/Coming Out of the Closet):"不出柜"(in the closet)是指隐藏某人的性别认同。许多性少数群体在一些情况下会选择"出柜",而在其他况下则保持"不出柜"。"出柜"是指公开宣布自己的性别认同,有时是在与他人的谈话中,有时是在群体里或公共场合下。"出柜"是人生中持续不断的选择——每当处于一种新情况,人们都要决定是否出柜。对一些人而言,"出柜"是一个艰难的抉择,因为他人的反应可能会是完全接受和支持,也可能会是不赞成、反对和暴力以待,因而难以预测。

酷儿(Queer):在历史上是一个贬义词,用于歧视性少数群体,一些人最近又把"酷儿"用成了褒义词,指代不接受古板性别观念和性观念的人。酷儿常常在政治和学术背景下使用,以挑战传统的性别认同观念("酷儿理论")。

未定者(Questioning):指不确定自己性倾向或性别认同的人。这些人常常在自己性别认同的完善阶段寻求相关信息和帮助。

性身份(Sexualidentity):用于确认自己的称谓,例如"女同性恋者"(lesbian)、"男同性恋者"(gay)、"双性恋者"(bisexual)、"双"(bi)、"酷儿"(queer)、"未定者"(questioning)、"未决定者"(undecided)、"不确定者"(undetermined)、"异性恋者"

(heterosexual)、"直人"(straight)、"无性恋者"(asexual)和其他,等等。

性倾向(Sexual orientation):性倾向由在性爱和爱情上吸引我们的人决定。

异性恋盟友(Straight Ally):支持性少数群体并拥护其权利的任何非酷儿人士。

跨性别者(Transgender):是指倾向于跨越性别界限的人,但与酷儿不同,跨性别者表现为"相反的"性别,而不是主张性别自由。

变性(Transition):改变性别的过程,包括荷尔蒙和生活习惯(参见上文)的转变以及最终的外科手术。这一过程的实际时间最短约为两年,但通常会更长一些。

变性者(Transsexual):想要做变性手术、做过变性手术或应该去做变性手术的人。

以上定义改编自 GLESN 官网 http://www.glsen.org/cgi-bin/iowa/all/library/record/1278.html

逃离热线

许多年轻人的父母在发现他们是酷儿时,会把他们逐出家门。我们为这些年轻人提供下列电话号码,以备不时之需:全国逃离和青年服务系统(National Network of Runaway and Youth Services):202 - 783 - 7949,或全国逃跑总机:1 - 800 - 621 - 4000;听力障碍人士请致电失聪者电讯设备(Telecommunications Device for the Deaf,TDD):1 - 800 - 621 - 0394。

网络资源

301 同性恋和异性恋者教育系统(GLSEN) http://www.glsen.org/cgi-bin/iowa/home.html

同性恋和异性恋者教育系统(GLSEN)的可下载文献:

《GLSEN 处理与学生性倾向和性别认同密切相关的法律问题》http://www.glsen.org/cgi-bin/iowa/all/library/record/1742.html

《从戏弄到折磨:全国学校欺凌事件的新报道》http://www.glsen.org/cgi-bin/iowa/all/library/record/1859.html

同性恋者的父母、家庭和朋友(Parents, Families, and Friends of Lesbians and Gays, PFLAG):http://www.pfl ag.org/Parents, Families, and Friends of Lesbians and Gays

《关于跨性别儿童和他们的家庭》,一份常见问题解答,摘自 PFLAGTalk/TGS-

PFLAG 的虚拟图书馆超链接 http://www.critpath.org/pflagtalk/tgKIDfaq.html

性少数群体的父母、支持者和护理人员专用书籍的在线参考文献 http://www.bidstrup.com/parbiblio.htm

我儿子是同性恋！现在该怎么办？http://www.bidstrup.com/parents.htm，专为性少数青年的父母设立的网站。

北美间性人协会 http://www.isna.org/

酷儿少年的网络群体，酷儿青年聚会的新型正面场所！

积极的性联盟（http://www.positive.org）虽然面向女性，但也为酷儿提供许多的图片。

Mogenic（http://www.mogenic.com）标榜自己为"世界上最大的同性恋青年网络团体"。

性少数群体青年的自尊（http://www.youthpride-ri.org/youth/default.asp）为受性倾向和性别认同/表达影响的性少数群体青年和性少数群体年轻成员提供支持、建议和教育。

Outright（http://www.outright.org/）的任务是为 22 岁及以下的同性恋者、双性恋者、跨性恋者和未定者提供安全、稳定和积极的环境。Outright 支持由酷儿青年主张的思想体系，认为酷儿青年的需求和观念可以促成决策，而青年人和成年人需要联合起来共同努力，才能为酷儿青年提供帮助、教育、建议以及引导他们参与社会活动。

Youth TIES http://www.youthgenderproject.org/

跨性别和间性青年教育服务（Youth Trans & Intersex Education Services，Youth TIES）是由性少数群体青年领导的组织，代表跨性别（Transgender）、多样性别（Gender-variant）、间性（Intersex）和未定者（Questioning）（TGIQ）的权益。

（赵丹丹　译）

注：

1. 我承认酷儿（queer）这个词本身有问题，带有歧视色彩（Macgillivray，2004），但是有太多的儿童和青年属于这个范畴，我还是习惯使用"酷儿"（queer）这一包含性词语。我发现很多年轻人把酷儿（queer）这个词用得很随意，比使用性少数群体（LGBTIIQ）要随意得多。
2. 我使用了假名来称呼"晨曦"（New Dawn）和在该学校就读的学生。但我并没有假名来指代联盟高中，因为全国和地方媒体早已报道过这所学校，克里斯曾接受过当地报纸的采访，其他学生也在全国性杂志中有过特写。

3. 本章完成后，两位"美国年轻同性恋"（Young Gay American，YGA）的创办者中有一位改变了自己的宗教信仰，并放弃了自己的同性恋身份和对酷儿的支持工作。《美国年轻同性恋》杂志（*Young Gay America*）仍在新的管理下进行改进。因此目前建议读者使用其他资源。

302
参考文献

American Association of University Women. (1993). *Hostile hallways*. Washington, D. C. : American Association of University Women Educational Foundation.

American Association of University Women. (2001). *Hostile hallways: Bullying, teasing, and sexual harassment in schools*. Washington, D. C. : American Association of University Women Educational Foundation.

American Association of University Women. (2004). *Harassment-free hallways: How to stop sexual harassment in school*. Washington, D. C. : American Association of University Women Educational Foundation.

Baker, J. M. (2002). *How homophobia hurts children: Nurturing diversity at home, at school, and in the community*. Binghamton, NY: Harrington Park Press.

Bontempo, D. E. , & D'Augelli, A. R. (2002). Effects of at-school victimization and sexual orientation on lesbian, gay, or bisexual youths' health risk behavior. *Journal of Adolescent Health*, 30, 364 - 374.

Britzman, D. P. (1998). *Lost subjects, contested objects: Towards a psychoanalyutic inquiry of learning*. Albany: State University of New York Press.

Carr, S. (2006, May 7th). Embracing and accepting. *Milwaukee Journal Sentinal*. Retrieved March 15, 2006 from, http://www.jsonline.com/story/index.aspx? id = 4202887

Cohen, C. J. (2005). Punks, bulldaggers, and welfare queens: The radical potential of queer politics. In E. P. Johnson & M. G. Henderson (Eds.), *Black queer studies*. (pp. 21 - 51). Chapel Hill, NC: Duke University Press.

Cosier, L. (2001). *From the outside, in: An ethnograohic case study of an art classroom in an alternative high school for at-risk students*. Unpublished PhD dissertation, Indiana Universitry.

Cosier, L. (2004). Anarchy in the art classroom: A proposal for meaningful art education. In D. Smith-Shank (Ed.), *Semiotics and visual culture: Sights, signs, and significance* (pp. 48 - 50). Reston, VA: National Art Education Association.

D'Augelli, A. R. , & Grossman, A. H. (2006). Researching lesbian, gay, and bisexual youth: Conceptual, practical and ethical considerations. *Journal of Gay and Lesbian Issues in Education*, 3(2/3), 35 - 56.

D'Augelli, A. R. , Hershberger, S. L. , & Pilkington, N. W. (2001). Suicidality patterns and sexual orientation-related factors among lesbian, gay, and bisexual youths. *Suicide and Life-Threatening Behavior*, 31, 250 - 274.

Eugenides, J. (2002). *Middlesex*. New York: Picador.

Gay, Lesbian, & Straight Education Network (GLSEN). (2005). *Ten things educators can do to ensure that their classrooms are safe spaces for ALL students*. Retrieved August 20th, 2006 from, http://www. glsen. org/cgi-bin/iowa/all/library/record/1796. html

Harris Interactive & GLSEN. (2005). *From teasing to torment: School climate in America, a survey of students and teachers*. New York: GLSEN.

Halberstam, J. (1998). *Female masculinity*. Durham, NC and London: Duke University Press.

Human Rights Watch. (2001). *Hatred in the hallways: Violence and discrimination against lesbian, gay, bisexual and transgender students in U. S. schools*. New York: Human Rights Watch.

Intersex Society of North America. (2006). Shifting the paragigm of intersex treatment. Retrieved March 20,2006, from http://www. isna. org/compare

Kissen, R. M. (Ed.). (2002). *Getting ready for Benjamin: Preparing teachers for sexual diversity in the classroom*. Lanham, MD: Rowman & Littlefield.

Kosciw, J. G. (2003). *The 2003 National School Climate Survey: The school-related experiences of our nation's lesbian, gay, bisexual and transgender youth*. New York: GLSEN.

Macgillivray, I. K. (2004). *Sexual orientation and school policy: A practical guide for teachers, administrators, and community activists*. Lanham, MD: Rowman & Littlefield.

Mallon, G. P. (1998). *We don't exactly get the welcome wagon: The experiences of gay and lesbian adolescents in the child welfare systems*. New York: Columbia University Press.

Menvielle, E., & Tuerk, C. (2006). *To the beat of a different drummer: The gender-variant child*. Retrieved September 6, 2006 from, http://www. patientcarenp. com/pcnp/article/articleDetail. jsp? id = 162480

National Education Association. (2006). *Safe schools for everyone: Gay, lesbian, bisexual, and transgendered students*. Retrieved December 27, 2006 from, http://www. nea. org/schoolsafety/glbt. html

Owens, R. E. (1998). *Queer kids: The challenges and promise for gay, lesbian and bisexual youth*. Binghamton, NY: Harrington Park Press.

Padilla, Y. C., Neff, J. A., Rew, L., & Crisp, C. (2006). *Social risk factors associated with substance abuse among gay and lesbian youth*. Retrieved August 28, 2006 from, http://www. utexas. edu/research/cswr/nida/Padillapage. html

Quinlivan, K. (2006). Affirming sexual diversity in two New Zealand secondary schools: Challenges, constraints and shifting ground in the research process. *Journal of Lesbian and Gay Studies in Education*, 3(2,3),5 – 33.

Russell, S. T., Franz, B. T., & Driscoll, A. K. (2001). Same-sex romantic attraction and experiences of violence in adolescence. *American Journal of Public Health*, 91,903 – 906.

Russell, S. T., Serif, H., & Truong, N. L. (2001). School outcomes of sexual minority youth in the United States: Evidence from a national study. *Journal of Adolescence*, 24, 111 – 127.

Savin Williams, R. C. (2001). *Mom, Dad, I'm gay: How families negotiate coming out*.

303

Washington, D. C. : American Psychological Association.

Sears, J. T. (2006). Editor's note. *Journal of Gay & Lesbian Issues in Education*, *3*(2/3), 1 - 4.

Twemlow, S. W. , Fonagy, P. , & Sacco, F. C. (2002). Feeling safe in school. *Smith Studies in Social Work*, *72*(2),303 - 326.

Warner, M. (1991). Introduction: Fear of a queer planet. *Social Text*, *9*(4[29])3 - 17).

Young Gay America. (2006). Retrieved March 10,2006 from, http://www. ygamag. com

YouthResource. (2006). *Trangender youth*. Retrieved March 26, 2006 from, http://youthresource. com/living/trans. htm

19

勇敢抗争,冷静应对,坚决回击

能动性、反抗与可能性——女同性恋青年的
校园故事

伊丽莎白·C·佩恩(Elizabethe C. Payne)

走廊里，人们用异样的眼光看你。当你知道人们因为你无法改变的事这样看着你，在背后说你"歹客"(dyke)长，"歹客"短的，你会觉得芒刺在背，度日如年。实际上，你只是被定型化了，这并不是真正的你。——琳达(Linda)

上面的引言让人看到了对许多女同性恋者不友好的校园环境。学校是典型的异性恋主义和恐同症场所，在这里，学校的所有成员都被认为是异性恋，被期待遵从传统的两性角色，否则就会受到惩罚(Blackburn，2004；Macgillivray，2000；Payne，2007)。异性恋主义是"青少年在学校日常生活中影响最大的现实之一"(van Wormer & McKinney，2003，p. 409)。任何背离异性恋"规范"的行为都得不到学校大纲的认可(Macgillivray，2000)，也很少能得到学校批准的项目的承认。这些"沉默"的存在没有得到承认(Loutzenheiser & MacIntosh，2004，p. 152)。学校的这种做法把异性恋以及与之相关的性别表现确认为"正常"、"占据道德优势"、"主流"且"享有特权"的(Loutzenheiser & MacIntosh，2004，p. 152)。这些包围非异性恋的"沉默"使女同性恋学生被"隐身"(Quinlivan & Town，1999)、被孤立了(Payne，2002a)，同时这种存在也标明了女同性恋的身份，把她们归为"他者/异类"(Youdell，2005)。

那些违背了异性恋的性和性别期望的青少年女孩，在学校经常会受到孤立和嘲笑(Thurlow，2001；Wyss，2004)。一些没有社会地位的女生(Duncan，2004；Durham，2002)以及那些不注重外表，对浪漫的异性恋没有兴趣的女生(Eckert，1994)则被说成是"女同性恋"。遭此非议的还有那些坚持参加竞技体育运动的年轻女子(Chambers，Tinckell，& Van Loon，2004；Shakib，2003)。一旦一位女性被称为"女同性恋"，那么她在"社会和政治上就会被边缘化"(Loutzenheiser & MacIntosh，2004，p. 152)。因为害怕被称为"女同性恋"，许多年轻女性在学校里不得不特别谨慎(Macgillivray，2000；Shakib，2003)，这一点也影响了很多女同性恋对恐惧同性恋的校园环境的回应。那些被嘲笑为"女同性恋"的学生往往"缺少教职人员的保护"(Wormer & McKinney，2003，p. 410)。教师们对那些称呼已经习以为常，因此也很少做出回应(Macgillivray，2000)，这进一步强化了学校的异性恋主义文化，同时也"鼓励了不容异端的文化"(Wormer & McKinney，2003，p. 410)。

由于学校课程和体制均对此保持沉默，女同性恋被视为"异类"，那么女同性恋在

学校的生活到底是怎样的呢？事实上，人们对她们的生活知之甚少。对青少年女同性 305
恋的研究，大多是靠成年人的回忆来审视青少年性身份的发展（Boxer & Cohler，
1989），而不是对年轻女同性恋者自身的研究。除此之外，这类研究很少关注女同性恋
青年遭遇到的歧视，和学校里异性恋主义正在减少的现象（Loutzenheiser &
MacIntosh，2004；Wormer & McKinney，2003）。

这一章通过在得克萨斯州大都市区实施的一项更广泛的青少年女同性恋生活史
研究，来调查他们的学校经历，以及对于异性恋主导文化的抵抗。她们的故事不仅表
明了在学校里建构异性恋是正常的，而女同性恋身份则不可接受的观念的方式
（Youdell，2005，p. 251）；同时这些年轻女子所用的创造性策略就是"坚持到底"
（Lindsey），并继续留在学校。这些年轻的女同性恋者在关于自己的性别和性取向上，
他们通过选择自我沉默、尝试融入、直接表明心意，或者讲述故事来面对压力和体制的
沉默。

研究方法

参与者

本研究的参与者包括八位年龄在 18—21 岁之间的白人中产阶级女同性恋者，她
们曾经或正在得克萨斯州大都市区的中学就读。研究过程中，有两位女性正在读中
学，一位女性已经毕业并参加了工作，其余五人正在读大学。这几位女性均在不同的
学校就读，其中两位高中生和参加工作的高中毕业生都是通过当地的性少数群体青年
支持团体找到的。几位大学生则是从校园海报或研究人员了解到本研究，从而参与其
中的。本研究的所有参与者都出于自愿。由于本研究中的年轻女性在面试时都处于
青春期后期，故对先前的经历记忆清晰，并且没有受到成人经历的影响（Payne，
2002a；Wyss，2004）。

本研究选择参与者的唯一标准，除了年龄和"女性"这个生理性别之外，就是在本
研究涉及的得克萨斯州的中学就读期间，自己贴上女同性恋的标签的人。本研究对参
与者的种族没有任何要求。她们的最低年龄由机构审查委员会确定为 18 岁。所有参
与者都称自己是女同性恋，但是这并不意味着在本研究中所有参与者对女同性恋都有
着相同的理解。因此"女同性恋"并不是一个固定的范畴，也没有一个单一的含义。没

有参与者认为自己的身份是"酷儿"。

在同一个的地理区域和相同的社会历史期间,这些自认为是同性恋的年轻女性在性别和性取向方面都遇到过类似的体制压力,也有着类似的资源(或资源匮乏)。由于这种来自相似的社会地位(青少年白人中产阶级女性)的体制压力,她们的经历也十分相似。但是,这些年轻女性不应被视为任何历史时期的年轻女同性恋的"代表"。通过审视这些年轻女性在 21 世纪初所面对的结构性因素和体制压力,我们可以更好地理解她们的经历。她们的故事和美国前几代女同性恋的故事之间的共性,凸显了性少数群体和女同性恋在美国社会中的边缘化地位,说明了女性和性少数权利运动虽然取得一些进展,但是美国文化中根深蒂固的性和性别期望仍然没有改变(Payne,2002a)。

主体

我在中学任教的最后两年加入了 SAAV 俱乐部,全称为"艾滋病意识与志愿精神学生俱乐部",是由一群关注艾滋病的学生创立的。这所学校没有总务部门,SAAV 会议就成了接受同性恋、双性恋和未定者学生的交流场所。在俱乐部里,我遇到了一位名叫丽莎(Lissa)的高二学生,她在 14 岁时与另外一位新入学的女生有过一段关系。她的父母看到了她的日记,严厉地惩罚了她,并威胁说如果她不洗心革面,就把她赶出家门。她在校内外的一举一动都受到监视,她的父母还强迫她退出了俱乐部。我给了丽莎坚定不移的支持,因此她有时会在放学后来找我倾诉。对于丽莎在中学里的经历,我始终投以敬畏的目光。尽管她的家庭生活很痛苦,但是她追求成功的毅力和决心令人感动。她坚信,是这个世界——而不是她自己——出了问题,这一点也令人动容。由于丽莎的缘故,我对青少年女同性恋的自我认同和女同性恋的动力与坚韧产生了兴趣。于是,我把自己的研究重点转到了年轻女同性恋的生活上。我最感兴趣的是女同性恋对性别和性取向的理解以及自我认同。然而,虽然中学并不是我的主要研究领域,但是却常常为这些身份认同的过程提供了平台。

访谈方法与分析

在本研究中,笔者基于林德(Linde,1993)的研究成果,把凯斯佩肯(Carspecken,1996)的定性研究方法用来分析受访者的生活故事。这种生活故事研究法非常适合引导人们"发声",在研究女性生活的女权主义者中颇受青睐,但是传统的生活故事研究方法放在更大的社会政治背景下,却很难找到那个"发声"对象。把对生活故事研究法

306

的批判和批判性分析结合起来，有利于阐明那个贬低人民价值、压制他们声音和权利的等级结构，并确定破坏或削弱受访者充分认识自己潜能的机会的那些过程。

本研究所有的访谈都是开放式的回答，首先要求受访者回答同一个问题，即描述他们的中学经历："请描述一下你在高中印象深刻的一次经历。"对这个问题，五位年轻女性马上给出了自己的描述，她们的回答显示出自己中学生活的艰难：

> 我高三之前对这事一直非常厌恶（Nicky）。
>
> 那几年我一直非常沮丧（CiCi）。
>
> 那些经历太可怕了（Lindsey）。
>
> 我觉得我高中过得很糟（Amy）。
>
> 我讨厌上学。我就是讨厌高中。我不想在那里。我每天都想哭（Linda，大一学生）。

受访者不停地倾诉，直到讲累了为止。访谈的平均时间是 3 小时 25 分钟。关于性取向的问题，在受访者讲述完她们的故事之后，才试探性地问及。

生活故事是在文化背景之下不断变化的自我叙事。故事的"真实性"在于它对讲述者的意义以及通过故事使讲述者得以在社会情境中漫游。事件的"真实性"以及事件是否"真的"如她们所说的那样或是否"真的"与讲述者的经历存在因果关系，并不是本研究的重点。例如，一位受访者回忆了一位老师关于同性恋问题的言论。她的回忆是否"正确"其实并不重要，重要的是她讲述自己故事的方式。

注：本章中，数据部分引号内的词句均为本研究参与者的原话。

坚持到底直至"逃离地狱"

本研究中的一些年轻女性自愿"出柜"，有些是"被出柜"，还有些人则选择不透露自己的性取向。本研究中所有的年轻女性参与者都在恐同的学校环境里受到过言语和感情上的虐待。每一个人都有自己的反抗方式，或者说她们作为女同性恋学生在学校中生存的方式。在这些女性中，除一人之外，所有的人都感到孤独。这些年轻女性陈述的经历为我们提供了机会，要求教师辅导员或管理者做出改变，积极地影响她们的生活。她们的故事，让我们得以想象一所没有恐惧和隔离的学校应该是什么样子的，从而去想象改变的可能性。

能动的沉默

埃米（Amy）、茜茜（Cici）和妮基（Nicky）在中学里都没有"出柜"，但是她们的学校环境并没有保护她们免受恐同环境的影响。每一位女生都是学校体制性沉默的受害者，她们意识到自己的同性恋身份一旦暴露，就会面临危险，因此她们也选择用沉默的方式保护自己，从不向老师和同学公开她们的性身份。沉默常被视为不作为，同时也被视为"能动性"的对立面。而在这里，沉默是这些女性在权衡学校环境后做出的明智之举。

埃米在一所较大的郊区高中就读，在那里，她从未听到过任何关于性少数群体的正面言论，因此她知道不能公开自己的性取向：

> ……高中里从来没有（正式地）讨论过同性恋问题。即便提到，也都是些负面的言论，非常负面，就像有人在骂你"基佬"（fags）一样。我从来没听到过关于同性恋的正面言论。[它让我感觉]非常糟糕。这让我觉得……所以人们在谈论同性恋时，我总是避而远之。我觉得很受伤，因为从某种程度上说，他们就是在谈论我。他们说的那些话很伤人，我真的很伤心。

308　　当埃米听到其他同学开"同性恋玩笑"，或者称呼对方为"基佬"时，她就想站出来，去保护别人，也保护自己，但是她不敢。在埃米的学校，人们假设所有的学生都是异性恋，所以学生们都非常谨慎地避免做出"出格"的行为。埃米说："有些人，比如南希（Nancy），她一直在为同性恋正名，有人就说她'一定是同性恋'。"当为同性恋申辩的学生就被说成是同性恋时，教师们却保持了沉默。

在埃米的学校，一切和同性恋相关的东西都带有贬义。她感到孤独，也没有盟友，同时因为不敢表达自己而心情很糟，但是她清楚若是站出来，就会被戴上同性恋的帽子。埃米曾尝试过屈服，虽然她对自己的性取向从不"说谎"，但也会谈论她并不存在的男朋友，她想让其他人以为她是异性恋。埃米和她的一位男性朋友一起参加了一次舞会，因为这会让很多同龄人觉得他们是在约会。舞会那天晚上，她告诉了那位男性同伴自己的性取向。他是埃米在学校里坦白的第一个、也是唯一的一个同学。尽管那位男性同伴回答说"没关系，我可以接受同性恋"，但是她"还是非常担心"消息可能会传遍全校。埃米在接受访谈时离毕业还有一个月，她说她希望这个月快点过去，不要让她成为传闻中的主角。她的沉默已经保护了她三年，但她仍然担心对舞伴的坦白是个错误。

埃米不知道学校里有没有人"出柜"。她说："当时我还以为我是得克萨斯州唯一的同性恋。我想了很久，觉得自己至少是学校里唯一的同性恋。"埃米的策略是基本上断绝社会交往，这样她给自己创造一个与外界隔绝的孤立空间。她和运动队的队友共进午餐，但是私下却从不和她们来往。在吃午饭的过程中，除了体育活动安排和学校作业，她始终保持沉默。她在同学中没有朋友。她说："我很孤独。"尽管埃米学习不错，"成绩很好"，但她在课堂很少发言。埃米的沉默就是她的保护壳。

在另一所城郊中学就读的茜茜也选择了不"出柜"。她说："我不想被别人戳脊梁骨。"茜茜觉得在她的学校"出柜"很危险。因为茜茜来自"加里福尼亚"，和别人"不一样"，她已经遭到了同学的言语骚扰。她害怕说出她的性取向，人身安全会有危险，但是要她说谎隐瞒她又不愿意。于是如果有人叫她"歹客"，她既不承认，也不否认，只是走开了事。学校里的教师对学生辱骂同性恋的事一向无动于衷，因此茜茜觉得他们是站在施虐者一边的。有一天，一些男生在食堂里

> 互扔食物，骂对方是"基佬"，还大声嚷嚷"天啊，我有艾滋病"。但是老师们却视若无睹。"我看见有个老师似笑非笑地望着这一切，他听到我说了句'混蛋'，却对我说'学校里可不能骂人'。我当时就想"天哪，'基佬'就不是骂人吗？我觉得那也太讽刺了。我是说，他伤害了我的自尊，你懂吗？"

后来她就不再相信老师了，也不再向他们报告她经历或者目睹的骚扰事件。

在这样的恐同症环境里，茜茜的反应是"不去想学校的事"。没课的时候，她基本上都泡在学校图书馆。她说："就这样，我开始真正爱上了书籍……我甚至午饭都是在图书馆吃的。我还逃过几次课。我只是待在图书馆里。"茜茜在中学里没交过朋友。她说："我不和任何人约会，只是拼命读书。"就这样，茜茜用尽可能隔离自己的方式来抵抗学校里的恐同环境。她在图书馆安静的氛围下，感到很安全，她说"书就是（她的）朋友"。

在妮基所在的学校里，异性恋主义的环境让她清楚地感觉到需要隐藏自己的同性

309

恋身份，所以她感到很孤独。她说："我明明知道学校里有很多同性恋，但是仍然觉得只有我一个人是同性恋。"妮基小心翼翼地塑造了一个让人满意的在校形象。对她而言，重要的是不能让人怀疑她的性取向和被孤立的感受。她说：

> 我没有向任何人敞开心扉，因为我知道他们不会理解。我常常想，我干吗要告诉这些人，他们根本不会懂我的。所以，为了瞒住这件事，我就像是个小丑，不是说无聊的笑话，就是装傻充愣，我总是装得很开心，这样人们才不会问："你怎么啦，有什么烦心事吗？"我不想老被人问这种问题。所以我只能戴上这个假面具，不和任何人交往，装出一副没心没肺的样子，把自己的内心隐藏起来。可是夜深人静的时候，我会躲在被子里哭泣。我在中学里基本上就是这样过来的。

妮基说当她进入大学时：

> 进大学真是太棒了，我不必像在中学里那样处处小心，每一句话都要掂量掂量，唯恐出错。在大学里我说话没有顾忌，例如说"那女孩真可爱"等，在中学里可不行。大学里真的不一样，我可以畅所欲言，不用再担心什么。真是太好了。我觉得这特别酷。

在整个中学期间，妮基为了自我保护一直都小心翼翼地"隐藏"她女同性恋的"真正"身份。她总是装得像个小丑，而且不能露出破绽。她常常给自己加油打气，以便继续装下去："我对自己说'我不需要做我自己'，我只能这样。"她觉得她在中学里就像一个二等生，连表达自己"真正的身份"都不敢。妮基害怕如果她的性取向暴露了，就会惹祸上身。这种担心驱使妮基采取了一系列应对策略，结果弄巧成拙，反而遭人耻笑。她从心底里排斥那些同学，直到高三她才有了一个很小的朋友圈，但是在进大学之前，她一直不敢公开自己的性取向。事后谈起中学的时候，她说："在那个鬼地方我只有一个念头，那就是赶紧离开。"

为了避免因为自己的性取向遭到质疑和歧视，一些年轻女性选择了迎合异性恋规范的期待（Shakib, 2003），或假装自己是"异性恋"（O' Conor, 1993）。这种围绕着性取向的沉默和伪装，往往与"出柜"文学中"羞耻感"和"自卑感"相关。埃米、茜茜和妮基三人都用沉默来应对学校的环境。但这种沉默的行为并非出于羞耻感，而是年轻的女同性恋者在异性恋主义的校园文化中所做出的选择，是她们在学校环境中经过深思熟虑的抉择。埃米和妮基假装是异性恋，但是她们并没有谎称自己对男生有兴趣。她们觉得被当做是异性恋能使自己在学校里更安全点。茜茜虽然没有主动伪装成异性恋，但是相信公开自己的非异性恋身份会"被别人戳脊梁骨"。这三位年轻女性都选择了自我孤立，拒人于千里之外，以免暴露自己的性取向。她们觉得这种选择有助于她们在学校的环境中应对自己遭受的屈辱。

打破的沉默

沉默不总是可取的，有时年轻女性在公开自己的身份或准备公开身份前，就被贴上了"同性恋"的标签。琳赛（Lindsey）就是这样一个例子。她就读于一所大型艺术类精英中学，关于那所学校，她说："如果你以为那些人都可以接受女同性恋，那就大错特错了。"她高一时意外"出柜"，从此便不停地受到辱骂。这给她带来了毁灭性的后果。她觉得自己不断遭到攻击，却没有人为她说话。她说：

> 有一次我在外面吃午饭，那些人走过来，开始对我读圣经，告诉我犯下了罪孽。我去了辅导员办公室，我说："您看，这些家伙在嘲笑我，我没法让他们住嘴。"老师说："你有没有做了什么事激怒了他们？"我一下子不知如何回答。我记得我当时就开始哭，回答说："不知道。"

琳赛公开了自己的性身份之后，并没有得到辅导员的帮助。事实上，她一走，辅导员立马打电话告诉了她的父母，在她家里掀起了轩然大波。琳赛说她"在学校天天被人嘲笑"。"那时我很小，他们就天天找我的碴。""天哪，太可怕了。所有的人都在说我坏话，没有一个例外。"于是，她改变了自己的策略：

> 我想要让那些人彻底闭上嘴巴，与其躲躲藏藏的，还不如公开承认。当他们说"你是同性恋"的时候，要是我回答"不是"，他们就会变本加厉。所以，我索性回答说："是啊。你有意见吗？"我开始反抗，并努力消除他们的攻击性，后来他们就不再那样咄咄逼人了。

琳赛在高中的前两年都在拼命反抗，真的是快"疯了"。她是学校里"唯一'出过

311 柜'"的人。虽然很多人都知道,但她从没向学校或教师寻求过帮助。她说:"我的高中生活是在人们的嘲笑声中度过的,因为在他们眼里,我不再是琳赛,只是个同性恋,仅此而已。"琳赛几乎每天都哭。"(学校里)每个人都恨我。"过了两年这种"可怕"的生活后,她父亲把她转到了另一所郊区中学。为了翻到新的一页,琳赛"留了长发",这样就"没人把她当同性恋了"。她觉得自己从骚扰中解脱了。她在新的学校里假装成"异性恋",成功地掩盖了自己的身份。她沉迷音乐,不与别人交往。她让其他同学以为自己正在和唯一的朋友交往,他是乐队里坐在她旁边的一个男孩。"这样日子好过多了,"琳赛说,"我需要这样的时间。"她在高三第二学期出柜了,那时她喜欢上了班里的一位同学。她说:"我压抑得太久了,那时只想尽情出柜,尽可能表现得另类些。"她开始大胆地戴上了"自由戒指",她说:"我快和学校再见了。我想我解放了。"琳赛认为她的老师在高中的最后几个月把她当作另类,评定成绩时对她格外严苛,在作业中给她发挥创意的余地也更少。她说:"我的成绩从 A 降到了 B,但是我作业的质量并未下降。"

琳赛选择了三个策略,分别应对她在学校里遇到的情况。高一时,当她从学校的工作人员那里得不到帮助时,她就用强硬的态度保护自己。她努力让那些污蔑她的人闭嘴,但是这让她感到很累。到了高二那年,她说:"我太累了。我再也不想做什么了。"当她有机会"重新开始"时,她选择了另一个方法:沉默。她抹掉了自己高中前两年所有与同性恋身份有关的印记。把头发留长,摘掉了拇指上的戒指,使用"没有贴着梅莉萨·埃瑟里奇(Melissa Etheridge)贴纸的活页夹"。在长达一年半的时间里,她没有告诉任何人她是同性恋,所有的人都以为她是异性恋。在高三最后三个半月里,她则选择以一种攻击而非防守的方式"出柜"。尽管学校的反应并不积极,但她决心"坚持到底"。琳赛一直努力寻求各种策略应对异性恋主义的环境。她试图在这个环境中接受教育,但是教职人员不是保持沉默就是火上浇油,没有人站出来帮助她。

勇敢面对,大声表达

沉默是应对学校里异性恋主义环境的策略之一。但是有时候,和琳赛在第一所高中的情况一样,有些年轻女性觉得,她们必须站起来,面对那些骚扰她们的人。除了沉默,应对异性恋主义的策略还有很多种形式。梅拉妮(Melanie)小时候喜欢体育运动,但是当她进入青春期时,她的体育爱好却成了同龄人谩骂嘲笑的对象,他们叫她"假小子"和"男人婆"。在初中时,老师听到这些话并没有什么反应。梅拉妮觉得如果她改变一下外形,符合"女孩儿"的穿着,就没有人会关注她参加体育运动了。在妈妈的帮助下，梅拉妮把自己的外表重塑成了一个"女孩儿"，打扮成女孩儿的样子，穿"女孩儿"的衣服，"有时还会穿连衣裙和短裙"，"化一点淡妆"，背一个小包。然而，梅拉妮依然被嘲讽。老师们则依旧保持沉默。有个男孩甚至一直在折磨她。

> 我只要在学校里，他就会喋喋不休地说"快看谁来了"，然后他就会拿起我的 312
> 包，在全班同学的面前嘲笑我……有一次他话音刚落，我就冲上去给了他一拳，
> 狠狠揍了他一顿，而且是穿着裙子揍他的。

那天梅拉妮被带到校长办公室，受到了惩罚，然而那个男孩却没事。从此以后，梅拉妮就不再装"女孩儿"了，她重新穿上了符合她的"运动"风格的"舒适"衣服。虽然有人还在她背后指指点点，但是再也不敢当面嘲笑她了。梅拉妮决定依靠自己，不再指望老师的帮助。她先是采取了顺从生理性别的策略，希望能停止这些骚扰，但是没有奏效，于是她便用武力让人们闭上嘴巴，不再公开嘲笑她。

琼(June)和琳达也是在高中时期出柜的，她们也都受到了直接的言语伤害和歧视。她们声称，自己对学校的恐同环境的抵抗方式是直接表达对其认同，或者就要学着忍受。

琼就读于一所城里的特色中学，她运动能力较强，以为那所学校是适合她的好地方，后来却发现自己并不"适应"。因为她看起来比大多数人还要强壮，所以在她出柜之前，就有人认为她是同性恋。尽管琼长发披肩，而且从来没有表现出任何男人的味道，但是她觉得人们对她"就是有这种看法"，甚至在她出柜之前，这种看法就影响了人们对待她的方式。她"出柜"后，人们就不再掩饰自己的嘲笑和偏见了。琼觉得老师没有给过她任何帮助，因为老师"不喜欢她"，唯一的原因就是她是"同性恋"。琼把自己和体育教练之间的问题归结为恐同症。除了篮球，琼也打排球，直到她被"踢出排球队"。

> 去年我出柜了，她(教练)不喜欢同性恋，甚至很反对同性恋。我很快就发现
> 了这一点，她当面告诉我，她开除我就是因为我是同性恋。她走过来对我说："想
> 知道我为什么开除你吗？""不知道。""因为你是同性恋。"

后来琼调到校篮球队，她觉得人们对她好些了，但是她的性取向仍然是人们非议

的话题。队里有一个女孩,有一次琼和她一起乘坐公交车时,她开始对琼的性取向进行"说教"。"她坐在公交车上,嘴里念念有词:'主啊,帮帮这个人吧'。我说:'主啊,赶紧让她走,让她滚吧。'"琼去篮球队后,在更衣室里也会和队友产生矛盾。她不但无力改变这种情况,而且还得认可队友对待她的方式,她解释说:

> 在更衣室里,有几个女生会感觉特别别扭。她们老是用衣服遮住自己的身体。我说"别担心;我不会看你的",但是她们仍然很不自在。我知道那是因为我,于是我径自走到自己的更衣柜旁塞好东西、更换衣服。我可以就那样经过她们的更衣柜,什么也不说,但我并不想那样做。所以我出去时,经过她们的更衣柜时就会说:"嘿,伙计们,我出去了。你们可以换衣服了。"她们会异样地看着我:"你什么意思?""你们知道我的意思。我在这里你们不舒服,这一点儿也不好玩,那我出去就好了。"

313

尽管在学校的走廊上,琼会听到有人骂她"男人婆"、"歹客"之类的话,但是对她伤害最深的还是队友的恐同症。虽然她们在球场上会称赞她,但是私下里却从不和她联系。在更衣室里,她和队友的矛盾继续上演着,但她还是坚持维护自己在那里的权利。她说:"只有在我进球的时候,她们才喜欢我。"

> 我喜欢进球,控球能力也很强,因为我是那种被目标支配的人。这就像是一小股电涌,你知道。我不断地投篮得分……但是她们仍然不想在更衣室看见我。

谈到和队友的紧张关系时,她觉得很无助,她说自己受到了不公平的对待。她说:"你知道的我就不想说了,比如他们是怎样对我的。你懂的。"琼认为她的篮球教练心里很明白,但是却选择了"置身事外"。琼觉得这也许和教练自己的身份有关,她怀疑教练也是女同性恋。

一开始琼对付恐同症的办法是不予理会。别人在走廊里叫她,她只当没听见,对自己遭受的不公平对待,她也从来不找老师。她的办法是"随他们去"。她希望当他们自觉没趣时,就会停止对她的嘲笑。但是这种方法让琼始终觉得很窝囊。对琼而言,体育运动比学业更重要,作为有价值的团队成员是她身份的核心。她觉得应该为自己站出来说话。她希望人们认为自己出名是因为精湛的球技,而不是她的性取向。尽管她对队里贡献很大，但所有人还是疏远她，她觉得这很不公平。

　　琳达在高三那年有了第一个女朋友。虽然她们在就读的天主教女子中学"出柜"了，但是彼此之间还是一直保持距离。琳达说："米歇尔（Michelle）不仅是我女朋友，也是我最好的朋友。如果她哭了，我在走廊上也不敢拥抱她，因为我害怕这会带来严重后果。这太难了。"尽管琳达遭受了别人对同性恋的歧视和厌恶，但是她并不孤单。高三那年，有几个年轻女孩也"出柜了"，她们常常一块"出去"。琳达第一次觉得自己得到了支持。这些女孩的"出柜"引发了强烈的恐同症，人们惊恐万状，谣言四起，这影响了其他人对待那些被贴上"女同性恋"标签的年轻女孩的态度。"以前我在走廊里还能碰到打打招呼说说话的女生，现在甚至是在新生教育会上坐在我旁边的女生看到我，都只是淡淡一笑就走开了。"但是琳达和她的朋友遭到的歧视不仅仅是沉默。

　　　　许多（其他）学生来自很小的私立学校，他们不能接受性取向问题或女同性恋，因此出现了很多谣言，说我们在大堂里干那种事。我从未受到她们任何一个的邀请。

　　　　对女同性恋的"误解"不断蔓延。

　　　　每天上午，我们总是坐在体育馆或食堂里，因为那是我们唯一感到自在的地方。这时人们就不敢走进食堂，因为人们，我不太清楚，大概是害怕我们会扑上去。

314

　　这些谣言把女同性恋描绘成思想污秽、性行为混乱、在大堂狂欢，甚至还会扑向无辜的异性恋女生的坏女人。因此及早发现危险的同性恋女孩显得十分重要。

　　　　由于有两个戴带白色棒球帽的运动员是同性恋女生，所以人们就相信同性恋会戴白色棒球帽。还有很多类似的谬见到处流传。

　　谣言传来传去，结果戴棒球帽（不管什么颜色）的人都成了怀疑对象。很快，女生们害怕被贴上同性恋的标签，都不敢戴棒球帽了。朱厄尔莉（Jewelry）因为留一头短发，打了耳洞，也被当成了同性恋。琳达说许多谣言听起来就"很傻"，但却很伤人。

　　学校里很多女生是"第一次接触"女同性恋，并因此很不开心，她们觉得自己应该被"保护"起来，免受"我们这种人"的欺侮。一个女生当面告诉琳达："不管你是谁，我就是不喜欢你，我讨厌你。"学校里竟然有八个女生"出柜"，"很多女生觉得天都要塌了。于是她们去找校长投诉"。

除了一些学生投诉这些"出柜"的学生要求学校"做点什么"，家长们也怨声载道：

> 有个捐了很多钱的女人——因为这是一所私立学校，严重依赖捐款——跟校长玛丽·格雷斯修女(Sister Mary Grace)说："开除这些同性恋，不然我就把我的女儿和捐款一起带走。"

此外，隔壁男子中学的学生也经常侮辱这些同性恋女生。

> 隔壁学校的男生对我的很多朋友来说才是个大问题。每当我把车子开出停车场，就有人冲我喊"歹客"，他们还会朝我朋友的车扔东西。

有一天琳达的一个朋友"正把车开出去，半路上突然跑出一个人，跳向她的车窗并开始尖叫，并向她扔东西"。

隔壁天主教学校男生的攻击行为迫使琳达所在学校的管理层作出了回应。考虑到罗马天主教对同性恋问题的消极立场，学校似乎也不可能会提倡容忍女同性恋，但是学校至少作出了回应，教育那些男生和他们的父母，减少这种辱骂现象。

> 学校负责人对此深感难堪，要求我们在高三休息室开会讨论此事。于是我们就开了个会，主要是想消除人们的误解。但是，我们谈了很多，除了性取向，还有更多我们遇到的问题。

315　　琳达也参加了讨论，她受到了极大的鼓舞。这是第一次她有机会谈论她和其他女生所遭到的虐待，这也是她第一次有机会说自己"不仅仅是个同性恋"。她说："第一次我有机会为自己辩护，我不再害怕告诉任何人。这件事让人既振奋又害怕。"

学校还为家长开了一次"同性恋问题的咨询会，提供了很多信息，强调要教育人们学会宽容。"那位威胁说不开除同性恋就让女儿退学的家长也收到了校长的回复："我希望您能为女儿找到一所好学校。"琳达承认这个故事也许是"道听途说"，但是她很自豪校长能这么回复。后来学校教职员开始巡查大厅，还处罚了那些发表厌恶同性恋言论的学生。行政部门还在停车场安排了值班人员，记录那些进行骚扰的男校学生的名字和车牌号。琳达的学校和隔壁天主教学校联合起来"促进宽容"，确保学生安全。

琳达虽然受到了伤害，但是学校的支持和这次经历把她和许多人联系在了一起，她感到很受鼓舞。她觉得能在这次讨论会上分享她被边缘化的感觉，非常有意义。她说：

> 这次会议的意义在于教育大家不要害怕，因为实际上没什么可害怕的。我们已经有太多的误解、恐惧和仇恨，这一切不能再继续下去了。

琳达应对学校里的恐同环境的策略，就是和学校一起对大家进行非异性恋教育和社会公平教育，通过学校教育倡导宽容。尽管她在公共论坛发表观点时有些紧张，但是她想让其他学生理解，出柜的女生在学校里受到的折磨是"非常痛苦"的。她希望通过自己的参与，减少恐惧，让其他人明白自己"不仅仅是个同性恋"。她希望学校能成为她和其他同学们的一方乐土。

在本研究中涉及的每一位年轻女性都讲述了自己在学校面对的恐同环境，以及采取的对应策略。她们中只有一个人得到了学校的支持。她们的故事不仅仅是所有女同性恋遭遇恐同行为和骚扰的故事，也是这些女性在学校的恐同环境中创造策略、谋求生存的故事。性少数群体青年的高中辍学率是全美国平均水平的三倍（GLSEN），参与本研究的高中毕业女性都证明了自己所采取的策略获得了成功。然而，埃米、茜茜和妮基曾经选择了隐瞒自己同性恋身份的策略，她们担心自己的性取向被发现。为了保守秘密，她们付出了很大的代价，包括和同龄人保持距离，避免和别人建立友情。对她们而言，中学是个与世隔绝的孤独之地。琳赛用攻击性的言语来捍卫自己的性取向，两年之后，她精疲力尽；梅拉妮则觉得只有用武力才能保证自己在学校的安全。琼和琳达虽然都声称自己受到了不公平的对待，但是她们并未因此而沉沦。作为女同性恋和高中学生，这些女性为了生存，耗尽了自己的时间和精力。我们不妨设想，如果当初这些年轻女性能够得到学校的支持和认可，她们会把精力放在哪里呢？我们无从知晓答案。但是我们可以从她们的故事中看到，为女同性恋和其他性少数群体的学生创造一个积极的教育环境，还是有可能的。

316

结论

公立学校有义务坚持社会公平,平等对待所有学生。学校不但要为她们提供一个保证人身安全的环境,而且要保证所有学生的情感安全和自尊。通常,中学对多数年轻人来说不是一个轻松的地方,无论是性身份,还是性少数群体所遭到的歧视,包括得不到支持和资源,这一切都使她们的高中生活特别艰辛。本研究中那些女孩的故事说明,学校的管理者和教师错过了为性少数群体改善学校环境,使之更安全的机会。参与研究的所有年轻女性都本应受到教师和学校管理者的积极影响,他们应该意识到并非所有的学生都是异性恋,应该向性少数群体遭遇的骚扰发起挑战,将有关性少数群体的内容纳入课程当中,使女同性恋学生不再被边缘化,同时,他们还应该支持性少数群体学生争取教育平等的权利。

在埃米和妮基的学校里,非异性恋群体彻底隐身了,她们甚至以为自己是学校里"唯一的同性恋"(她们所在中学每年录取的学生都超过 2600 人,因此,她们很可能并不是唯一的同性恋)。如果这些学校有个同性恋—异性恋联盟(GSAs),这些女生即使不参加,也不会觉得孤独。事实证明,同性恋—异性恋联盟不仅能给性少数群体的自尊带来积极影响,也有助于改善他们的学业表现(Lee, 2002)。

埃米、茜茜和琳赛的故事告诉我们,同性恋者受到了肆无忌惮的言语攻击,而教师们却屡屡错过了介入的机会,没能明确告诉学生对性少数群体的任何诋毁与伤害,和对少数族群的任何诋毁与伤害一样,都是不可接受的。如果琳赛高一时就向学校辅导员求助并且得等到了切实的帮助,那么她的高中生活也许就不会那么痛苦了。如果梅拉妮的老师阻止了那些对她的骚扰,并在课堂上讨论了性别多样性问题,那么梅拉妮的高中生活可能也会更加积极。如果梅拉妮和折磨她的那个男生在争吵之后都被叫去了校长办公室,那么班里的其他同学将会得到截然不同的信息。

琼和琳赛讲述了她们被学校教职员工歧视的情况。琼公开了自己的性取向后,教练立即把她踢出了排球队。琳赛则觉得她高三"出柜"以后,老师给她打分就严苛了许多。遗憾的是,教师和辅导员的培训课程始终未能把性取向问题纳入其中。新教师和辅导员入职时,往往从未想到过他们将会面对同性恋学生,也不知道如何为她们营造一个安全的学习环境。各地区的教育部门很少会在继续教育项目中把性少数群体的经历纳入到课程当中。我们应该认识到,教师需要克服自己的恐同情绪,学会用不同的方式帮助所有的学生。

琼相信,她在球队处境之所以会雪上加霜,是因为她的教练隐藏了自己的性身份。琼还相信教练之所以忌讳处理她的同性恋问题引发的其他问题,是因为教练害怕自己的性取向问题也会牵涉其中。我们的研究表明,很多教师没有站在性少数群体的立场上进行干预,是出于同样的顾虑,有些教师还担心会因此丢掉饭碗。虽然各县市有权采取保护教师免受基于性取向的就业歧视的政策,但是多数州却没有相关的法律和政策。只有采取强有力的反就业歧视政策,才能为性少数教师群体提供足够的安全保障,让他们公开自己的非异性恋身份,为年轻的学生树立榜样,倡导女同性恋的平等待遇。

很多教师认为"阻止反同性恋骚扰风险太大",他们还担心在课堂上承认女同性恋会"遭到报复"(Macgillivray, 2000, p. 320)。"保持沉默"的教师(Wormer & McKinney, 2003, p. 412)也需要得到支持才能说出心里话。显然,学校和学区有了正式的政策,学校的教师和管理人员才能采取有效措施,制止对同性恋学生的伤害。要采取这类措施,学校首先必须承认女同性恋的存在,促使大家对异性恋规范提出质疑(Loutzenheiser & MacIntosh, 2004)。我们还必须质疑排斥同性恋和其他性少数群体的异性恋规范,并探究如何改变这种现状。这些年轻女性的故事为我们提供了清晰的例证,说明教育工作者可以如何行动起来,学校的体系又可以如何为所有性取向和性身份的学生提供一个更加安全的学习环境,承认她们的存在,消除对她们的歧视,并把她们纳入学校课程和校园生活之中。

(赵丹丹　译)

参考文献

Blackburn, M. (2004). Understanding agency beyond school sanctioned activities. *Theory into Practice*, 43(2),102 - 110.

Boxer, A., & Cohler, B. (1989). The life course of gay and lesbian youth: An immodest proposal for the study of lives. *Journal of Homosexuality*.

Carspecken, P. F. (1996). *Critical ethnography in educational research: A theoretical and practical guide*. New York: Routledge.

Chambers, D., Tincknell, E., & Van Loon, J. (2004). Peer regulation of teenage sexual identities. *Gender and Education 16*(3),397 - 415.

Duncan, N. (2004). It's important to be nice, but it's nicer to be important: Girls, popularity and sexual competition. *Sex Education*, 4(2),137 - 151.

Durham, M. G. (2002). Girls, media, and the negotiation of sexuality: A study of race, class, and gender in adolescent peer groups. In C. Williams & A. Stein (Eds.), *Sexuality and gender*. (pp. 332 - 348). Malden, MA: Blackwell.

318 Eckert, P. (1994). *Entering the heterosexual marketplace: Identities of subordination as a developmental imperative* (Working Papers on Learning and Identity No. 2.). Palo Alto, CA: Institute for Research on Learning.

Eckert, P. (1997, November). *Gender, race and class in the preadolescent marketplace of identities*. Paper presented at the annual meeting of the American Anthropological Association, Washington, D. C.

Eder, D. (1985). The cycle of popularity: Interpersonal relations among female adolescents. *Sociology of Education*, 58(3),154 - 165.

Gay, Lesbian, Straight Education Network (GLSEN). (n. d.). http://www. glsen. org

Lee, C. (2002, February/March). Impact of belonging to a high school Gay-Straight Alliance. *The High School Journal*, 85(3),13 - 26.

Linde, C. (1993). *Life stories: The creation of coherence*. New York: Oxford University Press.

Loutzenheiser, L. W., & MacIntosh, L. B. (2004). Citizenships, sexualities, and education. *Theory into Practice*, 43(2),151 - 158.

Macgillivray, I. (2000). Educational equity for gay, lesbian, bisexual, transgendered and queer/questioning students: The demands of democracy and social justice for America's schools. *Education and Urban Society*, 32(3),303 - 323.

O'Conor, A. (1993, October/November). Who gets called queer in school? *The High School Journal*, 77,7 - 12.

Payne, E. (2002a). *Adolescent females self-labeling as lesbian and the gender binary: A critical life story study*. Doctoral Dissertation, University of Houston, Texas.

Payne, E. (2002b). *A critical examination of homosexual identity development models and their applicability to adolescent lesbian development*. Paper presented at American Education Research Association (AERA), New Orleans, LA.

Payne, E. (2007). Heterosexism, perfection, and popularity: Young lesbians' experiences of the high school social scene. *Educational Studies*, 41(1),60 - 79.

Quinlivan, K., & Town, S. (1999). Queer pedagogy, educational practice and lesbian and gay youth. *Qualitative Studies in Education*, 12(5),509 - 524.

Rivers, I., & D'Augelli, A. (2001). The victimization of lesbian, gay, and bisexual youths. In A. D'Augelli & C. Patterson (Eds.), *Lesbian, gay, and bisexual identities and youth: Psychological perspectives*. New York. Oxford University Press.

Shakib, S. (2003). Female basketball participation: Negotiating the conflation of peer status and gender status from childhood through puberty. *American Behavioral Scientist*, 46(10), 1405 - 1422.

Thurlow, C. (2001). Naming the "outsider within": Homophobic pejoratives and the verbal abuse of lesbian, gay and bisexual high-school pupils. *Journal of Adolescence*, 24, 25 - 38.

van Wormer, K. , & McKinney, R. (2003). What schools can do to help gay/lesbian/bisexual youth: A harm reduction approach. *Adolescence*, 38 (151), 409 - 420.

Wyss, S. (2004). "This was my hell": The violence experienced by gender non-conforming youth in U. S. high schools. *Journal of Qualitative Studies in Education*, 17, 5.

Youdell, D. (2005). Sex-gender-sexuality: How sex, gender and sexuality constellations are constituted in secondary schools. *Gender and Education*, 17(3), 249 - 270.

20

前进与障碍

同性恋—异性恋联盟改变学校社区的尝试

克里斯·梅奥(Cris Mayo)

……学生要互相交流，就必须去学生的聚集之所——学校。（Sen. Denton, 1983，对平权法案的讨论）

同性恋—异性恋联盟，即GSAs（Gay-Straight Alliances）是公立学校学生的道德和政治性组织，旨在改善性少数群体青年及其支持者的校园环境，特别是在传统的权威渠道，如学校领导、政策、教师和课程无能为力的时候（Lee, 2003；Mayo, 2004；Perrotti & Westfield, 2001；Walker, 2004）。尽管有大量先例说明，公立学校可以成立同性恋—异性恋联盟，但是这个联盟一开始并未得到学校的支持，因此不得不花费大量时间去改变学校和地区的政策，以确保联盟可以继续活动。因此，同性恋—异性恋联盟（GSAs）不仅为性少数群体学生及其支持者在学校里提供了空间，还让他们了解自己必须继续努力，才能赢得整个学校在社会公平问题上对性少数群体的支持。

许多学校起初也许并不支持同性恋—异性恋联盟，但学校课程设置本身的问题是学生组建联盟的部分原因。由于学校有关性别多样性和政治责任的课程设置太少，学生不得不另寻他路，成立自己的政治和与身份相关的组织。人们对性少数问题日益浓厚的兴趣，和公立学校长期以来志愿者联盟的传统，催生了同性恋—异性恋联盟。但是民主理论家和自由主义理论家却担心，志愿者联盟，特别是那些围绕少数身份群体建立的联盟，除了支持民主的公民文化发展以外，还会给民主带来挑战，因为它们将多元文化、公共文化和公民文化拒之门外，鼓励成员建立志趣相投或是受到认可的团体。但正如埃米·格特曼（Amy Gutmann, 2003）所指，围绕身份认同建立的志愿组织支持成员们改善全体公民生活，为成员提供更多机会参与到这项工作中去。在一些人对基于身份认同的志愿组织的潜在矛盾表达了担忧的同时，关于身份的研究也转向了对身份类别构建的研究。在近期形成的理论中，人们没有过分简单化地思考身份认同问题，而是努力解决一系列其他问题，如不同的身份是如何形成的？他们是如何组成社区的？超越差异的联盟又是如何挑战圈内人士和圈外人士的陈旧观念的？考虑到恐同症对所有学生的普遍影响，建立超越性取向的联盟就显得格外有必要了。同性恋—异性恋联盟就是这种身份联盟转向的一部分。虽然并不是所有同性恋—异性恋联盟都将社会公平作为预期目标——有些联盟是为方便学生社交而建立的——但是它们都提高了性少数群体在公立学校的能见度，并证明了"所有学生都是异性恋"这个假设是错误的。本章将首先分析使同性恋—异性恋联盟得以建立的政策和法庭案例,以及它们近期面临的政策和法律挑战。其次,将分析学生在同性恋—异性恋联盟中的互动情况,指出今后联盟内部面临的挑战,其中涉及种族和民族多样性、性别歧视和不同群体联盟间的紧张关系。本章将显示,同性恋—异性恋联盟成员都在为实现学校里的社会公平而努力,但是与此同时,和其他社会公平团体一样,他们也排斥了一些人,从而复制了他们结盟之初所面临的那种种族和阶级歧视的环境(McCready,2004)。

大多数由学生领导的社会公平团体在成立时都没有引起争议,但是同性恋—异性恋联盟却是个例外。部分反对人士纯粹是出于恐同症,但是也有人关注学校对尚未形成性别认同的学生应承担何种责任,质疑学校是否应该成为学生讨论性取向的地方。此外,学校管理层和教师担心,如果学生思考了自己的性取向,认定自己是同性恋,就会自我隔离,远离学校社区。更令人担忧的是,有时学校并不支持同性恋—异性恋联盟,因为管理层和学校其他领导可能认为,学校里并没有性少数群体学生,所以不需要关注恐同症(Kozik-Rosabal,2000)。

与成年人不同,年轻人在成立联盟性组织时对身份或其他问题要开放许多。在某种程度上,学生加入联盟是因为他们想知道自己的性身份,或是好奇如果加入性少数群体、未定者或同性恋伙伴的社团会是什么样的感觉。也就是说,加入同性恋—异性恋联盟不仅是出柜的问题,更是成立超越差异的社团,批判性地思考身份构建和恐同症等问题。正因为如此,不同性取向的学生在联盟里都能获益(Schneider & Owens,2000)。这些联盟可以做的事情之一就是拓宽人们对自身所处的道德团体的理解:如果其他人也能批判地思考同样的问题,即使得出的结论不同,这些问题也能帮助他们形成社团。社团对成员的身份没有特别的要求,但是在伦理观方面却努力使大家趋于一致。虽然社团成员的身份不尽相同,但是他们都在与恐同症、异性恋主义和异性恋正统主义作斗争。例如,与其说社团成员支持同性恋,还不如说他们更愿意支持性少数群体的社会公平。

同性恋—异性恋联盟和其他身份团体的不同之处在于,联盟成员的身份多样,他们也许特别关心某些与身份相关的问题,但他们自身未必是这些身份团体的成员。和其他形式的联盟不同的是,如果家长和学校管理层认为任何涉及性少数群体的讨论都意味着对当地价值观的批判的话,同性恋—异性恋联盟在学区中就可能会遇到困难。在这种情况下,大人就会反对学生重新考虑对性少数群体的态度,甚至决定加入性少数团体。因此,联盟面临的问题不仅是把性少数群体学生组织起来,还要挑战"性少数群体是不可接受的"这一主流观念。除了已经出柜的性少数群体学生,其他学生也愿意和出柜学生交往,这一事实表明,各种学生在一定程度上还是可以一同"玩耍"的。在保守的家长看来,孩子们对当地规范的任何重新思考,本身就是个问题。

立足于校内

在对性取向模棱两可的大环境中,同性恋—异性恋联盟日益受欢迎的情况,证明了它们与学生的紧密联系。同性恋异性恋教育网(Gay, Lesbian, and Straight Education Network;GLSEN)为联盟提供了许多重要的资源。据该网站统计,全国约2 500 所学校都有同性恋—异性恋联盟。时至今日,许多人仍然认为同性恋和双性恋是不道德的。在这种文化环境中,学生中出现同性恋、异性恋、双性恋、跨性别者、未定者联盟与异性恋主义学生的现象告诉我们,社会公平在形成和维护群体过程中具有核心作用。同性恋—异性恋联盟还标志着基于身份的政治运动的转折点,这一点很有趣,因为联盟强调了在多大程度上身份是认同和协商的社会过程。比如,人们不只是异性恋那么简单:他们必须遵循特定的行为方式,否则会被批判成"同性恋"或"酷儿";他们必须和社会认可的异性恋交往,否则性取向会遭到怀疑;他们还必须"正确地"按性别行事。

由于同性恋—异性恋联盟成员的身份多种多样,是不同群体的大杂烩,不一定具有规范成员行为的能力。也就是说,许多加入联盟的学生担心自己会面临从众的压力,无论那些压力是否针对他们的性向、性别或生活中的其他问题。那些觉得自己被逐出"正常"圈子的学生发现,他们在联盟中可以自由自在地和其他人交流,这些人也觉得在非规范性的身份群体中感觉更加自在。例如,同性恋—异性恋联盟一直都在分析和批判主流的性别形式,跨性别学生及其支持者则努力不让自己受到学校社区的排挤。有些学生主要担心性取向问题,但其他学生在性别表达方面也许压力更大(Boldt, 1996;Grossman & D'Augelli, 2006;Haynes, 1999)。有的学生希望同性恋受到尊重,因为同性恋和异性恋一样,看到有些学生不想在主流社会规定的性别界限内生活一开始也会感到惊讶。总之,对有些人来说,联盟为学生批判性向规范提供了一个场所。对另一些人来说,联盟则是批判社会性别规范与稳定相结合的地方。联盟把好奇心置于伦理研究的中心,发现了差异的正面价值,以及差异与革新为新的身份和关系开启的种种可能性。例如,许多年轻女性在解释为什么会加入同性恋—异性恋联盟时说,她们起初是因为身边的朋友正在考虑要出柜,但后来发现自己对别的女性也有一种无意识的喜爱。有一位女性回忆称,她试着让自己不去思考自己的性取向,告诉自己,她加入联盟是为了帮助其他年轻女性度过性取向未知的阶段。还有其他学生表示,尤其是跨性别宣传日之后,他们认识到自己从未审视过性别标准,对跨性别和性别错位者有着不合理的偏见。了解自己在改善校园环境过程中的利害关系有助于学生加深对他人面对的压力和障碍的理解。此外,了解朋友们正在经历的艰难处境,也可能帮助学生发现自己没有意识到的类似的问题。

1984 年的《平等机会法案》(Equal Access Act,EAA)为更多同性恋—异性恋联盟在公立学校的成立提供了法律依据。该法案的初衷是保护宗教自由,经国会辩论后对其进行修订,将法案涉及的范围扩大到了政治、哲学及宗教组织。根据《平等机会法案》,只要学校允许学生成立课外社团,就必须对所有不违反法律或严重破坏学校秩序的社团一视同仁。如果同性恋—异性恋联盟不得不诉诸法庭,要求允许使用学校场所,并且法庭也认同了平等权利的重要性,联盟就赢得了在公立学校成立的权利(Buckel,2000)。

法律依据并不是同性恋—异性恋联盟成功在学校中获得一席之地的唯一因素。学校管理层(Capper,1999)、全体教职工、家长和社区成员都付出了努力。他们能够体谅同性恋—异性恋联盟,改善性少数群体青年的校园生活,保障联盟在学校的地位。在规避《平等机会法案》方面,最过分的是盐湖城学校董事会。他们宁愿取消所有课外社团,也不让同性恋—异性恋联盟成立。然而这一策略最终宣告失败,众多课外社团的学生举行了大规模示威游行,给学校董事会带来了政治和法律压力。这表明学生不仅为自己的社团被取缔而愤怒,而且他们也意识到这对同性恋—异性恋联盟尤其不公平。

322

障碍重重:家长的阻力与淫秽问题

虽然同性恋—异性恋联盟在多所公立学校中得以成立,并取得了引人注目的成功,但仍然面临许多阻碍。保护性取向和性别认同的法律在每个州各不相同(Elliott & Bonauto,2005),这让学生感到十分迷茫,不知如何以最好的方式提出组织社团的请求。由于同性恋—异性恋联盟是课外社团,学校未必会给予支持。即使能够在学校里取得一席之地,联盟还是要遵守规定,削减成员数量。这些规定中最重要的一条是要求学校向家长反馈孩子课外活动的情况,或者由家长告知学校他们不想让孩子参加哪些课外活动。乔治亚州立法机关通过了一条法律,要求当地教育委员会向家长提供有关孩子所属社团的成员信息或参加的课外活动的信息。早期版本的法案中写道:"当地每一所学校都应遵守家长或监护人的书面通知,禁止孩子加入社团或参加活动。"(Georgia 148th General Assembly,2005)。于是,人们就乔治亚州教育委员会(Georgia State Board of Education)对法案的措辞进行了辩论(Field,2006),使法案修改了"通知"(notify)一词的措辞,但对通知的形式未作具体说明。作为法案的最有力支持者,乔治亚州基督教联盟(Christian Coalition of Georgia)认为,法案并非是针对同性恋—异性恋联盟的。法案发起人之一、州议员 Len Walker 表示:"我对你们并不了解,但是在我读书的时候,根本不需要这样的法案,因为参加社团和组织对孩子来说都是很光荣的,根本没有错。"(For god's sake, is this still going on? 2004)显然,类似政策的目的就是要切断所有性少数群体青年及其同盟的支持资源。没有了学校的课程信息,性少数群体学生和未定者就无法从成年人那里了解性少数群体的信息了。课外社团是年轻人尝试在不受他人干扰的情况下,学习和组织的方法之一——他们身在校内,认识学校的成员,还能够从教职工那里获得支持。但是法律却企图将同性恋—异性恋联盟从学校里驱逐出去,使年轻人失去唯一可以组织起来,一起学习的地方。

　　另一项禁止同性恋—异性恋联盟的策略就是提出任何宣传或讨论同性恋的行为本身都是淫秽的,而且违反了社区标准和禁欲的教育政策。在反对同性恋—异性恋联盟在公立学校成立的一个案例中,卡迪罗诉拉伯克独立学区(*Caudillo V. Lubbock Independent School District*)一案起初看上去占了上风。最高法院刚刚废除了反同性性行为法,认定得克萨斯州的反同性性行为法有违美国宪法。劳伦斯诉得克萨斯州案(Laurence V. Texas)于 2003 年 6 月 26 日判决;判定拉伯克高中的同性恋—异性恋联盟有权成立的案件于 7 月 8 日归档(Lambda Legal,2003)。此前兰姆达法律辩护与教育基金会(Lambda Legal Defense)已有两起案件成功胜诉。根据《平等机会法案》,这两起案件的裁定结果为同性恋—异性恋联盟正名开辟了先例。兰姆达的律师布莱恩·蔡斯(Brian Chase)记录了劳伦斯案,他写道:

　　　　最高法院废除得克萨斯州有关"同性性行为"的法律,呼吁政府机构给予同性

323

恋人群应有的尊重、平等和尊严。拉伯克高中冲撞了这项法律，区别对待同性恋—异性恋联盟，因为这个联盟支持同性恋。（Lambda Legal，2003）

尽管如今美国各州法律均保护成年人的隐私权，包括私下发生的同性性行为，但拉伯克学区的政策禁止学生在社团中讨论同性性行为或任何性行为话题（*Caudillo V. Lubbock Independent School District*，2004）。由于该社团向学校申请许可在校内张贴传单，该传单上印有一个讨论性问题网站的链接，因此本案的关键并非学生与人交往的权利，而是他们在讨论性这个问题。在再次提出申请前，该社团删除了链接，但是他们曾经有过链接的事实仍然是本案的关键。法庭最后作出了不利于同性恋—异性恋联盟的判决。本案与劳伦斯案的起因和结果虽然并不相同，但效果却如出一辙。最高法院判定劳伦斯案中的同性性行为不应受到谴责；和许多法案一样，它使人们聚在一起，允许他们维持亲密关系。在拉伯克案中，同性恋身份与性行为之间的关系却颠倒了过来。从本质上说，法院的判决说明同性恋青年进行同性性行为是快乐的，因此谈到同性恋就必然涉及同性性行为。因此，同性之间交往的权利意味着他们有权进行同性性行为。然而，作为普通青年人，他们却没有这种权利，因而也无权进行交往，因为他们讨论的话题是淫秽的。一个基督教运动员组织曾讨论过禁欲的话题，其中确实涉及了一些关于性的讨论，但是该组织并未遭到禁止，因为他们讨论的目的是禁欲，不算是淫秽的话题。

在亚利桑那州，自拉伯克案开辟了先例之后，有一项法案便被呈上参议院。该法案要求强化《平等机会法案》的基本条款，但同时要求公立高等教育学校不得成立低俗淫秽的学生组织（Arizona 47th Legislature，2006）。在犹他州的《学生社团法案》（Student Clubs Act）中，学生社团是一种学校组织，必须公开每一项活动，并且禁止社团"进行或宣传婚外性行为或州法律禁止的性行为，同时还禁止介绍、讨论或提供与避孕工具或避孕药有关的信息，不论使用这些工具或药品的目的是为了避孕还是个人健康"（Utah 56th Legislature，2006）。此外，法案允许学校禁止任何不"保护学生和教职工的身体、情感、心理、道德健康"或涉及人类性行为的社团（Utah 56th Legislature，2006）。被广泛称为"禁止同性恋俱乐部法案"的犹他州 S. B. 97 法案也企图利用卡迪罗案绕过之前《平等机会法案》中要求地区承认同性恋—异性恋联盟的判决。换言之，这些声称支持家长权利的法案，显然是在挑战受联邦法律保护的学生权利。因为联邦法律认识到学生确实应该能够自由地与其他学生讨论多元社会和政治问题——尤其是那些官方课程没有涉及的方面。那些企图限制学生那一点点探究自由的法律,不能不说是特别恶劣的恶法。对那些非遗传的性少数群体学生(即那些性少数身份与家庭背景无关的学生)来说,最重要的是能有机会和类似的学生进行交流。学生社团是学生学习的重要场所,在那里学生可以学习如何与他人一起表达对社会公平的需求,如何跨越差异共同组织与合作。此外,社团还是一个为争取社会公平制定策略的起点。以上均为《平等机会法案》的目标。实际上这些目标突出了学生在改善学校和更广泛的社区过程中发挥的重要作用。

成立课外社团意味着年轻人开始建立属于他们自己的社区。对更想维持异性恋现状、不想解决恐同症和排外现象的上一代人来说,这使他们十分焦虑。在校内,学生宗教团体的拥护者强调类似社团的重要性,因为学校是学生的聚集地;而同性恋—异性恋联盟的反对者想将他们驱逐出学校,远离学生的聚集地。这些反对人士更不想让同性恋—异性恋联盟吸收支持者,不仅是因为他们不想让孩子加入性少数群体组织,而且不想让联盟靠近他们的孩子。有些年轻人感到被自己家庭和社区孤立,联盟能够为他们提供必要的帮助,包括帮助他们找到教育自己的家庭和社区的策略。此外,由于同性恋—异性恋联盟的成员涵盖不同的性别、性取向种族和民族,联盟还会为他们提供机会,让他们和非性少数群体一同工作。简而言之,在校内,同性恋—异性恋联盟对所有人来说都是非常重要的资源,因为联盟展现了公平是一个不断进化的概念——新社团、新问题以及新身份将会出现,改变人们的话题。对为社会公平努力的学生社团而言,它们需要足够的空间,对身份类别的潜在创新张开胸怀,勇于批判那些限制社会性别和性取向多样化的错误标准,团结一致改善社区。但是如果在校内没有这种空间,也没有学校社团的存在,这些改变就很难实现。

联盟的不同层次

外部保守势力并非同性恋—异性恋联盟在校内实现社会公平的唯一阻碍。本节讨论联盟内部的分歧问题,这些问题限制了联盟向其所有成员或整个学校社区成员推广公平理念的能力。同性恋—异性恋联盟的名声在外,很大程度上是因为其成员的不同性取向。这使早先的身份政治变得复杂起来——到底是谁应该去关注对酷儿的偏见,之后还给出"我们所有人"的答案呢? 当然,强调联盟也有一个好处,这能为思考酷儿问题提供一个安全的场所——他们不必公开酷儿身份就能思考酷儿的生活，甚至不必思考自己是否可能成为酷儿。

在讨论同性恋—异性恋联盟内部的身份和组织的复杂问题之前，我们必须指出，尝试研究同性恋—异性恋联盟成员的想法本身，也涉及重要的社会公平问题。机构审查委员会(Institutional Review Board)通常希望家长能够积极支持孩子参加研究项目。对孩子可以参加哪些研究这个问题，家长有充分正当的理由要求有一定的发言权。但是由于"家长通知法"直接限制了同性恋—异性恋联盟的成员数量，许多学生都称他们不想让家长知道他们质疑自己的性取向，或支持性少数群体。这可能意味着对性少数群体青年的研究是无法完成的(Donelson & Rogers，2004)。异性恋青年表示，就算他们很想在校内挑战恐同症，但是如果家长知道自己是同性恋—异性恋联盟的成员，就会让他们觉得很不自在。未定者表示，同性恋—异性恋联盟是唯一能让他们和其他未定者、酷儿及性少数群体支持者在一起并感到安全的地方。任何在父母面前暴露他们是同性恋的线索都会让他们面临危险。甚至连出柜的同性恋学生都说，他们至多在学校出柜，却不会在家里讨论他们的性取向。如果联盟给家长寄个文件，要求家长同意他们参与研究，就可能会引发孩子和父母的全面对峙。来自少数民族、种族或移民社区的学生会发现他们始终得不到家里的支持。所有的青年人无疑都依靠家庭，但对于有色人种的青年人来说，他们需要和家庭与社区维持紧密联系，以对抗种族主义，就更不敢冒被家长拒绝的风险了(Duncan，2005；Leck，2000)。一些研究表明，有色人种社区的恐同症现象比白人社区好些，可一旦性少数群体"出柜"，尤其当某人的性取向已经是个公开的秘密时，便会认为是对社区凝聚力的一种冒犯(Ross，2005)。因此，虽然"家长通知"有助于保护孩子不参与违背道德的研究，但是许多同性恋—异性恋联盟成员认为，"家长通知"有潜在的危险性，因为这会使孩子与家长之间产生隔阂。由于大量性少数群体青年都无家可归，联盟成员的这种担心也不足为奇了。在参与研究是否需要获得家长同意的问题上，我接触了一些学生，少数表示不会冒险，因为他们害怕家长会中断经济支持，或将他们扫地出门。

请不要忘记，异性恋、同性恋以及未定者都害怕家长和同辈的恐同症反应。换言之，恐同症给所有青年，不论是何种性取向的青年，都带来了压力。由于同性恋—异性恋联盟中已经出柜的酷儿成员很少(甚至没有)，因此该组织拥护的是他人权利而非自身权利。但是也常有这种情况：一些学生一开始加入联盟时以为自己没有同性恋朋友，后来却发现和自己交往的某个好朋友是同性恋。也有人一开始不认为自己是同性恋,后来却对自己的性取向产生了怀疑。当然,仍有许多同性恋—异性恋联盟成员是异性恋,他们只是不能容忍恐同症,支持性少数群体同学的斗争。

同性恋—异性恋联盟在某种程度上取代了女权主义组织,为人们讨论性别标准问题和评估性身份和性别关系等概念提供了空间。同性恋—异性恋联盟在这方面也有着自己的复杂性。在一个同性恋—异性恋联盟中,女性主席只要一组织谈话,两名出柜的同性恋男青年就会故意调高 DVD 播放器的音量,压过她的声音。此外,同性恋男青年还会打断其他女青年的话,表现出对女性的不尊重态度。部分原因是他们认为女性不是同性恋(gay)。通过与青年女性的谈话,可以很清楚地看出,虽然她们不出柜,但也不会给自己贴上异性恋的标签。青年女性对于组织中的性别关系表示失望,但当我问她们为什么不成立女权主义组织来讨论性骚扰和性别不平等的问题时,不少人回答说,如果她们参加了女权主义组织,别人就会认为她们是女同性恋(lesbians)。这种矛盾的心态是否说明人们讨厌女权主义? 或者说是不是意味着同性恋也有不同的形式? 或许以前愤怒的女同性恋女权主义者的刻板形象比现在认为所有联盟成员都是同性恋的形象更负面、更消极? 此外,应该从性向对立的角度去看待联盟中的性别对立问题。即使青年女性知道自己不是异性恋,但在公众场合她们看起来就像异性恋。青年男性对此显然很愤怒,但是与其通过对性取向的讨论来表达他们的批判态度,他们宁愿选择向女性表现敌意。很明显,这个例子说明联盟中也存在着同样的问题。性别偏见和性向偏见是一样的。如果联盟成员不对规范化性向和主流性别群体拥有的不同特权进行开诚布公的讨论,就无法解决上述对立问题。

同性恋—异性恋联盟还是一个自由的联盟组织,成员们可以对不牵涉自身的问题互相讨论,证明自己的进步。对白人学生而言,与别人讨论种族问题仍然比较困难,但是讨论同性恋问题有时候却比较容易。白种人和白人特权就是要抽离白人学生的责任感,而当白人学生开始批判性地思考种族问题时,就意味着他们必须面对一个问题,那就是自己在维持种族等级社会结构中的作用。据我个人观察,异性恋特权似乎不会导致"异性恋罪恶感",这与"白人罪恶感"不同,因为"白人罪恶感"似乎是因为严肃地讨论了种族问题而产生的。更令人困扰的是,白人学生似乎已经习惯性地开始逃避讨论种族问题,逃避他们应该担负的责任。例如,在一次同性恋—异性恋联盟集会中,学生们决定设计一件联盟的 T 恤,并就此展开了讨论。所有成员一致同意,设计的核心必须展现社团的使命。一位黑人女青年曾参加过另一个团体,他们使用过形似万花筒的设计,于是便提议联盟也可以利用这个设计。在这次设计中,她建议把图案设计成彩虹色,同时还要体现出联盟多种族的特征。她解释道,她加入联盟是因为想支持性少数群体,作为一名非洲裔美国人,她明白文化团体存在的重要性。她曾听说学校里成立了非洲裔美国人文化社团,成立初期规模很小。但除了非洲裔美国人外,其他人也支持这个社团,在大家的努力下社团一路壮大。一位白人女青年说,她觉得这样设计会让联盟看上去像一个"多元社团",而她并不想让别人对联盟有这样的印象。在这个会议仅一周前,校长告知联盟,如果他们不再自称"同性恋—异性恋联盟",而改称为"多元社团",就能成为学校的官方社团。但是联盟坚持使用自己的原名"同性恋—异性恋联盟",放弃成为学校的官方社团。虽然很遗憾没能获得学校的支持,但他们觉得,重要的就是要成立一个同性恋—异性恋联盟。但从联盟 T 恤设计的讨论过程可以看出,在确定社团性质时,联盟的图标设计并未考虑种族问题。一方面,这可以被认为是关于性向的一个策略性决定,但另一方面,这同样意味着联盟的决定忽视了种族多样性的重要性,以及人种、阶级、性别和性取向等因素之间的复杂关系(Collins,2004;Kumashiro, 2003)。在他们最终的设计图上,有一系列类似盥洗室门口的人像图案,一对一对排列起来:男孩和男孩,男孩和女孩,女孩和女孩,下面附有一行字"大爱无疆"(It's all the same to me)。该图案不是要展现联盟内部多样性,而是要把自身和其他联盟的共同点最大化。但这样做意味着他们选择在联盟中不再讨论种族问题。对一个关注生理性别和社会性别多样性的组织来说,这种对种族问题的疏失非常令人担忧,还可能意味着性别与性向的联盟可能认为讨论这方面的多样性相对容易些,而其他方面的多样性对许多成员来说依然是太大的挑战。

第二年,那位黑人女青年刚刚转学,加入了另一个同性恋—异性恋联盟。在她想提出人种问题时,遇到了类似的阻碍。在她参加联盟几周后,两名成员——一名亚裔美国女青年和一位南亚女青年——由于她们所了解的亚洲文化不尽相同,她们就这个问题展开了一次对话。两人都认为她们有着相同的文化经历,她们原来的社团都极为重视她们的学业成就和社会交往。当那位黑人女青年试着加入谈话,并邀请她们加入非洲裔美国人的文学社团时,她们的对话停了下来。那位南亚女性,同样也是联盟的领导人,将话题转移到"同性恋"(gay)一词的错误使用上。显然,这个团体在"文化"差异的分享方面还是游刃有余的,可是一旦涉及不同种族的话题,她们却立即无话可说了。

但是,有时讨论种族/民族身份可以缓解讨论性身份所带来的紧张感。比如,在讨论异性恋问卷调查(Rochlin, 1995,p. 407)的内容时,她们一开始便指出这份调查问

327

卷应该重写,因为里面的问题好像是用来问同性恋群体的。当然,这就是问题所在。但是,接下去她们却按联盟领导的要求花了很多时间来讨论问卷调查的目的,而不是回答那些问题,这一点很有意思。即使在讨论为什么人们认为异性恋是"默认的"身份时,从他们的对话中也可以看出,他们并没有受到异性恋统治地位的影响。关于异性恋问卷调查的讨论持续了 45 分钟,其中有些学生自认为是异性恋,非常不愿意讨论异性恋特权让自己的情感生活受到限制这个话题。每次联盟领导者都会问起调查问卷中的其他问题,如"你从什么时候认定自己是异性恋的"、"你有没有想过你只是需要和同性朋友拥有一次美好的经历"等诸如此类的问题时,成员们都表示这些问题太过私密。尽管他们都知道这个问卷会拿去重写,联盟领导者还是试图去解释,这种练习的目的是为了研究异性恋是如何认定的,以及同性恋人群该如何为自己辩护。但即便如此,还是没人愿意参与到这个重要的讨论中来。

一位白人女青年向其中一位亚裔美国女性问了一个关于女性从家里把面条带到公司作为午餐的问题:"为什么亚洲人的食物都那么好?"亚裔美国女性回答:"因为亚洲真的很大。"接着成员们花了五分钟讨论得到食物好坏的概率是否取决于国家的大小,然后她们将话题转移到概率的讨论上。联盟成员的讨论总是跑题,指导教师已经习惯了,所以把话题扯回到调查问卷上来。虽然对话一直持续到会议结束,但是成员们始终没有回答任何关于异性恋特权的问题。这种情况也表现出同性恋—异性恋联盟所面临的挑战,他们除了在总体上给予成员们一些概念性工具来对抗恐同症,也试图让成员们更批判性地去思考自己的生活。当然,拥护他人的主张而不需要为他们的种族、性取向和性别特权负责,还是比较容易的,但是同性恋—异性恋联盟还是需要为那些重要的内部问题而奔走,这样才能解决他们在学校里发现的偏见问题。

许多同性恋—异性恋联盟成员们也许很好奇成为同性恋意味着什么,同性恋的生活是怎么回事(出柜、该和谁约会、在不同场合谈论某人的性身份等等)。联盟的成立,意味着为这个群体制定了一项任务,即努力改变校园环境,而不仅仅是创造一个受人尊重的超越差异的联盟。一个团体成为联盟意味着成员们已经就一些问题达成了一致并开始了工作,然后将努力的目标转移到团体之外。换句话说,同性恋—异性恋联盟认为,联盟是绝对安全的地方,因为学校不够安全,而他们正好与之相反。因此在这种联盟里,人们的身份并非基于他们的性取向,而是基于他们支持性取向自由这一政治目标。联盟的重点未必一定是去探究与性身份相关的问题,而是增强联盟的团结,反对恐同偏见。他们的重点是对抗恐同症,而不是争取性身份,其中部分原因是因为他们经常被明确不得讨论性向问题。

　　一定程度上,不研究世界上不同性取向群体的特质和他们的经历,对抗恐同症也是可能的。同性恋—异性恋联盟就向我们表明,反对偏见不一定要聚焦性身份问题。避免谈论性取向存在着相当严重的隐患,学校里非同性恋—异性恋联盟成员给出的回答表明,联盟在解决恐同症以及承认酷儿问题上的重要性。例如,不是同性恋—异性恋联盟成员的酷儿学生仍然表示,同性恋—异性恋联盟对他们来说很重要,因为他们知道在遇到问题时,学校里有人会"支持"他们。在另一群学生开始建立联盟之前,有一位学生说:"我是每个人鞋底的口香糖。"虽然他们不是没有经历过冲突——学校的校长声称学校里没有同性恋学生;他们的海报被撕碎;他们的同伴受到骚扰——事实上,哪怕只有一小群学生在关心她就足以给她希望。另一个参与大学同性恋团体的学生说,在高中看到过同性恋—异性恋联盟的海报,即使她一直没有足够的勇气出现在集会上,但这些海报让她对未来有了希望,让她感受到身边有和自己一样的人。如果她真的觉得有必要,可以和那些人见面。还有一些研究表明,性少数群体学生称,尤其当他们面临家庭危机或者骚扰的时候,他们哪怕只是知道有那么一个组织存在,也会感觉安心一点(Ginsberg, 1998)。尽管许多教师认为恐同症在他们学校里不是一个重要问题,而其他形式的偏见,如种族主义和性别歧视等更加紧迫(Ferfolja & Robinson, 2004;McConaghy, 2004),一些教师称,在看到关于同性恋—异性恋联盟的海报时,他们对于公开表达对酷儿感情的厌恶态度改变了(私人通信,2005)。有一位教师表示,在看到宣传同性恋—异性恋联盟的海报时感到十分震惊,使她对同性之间表达爱意的厌恶顿时烟消云散,并且她还知道了原来身边也有同事和学生在思考恐同症问题。反过来,那种想法让她开始怀疑,自己不合理的恐同症慢慢成了她的本能反应。校领导在报告中说,同性恋—异性恋联盟让他们了解到,自己关爱的孩子正在饱受恐同症的影响;对这个问题的深入理解有助于他们克服那些企图解散同性恋—异性恋联盟的保守想法。一位校长与一位打算解散同性恋—异性恋联盟的地区主管进行了一次非常困难的谈话,最后还是坚持了自己保护联盟的立场,因为她能够想象出每一位联盟成员的样子。她还解释称,她能想象出孩子们对这样一个主管会有什么样的反应。因此她耐心地向主管解释了为什么孩子们会认为他的干涉不是一种善意,而是一种冒犯。(有意思的是,许多校领导报告的情况都大同小异。)在某种意义上,且不论他们特殊的性取向,一些学校里的同性恋—异性恋联盟成员与异性恋还有正常取向的人的关系都不太融洽。类似的情况同样也有力地提醒着人们,在同性恋—异性恋联盟成员和性少

329　数群体学生试着通过沟通来缓解与学校内外人员之间的敌对关系时,他们想要得到的是什么(Mufioz-Plaza, Quinn, & Rounds, 2002)。即便在学校里恐同症不是一个严重的问题,同性恋—异性恋联盟还是为学生们提供了一些方法,帮助他们在更大的社区里应对恐同症,了解生理和社会性少数的问题。例如有一所学校的同性恋—异性恋联盟得到了校长的大力支持,享有自由的校园环境,学生都说他们关注的就不是当地的恐同症而是国内政治,与学校氛围不够自由的同性恋—异性恋联盟学生一起努力,争取改变这些学校的政策,同时他们还互相学习、共同提高。换句话说,同性恋—异性恋联盟是民主政治的实验室,是青年人学习如何批判性地思考社会公平问题的地方,也是学习应对他人偏见的策略的地方。在一些州,同性恋—异性恋联盟成员积极游说州立法机关,以求改变限制课外社团的法案。在另外一些地方,同性恋—异性恋联盟成员会加入成年性少数群体社区成员的反歧视游行。许多同性恋—异性恋联盟也自学一些课程中忽略的问题,这也从侧面说明了学校缺少有关性取向和社会性别的课程内容。

　　同性恋—异性恋联盟还采取了一些策略防止出现反对只关注酷儿生活的群体的声音。这里我们看到了一些困难。同性恋—异性恋联盟通常不得不取悦占主导地位的群体成员,而不是关注少数群体成员的需求。联盟的拥护者更容易和反对同性恋—异性恋联盟的人交谈,并且向他们指出,他们既反对同性恋,也反对异性恋。从策略上来看,相较于提出酷儿特殊性的话题,谈论对抗恐同症的必要性更容易。总之,讨论因恐同症引发的骚扰和暴力问题要容易一些,而谈论酷儿学生真实存在的话题则十分困难。既然酷儿研究的重点已经从恢复男同性恋和女同性恋的生活转移到研究酷儿性取向的发生过程,考虑哪一方更重要这个问题就变得更复杂了。但是不管研究重点转向哪一方,回避性少数群体青年问题的倾向仍然没有改变。一方面,同性恋—异性恋联盟成员在一定程度上都是酷儿,都非常担心恐同症带来的影响。他们也可能是酷儿,只是故意不去关注自己的身份。这表明只要所有成员都是恐同症的潜在受害者,并且是酷儿的绝对拥护者,他们就有一定的酷儿身份。另一方面,作为同性恋—异性恋联盟成员,但没有作为同性恋而出柜的孩子们,即使他们正慢慢成为酷儿或根本就是酷儿,都倾向于否认自己的身份。但是,他们确实有一双“酷儿的眼睛”,因为大多数联盟成员都会展现出他们在日常生活中、课堂上、媒体以及新闻里分析异性恋主导的问题的能力。换言之,他们擅长分辨人们明显因恐同症而做出的反应,以及异性恋主义更加规范的形式。

　　但是,他们加入批判性阅读和干预项目本身并不意味着他们能够轻易想象出酷儿的生活到底是什么样的——当然，这个问题涉及已经出柜的酷儿青年，以及那些没有或者很少和成年酷儿接触的人，因此他们成年后不清楚如何确定自己的性取向。因此同性恋—异性恋联盟也许能够在关注偏见的基础上继续维持下去，但他们和受到身份偏见的人没有充分的交流，这意味着他们对问题的理解有很大的缺失。立法部门想要为学生组织一些批判性的论坛，让他们讨论哲学、政治和信仰的差异，而旨在学校外面保留这些差异的法律却对此提出了挑战。这样，学生就失去了结社的自由，也失去了对未来进行不同想象的机会。

（张思源　译）

参考文献

Arizona 47th Legislature. (2006). AZ S. B. 1153.

Boldt, G. M. (1996). Sexist and heterosexist responses to gender bending in an elementary classroom. *Curriculum Inquiry*, 26(2), 113 – 131.

Buckel, D. S. (2000). Legal perspective on ensuring a safe and nondiscriminatory school environment for lesbian, gay, bisexual, and transgendered students. *Education and Urban Society*, 32(3), 390 – 398.

Capper, C. A. (1999). (Homo)sexualities, organizations, and administration: Possibilities for in(queer)y. *Educational Researcher*, 28(5), 4 – 11.

Caudillo v. Lubbock Independent School District, et al. No. 03 – 165 (N. D. Tex. March 3, 2004).

Collins, A. (2004). Reflections on experiences in peer-based anti-homophobia education. *Teaching Education*, 15(1), 107 – 112.

Denton, J. A., Sen. (1983, February 3rd). *Congressional Record*, 129, 1645.

Donelson, R., & Rogers, T. (2004). Negotiating a research protocol for studying school-based gay and lesbian issues. *Theory Into Practice*, 43(2), 128 – 135.

Duncan, G. A. (2005). Black youth, identity, and ethics. *Educational Theory*, 55(1), 3 – 22.

Elliott, R. D., & Bonauto, M. (2005). Sexual orientation and gender identity in North America: Legal trends, legal contrasts. *Journal of Homosexuality*, 48(3/4), 91 – 106.

Ferfolja, T., & Robinson, K. H. (2004). Why anti-homophobia education in teacher education? Perspectives from Australian teacher educators. *Teaching Education*, 15(1), 9 – 25.

Fields, S. (2005). Keeping the faith action alert. Retrieved March 16th, 2006 from, http://www. gachristiancoalition. org/action. htm

For god's sake, is this still going on? (2006, February 18th). Retrieved February 19th, 2006, from majikthise. typepad. com/majikthise_/2006/02/for_gods_sake_i. html

Georgia 148th General Assembly. (2005). GA S. B. 149.

330

Ginsberg, R. W. (1998, Winter). Silences voices inside our schools. *Initiatives*, 58, 1 - 15.

Grossman, A. H. , & D'Augelli, A. R. (2006). Transgender youth: Invisible and vulnerable. *Journal of Homosexuality*, 51(1), 111 - 128.

Gutman, A. (2003). *Identity in democracy*. Princeton, NJ: Princeton University Press.

Haynes, F. (1999). More sexes please? *Educational Philosophy and Theory*, 31(2), 189 - 203.

Kozik-Rosabal, G. (2000). "Well, we haven't noticed anything bad going on," said the principal: Parents speak about their gay families and schools. *Education and Urban Society*, 32(3), 368 - 389.

Kumashiro, K. (2003). Queer ideals in education. *Journal of Homosexuality*, 45(2 - 4), 365 - 367.

Lambda Legal. (2003). Lambda Legal files lawsuit today on behalf of students at Lubbock High School barred from forming Gay Straight Alliance. Retrieved March 7th, 2006, from http://www. lambdalegal. org/cgi-bin/iowa/news/press. html? record = 1284

Lawrence et al. v. Texas 539 U. S. 558(2003).

Leck, G. M. (2000). Heterosexual or homosexual? Reconsidering binary narratives on sexual identities in urban schools. *Education and Urban Society*, 32(3), 324 - 348.

Lee, C. (2003). The impact of belonging to a high school gay/straight alliance. *The High School Journal* (Feb. /March), 13 - 26.

Mayo, C. (2004). *Disputing the subject of sex: Sexuality and public school controversy*. Boulder, CO: Rowman and Littlefield.

McConaghy, C. (2004). On cartographies of anti-homophobia in teacher education and the crisis of witnessing rural teacher refusals. *Teaching Education*, 15(1), 63 - 79.

McCready, L. T. (2004). Understanding the marginalization of gay and gender non-conforming Black make students. *Theory Into Practice*, 43(2), 136 - 143.

Mufioz-Plaza, C. , Quinn, S. C. , & Rounds, K. A. (2002). Lesbian, gay, bisexual, and transgender students: Perceived social support in the high school environment. *High School Journal*, 52 - 63.

Perrotti, J. , & Westfield, K. (2001). *When the drama club is not enough: Lessons from the Safe Schools Program for gay and lesbian students*. Boston: Beacon Press.

Rochlin, M. (1995). The heterosexual questionnaire. In M. Kimmel & M. Messner (Eds.), *Men's lives*. Rocklin, CA: Hazelden Press.

Ross, M. (2005). Beyond the closet as raceless paradigm. In E. P. Johnson & M. G. Henderson (Eds.), *Black queer studies: A critical anthology* (pp. 161 - 189). Durham, NC: Duke University Press.

Schneider, M. E. , & Owens, R. E. (2000). Concern for lesbian, gay, and bisexual kids: The benefits for all children. *Education and Urban Society*, 32(3), 349 - 367.

Utah 56th Legislature. (2006). UT S. B. 97.

Walker, R. (2004). "Queer"ing identity/ies: Agency and subversion in Canadian education. *Canadian On-Line Journal of Queer Studies in Education*, 1(1), 1 - 19.

331

21

城市学校中黑人男生的社会公平教育

为不同的男性特质创造空间

兰斯·T·麦克雷迪(Lance T. McCready)

引言

城市教育领域的研究重点是城市学校 K－12 年级的教学工作。有关研究文献往往把重点放在地位较低的少数群体、城市学校系统的复杂性以及该系统的财务和治理问题上(Gordon, 2003)。进步主义教师教育工作者乔·金哲罗(Joe Kincheloe)认为：

> 城市教育的教师和教育者们需要从跨学科/多学科角度严谨地理解城市教育。他们需要利用多个学科和跨学科的知识,如历史、认知学、哲学、政治学、经济地理学,以及其他人的帮助来了解城市教育的复杂背景。如此,教师和教育者们就能获得独特又强大的洞察力来研究教育政策、教育学以及人口密集城市中儿童的生活状况。

虽然金哲罗(2004)和其他人断言,城市教育工作者需要"从跨学科/多学科角度严谨地理解城市教育",但有关性别和性取向的研究却很少,甚至都不包括在城市教育工作者所研究的"学科与跨学科"的范围内(p. 14)。

通常情况下,城市教育这一研究领域以强调种族、阶级和政治经济学的学科领域为主导(Anderson, 1992;Anyon, 1997;Kunjufu, 1982/1986;Meier, Stewart, & England, 1989;Noguera, 1996;Rothstein, 2004;Wilson, 1987)。笔者推测,导致性别和性取向问题在城市教育中被冷落的背后有许多原因。人们可能担心讨论性取向问题会影响到对种族和阶级问题的讨论。历史上,在有色人种社区中同性恋和女性问题已经成了导致人们分裂的楔子问题(Pharr, 1996)。此外,承认性别与性取向影响城市教育的方法,必然会让问题变得更加复杂化。

从决策的角度来看,如果问题过于复杂,就很难通过制定教育政策来解决城市教育的问题。这些担心都是可以理解的,但是利用教育政策来指导城市教育中社会公平的实践则存在很大的问题,因为这会使教育工作者忽略性别与其他身份的交集,忽略这些交集如何造成了压迫和特权现象。本章中,笔者主要研究美国教育工作者目前面临的最紧迫的社会公平问题,即种族—性别鸿沟(或种族与性别的差异)对学生成绩、纪律处罚与参与度的影响(Lopez, 2003)。通过对黑人男生在北加利福尼亚州城市高 中被边缘化的案例,笔者提出,城市教育工作者在对种族—性别鸿沟进行理论阐述时, 低估了男性特质的作用。笔者从概念框架,也就是交叉法开始研究,因为这极大地影 响了笔者对城市教育的社会公平问题的思考。

333

交叉法

交叉法是女权主义的理论,前提是人们的身份具有多样性和层次性,这些身份来 源于社会关系、历史以及权力结构的运作(Association for Women's Rights in Development[AWID], 2004)。交叉分析揭示了多重身份,从而进一步揭示了因多重 身份的结合产生的不同类型的歧视和负面影响。例如,社会学家柯林斯(Patricia Hill Collins)对女权主义进行交叉分析,解释了来自工人阶级的非洲裔美国女性的经历,尤 其是黑人女性因众多压迫而失去自己的权利和公民身份的现象(Collins, 1990)。在柯 林斯看来,"假设每一个(压迫)体系需要别的体系才能运作,这就形成了一个明确的理 论立场,激励人们重新思考基本的社会科学概念"(p. 222)。

我在参与加利福尼亚高中(California High School, CHS)与一所大学的合作行动 研究项目(Collaborative Action Research Project, CARP)时认识到,从女权主义交叉 法视角反思基本社会学概念(如种族—性别鸿沟)非常重要。这所学校位于加州湾区 一个小型城市社区。[1] 该项目赞助教师、家长、毕业生和教授一起解决种族和阶级差异 问题。我们可以从学校的课程和活动取得的成绩和种族隔离中看出这些差异。我们 与核心团队,即合作行动研究项目指导委员会的约 10 名成员共同合作,任务是制定策 略,阐释合作行动研究项目的目标,并在下一次教职员工发展会议上招募教师。

"我们该如何解释项目的目标?"乔伊斯(Joyce)问道。[2] 乔伊斯是一位年近 40 的美 籍日裔女性,从事人种学教育。"为什么我们不直接说黑人和拉丁裔学生得到 D 和 F 等级的比例[3] 要高于其他种族或民族的学生?"该数据由唐(Don)提供,他是一位 50 多 岁的白人男性数学教师。"但是,那并不完全正确,"我反驳道,"因为黑人和拉丁裔男 生挂科的比例比女生高,那我们是不是也该谈一谈性别层面的问题?"许多教师和毕业 生听了均点头表示同意。我短暂停顿了一下,似乎在这段时间里每一个人都在思考该 如何解释合作行动研究项目的目标,其中包括性别问题。一位教师建议:"我们就坚持最初的方案，就是种族和阶级的成绩差异，暂时不提性别问题；我们不想那么快就把事情弄得太复杂。"每个人都点头表示同意，似乎松了一口气，因为我们找到了一个方法可以避开加利福尼亚高中成绩差异背后"复杂"的性别问题。

我想反驳这位教师的意见，但是我担心，如果没有同事发言支持我，我的忧虑会被解读成个人问题，而不是项目政治议程的一部分。虽然核心团队似乎欣然接受我是同性恋，知道我对于女性和性别研究有浓厚的兴趣，但无论是从女权主义者还是酷儿的角度出发，他们从来没有鼓励我分享自己的见解。我的性取向虽然使核心团队更多元化，但是并不期望这种多样性能够对合作行动研究项目的政治议程产生什么影响。此外，鼓励我们"暂时不提"性别问题的那位教师很有魅力，备受尊重。因此，尽管对她避开性别问题的提议很生气，但是当时觉得如果采用女权主义交叉法视角会削弱我与合作行动研究项目还有和学校之间的关系，于是我决定自己去调查性别和性取向压迫对学生成绩和参与度差异的影响。

主要问题

从 1996 年到 2000 年，我在合作行动研究项目工作了四年。在这四年里，有些问题一直吸引着我：为什么城市里最贫穷地区的学生平均成绩始终最低？为什么黑人男生是学校里受纪律处罚最多的学生？为什么在白人学生比例小于 40% 的学校里，女同性恋、男同性恋、双性恋和跨性别学生的社会/互助团体成员多为白人女学生？作为合作行动研究项目 2 000 个合作调查评估团队的一部分，我和其他两名毕业生对 10 名黑人男生进行了深入访谈。

我们收集到的数据显示，在学校体制结构中，黑人男生被边缘化，这意味着他们觉得自己被主流课程所排斥，被集中在差班上课，并且较少参与大部分课外活动。本章中笔者描述的三个同性恋和性别错位的黑人男生的详细经历表明，城市教育工作者需要了解造成黑人男生被边缘化的多种形式的压力。交叉法可以帮助城市教育工作者理解黑人男生的身份和处境，在涉及黑人男生的种族、阶级、能力认同时，还有助于我们了解他们如何建立自己的性别认同感，以及他们的身份以怎样复杂的方式影响着学校参与度。在这种复杂的情况下，本研究产生了对黑人男生的社会公平教育方法的新构想，扩大了学生（男生和女生）性别表达的边界，还展示了每个人性别认同和性取向的潜在可能性。

加利福尼亚高中里同性恋和性别错位的黑人男生

戴维(David)

1997 年的秋季学期,我采访了戴维,他是加利福尼亚高中的一位黑人男同性恋学生,当时正在高年级就读。当时他 17 岁,身材瘦长,身高 6 英尺 4 英寸(约 1.95 米),蜜色皮肤。他有一双棕色的大眼睛,弯弯的眉毛,平时一身 T 恤和连帽运动衫,搭配着牛仔裤和帆布鞋。偶尔看到他穿着花哨的夏威夷印花衬衫,但大多时候他穿的是 Gap 风格的衣服,搭配棒球帽或是羊毛针织帽。因为他浅棕褐色的肤色和身高,还有一双大眼睛,让一些学生觉得他很女孩子气,被认为是性别错位者,因此成为了同学们欺负的对象。

我全神贯注地倾听戴维描述他在小学和初中受到的多次骚扰。"我以前的头发又长又卷,"他说,"人们就以为我是女孩子,经常嘲笑我。"但当戴维上了加利福尼亚高中之后,还受到了身体上的骚扰。"……到最后,他们开始往我身上扔东西,欺负我。"戴维去找了琼斯(Jones)先生,告诉他自己受骚扰的事情,尤其是受到黑人男同学的骚扰。琼斯先生是一个黑人,45 岁左右,是加利福尼亚高中保卫科科长。琼斯先生问道:"好吧,你做了什么别人才骚扰你的?"戴维回答说:"我正走出图书馆,这些(黑人)男孩子就朝我扔杂志,他们还辱骂我。"琼斯先生回道:"啊,好吧,但通常都是一个人对另一个人做了些什么之后,他们才会朝你扔书的。"

335

琼斯先生很明显是在"责怪被害者",可他的回答还反映出,暴力和骚扰是现在体现男子气概的一种方式,这似乎得到了学校成员的认可。琼斯先生先问:"好吧,你做了什么别人才骚扰你的?"之后又说:"通常都是一个人对另一个人做了些什么之后,他们才会朝你扔书的。"他这是为了让戴维明白,他肯定是做了什么不好的事才惹别人骚扰他的。琼斯先生没有明确提到戴维的性别表达,而是通过隐晦的语言"一些什么事",暗示自己对戴维清白的怀疑。

第二学年秋季学期的这次骚扰事件让戴维觉得加利福尼亚高中不再安全,于是他多次恳求母亲希望转学,最后决定通过"独立研究"来完成高中课程。"独立研究"是一个自主的高中课程项目,由学区继续教育学校管理。重要的是要理解,戴维决定离开不仅是因为他因性别错位而受到了骚扰,还因为他的性别错位了由于其性别身份存在多重特征,引发的被边缘化的境况。例如,在采访戴维的过程中我了解到,他在小学里被认为是一个"有天赋"的学生。在学校的大多数时间里,戴维的学业方向和大部分其他黑人学生不同。戴维说,参与天才项目很困难,因为他是班里为数不多的有色人种,一些黑人同学觉得他加入这些项目是为了试图表现得"像白人一样"(Fordham & Ogbu, 1986)。另外,戴维其实是双重种族身份:他的母亲是白人,父亲是黑人。有时候戴维觉得,他的肤色再加上性别错位,似乎把他置于黑人同学眼中的"黑人范围"之外。最终,戴维意识到了他的同性恋身份,但并不认为在加利福尼亚高中里会有哪个大人和他谈论他的感受。

虽然戴维在独立研究的这一年里成长了很多(他和其他男同性恋、女同性恋、性别错位的有色人种学生建立了亲密的友谊),但是他的学习成绩却不尽如人意。在思考了很久之后,他决定直面失败的恐惧,重新回到加利福尼亚高中。然而,当他回到学校后,却发现自己很难找到一个能够满足自己社会和情感需求的同龄团体。即使他公开承认了自己是同性恋,但还是觉得被参加 10 号项目的白人女生们疏远。据戴维所说,"其中(10 号项目)有四五个互相认识的女生。在那个团体里,她们都出柜了。我想她们去那里是为了寻求社会援助"。戴维认为,对于男性,尤其是有色人种的男性来说,"出柜"很难,自在地参加酷儿互助团体也很困难。有色人种学生公开承认是男同性恋或女同性恋十分困难,戴维将这归咎于文化差异。在黑人社区中,人们都会表现出自己的恐同症和异性恋主义。

除了承认同性恋身份可能会存在文化差异之外,戴维的经历似乎反映出白人女生和黑人同龄人一样,倾向于和自己种族的人交往,而不是和来自不同种族背景、也许有完全不同的兴趣的学生建立关系。例如在《女性无阶级》(Women Without Class)一书中,朱莉·贝蒂(Julie Bettie)描述了中产阶级白人女生和"预科学生"如何建立一套复杂精细的社交网络,以控制参与学生活动的人群。在这个网络中学生学习了"领导技巧",并将这些技巧用于管理她们认为低级的学生(Bettie, 2003)。

336　　弗兰·汤普森(Fran Thompson)是加利福尼亚高中 10 号项目(Project 10)的指导教师,她认为白人女生的积极参与表明,她们最关心的是对公开承认酷儿身份的学生的歧视现象。相反,有色人种中的酷儿学生似乎和校外的一些组织关系更密切,比如"薰衣草"(Lavender),这是一个种族多样化的互助团体,由当地同性恋社区中心管理。弗兰承认"要丰富互助团体的种族多样性很困难",她怀疑自己是否能够完全了解有色人种酷儿学生面临的多重压力。对于有色人种酷儿青年所需要的多种社会援助，她的了解十分有限，可能因此无形中疏远了戴维，迫使戴维和其他人去寻求校外的帮助。如此一来，在种族隔离学校环境里的 10 号项目和其他酷儿青年项目可能就会让白人学生享受特权，而使有色人种酷儿青年被边缘化。

从女权主义交叉法的视角来看，戴维的性别错位和学习状态似乎主要是由于黑人同学对其进行骚扰造成的。但是，他却是因为他的种族身份而遭到了 10 号项目的排斥。确切地说，10 号项目中的白人女生并不知道应该如何组织戴维等有色人种性少数群体学生的团体活动。城市教育工作者可以通过研究戴维的多重身份和他面临的各种形式的歧视，探索更加全面的社会公平教育的方法。我们对下一位学生进行了采访，了解了黑人男生是如何因阶级身份而被边缘化的。

贾马尔(Jamal)

贾马尔是一个非洲裔美国年轻人，接受访谈时身高有 5 英尺 10 英寸(约 1.77 米)，深褐色皮肤，留着山羊胡。他那双明亮的棕色眼睛和短短的非洲卷发型非常相配。当时这种发型在城市里的非洲裔美国青年中很常见。他也喜欢尝试不同的穿衣风格。前一天身穿嘻哈服饰，第二天就变成一身紧身衣和黑色紧身裤，外面穿着带长翻领的深蓝色衬衣，搭配一双黑色厚底鞋。

> 我成长的家庭环境和其他家庭完全不同。我家就是这样。所以，就好像，我不知道……我觉得，就好像是，嗯……好像我是个跨种族的人？我的父母一个是黑人，一个是白人。这就像是因为我生活在一个有点儿双重的生活环境里。所以，虽然我住在贫民窟，但是我的生活和我邻居都不一样。我有暑假，我拥有所有我想要的东西，如果别的孩子觉得我是……因为我是个独生子，所以我要什么就有什么……我想说，我想说，我的意思是，如果界定中产阶级的标准是受教育程度的话，那么我想说我母亲有双硕士学位。我家里每个人都接受过教育。我觉得我过的就是中产阶级家庭的生活，至少在贫民窟里是这样。

贾马尔把自己的中产阶级地位和白人对比，以解释他用来定义黑人的复杂方法，以及他作为一名真正的黑人青年与他的社会经济地位之间的紧密联系。贾马尔把他的生活状况与一个跨种族人的生活状况作了比较，说明他似乎觉得，如果他表现得像中产阶级的话,他那些来自贫穷的南部地区的邻居们就会觉得他不那么像黑人、甚至像白人了。

除了社会经济地位以外,贾马尔的黑人身份也受到了性别的影响。更确切地说,贾马尔觉得他的男性特质和大部分黑人男同学不同。这不经意间就让他对自己的黑人身份产生了疑问。在学校和社区里,贾马尔都回忆称自己和大部分同龄男孩有着不同的兴趣:

> 这家伙[Durrell],我和他好像从四年级开始成为朋友,一直到 13 岁。但是,我们之间有不同的地方。我做事情的方式和他不太一样。他喜欢玩自行车前轮离地的平衡特技,但是我对这个没兴趣。他也会学着玩滑板,但是我却连溜冰都不会,而且别人也不会觉得会溜冰就能展示男子气概……而且,我不知道……但是我想我在四年级或者五年级就开始感觉不太一样了。不过我不清楚,因为我在五年级到七年级这段时间里很胖。所以我不知道这是因为我太胖了,还是因为我讨厌运动,讨厌体育课……而且我的穿衣打扮也和其他孩子不一样。我穿的是紧身裤……不是那种紧身打底裤,但是你知道的,就是那种紧身的裤子。我的穿衣风格和其他五到八年级男生的风格不一样。我会把介绍戴安娜·罗斯(Diana Ross)的书带到学校里,这种书讲的大概是什么?嗯,当时流行什么?那个时候说唱刚刚流行起来。那些男生当时……对,我记得。他们的偶像是詹姆斯·托德·史密斯(LL Cool J),但你知道吗,我的偶像是戴安娜(Diana)和珍妮特(Janet)。我只是举个例子。在音乐方面,我的喜好和他们就有着很大的差别。

贾马尔的兴趣和黑人男同学的兴趣越来越不一样,他们对于特定性别表现的想法也出现了差异。贾马尔的黑人男同学的偶像是 LL Cool J,是一位来自纽约的著名饶舌歌手。他戴着袋鼠帽,身材健硕,喜欢玩女人,饶舌唱得刚劲有力。这使他受到了许多黑人男青年的喜爱,认为他才是黑人、男性、城市人以及异性恋代表。而贾马尔的偶像戴安娜·罗斯则是有着"美好生活"的黑人缩影。戴安娜·罗斯是一位富有的黑人女性,她成功地走出了贫民区。正是因为有这样一个偶像,贾马尔对自己的黑人身份的真实性再次产生了怀疑。然而在七年级的时候,贾马尔发现展现出男子气概能让他得到权力、声望和尊重:

　　我记得七年级的时候,发生了一件大事。我们在踢球的时候,我在外场还是哪里,接住了球。因为他们并不了解我的水平,所以每个人都在说:"贾马尔竟然接到了一个球!"这真的是件大事。好像学校里人尽皆知"贾马尔接到了一个球"!这真的是,我告诉你,我接到球真的是一件大事。每个人都很惊讶,所有人都觉得我这辈子都不可能接到球。

　　贾马尔的这次接球经历似乎是他青春期早期的一个重要转折点,他意识到参加课外活动,尤其是体育活动,如果表现出色,就能赢得黑人同学的认可。

　　在加利福尼亚高中,这种办法能够派上用场。在中等班中学习并取得好成绩,让贾马尔在大多数黑人学生中脱颖而出。而这些黑人同学,如果不是因为贫穷或者成绩不好,至少也会装得和他一样优秀。白人学生都顺风顺水,行进在通向大学的轨道上,而黑人学生却挤在差班中。我问贾马尔他是如何成功绕过、或者说跨越黑人学生与非黑人学生之间那条难以逾越的社会边界的,他回答说,他的办法就是参加同学们重视的课外活动。例如,在加利福尼亚高中,他是学生会的秘书。学生会组织过舞会还有其他一些重要的社会活动,秘书的职位让他拥有了影响力。

338

　　除了参加学生会,贾马尔不去强调他的同性恋身份,以此来维持他的种族身份和影响力。确切地说,就是远离 10 号项目,因为他知道参加这种活动会破坏他在黑人学生中的声誉。总之,公开支持 10 号项目等于主动邀请他人的骚扰。据贾马尔所说,当学生们在班级的公告板(每日公布学校活动的地方)上读到 10 号项目的消息时,这种态势尤其明显:

　　我:关于 10 号项目,你记得些什么?

　　贾马尔:只记得他们曾经在公告板上说:"你是同性恋、双性恋、酷儿还是未定者?"然后跟我想的一样,一定会指定一个人每天朗读公告板的内容。所以,有时候挺有意思的,因为早上第二节课,大部分都是白人学生,这个时候正好是读公告板的时间,那些白人学生在读的时候非常一本正经。其他人就只是随便听听。可能还会有一点边栏评论,但是他们都会听,然后说:"那是学校里的一个社团。"但是在同一时段我和黑人同学上课的时候又是什么情形呢?天哪,他们会直接跳过这些内容,好像这个社团根本不存在似的!他们要么一直在聊天,没听别人读公告,要么瞎咋呼,把它当什么特别新闻。这一点很有意思。学校里有个笑话,说人们总是想知道到底哪些人真的参加了某个社团。好像他们只想站在门口看热闹。

贾马尔的同学不承认 10 号项目的重要性,而且还让贾马尔和其他性少数群体学生很难加入到这个项目中去。为什么贾马尔在这种情况下不生气、不愤怒呢?

贾马尔漠不关心的语调表明,他甚至都不认为这个组织能够给他这样的黑人、同性恋、来自中产阶级的学生带来什么好处。此外,不参加 10 号项目,表现出贾马尔与同学们是团结一致的,他们也认为这个项目对黑人学生来说毫无意义。他之所以对黑人同学的行为如此关心,跟他在黑人社区中的经历有关。在社区里,他来自中产阶级,而大部分居民都是工人阶级,都很贫穷。贾马尔的阶级地位和大部分同学不一样,这让他清晰地意识到人们是如何看待他的种族身份的。他的同学就好像 10 号项目里的"环形监狱"①——是活生生的、呼吸着的人肉监视器,监视着学生的一举一动(Foucault,1984)。所有黑人同学都看着自己的一举一动,贾马尔对参加 10 号项目会议时被人窥看的社会影响感到恐惧。对于公开支持以白人为主体的性少数群体组织,贾马尔进行了风险评估,做出了一个冷静且实际的决定,那就是不参与其中。由于有些黑人同学有恐同症,如果贾马尔加入这个组织的话,可能就会切断他与这些同学之间那根脆弱的联系纽带。

贾马尔被边缘化的情况和戴维的遭遇既有相似之处,又很不相同,非常耐人寻味。这两位年轻男性被排斥的原因都是因为他们的性别身份;然而,贾马尔的阶级身份,以及对 10 号项目的尊重令他处于一个不同的位置。贾马尔和戴维不一样,从来没有参加过 10 号项目会议,因为他在黑人社区里经历过阶级差异,这影响了他讨论性别和性别认同的方式。对贾马尔来说,参加 10 号项目会议会使他和黑人同学之间本来已经十分脆弱的关系产生更大的问题。这些黑人同学中大部分都有恐同症,且并非来自中产阶级。

339　　从女权主义交叉法视角来看,贾马尔的描述涉及阶级身份如何影响黑人男学生被边缘化的经历,从而将"边缘化"这个概念变得更为复杂。贾马尔选择远离 10 号项目来维持他与黑人社区的联系。有意思的是,这两位年轻男性都是遭到了自己种族的人的骚扰和排挤,这就引发了一个问题:种族内部的边缘化(Cohen, 1999)。黑人男生的

---

① 环形监狱(Panopticon)指看守室在中央的监狱,亦译作全景监狱。——译者注

社会公平教育似乎能消除多种形式的压迫，这种压迫会导致黑人男生在种族间以及种族内部被边缘化。在采访安托万（Antoine）时，我们将回过来讨论种族内部边缘化的主题，以及之前没有提到过的社会认同这一话题，这种社会认同也有可能使黑人男生在城市学校里被边缘化，那就是：能力。

安托万

安托万，18 岁，身高 5 英尺 7 英寸（约 1.70 米），体重 150 磅（约 68 公斤），比大部分黑人男同学都矮小一些。他的皮肤呈中等棕色，鼻子偏大，有一双浅棕色的眼睛（因为带了隐形眼镜）。他的头发呈深棕色（前面有一绺是褐色的）。但他说话略带鼻音，口齿不清，还带有男中音的音色，这让他说话略带女气。尽管穿校服的时候他的装扮和大多数黑人男同学一样：一条松垮的牛仔裤，T 恤外搭配牛津纺衬衫，头戴一顶棒球帽，左耳打耳洞，脚踩一双靴子，背单肩包。从他的穿着风格可以看出，他想要融入集体，而不是引起别人对他的声音、身材、发型、公开的同性恋身份以及参加舞蹈团的注意，从而区别于性别错位者。

安托万刚来加利福尼亚高中读九年级时缺乏自信。他说："我真的不太会那种仰着头微笑之类的事情。"他去找老师要课表的时候，老师提到了体育课的问题。安托万坚持道："我对体育运动没有任何兴趣，不要把我加进去。"老师就向他推荐了非洲—海地舞蹈，这样就能完成加利福尼亚高中体育课的要求了。安托万同意了，说："我试试吧。"他第一学期加入非洲—海地舞蹈团（Afro-Haitian Dance Program，ADP）时，因为紧张跳得不好，所以被安排在最后一排。第二学期他就慢慢熟悉了起来。到了大二那年，他回忆道："当时还好……我的位置开始慢慢往（班级）前移了。"

虽然加入舞蹈团让安托万小有名气，但是在社交上他仍然放不开，部分原因是由于他公开了自己同性恋的身份。我从后来的采访中了解到，这和他是个接受特殊教育的学生也有关。在特殊教育课程中，黑人学生所占的比例较大。大量黑人学生都被安排到高发问题的特殊教育行列中，包括智能障碍、情绪与行为障碍以及学习障碍。一旦进入这一行列，就要接受隔离教育，几乎不能接触其他健全的同学，或是加入普通课程（Blanchett，2006）。鉴于这一点，接受特殊教育让安托万感到耻辱也就不足为怪了。他看到了自己和同学之间的地位差异，这让他感觉极度难受。那些同学都是黑人，只是他们没接受特殊教育而已。他很难接受自己在学习上的缺陷，所以经常翘课，跑到舞蹈团做兼职助教。虽然舞蹈团团长姆维古（Mwingu）知道他翘了文化课，但是她很同情他,知道他想要融入那些被贴了残障标签的黑人学生中去。

除了因接受特殊教育而受排挤之外,安托万和戴维、贾马尔一样,都因性别错位而倍受骚扰。一些异性恋男舞者喜欢嘲笑他,捶他手臂,拍他的头,或者当面表达他们对同性恋的厌恶之情。当我向安托万问起这种不当行为时,他说这可能是一种调情或是同性欲望:

> 我觉得每个人对于和同性交往这件事的看法褒贬不一。在消极的方面,比如说如果我是异性恋,我会说:"哦! 和别的男人在一起简直不忍直视!"或者"我不可能和男人在一起!"那仍旧是对和同性交往的想法。

就我看来,安托万没有对骚扰做出反击,是为了维持与黑人男同学之间的和睦,因为他还想和他们做朋友。例如,我经常观察克里斯(Chris)。他是舞蹈团的另一位黑人舞者,他在彩排的时候开玩笑似的打安托万的头。我还观察过达雷尔(Darrell),他从加利福尼亚高中毕业,在舞蹈团担任鼓手。他打安托万时都不停手,尽管安托万一直在高喊"别打了!"安托万在这两件事之后也只是一笑了之。

我亲眼见证了这两件事,心里很困惑:为什么这些同学的攻击似乎没有惹恼安托万?我后来在整理观察和采访资料的时候,推测出一个可能的解释,那就是安托万喜欢异性恋同学关注他,不管关注的方法是否暴力,因为这样让他觉得自己和那些同学是一类人。这样他就能和同学们互动,不被排斥,因为公开同性恋身份或者接受特殊教育的学生都会受到排挤。但是我很好奇,这样解决问题会在城市学校里形成什么样的社会环境? 就社会公平而言,城市教育工作者是否应该创造一种能容纳不同的男性特质的校园氛围,反对群体间和群体内的边缘化现象? 在本章的最后一部分,我将讨论三种必要的概念性工具,帮助城市教育工作者创造这样的环境。

城市学校中社会公平教育的概念性工具: 交叉法、多重男性特质、反恐同症教育

本章提到了几位同性恋以及性别错位的黑人男学生,他们讲述的内容对城市学校中的社会公平教育,尤其是对城市教育工作者了解黑人男生被边缘化现象,有着重要

的启示。这些黑人男生都因种族和性别差异在学习成绩、活动参与及课程学习方面受到排斥。笔者并非要提出具体的政策建议，而是将这些作为概念性工具，以便进行多种不同的实践和干预。

概念性工具 1：交叉法

如本章开头所述，女权主义交叉法视角源于有色人种女性所处的特殊境况。她们都因多重社会身份而被边缘化，其中包括在种族、阶级、性别和性别认同四个方面。女性社会公平组织，如加拿大提高妇女地位研究所（Canadian Research Institute for the Advancement of Women，CRIAW），利用女权主义交叉法框架（Intersectional Feminist Frameworks，IFF），基于多种体验和不同视角，将女性的想法、方向和目标集合起来（参见 http://www. criaw-icref. ca/indexFrame_e. htm）。IFF 在不同情况下得出了一个结果，那就是歧视性的社会实践会造成并强化不公平和排外现象。

341

总的来说，女权主义交叉法视角，或称交叉法，作为一种理论框架，侧重研究一般的排外现象以及边缘化这种特殊经历。关注同性恋和性别错位的黑人男生的特殊经历，能够让城市教育工作者揭开普遍存在于黑人男生身上的多重身份和多种边缘化现象的面纱。虽然本章中同性恋和性别错位的黑人男生的陈述，揭示了黑人男生是因为他们的种族、阶级、性别、性取向或是能力认同而被边缘化的，但是有一条贯穿始终的线索，那就是他们都是性别错位者。笔者认为，受骚扰反映了普通人看待特殊的性别认同的狭隘眼光，表明城市教育工作者需要利用概念性工具，帮助他们制定政策、安排实践活动，为不同性别认同的黑人男生正名。另外两个概念性工具是多重男性特质和反恐同症教育。

概念性工具 2：多重男性特质

社会学家康奈尔（R. W. Connell）使用了多重男性特质（mutiple masculinities）这一术语来描述男性性别认同的多样性（Connell，1993）。埃姆斯（Imms，2000）提出了多重男性特质的四大关键特征：

1. 男性特质具有多元性。

2. 社会性别是由个人与社会力量共同建构的。个人不会自动接受预先确定好的性别角色；他们会不断地建立、协商和维持对性别的看法。

3. 社会性别是一种关系结构。因此，如果没有受到女性和其他男性的影响，男孩子是不会形成他们自己对于男性特质这一概念的看法的。

4. 多重男性特质使霸权结构变得更为多样,促使其朝健康的方向发展。

多重男性特质法是城市教育工作者的一个重要概念性工具,因为它能提供一个框架,有助于理解黑人男生的性别认同是如何建立、协商和维持的。此外,多重男性特质法将人们的目光转移到非霸权型男性特质这一点上(男性特质是次要的,或是被抑制的),就像那些同性恋和性别错位的黑人男生一样。德国、英国和澳大利亚开始利用多重男性特质法来开发"以男生为中心的项目"(Connell,1996)。

为了达到社会公平,城市教育工作者必须对黑人男生的非霸权性男性特质给予肯定。这不仅是因为这些男性特质会招惹他人的骚扰,而且是因为这些特质有助于我们在不受机构与同侪边缘化力量影响的情况下把这些黑人男生的身份概念化。例如,人们都认为舞蹈是一项女性活动,但是请想一想,安托万在接受特殊教育时,通过参加舞蹈团来抗议自己被边缘化的现象。在我看来,阻碍城市教育工作者看到非霸权性男子特质的绊脚石似乎是恐同症。这种症状是由于男性特质/女性特质的社会标准使他们对同性恋产生恐惧感,而且他们坚信,从生物学的角度来看,性别是人生来固有的。笔者据此认为,反恐同症教育虽然有争议,但却是城市教育工作者解决黑人男生被边缘化问题的一个重要概念性工具。

概念性工具3:反恐同症教育

反恐同症教育挑战了对同性恋的恐惧,是社会公平工作中一个较有争议的领域。反恐同症教育是一种动态的教育,缺乏稳定性。在这种教育过程中,学生和教育工作者要直面并协商一系列复杂又矛盾的主体地位。这些主体地位与政治、性别认同和性取向相关(Robinson,Ferfolja,& Goldstein,2004)。虽然一些在政治上最活跃的性少数群体组织都聚集在大城市中,但是作为一个群体,城市教育工作者并不清楚反恐同症和城市学校中的社会公平工作的关系。也许是因为历史上种族、阶级、政治经济和移民问题在城市教育中始终占主导地位,抑或城市教育工作者自己也有恐同症,使他们无法认真思考性别和性取向问题。这些问题无疑都很重要,但是,即使作为城市重要的结构性力量和文化力量,性别和性取向受到的压迫仍然为人们所忽视,这反过来使它们在城市教育理论中没能受到足够的重视(McCready,2001)。

在美国,一些专业组织已经不规律地开始了反恐同症教育。这些组织包括美国教育研究协会的酷儿研究(Queer Studies)特别兴趣小组、纽约的赫特里克-马丁学会

(Hetrick-Martin Institute)、芝加哥的地平线青年计划（Horizons Youth Program），以及 10 号项目和同性恋异性恋教育网站（Gay Lesbian Straight Education Network，GLSEN）等性少数群体教育宣传组织。地方层面的同性恋异性恋教育网站在激励反恐同症工作方面取得了巨大的成功，为教师和学生提供了技术辅助手段，帮助他们在学校中成立同性恋—异性恋联盟（gay-striaght alliances，GSAs）。然而，人们并不清楚城市学校中同性恋—异性恋联盟的影响力到底有多大，以及这些组织到底是否在为有色人种学生的需求服务（正如戴维在 10 号项目中的经历）（McCready，2004）。

反恐同症教育是城市教育工作者帮助黑人男生抵抗边缘化、为多样化的男性特质"创造空间"的重要手段。关于黑人男同性恋研究的一些文献为这种重新想象黑人男性特质的工作提供了模板。例如在《兄弟情深：黑人男同性恋新作》（*Brother to Brother: New Writings by Black Gay Men*，Hemphill，1991）中，许多作者（如 Isaac Julien、Essex Hemphill、Marlon Riggs 和 Kobena Mercer）都直面自己的恐惧，公开出柜，或是公开自己性别错位者、亲女权主义者以及纯正黑人的身份。与之类似，笔者认为，许多人都不愿去探索并重新定义黑人男性特质是因为他们担心亲女权主义者和黑人男性中的反异性恋者会破坏黑人社区的稳定发展。但是很明显，从本章所描述的黑人同性恋男生的生活中可以看出，在城市学校中，性别压迫（Connell，2000）和强制性异性恋（Rich，1980）给黑人男生增加了而不是减少了麻烦。考虑到这些问题，城市教育工作者应当考虑利用交叉法、多重男性特质和反恐同症教育等概念工具，解决城市学校中黑人男生的社会公平问题。

（张思源　译）

注：

1. 合作行动研究项目为期六年，由教师、学生管理员、家长、教授和毕业生组成合作研究团队，调查加利福尼亚高中所面临的两个问题背后的原因。自 50 多年前主动废除种族隔离后，该校一直困扰于学生学业成绩方面的种族——阶级鸿沟，以及在课程学习和课外活动中采取的种族隔离措施。

2. 加州大学伯克利分校人类受试者保护协会（UBC Protection of Human Subjects Committee）建议，将所有与加利福尼亚高中和道斯普埃博劳斯高中（Dos Pueblos High School，DP）相关人员的名字进行更换，包括教师、学生、教职工、毕业生还有工作人员，以此来保护他们的身份。

3. 近期加利福尼亚高中行政部门发布的年度报告中，公开了得到 D 和 F 等级的学生数量，表

343

明学校今后已不受种族的影响。得到 D 和 F 等级的黑人和拉丁裔学生数量一直高于白人和亚裔学生。在加利福尼亚高中，教师和行政人员经常在给报告打分时给出 D 和 F 等级，以此来强调学生学业成就上的种族差异。

参考文献

Anderson, E. (1992). *Streetwise: Race, class, and change in an urban community*. Chicago: University of Chicago Press.

Anyon, J. (1997). *Ghetto schooling: A political economy of urban educational reform*. New York: Teachers College Press.

Association for Women's Rights in Development (AWID). (2004). Intersectionality: A tool for economic and social justice. *Women's Rights and Economic Change*, 9, 1 - 8.

Bettie, J. (2003). *Women without class*. Berkeley, CA: University of California Press.

Blanchett, W. (2006). Disproportionate representation of African American students in special education: Acknowledging the role of whiteprivilege and racism. *Educational Researcher*, 35 (6), 24 - 28.

Canadian Research Institute for the Advancement of Women (CRIAW). Retrieved December 29th, 2006, from http://www. criaw-icref. ca/indexFrame_e. htm

Cohen, C. (1999). *The boundaries of blackness: AIDS and breakdown of blackness*. Chicago: University of Chicago Press.

Collins, P. (1990). *Black feminist thought*. New York: Routledge.

Connell, R. W. (1987). *Gender and power*. Stanford, CA: Stanford University Press.

Connell, R. W. (1993). Disruptions: Improper masculinities and schooling. In L. Weis & M. Fine (Eds.), *Beyond silenced voices: Class, race, and gender in United States schools* (pp. 191 - 208). Albany, NY: SUNY.

Connell, R. W. (1996). Teaching the boys: New research on masculinity and gender strategies for schools. *Teachers College Record*, 98, 206 - 235.

Connell, R. W. (2000). *The men and the boys*. Berkeley, CA: University of California Press.

Fordham, S. , & Ogbu, J. U. (1986). Black students' school success: Coping with the "burden of acting White." *Urban Review*, 18, 176 - 206.

Foucault, M. (1984). The means of correct training. In P. Rabinow (Ed.), *The Foucault reader* (pp. 188 - 205). New York: Pantheon.

Gordon, E. (2003). Urban education. *Teachers College Record*, 105(2), 189 - 207.

Hemphill, E. (Ed.). (1991). *Brother to brother: New writings by Black gay men*. Boston: Alyson.

Imms, W. D. (2000). Multiple masculinities and the schooling of boys. *Canadian Journal of Education*, 25(2), 152 - 165.

Kincheloe, J. (2004). Why a book on urban education? In S. Steinberg, & J. Kincheloe (Eds.), *19 Urban Questions: Teaching in the City*. New York: Peter Lang.

Kunjufu, J. (1986). *Countering the conspiracy to destroy black boys* (Vol. 2, Rev. ed.). Chicago: African American Images. (Original work published 1982)

Lopez, N. (2003). *Hopeful boys, troubled girls: Race and gender disparity in urban education*. New York: Routledge.

McCready, L. T. (2001). When fitting in isn't an option: Black queer students experience racial separation at a California high school. In K. Kumashiro (Ed.), *Troubling intersections of race and sexuality* (pp. 37 – 53). Lanham, MD: Rowman & Littlefield.

McCready, L. T. (2004). Some challenges facing queer youth programs in urban high schools: Racial segregation and de-normalizing whiteness. *Journal of Gay and Lesbian Issues in Education*, 1(3),37 – 51.

Meier, K. J., Stewart, J., & England, R. E. (1989). *Race, class, and education: The politics of second-generation discrimination*. Madison, WI: University of Wisconsin Press.

Noguera, P. (1996). Responding to the crisis confronting California's Black male youth: Providing support without furthering marginalization. *Journal of Negro Education*, 65(2), 219 – 236.

Pharr, S. (1996). *In the time of the right: Reflections on liberation*. Little Rock, AK: Women's Project.

Robinson, K., Ferfolja, T., & Goldstein, T. (2004). [Special issue: Anti-homophobia teacher education]. *Teaching Education*, 15(1),3 – 8.

Rothestein, R. (2004). *Class and schools: using social, economic, and educational reform to close the black-white achievement gap*. New York: Economic Policy Institute.

Seidman, S. (2002). *Beyond the closet: The transformation of gay and lesbian life*. New York: Routledge.

Wilson, W. J. (1987). *The truly disadvantaged: The inner city, the underclass, and public policy*. Chicago: University of Chicago Press.

344

22

针对所有学生的艾滋病预防教育和性教育

社会公平教育中的关键问题

万达·J·布兰切特（Wanda J. Blanchett）

尽管许多学者(如 Blanchett，2000；Blanchett & Prater，2006；Pardini，2002 - 2003；Rodriguez，Young，Renfro，Asencio，& Haffner，1996；Skripak & Summerfield，1996)呼吁让所有学生都接受有助于个人发展的综合性学校健康教育，如艾滋病预防教育，但仍有许多学生无法持续享受这方面的教育。而将这些问题融入社会公平这个大背景，对一些教育工作者来说甚至更为陌生。近年来，人们对把社会公平理念注入教育工作者的教育和职业培训，给予了非常多的关注(Cochran-Smith，2004；Gay，2000；Murrell，2006)。然而，社会公平教育主要关注如何帮助教育工作者实现教育公平，而对性方面的问题却关注甚少。令人惊讶的是，从 20 世纪 90 年代中期到末期，尽管人们十分重视社会公平教育，但是教育领域却很少触及、甚至没有认可综合性学校健康教育，其中包括艾滋病预防教育和性教育，而这些都是实现社会公平教育的重要组成部分。

综合性学校健康教育的目标是预防最为严重的健康问题和青少年问题的发生，以提高学生生活质量。因此，综合性学校健康教育旨在预防青少年因不健康的行为而造成贻害终生的后果，这些行为包括性侵犯、无意或故意伤人或杀人、抽烟、酗酒、其他药物滥用成瘾、危险性行为导致的意外怀孕和性传染病、不健康的饮食习惯和缺乏体育锻炼等。为确保所有学生都能够接受艾滋病预防教育和性教育，保证学生健康发展，教育工作者和公众必须将这些问题纳入社会公平教育这一重要的社会议程，同时应全力帮助教育工作者应对上述领域中的挑战，教育包括残疾学生在内的所有学生。由于残疾学生在学习能力方面的缺陷，社会地位较低，所有的社会公平议程都必须将他们包括在内，确保所有学生都能接受艾滋病预防教育和性教育。

学生若能获取艾滋病预防教育和性教育的信息，就能掌控自己的生活。在民主社会中，在了解信息的基础上做决定的能力是社会公平的基本组成部分。如上所述，综合性健康教育内容繁杂，包括多种技能和行为。但在本章中，笔者对于综合性健康教育的讨论仅限于综合性学校健康教育中的艾滋病预防教育和性教育。此外，本章中社会公平的定义是："发现并消除现实状况和制度政策中一切形式的压迫现象和区别对待。"(Murrell，2006，p. 81)本章的重点是教师培养项目的制度实践。笔者将着眼于在社会公平教育的大背景下，考虑包括残疾学生在内的所有学生的需求，为他们提供艾滋病预防教育和性教育。为此，笔者将首先讨论为什么艾滋病预防教育和性教育对

346

所有学生,尤其是残疾学生来说至关重要。第二,笔者将概述艾滋病预防教育和性教育领域教师培养的现状。第三,笔者将对残疾学生艾滋病预防教育领域的普通教育教师和特殊教育教师的培养情况作一概述。最后,笔者将提出一些相关策略,将艾滋病预防教育和性教育纳入教师培养项目,作为所有教育工作者社会公平培养项目的一部分。

为什么针对所有学生的艾滋病预防教育和性教育如此重要?

综合性学校健康教育不仅是一个社会公平的问题,它对所有学生来说都极为重要,因为在如今青少年的生活中存在许多风险因素和危险行为,这些都可能在未来导致青少年的健康问题,降低他们生活质量,其中包括药物滥用、家庭和社会暴力、性行为、青少年怀孕等(Baker, 2005;Frauenknecht, 2003)。尽管性行为活跃的美国青年比例从 1991 年的 54% 略微下降至 2001 年的 45.6%,但仍有很大比例的青年人在成年之前性行为活跃。似乎没有人告诉他们应该做出安全明智的决定(Pardini, 2002)。虽然青年人性行为、生育、怀孕和堕胎比例有所下降,但是城市和学区的分类数据表明,人们仍需持续关注这些问题。例如在 2001 年,全国性行为的比例从 50% 多略微下降至 45.6%。但是密尔沃基公立高中 57% 的学生表示自己至少有过一次性行为(Pardini, 2002)。更惊人的是,在之前有关风险行为的研究中,只有略过半数的性行为活跃的青年表示自己使用避孕套(Kann et al. , 1996)。这些性风险行为研究的结果突出表明,学校应该把综合性学校健康教育,包括艾滋病预防教育和性教育纳入 PK-12 的课程中。因为"综合性学校健康教育可以帮助青年从中充分受益,从而成长为优秀健康的成年人"(Frauenknecht, 2003,p. 2),美国卫生与公众服务部希望通过"健康人民 2010"运动,提高在中学里为学生提供综合性学校健康教育的比例。遗憾的是,尽管这些运动的目标非常明确,但是由于残疾学生的社会地位较低,通常没有被考虑在内。

十几年来,诸多特殊教育专业领域的文献(如 Colson & Carlson, 1993;Prater, Serna, Sileo, & Katz, 1995)都呼吁人们关爱残疾学生。残疾学生作为一个学生群体,理应接受艾滋病预防教育和性教育。人们认为,相较于健全的同龄人,残疾学生更容易感染艾滋病毒及其他性传染疾病,更容易遭受性侵犯,青少年怀孕的可能性也更

高(特殊儿童委员会,1991)。因为残疾学生(1)缺乏关于身体和性方面的知识和信息;
(2)由于无法分辨现实与虚幻而受到误导;(3)社交能力有限;(4)易受他人影响;(5)判断力较低,这些因素都可能会增加他们的健康风险。尽管人们承认残疾学生特殊的学习特点可能会让他们更容易感染艾滋病毒,但教育残疾学生预防艾滋病的工作却做得太少了。

事实上,研究表明,残疾学生并未一直接受全面的性教育,而这种教育也不一定包含艾滋病预防教育。此外,有学习障碍的学生能否接受艾滋病预防教育似乎和他们接受教育的场所有关。在普通教育班级中,有学习障碍的学生一天中有75%甚至更多时间接受艾滋病教育,而在特殊教育班级中的同龄人一天中只有25%左右的时间用来接受艾滋病教育。其实,学生能否接受艾滋病教育确实和接受普通教育的程度相关(Blanchett,2000),这进一步表明了继续倡导残疾学生接受普通教育的重要性。作为社会公平策略的一部分,倡导残疾学生接受普通教育有助于彻底根除不平等现象。此外,虽然残疾学生可以接受艾滋病预防教育,但是这些教育很少是根据学生的学习特点、学习风格和偏好量身定制的。毋庸置疑,让这些学生接受适当的艾滋病预防教育十分重要,但也必须和社会公平的教育理念联系起来。让残疾学生接受普通教育,就能让他们更多地接触到这类信息。

艾滋病是由人类免疫缺陷病毒(HIV)引起的,鉴于目前尚未研发出治愈艾滋病的手段,有效的艾滋病预防教育和性教育以及减少后续风险是唯一能够预防艾滋病传播的武器。既然我们知道并非所有学生都能接受艾滋病预防教育和性教育,那么这类教育就应纳入社会公平教育体系。艾滋病病毒是通过体液传播的。虽然艾滋病病毒可以经由许多途径(如污染的针头、静脉吸毒、输血)传播,但目前性行为仍是最常见的传播途径。1988年,美国疾病控制和预防中心(Centers for Disease Control and Prevention, CDC)为减少艾滋病感染和扩散,制定了艾滋病预防教育指南(美国疾病控制和预防中心,1988)。美国疾病控制和预防中心表示,满足以下三点要求的艾滋病预防教育最为有效。第一,根据目标群体的发展水平和风险行为制定的艾滋病预防教育。第二,艾滋病预防教育应纳入综合性学校健康教育。第三,也是最重要的一点,艾滋病教育须由合格的教师指导。合格的教师不仅对这方面内容有一定的了解,能够自如地教授这些内容,还必须根据学生的发展水平和性风险行为,挑选并教授学生合适的课程。

为什么残疾学生的艾滋病预防教育如此重要?

残疾学生接触艾滋病病毒的风险很高,因为他们比同龄学生更容易受到性侵犯,也更容易滥用药物。同时,残疾学生还更加冲动,应对同伴压力的能力不足,缺乏解决问题的能力,因而更加脆弱(Prater et al. , 1995)。数据显示,残疾学生比同龄学生接触到艾滋病的可能性更大。例如,一项对8 000多名艾滋病医疗补助受益者的研究显示,被诊断为智力发育迟滞的人感染艾滋病的比例比普通人更高(Walker, Sambamoorthi, & Crystal, 1999)。虽然无法确定这些人感染艾滋病病毒的途径,但是滥用毒品的可能性最大。大部分研究对象都是毒品滥用者(Walker et al. , 1999, p. 360)。

当然,残疾人士也比正常同龄人更易感染艾滋病,因为他们很少接受学校里的疾病预防教育。但是,专业人士对自己教授(残疾或正常)学生艾滋病预防课程的责任并没有共识。大多数教育工作者认为,艾滋病预防课程应由健康指导员、校医院护士或者其他受过医疗训练的专家来教授(Lavin et al. , 1994)。此外,其他的学校人员,包括体育课教师、科学课教师和社会研究课教师,也都是合适的人选(Prater et al. , 1995)。对于到底应该由谁来教授艾滋病预防课程这一问题,各方始终没有达成一致意见。这很可能是学生接受的教育时断时续,以及教师缺乏培训的原因之一。

采用双轨制的教师培养项目还会让问题更加复杂,因为教师既要负责教授艾滋病预防教育,还要开展性教育课程。目前,许多培养项目实行双轨制,即将普通教育工作者和特殊教育工作者分开培训(Carroll, Forlin, & Jobling, 2003)。双轨制的目的是让普通教育工作者不必顾及有特殊学习需求的学生。普通教育工作者通常认为自己还不足以教育残疾学生(Lombard, Miller, & Hazelkorn, 1998)。如果普通教育工作者要教授所有学生的艾滋病预防课程,他们就必须有能力为特殊学生选择和制定合适的课程和教学计划。

对残疾学生而言,社会公平教育这个概念在某种程度上是自相矛盾的,因为许多残疾人士的社会地位仍然较低,但这也只是原因之一。残疾学生还被认为是无性人,尽管大量文献表明这种误解是不准确的(Blanchett, 2002; Colson & Carlson, 1993; Prater, Sileo, & Black, 2000)。此外,近年来有一种趋势特别值得注意,那就是不论残疾学生的残疾程度多么严重,都要确保他们充分接受普通教育。许多残疾学生还在隔离的自足式教室(self-contained classroom)里上课,其中大多是非洲裔美国人,他们

348

和正常同龄学生的接触受到限制，也无法上普通教育的课程。而且很少有教师培养项目采纳社会公平的理念，这种理念的核心是帮助候选教师学习有关社会公平教育的知识、技能，培养良好的心理素质，其中就有如何应对包括残疾学生在内的所有学生的性问题。鉴于目前残疾学生的数量不断增加，他们接受普通教育的可能性也更大了，上述情况是无法接受的。不让残疾学生接受艾滋病预防教育和性教育同样也是不可取的，从社会角度来说是不公平的。这相当于否认了这些学生获得知识和技能的机会，而这些知识和技能可以用在生活的方方面面，还能保护他们免受艾滋病和其他性传播疾病的危害。

许多教师培养项目还没能完全理解和接受社会公平的理念，甚至在最基本的方面也没做到。一些接受培训的教师在面对性问题时，无法放下他们自身的优越感、种族歧视、性别歧视、阶级歧视和偏见(Ferri & Conner, 2005)。在普通教育和特殊教育的教师培养项目中，将艾滋病预防教育作为社会公平教育的一部分纳入课程体系的培养项目就更少了。因此，我们可以得出以下结论：性问题被纳入教师教育课程和项目中的情况极少，即使被纳入，性问题也没能在社会公平教育的大环境中得以解决。最后，尽管教育工作者需要接受跨学科的教育培训，确保自己掌握必要的技能，作为从业人员参与有效合作，但是许多普通教育和特殊教育的教师培养项目在培训时实行双轨制，受训教师很少有机会能和其他学科领域的专家进行交流。在健康教育领域也同样如此。健康教育工作者在培训时将大量注意力放在内容的掌握上，却很少与普通教育和特殊教育工作者进行交流，讨论如何满足有不同学习特点和教学要求的学生的需求。

艾滋病预防教育和性教育教师培养的现状

虽然教育工作者一致认为，预防艾滋病感染扩散的最有效方式是在所有学生达到性活跃的年龄之前，为他们提供全面的健康教育，时间不晚于七年级，但是教师们似乎并未做好充分的准备迎接挑战。例如，虽然小学健康教育是由普通任课教师授课的，但是全美国只有 31 个州要求小学教师取得健康教育职业证书(Stone & Perry, 1990，转引自 Skripak & Summerfield, 1996)。而且很少有教师培养项目把这类问题纳入项目课程中。在一项针对 169 个教师教育项目的研究中，罗德里奎兹等人(Rodriquez, Young, Renfro, Asencio, & Haffner, 1996)发现，只有 14% 的项目要求所有职前教师参加健康教育课程,同时,没有任何项目开设过性教育课程。此外,在上述项目中,只有 61% 的项目为考取健康教育职业证书的学生开设了性教育课程,而其中只有 12% 的课程提到了艾滋病。

普通教育工作者在与艾滋病预防教育和性教育相关的教学技能和概念中发挥了重要作用。小学普通教育教师承担了为包括残疾学生在内的所有学生提供健康教育的重任(Hausman & Ruzek,1995)。在研究小学教师回答学生提出的性问题的技巧时,研究人员发现,只有 34% 的教师说自己曾接受过正式的性教育培训(Price,Drake,Kirchofer,& Tellijohann,2003)。研究人员还发现,学生提问中最常见的是有关性传播疾病(Sexually Transmitted Diseases,STDs)、青春期、同性恋、堕胎和怀孕的问题。在教学过程中,愿意回答这些问题的教师比例最高达 73%,最低只有 14%。参与研究的教师还表示,他们在回答有关同性恋、堕胎、手淫和男性性器官方面的问题时也遇到了困难。在初中教育课程中,健康教育通常是由专门的健康生理教师授课;然而,如上所述,很少有健康教育工作者受过良好的训练,而具备更好的健康教育技能、了解更多健康教育概念的初中教师甚至更少。只有六分之一的教师培养项目为职前教师提供了健康教育课程,而这些接受培训的教师都不是健康教育或生理教育专业的(Rodriguez et al.,1997)。如果普通教育教师未经过有关健康或艾滋病预防教育和性教育方面的培训,他们就无法教授学生相关的内容,更不用说教育有特殊学习需求的残疾学生了。

350

特殊教育工作者的艾滋病预防教育和性教育培养

教师培训的不足,使残疾学生的艾滋病预防教育和性教育面临着更加严峻的挑战。虽然许多文献显示特殊教育教师还没有做好开展性教育课程的准备,但是有关方面却没有尝试改善他们的培训工作。调查显示,只有 50% 职前培训项目为特殊教育候选教师提供艾滋病预防、性教育和药物滥用的相关职业培训。更重要的是,大多数职前培训项目并未将这种职业培训纳入课程范围。在梅和坎德特(May & Kundert,1996)的研究中,41% 的特殊教育项目课程不包含任何性教育的内容,而纳入特殊教育教师培养项目的健康教育或性教育内容,也不是必修课程。

同一研究显示,在培训项目中,约有 66% 的性教育课程是必修课,14% 是选修课,而 20％没有回答该问题。当问及学生如何接受性教育时,11％的受访者称在单独的特殊教育课程中接受过培训,19％的人回答是在其他部门提供的单独课程中接受过培训。梅和坎德特(1996)发现,相较于 20 世纪 80 年代,在 20 世纪 90 年代的特殊教育必修课程中,性教育涵盖的范围更广。然而,虽然在其他部门开设的课程中性教育的总时长有所增加,但是特殊教育中性教育的总时长却减少了。在特殊教育中,每学期性教育的平均时长为 3.6 小时,而在其他部门提供的课程中则长达 7.7 小时。

20 世纪 90 年代对特殊教育工作者的研究表明,他们的职前培训并不包括教授学生有关性教育的课程。这说明特殊教育培训机构的健康教育培训十分有限(Foley,1995；Foley & Dudzinski, 1995；Rabak-Wagener, Ellery, & Stacy, 1997)。之后进行的三项研究进一步说明,特殊教育教师在这方面没有受过充分的培训。首先,乌布斯等人(Ubbes et al., 1990)的报告显示,只有三个州要求小学教师取得健康教育职业证书。其次,在一项审视特殊教育教师培养项目中与风险相关的内容和处理方法的研究中,普拉特、西里奥和布莱克(Prater、Sileo, & Black, 2000)发现,艾滋病是最少涉及的话题之一。第三,对相关的教材进行的一项分析表明,在 11 篇课文中,只有一篇全面涵盖了艾滋病和残疾方面的内容,还有一篇根本没有触及这个话题(Foulk,Gessner, & Koorland, 2001)。

阻碍学生接受艾滋病教育的原因有很多,其中最受人诟病的原因是缺少对普通教育和特殊教育教师在处理所有学生性问题方面的培训(例如,Blanchett & Prater,2005；Rodriguez, Young, Renfro, Asencio, & Haffner, 1997)。虽然有人认为普通教育教师接受培训的情况要好些,但是,如上文所述,不论是普通教育教师还是特殊教育教师,都没有接受过他们需要的培训。因为在教师培养项目中,很少有包含关于性的课程,关于艾滋病的课程甚至更少。而要开展艾滋病预防教育和性教育,将其纳入社会公平教育的议程,就必须详细了解教师教育的现状,确保所有受训教师都了解相关的内容和知识,具备相关技能和良好的心理素质,提高教学效率。

351

如何理解对教师提供关于艾滋病预防教育的培训是实现社会公平教育的一部分?

作为社会公平教育的一部分,要让教育工作者们为残疾学生提供艾滋病预防教育,这是教师教育专业必须解决的重要问题。因此,笔者将在这部分讨论教师教育专业如何让教师做好更充分的准备,为包括残疾学生在内的所有学生提供艾滋病预防教育,以实现社会公平教育。要实现社会公平教育,艾滋病预防教育和性教育需要以下条件:

(1)教师培养项目必须努力使所有学员具备社会公平教育的能力。(2)教师培养项目必须布置课程作业,计入成绩评定,确保所有学员具有足够的知识储备,并且帮助他们剖析自身有关性取向、艾滋病和残疾的相关概念、误解和偏见,使他们能够从容地处理这类问题。(3)教师培养项目应给学员留出思考的时间,让他们思考种族歧视、阶级、文化、性别、残疾、性取向、多重身份或组织关系等因素是如何影响学生获得正确信息的。(4)教师培养项目需要重新组织或重新训练其全体教师和职工。(5)要解决社会公平教育中的艾滋病预防教育和性教育问题,应设立国家级和州级的专业标准。(6)应将重点放在专业教育工作者目前接受的双轨制教育上,并且探索跨学科合作。

教师培养项目必须采纳社会公平教育的理念,包括解决所有学生的艾滋病预防教育问题和性教育问题。一旦采纳了这个理念,教师培养项目的社会公平教育理念就应该作为课程选择及后续筛选学员的指导方针。教师培养项目需经过深入思考,将艾滋病预防教育和性教育等的内容纳入课程设置,并与他们实现社会公平的努力衔接起来。

虽然有很多方法能够确保学员具备必要的知识、技能和良好的心理素质,以开展艾滋病预防教育,实现社会公平,但是最低限度的培养项目至少要改变学生对于性、性别和性别表达相关的理解、误解和偏见。要做到这一点,教师培养项目需为学员提供一个安全的环境,让他们思考自己对于生理性别、社会性别、舒适的性交流和性别权利结构的认识。学员应有机会剖析性别表达和艾滋病相关的概念、误解和偏见。在剖析的同时,学员还必须讨论残疾人士的性取向问题。由于权利和压迫问题与性取向和性别表达问题有关,因此学员也需要剖析权利和压迫的问题,了解其他社会公平问题,如种族、阶级、残疾和文化问题对他们自身理解产生的影响,以及在性取向问题上社会对待边缘化群体的方式,这些都十分重要。为了实现社会公平教育,我们必须全面、持续地解决由于权利与压迫造成的诸多社会问题,让残疾学生接受艾滋病预防教育和性教育只是其中的一小步。

352

学员应该有机会思考,种族歧视、阶级、文化、性别、残疾、性取向、多重身份等因素,对学生接受合适的艾滋病预防教育和性教育有什么影响,对他们的性行为以及患性传播疾病的风险又有什么影响。在此笔者强调,教师应该了解学生的多重身份对他们接受合适的性病预防教育有什么影响。这一点十分重要,因为艾滋病在美国蔓延之初,种族、性别、性取向、阶级和文化对白人中产阶级同性恋男性和黑人同性恋男性起了非常微妙的作用。

例如,因为当时艾滋病患者的形象是白人男性,所以艾滋病预防教育采取的策略是根据白人中产阶级同性恋男性的文化价值观来制定的,如广告牌上可以常常看到性感的白人中产阶级男性宣传安全性行为,以及激进的白人男同性恋酒吧中扩大安全性行为服务的活动。虽然这种策略成功地降低了白人中产阶级同性恋男性的艾滋病风险,新感染的人数比例也显著降低了,但在黑人同性恋男性群体(其中大多数人的生活水平均大大低于中产阶级的生活水平)中,这个策略却收效甚微。有些人问,为什么同样的宣传活动,在一个群体中如此成功,在另一个群体中却失败了? 其实答案很简单,宣传活动之所以在非洲裔美国人的同性恋男性群体中以失败告终,是因为社会阶级影响了他们的文化信仰、价值观、行为方式、性别规范和期望,而宣传活动无法改变他们在这些方面的想法。总之,为了让艾滋病预防教育取得理想的效果,教育工作者必须了解授课对象的学习特征和行为方式,因而必须把种族、能力、残疾、社会阶级、文化和性别等问题纳入自己的视野。

教师培养项目必须重新组织或重新训练其全体教员和职工,确保他们具备知识和相当的专业技能,高效地培训学员,为包括残疾学生在内的所有学前至 12 年级学生,以及其他未接受过传统教育的学生,如有色人种学生,提供艾滋病预防教育和性教育(Blanchett & Prater, 2005)。大多数教师教育专家在专业培训过程中没有接触过性问题,所以他们也很可能无法自如地应对这类话题,更不用说对学员进行艾滋病预防教育了。即使教师与辅导员能够做到这一点,他们是否能称得上是这方面的专家仍有疑问。因此,教师在本领域的专业发展能够提升他们解决这个重要问题的能力。大多数专业组织(如美国教师教育学院协会,即 AACTE,和美国教育研究协会,即 AERA)开展了一系列专业发展工作坊,集中研讨当前的一些重要问题(如对学员的评估、增值模式、多样性、学生学业成就)。这些工作坊或单独进行,或在专业组织的年会上进行。这些组织也会把性问题作为一个社会公平问题来研讨,召开会议重点讨论性问题和艾滋病预防教育,这一点非常重要。如果忽视了教师教育工作者的知识更新,他们就不大可能发展必要的技能,把性问题和艾滋病预防教育作为社会公平的一部分纳入教师

教育的课程中。

　　近年来,教师教育领域取得了一定的成功,确定了所有教师教育专业的学生进行有效的教学必须具备的知识、技能和心理素质。尽管最近遇到了一些困难,但是教师教育的认证机构,如全国教师教育认证委员会(National Council for Accreditation of Teacher Educators,NCATE)和教师教育认证委员会(Teacher Education Accreditation Council,TEAC)都强调其成员必须达到它们共同制定的专业教师培养标准。讽刺的是,这两个组织有着各自关于专业知识、技能和心理素质的全国认证标准,每一个州也有不同的准则,教师培养项目必须遵循这些标准才能获得州政府的认可。但是,关于艾滋病预防教育和性教育的问题,大多数国家级和州级的专业标准都不够明确详细。更糟糕的是,全国教师教育认证委员会(NCATE)可能受到了政府的压力,近期废除了它的教育公平标准。因此,要让教师培养项目负责把艾滋病教育和性教育纳入课程体系,首先要做的不仅是设立教育公平标准,还要确保使该标准包含国家、州或专业认证的艾滋病预防教育标准。目前有不少人提出质疑,全国教师教育认证委员会(NCATE)和教师教育认证委员会(TEAC)到底是否有资格充当教师培养项目的认证机构,让公众相信通过认证的教师确实具备了必要的知识体系。更重要的是,人们争论的主题围绕着全国认证是否是最好的办法。既然争论已经开始,要重新审视在21世纪"最好的办法"的定义,现在就是一个绝佳时机。迈出了这一步,可能会促使从事普通教育、特殊教育和健康教育的教师教育工作者认真思考如何提高教师的跨学科知识水平和研究能力。

　　虽然许多作者认为有必要统筹培养普通教育、特殊教育和健康教育工作者,确保他们具备相关知识、技能和良好的心理素质,高效地对所有学生进行艾滋病预防教育(如 Blanchett & Prater, 2005；Ellery, Rabak-Wagener, & Stacy, 1997),但是这些专业的学员培训仍然是相对封闭的(Carroll et al., 2003)。要在这方面取得进展,专业教育项目就必须跳出思维定式,重新设计专业课程,确保各专业学员一起上课,从跨学科合作中获益。教师教育与合作的研究表明,如果学员在培训时处在一个跨学科的环境中,将来入职后也更有可能参与此类的合作(Blauton, Griffin, Winn, & Pugach, 1997)。

　　如前所述,很少有教师教育者具备与艾滋病预防教育相关的知识和专业背景,更无法帮助学生掌握这类知识(Rodriquez et al., 1997)。同样,大多数健康教育工作者都具有大量与艾滋病预防教育相关的知识储备和背景,但是他们中却很少有人具备相关的教学技能,把这些知识教授给有特殊学习需求的学生和母语非英语的学生。因

此,要发展适合所有学生的教育方法,除了合作,别无他途(Hausman & Ruzek,
1995)。要在普通教育、特殊教育和健康教育工作者的培训中采取跨学科或交叉学科
的培训方法,还要求高等教育的文化做出改变,奖励为深入细致的课程重置和合作学
习做出巨大努力的教育工作者,因为这些都是改变教师教育现状的必要工作。目前高
等教育的文化实际上支持职业培训各自为政,而不是合作创新。

354

将艾滋病预防教育作为社会公平的一部分

扩大社会公平的概念,将艾滋病预防教育和性教育纳入其中,对一些一线教师、甚
至教师教育工作者来说,似乎扯得有些远,但这却是件自然而然的事。可如果我们要
让教育工作者放宽视野,重视审视我们的理念和对实现社会公平的责任,就必须有时
不我待的紧迫感。因为一些最弱势的学生仍然受着压迫,没有机会接触相关的信息,
帮助他们对性问题作出安全又负责的决定。接受艾滋病预防教育和性教育作为社会
公平理念的一部分,要求教师教育和健康教育专业做到以下几点,重新思考他们的
工作:

1. 普通教育、特殊教育和健康教育专业必须秉持社会公平的理念,应对艾滋病预
防教育和性教育问题。

2. 教师培养项目必须经过深入思考,将有意义的性问题纳入课程。健康教育项
目必须特别侧重于满足包括残疾学生和有色人种学生在内的各类学生的需求。

3. 普通教育、特殊教育和健康教育的职业培训项目需重新培训其全体教员和职
工,确保他们具备充分的专业知识、教学技能和良好的心理素质,从而有效地培养各类
学员,为包括残疾学生和有色人种在内的学生开展艾滋病预防教育。

4. 专业认证机构和各州必须对普通教育、特殊教育和健康教育项目进行监督,确
保它们对解决社会公平中的艾滋病预防教育和性教育问题负起责任。

5. 普通教育、特殊教育和健康教育工作者必须采取跨学科的教育方式对学员进
行培训,确保他们正式从业之前有机会参与合作。

6. 职业教育项目必须为学员提供标准的艾滋病预防教育和性教育课程,响应其
他社会公平问题,包括种族、性别、文化、社会阶级和性取向等,因为这些问题不但影响
学生获取信息的能力,还影响到他们的风险行为。

除了对社会公平教育的深刻理解,教师教育工作者和学员不仅需要深入了解包括残疾学生在内的所有学生的特点,还必须了解课程和课堂教学的转型。教师教育工作者还必须从根本上理解上述问题,以培养未来的普通教育、健康教育和特殊教育工作者。根据布兰切特和布莱特(Blanchett & Prater,2006)的观点,笔者认为,一线教师和教师教育工作者要做好艾滋病预防教育和性教育,实现社会公平,必须充分具备八个主要领域的知识:

1. 理解包括残疾学生在内的所有学生的艾滋病预防教育需求,及其对实现社会公平教育的重要性。

2. 了解包括残疾学生在内的所有学生的学习特征,尤其是他们感染艾滋病的风险因素和行为,以及如何制定适合残疾学生的艾滋病预防指南。

3. 了解种族、阶级、文化、性别对包括残疾学生在内的所有学生产生的影响,包括有风险的性行为,以及他们是否能接受到合适的艾滋病预防教育。

4. 从容地讨论并应对艾滋病预防的相关问题,如死亡和临终、性、残疾,以及残疾、种族、阶级、文化与性的交集。

5. 熟悉适合所有学生发展的艾滋病预防教育课程和教学实践。

6. 学会必要的专业知识,为不同能力的学生制定和完善艾滋病预防教育课程、教学材料和策略。

7. 发展必要的技能,与专业人员建立并维持合作关系,这对教育所有学生至关重要。

8. 愿意剖析自身在性问题上对包括残疾学生在内的所有学生的偏见和观念。

正如鲍尔斯和法登(Powers & Faden,2006)所言,如果说社会公平是公共健康和健康政策的道德基础,那么我们就有理由期待人们会协同努力,确保最易受伤害、最边缘化、最没有权利和最需要帮助的人们能够有机会享有适当的健康教育、服务和资源。

(张思源 译)

参考文献

Baker, J. L. (2005). Accountability issues in adolescent sexuality. *Sexual Science*, 46, N-O.

Blanchett, W. J. (2000). Sexual risk behaviors of young adults with LD and the need for HIV/AIDS education. *Remedial and Special Education*, 21(6),336–345.

Blanchett, W. J. (2002). State of professional preparation of special educators in health education. In *Proceedings of the National Preservice Forum: Implications for professional preparation of special education teachers in health education* (pp. 10 – 12). Fairfax, VA: American Association for Health Education/American Alliance for Health, Physical Education, Recreation, and Dance.

Blanchett, W. J. (2006). Disproportionate representation of African Americans in special education: Acknowledging the role of White privilege and racism. *Educational Researcher (ER)*, *35*(6),24 – 28.

Blanchett, W. J. , & Prater, M. A. (2006). HIV/AIDS, Sexuality, & Disability. In L. M. Summerfield & C. A. Grant (Eds.), *Humanizing pedagogy through HIV and AIDS prevention: Transforming teacher knowledge. Coordinated by the American Association for Colleges of Teacher Education (AACTE)*. Boulder, CO: Paradigm.

Blauton, L. P. , Giffin C. G. , Winn, J. , & Pugach, M. C. (1997). *Teacher education in translation: Collaborative programs to prepare general and special educators*. Denver, CO: Lore Publishing.

Carroll, A. , Forlin, C. , & Jobling, A. (2003). The impact of teacher training in special education on the attitudes of Australian preservice general educators towards people with disabilities. *Teacher Education Quarterly*, *30*(3),65 – 79.

Centers for Disease Control and Prevention. (1988). Guidelines for effective school health education to prevent the spread of AIDS. *Morbidity and Mortality Weekly Report*, *37*(S-2),1 – 14.

356 Cochran-Smith, M. (2004). Defining the outcomes of teacher education: What's social justice got to do with it? *Asia-Pacific Journal of Teacher Education*, *32*(3),193 – 212.

Colson, S. E. , & Carlson, J. K. (1993). HIV/AIDS education for students with special need. *Intervention in School and Clinic*, *28*(5),262 – 274.

Council for Exceptional Children. (1991). *HIV prevention education for exceptional youth: Why HIV prevention education is important* (ERIC Digest No. E507). Reston, VA: ERIC Clearinghouse on Handicapped and Gifted Children. (ERIC Document Reproduction Service No. ED340151)

Ellery, P. J. , Rabak-Wagener, J. , & Stacy, R. D. (1997). Special educators who teach health education: Their role and perceived ability. *Remedial and Special Education*, *18*,105 – 112.

Ferri, B. A. , & Conner, D. J. (2005). Tools of exclusion: Race, disability, and (re) segregated education. *Teachers College Record*, *107*,453 – 474.

Foley, R. M. (1995). Special educators' competencies and preparation for the delivery of sex education. *Special Services in the Schools*, *19*(1),95 – 112.

Foley, R. M. , & Dudzinski, M. (1995). Human sexuality education: Are special educators prepared to meet the educational needs of disabled youth? *Journal of Sex Education and Therapy*, *21*(3),182 – 191.

Foulk, D. , Gessner, L. J. , & Koorland, M. A. (2001). Human Immunodeficiency Virus/ Acquired Immune Deficiency Syndrome (HIV/AIDS) content in introduction to exceptionalities text-books. *Action in Teacher Education*, 23(1),47 – 54.

Frauenknecht, M. (2003). *The need for effective professional preparation of school-based health educators*. Washington, D. C.: ERIC Clearinghouse on Teaching and Teacher Education. (ED482701)

Gay, G. (2000). *Culturally responsive teaching: Theory, research, and practice*. New York: Teachers College Press.

Hausman, A. J., & Ruzek, S. B. (1995). Implementation of comprehensive school health education in elementary schools: Focus on teacher concerns. *The Journal of School Health*, 65,81 – 86.

Kann, L., Warren, C. W., Harris, W. A., Collins, J. L., Williams, B. I., Ross, J. G., & Kolbe, L. J. (1996, September 27). Youth risk behavior surveillance—United States, 1995. *Morbidity and Mortality Weekly Report. CDC Surveillance Summaries*, 45(SS – 4),1 – 83.

Lavin, A. T., Porter, S. M., Shaw, D. M., Weill, K. S., Crocker, A. C., & Palfrey, J. S. (1994). School health services in the age of AIDS. *Journal of School Health*, 64,27 – 31.

Lombard, R. C., Miller, R. J., & Hazelkorn, M. N. (1998). School-to-work and technical preparation: Teacher attitudes and practices regarding the inclusion of students with disabilities. *Career Development for Exceptional Individuals*, 21,161 – 172.

May, D. C., & Kundert, D. K. (1996). Are special educators prepared to meet the sex education needs of their students? A progress report. *The Journal of Special Education*, 29(4),433 – 441.

May, D., Kundert, D., & Akpan, C. (1994). Are we preparing special educators for the issues facing schools in the 1990s? *Teacher Education and Special Education*, 17(3),192 – 199.

Murrell, P. C. (2006). Toward social justice in urban education: A model of collaborative cultural inquiry in urban schools. *Equity & Excellence in Education*, 39,81 – 90.

Pardini, P. (2002 – 2003). Abstinence-only education continues to flourish. *Rethinking Schools: An Urban Educational Journal*, 17(2),14 – 17.

Powers, M., & Faden, R. (2006). *Social justice: The moral foundations of public health and health policy*. New York: Oxford University Press.

Prater, M. A., Serna, L. A., Sileo, T. W., & Katz, A. R. (1995). HIV disease: Implications for special educators. *Remedial and Special Education*, 16,68 – 78.

Prater, M. A., Sileo, T. W., & Black, R. S. (2000). Preparing educators and related school personnel to work with at-risk students. *Teacher Education and Special Education*, 23,51 – 64.

Price, J., Drake, J., Kirchofer, G., & Tellijohann, S. (2003). Elementary school teachers' techniques of responding to student questions regarding sexuality issues. *Journal of School Health*, 73(1),9 – 14.

Rabak-Wagener, J., Ellery, P. J., & Stacy, R. D. (1997). An analysis of health education provided to students with disabilities in Nebraska. *Journal of Health Education*, 28,165 –

357

170.

Rodriguez, M. , Young, R. , Renfro, S. , Asencio, M. , & Haffner, D. W. (1996). Teaching our teachers to teach: A SIECUS study on training and preparation for HIV/AIDS prevention and sexuality education. *SIECUS Report*, *28*(2).

Rodriguez, M. , Young, R. , Renfro, S. , Asencio, M. , & Haffner, D. W. (1997). Teaching our teachers to teach: A study on preparation for sexuality education and HIV/AIDS prevention. *Journal of Psychology and Human Sexuality*, *9*(3/4), 121 - 141.

Skripak, D. , & Summerfield, L. (1996). *HIV/AIDS education in teacher preparation programs*. Washington, D. C. : ERIC Clearinghouse on Teaching and Teacher Education. (ED403264)

Ubbes, V. A. , Cottrell, R. R. , Ausherman, J. A. , Black, J. M. , Wilson, P. , Gill, C. , & Snider, J. (1999). Professional preparation of elementary teachers in Ohio: Status of K - 6 health education. *Journal of School Health*, *69* 17 - 21.

U. S. Department of Education. (2002). *To assure the free appropriate public education of all children with disabilities. Twenty-fourth annual report to Congress on the implementation of the Individuals with Disabilities Education Act*. Washington, D. C. : Author.

Walker, J. , Sambamoorthi, U. , & Crystal, S. (1999). Characteristics of persons with mental retardation and HIV/AIDS infection in a statewide Medicaid population. *American Journal on Mental Retardation*, *104*, 356 - 363.

23

学校里无意识的性别课程

安德鲁·P·斯迈勒（Andrew P. Smiler）

对大部分儿童来说，上学是他们第一次接触政府的社会管理机构。就其本身而言，学校是传播社会价值观的重要场所。这些社会价值观包括人们关于与性别相符的行为举止的观念。大多数社会价值观的传播方式都是非正式的，如经由学校体系、教师评论、课程和学生本身。这些性别课尤为重要，因为在美国性别是一种组织文化原则（Bem，1993），影响学生的学习成绩、职业表现、职业选择、家庭角色、性行为以及"礼貌"行为等日常生活的方方面面。在一个异性恋主义的父权社会中，性别歧视和性骚扰自然是禁止的。但是我们或许会问，在这个社会中，学生学习的是哪些性别知识？他们又是怎么学习的？

本章中我们把性别定义为由社会构建的、对女孩和男孩恰当[1] 行为的期望。[2] 在美国，对女孩的期望包括善良友好，乐于助人，尊重他人，注重外表，在约会和性方面内敛含蓄，并最终成为家庭的照料者。相反，男孩则应当独立自主，不感情用事，追求地位和权力，在约会和性方面态度主动，最终承担起养家糊口的责任。这两种期望鼓励人们只关注特定的、与其性别相符合的性格和兴趣，否定与性别"不符"的性格和兴趣。对教育工作者而言，这或许就反映为男女生课堂参与度的差异（女生低于男生）以及课程偏好和积极性（例如，女生在英语课上表现积极，男生则在数学课上表现积极），导致学生最终选择不同的职业生涯，如女性"选择"离开工作岗位，成为家庭主妇，以及男女之间的"薪资差异"。极端一点说，女性的保守和被动与男性的地位和暴力可能会引起家庭暴力。要创建一个公平的社会，就必须面对并消除这些基于美国人性别偏好的差异问题，让人们不受文化中性别区分的限制，有机会选择自己的生活，帮助他们发挥最大的潜力。

本章中，笔者将讨论学校巩固性别角色的各种方式，以及学校可以反制这些问题的方法。笔者将着重讨论学校体系和学生强调并实施性别角色的种种方法，以及学生接受和拒绝性别角色的后果。首先，笔者将更为详细地讨论女性特质、男性特质的"内容"以及儿童对这些概念的遵循，然后讨论学校、教师和儿童是如何强调、坚持和实施这些性别界限，以及那些违背性别期望的学生承受的后果。接着我们将探讨学校与学生间互动的两个具体方面。第一，课外活动中，尤其是体育活动中的性别类问题；第二，青少年恋爱和性关系。本章结尾将简要讨论二元性别制度化概念所面临的挑战。

性别内容和性别一致(错位)

目前,美国文化把取悦他人作为女性文化期望的重点。因此,人们教导女孩和女人应将人际关系置于首位,表达自身情感,顺从他人,善良友好,外表迷人(即视觉上赏心悦目),同时还要保持贞操(以取悦未来的丈夫)(Mahalik et al. , 2005;Tolman & Porche, 2000)。上述几点能帮助女生避免直接的人际冲突,优先考虑他人的感受和观点。男生和男人接收到的文化信息,则是要表现出阳刚之气,不要感情用事,要敢于冒险,有决断力,坚韧不拔,生性风流(Connell, 1995;David & Brannon, 1976;O'Neil, Helms, Gable, David, & Wrightsman, 1986)。上述几点教育男孩要控制女人。对女孩和男孩不同的引导会影响他们的个人信仰、特质和行为。值得注意的是,随着时间的流逝,美国的这些性别期望已经有所变化(Kimmel, 1996;Stearns, 1994);性别期望因文化而异(Connell, 1995;Gilmore, 1990;Herdt, 1994);并且受制于二元性别论(Gilmore, 1990;Herdt, 1994)。

虽然男女特质应理解为具有互补性,但是在美国,这些特性却常常被认为是相冲突的(Bem, 1993)。这种观念导致了同性恋就是"性别倒错"的想法(参见 Bem, 1993),把同性恋男性视为"娘娘腔的男人"。科学调查和轶事趣闻(如"lipstick lesbians",即"有风韵的女同性恋")方面的证据都表明性别和性取向无关(L. Diamond, 2003;M. Diamond, 2002)。

从小学到大约十四五岁这段时间,普通的孩子言行举止比较符合性别行为的规范;而接近二十岁时,他们符合性别规范的概率略微下降(Galambos, Almeida, & Petersen, 1990;Liben & Bigler, 2002;McHale, Updegraff, Helms-Erikson, & Crouter, 2001)。理论研究和实证研究证实了父母和其他家庭成员、同龄人、学校和媒体的正面教育(如对男孩说"男子汉不能哭"),以及孩子自己对不同性别人群的活动的观察所起的作用(如 Bem, 1993;Eckes & Trautner, 2000;Gelman, Taylor, & Nguyen, 2004)。值得注意的是,在这段时间里,大多数年轻人表现出略微偏低的符合性别规范的行为概率(Chu, Porche, & Tolman, 2005;Liben & Bigler, 2002;Pleck, Sonenstein, & Ku, 1993,1994;Tolman & Porche, 2000),而且有些人还表现出更多的性别错位现象(Striepe & Tolman, 2003)。

索恩(Thorne, 1993)在她的人种学研究中对学生在学校中的性别行为作了仔细观察。她对两所小学作了为期两年的研究,观察了孩子在上学前、上学期间和放学后三个阶段的行为。她观察到,孩子符合性别规范的行为能得到同伴的认可、接纳和更高的地位(如高人气)。索恩还发现,在学生中,特别是那些喜欢通过对比男女生差异来强调性别差异的老师的学生中,性别规范得到了普遍的遵守。索恩还发现,性别的重要性和关注度在一天之内始终都在变化。例如,她描述了一个场景:一个男孩和一个女孩正在打网球,两人没有提及自己的性别;他们只是单纯地在打球而已。后来,又有一些孩子加入其中,最终变成了两女对两男。事后孩子们将此描述为一场女孩对阵男孩的比赛。这种性别标签只有在打球的人都符合性别分类时才会出现。

虽然性别的重要性一直在变化,但是孩子自始至终都能区分符合性别和不符合性别的行为。违反了性别规范的孩子和青少年常常会遭受同性和异性同龄人的排挤和嘲笑(Bartlett, Vasey, & Bukowski, 2002; Bem, 1993; Striepe & Tolman, 2003; Thorne, 1994),而且男孩受到的惩罚比女孩更严重(Bartlett et al., 2002; Maccoby, 1998)。一些性别错位的孩子最终被诊断为性别认同障碍(Gender Identity Disorder, GID)(美国精神病学协会,1994),表现为强烈且持续的跨性别认同,如特别喜欢穿异性的衣服,参加异性的活动等。抑郁症和自卑感也很常见,但这并不是性别认同障碍的表现。在接受治疗时,这些儿童一般会抱怨家人、同龄人和其他人对他们行为的反应,却很少受到自身"不符合性别"的行为的困扰(Bartlett et al., 2002; Bradley & Zucker, 1997)。治疗注重培养孩子符合性别的行为,减少与性别不符的行为(Bradley & Zucker, 1997)。虽然这些孩子接受了精神病诊断,但在生活环境中,他们的"问题"是不被他人接受的问题,他们的"治疗方法"就是服从规范。

总之,在孩子的生活环境中,最重要的是符合文化期望,而不是个人偏好。社会的排斥会给他们带来压力,并导致自卑感和抑郁症。此外,在推行性别规范时,心理健康体系也起到了作用(将性别错位视为可诊断的疾病,而"药方"就是服从规范),也可能进一步对那些"与众不同"的人污名化。这套性别强制体系限制了个人偏好,对那些违反了社会性别准则的人来说是一种虐待。

然而,情况也许正在好转。最近,性别认同障碍是否是个有效的疾病诊断类别遭到了质疑(如 Bartlett et al., 2002)。证据显示,低于10%被诊断为患有性别认同障碍的孩子到了青年或成人时期仍然患病,但超过60%的患者到了青年或成年时期却自我认定为男同性恋、女同性恋或双性恋(Bartlett et al., 2002, 2003; Bradley & Zucker, 1997, 1998)。长期以来,该证据都表明儿童性别认同障碍诊断是预测同性恋的绝佳方法。由于同性恋业已不再是一种心理疾病,有人认为性别认同障碍也不应被视为疾病。性别认同障碍诊断似乎正被用于"捕捉"同性恋青年,迫使他们接受治疗;性别认同障碍治疗的目的也许是改变性取向(Pickstone-Taylor,2002)。然而,美国儿科学会(American Association of Pediatrics)、美国心理协会(American Psychological Association)、美国社工协会(National Association of Social Workers)和其他机构都认为这是不可接受的(Just the Facts, n. d.)。

课外活动

2004 年夏天,篮球明星科比·布莱恩特(Kobe Bryant)涉嫌性骚扰遭到起诉,此后 361 美国体育迷们和新闻观察者一直跟踪该案的最新进展,直至 2005 年春天该案尘埃落定。对许多观察者来说,该案最特别的地方就是遭到指控的是一名精英球员;而一些名不见经传的运动员被起诉却是司空见惯。许多高中运动员也犯过类似的罪行。最令人震惊的也许是一个发育迟缓的少女遭到轮奸的案子,罪犯是新泽西格伦里奇一所高中的橄榄球队队员。该球队成员均为男性(Lefkowitz,1998)。因此,我们也许不禁要问:这些男子体育运动和犯有这种恶行的男运动员到底是怎么了?(据我所知,女运动员从未遭到类似的指控。)

因为参与(所有形式的)课外活动是青少年发展的重要经历(Eccles, Barber, Stone, & Hunt, 2003),所以很有必要对高中的体育运动进行审视。所有的调查都表明,70%—80%的青少年称自己至少参加一项课外活动(Brown & Theobald, 1998)。对美国一所高中学生的调查报告指出,93%的学生参加了课外活动,平均每周参加学校组织的体育活动的时间为 7.7 小时(他们每周还参加 4.9 小时的校外体育运动)(Fuligni & Stevenson, 1995)。

值得注意的是,这些研究并非毫无价值,青少年能够从中获取一些有价值的信息。詹姆斯·尤尼斯(James Youniess)特别研究了青少年价值观与他们的经历的关系,尤其是他们的经历对他们的价值观的影响。他在文献综述中指出,参与"服务"或"亲社会"活动(如志愿者活动)的青少年比同龄人更易受道德及政治的信仰和价值观的激励。尤其是志愿者活动,能够强化信仰和价值观,拉开志愿者和非志愿者之间的差异(Yates & Youniss, 1996)。更重要的是,这些活动强调"女性"特征,如富有爱心和合作性强等许多社会公平运动强调的价值观。

  与之相反,体育运动有着一套截然不同的价值观。其中最明显的就是竞争精神,这是所有体育竞赛固有的特点。笔者采访了男性退休职业运动员、半职业运动员和业余运动员(如大学校队队员和奥运会选手)后发现,除体育运动外,运动员们在其他领域也会和队友和朋友们竞争,包括争夺女友(Messner, 1992)。从文化层面看,美国最著名的男子团体运动(如橄榄球和篮球)都存在恐同症和性别主义的倾向(Adams & Bettis, 2003;Messner, 1992)。一项针对少年棒球联盟的人种学研究表明,男孩和一些男性教练都有性别主义和反同性恋倾向;球技较差和违反社会规范的男孩往往被称为"伪娘"(sissies)、"娘娘腔"(girly)或者"基佬"(fags)(G. Fine, 1987)。此外,(专业)媒体尤其倾向于男子体育运动,讨论女性(而非男性)的性格特征和外貌,忽视或贬低女性的能力(Billings, Halone, & Denham, 2002;Sabo & Jansen, 1992)。总之,体育运动和媒体侧重的许多方面都源于处于统治地位的男性特质(参见 David & Brannon, 1976;G. Fine, 1987;Messner, 1992;Smiler, 2006)。

  综上所述,我们发现参与课外活动有助于接受与之相关的价值观。因此,志愿者活动能够促进合作和关爱等价值观的发展,这些价值观都和社会公平运动有关,而体育运动却助长了父权价值观。由于父权价值观与女性特质、男性特质的文化观念一致,人们会认为服务性工作的价值不如体育运动,对年轻人的吸引力也更弱。如果这些隐性的价值观会转化为信仰和行为,那么服务行业的女性人数便会过多,占据(缺乏竞争力的)公司底层职位的女性职员也会超出应有的比例。这些"结果"不仅会维持男性占据权力地位的不平衡现象,也会导致女性的低收入和在经济上对男性的依赖。

  要降低上述影响,可以采取几种方法改变或重新审视各类课外活动。方法之一就是缩小体育运动和其他活动之间的差距。我浏览了自己高中的年鉴和当地学校现在的年鉴,发现书中用于记录体育活动的页数超过了其他所有活动记录的总和。我怀疑高中校刊和其他媒体都偏向报道体育运动,而没有按惯例提到其他活动组织。在一定程度上,学生也模仿专业媒体报道自己的新闻(如报纸、广播),报道的内容也偏向于男运动员,而非女运动员(Billings et al., 2002;Sabo & Jansen, 1992)。因此,负责新闻媒体运作的学校职员应使涉及体育运动和非体育运动的版面数量相当,以促进活动间的平等,同时有关男性和女性的版面数量也应对等。

  教室也可以成为一个干预的场所。在教室里,教师能够帮助学生辩证思考涉及职业体育运动的"文本"。在当地的报纸中,这些文本的数量和版面位置有着明显的差异；主要体现在名（对女性使用爱称）和姓（显示对男性的尊重）的使用上存在区别对待，而且对性格和外貌的关注十分明显但对努力的关注比较少。教师还可以引导学生对一些不常讨论的话题提出质疑，如新闻媒体中对女子运动的报道相对较少、将女性视作性对象（如《体育画报》的泳装特辑）或对性少数群体参与的报道情况（同性恋男运动员的电视画面中没有他们的伴侣）。这一分析过程能帮助学生理解这些故事及其背后的价值观，也是向现状发起挑战的第一步。

这种解构性分析还可以说明种族和社会阶层的差异。梅斯纳（Messner，1992）的采访表明，儿童和青少年对体育运动的选择直接或间接地受到了他们的种族和社会阶层的影响；非白种人和社会底层的人倾向于选择更暴力的体育运动（如拳击和橄榄球）。此外，报纸版面对少数群体的描写也表现出差异（如体育版面和当地新闻），尤其当涉及儿童或青年支付设备费用、会费和训练/教练费用的能力时，就能看出社会阶层对他们的影响。重新审视这些东西可以帮助学生挑战一些陈腐的观念，发现体制上的不平等根源。

约会和性

美国高中超过半数的高年级学生表示在毕业前有过自愿性交（Centers for Disease Control and Prevention，2005）。更多人称有过口交（特别是吮吸阴茎）的经历，绝大多数人（超过 90%）表示体验过激吻（法式深吻）（Darling & Davidson，1987；Horne & Zimmer-Gembeck，2005；O'Sullivan，2005）。这些性活动发生的概率和其他工业化国家相似，如英国、法国和瑞典（Haggstrom-Nordin，Hanson，& Tyden，2002；Hofstede，1998；Ponton & Judice，2004），但是美国青少年报告怀孕、堕胎和性传播疾病感染的概率要比其他工业化国家大得多（Hofstede，1998）。其中性别行为是造成这一情况的关键因素。那些坚持男性特质标准的青少年男生将约会视为两性对抗的事情，他们更喜欢掌控自己的女友，较少使用避孕套，认为女友才应该做好避孕措施（Chu et al.，2005；Pleck et al.，1993,1994）。与此同时，遵循女性特质标准的青少年女生称她们难以启齿和家人讨论避孕的问题，也很少采取避孕措施（Tolman，2002；Ward & Wyatt，1994）。这些都是严重的校园问题，不仅因为这些问题影响到青少年的健康和生活，还因为多数青少年是在学校面对面的社交网（而不是因特网）上寻找约

363

会对象和性伴侣的(Wolak，Mitchell，& Finkelhor，2002)。

多数人都是从青少年时期开始约会的,这种行为开始的年龄段更接近于青少年社会成熟的时间,而不是生理青春期(Zimmer-Gembeck，Siebrenbrunner，& Collins，2004)。青少年和本科生的异性性行为研究的数据显示,初吻通常发生在 14 岁之前(O'Sullivan，2005；Smith & Udry，1985),第一次自愿发生性关系在 17 岁左右(Oliver & Hyde，1993；Smiler，Ward，Caruthers，& Merriwether，2005)。人们对于青年的同性吸引知之甚少,不过数据显示,同性之间也是在 17 岁左右第一次自愿通过性器官发生性行为(Savin-Williams，2005)。

就任何"新的"行为而言,青少年在开始时都缺乏直接经验。与其他许多成人同意的行为相反,无论在开始约会前还是在约会后,成年人为青少年提供的指导都相对较少。一项针对高中生和本科生的研究显示,通常家长都是告诉孩子什么"不该"做(如"不要发生性行为"、"不要怀孕"或者"不要让别人怀孕"),并且强调爱情的重要性(Smiler et al.，2005；Ward & Wyatt，1994)。美国学校在应对这类问题时,也在提供类似的信息(Irvine，2002；Levine，2002)。这说明成年人向青少年"隐瞒"了相关信息(这是一种"成人主义")。性知识的匮乏似乎未能阻止青少年的性行为,反而使他们无法使用或获取防止疾病传播和避孕的物品。如果成年人向青少年提供一些必要的知识和信息,就能避免一些严重后果,如意外怀孕以及疱疹和艾滋病等性传播疾病的感染。

青少年在学校接受的性教育,通常包括"禁欲"课程,表示禁欲是防止疾病和怀孕的唯一方法,强调避孕措施的失败率,只讨论异性间的性行为,加强学生的性别概念(男人受性欲驱使,女人则保守贞操)。自 20 世纪 90 现代中期以来,要求联邦资助美国学校开展性教育课程的呼声日益高涨(Irvine，2002；Levine，2002)。遗憾的是,证据表明,这些课程在普通青年身上收效甚微(Rostosky，Regenerus，& Comer-Wright，2003；see review by Ponton & Judice，2004)。只有比同龄人的宗教观念更虔诚的青年才能从课程中受益;他们更可能做到禁欲,或推迟第一次性行为发生的时间(Miller，Norton，Fan，& Christopherson，1998；Rostosky，Wilcox，Comer-Wright，& Randall，2004)。一些公开发表的、严格的实证研究结果表明,接受提倡禁欲的性教育的学生掌握的避孕知识相对较少,更可能怀孕或者使她人怀孕(Bennett & Assefi，2005；DiCenso，Guyatt，Willan，& Griffith，2002)。

出于对信息的渴望,青少年还可能将目光转向网络。在网上,他们也能找到提倡禁欲的网址,还有一些综合性网站,如哥伦比亚大学的"去问爱丽丝"(Go ask Alice, www. goaskalice. com)。这些网站提供怀孕措施的使用方法和不同避孕方法的成功概率,还有对恋爱问题以及性少数问题的讨论(Bay-Cheng, 2001;M. Fine, 1988)。但是,搜索引擎很难分辨这些网址和色情网站(Bay-Cheng, 2001;M. Smith, Gertz, Alvarez, & Lurie, 2000)。有些成年人会使用过滤软件,防止青少年登录有色情刊物和影片的网站或者在网上看到"淫秽"语言,这也能防止他们进入色情网站,但同时也向他们隐瞒了相关的信息。

由于从家长和学校那边得不到相关的信息,青少年自然把同龄人和媒体作为性信息的两个最主要来源(Sutton, Brown, Wilson, & Klein, 2002)。大众媒体展示了应如何恋爱、如何进行性生活,人们可以在私下反复收看,而且没有尴尬之虞,所以人们将大众媒体视为一个极其重要的信息来源。遗憾的是,主流媒体大多有严重的刻板印象,其呈现的男性性感形象是本性自然、性关系混乱、以力量为导向的,与之相比,女性的形象则是性感、贞洁的,有责任限制男性的性行为;而大众媒体对怀孕和疾病防护的讨论却少之又少(Carpenter, 1998;Kunkel, Eyal, Finnerty, Biely, & Donnerstein, 2005;Ward, 1995)。近期的证据显示,那些从电视中看到大量色情内容,并从歌曲中听到许多侮辱人格的歌词的青少年表示,第一次性行为发生在青少年早期,并且通过"前戏"(如抚摸和口交)更快进入状态(Collins et al. , 2004;Martino et al. , 2006)。

这些发现表明,让青少年接触一些老套的约会和性别概念并不能让他们更好地面对现实的性行为问题,反而会增加原本很容易预防的性传播疾病的感染风险,提高怀孕的概率。青少年的健康和未来很容易因此受到威胁,因为成年人拒绝为青少年提供所需的有关自我保护的信息和资料。

最明显也是最有争议的一个解决方案,就是由学校为学生提供更加实实在在的性教育,为青少年提供他们需要的信息,真正地开展青少年的性别教育。此外,如果学校要采用一种正常或"正面"的方法来教授性发育和性行为的内容(Haffner, 1998;Russell, 2005),就应该承认性发育也是成长的一部分,个人在表达自身性别的时候有不同的方式。此外,教育工作者应该在一个有利于学生健康的框架内,把性别教育放在一定的情境中,强调价值观、决策、互相尊重和责任的重要性。美国性信息与性教育联合会的官网(http://www. siecus. org)有一个性别教育课程的信息交流中心,实际经验表明网站的信息非常有效。

让教师帮助学生辩证思考在媒体中看到的性别化"文本",这一方法效果虽不显

364

著,但非常有用。学生可以分析如《十七岁》(Seventeen)这类通俗杂志,或者热播电视节目的内容,剖析一直以来对男性性欲和女性保守贞操的描绘(如 Carpenter, 1998; Ward, 1995)。对这些内容的辩证思考能够帮助学生认识这种独特的性描绘,他们会发现这和自己亲身经历的并不相符。一些省略掉的内容也可以在课堂中讨论,如安全性行为和性技巧、同性恋、女性的性欲和对男性的拒绝等。拓展此类话题能让学生有更多的行为选择,减轻他们遵循传统的性行为模式的压力,对性少数群体也更加包容。因此,学生有了多种不同的经历后,就能看到他们自身经历和课程之间的联系,从而更好地学习。更重要的是,这样的性教育还强调了实际经验的多样性。

二元性别结构和学校体系

美国的二元性别体系将许多活动划分为"女性活动"或"男性活动",禁止任何人跨越界线,学校的政策也面临着这种二元体系日益严峻的挑战。当前的挑战和 20 世纪 70 年代面临的平权挑战大不一样。在过去几年间,儿童、青少年和他们的家长偶尔会通过法律途径寻求打破美国的性别规范。举一个例子:一位居住在美国的芬兰男青年被禁止打曲棍球,因为他所在的高中将曲棍球列为女性运动;而在他的祖国芬兰,女性和男性都能打曲棍球(Kadaba & Shea, 2005;同见"美国公民自由联盟呼吁高中男生加入拉拉队比赛",2006)。当某个儿童将她/他自己看作异性("跨性别者"),并希望人们用对待异性的方式对待自己时(Pfeiffer & Daniel, 2000; Reischel, 2002),引发的争议就更大了。在典型的情况下,一位生理性别是男性的人认为自己是女性,希望别人允许他以女孩身份生活,包括使用与出生证上不一样的名字,穿女孩的衣服(这可能违反了校规),并在一些情况下,使用女子卫生间和(在体育课上使用)女子更衣室。学校还被要求保护这些孩子不受性骚扰。

学校还应将性别侮辱列入性骚扰的范围。也许更有效的办法是取消校内的性别对比机制。索恩(1994)的研究显示,如果教师在课堂中不强调性别差异,那么学生就不大会对号入座。丽贝卡·比格勒(Rebecca Bigler, 2006)在最近的一项研究中,把为消除性别偏见和性别歧视的努力与先前为消除种族偏见和种族歧视的努力作了比较。她指出,如果有教师上课时说"白人们和黑人们,早上好",那么他很快就会被解雇,甚至坐牢。于是她产生了一个疑问:为什么"女同学们和男同学们,早上好"却没有问题呢？同样，教师可能会让学生根据鞋子的颜色（如浅色和深色）而不是性别来排成两列。

最终，性别课程将明确地融入到课程体系。虽然这类性别课程普遍存在，在与文学相关的特定性别期望以及女性运动对美国历史的影响的讨论中无处不在，但是这些讨论通常关注的只是性别差异带来的结果。而另一种讨论对只有两种性别（两个生理性别）的观念提出了质疑，这种讨论认识到被忽视的跨性别者和间性人群的存在（如见Gilmore，1990；Herdt，1994），对提高学生的思辨能力颇有益处。有些讨论注意到性别在不同场合的重要程度，指出多数儿童和青少年对性别规范的遵从程度并不高，强调女性与男性之间的相似性有助于促进性别平等，淡化人们关于两性之间"性别战"的观念。了解性别角色如何限制了人类活动的不同方面，尤其是跨文化语境中的情况（如意大利男性倾向于宣泄情感，而美国男性在情感上更为隐忍），有助于学生认识文化，理解不同文化是如何构建性别的。广义上来说，关注这些话题可以扩大人们对女孩和男孩行为的接受范围，减少性别划分中那些"理所当然"的东西。

为了建立一个真正公平的社会，我们必须通过有效的途径解决学校里的性别问题。理想的办法是把性别问题纳入到课程体系。然而，仅仅修订课程是不够的。我们的教师、管理人员和其他成年人还必须对流离于美国严格的性别分类的那些人更加包容，就像在20世纪70年代接受并鼓励女性为获得更多的教育机会和更好的职业事业而进行斗争一样。因此，教育机构也必须对"非典型的"性别行为显示出更多的包容，对学校里的性别多元化给予更多的支持。

最终，在学校里，性别分类（及与之相关的生理性别分类）对学生、教师和职工的日常教学将不再产生任何影响。消除性别偏见的源头，直接审视性别观念，将使孩子得以激发自身的全部潜能，无需再和文化中的性别观念作斗争。

（张思源　译）

注：

1. 本章笔者将讨论合适与不合适（性别）的行为。这一术语与大量儿童性别相关行为的文献一致。然而，由于儿童的行为是否适合相应的性别取决于我们的文化，更准确的表达可能是"文化倾向的性相关行为"或"符合文化的性相关行为"。这些术语的含义相同，可以互相替换。

2. 尽管笔者认同只有两种生理性别，即女性和男性，但是人类不应只按照两种生理性别来划分性别。21 世纪早期以来,间性人已得到人们越来越多的认可,正如生物学家安妮·福斯托-斯特林(Anne Fausto-Sterling, 2000)在其著作《身体的性别》(*Sexing the Body*)中的结论,以及北美间性人协会创始人谢丽尔·蔡斯(Cheryl Chase)的行动主义的结果一样。安妮·福斯托-斯特林认为,人类(至少)有五种性别。

参考文献

ACLU wants boys allowed in high school cheer tourney. (2006, June 24). *Chicago Tribune*. Retrieved June 24, 2006, from http://www. chicagotribune. com/news/local

Adams, N. , & Bettis, P. (2003). Commanding the room in short skirts: Cheering as the embodiment of ideal girlhood. *Gender and Society*, 17, 73 – 91.

American Psychiatric Association. (1994). *Diagnostic and statistical manual of mental disorders* (4th ed.). Washington, D. C. : Author.

Bartlett, N. H. , Vasey, P. L. , & Bukowski, W. M. (2002). Is gender identity disorder in children a mental disorder. *Sex Roles*, 43, 753 – 785.

Bartlett, N. H. , Vasey, P. L. , & Bukowski, W. M. (2003). Cross-sex wishes and gender identity disorder in children: A reply to Zucker (2002). *Sex Roles*, 49, 191 – 192.

Bay-Cheng, L. Y. (2001). Sexed. Com: Values and norms in web-based sexuality education. *Journal of Sex Research*, 38, 241 – 251.

Bem, S. L. (1993). *The lenses of gender*. New Haven, CT: Yale University Press.

Bennett, S. E. , & Assefi, N. P. (2005). School-based teenage pregnancy prevention programs: A systematic review of randomized controlled trials. *Journal of Adolescent Health*, 36, 72 – 81.

Bigler, R. (2006, April 22). *Viva la difference or vanquish la difference*. Panel discussant at the Second Gender Development Research Conference, San Francisco, CA.

Billings, A. C. , Halone, K. K. , & Denham, B. E. (2002). "Man, that was a pretty shot": An analysis of gendered broadcast commentary surrounding the 2000 men's and women's NCAA final four basketball championships. *Mass Communication & Society*, 5, 295 – 315.

Bradley, S. J. , & Zucker, K. J. (1997). Gender identity disorder: A review of the past 10 years. *Journal of the American Academy of Child and Adolescent Psychiatry*, 36, 872 – 880.

Bradley, S. J. , & Zucker, K. J. (1998). Gender identity disorder. *Journal of the American Academy of Child and Adolescent Psychiatry*, 37, 244 – 245.

Brown, B. B. , & Theobald, W. (1998). Learning contexts beyond the classroom: Extracurricular activities, community organizations and peer groups. In K. Borman & B. Schneider (Eds.), *The adolescent years: Social influences and educational challenges* (pp. 109 – 141). Chicago: University of Chicago Press.

Carpenter, L. M. (1998). From girls into women: Scripts for sexuality and romance in *Seventeen* magazine, 1974 – 1994. *Journal of Sex Research*, 35, 158 – 168.

Centers for Disease Control and Prevention. (2005). Youth risk behavior surveillance—United States, 2005. *Morbidity and Mortality Weekly Report*, 55(SS – 5). Atlanta, GA: Author.

Chu, J. Y. , Porche, M. V. , & Tolman, D. L. (2005). The adolescent masculinity ideology in relationships scale: Development and validation of a new measure for boys. *Men and*

Masculinities, *8*, 93 - 115.

Collins, R. L. , Elliott, M. N. , Berry, S. H. , Kanouse, D. E. , Kunkel, D. , Hunter, S. B. , et al. (2004). Watching sex on television predicts adolescent initiation of sexual behavior. *Pediatrics*, *114*, e280 - e289.

Connell, R. W. (1995). *Masculinities*. Berkeley, CA: University of California Press.

Darling, C. A. , & Davidson, S. , J. K. (1987). The relationship of sexual satisfaction to coital involvement: The concept of technical virginity revisited. *Deviant Behavior*, *8*, 27 - 46.

David, D. , & Brannon, R. (1976). The male sex role: Our culture's blueprint for manhood and what it's done for us lately. In D. David & R. Brannon (Eds.), *The forty-nine percent majority: The male sex role* (pp. 1 - 48). Reading, MA: Addison-Wesley.

Diamond, L. M. (2003). New paradigms for research on heterosexual and sexual-minority development. *Journal of Clinical Child and Adolescent Psychiatry*, *32*, 490 - 498.

Diamond, M. (2002). Sex and gender are different: sexual identity and gender identity are different. *Clinical Child Psychology and Psychiatry*, *7*, 320 - 334.

DiCenso, A. , Guyatt, G. , Willan, A. , & Griffith, L. (2002). Interventions to reduce unintended pregnancies among adolescents: Systematic review of randomised controlled trials. *British Medical Journal*, *324*, 1426 - 1430.

Eccles, J. S. , Barber, B. L. , Stone, M. , & Hunt, J. (2003). Extracurricular activities and adolescent development. *Journal of Social Issues*, *59*, 865 - 889.

Eckes, T. , & Trautner, H. M. (2000). Developmental social psychology of gender: An integrative framework. In T. Eckes & H. M. Trautner (Eds.), *The developmental social psychology of gender* (pp. 3 - 32). Mahwah, NJ: Lawrence Erlbaum.

Fausto-Sterling, A. (2000). *Sexing the body*. New York: Basic Books.

Fine, G. A. (1987). *With the boys: Little League baseball and preadolescent culture*. Chicago: University of Chicago press.

Fine, M. (1988). Sexuality, schooling, and adolescent females: The missing discourse of desire. *Harvard Educational Review*, *58*, 29 - 53.

Fuligni, A. J. , & Stevenson, H. W. (1995). Time use and mathematics achievement among American, Chinese and Japanese high school students. *Child Development*, *66*, 830 - 842.

Galambos, N. L. , Almeida, D. M. , & Petersen, A. C. (1990). Masculinity, femininity, and sex role attitudes in early adolescence: Exploring gender intensification. *Child Development*, *61*, 1905 - 1914.

Gelman, S. A. , Taylor, M. G. , & Nguyen, S. P. (2004). Mother-child conversations about gender. *Monographs of the Society for Research in Child Development*, *60* (1, Serial No. 275).

Gilmore, D. D. (1990). *Manhood in the making: Cultural concepts of masculinity*. New Haven, CT: Yale University Press.

Haffner, D. W. (1998). Facing facts: Sexual health for American adolescents. *Journal of Adolescent Health*, *22*, 453 - 459.

Haggstrom-Nordin, E. , Hanson, U. , & Tyden, T. (2002). Sex behavior among high school students in Sweden: Improvement in contraceptive use over time. *Journal of Adolescent Health*, 30, 288 - 295.

368 Herdt, G. (Ed.). (1994). *Third sex, third gender: Beyond sexual dimorphism in culture and history*. New York: Zone Books.

Hofstede, G. (1998). Comparative studies of sexual behavior: Sex as achievement or as relationship? In G. Hofstede (Ed.), *Masculinity and femininity: Taboo dimensions of national culture* (pp. 153 - 178). Thousand Oaks, CA: Sage.

Horne, S., & Zimmer-Gembeck, M. J. (2005). Female sexual subjectivity and well-being: Comparing late adolescents with different sexual experiences. *Sexual Research and Social Policy: Journal of NSRC*, 2, 25 - 40.

Irvine, J. M. (2002). *Talk about sex: The battles over sex education in the United States*. Berkeley, CA: University of California Press.

Just the facts about sexual orientation and youth: A primer for principals, educators, and school personnel. (n. d.). Retrieved December 3, 2006 from, http://www. apa. org/pi/lgbc/publications/justthefacts. html # 2

Kadaba, L. S., & Shea, K. B. (2005, October 21st). Boys on girls' teams drive gender debate. *Philadelphia Inquirer*. Retrieved October 21, 2005 from, http://www. philly. com/mld/philly/ sports/high_school/12960553. htm

Kimmel, M. (1996). *Manhood in America: A cultural history*. New York: The Free Press.

Kunkel, D., Eyal, K., Finnerty, K., Biely, E., & Donnerstein, E. (2005). *Sex on TV* (Vol.4). Menlo Park, CA: Henry J. Kaiser Family Foundation.

Lefkowitz, B. (1998) *Our guys*. New York: Vintage Books.

Levine, J. (2002). *Harmful to minors: The perils of protecting children from sex*. Minneapolis: University of Minnesota Press.

Liben, L. S., & Bigler, R. S. (2002). *The developmental course of gender differentiation*. Conceptualizing. measuring, and evaluating constructs and pathways. Preview Monographs of the Society for Research in Child Development, 67(2), vii - 147.

Maccoby, E. E. (1998). *The two sexes: Growing up apart, coming together*. Cambridge, MA: Belknap Press.

Mahalik, J. R., Morray, E. B., Coonerty-Femiano, A., Ludlow, L. H., Slattery, S. M., & Smiler, A. P. (2005). Development of the conformity to feminine norms inventory. *Sex Roles*, 52, 417 - 435.

Martino, S. C., Collins, R. L., Elliott, M. N., Strachman, A., Kanouse, D. E., & Berry, S. H. (2006). Exposure to degrading versus nondegrading music lyrics and sexual behavior among youth. *Pediatrics*, 118, 430 - 441.

McHale, S. M., Updegraff, K. A., Helms-Erikson, H., & Crouter, A. C. (2001). Sibling influences on gender development in middle childhood and early adolescence: A longitudinal study. *Developmental Psychology*, 37, 115 - 125.

Messner, M. A. (1992). *Power at play: Sports and the problem of masculinity*. Boston, MA: Beacon Press.

Miller, B. C., Norton, M. C., Fan, X., & Christopherson, C. R. (1998). Pubertal development, parental communication and sexual values in relation to adolescent sexual behaviors. *Journal of Early Adolescence*, *18*, 27 – 52.

Oliver, M. B., & Hyde, J. S. (1993). Gender differences in sexuality: A meta-analysis. *Psychological Bulletin*, *114*, 29 – 51.

O'Neil, J. M., Helms, B. J., Gable, R. K., David, L., & Wrightsman, L. S. (1986). Gender-role conflict scale: College men's fear of femininity. *Sex Roles*, *14*, 335 – 350.

O'Sullivan, L. F. (2005). The social and relationship contexts and cognitions associated with romantic and sexual experiences of early-adolescent girls. *Sexual Research and Social Policy: Journal of NSRC*, *2*, 13 – 24.

Pfeiffer, S., & Daniel, M. (2000, October 13). Court rules Brockton boy can dress as girl at school. *Boston Globe*, p. A1.

Pickstone-Taylor, S. D. (2002). Children with gender nonconformity. *Journal of the American Academy of Child and Adolescent Psychiatry*, *42*, 266.

Pleck, J. H., Sonenstein, F. L., & Ku, L. C. (1993). Masculinity ideology: Its impact on adolescent males' heterosexual relationships. *Journal of Social Issues*, *49*, 11 – 29.

Pleck, J. H., Sonenstein, F. L., & Ku, L. C. (1994). Attitudes toward male roles: A discriminant validity analysis. *Sex Roles*, *30*, 481 – 501.

Ponton, L. E., & Judice, S. (2004). Typical adolescent sexual development. *Child and Adolescent Psychiatric Clinics of North America*, *13*, 497 – 511.

Reischel, J. (2006, May 30). See Tom be Jane. *The Village Voice*. Retrieved June 15, 2006, from http://www. villagevoice. com/2006-05-30/news/see-tom-be-jane

Rostosky, S. S., Regenerus, M. D., & Comer-Wright, M. L. (2003). Coital debut: The role of religiosity and sex attitudes in the Add Health survey. *Journal of Sex Research*, *40*, 358 – 367.

Rostosky, S. S., Wilcox, B. L., Comer-Wright, M. L., & Randall, B. A. (2004). The impact of religiosity on adolescent sexual behavior: A review of the evidence. *Journal of Adolescent Research*, *19*, 677 – 697.

Russell, S. T. (2005). Conceptualizing positive adolescent sexuality development. *Sexual Research and Social Policy: Journal of NSRC*, *2*, 4 – 12.

Sabo, D., & Jansen, S. C. (1992). Images of men in sport: The social reproduction of gender order. In S. Craig (Ed.), *Men, masculinity and the media* (pp. 169 – 184). Newbury Park, CA: Sage.

Savin-Williams, R. C. (2005). *The new gay teenager*. Cambridge, MA: Harvard University Press.

Sexuality Information and Education Center of the United States. (n. d.). http://www. siecus. org

Smiler, A. P. (2006). Living the image: A quantitative approach to masculinities. *Sex Roles*, *55*, 621 – 632.

Smiler, A. P., Ward, L. M., Caruthers, A., & Merriwether, A. (2005). Pleasure, empowerment, and love: Factors associated with a positive first coitus. *Sexual Research and*

369

Social Policy: Journal of NSRC, *2*, 41 - 55.

Smith, E. A. , & Udry, J. R. (1985). Coital and noncoital sexual behaviors of white and black adolescents. *American Journal of Public Health*, *75*, 1200 - 1203.

Smith, M. , Gertz, E. , Alvarez, S. , & Lurie, P. (2000). The content and accessibility of sex education information on the Internet. *Health Education & Behavior*, *27*, 684 - 694.

Stearns, P. N. (1994). *American cool: Constructing a twentieth-century emotional style*. New York: New York University Press.

Striepe, M. I. , & Tolman, D. L. (2003). Mom, dad, I'm straight: The coming out of gender ideologies in adolescent sexual-identity development. *Journal of Clinical Child and Adolescent Psychology*, *32*, 523 - 530.

Sutton, M. J. , Brown, J. D. , Wilson, K. M. , & Klein, J. D. (2002). Shaking the tree of knowledge for forbidden fruit: Where adolescents learn about sexuality and contraception. In J. D. Brown, J. R. Steele, & K. Walsh-Childers (Eds.), *Sexual teens, sexual media: Investigating media's influence on adolescent sexuality* (pp. 25 - 55). Mahwah, NJ: Erlbaum.

Thorne, B. (1993). *Gender play: Girls and boys in school*. New Brunswick, NJ: Rutgers University Press.

Tolman, D. L. (2002). *Dilemmas of desire: Teenage girls talk about sexuality*. Cambridge, MA: Harvard University Press.

Tolman, D. L. , & Porche, M. V. (2000). The adolescent femininity ideology scale: Development and validation of a new measure for girls. *Psychology of Women Quarterly*, *24*, 365 - 376.

Ward, L. M. (1995). Talking about sex: Common themes about sexuality in the prime-time television programs children and adolescents view most. *Journal of Youth and Adolescence*, *24*, 595 - 615.

Ward, L. M. , & Wyatt, G. E. (1994). The effects of childhood sexual messages on African-American and white women's adolescent sexual behavior. *Psychology of Women Quarterly*, *18*, 183 - 201.

Welsh, D. P. , Haugen, P. T. , Widman, L. , Darling, N. , & Grello, C. M. (2005). Kissing is good: A developmental investigation of sexuality in adolescent romantic couples. *Sexuality Research and Social Policy: A Journal of NSRC*, *2*, 32 - 41.

Williams, J. E. , & Best, D. L. (1990). *Sex and psyche: Gender and self viewed cross-culturally*. Newbury Park, CA: Sage.

Wolak, J. , Mitchell, K. J. , & Finkelhor, D. (2002). Close online relationships in a national sample of adolescents. *Adolescence*, *37*, 441 - 455.

Yates, M. , & Youniss, J. (1996). A developmental perspective on community service in adolescence. *Social Development*, *5*, 85 - 111.

Zimmer-Gembeck, M. J. , Siebrenbruner, J. , & Collins, W. A. (2004). A prospective study of intraindividual and peer influences on adolescents' heterosexual romantic and sexual behavior. *Archives of Sexual Behavior*, *33*, 381 - 394.

对第四部分的回应：
消除教师对女性化教学的恐惧

埃丽卡·R·迈勒斯(Erica R. Meiners)

特雷丝·奎因(Therese Quinn)

经过几年的社会公平教育年会后，我们发现尽管教学已经被女性化了，但是没有人想被认为像女生一样教学。证据清楚地表明，职前教师教育项目通常会忽略教师的性别差异；持批判态度的教师则故意忽略女权主义者和酷儿对教育公平运动做出的贡献；在人们谈论男生的学术成就时，却没有对性别、性、种族和权力等因素进行分析。这些只是一小部分证据。而女生、女权主义者和酷儿在教育中不仅不受重视，还被看作是有害的局外人。

但是我们必须面对上述问题。教师行业中女教师的比例超过 80%，却并不受待见。即便如此，性别如何塑造生活这一问题也不应该受到重视吗？有谁想成为油管（You Tube）上"优秀的白人女士"？又有谁希望别人将自己和《自由作家》（*Freedom Writers*）中的希拉里·斯旺克（Hillary Swank）或者《危险游戏》（*Dangerous Minds*）中的米歇尔·菲弗（Michelle Pfeiffer）混为一谈？那些面容姣好的现代传教女虽然来自最好的常青藤大学和专门的文科学院，由美国教育组织招募，但是却只经过一个暑假的"训练"，就被分配到各个学校，花上几年去救助穷人。谁又想被误认为是这一类人呢？就像女生投球一样——手臂动作机械，有气无力，没有明确目标——女教师成了天真单纯、容易上当受骗的代名词。她们过于真诚，不明白实现社会公正就是要精于计划、耍小心机。

考虑到当今政治与文化环境中人们对女性和酷儿的强烈抵制，以及好莱坞一直以来将教师行业夸得天花乱坠，我们认为已经无法挽回那些寻求实现完全公正的女教师和娘娘腔的男教师了。明面上的歧视性法律和政策经常忽略他们的存在，甚至造成了学校中对酷儿的恐惧。谈到教育社会公平问题，那些直言不讳的积极教师，他们具有反叛精神和革新意义的经历就必须提及。

回忆起这段历史——女权主义教学、酷儿组织、生存和反抗、与民权运动紧密联系的教育——更清楚地表明了在社会上像女生一样教学和组织工作是非常激进和危险的，这并不是教室里的私人行为或慈善义举。

这部分由多位作者完成，每位作者都做出了同样的贡献，因此没有第一作者。署名按照出版合作时使用的顺序排列。

（张思源　译）

教育公平研究译丛　丛书主编　袁振国

中国教育发展
出版工程

教育社会公平手册

〔美〕威廉·艾尔斯（William Ayers）
　　　特雷丝·奎因（Therese Quinn）
　　　戴维·斯托瓦尔（David Stovall）◎主编
彭正梅　周小勇　伍绍杨 等◎译

下册

Handbook of Social Justice
in Education

华东师范大学出版社

下　册

第五部分　身体、残疾以及追求教育社会
公平的斗争　　499

24. 残疾的理论化：教育社会公平的启示及应用　507
25. 社会公平的阻碍因素：等级、科学、信仰和被
强加的身份（残疾分类）　539
26. 服务与伤害：从残疾研究的视野重塑特殊教育　561
27. "泄密"的身体：学业不良学生的由来　581
对第五部分的回应：身体、残疾以及追求教育社会
公平的斗争　　603

第六部分　青年与教育社会公平　607

28. 支持与反对：社会公平中学校与教育的辩证法　615
29. 社会公平教育项目：对墨西哥裔学生的批判性
共情理智主义　　629
30. 社会公平青年媒体　645
31. 解放教育学的5E：内城青年教与学的再人性化方法　657
32. 真正的谈话：转化性英语教学和城市青年　673
33. 当批判性种族理论遇上参与式行动研究：创建
黑人青年作为公共知识分子的社区　　689
对第六部分的回应：青年与教育社会公平　709

第七部分　全球化与教育社会公平　713

34. 新自由主义全球化、教育政策及为社会公平而
斗争　　719

35. 全球化、教育治理和公民体制：新的民主赤字
　　与社会不公　　　　　　　　　　　　735

36. 另类全球化运动、社会公平和教育　　751

37. 在新自由主义全球化背景下的批判教育学和
　　希望　　　　　　　　　　　　　　765

38. 创造地方民主，培育全球替代性方案：巴西
　　阿雷格里港市公民学校项目案例　　781

对第七部分的回应：全球化与教育社会公平　795

第八部分　　当社会公平政治遇上实践：教师教育和

　　　　　　学校变革　　　　　　　　　799

39. 社会公平教师教育　　　　　　　　807

40. 教师教育、新自由主义和社会公平　　827

41. 社会公平教师教育：对批判的批判　　845

42. 培养白人教师在一个种族主义国家任教：
　　他们需要知道什么和能够做什么？　　865

对第八部分的回应：自下而上的社会公平斗争：教师去哪儿？

　　　　　　　　　　　　　　　　　883

第九部分　　课堂、教学法与实践公平　　887

43. 在阳光中弹奏：体验式教学和白人身份的演变　891

44. 教授诗歌研习课　　　　　　　　　903

45. 教学纪事：软办法啃硬骨头　　　　909

46. 真心实意为学生　　　　　　　　　925

47. 给月亮重命名：谈谈中学英语学习　　931

48. 扎根学生社会现状，建设社会公平数学课程：
　　芝加哥公立高中数学教学案例　　　939

49. 罗布雷斯的困境　　　　　　　　　　　953

50. 在暗流中教学：抗拒"学校常规教育"的引力　　961

51. 激进的墙——颂扬行动主义和社会公平的课堂：
　　与乔什·麦克菲的访谈　　　　　　　　969

52. 教会教师为同性恋教学　　　　　　　　977

对第九部分的回应：课堂、教学法与实践公平　　983

编者结语　　　　　　　　　　　　　　　987

相关资源　　　　　　　　　　　　　　　993

编著者　　　　　　　　　　　　　　　　1015

索引　　　　　　　　　　　　　　　　　1029

译者后记　　　　　　　　　　　　　　　1071

第五部分
身体、残疾以及追求教育
社会公平的斗争

帕特里夏·胡尔塞博什（Patricia Hulsebosch）编辑导读

文化既具有强大的赋能之力,也会让人失能。通常说来,文化被看作是一个具有积极意义的词。如果有什么事情不是刻意而为,那就是人们依循文化,在团体内部怀着既定的目标和期待,按照一定的规则,经历抽象而难以言说的复杂的生活。正如我们在讲座中所说,文化给了我们所有知识和进一步学习的工具。很好!但是我们也必须承认,每一种文化总是日复一日,并且最终总会蒙蔽我们,使得我们耳目失聪,成为一个学习问题,形成一种身体上的残疾。人们每获得一种技能总是伴随着另外一种技能被疏于开发;每一次倾心关注总有另外的东西被忽略掉了;每一种特长都对应着一种能力的不足。人们采用约定俗成的文化形式来确定他们该做什么、为何做、如何做,并预知由此产生的后果。置身于一种文化对于能力开发不失为大好良机,它至少让许多人相信他们具备某些能力。人们也采用已有的文化形式来界定哪些人没有做"正确的"事,不具有"正确的"理由,或者未能采用"正确的"方法。置身于某种文化对于残疾的发展意义重大,它至少让许多人相信他们身有残疾。置身于一种文化也许是强化认知的唯一途径;但是这样做也是极其危险的。

(McDermott & Varenne, 1995)

性别问题演变成了残疾问题;残疾问题遮蔽了阶级问题;阶级问题难逃暴力犯罪;暴力犯罪指向性取向;性取向又和种族问题叠加在一起……所有这一切最终都承载到人类单一的身体上。

(Clare, 1999:123)

说到"残疾"(disabled),它当然是一个意义清晰、毫不含糊的概念范畴,不必再做阐释。我们都了然于胸,明白残疾意味着什么。你要么具备其限定条件——有能力;要么没有。假若没有,那么必定是残疾无疑了。如果你有个残疾的名头,那就得去某个特别的地方,和其他跟你一样的孩子一起,跟着特别的老师,在特别的条件下进行学习。至于社会上其他的人——"正常人"——就不必为你的问题操心了。正是在这种观念的基础之上,残疾的标签得以在教育领域内确立。

不过,还是好好想想:我们在此讨论的是什么样的能力?是行走?是握笔?是张嘴说话?是以目视物?是交际能力?是认识新朋友的能力?是修理机器的能力?是迷路后能找回家的能力？或者是，面临压迫和轻视却依然能够平心静气、不急不躁？或者是，不管你做了什么、不做什么，一点儿也不会引得别人关注你、关注你的差异和需求？在这诸多的能力中，哪些是根本性的——可以据其有无，把一个人标记为"健全"或者"残疾"？是哪些确凿无疑的能力，在什么样的社会里，或者在何种情况下会给一个人贴上残疾的标签？那条一旦跨越就会将某个人标记为残疾的分界线在哪里？

十年前，某个收养机构发来一份传真，上面显示的是一个圆脸小女孩，她长着深棕色的眼睛，发型酷似一只冰激凌杯子。她的名字叫阿里安娜，是我和爱人琳达在聋儿收养信息服务(Deaf Adoption News Service, DANS)的网络名单上找到的。这家机构由一位收养聋儿的母亲资助建立，目的是帮助有收养意向的人找到来自世界各地、等待收养的失聪儿童。对于那些在该服务平台上搜寻聋儿的父母，虽然存在一些争议（据说他们收养这些孩子后只是打算通过耳蜗移植手术修复他们的听觉），但是许多家长本人就是聋人，长期浸淫在失聪者[1] 文化中(Ladd, 2003)。所以，在这些收养聋儿的父母中，有的自己耳朵失聪，有的有聋人亲属，有的是在聋人社区做翻译工作。琳达是个聋人，家族中好几代都有失聪成员，其中包括她的父亲在内，他是全国第一批聋人律师之一。我们的想法是把阿里安娜带入一个具有悠久历史、以己为荣的聋人社区。

我们仔细梳理了等待收养的儿童名单，考虑谁是适合我们家庭的那一个。阿里安娜是我们想要的女儿。虽然相隔万里，我们渴望尽可能多地了解她。传真所载信息很简短："孤儿院说她是一个'好斗'的孩子。"嗯，耳聋，拉丁裔，女孩。"好斗"听起来对她会是件好事。我们继续讨论，打算珍惜和支持阿里安娜身上具有的品质，因为正是这些品质帮她幸存于世。我们相信她会"意志坚定"，当然不会"固执己见"；我们期望她"精力充沛"，但却不是"顽劣多动"。当然了，她只是耳聋，而不是"残废"。可是，十年后的今天，我们竟然到了这般田地：我们和阿里安娜所在学校七年级所有的"教辅"人员开会，商讨她的学习情况，而他们中没有一个人以赞赏的眼光提及她身上的"好斗"品质。

这有点讽刺。当初我们搬家的目的是让阿里安娜能够在一个有良好视觉学习环境的学校里上学。在这样的学校里，听觉能力退居二线，耳聋成为常态，学校的所有工作人员都能流利地使用美国手语（即阿里安娜的第一语言）。

在我们搬家后，阿里安娜进入新学校的一年级上学，当时她的老师们形容她充满自信，好奇心强，学习劲头很足，是班里同学的"领头羊"。也许同样重要的是她能独立学习，遵守规则，与其他同学相处融洽。但是，她只是不能很好地掌握学习工具，而这些工具对于她进入更广阔的世界至关重要。几年过去了,慢慢地,我们注意到她对超出初级水平的、更复杂的文本阅读较少,她也理解不了数学和科学概念。但是,我们的确注意到,当谈论的话题是有关动物的时候,她会不遗余力地使用已有的学习工具:阅读书籍或者解决问题。若是有实际的阅读或计算需求,她的能力似乎表现得更好。在家里,她每天都写日记,和我们坐在一起,手里捧一本书,大家一起阅读最新的畅销书。

老师们同意,阿里安娜能够也应该学习更多的知识。但他们也表示,对他们而言学生太多,不能调整教学以便照顾到阿里安娜的利益和需求。因此,我和爱人主张阿里安娜有权得到应有的服务和帮助。毕竟,若说授课老师没有足够的时间,那么其他具有合适技能却不用面对全班学生的人员——比如,辅导员、职业治疗师、课程协调员——可以参与进来解决问题。我们提出要求,问是否可以让教辅人员进入课堂,得到的答复是:"对不起,我们没有资源来协助学习上没进展的个别学生。"

现在,就像许多其他的家长一样,我和爱人想尽了一切能够影响学校的办法,最后别无选择,只好求助于我们坚决避免使用的工具:标签。我们知道,只要有恰当的测试结果和适当的标签(即"残疾证明"),就有相关法律要求学校提供资源,以协助阿里安娜进行学习。我们去了一家私人心理诊所。当然啦,医生认定阿里安娜有学习障碍,并出具了医学证明。带着"证明材料",我们回到学校参加个别化教育计划(Individualized Education Planning, IEP)会议。我们心里想着,这下可以要求学校改变他们的教学方法了。"对不起,我们没有相应的资源来协助有学习障碍(learning disability, LD)的学生。我们学校没有老师有资格教有学习障碍的学生。"

作为教育工作者,我们认为提高学校水平和教师能力有助于加强阿里安娜的优势,同时可以促进学校和老师对她学习中存在的缺陷有所行动。我们把在家中采取的策略和取得的成功告诉老师。我们把有关全纳教学实践的文章带给老师们看:差异化教学、同伴互教互学、合作学习。我们建议老师们采用情境化教学法和脚手架教学法。最后,我们聘请了一名顾问,和老师们一起研究形成性评价以及可以用来改变他们教学的各种策略。虽然我们竭尽全力,拓展老师们课堂实践教学的观念,但是年复一年,老师们还是没能想出别样的课堂教学方法,让阿里安娜这样的学生融入进去。与此同时,阿里安娜的学习不见起色,她一次又一次地演算同样的数学题,练习同样的"多尔希五级分类词汇"(Dolch words),反复阅读由计算机软件"阅读加速器"(Accelerated Reader)生成的文字材料。与过去几年明显不同的一点是,老师们开始注意到阿里安娜缺乏学习的动力和欲望;而且在最近一次个别化教育计划(IEP)会议上,老师们对她的学习情况的描述很惨淡,没有任何优点可言。

五年后的今天,我们和满屋子学校里的教辅人员坐在一起,心里忐忑不安,害怕听到让她在暂时中止学业后再返校学习的消息。会议当天,校长在办公室里与我们会面,他带我们来到另外一间空荡荡的房间,有两名教学管理人员坐在桌子旁边,等着和我们交谈。"嗯,'团队成员'已经碰过头了,商量了如何帮助阿里安娜重返学校的事宜。我们已经决定,她应该多和辅导员沟通,并且转到另外一个班级上数学课。我们正在和老师们协调,增加她的日常学习项目。事实上,一切很清楚,阿里安娜目前的残疾状况意味着针对她的教学计划必须全部改变。"我暗自思忖:"残疾? 你所说的残疾是什么意思?"

另一位教学管理人员接着说:"对,针对阿里安娜的一切安排都需要改变。很显然,目前她属于情绪失常类残疾(Emotionally, Disturbed, ED),我们要把这一点纳入正在编写的新个别化教育计划中去。"我惊得目瞪口呆。我首先想到的是"情绪失常"这个标签带给人们的耻辱,尤其是在校的孩子,对于失聪儿童来说更是如此,因为学校一直在竭力营造所有聋儿别无二致的假象。例如,我们被告知,该地区的另一所聋儿学校经常拒绝招收"情绪失常"类的学生。我被搞糊涂了。四年来,我们采取各种手段,不断地要求学校为阿里安娜的学习提供特别帮助。在过去的七年里,每个学年结束的时候,老师们都说阿里安娜看起来"头脑聪明",学习能力强,除了最近一两年,学习一直很认真。但是,令人诧异的是,他们的任何教学措施都没有促成她学习上的进步。读、写、算这几项技能她都没有学会。对此,我们的回应是要求学校改变一刀切的教学方法,调整教学策略和课程结构。尽管个别化教育计划在实施,教师一再告诉我们:"我班里有七名学生。我不能改变我的教学方式去适应一个孩子。"教学管理人员告诉我们:"对不起,我们没有相关资源。"

我大感不解,问道:"现在情况有何不同? 现在阿里安娜有何不同? 当你说'教学规划必须全部改变'时,你的意思是什么? 这怎么可能会是真的? 五年来,你们一直在说,没有什么可以改变以帮助她学习。那么,现在为什么要改变呢? 现在有什么不同?"短暂的沉默后,一个结结巴巴的声音回复道:"呃,说实话……,我们有针对'情绪失常'的教学资源,但是我们没有针对'学习障碍'的教学资源。"我简直不敢相信我的耳朵,回敬了一句话:"那么,你是在说你们有足够的资源帮助聋儿变得'疯狂',却无法帮助他们变得聪明?"

376

那么,事情的原委似乎是这个样子:在长达五年的时间里,阿里安娜发生了退化——她原本是一个普通的聋儿,有自己的学习优势和需求,但是学校里没有人能够看到这一点,也没有人做针对性的工作。所以,她的父母只能想办法,给她贴上了有学习障碍的标签,以便让孩子得到特别帮助。她也就变成了一个真正被忽视的孩子,被看作贝鲁比(Bèrubè)(1996,p. xi)所称的"一个类属的实例":"情绪失常"。

谁来决定我们是"谁"?总的说来,残疾身份为谁的利益服务?而特定的残疾标签又在为谁的利益服务?为什么一些学校或地区似乎有大批有"学习障碍"的学生?而在另外一些学校或地区的孩子们却被贴上了"失常"的标签?学生怎样才能获得适合他们优势和需求的帮助,得到应有的教育服务和学习方法,而不必默默忍受带给他们污名、造成严重后果的分类?在这个社会,尤其在我们的教育体系中,人们如何才能在审视他人以及被他人审视的过程中将各种错综复杂的事物看得真切?

社会公平教育关注的是建立在群体基础之上,人们所遭受的压迫、边缘化、无力感和不平等待遇。它有助于人们理解类似阿里安娜在教育中遭遇的事件的来龙去脉。本《手册》的这一部分汇集了一批学者,他们的写作涉及诸如等级观念、强加的身份、种族与残疾议题的交叉等。这些概念是理解"社会公平与教育领域的残疾议题到底是什么关系"的核心。在这一部分,你会看到心怀善意的人们置身于无处不在的文化实践和体制结构中,他们从事着自己的工作,却没有意识到,正是这样的文化实践和体制结构造成对孩子们日复一日的误解。你会看到,整个教育系统建立的基础往往是家长式的所谓"良好的"愿望;这种愿望的初衷是要帮助孩子学习,但却往往落空,甚至更糟,反而阻碍了孩子们的发展。这些作者敦促人们要重新审视我们的体制结构建立的基础,要高度重视社区、家庭和个体自身为教育带来的资源。

注:

1. 我们按照惯例,使用 Deaf 和 deaf 区分失聪者文化群体和群体内的成员。

(张昌宏 译)

参考文献

Bèrubè, M. (1996). *Life as we know it*. New York: Vintage Books.

Clare, E. (1999). *Exile and pride: Disability, queerness, and liberation*. Cambridge, MA:

South End Press.

Ladd，P. （2003）. *Understanding deaf culture：In search of deafhood*. Bristol，UK：Multingual Matters.

McDermott，R.，& Varenne，H. (1995). *Culture as disability. Anthropology & Education Quarterly，26*(3). Retrieved October 7,2007，from http：//links. jstor. org/sici? sici = 0161-7761%28199509%2926%3A3%3C324%3AC%22D%3E2. 0. CO%3B2-B

24

残疾的理论化：教育社会公平的启示及应用

苏珊·L·加贝尔(Susan L. Gabel)

大卫·J·康纳(David J. Connor)

誉去毁来

在美国一提起残疾(disability)和教育,人们立马会想到特殊教育。鉴于特殊教育对残疾青少年所作的历史贡献,这也许无可厚非。在美国,特殊教育事实上给众多家庭带来过希望,因为 1975 年以前,人们并不要求或期盼公立学校为残疾孩子提供教育机会,许多家庭的残疾儿童只能被关在家里或者困于有关机构(Safford & Safford,1996)。然而,现在人们一旦提及特殊教育,往往联想到隔离学校(Losen & Orfield,2002)、简化的课程设置(Brantlinger,2006)和被污名化的"差异"(Reid & Valle,2004)。现在的美国社会与 94—142 公法,即现在的残疾人教育促进法案(Individuals with Disabilities Educational Improvement Act,IDEIA)(NICHCY,1996;U. S. Department of Education,2005)首次成为联邦法律的时代大不相同。我们生活在的时代是这样的:新技术层出不穷;对差异和多样性持不同价值观;对关于什么是"教育"和谁"获得教育",或者谁接受严格的学术训练等持有不同看法;最后,我们对建立包容性社会的可能性及其前景的认识也众说纷纭。

如今,许多持批评意见的学者质疑特殊教育建立的理论基础,当涉及普通学校里残疾学生的教育时,这种质疑就进一步扩展到了普通教育领域,包括对实证主义的批评(Danforth,1999,2004;Gallagher,2001)。他们批判有严重认知障碍的学生(Erevelles,2000;Taylor & Bogdan,1989)在特殊教育中遭受的非人道待遇(Biklen,1992)和社会对这些学生普遍不高的期望。他们批判对残疾人士所谓"失败"的专业化认定,借用 Phil Ferguson(2002)的话来说就是,当专家的干预措施失效的时候,那种归咎于残疾人士的职业冲动。现在,那些被认为是理所当然的政策和习惯性做法成为论争的议题,包括特殊教育中教室与社会的隔离(Allan,1999a,1999b);过度依赖专家的干预来解决特定的"缺陷"(Hehir,2005);发展性课程(Brantlinger,2005)、智力测试(参见 Gould 的经典评论,1981),以及对残疾人士所做的药物治疗(Abberley,1987;Barton,1996;Donoghue,2003)。这些批评和早期的学者产生了共鸣。露丝·赫舒修斯(Lous Heshusius,1989,1995)、亚诺(Iano,1986,1990)和斯科蒂克(Skrtic,1995)对实证主义及其对特殊教育教学法造成的影响提出过批评;斯科蒂克(1991)对特殊教育的专业化进行过解构；罗伯特·波格丹（Robert Bogdan）和史蒂夫·泰勒（Steve Taylor）（1989）曾揭露过有严重认知障碍人士所遭受的非人性化待遇。

许多教师、持批判态度的特殊教育工作者和诸多学者恪守的一条底线在于如何避免把与众不同的状况污名化，以及如何对抗健全至上（ableism）的主张，从而为残疾人士进入普通学校学习创造公平的受教育机会。这条底线专注于系统性的整体分析，因而有别于传统上特殊教育研究对个体学生的关注。然而，事实证明将残疾置于更为广阔的社会语境，以及把社会因素引入对身体残疾的探讨会招来批评，同时也被看作是极端的做法——特别是在特殊教育最为关心的领域情况尤为如此。如果对传统的、诟病社会批评方法的特殊教育文献进行探查，就会发现这两种做法对于特殊教育工作会造成多么大的破坏（Kauffman & Hallahan，2005；Kauffman & Sasso，2006a，2006b；Sasso，2001）。举例来说，詹姆斯·考夫曼（James Kauffman）和盖理·萨索（Gary Sasso）把这种批评戏称为"纨绔习气"（Kauffman & Sasso，2006b：109），它"给极端左派和极端右派以煽动是非的借口，也让本质主义者和压迫者堂而皇之地按照他们特有的正统观念定义真理"（2006：111）。既然批判的观点和传统的观点形成对峙，而且有过激烈的交锋（Brantlinger，1997；Danforth，1997，2004；Gallagher，1998，2001，2006；Gallagher，Heshusius，Iano，& Skrtic，2004；Heshusius，1994；Kauffman & Hallahan，2005；Kauffman & Sasso，2006a，2006b；Rice，2005），我们呼吁双方应该相互借鉴，把它看成一场富有成效的对话（Andrews et. al.，2000；Gallagher，2006），而不是宣称对方的范式走入了死胡同（Kauffman & Sasso，2006a，2006b）。

脱胎于对特殊教育的批判的一个新领域是教育中的残疾研究（Disability Studies in Education，DSE）。很多教育人士认为，残疾研究是对前文提到的种种批评从理论框架、理念以及价值观方面所做的回应，表达了对教育领域主流研究范式的不安。在本章接下来的三个部分，我们将讨论教育中的残疾研究的一些基本观念。然后，我们将讨论残疾研究与教育领域其他研究的交叉和重叠情况，并提出如何把残疾研究融入到教学、课程设置和教育政策中去。

教育中的残疾研究

过去的三十年里，残疾研究与社会科学、艺术、人文学科的交叉研究长盛不衰，但是它与教育领域的交叉研究出现得比较晚。残疾研究学会（the Society for Disability Studies，SDS，n.d.）建立得比较早，在整整二十年之后，美国教育研究协会教育中的残疾研究特别兴趣小组（special interest group，SIG）才告成立。这种时间差反映了残疾研究与教育学的跨学科研究姗姗来迟。从这种交叉研究的早期文献来看，其奠基者认为要将残疾研究的方法和成果运用到教育理论、教育研究和教育实践中去。他们对这种跨学科研究做了如下定义：

> 教育中的残疾研究是新兴的跨学科研究领域，它以批判的方法探讨残疾与文化和社会动态互动的方方面面。通过人文学科、（后）人文主义社会科学以及艺术研究的方法，把理论批评与政治主张结合起来。把残疾研究的思路运用到教育问题的研究上，就是要在各种形式的教育研究、师资培训、教育学研究生培养等方面突出融合分析的重要性，彰显对残疾含义进行阐释的重要性。（DSE，2004：1）

本章呈现的是当代美国近几年里才出现的一个独特的学术领域：教育中的残疾研究。然而，在教育中的残疾研究特别兴趣小组成立并随之声名鹊起之前，英美教育界早就有研究人员从事残疾研究，而且已经持续好些年头了。举例来说，英格兰的 Len Barton（1996），Dan Goodley 和 Lathom（2005）；苏格兰的 Julie Allan（1996，1999a，1999b）；澳大利亚（现生活在伦敦）的 Roger Slee（1996，1997）；美国的 Phil Ferguson（1994），Steve Taylor 和 Robert Bogdan（1989），Doug Biklen（1992），以及 Susan Peters（1996）。另外，教育中的残疾研究特别兴趣小组成立之前，北美的特殊教育工作者也在做类似的工作，他们有些后来成为该组织的创始会员，包括 Lous Heshusius（1989，1994，1996）、Ellen Brantlinger（1997）、Scot Danforth（1997，1999）和 Deborah Gallagher（1998）。

在残疾研究中，经常被问到的问题是应该如何准确描述教育中的残疾研究。回答这个问题注定要引来争议。不过简而言之，残疾研究力求挑战对"残疾"的狭隘理解——它常常被看作是一种医学或临床意义上的状况：机体缺陷、功能丧失或者运行紊乱；甚至在有些情况下，它被描述为一场悲剧，需要"矫正"、诊疗、治愈或者一番来自外部的干预措施（Brantlinger，2004；Danforth & Smith，2005；Garland-Thomson，1997；Shakespeare，1994）。西米·林登（Simi Linton）在其专著《宣布残疾》（*Claiming Disability*，1998）中就面临这样的问题，她写道：

社会众口一词，赋予残疾以医学意义，便顺理成章地把问题限定在医疗机构之内，让它成为一件私事，从而只管"医治"残疾者本人及其身体状况，而不去"医治"令其生活受限的社会进程和政策措施。(p. 11)

残疾研究拒绝把残疾作为一种个体缺陷来看待，相反，它被看作是人的一种自然变化样态，只不过是人类众多"差异"中的一种而已。因此，通过对社会、政治、文化和历史架构的分析，残疾最好被理解为个体与社会交互作用的结果（Allan, 1996; Corker & Shakespeare, 2002; Ferri & Connor, 2006; Oliver, 1996; Russell, 1998）。最重要的一点是，教育中的残疾研究对导致学校教育中不平等的社会状况的那些观念和做法持批判态度。正是这些观念和实践促成了"健全至上"的观念。劳雷尔·劳舍尔（Laurel Rauscher）和迈克尔·麦克克林托克（Michael McClintock, 1996）把这种现象描述为：

一个无孔不入的歧视和别除机制，压迫着那些有心智、情感和身体障碍的人们……根深蒂固的健康观念、生育观念、美丑观念以及生活价值观常常与公共媒体以及私人媒介一起，针对那些在生理、心理、认知以及知觉能力方面与当前社会认可的标准不相容的人们，营造出一种充满敌意的社会氛围。(p. 198)

可以肯定，我们做的工作是让教育中的残疾研究成为一个清晰而确定的研究领域，它既有别于特殊教育研究和其他领域的研究，又与这些学科领域相互交叉。在下面的部分里，我们将对这种关系进行阐述。但必须承认，教育中的残疾研究似乎激发了那些工作内容与残疾密切相关的特殊教育工作者的浓厚兴趣。教育中的残疾研究特别兴趣小组中的许多创始会员及现有会员都是特殊教育工作者。迄今为止，该组织的所有奖项都颁发给了那些具有特殊教育工作者身份的会员以及那些代表了大部分会员的人。该组织有望扩大其规模，把那些持有同样关切的人士也吸纳进来。当然，有些自我认定或被认定为参与教育中的残疾研究的人员其实真正从事的是课程研究（Baker, 2002; Selden, 2000）、教育基础理论研究（Erevelles, 2000）、教育社会学研究（Michalko, 2002; Titchkosky, 2001）以及其他与教育相关的细分领域研究。当然也存在这样的情况：我们发现，有些特殊教育工作者虽然怀有与我们残疾研究同样的目标，却并不认同我们采取的残疾研究路径和观念。以托马斯·赫尔（Thomas Hehir,

2002)为例,他持续关注的是校园里盛行的"健全至上"主义。

380   许多教育工作者虽然不认同教育中的残疾研究,但是他们却有着类似的关切。以教育中的残疾研究特别兴趣小组建立时对残疾研究的描述为例,有些传统的特殊教育工作者关注的是"残疾与文化和社会方方面面的动态互动",尤其关注种族主义以何种方式对学生造成伤害,以及在特殊教育中非洲裔和拉丁裔年轻人的比例过高(Ferri & Connor, 2005;Losen & Orf eld, 2002)。一些优秀的研究成果来自有强烈社会批判意识的学者,他们证明原本是要带来希望的特殊教育却与初衷背反,成为强化种族隔离的手段(Blanchett, 2006;Harry & Klingner, 2006;McDermott, Goldman, & Varenne, 2006;O'Connor & Fernandez, 2006;Reid & Knight, 2006)。无论如何,有一点要强调,尽管教育中的残疾研究与特殊教育研究之间的差异性和相似性有待进一步明晰,二者并不属于同一个研究范畴。

什么是残疾?

将残疾研究与其他学科对于残疾的探讨区别开来的一大特征是,前者对占主导地位的残疾叙事持批评立场。这种激进的出发点在两种思考方式中得以体现:一种是起源于美国的少数群体研究模式;另一种是源于英国的社会研究模式。实际上,在欧美及世界各地,许多学者在理解和表述残疾时采取将二者兼收并蓄的办法。

采用少数群体研究模式研究残疾是美国民权运动的一条旁支,它出现在 20 世纪 70 年代晚期。1977 年罗伯特·波格丹(Robert Bogdan)和道格·拜克伦(Doug Biklen)借用民权运动的做法,生造了"残废主义"(handicapism)这个词——与当时普遍使用的"残废"(handicap)的说法相呼应——来指称"一整套有助于把那些显然或假想的……有差别的人区分开来并区别对待的观念和做法"。少数群体研究范式认为,"残疾公民面临的问题从根本上与其他美国少数群体遭遇的困境相仿"(Hahn, 2002, p. 171)。哈伦·哈恩(Harlan Hahn)认为,跟少数群体一样,残疾人士

> 遭受高失业率、贫穷、依赖社会救济、隔离教育、居住条件和交通条件的匮乏等方面的困扰,他们被排除在公共设施之外,而那些设施似乎只是为大多数体格健全的人而专门保留的。(pp. 171—172)

哈恩虽然说的是 20 世纪七八十年代美国残疾人士面对的社会状况，但是站在 21 世纪头十年快要结束的现在，他的观点依然是有意义的。对残疾的社会研究模式可以追溯到 1975 年编订的《残疾的基本原则》（*Fundamental Principles of Disability*）（Union of Physically Impaired Against Segregation [UPIAS]，1975），这份文献由英国残疾权利运动（the UK Disability Rights Movement）发布，该组织当时主要由有身体残疾的人员组成。这些原则声明说：

> 我们认为，是社会让有身体残疾的人失能。在我们残疾的身体之上，社会又强加了某种东西：通过没必要的孤立和排斥，它使得我们无法完全参与到社会事务中去。因此，残疾人是社会上被压迫的群体。（p. 3）

这种对"残疾"（身体功能受限）和"失能"（社会压迫）的区分和重视是强有力的社会研究模式的一大特征（Abberley，1987；Humphrey，2000；Oliver，1990；Shakespeare & Watson，1997，2001）。

如今，这种对残疾的社会研究范式在世界各地得到认可，这是把残疾置于其历史、物质以及社会语境中进行理解的方式。这在英国（e. g.，Birmingham City Council，2006；Manchester City Council，2005）、加拿大（e. g. Government of Canada，2004；Provincial Health Ethics Network，2001）及美国（National Institute of Disability Research and Rehabilitation [NIDRR]，1999）的政府文件中都有所提及。虽然这种研究模式在国际残疾权利运动中获得了广泛的认可，却对美国的立法、教育政策以及普通大众没有产生一点儿影响。对于这种情况，多诺霍（Donoghue，2003）在分析美国残疾人法案（American, with Disabilities Acts，ADA）（U. S. Congress，1990）时有所讨论。他说，尽管该法案力图改变现存的障碍问题，以便让残疾人融入社会（采用社会研究模式的学者定会拍手称快），但是法案却沿用了医学范式对残疾的定义，聚焦于个体的病理，聚焦于如何采取干预措施，治疗或"矫正"个体身上的"异质"状况。相比之下，社会研究模式聚焦于社会对残障者的孤立和排斥及其产生的令残障者失能的恶果，聚焦于如何采取措施并力图对社会进行重构，从而让残疾人士完全融入到社会生活的方方面面。

社会研究模式严格区分"残疾/失能"（disability）与"缺陷"（impairment），这种做法近来受到质疑。有些学者认为，应当全面认识和理解社会研究范式下个体多样化的经

381

验(Corker & Shakespeare，2002；Shakespeare & Watson，2001)。维克·芬克尔斯坦(Vic Finkelstein，2003)认为，这根本就不能作为一种范式，因为它已经被学院派所征用，为精英阶层的目的服务，偏离了残疾权利运动的初衷，也就起不到推动变革的作用。因此，一个促成了许多立法、本可以长盛不衰的研究范式成为一个备受争议、说不清道不明的观念(Gabel & Peters，2004；Shakespeare & Watson，2001；Thomas & Corker，2002；Tremain，2002)。

除了围绕社会研究范式展开的认识论层面的论争之外，其意义及应用似乎正在发生变动。苏珊·加贝尔(Susan Gabel)和苏珊·彼得斯(Susan Peters，2004)对跨度十年的残疾研究文献进行了梳理，她们发现，尽管社会研究范式属于历史唯物主义的认识论范畴，其他研究范式的学者(解释主义学派、后现代主义学派、后结构主义学派)也使用社会研究范式这个表述，但是他们未必赋予其同样的含义。事实上，似乎这些学者唯一相同的一点就是把残疾置于社会语境，同时抵制医学语境下采用功能主义的范式对残疾进行研究。这些变动不居的立场常常被指称为对残疾的"社会性解读"(Finkelstein，2003；Gabel，2005)。假以时日，残疾社会研究模式的运用、误用，甚或衰微都将变得明晰起来。就目前来说，当我们采用"社会研究范式的视角"或者"从残疾研究的视角"出发进行阅读和写作时，一定要小心谨慎，做到心中有数。

不管人们对残疾观念持何种立场，也不管人们宣称采用少数群体研究范式，还是采用社会研究范式，或对残疾进行其他社会性解读，凡是认同教育中的残疾研究的人就会继续关注社会上存在的、针对残疾人士的各种不平等状况。尤为令人不安的是，关于"差异"的各种文化价值取向、假定和观念及其现实后果，都会导致残疾者的失能。正是因为这些关切，我们选择并促成对话和论争，以解决许多与残疾相关的复杂议题。要让人们意识到健全至上的观念及其实践在教育系统及日常生活中到处存在。这样，教育中的残疾研究的目标之一就是要确保残疾人士能够获得与普通公民同等的机会，包括接受教育、享受社区生活、休闲娱乐、拥有家庭生活、能够自由地表达思想和情感(包括性取向)以及选择职业方面的机会。最后，教育中的残疾研究紧跟残疾权益运动的口号——"没有我们的参与，不要替我们做决定！"(Nothing About Us Without us)(Charlton，1998/2002)，和残疾人士及促进社会变革的残疾工作者一起，致力于残疾研究和成果发布。重要的一点是，在学术研究和政治活动中要确保残疾人士的领导地位。事实上，这是美国残疾研究会声明的残疾研究的一条准则。其他准则包括：(1)它是跨学科(或多学科)研究；(2)它应当反驳这样一种观念，即残疾是个体缺陷，可以通过专家得到医治；(3)在尽可能宽泛的语境下研究残疾(如不同历史时期；全国或全世界的状况)；(4)鼓励残疾学生和教职员工积极参与研究，确保参与渠道畅通(SDS，n. d. ，section 5)。

与其他研究领域的交叉

残疾研究一方面兼收并蓄，一方面进行跨学科研究，因此，有众多潜在的其他领域可以与之结合进行交叉研究。这些领域都是基于这样的追求：寻求社会公平和正义，包括多元文化研究、种族批判研究以及酷儿研究，同时还包括了女性主义研究、阶级研究等。与残疾研究相似，所有这些领域的研究都是在挑战占主导地位的主流思维模式。它们通过把习惯上处于边缘位置的某种"差异"置于中心位置，以此寻求对"常态"施加的种种观念限制的突破。众多可以交叉研究的领域有待进一步探查，这里我们把对残疾的交叉研究的考察限定在以下三个领域。

多元文化研究

多元文化教育的概念是"……一个广泛的跨学科领域，侧重于一系列种族、族裔和文化群体以及性别问题"(Banks，1995，p. 274)。如同教育中的残疾研究，多元文化研究关心的是社会公平和正义的问题，其目的是对主流课程设置进行改进，使其能够真正反映多元视角。James Banks(1995)针对多元文化教育提出了五大主张：(1)多元性应当融入到教学内容中去，而不是只增添一种教学方法。(2)知识的源头以及对知识的建构应当公开讨论，包括对学者自身产生的影响。(3)应当主动出击减少偏见，帮助学生培养针对不同群体的积极态度。(4)均衡各种教学方法，提倡多样化的活动形式，比如合作学习。(5)有意识地培育赋能的校园文化和社会结构。五维并举就会促成具有变革力量的教育方法，推进多元视角，承认被边缘化的群体在认识论上为教学所做的贡献。结合罗伯特·默顿(Robert Merton，1972)"所有人际群体都有内外之别"的观点，Banks(1995)认为，"内部人士和外部人士对于同一事件持不同看法，只有把二者结合起来，才能看到社会和历史现实的完整图景"(p. 8)。很清楚的一点是，作为一个群体，残疾人士经常被边缘化，甚至排除在社会领域之外。因此，他们可以贡献有关边缘（或群体外部）状况的知识。而这种知识常常与传统的或者主流群体对于社会现象的理解相抵触。将残疾学生的声音和视角融入教学之中，教育者就获得了有用的工具，得以批判对残疾广泛的错误理解；而这种误解在社会的方方面面无处不在（如历史、文化、社会结构、媒体、日常交往等）。通过对"司空见惯"且普遍接受的残疾观念的拷问，教师以积极的教学来反驳广泛传播的错误信息。不仅如此，残疾的"问题"还可得以重新定义，种种限制残疾者进入社会各领域的诸多方式——各种操作实践、规章制度、表征手段和思想态度——都会得到探讨，成为社会不公的鲜明例证。

383

当把多元文化研究的原则运用到残疾研究中，原本设计来帮助残疾学生的现行课程就得重新加以审查，包括残疾模拟教学。例如，让学生蒙上眼睛在教室里行走，以此来体验海伦·凯勒（Helen Keller）的盲人世界。尽管这些都是常见做法，但是却具有误导性：体格健全的学生利用残疾来"做游戏"（playing），在很短的时间内经历失去某种官能的体验。这样做却强化了普遍接受的一个观念：要不惜一切代价避免残疾人表征出来的"差异"。残疾活动人士建议说，应该拒绝进入那些没有残疾设施的大楼，而不是总坐在一个指定的、没人想去的、标有"残疾"或"残疾"专座的位子上，讨论着为什么有人相信残疾有诸多好处的问题。残疾个体在社会中如何发挥其"功能"，选择前者的做法体现了对这个问题更准确的理解（Blaser, 2003）。

更进一步来说，学者们进行理论探讨是要建立一个与现状不同的社会。在那样的社会里，多样性得到尊重，而不是被贬抑、忽略，甚至对其怀有恐惧。如此，它必定是一个对残疾人士敞开怀抱，为其提供便利的社会。这样看来，多元文化研究主张的社会为残疾文化的融入提供了可能性。众多学者和残疾活动人士已经对残疾文化进行过描述（Davis, 1995；Fleischer & Zames, 2001；Linton, 2006；Peters, 2000），可以用来改进现有的课程。首先把那些先前被忽视了的残疾议题引入课堂（Linton, 1998），以促进教学实践；其次，将这些议题有机地融入到整个课程体系中去。由大卫·米歇尔（David Mitchell）和莎伦·斯奈德（Sharon Snyder, 1997）出品的纪录片《关键符号：瘸子文化的叛逆》（*Vital Signs：Crip Culture Talks Back*），可以用作教师培训的素材。

最后一点，正如班克斯（Banks, 1995）所说，对"他者"的辨识和批评性分析——不论是在残疾、种族还是族裔等方面——明显的一点是"他者对于群体内成员确定其身份至关重要"（p. 22）。因此，学生开始意识到"种族（类似于残疾）是人类的一种发明，由群体建构起来，以便把他们自己与其他群体区分开来，从而生造出关于'他者'的观念，形成他们自己的身份，并在社会之内维护不均等的奖赏和机会分配"(p. 22)。只有认识到这一点，教学活动才可能推动社会变革。一旦人们意识到残疾与种族这样的观念不是科学事实，而是人为的发明创造，是集体的、根深蒂固的历史信仰，那么这种观念所造成的破坏性后果才有可能被消除。

种族批判研究

跟多元文化研究一样，种族批判研究脱胎于黑人学术研究，具体说就是来自"民权运动之后，从 20 世纪 70 年代到现在，非洲裔美国学者的思想发展"(Tate，1997，p. 206)。多元文化研究的发展融入了多种声音以及不断发展的多样化的视角。与之类似，植根于非洲裔美国人的经历，并融合了拉丁裔美国人(Delgado & Stefanic，2001)、亚裔美国人(Teranishi，2002)、美洲土著(Snipp，1998)和欧洲裔美国人(Marx，2004)的批评视角。

松田(Matsuda)、劳伦斯(Lawrence)、德尔加多(Delgado)和克伦肖(Crenshaw，1993)认为，种族和种族主义是社会的组织原则。这让人们意识到健全和健全至上的思想在以类似的方式运作。种族批判理论有六条主张：第一，种族主义在美国社会生活中根深蒂固；第二，必须公开质疑主流社会宣称的司法中立、司法客观和不论肤色的司法实践，挑战精英体制；第三，需要从历史(语境)出发，对法律进行分析，揭示沿着种族界限呈现出来的当代社会各族裔占有的优势和劣势；第四，对法律和社会进行分析的时候，有色人种的经验知识及其社区的原初历史必须得到认可；第五，进行跨学科研究；第六，其小目标是消除种族压迫，其大目标是消灭所有形式的压迫。把这个清单和残疾研究会的指导原则进行比较就会发现，它们在上面提到的第二至第六条主张方面相类似。就第一点而言，我们可以加进一条：残疾研究认为，健全至上的观念在美国的社会生活中根深蒂固。

看起来和残疾研究有更多的相同点。作为研究领域，它们的发展历经了相同的历史时期。威廉·塔特(William Tate，1997)把种族批判研究描述为"本质上兼收并蓄的跨学科研究"(p. 198)，认为其具有"学术目标和现实政治目标"(p. 198)。这个表述同样适合于残疾研究(Corker & Shakespeare，2002；Linton，1998)。两者都是要挑战那些基于建构起来的特征对部分群体进行贬低和边缘化的社会实践。另外，二者都要彰显被剥夺了权力的群体的声音，坚持认为他们在历史传统上被压抑的声音必须得到

384

尊重,公开挑战那些将无权群体置于劣势地位的主流社会实践。

　　和残疾研究一样,种族批判理论的理念可以纳入到学校课程和课堂教学中去。就课程而言,格洛丽亚·拉德森-比林斯(Gloria Ladson-Billings)和威廉·塔特(William Tate, 1995)呼吁,应该采用种族研究理论来解释民权法何以失效,解释种族主义何以能够在美国社会大行其道、根深蒂固,同时使用它来质疑美国社会所宣称的中立、客观、不论肤色的谎言及其精英体制。另外,Ladson-Billings 还呼吁采用"文化关联教学法"(1995, p. 465),即将历史、种族、族裔以及阶级等因素引入教学内容、教学方法和预期效果这些关键的教学决策之中。也有其他学者提倡对学生自身的知识、历史和经验进行探究,在此基础上以尊重的态度进行有意义的教与学;要开发学生的知识和经验,从而形成与主流社会知识相对照的"逆反叙事"(counterstories)(Solorzano & Yosso, 2002)。

　　另外,残疾研究从学科内部思考种族主义只是新近才发生的事情(Bell, 2006);而种族批判还有待全面认识残疾研究的政治关切。相比之下,从事教育中的残疾研究的学者更倾向于借用种族批判进行跨学科研究,探究二者在立法(Beratan, 2006)、特殊教育中有色学生的比例过高(Ferri & Connor, 2006)、学校暴力(Watts & Erevelles, 2004)、黑人残疾(Mitchell, 2006)、黑人-残疾-工人阶级三位一体的状况(Connor, 2006)、种族教育史和残疾教育史等诸多方面的重叠和相通(Erevelles, 2006)。在很大程度上,这些研究工作突显了跨学科的研究方法,彰显了人们多维度的生存状态,揭示出个体的每一种身份都潜在地影响着其他身份。

酷儿研究

　　"酷儿"这个术语就像一个收纳袋,囊括了主流异性恋观念之外诸多颠覆性的社会观念和政治观念。由于该词被同性恋、双性恋、无性恋、跨性别以及异性恋群体的成员随意使用,使得它的含义发生了根本性的变化,由一个侮辱性词汇变成了一种带有某种自豪感的称谓。从酷儿研究的发展得到学术界的认可——以前称之为同性恋研究,到它在大众文化领域出现,该词被"挪用"的现象在许多场域都可以见到。例如,在一档名为《粉雄救兵》(*Queer Eye for the Straight Guy*)的电视节目中,五位"酷儿"为前来求助的"直男"提供帮助,解决他们在生活时尚、专业设计和情感纠葛方面遇到的困境。与此相似,残疾群体也开始拥抱诸如"瘸子"(crip)、"跛子"(gimp)和"残疾"(disabled)这些曾经带有污蔑性的词语,将其收入自己的身份标识词库(Mitchell &

Snyder，1997)。

跟多元文化研究及种族批判研究类似,酷儿研究就是要打破社会现状,尤其是通过探讨同性恋、双性恋、无性恋、跨性别和异性恋群体的生活经历,让人们关注根深蒂固的异性恋观念。迈克尔·沃纳(Michael Warner，1993)提醒我们说:

> 每位真正了解自己的酷儿总有办法知道,他的污名与以下因素相关联:性别、家庭、个性自由的观念、国家、公共话语、消费和欲望、自然与文化、成长发育、生育政治、种族和民族想象、阶级身份、真理与诚信、审查制度、私生活与社会表演、恐怖与暴力、医疗以及与身体仪态相关的深层文化观念。酷儿意味你得一直和这些问题抗争——局部地、一点一点地抗争——不过总是有收效的。(p. xiii)

对酷儿的污蔑以及普遍的不信任在社会的各个层面根深蒂固。这从反对同性恋婚姻的全国大讨论,到州宪法修正案以及高等法院反对同性婚姻的判决,到地方上对同性恋者的抨击乃至仇恨犯罪行为中都可以看得出来(如马修·谢菲尔德(Matthew Shepherd);参见 Gabay & Kaufman, *The Laramie Project*, 2000)。在对 1 000 名大学生所做的调查中,当问及哪个群体的学生最难融入学校生活时,结果显示同性恋群体占据首位(80%),其次是国际学生(57%),再次是残疾生(43%),排在最后的是非洲裔美国学生(30%)(Globetti, Globetti, Brown, & Smith, 1993)。

与残疾研究和种族批评类似,酷儿研究挑战那些针对同性恋者或酷儿的刻板的、负面的观念。如此,酷儿研究通过对那些由于大多数人的践行而自然化了的异性恋话语提出了批评,呼唤"这个世界必要且令人向往的酷儿特质"(Warner，1993，p. xxi)。酷儿特质遭受了或明或暗、无处不在的压制,包括毁灭、监禁、征服、噤声、嘲弄、对同性恋家庭的歧视、剥夺公民权和基本人权。这一切表明主流社会认为,它通过认可和接受各种不同的认知方式、理解方式、恋爱方式、生活和存在方式给社会带来了"危险"。如此,酷儿挑战着现存社会的许多假定。

其中的一个假定就是二元对立的观念。正如狄安娜·菲斯(Diana Fuss, 1991)所说,"酷儿作为一个术语,它不仅仅是终止了双性恋这个'常态',也不仅仅是瓦解了社会对同性恋的蔑视,它是要瓦解异性恋/同性恋这个二元对立的思维模式"(转引自 Luhman, 1998：145)。然而,通过消解同性恋/异性这个二元对立的"常态"神话,也就开创了对一切具有确定性和稳定性的范畴进行质疑的先河。苏珊娜·卢曼(Susanne

Luhmann)把这看成是为"拒绝接受任何'常态'打开了一扇门——不论这种常态是种族的、性别的或其他任何迟早要进入酷儿议程的范畴"(p. 151)。

因此,酷儿研究和残疾研究具有共同的学术兴趣,它们抵制"常态",动摇其理论根基。两个研究领域的交叉工作以多种方式进行,包括:2002 年首届国际酷儿与残疾研讨会在旧金山举行;2003 年由罗勃特·麦克鲁尔(Robert McRuer)和艾比·威尔克森(Abby Wilkerson)主编的《同性恋季刊》(*Gay and Lesbian Quarterly*)特别版发行;出版自传(Clare, 1999;Fries, 1998),发表学术论文(Solis, 2007);2006 年一本有关残疾理论,探究"酷儿及残疾文化符号"的专著问世(McRuer, 2006)。酷儿理论期待建立一个更具酷儿特质的世界,在那里酷儿特质中令人愉悦的方面能够得到社会的认可。类似地,残疾研究追求的是这样的社会:在那里,和残疾人士共同生活带来的知识将是一份巨大的资产(Mooney & Cole, 2000;O'Connor, 2001)。最后要指出的是,酷儿学生和残疾学生在学校里面临着相似的窘境:这两个学生群体最有可能成为受害者和被凌辱的对象。这些学生会发现,他们学习的课程往往不能真实地呈现他们群体的状况。另外,酷儿学生和残疾学生遇到的切身问题常常被看作是个人的私事,而不是关乎社会的公共议题(Sedgwick, 1990)。实际上,这两个学生群体都会受到一系列带有负面含义的言语袭扰。比如在校园的操场上常常能听到"变态"、"无能"、"弱智"、"傻子"、"疯子"等这些成年人不会选用的称谓。

残疾研究在社会正义教育中的应用

在前面的小节我们已经表明,教育中的残疾研究具有激进的一面,它要打破传统,批判教育不公,质疑司空见惯的做法和理念。同时我们举例说明,残疾研究与包括多元文化研究、种族批判研究以及酷儿研究在内的其他领域进行交叉研究的情况。不用说,还有其他众多领域可以与残疾研究进行交叉研究。我们还举例说明,其他研究领域可以借鉴残疾研究的思想和方法,将其融入相关的研究领域中去。现在,我们呼吁进行交叉研究的同行将残疾研究融入其所在领域的政策讨论与实践探索中去。这样,我们就可以进行对话和辩论,促进相互借鉴和学习。在这一部分,我们要讨论的是如何运用教育中的残疾研究变革现存的教育实践和教育政策。在此,我们只关注三个方面:课程、教学和教育政策。

课程内容

班克斯(Banks，1995)宣称："多元文化教育试图要做的是把一个严重分裂的国家统一起来，而不是把一个统一的国家分裂开来。"(p. 8)带着这样的目标，我们探讨残疾研究在哪些方面有助于国家团结。第一，残疾歧视与其他形式的歧视相关联。第二，残疾观念的社会建构与其他边缘群体的社会建构相关联，都是为相同的社会目的服务。第三，与其他边缘群体一样，不管其社会地位如何，残疾群体为我们的文化和政治架构作出了贡献。这遵循了残疾研究会的指导原则，即应当在尽可能广阔的语境下跨越所有学科进行残疾研究。

讨论到课程，有两个关键问题：课程内容以及能否接触到这些内容。与多元文化研究相一致，残疾研究要求我们分析残疾群体在课程内容中是否得到呈现以及如何被呈现。在对这两个问题进行分析的时候，教师就可以思考哪些内容准确地刻画了残疾人士的生活，哪些内容强化了固有的陈词滥调，哪些内容应当给哪个年级的学生使用(Ayala, 1999; Blaska & Lynch, 1998; Connor & Bejoian, 2006)。

美术教育工作者有许多机会可以将残疾形象和残疾文化融入课程之中。例如，在美国和英国，有两尊表现残疾人士的雕塑被安置在显要位置。这引起了人们对关于在国家层面认可、理解和接纳残疾人的热烈的讨论。在华盛顿特区，人们争论的焦点是，在对前总统富兰克林·罗斯福进行刻画的时候，是否应当让他坐在轮椅上——尽管他在世的时候小心谨慎地保持着公共人物的形象，遮蔽了他的残疾状况。在英国，在一片争议和人们对作品品位的讨论中，一尊腆着大肚子的孕妇雕像被临时安置在特拉法加广场。作品中的妇女因为安眠药的缘故而双臂天生短残。有趣的是她和纳尔逊勋爵(Lord Nelson)一起被并置在同一个公共空间，这种表现形式将人们的注意力引向纳尔逊在战争中失去的臂膀，引发人们思考残疾与性别、性取向、生育以及战争的关系。除了雕像，残疾在绘画中也有所表现——尽管这种表现未必得到社会的认可。比如，安德鲁·韦思(Andrew Wyeth)的"克里斯蒂娜的世界"(*Christina's World*)，画作表现的是一位年轻的女士扭身遥望的情景，而她是画家不能行走的邻居。

佛里达·卡罗(Frida Kahlo)出色的自传作品明确地记录了残疾生活，促使人们思考这样一个问题：残疾以何种方式影响艺术家的创作？可以说，卡罗是世界上最著名的女画家。很显然，正是由于自身的残疾，她才创作了大量这样题材的作品，包括表现致残事故的速写以及她公开而大胆地表现身体和心理经历的油画。其他的例子包括诸如梵高(Vincent Van Gogh)和德莱尼(Beauford Delaney)这些患有"抑郁症"和"精神

387

分裂症"的画家,他们创作出了开创画风的独特作品。他们的详细情况在这里就不再赘述。实际上,残疾促使许多画家以革新性的方式进行创作:莫奈(Manet)抽象的画作《睡莲》(Water Lillies),马蒂斯(Matisse)大胆地采用丰富的色块,表明他们如何充分利用视觉残疾进行艺术创新。欣赏里瓦·莱勒(Riva Lehrer)的画作"圈内故事"(Cirde Stories)的时候,人们不得不直面残疾。该系列作品富有象征意义,活灵活现地对残疾者进行描画,其中包括画家对自己的呈现——她患有脊柱裂。因此,她的自画像只包括身体两端的部分,病患部位所在的中间约三分之一的身体是缺失的。

就残疾文化而言,西方传统经典艺术中的相关价值观念可以通过考察针对身体的社会文化观念来探讨。对于什么因素构成了理想的、完美的身体形象这个问题,古希腊、古罗马秉持的观念依然在发挥着巨大的影响力。然而,正如伦纳德·戴维斯(Lennard Davis, 1995)指出的,我们必须对这样的世界提出质疑:一方面,在文化上"断臂维纳斯"受到敬仰,认为她非常完美;另一方面,在现实中若是面对一位没有臂膀的裸女,却会出现截然相反的回应,这是莫大的讽刺。还有,用身体的不同部位进行艺术创作被认为是违反传统的,比如,用脚雕塑作品,用嘴叼着画笔画画。所有这些事例都有助于重新思考我们多么狭隘地限定了用身体完成各种任务的方式。近几年来,人们对非主流艺术产生了浓厚的兴趣,这一点从每年一度的全国画展就可见端倪,比如在纽约市普克大厦举办的画展。非主流艺术推崇那些未曾接受过正规的艺术技能训练但却有着显明风格的画家创作的作品。有趣的现象是,许多非主流艺术家身患残疾,生活在相关机构中。因此,非主流也被看作是来自社会边缘的艺术,代表了边缘群体的生活,具有认识论层面的价值。

教授社会研究课程的老师可以利用上面列举的艺术家的传记进行教学;也可利用包括阿尔伯特·爱因斯坦(Albert Einstein)、斯蒂芬·霍金(Stephe Hawkings)、默罕默德·阿里(Muhammad Ali)、艾德丽安·里奇(Andrienne Rich)以及斯蒂夫·汪达(Stevie Wonder)等名人传记。社会研究是一个很好的领域,可以了解社会如何通过(缺少残疾设施)而无法进入的学校、社会隔离、冷漠的态度和社会排斥等手段对残疾进行社会建构;也可以了解学生可以采取何种方式与残疾歧视做斗争——比如,对嘲弄和污辱性的言词进行回击;有意识地吸纳残疾学生参与各种社会活动;加入地方残疾权益组织;参与残疾维权活动。种族批判研究呼吁公众认识到种族主义的无处不在;酷儿研究提议要把异性恋霸权思想和社会对同性恋的厌憎研究融入课堂教学。相似地,残疾研究主张把对健全至上的思维模式的研究引入学校课堂。历史课教师可以

388

采用以下方式把残疾发展史引入学校课程：第一，作为民权运动的一个分支（Fleischer & Zames，2001），并对系统化的、健全至上的思想做出学术回应。第二，作为其他历史时期显性的历史事件，比如，二战时期针对犹太人的大屠杀（Stiker，1999）。第三，作为战争的恶果，尤其是当代战争的恶果。第四，利用诸如特里·舒阿佛（Terry Schiavo）医助自杀案（Stolz，2006）这样的事件展开全国性的文化大讨论。斯奈德（Snyder）和米歇尔（Mitchell）（2002）出品了一部令人震撼的纪录片《身体消失的世界》（A World Without Bodies），这部有关大屠杀的电影描述了纳粹集中营中除了犹太人之外，针对残疾人员和其他社会群体实施的屠杀。电影内容相当残酷，建议在高年级使用。在对文化和族裔进行研究的时候，切记将残疾文化作为研究案例的一部分，也别忘了残疾和族裔可以交叉研究（比如，每个族裔都有残疾成员）。这些都可以通过对艺术、文学、音乐、语言以及行为的探讨来学习。

英语课和语言艺术课可以增加有关残疾话题的阅读和写作任务。题材既可以是虚构类，也可以是写实类。琳达·韦尔（Linda Ware，2001）在英语语言艺术课上对残疾的概念进行了探究，她采用的方式是让学生思考什么样的人没有被社会完全接纳，这在学生中引起了热烈的讨论。教师们也承认先前他们也有针对残疾人士未经深思熟虑的偏见和不适反应。单元教学结束时，学生们还创作了诗歌和散文。这些学生作品紧贴当代的社会实践与文化价值观，凸显残疾主题。另举一例，在圣地亚歌·索利斯（Santiago Solis）老师的课堂上，残疾班的学生以插图故事的形式描绘了各自的亲身经历，还举行了互动式展览（Solis & Connor，2007）。尽管这些例子强调对残疾经历真实的、感知性的理解，然而，传统及非传统文学经典都提供了大量资料，可以用来分析文学作品如何在很大程度上以一种失真和误导的方式对残疾加以刻画（Mitchell & Snyder，2001）。

传媒对当代年轻人的生活影响甚广，鉴于此，跨领域研究的教师可以利用传媒研究帮助学生对大众文化传递的信息进行批判性探查，揭示其呈现的残疾刻板印象。同时，也可以利用这些传媒来认识残疾，更可以自己制作传媒内容，从而对抗健全至上的观念（比如，制作有关残疾亲属或同学的纪录片；创作残疾主题的音乐视频；与残疾内容相关的电影评论；给刊物编辑发送紧贴时事的读者来信）。类似于《自闭症患者的世界》（Autism is a World）（Bedingfeld & Wurzberg，2004）和《瘸子王》（King Gimp）（Hadary & Whiteford，1999）这样的奥斯卡提名电影，类似于《卡在中间》（Stuck in Neutral）（Trueman，2001）和《小天才与傻大个》（Freak the Mighty）（Philbrick，1995）

这样的小说都可以拿来讨论与残疾相关的相话题,这样做也符合国家课程标准的要求(Connor & Bejoian, 2006;Kates, 2006)。也可以顺势而为,对那些可能有助于揭开残疾谜团、消除残疾刻板印象的院线电影进行研究。例如,纪录片《轮椅上的竞技》(*Murderball*)(Shapiro & Rubin, 2005)讲述的是几名残疾运动员坐在轮椅上打橄榄球的故事。再比如,《生命的舞动》(*Rory O'Shea Was Here*)(Flynn & O'Donnell, 2004)讲述的是刚刚步入成年人行列的年轻人的故事,他们费尽周折选择在哪里生活以及和什么样的人生活在一起。法雷利(Farrelly)兄弟导演的电影往往会在残疾群体中引发争议,激发人们对残疾刻板印象、艺术"再现"的伦理与含义的热烈讨论。他们最近出品了一部电影《圈套》(*The Ringer*)(Farrelly, Farrelly, & Blaustein, 2005),讲的是一个身体健全的人假扮成思维迟钝的残疾人士,企图蒙混过关获取残奥会奖牌的故事。

如今,教师们面临艰巨的任务。一方面,他们承受着提高各年级学生读写能力以及数学能力的压力;另一方面,他们又得紧跟国家课程标准的规定。因此,针对把残疾研究的内容融入课堂这样的建议,老师的回答往往是"我没有多余的教学时间来增加任何其他教学内容"。但是,有老师做到了(Dinaro, 2006;Kates, 2006;Stolz, 2006)。富有创新精神的老师意识到,国家课程标准只明确规定了要达到的表现结果,却没有硬性规定应使用何种教学资料。无论地方政策是否规定使用特定课本,老师总是可以灵活选用教学资料,这丝毫不会影响表现结果达到国家规定的标准。最后,老师经常会问如何选择恰当的教学资料。其实,有好多资源可以利用,包括"边缘在线"(the Ragged Edge Online)网站;"残疾本自然"(the Disability is Natural)(2006)网站;教师残疾研究网(Disability Studies for Teachers)(Syracuse University, 2004);以及残疾研究:资讯及资源(Pisability Studies:Information and Resources)(Taylor, Shoulz, & Walker, 2003)。

课程机会

残疾研究的一条原则是所有的课程都应当向所有学生开放。课程机会并不只是要求将残疾学生安插到普通学生中去。很不幸,作为对"接纳"残疾呼声的回应,这种做法相当普遍。坐在教室里,但却缺乏相应的配套资源——理解概念的方式、接触课文内容或参与讨论的设备、表明学生哪里懂了或者哪里已经学会了的手段等——并不能真正地体现出对残疾学生的"接纳"。课程机会要求在两方面进行大幅度转变:如何把课程提供给学生；如何给学生创造学习反馈的机会。其中一个办法是，采用"通用教学设计"（universal design for learning，UDL），也叫"大学教学设计"（university design for instuction，UDI）（Hackman & Rauscher，2004；Pliner & Johnson，2004；Scott，McGuire，& Shaw，2003），有时简称为"通用设计"（universal design，UD）。从通用设计文献来看，通用设计遵循了差异化授课的许多基本原则，但却不再强调分级分类（特殊照顾的前提条件）。在大学层面更是如此，它强调的是为最大多数学生创造学习环境，而不考虑残疾状况（Burghstahler & Corey，2008）。有关这方面的资源可以在华盛顿大学（n. d.）、全国残疾委员会（2004）以及其他刊物中找到（Pisha & Coyne，2001；Preiser & Ostroff，2004；Rose & Meyer，2002）。

在过去的几年里，人们对通用课程设计的兴趣急剧上升。残疾人教育促进法案要求在提供辅助技术和普通课程方面把通用设计的原则运用到残疾教育中去（U. S. Congress，2004，Sect. 674）。"卓越特殊教育总统委员会"（U. S. Department of Education，2002）建议在普通教育和特殊教育中采用通用教学设计，并做出了具体规定："所有用以评估教学效果与教育过程的测量都应按照通用设计的原则设计开发。"（U. S. Department of Education，2002，Sect. 2，24）至于学校和地方教育管理机构如何解决这两者之间的矛盾，即残疾教育促进法案采用的医学模式与呼吁在课程与评估中采用通用设计这两者之间的矛盾，还有待进一步观察。

对教师而言，这方面有大量的在线资源可以利用：俄勒冈州大学的"通用设计教育项目"（The Universal Design Education Project）（University of Oregon，n. d. ）；华盛顿大学的"动手做项目"（the DO-IT project）（University of Washington，2006）；通用设计教育在线（Universal Design Education Online）（UDE Online，2004）；布朗大学的"迈入常春藤倡议"（the Ivy Access Initiative）（Brown University，2002）——该网站主要针对大学生，但同时也提供主题课程的通用设计示例及有用的具体操作。

教学

390

玛拉·萨蓬-谢文（Mara Sapon-Shevin，2000）曾指出，"教育者对差异的讨论应超越课堂问题的范畴，而将其看作一桩自然的、不可多得的、无法回避的偶发事件，能够丰富师生的教学体验"（p. 34）。种族批判研究在帮助教师理解种族问题方面发挥了重大作用，让教师认识到白人特权以及种族自我反省的重要性。酷儿研究和残疾研究可以帮助教师认识到异性恋特权和能力特权的人为建构性。当然，这两者发挥的作用与种族批判研究相比还有待进一步提高。能力特权以诸多方式在课堂教学中运作,如按能力分组、残疾学生独立成班、带头学生角色分配、操场上歧视性的言语奚落、与教师微妙的言语或非言语互动等。如果教师能够敏感地意识到,某种"能力"赋予某些学生以优势的同时也将另外一些学生标记为"无能",那么他就可以采取措施调整教学方案,从而尽可能减轻此类社会化过程产生的不良影响。

菲尔·弗格森(Phil Ferguson, 2001)为特殊教育项目办公室的老师提供了很好的资源,这些资源可以从互联网上获取,其中包括一些把残疾研究融入课堂教学的切实可行的想法:(1)邀请成年残疾人士走进课堂,为学生讲述他们的生活。(2)让学生对课程通达情况进行调查。(3)让学生编写与残疾相关的故事。(4)将有关残疾主题的故事引入课堂进行讨论。(5)让学生对残疾人士进行采访。(6)让学生写一篇关于残疾刻板印象的论文。(7)让学生观看优生学方面的科普类视频。(8)让学生给残疾人士写传记。(9)让学生学习手语符号。(10)让学生学习盲文字母。(11)带领学生参观博物馆,寻找与残疾相关的展品。(12)让学生编写配图故事。(13)教学生认识大脑各种不同的功能。(14)让学生设计各种助残设备。(15)让学生上网搜索有关残疾的资料。(16)让学生设计新的图标来表示残疾。

教育政策

教育中的残疾研究对教育政策的研究不够(Gabel, 2008),一个主要的障碍是教育政策不论是在全国、各州还是地方层面均采用医学模式定义残疾。在此模式下,政策措施关注的是如何对残疾人士进行治疗、矫正和照料(Finkelstein, 1996; Longmore, 2003)。换句话说,正是定义残疾的医学模式促成了对残疾人士进行"康复"或"矫正"的干预模式,紧随其后的必然是得照顾他们。正如朗莫尔(Longmore, 2003)注意到的,"治疗和矫正被看作是残疾人唯一能够取得社会接纳并融入社会的方式"(p. 217)。他接着说:"那些接受过治疗或矫正的人一律被纳入残疾人的范畴。"(p. 217)这种居高临下的定位方式在残疾研究中受到了广泛的批评,因为它变成了对残疾人士进行压迫的工具,让他们永远成为临床专家和护理人员的附庸(Abberley, 1987; Ferguson, 1994, 2002; van Drenth, 2008)。相比之下,按照芬克尔斯坦(Finkelstein)的观点,社会研究定义的残疾促成了截然不同的干预模式:残疾人士把生活掌握在自己手中,而专家只不过是可以"消费"的资源。如果制定政策的初衷是找到社会问题的解决方法,那么就必须得问:医学模式能够解决残疾人士由于面临富有挑战性的生活条件而造成的社会问题吗？克里斯托弗·多诺霍（Christopher Donoghue, 2003）通过对美国残疾人法案的目的及其产生的后果的分析，对这个问题做出了精彩的回应。他说，一方面，支持美国残疾人法案的团体和组织希望能够通过政策干预改革社会状况，消除残疾人士在利用基础设施、参加各种项目、进入职场等方面遭遇的歧视；但另一方面，联邦法案将残疾定义为一种医学状态，这就绑死了法院的手脚，也就无法给残疾人士提供必要的司法援助。法院必须采用医学模式来界定残疾的范围，从而进一步确定诉讼人是否有权享用美国残疾人法案的保护。当然，轻微伤残——尤其是那些间歇性发作的以及隐性残疾的人员——很少能够达到严格的医学标准。因此，许多寻求司法援助的残疾人士被判定为无残疾状况，也就没有权利寻求美国残疾人法案的保护。

391

既然教育政策也是采用医学模式界定残疾，一些在学校里为自己的权益而奔波求助的学生面临着类似的阻碍，他们无法得到公正的对待。基于他们的学习方式和学习进度的快慢、是否说着标准英语以及是否表现得（或者看起来）"正常"，这些学生常常遭到他人的歧视。对于大部分陷入困境的学生和家庭而言，唯一的出路就是求助于特殊教育。而特殊教育受残疾人教育促进法案的制约，同美国残疾人法案一样，采用医学模式对特殊进行认定。即使这些学生获得了批准，可以进入特殊教育机构，他们还得接受各种干预措施。很不幸，这类干预措施的目的往往是对其进行"治疗"——这是采用医学模式定义残疾必然的逻辑结局。整个救助过程中，造成学生残疾的社会环境——比如，课程或授课不能通达、基于"能力"的特权、社会隔绝等——很少或者根本没有人去关注。

1975 年，94—142 公法（现为残疾教育促进法案）被美誉为一项民权立法。不可否认，许多残疾儿童在该法案的保护下受益良多。然而，法案本身也是基于种族、语言、行为以及身体功能等各方面对残疾学生的歧视（即隔离教育）。这样一来，从社会研究范式或社会性解读的角度审视残疾，就很难为残疾人教育促进法案进行有力辩护（Beratan, 2006）。不过加贝尔（Gabel, 2008）意识到该法案要求各州把通用设计贯穿于课程设置和教学评估之中，从而促进学生的学业水平。这或许是教育中的残疾研究可以影响教育政策的契机。首先，教育中的残疾研究主张将通用教学设计的原则运用到所有课程设计和评估实践中去。其次，教育中的残疾研究为残疾人教育促进法案的修订提供了可供选择的思路。我们应该如何制定政策才能保护残疾学生——尤其是那些最容易遭受歧视、身体功能严重受限的学生——享有公平机会，融入具有包容性的学校社区？这样的政策具体是什么样子的？它会产生什么预期的以及始料不及的后果？一旦时机成熟，政策窗口打开，我们会拿出什么样的改革措施？

若有人对以上议题感兴趣，不妨依照以下四条提议来做：第一，对残疾人教育促进法案、美国残疾人法案、康复法案第504条、其他教育立法以及与教育相关的政策进行积极研究，阐明其本身存在的各种问题。第二，大力宣传地方教育工作者在创造性地建设包容性学校社区方面所做的努力，以及在采用通用教学设计方面所取得的进展——尽管他们面临医学模式的立法限制。第三，大力宣传可行性政策，保护残疾学生接受平等、免费、公共的全纳教育的权利。呼吁此类教育应该坚持残疾的社会研究范式或社会性解读。第四，与残疾权益社团和残疾研究人员通力协作，确保将上述三条提议落到实处。

砥砺前行

加拉格尔（Gallagher, 2004b）在《挑战正统》（*challenging Orthodoxy*）中说道："十多年来，教育工作者对于特殊教育和残疾研究进行了热烈的讨论……尽管大家明白其重要性，但参与其中者寥寥。"(p. vii)他进一步说："这种交流至关重要，因为它没有回避基本的问题，正是在这些基本问题的框架范围内完全融合（full inclusion）、残疾定义以及社会成见等诸多问题得以探讨。"(p. vii)我们把他的观点拓展开来说就是，虽然在特殊教育领域之外，鲜有学者、社会活动人士或政策分析人士关注残疾学生在学校的权益，但是加拉格尔提出的问题，却超出了残疾教育和残疾研究的范畴。我们一直试图要表明的是，残疾人士面临的问题与其他社会群体——那些基于种族、性取向和文化差异而被定义的群体——面临的问题是关联在一起的。这些基本的问题包括：工作和住房歧视、贫困、遭受压迫，无法自由选择与谁相爱和生活，等等。

最重要的一点是，残疾群体通过其他社会群体成员的生活与这些群体产生了交集，又因为歧视性的社会制度安排而具有了共同的社会经历。伊莱·克莱尔（Eli Clare, 1999）雄辩地写道："性别问题演变成了残疾问题；残疾问题遮蔽了阶级问题；阶级问题难逃暴力犯罪；暴力犯罪指向性取向；性取向又和种族问题叠加在一起……所有这一切最终都承载到人类单一的身体上。"承认这个现实让情况变得复杂起来，但同时也在教育领域及其他领域提出了有趣的挑战（Danforth & Gabel, 2007）。对这些挑战做出回应的工作才刚刚开始。加拉格尔（2004a）提议"要研究观念"。我们再加一条，要研究课程设置、教学方法和政策法规，要"深入而广泛地进行研究。这就要求……寻找机遇，在自己的研究领域之外对众多学科领域进行探究"。我们认为，社会公平要取得进展就必须融合残疾研究；而残疾研究的融入将深化我们的理解，扩大我们的战果。

注：

1. 为了与国际残疾人权利运动保持一致我们用了这个词形。西米·林登(Simi Linton, 1998)认为尽管有关残疾的语言之间有些许差异，"残疾(disability)和残疾人(disabled people)都被残疾权利人士广泛使用"(p. 10)。可以参阅 Titchkosky(2001)对把人放在第一位的语言的评论，他指出了这样使用该词语的本体论问题。
2. 对两种常见的残疾思维定势的讨论可参见多丽丝·弗莱舍(Doris Fleischer)和弗里达·赞姆斯(Frieda Zames)(2001)的研究以及《残疾与性别公平课程教育》(the Education for Disability and Gender Equity Curriculum, EDGE)(n. d.)。

（张昌宏　译）

参考文献

Abberley, P. (1987). The concept of oppression and the development of a social theory of disability. *Disability, Handicap, and Society*, 2(1), 5 - 19.

Allan, J. E. (1996). Foucault and special educational needs: A "box of tools" for analyzing children's experiences of mainstreaming. *Disability and Society*, 11(2), 219 - 233.

Allan, J. E. (1999a). *Actively seeking inclusion: Pupils with special needs in mainstream schools*. London: Falmer.

Allan, J. E. (1999b). I don't need this: Acts of transgression by pupils with special educational needs. In K. Ballard (Ed.), *Inclusive education: International voices on disability and justice* (pp. 67 - 80). London: Falmer.

Andrews, J. E., Carnine, D. W., Coutinho, M. J., Edgar, E. B., Forness, S. R., Fuchs, L. S., et al. (2000). Bridging the special education divide. *Remedial and Special Education*, 21(5), 258 - 267.

Ayala, E. C. (1999). "Poor little things" and "brave little souls": The portrayal of individuals with disabilities in children's literature. *Reading Research and Instruction*, 39(1), 103 - 116.

Baker, B. (2002). The hunt for disability: The new eugenics and the normalization of school children. *Teachers College Record*, 104, 663 - 703.

Banks, J. A. (1995). The historical reconstruction of knowledge about race: Implications for transformative teaching. *Educational Researcher*, 24(2), 15 - 25.

Barton, L. (Ed.). (1996). *Disability and society: Emerging issues and insights*. London/New York: Longman.

Bedingfield, S. (Producer), & Wurzberg, G. (Director). (2004). *Autism is a world*. [Documentary]. CNN.

393

Bell, C. (2006). Introducing white disability studies: A modest proposal. In L. J. Davis, (Ed.), *The disability studies reader* (2nd ed., pp. 275 - 282). New York: Routledge.

Beratan, G. (2006). Institutionalizing inequity: Ableism, racism, and IDEA 2004. *Disability Studies Quarterly*, March. Retrieved May 4th, 2005, from http://www. dsq-sds. org/_articles_html/2006/spring/beratan. asp

Biklen, D. (1992). *Schooling without labels: Parents, educators, and inclusive education.* Philadelphia: Temple University Press.

Birmingham City Council. (2006). Implementing the social model of disability. Retrieved June 2nd, 2006, from http://www. birmingham. gov. uk/GenerateContent? CONTENT_ITEM_ID = 1196&CONTENT_ITEM_TYPE = 0&MENU_ID = 1815

Blanchett, W. (2006). Disproportionate representation of African American students in special education: Acknowledging the role of white privilege and racism. *Educational Researcher*, *35* (6),24 - 28.

Blaser, A. (2003). Awareness days: Some alternatives to simulation exercises. Retrieved July 9th, 2006, from http://www. ragged-edge-mag. com/0903/0903ft1. html

Blaska, J. K., & Lynch, E. C. (1998). Is everyone included? Using children's literature to facilitate the understanding of disabilities. *Young Children*, *53*(2),36 - 38.

Bogdan, R., & Bicklen, D. (1977). Handicapism. *Social Policy*, *7*(5),14 - 19.

Bogdan, R., & Taylor, S. (1989). Relationships with severely disabled people: The social construction of humanness. *Social Problems*, *36*(2),135 - 147.

Brantlinger, E. A. (1997). Using ideology: Cases of nonrecognition of the politics of research and practice in special education. *Review of Educational Research*, *67*(4),425 - 459.

Brantlinger, E. A. (2004). Confounding the needs and confronting the norms: An extension of Reid & Valle's essay. *Journal of Learning Disabilities*, *37*(6),490 - 499.

Brantlinger, E. A. (2005). Slippery shibboleths: The shady side of truisms in special education. In S. L. Gabel (Ed.), *Disability studies in education: Readings in theory and method* (pp. 125 - 138). New York: Peter Lang.

Brantlinger, E. A. (Ed.). (2006). *Who benefits from special education? Remediating (fixing) other people's children.* Mahwah, NJ: Erlbaum.

Brown University. (2002). Ivy access initiative. Retrieved December 16th, 2006, from http://www. brown. edu/Administration/Dean_of_the_College/uid/html/what_uid. shtml

Burghstahler, S., & Corey, R. (2008). Postsecondary education: From accommodation to universal design. In S. L. Gabel & S. Danforth (Eds.), *Disability studies in education: An international reader.* New York: Peter Lang.

Charlton, J. (2000). *Nothing about us without us: Disability oppression and empowerment.* Berkeley/Los Angeles: University of California Press.

Clare, E. (1999). *Exile and pride: Disability, queerness and liberation.* Cambridge, MA: South End Press. (Original work published 1998)

Connor, D. J. (2006). Michael's story: "I get into so much trouble just by walking": Narrative knowing and life at the intersections of learning disability, race, and class. *Equity and*

Excellence in Education, *39*(2),154 – 165.

Connor, D. J. , & Bejoian, J. (2006). Pigs, pirates, and pills: Using film to teach the social context of disability. *Teaching Exceptional Children*, *39*(2),52 – 60.

Corker, M. , & Shakespeare, T. (Eds.). (2002). *Disability/postmodernity*. London: Continuum.

Danforth, S. (1997). On what basis hope? Modern progress and postmodern possibilities. *Mental Retardation*, *35*(2),93 – 106.

Danforth, S. (1999). Pragmatism and the scientific validation of professional practices in American special education. *Disability and Society*, *14*(6),733 – 751.

Danforth, S. (2004). The "postmodern" heresy in special education: A sociological analysis. *Mental Retardation*, *42*(6),445 – 458.

Danforth, S. , & Gabel, S. L. (2007). *Vital questions for disability studies in education*. New York: Peter Lang.

Danforth, S. , & Smith, T. J. (2005). *Engaging troubling students: A constructivist approach*. Thousand Oaks, CA: Corwin Press.

Davis, L. J. (1995). *Enforcing normalcy: Disability, deafness and the body*. London: Verso.

Delgado, R. , & Stefancic, J. (2001). *Critical race theory: An introduction*. New York: New York University Press.

Dinaro, A. (2006). *Students' understandings: "Special education is where students with disabilities learn to be normal."* Paper presented at the annual meeting of Society for Disability Studies, Bethesda, MD.

Disability is Natural. (2006). Retrieved October 2nd, 2006, from http://www. disabilityisnatural. com/

Disability Studies in Education (DSE). (2004). Objectives. Retrieved July 10th, 2004, from http://ced. ncsu. edu/2/dse

Donoghue, C. (2003). Challenging the authority of the medical definition of disability: An analysis of the resistance to the social constructionist paradigm. *Disability and Society*, *18*(2),199 – 208.

Education for Disability and Gender Equity (EDGE). (n. d.). Retrieved December 5th, 2006, from http://www. disabilityhistory. org/dwa/edge/curriculum/cult_contenta1. htm

Erevelles, N. (2000). Educating unruly bodies: Critical pedagogy, disability studies, and the politics of schooling. *Educational Theory*, *50*(1),25 – 47.

Erevelles, N. (2006). How does it feel to be a problem? Race, disability, and exclusion in educational policy. In E. A. Brantlinger (Ed.), *Who benefits from special education? Remediating(fixing) other people's children* (pp. 77 – 99). Mahwah, NJ: Erlbaum.

Farrelly, P. , & Farrelly, B. (Producers), & Blaustein, B. W. (Director). (2005). *The ringer*. [Motion picture]. Los Angeles: Fox Searchlight Pictures.

Ferguson, P. (1994). *Abandoned to their fate: Social policy and practice toward severely retarded people in America*, *1920 – 1920*. Philadelphia: Temple University Press.

394

Ferguson, P. (2001). *On infusing disability studies into the general curriculum. On point...* *Brief discussions of critical issues*. Washington, D. C. : Special Education Programs (ED/OSERS). Retrieved July 25th, 2006 from, http://www. urbanschools. org/pdf/OPdisability. pdf? v_document_name = On%20Infusing%20Disability%20Studies

Ferguson, P. (2002). Notes toward a history of hopelessness: Disability and the places of therapeutic failure. *Disability, Culture and Education*, 1(1),27 - 40.

Ferri, B. A. , & Connor, D. J. (2005). Tools of exclusion: Race, disability, and (re) segregated education. *Teachers College Record*, 107(3),453 - 474.

Ferri, B. A. , & Connor, D. J. (2006). *Reading resistance: Discourses of exclusion in the desegregation and inclusion debates*. New York: Peter Lang.

Finkelstein, V. (1996). *Modeling disability*. Retrieved July 28, 2006 from, http://www. leeds. ac. uk/disability-studies/archiveuk/finkelstein/models/models. htm

Finkelstein, V. (2003). *The social model of disability repossessed*. Retrieved September 15th, 2004 from , http://www. leeds. ac. uk/disability-studies/archiveuk/finkelstein/soc%20mod%20 repossessed. pdf

Fleischer, D. Z. , & Zames, F. (2001). *The disabilities rights movement: From charity to confrontation*. Philadelphia: Temple University Press.

Flynn, J. (Producer), & O'Donnell, D. (Director). (2004). *Rory O'Shea was here*. [Motion picture]. Focus Features.

Fries, K. (1998). *Body, remember*. New York: Plume.

Fuss, D. , (Ed.). (1991). *InsideOut: Lesbian theories, gay theories*. New York: Routledge.

Gabay, R. (Producer), & Kaufman, M. (Director). (2002). *The Laramie project*. [Documentary]. HBO.

Gabel, S. L. (2008). A model for policy activism. In S. L. Gabel & S. Danforth (Eds.), *Disability studies in education: An international reader*. New York: Peter Lang.

Gabel, S. L. (2005). Introduction: Disability studies in education. In S. L. Gabel (Ed.), *Disability studies in education: Readings in theory and method* (pp. 1 - 20). New York: Peter Lang.

Gabel, S. L. , & Peters, S. (2004). Presage of a paradigm shift? Beyond the social model of disability toward a resistance theory of disability. *Disability and Society*, 19(6),571 - 596.

Gallagher, D. J. (1998). The scientific knowledge base of special education: Do we know what we think we know? *Exceptional Children*, 64(4),493 - 502.

Gallagher, D. J. (2001). Neutrality as a moral standpoint, conceptual confusion and the full inclusion debate. *Disability and Society*, 16(5),637 - 654.

Gallagher, D. J. (2004a). Moving the conversation forward: Empiricism versus relativism reconsidered. In D. J. Gallagher, L. Heshusius, R. P. Iano, & T. M. Skrtic (Eds.), *Challenging orthodoxy in special education: Dissenting voices* (pp. 363 - 376). Denver, CO: Love.

Gallagher, D. J. (2004b). Preface. In D. J. Gallagher, L. Heshusius, R. P. Iano, & T. M. Skrtic(Eds.), *Challenging orthodoxy in special education: Dissenting voices* (p. ix).

Denver, CO: Love.

Gallagher, D. J. (2006). If not absolute objectivity, then what? A reply to Kauffman and Sasso. *Exceptionality*, 14(2),91 – 107.

Gallagher, D. J., Heshusius, L., Iano, R. P., & Skrtic, T. M. (2004). *Challenging orthodoxy in special education: Dissenting voices*. Denver, CO: Love.

Garland-Thompson, R. (1997). *Extraordinary bodies*. New York: Columbia University Press.

Globetti, E., Globetti, G., Brown, C. L., & Smith, R. E. (1993). Social interaction and multiculturalism. *NASPA*, *30*(3),209 – 218.

Goodley, D., & Lathom, R. (2005). *Disability and psychology: Critical introductions and reflections*. New York: Palgrave Macmillan.

Gould, S. J. (1981). *The mismeasure of man*. New York: W. W. Norton.

Government of Canada. (2004). Defining disability. Retrieved July 18th, 2006 from, http://www. sdc. gc. ca/asp/gateway. asp? hr = /en/hip/odi/documents/Definitions/Definitions003. shtml&hs = oxf

Hackman, H. W., & Rauscher, L. (2004). A pathway to access for all: Exploring the connections between universal instructional design and social justice education. *Equity and Excellence in Education*, 37,114 – 123.

Hadary, S. H. (Producer), & Whiteford, W. A. (Director). (1999). *King gimp*. [Documentary] HBO Films.

Hahn, H. (2002). Academic debates and political advocacy: The U. S. disability movement. In C. Barnes, M. Oliver, & L. Barton (Eds.), *Disability studies today* (pp. 162 – 189). Cambridge, UK: Polity Press.

Harry, B., & Klingner, J. (2006). *Why are so many minority students in special education?* New York: Teachers College Press.

Hehir, T. (2002). Eliminating ableism in education. *Harvard Educational Review*, 72(1). Retrieved September 20th, 2004 from, http://www. gse. harvard. edu/hepg/hehir. htm

Hehir, T. (2005). *New directions in special education: Eliminating ableism in policy and practice*. Cambridge, MA: Harvard University Press.

Heshusius, L. (1989). The Newtonian mechanistic paradigm, special education, and contours of alternatives: An overview. *Journal of Learning Disabilities*, *22*(7),403 – 415.

Heshusius, L. (1994). Freeing ourselves from objectivity: Managing subjectivity, or turning toward a participatory mode of consciousness? *Educational Researcher*, *23*(3),15 – 22.

Heshusius, L. (1995). Holism and special education: There is no substitute for real life purposes and processes. In T. M. Skrtic (Ed.), *Disability and democracy: Reconstructing (special)education for postmodernity* (pp. 166 – 189). New York: Teachers College Press.

Heshusius, L. (1996). *From positivism to interpretivism and beyond: Tales of transformation in educational and social research: The body-mind connection*. New York: Teachers College Press.

Humphrey, J. C. (2000). R███████disability politics, or, some problems with the social model in practice. *Disability and Society*, 15(1),63 – 85.

Iano, R. (1986). The study and development of teaching: With implications for the advancement of special education. *Remedial and Special Education*, 75(5),50 – 61.

Iano, R. (1990). Special education teachers: Technicians or educators? *Journal of Learning Disabilities*, 23,462 – 465.

Johnson, J. R. (2004). Universal instructional design and critical (communication) pedagogy: Strategies for voice, inclusion, and social justice/change. *Equity and Excellence in Education*, 37,145 – 153.

Kates, B. (2006). *There's no such thing as normal.* Paper presented at the annual meeting of Society for Disability studies, Bethesda, MD.

Kauffman, J. M. , & Hallahan, D. P. (2005). *The illusion of full inclusion: A comprehensive critique of a current special education bandwagon.* Austin, TX: Pro-Ed.

Kauffman, J. M. , & Sasso, G. M. (2006a). Toward ending cultural and cognitive relativism in special education. *Exceptionality*, 14(2),65 – 90.

Kauffman, J. M. , & Sasso, G. M. (2006b). Certainty, doubt, and the reduction of uncertainty. *Exceptionality*, 14(2),109 – 120.

Ladson-Billings, G. (1995). Toward a theory of culturally relevant pedagogy. *American Educational Research Journal*, 32(3),465 – 491.

Ladson-Billings, G. , & Tate, W. F. (1995). Toward a critical race theory of education. *Teachers College Record*, 97(1),47 – 68.

Lehrer, R. (n. d.). Circle stories. retrieved December 6,2006, from http://home. earthlink. net/~rivalehrer/circlestories/csframesest. html

Linton, S. (1998). *Claiming disability.* New York: New York University Press.

Linton, S. (2006). *My body politic: A memoir.* Ann Arbor: University of Michigan Press.

Longmore, P. K. (2003). *Why I burned my book and other essays on disability.* Philadelphia: Temple University Press.

Losen, D. , & Orfield, G. (2002). *Racial inequity in special education.* Cambridge, MA: Harvard University Press.

Luhmann, S. (1998). Queering/querying pedagogy? Pedagogy is a pretty queer thing. In W. Pinar(Ed.), *Queer theory in education* (pp. 141 – 155). Mahwah, NJ: Erlbaum.

Manchester City Council. (2005). The social model of disability. Retrieved May 10th, 2006 from, http://www. manchester. gov. uk/disability/policies/model. htm

Marx, S. (2004). Regarding whiteness: Exploring and intervening in the effects of white racism in teacher education. *Equity and Excellence in Education*, 37(1),31 – 43.

Matsuda, M. J. , Lawrence, C. R. , Delgado, R. , & Crenshaw, K. W. (1993). *Critical race theory, assaultative speech, and the First Amendment.* Boulder, CO: Westview Press.

McDermott, R. , Goldman, S. , & Varenne, H. (2006). The cultural work of learning disabilities. *Educational Researcher*, 35(6),12 – 17.

McRuer, R. (2006). *Crip theory: Cultural signs of queerness and disability.* New York: New York University Press.

McRuer, R. , & Wilkerson, A. L. (2003). Introduction. Desiring disability: Queer theory meets disability studies. *Journal of Gay and Lesbian Studies*, *9*(1 - 2),1 - 23.

Merton, R. K. (1972). Insiders and outsiders: A chapter in the sociology knowledge. *American Journal of Sociology*, *78*(1),9 - 47.

Michalko, R. (2002). *The difference that disability makes*. Philadelphia: Temple University Press.

Mitchell, D. , & Snyder, S. (Directors). (1997). Vital signs: *Crip culture talks back*. [Documentary]. Brace Yourself Productions.

Mitchell, D. , & Snyder, S. (2001). *Narrative prosthesis: disabilities and the dependence of discourse*. Ann Arbor: University of Michigan.

Mitchell, D. D. (2006). Flashcard: Alternating between visible and invisible identities. *Equity and Excellence in Education*, *39*(2),154 - 165.

Mooney, J. , & Cole, D. (2000). *Learning outside the lines*. New York: Simon & Schuster.

National Center for Children and Youth with Disabilities (NICHCY). (1996). The education of children and youth with special needs: What do the laws say? Retrieved July 15th, 2006 from, http://www. nichcy. org/pubs/outprint/nd15txt. htm

National Council on Disability. (2004). *Design for inclusion: Creating a new marketplace*. Washington, D. C. Retrieved July 30th, 2006 from, http://www. ncd. gov/newsroom/publications/2004/online_newmarketplace. htm♯afbad

National Institute on Disability Research and Rehabilitation (NIDRR). (1999). *Long range plan for fiscal years 1999 - 2003*. Retrieved April 20th, 2005 from, http://www. ncddr. org/new/announcements/nidrr_lrp/lrp_bg. html♯1di

O'Connor, C. , & Fernandez, S. DeL. (2006). Race, class, and disproportionality: Reevaluating the relationship between poverty and special education placement. *Educational Researcher*, *35*(6),6 - 11.

O'Connor, G. (2001). Bad. In P. Rodis, S. Garrod, & M. L. Boscardin (Eds.), *Learning disabilities and life stories* (pp. 62 - 72). Needham Heights: Allyn & Bacon.

Oliver, M. (1990). *The politics of disablement*. Basingstoke, UK: Macmillan.

Oliver, M. (1996). *Understanding disability: From theory to practice*. New York: St. Martin's Press.

Peters, S. (1996). The politics of disability identity. In L. Barton (Ed.), *Disability and society: Emerging issues and insights* (pp. 215 - 246). London/New York: Longman.

Peters, S. (2000). Is there a disability culture? A syncretisation of three possible world views. *Disability & Society*, *15*(4),583 - 601.

Philbrick, P. (1995). *Freak the mighty*. New York: Scholastic.

Pisha, B. , & Coyne, P. (2001). Smart from the start: The promise of universal design for learning. *Remedial and Special Education*, *22*(4),107 - 203.

Pliner, S. M. , & Johnson, J. R. (2004). Historical, theoretical, and foundational principles of universal instructional design in higher education. *Equity and Excellence in Education*, *37*, 105 - 113.

Preiser, W. F. E. , & Ostroff, E. (Eds.). (2004). *Universal design handbook*. New York: McGraw-Hill.

Provincial Health Ethics Network. (2001). Disability and the allocation of health care resources: The case of Connor Auton. Retrieved July 18th, 2006, from http://www. phen. ab. ca/materials/het/het12-01b. htm.

Ragged Edge Online. (n. d.). Retrieved October 2nd, 2006, from http://www. ragged-edge-mag. com/

Rauscher, L. , & McClintock, J. (1996). Ableism and curriculum design. In M. Adams, L. A. Bell, & P. Griffen (Eds.), *Teaching for diversity and social justice* (pp. 198 – 231). New York: Routledge.

Reid, D. K. , & Knight, M. G. (2006). Disability justifies exclusion of minority students: A critical history grounded in disability studies. *Educational Researcher*, *35*(6),18 – 23.

Reid, D. K. , & Valle, J. (2004). The discursive practice of learning disability: Implication for instruction and parent school relations. *Journal of Learning Disabilities*, *37*(6),466 – 481.

Rice, N. (2005). Guardians of tradition: Presentations of inclusion in three introductory special education textbooks. *International Journal of Inclusive Education*, *9*(4),405 – 429.

Rose, D. H. , & Meyer, A. (2002). *Teaching every student in the digital age: Universal design for learning*. Alexandria, VA: Association for Supervision and Curriculum Development.

Russell, M. (1998). *Beyond ramps: Disability at the end of the social construct*. Monroe, ME: Common Courage.

Safford, P. L. , & Safford, E. J. (1996). *A history of childhood and disability*. New York: Teachers College Press.

Sapon-Shevin, M. (2000). Schools fit for all. *Educational Leadership*, *58*(4),34 – 39.

Sasso, G. M. (2001). The retreat from inquiry and knowledge in special education. *The Journal of Special Education*, 34(4),178 – 193.

Scott, S. S. , McGuire, J. M. , & Shaw, S. F. (2003). Universal design for instruction: A new paradigm for adult instruction in postsecondary education. *Remedial and Special Education*, *24*(6),369 – 370.

Sedgwick, E. K. (1990). *The epistemology of the closet*. Berkeley: University of California Press.

Selden, S. (2000). Eugenics and the construction of merit, race, and disability. *Journal of Curriculum Studies*, *32*(2),235 – 252.

Shakespeare, T. (1994). Cultural representations of disabled people. *Disability and Society*, *9*(3),283 – 299.

Shakespeare, T. , & Watson, N. (1997). Defending the social model. *Disability & Society*, *12*(2),293 – 300.

Shakespeare, T. , & Watson, N. (2001). The social model of disability: An outdated ideology? In S. Barnartt & B. Altman (Eds.), *Exploring theories and expanding methodologies: Where we are and where we need to go* (pp. 9 – 28). Oxford, UK: Elsevier Science.

398

Shapiro, D. A. (Producer), & Rubin, H. A. (Director). (2005). *Murderball.* [Documentary]. United States: Think Film.

Skrtic, T. M. (1991). *Behind special education: A critical analysis of professional culture and school organization.* Denver, CO: Love.

Skrtic, T. M. (1995). Theory/practice and objectivism: The modern view of the professions. In T. M. Skrtic (Ed.), *Disability and democracy: Reconstructing (special) education for postmodernity* (pp. 3 - 24). New York: Teachers College Press.

Slee, R. (1996). Clauses of conditionality: The "reasonable" accommodation of language. In L. Barton (Ed.), *Disability and society: Emerging issues and insights* (pp. 107 - 122). London/New York: Longman.

Slee, R. (1997). Imported or important theory? Sociological interrogations of disablement and special education. *British Journal of Sociology of Education*, *18*(3), 107 - 119.

Snipp, C. M. (1998). The first Americans: American Indians. In M. L. Anderson & P. H. Collins(Eds.), *Race, class, and gender* (pp. 357 - 364). Belmont, CA: Wadsworth.

Snyder, S., & Mitchell, D. M. (Producers, Directors). (2002). *A world without bodies* [Documentary]. Chicago: Brace Yourself Productions.

Society for Disability Studies (SDS). (n. d.). Guidelines for disability studies. Retrieved January 7, 2006 from, http://www. uic. edu/orgs/sds/generalinfo. html

Solis, S., & Connor, D. J. (2007). Theory meets practice: Disability studies and personal narratives in school. In S. Danforth & S. Gabel (Eds.), *Vital questions facing disability studies in education* (pp. 103 - 120). New York: Peter Lang.

Solis, S. (2007.) Snow White and the seven "dwarfs"—Queercripped. *Hypatia: A Journal of Feminist Philosophy*, *22*(1), 114 - 131.

Solorzano, D. G., & Yosso, T. J. (2002). Critical race methodology: Counter-storytelling as an analytical framework for education research. *Qualitative Inquiry*, *8*(1), 23 - 44.

Stiker, H. J. (1999). *A history of disability.* Ann Arbor, MI: Love.

Stolz, S. (2006). *Confronting ableist conceptions in the high school classroom.* Paper presented at the annual meeting of Society for Disability Studies, Bethesda, MD.

Syracuse University. (2004). Disability studies for teachers. Retrieved October 2nd, 2006 from, http://www. disabilitystudiesforteachers. org

Tate, W. F. (1997). Critical race theory and education: History, theory, and implications. *Review of Research in Education*, *22*, 195 - 247.

Taylor, S., & Bogdan, R. (1989). On accepting relationships between people with mental retardation and non-disabled people: Towards an understanding of acceptance. *Disability, Handicap, & Society*, *4*(1), 21 - 36.

Taylor, S., Shoultz, B., & Walker, P. (Eds.). (2003). Disability studies: Information and resources. Retrieved October 2nd, 2006 from, http://thechp. syr. edu/Disability_Studies_2003_current. html

Teranishi, R. T. (2002). Asian Pacific Americans and critical race theory: An examination of school racial climate. *Equity and Excellence in Education*, *35*(2), 144 - 154.

Thomas, C. , & Corker, M. (2002). A journey around the social model. In M. Corker & T. Shakespeare (Eds.), *Disability/postmodernity* (pp. 18 – 31). New York/London: Routledge.

Titchkosky, T. (2001). Disability: A rose by any other name? "People-first" language in Canadian society. *Canadian Review of Sociology and Anthropology*, *38*(2),125 – 140.

Tremain, S. (2002). On the subject of impairment. In M. Corker & T. Shakespeare (Eds.), *Disability/postmodernity* (pp. 32 – 47). New York/London: Routledge.

Trueman, T. (2001). *Stuck in neutral*. New York: HarperCollins.

Union of Physically Impaired Against Segregation (UPIAS). (1975). *Fundamental principles of disability*. Retrieved July 5, 2004 from, http://www. leeds. ac. uk/disability-studies/ archiveuk/UPIAS/fundamental%20principles. pdf

U. S. Congress. (1973). *Rehabilitation Act*, P. L. 93 – 112. Retrieved July 13th, 2005 from http://www. usdoj. gov/crt/ada/pubs/ada. txt

U. S. Congress. (1990). *Americans with Disabilities Act*, P. L. 101 – 336. Retrieved July 1, 2006 from, http://www. usdoj. gov/crt/ada/pubs/ada. txt

U. S. Congress. (2004). *Individuals with Disability Educational Improvement Act*, 108 – 446. Washington, DC: Author.

U. S. Department of Education. (2002). *President's commission on excellence in special education report: A new era: Revitalizing special education for children and their families*. Washington, D. C. : Author.

U. S. Department of Education. (2005). *IDEA reauthorization*. (Federal Register). Retrieved July 13, 2005 from, http://a257. g. akamaitech. net/7/257/2422/01jan20051800/edocket. access. gpo. gov/2005/pdf/05 – 11804. pdf

Universal Design Education Online. (2004). Retrieved December 16th, 2006, from http:// www. udeducation. org/

University of Oregon. (n. d.). Universal Design Education Project. Retrieved December 16th, 2006, from http://www. uoregon. edu/~sij/udep/index. htm

University of Washington. (2006). DO-IT. Retrieved December 16th, 2006 from, http:// www. washington. edu/doit/

van Drenth, A. (2008). Caring, power and disabled children: The rise of the educational élan in the United States and Europe, in particular in Belgium and the Netherlands. In S. L. Gabel & S. Danforth (Eds.), *Disability studies in education: An international reader*. New York: Peter Lang.

Ware, L. (2001). Writing, identity, and the other: Dare we do disabilities studies? *Journal of Teacher Education*, *52*(2),107 – 123.

Warner, M. (1993). *Fear of a queer planet: Queer politics and social theory*. Minneapolis: University of Minnesota Press.

Watts, I. E. , & Erevelles, N. (2004). These deadly times: Reconceptualizing school violence by using critical race theory and disability studies. *American Education Research Journal*, *41*(2),271 – 299.

399

25

社会公平的阻碍因素

等级、科学、信仰和被强加的身份（残疾分类）

艾伦·布兰特林格（Ellen Brantlinger）

在这一章中,我将讨论学校的等级制度和被强加的残疾身份是如何成为了一种拒绝以伦理作为行为基础的(社会)科学的产物。倡导特殊教育的人士大力宣扬对儿童进行分类教育,并运用基于证据的实践来提高被分类学生的生活品质。对此我表示反对,对于那些被打上了残疾标签和囿于特殊处境的孩子,这种科学的"进步"严重地妨碍了社会公平。我深入地探究了科学在对学生进行分类方面所起的作用,鉴于它使分类更为精细。我探索了科学和残疾在历史方面的交集,挑战了那些关注科学的专业人士,理解了如果要在学校和社会中实现社会公平,他们必须为自己的实践注入一种社会互惠的道德。本章简要地回顾了罔顾实践伦理而一味依赖科学所造成的危险的种种历史证据。我还解释了传统科学家在理解真正的人类问题时,是如何失去他们的智力优势的。除此之外,我还关注了分层生产和社会阶层的理论,解释了分层教学的学校和社会阶级体系是如何影响身份形成和民主治理的。

见证褒奖:在社会行为中融入社会互惠的道德准则

基于对人类学研究的元分析,布朗(Brown, 1991)得出结论:社会阶层是人类普遍具有的共性;即:在任何社会形态里,人类都围绕诸如种族、性别、外观和家庭关系等方面构建阶层性社会关系。虽然布朗直指阶层关系的核心元素,然而,他更为乐观地认为,全人类也同样颂扬社会互惠的道德,包括以相互尊重和社会平等为理想的美德。"人人生而平等",应该被平等对待的观点已纳入正式的政府文件和法律条文。

在可能遭遇后现代主义和后结构主义者谴责的风险下,我认为社会互惠作为人类普遍的道德准则,应始终引导人们的生活(Brantlinger, 2001, 2004)。尽管批判理论家和残疾研究学者很少明确地陈述这一观点,但我认为他们也持有类似的观点。罗尔斯(Rawls, 1971)除强调最大利益应分配于最急需之处外,在宏观层面上也极力颂扬资源公平分配原则带来的裨益。基于互惠原则的公共政策,社会健全了全民医疗保障体系,并提供免费的高等公共教育资源,针对所有学校和学区投入均等的资金援助,废除各个层次的种族隔离制度并提高社会包容性,健全老年人社会保障和医疗服务,建设较便利的公共交通设施(可能类似城市有轨电车系统,前期由资本家出资购买,后期却因其意图进行车辆销售而被中断的交通模式),并保证均衡发放所有工人的工资。社会互惠的道德准则同样适用于自然环境保护方面,需要我们在处理人类和物质的关系中做出即时性的剧变,以应对全球变暖和逐渐消亡的生存环境,拯救包括人类在内的高危动物。 401

促进民主和社会公平的社会体系建基于社会互利观念之上。社会公平需要公民达成一种共同的世界观,并认识到和平而富有成效的社会相互依赖关系是建立在相互尊重、公平、自我身份认同和团体认同的基础之上(Kittay,1999;Koggel,1998)。观察有效建立包容性和支持性学习共同体的教师,我们发现其群体具备以下共同的态度和行为:他们促进了学生的自主和社会责任;使成功和积极的身份成为可能;支持包容和尊重的社会关系;对感情和表达的需求敏感;提供了表达不同意见的空间;对地方和全球问题感兴趣;创造了表达意见和捍卫个人立场的机会;加强小组目标设定和成就感;鼓励学生寻求真正的社会问题的解决;增强人文素养和知识能力,并发展了对民主理想的献身精神(Brantlinger,Morton,& Washburn,1999)。解放教育理论倡导学生积极参与解决问题而不是回避问题(Brantlinger & Danforth,2006)。

尽管社会主义这种最符合社会互惠道德准则的政治制度,被认为是非美国式的,然而宗教信仰更符合社会主义所倡导的社会互惠[1],而不是资本主义所倡导的竞争和分裂精神。不幸的是,盛行的霸权意识形态强化了新自由主义者的幻想:自由资本主义会自动且明智地为了公共利益而调节市场,为公共利益制定政策;结果,即使是那些得到一些涓滴奖励的人,也确信资本主义是有效的。反过来,资本主义建构催生其对地位以及资源和机会的囤积:即社会等级的制定。

残疾研究:支持人们自我命名和自我阐述的权利

与特殊教育不同,残疾研究是建立在集体反对被强加的标签和社会隔离之上。负责预防残疾引发的伤害以及被等级化或隔离化的残疾研究奖学金中心已经在学校内开始实践。弗里(Ferri)和康纳(Connor)(2006)的"软标签问题化"已经"扩大了残疾的含义,激化了遏制和排斥"(p. 176,p. 179)。残疾研究学者远离主流特殊教育者的技术理性科学,及其追求的继续以残疾为理由标记和分离儿童的做法。非裔美国人、女权主义者和同性恋群体倡议,人们有权为自己命名,并使其名字受到他人的尊重。同样,残疾研究学者也主张儿童和成年人有权宣称他们是否有残疾,并参与确定他们的需求如何得到满足。

莫耶斯(Moyers,2007 年 1 月 12 日)表示,与自主观念相关的是,人们有权讲述自己的故事。关于学会理解自己,讲自己的故事,我深深地回忆起 1957 年在明尼苏达州一所农村高中上的一次高级英语课。多伊奇(Deutsch)女士让学生设想"好生活",并向同学描述。她是一个严格的、没有废话的老师,所以我们必须诚实,尊重和支持分享我们的身份和未来的想法。与东海岸常春藤盟校毕业生多伊奇女士一起做这件事,我们感觉很舒适。这有点儿奇怪,因为其严肃的风格和对他人的高期望,一般人都会胆怯。我的班级差不多有 40 人,在同一栋大楼里共同学习 12 年。至少有两个同学完全不能阅读,其他人也没有完成学业,但是他们被包括进了这个活动中,每个人都倾听了他们的故事和梦想,并且尊重他们。在想象我们的未来之后,我们花了一年的时间来解读各个作者所传达的有关他们或他们的角色对美好生活的想法。这是一次急需的增强自我意识的经验,迫使我们思考我们的价值观和目标。这个活动使整个班级更接近了,或许可以归入弗莱雷所设想的"对话"(和人与人之间真实话语相遇),他认为,"没有对世界深深的爱,对话就不存在","没有谦卑和希望就无法存在"(引自 Hudak,2001,pp. 70 - 73)。基于对社会互惠道德影响的简要概述,接下来我将讨论干扰其实现的当前趋势。

等级制度的产生机制和目的

阿普菲尔鲍姆(Apfelbaum,1999)将等级制度的产生机制与基本原理做了理论化阐述。她认为优势群体通过编造与种族、阶级、性别、能力和素养相关的神话加固了人与人之间的差别并巩固自身的优势地位。通过(通常是基于科学的方式)收集主流群体所具有的特征,他们把自己所具备的特质加以夸大。"外部人士"及其特质被施加标记、贴上标签、打上烙印并受到非难。阿普菲尔鲍姆指出命名暗示着群体内的同一性以及群体间的差异性。当"我们"和"他们"之间的差别被认为是根本性的、不可逆的非对称时,群体之间几乎没有共同点,这时占主导地位的群体会拥有最大的权力。然而,等级制度并非是无目的的、消极的排序,相反,它是建立在相互依存的社会关系之上的。主导取决于服从。赢家需要输家。优越性需要低劣性。主导群体的社会地位、角色甚至存在的理由都取决于从属群体的存在。通过创造想象的、符号化的、强化差异的区别,有权有势的内部人将他们所不齿的特征强加给外部人。如果处于中心地位的群体认为自己是正常的、有能力的,那么,"他者"就理所当然是不正常、无能的了。赛义德(Said,1978)认为穆斯林的"东方"形象映射了西方人想象中的恐怖事物。同样,尼采(1967)也指出:"一个人通过建构他人的恶来衬托自己的良善。"(转引自McCarthy & Dimitriadis,2001,p. 225)

资本主义建构社会等级制度,但学校是复制社会分层的关键机构(Bowles & Gintis,1976)。精英学校[2]是在培养学生的价值(为未来交易所重视的社会资本)和组织特权的重要媒介。例如,为优等生创设高级课程意味着那些未享有此特权的学生被降级成为低水平班受压迫的子结构,接受特殊教育隔离。精英教育的次要产物的破坏性影响被普遍低估和忽视(Young,1965)。与其他批判理论家和残疾人研究学者一样,我认为,在精英学校里习得的有关自我与他人的概念都是不合理的,对个体和民主团体而言都是致命的伤害。

比较学校分层的研究人员往往会把注意力集中在受害者身上——被惘然不顾和被贬低的群体。尽管我同意,来自非优势家庭的孩子在精英教育中受到的影响最大,但通常与精英学生相关的成就往往会遭遇质疑。激烈的阶级内部竞争使人虚弱。不管他们对特权的坚持是什么,学校等级制度给优势阶级的学生带来风险(参见Brantlinger,1993,2003,2004b,forthcoming,a,b)。为理解为什么精英教育对谁都毫无裨益,却仍得以发展,我就科学如何为学校分层提供框架和工具进行了相关研究。

我在本章的讨论主要涉及"高发"或"轻度"残疾类别(学习障碍、轻度精神发育迟滞、情绪障碍、注意障碍和注意缺陷多动障碍(即"多动症");即 LD、MiMH、ED、ADD、ADHD)。正如 Mercer(1973)所指出的那样,具有这些标签的孩子往往不被家人看作是残疾人,所以他们的"残疾"主要在学校范围内。被划分为失败的儿童大多不合比例地来自贫穷和有色人种家庭,这并不是一种巧合(Artiles & Trent,1994;Oakes,2005)。尽管被强加的破坏性标签和特殊教育带来的学校隔离的负面影响必须得到广泛认识,但它并不是唯一给儿童造成伤害的因素。设立能力分组、实施学习跟踪、设置具有种族优越感的课程、个人偏见和亲社会行为执行不足也成为建立包容性民主学习社区的干扰因素之一。此外,尽管没有证据表明学生分类和排名会带来学业和社会上的成就,但将学生分类和排名的情况随着时间的推移正逐渐加强(Caplan,1995;McNeil,2000)。学校结构旨在培养形色各异的学生,因分层导致的负面影响或

403

是其有意而为之(Varenne & McDermott，1998)。

上文说过，个体都有权利自我命名并讲述自己的故事(决定他们的生活状况)。然而，任何目睹过学生抵制标签化的人都异常清楚，以为"残疾"分类提供"服务"(教育经费)为基础的特殊教育体系并不能为社会公平服务。近期，我遇到一位青少年，她的监护人委婉地建议她接受一项学习"条件"的测试，这让她用尽全力尖叫："我不是多动症患者！""在几年的教学中，我注意到被分类的儿童群体所经历的痛苦和羞辱。"我目睹他们早晚偷偷地溜进特殊教育教室，尽可能不被其他同学发现。除此之外，他们坚持让教师关闭门窗，这样就没人能看到他们。而在走廊上他们会拿着包着书皮的大书，如此，他们将会得体的出现而不会是一群愚蠢的并接受"特殊教育"的人群。

尽管如此，专业人士和政策制定者(中产阶级)认为特殊教育对被分类的学生是有益的，却没有看到这种排斥和耻辱。我认为，该体系的主要受益者正是那些通过"满足他人需求"而获得收益的人(Brantlinger，2006)。虽然被贴上标签的学生痛述所遭受的个人羞耻，反对这种无效的(隔离)方法，但是有能力创建分类标签，对孩子进行分类以及决定他们的治疗和安置方式的人，极少与被标记的孩子及其家庭保持意见一致，抑或倾听其意见(Hudak & Kihn，2001；Stoughton，2006)。如同创造战争的权势者逃避战争，那些采取分层教育的人绝非来自学校等级底层的群体。

在《成功的失败者：美国创建的学校》(*Successful Failure：The School America Builds*)一书中，瓦伦尼(Varenne)和麦克德莫特(McDermott)(1998)研究了失败的身份如何在一所精英学校结构中生成，并造成制度的残酷性和符号暴力。戴维斯(Davies，2004)将"影响心理、情感、文化和智力完整性的资源分配不均"视为政治暴力(p.11)。在一个标榜民主的国家，孩子们被迫接受义务教育，从小就被赋予成功者和失败者的身份地位，这是令人困惑和不可原谅的。学生们努力摆脱这种在上学期间即被强加的失败的身份。访谈表明，离校几年后，低收入的父母在描述他们所遭遇的来自那些"受人尊敬的孩子"(Brantlinger，1985)的蔑视、拒绝和孤立时，仍然情绪激动。考夫曼(Kaufman，2001)非常心酸地回忆起自己在一年级遭受侮辱后，努力恢复积极身份的那段艰苦的历程。残疾分类的辐射作用并不局限于学校，它是有"持久力"的(Hudak，2001：9)。这种分类"在标签不再相关之后仍持续有意义"，因为残疾身份被认为是天生和持久的，这是一种内在的东西，而不是学校结构的附属物(Taubman，2001，p.186)。

被正式强加的破坏性身份

身份的形成既是"自愿的"也是"非自愿的"(Fuss，1995：10)。所谓自愿的时候，"人们告诉别人他们是谁，但更重要的是，他们告诉自己，尽量表现自己是谁"(Holland，Lachicotte，Skinner，& Cain，1998，p. 3)。当身份是自愿的时候，人们会经历自主和控制过程，然而，负面身份的强加会引起各种不同的反应。最良性的反应可能是拒绝受轻视的标签及其影响，甚至是抵制这种以标签化为产物的教育体系。与此相反，内化于"非自愿身份"并被动顺从"制度"的人往往屈服于自我憎恨。不管怎样，被标签化的学生都会从命名发生的环境中被疏远。显然，身份是在权力关系中发展起来的："围绕社会正义而发生的大多数斗争都是关于特定身份群体的支配、沉默、压迫和边缘化"(Dimitridis & Carlson，2003，p. 18)。法农(Fanon，1952)专注于殖民地主义的神经机能结构，指出种族主义社会对美国黑人的身份造成的破坏。在种族分类中，少数民族地位必然等同于自卑和耻辱(Peshkin，1991)。"许多未经思考的构念(标签)传达着权力的信息：它们贬低他人、排除异己；它们创造了刻板印象"(Greene，2001，p. 16)。在《耻辱》(1963)和《庇护》(*Asylum*)(1961)中，戈夫曼(Goffman)是最早描述残疾标签和收容带来的深刻影响的人之一。尽管采用贬损性的标签和排斥性的安排会给众多孩子带来情感创伤和社会压力，但阿普尔(Apple)(2001)声称，"学校的'帮助性'语言，时常使我们很难看到教育者采用的社会和心理标签所带来的真实的隐藏的社会效应"(p. 261)。

在对评分和测验的检视中可以明显看到，学校通常会给学生强加令人厌恶并适得其反的身份标识。当我读到凯特·阿特金森(Kate Atkinson，2004)的小说《个案史》(*Case Histories*)时，我被其中一位主要人物私家侦探杰克逊的观察所震惊，他发现有人用红色字迹在一份刑事调查报告中标出了男性。他写道："这会让这些男孩显得很突兀，显得更危险，更像是犯错的人。"(p. 149)。红色字迹触发了一个突兀的想象，在学校时他的文章总是如同蛛网般密布着教师愤怒的红色批注。杰克逊说，"只有在他离开学校，加入军队后，他才发现自己是个聪明的人。"(p. 149)幸运的是，杰克逊克服了失败的耻辱，并避免了由破坏性的身份标识而造成的，通常会在后续生活中持续发酵的恶劣影响。

科学对社会生活的控制

残疾研究充满了对个人痛苦的描述,所以我的目的标是要说明主导人群是如何依赖科学来构建学校和社会等级制度。此外,我还谈到了科学实践是如何拒绝道德作为实践的理论基础。特别是关于特殊教育,我讨论了社会等级制度、学校精英教育、科学本质以及对(特殊)教育科学的绝对信仰是如何导致越来越多的学生被归于"有问题"的类别。

405

科学的突出与超越

在过去的几十年里,许多学者对科学本质和各种科研成果作出了贡献(Aronowitz, 1988;Burroughs,1912/2007;Danforth,1999;Feyerabend,1976;Foucault 1978,1979;Gallagher,1998,2001;Harding,1987;Kuhn,1962;Popkewitz,2004;Willinsky,2005)。我的概述必须简短,因此,我将以上学者引荐给读者,以便您更全面地了解科学的本质和作用。很明显"科学是城市的重头戏",它是"作为现代化标志的资本积累"(Styers,2001,p. 235)。人们不可能不理解科学和发明给现代生活所带来的舒适和便利,但同时我们必须认识到,随着化石燃料供应的减少、污染和自然资源的破坏、全球变暖以及医疗副作用等的影响,进步与破坏此消彼长。我在这里关注的是伴随社会科学所产生的人类垃圾,它模仿了硬科学的思维,并夸大了科学技术的作用以涵盖人类的领域。

转向科技与理性的社会生活漂移

在1912年的会议中,伯勒斯(Burroughs)预言,科学的日益增长将伴随着越来越机械的世界观。关于心理学,卡普修(Capshew,1999)解释说,尽管对思想的研究始于人文事业,但它已经变得如此客观化和非语境化,使得主体的人性几乎难以辨认。故意抽象而复杂的修辞(术语)混淆了人们对生活人文的、现实的描述。福柯(Foucault,1978)认为,学科话语和权力技术(检查、层级监视、规范化裁决)产生了某些身份。在特殊教育阶段,通过正式的考试实施检查,通过层级监视,将儿童与残疾分类匹配对应,使残疾得到实现,而规范化裁决是通过为"异常"学生开出适当的治疗来执行的。

科学家和科学对象的社会地位

因为教育、科学和进步在现代社会中被人们所接受,因此,(过度)尊重受教育者而出现的问题接踵而至。由于正好处于中产阶级,大多数科学家都被赋予了白人和男性的特权。这个"决定性的社会地位"组织起了他们对问题的概念化和对主题方法的选择(Smith,1987,p.91)。科学家/专业人士认为自己是独一无二、聪明、见多识广的,因为他们垄断了"客观和普遍"真理的产出。他们觉得有权为自己和他人做决定。尽管认为自己在智力上高人一等,但戴维斯(Davies)(2004)提醒我们,受过高等教育的人对一系列重大暴行负有责任。事实上,科学家通过修正或消除个人来改善社会的意图,已经产生了相当大的错误。

权力差异在决策者群体(科学家、专业人士、受过教育的人)中很明显,他们做出决定,贫穷儿童和有色人种的孩子是被命名的对象。地方性知识被忽视,并被科学证据取代。科学家们显然是那些直接影响制度的人,他们回到一种只承认他们自身观点和意见的还原论上。然而,在科学与制度、科学与大众群体之间,还存在着一种可能性,即社会科学家可能是不干涉事实的、诉说真相的旁观者(Holland et al.,1998)。在为权力的来源和支撑因素命名时,阿罗诺维茨(Aronowitz,1988年)观察道:"科学界否认和经济/工业和军事力量存在联系,即使相关联的证据是显而易见的。"(p.20)稍后,我再阐述这种关联性。

特殊教育专家在服务提供者和服务接受者之间制造并保持了一种等级制度(Brantlinger,2004)。特殊教育科学家倾向于不考虑那些在精英学校里拼搏的孩子们的主体性(感受和偏好)。认为科学是中立的,这使得内部人士的观点被忽视,道德被摒弃,因为这些因素会影响研究。例如,当给孩子贴上标签时,只考虑通过客观测试所得和标签定义的个体特征之间的差异。鉴于主观或道德因素的蓄意压制,下层阶级的孩子接受的学校教育一定会打折扣(Valenzuela,2005)。将残疾分类强加于一群贫困儿童和有色人种儿童,并将他们放逐于较差的学校环境,使身份和学校事业日益变质。

鉴于认识论是一种"理论知识",哈丁(Harding,1987)通过提出"什么促成合法的知识"和"谁的知识更有话语权"的问题进行科学检测(p.3)。她说"白人男性对女性学习如何发言和组织的敌意态度"(p.5),让人想起主流特殊教育学者们对"严重残疾协会"(TASH)[3]的嘲笑,当被主观评判时,我们尤其需要倡导包容(Brantlinger,1997)。

在特殊教育领域的实践始终是以科学证据用于治疗或控制特定人群的要求为基础的。然而,最近对资助、传播和利用科学证据进行基础研究的压力已经加大。

科学就应像科学一样

不幸的是,特殊教育科学因为各种不人道的行为提供理论基础而被牵连其中。自从残疾科学首次出现,以科学依据(经证实的测试、经检验的分类)为基础的声明使得一些孩子无缘教育,被排除在公立学校之外。在这些孩子克服了障碍,成为公立学校的合法成员之后,科学家们开发了分类机制来宣称谁不属于主流学校和教室。专家们杜撰了术语,并将其附在实物(儿童)上,从而加剧了教育差距。不论学生和家庭如何反抗和排斥这种标签,科学家们很少关注那些被归类者的感受。在某种程度上,标签和治疗演变为教育者对那些没有"正常"进步或良好行为的群体的特别关注,特殊教育科学确实提供了一种减少某些孩子某些不良行为的魔法。

一个被吹捧为促进科学进步的科研项目不过是发明了一种识别残疾的客观测试。从 20 世纪初开始,科学家们创造各一种测试,将公立学校的优等生和中等生及劣等生区分开来。反过来,这些测试的分数证明了给孩子们贴上被令人羞耻的名字,并让他们在较差的环境中接受教育是正当的。需要注意的重要一点是:这种行为并未建立在人道主义或社会互利的原则之上,却将某些群体置于规范之外。残疾分类的历史做法表明,不道德的行为往往依赖于科学的支持。

至少是从邓恩(Dunn, 1968)写明特殊教育可能会产生负面影响之后,人们开始关注贫困儿童和有色人种儿童中残疾的比例过高。然而,尽管有"满足需求"和提供"适当的教育"的言辞,那些被贴上标签的群体所遭遇的影响从未成为专业实践者的关注点。法利(Ferri)和康纳(Connor)(2006)指出,在布朗诉教育委员会案要求废除种族隔离后,学校仍然在特殊教育教室和低水平班安排大量的有色人种学生来维持种族隔离。这种做法的合理性在于默认了这样一种想法,即黑人孩子的能力比他们的白人同学低,并且客观测试结果证明黑人在知识掌握方面稍逊于白人学生。法利和康纳得出结论,"特殊教育在布朗案未能实现的无种族隔离教室项目中起发挥了一定的作用"(p. 4),"分班和特殊教育不可避免地根据种族界限开始重新实施种族隔离"(p. 43)。

学校层面作出的选择似乎是纯洁的,与科学无关;然而,当地人员的决策是由他们所接受的培训形成的,并且是在科学家设计的详细分类框架内进行的。一系列特定的测试和治疗都是经过科学认可的,但很少得到证实。有效性研究是不存在的,而考查有效性的少数研究并也并未验证传统特殊教育专业人士对社会和学术所起到的积极影响。关于残疾类别的具体化,加拉格尔(Gallagher,2001)指出:"它是我们共同为差异带来的意义,建立在我们的解释基础上的社会、身体和组织安排,使一个人的差异成为残疾。"(p.3)再次,这些意义产生于握有权力、受过教育、控制学校的人使用的当代科学话语。带有公然侮辱意味的诸如愚蠢、白痴、缺陷、迟钝等类别,被委婉地称为"有大量需求的孩子"或"有认知障碍的儿童"。"以人为本"的语言是为了表达对那些被标记的群体的尊重;然而,不管分类是新制定还是经过改进的,有害的命名和分类方法仍然持续下去。

科学在学校外同样造成了严重的后果。医疗专业人员在残疾儿童出生时,通常建议其父母放弃"学校教育",从而保障这些孩子"不被外界接触",也便于"专业的公立医院人员为孩子提供特殊照顾"。优生学确立了等级性的人类特征和社会价值观,诱发了美国的监禁和绝育、种族灭绝、安乐死,以及国内外选择残疾人作为实验对象等现象的发生。从奴隶制时代到现代社会,科学纵容了以非裔美国人和被收容人口为对象的(Washington,2006)不道德医学实验的发生。

依赖科学专业知识是美国残疾史发展的一部分。戈达德(Goddard,1914)曾用他自己的科学知识来玷污公众的认知:

> 玛丽是那种在社会上最危险的女孩的典型例证。漂亮而有吸引力,受过足够的训练使她能够给人留下好印象,她的本事就是欺骗蒙拣选者。(如果放任自流)她将背负无法承受的责任。在被收容的生活中,她是幸福和有用的。若不加以保护,她将会堕落、退化,生下有缺陷的孩子。(p.93)

弗纳尔德(Fernald,1896),"劣性人群"机构的创始人,声称:

> 弱智者是寄生的、掠夺成性的阶级,从来没有能力自力更生或管理自己的事物。弱智的妇女几乎都是不道德的,如果放任不管,她们通常会成为性病的传播者,或生下如自己一样有缺陷的孩子。每个弱智者,尤其是严重的低能儿,都是潜在的罪犯,如存在适当的环境和机会,其犯罪倾向将暴露无遗。(p.67)

以上都是很引人注目的例子,诚然,存在于一个世纪之前。尽管如此,科学家仍在发号施令。一个明显的例子是,科学家将外界的资助和宣传,局限于有限的随机样本,并要求在学校只开展循证实践。这一运动影响了学术界,将"正确"使用科学方法的人与可能并未遵照执行的人区分开来。高等教育中的另一个等级制度是将科学家的知识与学校人员的知识分开。科学家们回避了教师、学校行政人员和家长产生的情境化和实践性的知识。

被科学和成就所震惊

人们根据是否受过高等教育,是否就读于知名院校而取得高级学位,或是否从某些不知名学校辍学而被划分等级。人际比较的过程在精英系统中是永恒存在且有目的性。与科学的紧密度是等级制度发展的一部分。数学、化学和物理领域的教授被认为比社会科学和人文学科领域的教师更聪明、对进步更加重要(Hatch,2006)。在比较与教育失败的关联时,特殊教育者处于最底层。也许是为提高自身的地位和价值,(特殊)教育专业人士努力模仿"硬"科学的辨别和标记的习惯——硬,在此指"难度高"或者"有权威,像石头一样坚不可摧"。意识到词汇的使用在识别和讨论残疾时极其重要,批判学者开始研究语言的含义,包括对一些术语的反义和引申含义;在研究特殊教育时,语义研究是必不可少的。

对代表个人理想的行动进行批判性思考与表达是全体公民的责任;然而,各种压力限制了这些活动。在谈到学术界的"被规训的头脑"时,施密特(Schmidt,2000)把社会、经济和政治实践中老板和雇员的"系统"和"等级制度"等同起来(p.12)。根据施密特的说法,封闭系统"要求严格遵守指定的观点",因此没有智力挑战,并且限制了个体创造力(p.15)。施密特认为:

> 职业教育和就业促使人们接受一个没有显著差异性的角色,即在政治上处于从属地位。这些专业人士面临着巨大的压力,要放弃他们的理想,放弃为更美好的世界而奋斗的初心。(p.2)

在讨论"精神病专家"的作用时,施密特指出:"许多精神问题并非源于大脑疾病,而是来自于社会的缺陷。"(p.34)这些不足之处包括"工作繁重、经济收入不均衡、老板专横、合作意识欠缺及个体能力薄弱,以及由种族主义、性别歧视、年龄歧视、容貌歧视、残疾歧视以及其他困扰整个社会的等级压迫制度所造成的痛苦"(p.35)。因此,施密特认

400

为,试图调整个体去适应整个不健康的社会结构,绝不是解决问题的最佳方案。

施密特声称:"专业人士在工作中表现出意识形态上的谨慎。"他们"对遵守规则感到非常自在",并且觉得"没有必要去质疑他们工作的社会结构"。事实上,他们"害怕有人不遵守规则"(p. 12)。施密特谴责"那些自由主义的专业人士自以为是地认为自己是促进社会进步的核心力量",却享受因他们的专业地位而带来的主导权和控制欲,因而"将不会听到任何有关支持更民主的社会权力分配的言语"(p. 13)。施密特认为,尽管"自由主义是专业领域的主流意识形态"(p. 4),但专业人士"从根本上来说是保守的"。他发现左倾或反对派的专业人士仍然相对较少(5%),而"绝大多数人同意企业高管对最基本问题的看法"(p. 15)。

德韦克(Dweck,2002)在贬低"精英阶层"的故事中增加一个转折点,声称目前"夸奖对方是聪明的行为只会使人们变得愚蠢"。如果人们认为自己很聪明,"他们会放弃学习和理解"(p. 87)。她的论点与白人特权理论一致,认为有权势的人受权利意识的引导,并认为自己不受行为后果的影响。斯腾伯格(Sternberg,2002)将愚蠢概念化为理性的对立面,声称人类思维中存在从有意到无意的连续体(p. 3)。他在个体和社会制度层面上对愚蠢展开剖析。格里戈连科(Grigorenko)和洛克里(Lockery)(2002)将特殊教育描述为"社会对暂时性或持续性学习困难群体问题所持愚蠢想法的指示器"(p. 160)。他们认为,"这个领域充满了过分识别(p. 161)、直觉谬误(涉及没有初步理性认知的判断或有违直觉的判断)(p. 163)和"治愈谬误"(p. 171)。费耶拉本德(Feyerabend,1976)将科学社会化与训练宠物的行为相比较,声称"训练有素的理性主义者"服从于管理者的心理意象,如同他们遵守所学的论证标准。显然,他们无法意识到,所谓的"理性的声音"不过是接受培训后产生的因果关系的后效(p. 25)。费耶拉本德总结道,思维习惯和思维锐减,是对现实环境视而不见的自然原因。

反思科学

阿罗诺维茨(Aronowitz,1988)指出,科学实际上确实需要依靠当地知识,"科学规范可以追溯到…历史和话语的预设"(p. 8)。当然,优生学运动的"科学"受到人们对其他人产生伤害的担忧以及良好家庭、富有群体和健康种族/族群的论述的影响(Gould,1996)。阿罗诺维茨说明了科学是如何被嵌入或灌满由科学家(及其追随者)给其实践活动带来的神秘性和魔力。对利润的追求和人文关怀的缺失在各种科学活动中暴露无遗。当然,残疾的产生利于销售药品。无独有偶,美国过动儿协会(CHADD)的发展

410　也得到了药物公司的赞助其药品成为规定的一种治疗手段,随之而来的是被鉴定为 ADD 和 ADHD 的儿童数量迅速增长。在浏览杂志和观看流行电视节目时,我会看到描述新疾病症状并推荐相关治疗药物的广告。在研究这些现象时,有必要提出安东尼奥·葛兰西(Antonio Gramsci, 1929—1935/1971)的这个根本问题:"谁终将受益?"

新自由主义意识形态和科层制度

　　针对谁从决定道德和地方知识中获益的问题,一种回应就是企业界。由企业操控的媒体传播新自由主义(对自由市场的信仰回归)和新保守主义(在欧美传统的信念和知识体系中信奉决策优越性)意识形态,意味着专业人士和公众认为学校教育以服务经济或者至少不阻碍企业对社会生活的控制为目的。公众被社会化,认为通过学校教育产生的特定知识对自己和社会都是极其必要的。莫尔(Moore)和杨(Young)(2004)批评新保守主义传统,认为课程是学校要传递的既定知识体系。同时,他们也批判了"以经济需求为利益点的技术工具主义者(新自由主义者)",却以"促进所有学生就业能力为幌子进行运作"(p. 238)。人们服从于强势话语给予的定位(Holland et al.,1998,p. 27)。促进资本主义和阶级化的言论主导了美国的话语。由于右倾趋势的影响,学校结构越来越层级化,不同社会阶层的孩子所接受的学习条件越来越不相同((Apple, 2001; Gabbard, 2003; Giroux, 2003)。"新自由主义者把学生看作需掌握必要的技能和安排才能有效工作的人力资本或未来的劳动力。"(Apple, 2001,p. 263)。阿普尔(Apple)声称,新自由主义和新保守主义的思想运动已改变了美国的常识,因此平等的理想受到了威胁。

　　卢克(Luke)和卢克(Luke)(1995)从结构主义和新马克思主义的视角进行阐述,他们的假设是:"对社会事实和政治及经济现实的扭曲和错误表述只是为了服务特定阶层的利益"(p. 368)。他们认为,在右派的改革下,"孩子们被社会化并进入枯燥乏味的管理体制,映射在分类的心理测量网格上并适应这种非技能化、类别化和性别化的职业"(p. 272)。比恩(Beane, 2005)指出了一种新兴的(技术工具性)文献,这种文献主要是通过适应类似于标准化测试、脚本化课程包、过于规范的内容标准以及其他实际上阻碍教育进步的政策条文来解决问题的(p. 14)。在纽约市学校书写他的教学生涯时,麦克考特(McCourt, 2005)问道:"究竟什么是教育? 我们在这所学校做什么?"

（p. 253）。麦克考特所指向的问题与比恩所担忧的问题性质一致，即少数进步教育者"阐述一个宏伟的、引人注目的社会愿景将提升其目的性，吸引更多的支持者并有助于加固自身的概念以应对批判者的质疑"（p. 14）。

对科学、资本主义和社会进步的信念

与科学所宣称的，科学依赖已观测的证据或经验证的研究结果的信念不同，信仰并不一定根植于任何严峻的现实中。信仰通常被认为是与有组织的宗教相关。事实上，那些相信宗教教义的人往往否认理性科学的支持。有些人罔顾科学证据，如同进化论的情况一样，达尔文（Darwin）描述的"智慧设计论"被视为上帝造人说的有利例证。信仰也有世俗的形式，允许人们加入某些政党，并支持认可某些公众人物。政治信仰在社会各阶层中都占据独一无二的地位。如前所述，那些倾向于自我修复的新自由主义者，相信"自由市场"或经济议程。由于霸权意识形态的盛行，其他社会阶层的人可能会被诱导去支持新自由主义议程，即使他们从信仰中获益甚少。

在这里，我关注的不是宗教和政治信仰的消极方面，而是超越宗教和政治边界的信仰。不同宗教信仰者和政党忠诚者之间的争论无处不在；然而，大多数美国人是科学和教育的推崇者。自启蒙运动以来，科学信仰与宗教信仰的影响不相上下时，现代人相信社会进步必然是科学发现和学术知识积累的结果。在社会思想中占主导地位的一项重要遗产是："进步是智力知识的产物。"（Popkewitz & Brennan，1998，p. 6）。主流信仰群体对教育的有效性，包括测试和目前的学校实践极其自信。他们对残疾标签化和传统的特殊教育服务的信念是如此之深，以至于残疾被认为是人类存在的一种必要形式。回到本章对所认定的残疾群体缺乏公平性这一主题，显然，大多数人是信仰团体的一部分，不管相反的证据如何，仍然认为特殊教育是有益和仁慈的。

信仰的一个方面是，它总是伴随着教义和文本。残疾分类科学日益被列入地方和联邦法律中。对该体系的信仰，为《特殊教育入门》（*Introduction to Exceptionality*）及其他特殊教育教材提供了支持（Brantliger，2006）。这些文本构建了一个看似可信的残疾分类体系，并提供了各种服务，让那些毫不知情的职前教师认为这种分类真实有效，有必要了解专业化的处理方法以便更有效地教育孩子。教科书以一种权威的方式包装，充满基于科学证据的事实。没有任何提示说明残疾分类的有效性，且缺少明确

411

的参数。特殊教育以一种法律语言为基础，因此，标签、治疗和安置不仅是正当的，且有强制性。教科书介绍的可靠性表明，学校人员不应无视这种标签化或使用自身的教学方式来挑战此种体系，最重要的是，不应该挑战科学和专业体系的智慧。

我与美国特殊儿童委员会（Council for Exceptional Children，CEC）和特殊教育同事工作的经验是，他们的意识形态主要围绕这样的假设：新的残疾分类和专业治疗手段的发展意味着这一领域的进步。这一发现与年度 CEC 会议报告的内容、特殊教育期刊上发表的文章，以及特殊教育课程所选择的教科书内容是一致的。特殊教育工作者并不是唯一接受规定的，学校体系与几乎所有的学校人员都是通过评分、测试、遵循分轨制安排来进行排名和排序的。

在低收入学校任教，并研究了社会阶级地位对学生性情和素质的影响，我对学校的等级制度及其与种族和民族地位的关系有了清晰的认识。我尽量不因校内排序和教育资源间的差异而失望。然而，与一位同事的交流让我感到很困惑，她让我对她的"批判民族志"提供反馈。其关注点是她曾就读的墨西哥学校的平级现象。她对学校缺乏专业推动力及能力不同的学生受教育同等化的现象感到困扰，而这恰恰是我一直追寻的目标。阅读其文章，很明显可以发现，她的意识观点支持充满学生之间及组织内部竞争的精英学校教育。然而，当我建议她不要以一个批判的视角去看待问题，并建议引言中去掉这个观点时，她异常气愤。她认为，在竞争和等级制度方面，她对某些同事的描述是"特别聪明"和"冉冉升起的新星"，而她对其他同事的评价则是不值得交往。我与一位对社会公平感兴趣的特殊教育教师进行对话，发现他的职业目标是将美国的特殊教育体系带到墨西哥。当我问他是否意味着他会将所有的测试、标签和隔离程序搬运过去时，他似乎很惊讶我没有对其目标产生共鸣。对他来说，"体制"意味着进步，而对我来说，体制意味着压迫。

重新思考科学、进步、等级和残疾

残疾研究学者、家长和学生都加入了一项请愿活动，即要求社会停止给个体加以轻蔑性的命名以及将其排除在主流院校之外的做法。加拉格尔（Gallagher，2001）指出"这是经验主义者的僵局，他们倡导使用中立和科学的方式解决这种（被融入）争论"，而对其而言"被融入"是"通过自由、开放和权威的道德对话来实现的一种意识形态的斗争"

(p. 651)。尽管美国教育研究协会教育中的残疾研究特殊兴趣小组自 2001 年成立以来已经有了相当大的发展，但它仍然与史密特(Schmidt, 2001)的结论相吻合：反对派在大多数领域代表着少数群体的弱势地位。也许这是因为残疾研究学者敢于挑战主宰特殊教育者思想的科学专业知识和社会进步的主题。根据残疾研究学者法利和康纳的观点(2006)，"因为我们正在研究排斥而不是包容，所以我们的研究与这个领域传统的进步故事背道而驰"。我们的方法着重于在包容和废除种族隔离的故事中未被说出的、被遮蔽的、模糊和沉默的东西(p. 6)。迪米特里亚迪斯(Dimitriadis)和卡尔森(Carlson)(2003)建议学校回归早期的使命，即"将学生融入一种共同的文化和共同的公共理念"(p. 22)。

　　由于对科学的信仰不可动摇、那些享受服务的群体的"局外人"地位，以及根深蒂固的分层制度，精英教育仍牢牢地控制着学校教育。值得称赞的是，本书的编者把残疾问题作为社会公平问题。正如一般的特殊教育领域一样，残疾研究学者主要被隔离于关心教育不公平的研究人员之外。作为局外人，他们在普通教育和特殊教育专业共同体中独自奋战已久。然而，很明显，残疾身份的形成只是精英式教育带来的诸多破坏性后果之一。因此，所有学科背景的进步教育工作者必须携手并进，共同努力，与所有的等级制教育进行斗争，集体致力于学校民主化，并建立一种社会互惠的道德标准，使社会公平进入学校之门。

注：

413

1. 在全世界的宗教中出现了一种社会互惠的道德规范："己所痛恨，勿施于人。这就是全部的法律；余下皆是空话"(犹太教)。"己所伤，勿伤于人"(佛教)。"想他人所想，已然是一名虔诚的信徒"(伊斯兰教)。"己所不为，勿施他人"(基督教)。"受祝福者即是使兄弟亲人先于自己得到上帝恩泽的人"(巴哈教信仰)。
2. 精英制度是一种竞争体系，旨在找出某些个体的优势，以便其在学校和毕业后的生活中取得进步。当他们无意或蓄意选择有价值的个体时，那些被认为价值稍逊的人群被赋予了贬义的名字，并且被降级为更为局限的学校环境。
3. 严重残疾协会(The Association for Severely Handicapped, TASH)是一个残疾组织，它试图从被标记的儿童和他们家庭的角度来看待事物。它是支持完全融合(即全纳)的专业机构之一。

(朱　正　译)

参考文献

Apfelbaum, E. (1999). Relations of domination and movements for liberation: An analysis of power between groups. *Feminism & Psychology*, 9(3),267 – 272.

Apple, M. (2001). Afterword: The politics of labeling in a conservative age. In G. M. Hudak & P. Kihn (Eds.), *Labeling: Pedagogy and politics* (pp. 261 – 283). New York: RoutledgeFalmer.

Aronowitz, S. (1988). *Science as power: Discourse and ideology in modern society*. Minneapolis: University of Minnesota Press.

Artiles, A. J., & Trent, S. (1994). Overrepresentation of minority students in special education: A continuing debate. *Journal of Special Education*, 27,410 – 427.

Atkinson, K. (2004) *Case histories*. New York: Back Bay Books.

Beane, J. A. (2006). Foreword. In E. R. Brown & K. J. Saltman (Eds.), *The critical middle school reader* (pp. xi – xv). New York: Routledge.

Bowles, S., & Gintis, H. (1976). *Schooling in capitalist America*. New York: Basic Books.

Brantlinger, E. (1985). Low-income parents' perceptions of favoritism in the schools. *Urban Education*, 20,82 – 102.

Brantlinger, E. (1993). *The politics of social class in secondary school: Views of affluent and impoverished youth*. New York: Teachers College Press.

Brantlinger, E. (1997). Using ideology: Cases of non-recognition of the politics of research and practice in special education. *Review of Educational Research*, 67,435 – 460.

Brantlinger, E. (2001). Poverty, class, and disability: A historical, social, and political perspective. *Focus on Exceptional Children*, 33(7),1 – 19.

Brantlinger, E. (2003). Who wins and who loses? Social class and student identities. In Michael Sadowski (Ed.), *Adolescents at school: Perspectives on youth, identity, and education* (pp. 107 – 121). Cambridge, MA: Harvard Education Press.

Brantlinger, E. (2004a). *Dividing classes: How the middle class negotiates and rationalizes school advantage*. New York: RoutledgeFalmer.

Brantlinger, E. (2004b). Confounding the needs and confronting the norms: An extension of Reid and Valle's Essay. *Journal of Learning Disabilities*, 37(6),490 – 499.

Brantlinger, E. (2006). "The big glossies" How textbooks structure (special) education. In E. Brantlinger (Ed.), *Who benefits from special education? Remediating [fixing] other people's children* (pp. 45 – 76). Mahwah, NJ: Erlbaum.

Brantlinger, E. (forthcoming a). Playing to middle class self-interest in pursuit of school equity. In L. Weis (Ed.), *The way class works*. New York: Routledge.

Brantlinger, E. (forthcoming b). (Re)Turning to Marx to understand the unexpected anger among "winners" in schooling: A critical social psychology perspective. In J. Van Galen & G. Noblit(Eds.), *Late to class*. Buffalo: State University of New York Press.

Brantlinger, E., & Danforth, S. (2006). Critical theory perspective on social class, race, gender, and classroom management. In C. M. Evertson & C. S. Weinstein (Eds.), *Handbook of classroom management: Research, practice, and contemporary issues* (pp. 157 – 180). Mahwah, NJ: Erlbaum.

Brantlinger, E., Morton, M. L., & Washburn, S. (1999). Teachers' moral authority in classrooms: (Re)structuring social interactions and gendered power. *The Elementary School Journal*, 99(5), 491 – 504.

Brown, D. E. (1991). *Human universals*. Philadelphia: Temple University Press.

Burroughs, J. (Sept, 1912/January/February, 2007). Science. *The Atlantic*, 299(1), 50 – 51.

Caplan, P. J. (1995). *They say you're crazy: How the world's most powerful psychiatrists decide who's normal*. Reading, MA: Perseus.

Capshew, J. H. (1999). *Psychologists on the march: Science, practice, and professional identity in America, 1929 – 1969*. Cambridge, UK: Cambridge University Press.

Danforth, S. (1999). Pragmatism and the scientific validation of professional practices in American special education. *Disability and society*, 14(6), 733 – 751.

Davies, L. (2004). *Education and conflict: Complexity and chaos*. New York: Routledge.

Dimitriadis, G., & Carlson, D. (2003). Introduction. In G. Dimitriadis & D. Carlson (Eds.), *Promises to keep: Cultural studies, democratic education, and public life* (pp. 1 – 35). New York: RoutledgeFalmer.

Dunn, L. M. (1968). Special education for the mildly retarded: Is much of it justifiable. *Exceptional Children*, 35, 5 – 22.

Dweck, C. S. (2002). Beliefs that make smart people dumb. In R. J. Sternberg (Ed.), *Why smart people can be so stupid* (pp. 24 – 41). New Haven, CT: Yale University Press.

Fanon, F. (1967). *Black skin, white masks*. New York: Grove Press.

Fernald, W. E. (1896). Some methods employed in the care, and the training of feeble-minded children of the lower grades. In *forty-eighth annual report of the trustees of the Massachusetts School for the Feeble-Minded at Waltham year ending 1895*. Boston: Wright & Potter.

Ferri, B. A., & Connor, D. J. (2006). *Reading resistance: Discourses of exclusion in desegregation and inclusion debates*. New York: Peter Lang.

Feyerabend, P. (1976). *Against method*. London: New Left Books.

Foucault, M. (1978). *The history of sexuality: An introduction* (Vol. 1). New York: Vintage.

Foucault, M. (1979). *Discipline and punish: The birth of the prison*. New York: Vintage.

Fuss, D. (1995). *Identification papers*. New York: Routledge.

Gabbard, D. A. (2003). Education IS enforcement! The centrality of compulsory schooling in market societies. In K. J. Saltman & D. A. Gabbard (Eds.), *Education as enforcement: The militarization and corporatization of schools* (pp. 61 – 78). New York: RoutledgeFalmer.

Gallagher, D. (1998). The scientific knowledge base of special education. Do we know what we think we know? *Exceptional Children*, 60, 294 – 309.

Gallagher, D. (2001). Neutrality as a moral standpoint, conceptual confusion and the full inclusion debate. *Disability and Society*, 16(5), 637 – 654.

Giroux, H. (2003) Series foreword. In Z. Leonardo (Ed.), *Ideology, discourse, and school reform* (pp. ix – xi). Westport, CT: Praeger.

Goddard, H. H. (1914). *Feeble-mindedness, its causes and consequences*. New York:

Macmillan.

Goffman, E. (1961). *Asylum*. New York: Penguin.

Goffman, E. (1963). *Stigma: Notes on the management of spoiled identity*. Englewood Cliffs, NJ: Prentice-Hall.

Gould, S. J. (1996). *The mismeasure of man*. New York: W. W. Norton.

Gramsci, A. (1971). *Selections from the prison notebooks* (Q. Hoare & G. N. Smith, Eds.). New York: International Publishers. (Original work published 1929 – 1935)

Greene, M. (2001). Foreword. In G. M. Hudak & P. Kihn (Eds.), *In Labeling: Pedagogy and politics* (pp. xvi – xvii). New York: RoutledgeFalmer.

Grigorenko, E., & Lockery, D. (2002). Smart is as stupid does: Exploring bases of erroneous reasoning of smart people regarding learning and other disabilities. In R. J. Sternberg (Ed.), *Why smart people can be so stupid* (pp. 159 – 186). New Haven, CT: Yale University Press.

Harding, S. (1987). Introduction: Is there a feminist method? In S. Harding (Ed.), *Feminism and methodology* (pp. 1 – 15). Bloomington: Indiana University Press.

Hatch, J. A. (2006). Qualitative studies in the era of scientifically-based research: Musings of a former QSE editor. *International Journal of Qualitative Studies in Education*, 19(4), 403 – 407.

Holland, D., Lachicotte, W., Jr., Skinner, D., & Cain, C. (1998). Preface. In D. Holland, W. Lachicotte, D. Skinner, & C. Cain (Eds.), *Identity and agency in cultural worlds* (pp. vii – ix). Cambridge, MA: Harvard University Press.

Hudak, G. M. (2001). On what is labeled "playing": Locating the "true" in education. In G. M. Hudak & P. Kihn (Eds.), *Labeling: Pedagogy and politics* (pp. 9 – 26). New York: RoutledgeFalmer.

Hudak, G. M., & Kihn, P. (2001). *Labeling: Pedagogy and politics*. New York: RoutledgeFalmer.

Kaufman, J. S. (2001). The classroom and labeling: "The girl who stayed back." In G. M. Hudak & P. Kihn (Eds.), *Labeling: Pedagogy and politics* (pp. 41 – 54). New York: RoutledgeFalmer.

Kittay, E. F. (1999). *Love's labor: Essays on women, equality, and dependency*. New York and London: Routledge.

Koggel, C. M. (1998). *Perspectives on equality: Constructing a relational theory*. Lanham, MD: Rowman & Littlefield.

Kuhn, T. (1962). *The structure of scientific revolutions*. Chicago: University of Chicago Press.

Luke, C., & Luke, A. (1995). Just naming? Educational discourses and the politics of identity. In W. T. Pink & G. W. Noblit (Eds.), *Continuity and contradiction: The futures of the sociology of education* (pp. 357 – 380). Cresskill, NJ: Hampton.

McCarthy, C., & Dimitriadis, G. (2001). Labeling resentment: Re-narrating difference. In G. M. Hudak & P. Kihn (Eds.), *Labeling: Pedagogy and politics* (pp. 225 – 232). New York: RoutledgeFalmer.

415

McCourt, F. (2005). *Teacher man*. New York: Scribner.

McNeil, L. M. (2000). *Contradictions of school reform: Educational costs of standardized testing*. New York: Routledge.

Mercer, J. R. (1973). *Labeling the mentally retarded*. Berkeley: University of California Press.

Moore, R. , & Young, M. (2004). Knowledge and the curriculum in the sociology of education. In M. Olsson (Ed.), *Culture and learning: Access and opportunity in the classroom* (pp. 235 – 256). Greenwich, CT: Information Age.

Moyers, B. (2007, January 12th). *Big media is ravenous. It never gets enough. Always wants more. And it will stop at nothing to get it. These conglomerates are an empire, and they are imperial*. Paper presented at the National Conference on Media Reform, Memphis, TN.

Oakes, J. (2005). *Keeping track: How schools structure inequality* (2nd ed.). New Haven, CT: Yale University Press.

Peshkin, A. (1991). *The color of strangers: The color of friends*. Chicago: University of Chicago Press.

Popkewitz, T. , & Brennan, M. (1998). *Foucault's challenge: Discourse, knowledge and power in education*. New York: Teachers College.

Popkewitz, T. S. (2004). Is the National Research Council Committee's Report on Scientific Research in Education scientific? *Qualitative Inquiry*, 10(1),62 – 78.

Rawls, J. (1971). *A theory of justice*. Cambridge, MA: Harvard University Press.

Said, E. (1978). *Orientalism*. New York: Vintage Books.

Schmidt, J. (2000). *Disciplined minds: A critical look at salaried professionals and the soulbattering system that shapes their lives*. Lanham, MD: Rowman & Littlefield.

Smith, D. E. (1987). Introduction: Is there a feminist method? In S. Harding (Ed.), *Feminism and methodology* (pp. 84 – 96). Bloomington: Indiana University Press.

Sternberg, R. J. (Ed.). (2002). *Why smart people can be so stupid*. New Haven, CT: Yale University Press.

Stoughton, E. (2006). Marcus and Harriet: Living on the edge in school and society. In E. Brantlinger (Ed.), *Who benefits from special education? Remediating (fixing) other people's children* (pp. 145 – 164). Mahwah, NJ: Erlbaum.

Styers, R. (2001). The "magic" of "science": The labeling of ideas. In G. M. Hudak & P. Kihn (Eds.), *Labeling: Pedagogy and politics* (pp. 235 – 249). New York: RoutledgeFalmer.

Taubman, P. M. (2001). The callings of sexual identity. In G. M. Hudak & P. Kihn (Eds.), *Labeling: Pedagogy and politics* (pp. 179 – 200). New York: RoutledgeFalmer.

Valenzuela, A. (2005). Subtractive schooling and divisions among youth. In E. R. Brown & K. J. Saltman (Eds.), *The critical middle school reader* (pp. 357 – 373). New York: Routledge.

Varenne, H. , & McDermott, R. (1998). *Successful failure: The school America builds*.

416

Boulder, CO: Westview.

Washington, H. A. (2006). *Medical apartheid: The dark history of medical experimentation on Black Americans from colonial times to the present*. New York: Doubleday.

Willinsky, J. (2005). Scientific research in a democratic culture: Or what's a social science for? *Teachers College Record*, 107(1), 38 – 51.

Young, M. F. D. (1965). *Rise of the meritocracy*. Baltimore: Penguin.

26

服务与伤害：从残疾研究的视野重塑特殊教育

贝丝·A·费里(Beth A. Ferri)

他们并不是真的想聆听真相。(Isis, cited in Jones, 2004: 72)

治疗与自由,哪种权利更重要? 在特殊教育领域,针对个体而言,接受治疗比拥有自由更为紧要。关于这一点,我们的刊物和文字便是较好的佐证。(Burton Blatt, 1984, p. 170)

纵观过去,特殊教育领域或是将自己定义为人道主义关怀和援助的宣传者,抑或是将自己奉为公民权利的倡导者,以"治愈、关怀、仁爱、慈善、克制、专业"为信仰(Ware, 2004, p. 2)。在美国,特殊教育作为父母的代言人,常常肩负着倡导宣传的任务,这些残疾孩子的父母同心协力,共同抵制针对他们孩子的普遍歧视、忽视及完全排斥。鉴于其植根于教育宣传和权利倡导的土壤,特殊教育可被认定为致力于社会公平。

尽管特殊教育的初衷是好的,但却任重而道远。究其根源,主要是因为残疾群体数量众多,但特殊教育的开放程度有限,这一点也恰恰证明了相关现状:特殊群体的孩子容易在学校中受到排斥(Erevelles, 2005, p. 75)。正如布兰特林格(Brantlinger, 2004)在书中所写的那样,是时候关注教育的内在本质了,我们应积极地淘汰压抑的教育实践和教育结构。换言之,正如已故学者伯顿·布拉特(Burton Blatt)所警示我们的:"特殊教育需要的不仅仅是更多的研究、汇报或发表成果,对相关工作的定期分析和深入探索,也是必不可少的。"(1984, p. ix)

我们要认真对待这些要求自我反省和批判的呼声,它要求我们用批判的眼光来看待特殊教育的历史实践和当前实践,特别是要关注那些将学生的个体差异视为病态的机制,正是这些机制导致少数种族的孩子在特殊教育中占据了过高的比例。种种批判,为我们揭示了特殊教育的最终用意:不仅服务于有特殊需求的学生,而且是普通教育用来排他的工具——允许其保有一种同质化的假象、一套死板的规范做法,也正因如此,越来越多的学生开始变得无足轻重。因此,在我看来,特殊教育表面上看似是支持孩子们受教育的权利,实则却荒谬地维护社会不公和对特殊群体的排斥。

在本章接下来的部分,我将重点阐述一些关于特殊教育的主流批判观点。这些观点首先来自从事教育中的残疾研究的学者,其次来自当前及曾经接受过特殊教育的学生,他们的身体和历史都充分暴露了现行教育实践的影响。这些来源不同的声音提醒

我们：于学者而言，仅仅围绕着社会公平进行高谈阔论是远远不够的，我们需将自己 418
置身其中，去倾听那些对现状最不满意的声音。正如 Bell(1997)所写的那样："社会公
平教育始于人类的生活经历和实践，从而衍生出众多对社会变革的批判性观点和行
为。"假若我们能严肃对待学生们的呼声，凡此种种，都将为我们指引方向，以重塑残
疾；彻底改变特殊教育实践，而这些的实现，则需借助于多种能为社会公平观念所理解
的方式。

重构特殊教育实践

最初，特殊教育被认为是一种专门化的服务，旨在确保残疾学生能够获取公平的
教育机会。然而多年来，特殊教育却被理解（误解）为是接纳那些现在或者将来不能被
普通学校的僵硬原则——即"一致性与合理性"——所认同(Erevelles，2005，p. 72)的
学生。作为与普通学校并行的教育系统，双重教育体系借助将学生分离和边缘化的方
式，将相关特权赋予了某些群体，而这些学生大都是普通教育所认为的问题学生或困
难学生(Artiles，2005)。一旦这些学生被踢出去并贴上标签，他们很快就会被健全的
同伴视作是"异类"(Brantlinger，2004，p. 20)。如此一来，残疾分类本身就成为了这
些学生的"特殊之处"。因此，残疾标签就如同是他人随意制定的机制，从而将正常的
学生与那些看似有缺陷、失常的学生区分开来。

一旦一名学生被认为是"有问题的"，这一自称是合理合法的体系就会给其贴上标
签，进行三六九等的划分，并最终将其驱逐在外。在这一机制看来，针对学生的个体差
异，这种回应是合理的，也是有必要的(Brantlinger，2004，p. 11)。然而，并不是所有
的事物都在诊断的关注之下，普通教育通常较为死板、僵硬；面对与日俱增的学习者，
其效果更是微乎其微。由于其过分关注病因、诊断以及指向学习者的专业干预，普通
教育极易超出临床关注范围(Sleek，2004；Wedell，2005)。当人们认为一个孩子应接
受特殊教育时，"很少会将课堂内容考虑在内"，因为在他们看来，这个孩子的残疾是先
天性的(Harry & Klingner，2006，p. 67)。关于残疾，这一不切实际的观点认为，有缺
陷的、需要进行干预的是学生本身，而非该教育机制或是更大的教育环境。换言之，如
果传统的教育模式在学生身上失败了，那么有缺陷的是这名学生本身，而非该教育模
式(Gallagher，2005)。即使名为"干预法反应"(Response to Intervention, RTI)的学习

障碍诊断在近期进行了相关改革,但当一名孩子对干预无反应时,人们仍然会认为问题出在孩子身上。因此,当某位学生没有对以研究为基础的学术干预做出反应时,人们就会根据 RTI 认定该学生存在学习障碍。换句话说,如果临床研究表明某种教学策略奏效,那么无法从这个干预中受益的学生,一定在某些方面存有缺陷。因此,尽管 RTI 能让更多正在苦苦挣扎的学生接受干预,但它仍然只是个工具,用以衡量特殊教育是否合格,并最终给学生贴上"有缺陷"的标签,而不是将问题指向教育内容本身。此外,该模式本身无法质疑干预效果,因为其是以研究为基础的,并不将之视为问题。因此,我们暂且不论该模式的内容,就目前来看,该模式主要用于为学生贴上"缺陷"、"失常"、"残疾"等标签,而非指向课堂实践。同样地,我们的干预效果主要指向学生个人,而非教学模式。换言之,重塑的对象是学生,因为这些学生才是被视为有缺陷的对象。

419 　　近年来,对特殊教育的批判主要聚集在对隔离式特殊教育效果和道德伦理的质疑上。正如林登(Linton, 2006)所言:"特殊教育并不是残疾'问题'的解决办法,它本身*就存在问题*,或者至少是残疾人完全融入社会的障碍之一。"(p. 161,原文斜体)其他的批判观点则是聚焦在特殊教育中少数种族学生所占比例过高的问题上(Ferri & Connor, 2006;Huarry & Klingner, 2006;Losen & Orfield, 2002)。与其将这些批判看作是与种族或残疾有关的言论,我更倾向于将他们看作是在强调学校里排斥和歧视之间的内在联系。换句话说,每一种批判都强调了一个失败的承诺,即培养每个人、重视每个人、接纳每个人(Kugelmass & Ainscow, 2004)。他们把重点放在了种族、民族、社会阶层、性别与残疾状况相互交织的复杂方式上,这引发了一系列与排斥和边缘化相关的连锁形式。这些形式主要包括:分轨制编班、特殊教育安置、惩处政策和实践,以及为学生提供的天才计划和跳级制度。

　　筛选学生,往往就是将"有缺陷"的学生进行隔离,而这些学生在此之前由于社会阶层、种族或民族等种种因素,早已被边缘化了。学校基于"文化叙事和缺陷话语"制定了一种"个人能力分析表",以学生们的风险认知能力为依据,而非潜力或期望,进行鉴别、分类和筛选(Collins, 2003, p. 192)。这种方式植根于种族主义和残疾歧视的契合,强调特殊教育如何在"教育隔离的泥潭"中根深蒂固,无法自拔(Kliewer & Raschke, 2002, p. 43)。事实上,该领域中持续时间最长的批判之一,便是对少数种族学生在特殊教育中所占比例过高的质疑(Dunn, 1968;Sleeter, 1987)。近期数据证实,少数种族的学生被贴上"智力迟钝"或"心理失常"标签的可能性,是白人孩子的两至三倍。一旦被贴标签，这些少数种族的学生就很可能被分配到"隔离课堂"中去（Fierros & Conroy，2002）。

历史显示，在隔离课堂出现之初，来自少数种族和民族、移民和社会底层的学生便是其主要成员（Erevelles，2005；Ferri & Conner，2006；Franklin，1987）。与"优生运动"相同的是，那些不分等级的课程和设施直到 20 世纪上半叶才开始蓬勃发展。这些课程被定义为是专门为那些"迟钝"、"智障"或"低能"的孩子开设的，为自足式特殊教育教室开创了先河。因此，基于种族而采取的隔离与基于残疾而采取的隔离之间的关系，并不仅仅是近代才存在的现象。当历史上著名的"布朗诉托皮卡教育局案"判决依种族分类隔离学生是违宪行为后，该行为就站在了风口浪尖上。此外，在我看来，如分轨制编班和天才计划一样，在"布朗案"之后，特殊教育的功能主要是破坏种族隔离废止令，一旦其不能在学校间产生隔离的效果，则将发挥在内部隔离学生的作用（Ferri & Conner，2006）。最终，特殊教育仍然是为普通教育服务，并且成为了"有缺陷"、"失常"或是仅仅"存在障碍"的孩子的"清理所"（Kliewer & Raschke，2002，p. 54）。这一做法在 20 世纪 70 年代初期十分奏效。在解释和强调学生间的差异，以及为他们的排斥行为寻求正当理由时，"残疾类别"起到了"重要的隐喻"作用（Harry & Klingner，2006）。

当然，正如罗杰·斯里（Roger Slee，2004）所言，"学校永远都不会面向所有人开放"（pp. 47 - 48），特殊教育只是掩盖住了普通教育对一致性和同质性的要求（Baker，2002）。因此，也就是说，特殊教育只是在优势群体和那些将会被发配到教育体系边缘的孩子之间，提供了一块较为有效的缓冲区。它提供了一种方法来消除"对学生观念上的冲击"，但却"歪曲"了大众教育（Jones，2004，p. 190）。因此，我们不必讶异，如同学校中所有地位低下群体的安置（比如补习或职业辅导性质的分轨制编班），特殊教育的标志正是边缘化学生的比例过高。（Brantlinger，2005；Harry & Klingner，2006；Losen & Orfield，2002）。近年来，"由于种族界限而被隔离的特殊教育群体与日俱增"（Artiles，2005，p. 92），那些来自不同种族的学生，即使拥有相似的教育背景，也会因为种族而被贴上不同的判定标签。

当人们开始思考有谁可以在这种制度安排中受益时，很显然，普通教育从双重教育体系现状中分到了很大一杯羹（Brantlinger，2004）。我们不应指望普通教育会放弃其特殊需求，停止对被指"有缺陷"的孩子实行"清理"（Kliewer & Raschke，2002，p. 54）。或许，以下内容应当为大众所周知：对于有特殊学习需求的学生而言，特殊教育既不是简单地提供一系列服务,亦不是服务于这些学生的中立场所。相反地,在维持具有排他性的普通教育方面,特殊教育应当被视作一个不太可靠的机制。因此,若想实现有意义的改革,构建更加公平的教育体系,就要求我们对整个体系进行重新思考。同样地,倘若我们的目标是社会公平,那么我们所制定的政策就不应仅仅关注残疾学生,更要支持和欢迎所有的学生,并消除所有形式的社会排斥(Kugelmass & Ainscow,2004)。社会公平教育不应仅仅局限在减缓僵硬的普通教育体系带来的冲击。必须承认,现行的教育体制并不是面向广大学习者的(Wedell,2005)。随着特殊教育学生数量史无前例地膨胀,可能我们要承认,我们不能给每个人都贴标签,在某种情况下,我们不得不开始质疑自己的实践了。这一质疑要求学校摒弃医学模式,该模式将残疾视为孩子本身的缺陷或病状;而将"残疾的社会模式概念化"看作是社会或政策的结果。换句话说,残疾必须被视作使学校中的差异组织有序的手段之一(Erevelles,2005)。

教育中的残疾研究(DSE)领域的学者将想当然的"残疾标准实践、信念和设想"进行了改写(Ware,2005,p. 104)。他们一直致力于对残疾话语的批判与改写。教育中的残疾研究摒弃了医学模式对残疾的认知,并将自身与其他基于认知的研究相结合起来,从而与传统的残疾认知方法区分开来。正如加布尔(Gabel,2005)所写的那样:"残疾即缺陷这一模式被拒绝作为相关依据,用以理解残疾人的生活经历。因为其更倾向于将残疾归为病态的差异,并且只偏信专家学说。"(p. 2)作为研究领域之一,教育中的残疾研究将自己定位为批判者,而不是诊断者、社会学者,更不是个人主义者。它假定传统主义者们只能看到缺陷,并且认为所有学生的能力、兴趣和需求都是多样化的。教育中的残疾研究的学者将批判的目光转向了传统教育实践,他们与残疾人士携手共进,在学校和社会中创造重塑残疾与差异的新方法。

421 重塑残疾和特殊教育

传统特殊教育方法扎根于"与缺陷密切相关的心理-医学模式",在经历了行动、学习、行为等一系列方式的转变后,成为了单独的病理学科(Slee,2004,p. 47)。特殊教育专注于残疾的医疗和缺陷模式,将残疾学生定位成临床和诊断关注的对象,而这也几乎堵塞了其他了解残疾经历的渠道。这些学生们被当作研究对象,被视为应当纠正或矫正的问题。因此，他们的声音和观点很少被倾听，也难以引起重视，因为他们的身体自始至终都处在被隔离和边缘化的状态中。对特殊教育过程所作的任何粗略调查，都会产生堆积如山的量化研究；在评估侧写中，它们对残疾学生的每一细微差别都进行了一一剖析，却甚少去探究残疾人的呼声和想法。但是，当我们把关注的对象从残疾学生转移到特殊教育时，会发生什么呢？面对我们所构建的服务实践、所给予的标签，现在和曾经的学生又会说些什么呢？倘若认真分析学生们对现存教育的看法，又会有何收获呢？在接下来的部分中，我将对此作重点阐述。

接下来，我将引证一些近期的研究，这些研究重点突出了当前和曾经接受过特殊教育的学生的心声。尽管这些调查并不详尽，并没有覆盖所有学生的心声，但我仍尝试着去展现学生们的不同经历，了解他们身上所背负的种族、民族、性别、社会阶层以及残疾等标签。我所采用的分析，主要是基于对个人的直接研究。然而，不幸的是，特殊教育研究将继续以实证调查为主线，这样一来也就削减了那些专注于学生生活体验的研究成果数量。因此，诸如我所使用的这一类研究，将继续作为相关规则的例外而存在。正如里德(Reid)和巴列(Valle)(2004)那令人信服的观点：因为残疾学生往往不被视作拥有自我意识，因此，他们的呼声是被认可还是被否定，都取决于临床和诊断结果，这也导致特殊教育缺少内部人士的视角。

由于种族、民族、性别和社会阶层等因素，在本章中我所列举的研究对象，被贴上了一系列特殊教育标签，从学习障碍到自闭，再到心理失常等等。尽管这些差异和其他差异在群体中呈现出惊人的相似，特别是在残疾的建构和特殊教育的效力方面，但这些见解却提供了强而有力的评论，痛斥当前的教育实践，同时也为改革的深入指明了方向。

在第一部分的引证中，我所列举的例子主要集中在个人对残疾标签的质疑上。在主流意识看来，残疾是一种缺陷，是一种不足。这些例子的主人公十分抗拒主流意识对残疾的理解。他们指出了更多的、与残疾有关的社会模式，于他们而言，残疾是一种建构，是专制的产物。拜克伦(Biklen, 2005)认为："在任何可靠的客观意识中，残疾都是不可知的。它可以被研习、被讨论，但却无法作为真相被感知，因此，人们常常需要诠释它。"(p. 3)在这些引证中，我们听到了学生们关于残疾认知的其他说辞：

- 我是残疾人，但我有能力。(某学生，见 Lipsky & Gartner, 1997, p. 149)
- 他们认为你毫无天分。(某学生，见 Fleischer, 2001, p. 115)
- 我讨厌去"哑语教室"，我又不是哑巴。(某学生，见 Lipsky & Gartner, 1997,

p. 150)

422

- 我是有些缺陷,但许多其他人也有。(Frugone,见 Biklen, 2005, p. 196)

- "智力发育迟滞"是最丢人的标签……但它并不能作为缺乏思考能力的证明。(Mukhopadhyay,见 Biklen, 2005, p. 136)

- 如果我要说一些关于孤独症的事情,那就是它的魅力……更重要的是,我不得不承认,其他人对孤独症的态度,以及对各种各样特质的态度,更让人着迷。(Blackman,见 Biklen, pp. 148 - 149)

- 没有人天生就行为恶劣,往往都是后天形成的。(Air,见 Jones, 2004, p. 177)

然而,如果残疾是一种建构,那么问题是:谁拥有这种建构的特权呢? 在特殊教育领域,盛行的并不是那些被贴标签的人所口诛笔伐的内容(Bell, 1997, p. 13),而是与残疾有关的临床观点。在传统特殊教育的话语中,对残疾主流意识提出质疑的选择性理解,仍处在边缘化状态中。

在这些研究中,人们形成的另一个共识便是对诊断过程的看法,正是这一诊断过程将他们的特殊差异重新定义为不同的类别(Apple, 2001)。在这次抽样中,许多人不仅强烈批判他们身上的标签,而且对评估程序和机制也大加抱怨。

- 我还是孩童时就残疾了,于是去了一所残疾儿童学校。(Attfield,见 Biklen, 2005, p. 209)

- 心理学家和其他人觉得……我实在受不了这些人。他们干涉了我的所有事情。(Michelle,见 Connor, 2008, p. 180)

- 我经历过数百次的测试……每个人都想知道我究竟出了什么问题,却忽略了我对那么多事情都能量满满、激情澎湃。(O'Connor,见 Rodis, Garrod, & Boscardin, 2001, p. 72)

- 从某种角度来说,整个测试过程实际上是建基于测试人员能否观察到被测试者以其理解的社交方式进行交往。(Blackman,见 Biklen, 2005, p. 149)

我们应谨慎对待给予残疾标签这一行为的内在力量,在许多人看来,测试过程和标签颇具攻击性。此外,有一部分人质疑,为什么大家需要坚守这种死板僵化的规范。穆霍帕迪亚(Mukhopadhyay)写道:"学生们并不是拼图游戏的碎片,人们不能强迫他们成为原定计划的傀儡。"(转引自 Biklen, 2005, p. 134)对于其他人而言,期待所有学生以同一方式学习是很"可笑"的(O'Connor,见 Rodis et al., 2001, p. 71)。相反,他们认为所有的学生都是迥然不同的,学生们的需求应依情况而定,并不是一成不变的

(Reid & Valle，2004)。教师们在刻板的学校机制中定义残疾，一旦他们感知到某名学生的残疾，其期望值也会随之骤减。然而，与教师和同伴的看法恰恰相反，这些参与研究的孩子认为自己有智慧、有能力，甚至很有魅力。

关于被贴上标签和被安排接受特殊教育的过程，学生们感到很困惑，而这一点，很具启发意义。正如瓦内萨（Vanessa，出自 Conner，2008）提出的问题："是谁让我接受特殊教育的？在我一无所知时，这一切就发生了……这很不公平。"（p. 242）处于同一个研究中的另一名学生则解释了父母是如何因受到胁迫而将孩子送入特殊教育学校的。他说，如果父母不同意安排，那学校就会威胁要扣留他们的孩子，所以父母不得已最后只能签署了文件。他接着说：

- 当父母签署文件的那一刻，你就失去了自己的权利。一旦你到了那里，就像是到了地狱……进去容易出来难。任何一个孩子都能接受特殊教育。但要想逃离特殊教育，就像是要从地狱逃出去。（Michael，见 Connor，2008，p. 149）。

很少有接受特殊教育的学生能够接触到普通教育的课程，一名 16 岁的非裔美籍男孩对此提出了质疑。他指出，在特殊教育中，"你看到的所有面孔都是黑人"（Jesse，见 Smith，2001，p. 113）。正因他认为自己接受的教育不太好，生活中的机会甚少，因此他将这一处境视作是一场危机，他大喊道："我要出去！让我出去！"（p. 110）。而其他的学生也有类似的故事：

- 我觉得我没有得到公平的机会。当时没有人问我想去哪里上学。（Attfield，见 Biklen，2005，p. 203）
- 那个残疾的标签跟随了我很长时间。（O'Connor，见 Rodis et al.，2001，p. 64）
- 每当我在课堂上遇到障碍，他们立刻就把我带出教室，不让我享受课堂资源……他们就是这样一会儿把我带出去，一会儿又让我回到课堂……但我们在课堂上什么都没做（我都错过了）。我们没有在课堂资源范围内学到与社会相关的知识，只是在玩游戏而已。我们所做的唯一事情就是玩游戏。（Rose，见 Ferri, Keefe, & Gregg，2001，pp. 25 - 26）

学生们意识到在这一过程中，他们甚至是他们的父母都没有多少控制权。从普通教育到特殊教育，学生们被这两者不断地踢皮球，面对这一决策过程，他们感到无能为力。正如哈里（Harry）和克林纳（Klingner）（2006）所写的那样："一旦关于残疾的评判开始启动，它就会成为一种很难被中断的机制。"（p. 7）"社会力量相互交织，构建了'残疾'这种身份，而这种身份又成为了某些学生的标签，普通教育'很难服务'于这类学生。"(p.9)在这一过程中,学生们面对将会影响他们以后数年生活的决定时,被迫体验束手无策的感觉。当我们思考学生们在这一过程的感受时,我们必须质疑自己那套在特殊教育需求方面"理所当然"的观念,并且扪心自问:"当前的机制服务于谁? 谁又觉得被当前的服务模式赋予了权利,或剥夺了权利?"

这些例子中衍生出来的另一个问题便是,当学生们接受特殊教育时,其所受的指导往往一无是处。许多学生都曾提及课程毫无挑战性以及日复一日地做游戏。接下来的例子将重点论述资源教室和其他特殊课程中的教学实效。

- 他们只是在日复一日、年复一年地教授相同的内容,而不是给你安排有挑战性的课业……你基本上要靠自己学习。(Michael,见 Connor,2008,p.146)

- 这学校的功课很糟糕! 它们与任何事情都毫无瓜葛,我们从中一无所获。它们唯一需要做的就是让我们保持忙碌状态,不去惹麻烦。我们每天做着同样的事情,实在是愚蠢至极。(Chanell,见 Connor,2008,p.84)

- 我们的任务就是做各种游戏,打电脑游戏,下棋盘游戏……我家有各种各样的玩具……它们都是我玩游戏的时候赢得的……但我觉得这样很傻,我必须离开这种课堂。(Rose,见 Ferri, et al.,2001,p.25)

424
- (特殊教育课堂的)老师很和蔼,但他们低估了我。(Pelkey,见 Rodis et al.,2001,p.21)

- 当你在学校的时候,什么都不用做。你做的事情永远是最基础的……举个例子,我在五年级的时候还在做着一年级的作业。(Jesse,见 Smith,2001,p.111)

- 我对学校太失望了,这里永远没有挑战。(Attfield,见 Biklen,2005,p.209)

学生们坚信他们在隔离的环境下接受的教育是低级的,因此许多人支持消除这种隔离。有的孩子还提出了一些详细的、能够有所助益的建议:

- 我并不是生活在一个与世隔绝的社会中;我不应该在孤立的课堂中学习……其他的学生应当从我的见解中有所获益。很多时候,我可以察觉到他们所忽略的东西。(Lipsky & Gartner,1997,p.149)

- 我希望看到有人试着通过这些课程帮助我,而不是让我出局。(Rose,见 Ferri, et al.,2001,p.26)

- 特殊教育体系很无能……它什么都不能教你。(Jesse,见 Smith,2001,p.112)

- 有时,我认为当孩子们的一天已经很糟糕的时候,老师们对孩子的压制会让事

情更糟。当我们遇到这种情况时，他们应当让我们自己一个人待着。（Air，见 Jones，2004，p. 42）

- 老师们不应当只是给我张桌子、椅子，然后让我傻呆呆地坐着。我想要被提问，渴望被给予时间去思考答案。老师们应成为一名引路人，指引我走过众多可能会迷失的地方。（Burke，见 Biklen，2005，p. 253）

令人遗憾的是，像所有低端的教育安置一样（比如补习班、低水平班和资源不足的城市学校），特殊教育的期望值很低，并且依赖于以传统技能为基础的直接教学（Brantlinger，2005；Harry & Klinger，2006）。尽管普通教育者仍然对特殊教育隔离式课堂的效果深信不疑，但现实是，这些课堂给人的印象是：大课堂、日趋严峻的教师短缺、无差别且无效果的教学、不适合的课程、过度的限制、糟糕的名声，以及令人失望的低毕业率（Harry & Klingner，2006）。事实上，许多资源教室充其量也就是个"学习辅导室"（Brantlinger，2005，p. 127）。如此一来，那些文化基础羸弱、最需要强而有效教学的孩子们，却最没有机会接触高质量的聘任教师（Gallagher，2005；Harry & Klingner，2006）。

在接下来的示例中，我将重点阐述特殊教育的标签是如何改变他人对学生的看法，从而导致了一种"社会他者化"的形态（Slee，2004，p. 49）。

- 这在我听来好像是他们（老师们）放弃了我。（Rose，见 Ferri，et al.，2001，p. 27）

- 老师们并没有对我给予太高的期望……这使我丧失了许多……自信，特别是学术上的。（John，见 Ferriet et al.，2001，p. 27）

- 由于我的名声问题，我很确定他们会试着将我惹怒，这样就又可以把我踢出去了。都不是什么大事，只是一些很乏味的小事，他们会以此为借口，将把我赶出去，就像在中学里所做的那样。（Isis，见 Jones，2004，p. 70）

- 老师们低估了我……他们很少会问我真实的想法。（Pelkey，见 Rodis et al，2001，p. 21）

425

- 当然，毕业于这种特殊学校，对你找工作并没有什么帮助。（Air，见 Jones，2004，p. 34）

- 我的老师在我入校数周内就放弃我了。她只是装样子走了个过场，并没有对我抱以期望。我感觉自己已经被教育否定了。（Attfield，见 Biklen，2005，p. 209）

- 我还在特殊教育学校的时候，来了一位新的艺术老师……他待我很不同……

嗯,他用一种特殊的教育方式对待我。(Chanell,见 Connor,2008,p. 121)

- 一旦他们发现你在特殊学校上学,女孩们就不想和你约会了,也没人想和你说话。因为你是一个被贴上特殊教育标签的孩子,毫无吸引力。(Michael,见 Connor,2008,p. 155)

- 当我接受特殊教育的时候,我真的很想自杀,因为这对一个孩子来说,是最尴尬的事情。(Michael,见 Connor,2008,p. 141)

- 教育隔离让我被社会抛弃,我甚至没有一个朋友。(Attfield,见 2005,p. 209)

在这些节选中,学生们强调了被贴上标签后,所付出的个人、社会和教育代价。被同伴拒绝,被老师瞧不起,这些被贴标签的孩子不得不学会面对一种被歧视的身份。对于那些被贴标签的孩子而言,标签降低了他们的社会地位,但在专业人士看来,这种"贴标签的行为"是必要的,便于更好地为学生服务(Apple,2001,p. 261)。在相互交流中,学生们觉得自己就像是"社会弃儿"或"流放者",在他们看来,被贴标签在一定程度上就如同被烙上了社会耻辱的印记(Goffman,1963)。然而,毫不意外的是,相对于那些没有接受特殊教育的学生,这些接受特殊教育的学生"会更加认为自己对社会毫无用处,无足轻重"(Brantlinger,2005,p. 134)。在这些研究中,很多学生在描述特殊教育的课堂和服务时,都提到了监禁、关押甚至死亡。

- 在 15 岁的时候,我被迫去学习"生活技能",那简直就是致命的打击。(Attfield,见 Biklen,2005,p. 210)

- 那就像监狱一样,你只有学习那些课程,才可能被释放。(Michael,见 Connor,2008,p. 148)

- 那就像是监狱。(Chanell,见 Connor,2008,p. 75)

- 我十年的青春年华就浪费在了特殊教育上。(Jesse,见 Smith,2001,p. 113)

- 这一领域的标准做法是,把让他们尴尬的学生们藏起来,这样他们就不会为这些学生感到尴尬,然后把足够的食物扔给学生们,这样做只是让他们能活下来,而不是让其茁壮成长。(Queen,见 Rodis et al.,2001,p. 4)

- 我知道教育的大门会永远不会对我敞开……也正因如此,当一所学校对我说"抱歉",下一所学校建议我去智障学校时,我妈妈甚至不会试着去问第三所学校。(Muklopadhyay,见 Biklen,2005,p. 128)

- 我父母拒绝将我送到那些以学习障碍学生为生源的学校,尽管那是桌子上唯一的通知书。

- 在建筑物的背后……我们差不多是被藏起来了。（Rose，见 Ferri et al.，2001，p. 28）

- 因为我觉得那里太封闭了，就像是一座监狱，我无法忍受。（Isis，见 Jones，2004，p. 178）

基于这些例子，我们很难认定现行的特殊教育实践是有效的，抑或是有道德的（Brantlinger，2004）。从学生口中，我们听到的不是服务，而是监禁、禁闭和惩罚，这实在令人瞠目结舌。如同许多致力于残疾研究的学者和积极分子一样，这些学生摒弃了与残疾有关的落后观点以及基于这些观点所创建的传统教学方法。相反，他们积极地构建起另一种残疾观念，将其定义为"一种压迫的象征、一种边缘化的社会现状、少数群体的一员，以及一种体验"（Gabel & Danforth，2002，p. 3）。

如果我们想要进行有意义的改革，就必须认真地倾听来自学校最边缘的呼声。这些呼声吸引了那些与社会公平教育有所共鸣的目光，他们要求彻底废除"控制结构生产与再生产的潜在可能性"，因为对残疾学生而言，这一点十分不利（Bell，1997，p. 11）。

在本章的最后一部分，我提议从残疾研究的视角，以不同的方式重新定义残疾。将重塑对象从残疾的身体与生活转移到难以企及的教育结构和态度上，关于这一点的必要性，我进行了认真的审视。另外，我利用了上述这些残疾人的呼声来帮助我们想象残疾的生活。最后，我认为，当我们将残疾人看作是知识资源时，我们就会尊重不同的认识和存在的方式，会不断地给予学生支持，并且凭借这些方式，重新配置教育资源。

426

为了每一个人而进行学校改革

尽管特殊教育领域存在的问题较为突出，但全纳教育的倡导者和致力于残疾人比例过高问题研究的学者，并没有就学校里出现的排斥和歧视等一系列问题展开持续对话。同样地，残疾的社会模式"明显迷失在了当前教育理论家的学识中"；他们的文章，主要是从其他方面论述了学生们被排斥的现状（Erevelles，2005，p. 67）。正如琼斯（Jones，2004）所写的那样，残疾歧视太容易被淹没在学者的其他批判中，比如种族歧视或性别歧视（p. 15）。在残疾方面，批判性认知的缺失，成为了"坚决拥护有关残疾的主流范式"的导火索(Erevelles, 2005, p. 67),也预示了我们的失败——未能认同残疾人士的斗争,从而消除残疾歧视的观念。

在改革中,我们必须坚定立场,坚决反对学校中各种形式的隔离和排斥,无论是基于种族歧视、残疾歧视抑或是其他任何形式的歧视(Ferri & Connor, 2006)。这要求我们对所有学生负责,摒弃残疾缺陷模式,摒弃文化、种族和民族方面的优越感。倘若做不到这一点,就无法解决双重教育体系对基于认知差异而排斥学生这一点的深度依赖;同时,在民主社会中构建"社会公平教育体系"的目标,也会因此化为泡影(Artiles, 2005, p. 86)。阿蒂莱斯(Artiles, 2005)与其他人(Erevelles, 2005; Ware, 2005)之间的对话,呼吁我们还必须关注那些在改革中投入最多的人——那些身体和历史"都承受过隔离之重"的学生(Kliewer & Raschke, 2002, p. 43)。密切关注这些学生的呼声,我们便可以从中了解到更多内幕,以改进学校的民主与公平。

举例来说,我们努力的重点应是不断地修正教学实践和教学体制,而非要求学生去适应专制化的规范。当学生们不以我们教授的方式学习时,我们应当教会学生以他们自己的方式学习而不是着急地给他们贴上"有缺陷"的标签(Kluth, Straut, & Biklen, 2003, p. 18)。重塑对象的转变,要求我们尊重不同的阅读、写作、认知和运动方式,并且一视同仁(Hehir, 2005; Reid & Valle, 2004)。它要求我们采取"能力推定",而非缺陷判定(Biklen, 2005, p. 1)。与其将我们的失败归咎于学生,我们更应当深入分析,并扪心自问:"我还能尝试什么其他方法?"(p. 73)

我们必须开始珍视残疾学生为课堂作出的贡献,而非将他们的各种学习需求看作是对资源的拖累。尊重多样性要求我们将残疾学生视为学校和课堂中的重要成员,这不是因为我们宽厚,而是因为残疾学生像所有的学生一样,可以贡献诸多力量。如果本文中提到的学生有什么需要倾诉的,他们所倾诉的内容,正是他们教给我们,而我们却错失的——既是关乎他们,也是关乎我们的教育实践。他们的言辞中透露出对我们的要求,要求我们质疑自己那套想当然的残疾理论,并重新认识到他们是有智慧、"有能力"(Lipsky & Gartner, 1997, p. 149),甚至"有魅力"(Blackman, in Biklen, 2005, p. 149)的! 对残疾和差异的重新评估,要求我们要摒弃那些与残疾歧视有关的臆断诸如"对孩子而言,走路比坐轮椅更好,说话比手语好,阅读印刷读物比读盲文或听一本有声读物更好"(Hehir, 2005, p. 15)。换言之,它们要求我们拒绝世界范围内与文化和学习有关的霸权主义观念。此外,他们还要求我们认真思虑标签的效力,以及如同监禁一般的特殊教育服务。他们向我们展示了,当我们给孩子们贴上标签后,是如何剥夺了他们对学习的"能量和激情"，以及专属于他们的权利。

因为所有的学生都是有差异的个体，都各有所需，因此，他们的教学支持必须实现与普通教育课堂的无缝连接，而非附着于普通课堂之上，或是将其转包出去。当教育支持能够实现与普通教育课堂一体化时，这些知识便可以在任何时候，为任何或所有有需要的学生提供支持。通过深化服务，我们将停止为学生和家长们提供错误选择，如此一来，他们就不需要在没有裨益、缺乏变通的普通教育和毫无挑战、枯燥乏味的隔离式特殊教育之间做出抉择。这也表明，我们应当认识到残疾是情境性的，它反映了一个人的身体或大脑与环境之间的失衡。残疾不应被看作是一种非此即彼类别，通过将支持具体化到全纳课堂，我们应当认识到残疾的可转化性，并在学生们需要时提供支持。残疾不应当被简单地定义为一件严峻或微不足道的事——正如不能假设即使环境变迁需求障碍也会永远一成不变——据我们理解，环境、资源、可获取的支持力度和适应能力决定了残疾的影响程度。当然，假若理想的话，我们的课堂结构和教学实践会采取通用设计，从而在最大程度上使所有学生和教学内容相适应——为学生们提供多样化、有意义且富有挑战的课程，辅以通俗易懂的教学、有针对性的支持机制和选择。

最后，在特殊教育服务方面，足以维护社会公平的一种做法便是远离那些使剥夺人性及排斥学生的体制和实践（Jones，2004）。学生或家长们没有理由为那些本应该支持他们而设的服务感到困惑（或禁锢）。我们必须意识到，在学习方式和需求方面，我们需要向学生取经。通过将注意力从尖子生转移到边缘学生，我们斩获了重要的见解——应如何提高教育实践，这不仅仅是为了那些被贴标签的孩子们，更是为了每一个人。我们开始了解到，所有的学生都需要真正的选择，需要权威的课程，需要张弛有度的学校生活（Jones，2004）。最终，通过重新定位与残疾有关的专家意见，在对待残疾方面，较能体现社会公平的一种方法便是致敬于残疾人权利运动的基本口号："没有我们的同意，不要做关于我们的决定。"

428

相关资源

Disability Studies in Education (Special Interest Group) of American Educational Research Association (AERA). http://www.aera.net/Default.aspx? id=1297

Disability Studies for Teachers of Syracuse University's Center on Human Policy. http://www. disabilitystudiesforteachers. org/

Universal Design for Learning, website of the *Center for Applied Special Technology* (CAST). http://www. cast. org/pd/index. html

Building pedagogical curbcuts: Incorporating disability into the university classroom and curriculum. Available in pdf download through Syracuse University's Graduate School. http://gradschpdprograms. syr. edu/resources/publications-books. php

注：

1. 我经常和我的师范生们玩笑式地聊天，讨论如何变换一下学校里被贴标签的人。我们将关注点从被贴标签的学生转移到了教室，甚至是个别老师。在我们新的机制中，最有包容性的老师被贴上了"才华横溢"的标签，而最缺少包容性的课堂或教师，则会被贴上"教学延迟或教学混乱"的标签。

2. 研究残疾的学者，有时会用"dis/ability"来强调我们所认为的正常或"能力"（ability），与"disability"是完全一样的。因此，对"dis/ability"一词的使用，令残疾和非残疾同时被卷入了质疑之中。对词语的双重性进行解释时，另一个较为有用的例子便是术语"dis/ease"（该词可以表示疾病，也可以表示不适）以及术语"in/valid"（该词可以表示丧失能力，也可以表示非法）。同理，我在标题中使用"(Dis)Service"一词，来说明特殊教育将自己视作是一种服务方式；然而，在实践中，这种所谓的服务可能会剥夺个人的权利，而这些个人恰恰是服务的对象。同样地，诸如"(mis)understanding"一类的术语传达了这样一种途径：那些想当然的假设和理解，往往会遭到批判性理念的质疑。

3. 关于学习的通用设计（UDL），是一种用来进行教学设计的方法，它借鉴了在建筑中所采用的通用设计概念。其目标是设计出一种教学指南，从而迎合最广大学习受众的需要。特殊技术应用中心（The Center for Applied Special Technology, CAST）一直处于教学设计的前沿。详情请参见其网站 http://www. cast. org/research/udl/index. html.

（刘文静　译）

参考文献

Apple, M. W. (2001). Afterword: The politics of labeling in a conservative age. In G. M. Hudak & P. Kihn (Eds.), *Labeling: Pedagogy and politics* (pp. 261 – 283). New York: Routledge/Falmer.

Artiles, A. J. (2005). Special education's changing identity: Paradoxes and dilemmas in views of culture and space. In L. Katzman, A. G. Gandhi, W. S. Harbour, & J. D. LaRock (Eds.), *Special education for a new century. Harvard Educational Review* (pp. 85 – 120) (Reprint Series, No. 41).

Attfield, R. (2005). The color of rich. In D. Biklen (Ed.), *Autism and the myth of the person alone* (pp. 199 – 248). New York: New York University Press.

Bell, L. A. (1997). Theoretical foundations for social justice education. In L. Adams, L. A. Bell, & P. Griffin (Eds.), *Teaching for diversity and social justice: A sourcebook* (pp. 3 – 15). NewYork: Routledge.

Biklen, D., with Attfield, R., Bissonnette, L., Blackman, L., Burke, J., Frugone, A., et al. (2005). *Autism and the myth of the person alone*. New York: New York University Press.

Blatt, B. (1984). *In and out of books: Reviews and other polemics on special education*. Baltimore, MD: University Park Press.

Brantlinger, E. (2004). Ideologies discerned, values determined: Getting past the hierarchies of special education. In L. Ware (Ed.), *Ideology and the politics of (In)exclusion* (pp. 11 – 31). New York: Peter Lang.

Brantlinger, E. (2005). Slippery shibboleths: The shady side of truisms in special education. In S. Gabel (Ed.), *Disability studies in education: Readings in theory and method* (pp. 125 – 138). New York: Peter Lang.

Brown v Board of Education, 347 U. S. 438 (1954).

Collins, K. M. (2003). *Ability profiling and school failure: One child's struggle to be seen as competent*. Mahwah, NJ: Erlbaum.

Connor, D. J. (2005). *Labeled "learning disabled": Life in and out of school for urban, Black and/or Latino (a) youth from working-class backgrounds*. Unpublished doctoral dissertation, Teachers College, Columbia University, New York.

Connor, D. J. (2008). *Urban narratives, portraits in progress: Life at the intersections of learning disability, race, and social class*. New York: Peter Lang.

Dunn, L. M. (1968). Special education for the mildly retarded: Is much of it justifiable? *ExceptionalChildren*, *35*,5 – 22.

Erevelles, N. (2005). Rewriting critical pedagogy from the periphery. In S. Gabel (Ed.), *Disability studies in education: Readings in theory and method* (pp. 65 – 83). New York: Peter Lang.

Ferri, B. A., & Connor, D. J. (2006). *Reading resistance: Discourses of exclusion in desegregation and inclusion debates*. New York: Peter Lang.

Ferri, B. A., Keefe, C. H., & Gregg, N. (2001). Teachers with learning disabilities: A view from both sides of the desk. *Journal of Learning Disabilities*. *34*(1),22 – 52.

Fierros, E. G., & Conroy, J. W. (2002). Double jeopardy: An exploration of restrictiveness and race in special education. In D. J. Losen & G. Orfield (Eds.), *Racial inequality in special education*(pp. 39 – 70). Cambridge, MA: Harvard Education Press.

Fleischer, L. E. (2001). Special education students as counter-hegemonic theorizers. In G. M. Hudak & P. Kihn (Eds.), *Labeling: Pedagogy and politics* (pp. 115 – 126). New York: Routledge/Falmer.

Franklin, B. M. (1987). The first crusade for learning disabilities: The movement for the education for backward children. In T. Popkewitz (Ed.), *The foundation of the school subjects* (pp. 190 – 209). London: Falmer.

429

Gabel, S. , & Danforth, S. (2002). Disability studies in education: Seizing the moment of opportunity. *Disability, Culture and Education*, 1(1),1 – 3.

Gabel, S. L. (2005). Introduction: Disability studies in education. In S. L. Gabel (Ed.), *Disability studies in education: Readings in theory and method* (1 – 20). New York: Peter Lang.

Gallagher, D. (2005). Searching for something outside ourselves: The contradiction between technical rationality and the achievement of inclusive pedagogy. In. S. Gabel (Ed.), *Disability studies in education: Readings in theory and method* (pp. 139 – 154). New York: Peter Lang.

Goffman, E. (1963). *Stigma: Notes on the management of spoiled identity*. New York: Simon & Schuster.

Harry, B. , & Klingner, J. (2006). *Why are so many minority students in special education?* New York: Teachers College Press.

Hehir, T. (2005). *New directions in special education: Eliminating ableism in policy and practice*. Cambridge, MA: Harvard Education Press.

Jones, M. M. (2004). *Whisper writing: Teenage girls talk about ableism and sexism in school*. New York: Peter Lang.

Kliewer, C. , & Raschke, D. (2002). Beyond the metaphor of merger: Confronting the moral quagmire of segregation in early childhood special education. *Disability, Culture, and Education*, 1(1),41 – 62.

Kluth, P. , Straut, D. M. , & Biklen, D. P. (Eds.). (2003). *Access to academics for ALL students: Critical approaches to inclusive curriculum, instruction, and policy*. Mahwah, NJ: Erlbaum.

Kugelmass, J. , & Ainscow, M. (2004). Leadership for inclusion: A comparison of international perspectives. *Journal of Research in Special Education Needs*, 4(3),133 – 141.

Linton, S. (2006). *My body politic: A memoir*. Ann Arbor: University of Michigan Press.

Lipsky, D. K. , & Gartner, A. (1997). *Inclusion and school reform: Transforming America's classrooms*. Baltimore, MD: Paul H. Brookes.

Losen, D. J. , & Orfield, G. (Eds.). *Racial inequality in special education*. Cambridge, MA: Harvard Education Press.

Reid, D. K. , & Valle, J. (2004). The discursive practice of learning disability: Implications for instruction and parent school relations. *Journal of Learning Disabilities*, 37(6),466 – 481.

Rodis, P. , Garrod, A. , & Boscardin M. L. (Eds.). (2001). *Learning disabilities and life stories*. Boston, MA: Allyn & Bacon.

Slee, R. (2004). Meaning in the service of power. In L. Ware (Ed.), *Ideology and the politics of (in)exclusion* (pp. 46 – 60). New York: Peter Lang.

Sleeter, C. E. (1987). Why is there learning disabilities? A critical analysis of the birth of the field with its social context. In T. S. Popkewitz (Ed.), *The foundations of the school subjects* （pp. 210 - 237）. London: Palmer Press.

Smith, A. (2001). The labeling of African American boys in special education. In G. M. Hudak & P. Kihn (Eds.), *Labeling: Pedagogy and politics* (pp. 109 - 114). New York: Routledge/Falmer.

Ware, L. (2004). Introduction. In L. Ware (Ed.), *Ideology and the politics of (in) exclusion* (pp. 1 - 8). New York: Peter Lang.

Ware, L. (2005). Many possible futures, many different directions: Merging critical special education and disability studies. In S. Gabel (Ed.), *Disability studies in education: Readings in theory and method* (pp. 103 - 124). New York: Peter Lang.

Wedell, K. (2005). Dilemmas in the quest for inclusion. *British Journal of Special Education*, *32*(1),3 - 11

27

"泄密"的身体

学业不良学生的由来

雷·麦克德莫特(Ray McDermott)

杰森·杜克·雷利(Jason Duque Raley)

整个人体都是舌头,都在不停地告密。人就像日内瓦的钟表一样,水晶般透明的表面显示出所有有机体的运行状态……面容和眼睛透露了一个人正在从事的行为以及他的年龄和追求。眼睛揭示了灵魂的沧桑,或者说,表明灵魂的升华经历了多少种形式。[①](Emerson,1860:154)

文化既不是单纯的社区群体性活动,亦不是上帝的杰作。就其本身而言,文化既包含着合理的因素,也有不可取之处。文化是一种必然,其不外乎是一种被记录的、人们必须面对的兴衰变迁施加于人类身体的影响。(Baldwin,1955:140)

在对孩子的先天和后天[1]进行评估时,人们采用的方式虽然较为普遍但却兼具危险性,其主要体现在两个方面:一方面,这一方式阐述了孩子们在幼年时不能胜任的事项;另一方面,则是通过甄别相关限制条件,对他们在成人时无法胜任的工作加以预测。其实,在对孩子们成人时该做什么进行展望时,可以采取一种更为稳妥的方法:在不考虑能力的前提下,剖析与其相吻合的社会角色。关于成人角色的分析思路,能对社会起到一定的矫正和启迪作用;而这种矫正和启迪,主要是针对孩子的潜能与将来给予他们身份和地位的工作之间不公平的失配。或许正如爱默生(Emerson)所言,这一不公平的失配的出现,要求我们去聆听孩子们通过"泄密"的身体透露的语言,以知晓他们的所思所想;去了解他们通过"面容和眼睛"诉说的种种,比起出生时得到的允诺,他们被硬塞进了狭小的生活中。

在美国,学业失败往往会与种族、阶级紧密结合在一起,这一点恰恰警示了一种不公平的体制的存在:基于对集体潜能的分析,模拟出个人成就,而其结果往往是有失偏颇的。学校教育,如同鲍德温(Baldwin)对文化的评价一样,"既不是单纯的群体性活动,亦不是上帝的杰作",但人们却因它被划分成了不同的层级,同时,教育也将其"记录下的影响"深深地镌刻在了孩子们身上。在本文中,更确切地说,是将其"记录下的影响"一字不漏地镌刻在了孩子们身上。斥巨资置办的、用以诊断孩子们问题的设备,表面上听起来很不错,实际上却成为一种引导性机制,用以复制层级分明的、不公

---

① 译文摘自:[美]拉尔夫·沃尔多·爱默生.生活的准则[M].梁志坚,黄婷婷,译.成都:四川文艺出版社,2011.——译者注

平的社会等级结构,在评价个人成就时,其所体现的种族和阶级偏见,并不亚于从前,只是引入了具体的心理特征名词进行替代,比如,能力、智力、注意力、问题解决能力、推理速度、语言能力,等等。这些特征不仅没有反映出孩子们真实的潜力,反倒成为了刻板的人物标签,譬如,学习障碍、智商低下、注意障碍、多动症以及"英语学习者"(English Language Leamer)[2] 等。诸如此类,不一而足。他们事先设定了孩子们的优秀极限,之后,专业测试人员可逐步添加新的测试因素,以便对更多孩子进行诊断。

在过去的三百年中,随着民族国家、工业资本主义、民主政治、个人主义、科学技术和大学制度的兴起,用以形容正向活动和事件的词语,现在被用来细致入微地描绘不同的人群。比如,在中世纪,"天才"(genius)一词,并不是形容一个人在经历一系列不同的环境后,其才华仍然一如既往,而是形容一种居间状态,描述这个人暂时被上帝选中,以实现某些重大的突破。到了 18 世纪,"天才"开始用来形容那些对他[3] 的艺术和科学成就方面享有版权权利的人。对个人类型的颂扬,是一系列更大计划的一部分,它不仅将天才包装成(不可或缺的)制度和(可以购买的)商品,也涵盖了专家、科学家、学者、大亨和有创造性的艺术家。19 世纪末,关于"天才"一词的理解,陷入了争论之中。20 世纪末,关于"十岁是孩子们才华的分水岭"(大多数首先由男生表现出来,随后,与之相对应的便是学习障碍)这一理论开始崭露头角。

432

这一理论听起来积极向上,并以一种聪慧、低调又有序的方式存在着,但却有着两项存在异议的传统。首先,描述个人的新术语当即引发了人们的抱怨,他们认为按照情境给自己命名更好,这碰巧有效地证明了个人在对的时间出现在了对的地方。其次,紧随新术语而来的,是对所有因各种原因置身不幸处境,可能永远无法成功或有所改变的人实施测量。新术语中的负面内容进一步增加,以及掺杂其中的种族歧视、殖民色彩和阶级偏见,在过去的 150 年间一直充斥着人们的生活,调查报告中满是"文盲"、"蠢得无可救药"、"粗鄙"、"无知"、"朽木不可雕"、"愚蠢"以及"资质平庸"等字眼。而在过去的 50 年间,则是出现了不同的残疾分类,比如学习障碍、注意障碍、英语学习者,等等。即便你还没有被选中,没有被贴上标签,那也不过是迟早的事。[4]

本章首先针对将学业成就作为情境性的因素这一点提出了异议,其次则是对不公平的贬斥现象大加批判,因为在这一现象中,那些不能达到预期的孩子往往都会受到贬斥。我们正在找寻一种较为明智的方法,仅仅去抱怨学校对残疾的所作所为是远不够的,更重要的是终止这一切。在这一切的背后还隐藏着两个问题:在设定与权利和机会相关的情境时,其内容究竟是如何悖逆,才会使得科学技术会被社会现状所误导,从而令孩子们表现欠佳？如果仅仅停留在调查阶段，我们能如何进行干预呢？

现在的关键，不是论证学生之间并不存在个体差异，也不是强调我们所主张的内容，即随着世界的有机统一，学生之间的个体差异并不会使他们陷入困境。目前更为紧要的是，我们应当将这种差异视为机遇；其次，基于平等和公平的民主计划应当被付诸实践，而非围绕着机会均等一类的话题夸夸其谈。1942 年初，在美国备战时，人们的潜力便发挥了其效用。那些曾被机械师、飞行员或护理人员身份拒之门外的人，在珍珠港事件后重新获得了机会。专制的障碍迅速被瓦解，战争也因此变得更具效率。同样的话语如今被重新用来强调美国教育中迫在眉睫的问题。那么在这场教育的"战争"中，我们又该如何有效地消除专制的障碍，从而使大家安然应对呢？

为了确保其自身的延续，民主必须建立在充分挖掘每个人潜力的基础之上。美国的现状趋于两种走向：就好的方面而言，特殊教育方面有着雄厚的资金和有力的制度性承诺，皆高呼着"帮助和领略个体差异之美"的口号。就坏的方面而言，筛选设备层出不穷，纷纷被用于诊断、测试以及贴标签，越来越多的孩子也因此被成功拒之门外。种种这些交织在一起，呈现出一种自我矛盾的逻辑状态：每个人都具备学习能力，是的，正因为每个人都具备学习能力，因此，那些学业水平堪忧的学生必定存在着严重的问题。美国人的常识便是如此——将别人作为垫脚石，以站在巨人的肩膀上——在他们看来，成功就是如此得来的，成功是需要付出代价的。

出于情感的考虑，我们决定首先从克里斯托弗·诺兰（Christopher Nolan）的例子入手。诺兰是一名爱尔兰作家，自出生时便被诊断为脑瘫，也因此与外界脱节，即使是与亲近的人也甚少往来。12 岁时，他的家人发现他可以通过低下头用一根棍子不断地指向打字机键盘的方向，从而表达自己的思想。15 岁时，他写了一本著名的诗集；21 岁时，他撰写了一本自传，书中既勾勒了其悲惨的命运又寄予了希望，也就是他在困境中的幻想：

> 时光仿佛穿梭了漫长的世纪，它见证了愚笨、残疾的人是如何因其外表使人不快而遭受挫折，被贴上社会渣滓的标签，并承受这样的待遇；愚笨的人在他人的蔑视中一点点被撕扯成碎片，被他们视为是不需顾虑的生活常态中，碌碌无为、呆头呆脑，但又可以被宽恕的家伙。所以，当他伤感地回顾过去时，仔细思考了普罗大众的思想，并由此感悟到，既然原因无法遏制，不如去制造新的愉快的内容。
>
> （Nolan，1987，p.3；原文斜体）

通过这种方式,便可以一叶落而知天下秋,从而掌握所有孩子的情况,而非仅仅停留在特例的研究上。在为孩子们创造"新的愉快的内容"方面,每一种情景都应加以利用。学校应当最大限度地发掘孩子们所能胜任的事项,而不仅仅是诊断他们存在的问题。这一承诺的履行以及为民主带来活力的伟大承诺的实现,都对民主有着较高的要求。近些年来,美国的教育制度已经很少为民主贡献力量,其中一个原因便是很难保证孩子们能够通过教育,发掘出自己所有的潜力。

对此,我们将采取三步走的战略。首先,在一个承诺所有人机会均等、公平公正的民主国家,提供一种成为学习的身体的方法。犬儒主义凭借其后见之明,成为了学校和整个社会的现存理论,这一点还是较为精确的。但我们更期望一开始就秉持着乐观主义,从而更好地一扫失望,重新起航。很早以前,我们便开始研究美国的民主制度化,在那时,怀揣希望是一件简单却并不幼稚的事。我们的话题首先从爱默生开始入手,在与民主有关的智力应用方面,爱默生被视为是一名颠覆性创新学者。爱默生曾以"论美国学者"(The American Scholar)为名发表了一篇演讲,半个世纪后,这篇演讲被奥利佛·文德尔·霍姆斯(Oliver Wendell Holmes, 1885, p. 115)誉为"美国思想文化领域的独立宣言",以及对今日学校中的儿童与成人而言均十分必要的东西。[5] 爱默生承认,在培养伟大的思想家、启发思想方面,书本教育确能起到一定的促进作用。但在他看来,学习的最佳状态在于大家同心协力、团结合作。"最伟大的天才们",他警示道,"往往都是那些从别人身上汲取知识最多的人。"(1995, p. 127)在其遗作《智力的自然史》(Nature History of Intellect)中,爱默生倡导"农民的思想年鉴"(1894, p. 10)。他认为,对于智慧的人民群众(包括科学家)而言,农民是他们的基石,因为农民们习惯于思索自然和文化。在其年鉴中,身体应当是其中一章;假若得知现代版本中有一章是与学生身体有关的,而且主要是贴标签、残疾认定、污蔑和理解偏差,可以想象农民会有多惊讶。

爱默生将身体与广阔世界中人们的经历联结在一起,在他看来,我们可以通过一个人身上所镌刻的痕迹,对其社会经历进行解读:

> 在风度的发展过程中,一个主要的事实是人类躯体所具有的神奇的表达性。即便人类的躯体是用玻璃或者空气制成,而思想是写在体内的钢板上,它也不能比现在这样更真实地表达自己的意思。……整个人体都是舌头,都在不

*停地告密。*①（1860，p.154）

至于那些被称作残疾、被羞辱为无能或者能力不足的人，其实他们的身体很少透露出某方面并不擅长的信息。相反，他们的标签，大都是由课程内容、由同时期看起来相对健全的人、由暂时体格健壮的人设定的，而且是在忽略力量和智慧的基础上，而这些往往才是更容易欠缺的。关于文化鲍尔温曾经写过一段话："文化不外乎是一种被记录的、人们必须面对的兴衰变迁施加于人类身体的影响。"（1955，p.140）对于每个人来说，是为了每一具身体![6] 这一部分力求能够代表最广大的民意，无论是老的还是少的，无论是思想成熟的还是刚刚启蒙的，无论是满腹诗书的还是刚刚识字的，都会有他们的一席之地，正如爱默生所号召的，代表最广泛的群众智慧。在爱默生的民主论中，每个人，包括他口中的天才，也即最具有权威的人，都应当致力于减少社会和学校中你死我活的竞争。

在第二和第三部分，我们将对残疾儿童的研究分析改为研究分析那些可能会有所压抑控制、更能引发共鸣地占据他们身体的他者——残疾儿童的"寄生虫"（inhabitus）。至于所谓的他者，我们既是指那些生活在残疾人周围的人，也是指那些从深浅不同的层面给予残疾人社会安排和体制安排的人。正如每一代新手父母都要学着去担忧一样，儿童社会化的推进需要数以百万的人参与进来：制定议程、设计模式、提供资源、控制效果。我们对一个笨拙的孩子和一个多动的孩子进行描述，前者几乎被忽略，而后者不可能被忽略，同时展现两者是如何在精心的协调下发展成为围绕其进行的深度参与和艰苦工作中不必要的问题：关于天赋智能的归因分析和对早期读写能力的终生承诺。

身体政治学

在推行残疾标签时，存在着两种持反对态度的重要论点：首先，人们"真实的"残疾状况远没有标签所显示的那么夸张；其次，许多（如果不是大多数）所谓的具有学习

---

① 译文摘自：［美］拉尔夫·沃尔多·爱默生. 生活的准则［M］. 梁志坚，黄婷婷，译. 成都：四川文艺出版社，2011.——译者注

障碍的孩子都被贴上了"错误的"标签。上一句话中的"真实"和"错误",其意义具有相关性。真假这两种特征,都是以对方的含义为依据进行定义的。提到真实,在成人看来,往往意味着显而易见,尤其是对于那些关注残疾的人而言。那些眼睛或耳朵存在问题的孩子,或是具有多动症、严重脑瘫(克里斯托弗·诺兰便是如此)的孩子,在很大程度上是显而易见的。即使是显而易见,在衡量他们所能胜任的事情与他人创造的环境是否匹配时,他们也很有可能会被贴上错误标签(克里斯托弗·诺兰常常被视为"愚笨的、残疾的人",但实际上他可以非常流畅地交流)。举一个较为典型的例子,试想一下,如果在一个社会中听力健全者和失聪者使用的都是手语,在此情况下,给他们贴上一张聋子的标签,只能说明他听不见,并不会揭示其他问题。[7] 但身处在一个更加分化的社会中,媒体的参与往往都是掌控在听力健全者手中,并且他们不可能去使用手语,此时,聋子的标签将会给失聪者招致更多的非难。在这个冷漠的社会中,失聪的情况越明显,其群体则更容易被他人贴上标签。他们的潜力也会因为标签而被更加错误地判定。

基于同样的分析,除非需要特定的能力或者在特殊的任务下,否则儿童是否有学习障碍体现得并不是很明显(往往需要心理测试)。他们是否会被贴上"错误"标签主要取决于测试结果的有效性,或者更加取决于是否在教学法上存在处理这些问题的制度化准备。那些没有学习障碍却被贴上"错误的"标签的儿童,也不会表现出明显的学习障碍特征,而且这些孩子也并不是"真正的"学习障碍者,但对他们的诊断的真值则更加复杂,他们往往是被所谓的诊断贴上了"错误的"标签。如果该诊断指向的是每个人的优点——他们的家人不会再将他们称之为笨蛋;多接受一些正规的测试,他们便可以充分地展示自己的所学,那么,鉴于该系统的情况,我们或许想说他们还未被错误地贴上标签,但我们仍保留了这样的观点,即在不同的条件下,在更好的条件下,在所有人都被鼓舞勤奋学习的不同情境中,类似的被贴标签者和贴标签者,已被该系统及其诊断所误导。

标签存在双面性这一难题,成为了关键所在。如果不对残疾越来越醒目这一现象的形成背景,其针对对象、针对原因,基于何种情况,真实和虚假经历了何种程度的混合,以及产生了何种结果等等问题进行细致描述,"真实"和"错误"就无法成为严格意义上的分类或是严格的对比分类。

在辨别一个笨拙的孩子和一个多动的孩子时,我们往往在真—假连续体中选取一个中间点(是的,复合形式往往比较精确)。相关情况可通过观察得知——如果有人费

435

心去查看,则会发现笨拙的孩子往往反应比较迟钝,而多动的孩子则往往表现得比较"嚣张"。但是我们可以证明这些症状不仅仅属于那些已经确定的孩子。大量的人力被用来设置一个问题情境,在安排相关诊断时,则是调动了整个社会的资源。记得爱默生曾说:"……你必须借助于整个社会来寻找一个健全的人"(2004,p. 51)。在交往中观察人们的肢体语言为我们提供了一个观察整个社会的有限视角,反之亦然。克里斯托弗·诺兰在12岁之后其实并不是或者不完全是残疾人,但其在诗中仍然无奈地表达要创造"新的愉快内容"。在残疾理论中,仅仅描述孩子们遭遇的问题是远远不够的,还需要分析他们的环境,批判那些辱骂他们的人。

我们可以从孩子们在学校中的行为入手。不,我们必须从分析孩子们在学校中的行为缺失的相关报告开始。因为这关系到学校如何确立其焦点。美国教育很喜欢并致力于阐述孩子们存在的问题。品行不端或行为缺失,是相关制度的关键所在,关系到了一个孩子本质的学业成就,也是档案机构的主要职责——他们会将学生的问题永久地记录在学生档案中。之所以出现行为缺失,具体来说,比如某位孩子学习阅读的速度明显落后于他人,是因为学校忽视了他们所属的这个不公平的大环境。他们走向了相反向的做法。行为缺失既十分重要,又值得研究。为了使其可观察、可记录,人们进行了诸多的测试。其结果被视为是十分真实的反馈,在一定程度上,甚至被视为比孩子的自身状况还要真实,因为该测试宣称对孩子们了如指掌,摸索到了认知能力和认知障碍的重点。全球普遍存在的问题之一,便是孩子们被测试弄得成为了"热锅上的蚂蚁"。

其中的许多问题对于美国学校中的孩子来说是毫无价值的。他们必须坚持不懈地伪装自己,不被他人发现自己的有所不足;坚持比别人表现得更好;炫耀在他处学到的东西,仿佛那是在学校里学到的一样——这些并不是孩子们应当去克服的创造性问题。一部分学生已经被压力所压垮。那些幸存下来的人,为了在竞争中取胜,也不再友善和温柔。如果不是学校沉迷于找寻学生的问题,每个人都会更为自在。如果不是学校和家长固执地寻找具有学习障碍和注意缺失的学生,在诊断时,我们可以更好地询问造成这一问题的背景原因。如果爱默生的观点是对的,我们可以"从你的容貌、步态和行为中敏锐地看出你所有的个人历史"①(1860,p. 154),那么或许也可以通过孩子们"泄密"的身体,解读出他们的过去和社会环境,而这些足以展现他们被迫面对的问题。

---

① 译文摘自:[美]拉尔夫·沃尔多·爱默生. 生活的准则[M]. 梁志坚,黄婷婷,译. 成都:四川文艺出版社,2011.——译者注

许多国家正在培养文化传统,使其既不会充斥着学习障碍标签,也不会存在磁共振图像、注意缺失的担忧,以及针对"英语学习者"的计划(McDermott, Goldman, & Varenne, 2006；McDermott & Varenne, 1995)。传统社会很难发展这一理念,尽管一个世纪以来的人类学,从 Franz Boas(1911)到 Paul Radin(1927),再到 Charles Frake(1980)和 Harold Conklin(2007),都已经表明他们对成人和孩子提出了非凡的认知和智力要求。而大多数当代国家组织社会在培养文化能力时是否注重认知和智力这一理论,是因不同的人群而有所区分的。其实,构建努力和责任大于智力的教育体制,既是可能的,也是可取的。日本可能是最典型的国家,其具备的包容性技能使其能够回答与责任有关的探讨。相反,美国则是第一个在制度上对智力测试结果进行狭隘定义的国家(Raftery, 1988),在这一错误后,美国紧接着成为了第一个将学习障碍研究制度化的国家(尽管这一问题已经传播到了全世界,仿佛学习障碍是在大卖场抛售的商品)。

436

如果没有财富和权力的两极分布,那么这样的诊断根本无用武之地。孩子们也可以保持真正的自我,不用害怕会被轻视,也不用害怕因为没有学校证书而被淘汰。正如卡尔·马克思(Karl Marx, 1963)最著名的那句话[8],我们创造自己的历史,尽管是在他人为我们安排好的条件下。此外,马克思还说过,如果世界的全部历史可以从运转着的身体的感性组织中解读出来,那我们便可以质问,历史环境是如何将孩子们灌输成了一副残疾的模样。对于身体,世界自有其方法。我们常常穿着他人的身体、存在于久远过去的先人的身体、生活在我们周围的人的身体。正如爱默生所说的那样,我们的身体往往会受到他人对命运的回应,与权力和财富的斗争,以及他们在解释学文化中的定位的影响。解释学文化在定位他们时,从来不会按照他们自己的想法,而是采取非此即彼的选择:令人恐惧或是受人推崇,残疾或是健全,内敛隐藏或是高调炫耀。所有的事情都可以说成是,或者已经被说成是关乎不同年代和不同文化的孩子。对于此,究竟是什么样的社会使得学习障碍成为了一种选择性描述？我们是否可以重组社会,从而使孩子们的身体免于承受社会结构的重压呢？

笨拙的孩子

在统摄思维下,所有人都会变得美好。(Emerson, 1855/1990：123)

　　三个领域的细节研究为人们提供了总结性结论,涉及相互走动的人们能够获得的资源与限制。生理学研究表明,走路是按照一定的轨迹进行的,这一轨迹贯穿了起点与终点,连接了出发地和目的地。社会学研究认为,人们行走的过程表明他们就如同运输装置一样,对他人在引导轨迹中所起的维持和破坏作用十分敏感(Guffman,1971)。文化学研究揭示出:对于行走行为的惯常解释和事后解释,常常被人们用来作为向他人解释和讨论的关键。

　　我们观察了学前班里一名孩子过马路的行为。我们的分析从她设定目标开始,她先扫视了周围的环境,向右边看了看,然后又左右环顾了一下,确定了她和其他人将要行走的路线。在此情况下,其他人作出反应并建立一个指令系统,让这名孩子遵照行动。如果其他人选择的是不同的方向,比如分站在马路两旁的两个人,都试图在狭窄的人行横道上从对方身边通过,那么他们就需要穿越人群(在我们的例子中,首先是坐着的人群,然后是行走的人群)。行人们因此措手不及,看起来十分笨拙。而穿越人群的人,则会引发议论,被指责为笨拙的人。

　　"笨拙的"女孩克里斯托尔(Crystal)拥有健全的双手双脚、胳膊腿和声音,但这些却成为了她相应的障碍。她说她是笨拙的,教师们对此赞同不已。在上幼儿园前的那个夏天,教室里面满是将要入学的新生,克里斯托尔的身体看起来是最不适应的:当别人都坐着的时候,她躺在地上;当大家双脚交叉着坐时,她把自己的鞋脱了,并且摔倒在了地毯的边缘。于是乎,大家从她身上跨了过去。在她幼儿园和一年级的录像中,克里斯托尔要么是和别人撞在一起,要么就是和别人从彼此身上跨过去。她成了"笨拙的克里斯托尔"。

　　我们通过一系列的课堂事件对克里斯托尔进行了追踪调查。在读书小组活动中,她的身体显得格格不入。促使我们查看录像带的原因,并不是克里斯托尔的笨拙,而是因为教师们对此事的强烈反应,让我们困惑不已。在我们看来,波默罗伊夫人的严厉指责十分突然,并且其苛责程度超出了克里斯托尔所犯的错误。我们只看见克里斯托尔起初把身体歪向了一旁,然后试图往学生圈子的中心走,之后我们听见克里斯托尔低声向身边的人抱怨。在不同时间段,很多其他学生的行为也不得体,喧哗打闹,甚至比克里斯托尔还要夸张,但却没有任何人对此有异议。但在一个22分钟的活动里,克里斯托尔却被吼了两次,分别是在第5分钟和第19分钟。这里只对第二次加以详述。我们发现克里斯托尔弯着腰,头朝着旁边的人,似乎在询问什么,听起来像是一个问题。"克里斯托尔",老师强硬地说,"这样的行为,我不想再次看见。"克里斯托尔收回了自己的身子,重新坐正,用双手捂住了自己的嘴巴。之后,活动的节拍继续响起。

上午休息过后,录像继续。学生们陆陆续续地进入教室,在地板上的毛毯边找寻自己的位置,然后静待读书小组活动的开始。老师宣布将要阅读《一只手套》(*The Mitten*)的故事。因为几个学生反映她已经给她们读过这个故事了,波莫罗伊夫人解释道:"今天是你们读给我。"但是活动在之后被迫中断,阅读并没有继续进行。相反,在 Carl 要求其他学生归还他在课间给予的假币后,波默罗伊夫人提出展开一场 5 分钟的讨论,比起对话,这种讨论更像公开的责难。老师试图做些什么,将这场讨论转化成以"公民权"为主题的集体课。真正让人感觉要回到"故事时间",是在说出以下两句话的 20 秒间。第一句话是宣布回到"故事时间",第二句话是要求孩子们重新调整姿势,然后双腿交叉坐好,之后则是举起手来,回答问题。身体调整至新姿势这一明确举动,意味着将要进入到新的活动,12 分钟后,波默罗伊夫人仍然对克里斯托尔的声音和姿态提出了批评。

关于克里斯托尔的错误表现行为,我们提供了三个版本,第一个的关注点主要是放在(可怜的)克里斯托尔的左右扭动和喃喃自语上,其身体和声音十分不受控制。因为她不仅整天与坐立不安的孩子混在一起,还参与卡尔的假币游戏,而且阅读速度较为迟缓。我们也将一部分关注放在了(可怜的)波默罗伊夫人身上。这位老师刚提出了一个问题,很快就看见克里斯托尔左摇右晃(再次),于是训斥了她(再次),之后便继续提问。显而易见,训斥起到了一定的影响,克里斯托尔笔直地坐着,并且捂上了自己的嘴。此时,对面的学生要求参与阅读。"故事时间"为责骂克里斯托尔提供了解释,也为我们提供了一个抒发同情心的机会。这听起来倒是不错,却经不起分析和推敲。

第二个版本则更注重于克里斯托尔在课堂活动中与周围的互动。在此,我们要报道一个问题,在圆圈中,克里斯托尔并不是独自一人。她的旁边便是博尼塔。这是一个 3 岁的小姑娘,她的大部分时光都是在幼儿园度过的(她的母亲是幼儿园中的一名老师)。博尼塔之前就在幼儿园上过课,但并未适应幼儿园的方式和方法。在阅读活动期间,克里斯托尔有五次想要让博尼塔重新调整位置或者是调整与她之间的距离:一次是在这一集体活动刚开始时,三次是在课堂的提问和回答时间,另一次是在开始下一活动时(第 19 分钟的那一次是五次中的第四次)。每一次,博尼塔都违反了幼儿园的明文规定。就这一角度而言,克里斯托尔更像是教室秩序的强制执行者而非破坏者。

这一版本很有吸引力,可怜的克里斯托尔仍然处在困境之中,但身处一个任何人都可能无法处理好的情况下,她的行为却既恰当又善意。克里斯托尔不但要注意自己的行为,同时也要注意博尼塔的行为。克里斯托尔或许看起来有些不受约束,但最主要的却还是,在教师眼中克里斯托尔的自律程度比不上他人。根据以往的经历,在教师看来,克里斯托尔是笨拙的、聒噪的。但再看一次却能发现克里斯托尔在负责自己和博尼塔两个人的行为,而这正如同爱默生所说的来自两个方向的统摄思想。带着一点指责,我们可以在这一令人同情的故事中增加一个反派角色:是的,克里斯托尔是可怜的;但现在,教师并不属于可怜的角色了。如果她能看见我们所看见的,就会发现克里斯托尔是被误解的。

438

在老师斥责过后的几分钟里,本来围坐成一圈的孩子们开始唱字母歌,跳康茄舞,队伍呈蛇形,在桌子和书橱周围舞动。克里斯托尔由于迟到偷偷地溜进了队伍中。或许我们可以预料到她的迟到,但是现在我们可以提出原因。正如之前那样,克里斯托尔需要负责两个人的身体行为——她的和博尼塔的——这是一个在错误时间将克里斯托尔的身体放置在错误地方的任务。

第一个版本仅仅局限于笨拙的克里斯托尔自身的行为,第二个则是增加了教师和博尼塔对克里斯托尔的影响,既有身体方面也有心理方面。第三个版本则是从更广阔的视角出发,分析了所有人的行为,并且将孩子们和教师的行为视作是活动链中的两个环节。

第三个版本要求我们将注意力从克里斯托尔和博尼塔的身上移开。我们听见卡尔,也就是坐在波默罗伊夫人左手边的孩子,正努力地将阅读变成一个双人对话。他斜坐着,并且出现在波默罗伊夫人的视线内。他坐立不安,不断地扭动着,甚至碰到了波默罗伊夫人的膝盖,提高声音,喋喋不休。我们看见教师正试图将阅读变成是一件可以用来监督整个小组的事情。她提问了一些问题,然后大略地巡视了一下整个小组。之后她将书翻页了,卡尔也因此看不见书上的内容。同时,其他的学生正在苦恼有谁来阅读,以及如何确定他们的参与顺序。他们静静地坐着,双腿交叉着,彼此交换着目光(不包括教师),或是向圈子的中心靠近,挥动他们的双手,盯着圈子里的参赛选手。在这一夹杂着混乱的活动中间,克里斯托尔的身体在正确的时间处在正确的位置,而这也给了教师相应的理由,从而停止关注卡尔,停止责备克里斯托尔。同时,也给了每个人一些时间,以将自己调整至圈子的中心或边缘。第三个版本揭示出一名教师正努力让一小部分坐立难安的 5 岁学生,阅读他们已经读过的书。同时,这一点也体现出学生们(不包括克里斯托尔)正试图思考如何炫耀他们可以应对团队中正式提出的任何问题。

在第三个版本中,克里斯托尔的身体仍然是扭曲的,仍旧处在错误的位置,但或许是因为在正确的时间,并没有影响他人完成互动工作。当克里斯托尔将她的时间和节奏都用在协调博尼塔和群体活动时,教师可以让同学们重新融入循环提问回答的活动中。安迪和他的邻座可以要求老师给予一次机会,卡尔也举起了自己的手,很多学生都试图看起来比他人做得好。在第三个版本中,很难看到受害人和反派角色的出现,除非我们想要对孩子和大人之间的日常活动,抒发过度的同情或进行强烈的谴责。至少有那么一瞬间,教室似乎变成了一个简单的,供学生使用资料、资源和设备的环境,而这也使得教室从之前的时刻进入了新的时刻。

在第三个版本的分析中,克里斯托尔的行为并没有那么显眼,但她也没有因此变成一个正常的人。即使她看起来并没有很笨拙,即使没有人对她的笨拙做出反应,她也无法逃脱被贴标签的命运。第一个版本的研究认为,克里斯托尔之所以被认为是笨拙的,主要是因为她的行为和思想。第二个版本的研究认为,克里斯托尔之所以被认为是笨拙的,主要是因为她的行为以及那些密切关注她的人。由于有太多内容需要思虑,注意力还要被别人分散,怪不得克里斯托尔在外表上会给人一种很笨拙的感觉。在第三个版本的研究中,尽管其他的人仍然在关注,但克里斯托尔却没再被称为笨拙了。即使这一群体没有将克里斯托尔的行为意图和程度夸大,一旦出现笨拙的移动,更有甚者,这很重要,笨拙的移动从未发生,人们仍然会对笨拙大加描述、批判或者抱怨。克里斯托尔的笨拙,可以被这一群体,甚至是分析师,用来解释他们正在进行的活动可能会发生什么结果。借助于克里斯托尔的笨拙,他人可以展现优雅或者声称展现优雅。即使克里斯托尔有时表现得并不笨拙,却仍可能随时被称之为"笨拙的克里斯托尔"。克里斯托尔的笨拙呈现出一种持久的地位低下的状态(Garfinkel,1956)。克里斯托尔的笨拙可以更为直观地令他人展现高贵和优雅,或者是声称展现高贵和优雅。笨拙的克里斯托尔突显了整个群体的优雅。

克里斯托尔的行为为他人提供了课堂互动的机会。由于她的笨拙是公认的,这种机会也因此变得比较频繁。但这里的机会,与我们在文章中所提到的机会大相径庭。我们曾写过,应当将差异视作是一种机会而非障碍,民主的建立应当基于充分挖掘每个人的潜力之上。我们的第一份声明,更像是一种政策倡议,而非简单的叙述。在我们看来,对于不同的人,应当提供不同的解释,提供更加多元化的社会构想和制度,同时留有一定的空间,以创造新的"愉快的内容"。克里斯托尔的行为,已经不仅仅是为他人制造更广泛的参与机会,而是制造了各种与此性质一致的机会。克里斯托尔斜着身子,滔滔不绝地谈话,同时,还要安顿好博尼塔。而团队中的其他人则记得,并且开始重新调整姿势,双腿交叉着围坐成一圈,谄媚地等待老师点名,从而说出老师心中和书本中已有的答案。克里斯托尔的笨拙行为易被发现这一点,有助于重新凝聚群体的参与度,而无须强制提出要求:阅读应成为人们共同学习的机会,而非仅针对个别学生。

多动症的孩子

彼得是教室里的大忙人,他密切关注着每个人的一举一动,然后很快便给别人提出意见,告诉他们应如何表现。他经常对着教师大声叫嚷,大部分时候是汇报他在做什么,做得怎么样。很快,教师就把注意力集中到他身上了,努力让他回到自己的任务中。一年级有三个最让人头疼的男孩,学校把他们分配给了最优秀、最有经验的教师。教师几乎不到五分钟就得去看一次这几个男孩,哪怕只是几秒钟的谈话、调整坐姿、鼓励、训斥或威胁。当升至二年级时,其中两个男孩被贴上了标签,并被安排到了特殊班级里。但彼得并没有被贴上标签,尽管所有的大人都认为他太过于活跃了,而且很有可能会在之后被重新分配。两个被贴上标签的孩子与彼得的行为之间,有一点极为不同:前两者必须被密切监督,而彼得几乎不用;当教师在教室里巡视时,她要时时检查前两个男孩,反之,彼得仍然可以十分活跃,并且大声叫嚷。彼得的境况要比前两者好得多,但却依然摆脱不了"多动症"的标签。

每天早晨,最重要的事情就是晨读。晨读时,一个班会被分成独立的三个小组,但有三个孩子并不在小组范围内。其中一个是因为在阅读方面遥遥领先于其他孩子;一个是因为行为不当被赶出了小组;另一个则是因为他仍然在尿裤子,这也是别人满腹牢骚和他被贬斥的原因。晨读时,教师会选择一个晨读小组一起协作,同时也会关注着班上其他人,下午时,则会跟着这三个被孤立的孩子。这些组是依技能水平划分的,而教室里的每个人看起来都知道优等生组、中等生组和差等生组的位置设定。起初,这三名困难学生都在差等生组里,第二年时,彼得和詹姆斯仍然留在这个组,而第三个孩子西蒙,成为了被孤立的三个孩子之一。

关于彼得的多动症,我们提供了三个发现,并且利用此提出了一系列问题,既有关乎诊断的,也包含了引发多动症的社会问题。首先,多动症的孩子深受其所处环境的影响。当然,即使是在巡查教师偶尔巡视时,彼得的举动也很显眼。似乎哪里都有他,要求这个要求那个,对什么事都要插手。但目前,他还未被作为问题学生单独拎出来。

440

第一条线索来自于一盘录像带,是当教师和阅读小组在一起时,对整个房间的监控记录。彼得刚刚与教师完成在差等生小组的任务,几乎在每次轮到他时,都要大声地朗读出来;在没有轮到他时,则是大声抱怨。然而,当教师和优等生一起阅读时,彼得则会坐在他的桌子旁,看着他们轮流读书。25分钟过去了,他一动也没动,也没说一句话。在此种情况下,对于彼得而言,控制冲动不再是一个难题。难道这就是多动症,就是彼得被贴标签的原因?

第二组数据引发了第二个质疑。作为调查机制的一部分,为了对阅读小组行为进行更广泛的调查,我们使用了贝尼希(Benesch)的舞蹈符号系统记录孩子和教师在阅读小组会议期间的运动:我们记录了躯干的变化和手臂、腿、头部的移动——贝尼希在巴黎欣赏舞蹈时,就是将相关信息记录在纸上,然后寄给纽约的一位导演,期望进行合理化的还原。涉及细节层面,手指、嘴和眼睛的动作都没有被记录下来。在差等生组中,人们发现彼得不仅动作夸张,而且十分聒噪。但慢动作的记录却为我们展现了一个不一样的故事。在我们看来,多动症的孩子并不是动得最多的。事实上,教师才是动得最多的人,然后是另外的两个孩子,其次才是彼得。于是,我们又产生了一个疑问:究竟什么样才能被称之为多动症呢?

第三份数据则提供了部分答案。除了谁动得最多这一问题,我们还记录了每一个人的活动时间和活动方向。彼得的运动轨迹似乎与轮流阅读的次序很契合;往往是在教师运动的同时,而且最令人注意的是,动作也常常与教师的方向相反。故事情节变得进一步充盈。彼得过去一直是小组中的关键人物,至少从表面看是这样。就是说,无论什么时候,每当小组成员在进行活动时,从闲聊书本内容到阅读,或者从一个人朗读到另一个人朗读,彼得肯定会参与其中。比如,当安娜得到第一个朗读机会时,彼得会赶在安娜之前,抢先读出那一页上的第一个词;当由玛丽亚接力阅读时,彼得会先敲着桌子,嚷嚷着要轮到下一个,抱怨还没有轮到自己。由于彼得的叫嚷,接下来的两轮被叫停了,教师也因此陷入了困境,喃喃自语。在上述两种情况下,彼得都会要求再来一轮。即使他刚刚结束上一轮朗读,也会立即要求开始下一轮。当老师已经安排了下一个朗读者时,彼得会跟着她一起朗读。他常常主动请缨,要求获得朗读的机会,如果他没有得到机会,就会大加抱怨,并从老师那里离开。每次,当前四个机会都给了其他同学时,他总会因自己被遗忘而生气。每次在这种情况下,教师 有空,便会在第一时间赶到他那里,去调整他的书本。这不足为奇,尽管六个同学有序地围坐在一张长方形小桌子的四周,但老师的双腿和躯干却经常朝着彼得的方向。当其他孩子引起其注意时,虽然她的上半身不再朝着彼得,下半身却永远对着他的方向。此外,彼得看起来承担了一部分工作,而且是教师的工作,负责组织小组,安排轮流阅读,同时监督班上的其他同学。教师似乎依赖于让皮特安排轮流顺序,回答问题,或者引导其他人去了解当前发生的事情。

在轮流阅读时,皮特与教师之间的戏剧性情节确定无疑,但却常常是在混乱之际以及其他孩子轮换的关键时机表现出来,而且往往是较为迅速的,不易察觉的。比如,如果教师的注意力从差等生小组转为另一组的其他人,那么彼得一定会离开教师,直到她重新回到小组。这样一来,便易于理解为什么成年人会将该行为称为多动症了:因为彼得无法一直静静地坐着,只要教师一看向别处,他就会立即跑开。但从小组的角度来看,彼得很容易被理解为是负责为小组吸引教师注意力的孩子。当教师不在小组时,如果其他组的孩子要闯入,彼得便会像边防人员一样,将访问者驱逐出去。当老师在小组,但注意力却在外部时,彼得也做同样的工作,但会以合适的方式对待教师:他会转身离开小组,直到教师留意到这一点,让他回去,直到他们重新关注阅读小组,并且访问者离开。谁才是这里的负责人?当多动症的彼得与教师的行为看起来几乎是同步,并且误差精确到了毫秒时,当彼得能够让教师适宜地回到差等生组负责阅读工作时,针对多动症的表象,我们能说什么?

彼得的行为为他人提供了互动的机会,而他公认的忙碌则使这一机会变得更为普遍。但这里的机会,与我们在文章中所提到的机会大相径庭,我们曾写过,应当将差异视作是一种机会而非障碍,民主的建立应当基于充分挖掘大家的潜力之上。我们的第一份声明,更像是一种政策倡议,而非简单的叙述。在我们看来,对于不同的人,应当提供不同的解释,提供更加多元化的社会构想和制度,同时留有一定的空间,以创造新的"愉快的内容"。但现实情况有所不同,事实上,彼得的行为让教师重新将注意力放回到了阅读课上,阅读课也因此成为了其他人炫耀和争强好胜的地方。当彼得喋喋不休,大吼大叫,指挥老师时,组里剩余的其他同学重新围成了一个圈,等待被点名,以便炫耀他们比别人读得更好。彼得灵活的身体辨认度极高,这一点也为小组的重整提供了便利,老师也无须再强制提出要求:阅读应成为人们共同学习的机会,而非仅针对个别学生。

有缺陷的民主

1880 年,也就是爱默生去世的两年前(达尔文也是在 1882 年去世的,马克思则仅时隔一年去世),亨利·亚当斯(Henry Adams)出版了一本名为《民主》(*Democracy*)的小小说。基于他在华盛顿做政治记者的多年经验,亚当斯发现了巨大的黑幕,关乎策略,也关乎两面派的作风,而这也恰恰是其在年轻时便获取成功的重要秘籍。但他也有一个属于自己的角色——"戈尔"(Gore),一个带有先见之明的角色。他强调,毫无疑问,"民主的希冀"仍然让所有在教育领域工作的人都为之兴奋。

> 我相信民主,也接受它。我相信它,是因为基于其已经走过的发展道路,在我看来,它是不可避免的。民主说明了一个事实:现如今,民众比以前更有智慧了。我们的文明以这一点为目标……我认为这是一个尝试,但这也是这个社会唯一能够承担,并且值得付出的方向。它唯一的责任理念就是最大限度地满足其本能,这仅有的结果,值得我们为之放手一搏或火中取栗。(1880/2003,p. 45)

这一尝试还没有结束,但人们在面对犯下的错误时,既没有挫败感,也没有窘迫感这一点,使得承诺的赋予变得越来越困难。智慧是一种新的财富,至少从学校和学位证书的定义来看是这样。所谓的高智商,是以对比所谓的低智商和相应的残疾为代价的。其结果就是,所谓的民主是以牺牲多数人的利益为代价,成为少数具备信息和技能的人攀爬的阶梯。通过以任意问题、无用知识和局部技能,在对身体,甚至是身体内部,进行衡量、归因和认证后,智商这一名词,已经变得傲慢且高不可攀,已经变得只能为少数人拥有;对大部分人而言,它往往是不可触及、无法拥有的。在学校里,其他人,也就是大部分人,几乎都被贴上了"问题孩子"的标签:智力低下、学习障碍、注意缺失、"英语学习者"、迟钝、笨拙、普遍不活跃。他们比以前更不易靠近,智商受到了打 422 击,遭到鄙视、贬斥,被抹去存在痕迹。他们的能力是有缺陷的。心理测验行业所要求、承认并给出正式等级的智力,范围十分狭隘,而且正在变本加厉,能承受其代价的人也变得越来越少。用双关语来说,新的智慧如同财产,来自权利的让渡,来自对阅读和写作的疏离(Lave & McDermott,2002)。没有人的权利是天生就应当被剥削的。当有证据表明南北战争后华盛顿的民众们不可能成为被优先安置的对象时,亚当斯以

"戈尔"的身份捍卫了其对民主的信念："我有信念；但不是信仰老旧的信条，而是新的；信仰自然；信仰科学；信仰适者生存。"（2003，p. 46）。

新的信条并不完善。里根经济政策的兴起引发了适者生存理论的复兴，尤其是经济上的适者生存，并导致了中产阶级的衰落，工薪阶层和穷苦阶层的生活环境恶化。亚当斯将其希望寄托在适者生存的复兴上，但这一点却让步给了人们的盲目迷信，在他们看来，衡量"适者"的标准就是体育馆等基础设施的存在，这一现象与学校的表现密切相连。有钱的家长所居住的社区，都配有体育馆、星巴克、体育联盟和辅导中心等，这些对于孩子们能否全面发展（但却圆滑世故）、打好基础（但却有所缺失）至关重要。当然，对于财力雄厚的、创立这一机制的创始人而言，这些也是至关重要的。这是掌控者的规则（Pope，2001）。学校本应保护孩子们远离日益严峻的阶级分化影响，现如今却"遭到绑架"，被迫以学位证书来证明阶级差异。更糟糕的是，由于科学已经被金钱所腐蚀，因此其以最机械的、最虚伪的方式进行了测试，以证明相关排序是合乎情理的（McDermott & Hall，2007）。

在本章的开篇，我们提出了这样一个问题：对人们不合常理的安排，是否会迫使社会错误地引导科学技术，从而让其与孩子们站在对立面。其实，现实状况较为简单。这是一件老生常谈的、关乎阶级和种族的政治事务，但又有所不同；如今，政治霸权已经得到发展和科学认证，并且使得认知能力和认知障碍变得无足轻重。亚当斯写作时，正处于黄金时代的初期，而我们的写作则是始于第二个黄金时代的初期。我们也在疑惑应如何干预。首先，我们可以关注一下孩子们的身体，然后便可以发现，相关机制的扩展影响了孩子们的感性接触，也使他们被我们提供的世界所牵累。我们应该少关注一些他们的内在，因为我们并没有获得相应的许可——在他们身上构建我们的模式（已不幸经过验证），探寻目前所发生的事情。我们应更多地去关注他们与世界的能动关系，以及他们的行为。我们应当清楚这些孩子们关注的是什么，想要做什么，当然还有他们保留的是什么，何乐不为呢？但总的来说，我们需要明确和面对给他们带来的不安、未知和阻碍。是的，我们应该研究他们，但也应当着眼于他们是如何商定自己的地位，如何承受这些症状及相应后果。

接下来，我们将从研究和政策层面对干预措施进行设定：与孩子症状相关的每一个描述，都必须要比对与诊断相关的社会背景陈述；与孩子症状相关的每一个描述，都必须比对相关处方，这一处方主要针对与残疾人遭受利用与虐待的政治经济环境所作的抗争在发现克里斯托弗富有同情心之前，人们或许能很容易看清克里斯托弗·诺兰对家庭的热爱,但却往往忽略其在脑海中制造的新的愉悦的内容。但是,想要原谅社会大众并非易事,因为他们将残疾人翻找出来,并且在充满竞争的人生战场中对其大加利用,而这一点往往标志了一个孩子的学业之路。所以,如果 Crystal 能照顾他人,就算笨拙一点又怎样?究竟是什么样的社会,才会只关注她不能做好的小事,而忽略其所擅长的重要事务呢?如果彼得能够让他人保持秩序,就算过于活跃些,又能怎么样呢?究竟是什么样的社会,才会只将目光放在他的野蛮上,而忽略其在活动中所作的牺牲和贡献呢?谁能从这一份份记录残疾与失败的文档中获益,除了那些拥有资源以避免自己被贴上标签或被归为残疾的人,以及那些以诊断和治疗为职业却并未认识到他们是如何成为问题一部分的人?

443

民主并非易事。即使是亚当斯所宣扬的新信条——"信仰自然;信仰科学;信仰适者生存",也已经被腐蚀,开始为旧秩序服务:自然传达着个体差异,而科学证明了它们,适者生存的意识形态为学校中成败预测机制的诞生提供了正当理由。但这样做是万万不可的,民主必须为每一种技能、每一份专注和每一份善良创造最好的条件。国务卿克里斯托尔和白宫新闻发言人彼得,拜托了!请让善意,而非笨拙,充斥整个世界;让秩序,而非多动,找到其奋进的目标。

注:

1. 大多数文化不会从先天和后天对孩子们进行区分,在从一名受挫教师的角度谈论道德秩序时,莎士比亚首次采用了这种错误的对立:

   > 普洛斯彼罗:一个魔鬼,一个天生的魔鬼,教养也改不过他的天性来;在他身上,我一切的好心努力都全然白费。他的形状随着年纪而一天丑陋似一天,他的心也一天一天腐烂下去。(*The Tempest*, IV. i. 188 - 192)

   对莎士比亚的谚语进行的调查显示,关于先天和后天,存在着两种抉择:要么是"先天战胜后天",要么是"后天战胜先天"(Tilley, 1950:491,509)。在辩论智慧是上天赋予还是父母遗传时,弗朗西斯·高尔顿(Francis Galton, 1865)引入了这一措辞。不可否认的是,他对于先天、后天以及人种改良学的分析充斥着种族主义,但也存在着转折:他用这一观点来区分北欧和南欧,却未使其他地方被牵涉其中。

2. 尽管知晓另一种语言明显不是某种残疾的标志,但当教师被要求从不懂教学语言的孩子中挑选出"无法学习"的学生时,或许将这一点作为某种标志也无妨。教师们应忽视这种划分。目前,情况已经变得足够荒诞:在某一地区的一头,教师们正试图了解那些西班牙语的孩子,而在该地区的另一头,教师们却必须压制其发展。

3. 是的,是的,在那时,甚至是之后很长的一段时间内,天才往往都是男性。有关生理性别与

天才,可以参见巴特斯比(Battersby, 1989);有关天才这一概念本身,可参见麦克德蒙特
(McDermott, 2006)。

4. 有关学习障碍的制度化,可参见米恩(Mehan, 1993,1996),麦克德蒙特(1993),麦克德蒙特
和瓦伦尼(Varenne)(1995),麦克德蒙特、戈德曼(Goldman)和瓦伦尼(2006)。

5. 有关19世纪的思想对重新思考美国教育的重要性,可参见麦克辛·格林(Maxin Greene,
1965)的优秀研究成果。

6. 大量著作中的精彩内容:有关文化、身体运动和象征主义,可参见毛斯(Mauss, 1951)和特
纳(Turner, 1980)的;有关绚烂书卷中的多贡文化,可参见卡拉姆-格里奥勒(Calame-
Griaule, 1973)的《绚烂书卷中的多贡文化》;有关其中涉及的行为机制,可参见肯顿
(Kendon, 2003)和谢格洛夫(Schegloff, 1996);有关从哲学角度探讨能够交流的身体,可参
见本特利(Bentley, 1941)和梅洛·庞蒂(Merleau-Ponty, 1964);与本章尤为相关的是
Bateson 和 Mead(1942)在巴厘岛进行的儿童平衡训练,以及埃弗龙(Efron, 1941/1971)有
关依赖智力构造的身体运动的研究。

7. 克罗齐(Groce, 1985)的作品从一个重要的视角记述了19世纪马撒葡萄园岛上一个社区的
宽容与善良。

8. 这种情绪在18世纪的两部小说中得到了很好的宣泄:劳伦斯·斯特恩(Lawrence Sterne)
写的《项狄传》(*Tristram Shandy*)以及德尼·狄德罗(Denis Diderot)所写的《宿命论者雅克
和他的主人》(*Jacques, the Fatalist*)。马克思在其十九岁第一次尝试写小说时,便是受到
了前者的影响(wheen, 2001)。

(刘文静　译)

444 **参考文献**

Adams, H. (2003). *Democracy*. New York: Modern Library. (Original work published 1880)

Baldwin, J. (1955). *Notes of a native son*. Boston: Beacon.

Bateson, G., & Mead, M. (1942). *Balinese character*. New York: New York Academy of
Science.

Battersby, C. (1989). *Women and genius*. Bloomington: Indiana University Press.

Bentley, A. (1941). The human skin: Philosophy's last line of defense. *Philosophy of
Science*, 8,1-19.

Boas, F. (1911). *The mind of primitive man*. New York: Macmillan.

Calame-Griaule, G. (1985). *Words and the Dogon world*. Philadelphia: ISHI. (Original work
published in 1965)

Conklin, H. C. (2007). *Fine description* (J. Kuipers & R. McDermott, Eds.). Monograph
56. New Haven, CT: Yale Southeast Asia Studies.

Efron, D. (1971). *Gesture, race, and culture*. The Hague: Mouton. (Original work
published as *Gesture and environment* 1941)

Emerson, R. W. (1860). *The conduct of life*. Boston: Ticknor & Fields.

Emerson, R. W. (1894). *Natural history of intellect and other papers*. Boston: Houghton, Mifflin.

Emerson, R. W. (1990). *Topical notebooks of Ralph Waldo Emerson* (Vol. 1, S. S. Smith, Ed.). Columbia: University of Missouri Press.

Emerson, R. W. (1995). *Representative men*. New York: Marsilio. (Original work published in 1850)

Emerson, R. W. (2004). *Essays and poems by Ralph Waldo Emerson*. New York: Barnes & Noble.

Erickson, F. (2002). *Talk and social theory*. New York: Routledge.

Frake, C. O. (1980). *Language and cultural description*. Stanford, CA: Stanford University Press.

Galton, F. (1865). Hereditary talent and character. *Macmillan's Magazine*, *12*, 157 – 166, 318 – 327.

Garfinkel, H. (1956). Conditions of a successful status degradation ceremony. *American Sociological Review*, *61*, 420 – 424.

Goffman, E. (1971). *Relations in public*. New York: Harper.

Greene, M. (1965). *The public school and the private vision*. New York: Random House.

Groce, N. (1985). *Everyone here spoke Sign Language*. Cambridge, MA: Harvard University Press.

Holmes, O. W. (1885). *Ralph Waldo Emerson*. Boston: Houghton.

Kendon, A. (1990). *Conducting interaction*. Cambridge, UK: Cambridge University Press.

Kendon, A. (2004). *Gesture: Visible activity as utterance*. Cambridge, UK: Cambridge University Press.

Lave, J., & McDermott, R. (2002). Estranged labor learning. *Outlines*, *4*, 19 – 48.

Marx, K. (1963). *The 18th Brumaire of Louis Bonaparte*. New York: International Press. (Original work published in 1852)

Marx, K. (1964). *Economic and philosophical manuscripts of 1844*. New York: International Press.

Mauss, M. (1951). Les techniques du corps. In C. Lévi-Strauss (Ed.), *Sociologie et anthropologie* (pp. 362 – 386). Paris: Presses Universitaires de France. (Original work published in 1936)

McDermott, R. (1993). Acquisition of a child by a learning disability. In S. Chaiklin & J. Lave(Eds.), *Understanding practice* (pp. 269 – 305). New York: Cambridge University Press.

McDermott, R. (2006). Situating genius. In Z. Bekerman, N. Burbules, & D. Silverman-Keller(Eds.), *Learning in places* (pp. 185 – 202). New York: Peter Lang.

McDermott, R., Goldman, S., & Varenne, H. (2006). The cultural work of learning disabilities. *Educational Researcher*, *35*(6), 12 – 17.

McDermott, R., & Hall, K. (2007). Scientifically debased research on learning, 1854 – 2006. *Anthropology of Education Quarterly*, *38*(1), 82 – 88.

McDermott, R. , & Varenne, H. (1995). Culture as disability. *Anthropology of Education Quarterly*, 26,324 - 348.

445   Mehan, H. (1993). Beneath the skin and between the ears. In S. Chaiklin & J. Lave (Eds.), *Understanding practice* (pp. 241 - 269). New York: Cambridge University Press.

Mehan, H. (1996). The construction of an LD student. In M. Silverstein & G. Urban (Eds.), *Natural histories of discourse* (pp. 253 - 276). Chicago: University of Chicago Press.

Merleau-Ponty, M. (1964). *The phenomenology of perception*. New York: Routledge & KeganPaul. (Original work published 1944)

Nolan, C. (1987). *Under the eye of the clock*. New York: St. Martin's Press.

Pope, D. C. (2001). *Doing school*. New Haven, CT: Yale University Press.

Radin, P. (1927). *The mind of primitive man*. New York: Dover.

Raftery, J. (1988). Missing the mark: Intelligence testing in the Los Angeles Public Schools, 1922 - 32. *History of Education Quarterly*, 28 ,73 - 93.

Schegloff, E. (1998). Body torque. *Social Research*, 65 ,535 - 596.

Tilley, M. P. (1950). *A dictionary of proverbs in England in the sixteenth and seventeenth centuries*. Ann Arbor: University of Michigan Press.

Turner, T. (1980). The social skin. In J. Sherfas & R. Lewin (Eds.), *Not work alone* (pp. 112 - 140). Beverly Hills, CA: Sage.

Varenne, H. & McDermott, R. (1998). *Successful failure*. Boulder, CO: Westview.

Wheen, N. (2001). *Karl Marx*. New York: Norton.

对第五部分的回应：
身体、残疾以及追求教育社会公平的斗争

吉姆·费里斯（*Jim Ferris*）

今日的天气可以说是"秋风吹，树枝摇"，大部分长针松树、枫树和橡树的叶子依然倔强地在枝桠上摇曳着，除了有一些零零散散的叶子放弃了挣扎，随风而去，终随大自然的力量回归到地面。那些仍在摇曳的树叶还能坚持多久呢？在我住的地方，威斯康星州，无情的冬天无法阻挡的终将来临，寒冷，清冽，刺骨，严峻，以一种全然不同的方式美丽动人，但是这些树叶难逃劫难。从枝桠上凋零也是作为树叶不可缺少的生命历程，不是吗？

我不想对这个自然的现象小题大做，树叶是树这个生物体的一部分，而不是各自单独的个体，所幸的是春天的到来也会带来另一波树叶。我想说的是，尽管此时此地我们将之为"残疾"的众多人类的状态——这了不起地、极大地丰富了作为人类存在于此世之道的多样性。其实就像是树叶，这些只是自然的现象，但这也是文化影响的结果。世界上没有一模一样的两个人，这是自然现象，但是我们人类自己决定什么样的不同之处是重要的，什么样的是不重要的，而这就是文化的影响。在几百年前，世界上还只有少数人懂得阅读，也没有什么"1.0 的视力"这种说法。在这样一个完全依赖仪表飞行、语音指令、屏幕阅读器和有声读物的世界里，标准和期望好像正在改变，又一次在改变。能跑，能跳，能扔矛，能射箭，能狩猎，能驾货车或旅行车，能静坐不动，能专注于一系列连续的任务，能在脑子里精确地进行数学运算，能对复杂而且不断变化的情况作出预估和应变，以及能适应世界和我们身体内部发生的变化，等等，等等。有一句古话叫"唯一不变的就是变化本身"。至少这句话在明天和在赫拉克利特时期一样都是正确的。

对于残疾人士，尤是如此。残疾人士也长着人类的面孔；亦向世人展示着我们人类身体形态和颜色的多姿多彩，精心装扮着我们人类这座森林。同时，他们还教会我们怎么去适应变化。安娜·斯通纳姆（Anna Stonum）从小猴子、类人猿到直立行走的人的人类进化史插图是残疾人权利运动中经久不衰的形象。而最后一幅图是一个人坐在轮椅上正在上坡，名为：适应还是灭亡。

残疾人们一辈子都在这个世界里过着自己的日子，只是在近来人们才开始向他们提供重要的生活设施。生活在这个世界需要适应力和想象力，世界向我们所有人提出适应性和创造性的要求，但世界却向残疾人索取这些特征。残疾人清楚地知道他们必须竭力反对的最重要因素就是歧视、侮辱和排斥，这些直到今天仍是残疾人受到压迫的关键部分。如果我们因克服残疾而受到赞赏，实际上我们所克服的是外界的压迫——态度上的和身体上的——外界愿意想当然地认为它自身是"正常的"——无论这种所谓的正常意味着什么。

　　反对那种压迫的努力还有更多，不胜枚举。我很欣慰大部分的树叶都在坚持着——我希望看到树叶变换它所有的颜色。但我也会为那些落叶欣喜；无论我捡起它们还是保存它们，这些不同的瞬间时光，这些由此而来的预兆，这一切都提醒我们人类世界存在不可避免的变化和令人惊奇的差异。那么，世界更像坚持的树叶，还是随风而去的树叶呢？当然了，答案是两者都有。树的生命无疑活自树叶；坚强、有适应力又脆弱的残疾人是朴实无华、大写的人性写照。人类的人性无疑出自残疾人。

447

448

第六部分
青年与教育社会公平

杰弗里·邓肯-安德拉德(Jeffrey Duncan-Andrade)
编辑导读

我们一定要交握双手——不仅是与年轻人，就像我们在这里所做的一样，而且还要与一些年长者、老人和儿童交握双手——这样我们就能形成统一的意志。我们一定要交握双手，以避免当今威胁人类的最可怕的战争，同时也是为了达成每个人最珍贵的心愿。

(Guevara, 2000, p. 60)

我知道你不想听城市的"那里"正在发生的伤痛和苦难。我知道你不想听到"那里"的儿童遭受了枪击。但是，你至少得知道城市的"那里"也是你所在城市的一部分。这是我们的邻居，这是我们的城市，这是我们的美利坚。不管怎么样，我们必须找到互相帮助的方法。我们必须团结在一起——不论你信仰什么，不论你是什么肤色——寻找具体的方法去解决贫民区的问题。

(Jones & Newman, 1997, p. 200)

城市学校中的学业失败问题持续存在，尽管对此类问题的关注与日俱增。这样的失败在城市高中最为明显，其辍学率始终高于50%，而大学升学率仅在10%以下 (Harvard Civil Rights Project, 2005)。意在解决这些问题的策略引起了研究界、政策界和实践界内部及各界之间的大量争论，但这些策略在过去40年间对非白人贫困儿童教育成就的影响却是微乎其微。近年来，一些重点改革计划，其中有些是由诸如卡内基集团(Carnegie Corporation, 2001)和盖茨千禧年基金(The American Institutes for Research, 2003)所资助，已向一些创新项目划拨了数百万美元，但是城市学校的学业成就并未获得实质性的改善。

在考虑改进城市学校的新途径时，我们一定要考虑这些计划为什么偏离了目标。提高城市学校财政资源的努力虽然是值得称赞的，然而日渐清晰的是，这种方法并非灵丹妙药。罗斯坦(Rothstein, 2004)认为这些努力是失败的，因为它们创造的资源没有被直接用来解决由贫困和城市生活(营养、健康、暴力、住房)造成的迫切的社会和系统性问题。相反，这些新的学校资源被用于补充一系列旨在提高考试分数的制度性措施：高利害测试和备考项目，缩小学校/班级规模，提高生均计算机持有量和生均教材持有量，实施预先规定的读写和数学课程，改善教学设施。遗憾的是，这些努力并没有在州和国家层面上使城市学校学生的参与度和成绩得到显著改善。

加大物质资源的投入没有带来相称的学业成就提升,这种失败不应被错误地解读成物质资源并不重要。一些研究(Ferguson & Ladd, 1996; Greenwald, Hedges, & Laine, 1996)挑战了经济学家埃里克·哈努谢克(Eric Hanushek)的观点,即"资源和学生成绩之间没有清晰的系统性关系"。我们只需看一下富裕群体如何坚定不移地维持对学校资源的高投入,就可以理解金钱对学校的成功运作有着至关重要的作用。加大资源投入的城市学校改进方案已经偏离了其目的,因为它规定了这些资源的用途以及测量其影响的方式。目前,大多数基于资源的努力专注于改进教学和学习环境,帮助学生借助接受高等教育"逃离"其社区。巴伦苏埃拉(Valenzuela, 1999)把这个称作学校教育的"减法模式"(substractive model),在这种模式中,学生被(明确或隐晦地)要求将他们家庭和社区的文化替换成学校里"更高层次的文化",以获得进入高等教育的机会。这种模式将城市有色人种青年的人生选择简化成一种虚假的两难境地:要么作为失败者留在当地社区,要么作为成功者逃离当地社区。面对着以脱离社区为代价换取学术成功的前景,很多城市青年毅然决定退学。虽然他们认识到了其身份认同与学校对他们的期望相冲突,但他们依然选择维持其身份认同,即使这种选择的代价是教育的边缘化(Macleod, 1987; Valenzuela, 1999)。

城市教育改革运动必须着手与社区发展伙伴合作关系,帮助年轻人获取成功,同时维持其身份认同。这种教育的"加法模式"(additive model)专注于发展城市学校文化,设计课程和教学法,辨别城市学生的文化并将其所属群体视为资源而不是不足(Moll, Amanti, Neff, & Valenzuela, 1999)。城市青年独特的生活状况使其需要一个能够同时实现两个互补的目标的教育系统。教育应该使他们准备好面对其日常生活中的社会和经济不平等条件,向他们提供发展学术技能的机会,以使他们能够将上大学作为一种人生选择。

这种城市教育改革的方法对城市社区而言是一个双重投资。它提供了一种能使学校与城市青年的生活直接相关的课程和教学,同时也通过培养毕业生,使其认识到他们有能力改善市中心,而不是视市中心为逃离之地,从而打破了城市社区缺乏人力资本投资的恶性循环。这些前景使城市青年对学校教育的目的有了新的认识,从而为社区提供了必要的人力和制度资本,促进其社会、经济和政治复兴。

在城市学校内直面"城市"

尽管城市教育改革的新设想必须继续坚持在所有学校内平等分配物质资源,但是由美国研究院和卡内基基金会所做的研究表明,这些资源必须直接用于应对城市生活和贫困问题。在少数一些地区,这种方法在城市青年身上取得了持续的成功,并且成为一种清晰的认识模式。成功的城市教育者的个体实践所体现出来的努力(Duncan-Andrade,2007),以及来自加州大学洛杉矶分校的民主教育与入学研究中心(Institute for Democracy Education and Access,IDEA)的夏季研讨会(Morrell,2004)、图森社会公平项目(Cammarota & Romero,2006)、芝加哥的"贝蒂城市之家"(Batey Urbano)(Flores-González,Rodriguez, & Rodriguez-Muñiz,2006)等众多机构的努力,它们的关注点依然聚焦在能够给城市青年所面临的社会和经济不平等带来挑战的教学之上。如果我们更加关注教师的培养,使之能够实施一种可以应对城市生活状况和培养学生改变这些状况的能动意识的教学,那么我们会取得更大的成功。

451 　　教学改革的努力必须超越业已失败的多元文化教育运动,并实施这种更富批判性的教学。教师和学校管理人员需要获得支持,以发展和实施一种基于城市青年的社会背景的教学。莫尔(Moll,1992)将这种社会背景称作"知识基金"(funds of knowledge)。学校不能将社区视为一个需要摆脱的场所,而是必须利用学生带到学校的知识,即学生从街区、家庭文化传统、青年文化以及媒体中习得的知识。拉德森-比林斯(Ladson-Billings,1994)将此称作"与文化相关的教学"(culturally relevant pedagogy)。李(Lee,2004)认为我们必须使教师具备更强的调查学生当前生活状况的能力,从而使他们的课程和教学能够反映学生的生活。这种对学生生活方式的更深层理解,使学校行政人员更好地认识到这些社会背景如何影响城市青年的教育成就,并对其进行积极的干预。

超越批判:一项温和的教育公平计划

拥有优质的教师可以提升教育水平,这几乎是毫无争议的。因此,我们必须投入更多精力到城市教师和学校领导者的招聘、培训、发展之中,并对其予以支持。如果教育者想要发展更加关注社区最迫切需求的教学、课程和学校文化,这尤为重要。迄今为止,社会公平共同体依然缺乏应对这些挑战的战略规划。缺乏有针对性的规划,部分原因在于我们假定教育者之间形成了一种追求社会公平的联盟。我们之所以假定存在这样的联盟,是因为我们都承认我们的社会存在普遍的不平等(例如,在教育、住房、就业、安全、法律公正、公民权等方面)。但是,追求社会公平的教育者对于如何应对这些不平等存在不同的意见。更糟糕的是,追求社会公平的教育者倾向于互相批评和诋毁彼此的工作,而不是制定战略规划。我们倾向于通过否定来获得认可,而不是提出一个共同行动计划。我们通过否定其他人的立场来肯定我们自己的立场。这些只破不立的批判通常攻击的是那些意在为社会不平等辩护的新保守主义观点,但偶尔也被用来攻击社会公平共同体中的其他成员。

通过批判否定一个立场,就其本身而言,并不会肯定一种更加社会公平的立场。一个人在解构对立立场的逻辑时,必须提供一个逻辑更强的替代立场。理想状态下,一个人的立场必须以基于实践的证据作为支撑,即其提出的观点对于目标共同体是有效的。记录和推广对城市青年有效的教育实践模式,这种需求为社会公平共同体带来了真正的挑战。为了应对这项挑战,我们必须注意阿尔都塞(Althusser, 2001)对所有批判理论家所面临的马克思主义挑战的拓展:"理论和实践相统一的最终实现是(当)哲学不再去解释世界,而是成为一种改变世界的武器:革命。"在我们的社会公平理论得到一种经过检验的成功模式的支撑之前,我们都不会改变世界,而只是在批判它。

在我们对教育的所有批判和争论之中,我们已经达成了对一个事实的相对共识。儿童心理学和教学理论的研究都表明,积极的自我认同、希望、目的意识是学业成就的先决条件。尽管这些领域的提高对于提高考试分数非常关键,但高利害时代对考试分数的迷恋却没有使我们将这些教学元素放在优先位置。一个可能的结论似乎是,学业成就的差距从未被归因于如下事实:绝大多数成功的学生在进入学校时都怀有积极的自我认同、明确的入学目的,以及学业成功能让他们在更广阔的社会中获得回报的合理希望。对于大多数低收入儿童而言,尤其是低收入的有色人种儿童,在学校或更广阔的社会中几乎没有经验能够证明上述三个信念中的任何一个。

当然,在企业实验室中研发一个备考项目要比培养有效教师简单得多。培养有效的城市教育者是一项艰辛的工作,有些人认为其成本效益不如预先规定的课程备考指南、一天速成培训。然而,一个项目如果没有任何产出就称不上成本效益高。我们永远不可能开发出适用于每一个课程的理想化教学项目。好的教学总是与人际关系相关,然而项目并不会建立关系,只有人才会。事情的真相是我们知道如何使城市学校的成功成为常态,就像在那些高收入社区的学校一样。就算学业失败四处蔓延,每个学校还是有些成功的教师。我们应该花时间弄清楚他们是谁,与他们合作,研究他们做了什么和他们为什么会成功。这项工作应该为教师认证项目及校本专业支持制度提供指导,以使更多教师能够开展那些有效的教学实践。

未来10年新增的教师将会超过百万,绝大多数将会投身于城市学校(National Commission on Teaching and America's Future [NCTAF], 2003)。这会带来一个将钟摆推向教育公平的前所未有的机遇。如果我们非常渴望的话,我们能够加大投入,将我们的努力重新聚焦于招聘、培训和培养有效的城市教师上来。我们可以知道什么是有效的城市教育者。我们可以列出其实践的特征。我们可以将这些特征与参与度和学业成就的提高联系起来。如果我们未能大力投入,以在新一代的教师中支持和发展这些特征,就像我们对他们的前辈所做的一样,那么我们将如詹姆斯·鲍尔温(James Baldwin)在45年前所预言的那样,我们作为一个国家肯定会走向衰败:

[这个]国家已经花费了大部分的时间和精力去无视其国民生活中的一个基本事实……对国民生活的任何一项诚实的检验都会证明我们偏离人类自由的标准有多远,而人类自由正是我们的初衷……如果我们经不起这种检验,我们将会成为这个国家历史上最显眼和最沉重的失败。(Baldwin, 1961, p. 99)

我们一直未能为绝大多数的贫困和工人阶级儿童提供优质教育,这种持续的失败最终会在经济上和道德上摧毁这个国家。如果这种失败继续下去,那并不是因为我们不知道如何有效地教育我们的所有儿童,而是因为我们缺乏这样做的决心。

(伍绍杨 译)

参考文献

Althusser, L. (2001). *Lenin and philosophy and other essays*. New York: Monthly Review Press.

American Institutes for Research. (2003). *High time for high school reform: Early findings from the evaluation of the National School District and Network Grants Program*. Menlo Park, CA: Author.

Baldwin, J. (1961). *Nobody knows my name*. New York: Dell.

Cammarota, J., & Romero, A. (2006). A critically compassionate intellectualism for Latina/o students: Raising voices above the silencing in our schools. *Multicultural Education*, 14(2), 16 – 23.

Carnegie Corporation. (2001). Whole-district school reform. *Carnegie Reporter*, 1(2),1 – 2.

Duncan-Andrade, J. (2007, November-December). Gangster, canastas, and ridas: Defining, developing, and supporting effective teachers in urban schools. *International Journal of Qualitative Studies in Education*, 20(6),617 – 638.

Flores-González, N., Rodríguez, M., & Rodríguez-Muñiz, M. (2006). From hip-hop to humanization: Batey Urbano as a space for Latino youth culture and community action. In *Beyond resistance: Youth activism and community change* (pp. 175 – 196). New York: Routledge.

Greenwald, R., Hedges, L. V., & Laine, R. D. (1996). The effect of school resources on school achievement. *Review of Educational Research*, 66(3),361 – 396.

Guevara, E. (2000). *Che Guevara talks to young people. New York*: Pathfi nder.

Hanushek, E. A. (2001, Spring). Efficiency and equity in education. *National Bureau of Economic Research Reporter*, 15 – 19.

Harvard Civil Rights Project. (2005). *Confronting the graduation rate crisis in California*. The Civil Rights Project. Cambridge, MA: Harvard University.

Jones, L., & Newman, L. (1997). *Our America: Life and death on the South Side of Chicago*. New York: Washington Square Press.

Ladson-Billings, G. (1994). *The dreamkeepers: Successful teachers of African American children*. San Francisco: Jossey-Bass.

Lee, C. (2004). Literacy in the academic disciplines and the needs of adolescent struggling readers. *Adolescent Literacy*, 3,14 – 25.

MacLeod, J. (1987). *Ain't no makin' it: In a low-income neighborhood*. Boulder, CO: Westview.

Moll, L. C., Amanti, C., Neff, D., & Gonzalez, N. (1992). Funds of knowledge for teaching: Using a qualitative approach to connect homes and classrooms. *Theory into Practice*, 31,132 – 141.

Morrell, E. (2004). *Becoming critical researchers: Literacy and empowerment for urban youth*. New York: Peter Lang.

National Commission on Teaching and America's Future (NCTAF). (2003). *No dream denied: A pledge to America's children (Summary report)*. Washington, D. C: Author.

Rothstein, R. (2004). *Class and schools: Using, social, economic, and educational reform to close the black-white achievement gap*. Washington, D. C.: Economic Policy Institute.

Valenzuela, A. (1999). *Subtractive schooling*. Albany, NY: SUNY Press.

453

28

支持与反对

社会公平中学校与教育的辩证法

K·韦恩·杨(K. Wayne Yang)

"我应当创造！如果不是一个音符，那就是一个破洞；如果不是一首前奏曲，那就是一场毁坏。"[1] 格温多琳·布鲁克斯（Gwendolyn Brooks，1968/1992）的这首诗名为"打碎玻璃的男孩"，捕捉到了人类能动性中的一个基本辩证，即创造行为和毁灭行为之间的辩证。最能够体现这一点的是，被压迫者面对看起来对他们有利的制度时表现出来的能动性，比如有色人种青年面对被隔离的美国城市贫民区中的学校。学校与教育的辩证法指的是，追求社会公平的努力必须在瓦解压迫性学校系统的同时建立解放性的教育项目。鉴于美国的学校教育更多的是再生产而非打破阶级不平等（Bowles & Gintis，1976，pp. 125－126），灌输种族主义与厌恶女性的意识形态而非对其进行批判（hooks，1994），促进殖民主义而非民族自决（Woodson，2000），人类能动性（human agency）——变革这些社会再生产的结构的能力（Gidens，1979）成为任何关于社会公平的讨论中无法回避的焦点。

因此，在一个不公平教育系统的背景之下，由教育中的年轻人发起、与他们一起进行或是为他们而发起的任何斗争都会带来这样一个问题：人类能动性是在为主流学校教育机构创作前奏曲，还是对它们进行毁坏？

学校教育是教育的一个特殊形式。这就是说，如果"教育"这个词指的是普遍意义上的所有形式的学习，那么"学校教育"就是通过特殊的机构，正式地使年轻人适应于知识再生产的合法系统。在这种情况下，学校可能并不是教育学生，而是使学生习惯于一种卖弄学问的迂腐文化（Freire，1970/2000）；同样地，一个人可能接受了高层次的学校教育，但却是被误教的（miseducated）（Woodson，2000）。核心矛盾在于正式教育偏离了人性化的基本目标（Freire，1970/2000）。简而言之，为教育而奋斗是所有人类的使命，即便那意味着反对学校教育（Woodson，2000）。

学校是一个辩证的空间，在这个空间中，教育和误教都可能发生。学校与教育的辩证法带来了一些非常实际的问题。在我的经历中，我曾以不同的身份参与到学校教育机构之中：我在一所主流的、综合的城市高中当过教师；在教育监督机构中担任过改革官员；同时还曾作为一所社会公平学校的创始人。在每种环境中，实践者都要努力为学校系统工作，同时对抗其压迫性的特征。从这一辩证关系中可以衍生出一系列的理论命题，从而为关于社会公平的教育文献提供框架。在教育机构的宏观层面，社会运动应该建立学校还是废除学校？在班级课程的微观层面，批判课程是对社会的解构,还是在灌输社会所需的技能? 后面这个问题不仅对青年人与教育相关的能动性的作用提出了挑战,而且还挑战了有关社会公平、发起运动和人权的教学。本章并不仅仅停留在为社会公平作辩护,而是要对如何通过学校教育实现社会公平展开批判性的探讨,尤其是在美国城市教育的背景下。

456

两位弗莱雷:社会公平文献的一些片段

在美国,社会公平文献的发展并不成熟。然而社会公平是一个严肃的研究领域,我们在未来几十年内对它的理解会越发深刻。其结果是,现阶段关于社会公平的研究是杂糅的(syncretic);也就是说,当前研究是对一个混合的教育谱系(包括美国和美国之外的教育努力)的有选择的摘录、删除和记忆。当我们把这些片段拼接起来时,我们便会开始注意到一些隔阂和盲区阻碍了社会公平在教育中的讨论。

美国教育中这一不断发展的议题将很多事情杂糅在一起,它将保罗·弗莱雷(Paulo Freire)误记成一位批判学校制度和倡导以学生为中心的课堂的教育家,同时又忘却了他在巴西农村成人扫盲运动中的教育实践。实际上,社会公平文献中出现了两位弗莱雷。一位是哲学家,他探讨了通过"意识化"实现人性化和"储蓄式教育"(banking education)导致非人性化的抽象原则。另一位是扫盲运动的战略家,他挪用了巴西大学的资金支持农民斗争,他克服了其所在阶级、种族和特权的不可调和的复杂性来实现这一点。这两个弗莱雷构成了一种二元对立,任何社会公平的研究都必须整体地、辩证地考察这两者。然而,在典型的西方思维中,弗莱雷被一分为二了,并且他的两个部分在美国教育中被层级化了。在符号学中,我们把这称为"在场"(present)和"缺席"(absence)(Derrida, 1978):作为哲学家的弗莱雷以一种理想化的、温和的和"白人"的形象"在场",遮盖了其黑暗一面的孪生兄弟。通过这样的排斥来暗示,另一位弗莱雷是不完美的、暴力的,而且还是黑人。尽管如此,作为战略家的弗莱雷,其形象虽模糊不清,但依然潜伏在我们身边,伺机在美国教育界掀起一番风浪。

在学校教育中,这两位弗莱雷导致了戏剧性的结果。理想化的民主会产生"取消对学校教育空间的管制"的幼稚尝试,由此"平等话语权"滋长了种族主义、性别歧视和暴力思想不加批判的再生产。就像埃尔斯沃思(Ellsworth, 1989)描述的,她在一种以学生声音和对话为根基的课堂环境中对美国大学生进行教学时所面临的陷阱。

相比之下,古巴扫盲运动将弗莱雷的哲学和策略都迁移到了古巴的背景之中——一个处于美帝国主义阴影下的新生革命国家,并将其推广到全国范围(Kozol,1978)。虽然都是在解决成人文盲问题,但古巴的扫盲运动在很多方面不同于弗莱雷在巴西圣累西腓市(San Recife)的工作。比如说弗莱雷很厌恶初级读本,但古巴却采用了初级读本,因为古巴认为许多文盲群体是年幼的孩子,他们需要阅读工具。古巴的方法里还包含了明确的国家主义和反帝国主义的生成性主题,比如美国政策对古巴农民的影响。这种话语方式并不是温和的,它使反革命的异议噤声,同时通过社会化手段塑造一种对革命的认同感。

我们必须要做的是恢复弗莱雷著作的历史独特性,还原其哲学中作为根基的实践层面,进而使其真实的、而非理想化的一面能够迁移到美国城市学校之中和有色人种青年身上。最重要的是,我们必须开始思考如何发挥弗莱雷著作以及受其启发的著作所蕴含的力量。我们可以在教学工作当中发挥这种力量,特别是在通过学校教育使年轻人社会化的过程中。第二位弗莱雷建议我们,学校教育,或者使年轻人适应合法知识系统的正式过程,仍然是解放教育(emancipatony education)的有效途径。但这种可能性常常被我们对"储蓄式教育"的恐惧所遮蔽——将学习者视为储存信息的容器,以及在师生之间建立一种殖民统治式的关系——这是弗莱雷(1970/2000)激烈批判的。然而,它的反面,"提问式教育"(problem-posing education),不是教育力量的缺席,不是权威的缺席,也不是一种温和的活动。它更像是一种社会化的形式,要求教师和学生通过严格的甚至是痛苦的学习过程,对世界的种种条件作出艰难的考察(Freire & Macedo,1987,p.77)。社会公平教育者所面对的问题并非是否要使年轻人社会化,而是如何使其社会化,以及要得到什么结果。

教育中的社会公平文献有选择地遗忘了某些教育思想传统,在这一点上它也是杂糅的。其中一个明显被抹除之处将有可能在未来几十年内受到学术研究的再度重视,那就是后奴隶制和前公民权利时期黑人教育家的著述,比如茱莉亚·库珀(Julia Cooper)和卡特·伍德森(Carter G. Woodson)等人就曾置身于一场黑人思想的"大迁徙"之中:从美国黑人主义者到黑人民族主义者,再到泛非洲国际主义者。这些教育家和知识分子在学校教育的课程中经常受到忽视,但他们的著作为主流教育制度内的有效抗争提供了极有价值的洞察:这些制度实际上是建立在黑人从属地位的假设之上的。通过后重建主义作家的视角来看待黑人教育思想的传统,能给我们提供一种既支持、又反对学校教育的复杂观点。一方面,伍德森(Woodson,2000)指责学校作为一种殖民机构削弱了来自其社区的智力资源,并且学校教授的是以欧洲为中心的课程。公立学校教育的推广实际上就是殖民计划的扩张。另一方面,同样是这群黑人教育家将学校视作可能会帮助社区"提升"的制度化结构(Cooper, 2000),认为学校有可能培养出一个能为其社区服务的受教育阶层(Woodson, 2000)。

这些理论分歧表现为一个连贯的社会公平视角之下实践的不确定性。本章将继续阐述几个这样的实践困境。这些简短的小片段不是要对复杂现象进行深度分析;我用它们来揭露谬论和提出洞见——年轻人和他们的教育共同体是如何调和学校与教育的辩证法的。更重要的是,它们为社会公平文献需要什么样的研究指明了批判的方向。第一个片段提出的是这样一个问题:在推动年轻人罢课和抗议从"危机行为"(Melucci, 1980)转变为可持续、有策略的社会运动的过程中,教学的角色是什么?第二个片段问的是:在追求社会公平的学校中合适的纪律是什么样的?第三个片段问的是:在州政府的大众教育计划中,学校教育的基层运动如何能有效地实施符合社会公平的教育?在这一点上,本章将继续保持"提问式"的取向。

青年组织的教学策略?

社会底层群体,包括美国被遗弃的城市区域的有色人种青年,总能找到方法颠覆指向反文化实践的空间,并且常常使之与其缔造者的意图相左。比如,2006 年在法国巴黎和美国爆发的关于移民权利的大游行中,年轻人就充分利用了手机短信和互联网社交网站的通讯技术(Yang, 2007)。大学经常被设计成用来培养温顺的技术专家阶层和再生产社会不平等的精英阶层(Bourdieu & Clough, 1996),而学生常常是主要的异见酝酿者。在城市公立学校中,尽管课程与权威系统希望学生安分守己,但他们还是不断地围绕不同的议题组织活动(Noguera, Ginwright & Cammarota, 2006)。在很多方面,罢课、抗议和其他与权力机构直接对峙的方式,成为人们想象中美国政治异见者的一贯做法。

在我创办东奥克兰社区高中(East Oakland Community High School, EOC)的短暂历程中,我见证了年轻人动员了整个学生群体参与到一场团结有色人种、为移民争取权利的不同寻常的示威中。不到一年之后,这些年轻人、他们的家人和教师一起游行了八英里到达州学区办公室。他们为争取学校的未来而与州展开了长达一年的抗

458

争,而这次行动就是其中的一部分,并最终导致了 EOC 的关闭。他们还组织了抵制校园午餐的行动,并参与了反对高中毕业考试的大型集会。不仅如此,我们的年轻人还经常被邀请参与大学校园内的平权行动集会、为教师合同举行的罢课、反对伊拉克战争的游行等;政治活动的传单似乎无所不在,以至于经常把学校的门厅弄得乱七八糟。一些感兴趣的新闻记者甚至会询问下一场罢课会在什么时候举行。这些表达异议的策略是如此的传统守旧,以至于年轻人很难想象除了抗议以外还有什么方式可以促进社会公平。那么,社会公平教育者与青年组织之间的关系究竟应该是怎么样的? 这种选择不应被简单地框定为"我要不要和学生一起走出教室去参与罢课?"如果要对团结程度进行严格的审视,我们必须要问:什么样的教学可以使年轻人从表达异议转变为有策略地、持续地推动社会变革?

于是,东奥克兰社区高中从一般让年轻人参与政治活动转变为分析政治权力。年轻人首先了解发生在苏丹达尔富尔(Darfur)的暴行,讨论在教科书中出现的文化偏见,并且学习革命英雄的生平事迹。他们还阅读斯坦利·图基·威廉姆斯(Stanley "Tookie" Williams,洛杉矶瘸子帮的创立者)的传记,并且在他被处决的那晚去监狱围墙外抗议。青年社区行为研究项目以揭露真相为导向,以可预测的政治立场为结束。除了充满论战的立场声明之外,年轻人很难清楚地表述政治力量是如何运作的。可以说,这一类的政治教育虽然也具有一定的相关性,但并不是从学生的日常生活出发的"生成性主题"(Freire, 1970/2000)。相反,它们是强加的政治要求。到了第二年,年轻人开始分析不同类型的社会角色是如何通过教会、家庭、媒体和学校等文化生产机构争取政治主导地位。作为生成性主题,他们追踪自己身边消费品的经济学谱系,研究从电子游戏到杂志和音乐等大众媒体形式中的符号学。随后他们将自己的理解运用到对某些社会现象的原创分析中,并最终为社区的听众呈现一场公开讲座。同样,东奥克兰社区高中的课程重心从以政治异见为特征转变为培养严谨的学术技能、新媒体技能和批判性素养(Morrell, 2004)。

我们的目标是训练年轻人成为有策略的大众文本的创造者,而不是成为政治教育的消费者。年轻人被训练去做如下事情:创作自己的电影;将社会学理论应用到日常媒体分析;通过合法的话语进行辩论;解构与重建学术文本;撰写研究论文、文学分析以及统计报告;设计网页;使用社会学科的统计软件;将他们的成果呈现给不同的受众,从学术研究者到国会政策制定者,再到同龄人。换言之,年轻人要发展在主流与边缘领域发表权威讲话的技能。在争取移民权利的游行案例中,我认为有色人种青年的齐心协力并不是以意识形态共识或共同的政治利益为基础,而更多的是因为他们在大众媒体上创造了一个共享的文化空间——由网络与手机组成的社交网络(Yang,2007)。这使教育者开始思考新媒体与流行文化中的正规训练应该是什么样的,并利用现有的包括莫雷尔(Morrell,2001),莫雷尔和邓肯-安德雷德(Duncan-Andrade,2002),金赖特(Ginwright)等人的研究和电子书(NetLibrary,2004)。越来越多的大众文化研究要求我们将年轻人视为人,而不是从经济学的角度将其视为马克思主义行动者。后者在本质上是把学生构想成理性决策者,他们只用批判理论来进行交流——似乎交流中唯一重要的只有意识形态的派别之争。

459

劣构的社会公平将继续只与政治相关,而与文化无涉并在理论上发展不良。青年行动者团结起来制造规模更大的运动,不仅是对结构性不平等的回应,也是对享乐交易以及后殖民差异的回应。年轻人参与的是一个后现代的、却又非常古老的信号系统,这个系统早在资本主义到来之前就发出了人类担忧的信号。任何明确的社会公平计划都必须回应对青年运动中大众文化的基本人性的担忧。在那场八英里的游行事件中,年轻人曾设法将问题从学校教育转移到教育上。

当政府关注的是要不要关闭学校时,社区提出的问题是学校如何才能提供一种公平的教育。他们游行的目的不是为了让学校继续运营,也不是为了对抗州政府,而是通过自我提升和自我批判,踏进一个优质教育的平台。他们运用了印刷和多媒体的研究材料以及个人的叙述,所有这些都被嵌入一种关于教育质量的更宏大话语当中(Arredondo,2007)。这些游行者与州政府宣传者对其所做的描述相悖,后者把年轻人宣扬成暴徒,把学校形容成助纣为虐、但求自保的懦夫,并把教师丑化成恐怖组织中穷凶极恶的首领。在八英里的雨中游行、五小时的安静等待,以及数十场自我批判和改进计划的演说后,州政府指派的行政人员还是关闭了这所学校。在行政官下达命令的那个夜晚,甚至连警察(额外雇用了更多的警员,目的是保卫州政府不受到游行者的侵扰)最后都来与年轻人们握手,并在学校董事会房间外的走廊上哭泣。在此时,双方的共鸣通过道德强制力展现出心灵和思想的胜利,以及革命主体(学生、教师、家庭)对非革命阶层(警察、媒体、公务人员)的影响。年轻人以及那些与他们并肩作战的成年人能够为他们的事业建立起社会共识,或至少,他们能够打破州政府针对他们的舆论。这些策略体现了底层行动者如何联合他们原先的假想敌、支持者和反对者,从而规避对政治从属关系的先验的角色划分。

尽管承认年轻人是一个重要的政治范畴,并且是与成人有所区别的能动社会群体这一点十分重要,但我们必须避免错误地将年轻人理想化成一个隔绝的、独立的社会范畴。青年组织的任何有效实践都可以使我们深刻地理解成年人,特别是教师和其他握有权力的成年人,应如何与年轻人合作。这需要对团结的政治学进行严格的概念化,尤其是界定成年教育者、领导和导师的角色。这种成人指导与青年自我决定之间的"施与受"反映在对社会运动的社会学考察中,反映在有效的青年参与式行动研究中(Morrell,2004),反映在以学徒制和引导式参与等形式呈现的学习理论中(Schieffelin & Ochs,1986),反映在美国城市学校教育背景之下的批判教育学之中,反映在青年组织者自己的声音中。教育如何能使青年的异见转化为有组织的社会运动,要回答这一问题,未来的研究必须批判地分析成年人权威的形式、团结和课程策略。

为了公平而规训?

因其制度性质,学校教育是一个对学生和教师的身心施以影响的调控过程(Foucault,1979)。高度监管的学校提供恰当的训练环境,并且倾向于反对解放教育。这其中影响最深远的结果就是城市学校的贫民区环境无意中对监狱产业复合体的形成以及顺从劳动力的培养产生推波助澜的作用(Davis,1998)。然而,一个意识形态的谬误是假定消除管制是实现学校中社会公平的顺理成章的议程。相反,有效的社会公平策略必须考虑这些监管制度如何在总体上有利于学校教育中的解放运动。解放的心态会被学校教育监管职能所扰乱。因此,解放的回应是要么否认,要么模糊学校内的监管体系(Yang,2008)。在东奥克兰社区高中(EOC)设立的头一年,其特点是一种无监管的文化:没有铃声,没有走廊通道,没有保安,也没有传统的惩戒制度,比如停学。然而,我们也没有建立起替代传统监管措施的制度——我们的假设是清晰的意识形态、民主文化和关怀学生的成年人可以抵消多年规训的影响。结果是被训练的习性失去了约束(Bourdieu & Clough,1996;Willis,1977),或者说年轻人已经习惯在压力之下变得温顺,一旦失去了约束,他们就会展现出一种自我毁灭的特征。学校的"隐性课程"(Apple,2004)不仅通过使年轻人习惯于一种结构化威权主义的工厂环境来培养顺从,而且也使学生对监管制度产生依赖。

到第二年中期,EOC处于文化和学术危机中,青年之间的身体和象征性暴力现象很普遍。由于缺乏学术纪律,学生几乎无法在学校的速成课程中取得成功。在这时

460

候，一群骨干教师带着清晰的理论有策略地掌控了学校的文化——学校的使命不是创造一个解放的环境，而是培育一个培养青年领袖的有纪律的空间，类似于一所黑豹党（Black Panther Party）的奥克兰社区学校。由此产生的纪律干预被称为"救赎计划"（redemption plan），这个计划的基础在于由校园内最受尊敬的成年人所挑选的"年长青年圈子"（young elders circle）的道德权威。这个圈子确定了一个 50 位青年的大名单，占学生总数的三分之一。这些学生认为他们在学校接受了错误教育，使他们不尊重成人和彼此。"年长青年圈子"成为管理的主体，他们对青年施加了一套约定性的规则，以代替常规的学区惩戒制度，如停学和开除等。以一种福柯式的观点来看，这些目标是为了使青年内化教师的道德秩序，它们全部都以改革主义的话语表达出来。到了第三年，事实上校园里已不再存在打斗。从新的文化范式中催生出一个名为"NSurGentes"的青年领导小组，当种族歧视和性别歧视的语言或其他形式的象征性暴力出现时，他们将进行干预。一个学术演讲课成为了十一年级所有课程的规范，每个学生每年进行两次跨学科的学术演讲。学校在州学业表现指数上是奥克兰所有高中里进步最大的。尽管依然远未达到学术严谨和道德慎独的预想愿景，但不可否认的是，学校在文化上实现了重大的转变。

然而，掌控学校的监管职能和建立有纪律的文化，这个过程并不是温和的。无论如何行使权力，冲突总是先于共识出现，新的主导群体寻求异见群体的顺从。在第二年，三成的教师申请辞职或自愿离开。参与救赎计划的 50 名学生中，至少有三名离开了学校。在选择诸如"管理"和"权威"之类的词语时，我的意图是展示救赎计划非温和的一面。此外，这个管理的例子可以让我们一瞥 EOC 在整个学校范围内所采取的文化取向，包括教师发展以及青少年学术、艺术和组织的培训。此类工作产生的问题是，尽管权力被用于解放的旨趣，但却依然包含压迫的性质。我们必须对寻求社会改革的群体行使的权力进行批判性的概念建构，并将之作为教育进步中的社会公平文献加以发展。为了有效地回答学校教育追求社会公平的议程中的权威和纪律问题，我们必须对社会公平学校中的策略、权力的行使和监管形式进行大量研究。

461

使一个公正的州政府制度化？

我在学区改革中的领导工作发生在两个风口浪尖之上。一是平民接管学区。这项改革运动建立了很多小规模的、以社区为基础的学校,这些学校由在经济和教育上处于底层的城市区域的数千个家庭运营(Yang, 2004)。二是州以极具压迫性的方式接管学区。州将选举产生的学校董事会降格到咨询性的地位,解雇了学监,并指派了一位州政府官员作为该学区的绝对权威。这两种形式的"接管"表明州政府精英阶层之间存在竞争,如何对这些精英施以影响将为革命性变革活动提供更多的空间或使之受到限制。

这项小规模学校运动主要由一个抱有信念的组织所领导和推动,我在我的文章中将其称为奥克兰联合会(Oakland United Congregations, OUC)。OUC 有一个明确的权力理论,即通过平民占据组织的主体来巩固其力量,并通过赢得共识而不是对抗性斗争来影响有权力的人(Yang, 2004)。此外,他们的努力使其能够培养自己的位高权重的精英,包括学监和改革官员(Yang, 2004)。与其他社区控制学校的运动(例如,Podair & Ebrary, 2002)相反,OUC 没有建立社区委员会或监督委员会。社区权力建立在推举对平民阶层负责的州政府官员之上,而非建立在由社区成员微观管理的机构上。OUC 的权力理论在权力部门中有很高程度的有效性——但这也使他们遭受了来自更激进的活动团体的持续批评。然而,小规模的学校为更激进的实践提供了空间,比如社会公平学校(现已关闭),以及我成立的学校——东奥克兰社区高中(现已关闭)。当意识到州政府似乎可能会接管奥克兰联合会之时,我会见了各种社区组织者、民选官员和工会成员,我告诉他们,一旦立法机构投票接管奥克兰联合会,权力阶层将发生剧烈的变化,以及在哪些可能的情况下才能避免被接管。

各方的反应几乎都是,目前的奥克兰政府和州政府一样糟糕,如果不是更糟糕的话。一些工会活动家说他们也正忙于为悬而未决的合同做斗争而无暇他顾。其他活动团体尽管在当地学区的争论中很有话语权,但却忙于参与更加全球性的政治事务,比如美国入侵伊拉克和大学校园的平权行动。教师工会主席公开支持州政府接管,声称合同谈判将更容易,因为那样他们只需与一个人打交道。即使工会反对州政府接管,他们也明确表示这并不意味着支持当前的管理层。总而言之,城市学校的政治团体使所有管理者成为教师的天敌,他们毫不关心管理体制的更迭。结果是,这些握有权力的组织几乎不会团结在一起对抗(甚至根本没有准备过对抗)州政府的接管。也有部分例外,那些直接参与奥克兰改革的社区团体,一起设法改变州政府接管的威权主义,试图延续社区发起的改革——至少坚持了几年时间。然而,整体上的漠不关心预示了行政接管不会有很大的阻力。

　　不幸的是,管理体制的更迭产生了深远的影响。在平民监督之下,教师工会的工资增长了24%——这是几十年来最大的工资涨幅。因其在学区最高决策层中的实际代表,社区权力达到了前所未有的水平。新的小规模学校享有一定程度的自主权,不受学区的微观管理。无论这些成果是否是在某人的要求之下达成的,或者尽管当前平民监督所作的努力是非实质性的——事实上都是一个"宽松的环境"(Meeks,1993)促进了指向社区权力的前所未有的转向。相较之下,州政府接管使教师的工资立即减少了4%。小规模学校失去了自主权,并建立起一种惩戒机制——表现欠佳的学校被关闭,然后重开。巧言令色的州政府机构取代了来之不易的社区联盟,并掌握了权力,比如称谓极具讽刺性的"社区问责制主任",其主要工作是让社区对州政府负责。

　　有关学校教育中的社会运动的进一步研究必须消除州政府独揽大权的简化主义观念,并要意识到州政府与基层社区之间存在内在的对立关系。由于美国学校继续沿着州政府监督学校考试成绩和减少州政府在教育方面的投资的路径稳步前进,这样的观点在意识形态上似乎是不合适的。然而,为了回答社区如何建立一个社会公平的教育体系,将州政府的制度资源与其威权主义区分开来显得越发重要。

综合：非温和的赋权理论

　　学校与教育辩证法的一个可能的综合是设想一种策略性的激进主义,而非一种论战式的激进主义;一项策略性的教育,而非政治教育;社会公平的教育,而非社会公平的学校。在社会公平课程领域中,我们已经看到了文化与语言的激进主义(重要的是教学方式),认识论的激进主义(什么是知识)和功能主义的激进主义(教育的目的是什么)的发展。然而,有效的社会公平议程必须开始考虑策略的激进主义。随着社会公平文献积累,我们的思维应该超越政治教育,迈向一种策略性的教育。

　　就像学校教育一直是为资本主义经济培养工人的场所(Bowles & Gintis,1976;Willis,1977),社会公平课程必须小心谨慎,不要只是成为培养普通政客的训练场。一种见解是,我们要理解促进一种特定的政治批判与促进一种能带来新应用和新分析的批判性框架之间的区别(Solorzano & Delgado Bernal,2001)。第二种见解是,培养年轻人在公共和底层领域中发展权威讲话的技能。

　　策略性的教育需要对权力符码进行明确的教学(Delpit,1988),不能屈从于对符码主流的或者霸权式的解读(Hall，1973)，而是要理解如何调和对符码的两种完全相反的解读——我将其称为"批判性符码流利度"(critical code fluency)(Yang，2004)。在这方面，高等教育的入学机会(Collatos，Morrell，Nuno，& Lara，2004)含有更加激进的意味，一种取消能力分组的激进课程(Oakes，2005)打破了现有的学术资本系统，并培养出在权力机构中有充分资格的变革性行动者。

463 本章中的片段展现了美国城市背景下社会公平教育所面临的困境，这是一个亟待研究的领域。青年组织、社会公平规训和州——社区的学校教育项目这三个主题的一条共同的分析线索是如何才能使权力服务于解放的旨趣。批判理论提供了批判权力压迫性一面的武器(Foucault，1979)，相较之下，教育文献中的"赋权"很大程度上被视为一个温和的过程(例如，Maldonado，Rhoads，& Bienavista，2005；McQuillan，2005)。实际上，被边缘化的人掌握社会、经济、文化或话语的权力，这个过程很少是温和的，而更多是象征性和实质暴力的非殖民化行为(Fanon，1965)。

  对于教育中的社会公平努力的任何现实分析，我们必须发展出一种"批判赋权理论"，这个术语指的是权力的建构，从社会冲突中被压迫的一方转变为拥有权力的一方。我们必须正视赋权本身并不是一个温和的过程，而是一个革命性变革的过程，带有其独特的暴力和宰制形式。任何带有尖牙利爪的社会公平议程都会承认，在激进变革中冲突是不可避免的，而我们如何预测和塑造冲突则是极其重要的。

注释

1. 重印得到了布鲁克斯的许可。

（伍绍杨　译）

参考文献

Apple，M. W.（2004）．*Ideology and curriculum*（3rd ed.）．New York：RoutledgeFalmer.

Arredondo，G.（2007）．*Village Unido：Building multicultural school based movement to improve urban schooling*．Paper presented at the American Anthropological Association 2007 Annual Meeting，Washington，DC.

Bourdieu，P.，& Clough，L. C.（1996）．*The state nobility：Elite schools in the field of power* [*Noblesse d'État*]．Stanford，CA：Stanford University Press.

Bowles，S.，& Gintis，H.（1976）．*Schooling in capitalist America：Educational reform and the contradictions of economic life*．New York：Basic Books.

Brooks，G.（1992）．Boy breaking glass．In *Blacks*．Chicago：Third World Press.（Original work published 1968)

Collatos, A. , Morrell, E. , Nuno, A. , & Lara, R. (2004). Critical sociology in K – 16 early intervention: Remaking Latino pathways to higher education. *Journal of Hispanic Higher Education*, 3(2),164 – 179.

Cooper, A. J. , & University of North Carolina at Chapel Hill, Library. (2000). *A voice from the south*. Chapel Hill, NC: Academic Affairs Library, University of North Carolina at Chapel Hill.

Davis, A. Y. (1998). Masked racism: Reflections on the prison industrial complex; what is the prison industrial complex? Why does it matter? *Colorlines*, 1(2),11.

Delpit, L. D. (1988). The silenced dialogue: Power and pedagogy in educating other people's children. *Harvard Educational Review*, 58(3),280 – 298.

Derrida, J. (1978). *Writing and difference [Ecriture et la différence]*. Chicago: University of Chicago Press.

Ellsworth, E. (1989). Why doesn't this feel empowering? Working through the repressive myths of critical pedagogy. *Harvard Educational Review*, 59(3),297 – 324.

Fanon, F. (1965). *The wretched of the earth [Damnés de la terre]*. New York: Grove Press.

Foucault, M. (1979). *Discipline and punish: The birth of the prison [Surveiller et punir]*. New York: Vintage Books.

Freire, P. (2000). *Pedagogy of the oppressed [Pedagog'a del oprimido]* (30th anniversary ed.). New York: Continuum.

Freire, P. , & Macedo, D. P. (1987). *Literacy: Reading the word and the world*. South Hadley, MA: Bergin & Garvey.

Giddens, A. (1979). *Central problems in social theory: Action, structure, and contradiction in social analysis*. Berkeley: University of California Press.

Ginwright, S. A. , & NetLibrary, I. (2004). *Black in school*. New York: Teachers College Press.

Hall, S. (1973). *Encoding and decoding in the television discourse*. Birmingham, UK: Centre for Cultural Studies, University of Birmingham.

hooks, B. (1994). *Teaching to transgress: Education as the practice of freedom*. New York: Routledge.

Kozol, J. (1978). *Children of the revolution: A Yankee teacher in the Cuban schools*. New York: Delacorte Press.

Maldonado, D. E. Z. , Rhoads, R. , & Buenavista, T. L. (2005). The student-initiated retention project: Theoretical contributions and the role of self-empowerment. *American Educational Research Journal*, 42(4),605 – 638.

McQuillan, P. J. (2005). Possibilities and pitfalls: A comparative analysis of student empowerment. *American Educational Research Journal*, 42(4),639 – 670.

Meeks, B. (1993). *Caribbean revolutions and revolutionary theory: An assessment of Cuba, Nicaragua and Grenada*. London: Macmillan Caribbean.

Melucci, A. (1980). The new social movements: A theoretical approach. *Social Science*

464

Information, 19(2),199 - 226.

Morrell, E. D. (2001). *Transforming classroom discourse: Academic and critical literacy development through engaging popular culture.* PhD dissertation, University of California, Berkeley. Retrieved July 23, 2008, from Dissertations & Theses @ University of California data base. (Publication No. AAT 3044604)

Morrell, E. (2004). *Becoming critical researchers: Literacy and empowerment for urban youth.* New York: Peter Lang.

Morrell, E. , & Duncan-Andrade, J. (2002). What do they learn in school: Using hip-hop as a bridge between youth culture and canonical poetry texts. In J. Mahiri (Ed.), *What they don't learn in school: Literacy in the lives of urban youth* (pp. 247 - 268). New York: Peter Lang.

Noguera, P. , Ginwright, S. A. , & Cammarota, J. (2006). *Beyond resistance! Youth activism and community change: New democratic possibilities for practice and policy for America's youth.* New York: Routledge.

Oakes, J. (2005). *Keeping track: How schools structure inequality* (2nd ed.). New Haven, CT; London: Yale University Press.

Podair, J. E. , & Ebrary, I. (2002). *The strike that changed New York.* New Haven, CT: Yale University Press.

Schieffelin, B. B. , & Ochs, E. (1986). *Language socialization across cultures.* New York: Cambridge University Press.

Solorzano, D. G. , & Bernal, D. D. (2001). Examining transformational resistance through a critical race and LatCrit theory framework: Chicana and Chicano students in an urban context. *Urban Education*, 36(3),308 - 342.

Willis, P. E. (1977). *Learning to labour: How working class kids get working class jobs.* Farnborough, UK: Saxon House.

Woodson, C. G. (2000). *The mis-education of the Negro.* Chicago: African American Images.

Yang, K. W. (2004). *Taking over: The struggle to transform an urban school system system.* PhD dissertation, University of California, Berkeley. Retrieved July 23, 2008, from Dissertations & Theses @ University of California data base. (Publication No. AAT 3165613)

Yang, K. W. (2007). Organizing MySpace: Youth walkouts, pleasure, politics and new media. Paper presented at the American Anthropological Assocation 2007 annual meeting, New York.

Yang, K. W. (2008). Discipline or punish? Building rigorous learning communities in urban schools. Paper presented at the American Educational Research Association 2008 annual meeting, New York.

教育社会公平手册

Handbook of Social Justice in Education

465

29

社会公平教育项目

对墨西哥裔学生的批判性共情理智主义

朱利奥·卡马罗塔(Julio Cammarota)

奥古斯丁·F·罗梅罗(Augustine F. Romero)

在 2001 年的秋季学期，1805 名墨西哥裔学生在图森联合学区（Tucson Unified School District，TUSD）开始了他们的新生第一年生活。四年后，2005 届毕业生当中只有 1133 名墨西哥裔学生。墨西哥裔学生的大幅减少是一种异常现象。在过去几年，每一个毕业班都出现了类似的学生流失现象（student attrition）。

学区和国家回应这种情况的政策可以美其名曰"不让一个墨西哥裔学生不通过考试"（Leave No Chicana/o Untested）。这种方法背后的逻辑是希望高利害考试可以提高学业成就，进而提高毕业率。然而，研究表明高利害考试加重了墨西哥裔学生的流失（Valenzuela，2005）。机械教学、补习、留级等传统教育策略更可能让学生对学业失去兴趣，而不是提高他们的分数。一旦失去兴趣，学生就陷入了一种恶性循环——成绩不断退步，期望不断降低，学业上的毅力也在逐渐减弱。在图森联合学区最近六年的毕业班中，墨西哥裔学生的平均流失人数达到了 41%。

鉴于学区内墨西哥裔学生的高流失率，而且全国性高利害考试似乎不能解决这个问题，反而造成了更多问题（Boger，2002；Reardon & Galindo，2002；Tippeconnic，2003；Valenzuela，2005），我们决定为图森联合学区规划一个教育项目，以帮助墨西哥裔年轻人取得学业成功。我们将其称为"社会公平教育项目"（Social Justice Education Project，SJEP），其奉行的是三位一体的教育哲学——同时强调合作学习、共情的师生关系和社会公平。我们将这种教育方法称为"批判性共情理智主义"（critically compassionate intellectualism），旨在提高学生的批判意识和学业成就（Cammarota & Romero，2006）。事实表明，项目自 2003 年启动以来一直都能带来积极的结果。

本章有三个目标。首先，我们会讨论在 SJEP 课堂中倡导批判性共情理智主义的理论基础。第二，我们会介绍 SJEP 课程的各个方面，这有助于我们将理论转化为实践。第三，我们会展示 SJEP 如何提高参与该项目学生的学业成就和受教育程度。我们会用一系列的指标揭示项目的有效性，包括学生访谈、学生课程评价、标准化测试结果和毕业率。这些指标的数据表明，SJEP 的批判性共情理智主义与参与者的学业成就有很强的相关性。在本章的最后，我们会反思我们作为教育者的经验，并界定促进墨西哥裔学生教育实践所需的理论发展。

迈向批判性共情理智主义理论

批判性共情理智主义方法将三种视角融合在一个框架之中。每一种视角——合作学习、共情的师生关系和社会公平意识——都承载着一系列关于学习和人类发展的原则。每一方面都会因为其他两方面的落实和实施而得到促进。在这一节，我们会先检视合作背后的教育原则，然后转到共情，接着是意识。这种顺序揭示了批判性共情理智主义的三个部分之间的相互关系，以及它们如何构成一个理论框架的复杂整体。

合作

我们对合作学习的视角以批判教育学的原则为中心（Darder，2002；Freire，1967/1994；McLaren，1994）。尽管批判教育学有不同的表达方式，人们对其也有不同的对待方式，但批判教育学的核心原则是努力平衡课堂中的等级秩序，在教育者与学生之间的知识生产和交流过程中实现更大的平等。迈向持久的平等，所需的第一步是对传统教学风格的批判。这种传统风格假定课堂上的教育者拥有所有知识，而学生是无知的对象，被动地等待着接收这些知识。这些假设导致的结果是教师是课堂上的唯一权威，而学生在其学习过程中毫无发言权或无法带来任何东西。这种课堂的社会组织形式反映出当权者和无权者之间一种不民主和等级化的结构。

通过鼓励学生思考和提出问题作为学习的基础，那种传统的不平等的权力机制受到挑战并被瓦解。因此，使用提问是批判传统教学风格和创造平等的课堂机制的一项重要原则。在提问模式，即弗莱雷所说的"提问式教学法"中，课堂始于问题，而问题源于学生的思虑和经验——由教育者、学生或者也可能是其他任何人提出。知识的获取不是发生在绝对的、无可辩驳的事实的传播中，而更多是在一个师生民主合作的发现过程中。提问式教学法意味着在知识建构和获取的过程中，师生双方都拥有权力，而非只有唯一权威。师生在知识生产的过程中共享权力，其预期结果是课堂成为民主社会组织架构的模型。

在课堂中共享权力并不是一件很容易实现的事情。很多学生，特别是青少年，多年以来都浸淫在传统的教学风格之中，他们学会了做被动的观察者。合作学习的目标是使学生成为积极的公民。分享权力和鼓励学生拓展他们在课堂中的角色与这样的目标相一致。重新定义角色需要将学生从被动依赖的禁锢中解放出来，并且掌握主动权,发挥积极领导的无限可能性。

　　然而,学生,特别是有色人种学生,在课堂上很少有机会占据领导地位,因此他们几乎不知道如何在课堂上扮演领导者的角色。更糟糕的是,在这个国家中(可能全世界皆如此)领导者常见的领导模式主要是以宰制(domination)和压迫的方式进行领导。当被要求进行领导的时候,有些学生可能会借鉴这种常见的模式,然后在行动中继续维持课堂中的不平等权力关系。弗莱雷(Freire,1998)描述了人们一边追求自由又一边再生产压迫的原因:

467

　　　　如果被压迫者内化了压迫者的形象并接纳了其准则,他就会害怕自由。自由将要求他们摒弃这个形象,并用自主和责任取代它。(p. 48)

　　因此,学生应该学会抛弃压迫的意识形态和认识论——这种意识形态和认识论在说服他们相信他们不能领导或者只能通过宰制的方式进行领导。民主和合作学习涉及一种新的领导类型,这种领导基于对自我和他人的共情和责任。由于这种领导类型的例子很少,所以学生们往往犹豫是否接受这个角色,因为他们害怕就此作出声明(Freire,1967/1994)。

共情

　　要教导学生克服对自由的恐惧,教育者必须塑造民主领导的榜样,将共情作为促进自由的手段。教育文献很少将"共情"视为重要的教学要素。然而,文献中出现了一个类似的原则,即"关怀"(caring)(Noddings,1984,1992;Valenzuela,1999)。我们在SJEP中的经验揭示了许多与关怀相关的重要教训,特别是只有当教师不断表现出对学生的深深关怀时,信任才会出现。增进这种关怀关系为教师和学生进行领导提供了更多途径。

　　巴伦苏埃拉(Valenzuela,1999)指出,当认为教师不在乎、不关心的时候,学生往往不信任他们的老师。在一个充满信任的环境,学生有更多的机会学习新的课程,而抛弃那些维持一个不受质疑的现实的非人性化和压迫性课程(Haney Lopez,2003)。就在这个过程中,学生认识到他们可以创造和转化知识(Delgado Bernal,2002),并且作为领导者,至关重要的是参与到为他们的家庭和社区争取更多社会公平的实践当中。

在课堂中,不仅对学生的进步,而且对他或她的生活处境表现出共情,可以营造出一种关怀的环境。因此,学校教育者必须理解学校内部遏制学业成就的挑战,同时也要认识到使学习变得困难的更广泛的社会和经济力量(比如贫困、种族主义、性别歧视和恐同症等)。共情需要通过辨别学生生活中阻碍其幸福的问题,从而承认其是一个完整的人。富有共情心的教育者有能力指导学生应对这些挑战,并承担起帮助学生解决其面临的最紧迫问题的责任。据我们的经验,这种共情和担当能够使学生满怀希望。

正是通过教育者的共情,学生感觉到被承认和肯定,而且最重要的是感觉到有人支持着他度过困难重重的人生旅途。听取学生的意见,留意他或她遇到的困难,让他或她表达沮丧,然后以不同的方式支持学生,这是发展共情的师生关系的基础。当师生关系表现出共情的特征时,课堂内的信任就会增加。教育者获得了更强大的领导力,从而能够帮助学生提升到领导者的角色。信任能够帮助教育者减轻学生的恐惧感,并激励学生重新定义其在课堂上的角色。

值得注意的是,对于有色人种学生的共情并不能被简单地被定义为对他们个人痛苦的关注。个别学生的遭遇值得关注。但是,教育者的共情不应该到此为止;学生作为更大社会群体的成员的经历和斗争必须得到承认和回应。有色人种学生的斗争已经超越了个人危机,成为了全社会的压迫。种族主义以及其他形式的压迫,可以伤害他们个人,伤害他们的家庭、同龄人、邻居以及社区。学生的整个世界,包括将他或她定位为社会、经济或政治上的从属者的历史斗争,是批判性共情教育者关注的焦点领域。

意识

要实现人性化的共情,教育内容应提高学生的批判意识。真正对有色人种学生表达共情,需要将课程的焦点放在分析和回应他们所面临的各种形式的压迫之上。然而,了解压迫实际的复杂性和范围是一项极具挑战性的教育事件,需要大量时间和知识才能理解。有些学生认识到了压迫限制其人生经历的真正力量;然而,其他学生则缺乏批判意识,无法察觉到究竟是什么东西阻碍了他们。

弗莱雷(Freire, 1970)认为,在普通人群身上,意识至少表现为三种重要的类型(神秘意识、朴素意识和批判意识),它们代表了人类发展的三个连续阶段。第一阶段被称为神秘意识(magical consciousness),人们相信上帝早已决定了他们的命运。他们假定他们对自身的处境无能为力,因此他们认为他们的人生命运是注定的、无法改变的。在反思贫穷的原因时,具有神秘意识的人很有可能声称是神的旨意。这种意识的危险在于被压迫者几乎没有改变其身份的余地。上帝决定现实并使其不可变更,这让人们觉得他们除了接受其从属地位之外别无选择。

弗莱雷(Freire)认为,第二个发展阶段是朴素意识(naive consciousness),人们假定他们的生活状况是家庭教养和文化的结果。因此,个人的成败被认为与他们如何被养育以及他们在成长过程中接触到什么类型的文化信仰直接相关。在美国社会,朴素意识是非常普遍的,并且成为了有色人种学生学业成就低下的主要解释。那些具有这种意识的人认为,许多有色人种学生的失败是由于他们来自不重视教育的家庭或文化,导致其在学校缺乏成功的动机。在这方面,朴素意识与"缺陷思维"(Valencia,1997)相似,在这种思维之中,失败被归结于学生及其家庭存在缺陷。换言之,它假设某些社区缺乏使学生获得学业成功的"正确的"家庭和文化价值观。

发展的最后阶段是批判意识(critical consciousness)。那些拥有批判意识的人了解到,生活状况源自社会和经济的体系、结构和制度。上帝、家庭和文化与个人的境况关系不大。相反,个人和集体的能动性及其从中衍生出来的结构,对人的生活状况影响最大。上帝、家庭或者文化并不会直接产生财富或者贫穷,而特权、压迫和剥削的结构却能如此。批判意识最主要的益处是,它澄清了现实并非一成不变的,而是人造的产物。因此,如果人类创造了社会条件,他们也有这个能力去改变这些条件。拥有批判意识的个体,也许到达了人类发展的最高阶段,他们感觉自己有能力、有信心改变自己以及周围人生活的物质条件。

因此,教育者的一个关键目标应该是帮助学生获得批判意识。这个过程是通过教育者在其教学中示范如何运用批判意识实现的。教育内容必须聚焦于与学生的社会、文化和历史现实相关的批判性视角上。当在历史上被边缘化的学生在学习历史、社会学之类的学科时将对不平等和压迫的讨论放在首位,这种实践就会随其语境而变得具体。最后,示范如何运用批判意识有助于学生意识到那些对他们生活设下限制的社会和经济力量,并且意识到他们有可能打破这些力量。

批判性共情理智主义的循环

批判性共情理智主义更多是以循环而非线性的方式流动,每一种影响因素以顺时针和逆时针的方式随这个循环运作。例如,获得批判意识能够支持合作学习,因为学生会对使教育偏向权威主义教学风格的因素保持谨慎;因此,不民主的课堂过程会很快地被辨别出来并得到解决。合作学习能够促进批判意识,因为学生必须把他们的公平观念付诸实践以维持一个民主的课堂。同样,共情促进合作,因为民主合作需要真正关心别人。共情也能通过鼓励对人类苦难的全面考察来提升批判意识。

批判性共情理智主义的完整循环保证了有色人种学生的理智发展。这种三位一体的教育方法的终极目标是帮助学生认识到自己的理智能力并知道如何使用它们。学生有机会去反思葛兰西(Gramsci, 1992)所谓的"有机理智主义"(organic intellectualism),这样他们就会学习和尝试领导他们的社区,为社会公平而奋斗。在这种情况下,理智主义与更宏大的目标联系起来——为了将人们从压迫的枷锁中解放出来。将这个目标谨记于心中,学生会为了教育他人而努力地教育自己。

社会公平教育项目

社会公平教育项目始于美国亚利桑那州大学(University of Arizona)与图森联合学区在塞罗高中(Cerro High School, CHS)的合作。该学区此前已经开发了一门基于墨西哥裔美国人研究("基于墨西哥裔美国人视角的美国历史")的社会科学课程,这门课程可以算作学生所需的美国历史课程的学分。我们向校长提议开发一门子课程,并将其整合在美国历史课程中。提议的课程将包括墨西哥裔美国人研究、批判性种族理论以及一个参与式行动研究项目。为了确保课程材料被全面覆盖,我们向校长申请与一群学生一起实施这个项目,从高二一直持续到高三。

管理层批准了这个请求,该课程于 2003 年春季学期开始实施。从 2003 年到 2005 年,连续四个学期,学生接触到了难度较高的社会科学材料,比如批判性种族理论、批判教育学和社会理论。同时,他们学习了参与式行动研究方法,用以评估和回应他们及其社区所面临的日常不公正现象。

塞罗高中

塞罗高中位于图森市的西南部,隶属于亚利桑那州第二大的学区。墨西哥裔学生占据了塞罗高中学生人口的主体,而且大多数成绩不佳。塞罗高中周边地区的社会经济状况在图森市的城区当中是最差的。2006 年 5 月的一份报告显示,全市 32 个邮政

470

编码区域,塞罗高中所在区域排名第 26 位。图森市邮政编码区域人均收入的中位数为 48,612 美元,而塞罗高中所在的邮政编码区域则为 30,082 美元。塞罗高中周边地区传统上都是墨西哥裔美国人家庭的所在地,这有助于解释为什么塞罗高中 63.2% 的学生是墨西哥裔。此外,塞罗高中 55.3% 的学生接受免费午餐,远高于学区的平均水平 35.2%。

2002 年秋季,塞罗高中有 315 名墨西哥裔新生入学,到 2006 年春季他们的高三结束时,这一数字已经减少到 151。从过去七年的毕业班来看,塞罗高中的四年制大学升学率从 2004 年的 37% 到 2002 年的 60% 不等。在 2003—2004 学年,亚利桑那州测量标准工具(Arizona's Instruments to Measuring Standards, AIMS)的所有三个部分中,塞罗高中的学生达到掌握水平的百分比最低。在过去五年中,塞罗高中的"学生修读大学先修课程的机会指标"(Advanced Placement Student Access Indicator, APSAI)是该学区中最低的(Solórzano & Ornelas, 2002,2004),该数字用于衡量学生有多少机会接受高中最高学术水平的课程。在 2005—2006 学年,塞罗高中的 APSAI 为 217,在图森联合学区所有高中排名最后。相比之下,图森联合学区中拥有最佳 APSCI 的学校是一所学术水平领先的学校,即大学预备高中(College Preparatory High School),其学生构成包括 63% 盎格鲁人和 20% 墨西哥裔,其 APSCI 为 9.9。简单来说,塞罗高中每 217 位学生才开设一门大学先修课程,而大学预备高中则每 10 人就开设一门大学先修课程。

社会公平教育:践行批判性共情理智主义

作为对这些不平等的学校教育条件的回应,SJEP 旨在通过将墨西哥裔学生的理智发展作为首要任务来践行批判性共情理智主义。它使学生有机会探究那些损害其在学术上取得优势的潜力、同时阻碍其家庭和社区的福祉和繁荣的社会和经济问题。参与项目的教师不会告诉学生这些问题是什么;他们只是通过"提问法"促使他们思考其社会背景中的复杂性和紧张关系。

例如,一项研究任务是通过学校及其周边环境的影像记录促使学生思考他们的社交世界。给予学生闲置的照相机,然后要求他们记录他们的生活环境。要求他们拍摄有助于回答以下问题的照片:你观察到了你生活中的什么问题? 学生们在大约两星期的时间里带着照相机,随时捕捉他们在日常活动中遇到的各种挑战。

有些学生难以决定该拍摄什么,因为他们还没有"看到"问题所必需的批判意识。而其他学生则超越了神秘意识和朴素意识的阶段,认识到在他们社区中造成不公的根深蒂固的结构。这些学生成为同龄人的批判性能动者,因为他们能够运用其理智来帮助那些仍在人类发展道路上摸索的人迈向批判意识。他们的照片和随之而来的解释能够促成阶级的对话,让所有人都看到图森地区的墨西哥裔学生所面临的日常挑战。

一位学生分享了他在其街区拍摄的一些照片。这些照片展示了街道和人行道上的一条条裂纹,一片脏乱的荒地上堆满了腐烂的垃圾,当地公园中破损的公共浴室,以及生活在不符合标准的住房中的家庭。他解释说,这些贫困的条件对学生态度有负面影响。他认为,年轻人往往基于他们的生活环境判断他们对于社会的价值。当一个年轻人看到他或她所居住的社区一直处于肮脏的状态时,他就会认为这是社会和有能力改变这种环境的人不关心个体的一个标志。

另一名学生进一步加深了这些情绪,他说在更广泛社会中的不平等待遇往往会破坏墨西哥裔学生对学校的信任:

> ……这就像同样的事情,他们被教同样的东西、做同样的事,然后在生活中处于同样的位置……我妈妈告诉我她们被迫去学习,作为女性,她们要上打字课,这样她们就可以在这个世界中往上爬,最后成为秘书。而我的爸爸被分配到汽车修理的轨道上。他们都不是在大学的轨道上,他们所在的轨道都认为种族主义的系统是正确的。就像今天,我的父母,就像今天的大多数墨西哥裔……压根没有机会。看看我们学校那些在上大学先修课程的学生。在我们学校墨西哥裔学生是白人学生的两倍,但是在大学先修课程中,墨西哥裔学生还是白人学生的两倍吗?没有!

当学生们一起将他们所处的环境与图森市其他区域相比较并作出反思时,他们得出的结论是当地政府在维护白人居住的城市区域上有充分的投入。相比之下,政府对墨西哥裔社区多年来一直服务不周。为什么会发生这样的情况,这需要对地方政治和行动主义进行漫长的讨论并分析如下事实:当选的官员倾向于对白人社区的需求予以更感同身受的回应,但对墨西哥裔社区提出的问题漠不关心。但是,学生们并不想忽视他们的社区可以更加积极主动的事实。这使讨论转向如何在他们社区之内寻找解决方案。学生们从中得出的结论是,贫困在他们社区中一直存在至少部分是社群宿命论的结果,而这可以通过接受教育和他们这一代积极参与变革来克服。一位学生罗兰多·亚涅斯(Rolando Yanez)解释道,这些对话可以帮助学生们认识到他们有能力改变社区的状况:"这个课程,这个项目……向学生们表明了我们可以说些什么;我们不必害怕。我们知道我们需要站起来。我们很清醒,我们需要运用我们的良知寻求公平,反对种族主义。"

472   基于他们刚萌芽的批判意识采取行动,学生们继续通过实地观察和拍照来记录贫困状况。他们还采访了他们的同龄人,了解贫困对动机的影响,看看他们的理论是否在现实中站得住脚。学生们的研究构建了一个强有力的理论,即贫穷会对墨西哥裔学生的学业成就产生负面影响(Delgado-Gaitan, 1990;Delgado-Gaitan & Trueba, 1988;Rumberger, 1995;Rumberger & Rodriguez, 2002)。

为了确保他们的声音被听到,学生们组织了一个汇报会,向县监督委员会展示其研究。汇报结束以后,委员会建议 SJEP 青年跟县卫生与公众服务部密切合作,评估社区环境,制定解决这些问题的思路。这促成了政府计划在图森建立一个新的青少年中心,并激发了针对如何满足墨西哥裔和其他边缘青年需求的一系列对话。

墨西哥裔学生的学术认同

学生们提出的另一项解决方案是扩大 SJEP。学生们要求扩大 SJEP 的主要原因之一是这个项目可以发展他们的学术认同,提高他们的学术水平。学生们开始建立学术认同,学术水平得到提高,这样的例子反映在很多项目评估中:SJEP 学生在 AIMS 测试中的表现、学生调查以及由于参与 SJEP 而发生变革的学生感言。

2004—2005 学年初,12 名 SJEP 学生中有 8 名需要通过至少两部分 AIMS 测试,12 名中有 6 名需要通过所有三个部分。2005—2006 学年结束时,SJEP 学生在阅读和写作部分都有 100% 的合格率,数学部分的合格率为 91%。对需要通过 AIMS 的任何或所有部分的盎格鲁或墨西哥裔学生之间进行同期比较,这是很困难的;特别是考虑到 2006 年墨西哥裔学生在高二和高三结束时的入学率相比有大幅度的下降(从 266 人下降到 151,即墨西哥裔学生入学率下降了 44%)。

此外,部分学生在 2004—2005 学年参与项目时无法通过某一部分的测试,经过两年 SJEP 的课程之后（2004—2005 学年到 2005—2006 学年），他们全部通过了所有阶段的 AIMS 测试。更令人印象深刻的是，这群学生不使用加分（augmentation）[1] 的结果。不用加分，36 名学生中有 34 人通过阅读部分，36 名学生中有 35 名通过了写作部分，35 名学生中有 27 名通过了数学部分。

通过比较 SJEP 学生与同样需要在高二结束时通过 AIMS 测试的盎格鲁同龄学生，我们可以进一步证明 SJEP 所用教学方法的影响。在同一时期（2004—2006 年），塞罗高中的盎格鲁学生 28 名中有 6 名未通过阅读部分，也就是 21％；32 名中有 10 名未通过阅读部分，也就是 31％；50 名中有 9 名未通过数学部分，也就是 18％。样本量足够接近，因而有可比性。而这些数据显示，SJEP 学生在 AIMS 的前两个部分表现优于处于同等水平的白人同龄学生，并且在第三部分接近相同。

该项目能够使学生建立学术认同的另一个例子是 SJEP 学生的毕业率。在四个毕业班，SJEP 学生总计的毕业率超过了实施 SJEP 的学校中盎格鲁学生的毕业率。SJEP 学生的毕业率与该校盎格鲁学生的毕业率之比为：2004 级，94％∶81％；2005 级，96％∶83％；2006 级，97％∶82％；2007 级，99％∶84％。 473

也许关于 SJEP 有效性的最有说服力的数据是毕业学生对项目意见调查的回应。在该项目最近的毕业意见调查中，100％的学生坚信，参加 SJEP 使他们的写作和阅读能力得到了提高。此外，100％的学生坚信，他们为上大学做了更好的准备，因为他们参加了 SJEP。最后，100％的学生坚信，参加 SJEP 后，他们能为他们的社区和整个社会作出有价值的贡献。

学生访谈同样展示了该项目给学生生活带来的积极影响。亚利桑那州立大学新生韦罗妮卡·阿尔瓦雷斯（Veronica Alvarez）表示：

人们需要知道，这些课程（SJEP 课程）是我或者我们所有墨西哥裔学生在学校以及 AIMS 考试中表现得很好的原因。这些课程给我信心；我知道我每天至少有一节课会感觉到自己是聪明的。并且洛伦佐·洛佩斯（Lorenzo Lopez, SJEP 的记录老师）是对的，我意识到这些课真的很难，如果我能在这些课上做得很好，我也可以在我的其他课上拿到 A。这个课程使我相信我能够上大学。我家里还没有人上过皮马（Pima，当地的社区学院），大多数人甚至没有高中毕业。我将要从大学毕业，其中很大一部分原因是这些课程和项目。

皮马社区学院的另一名新生约兰达·马丁内斯(Yolanda Martinez)说：

> 我以为我不会从塞罗高中毕业,因为我认为我不会通过 AIMS。是这个项目、这些课程以及你们帮我通过了 AIMS。如果我没有参加这些课程,或者没有你们,没有洛佩斯(Lopez)和金(Kim)(这是她的称谓)做我的老师,我无法毕业。我的生活会有所不同,明年我会去皮马,然后去亚利桑那州立大学。我记得有一天你正在谈论另一班(第一批参与这个项目的学生),他们说这个项目如何拯救了他们的人生。这让我陷入沉思,我想知道这是不是真的。我认为你没有说谎,但我不知道这对我来说是如何的。对我和杰罗(Jairo)来说,这个课程改变了我们的生活。它帮助我们了解到……我们用批判的眼光看待这个世界(Nos vemos el mundo con ojos critico),你知道就如你所言,我们看到了不同的世界。我们看到我们自己有所不同,我看到我自己有所不同,我相信不同的事情。现在我相信事情可以改变,我可以使事情改变,事情可以是公正的。这很难,有时会觉得自不量力,但是我知道墨西哥裔可以很强大,我们有能力。除非我们表达自己的意见,采取行动,否则什么都不会改变。我要出一份力。

这些感言,加上意见调查和测试分数,我们可以得出结论,学生参与 SJEP 与发展学术认同、提高学术水平和 AIMS 测试分数之间存在很强的相关关系。

474 批判性共情理智主义的未来：迈向反对种族主义的教育学

种族主义是深深扎根于社会生活、维持社会和种族秩序的项目、实践、体制和结构的总和,深陷其中,白人的宰制地位得到延续和加强(Delgado & Stefancic, 2001; Ladson-Billings & Tate, 1995; Pine & Hilliard, 1990)。在学校,种族主义反映在根深蒂固的政策、实践、有偏见的课程和标准化考试之中。种族主义的意识形态产生和维持非正义、不平等和压迫,并使其合法化。这些产物创造了一个无意识的系统,在该系统中,墨西哥裔和其他有色人种饱受剥削和压迫(Solórzano & Yosso, 2000)。社会科学家已经很好地记录下这个事实：这些条件有利于白人学生,但不利于有色人种学生(Haymes, 2003; Pine & Hilliard, 1990; Yosso, 2002)。

　　奥米和怀南特(Omi & Winant，1994)指出："美国历史的特征是种族主义……美国以专制和贬低的方式对待每一个被定义为不同种族的少数群体。美国有色人种面对的现实一直是不平等、非正义和排斥。这些经历包括但不限于奴役、入侵、占领、殖民、大屠杀和种族灭绝。鉴于美国过去、现在和可能的未来的种族主义现实，非常关键的是，批判性共情理智主义没有将种族主义定义为错误的、阶段性的、非理性的东西，而是将其视为一种维护白人的宰制地位，加重美国有色人种所经历的非正义和不平等的社会建构(Delgado & Stefancic，1997)。

　　鉴于种族主义结构阻碍了有色人种学生的理智发展，批判性共情理智主义必须进一步解决种族主义。批判性共情理智主义的未来必须包括将其演变成一种全面的反对种族主义的实践，以回应美国社会中所有形式的种族主义，包括白人特权、白人至上、语言和文化的压迫、不平衡的资源分配、区别对待以及学业成就的差距。

　　批判性共情理智主义在 SJEP 中的成功使我们能够坚定地说，当一个教育项目能够帮助墨西哥裔学生面对和克服种族主义时，这个教育项目对他们来说就是最有效的。任何缺乏这一特征的教育项目都会使墨西哥裔青年的边缘化教育模式延续下去。

注释

1. 加分(Augmentation)是指学生可以用出色的课程作业来提高他们的 AIMS 分数。

（伍绍杨　译）

参考文献

Boger, J. C.（2002）. *Education's "perfect storm?" Racial resegregation，"high stakes" testing，and school inequities：The case of North Carolina*. Paper presented at The Resegregation of Southern Schools? A Crucial Moment in the History（and the Future）of Public Schooling in America Conference, Chapel Hill, NC.

Cammarota, J., & Romero, A.（2006）. A critically compassionate pedagogy for Latino youth. *Latino Studies*，4，305-312.

Darder, A.（2002）. *Reinventing Paulo Freire：A pedagogy of love*. Boulder, CO：Westview Press.

Delgado, R., & Stefancic, J.（1997）. *Must we defend Nazis? Hate speech，pornography，and the new first amendment*. New York：New York University Press.

Delgado, R., & Stefancic, J.（2001）. *Critical race theory：An introduction*. New York：New

York University Press.

Delgado Bernal, D. (2002). Critical race theory, Latino critical theory, and critical raced-gendered epistemologies: Recognizing student of color as holders and creators of knowledge. *Qualitative Inquiry*, 8(1),105 – 126.

Delgado-Gaitan, C. , & Trueba, E. (1988). *School and society: Learning content through culture*. New York: Praeger.

Delgado-Gaitan, C. (1990). *Literacy for empowerment: The role of parents in children's education*. New York: Falmer.

Freire, P. (1970). *Education for critical consciousness*. New York: Continuum.

Freire, P. (1994). *Pedagogy of the oppressed*. New York: Continuum. (Original work published 1967)

Freire. P(1998). *The Paulo Freire Reader* (A. Freire, A. Maria, & D. Macedo, Eds.). New York: Continuum.

Gramsci, A. (1992). *Prison notebooks*. New York: Columbia University Press.

Guillaumin, C. (1992). Une societé en ordre: De quelques-unes des former d'ideologie raciste [Social order: Some of the foundations of racist ideology]. *Sociologies' et Societés*, 24(2), 13 – 23.

Haney Lopez, I. (2003). *Racism on trial: The Chicano fight for justice*. Cambridge, MA and London: Belknap Press of Harvard University Press.

Haymes, S. (2003). Toward a pedagogy of place for black urban struggle. In S. May (Ed.), *Criticalmulticulturalism: Rethinking multicultural and antiracist education* (pp. 42 – 76). London and Philadelphia: Falmer Press.

Ladson-Billings, G. , & Tate, W. , IV(1995). Toward a critical race theory of education. *Teachers College Record*, 97(1),47 – 63

McLaren, P. (1994). *Life in schools: An introduction to critical pedagogy in the foundations of education*. White Plains, NY: Longman.

Noddings, N. (1984). *Caring: A feminine approach to ethics and moral education*. Berkeley: University of California Press.

Noddings, N. (1992). *The challenge to care in schools: An alternative approach to education*. New York: Teachers College Press.

Omi, M. , & Winant, H. (1994). *Racial formation in the United States*. New York: Routledge.

Pine, G. , & Hilliard, A. (1990). Rx for racism: Imperative for America's schools. *Phi Delta Kappan*, 71(8),593 – 600.

Reardon, S. F. , & Galindo, C. (2002). *Do high-stakes tests affect students' decisions to drop out of school? Evidence from NELS* (Working Paper). University Park, PA: Pennsylvania State University, Population Research Institute.

Rumberger, R. (1991). Chicano dropouts: A review of research and policy issues. In R. Valencia(Ed.), *Chicano school failure and success: Research and policy agenda for the 1990s* (pp. 64 – 89). New York: Falmer.

Rumberger, R. (1995). Dropping out of middle school: A multilevel analysis of students and schools. *American Educational Research Journal*, *32*,583 - 625.

Rumberger, R. , & Rodriques, G. M. (2002). Chicano dropouts: An update of research and policy issues. In R. Valencia (Ed.), *Chicano school failure and success: Past, present, and future*. (pp. 118 - 130). London: Routledge/Falner.

Solórzano, D. , & Ornelas, A. (2002). A critical race analysis of advanced placement classes: A case of educational inequality. *Journal of Latinos & Education*, *1*(4),215 - 229.

Solórzano, D. , & Ornelas, A. (2004, February/March). A critical race analysis of Latina/o and African American advanced placement enrollment in public high schools. *High School Journal*, *87*(3),15 - 26.

Solórzano, D. , & Yosso, T. (2000). Toward a critical race theory of Latina and Chicano education. In C. Tejada, C. Martinez, & Z. Leonardo (Eds.), *Charting new terrains: Latina(o) education*(pp. 35 - 65). Cresskill, NJ: Hampton Press.

Tippeconnic, J. W. (2003). *The use of academic achievement tests and measurements with American Indian and Alaska native students*. Washington, D. C. : Institute of Education Sciences.

Valencia, R. (1997). *The evolution of deficit thinking: Educational thought and practice*. Washington, D. C. : Falmer.

Valencia, R. (2002). *Chicano school failure and success: Past, present, and future*. London, New York: RoutledgeFalmer.

Valenzuela, A. (1999). *Subtractive schooling: US-Mexican youth and the politics of caring*. Albany: State University of New York Press.

Valenzuela A. (Ed.). (2005). *Leaving children behind: Why Texas-style accountability fails Latino youth*. Albany, NY: SUNY Press.

Yosso, T. (2002). Toward a critical race curriculum. *Equity and Excellence in Education*, *35*(2),93 - 107.

476

30

社会公平青年媒体

伊丽莎白·索普(Elisabeth Soep)

贝利亚·马耶诺·萨维德拉(Belia Mayeno Saavedra)

尼萨·科瓦(Nishat Kurwa)

与任何电台节目一样,这个故事包含多个角色,其完整的版本——我们真正想要讲述的故事不会遵从规定的格式。它是一个关于故事的故事——讲故事的年轻人通过加利福尼亚州奥克兰的一个名为"青年电台"的组织,为当地和全国网络媒体平台制作广播节目。广播记者埃琳·奥利里(Ellin O'Leary)于 1992 年成立了青年电台。青年电台招收的学生来自经济上困难、对学生进行能力分组,并且再次面临种族隔离的公立学校。他们放学后来到青年电台,撰写评论和新闻特写,创作音乐或混音打碟,主持小组讨论和社区活动,制作视频和网页内容。他们周三抵达青年电台,在同一星期的周五播出现场直播的公共电台节目《受控的青年》(Youth in Control)。经过六个月的入门和高级课程,学生们可以带薪在青年广播电台的各个部门担任职位。在任何特定时间里,都有大约有 35 名年龄介乎 14 至 24 岁的学生能够领到薪酬。他们的老师是已从这个项目中毕业的同龄人,他们的合作者、制作者和编辑的圈子里囊括了一些在世界最有影响力的广播电台中工作的媒体专业成年人。

我们在这里将重点放在青年电台 2004 年制作的由贝利亚·马耶诺·萨韦德拉(Belia Mayeno Saavedra)报道的一个名为《描绘战争》(Picturing War)的故事。在这个故事中,美国海军陆战队队员对"囚犯在伊拉克的阿布格莱布(Abu Ghraib)监狱遭受酷刑"的新闻报道作出回应。这些新闻报道以一些监狱里的照片为特别报道,照片展示的是伊拉克男性囚犯,许多是赤身裸体的,模拟性行为的姿势彼此堆叠,并且被绳索和电线捆绑在一起,而美国士兵袖手围观,时而摆造型,时而拍照。当时,美国的舆论将矛头指向照片中的年轻监狱看守或是他们的上级,认为他们应该受到谴责。这似乎是一个理想的青年电台故事——尤其是因为我们已经通过我们正在制作的《反思伊拉克归来》(Reflections on Return from Iraq)系列节目与几位年轻士兵取得了联系,探讨年轻军人回国后适应生活的经历。国家公共广播电台(National Public Radio, NPR)晨间版于 2004 年四月播出了《描绘战争》这个节目。

在本章中,这个故事的记者贝利亚·马耶诺·萨韦德拉(Belia Mayeno Saawedra)与两位青年电台制作人,即新闻总监尼沙特·库尔瓦(Nishat Kurwa)和教育总监兼高级制作人伊丽莎白(丽莎)·索普(Elisabeth(Lissa)Soep)一起携手合作。贝利亚(Belia)和尼沙特(Nishat)都是在高中就参与项目的青年电台毕业生,丽莎是 1999 年以博士生的身份开始在青年电台工作。凭借我们在青年广播电台新闻室的职位,我们在故事制作的每一个阶段都对年轻人给予指导,我们反复给出的建议是:以对话的方式表达你自己,不要像写英语作文一样去写故事,而要像与朋友聊天一样讲故事。在本章中,我们也遵循我们自己的建议,将这个有关青年媒体制作与社会公平关系的故事以我们三人之间的对话的形式讲述出来。在《描绘战争》播出两年以后,我们翻出了旧的采访记录,预约演播室,录下我们对共同制作这个故事的反思。我们讨论了那些对我们特别具有挑战性和重要性的时刻,并思考了这个故事如何与青年电台更宏大的使命以及模式联系起来。

478

为什么选这个故事?

相比于《描绘战争》,青年电台档案馆里有一些故事与社会公平更加直接相关。有个年轻人描述了他被从美国监狱释放后立即被驱逐到墨西哥的经历。也有年轻的制片人通过朗诗会和街头访谈来评论奥克兰谋杀率上升带来的影响。还有个高中生考虑在她进入一所白人主导的大学之前,是否要把她的卷发拉直或把它扎起来。

似乎每个这样的故事都是这一章的完美题材,可用来审视年轻人和成年人是如何通过媒体制作实现社会公平。然而,像这样的故事很容易使我们回避掉一些让人不舒服但颇为关键的问题,但正是这些问题揭示了社会公平教育为何举步维艰(见Fleetwood,2005)。[1] 所以我们选择了一个在播出数年以后仍然对我们构成挑战的故事。当世界难以理解阿布格莱布监狱虐待丑闻的时候,青年电台从那些在伊拉克战争中存活下来并英勇奋战的年轻人那里搜寻观点。然而,他们分享的观点令人不安并且听起来刺耳。这个故事让我们不禁发问,当年轻人的呼声被将会摧毁其生活的结构和政策所决定时,我们需要怎么做才能以一种有意义的方式去理解年轻人的声音?

故事背景

当阿布格莱布丑闻袭来时,青年电台已经为 NPR 制作了一则关于一位年轻海军陆战队士兵到加州大学河滨校区上学的实况报道。在采访过程中,他告诉我们,他的两个大学同学,和他一样,最近刚刚从战场回来,他还谈论了他们在服役期间拍摄并在兄弟部队、家庭成员和朋友间分发传阅的数码照片存档。我们联系了这个年轻的海军陆战队士兵,看看他和他退伍的同伴能否帮助我们了解虐囚现象有多普遍,他们认为虐囚现象的根源和连锁效应是什么,以及整个在伊拉克的军事人员是如何使用数码照片记录他们的服役情况的。

像青年电台播出的其他故事一样,我们在准备这个故事时总是将听众放在心中。青年电台有多个广播合作伙伴,从仅有 10 或 20 位听众的网络广播节目到听众人数多达 2 700 万的大型国际平台,如苹果应用网站(iTunes)和国家公共广播电台(NPR)。这个故事显然有望在全国的广播电台中放送,而且记者贝利亚这些年来已经为 NPR 录制了多个故事。那时,她在青年电台里带有"双重身份"。23 岁的时候,她的主要角色是作为一位联合制片人和同辈教育者,教授项目中更年轻的学生。但偶尔她会为新闻编辑室报道故事——特别是像《描绘战争》那样需要午间采访和极具时效性的故事,这两个因素常常与高中上课时间表相冲突。

丽莎和贝利亚直奔加州大学河滨校区,并与我们希望在故事中进行特写的三位年轻的海军陆战队士兵取得联系。我们在其中一个人的宿舍,围坐在一张桌子旁,然后开始谈论在阿布格莱布发生的事情。当时,布什政府把虐待囚犯的行为界定为一小撮误入歧途的士兵实施的未经授权的越轨行为。在美国和其他地方,有很多人拒绝接受这种观点,并针锋相对地认为虐待囚犯是帝国主义战争所带来的不可避免的副产品(Puar, 2005)。虽然我们采访的海军陆战队士兵不遗余力地将自己与阿布格莱布监狱的年轻看守们撇清关系,但他们似乎赞成将看守的行为视为特殊状况,这成为了 Belia 故事的开场白。

描绘战争(作者: Belia Mayeno Savvedra)

第一部分

贝利亚(Belia):一年前,前海军陆战队预备役埃德(Ed)(姓氏)在参与美国入侵伊拉克的行动后回国。现在他回到加州大学河滨校区,成为一个 26 岁的艺术专业学生。这是他对伊拉克虐囚故事的看法。

埃德:就像克里斯·罗克(Chris Rock)说的那样,我不会那样做,但我理解。

我不是说我对此表示赞成，只是我理解导致他们这样做的外部环境。

贝利亚：埃德的同伴路易斯（Luis）（姓氏），一位 21 岁的害羞青年，一年前从伊拉克回来，重新修读大学一年级。

（有声音发出……轻微的笑声，路易斯："哦，是的，我记得，但你知道发生了什么……"）

贝利亚：路易斯是伊拉克一个后勤分队的战地无线电报务员。他说，有时候他们不得不围捕伊拉克人并拘留他们。当你把一个人当作你的敌人来看，并且觉得他们会杀了你的时候，你就会开始用仇恨的目光看他们。路易斯说，有时你会失去判断力，即使只是一两分钟。而且他说如何控制判断力取决于你自己。他讲了这样的故事。

路易斯：我想，我们把囚犯抓起来，用带刺的铁丝网围着他们。我记得有一次，一个下士给了我一个机会让我去那里虐待某些囚犯。我记得那个下士是——

高（G.）：不，不要说出他的名字。

女声：不，不要说。

高：不要说出他的名字。

路易斯：他说，嗨，（姓氏），看，这儿有一个伊拉克佬。你想不想进来踢他几脚？我想了一会儿，但然后，我猜我的判断力发挥了作用。我说，这是不正确的。然后我就回到我的五吨军用卡车旁，如果我被命令去做某些事，我会善尽职责。

贝利亚：当你问在阿布格莱布发生了什么事时，路易斯说，负责的士兵，可能包括高层，都应该受到严厉的处理。但像他的朋友埃德，路易斯说，不会因为虐待而感到非常惊讶。

路易斯：人们在电视上看到它们，没有亲身经历，所以他们发现这情况令人惊讶，"噢，这是可憎的"。但是然后，你告诉我这件事发生在战争期间，那么它就不是可憎的。

在第一张虐囚照片传出来的几个星期以后，这些年轻的海军陆战队员说，在伊拉克，到处都是囚犯被围在带刺的铁丝网后面。虐囚不仅发生在监狱的围墙之内，绝不仅发生在阿布格莱布，也绝不是只有低级的违纪士兵才会实施虐待。在很多方面，贝利亚（Belia）对三名年轻海军陆战队员的采访更像是一场随意的谈话，他们提到政治、自慰、危险、恐惧、冒险、旅游和流行文化等各方面。贝利亚感觉到这些年轻的海军陆战队士

兵与她谈论他们在伊拉克的所做所为时有些不同,不像是在与一位成年记者谈话:

480　　　贝利亚:根据他(埃德)的解释方式、他的表现是否拘谨以及他用于表达的语言——比如关于克里斯·罗克(Chris Rock)的事——使我感觉到我们处于相似的年龄段、使用相似的习语,并且对流行文化有相似的体验。在年龄上,我处于路易斯和埃德之间。显然,丽莎(Lissa),你拥有很多我没有的有利条件和技能,但另一方面,我在年龄和跟他们说话的方式上有一定的优势,这是人们可以同时担当老师和学生角色的一种模式。

丽莎:对。并不是说成年人就是导师,而年轻人就是学徒,相比于说教的教师和被动的学生,这种观点是具有进步性的。但远不止这些。如你所说,贝利亚,如果一个成年人单独报道这个故事,我不可能成功。类似地,如果一个年轻人单独报道这个故事,他也不可能成功。因此,我们以一种微妙的方式相互依赖。这可能会被误解为年轻人能够与他们交流,而成年人拥有分析能力和智慧。这不仅是因为年轻人会用相同的俚语。其根本在于如何问正确的问题,知道如何去看待这一系列的问题,以及从何处入手建立一种分析。

贝利亚:在看日志时,我注意到的一件事是,我的工作不仅是简单地作为"青年"群体内部的能动主体来获取这个故事。有一部分录音没有播放。他们(海军陆战队士兵)花了那么多时间谈论在伊拉克有多少自慰行为,他们带去的所有色情片……我认为他们正在试图引起我们的震惊。我不知道你的友谊是什么样的,丽莎,但是我习惯于那个年龄的花花公子们滔滔不绝地谈论这些东西。然后,我说:"好吧,你们是说他们真是虚伪,他们不让你们带色情片去那里,但所有人都有色情片。"这与其他真实发生却没有人承认的事情有什么联系呢? 我认为,因为我对他们一开始的反应是出于这样的理解:"好吧,他们试图使我们震惊,但那并不是让我吓到的事情",然后我可以继续将这与关于军队中隐秘行为的更广泛的对话联系起来。

在这场谈话中,路易斯正要说出让他"进去"踢"伊拉克佬"的下士的名字时,他的海军陆战队同伴高阻止了他:"不,不要说出他的名字。"不要觉得惊讶——当时路易斯还在服现役。但是,如果你在仔细聆听故事中的这个时刻的话,那个男声并不是你唯一听到的。你还可以听到一个女声——丽莎的(声音)。她也阻止路易斯说出那个下士的名字。

丽莎：我不得不多次把磁带倒回去重听，才敢相信我确实做了这样的事。我们决定在最后的故事中保留未经编辑的完整录音，这样听众就可以听到路易斯被阻止说出那个下士的名字。但是这并不能解释为什么我一开始那样做。说实话，我还在试图弄清楚自己。我想我很害怕，一旦路易斯牵连到别人的名字，他就可能会害怕并退出。我以前见过这样的事情发生。而且，在《反思伊拉克归来》的其他故事中，曾经有士兵认为他们需要批准才能接受采访，然后（军队）公共事务处否决了那个报道。

不过，丽莎无意识地袒护了那名据称让路易斯去虐待伊拉克囚犯的下士。也许她认为她是在以某种方式保护路易斯自己。在青年电台的制作模式中，我们把年轻人看作是其呼声需要被放大的能动主体，而不是需要我们仁慈地保护的弱势群体。但是，如果媒体制作过程本身给年轻的参与者带来风险——无论是像这个案例一样，他们自己是风险的来源，还是由像贝利亚那样的记者为他们带去风险——都会使责任问题复杂化。如果一个组织的使命是"服务"和"促进"青年的声音，那么我们需要在多大程度上预测和预防年轻人被卷入媒体报道带来的负面影响呢？这都需要回归到青年电台更广泛的媒体制作方法论上：

481

尼沙特：我们的第一个考虑是，对于特定的学生而言，制作这个故事对他们的个人生活、家庭和社区带来的潜在影响是什么。在那之后，第二个层次就是媒体素养。好比说，我会试图找到一种方式让你做想做的故事，但同时要求你反思并质疑你的动机以及影响你的看法的东西。我试着与学生交流，如果你把这样的东西放出来给全世界的人听，听众可能不会如你本意地理解它。我问他们，什么能带来一个更全面的视角，以证明你不是盲目地写出了这个充满偏见的故事，而无需承认可能会有些人的感觉跟你不一样？我只是试图为年轻人想要报道的任何一个故事提供一个批判性思维框架。

有时候，批判性思想可以只围绕一个词。毕竟，在一个四分钟的广播故事中，每一句话都是重要的。在准备这个故事时，我们努力寻找正确的形容词来描述埃德从伊拉克带回来的照片。用大众的话语来说，"恐怖"似乎是描绘阿布格莱布照片的首选词。埃德在贝利亚故事的后半段描述了自己的照片。

描绘战争(作者: Belia Mayeno Saavedra)

第二部分

(打开电脑的声音…)

贝利亚: 正如我们在过去几周看到的,有关战争的照片不仅在电视上播出,而且还被数字化了。埃德被送往伊拉克后,他所做的第一件事就是把相机充满电。

埃德: 我们花了很长时间巡逻,开车,所以我会拿出相机迅速地拍照。我的意思是,当我们在做什么关键或重要任务时,我们是不会拿出相机的。但是我的意思是,我们有一半的时间是花在路上的,我们看到了很多伊拉克人……但我只是将照片作为我旅行的记录,我猜。因为我去伊拉克参加战争然后回来是我有过的唯一真正冒险。(笑)

贝利亚: 这些预备役人员说,当他们从伊拉克回家后,他们将照片扫描到电脑上,通过电子邮件发送出去,或者将其刻录在 CD 上,这都是正常的。这是关于一个军队单位在伊拉克的共同经历的数字化年鉴。埃德把他的照片放到了网上。

(发出声音……埃德: "好了,我们要从这儿点击进去,这里是一个链接……")

埃德: 有些照片只是拍摄沙漠的美丽风景,以及巴比伦的废墟。但有很多照片拍摄的是烧焦尸体,或者是躺在沙地上的支离破碎的肢体。这些照片向我们展示他看到的事物,他添加的标题告诉我们他是如何看待这些场景的。埃德和他的海军陆战队同伴给一具烧焦的尸体命名为"脆皮先生"。

埃德: 当我第一次看到这些尸体的时候,我想,此前我从来没有见过这样的尸体,于是出于好奇,我拿出了相机。我在车里,我们一直在开车,我没有走下车说,哦,该照相了。我只是把相机递给司机,给上面的机枪手,基本上有什么就拍什么,当你可以的时候你会找到你想要拍摄的……

贝利亚: 埃德指向另一张照片,一个穿着迷彩服的美国人在给伊拉克儿童发糖果,他的说明文字是"嘿,孩子们,这里有一些糖果。现在确保你今晚不要偷偷接近我,否则我就杀了你"(发出声音: 埃德,"这里有一张被炸翻的坦克的照片,一面伊拉克国旗上堆满了 AK47,像一座老旧的大雕像,非常好……")

482

贝利亚：埃德这些可怕的照片和说明文字令人不安。原本的个人旅行见闻录现在成了日渐增多的图像数据流的一部分，这些士兵带回家的图像改变了世界看待这场战争的方式。

即使在早上播报的最后期限即将到来，我们也花了大约一个多小时的时间来完成故事的最后一段。

贝利亚：对我们来说困难的事情是，他们（海军陆战队士兵）确实需要对他们所说的话、他们拿出来的照片、他们的行为方式负责。但是在采访中，埃德不停地说："你必须爱上这场战争，因为如果你不喜欢这场战争，那么你会疯的。"我脑子里一直听到他的声音，我一直在看他所做的事情和他的网站，以及他谈论战争的方式。他的观点令人不安，这确实使我们不安。但是，使用"恐怖"一词的话感觉好像自己置身事外一样，就像是，"哦，看看那个人在那里做那件可怕的事情，不过这跟我无关"。因为即使我没有把他送到伊拉克，在更宏观的图景中，我生为美国公民，并以某种方式受益于军工企业、所有"主义"以及我们所有人都被卷入其中的疯狂事情，仅仅由于我们生活在这个地方和我们的身份，我认为"恐怖"和其他类似的词会让我们觉得更置身事外或者感觉离我们很远，这样的词可能太被动了。但是我们确实必须选择一些东西以表明[这]对我们来说是不能接受的。

对社会公平教育的启示

贝利亚的上一条评论表明，青年媒体作品的背后隐藏了许多的过程——时刻都需要思虑如何才能讲述一个有可能颠覆预设并提出生成性问题的有意义的故事。正如我们在本章开头的段落中指出的那样，《描绘战争》决不是"青年广播"故事中清晰传达社会公平信息的最为贴切的例子。这个故事中传达的一些想法与那些使业已被边缘化的年轻人的生活更加危险的体系和制度一致，而并未对其产生挑战。然而，在青年电台，我们并不是在征集我们认同的故事。挑战我们个人政治观点的故事才是我们能够制作的最为重要的故事：

483 　　　　贝利亚：这些故事如此重要，因为它们确实说明了我们的多重身份给了我们不同程度的权力和特权这一事实。很多时候，人们理解事物的方式是这样的：我们是被边缘化的人，而那些人是有权力的人。但是当有人表露自己的时候，他们被这些方式边缘化，就像"我是来自工人阶级家庭的黑人"，但他们还会说："我是同性恋，这就是原因。"承认他们这样的感觉对关于同性恋或种族主义的对话非常、非常有益。如果我们只是说："你不能说，这不是正确的话"，即使我们不让这些被说出来，我们也不能以任何实质的方式真正解决这些问题，因为没有人承认他们持有这样的观点，也没有人为这些观点负责。

　　当然，我们的目标不是让年轻人表达他们所持有的任何偏见，然后就放任它们不管。艰涩的故事是有价值的，不仅因为它们表达了我们不同身份之间的复杂关系，还因为它们提供了一个宝贵的机会来完成社会公平教育者的最重要的工作——在反思的环境中共创批判性思维。

　　然而，与个体所处学习环境一样重要，作品以一种非常具体的方式在世界中传播。在过去，像《描绘战争》这样的电台故事在播出之后基本上就烟消云散了。现在，贝利亚、路易斯和埃德可能会从此以后年复一年地重新阐述这个故事，他们的朋友、家长、意中人、老师和潜在的雇主也是如此。作为教育工作者，我们要知道这些作品不会被遗忘，我们要认真地承担责任，帮助年轻人对自己投放到世界中的作品感到自信。这也意味着我们有机会重新将我们的作品置于相关背景中理解，考虑我们还能说些什么。现在，我们青年电台的网站上经常有一些媒体带有"扩展"的照片，指向研究、资源和引用来源的链接，甚至作为我们"青年教育电台"倡议的一部分的"免费课程"，即将年轻人制作的高质量内容带进学校或社区的课堂中。[2] 虽然我们无法控制听众如何听取我们播送的声音，但我们确实可以在《描绘战争》这样的故事播出很久之后，不断地重温它们。这些故事让我们思考，迫使我们以制片人和教育者的身份，不时地澄清和转变自己的本能，利用诸如写作本文这样的机会，进而对我们自己提出质疑。[3]

注释

1. 在提出"社会公平的青年媒体"的概念时，我们要感谢金赖特（Ginwright）和卡马罗塔（Cammarota）（2002）。
2. 请参阅 http://www.youthradio.org/fourthr/index.shtml。

3. 我们对制作这个故事的讨论摘自索普(Soap)和查韦斯(Chávez)即将出版的新书中的一章。

(伍绍杨　译)

参考文献

Fleetwood，N. (2005). Authenticating practices：Producing realness, performing youth. In. S. Maira & E. Soep (Eds.)，*Youthscapes*：*The popular*，*the national*，*the global* (pp. 155 - 172). Philadelphia：University of Pennsylvania Press.

Ginwright，S.，& Cammarota，J. (2002). New terrain in youth development：The promise of a social justice approach. *Social Justice*，29(4)，82 - 96.

Puar，J. (2005). On torture：Abu Ghraib. *Radical History Review*，93，13 - 38.

Soep，E.，& Chávez，V. (forthcoming). *Drop that knowledge*：*Youth radio stories*. Berkeley：University of California Press.

Youth Radio. (n. d.). http://www. youthradio. org/fourthr/index. shtml

484

31

解放教育学的 5E

内城青年教与学的再人性化方法

劳伦斯·谭（Laurence Tan）

界定问题：教与学的非人性化

许多人，特别是父母，将学校视为不平等的总调节器，但现实是学校教育制度有助于社会分层。公共教育处于危机之中，特别是贫困社区的教育系统，弥漫着种族主义、贫困、暴力和压迫。在许多市中心，像我任教的南洛杉矶小学(South Los Angeles elementary school)，学校为应对社会和社区问题，对学生和教师采取了非人性的控制机制。这些控制机制包括但不限于：校服、对违纪实施零容忍的政策、照本宣科的课程项目，以及过度强调标准化测试。学校为追求标准化测试的学术成就而实施的所有这些形式的控制都遭到了失败，比如在我的学校。反过来，许多管理者和教师最终还是以学生在测试中的表现来讨论学生的潜力和制定战略计划，其主要目标是使下一次的测试分数取得最大进步。

我们当前教育系统中的非人性化元素对教师和学生产生了"涟漪效益"。教师对教学大失所望，依靠学校的科层制来应付教学。学生开始通过外显的不服从和挑战学校教师，或者以内隐的冷漠厌学行为来表示反抗(Freire，2003；Giroux，2001；Means & Knapp，1991)。作为教育者，我不能忽视这些情况及其影响。通过阅读、批判地分析历史趋势，更重要的是，通过我自己过去作为一名学生和现在作为一名教师在城市教育中的经历，理解当今这个时代的教学现实。我意在以一种与当前学校制度规范相悖的方式来分析教师职业。

为了回应城市学校和社区的非人性化状态，我致力于发展一种旨在帮助学生做好准备去改变这种现状的教学实践。只有当我们愿意运用反霸权的教育学设计解放教育项目，我们的课堂才能培养出能够改变现状的学生。为了描述我发展此类实践时所作的努力，本章将介绍本人教育哲学的核心要素，并举出这些要素在我的实践中的范例，同时阐述这种方法对学生的学业成就和批判意识产生的影响。

解放教育的 5 个 E

我在课堂上所取得的成功可以很大程度上归功于我努力发展一种人性化的教学，

这种教学注重关爱学生和追求社会变革。这种教学一直受到我过去经历的指引,作为 486
一名有色人种移民的城市青年,我在成长过程中参与了城市青年文化的诸多方面(嘻
哈音乐、涂鸦艺术和电子游戏)。这种教学也受到批判教育理论和我自己的社会公平
观念的深刻影响。这些不同的影响因素最终造就了我的教学方法,我用"解放教育的
5 个 E"去描述它:参与(engage)、教育(使能)[educate(enable)]、体验(通过接触)
[experience(through exposure)]、赋权(通过自我认知)[empower(through knowledge
of self)]和采取行动(enact)。这五个概念指引着我的教学、课程设计和社区建设。作
为一名教师,我在课堂内外所做的一切都自然地围绕它们展开。

参与: 与学生、家庭以及社区建立信任、尊重和认可

在与学生、家庭以及社区建立信任、尊重和认可的过程中,最关键的因素是参与。
为了使其参与到教育实践中,我认识到我必须真正地了解我的学生、他们的家庭和社
区所面临的现实。尽管我致力于让上述每个群体都参与其中,受本章的篇幅所限,我
只能重点谈一下我如何在教学中融入青年文化和批判媒体素养以使学生参与其中。
通过利用青年文化,学生通常被定位为"内容专家",而我被重新定位为学习者。如果
能够有效地利用这一点,这将有利于平衡课堂的权力结构。

青年文化和媒体是提高参与度的有力工具,因为"媒体在城市青年的生活中无处
不在"(Duncan-Andrade,2004)。科内尔·韦斯特(Cornell West,2004)认为,媒体为
年轻人提供了"分散注意力的娱乐活动和使他们感到愉悦的镇静剂,使他们无法参与
到和平与正义的议题上……同时也使他们在无休止地追求快乐之后无法应对精神的
贫瘠"(pp.174—175)。我的许多同事可能在数学应用题中使用流行的卡通人物,或者
让学生围绕青年文化的主题写故事,但除了传统的学术技能之外,我还试图利用流行
文化发展学生的批判性思维。批判性技能的发展有助于学生脱离麻木和冷漠的状态,
同时使他们不再轻视自己参与媒体的作用。

无论我们作为教育者对青年文化有何感觉,我们都必须意识到年轻人在很大程度
上沉浸在其中并受其影响。学生在媒体中学习到的东西通常与他们在学校里接受的
教育直接冲突,这可能会导致他们与教师和课程发生内部及外部的冲突。当我们在教
室里使用媒体来帮助他们理解他们持续受到的感官刺激轰炸时,我们可以缓和甚至利
用这些冲突。正如莫雷尔(Morrell,2004)指出的那样,教师们必须透过学生的眼睛去
理解青年文化,因为这些文化代表的正是这些学生:

重要的是尝试理解为什么某些流行文化元素,如电影、电视节目、歌曲或杂志,可能会吸引年轻人。充分了解学生,对学生感同身受,从而理解学生的兴趣和课外读写活动,这个过程需要教师离开舒适区,尽可能地透过学生的眼睛去看事情。(p. 118)

487 　　利用青年文化(Duncan-Andrade, 2004; Morrell, 2004)创设一种文化回应的课程(Gay, 2000)是我在课堂上所做的努力的核心要素之一,其目的是为了使学生参与到批判理智主义和行动的旅程中。

教育:发展学术和批判能力

有吸引力的课程带来的认可会激励学生和教师积极参与。这种参与对学术和批判能力至关重要,而能力使学生能在其努力奋斗的过程中变得自立。为了提升学生个人和学术的自立能力,教育者必须培养学生的两种技能:(1)学术能力的基本技能;(2)批判技能,使学生能够分析社会和他们能够做什么使社会更加民主和公平。

在我教学的第一年,我天真地认为只要学生对社会问题保持批判意识,那么他们就能有条不紊地掌握基本学术能力。举例来说,当我第一次教写作的时候,我太过于重视学生的声音,以至于我忽略了如何有效地教授作文结构和写作手法。因此,尽管我的学生有能力辨别和写出他们所经历的社会不公,但是他们还不具备真正传递信息的基本技能。我开始认识到只有我看到而其他人看不到我所教学生的才华,这是远远不够的,因为他们缺乏我本该教会他们的基本技能。为了给他们自己和其他人带来改变,我的学生必须在学术和批判能力上打下牢固的基础。

我从错误中汲取教训,在第二年,我关注的重点是将写作作为成为有效沟通者的工具。我们谈到,当他人无法理解我们并频繁误解我们说话所传达的信息时,我们会多么沮丧。我们将这些经验迁移到我们的写作之中。写作不再是为了分数而需要完成的任务,而是变成一种表达真相的方式。标准课程为发展基本写作技能和掌握写作体裁(说明文、说服文、记叙文)提供了框架。为了避免对写作手法教学矫枉过正并且以牺牲参与度和批判性思维为代价,我经常调整规定课程给出的写作要求。这些调整能够让学生写一些对他们有意义的东西,比如写一封信给校长,为改变学校提出建议。还有另外一个例子,我用一个被边缘化的有色人种的研究项目替代标准课程中的天文学研究项目,这些人与我的学生身处类似的社区,但他们能够对自己的社区带来影响。

通过让学生亲身体验为社区中的公平问题而参与到示威和集会中，这些关于斗争和对抗的传记和课程得到了重申。

　　教育必须将让学生达到自足的基本技能与批判性思维和问题解决技能融合在一起。弗莱雷（Freire，2003）说道："[为了]克服这种压迫的局面，人们必须首先批判地认识到其原因，这样他们可以通过转化其行动来开创一种'新局面'，使追求更完满的人性成为可能"（p.47）。为了促使其发生，学生必须具备辨别压迫及其原因的批判性技能，并且掌握开创他所说的"新局面"的学术技能。我不得不承认我们必须花一些时间才能认识到将这两套技能结合起来的重要性。这样的成长，很像学生必须经历的成长，需要经验、犯错、自我反思和每天都有所进步的不懈追求。

经验：从接触到真实体验

488

　　受压迫条件的受害者可能会反过来继续维持这种条件，因为他们没有能力对不同的模式进行概念化。为了解决这个问题，我的教学尽可能让学生接触到课堂、学校和当地社区之外的不同社会模式。为了做到这一点，很多教师通常会策划一次大学的实地考察，或者倡导将大学作为解放个人的最终选择。这种社会变革模式的问题在于它会导致学生相信成功只有一条途径，那就是离开他们的社区。法农（Fanon，2004）将此称为"殖民化知识分子"（colonized intellectual）的范式，我们需要警惕这样的人很可能会"遗忘斗争的目的——挫败殖民主义"（p.13）。

　　接触大学和其他主流机会，对那些传统意义上没有机会作出此等选择的学生而言，是打开一扇新大门的有力工具。尽管如此，仅仅让学生接触这些依然不足以帮助他们发展成为能够肩负社会变革重任的人。为了培养敢于挑战现状的学生，批判教育者必须不止于让学生阅读、谈论和了解民权运动时期的抗议和示威（这只是一种简单的接触）。学生也必须有机会通过参与社会行动来践行其所学，可能包括参与促进和平、警察问责、争取移民权利和教育公平的社会行动。这有助于将他们在课堂上学到的过去的斗争与当前的问题联系起来，让他们能够理解那些使历史当中的不公平条件得以存留的系统性元素

　　我不会告诉我的学生们应该如何进行抗争，但我会利用我作为教师的身份使他们接触那些导致不平等条件的历史和当前的结构。事实上，弗莱雷（Freire，2003）认为被压迫者争取解放的抗争不能脱离意识而产生：

为了使被压迫者能够为他们的解放而抗争,他们必须认识到,受压迫的现实并不是没有出路的绝境,而只是一个受限制的情境,他们有能力对其进行转化。(p. 47)

我的学生并非过于年幼而无法体会到不公平、贫穷、暴力、不平等和生活的艰辛,但是他们缺乏语言、工具和经验去采取行动,并了解如何回应这些压迫性条件。因此,我的教学法的一个主要部分是致力于让学生接触参与社会行动的思想和方法,尽管他们还很年轻。这样的话,他们可以思考以更有建设性的方式疏导他们身上源于其南洛杉矶成长经验的焦虑。

作为他们的老师,我的角色是"帮助学生学习如何提出问题或者'问题化'他们的现状,从而对其进行批判,并探索独自奋斗和共同努力改变他们的世界的新路径"(Darder,2002,p. 33)。我也可以扮演一种"制度代理人"的角色,帮助学生跳出原有的系统,让他们接触不同形式的文化资本、社会网络和展示其思想与行动的平台。借助于体验这些不同的可能性,学生开始认识到有很多方式引导他们奔向希望和变革。

根据不断完善的批判意识采取行动,这样的机会对于创造和维系学生身上的希望是至关重要的。不管是通过他们的口头语言、写作、组织社区事件,或者只是进入与他人进行对话的空间,学生都必须认识到他们作为年轻人的重要性和权力。吉鲁(Giroux, 2001)认为要在成年人中发展这种意识,而我已经将相同的理解拓展到更年轻的人身上:

激进教育者的任务必须围绕建立使来自被压迫阶级的男人和女人能够表达他们自己的声音的思想条件和物质条件。这使更广泛社会中的批判性话语能够得到发展。(p. 116)

通过培养学术和批判技能,学生有能力描述和分析他们所受到的压迫、思考其背景,并对其采取行动。当学生意识到这些问题以及他们潜在的能动作用,学生在其智力活动方面就会变得更加具有转化性。他们掌握了一套技能,使其能够在现行制度中前行,并意识到他们正在努力进入一个改变它的位置。

自我赋权:知道希望尚存

为了发展学生的自我知识和自我价值感,我的教学十分注重向学生们传达他们被真诚地接纳和关怀的信息。对那些在市中心的压迫性条件下生存的学生而言,仇恨他们自己和他们的处境是一件常见的事情。近来,我有个学生经常在课堂上控制不住自己,说她憎恨她的生活和她自己。她时常大声质问生活为何对她如此残酷。随着时间的推移,她认识到她并不是唯一一个有那些想法的人,并且意识到有些现实的社会力量导致她感受到那些令人沮丧之事。她的苦难并不是她自己的错,这种觉悟使她改变了她的自我认知,同时也改变了她对家庭和社区的感觉。她开始认识到她在其社区中可以更加积极,支持那些能够直接影响使其沮丧的条件的事业。她变得特别擅长运用她的读写技能以诗歌的方式表达她自己。通过诗歌,她也学会了表达她对家人、家庭、社区,还有更重要的是,对她自己的爱。最终,她开始萌发的自我知识促使她积极地参与对社区有积极影响的社区组织和艺术创作。最后,一个城市教育者的成功有赖于帮助学生实现其价值和发挥其潜在的能动性。法农(2004)认为,当被压迫者产生了一种强烈的自我感觉时,"他们发现了他们的人性,他们开始削尖武器以保卫胜利果实"(p. 8)。一旦他们发现人性,他们就准备好采取解放的行动。

采取行动: 对此你打算怎么做?

我的最终目的是让学生运用他们在课堂上培养的批判性学术技能带来课堂之外的变革。没有行动,不平等和不公平的怪圈还将会继续。弗莱雷(2003)认为,被压迫者,就像我的学生和他们的家庭,"不会意外地获得解放,只有他们为寻求自由而采取行动,意识到他们必须为自由而斗争,他们才能获得解放"(p. 45)。弗莱雷的主张是解放来自于被压迫者本身,而作为被压迫者的老师,我的教学和实践必须做好准备参与到争取自由的斗争中。在这样的努力中,我的部分职责是通过参与使学生有机会意识到他们的努力能够改变他们生活的处境。通过运用我们在课堂上培养的技能,抓住机会参与到社会变革的行动中,学生越发意识到他们能够利用他们的教育为社区带来积极影响。

490

这些直接行动的现实经验并不总是等同于"第一线"的社区组织和行动。从知识的消费者转变为知识的生产者,能为学生践行其批判精神提供更多巧妙的方式。例如,我们课程的最终任务之一是要求学生创作自己的纪录片。在这个任务中,学生变成了知识的生产者,他们运用自己的技能创造出一种共同的叙述,我们通常难以听到这样的叙述。除了这样的创作活动以外,学生也拥有机会去组织各种追求社会公平的直接行动。这些学生可以直接控制的行动是最有价值的,其中包括了请愿书、信函写作,以及举行示威声援他们觉得需要被解决的事情。我的很多学生也参与到集会中,利用媒体在那些将会直接影响他们社区的问题上展示出团结和支持。

大胆实施：在规定课程中实现 5E

　　规定课程的强制性使偏离地方标准的教学似乎难以实施。实施这种类型的教学是可能的，但是需要决心、计划和勇气去尝试(Freire, 1998)。关键是要找到个人作为社会公平教育者的期望与学区或州的期望之间的交叉点。地方和州的规定通常是宽泛和可解释的，这就为社会公平教学提供了空间。在我这个案例中，我将"我必须做什么"和"我所知道的应该做什么"结合起来。这使我的学生不仅在传统意义上获得成功，而且也作为社会公平学者获得成功。

　　为了说明我如何平衡这些有时会出现冲突的议程，接下来的一节描述的是"公开法庭"(Open Court)其中一个单元的教学，这个单元同时符合了州和社会公平这两种标准。"公开法庭"是一个学区规定强制实施的阅读项目，每六周为一个单元。每个单元结束时，学区都会实施强制性的测试，以衡量项目是否成功。在五年级的时候，第三单元的主题是"文化遗产"。这个单元中的故事围绕学生不太熟悉的文化和传统而展开。在这个单元学习结束后，学生被要求制作一个以"文化遗产"为主题的相簿/剪贴本，并创作一篇关于他们家庭传统的叙述文。带着这些期望和州规定所要达到的读写标准，我将这个单元修订为如下计划：

- 一个诗歌单元
- 一份文化杂志
- 关于有色人种为他们的社区带来积极影响的传记
- 人种学纪录片
- 社区研究计划的第一阶段(见附录 31.1)

　　5E解放教学贯穿在这个单元的计划和活动中。学生以多种方式参与其中，包括通过大众媒体、科技以及其他文化相关的材料。这些材料就被用于发展学术能力、批判能力和技术能力，为了完成这些计划，学生需要经历从创作例文到制作 DVD 视频的不同过程。这个单元以学生的正式演示作为结束，这让他们有机会展示他们学到的东西并将其教给他人。演示和多媒体作品对有色人种过去面临的条件和这段历史中的抵抗与行动的遗产进行了批判性考察。这些成果得到了管理层的支持，至少是默许，因为这种方法让一些学生取得了全校最好的考试分数。我必须指出这一点,因为有些致力于社会公平的教师认为他们必须在追求传统考试的成功和社会公平教学之间作出抉择。我的经验表明我们能够两全其美。

结果：衡量你的有效性

在加利福尼亚州标准测试(California Standards Test,CST)的语言艺术和数学部分,我的学生始终能达到或者超过州的平均分(见附录 31.2 的近期例子)。总的来看,我的学生的平均分高于当地学区的平均分。由于我们当地学区的学业成就太低,管理层达成了一项协议,要求教师设计一些策略来提高目标学生的考试分数,并对他们整个学年的成绩进行追踪。这项工作从新学年学生返校前的头几天就开始了,我们全体教师对上一年的考试成绩进行了反思。我们接受了一些培训,学习如何挑选一些在"战略范围"内的学生,即我们可以在短时间内使他们的成绩得到提高,在分数上获得最大进步。这项工作要求教师提交目标学生的姓名,这样校长和学区主管就可以对这项工作进行监督。

这种提高学校考试分数的措施并不是只发生在我所在学校的个别现象。事实上,这是整个洛杉矶市为了证明学校对贫穷儿童的服务正在不断改善而采取的措施。但它实际上证明了学生和教师的非人性化。尽管如此,这是教师必须面对的制度。我们应对这些条件的一种方式是我们要明白考试分数的进步与社会公平教学并不是互不相容的。为了证明这是有可能的,我附上了去年我班上目标学生在州考试中取得的分数表(见表 31.1)。

表 31.1 目标学生在加州标准测试中的考试分数样本

学生(人名缩写)	语言艺术		数学	
	课程前	课程中	课程前	课程中
V. R.	320B	386P	394P	476A
D. A.	374P	390P	386P	557A
M. C.	239P	319B	264BB	294BB

A＝高阶水平；FBB＝远低于基础水平；BB＝低于基础水平；B＝基础水平；P＝精通水平
＊这份样本反映了学生这段时间以来的学术进步,但更重要的是,我是在实施解放教育学和发展批判性思维与行动技能的同时实现这样的结果。

重要的是,我们要知道这份样本是基于学校和学区设定的标准。从学区的政策来看,我是一位成功的教师,因为我的大部分学生都有相似的进步。在某种程度上说,正是在标准化测试中取得这样的成功,使我能够继续在我的教学和课程上保持相对的灵活性。在我们讨论成为一名社会公平教育者意味着什么时,这是非常值得注意的一点。我们可以对过分强调考试进行批判,但是我们也必须认识到学生能够在那些测试中取得优异的表现。对考试的狂热确实会减少我们作为教育者的自由,但是它不应该妨碍我们发展出包含批判性思维和社会公平元素的教学策略。我们能够提高学生的考试分数,同时又不将我们的学生仅仅视为统计表上的数字。

需要指出的一点是,我没有将考试分数作为衡量我的有效性或学生进步的唯一指标。为了说明我所用的其他衡量方法,我将分享一个关于盖罗(Gero)努力完成我在课堂上布置的作业的小故事。他在他做的所有事情上都会花费过多的时间,在我们的作业阶段,他通常需要比其他学生拖延30—60分钟。不管布置什么样的作业,不管多么有挑战性或者多么简单,他都不能成功完成。

盖罗(Gero)特别反感写作,直到我们进入到诗歌单元,然后他突然就做得非常出色了。他最终找到了一种文学形式,使他能够表达自己。在我们下一次进行学区规定的写作评估时,学生被要求写一篇关于奴隶制的说服文,我发现他有所突破。我告诉班级的学生只要遵守说服文写作的准则,他们可以选择他们说服文的主题(战争、社区问题、移民问题等)。评估开始后的15分钟,盖罗在我的办公桌上放了一份答卷纸。我问他在我办公桌放的是什么东西,他回答说他已经将他的"草稿"放到那里了,并且现在准备写一篇"真正的"文章。当他返回座位后,我开始阅读他的草稿,却只发现一首非常复杂的关于移民问题的长诗。以下是他作的诗:

> 移民问题(作者:盖罗)
> 现在我知道美国有很多种族
> 很多种族憎恨不被公平对待
> 很多种族正在承受着耻辱
> 而且很多种族正遭人唾弃
> 这就是一种错误偏见
> 造成的艰难境地

在驱逐我们之前请先了解我们

现在你怎么[竟然]能说这是你的国家

我要求你做些研究,明白我们才是最先到此的

然后你们满怀对土地的渴望奔向我们

我们对你们伸以援手,可是你们却回以报复

现在你明白了吗

这是我们的土地,直到西班牙人来到这里窃取了它

然后殖民者将土地

卖给了你们,然而你们已知我们就是这里的

但是你们的种族并不关心,他们只想让我们离开这里,所以他们把我们驱逐出去

驱逐到无名之地

然而我们历经重重险阻,跨越边界返回

为了获得更好的生活,怀揣梦想归来

这个在过去一直无法达成的梦想

一些移民有能力实现他们的梦想

尽管是在看起来最艰难的时刻,似乎他们毫无希望

他们也不会放弃

他们绝不[废话]

他们不会停下脚步,他们会一直往前奔跑,一马当先

这就是当我们身处困境时,我们所有人如何获得成功

所以当你身处困境时不要放弃

废话少说

就一直前行吧,然后你会向整个世界展示

你能行,到时候他们就会懂得善待我们

不管他们何时看见我们

哪怕一个小孩都会想成为我们的一员

现在做些研究,明白我们才是最先到此的

然后你们满怀对土地的渴望奔向我们

493

我们对你们伸以援手,可是你们却回以报复

现在你明白了吗?

盖罗的成长无法直接量化为州考试的分数。我从他身上学到的是,运用解放教学不是立竿见影的。有些时候,年轻人需要花一些时间追寻自己的声音,让他们感觉到自己能运用课程所学的概念。解放教学和以测试为导向的教学之间的不同点在于前者不会放弃学生。这是一项持之以恒的教学,其目是在挑战学生和支持学生之间保持平衡,直到找到表达他们的想法和意见的空间。当盖罗最终找到自己的声音,他同时也找到了掌握其他写作形式的信心,就如同他最终能写很好的说服文一样。盖罗继续坚持诗歌写作,而且现在乐于将其作品在会议和社区组织中展示。

纵向影响:沃茨青年团体

也许解放教学最有意义的成果就是学生与我、学生与学生之间建立了长久的关系。举一个例子来说,我之前的一些学生创立了一个被称作"沃茨青年团体"(Watts Youth Collective, WYC)的组织。我之前的一些学生在离开我的班级之后参与到了洛杉矶附近的社区组织中。然而,当这些组织的发展方向与我的学生的旨趣分道扬镳时,他们决定组建属于自己的组织。他们成立了沃茨青年团体。这个青年团体在不同成员的家里聚会,策划将会为社区带来积极影响的项目。

他们首要的关注点是"黑人和棕色人种"社区成员之间日趋紧张的关系。作为回应,他们录制了纪录片,用于消除困扰他们社区的刻板印象,要求观众在下判断或者被媒体对他们社区的诠释影响之前先去了解他们的邻里。他们对自己提出要求,通过承认他们的个人问题和偏见来互相教育。作为一个支持者,我给予了帮助,举办了关于种族主义和高等教育入学机会的工作坊,同时为他们开展计划提供资源(摄像机、剪辑协助、交通工具等)。作为一个教育者,我不能把这些变革的行为都归功于自己,但是我能看见的是我在课堂上分享的东西得到了发展,并从我以前的学生延伸到社区中的其他年轻人身上。下面这首由乔乔所作的诗表明,他在我们五年级课程中体验到的教学使他目前投身于沃茨青年团体,并致力于实现社区中的社会变革。

494

五年级……在这个年级，我才睁开双眼

我才看到了沃茨真正的历史

美国真正的历史

在这个年级，我已经学会了

为自由、公正和我的权力而抗争……

……我相信我们能解决任何事情

因此，让我们就这样团结起来

就像团结在沃茨青年团体之中

并且知道你能够做出改变……在团结之中感觉

权力……公正……自由……和解放

这些意识的转变不应该作为独立于传统学业成就的目标，因为它们是社区中的社会变革的先兆。

沃茨青年团体的另外一个成果是形成了一种导师制模式，即这些学生每年都会回到我的课堂作为我现在学生的导师。这使社区建设的循环得以持续，因为我现在的学生听到了我以前的学生的故事和建议。这种指导关系强调了课堂所教东西的重要性，并消除了我现在的学生的疑虑——我们之间的关系将远远超出一个学年的界限。对于我以前的学生而言，导师制使他们感觉到他们有一个安全的空间可以继续学习、构建和组织。从2004启动以来，青年沃茨团体从六个人发展到目前的三十多人，其年龄跨度从七年级至十二年级。

一些零星想法

我的故事并不是独一无二的。我已经看到和听到来自全国各地、来自不同背景（单亲父母、有家室的人、不是来自街区的教师）的有效的城市教师。尽管城市学校条件存在着压迫性，但这种反叙事却是真实发生的重要的成功故事。我们一定要继续分享这些故事，因为它们给了我们一缕希望——我们的教育系统和世界会变得更美好。我们也必须对我们讲故事的方式加以留心，因为成功的城市学校教师通常被视为特例，而不能成为规范。我的希望是通过分享我们教学及其影响的故事，激励其他人开始他们自己的反叙事。这一系列的反叙事能够帮助我们彼此联系,同时为改变同事的看法蓄力,以最终实现教育公平。发展一种面向所有孩子的解放教育,这样的挑战是是严峻的,但是通过批判的信念和精益求精的自我要求,我们有勇气坚持到底。

参考文献

Darder, A. (2002). *Reinventing Paulo Freire: A pedagogy of love*. Boulder, CO: Westview Press.

495 Duncan-Andrade, J. (2004). Your best friend or your worst enemy: Youth popular culture, pedagogy, and curriculum in urban classrooms. *The Review of Education, Pedagogy, and Cultural Studies*, 26,313 - 337.

Fanon, F. (2004). *Wretched of the earth*. New York: Grove Press.

Freire, P. (2003). *Pedagogy of the oppressed*. New York: Continuum.

Gay, G. (2000). *Culturally responsive teaching: Theory, research, and practice*. New York: Teachers College Press.

Giroux, H. (2001). *Theory and resistance in education: Toward a pedagogy for the opposition*. Westport, CT: Bergin & Garvey.

Means, B. , & Knapp, M. S. (1991). Introduction: Rethinking teaching for disadvantaged students. In B. Means, C. Chelemer & M. S. Knapp (Eds.), *Teaching advanced skills to at-risk students: Views from research and practice* (pp. 2 - 22). San Francisco: Jossey-Bass.

Morrell, E. (2004). *Linking literacy and popular culture: Finding connections for lifelong learning*. Norwood, MA: Christopher-Gordon.

Stanton-Salazar, R. (1997). A social capital framework for understanding socialization of racial minority children and youth. *Harvard Educational Review*, 67(1),1 - 40.

Stanton-Salazar, R. (2001). *Manufacturing hope and despair: The school and kin support networks of U.S. Mexican youth*. New York: Teachers College Press.

West, C. (2004). *Democracy matters: Winning the fight against imperialism*. New York: Penguin Press

附录 31.1

下列表格展示了我们在学习"公开法庭"的第三单元"文化遗产"
时在课堂上开展的活动和这些活动的描述。

活动	描述
一位为有色人种社区带来积极影响的有色人种的个人传记	这个研究计划要求学生审视一位被忽视和被低估的人物,他们为后继者创造了积极的遗产。学生必须借助网络和书籍开展研究,深入探索具有挑战性的说明性文本。更重要的是,他们开始从一种更广泛的意义上了解真实的民族历史,以及一个民族为了其民族而发起的抗争,同时将其遗产与他们的生活和当前的经验联系起来。他们还应该将团队合作和个人工作联系起来。当他们变成了专家,他们要负责通过幻灯片演示教育(课堂上和学校内的)其他人。
诗歌单元	当我们学习文化、遗产、传统和精神财富的时候,我们将诗歌作为表达他们叙述的一种不同的方式。这样的写作表达使得学生能对关于他们自己、他们家庭、社区以及影响他们的事件展开写作。这为学生提供了另一种方式去为弱势群体发声。他们分析诗歌(Tupac 的《盛开在钢筋水泥中的玫瑰》,Maya Angelou 的《我仍将奋起》,还有 Sandra Cisneros 的《芒果街上的房子》,等等…),学着去解构信息和信息产生的背景,然后通过创作和朗诵属于他们自己的诗歌,使他们的学习发生转变。
主题杂志	学生通过这种媒体学习图像和设计的力量。他们一起制作一些关于历史的杂志,并展示一些杂志如何能激发和创造变革。然后他们共同协作,在他们所选的主题内制作属于他们的社区/文化主题杂志(一些人已经制作了关于发型、食物、游戏等等的文化主题杂志)。这项工作能使学生借助于变身为积极的社区导向的媒体生产者,从而不再只是杂志之类媒体的消费者。
人种志纪录片	由于整个单元都围绕关于文化和传统的故事,学生被要求创造一个叙事故事。学生有责任使叙事超越笔和纸而变得更影像化。他们将这些故事制作成 3—5 分钟的纪录片,然后学习将它们组合到一起。我教给几个学生基本的视频编辑技能,他们再负责教给其余的学生,这些学生使用这一技能制作初级视频并展示给学校和社区。他们捕捉到的一些故事围绕少数族裔来到这个国家以及他们家庭所遭遇的困难。
社区研究和行动计划	在这个单元中,学生通过开展社区研究计划来与数学产生联系。他们作为一个班级提出一些问题来进行研究("影响社区的问题是什么"和"影响学校的问题是什么")。一旦他们花费一些时间采访家庭成员、邻居和社区成员,就能带回数据然后设计行动计划来回应研究结果。他们的行动计划经常是在社区活动之夜向社区展示研究结果和解决方法,创作剧场/短剧、写诗来影响社区。他们也在像加州大学洛杉矶分校这样的地方展示他们的研究。

496

附录 31.2　加州标准测试(2006)

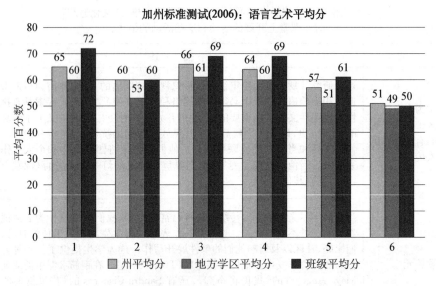

加州标准测试(2006)：语言艺术平均分

（伍绍杨　译）

32

真正的谈话[1]

转化性英语教学和城市青年

帕特里克·卡马吉安(Patrick Camangian)

我在洛杉矶南部的高中教英语之前,并不知道城市社区中的有色青年在多大程度上得不到足够的帮助和被剥夺权利。七年之后,我目睹了城市青年文化危机。太多年轻人继续将暴力作为解决问题的方式,内化他们对不公平的家庭和社会状况的愤恨,不加批判地消费和再生产这类倾向——更看重他们拥有什么和他们看起来怎么样(外在),而非他们思考什么和他们感觉怎么样(内在)。学生们所处的现实困境使教师的专业发展培训遭遇了困难,因为它训练我们将重心放在"国家认证"的标准课程,把学术内容和评价工具置于显要位置,但却忽视了学生的物质条件和需求。为了改变我的英语教学,我尝试建立一种能够回应我在学生身上看到的困惑和愤怒的教育学。我实现这一目标的方法是从课本中抽取与他们自身及其生活经历最密切相关的内容。在这种情况下,转化性教育(transformative education)意味着提高学生的学术参与度和成就,并批判地改变学生对于自己及其周遭世界的看法。

当我还是个学生在洛杉矶公立学校读书时,我上了很多无关紧要的学校课程,也遇到了很多素质低下、对学生漠不关心的教师。这样的学习条件是造成我学术边缘化的最大因素,并最终导致我辍学。整整一代人之后,我看到了城市学校依然处于同样的低于标准的状态,学生身上依然表现出一种自我挫败的反应。由此导致的众多学生的学业失败,使人不由发出疑问,许多城市青年是否面临着一条"从学校到监狱的通道"(Christle, Jovilette, & Nelson, 2005;Wald & Losen, 2003)。我从自身的学校经历中认识到这种没有吸引力的课程和教学会导致什么样的后果,以及我是如何避免了从学校到监狱的道路,我决定我要成为我在高中时希望拥有的那种老师。

越来越多的研究对"缺陷思维"的视角提出挑战——这种视角将城市青年的现实困境与严格的学术训练分离开来,即使没有将两者视为毫无关联的话——而我将我运用批判教育学的经历写下来,希望能够对其有所贡献(参见 Solórzano & Yosso,2004)。我坚持践行如下研究结果:教师应该从学生积累丰富的先前知识入手,提升学术参与度。在一个以黑人(70%)和拉丁裔(30%)学生为主且州排名百分比最低的高中里,在2004—2005学年,我开始从社会理论入手,创设一门与文化相关的、批判的英语作文课程,以缓解青年在其社区中经历的挫折。

教他们阅读文字和世界

弗莱雷和马塞多(Freire & Macedo，1987)认为，学习者的需要与其社会背景相关，进而将读写能力定义为一种"阅读文字和世界"的相关实践。他们认为，年轻人在发展和习得用于描述周遭世界的语言之前，他们就已经开始理解这个世界。为了有效地发展学生的读写能力，弗莱雷和马塞多说道："我一直坚持用于组织读写项目的词语必须源于那些正在学习和表达其真实的语言、焦虑、恐惧、需求和梦想的人身上。我称这些词语为'词云'(word universe)。"(p. 35)换言之，为了有效地使青年参与到发展读写能力的过程中，教师必须给学生搭建脚手架，让他们从其社会背景中学习——他们正是从社会背景中获得关于现实的概念。意识到教师在完成这项任务中的能动性，弗莱雷和马塞多声称：

> 教育者必须发明和创造能够使可行变革的有限空间最大化的方法。他们需要将学生的文化世界作为出发点，使学生意识到自己拥有一个重要的特定文化身份……(这)需要尊重学生的话语并使其合法化——他们的话语有所不同，但绝对不是无关紧要的。(p. 127)

实质上，弗莱雷和马塞多在提醒我们，读写能力的教学实践必须保持动态、与文化联系起来，并且需要对损害批判式民主的不稳定的社会状况作出回应。批判的读写教师的角色是帮助学生从社会的角度认识到他们如何构建自己的现实。因此，批判的读写教师必须创设一个学习空间，让学生重新认识他们自以为知道的事情。

我很认同弗莱雷和马塞多的观点，我发现有必要培养学生的积极沟通技能和读写能力，帮助他们做好准备去超越和改变他们在日常生活中经历的困难处境。我设计的课程单元涵盖了学校内容和学生的生活经验，而不是忽视那些塑造学生世界观的相互联系的各种条件。这里描述了一个学期的课程，分为四个课程单元，它与学区的教学进度计划一致：记叙文、说明文、探究、说服。对于每个单元来说，学生坚持以下三个步骤：

1. 从生活经历中选择一个主题，对塑造当地青年生活的一个直接条件抽丝剥茧。
2. 联系他们自身及其社区的利益写一篇论文，分析这个条件。

3. 基于他们的论文准备并进行一次演讲,与全班同学分享他们的分析。

接下来,我会展示从这四个单元的学生演讲中摘录的一系列片段,这些演讲来自一个 12 年级的不按能力分组的说明文课程。学生访谈被放在了章末,用于讨论教学对学生身份的影响。学生的作品和访谈都让我们看到一个有着清晰目标的班级共同体——运用读写课程发展城市青年的自我知识和社会批判意识。为了选择本文所用的学生样本,我先用四分位数筛选学生,用他们进入我的班级之前成绩的平均值对其学业成就进行排名。之后,我从成绩最低的四分之一学生中随机选取了两名学生的课堂作业,这些学生通常被归类为"高危学生"或"低成就学生"。

自传式人种志单元: 当学生有机会参与"真正的谈话"

在始于学期初的叙述单元结束之时,学生分享了各自的批判性自传式人种志,这表明他们从更广泛的文化现象出发检视个人重要经历的叙述能力获得了发展。学生需要按照如下三个要求撰写和完成一篇叙述文:(1)审视社会的压迫性影响;(2)将自身经历与其他被压迫的社会群体联系起来;(3)提出社会变革的策略(参见 Carey-Webb,2001)。

在课堂上向年轻人提供机会使之对自己的生活经历进行考察、写作和表达,事实证明这是开始新学期的一种有效方式。对于那些在课堂中声音被边缘化的学生来说,这种方式特别具有吸引力。我们可以看看马克斯[2] 身上发生的事,这是学生参与度得到提高的一个例子。马克斯在英语课上从来没有出色表现,但他自愿参与到这项任务中,并自告奋勇成为第一批朗读自己作文的学生。当轮到他读的时候,他递给我他的叙述文,从容地走到教室的前面,把过长的白色 T 恤往黑色运动裤上方提了提,摩拳擦掌。以下是他朗读的自传式人种志开场白的摘录,题为《我们的过去,我的现在,我们的未来》:

> 摧毁一个人的文化就是摧毁其过去、现在和未来。摧毁一个人的过去、现在和未来就是摧毁其灵魂。我现在身处的文化被称为非洲裔美国人文化。它被称为黑人(Black)文化。它被称为黑鬼(Negro)文化。人们认为在这种文化中,男人必须依赖另一个人才能生存;女人必须依赖福利制度;十多岁的男孩和女孩必须

499

依靠运动；男婴和女婴必须依靠儿童成长补贴。但是，我不认为我们是一个寄生的种族。我看到我们是一个不断改善的种族，从一个行将就木的种族到一个为第十四条宪法修正案而奋斗的种族。我由于犯下最严重的罪行——文化谋杀——而成为了种族文化灭绝的受害者，最讽刺的是，我通过这才了解到我们的目的。

马克斯的开场白充满了重复和排比的结构，他以此定义非裔美国人的历史复杂性、集体精神和不朽。他从非洲人在美国的不同经验出发，强调了这些人的斗争和力量——他们虽然被贬低，但依然自强不息。他描述的群体被称为非洲裔美国人、黑人和黑鬼，这些不同的称谓巧妙地揭示了该群体被公开定义的多种方式，以及平等的公民身份是如何被否定的。马克斯运用他对他们生活经历的具体和抽象的理解，描述了非洲人是如何在这种边缘化的状态中生存下来的。同样令人印象深刻的是，马克斯仅凭记忆完成了开场白，加上他有效地使用了表情、手势和语调，这使他的演讲有一个强有力的开场。写作的质量和马克斯在准备演讲过程中所做的努力，都表明了这种个性化写作任务的力量，它能使那些通常在课堂里沉默的年轻人参与进来。

在强有力的开场白之后，马克斯继续讲述他在南洛杉矶黑人对黑人暴力行为中的一段经历。他利用这次任务的机会承认了自己也陷入了一种黑人能动性的自我挫败中。通过这种批判的反思，他审视了自己的行为是如何影响其整个文化社区的，展现了一种带有希望的叙述： 500

> 我现在觉得我是空的。感觉就像我背叛了我的上帝，我背叛了我的信仰，我背叛了一切。我背叛了我的母亲。我辜负了我的父亲。我让自己和我的人民失望了……我们的时间到了。一个新的时代即将到来……我们已经有机会在这个社会，在这个世界，在这一天被尊重为人类。我们，我们所有人将要而且一定会抓住这个机会，为我们的祖先赢回他们应得的真正补偿。

在接下来的几天里，马克斯的班上还有 28 名学生朗读了他们的自传式人种志。之后，我们进行了一个班级讨论，将不同的故事联系起来以构建一个集体的叙事。这些学生的类似经历对于很多与他们共处一室但却从未听闻其生活的学生来说是一件开阔眼界的事。这让学生看到他们的个人经历不是孤立的，而是一种更广泛现象的一部分。个人故事的力量，加上班级集体叙事的发展，为该学年接下来的更有力的写作和公开演讲定下了基调。在马克斯的案例中，他未来的写作焦点是学校和当地青年社区的性别关系、黑人行动主义的紧迫性，以及在学校情境中通常被忽略的非洲裔美国人历史的重要性。

说明文单元：帮派生活的展览

另一名学生马库斯分享了一个自传式人种志，以其邻近街区为背景，探讨了失去父亲、青年暴力以及帮派成员之间的联系。马库斯在第二单元的作品是一个很好的例子，说明了学生能够在其人种志的个性化元素的基础上构建他们未来的写作。在说明文写作单元中，马库斯对其所在的街头帮派进行了一次微观的人种学研究，他描述了"男子气概"（masculinity）这个社会建构的概念（相关课程思想参见 Morrell，2004）。他的文章通过将帮派成员人性化，探讨导致他们加入帮派的环境的复杂性，从而对帮派都具有破坏性和违法性的观点提出了挑战。

当轮到马库斯来朗读他的说明文片段时，他挺胸站在班级前面，戴着一顶深蓝色西雅图水手[3] 的帽子，身穿一件藏蓝色的 T 恤。他用幻灯片演示文稿发表了一次演讲，题为《街区中的男子气概》。在"有组织的联合体"这一页的幻灯片中，他讨论了帮派共同体和文化这一主题，试图从人性化的角度看待帮派中的年轻人，将其视为强大且聪明的个体：

> 如果组织得当，对于白人至上主义者而言，帮派成员的思维模式是一种威胁。帮派的身体力量依然是极具组织性且意志坚决的，但是用到了错误的敌人身上。他们的身体力量有很大的潜力，因为他们为其想要实现的东西而战……帮派很强大的另一个原因在于他们的团结……我们好像每隔一个星期就会失去一个家伙，但它使我们更强大。这使我们团结在一起……我们有时候就像士兵。你不会每天都碰到我们这些［年轻人］。我们只是需要一些方向，那么情况就会是，正义使我们团结在一起。

501　　　马库斯还与班级讨论了帮派生活中有时有害的矛盾，特别是骄傲和对权力的渴望，引发了很多可能会最终导致群体暴力的帮派活动：

> 权力在街区中扮演了重要角色。由于我们作为一个社区缺乏[权力]，权力经常在许多方面被滥用并导致自我毁灭……这个权力的根源可以归结为骄傲……一个帮派成员的骄傲是很脆弱的；这真的很容易受到伤害……就像是如果你对我们说错了话我们会离开一样。这只是骄傲。我们不喜欢不被尊重……

马库斯描述了帮派中的年轻人构建集体男性认同的复杂方式，以此作为其分析的总结：

> 总而言之，当你想到街区中的男子气概时，既有消极的方面也有积极的方面……就我所看到的消极方面来说，我看到有人被枪击，甚至因此丧命。[也有很多]背叛，就像我所说的那样。而且浪费了很多时间……但也有积极的作用……很多年轻人得到了一种身份认同感。你会感觉到你能成为谁，以及你有能力做什么。但是，当我们在街区中形成一种男子气概，人们总是只想到消极的方面……所以，基本上，这是积极的也是消极的，而且我的认知似乎有所改变，我对发挥其积极的方面更感兴趣……

马库斯的演讲非常特别，这是因为它遵守了学术标准，但更重要的是由于演讲者的身份、这篇文章的主题及其分享这篇文章的背景。马库斯是当地一个臭名昭著的街头帮派的公开成员，并在该帮派的年轻成员中拥有较高的地位，这样的标签会让我们认定他是一个令人恐惧的年轻人，他过去对于学术肯定是极度疏离的。这次写作任务以及开放和批判的班级文化让他有机会利用其帮派成员身份进行一个"局内人"的研究，使他的经历变得极具学术讨论的价值。同时，对他及其同龄人生活方式的批判分析，促使他对帮派行为保持批判的态度。马库斯的演讲表现出很高水平的"有机理智主义"（Gramsci, 1971），因为他参与到有助于理解自己和他身处的社会群体的研究中，而不是一味地遣责这个群体是完全邪恶的。班级也因聆听马库斯的演讲而受益匪浅，因为他展示了这群人的复杂性，而他们的行为通常在分析中被贬低为简单的自我毁灭。本章有限的篇幅不允许对这些学术单元中产生的作品进行更广泛的分析，马克斯和马库斯的例子提示，如果城市青年被允许并被挑战去批判地思考他们的生活经验，然后支持他们将其知识转化成符合学术标准的风格，城市青年也能具备很强的学术能力。

诗歌作为说服文的手段

最后一个单元说服文写作中运用诗歌的部分是契合这一事实：许多城市青年将口语诗（spoken word poetry）作为表达其社会现实所呈现的障碍的一种可行渠道（相关课程思想参见 Jocson，2005）。学生根据先前的写作任务，创作并朗读能够反映他们该学期学习的诗歌。在创作诗歌时，我们教他们如何运用我们一直在发展的分析视角，因此我们期望学生们能够对他们经常不加审视的现实给出复杂的解释。马克斯在自传式人种志单元之后发现自己在课堂上取得了很大的进步，并成了小组中最出色的演讲者之一。就像第一单元时那样，他自愿成为首批演讲者之一。在开始朗读之前，他把黑色匹兹堡海盗棒球帽往脸下方拉了拉，然后对今天城市黑人社区的复杂问题进行了阐释：

502

《我们用枪对着自己的头》
它用一把枪对着我的头
它的手指扣在扳机上，
它的话是要将我打倒的子弹
我试着弄清楚
如果我的历史是我的特氟龙[4]
那么我为什么要把赌注押在汤姆叔叔继子的教导上……

这首诗中的"它"有多层含义，运用了拟人和比喻的修辞手法，将暴力和不平等的社会状况归咎于两者：一是自我毁灭的群体成员（"我们用枪对着自己的头"）；二是非洲裔美国人在学校长久以来遭受错误教育的不公正历史（"汤姆叔叔继子的教导"）。马克斯诗中的主角意图将非洲裔美国人视为一个受到两方死亡威胁的群体：一方来自黑人社区的成员；另一方来自对黑人历史的欧洲中心的描述。

马克斯在他的第二首诗中进行了类似的批判性社会历史批判，他的题目是《历史遗产》：

为什么我们不能径直走向我们的地方？

不要四处开玩笑，让我们的表情变得认真

这样他们就不会贬低和怠慢我们的种族

这样他们就不会草率决定拖延我们的脚步

1492 年是他们欺骗你的时候

就是这个时候，他们试图瞒天过海

但这不仅仅是西印度群岛

不仅仅是加勒比海

因为南非也被重组

现在是 2005 年，这正是我们做的

红色或蓝色

你在射杀谁？

这里，马克斯在整首诗中使用了大量文学手法（重复、押韵、元音韵和辅音韵）来强调社会责任这个关键概念。他把现代的街头帮派（血［"红色"］和帮派［"蓝色"］）与有色人种的殖民统治（提到了 1492 年）联系起来，描述 2005 年黑人社区大屠杀般的状态。

几天后，马库斯朗诵了他的一首诗。在诗中，马库斯分析了他在南洛杉矶学校学习期间遭受的心理暴力的影响。"这首诗的标题是《大规模杀伤性武器》"，他说道，冲着我假笑，并开始朗读：

503

我被困在这个系统中

它的构造就像是个傻子游戏

洛杉矶联合学区

让我对这种可卡因般的教学

吸毒用具般的教科书上瘾

因为学校是我待过的最危险的地方

那里我们信任的教我们的人

正在禁锢我们的头脑

并演示社会再生产

我从蒙眼的绑架中挣脱出来

带着大规模杀伤性武器归来

　　　　蓝色大块头,S 圆顶,白色 T 恤,蓝色卡其裤

　　　　炸弹教育是我的特氟龙

　　这首诗的力量并不在于其形式、内容或朗读方式,更多的是马库斯对学校进行的批判在同班同学中的可信度。他的诗表达了对城市学校的鄙夷和对街头感受的颂扬。这一点很重要,因为帮派常常是学校官员的嘲笑对象,而马库斯则是不再被认为是对街头生活盲目拥护的人。因此,这首诗是对无效的学校制度与选择加入街头帮派之间的关系的评论。马库斯的同龄人理解到他想要说出学校的真相,告诉大家这些年轻的帮派成员也可能在尝试教育他们自己,即使这出乎人们的意料。

变革的生活

　　如果我们使学生需要掌握的学术读写技能与他们的生活息息相关,那么我们将更有可能提高课堂的参与度,并最终使成绩得到提高。使用传统的学术写作标准引导年轻人谈论其个人故事,这个策略能够使很多学生从自我挫败的行为转变为变革其生活的行为(Solorzano & Delgado Bernal, 2001)。在学期末的个人访谈中,学生们把课堂上的批判性思考、写作和演讲描述为一个愉快的自我提升过程。他们将它与其他英语课程进行比较,感觉在其他课程中这些技能是枯燥无味的学术学习。例如,马克斯在访谈中给出了以下评论:"当(我们班)刚接触到批判教学时,这很有趣,因为我们实际上在接触我们自己的生活。这些事情的的确确在影响我们。"

　　这对马克斯的学术参与和成就的影响是超乎寻常的。虽然这门课的评级(以及考试分数)显然是对学术成长的主观衡量,表 32.1 清楚地反映了马克斯加入我们的说明文课程后对英语课程的投入程度发生了很大的转变。他很少缺课,成为了课堂活动的杰出贡献者,仔细认真地完成了几乎所有的作业。

表 32.1

课程	英语 9A	英语 9B	英语 10A	英语 10B	美国文学 (11A)	现代文 写作(11B)	说明文 写作(12A)
分数	F	F	F	F	F	未参加	A

表 32.2

课程	英语 9A	英语 9B	英语 10A	英语 10B	美国文学 (11A)	现代文 写作(11B)	说明文 写作(12A)
分数	C	C	D	D	C	B	A

　　马库斯在英语课程方面的进步并不是很明显,但他在我的课堂上的成长令人印象深刻。他在秋季学期选修了我在 11 年级开设的美国文学课程。由于刚刚从加州青年管理局(California Youth Authority)获释,他在本学期入学很晚,但他能够跟上课堂作业,并拿到了"C"。从此他表现出稳步的提高,在他 11 年级的第二学期拿到了"B",最终与马克斯一起成为 12 年级的说明文写作班中的优秀学生(见表 32.2)。

　　这种读写教学方法不仅对马克斯和马库斯有效。与英语学科的其他课程相比,学生们在我的课堂上取得了更多的成功。当然,我知道下面的图表只是反映了我与我同事们之间有很不一样的评分标准。在有些时候是真的,在另外一些时候并非如此。然而,不可否认的是学生对我的课程的投入程度,无论是出勤率还是学习热情。这些都是学业成功的先决条件,它们在很大程度上解释了表 32.3 中学业成就的差距。

表 32.3

	A's	B's	C's	D's	F's
所有英语课(2746 名学生)	238/9%	549/20%	684/25%	484/17%	**791/29%**
我的英语课(114 名学生)	**54/45%**	34/29%	23/19%	2/1.7%	1/1%

　　在对马克斯的访谈中,他解释了为什么将言语沟通技能视为学生对课程的参与度更高的主要原因:

　　　　讲话……拉近了我们的距离,因为我的一些同学和我都发现,我们比想象中的更相像。谈论个人的问题。这让我们了解他们,使我们更好地理解他们。使我们更亲密。这是我曾经有过的最好的感受之一。这是我待过的最好的班级。

　　在许多社区里,青少年理所当然地不信任诸如学校这样的机构,运用教育性策略使学生彼此之间、学生与教师之间建立个人关系,这是非常关键的。在缺乏资源的学校和社区,不难想象学生如何以怀疑和偏见的眼光看待彼此。为了消除造成隔阂的条件,我们必须使年轻人掌握表达和聆听彼此人性复杂性所需的工具,这种复杂性往往体现在年轻人表达其个性和兴趣的方式上。马库斯在接受访谈时表达了同样的观点:

505

> 我们正在建立关系,因为我们给了彼此将自己人性化的机会……让我们了解彼此的故事……然后审视彼此的不同。如果有人看着我,说"噢,他是一个黑帮小弟"。在我讲完我的故事以后,我将自己人性化了。"噢,他不只是一个黑帮小弟。[他]还很聪明。"你能理解我吗?他们不再把我当作只是一个黑帮小弟,而是开始把我当成一个聪明的黑人,我一直希望你这样看我。

值得注意的是,在课堂讨论中过分强调个人斗争,有可能使学生无法看到边缘群体面对的更大范围的现象。这就是为什么必须将对学生的分析从个人转移到人际问题上,并对不同文化和性别的差异作出回应。这些差异之间的联系将共情的范围从个别时刻的理解扩大到学生之间的集体纽带,否则他们会认为自己有别于其他学生。对于马库斯来说,他越是有机会将自己的情况与他的同学联系在一起,这些联系就会变得越清晰:

> 拉丁裔在挣扎着,你知道,女性在教室里和其他一切地方挣扎着,但这依然是美好的,因为挣扎意味着奋斗。不管是否存在不同……归根结底,我们都在努力……我们都在这里奋斗。我的意思是我宁愿我们都在这里奋斗,你要知道,我们互相帮助,而不是一半人在挣扎,而另一半人没有,那样的话他们不会帮助我到达他们所在的位置。

马克斯向班级许下了承诺,以证明集体奋斗的赋权作用:

> 在这个班上,班级是一个整体。我们在一起。我们形成了一根纽带。我们正在形成一个集体,这个集体就这样形成了,它就像一个拳头一样,可以打败任何东西……这使我们觉得自己有力量。我们觉得自己有力量,我们也知道我们有力量。我希望所有人都能明白,班级里的团结也可以扩展到社区,并使社区团结在一起,你要知道,然后我们可以让[改变]发生。

到此为止,我已经讨论了这些教学策略对我的学生的课程参与度和学业成就的重要性。但是,在拓展学生的人际和跨文化关系上,这些策略同样重要。他们关系范围的拓展部分是自我认同发生转变的结果,这有助于他们了解自己在自我批判反思和成长上的能力。例如,马克斯更加清楚地认识到他的行为会影响社会,而社会,包括其中的很多不公,都会反过来继续影响他:

> 你开始思考各种各样的事情。你开始跳出惯性思维。你开始思考你原先永远不会想到的其他事情……你开始评价所有发生的事情。你开始思考,不仅思考我是这个社会、这个时代的一个非洲裔美国男性青少年,而且还会思考我对这个社会所产生的积极或消极的影响,思考被压迫的自我。我以前从未想过自己是被压迫的。

马库斯同样阐述了这样的改变过程,不过是通过他自己新构建的现实:

> 我意识到我是一个奴隶,但我打破了这些束缚。我开始批判地看待生活……诸如,"该死,这[是]疯了。我的头脑被困住了……我在精神上被禁锢起来了……我必须打破这一切。"你知道,你打开了我的眼界,发现了我是谁,你知道,我将成为什么样的人。真的。

506

如果说我的每一个学生都成为他们社区的变革者,这是虚伪的。有些人只是想成为上班一族,有些人则希望通过上大学逃离社区。尽管如此,我依然很有把握地说,每个学生都受到了挑战,使他们比过去思考得更远,尤其是关于青年人在社区中面临的那些问题。也可以说,很多学生发现了自己内在的声音,就像马库斯那样。他能够将他作为帮派成员时发展的生存技能转化成完成高中学业并继续开始大学教育的能力,他意识到他有必要改变自己的生活,也有必要使自己成为变革社区的力量:

> 就像我告诉自己的一样,"我不会再被困在此[麻烦]了。我不会进监狱。我将利用这场游戏,我要利用这个系统来战胜它本身。你能理解我吗?我会去上学,我要留在这个街区,所以我只是在教育自己。我要这样做,我要在这里苦读。如果我能够在街区里刻苦学习,你肯定知道我可以去上学并发奋。因为在街区

里,这更困难……"

他并未发现脱离街头生活十分容易。高中毕业后,他继续参与帮派相关的活动。然而,他对自己在社区中的角色感到很矛盾,并逐渐减少了与旧有生活方式的联系。他在当地的一个火车站里工作了几年,在当地社区学院修读了非洲-美国历史课程,并继续努力达到了一所加利福尼亚州立大学的入学要求。他最近搬出了本州,为了给自己重新创造一种更适合学生的生活,远离他的过去带来的当地的紧张关系和诱惑。我们保持着友谊和师生关系,并继续谈论他的潜力,即如何利用他在街区人所皆知的领导特质来改善社区,而非损害社区。

马克斯在我们课程结束后利用一个学期和夏天重修了他在高中时挂科的课程。一所当地的加利福尼亚州立大学对他在我课上的成长、领导力和学术作品印象深刻,通过特招的方式录取了他。马克斯已经获得高中毕业证书,并入读了一所四年制大学,目前他的平均绩点为 3.0。

结论

为了应对我的学生面临的社会和经济压力,我对课程内容的意识形态做了重大修改。尽管有这些变化,课程内容依旧符合《加州英语语言艺术内容标准》(California English-language Arts Content Standards)对 11 和 12 年级的写作和口头表达所作出的规定。重要的是,教育者要明白,他们可以修改课程内容以满足学生的需求,同时仍然符合预期的教学标准。使课程符合教学标准是有价值的,但当我们的教育实践能够让学生通过分享他们的困难处境来相互产生联系时,将会产出更有意义的学习成果。在这里所讨论的课程中,这一点尤为重要,因为许多学生在上这门课程之前彼此间没有什么关系,有些甚至有对立的关系。正如马克斯指出的那样,这个班成了一个家庭,为学生如何在自己的社区中互相交往树立了榜样。

如果我们不将这样的批判教育实践常态化,我们是在纵容妨碍学生个人和集体成长的自我挫败的意识形态和行为。自我实现的过程往往始于将使整个社区陷入自我挫败的恶性循环中的愤怒和沮丧表达出来。因此,使用这样的教学方法,当我们聆听城市青年表达他们对现实的理解时,我们必须接受可能会出现的不适感。如果我们自

507

身愿意与我们的学生走过这些令人不适的地方,我们就可以发展学生的分析和学术技能,使他们能够更好地应对他们必须直面的不公正的社会状况。这个班教会了我这种教学方法有双重的价值:它使年轻人能够发展在学校教育系统中游刃有余所需的学术读写技能,同时还使他们具备变革其生活和社区中其他人生活的批判能力。

注释

1. "真实的谈话"是更通俗的说法——"诚实地说"或"告诉你事实"——在城市语言中的表述。在标题中使用这样的表述为了凸显对当地城市现象的真实考察,这在正式学术情境中常常遭到忽视。换言之,这篇文章试图争取将城市青年的社区现实纳入学校教育中,虽然事实往往相反。
2. 学生都使用了假名。
3. 指的是"'S'的圆顶",水手的标志,象征着当地一个街头帮派。虽然这种制服在他的演讲中起了无意识的视觉支持作用,这位学生事实上经常穿着蓝色衣服,带着有相关暗示的帽子,作为其日常着装。这违反了学校规定的旨在防止学生公然宣告加入帮派的制服政策,但只要学生把心思花在学习上,我也并不是很在意制服问题。
4. 反复引用的"特氟龙"是街头俚语,暗示枪支或防弹背心,有时用于描述化解或抵御某种攻击。

(伍绍杨　译)

参考文献

Carey-Webb, A. (2001). *Literature and lives: A response-based approach to teaching English*. Urbana, IL: National Council of Teachers of English.

Christle, C. A., Jovilette, K., & Nelson, M. C. (2005). Breaking the school to prison pipeline: Identifying school risk and protective factors for youth delinquency. *Exceptionality*, 13(2), 69–88.

Freire, P., & Macedo, D. (1987). *Literacy: Reading the word and the world*. Westport, CT: Bergin & Garvey.

Gramsci, A. (1971). *Prison notebooks*. New York: International Publishers.

Jocson, K. (2005). "Taking it to the Mic": Pedagogy of June Jordan's poetry for the people and partnership with an urban high school. *English Education*, 37(2), 44–60.

Moll, L., Amanti, C., Neff, D., & Gonzalez, N. (1992). Funds of knowledge for teaching: Using a qualitative approach to connect homes and classrooms. *Theory into Practice*, 31, 132–141.

Morrell, E. (2004). *Becoming critical researchers: Literacy and empowerment for urban youth*. New York: Peter Lang.

Solorzano, D. G. , & Delgado Bernal, D. (2001). Transformational resistance through a critical race and Latcrit theory framework: Chicana and Chicano students in an urban context. *Urban Education*, *36*(3),308 - 342.

Solorzano, D. , & Yosso, T. (2004). From racial stereotyping and deficit discourse toward a critical race theory of teacher education. In W. De la Torre, L. Rubalcalva, & B. Cabello (Eds.), *Urban education in America: A critical perspective* (pp. 67 - 81). Dubuque, IA: Kendall/Hunt.

Wald, J. , & Losen, D. (2003). *Defining and redirecting a school-to-prison pipeline.* The Civil Rights Project. Cambridge, MA: Harvard University.

33

当批判性种族理论遇上参与式行动研究

创建黑人青年作为公共知识分子的社区

A・A・埃康(A. A. Akom)

引言

《时代周刊》(*Times*)、《新闻周刊》(*Newsweek*)、《时尚杂志》(*Vogue*)、《时尚伊人》(*Cosmo*)等新闻娱乐集团皆对抬高白人身价作出了贡献,力图打造一种黑人是社会问题而非社会同伴的集体记忆。电影、电视节目和平面广告赋予白人浪漫的色彩,将黑人和拉丁裔美国人的形象病态化,同时使亚裔和土著人隐于无形。在后民权时代,这种状态仍在持续,即使是在20世纪90年代和进入21世纪后。但就在这段时间里,一个不可思议的事件发生了:由于嘻哈美学的流行,在整个青年文化的各个方面,特别是白人和亚裔青年文化的各个方面,经历了一场黑人文化的洗礼。尽管经历了这一切,白人那些可见和不可见的形象仍然相当显著;也许最好的象征就是"白宫"以及入主其中的人,迪士尼世界中浅色皮肤或者几乎都是蓝眼睛的"英雄"和"女英雄"(即使是在描绘动物王国时,迪士尼也会赋予其动画角色蓝眼睛)、华尔街,或大学先修课程(Akom,2001)。这些形象、象征和生活经验一起创造了一个世界。在这个世界当中,即使您的名字是波卡·洪塔斯(Pocahontas)①,如果你看起来像"白雪公主"或"灰姑娘"(或者像他们一样行动),那么你就可以"获得回报"。

然而,白人的形象不单单是集体想象力的产物(Kelley,1998)。肤色编码的公共和私人空间象征着我们国家的合法拘禁,考泽尔(Kozol,2006)将之称为"美国的种族隔离教育"。废弃的住宅,环境种族主义,杂货店稀缺、酒水铺却泛滥的街区,铁丝网围栏,还有铁道;与此形成强烈反差的是绿色的草坪、白色的木栅栏、全食超市(Whole Foods)和乔氏连锁超市(Trader Joe's)(Akom,2006,2007)。然而,这个人类景观中最令人印象深刻的元素是居住在这些城市和郊区中的人们。监狱和拘留所里充斥着黑人和棕色人种,监禁使他们有大量时间来考虑白人至上主义、资本主义、父权制以及异性恋为常态的社会在社会不平等再生产过程中所起的作用(Akom,2004;Torre & Fine,2007)。

---

① 译者注:波卡·洪塔斯是迪斯尼动画片《风中奇缘》中的主角,是弗吉尼亚州一个亚尔冈京印第安人部落的公主。

换言之,在掩盖失业、就业不足和不断加剧的环境种族主义的同时,白人的商业形象强调了肤色编码的制度资源获取途径与电子媒体何以成为一种强大的教学力量之间的关系,这种教育力量塑造了学生和教师如何看待自己、他人和更广泛的社会的种族想象力。同时,白人的商业形象也凸显了白人身份作为有价值之物的历史发展,正如杜波依斯(Du Bois)在其经典著作《黑人重建》(Black Reconstruction,1935)中指出的那样,肤色特权提高了白人精英阶层的(物质)利益和白人工人阶层的(精神)利益,所以"事实上成为白人是可以得到回报的"。在杜波依斯看来,白人身份可以带来一种"公共和心理的工资"(Harris,1995,p. 325),这对白人工薪阶层来说至关重要。特别地,杜波依斯讨论了白人如何:

> 受到公共的尊重……因为他们的肤色是白色的。所有阶层的白人都能无限 509
> 制地享用公共服务……使用公园……警察来自他们的阶层,法院依赖他们的选
> 票,对他们……法外开恩……他们投票选举公职人员,尽管这对经济状况影响较
> 小,但对他们的个人待遇却有很大的影响。白人的校舍是社区中最好的,并且建
> 在显眼的地段,而且其人均经费是有色人种学校的两倍到十倍。(pp. 700—701)

确实,历史上很多白人教师的核心阶级流动策略依赖于他们将"白人"和"教师"汇聚于一身的能力,这使他们更多是回避而非直面阶级剥削,同时保护他们的种族特权。他们虽然没有得到与白人统治阶层相同的经济和社会特权,但许多白人教师通过建立一个同样恶毒的种族等级结构,捍卫自己"不是黑人"的身份,以此来平衡他们较低的阶级地位(Harris,1995,p. 325)。白人教师将他们的美国身份标榜为黑人"他者"的对立面,安德鲁·哈克(Andrew Hacker,1992)和谢里尔·哈里斯(Cheryl Harris,1995)认为这个问题不是"谁是白人",而是"谁被认为是白人",因为历史的模式是不同种族起源的各种移民群体被纳入到"以盎格鲁美国人为标准塑造的"白人身份中(Hacker,1992,p. 155;Harris 1995,p. 325)。模棱两可和形式复杂的抵抗与和解,比如"人种改良"(passing),尽管也可作为一种选择,但可悲的是,它们正好展示了白人在种族等级再生产中的力量。哈里斯解释说:

> 如果选择意味着自愿或非强制的话,改良成白人就不是一个选择。种族从属
> (race subordination)的事实是强加的,它限制了移民定义自身的自由。身份的自

决不是所有人的权利,而是基于种族的特权。(p. 285)

历史上和当代对白人身价的高抬,对公立学校、教师教育项目和有效教育日趋多元化的学生所需的性格倾向有强大的影响。认识到肤色特权是影响获取制度资源和特权的强大力量,这要求我们重新评估种族在发展城市和郊区青年的政治意识中所扮演的角色,以及批判教育学如何在学校和社区中塑造不同的文化。更具体地说,城市和郊区教育者将继续面临的一些重要挑战是:我们如何整合出一套种族理论以缩小教育中的机会差距?未来的教师如何学会勇敢地应对种族、文化和语言多样性的差异?我们如何使比例失衡的白人教学力量成为更具文化相关性的学习者和教师?[1]

那么,这篇文章的目的就是对批判性种族理论如何指导批判种族方法论提出一些建设性的观察,以在教师教育的各个方面凸显种族和种族主义的影响(Duncan, 2003;Foster, 1997)。我采取的方法挑战了关于种族和种族主义的教师教育文献中将批判性种族理论(critical race theory, CRT)和青少年参与式行动研究(youth participatory action research, YPAR)割裂开来的传统(Cammarota & Fine, 2007;Kincheloe, 2004;Smith-Maddox & Solorzano, 2002)。大部分这样的文献都在一定程度上将批判性种族理论描述为讲故事的形式;一个可以对美国以及其他地区的种族不平等提出言论和有价值的见解的地方。然而,正如一位社区专家所言,理论本身并不能阻止一个人死亡,或是防止"过去的悲剧事件重演"。正是出于这种现实意义和目的,本文试图将 CRT 与 YPAR 结合起来,以在一个自决、非殖民化和民主化的更广泛的框架内回应社会公平的问题。我现在已经阐述了我的论证的梗概,之后的讨论将分析 CRT 和 YPAR 之间的联系,以及有色人种学生是如何利用批判种族方法论作为挑战教师教育以及其他领域的种族主义、性别主义和阶级主义的理论、方法论和教学工具(Duncan, 2002;Parks, 2007;Yosso & Solorzano, 2002)。

批判性种族理论与教育

十多年前,美国的种族与教育研究领域悄然开始了一场重要的理论革命。1995年,格洛丽亚·拉德森-比林斯(Gloria Ladson-Billings)和威廉·泰特(William Tate)

发表了一篇题为"迈向批判种族教育理论"（Toward a Critical Race Theory of Education）的文章，刊登在《师范学院教育实录》（*Teachers College Record*）上。这篇重要文章详述了如何运用种族和财产权的交叉来更好地了解美国教育系统中的不平等。作者认为，如果我们要找出机会差距的起源，那么我们就有必要审视谢里尔·哈里斯在教育领域构建的概念——"白人身份是一种财产"（Whiteness as property）。对于哈里斯（1993）来说，白人不仅仅是自我认同和个性的维度，更是一种肤色特权，它会产生与财产权、阶级地位和公民身份相关的法律后果。

从这种理解出发，哈里斯继续强调，"白人身份是一种财产"的一个关键特权是排斥"他者"的绝对权利。以其构建的框架为基础，拉德森-比林斯和泰特（Ladson-Billings & Tate，1995）讨论了这种排斥的权利是如何在教育领域中体现出来的。首先，作者认为，排斥表现为试图在总体上否定黑人的入学机会（Dixon & Rousseau，2006）。[2] 第二，它体现在以"隔离但平等"的幌子建立和维持的种族隔离教育制度。最近，排斥的形式体现在教育券、为私立学校提供公共资助和择校等教育政策获得越来越多的支持上（Dixon & Rousseau，2006；Savas，2000）。[3] 最后，学校内排斥的绝对权利还体现在教育中一直存在的"种族定性"（racial profiling）问题——或者更委婉地称为"按能力分组"（tracking）——以及没有有效地实施民权运动的成果，甚至是倒行逆施（Akom，2001；Darling-Hammond，1997；Oakes，1995；Oakes，Muir，& Joseph，2000）。

在拉德森-比林斯和泰特（Ladson-Billings & Tate，1995）看来，CRT 在教育中的基本观点至少包括五个元素：（1）种族和种族主义的中心地位及其与其他从属形式的交叉关系；（2）对主流意识形态的挑战（例如，父权制、中立性、客观性、不论肤色和精英治国）；（3）致力于社会公正，努力实现消除种族压迫，并将其作为消除一切形式压迫的这一更宏伟目标的一部分；（4）跨学科视角，重视并涵盖非洲研究、种族研究和女性研究等认识论框架；（5）以有色人种的经验知识为核心。

这五个主题并不新鲜；然而，它们结合在一起就会对考察教育中种族不平等现象的现行模式提出挑战（Solorzano & Yosso，2002，p. 68）。自从他们的文章发表以来，一些学者已经写了关于将 CRT 应用于教育的文章（Solorzano & Bernal，2001）。然而，将 CRT 和 YPAR 结合起来作为一种替代方法，以创造解放性知识，使学校成为解放的机构，而这现在尚未得到足够的理论支撑（Solorzano & Yosso，2002）。接下来，我将开始讨论这些实证的疏忽。

作为解放实践的理论[4]：将学生重新定位为研究的主体和设计者

Necesitamos teorias(我们需要理论)，我们需要以种族、阶级、性别和民族作为分析范畴重写历史的理论，我们需要跨越边界甚至是模糊边界的理论——拥有新的理论化方法的新理论……我们在表达"处于中间"的新立场，伦理共同体和学院之间的边界地带……种族、阶级、性别差异等社会问题与文本的叙事和诗意元素相互交织在一起，而这些元素就是理论的基础。在我们的种族混合(mestizaje)理论中，我们为那些被现有理论所遗漏和驱逐出去的人们创造新的范畴。(p. 26)

格洛丽亚·安热尔都阿(Gloria Anzaldua，1987，1990)挑战了我们并促使我们发展新的理论，因为她受到了伤害，并不顾一切地尝试寻找她所能归属的地方。在批判思考、反思和分析上的切身经验，成为一个能够治愈、转化和消除其痛苦，并使她努力超越痛苦的地方。我从格洛丽亚·安热尔都阿(Gloria Anzaldua)、贝尔·胡克斯(Bell Hooks)、保罗·弗莱雷(Paulo Freire)和弗朗兹·法农(Franz Fanon)身上学到的是，这个理论可以成为一个治愈痛苦的地方——一个恢复自我、重塑自我的地方(Hooks，1994)。

特别地，弗莱雷的著作为我们提供了民主学校理论的基础，这个理论与服务社会最边缘的群体相关。其批判实践始于如下前提：所有教育都是政治性的，因此学校从来就不是中立的机构(Smith-Maddox & Solorzano，2002，p. 69)。[5] 弗莱雷(1967/1970)坚信，学校维系和再生产现有社会秩序的方式之一就是使用"储蓄式教育方法"。这种教育方法通常会导致：(1)学生被视为被动的容器，等待着教师将知识存放进去；(2)单向的教学形式，学生并不觉得自己的思想和意见足够重要而有必要与教师展开双向对话；(3)"摇篮式课堂"，学生依赖教师获取知识；(4)学生将学校视为再生产不平等的关键机制，而非一个将教育视为自由实践、发展批判意识和实现社会流动的场所(Ginwright & Cammrotta，2002)。

与灌输式教育方法相反，弗莱雷提出了一种社会探究方法，并称之为"被压迫者教育学"——在这种社会实践中，我们尝试理解社会、政治和经济的矛盾，并对现实的压迫因素采取行动。弗莱雷著作的核心是力求理解成年人如何"阅读"世界现有政治和经济分层,因为正是这些分层构建了我们称之为"教育"的系统。然而,即便弗莱雷的教学方法革新了全世界的成人教育和扫盲项目,他的分析也不能保证我们理解年轻人如何"阅读"现有教育领域内种族和社会经济分层。

批判教育者意在扩大年轻人的声音,同时回应种族化过程对教育成就的影响,而这些实证和理论的疏忽提出了一系列需要批判教育者开展探索的问题。例如,由青年发起的研究怎样才能成为在城市和郊区学校中倡导种族平等的工具?当受到拥有种族意识的青年和成年人的影响,一个基于标准、追求种族平等的课程会是怎样的?种族(在意义和身份方面)和优势(在获得制度资源和特权方面)如何在公共和教育领域相互作用,使白人青年和成年人无需公开主张其种族优越性就能维持种族特权(Lewis,2003)?

为了使弗莱雷的观点在今日依然有价值,我们必须将学生重新定位为研究的主体和设计者。使青年能够解构压迫他们的物质和意识形态条件,能够激发社区建设和知识生产的进程。正如弗莱雷(1982)雄辩地说道:"沉默者不应该是偶尔激发研究者的好奇心的对象,而应该是对他们世界中事件的根本原因进行探究的主人。在这样的情境中,研究使他们从沉默转变为追寻,以向世界发出宣告"(p. 34)。例如,一名17岁的美国黑人学生埃龙(Eronne)对种族、身份以及怎么样才能成为有效的教师发表了她的见解:

> 这里的问题不仅在于白人教师是种族主义者……我的意思是说,很多人都是……但这不是我看到的唯一的问题。另一个问题是,即使你"幸运地"遇到一位黑人老师,但他们并不总是善于教学……我的意思是……我遇到过的年轻黑人教师,似乎总是无法下定决心,他们不知道到底要成为我们的朋友,还是成为我们的老师……他们一开始总是装作很酷的样子,然后突然想要变得非常严格……我的意思是说,就像他们有一种教师精神分裂症或其他毛病……请做好决定,教师……你到底想要成为我的朋友还是我的老师?……拉美裔和亚裔老师……他们是有点酷,但他们跟我们黑人女孩在一起时并没有真正放松……而白人老师……他们只是不在乎……这是他们的方式……白人的方式……或高高在上的样子……就是这样……然后他们想知道为什么我们在学校里不试着读书……这个问题的部分原因是你他妈的根本不在乎我们,或者你根本不知道怎么教……无

512

论是哪种原因,我都失败了……只有当我上这个课时才是例外……我喜欢这个课程,因为课程是关于我……关于我的生活……我的问题……我的历史……为什么我们不能在(白人读的)常规历史课程中了解黑人做出的积极贡献……他们为什么教我们黑人是奴隶和物品……那黑人所有的开创之举呢?为什么我们不能在"常规"历史课上谈论这些?他们想知道为什么我不去尝试读书,为什么不去上课……我记得他们都在笑我,因为我不知道希特勒是谁……而我……我他妈根本不在乎希特勒是谁……你为什么认为犹太人大屠杀比非洲大屠杀更重要?我为什么要关心希特勒是谁?关于我的社区,希特勒能教给我什么?

埃龙的证词揭示了批判种族方法论是一个自我反思和批判性探究的清晰过程(Smith-Maddox & Solorzano,2002,p. 76)。她的评论对她关于差异和多样性的概念给出了一个全面的描述。同时,它们也表明,她很清楚地意识到种族、种族主义和教师效能是如何微妙地组织起来及其对学生的表现产生影响。

通过将埃龙这样的青年重新定位为研究人员,而非被研究的对象,视年轻人为问题、病态和需要预防的主流理解,将转变成视其为能动者、成就者和有价值的人(Akom,2003;Ginwright & Cammarotta,2007)。[6] 这样的立场与当前对年轻人的概念化形成鲜明的对比,尤其是黑人青年,他们常常被认为是危险的、疏离的和漠不关心的消费者,与主流的知识、资本形式和素养(literacy)缺乏任何形式的联系(Morrel,2006)。通过使学校和学校以外的民主探究正当化,YPAR"挖掘了处于'底层'和'边缘'的知识"(Matsuda,1995),并表明青年拥有质问、调查和对抗那些助长社会不公的政策和实践的基本权利(Torre & Fine,2006,p. 272)。

将 CRT 和 YPAR 结合起来:为城市和郊区教育者创造解放性知识

由于将致力于社会公平和行动作为研究过程的一部分,YPAR 代表了一种与CRT 原则高度一致的探究方向(Minkler,2004,p. 684)。作为一种合作的方法,YPAR 打破了研究人员和研究对象之间的壁垒,将社区成员视为参与研究的、地位平等的同伴。此外,YPAR 还凸显了能动、公平和自决的解放原则。同时,YPAR 将研究视为传统西方研究的旨趣和认知方式与非殖民化框架之间斗争的重要场所,非殖民化框架反映了有色人种坚信自己有能力准确评估自己的优势和需求,并有据此采取行动的权利(Smith,1999)。

尽管 CRT 和 YPAR 的一些目标和策略有所不同,但它们可以"被认为是共享一套核心价值观和原则,并将以下三个相互联系的要素作为其核心:参与、研究和行动"(Minkler,2004,p. 685)。通过借鉴和拓展史密斯-马多克斯和索罗萨诺(Smith-Maddox & Solorzano,2002)、法尔斯-博尔达(Fals-Borda,1987)、明克勒(Minkler,2004)、卡马罗塔和法恩(Camarotta & Fine,2007)、法农等人的工作,下面我将概述她把 CRT 与 YPAR 结合在一起以作为反抗种族和教育中压迫性社会因素的一种形式,这其中需要哪些基本要素。我的目标是采取一种崭新的方法指导未来教师和在职教师的培训,以规避文化缺陷模式的陷阱。这种途径的基本要素如下:

- 它是参与式的、青年驱动的;
- 它是合作的,让教师和青年共同参与到研究过程中,并一起作出贡献;
- 它在研究设计、数据采集和分析时,将种族、种族主义、性别和其他维度的社会差异放在突出位置;
- 它有助于未来教师关注有色人种群体的种族化和性别化的经验;
- 它挑战了传统的范式、方法和文本,以此参与到受有色人种的实际条件与经验影响的种族话语当中;
- 它致力于共同学习、共同促进和双向化;
- 它是跨学科的,融汇了黑人/非洲研究、拉丁裔研究、民族研究和妇女研究等,不一而足;
- 它需要发展当地的能力;
- 它是一个赋权的过程,所有参与者都可以通过这个过程加强对生活的掌控;
- 它在批判思考、反思、分析和行动之间寻求平衡;
- 它强调思维、身体和精神的统一,而不是将这些元素割裂开来。

需要注意的是,我的工作不同于马多克斯-史密斯和索罗萨诺对"批判种族方法论"的概念化,这是因为我提出的研究方法本质上不是一种方法,而是教育研究的方向,可以运用任何定性和定量的研究方法。琳达·图哈瓦·史密斯(Linda Tuhawai Smith,1999)认为,非殖民化研究方法的独特之处不在于所使用的方法,而是其应用的方法学背景。其崭新之处不在于研究本身,而在于谁领导研究、谁拥有它、谁执行它、谁把它写下来、谁从中受益,以及结果如何推广开来(Smith,1999,p. 10)。

514

　　教育者需要设法找出有色人种青年的资源和优势,并将他们置于其研究、课程和教学实践的中心位置(Smith-Maddox & Solorzano,2002,p. 71)。确实,通过将 CRT 与青年 YPAR 结合起来,我们可以发展出一种批判种族方法论,以挑战主流的思维方式,提高学术参与度和学业成就,并对有色人种青年及其所在社区的优势和价值建立新的理解。

理论联系实践：创建黑人青年作为公共知识分子的社区

　　在过去四年中,我一直在将黑人/非洲研究的课程融入城市和郊区的高中课堂。以黑人的历史、哲学、社会科学和精神作为武器为种族平等而战,这与黑人/非洲研究的宗旨相一致。黑人/非洲研究始于 1968 年旧金山州立大学,自发端以来,一直致力于将理论与实践和社区服务联系起来(Kunjuku,1986；Woodson,1933)。因此,为了回应“自由”的旧金山湾区内存在的种族和种族歧视问题,2004 年我开始施行“步入大学/城市教师通道项目”(Step-to-College/Urban Teacher Pipeline Project),参与该项目的大部分是来自加利福尼亚州伯克利市、奥克兰市和里士满市的黑人和其他不同种族的青年。[7]

　　虽然这个正在进行的项目拥有多个目标,但其中四个是首要的,有必要在这里与大家分享。它们是：(1)将非洲课程融入高中课堂,以扩大来自更广泛和多元背景的合格教师的储备；[8](2)增加有色人种学生的大学入学机会；(3)通过 YPAR 提升素养(学术素养、批判素养、公民素养和新媒体素养),为教师开展专业发展培训,对当地学校和社区的教育项目进行改革；(4)并最终为有色人种学生建立一条明确的教师通道,使其将来能够作为一名教师重返有色人种聚集的社区。总而言之,在教育学院院长雅各布·佩雷阿(Jacob Perea)的帮助下,我的同事杰夫·邓肯-安德雷德(Jeff Duncan-Andrade)创立并组织了“步入大学/城市教师通道项目”,这是一项为期八年的项目,致力于支持生活在伯克利市、奥克兰市和里士满市的年轻人顺利度过高中和大学,同时鼓励他们返回社区学校,成为 K-12 公立学校的教师。

制定青年权利法案

　　2005 年秋季,青年行动主义研究合作组织(Research Collaborative on Youth Activism,RCYA),一个青年活动家、直接服务提供者和研究人员三方之间的全国性合作组织，加入了我们的"步入大学"项目，并参与研究、制定和实施青年权利法案，以改善伯克利市以及其他城市年轻人的生活质量。[9] 应 RCYA 的邀请，我们与伯克利高中传播艺术与科学学院和伯克利理工学院一起，开始组建一个跨越多个世代、多方合作的研究团队——青年和成人、城市和郊区，来考虑一些为所有青年，特别是有色人种青年，建立更加有效的学校的关键问题。

- 有色人种青年以何种方式形成对自身权利的概念？

515

- 什么构成了年轻人的集体权利？
- 什么样的社会和经济条件限制了我们社区年轻人的发展机会和可能性？
- 国家机构（市政府、学校、警察等）如何阻碍我们社区青年的进步和健康发展？
- 伯克利市的种族平等、青年权利和教师效能之间有什么关系？
- 年轻人如何看待这个社区中机会差距的过程和后果？
- 使年轻人成为社区变革者的组织或过程是什么？

以此为背景，我自己指导的高中生和本科生联盟与研究生团队和专业电影制作人合作，开始进行调查和访谈，形成焦点小组，帮助我们应对处于自由主义的核心的种族主义现实，以及种族身份仍然影响青年在美国最自由的地区获得制度资源和权利的机会（Fine, Roberts & Torre, 2004）。

继由纽约市立大学（The City University of New York，CUNY）的米歇尔·法恩和玛丽亚·托尔领导的参与式行动研究合作组织（Participatory Action Research Collective）所开展的重要工作之后，我们项目的第一阶段包括密集的"研究营"（research camps），学生接受了地方民权历史、批判性种族理论、女权主义思想以及地方性知识等培训（这里仅列举了部分）。学生也专注于学习定性和定量的研究方法，包括问卷调查设计和观察研究策略。在这个阶段，我们还分成了四个学生研究团队，每个研究团队分别关注一个作为公民权利的教与学的核心条件——高质量的教师、严格的课程、充足的学习材料、移民问题、多元语言问题以及一个健康积极的物质和社会环境（Morrel，2006，p. 116）。

在项目的第二阶段，我们根据青年权利法案起草了一些研究问题，相互询问是否有潜在的偏见，并探讨了研究设计和数据收集的具体细节（Torre & Fine, 2006）。在这个阶段，我们也开始思索弗莱雷的著作会如何影响我们对作为公民权利的教与学的思考。弗莱雷的著作告诉我们，尽管存在明显并且重要的权力差异，学生仍处于一种战略地位，他们能够促使他们的教师解放自己和改变他们当下的现实。因此，我们的目标之一就是帮助教师将学生和他们家庭、我们所在的社区视为有价值之物和力量的源泉(Smith-Maddox & Solorzano, 2002, p. 73)。通过运用 CRT, 我们认识到, 为了使教师不再"不论肤色"和"不论文化差异", 他们"必须学习如何谈论种族, 理解种族的知识如何随着时间而被建构和重构, 并且学会忘却种族主义"(Smith Maddox & Solorzano, 2002, p. 73)。在第三阶段, 青年通过探索不同的研究和教学工具来对他们的日常生活条件进行调查和非自然化, 这些工具包括地理信息系统绘图、参与式调查、参与者观察、影像发声、焦点小组、网络研究、身份地图、个人访谈、档案研究、口述史、政策分析、参与式影像(即小视频和达到正片长度的纪录片)。青年研究者还对教师进行了开放式访谈, 讨论了"不论肤色"的主流意识形态及其对教师招聘、教师发展、教师效能和教育结果的影响。在这个阶段, 我们关注所有学生的教学质量, 特别是低收入青年、有语言天赋的学生和有色人种学生。

516

我们的第四个, 也是最后一个阶段是行动阶段(在秋季学期结束时), 我们继续通过让学生就一些紧迫的社会议题开展"批判探究小组"来践行弗莱雷教育学, 这些议题包括种族、贫困、警察暴力执法、戕害同胞、谋杀和教师效能等。春季学期结束时, 这些学生与教师一同开展青年驱动的、专业发展的"批判探究小组", 其明确目标是提供持续的反馈循环以改善教学实践。以这种方式, 批判性教师的权威变得辩证; 教师放弃了"储蓄式系统"的权威角色, 承担起成熟的权威角色, 成为学生探究和问题提出的促进者(Kincheloe, 2004)。"在这样的教师权威之下, 学生获得其自由——他们有能力成为自我导向的人, 他们有能力生成自己的知识"(Kincheloe, 2004, p. 17)。我们青年驱动的"批判探究小组"有 11 个中心目标, 具体如下: [10]

- 青年驱动的专业发展应该加深和拓展内容知识。
- 青年驱动的专业发展应该为特定学科的教学提供坚实的基础。
- 青年驱动的专业发展应该提供有关教与学过程的知识。
- 青年驱动的专业发展应该植根于并反映最好的现有研究。
- 青年驱动的专业发展的内容应该与教师使用的标准和课程相一致, 并加强这些标准。
- 青年驱动的专业发展应该有助于学生成绩的显著进步。
- 青年驱动的专业发展应该促进学生的智力参与, 对教与学的复杂性作出回应。
- 青年驱动的专业发展应该提供足够的时间、支持和资源, 使教师能够掌握新的教学内容和教学法, 并将这些知识和技能用于教学实践。

- 青年驱动的专业发展应该由学生与教师和/或该领域的其他专家合作设计。
- 青年驱动的专业发展应该采取各种形式，包括一些我们通常没有考虑的形式。
- 青年驱动的专业发展应该因地制宜，但同时应该能够运用于不同的地方。

推广研究成果，倡导社会变革

报告和推广研究结果是我们批判种族方法论的重要组成部分。我们首要的研究推广方式瞄准的是视觉学习者（今天很多人都是视觉学习者），我们在一年一度的伯克利电影节（Berkeley High Film festival）放映我们的纪录片。数百名社区居民，来自伯克利联合学区的教师、工作人员和管理人员，旧金山州立大学（San Francisco State University, SFSU）的教师、学校董事会成员，以及其他一些民选官员参与了电影节。所有电影都非常受欢迎，我们目前正在与伯克利市长办公室和城市管理办公室进行一系列对话，筹划举办一个青年峰会，旨在使伯克利成为美国第一个通过"青年权利法案"的城市。我们的第二种研究推广方式是将我们的学生项目上传到 KPFA 广播电台的网站，并通过青年电台博客向湾区内成千上万的听众传播。全球数以万计的人访问了这个网站，其中许多人是有抱负的教师和研究人员。我们的第三种研究推广方式是派遣学生代表团出席全国的重大会议。2006 年我们派了一个团队到田纳西州的亚历克斯·哈利农场（Alex Haley Farm），2007 年我们派出了一个学生代表团，向华盛顿特区的黑人和拉丁裔联盟提交了我们的"青年权利法案"，并参加了在华盛顿特区举行的该年度美国人类学协会会议。最后，也许最重要的是，我们最大的成就是，在项目第一年，最初参与 75 名学生当中有 6 名学生被我们在 SFSU 的城市教师通道项目录取了。他们的故事仍在继续。

517

结论

在本章中，我认为通过将 CRT 与 YPAR 结合起来，可以创造出一种新的方法论方向，史密斯-马多克斯和索罗萨诺（Smith-Maddox & Solorzano, 2002）称之为"批判种族方法论"（p.80）。这个框架最重要的贡献在于它是青年驱动的，它直接面对和挑战了许多教师由于自己的文化和教育经验而发展起来的不论肤色、不论种族和精英统治的意识形态。我提出的这个框架试图通过让学生接触批判性种族理论、非洲研究、妇女研究等,运用专业发展策略,即"批判探究小组",来帮助教师摈弃对于种族的刻板观念,同时对教授多元化的学生意味着什么这一问题进行分析、问题解决和理论化,从而找到这些根深蒂固的意识形态(Smith-Maddox & Solorzano,2002,p. 80)。与这一框架紧密结合在一起的是以弗莱雷的批判实践为工具的教学方法,这种方法旨在帮助学生找到和说出有色人种学生所面临的系统和制度化问题,分析这些问题的原因,并寻找解决方法(Bonilla-Silva,2001;Omi & Winant,1993)。

通过采用这种方法,学生和教师能够交流关于他们社区的经验知识,这对于了解学生日常面临的种族化的系统过程至关重要(Smith-Maddox & Solorzano,2002,p. 80)。批判探究小组也为学生和教师创造了条件,使他们能够"审视教与学过程中的道德和伦理困境,同时挑战自己的内在假设并学习谈论种族问题(Smith-Maddox & Solorzano,2002,p. 80)。

通过使在教师培训和专业发展中经常被边缘化的青年人参与其中,批判种族方法提供了一种创新的方法来挑战现状,并通过提出新的问题、质疑陈旧的假设来推动新方向的学术研究(Cahill,2007)。因为行动理论是在 YPAR 的过程中发展出来的,并与批判性种族理论相结合,所以它有机会挑战学生和教师带入教育领域的缄默信念、理解和世界观(Cahill,2007)。在全国各地的高中和教师教育项目中实施这种方法是一条重要途径,以使学生和教师不断反思他们的"认识论取向,了解学生及其家庭的价值观和实践,以及他们反映出的种族、文化和语言差异"(Smith-Maddox & Solorzano,2002,p. 80)。做不到这一点,可能会限制消除种族化机会差距的可能性,导致更多有色人种学生继续"掉队",被推入不断壮大的监狱工业综合体(Torre & Fine,2007)。为了中断这个过程,我们需要成功地将有色人种青年吸引到我们的课堂里,让他们参与到将批判思想与社会行动相结合的过程中。批判种族方法论的政治潜力在于培养未来教师领导者的作用,当这些人大学毕业以后,他们将拥有社会、文化和经济资本,不仅可以借以改变社区,还能改变外面的世界(Flores-Gonzalez, Rodriguez, & Rodriguiz-Muniz,2006)。一如既往,我充满希望!

518

致谢

我要感谢 Sabaa Shoraka、Analena Hassberg、Aaron Nakai、Dawn Williams、Nick

James、Rekia Mohammod-Jibrin、Assata Harris、Ayesha Abdut-Tawaab、Kai Crowder、Justine Fossett-Cunningham 和 Shanice Kiel,他们协助我整合了这一章节。

注释

1. 虽然这些问题往往被系统地忽略,但它们对理解"种族化机会差距"、转变人口模式、重构全国各地的城市和郊区教育空间的新方式都有显而易见的重要影响。例如,根据 2000 年的人口普查,美国的种族和民族多元化正在日益增强,但是最近一份研究调查了多种族学校教师的态度、培训和实践,结果显示,"白人教师在自身的学校经历中几乎没有种族间的经验,很少有针对多元化的培训,并且倾向于认为自己能够有效地进行跨种族的教学"。而有色人种教师虽然接受了更多针对多元化环境的培训,拥有更多经验,但他们不太相信其他教师和管理人员能有效地处理多元化问题(Orfeld & Lee, 2006)。
2. 然而,这是不成功的,因为黑人一直坚定地致力于通过解放教育和自治的黑人自由学校提升种族地位和社会地位(Perry, Steele, & Hillard, 2003)。
3. 然而,这是不成功的,因为黑人一直坚定地致力于通过解放教育和自治的黑人自由学校提升种族地位和社会地位(Perry et al. , 2003)。
4. 见 B·胡克斯(B. Hooks)的著作《教育越界:教育即自由的实践》(*Teaching to Transgress: Educations as a Practice of Freedom*)(1994,第五章)。
5. 阿曼达·路易斯(Amanda Lewis)和卢瓦克·华康德(Loic Wacquant)进一步认为,学校是"制造种族的机构",使学生社会化并接受主流的意识形态和现有的种族等级体系(Lewis, 2003)。
6. 关于年轻人的研究在概念建构上往往将年轻人与他们的社区隔离开来,这很重要但却是有问题的。他们被塑造成无辜的孩子,需要从危险的社区中被拯救出来——在有关城市工薪阶层青年和有色人种青年的文献中尤其如此——或是被塑造成为对社区产生威胁的危险分子。在这两种情况下,青年经常被认为是"处于危险境地",即需要被改造成为有生产力的公民,这样他们就能回馈社区,而不是辍学、怀孕、滥用药物等。关注青少年行为的文献看不到结构的限制。它们没有将年轻人理解为社区的一部分;它们缺乏一种交互的视角,看不到青少年的发展等同于社区的发展,而这正是该项目所强调的。
7. "不到 28% 的加利福尼亚公立学校教师是有色人群。然而,加州 K－12 公立学校 70% 的入学者是有色人种学生。这种持续存在的强烈反差可能有两个原因:一是有色人种学生的大学入学机会较低;二是没有明确的教师通道,让有色人种学生日后成为教师重返他们的社区(参见 Duncan-Andrade, 2007)。"城市教师通道项目"是一个为期八年的项目,由杰夫·邓肯-安德雷德(Jeff Duncan-Andrade)教授创立,致力于支持生活在伯克利市、奥克兰市和里士满市的年轻人顺利通过高中和大学阶段,同时鼓励他们作为 K－12 公立教育教师返回社区学校(更多信息见凯萨查维斯(Cesar Chavez)研究所网站杰夫·邓肯-安德雷德名下的项目)。
8. 该计划中的许多学生来自服务不足、社会经济处于弱势且环境堪忧的社区。不过也有一些

519

来自精英聚集的地区。该项目在种族和社会经济方面总体上的多元性有助于全国各地的其他学区回应学校和社区内隔离与融合的实际问题。

9. 在肖恩·金赖特(Shawn Ginwright)教授的领导下,RCYA的目的是促进以青年为主导的倡议,使学生、直接服务提供者和大学研究者能够建立更加民主、公平和批判的方式来评估和改进美国各城市的学校和社区,包括伯克利市、奥克兰市、芝加哥市、丹佛市、纽约市和图森市。RCYA旨在培训、组织和促进相关研究成果的传播,向政策制定者、教育者和研究者推广,以增加对影响当地和全国教育成就及青年发展的社会变革活动的支持(更多信息见凯萨·查维斯研究所网站肖恩名下的项目)。

10. 这11项青年驱动的专业发展标准已被美国教师联合会(American Federation of Teachers)采纳。

(伍绍杨 译)

参考文献

Akom, A. A. (2001). Racial profiling at school: The politics of race and discipline at Berkeley High. In W. Ayers, B. Dohrn, & R. Ayers (Eds.), *Zero tolerance: Resisting the drive for punishment in our schools: A handbook for parents, students, educators, and citizens.* New York: New Press.

Akom, A. A. (2003). Reexamining resistance as oppositional behavior: The Nation of Islam and the creation of a Black achievement ideology. *Sociology of Education*, 76(4), 305-325.

Akom, A. A. (2004). *Ameritrocracy: The racing of our nation's children.* Unpublished doctoral dissertation, University of Pennsylvania, Philadelphia.

Akom, A. A. (2006). The racial dimensions of social capital: Toward a new understanding of youth empowerment and community organizing in America's urban core. In S. Ginwright, P. Noguera, & J. Cammarotta (Eds.), *Beyond resistance: Youth activism and community change* (pp. 81-92). New York: Routledge.

Akom, A. A. (2007, November-December). Cities as battlefields: Understanding how the Nation of Islam impacts civic engagement, environmental racism, and community development in a low income neighborhood. *International Journal of Qualitative Studies in Education*, 209(6), 711-730.

Anzaldua, G. (1987). *Borderlands/La frontera: The new mestiza.* San Francisco: Aunt Lute Press.

Anzaldua, G. (1990). *Making face, making soul, Haciendo Caras—Creative and critical perspectives by feminists of color.* San Francisco: Aunt Lute Press.

Bonilla-Silva, E. (2001). *White supremacy and racism in the post-civil rights era.* London: Lynne Rienner.

Cahill, C. (2007). Doing research with young people: Participatory research and ritual of collective work. *Children's Geographies*, 5(3), 297-212.

Cammarota, J. , & Fine, M. (2007). *Revolutionizing education: Youth participatory action research in motion.* New York: Routledge.

Darling-Hammond, L. (1997). The right to learn: A blueprint for creating schools that work. 520 San Francisco: Jossey-Bass.

Dixon, A. D. , & Rousseau, C. K. (Eds.). (2006). *Critical race theory in education: All God's children got a song.* New York: Routledge.

Du Bois, W. E. B. (1935) *Black Reconstruction in America, 1860 – 1880.* New York: New Press. (Original work published 1935)

Duncan, G. (2002). Beyond love: A critical race ethnography of the schooling of adolescent Black males. *Equity and Excellence in Education, 3*(2),131 – 143.

Duncan, G. (2003). Critical race theory and method: Rendering race in urban ethnographic research. *Qualitative Inquiry, 8*(1),85 – 104.

Duncan-Andrade, J. (2007, November-December). Gangstas, wankstas, and ridas: Defining, developing, and supporting effective teachers in urban schools. *International Journal of Qualitative Studies in Education, 209*(6),617 – 638.

Fals-Borda, O. (1987). The application of participatory action-research in Latin-America. *International Sociology, 2*, 329 – 347.

Fine, M. , Roberts, R. A. , & Torre, M. E. (2004). *Echoes of Brown: Youth documenting and performing the legacy of Brown vs. Board of Education.* New York: Teachers College Press.

Flores-Gonzalez, N. , Rodriguez, M. , & Rodriguiz-Muniz, M. (2006). From hip-hop to humanization: Batey Urbano as a space for Latino youth culture and community action. In S. Ginwright, P. Noguera, & J. Cammarotta (Eds.), *Beyond resistance: Youth activism and community change* (pp. 175 – 196). New York: Routledge.

Foster, M. (1997). *Black teachers on teaching.* New York: New Press.

Freire, P. (1970). *Pedagogy of the oppressed.* New York: Continuum. (Original work published 1967)

Freire, P. (1982). Creating alternative research methods: Learning to do by doing it. In B. Hall, A. Gillette, & R. Tandon (Eds.), *Creating knowledge: A monopoly* (pp. 29 – 37). New Delhi: Society for Participatory Research in Asia.

Ginwright, S. , & Cammarotta, J. (2002). New terrain in youth development: The promise of a social justice approach. *Social Justice, 29*(4).

Ginwright, S. , & Cammarotta, J. (2007, November-December). Youth activism in the urban community: Learning critical civic praxis within community organizations. *International Journal of Qualitative Studies in Education, 20*(6),693 – 711.

Hacker, A. (1992). *Two nations: Black and White, separate, hostile, unequal.* New York: Ballantine Books.

Harris, C. (1993). Whiteness as property. *Harvard Law Review, 106*,1716 – 1738.

Harris, C. (1995). Whiteness as property. In K. Crenshaw, N. Gotando, G. Peller, & K. Thomas (Eds.), *Critical race theory: The key writings that formed the movement* (pp. 276 –

291). New York: New Press.

hooks, b. (1994). *Teaching to transgress: Education as a practice of freedom*. New York: Routledge.

Kelley, R. G. D. (1998). Playing for keeps: Pleasure and profit on the post-industrial playground. In W. Lubiano (Ed.), *The house that race built* (pp. 195 – 321). New York: Vintage Books.

Kincheloe, J. L. (2004). *Critical pedagogy*. New York: Peter Lang.

Kozol, J. (2006). *The shame of a nation: The restoration of apartheid schooling in America*. New York: Crown.

Kunjufu, J. (1986). *Motivating and preparing Black youth for success*. Chicago: African American Images.

Ladson-Billings, G. , & Tate, W. (1995). Toward a critical race theory of education. *Teacher College Record*, *97*(1),47 – 68.

Lewis, A. (2003). *Race in the schoolyard: Negotiating the color line in classrooms and communities*. New Brunswick, NJ: Rutgers University Press.

Matsuda, M. (1995). Looking to the bottom: Critical legal studies and reparations. In K. Crenshaw, N. Gotanda, G. Peller, & K. Thomas (Eds.), Critical race theory: The key writings that formed the movement (pp. 63 – 79). New York: The New Press.

Minkler, M. (2004). Ethical challenges for the "outside" researcher in community-based participatory research. *Health Education & Behavior*, *31*(6),684 – 697.

Morrel, E. (2006). Youth-initiated research as a tool for advocacy and change in urban school. In S. Ginwright, P. Noguera, & J. Cammarotta (Eds.), *Beyond resistance: Youth activism and community change* (pp. 111 – 128). New York: Routledge.

Oakes, J. (1995). Two cities' tracking and within-school segregation. *Teachers College Record*, *96*,681 – 690.

Oakes, J. , Muir, K. , & Joseph, R. (2000). Course taking and achievement in mathematics and science: Inequalities that endure and change. Madison, WI: National Institute of Science Education.

Omi, M. , & Winant, H. (1993). On the theoretical concept of race. In C. McCarthy & W. Crichlow (Eds.), *Race, identity, and representation in education* (pp. 3 – 10). New York: Routledge Falmer.

Orfield, G. , & Lee, C. (2006). *Denver public school: Resegregation, Latino style*. The Civil Rights Project. Cambridge, MA: Harvard University.

Parks, G. S. (2007). Critical race realism: Towards an integrative model of critical race theory, empirical social science, and public policy. *Cornell Law School Working Papers Series*, *23*, 3 – 70.

Perry, T. , Steele, C. , & Hilliard, A. G. , III(2003). *Young, gifted, and Black: Promoting high achievement among African-American students*. Boston: Beacon Press.

Savas, E. S. (2000). *Privatization and public private partnerships*. New York: Chatham House.

Smith, L. T. (1999). *Decolonizing methodologies: Research and indigenous people*. New York: Zed.

Smith-Maddox, R., & Solorzano, D. (2002). Using critical race theory, Paulo Freire's problemposing method, and case study research to confront race and racism in education. *Qualitative Inquiry*, 8(1),66 - 84.

Solorzano, D. G., & Bernal, D. D. (2001, May 3rd). Examining transformational resistance through a critical race and Latcrit theory framework: Chicana and Chicano students in an urban context. *Urban Education*, 36,308 - 342.

Solorzano, D. G., & Yosso, T. J. (2002). A critical race counterstory of race, racism, and affirmative action. *Equity and Excellence in Education*, 35(2),155 - 168.

Torre, M. E., & Fine, M. (2006). Researching and resisting: Democratic policy research by and for youth. In S. Ginwright, P. Noguera, & J. Cammarotta (Eds.), *Beyond resistance: Youth activism and community change* (pp. 269 - 285). New York: Routledge.

Torre, M. E., & Fine, M. (2007). Don't die with your work balled up in your fists: Contesting social injustice through participatory research. In B. J. Ross Leadbeater & N. Way (Eds.), *Urban girls revisited: Building strengths*. New York: New York University Press.

Woodson, C. G. (1933). *The mis-education of the Negro*. Washington, D. C.: Associate Publishers.

Yosso, T., & Solorzano, D. (2002). Critical race methodology: Counter-storytelling as an analytical framework for education research. *Qualitative Inquiry*, 8(1),23 - 44.

对第六部分的回应：
青年与教育社会公平

格雷斯·李·博格斯(Grace Lee Boggs)

在他生命的最后三年，马丁·路德·金博士一直在寻找一种方法，以克服在前所未有的城市叛乱中爆发出来的绝望和无力感。他说，我们的年轻人"在垂死的城市里"需要的是"直接行动计划"——改变自己的计划，同时也是重振社会环境的计划。

想象一下，如果我们按照马丁·路德·金提议的方式重组教育，而不是将我们的孩子隔离12年甚至更久，如果我们像40年前民权运动让年轻人参与到废除种族隔离活动中那样大胆和富有勇气，现在就让他们参与到社区建设的活动中——种植社区花园、回收废物、组织街区艺术和健康节、修缮房屋、绘制公共壁画——那么我们的社区几乎会一夜之间变得更安全、更有生机、更和平。给予我们的孩子和青少年更好的理由去学习，而不仅是为了赚钱的个人主义理由，鼓励他们运用心灵的力量，这样我们就可以提高和增强他们的智力参与。知始于行，实践一直是最好最有力的学习方法。

与其试图欺骗年轻人待在远离社区的教室里，将其塑造成日渐衰落的现有经济体制内的一个小齿轮，我们需要认识到大量年轻人正从城市学校辍学，用他们的实际行动去对抗我们的教育体制——这个教育体制像对待为工业时代而制造出来的工厂产品一样对他们进行排序、分组和测试，然后给他们贴上及格或不及格的证书。他们正在呼唤另一种教育，另一种将他们视为人、因而能够让他们有机会发挥其创造力的教育方式。

我们所有的教育机构都迫切需要一种新的方法。与其将教育的目的看作向学生提供向上流动的手段，使其成为能够帮助美国在世界市场的竞争中脱颖而出的技术精英，我们更需要认识到正式教育需要为我们当今的危机承担很大一部分责任，因为它生产出来的道德贫瘠的技术人员知道如何做，却不知道为什么这样做。在我们迫切需要治愈地球、建立可持续的经济和健康的社区时，我们的学校和大学依然深陷于19世纪和20世纪使世界工业化的过程和实践中。

我们需要创造出一个愿景，制定战略，帮助孩子们将自己从愤怒的反叛者转化为积极的变革者。要做到这一点，我们需要超越权力的问题，或是谁控制我们的学校的问题，开始解决教育目的、儿童如何学习以及当今世界需要什么样的教育这样的基本问题。始于20世纪初的自上而下的工业教育模式旨在为工厂提供训练有素的劳动力，然而这个时代早已逝去，是时候开创一种能够赋权给年轻人，使其有所作为的新模式。

1963年春，由马丁·路德·金博士领导的南方基督教领袖会议（Southern

Christian Leadership Conference)发起了一个"填满监狱"(fill the jails)的运动,以消除伯明翰市的百货公司和当地学校的种族隔离现象。但是当地的黑人几乎没人站出来。成年黑人害怕失去工作,当地的黑人传教士不情愿接受"局外人"的领导,而市警察局长布尔·康纳(Bull Conner)使每个人都惊恐不已。面对重大失败,马丁·路德·金博士被他的助手詹姆斯·贝尔夫(James Bevel)说服,允许任何一个年龄足够进入教堂的孩子参与游行。所以在 5 月 2 日当天,在全国人民眼前,成千上万的小学生,其中许多是一年级学生,加入了运动,他们被殴打、被消防水管击打、被警犬袭击、被赶上囚车和校车送进监狱。这一结果后来被称为"儿童奇迹"(The Children's Miracle)。数千名成年人受到了激励并感到羞愧,纷纷加入这一运动。全国各地的集会都对布尔·康纳的暴行表示愤慨。当地的权力结构被迫废除了市区商店的种族隔离,雇用黑人到市区工作,并且开始消除学校内的种族隔离制度。一直试图不疏远迪克西民主党白人选民的肯尼迪政府被迫开始起草公民权利法案,并认为这是阻止更多伯明翰事件的唯一途径。

次年,作为密西西比州自由之夏(Freedom Summer)的一部分,活动家们创立了自由学校(Freedom Schools),因为现有学校制度的组织方式更像是培养臣民,而非公民。为了实现"精神革命"(mental revolution),自由学校通过讨论黑人历史、权力结构和发起一个为积极变革而斗争的运动的必要性,向学生教授阅读、写作和说话的技能。在1963 年和 1964 年,儿童和青少年的创造力被挖掘出来,用于打赢废除种族隔离之战和争取投票权,而今天,我们需要利用他们的创造力重建我们的社区和垂死的城市,创造一个充满活力的社会和民主的国民群体。

与今天的教育机构相比,致力于这一新教育的学校会有不同的视角和行动。比如,更多的学习将会发生在学校的围墙之外,而在围墙之内,教学大楼的设计和运作都会成为教育过程的必要部分——学生们会审查食物、能源、水、物料浪费和资金的资源流动情况。当我们认识到教育的目的是学习成为有益和负责任的公民,孩子们不仅从书本中学习时,学校之内基于能力对学生进行隔离的现象就会被终结。此外还有很多。

为了解决日趋严重的学校危机,重建我们的社会,我们的教育方法需要这种范式的转变,这正是马丁·路德·金所期望的转变。让我们一起使它成为现实。

（伍绍杨　译）

第七部分

全球化与教育社会公平

波琳·利普曼(Pauline Lipman)和卡伦·蒙克曼
(Karen Monkman)

未来主义者认为机器就是上帝。但你只要沿着任何乡村的任何一条河流走一走,就会发现机器几乎已经报废了。上帝生锈了,留下一个脆弱的壳。

(Wojnarowicz, 1999:205)

独裁国家是不应该被接受的替代品;就人类生存的目标而言,无论是在美国所发展起来的军事化国家资本主义还是那种官僚主义、集权制的福利国家都是不能被接受的。专制制度的唯一理由是物质和文化落后。但是,在某些历史阶段,这种制度会永久存在并不断产生落后状态,甚至威胁到人类的生存。现代科学技术可以让人们无需从事专门的机械劳动。一般而言,如果我们有创造意愿的话,这些科学技术可以为创建基于自由联合和民主控制的理性社会秩序提供基础。

(Chomsky, 1970:17)

全球性的经济和社会进程正在重新定义教育的目的和实践。任何有关教育中的社会公平的严肃讨论都必须着眼于这些过程。在手册的这一部分,我们聚焦于作为争议性话题的全球化,并关注这些争议如何在教育中呈现,及其对为社会公平而进行的抗争的影响。这些章节探讨了公共教育作为民主和批判性思维及行动的场域如何遭到了全球化的侵蚀;批判教育学者、进步社会运动以及众多教育项目如何能够并正在对占据主导地位的教育和社会议程提出挑战。我们选择的这些主题只是局部,但很有必要。许多重要的问题——例如,把全球环境恶化视为社会公平教育问题;全球化对妇女和女童教育的各种影响;反种族主义教育;新移民,尤其是从南半球移民到北半球的新移民;教育在捍卫和保护语言和文化方面的作用;本土的认知方式(Fals Borda & Mora-Osejo, 2003);教育在劳工和社区斗争中的作用(Novelli, 2004);还有很多其他问题——都只进行了简单的讨论,或者完全忽略了。这些章节旨在详细阐述全球化对教育和社会正义的复杂影响。

当我们谈论全球化时,脑海中呈现的是贸易自由化和全球资本、劳动力、信息和文化自由流动的经济、政治和文化进程。这不是一个中立的进程,而是如里兹维(Rizvi)和恩格尔(Engel)在本部分的第一章所说的那样,"全球化代表的是一种蓄意的、意识形态化的经济自由化[新自由主义]项目,它使国家和个人屈从于更加强烈的市场力量。"新自由主义全球化是全球经济和社会政策的组合体,它能提升市场在所有社会领

域中的地位,提升个人竞争观念和企业家精神,并降低政府在提升公众社会福利方面 526
的作用。然而,从意识形态和政治的角度而言,全球化在所有空间跨度——从地方到
国家再到国际层面——上都是存在争议的。布埃文图拉·德·苏萨·桑托斯
(Boaventura de Sousa Santos)提醒我们,在谈论全球化时,不应仅仅指资本全球化、从
中心开始的全球化(北半球先进的资本主义经济)以及自上而下的全球化,还应指自下
而上的全球化以及由边缘人群发起的对抗不公正的社会斗争的全球化(Dale &
Robertson,2004)。新自由主义(Neoliberal)全球化产生了其对立面,即一种抵抗性的
全球政治和对一个更公正的世界秩序需求。玻利维亚的佃农、韩国的农民、印度的工
人、西非的棉花生产者、美国的环保主义者和英国教师都有一种共同的立场,他们都反
对错综复杂的压迫性和剥削性的经济、文化和政治力量。这些运动是多方面的、多样
化的,并且具有地方特色,但同时它们也都统统在世界社会论坛①、针对世贸组织的抗
议、主要资本主义国家峰会以及为跨国资本的利益制定条约的全球会议上汇聚在一
起。这些形形色色的运动都声称"另一个世界是可能的",以此来挑战现有世界的必然
性,这个现有世界受到资本积累欲望的统治并导致财富和日常生活质量的巨大差异
(Jomo & Baudot,2007)。拉丁美洲的民众运动使得反新自由主义政府全面当权,这
证明了人们对这个全球新自由主义议程不断增长的负面情绪。除了坚持反对立场,人
们也正通过地方斗争和全球网络主张人与人、人与外部环境之间更加关注集体利益和
公平的劳作和生活方式。斯蒂芬·吉尔(Stephen Gill,2003)对这种全球性的张力进
行了总结——当前的社会结构就是由全球新自由主义和对新自由主义的抵制共同构
成的。我们所希望阐述的正是这种张力对教育的影响。

　　全球化是一个有争议的进程,这一观念框定了本部分的所有论文。总体而言,这
些章节表明,教育是新自由主义全球化**和**争取全球社会正义的关键。法扎尔·里兹
维·劳拉·恩格尔(Fazal Rizvi Laura Engel)在开篇第一章分析了新自由主义全球化
如何重新定义教育和破坏教育公平,并概述了政府间组织在这一过程中的作用。新自
由主义全球化的意识形态将教育与全球知识经济的要求联系起来。它以经济术语(人
力资本发展)重塑教育,破坏其他教育目标,这些被破坏的目标包括全人发展、创建民
主社区和社会公平。随着新自由主义的市场效率逻辑渗透到整个教育体系,企业式的

---

① 世界社会论坛(World Social Forum,WSF)又称社会运动论坛世界峰会,是反全球化运动与另类全球化
　运动成员的年度聚会。成员们利用此聚会来联合世界活动、分享与讨论组织战略及互相交换关于世界与
　自身议题的运动资讯。——译者注

管理、问责制、标准和效率已成为全球模式。随着国际贸易协定如"服务贸易总协定"(GATS)和私人教育方面全球教育市场的形成,教育已经成为了一种全球性的商品。这些新自由主义政策深刻影响了教师工作的性质、学校的组织和治理、学生学习的内容以及我们谈论和思考教育的方式。

　　虽然新自由主义者声称扩大教育机会将减少不平等,但本部分的内容表明,任何关于教育中的社会公平的讨论都必须应对全球、国家和地方经济中的结构性不平等,这些不平等是经济和社会不平等的根源。苏珊·罗伯特森(Susan Robertson)详细探讨了这一点,从国家、全球、区域、地方层面研究了全球教育供给和管理的变化及其对"公民"和社会正义的影响。罗伯特森认为,自20世纪80年代初以来,发生了四个相互交织的转变,这些转变削弱了国家教育制度的作用,破坏了教育作为社会阶层和边缘化群体主张平等和公平诉求的平台。她认为这一结果是重大的民主缺陷。随着全球化使政府制度和进程变得支离破碎,权利被从消费者的角度重新定义,教育作为权力/知识的重要场域也被去政治化了。与此同时,在全球或跨区域层面上来讲,没有足够的体制来宣扬教育中的平等与公平。她的文章要求我们更深入地思考在多个层面(如地方、超国家、区域和政府间层面)上追求教育中的公平和正义,以及我们如何才能达成这一追求。

　　詹妮弗·占(Jennifer Chan)将目光转向了抵抗和"自下而上的全球化",将之视为一个政治化和概念化的过程,她认为,虽然"另类全球化运动"①没有过多关注教育,但反全球化运动本身就具有教育性。它们创造了反分析②、另类可能的例证(能够代替现有全球资本主义秩序的其他选择)以及新的主体观和全球、国家和地方公民的概念。我们认为这个框架不仅表明诸如世界社会论坛等网络是具有教育性的,它还提供了一种思考方式,促使人们从更广泛的观念上思考社会公平和教育之间的关系。

　　这种更广泛的观念是古斯塔沃·费齐曼(Gustavo Fischman)和艾瑞克·哈斯(Eric Haas)的文章的核心,他们思考了批判教育学在全球化背景下的政治活力和教育活力。费齐曼和哈斯提出了一个至关重要的质疑:"个体如何在不注入失望感和不丧失能动性的状态下培养意识?"这一章使批判性教学的概念变得复杂。首先,对教育中新自由主义的批判性分析必须与教师和学生的矛盾经验相互关联。他们还认为,批

495 页边码 527

---

① 另类全球化运动是所有反对由新自由主义式的全球市场主导的自由化运动的总称。——译者注
② 反分析是指从反全球化的角度认识全球化。——译者注

判性教学的支持者需要使其话语论述充满希望，但又不只限于英雄主义式的"救赎叙事"（narritives of redemption）——将希望寄托于能够改变教室和学校的、具有批判意识的超级教师（superteacher）。相反，他们提出了一个更加站得住脚的教师概念，即将教师视为有责任感的知识分子，为了社会公平在教室、学校和社区中有所具体作为，并且与他人一起不断致力于培养批判意识、促进教育变革。希望基于教师和学生每天的斗争。

本部分的最后一章由路易斯·阿曼多·甘丁（Luis Armando Gandin）撰写，他举了一个反新自由主义教育项目的现实例子。在巴西阿雷格里港（Porto Allegre）公民学校的案例研究中，甘地描述了一种针对市场主导的教育政策的地方性替代方案，即"全球视野"的"地方行动"。公民学校项目通过教育机会、知识和治理的民主化与Rizvi 和 Engel 所讨论的教育的市场化和经济化形成了对比。此外，公民学校项目还表明，由一个进步国家领导的教育可以在社会民主化方面发挥战略性作用。当然，这种可能性随着拉丁美洲各地反新自由主义政府的涌现而扩大。我们可以看到地方性的教育模式和概念蓬勃发展的可能性，当它们在自下而上的全球化话语和网络中传播时，或许可以激发我们思考如何将教育与社会公平相融合的新方法。

除了本手册这部分的内容外，各种教育政策和计划等也同样和全球化有关。国际和地方各级的教育政策倡议越来越受到人权理念的框定（例如，联合国儿童基金会［UNCEF］的教育议程和许多国际非政府组织的工作），其目的是挑战全球和地方的不平等。和平教育和关注环境的教育项目也是公认的趋势。虽然这些类型的方案行动都试图将人权、全球和平或环境可持续性作为目标，但它们在如何全球化的概念建构方面却是大相径庭的。我们认为，对全球化因素强有力的理论建构将加深它们与全球社会公平斗争的联系。

移民和跨国主义对社会公平的影响是本部分未包括的另一个重要主题。随着全球劳动力市场和经济在全球发展中国家和发达国家中重组，新的、多样化的移民也会影响教育社区和系统。学校的生活受到全球劳动力重组、私有化、市场化以及民族国家向大众提供公平教育——这种教育将为共同利益而不是特定利益服务——的能力（或意愿）降低的影响。然而，与此同时，移民群体已经促进了一些运动的蓬勃发展，而这些运动本身是具有教育性的，并提升了学校的社会公平。移民是体现全球化争议性的又一个领域。一方面，我们可以看到美国和欧洲学校还存在排外的反移民运动；另一方面，移民和其他边缘化群体正在挑战以西方为中心的教育实践和认识论，这拓宽

528

了人们对教育中的知识的理解。

德·苏萨·桑多斯(De Sousa Santos)认为,正是从那些边缘化人群和全球权力中心的外围人群身上、"……从那些每天都处于被人主宰、面临贫困和遭遇社会不公的人身上,我们更有可能洞察自身的状况"(Dale & Robertson, 2004: 147)。我们将德·苏萨·桑多斯(De Sousa Santos)的主张加以引申,即我们对教育和社会公平之可能性及意义的理解应当不只是对世界不发达国家施以教育援手,其范围也应该拓展至世界权力中心国家的边缘化群体。

致谢

我们感激作者们在这一部分中对教育促进全球社会公平的挑战和可能性的多方面讨论做出的原创性贡献。十二位同事对这些章节进行了同行匿名评审。我们还要感谢他们提出的有益意见,他们的意见推进了关于全球化和教育促进社会公平的对话。

(朱　正　译)

参考文献

Chomsky, N. (1970). *Language and freedom*. Lecture presented at University Freedom and Human Sciences Symposium, Loyola University. Retrieved October 18, 2007 from, www.chomsky. info/books/state02. pdf.

Dale, R., & Robertson, S. (2004). Interview with Boaventura de Sousa Santos. *Globalization, Societies, and Education*, 2(2), 147 - 160.

Fals-Borda, O., & Mora-Osejo, L. E. (2003). Eurocentrism and its effects: A manifesto from Colombia. *Globalization, Societies, and Education*, 1(1), 103 - 107.

Gill, S. (2003). *Power and resistance in the new world order*. New York: Palgrave Macmillan.

Jomo, K. S., & Baudot, J. (2007). *Flat world, big gaps: Economic liberalization, globalization, poverty and inequality*. New York: United Nations.

Novelli, M. (2004). Globalizations, social movement unionism and new internationalisms: The role of strategic learning in the transformation of the Municipal Workers Union of EMCALI. *Globalization, Societies, and Education*, 2(2), 161 - 190.

Wojnarowicz, D. (1999). *In the shadow of the American dream: The diaries of David Wojnarowicz*. New York: Grove Press.

34

新自由主义全球化、教育政策及为社会公平而斗争

法扎尔·里兹维(Fazal Rizvi)

劳拉·C·恩格尔(Laura C. Engel)

引言

自20世纪80年代中后期以来,全球范围内的教育政策逐步被放到全球经济性质正发生变化这一宏观话语中思考。有人认为,由于当下全球经济的特征是"以知识为本",因此现在比以往任何时候都需要更多的教育和培训。这要求教育政策做好更充分的准备,以应付全球化的挑战。与此同时,有人认为,如果政策没有鼓励更广泛的教育参与,尤其是那些传统意义上被边缘化的群体对教育的参与,经济是不可能取得发展的。事实上,受教育机会的扩大对于知识经济的成功而言至关重要。这样一来,强调教育中的机会和平等的新的修辞似乎正在浮现,并与教育势在必行的全球化政策的各种假设有着千丝万缕的联系。

在这一章中,我们想说明,这种机会和平等话语的建构从根本上来讲还是处于意识形态层面的,因为它对社会公平原则采取了最低限度的理解,即只关心在教育机构接受正规教育的机会,而不涉及更广泛的结构性不平等问题。对资本积累的压倒性的关注预示了对公平只能有这种理解。此外,我们想指出,这种机会和平等话语的建构是在全球化的霸权特征中形成的,这不仅重塑了世界各地的经济和政治关系,而且正在改变现在制约教育政策制定和实施的话语场域。这些场域中弥漫着新自由主义的条条框框,带来了一系列政策压力,国家层面的教育体系越来越需要处理这些压力,通常情况下是不得不接受这些压力。这些压力有各种各样的来源,最显著的是政府间组织(IGOs)。这些压力来源现在正以各种复杂的方式引导民族国家接受教育治理的观念,从更根本上来说,是接受新自由主义式的教育基本目的。

首先,我们认为虽然可以假设一系列对全球化的不同解释,但近几十年来,显然是新自由主义观念占据了霸权地位。我们进而探讨了政府间组织在提升新自由主义全球化概念以及调控国家系统使其接受新自由主义的教育改革建议时所发挥的作用。我们认为新自由主义对公平问题不感兴趣的这个假设是错误的,但它的观念是建立在一个非常"弱势"(weak)和狭义的公平观念基础之上的,这在很大程度上被认为是在现存的教育机构中接受教育的机会。它关注的焦点在于教育参与程度的提高,因为在不断发展的知识经济时期资本主义需要大量的熟练工人。这样,社会公平的观念就被

对市场效率的关注所遮盖,最明显的方式是通过占优势地位的经济来调整教育。当 530
然,尽管我们不希望否认为边缘化群体提供制度性机会,从而使他们为将来工作做好
准备的重要性,我们想要说明的是为教育和社会公平所进行的斗争需要应对更为广泛
的结构性不平等问题,无论这种问题是之前就存在的还是由新自由主义全球化所造成
的。基于这一语境,我们认为,仅仅以市场效率话语来定义教育机会是无法产生社会
公平的。在我们看来,人们还需要对新自由主义全球化和垄断资本主义带来的灾难性
后果进行更广泛的斗争。

解读全球化

即使我们对全球化的概念的理解还不够充分,甚至仍存在很多争论,但是近年来
它被广泛认为是推动教育变革的各种因素的特征。虽然对其意义和影响几乎没有一
致共识,但全球化确实表明了目前世界范围内出现的一些社会和经济变化。这些变化
大多数是由信息和通信技术(ICT)的新近变革以及人、资本、思想和信息的飞速跨国
流动所驱动的,这些流动造成了一个比以往任何时候都相互关联和相互依存的世界。

这其中的悖论是,借助于全球化进程本身所创设的条件,全球化的观念似乎变得
无所不在,这个观念又在政策和民间话语中被广泛用来解释近来变化的本质。因此,
全球化已经成为安东尼·诺沃亚(Anthony Nòvoa, 2002)所说的"地球通用语"。总的
来说,它通常被用于指一系列社会化过程,这些过程意味着"市场、民族国家和技术以
之前从未有过的程度发生不可阻挡的一体化,使个人、企业和民族国家能够比以往任
何时候都更远、更快、更深、更便捷地触及世界各地"(Friedman, 2000:7)。然而,这种
一体化(integration)远未完成;它的本质可以有多种理解方式。它不同于一个地方对
另一个地方的影响,明显一些团体会比其他团体受益更多。由于它指涉一系列政治、
社会、经济和文化进程,因此也有许多不同的观点可以用来解释全球化。但毫无疑问
的是,这些进程已经改变了经济活动的性质,改变了生产和消费模式。

全球经济正以信息化、网络化、知识化、后工业化和服务导向为特征(Castells,
2000)。大卫·哈维(David Harvey, 1989)在其非常具有影响力的《后现代的状况》
(*The Condition of Postmodernity*)一书中提供了经济全球化的最佳描述之一。他认

为,全球化描述了"一种时空压缩的紧张时期①,它对政治经济实践、阶级权力的平衡
以及文化和社会生活产生了令人迷惑和分裂性的影响"(p. 8)。他提出,改进了的沟通
和信息流动系统以及合理化分配的技术,可以使资本和商品能够以更快的速度在全球
市场间流动。后福特主义②(new post-Fordist)的新型组织观念,提高了灵活性和即时
性,取代了福特主义经济的僵化结构和组织。它在分包、外包、垂直分工③、及时交货
系统等方面表达得最为明确。

这种经济全球化也带来了新的治理概念,即需要对国家政府的作用和责任进行彻
底修订,尽量减少对政策干预的需求从而更多地依赖市场(Strange,1996)。叶特曼
(Yeatman, 1998)提出这种观点认为旧的中央集权的官僚制结构变得过于迟缓、僵化,
与跨国资本的迫切需求"不同步",新的治理形式更加符合全球经济的要求。事实上,
理论家们开始谈到国家的"退缩与被侵蚀"(Strange, 1996)、"被掏空"(Jessop, 1999)
和"体制变化"(Cerny, 1990)这些话题。有关国家和全球进程的这种观点植根于"国
界不再是生产过程中的密闭容器(watertight container)"这个说法(Dicken, 2003:9)。
民族国家正在没落的解释抹去了现代民族国家制度的核心原则之一——领土与合法
性之间有着明确的对称和对应关系。

然而现在,特别是在后9·11时代,许多关于国家终结(demise of the state)的看
法很明显被夸大了(Rizvi, 2004)。虽然由于经济全球化和跨国公司的运营,也由于变
化的政治结构使得很多公共政策领域不得不屈从于全球因素,领土和政治权力之间固
有的联系的确被打破了,但我们现在还是会看到民族国家在极力捍卫自己的主权。正
如赫尔德和麦克格鲁(Held & McGrew, 2003)所言:"国家已成为一个支离破碎的决
策舞台,被跨国(政府和非政府组织)网络以及国内机构和力量所渗透。"(p. 11)所以,
尽管现代国家保留了一些权力,且确实需要履行一些关键职能,如确保资本积累所需
的条件,现在也需要和超出其控制范围的力量——不仅包括跨国资本,也包源自括政

① "时空压缩"是美国著名新马克思主义者 David Harvey 在其《后现代的状况》(*The Condition of*
  Postmodernity)一书里提出的一个重要概念。他使用这一概念是试图表明:"资本主义的历史具有在生
  活步伐方面加速的特征,而同时又克服了空间上的各种障碍,以至世界有时显得是在内地朝着我们崩溃
  了。"——译者注
② 指以满足个性化需求为目的,以信息和通讯技术为基础,生产过程和劳动关系都具有灵活性的生产模式,
  与旧的、僵化的福特主义形成鲜明对比。——译者注
③ 指全球贸易下统一产品的生产过程中技术和附加值程度较高的工序与较低的工序之间存在的分
  工。——译者注

府间组织的政策观念——进行磋商。经济政策如此，教育政策也同样如此，因为教育上的优先事项已经彻底受到全球权力结构的制约。

我们才刚刚开始意识到全球化的政治机制的加速发展如何以一系列复杂的方式影响着国家层面教育政策的制度，这其中最显著的方式就是通过传播一套特定的教育观念和意识形态的方法，形成全球教育政策网络，这个网络的影响力变得相当大（Rizvi & Lingard，2006）。虽然这些网络没有强行指定或规定政策，但它们的确形成了一个信息场域，将各个国家的教育制度引向某种特定的意识形态。他们极其成功地创建了一个论证框架，在这个框架内，全球化这一特定概念目前已得到广泛推广，并在此范围内讨论其对教育的影响。事实上，"全球化的政策要求"的话语似乎已经变成了一种霸权。

在全球教育政策网络的体制中，诸如亚太经济合作组织（APEC），欧盟（EU），经济合作与发展组织（OECD），联合国教育、科学及文化组织（UNESCO），国际货币基金组织（IMF）和世界银行（World Bank）等政府间组织发挥着举足轻重的作用（Dale & Robertson，2002）。另外，政府间组织在教育政策的形成和评估中扮演着重要的角色。这一角色是多样化的，可能涉及谈判共识和协议，比如华盛顿共识、博洛尼亚宣言，通过国际数学与科学趋势研究项目（TIMSS）和国际学生评估项目（PISA）等研发全球绩效指标和质量指标来确保国家系统中政策行动的一致性或支持国际合作办学。虽然国家体系仍然对政策的制定拥有最高的权威，但是参与这些国际公约和国际项目却能确保国家纳入那些由政府间组织推动的主流意识形态话语中，并在媒体和全球政策专家阶层中传播。以上种种努力催生了跨越国界的政策借鉴、模型转移、拨款和创意抄袭（Steiner-Khamsi，2004）。然而必须注意的是，由政府间组织推动的主流意识形态话语并不会以同样的方式影响所有的国家体制。很多"借鉴"政策通常会迫使一些国家，特别是一些发展中国家，因获得政府间组织提供的贷款、捐赠和经济援助而不得不接受一些苛刻的条款，但是仍有部分国家能够拒绝政府间组织提出的某些"建议"。

布尔迪厄（Bourdieu，2003）详细地阐述了这些发展，并且他认为，全球化代表了一个经过深思熟虑的、意识形态方面的经济自由化项目，该项目可迫使国家和个人都屈从于更激烈的市场力量。这个项目通常被称为新自由主义，因此它基于某种意义上的政治，试图让人们和国家适应全球经济运作的方式和方法，甚至达到习以为常的程度，并用它那普遍的逻辑对文化、危机、资源以及权力的形成进行过滤，进而创造一个全球市场心态和全球主体，后者反过来通过自身的概念视角来看待这个世界和政策选择。

532

从这一视角来看,术语"全球化"特指某些"在组织和解读世界的意义上占据霸权地位"的特定权力关系、实践及技术(Scharito & Webb, 2003:1)。这么说来,新自由主义具有高度的规范性,将我们引向一个特定的观念:将世界看作一个单一的空间的集体意识。

作为一系列松散连接的观点,新自由主义全球化为政治经济治理指明了新的形式,它的基础是市场关系的延伸,借此表明人们和社区正在相互联系。早期的假设是,国家所提供的商品和服务是确保一国国民社会福利的方式,也是形成共同体的方式。与此假设不同,新自由主义全球化规定了一种新的社会关系概念。它提倡一个建立在"精益"政府基础之上的最低限度的国家,专注于促进竞争、经济效率和选择的工具主义价值观①,解除对国家职能的管制,促使其私有化。正如佩克和蒂克尔(Peck & Tickell, 2002)所言,新自由主义促进和规范了一种"增长优先的方法",并将其落实到政策上,这样社会福利问题反而成为次要的了(p. 394)。另外,它促进了市场逻辑的自然发展,并借效率甚至"公平"证明了这一观点的正确性。除此以外,它还宣扬全球"自由贸易"原则,并将其应用于商品和服务上,甚至应用在那些素来带有高度国家特征的健康、教育等服务上。所以新自由主义全球化代表了一个已经成为霸权的社会想象(Rizvi, 2006)。

新自由主义全球化和教育政策的转变

近年来,随着国家系统试图重新调整他们的教育优先事项以适应他们所认为的全球化给教育带来的迫切性,教育政策深受这一社会想象的影响。正如我们所指出的那样,新自由主义全球化要求对全球化进程有一个系统化的了解,这就意味着不但需要转变经济进程,还需要改变政治关系和文化关系的性质。用教育学的术语来说,这就不仅要求创建与经济利益联系更紧密的新的教育观,而且还需要发展一系列跨文化技能以及所谓的"全球素养"②。这些观点构成了新的教育话语。

---

① "工具主义价值观"是罗克奇价值观中的一种,指的是个体更喜欢的行为模式或实现终极价值观的手段。——译者注

② 全球素养,也译成全球胜任力(global competence),其定义是:从多个角度批判地分析全球和跨文化议题的能力;理解差异是如何影响观念、判断以及对自我和他人的认知的能力;在尊重人类尊严的基础上,与不同背景的他人进行开放、适宜、有效的互动的能力。

该话语的一个要素便是知识经济这一概念。从教育的角度而言，在宣扬知识经济 533
这一观点上，也许再也没有比 OECD 报告《知识经济》(*The Knowledge Based Economy*, 1996a)更有影响力的文献了。这篇报告显然优先考虑了教育的经济目标，使其凌驾于社会目标和文化目标之上。从知识经济的角度而言了解真相和原理远不如厘清社会关系和社交网络重要，因为我们可以借此进行知识的创新，并将其转变成商业上可行的产品。在灵活、有活力的经济中，洞悉如何找到相关信息以及如何将其应用于商业上也比学习正式知识、编码知识、结构化知识、显性知识重要得多，在不同文化背景下工作的能力以及沟通和解决问题的一般技能也同样如此。终生学习的理念与这一目标息息相关。其关注点在于变化的机制——技术、工作和劳动力市场、全球市场以及组织机构的人口组成的性质发生了变化。

1994 年联合国教科文组织的一项主要纲领就是终身教育，而经济合作与发展组织(1996b)则将**实现全民终身学习**定为其在 1997—2001 年间的任务主题，但是经济合作与发展组织的终身学习有着不同的含义。对经济合作与发展组织来说，终身学习不再与教育的人本主义有关，而是与新自由主义密切相关，后者强调创造具有个人主义风格和自我资本化的个人(Rose, 1999)。新自由主义所建构的终身教育的目的越来越占据主导地位。它重新阐明了教育目标，更强调教育应为人们提供工作和自我资本化。此后的大多数经济合作与发展组织报告中都反复强调了需要在所有公民之间培养一种共有特性，即在其有生之年坚持终身学习。该组织认为目前最需要的是灵活、适应能力强且能够有效地处理文化差异、地方变化和创新改革的终身学习者。

在欧盟的文件中也可以找到类似的新自由主义教育观。2000 年，欧盟制定了一个"战略目标：成为世界上最具竞争力和最具活力的知识经济体"。2001 年，欧洲委员会设立了一个专家工作组，以便建立一套共同的指标和基准，这一战略现已成为众所周知的开放协调法(Open Method of Coordination, OMC)。作为一个比较和巩固特定教育绩效标准的新框架，开放协调法收集了"最佳"国家教育实践，为国家教育体系设定了一些共同目标。根据这些目标，各欧洲成员国代表编制并商定了有一些针对性的衡量标准(统计、指标)，以达到既定目标。拉森(Larsson, 2002)认为："它(开放协调法)的机制对国家议程的设定有着重大影响。委员会和理事会通过确定和制定最佳公共方法，并向个别成员国提出建议，向其施以巨大压力。"(p. 13)与欧盟一样，大多数政府间组织都坚称，他们只是提供开放的、自由的探索教育思想的平台，但现在日渐清晰的是,政府间组织在促进新自由主义意识形态方面发挥了主要的霸权作用。

这些意识形态主要是建立在人力资本理论之上的(Becker,1964),它主张在培训和教育方面的支出应视为一种能增加个人收入的投资。如果个人、企业和国家想在全球经济中获得竞争优势,则这种投资是必不可少的。广泛流行的新自由主义假定经济增长和竞争优势是提升人力资本投资水平的直接结果。经济合作与发展组织的报告《人力资本投资:国际比较》(*Human Capital Investment:An International Comparison*,1998a)清楚地表明了这一点:

534

个人的技能、知识和素养水平可用来表示人力资本"存量"。一个国家的总存量可影响到这个国家的繁荣昌盛及其国际竞争力。知识和技能的分配会严重影响社会参与、工作机会及其收入。因此,政府对人力资本的整体存量和如何分配特定技能和能力都非常感兴趣。(p. 15)

报告进一步指出,在全球经济中,绩效与人们的知识储备、技能水平、学习能力和文化适应能力的联系越来越紧密。因此,它不仅要求政策框架放松对市场的管制,还要求进行改革教育和培训,以使其更好地适应不断变化的经济活动,从而提高人们的劳动灵活性。

这并不意味着伦理和文化问题已经脱离了教育领域,而是伦理和文化问题在更为广泛的教育经济目标框架内得以诠释。因此,建立在乔治·索罗斯(George Soros,1998)所称的"经济原教旨主义"基础之上的新自由主义不过是一种概念上的棱镜,通过这面棱镜,就连多样性和公平这样的概念也被以经济术语重新表述。

在这一过程中,出现了一种新的教育目标话语,该话语不仅迫使传统教育关注个人和社区发展,而且重新阐述了个人和社区发展的意义。教育系统中历来存在着教育目标相互竞争的张力,这种张力的一端是社会公平,另一端是教育在市场效率中所起的作用。接下来我们要讨论的是,在新自由主义全球化的背景下,公平与效率之间长期以来的微妙平衡已完全倒向后者。现在,教育越来越关注自我资本化的、灵活的新自由主义主体的生产。我们想要表明,也许更为重要的是,公平的概念已被重新阐述,它已不再过多地关注社会公平这一领域,而是与社会资本和社会凝聚力等工具主义性的概念联系紧密。

教育公平的竞争性概念

在过去的 20 年里，许多现在被认为是教育改革的举措其实都基于人文信仰，即社会和经济的"进步"只能通过教育系统来实现，而这些教育体系其实更倾向于满足市场的需要。也有人认为教育系统长期以来低效低能，严重阻碍了经济目标的实现。大众传媒和企业尤其宣扬这一观点，并呼吁各国政府不仅要进行更有效的社会、经济改革，还要在日益全球化的大环境中认识到知识经济的新"面貌"。这就要求教育目标要更具有工具性，教育应当能够培养具有基础的读写能力和运算能力，灵活、有创造力、多才多艺、熟谙新技术并且能够跨文化工作的工人。

这些教育目标对社会很重要，对个人亦是如此。事实上，社会的定义就是个人的总和。所有国民的经济福利、健康、就业以及富有成效的公民身份，被视为衡量这个国家成功与否的指标。个人对接受教育的观念是新自由主义意识形态的核心，因为如果没有机会接受教育，也就没有机会改变自己的社会地位和经济状况，这于社会无益。但是，如果只是接受一些简单的正规教育，也不足以发挥教育的潜力，毕竟家里要有足够的经济基础才能支持学生上学，否则学生就不太可能好好把握正式入学的机会。如此一来，教育和公平的关系变得愈加复杂了。尽管义务教育与市场效率的理念完全符合，但是对于实现社会公平来说，还远远不够。要想实现社会公平，就需要关注各种影响学习、教育质量的社会条件以及其他行之有效的必要资源。然而即使接受了正规的学校教育，也并不总是能转化成有效的教育公平结果。

事实上，简单教育可能会适得其反，因为如果达不到预期目标，那些在教育上投入大量时间和精力的人得不到相应的回报，就会产生强烈的社会疏离感。如果没有受过专业培训，也没有认真负责的老师指导，即使符合效率标准，入学教育的公平性也会大打折扣。如果课程和教学未考虑当地文化和当地传统，不适用于周边社区，那么这种教育也达不到预期目标。这需要一种比弱势的市场效率观点更复杂的观点。教育目标五花八门，远不止为变化莫测的全球经济培养高效率的工人那么简单。如果真是这样的话，必须在效率和致力于解决教育中更为广泛的——与阶级、性别和种族有关的——文化关切之间取得。

简单的教育机会不足以实现教育公平，如何解决女童教育这样的问题可以进一步证明这一点。在特定的教育背景下，例如发展中国家，女童接受初等教育的机会相当有限。这使得国际上更加关注女童入学和受教育机会。近年来,经济合作与发展组织、世界银行、联合国教科文组织和联合国儿童基金会(UNICEF)等一些政府间组织一再强调性别平等在教育中的重要性。例如,联合国儿童基金会是联合国女童教育计划(UNGEI)的代理秘书处和牵头机构,该机构于 2000 年成立,旨在提供更多的教育机会,并缩小男女童在初等和中等教育方面的成就差距。事实上,为了给女孩提供更多的教育机会,我们确实已经做了很多工作,能上学接受教育的女孩从来没有这样多过。例如,联合国统计部门(2005)指出,在世界上大多数国家和地区,女童和男童在初等教育中的比例均表明,接受初等教育的女童日益增多,这大部分得益于北非、东亚和南亚以及最不发达国家的巨大收获。

    然而,新自由主义支持给女童提供更大的教育机会恰恰暴露了其弱势的公平概念,这种公平主要从市场效率的角度以及全球经济的需求来考虑问题(Rizvi et al.,2005)。根据世界银行(2006)的数据,"研究还表明了,女性和女孩比男性更努力工作,她们更有可能把自己的收入投资到自己的孩子身上,同时她们还是主要的生产者和主要的消费者"。联合国教科文组织(2003)的声明说"教育女孩的经济回报是最高的"。最后,经济合作与发展组织(1998b)敦促"投资女性(包括教育、卫生、计划生育、土地获得等),不仅可以直接减少贫困,还可以大大提高劳动生产率,更有效地利用各种资源"。以上这些观点都将性别平等与经济消费以及效率联系在一起,将女性当作达到某种经济目标的工具,而非因为种种更为广泛的原因——一些因为经济,其他则是出于社会的、文化的原因——参与教育的群体。

536   与此相反,教育当中更为积极的性别公平诉求则要求不但要解决教育机会问题,而且要消除全球化对女性的生活带来的经济和社会影响。后者的情况就更为复杂了。最近的数据表明,尽管接受教育的女性比以往任何时候都多,但从社会和经济层面而言,他们并没有取得与其努力成正比的教育成果。例如,近年来,虽然女性有了更多的机会可以将其毕生所学用到有偿工作中去,但这类工作主要涉及全球信息、全球通信、全球零售和全球金融等服务经济(Scholte, 2000)。这些领域对工作条件要求比较"灵活",职业前景却相当惨淡,所以性别歧视可能会永久保持甚至还会加大。即便越来越多的女性可以接受高等教育,也只能表明她们在自然科学和工程领域的参与度离性别公平还差得远。随着这些领域在全球经济与技术创新和技术专长中的重要性与日俱增,这种不平等比最初更为明显,因为它表明,越来越多的女性接受了高等教育领域,但是并没有享受到与男性同等的经济回报,也没有赢得同样高的社会地位和威望。

这项分析表明,超越教育机会的性别公平要求我们必须对使得性别不平等现象长期存在的社会进程有更系统的关注。这一愿望显然来自对教育目标的不同认知。市场效率要求我们更好地利用女性所代表的人力资源,而更强势的公平观点则要求通过重组性别关系而进行社会变革。后者强调机会平等和社会包容的重要性,同时也提议重新考虑这些观念的具体条款。因为从性别的角度而言,它所设想的社会可能在经济上、政治上、社会上都发生了重大变革。这就需要不仅改变教育管理方式,也要改变所授课程以及教学方法,在全球化背景下尤其需要如此,因为全球化有着重塑经济和社会关系模式的潜力。

我们注意到,新自由主义强调的市场效率并没有完全消除我们对社会和教育公平的担忧。其实公平极易被纳入更广泛的市场效率话语中。比如,经济合作与发展组织指出,注重市场效率实际上可以带来更公平的社会流动。这表明,在全球劳动力市场上,如果没有高效工作的工人,那么社会流动性的潜力就会大大降低;另外,鉴于全球经济的资本积累和经济增长需要一定的社会条件来实现,注重市场效率的决策者就不应忽视公平问题。正如经济合作与发展组织(1996b,p. 15)所提的建议:

> 需要重新关注教育和培训政策,以发展实现"全球信息经济"潜力的能力,并提高就业率,促进文化发展、民主发展,最重要的是,增强社会凝聚力。这些政策需要支持向"学习型社会"转变。在"学习型社会"中,所有人都机会均等,都享有接受教育的机会,每个人都被鼓励或激励接受正规的教育或终身学习。

这一论述最终表明,现在"元价值"必须是市场效率,市场效率涵盖了所有美好的教育愿景,譬如社会公平、流动性,甚至凝聚力。

公平、效率及教育治理

537

作为"元价值",市场效率的提高不仅仅意味着重新审视基本教育目标,重新阐明公平的概念,还暗示着需要重置教育治理制度。随着我们一再强调教育目标的高效性,加上知识经济的再三要求,新自由主义全球化须将反思国家结构及教育治理方式纳入其议程中。议程认为行政改革是加速国民经济生产,实现国民经济增长的核心力量。因此教育治理已成为公共部门改革的首要任务。在"企业管理"或"新公共管理"的指导下,所有的公共部门已进行了结构及实践转型。这种转型是基于私营部门管理实践之上的,更注重以最低成本获取最大成效。

提高效益(最低成本做事)和提高效率(实现既定目标)的双重目标是各种新的结构的基础,这些新结构阶层更少、更加扁平化,但在政策引导上却拥有更大的管理权。因此,新的治理体系已取代了自上而下的旧结构。新的治理体系重新调整了政策制定战略中心和外围执行部门的关系。战略中心负责设定战略目标并预期政策结果,而外围政策执行部门负责完成既定目标。这样的话,所有的自主权都与方法有关而与政策目的无关。作为结果问责体制的一部分,政策目的被中心部门牢牢控制。

这种新的治理体制在经济合作与发展组织(1995)颇具影响的一份报告——《转型治理:经济合作与发展组织成员国的公共管理改革》(*Governance in Transition: Public Management Reforms in OECD Countries*)——中或许有最明确的阐述。该报告对老式官僚行政体系提出了尖锐的批评,"冥顽不化的机构政权高度集中,受种种规则限制,重过程轻结果,反而收效甚微。"另外,高效能的公共部门应"大大提高整体经济效率"(p.7)。该广泛流传的思想表明自12世纪90年代末以来,一种新的教育治理一直被大力推行,而此处泛泛而谈的意识观点恰恰暗示了这种新的教育治理话语,该话语涉及战略规划、成本效率、人力资源配置、竞争与选择、优化信息技术、绩效管理、问责等概念。

越来越多的有关"善治"(good governance)的修辞很好地体现了这些特征,这个词同时也掩盖了教育意识形态的根本转变。在"善治"这一类目下所讨论的话题包括决策过程的透明度、权力下放的形式、衡量教育绩效的技术、国际基准、质量保证机制、合理问责制、教育资金来源、公共资源的有效利用等。这一简短的清单显示出,此类关切多与市场效率有关,在很大程度上,其定义的尺度是教育体系在多大程度上对劳动力市场需求的反应的影响。

在世界各地的教育体系中,我们已经见证了公共部门以善治的名义进行重组的结果,这是政策制定的集中,亦是责任的下放,其目的都是为了达到战略中心的既定目标。然而权力下放的概念可以并且已经通过种种方式付诸实践。在经济合作与发展组织1995年的报告中,该组织本身就意识到,权力下放通常被视为"授予更大的决策权和自主权的统称"(p.157)。在传统意义上,权力下放的民主理念意味着增强公民参与性、地方把控、"使政府更加亲民"、全面加强民主,并把这些民主原则体现在更为广泛的社会公平概念之上。

　　然而,在新自由主义全球化体制下,权力下放已被赋予了新的含义,现在更是被视为一种治理策略,人们相信中央官僚机构越少,系统效率就越高(Engel,2007)。在这种情况下,权力下放意味着将中央机构的责任、管理、资金分配权下放给地区或地方机构。这种全球治理的理念篡夺了权力下放的民主性,却催生了一种更具执行力、更经济的形式。根据这一定义,权力下放意味着坚持企业管理原则和市场意识形态,因此权力下放就要考虑如何安排、分配、监督教育支出。权力下放可被用于减轻中央政府的财政负担,亦可通过将财政责任转移到地区或地方机构以减少教育支出,或简单地将其作为提高财政效率的手段。允许地方机构做出符合国家目标和标准的决策,这与日益增加的公共管理技术的关系越来越密切。

　　另外,强调财政权的下放往往与某些政治条件联系在一起,私有化被认为是这些政治条件合乎逻辑的结果。在这种情况下,地方和地区教育管理者都致力于管理好自己的教育项目和地方优先事务,尤其是那些在大的国家框架内的绩效型基金无法覆盖的项目。教育私有化的全球化趋势,不仅出现在高等教育领域,也出现在初等教育、中等教育中,如此种种加剧了不公平。尽管世界各国政府都在强调高等教育的重要性,但是他们不乐意或无法为教育参与需求的增长提供更多的资金支持。因此,全世界充斥着私有化修辞,连带着质量、效益、生产力的概念也被加以强化。政府教育缩减教育经费的结果是私有化泛滥,私营部门在教育中发挥着越来越大的作用,政府和私营部门的教育责任划分越来越模糊,从而导致私有利益在教育政策发展中的作用愈来愈大,进而大大影响了教育公平。

　　显然,新自由主义全球化倡导的教育目标及其推崇的教育治理模式是相辅相成的,二者都关注市场效率问题。另外,二者也都强调了市场机制的重要性,即教育的组织应围绕满足全球经济需求而输送人力资本这一教育目标。随着更多的政策关注知识经济,教育目标的市场效率已成为霸权主义,这损坏了志在实现社会公平的那些教育目标。尽管公平还在议程之中,但公平已经被重新阐述,偏离了聚焦社会和文化构成的"强势"社会公平定义。这一转变不再关注阶级、性别及种族歧视,而是更关注个人和社会的经济目标。

　　当然,教育效率和公平目标不应相互排斥,而应相辅相成:二者既能促进公平,亦能确保教育高效高能,以使其适应不断变化的周边环境。但是,正如本文所述,教育政策的杠杆正向市场效率倾斜,因为市场效率可促进特定意识形态下的教育目标与全球知识经济的要求以及从新的公共管理理论衍生的教育治理观念紧密相连,从而大大推进教育管理、成果措施、知识产品的公司化、私有化。如此一来,效率和公平之间的根本冲突并未受到丝毫影响。

此外,它还引发了一连串不容忽视的矛盾。例如,治理权力下放的大力推进,让很多教育工作者和教育部门深感自身权利被剥夺了,特别是当他们被期望遵循不合实际的问责制度,并没有足够资金或资源提供成果时,这种被夺权的感觉更为明显。他们的专业权威事实上也被削弱了,因为现在均要求他们在文化、经济、政治种种复杂环境都游刃有余。与此同时,尤其是政策向私有化的转变已经严重损害了广大的社会公平目标,加剧了各国之间甚至同一共同体间的不平等,从而使得性别公平、种族公平的目标更加难以实现。

结论

在这一章中,我们讨论了新自由主义视角下的全球化,近年来如何重组了教育政策的制定和执行有关的话语领域;这种重组又是如何以种种方法削弱了教育公平和社会包容目标,以政府间组织为首的新自由主义全球化概念已成为霸权主义,从而导致市场效率在教育目标中占据了主导地位,形式上的受教育机会和教育公平占据了支配地位。本文认为,新的教育治理形式的出现与善治的修辞相应。因此,在没有增加当地或地区自主权的情况下,甚至在某些减少教育财政资源的情况下,行政和财政权力下放被世界各地的教育机构所采纳。

讨论这些发展时,我们认为,在市场效率方面,入学机会和教育公平的修辞往往与在教育中以及通过教育发出的强烈要求公平的呼声相悖。因为它使很多教育工作者和教育部门深感自身权利被剥夺了,特别是当他们被期望遵循不合实际的问责制度,并在缺少足够资金或资源的支持下提供成果时,这种被夺权的感觉更为明显。新自由主义全球化引起的政策转变加剧了性别、阶级、国家之间的不平等,危害了广义上的社会和政治承诺。如果没有公平和机会均等的"强势"概念,过分强调效率只会导致人们更加关注系统运作的需求,而不是百姓和社区的生活,并使为了社会公平的教育目标因此被削弱。

(朱　正　译)

参考文献

Becker, G. (1964). *Human capital*. New York: National Bureau of Economic Research.

Bourdieu, P. (2003). *Firing back: Against the tyranny of the market*. London: Verso.

Castells, M. (2000). *The rise of the network society*. Oxford: Blackwell.

540

Cerny, P. G. (1990). *Changing architecture of politics: Structure, agency and the future of the state*. London: Sage.

Dale, R., & Robertson, S. (2002). The varying effects of regional organizations as subjects of globalization on education. *Comparative Education Review*, 46(1), 10 - 36.

Dicken, P. (2003). *Global shift: Reshaping the global economic map in the 21st century* (4th ed.). New York: Guilford.

Engel, L. C. (2007). 'Rolling back, rolling out': Exceptionalism and neoliberalism of the Spanish state. *Critical Studies in Education*, 48(2), 213 - 277.

European Commission. (2001). *European report on the quality of school education: Sixteen quality indicators: Report based on the work of the working committee on quality indicators*. Luxembourg: Offi ce for Offi cial Publications of the European Communities.

Friedman, T. (2000). Lexus and the olive tree: Understanding globalization. New York: Farrar, Straus & Giroux.

Harvey, D. (1989). *The condition of postmodernity*. Oxford: Blackwell.

Held, D., & McGrew, A. (Eds.). (2003). *The global transformation reader: An introduction to the globalization debate*. Cambridge, UK: Polity Press.

Jessop, B. (1999). The changing governance of welfare: Recent trends in its primary functions, scale and modes of coordination. *Social Policy and Administration*, 33(4), 348 - 359.

Larsson, A. (2002, March 4th). *The new open method of co-ordination: A sustainable way between a fragmented Europe and a European supra state: A practitioner's view*. Lecture presented at Uppsala University.

Nóvoa, A. (2002). Ways of thinking about education in Europe. In A. Nóvoa & M. Lawn (Eds.), *Fabricating Europe: The formation of an education space* (pp. 131 - 156). Dordrecht, Netherlands: Kluwer.

Organisation for Economic Co-operation and Development [OECD]. (1995). *Governance in transition: Public management reforms in OECD countries*. Paris: Author.

Organisation for Economic Co-operation and Development [OECD]. (1996a). *The knowledge based economy*. Paris: Author.

Organisation for Economic Co-operation and Development [OECD]. (1996b). *Lifelong learning for all*. Paris: Author.

Organisation for Economic Co-operation and Development [OECD]. (1998a). *Human capital investment: An international comparison*. Paris: Author.

Organisation for Economic Co-operation and Development [OECD]. (1998b). *Gender and economic development: The work of Diane Elson. Summary and Comments, Introduction:*

Women and development, Retrieved April 6,2005, http://www. oecd. org/LongAbstract/0, 2546, en_2649_37419_2755271_1_1_1_37419,00. html

Peck, J. , & Tickell, A. (2002). Neoliberalizing space. *Antipode*, 34(3),341 - 624.

Rizvi, F. (2004). Rethinking globalization and education after September 11. *Comparative Education*, 40(2),157 - 171.

Rizvi, F. (2006). Imagination and the globalization of educational policy research. *Globalization, Education and Societies*, 4(2),193 - 206.

Rizvi, F. , Engel, L. , Nandyala, A. , Rutkowski, D. , & Sparks, J. (2005). Globalization and recent shifts in educational policy in the Asia Pacifi c: An overview of some critical issues. APEID/UNESCO Bangkok Occasional Paper Series No. 4,1 - 59.

Rizvi, F, & Lingard, B. (2006). Globalization and the changing nature of the OECD's educational work. In H. Lauder, P. Brown, J. Dillabough, & A. H. Halsey (Eds.), *Education, globalization and social change* (pp. 247 - 260). Oxford: Oxford University Press.

Rose, N. (1999). *Powers of freedom reframing political thought*. Cambridge, UK: Cambridge University Press.

Scharito, T. , & Webb, J. (2003). *Understanding globalization*. London: Sage.

Scholte, J. A. (2000). *Globalization: A critical view*. London: St. Martin's Press.

Soros, G. (1998). *The crisis of global capitalism*. Boston: Little, Brown.

Steiner-Khamsi, G. (2004). *The global politics of educational borrowing and lending*. New York: Teachers College Press.

Strange, S. (1996). *The retreat of the state: The diffusion of power in the world economy. Cambridge*,UK: Cambridge University Press.

UNESCO. (2003). *All for girls' education*! *Why it is important*. Retrieved May 8,2005, fromhttp://portal. unesco. org/education/en/ev. php-URL_ID = 14091&URL_DO = DO_ TOPIC&URL_SECTION = 201. html

United Nations Statistics Division. (2005). *World and regional trends*. Retrieved September 7, 2006, from http://unstats. un. org/unsd/mi/mi_worldregn. asp

Williamson, J. (1990). *Latin American adjustment: How much has happened*? Washington, D. C. : Institute for International Economics.

World Bank. (2006). Gender and development. Retrieved December 7,2006, from http://web. worldbank. org/WBSITE/EXTERNAL/TOPICS/EXTGENDER/0,,menuPK: 336874~pagePK: 149018~piPK: 149093~theSitePK: 336868,00. html

Yeatman, A. (1998). Trends and opportunities in the public sector: a critical assessment. *Australian Journal of Public Administration*, 57(4),138 - 147.

541

35

全球化、教育治理和公民体制

新的民主赤字①与社会不公

苏珊·L·罗伯逊(Susan L. Robertson)

---

① 民主赤字,是指政府的政治治理与民意相差巨大,即高层管理者所构建的上层建筑得不到民主的支持。——译者注

引言

在过去的二十年,全球教育系统[1]经历了巨大变革。这在很大程度上是由于在全球经济竞争中世界各国各地区所承担的风险不断增加,导致各国内部和国家间的形势不断发生改变(cf. Cerny, 1997; Held, McGrew, Perraton, & Dicken, 1999)。再者,在全球发达国家和发展中国家中,教育的角色也被重新定义:一方面,教育与经济被更紧密地联合在一起来推动经济增长;另一方面,正规教育部门的发展方式趋向于为教育机构、国民经济以及那些正在转向为某些特定部门提供服务的盈利型企业直接创造收入。

在此期间,民族国家治理的结构和系统发生了重大变化,民族国家将部分管理权让渡给新的或者被重新赋予活力的行为"层面"(scales)。所谓层面即克林吉(Collinge, 1999)指出的"社会形态的垂直排序"(the vertical ordering of social formations),如**国家的、区域的、全球的、地方的**等概念(Jessop, 2000)。一些新的或者被重新赋予活力的全球性和区域性的机构组织,如世界贸易组织(World Trade Organization; WTO)、欧盟(the European Union; EU)、美洲自由贸易区(the Free Trade Area of the Americas; FTAA)和非洲发展新伙伴计划(New Partnership for Africa's Development; NEPAD)开始涌现,并对对教育产生重要的影响(Dale & Robertson, 2002; Robertson, Bonal, & Dale, 2002)。此外,将国家职能下放和分散到地方社区和私人行为体使得教育供给、教育经费及其管理变得更加复杂化(Dale, 1997)。总而言之,从中小学到高等教育机构的各级国家和地方教育系统都正在发生转变。

然而教育治理系统中的这些转变激起了有关教育系统如何调和公民诉求以及由此引发的社会公平形势等重要问题,尤其是教育一直以来都是试图通过再分配以及最近以来的"承认政治"[①]来调停资本主义与民主之间矛盾的重要制度(see Carnoy &

---

① 承认政治是 Charles Taylor 和 Nancy Fraser 等人提出的一个政治哲学概念,其意是指应当给予在性别、种族、语言和宗教上处于弱势的群体以正当的权利。——译者注

Levin，1985）。教育历来是民族国家用来造就"公民"的关键制度，这不仅体现在个体身份认同方面，也体现在为政治组织培养潜在劳动者和成员方面，此即所谓的"国家建构"（nation building）（Kymlicka & Norman，1994）。教育是一个重要的政治舞台，在这个舞台上政治组织的成员们可以围绕谁接受教育、接受什么样的教育以及教育机会和公平机遇等问题展开斗争。同时，由于教育被建构为"公共产品"[2]这一金科玉律，因此也是政治参与者（包括政治党派和广义上的公众）的主要战略平台。最后，教育系统已经成为为资本主义政体提供合法性和社会凝聚力的核心机制。这一方面是知识传播的结果，另一方面也是由于教育系统能够推广诸如精英政治等观念以及市场经济和社会的价值观。

543

然而，如果国家教育系统正随着全球化进程发生巨大转变，那么此时此刻我们必须问自己的问题是：教育系统的转变具有哪些形式？它们如何改变了国家公民体制的性质？另外，教育系统的变化对公民和民族国家的诉求——尤其是权利、责任、身份和社会公平的建构——来说意味着什么？在本章中，我将按照以下逻辑顺序解决上述问题：首先，我会对"公民"（citizenship）和"公民体制"（citizenship regime）的概念进行概述；其次，我将详细阐述四个相互关联的转变，这些转变描绘了教育领域发生的、对公民体制有着直接或间接冲击的转变的性质。我认为这些变化正在多个层面上重新构建公民体制和公民的概念，由此，也使得公民的诉求和社会公平的场域及其尺度发生了变化。具体而言，我认为，在——从全球到地方的——多个层面上兴起的新自由主义政策、项目和实践使得公民提出自身政治诉求的机会减少了（如果不是消失了的话），这形成了明显的民主缺陷。

"公民"和"公民体制"的概念界定

"从最狭义的定义而言，公民是指个人和政体之间的法律关系"（Sassen，2005，p. 81）。直到最近，公民身份通常都是与威斯特伐利亚民族国家体系（Westphalian system）[1]相关联的，国籍是这个体系的核心组成部分。这意味着公民和国籍这两个不同的概念正趋向于融合。如今，公民可能通常只是指某个国家护照的持有者，拥有

---

① 该体系象征着德国三十年战争的结束，同时也标志着欧洲民族国家的兴起。——译者注

双国或多国护照是坚决受到抵制的,这就强化了国籍的观念,例如"美国"或"德国",公民身份也同样如此。

虽然公民身份和国籍彼此关联,但它们所反映的是不同的法律架构。这两个概念都能够确定个体作为一个国家合法成员的地位,但直到最近以前,公民身份通常都局限于民族国家这个维度(例如获得国家援助的权利、服兵役等),而国籍则是在跨国体系的语境下谈及公民身份的国际法律维度(例如某一国家的护照持有者)。换句话说,作为一个国家的护照持有者(国籍)并不意味着他就享有这个国家公民所享有的所有权利(国民和非国民)。比如说,一个英国国民已经离开英国一段时间,那么他在返回英国后没有立即求助于公共资金的权利。而一个非英国国民则有可能在满足一定的居住条件之后有权获得公共资金。另外一个例子是,直到最近以前,新西兰国民一直是有权获得澳大利亚公共资金的。①

这两个简单的例子证明了一个意义重大的观点:就如何表述公民身份、如何界定非公民身份以及公民享有哪些权利而言,各国之间大相径庭。我们同样可以发现"公民身份其实是一种社会建构"(Jenson,2000,p.232)。对于公民身份的理解和实践随着时间和地点的不同而不同。当这些社会建构在某种程度上变得稳定和一致,并且构成一定社会结构中被广泛理解和认同的诉求的基础时,我们可以将这些范式编码理解为"公民体制"。Jenson对公民体制的定义为:

544 　　……引导和塑造当前国家政策决策和财政支出的制度性安排、规定和理解、国家和公民对问题的界定以及公民的诉求。公民体制对身份、"国民"和"模范公民"、"二等公民"以及非公民的范式表征进行编码。它同时也对这些不同范畴之间、范畴内部合理及合法的社会关系以及"公共"与"私人"的界限的表征进行编码。也就是说,它对政治的定义的主要贡献在于它在每个管辖范围内组织政治争论的界限和问题识别(Jenson,2000,pp.232-233)。

詹森(Jenson,2001,pp.4—5)论证了公民体制的四大要素,每一个要素都有助于边界的确立和公民身份的构建。第一个要素关注"责任混合体"(responsibility mix)基

---

① 澳大利亚和新西兰同为英联邦国家,历史上澳大利亚曾经把新西兰归为澳大利亚的一个州,但新西兰拒绝了。尽管如此,澳大利亚和新西兰在政治、经济上的联系仍非常紧密。——译者注

本价值的表达,即通过对责任界限的界定,使它们与国家、市场、家庭和群体这些概念区分开来。第二,公民体制通过对特定**权利**(公民的、政治的、社会的和文化的、个人的和集体的)的正式认可,来确立政治团体"包容和排斥的界限"。并由此对完全享有公民权利者和二等公民进行区分。第三,公民体制为政体规定了"参与民主规则的界限",包括进入这个国家的准则,参与公民生活和公共辩论的模式,以及提出民事裁定具体类型的合法性。第四也是最后一个,无论是从狭义的护照持有角度还是更复杂的国家身份和其所属的地理概念角度,公民体制都有助于明确**国家的概念**。由此它建立了"所属边界"。来自于公众社会的质疑和针对公民体制的理解不断发生变化。然而,Jenson 有关公民体制的定义一直被心照不宣地认为是"国民/国家"体制,这一点触发了我的核心论点。新的动力和发展,也就是广泛意义上所谓的全球化进程,已经对国家层面的首要地位和国家在教育治理和教化公民方面至高无上的权威发起挑战,这也使得战后国家的公民体制得以重建和转型。

进入全球化时代

正如约翰·厄里(John Urry)所言,随着全球化话语大行其道,"……分析全球化的研究骤然暴增,这表明,全球经济、政治和文化关系的重构,已是世所公认"(Urry,1998,p. 2),这是随着国家性质的转变反过来改变了公民身份的参照系而发生的(Held et al.,1999;Sorensen,2004)。

在全球化进程中,"公民身份"和"民族国家"所具有的内嵌的、社会构建和创制的本质暴露无遗(Sassen,2005,p. 80),这是因为与全球化相联系的内外压力、进程、项目以及实践为二者带来了挑战和改变。全球化环境下新体制的关键特点包括贸易自由化、金融资本在全球更加自由的流动、公共和私营领域竞争的加剧、原本国家主导的垄断领域内私营部门活动的提升、风险的私有化、国家从各种公民权益领域的退出、国家-公民权利和责任关系的重定(Cerny,1997;Peck & Tickell,2005)。政治上,新的跨区域和区域内的空间、计划、政治,譬如欧盟或新的全球治理架构,为在这些不同维度上就(政治和人文)权利展开磋商开辟了新机遇。例如,一些原住民群体和活动组织就推进其权益主张求助于全球性和超国家行为体[3],某些国家政治体制内的公民在不同领域利用联合国、国际劳工组织、欧盟的法律和社会架构,以推进其在劳工权益、人

545

权或社会福利、法律保护等方面的主张。

全球化和教育转型

对于教育体系因全球化[4]发生改变的程度，人们莫衷一是，对于这种改变发生的形式（例如，放权、国际化等概念全球化的程度），大家众说纷纭。然而，权利/责任混合体、公共与私人的边界，以及教育的边界的实质，尤其是教育公共产品/公共部门和服务的实质，发生了重大变化，这一点得到了普遍赞同。但令人吃惊的是，这些进程在构成或重构公民身份及公民身份体制的同时，以何种方式构成或重构公民群体及其政治生活[5]，却鲜少受到关注。确实，伴随着对社会秩序的担忧，大家又开始关注创建开拓性的研究课题，甚至对公民身份计划的描述性和规定性分析，但相关研究止步于此（cf. Lockyer, Crick, & Annette, 2003）。对我而言，在国家层面以及正在构建教育的其他行为层面（全球、地区、地方），围绕重组政治辩论和问题认知的边界，似乎产生了四种相互联系的进程。

首先，教育体系的授权和治理正在发生转变（Dale, 1997）。新型教育授权受以下因素影响至深：人力资本理论、新自由理论（经济竞争主义、向知识生产者投资、终生学习）以及新保守主义理念（Apple, 2004）。同时，选择、多样性、市场成为指导教育治理新结构的主导理念。在一些国家，构成"教育服务部门"的各类活动越来越多地被放权和外包，包括督学和审计、课程编制、研究、管理服务、特殊教育服务等等（Mahony, Hextall, & Mentor, 2004）。在英国，这类新进展依靠公私伙伴关系（PPPs）推广[6]，由私人融资计划（PFIs）赋予法律动力。尽管存在广泛和长期的担忧，但公私伙伴关系目前在存在于很多国家的公共事业领域，包括美国和英国，也出现在法国的国家工业政策以及意大利和荷兰的经济发展政策中（Boviard, 2004）。在美国，州一级政府制定的特许学校法，以及最近的《不让一个孩子落后》法案，赋予了联邦政府在全国范围内确定教育实践的空前权力，为一系列新型的教育服务提供者大开方便之门（Apple, 2004; Lipman, 2006）。欧盟层面的趋势展现出相同的模式，欧盟委员会大力推广公私伙伴关系，将其作为促使私营部门参与建设有竞争力的知识经济的途径。同样，世界银行在推动实现普及初等教育和拓展中等教育的千年发展目标时，也将公私伙伴关系作为首选解决方案。总而言之，教育正在作为产业投资和发展的一个部门，日益与经济密切相关(Word Bank，2003)，公民正在被国家塑造为经济行为体和选择者。

其次，教育正被构建成一种私营产品和商品。这个过程遍及从初等到高等的各级 546
教育。各所大学(Marginson & Considine，2000)和中小学(Lewis，2005)都在走向全
球寻找增加收入和招收付费留学生的机会，而新的盈利性公司也进入了这个领域
(Sachman，2007；Henschke，2007)。这种新趋势催生了一套新的术语，即教育的进出
口服务术语。同时，教育日益由国家商务部主管。服务贸易估计是目前发达经济体最
有增长活力的部门，也是确保持续增长至关重要的工具。对我的论述具有重要意义的
是，产业分析师估计，目前教育市场价值高达 2 万亿美元(Oxfam，2002)。推动这一切
的是 1995 年成立的专门推广自由贸易、规范全球贸易活动的世界贸易组织(Peet，
2003)，其职能的一大开创性特点就是，服务贸易(包括教育)首次纳入全球贸易机制的
范畴(Robertson et al.，2002)。此举饱受争议，因为教育及同类服务一直被公众视为
"公共产品"。

第三种发展是教育业劳工队伍出现新的群体，从功能和数量上看均是如此(Dale，
2003；Robertson，2002)。换言之，从地方到全球各个层级，教育及其治理正在经历重
新分配，目前已纳入了一系列新的行为体——既有公共的，又有私人的，还包括盈利性行
为体。此类例证不胜枚举。譬如，欧盟内部的"博洛尼亚进程"(Bologna Process，
BP)，旨在整合欧盟成员国及其他国家本科和研究生学位结构及内容，以尽量减少因
机制和国别造成的差异(Dale，2003；Keeling，2006)。又如，新加坡的"环球校园"
(Global Schoolhouse)计划，谋求在该地区提供各种门类的教育服务，已经帮助新加坡
汇聚了一大批具有全球竞争力的大学院系(Olds & Thrift，2005)。再如，英国兴起的
个性化学习，意在提供基于社区的学习，而非基于教育机构的学习(Robertson，2005)。
"全新西兰"(Brand New Zealand)项目为区域内教育机构提供质量认证(Lewis，
2005)。此外，还有有关大脑和学习的神经科学研究(详见 OECD，n. d.)。随着在基
准评判体系及其他评估形式(例如，全国排行榜、欧盟基准、全球国际学生评估项目
[PISA][7])上的放权，各个层级管控受教育者和定义有价值知识的权力也在分散化。
目前，各个层级都有一批新老行为体在推动上述变化(例如，微软、IBM、思科系统、思
而文学习系统)，它们都热衷于推广数字化学习技术和新的虚拟学习途径(Robertson，
2002)。

第四，身份认同的多重化从某种程度上反映了身份政治的兴起，也部分反映了(围
绕着社会阶层和国家的)旧式霸权身份(例如英国的工人阶级)的崩溃。当前，新的身

份格局正在开辟(例如英国的威尔士人、苏格兰人、北爱尔兰人),旧的身份主张在重构。创建欧盟和"欧洲公民"这类新的政治工程,随着欧盟架构(欧盟委员会、理事会和议会)的搭建不断推进,导致身份工程和身份主张也在多个层级施行。就身份主张而言,国家层面的教育系统、欧盟层面的平行学习部门都明确地肩负着创建欧洲公民身份的责任(Dale & Robertson,2006)。身份主张日益青睐文化特殊性,而不是普世主义原则,正如法国北非裔群体要求其年轻女性有权在学校戴头巾,或者特定群体声称有权申请政府拨款建立保护和推广其文化和政治利益的学校。然而,这一进程的结果是将身份主张置于再分配之上(Fraser,2005)。我在评估这些改变对教育和公民身份体制的影响时会再度分析这个问题。

547

教育、国家公民身份体制与诉求表达

全球化和教育的转型持续对公民身份体制、诉求表达和实现社会公平的可能性产生重要影响。首先,在治理转变、层级重建(全球、国家和地方层面)以及商业化的综合作用下,公民身份体制正在多个维度建构,已不再是民族国家的专利。当然,这并不意味着全球化推动的转型仅仅是在外部发生,而大卫·赫尔德(David Held,2002)提出全球治理的理念就是想表达这样的观点,南希·佛蕾瑟(Nancy Fraser,2005)力推的全球对话和政治代表的新形式,同样是基于这个立场。与他们相反,我主张不仅教育发生了意义重大的转型,而且在当代公民身份体制四种要素的每一种中,教育的编码方式也发生了转型,无论是在一国之内还是一国之外,均是如此。正如贾亚苏里亚(Jayasuriya,2001,p.442)指出的:"全球和国内的权力结构变化均将治理机制和进程撕裂和打碎,从这个角度说,全球化是外部驱动力量,但也是同等量级的内部驱动力量。"

我一直提出,在民族国家内部,治理权力正在向公民社会的各种机制分散和分解,经济权力也是如此,这是由于随着公私伙伴关系、半官方机构(英国的一种非公共服务监管机构由政府拨款和任命负责人)、外包等事物的出现,统治变成了治理。然而,在治理层级和管辖权主张的边界方面,还有很大的空隙(例如,就欧盟而言,指附属机构的原则以及该类机构在博洛尼亚进程中对国家教育体系的干预)。

再回到詹森(2001)提出的公民身份体制的第一种元素,即政府、市场、社区、家庭之间责任混合体的边界的实质。我主张,责任混合体反映的是社会和政治生活中特定的一套价值观。当前,这个混合体是被新自由主义理念关于国家、市场、社区、家庭的精确角色定位所塑造的。全球化也极大地改变了行为体所处的地点和层级,包括一些层级是否优于其他层级。这造成了针对所有四个边界和政治辩论措辞的新斗争。

两个后果紧随其后。其一是新自由主义将协调公共产品和服务的更大权力和责任分散给了市场,而不是国家,这标志着经济主义的主导地位。其结果就是"……一种经济立宪的形式,给予经济机构司法权力,使其超越政治之外"(Jayasuriya, 2001, p. 443)。贾亚苏里亚认为,不光主权发生了转变,正是这些治理机制转变的本质造成了从政治立宪主义向某种经济立宪主义的转型(p. 443)。换句话说,将公共教育服务承包给私营部门和社区,不但将其塑造为经济关系,从而将其非政治化,而且使私营部门和社区在法律上受到保护,逍遥于政治之外。马奥尼等人(Mahony, 2004)对英国教育领域私营承包机构以商业敏感为由拒绝公共审查的研究,阐明了这一点。

其次,上述经济立宪并不局限在国家层面。世界贸易组织(WTO)的《服务贸易总协定》(GATS)将教育转变为全球服务产业,并将其治理置于保护服务行业而不是保护公民和知识的全球法规之下,这也以立宪的形式在全球层面上将经济置于政治之上。类似进程也在地区层面发生,例如《北美自由贸易协定》(NAFTA)和美洲自由贸易区(FTAA)所导致的相关后果。不单单是教育及其商品化过程被从政治领域的公共审查或民主问责范围中剔除或保护起来,而且其管控机制(譬如纠纷解决程序)也以有利于特定机构及其工程的方式运作(Gill, 2003, p. 132)。此处指跨国的盈利性公司、美国和欧盟这样的国家或联盟,以及在开展全球教育服务贸易方面有既得利益的国家。

教育商品化和向基层分权的转型对公民身份的权利造成了直接后果。一方面,费消费方面的权利得以建构,例如,市场信息帮助在地方、区域和全球市场上对教育机构作出选择。国家所能保护的唯一"权利"就是选择的权利,而不是实现选择的平等能力(Ball, 2003)。吊诡的是,尽管承认教育权(免费初等教育权)的国际文件有好几份,其中包括所有国家均签署的《世界人权宣言》(1948),却并没有约束政府履行承诺的途径。与之相反,从事教育服务贸易的公司如果在某个国家丧失了贸易权利(例如由于相关业务领域重新国有化或国家层面政策的调整),根据世贸组织条款,该公司的国籍国是有权求偿的。这类全球性倡议因此窄化了民族国家及其经济体的政策空间,反过来减少了国家行为体及仅在一国内发展的公民确定政策和计划的余地。国际法有关自由贸易的法规似乎远比有关人权的法规(Fredrikssen，p. 422)或保护国家主权的法律更加强有力。

最后,全球化导致的教育转型也影响到身份认同的构建和产生,尤其是国家身份认同。这方面情况复杂,不仅是因为层级重构的过程使得多重后国家身份认同变得可能(例如,威尔士、英国、欧盟、世界),还在于作为首要身份认同的阶级和国籍崩溃之后,一系列身份认证方法的产生。移民进程的加速,与911事件之后凸显的安全问题一道,促使大家开始或者再度努力创设身份认证。不断有新的课程计划得到推行,例如欧盟委员会资助的学校网计划"我的欧洲"。该倡议对欧盟成员国开放,旨在促进创立一套欧洲价值观和身份认同并使之深入人心。非政府组织乐施会(Oxfam)在其资助教育事业的国家也在推广全球公民课程计划。微软也一直在开发自己的全球学习者计划。但是,建立统一的"身份认同"、确认身份认证形式在当今地区化、全球化的新时代要复杂得多。以欧盟和欧洲公民身份的概念作为具体事例看,有两件事情可能较显著地影响了这类计划的成功。首先,既有身份认证架构的崩溃,伴随着移民大量涌入,欧洲社会的种族和文化变得日益多元。在此背景下,强行推进单一身份认同的做法可能遭到抵制,尤其是强推的身份认同将排斥宗教问题、剥夺宗教权利的话就更是如此。其次,欧洲的架构不够开放和民主(Smith,2004)的观念深入人心,加之推广欧洲公民身份的过程中新自由主义色彩越来越浓,因此针对该计划的嘲讽贬损也日益激烈。

然而,还是有一些计划推进得有声有色,同时不断有证据表明,区域集团(欧盟、美国、日本)和新兴国家(印度、中国)之间经济竞争的日趋激烈,正(通过旨在提升欧洲全球竞争力的博洛尼亚进程及里斯本议程)促成全欧洲范围内的高等教育一体化(Corbett,2005),而其他国家的反应[8]也将对身份认同的形成施加重要影响。而在更为全球的层面,教育在《服务贸易总协定》框架下加速全球化(尤其是通过数字化学习和跨境供应的拓展),这对公民身份和身份认同形成等概念造成了何种程度的影响,目前还不清楚。但该问题却是南非等国家的严肃关切,因为其尚不成熟的民主制度恰恰倚重教育系统来促进国家利益,推广国民身份认同。尽管身份认同工程有这种不确定性,也可能自相矛盾,但在培养超越各个层面的模范公民时,相关描述和做法明显趋于一致。模范(普通)公民是透过新自由主义视角,基于人力资本理论来构想的。这些公民通过工作福利制度获得自身福利,通过企业家精神和竞争精神获得成功,通过终身不断地学习和适应知识经济和知识社会获得未来(Kuhn & Sultana,2006)。不过,这种模式正在受到挑战,不仅是在全球层面(例如,由于有组织的抵制运动,《服务贸易协定》推进得异常缓慢),而且是通过教育创新的新地点,譬如委内瑞拉推行高等教育改革,并成立玻利瓦尔大学提供全民免费大学学习机会。

新自由主义公民身份体质和社会正义的空间

至此,我论证了 20 世纪 80 年代初以来,全球化进程导致的四种相互交织的转变,这些转变挑战了教育系统在战后国家公民身份体制的构建或重构中的作用。分别是:(1)教育授权和治理的转变;(2)教育的日益商品化;(3)教育劳动力的层级重构;(4)身份认同的多重化。这些转变的共同作用扰动了原本根深蒂固的民族国家的划分和国家公民身份的概念,反过来又以新的方式重构了公民身份和公民身份主张。同时,我还论证了尽管身份认同及其产生过程正在多重化,但新自由主义话语和计划还是主导了公民身份体制,导致了多个层面的经济立宪化。这使得作为权力和知识的重要场所和特定社会阶级调动使用的资源的教育,经历了去政治化。即便如此,在全球或超国家层面,身份主张的框架制定还不够(仅有一些诸如世界大同、教育人权化一类的概念,以及在欧盟等层面若不违宪至少也是无力的教育授权)。同时,也缺乏以法律形式机制化的权力,能够允许相当于跨层级公民身份体制创建的多维度身份主张。目前,现有事态更有可能赋予那些以公平为代价的跨国资本及其他强力政治行为者或那些能够成功重新将自己构建为企业主体的公民以特权。作为回应,重新主张公民身份的呼声已经出现(Magalhaes & Stoer, 2006)。

550

萨森(Sassen, 2005)和其他人信心十足地认为,公民身份已经开放,通过分解国籍和公民身份之间的关系提出身份主张是可能的。但事实上,佛蕾瑟(2005)却声称身份主张的提出仍然局限于民族国家,由此竟呼吁建立新的跨国代表机制。不过,考虑到教育劳动力跨层级的再分配,将身份主张的提出上升到跨国层面,只会将提出该主张的空间转移到全球层面。这其实是忽视了跨层级公民身份体制要素的分配和转型。从这种意见出发,对目前正出现的重构身份主张的政治活动进行更加紧密的考问,就变得非常重要了。这是因为对我来说,这些都受限于其实现社会正义和民主的可能性。

总之,我认为,重要的是能够揭示新自由主义治理和层级重构进程怎样使得划设新边界成为可能,以及新的身份编码立宪化所依靠的不仅仅是行动的呼吁,还需要在新的层面对教育社会科学家进行司法知识普及(尤其是考虑到全球和地区协议中复杂的法律结构),同时对教育的问题以及生产、分配和消费知识的场所进行更加全球性的展望。此外,发展提出身份主张的多维度空间链可能会是这个工程的中心,其中的意识形态内容和治理机制必须通过对话和辩论塑造,这是为了培养对实现社会公平所必须的条件更加强烈的感觉,同时还为了再度打乱国家、市场、家庭和个人的边界,以便社会公平免受经济主义有余、新自由主义不足的影响。这将为公民身份和社会公平提供更加强有力的平台,也可为教育领域的此类计划提供内容和动力。

注:

1. 我所指的教育体系是指正规教育部门,包括初等教育和高等教育,以及更高层次的教育。
2. 纽曼(Newman,2006)声称,在战后,国家被视为公共价值观的传统化身以及公众利益(与市场相对)共同概念的捍卫者,是作为公共利益精神而重生的。纽曼(2006)对治理模式改变之后定义公共领域的困难进行了卓有价值的讨论。
3. 玛格莉特·凯克(Margaret Keck)和凯瑟琳·斯金克(Kathryn Sikkink)在其合著的《跨越边界的行为》(*Activists Across Borders*,1998)中,就活动组织将跨越国家边界活动以推进社会公平主张的行为体作为目标,列举了大量事例。马可克·斯图亚特·哈拉维拉(Makeke Stewart-Harawira)(2005)卓越地描述了新西兰毛利人能够使用联合国《人权宣言》推进其反对新西兰政府议程的事实。
4. 例如,哈格里维斯(Hargreaves,2001)认为,学校教育在两个世纪里都几无变化,但20世纪80年代早期以来,论述教育体系转型的文献汗牛充栋。
5. 皮克特(Pykett,2006)对该过程散乱的方面、实际的方面和实行的方面有值得关注的研究。
6. 玻维亚得(Boviard,2004,p. 201)提到,在英国,1997—1999年签订的基本建设工程合同中,私人融资计划占80亿英镑(援引自英国财政部报告)。
7. 国际学生评估项目(PISA)是由OECD组织的考试,三年一度在全球范围进行,旨在测试15岁学生的学习成绩。
8. 例如,澳大利亚对欧盟的博洛尼亚进程的反应是,评估本国高等教育系统,使其更加契合该进程,而欧共体一直在拉美推广博洛尼亚进程,这是其"把美洲变拉丁"计划的一部分。

(伍绍杨　译)

参考文献

Apple, M. (2004). Creating difference: Neo-liberalism, neo-conservatism and the politics of educational reform. *Educational Policy*, 18(1),12 - 44.

Ball, S. (2003). *Class strategies and the education market*: The middle class and social advantage. London & New York: RoutledgeFalmer.

Boviard, T. (2004). Public private partnerships: From contested concepts to prevalent practice. *International Review of Administrative Science*, 70,199 – 215.

Carnoy, M. , & Levin, H. (1985). *Schooling and work in a democratic state*. Stanford, CA: Stan-ford University Press.

Cerny, P. (1997). The paradoxes of the competition state: The dynamics of political globalization. *Government and Opposition*, 32(2),251 – 274.

Collinge, C. (1999). Self-organisation of society by scale: A spatial reworking of regulation theory. *Environment and Planning D: Space and Society*, 17,557 – 574.

Corbett, A. (2005). *Universities and the Europe of knowledge: Ideas, institutions and policy entre-preneurship in European Union higher education policy 1955 – 2005*. New York: Palgrave.

Dale, R. (1997). The state and the governance of education: An analysis of the restructuring of the state-education relation. In A. H. Halsey, H. Lauder, P. Brown, & A. Stuart Wells (Eds.), *Education: Culture, economy, and society (pp. 273 – 282)*. Oxford: Oxford University Press.

Dale, R. (2003, March 20). *The Lisbon Declaration, the reconceptualisation of governance and the reconfiguration of European educational space*. Paper presented at Institute of Educa-tion, RAPPE Seminar on Governance, Regulation and Equity in European Education Sys-tems, London.

Dale, R. , & Robertson, S. (2002). The varying effects of regional organisations as subjects of glo-balisation of education. *Comparative Education Review*, 46(1),10 – 36.

Dale, R. , & Robertson, S. (2006). The case of the UK: *Homo Sapiens Europoeus vs. Homo Questuosus Atlanticus*? European learning citizen or Anglo-American human capitalist. In M. Kuhn & R. Sultana (Eds.), Homo sapiens Europoeus? Creating the European learning citizen (pp. 21 – 46). New York: Peter Lang.

Fraser, N. (2005, November-December). Reframing justice in a globalizing world. *New Left Review*, 56,69 – 88.

Fredrikssen, U. (2004). Studying the supra-national in education: GATS, education and teachers' unions' policies. *European Education Research Journal*, 3(2),415 – 439.

Gill, S. (2003). *Power and resistance in the new world order*. New York: Palgrave Macmillan.

Hargreaves, D. (2001). Teachers' work. In OECD (Ed.), *Knowledge management for learning societies* (pp. 219 – 238). Paris: OECD.

Held, D. (2002). Cosmopolitanism: Ideas, realities and deficits. In D. Held & A. McGrew (Eds.), *Governing globalization* (pp. 305 – 324). Cambridge, UK: Polity.

Held, D. , McGrew, A. , Perraton, J. , & Dicken, P. (1999). *Global transformations*. Cambridge, UK: Polity.

Hentschke, G. (2007). Characteristics of growth in the education industry—illustrations from U. S. education businesses. In K. Martens, A. Rusconi, & K. Leuze (Eds.), *New arenas*

552   *of Susan L. Robertson global goverance*: *The impact of international organisations and markets on educational policymaking*. Basingstoke, UK: Palgrave Macmillan.

Jayasuriya, K. (2001). Globalization, sovereignty and the rule of law: From political to economic constitutionalism. *Constellations*, 8(4), 442 – 460.

Jenson, J. (2000). Restructuring citizenship regimes: The French and Canadian women's movements in the 1990s. In J. Jenson & B. de Sousa Santos (Eds.), *Globalizing institutions: Case Studies in regulation and innovation* (pp. 230 – 245). Aldershot, UK: Ashgate.

Jenson, J. (2001, March 8th – 10th). *Changing citizenship regimes in Western Europe*. Paper pre-sented at the University of Toronto, Re-inventing Society in a Changing Global Economy Conference. Toronto.

Jessop, B. (2000). The changing governance of welfare: Recent trends in its primary functions, scale and models of coordination. *Social Policy and Administration*, 33(4), 346 – 359.

Keck, M., & Sikkink, K. (1998). *Activists across borders*. Ithaca, NY: Cornell University Press.

Keeling, R. (2006). The Bologna process and the Lisbon research agenda: The European Commission's expanding role in higher education discourse. *European Journal of Education*, 41(2), 203 – 223.

Kuhn, M., & Sultana, R. (Eds.). (2006). *Homo sapiens Europoeus? Creating the European learning citizen*. New York: Peter Lang.

Kymlicka, W., & Norman, W. (1994). Return of the citizen: A survey of recent work on citizenship theory. *Ethics*, 104(2), 352 – 381.

Lewis, N. (2005). Code of practice for the pastoral care of international students: Making a global industry in New Zealand. *Globalisation, Societies and Education*, 3(1), 5 – 48.

Lipman, P. (2006) Chicago school reform: Advancing the global city agenda. In J. P. Koval, L. Bennett, F. Demissie, & M. Bennet (Eds.), *The new Chicago: A social and cultural analysis*. Philadelphia: Temple University Press.

Lockyer, A., Crick, B., & Annette, J. (2003). *Education for democratic citizenship: Issues of theory and practice*. Aldershot, UK: Ashgate.

Magalhaes, A., & Stoer, S. (2006). Knowledge in the bazaar: Pro-active citizenship in the learning society. In M. Kuhn & R. Sultana (Eds.), *Homo sapiens Europoeus? Creating the European learning citizen* (pp. 83 – 104). New York: Peter Lang.

Mahony, P., Hextall, I., & Mentor, I. (2004). Building dams in Jordan, assessing teachers in England: a case study of edu-business. *Globalisation, Societies and Education*, 2(2), 277 – 296.

Marginson, S., & Considine, M. (2000). *The enterprise university: Power, governance and reinvention in Australia*. Cambridge, UK: Cambridge University Press.

Newman, J. (2006). Rethinking "The Public" in troubled times. *Public Policy and Administration*, 22(91), 27 – 47.

Olds, K., & Thrift, N. (2005). Cultures on the brink: Re-engineering the soul of capitalism on a global scale. In A. Ong & S. Collier (Eds.), *Global assemblages: Technology, politics and ethics as anthropological tools*. Oxford: Blackwell.

Organisation for Economic Co-operation and Development (OECD). (n. d.). Brains and learning initiative of the Organisation for Economic Co-operation and Development (OECD). Retrieved January 22,2007, from http://www. oecd. org/department/0,2688, en_2649_1493 5397_1_1 _1_1_1,00. html

Oxfam. (2002). *Speaking notes for the World Social Forum event: GATS and the future of public services*. London: Oxfam.

Peck, J, & Tickell, A. (2005). Making global rules: Globalization or neoliberalism? In J. Peck & H. W-C Yeung (Eds.), *Remaking the global economy* (pp. 163 - 182). London: Sage.

Peet, R. (2003). *Unholy trinity: The IMF, World Bank and the WTO*. London: Zed.

Robertson, S. (2002, October 3 - 5). *Changing governance, changing equality? Understanding the politics of public-private partnerships in Europe*. Paper presented at ESF/SCSS: Explor-atory Workshop on Globalisation, Education Restructuring and Social Cohesion in Europe. Barcelona.

Robertson, S. (2005). Re-imagining and re-scripting the future of education. *Comparative Education*, 41(2),151 - 170.

Robertson, S., Bonal, X., & Dale, R. (2002). GATS and the education service industry: The poli-tics of scale and global territorialisation. *Comparative Education Review*, 46(4),472 - 496.

Sackman, R. (2007). Internationalization of markets for education? New actors in nations and increasing flows between nations. In K. Martens, A. Rusconi, & K. Leuze (Eds.), *New are-nas of global goverance: The impact of international organisations and markets on educa-tional policymaking*. Basingstoke, UK: Palgrave Macmillan.

Sassen, S. (2005). The repositioning of citizenship and alienage: Emergent subjects and spaces of politics. *Globalizations*, 2(1),79 - 94.

Sorensen, G. (2004). *The transformation of the state: Beyond the myth of retreat*. Basingstoke, UK: Palgrave Macmillan.

Smith, A. (Ed.). (2004). *Politics and the European commission: Actors, interdependence and legitimacy*. London & New York: Routledge.

Stewart-Harawira, M. (2005). *The new imperial order: Indigenous responses to globalization*. London: Zed.

Urry, J. (1998, July-August). *Globalisation and citizenship*. Paper presented at the International Sociological Association, World Congress of Sociology. Montreal.

World Bank. (2003). *Lifelong learning for the global knowledge economy*. Washington, DC: World Bank Group.

553

36

另类全球化运动、社会公平和教育

珍妮弗·陈(Jennifer Chan)

引言：建构另类全球化

> 有一种看法认为由于市场的统治、全球化和民族国家的衰落，经济是难以捉摸的。这是导致人们达成共识政治（consensus politics）的主要原因。当今左派最重要的任务是找到新自由主义的替代选择。（"Hearts, Minds, and Radical Democracy"中对 Cha Mouffe 的访谈，Castle, 1998）。

可以毫不夸张地说，过去十年来，左翼势力的大量精力都花费在寻找目前全球资本秩序的替代选择上。当前的公司资本主义①模式与战后国际经济政策框架一脉相承，其核心是"邪恶的三位一体"（Peet, 2003）②——国际货币基金组织负责避免国际收支问题，世界银行通过国际贷款促进经济发展，关税与贸易总协定通过降低关税促进国际贸易，这一模式因代表不够广泛而显得不民主、无视基本自由而显得不人道以及不公平而广受诟病（Bello, 2002；Mertes, 2004；Yuen et al, 2004）。全球性的抵制运动已经出现，它们所要求的不仅仅是公平的再分配，也要求在现有全球治理框架的改革中占有一席之地。尽管教育在该运动的形成和发展中处于最中心的位置，但却很少受到理论和实证的关注。

本章通过聚焦另类全球化在教育中的角色来考察另类全球化运动的出现。下一节以一个悖论开头，即虽然教育是由这个运动构成的，但这个运动通常被假定并包括在更大的政治议程中。我把这种"广泛存在的隐形"（abundant invisibility）归因于激进的成人教育和批判教育学在方法论上的局限以及另类全球化运动本身存在着理论—

---

① 公司资本主义（corporate capitalism）是社会学和经济学中的术语，用以描述当今发达国家被阶层化和官僚化的大公司所主导的资本主义市场。——译者注

② 财政约束、私有化和市场自由化是"华盛顿共识"建议的三个重要支柱。在此基础上，西方国家建立并强化相关国际组织。在经济领域主要通过"邪恶的三位一体"（Unholy Trinity）即国际货币基金组织、世界银行、关税及贸易总协定（后更名为"世界贸易组织"），分别维持国际金融、全球投资与世界贸易领域的秩序，这些组织在世界各地、主要经济体都设立代表办事处或派遣人员，以便对成员国的相关政策进行监督。——译者注

激进主义之间的张力。其后的各节将探讨另类全球化运动中对教育的三个主要的概念建构——作为反分析（counteranalysis）①的教育、作为可能性的教育以及作为新的主体性/公民权的教育。拓宽教育的概念外延和方法论途径以理解这个全球性的网络意味着要提出新的问题：在这个面向全球公平的教育项目中，谁是参与者？超越世界银行或世界贸易组织的知与行（knowing and doing）的多种方法是什么？反过来，反向分析和新的可能性如何构成新的主体性？我在文章结尾为以后的研究途径提供了建议。

另类全球化运动中的教育悖论：广泛存在却隐而不见   555

　　另类全球化运动可以追溯至 20 世纪 70 年代末发展中国家抗议国际货币基金组织（IMF）结构性调整计划的斗争，在 1989 年加拉加斯事件"②中达到顶峰，并在 1999 年世界贸易组织（WTO）在西雅图召开的部长级会议以失败告终后获得了政治关注（Katsiaficas，2004）。在长期的抗议图谱中，每一个"不满"的背后（Collins，2004）——无论它是针对世界银行、国际货币基金组织、世贸组织、八国集团（G8）、北美自由贸易协定（NAFTA）、亚太经贸合作组织（APEC）还是亚洲发展银行——教育都在努力阐明区域和国际组织对人们生活的影响。从债务到农业自由化，到水资源的私有化再到基本药品的使用，每一个聚焦某项问题的成员组织/网络都在研究和揭示借助贸易获得发展这一范式的元叙事。[1] 2001 年以来，另类全球化运动每年都会组织一次世界社会论坛（WSF）以此作为世界经济论坛的替代选择。[2] 在"另一个世界是可能的"（another world is possible）的总体框架下，参与者（从 2001 年的 13 000 人增长到 2004 年的 120 000 人）自行组织专家组、工作坊和文化活动，对"大型跨国公司、为企业利益服务的政府和国际组织控制下的、各国政府参与共谋的全球化进程"发起挑战（World Soical Forum，2002，Principle B）。虽然共同的抗议行动如示威和集体游行经常是项目的一部分，但世界社会论坛可以被认为首先是一个宏大的教育场所。人们通过不同

---

① 反分析（counteranalysis）是由 Lois Weis 和 Michelle Fine 在《Working Method：Research and Social Justice》一书提出的一种分析方法，通常指对同一个事件、现象背后的权力关系进行相对或相反的分析，从而呈现出事件或现象背后更为复杂的权力关系。——译者注
② 加拉加斯事件是 1989 年委内瑞拉城市加拉加斯发生的民众反抗新自由主义经济政策，尤其是国际货币基金组织的抗争。——译者注

的途径进入这个"开放的会议场所"。世界社会论坛的目标是重塑民主,从而使"目前的经济生产模式、全球治理结构、科学创新的传播、媒体组织、社会关系、社会与自然的关系接受激进的、参与式的以及有生命力的民主进程的改造(Fischer & Ponniah,2003,p. 13)。

尽管教育处于中心地位并且广泛存在,它在另类全球化运动中很少出现在理论和实证文献的中心舞台上。这一点,我认为,既和激进的成人教育及批判教育学在方法论上的局限有关,也和这个运动本身内部存在的理论与行为/理智主义与激进主义之间的张力有关。激进的成人教育——"左翼政治传统内致力于重大社会转型的成人教育理论和实践"(Holst,2002,p. 4)——和社会运动存在一种强烈的联系。艾曼(Eyerman)和杰米森(Jamison)(1991)认为,社会运动的特点是它的认知实践,即知识生产是社会运动中集体身份发展的核心。从这个角度看,社会运动不仅把教育公众带来的社会转型当作目标,还瞄准了教育带来的个人转型,而这正是运动的内核(Holst,2002)。与环境、反种族主义、女权主义、反公司全球化有关的成人教育在过去十年里发展迅猛,其主题集中于:(1)"激进主义的政治教学法"(Clover,2004);(2)环环相扣的压迫;(3)教育与社会变迁之间的必要联系。[3] 与此同时,习惯聚焦于国家正规教育系统的批判教育理论家也已经开始研究全球资本主义和批判教育学之间的关系。[4] 尽管激进成人教育和批判教育学领域都对社会公平表达了深刻关切,但两者均未对另类全球化运动中的教育工作投入太多精力。激进的成人教育理论家基本上还都停留在他们的问题和共同焦点上,批判教育学也仍旧主要关注新自由主义对国家学校设置的影响。

除了批判教育学理论当前的方法论困境外,另类全球化运动应当怎样理论化以及在多大程度上理论化,也使得辨识该运动中的教育潜流变得很困难。一方面,正如一些人指称的那样,学术研究领域的社会运动理论对活动人士来说不一定全都有用(Dixon & Beving ton,2003)。另一方面,"反智主义"(或者像某个活动家所言,"我们不能陷入分析的泥潭")经常使得批评者很容易就能抨击另类全球化运动成员为"社会改良家、实用主义者、操纵傀儡的人所组成的初出茅庐的'后意识形态'群体"(Featherstone,Henwood,& Parenti,2004,p. 309)。尽管占据领导层的运动知识分子都明确地阐述了认知身份认同和运动的利益,但存在某种明显的分工。研究知识生产中的权力关系的批判女性主义学者,如钱德拉·莫汉蒂(Chandra Mohanty)和格洛丽亚·安萨尔杜拉(Gloria Anzaldua),很久以来一直在指出存在这样的张力。一些主要的左派知识分子如麦克尔·哈特（Michael Hardt）、安东尼奥·内格里（Antonio Negri）、诺姆·乔姆斯基（Noam Chomsky）、伊曼纽尔·沃勒斯坦（Immanuel Wallerstein）、欧内斯托·拉克劳（Ernesto Laclau）、尚塔尔·墨菲（Chantal Mouffe）等，进行了理论阐释活动人士则从事基础工作以建设草根全球主义[5]。尽管理论立场并不统一，但许多这方面的学者都在探索一种后自由主义和后社会主义政治工程，以替代新自由主义。选择后自由主义，是因为对左派而言，自由资本主义自由和平等的民主组织原则已被证明是一种不当的战略。选择后社会主义，是因为"传统的社会主义思想未能理解当时所称的新社会运动，诸如女性主义、反种族主义斗争、环境保护运动等。社会主义思想企图将上述运动纳入阶级斗争的模型，而不是将它们作为源自不同压迫模式、存在根深蒂固差异的反抗形式予以足够重视"（Mouffe，转引自 Castle，1998）。哈特和内格里（Hardt & Negri，2004）提出了超越工人阶级的"群众"（multitude）概念，即一个"开放和广泛的网络，让所有的差异可以自由、平等地表述，提供让我们能够共同生活和工作的相处之道"（p. xiv）。拉克劳和墨菲（Laclau & Mouffe，2001）倡导通过一种差异逻辑实现民主价值观的激进化，并促成各种不同运动的联合，这种差异逻辑允许各种各样的诉求共存，但又不致失去发动广泛反资本主义运动的能力。尽管另类全球化运动的参与者一般都准备采纳上述激进的多元主义观点，但一些活动人士对知识分子的理论垄断很警觉，因为他们认为，"理念不属于显贵，理念在街头，在工作时，在家里，在酒吧中，在抗议的浪潮里"（Featherstoneet et al. 2004，p. 314）。理论家在将教育归类时，关心左派更广泛、可行的政治工程、活动人士考虑教育时，将其教育工作几乎自然而然地编入其日常组织中。于是，教育成了另类全球化运动中的支柱，却毫不显山露水。在接下来的部分中，我将提出三种对建构该运动发挥核心作用的教育概念，分别是反叙事、替代方案和新主体性/公民身份。

作为反分析的教育

根本问题在于市场自我调控的概念本身（Holmes，2004，p. 351）。

这场运动已赢得其最干净利落的胜利，然而，这只是在概念层面上的胜利（Yuen，2004，p. xxv）。

对另类全球化运动而言，教育议程的一项关键内容是提供能够对抗撒切尔-里根

"别无选择"(意即除了经济上的新自由主义别无选择)口号的可靠理念。教育发挥反分析作用的领域,是在争取生活、经济、自然、社会的真实意义的"文化斗争"中(Escobar, 1995, p. 16)。韦斯和法恩(Weis & Fine, 2004)提出反分析的概念,是作为社会公平研究的工作方法,其中"原则断裂线"(通过差别和权力的脉络对关键机制进行的内部分析)与其他分析线并行,以挑战已牢固确立的事实并指出能够开启激进变革的领域(p. xx)。

现存资本主义秩序"牢固确立的事实",构建在自我调控的市场、自由贸易、公司控制基础之上,认为该秩序是为每个人带来经济增长的最好和唯一有效的全球体系。2005年12月,世界贸易组织最近一次部长级会议在香港召开前,60多家跨国公司的首席执行官抛出了贸易推动增长这一元叙事。作为回应,140多个非政府组织代表发表了公开声明,其内容正是近期一次典型的另类全球化运动的反分析。

元叙事

我们坚信,基于世界贸易组织的多边贸易体系是国际合作的中心支柱之一。推动世界贸易自由化和改善商品与服务市场准入的多边倡议,是促进全球经济增长、创造就业、增加消费者选择的强劲推进力量。我们强调的信念是,欲令商业继续在消除贫困和提高全球生活水平方面发挥主导作用,多哈回合谈判的成功至为重要。(亚太妇女、法律和发展论坛,*Financial Times*,2005年11月15日)

反分析

尽管对各大公司如此急切地希望本轮谈判结束的原因不抱任何幻想,但他们所谓的贸易自由化是"促进全球经济增长、创造就业、增加消费者选择的强劲推进力量"的说法纯属误导。他们有关增长的主张也值得商榷。经济政策研究中心近期的一份报告对比了1960—1979年间和1980—2000年间175个国家的平均增长率,并根据每个时段起始时的人均收入将上述国家归为5类。在前4类国家中,平均增长率下降了一半以上……其次,他们声称贸易自由化可以促进创造就业。同样,上述研究表明,从1990—2002年,9个区域中的7个失业率上升……我们明白,世界贸易组织和贸易自由化对公司的收入是有利的。(人民对亚太妇女、法律和发展论坛的反应,*Financial Times*,2005 年 11 月 15 日)

当前的新自由主义全球化范式被许多人批评为不民主、不公平、帝国主义、不可持续的(参见本章 Rizvi 和 Engel 的论述)。该范式令某些科学知识备受推崇,却使揭示反霸权实践和媒介的知识遭到怀疑、掩藏和轻视(De Sousa Santos,2003)。它不仅不容忍多元人类文化和价值体系,而且也不容忍生物多样性。不民主、不公平、帝国主义、不可持续的做法中,一项最显著的例证便是关贸总协定(世界贸易组织的前身)乌拉圭回合谈判中强行引入知识产权制度。国际法学者苏珊·塞尔(Susan Sell,2003)在其深刻分析中,再现了十多个美国最大的跨国制药公司是如何极力影响《与贸易有关的知识产权协定》(TRIPS)的。

558

1986 年 3 月,恰逢启动关贸总协定乌拉圭回合谈判的埃斯特角城会议召开前 6 个月,总部设在美国的跨国公司中的 12 名高管成立了知识产权委员会,以争取国际社会支持,改善国际知识产权(专利、版权、商标、商业机密)保护。该委员会同欧洲和日本的同类组织联手,炮制了一份以工业化国家现行法律内容为蓝本的提案并提交给关贸总协定秘书处。1994 年,知识产权委员会实现了目标,乌拉圭回合谈判达成了《与贸易有关的知识产权协定》。这些私营部门行为者在知识产权协定中大获成功,几乎尽获所愿。该协定现已成为国际公法,这相当于 12 家公司为全世界制定了公法(Sell,2003,p. 96)。

受《与贸易有关的知识产权协定》保护的专利产品对大多数国家来说价格高昂,尤其是种子和药品。由于专利限制,99％的非洲艾滋病患者无法接受抗逆转录病毒药物的治疗。另类全球化运动在教育领域的任务之一,就是揭露"效率第一"这个霸权标准背后的真实初衷。例如,西方知识产权体制基本上是通过"生物勘测"和"生物盗版"发展起来的,没有殖民主义,这一切绝无可能(Schiebinger,2004;Shiva,2001)。

作为可能性的教育

世界社会论坛的乌托邦层面,在于宣称存在替代新自由主义全球化的方案

(de Sousa Santos，2003)。

　　　　另一个世界不仅可能，而且正在走来。在安静的日子里，我能够听到她的呼吸(Roy，2004)。

　　对另类全球化运动的常见批评和误解，是紧盯该运动的解构一面，而不是建构一面。然而，该运动的成员并不反对全球化本身，强调这一点非常重要。该运动并不是一味抵制，其目标是建立基于透明、民主和参与的全球化替代模式。过去 20 年里，另类全球化运动在教育领域的行动与反分析行动并驾齐驱，筚路蓝缕，努力研究和实践以"自下而上的全球化"为基础的可能的替代方案(Brecher，Costello & Smith，2000)。这些理念必然种类繁多，但为了分析，我将其归为三个大类，分别围绕着作为替代的发展路径、核心原则和全球治理改革建议。

　　另类全球化运动的发难，首先是在意识形态上坚持自由市场和自由贸易并非唯一可选的路径。战后的第一个 40 年里，国际机制建设的最大特征，是保留国家经济管理空间的同时实现一般称作"布雷顿森林协议"的经济一体化全球规则(Rodrik，2002)。一方面，对金融和投资流动的监管被解除；另一方面，自由贸易原则迅速扩张，进入农业和服务业，但这个历史非常短暂。自由贸易的几个替代方案都已经提出。例如，诺贝尔经济学奖获得者阿玛蒂亚·森(Amartya Sen，1999)提倡走一条人类发展途径，将拓展人的能力作为自由贸易体系的核心。森认为，发展可被视为"扩展令人愉悦的真切自由的进程。聚焦人类的自由与狭隘的发展观形成对比，后者的例子是将发展视为国民生产总值的增长"(p. 3)。同时，另一种发展途径则聚焦于社区的独立自主，"经济政策在伦理、生态、以人为本的精神框架内设立，要实现发展目标，必须靠小型的分散社群"(Dunkley，2004，p. 16)。

　　第二类替代方案更加注重总原则，而不是经济模型。在 1999 年西雅图会议后所进行的一项值得关注的分析运用中，约翰·卡万纳夫和杰里·曼德(John Cavanagh & Jerry Mander，2004)根据不同社会运动组织的出版物和抗议材料总结了 10 条核心原则：(1)真实民主；(2)辅助性原则；(3)生态可持续性；(4)共同遗产；(5)经济和文化多样性；(6)人权；(7)工作、生活和就业；(8)食品安全和保障；(9)公平；(10)预警原则。其核心理念是在一个真实民主制度中，人们组织起来是为了"创建治理体系，在该体系内，选票将投给愿承担决策成本的人"(p. 80)。决策尽量贴近将承担决策后果的人的层级。因此，辅助性原则尊重主权在人民、在社区、在国家的理念。替代性的经济体系

559

必须一方面考虑生物多样性，另一方面考虑共同遗产，包括水、陆地、空气、森林、渔业、文化知识以及公共服务。其他核心原则包括尊重经济和文化多样性、人权、食品主权、公平，以及处理生物科技申请的预警原则。很多实质性的提议都是根据上述原则提出的。其中之一即针对国际金融投机行为的托宾税，是总部位于巴黎的国际非政府组织——征收金融交易税援助公民协会（ATTAC）提出的。另一项例证是《与贸易有关的知识产权协定》中的公共卫生条款（协定"可以也应当以支持世界贸易组织成员保护公共卫生的权利，尤其是促进所有人药品使用权的方式解释和执行"），该条款是在一场围绕基本药品使用权的全球运动中，从维护基本卫生权利的原则出发提出的。它至少开辟了对艾滋病和疟疾等疾病实行专利豁免的理论可能性[6]。另一项例证是，2005年联合国教科文组织《保护和促进文化表达多样性公约》确认，要"承认所有文化，包括少数民族和原住民的文化在内，具有同等尊严，并应受到同等尊重"。该公约是从多样性和人权原则出发的，它阻遏了世界贸易组织通过服务贸易总协定入侵文化领域的势头（详见 Chan-Tiberghien，2004[7]）。

另类全球化运动提出的第三类替代方案要求对现有全球治理体系进行全面审查。该类方案有一些类似的核心原则：平等代表权、问责、透明、辅助性原则/权力下放（Woods，2001），但提出的改革措施迥然相异。一些方案提出，新的全球治理架构需嵌入人权框架，无论是劳工、妇女、儿童、民工权益，还是原住民权益（UBUNTU，2003；World March of Women，2004）。其他方案则提出，全球机制决策结构中的"民主赤字"需建立更具代表性的机制来解决和纠正。譬如，设立人民的议会大会（Charter 99，2000）；建立联合国经济安全委员会以协调（如果不是监督）布雷顿森林体系和世界贸易组织（Commission on Global Governance，1995）；制定一套以确定债务合法性的临时法庭为基础的国际清算新框架（Jubilee，2002）；建立一套培养涉贸易能力的资助体系，以促进发展中国家在世界贸易组织中的谈判能力（Oxfam，2002）；设立一个"真相委员会"以调查国际货币基金组织和世界银行的行为和影响（Fifty Years is Enough，2002）。

作为新主体性/公民身份的教育

观点、知识和情感的生产并不只是创造构成和维持社会的途径。这类非物质劳动也直接生产社会关系本身。非物质劳动具有生物政治性，因为它旨在创造社会生活形式；非物质劳动一般不再限于经济领域，而是成为直接的社会、文化和政治力量。最终，从哲学术语上看，此处涉及的生产是主体性的生产，即在社会中创建和再生产新的主体性。我们是谁、我们如何看待世界、我们之间如何互动，都是通过这种社会和生物政治生产创造的（Hardt & Negri，2004，p. 66）。

另类全球化运动不仅催生了反分析和替代方案，而且还产生了新的主体性，这一点非常重要。以"西雅图一代"、"世界反抗与合作融汇者"、"大众"等各种称谓为名的运动参与者，一直在履行和构建超越传统国家主权边界的全球公民身份。世界公民可被理解为"坚定相信有必要建立有效超国家政治权力机构和实施超国家政治行动的人"（Heater，2002，pp. 11 - 12），但世界公民身份并不取代地方和国家形式的公民参与。赫尔德（Held，2003）认为，世界/多重公民身份意味着人民能够参与从地方到全球各个层级的一系列政治活动。过去 20 年里，相关领域的活动人士举办了各种各样的活动，包括研究、研讨、会议、多中心世界社会论坛、宣讲会、大众剧场、纪录片、人民仲裁、大众暑期学校。这表明他们能够"在毫无蓝图的情况下超越彼此的显著分歧自发进行组织"（Conway，2004，p. 260）。这种寓学于行的社会运动实践创造了一种共同的新文化身份认同，成为建设"反帝国"的持续动力（Hardt & Negri，2001）。正是从这个意义上说，Hardt 和 Negn 认为生产知识的这类非物质劳动是一种重要的社会、文化和政治力量。

结论

反抗在于对主导性和规范性的话语和表达进行自觉的应对，在于积极地创建反对性的分析和文化空间。随机和孤立的反抗在效果上显然不如通过教授和学习的系统的政治化实践调动起来的反抗。发掘和重夺重压下的知识，是主张重塑历史的一种方法。（Chandra Monhanty，转引自 Hooks，2004，p. 32，着重号系本文作者添加）

561　　我在本章中试图提出另类全球化运动在教育领域创造的一些概念。该运动具有教学的性质，揭示了"效率优先"这个蛮横无理的标准背后的一套说辞，据此提出了替代理论，建构了全球公民身份。如果要主张教育是全球公平政治工程的构成部分，必须将教育作为公司主导下的全球化的平衡力量重新进行展望。我还提出了"全球教育公平"研究范式，该范式承认教育和全球社会公平之间具有重要联系(Chan-Tiberghien，2004)。在如此广阔的研究议题中，教育研究人员主要关注能够使多样化知识的可能性得到承认的条件。实现全球教育公正要求我们将研究范围拓展到教室之外，囊括全体新的相关教育行为者，无论他们是在街头巷尾，还是在世界峰会，在公司董事会、在世界贸易谈判桌前，或是在各种各样的社会运动进程中。它还要求恢复和复兴被压制的非西方知识/求知途径，确保占据主导地位的不是单一的市场元叙事。如果说过去 10 年中左派为确立新自由主义秩序的替代方案投入了太多精力，那么现在是我们教育研究和实践人员接过领导权，参加这场争取真实民主的全球教育工程中的时候了。

注：

1. 仅举几个例子，关于债务(Dano, 2003；George, 1992；Rudin, 2002；Toussaint & Zacharie, 2001)；关于农业自由化(Glipo et al, 2003；Shiva, 2000；Shiva et al, 2003)；关于水资源私有化(国际调查记者联盟，2003；Olivera & Lewis, 2004；Shiva 2002)；关于基本药物权(无国界医生组织［Médecins Sans Frontiéres, MSF］网站，http://www. accessmed-msf. org/campaign/campaign. shtmhttp://www. accessmed-msf. org/campaign/campaign. shtm)。
2. 世界社会论坛的起源、原则和发展的相关资料检索自：http://www. forumsocialmundial. org. br/index. php? cd_languange = 2 & id_menu
3. 例证请参见 Conway(2004)、Clover(2004,2003)和 Dei 和 Calliste(2000)等人的著作。
4. 例证请参见 Fischman (Fischman et al. 2005)、McLaren 和 Farahmandpur(2005)以及 Stromquist 和 Monkman(2000)等人的著作。
5. 这种劳动力划分的严格界定存在例外。例证请参见 Sonia Alvarez(1997,1998)的著作。
6. 参见无国界医生网站 http://www. accessmed-msf. org/campaign/campaign. shtm。
7. 全文请见 UBESCO(疑为 UNESCO 之误)，2008 年 7 月 16 日检索自 http://portal. unesco. org/culture/en/ev. php-URL_ID = 11281 & URL_DO = DO_TOPIC & URL_SECTION = 201.

参考文献

Agreement on Trade-Related Aspects of Intellectual Property Rights,. Retrieved July 16, 2008, from http://www. wto. org/english/tratop_e/trips_e/t_agm0_e. htm.

Alvarez, S. (1997). Reweaving the fabric of collective action: Social movements and challenges to "actually existing democracy" in Brazil. In R. G. Fox & O. Starn (Eds.), *Between resistance and revolution*: Cultural politics and social protest (pp. 83 - 117). New Brunswick, NJ: Rutgers University Press.

Alvarez, S. (1998). Latin American feminisms "go global": Trends of the 1990s and challenges for the new millennium. In S. E. Alvarez, E. Dagnino, & A. Escobar (Eds.), Cultures of politics/politics of cultures: *Re-visioning Latin American social movements* (pp. 293 - 324).

Boulder, CO: Westview.

Anzaldua, G. , &. Moraga, C. (Eds.). (1983). *This bridge called my back: Writings by radical* women of color. Albany, NY: Kitchen Table Press.

562 Asia Pacific Forum on Women, Law and Development. (2005, November 15th). Last and best chance to move Doha to a successful conclusion. [Letter to the editor]. *Financial Times*. Retrieved from http://www. apwld. org/doha_letter. htm.

Bello, W. (2002). *Deglobalization: Ideas for a new world economy*. London and New York: Zed.

Brecher, J, Costello, T. , &. Smith, B. (2000). *Globalization from below: The power of solidarity*. Boston: South End.

Castle, D. (1998, June). Hearts, minds, and radical democracy—Adapting to the global market, managing public opinion. *Red Pepper*. Retrieved June 15th, 2006, from http://www. redpepper. org. uk/natarch/XRADDEM. HTML

Chan-Tiberghien, J. (2004). Towards a global educational justice research paradigm: Cognitive justice, decolonizing methodologies and critical pedagogy. *Globalisation, Societies and Education*, 2(2),191 - 213.

Charter 99. (2000). A charter for global democracy. Retrieved February 25th, 2005, from http://www. oneworldtrust. org/pages/download. cfm? did = 97

Clover, D. (2004). *Global perspectives in environmental adult education*. New York: Peter Lang.

Collins, T. (2004). A protestography. In E. Yuen et al. (Eds.), *Confronting capitalism: Dispatches from a global movement* (*p. xxxiv*). Brooklyn, NY: Soft Skull.

Commission on Global Governance. (1995). *Our global neighborhood*. Oxford and New York: Oxford University Press.

Conway, J. (2004). *Identity, place and knowledge: Social movements contesting globalization*. Black Point, Nova Scotia: Fernwood.

Dano, E. (2003, February). Biodiversity, biopiracy and ecological debt. *Jubilee South Journal*, 1(2),7 - 11.

Dei, G. , &. Calliste, A. (Eds.). (2000). *Anti-racism education: Theory and practice*. Halifax, Nova Scotia: Fernwood.

Dixon, C. , &. Bevington, D. (2003). *An emerging direction in social movement scholarship: Movement-relevant theory*. Unpublished manuscript.

Dunkley, G. (2004). *Free trade: Myth, reality and alternatives*. New York: Zed.

Escobar, A. (1995). *Encountering development: The making and unmaking of the Third World. Princeton*, NJ: Princeton University Press.

Eyerman, R. , &. Jamison, A. (1991). *Social movements: A cognitive approach*. University Park: Pennsylvania State University Press.

Featherstone, L. , Henwood, D. , &. Parenti, C. (2004). Activism: Left anti-intellectualism and its discontents. In E. Yuen et al. (Eds.), *Confronting capitalism: Dispatches from a global movement* (pp. 309 - 314). Brooklyn, NY: Soft Skull.

Fifty Years is Enough: Network Platform. (2002). *Fifty years is enough*. Retrieved February 25th, 2005, from http://www. 50years. org/about/

Fischman, G. , McLaren, P. , Sunker, H. , & Lankshear, C. (Eds.). (2005). *Critical theories, radical pedagogies, and global conflicts*. Lanham, MD: Rowman & Littlefield.

Fisher, W. , & Ponniah, T. (Eds.). (2003). *Another world is possible: Popular alternatives to globalizationat the World Social Forum*. London & New York: Zed Books.

George, S. (1992). *The debt boomerang: How third world debt harms us all*. London: Pluto.

Glipo, A. , Carlsen, L. , Sayeed, A. R. , de Rindermann, R. S. , & Cainglet, J. (2003). *Agreement on agriculture and food sovereignty*. Paper presented at the WTO Conference, Cancun.

Hardt, M. , & Negri, A. (2001). *Empire*. Cambridge, MA: Harvard University Press.

Hardt, M. , & Negri, A. (2004). *Multitude*: War and democracy in the age of empire. New York: Penguin.

Heater, D. (2002). Competence and education. *In World citizenship: Cosmopolitan thinking and its opponents*. London and New York: Continuum.

Held, D. (2003). From executive to cosmopolitan multilateralism. In D. Held & M. Koenig-Archibugi (Eds.), *Taming globalization* (pp. 160 - 186). Cambridge, UK: Polity.

Holst, J. (2002). *Social movements, civil society, and radical adult education*. Westport, CT: Greenwood.

Holmes, B. (2004). "The revenge of the concept". In E. Yuen et al. (Eds.), *Confronting capitalism: Dispatches from a global movement* (pp. 347 - 366). Brooklyn, NY: Soft Skull.

Hooks, B. (2004). *Teaching to transgress*. New York: Routledge.

International Consortium of Investigative Journalists. (2003). *The water barons: How a few powerful companies are privatizing your water*. Washington, D. C. : Center for Public Integrity.

Jubilee 2000. (2002). Resolving international debt crises—The Jubilee framework for international insolvency. Retrieved February 25th, 2005, from http://www. jubileeplus. org/analysis/reports/jubilee_framework. html

Katsiaficas, G. (2004). Seattle was not the beginning. In E. Yuen et al. (Eds.), *Confronting capitalism: Dispatches from a global movement* (pp. 3 - 10). Brooklyn, NY: Soft Skull.

Laclau, E. , & Mouffe, C. (2001). *Hegemony and socialist strategy: Towards a radical democratic politics*. New York: Verso.

Losson, C. , & Quinio, P. (2002) *Génération Seattle: Les rebelles de la mondialisation* [*Generation Seattle: The rebels of globalization*]. Paris: Grasset.

Médecins Sans Frontières (MSF). Retrieved July 16,2008, from http://www. accessmed-msf. org-Mertes, T. (Ed.). (2004). *A movement of movements: Is another world really possible*? NewYork: Verso.

Mohanty, C. (2003). *Feminism without borders: Decolonizing theory, practicing solidarity*. Durham, NC: Duke University Press.

Olivera, O. , & Lewis, T. (2004). *Cochabamba: Water war in Bolivia*. Boston: South End.

563

Oxfam. (2002). *Rigged rules and double standards: Trade, globalization and the fight against poverty*. London: Oxfam.

Peet, R. (2003). *Unholy trinity: The IMF, World Bank and WTO*. New York: Zed.

People's Response. (2005, November 15th). Last and best chance to move Doha to a successful conclusion [Letter to the editor]. *Financial Times*. Retrieved from http://www.apwld.org/doha_letter.htm

Rodrik, D. (2002). *Feasible globalizations*. (Kennedy School of Government Faculty Research Working Papers Series). Cambridge, MA: Harvard University.

Roy, A. (2004, January). Speech at the Fourth World Social Forum, Mumbai, India.

Rudin, J. (2002, February). Odious debt revisited. *Jubilee South Journal*, 1(1),11–21.

Schiebinger, L. (2004). *Plants and empire: Colonial bioprospecting in the Atlantic world*. Cambridge, MA: Harvard University Press.

Sell, S. (2003). *Private power, public law: The globalization of intellectual property rights*. Cambridge, UK: Cambridge University Press.

Sen, A. (1999). *Development as freedom*. Oxford: Oxford University Press.

Shiva, V. (2000). *Stolen harvest*. Boston: South End.

Shiva, V. (2001). *Protect or plunder: Understanding intellectual property rights*. London & NewYork: Zed.

Shiva, V. (2002). *Water wars: Privatization, pollution, and profit*. Boston: South End.

Shiva, V., Jafri, A., & Jalees, K. (2003). *The mirage of market access: How globalization is destroying farmers lives and livelihoods*. New Delhi: Navdanya.

de Sousa Santos, B. (2003, March 27). *The World Social Forum: Toward a counter-hegemonic globalization*. Paper presented at the Latin American Studies Association, 24th International Congress, Dallas.

Toussaint, E., & Zacharie, A. (2001). *Afrique: Abolir la dette pour liberer le developpement*[Africa: Abolish debt to free up development]. Brussels: CADTM.

UBUNTU—World Forum of Civil Society Networks. (2003). *Restructuring the WTO within the UN*. Retrieved June 15,2006, from http://www.ubuntu.upc.es/

Weis, L., & Fine, M. (2004). *Working method: Research and social justice*. New York: Routledge.

Woods, N. (2001). *Governing the world economy: The challenges of globalization*. Retrieved June 15th, 2006 from, http://www.globalcentres.org/html/docs/Post%20Seattle%20Angst/Vision%20Papers-August15.pdf

World March of Women. (2004). *Women's global charter for humanity*. Retrieved February 25th, 2005 from, http://www.marchemondiale.org/news/mmfnewsitem.2005-03-04.1396677141/en/base_view

World Social Forum. (2002). *Charter of principles*. Retrieved July 16,2008, from http://www.forumsocialmundial.org.br/main.php?id_menu=4_2&cd_language=2.

Yuen, E. (2004). An introduction. In E. Yuen et al. (Eds.), *Confronting capitalism: Dispatches from a global movement*. Brooklyn, NY: Soft Skull.

564

37

在新自由主义全球化背景下的
批判教育学和希望

古斯塔沃·E·费希曼(Gustavo E. Fischman)
埃里克·哈斯(Eric Haas)

我欣赏你做出的努力……我明白能接触到那些观念是件好事。我是说真的。现在至少我知道新自由主义是什么，是如何运作的，是如何影响我的个人生活和职业生涯的。也许……我并不认为自己是一名对剥削、种族主义和压迫一无所知的天真的教师……对那些针对坏学校的批评我也有所耳闻，但是……在阅读了所有这些书并参加了讨论后，不知为何我觉得有点沮丧，我觉得无论如何，我们都赢不了。

这些是南希（Nancy）在本文作者之一古斯塔沃·费奇曼（Gustavo Fischman）[1] 所举办的一个以保罗·弗莱雷（Paulo Freire）和批判教育学为主题的研讨课程期间与参会者分享的想法和情感。南希当时 32 岁，她是他们家族中的第一个大学生、一名自豪的墨西哥裔美国人、一位正在攻读博士学位的自称"有爱心和有能力的"的四年级数学老师。南希经常对她在凤凰城的一所城市学校的工作表现出极大的自豪感。南希是一名成绩优异的学生，在本学期中她没有隐藏她在阅读文本中遇到的困难和异议。作为最频繁和最执着地捍卫（被她称为）"一线教师的观点"的学生，南希的观点对于讨论组非常重要。在整个学期的过程中她第一次下结论说："我们赢不了。"

作为教师，我没想到在研讨会上会得出这个结论。然而，南希已经表达了我自己的一些恐惧和担忧。我在进入正规学校教育环境之前，一直是一名基层教育工作者，所以我个人历经了试图改善教育制度的挫折。因此，我一直在寻求各种方法，试图在教学生对学校的实际运行、管理人员和教师进行必要的批评的同时，融入那些能够促进教师改变学校而不是将他们吓跑的想法。我的结论是，至少在这次研讨会上，我没有实现这一目标。

班级里沉默了，我试图找一个跟南希的反馈持不同观点的学生，但我觉得班级里的其他学生拒绝与我进行眼神交流。对我来说，保持沉默充分证明学生们都与南希持同一观点。

绝望和自我怀疑的感觉开始淹没我，我数到了 60，也可能是 100，然后问道：

我有一种印象，阅读和讨论弗莱雷及批判教育学让你们感到绝望和无望，我说得对吗？

小组中的几个人摇了摇头。小组中最年轻,平时也不健谈的宝拉笑着说:"不要担 566
心,你并没有让我们有埃尔斯沃斯那种无助的感觉……好吧,也许有点,但不是太多,
我们可以解决。"²

宝拉的言论让大家想起了之前小组讨论过的观点,在几分钟的对话后,南希的话
吸引了小组的注意:

我想说点什么,我不想被误解。不,我不觉得没有希望。我不认为你强迫我们接
受"坏学校─专制教师"信息或让我们有埃尔斯沃斯那种无助的感觉,甚至试图让我们
变成弗莱雷式的人或给我们洗脑……

从这个课程开始我就一直在思考这个问题,但是我无法用语言来表达我自
己。我说过我们赢不了。我对此感到悲伤,但那不是全部。它其实也……我对此
感到很羞愧……只是我意识到,我的希望是"简单的希望",是种"天真的希
望"……然后……,跟你们一起上课之后,我觉得我必须放弃成为"卓越的─投入
的─知识渊博的─高效的"老师这样的想法──你们知道我就是这么朝那个方向
努力的──我的打算是先治理好我所教的年级,然后是我工作的学校,再然后是
我所在的学区,以此类推。请不要笑……这可能是不现实的,但是我的梦想。这
是我的目标……我很伤心不是因为对我们作为老师所能做的感到绝望。我认为
我很难过是因为我意识到我试图说服自己,教师可以在不得罪人且也没有反对者
的情况下获得成功……我之所以伤心是因为我不得不放弃我那些"天真的希望"。
这让人感到伤心,也让人害怕,但它并不绝望。

整个班级再次陷入了沉默。我并不能分辨这种新的沉默是对南希刚刚发表的新
言论的礼貌支持或反对。但我能清晰地记得学生们离开教室时对我说,"希望下次能
再次见到你",我觉得他们是认真的。

本文以其中一位笔者对课堂上曾经发生的一幕的回忆开篇,并非是想赋予这种证
词以某种神奇的力量,也不是因为我们觉得这个例子能证明批判教育学的有效性并且
有必要扩大对它的需求。事实上,恰恰相反。本文分享了南希的见解和反思,是因为
我们认为她的言论和思考很好地概括了批判教育学的局限性,甚至涵盖了其面临的危
险,尤其是在当今美国社会盛行全球新自由主义的背景下。在本章节,笔者将对全球
化和新自由主义进行纵览概述,然后阐述它们与批判教育学的关系。在对这种关系进

行详加阐述时,本文主张,为了让批判教育学成为一种切实可行的教育—政治话语,以下三种发展应当得到实现:

1. 用彻底和可教学的方式对全球化进行透彻的分析,其中包括了承认全球的新自由主义政策和实践中有一些方面已经并且能够对学校改革发挥积极的贡献作用;

2. 对所谓的个人英雄式的超级教师以及"救赎式叙事"这两个观念进行扬弃,从而更精确地表述希望的话语;

3. 落实并实施一种既能认可也能支持教育从业者成为尽心尽职的学者的教育实践,而非培养盲目的个人英雄式的吹毛求疵者。

全球化、新自由主义和教育

毋庸置疑的是,全球化带来了资本积累、信息传播和技术革新方面的长足进步,但是也造成了国际和国家内部的差距和不平等(Hill,2005)。这些收益、差距和不平等都反映在了社会顶层和底层对全球化的不同看法中(Tabb,2006)。从金融角度来看,全球化带来的收益不成比例地流向了社会的顶层(Stiglitz,2002;Tabb,2006;United Nations,2005)[3]。

与此同时,不可否认的是,即使是全球化图景中经济条件最差的人群也从与全球化相关的进程中有所获益(Friedman,2005;Hardt & Negri,2000)。例如,全球化让人们有更多的机会接触到技术创新,扩展了人权观察和社会激进运动的全球网络,开发了通讯和信息传播的新形式,而这些都能给全世界的人们带来潜在的益处(Kellner,2005)。

然而,认识到全球化进程中的复杂性和彼此矛盾的特征并不意味着人们应当忽视这种话语的总括特征和话语权,而这些特征正在将全球化描述成一种自然和必然,并将其推崇为一种新的福音。[4] 在所有这些话语中,最为强力且自圆其说的论点来自与新自由主义学派相关的研究机构和个人(Ball,Fischman,& Gvirtz,2003;Hursh,2006)。新自由主义的话语从理论上和意识形态上都根植于自由市场的社团主义逻辑中那些对自我修正特质的一系列信念上,是自称在意识形态上保持中立的效率和问责制话语的一部分(Fischman 等,2003)。

新自由主义观点运用到教育学领域的核心特征之一是学校必须把自身的政策和

567

实践与以下理念保持一致：把知识视为一种常规可交易的商品。基于此观点，我们就能更容易理解对新自由主义教育学家的两个主要的批评：(1)国家垄断和"生产者俘获"不可避免地会导致教育上的低效；(2)公共干预导致的教育低效扼杀了生产力，浪费了资源，并阻碍了经济、社会甚至道德的进步。这种观点认为，在911事件后，面对全球经济结构的重新调整，任何希望能维持自身竞争力的国家和社会都需要实施教育改革，强调发展一种灵活的、富有创业精神的教育工作者队伍（即，知识面广、接受过专门的培训，并不享有终身岗位），并发展一种"防教师"的、基于标准的、市场导向的课程大纲(Fischman & McLaren, 2005；Peters, 2005)。教育被问责。教育的效率被评估。但这并不仅仅是一个衡量和比较的过程；这种评估同时也影响并改变着它所衡量的对象，驱使这种过程的是简化主义的观点，他们认为任何事物都与审计有关(Readings, 1996)，而唯一有价值的就是那些可以被计数和测量的东西。

　　在新自由主义话语中，与市场相关的机构以及那些定义松散宽泛的概念，比如私营部门、选择、商业化，都得到了净化和美化。市场失灵、腐败运营（比如安然事件和世通事件）以及会导致潜在灾难的政策（例如无视全球变暖、在卡特里娜飓风的撤离行动中表现出来的未能有效实施的"公共政策"）都被大事化小，甚至抹除痕迹，而"完美的"竞争变得凌驾于"保守的"国家官僚体制之上，并相互对立起来。政府在监管企业部门以及实施旨在促进基本的社会平等，甚至只是谨慎地对社会资本（比如教育、卫生和养老金等福利）进行再分配时所发挥的作用，都因为对新自由主义政治的热忱而被粗暴地归入"保姆式国家"这一类别(Cato, 2005；Huntington, 2005)。从这个角度来说，世界正在面临已故的皮埃尔·布尔迪厄(Pierre Bourdieu, 1998)所说的"新自由主义的福音，即一种保守主义的认为自身反对别的一切意识形态的意识形态"(p. 126)。这种福音就像是战斗号角，呼吁"用任何形式，甚至包括摧毁环境和人的生命，来消除阻碍利益最大化的一切障碍"(p. 126)。

　　这种号称没有意识形态的意识形态被置于社会民主的"失败"和福利系统无法满足所有公民的需求之上，并与它们对立起来。新自由主义从许诺提供一种新型的摆脱意识形态的自由，以及对民主失败的极有说服力的批判中汲取话语权和政治力量。用他们自己的话来说，它代表了一种超越政治回归自然状态的举措，回归到个人主义和竞争的"自然"冲动中去。需要强调的一个重点是我们对学校里的新自由主义的批判并不是基于对黄金时代的怀旧追忆，假定当时曾经存在过真正民主的公立学校体系。但是在对由新自由主义理念激励和指导下开展的长达十多年的教育改革进行评估后

568

可见,它们完全没能达成好的教育结果(Hursh,2006)。

即使是对教学成果的测量也没有得到预期中的好结果,不可否认的是,作为一种教育学话语,新自由主义在改变学校实践和界定教育学对学校的思考和理想的共识上具有很高的影响力。[5]这种话语的强势主导地位是显而易见的。在绝大多数学校,几乎找不到并不用经济学术语来表述的、强调需要更多的民主或改善生活品质的话语。新自由主义改革的逻辑中有着一种霸权式的不可避免性,尤其是当它们把自己呈现为一种对学业后进简单的理性—技术解决方案,而与其意识形态和哲学起源区别开来时(Fischman,Ball & Gvirtz,2003;Haas,2006)。

对于很多像南希这样的教师而言,新自由主义对个人主义、评估和技术解决方案的强调很好地契合了在救赎功能参数框架内对学校教育被普遍接受(同时也被长期仔细持续地监控)的界定:教和学是个人行为,如果做得好的话,将会解决绝大多数与缺乏正规教育相关的问题(比如贫穷、生产力低下、道德败坏等种种社会顽疾)。新自由主义的教育话语也采用了一种救赎的口吻,因此学校应该成为去政治化的机构,施行经过科学验证的"最好的实践举措",并经由标准化测试来对其进行评估(如,Elmore,1996)。在公立学校持续遭遇挑战并得到时好时坏的结果的背景下,"公立"这个概念被与极权主义、官僚主义、效率低下、缺乏真正民主的学校联系在一起,新自由主义的观点强化了教育者们对自己扮演的角色以及把政治摈弃在课堂以外的共识。总之,新自由主义是一种非常强力的教育学话语,因为其中一些与"公立 = 失败"观念相关的元素是真实的,并被无数的教师和学生感受到。

像南希这样的教师的经历表明新自由主义全球化是一种成败交织的体验。很多教育工作者都是工作尽心尽职,有攀升社会阶梯的意愿,能从自己的辛勤劳动中获益的专业人士,然而他们所教导的学生,尽管也非常努力,但经济和社会地位都非常低下。笔者想指出的一个重点是,应该尝试从这种存在着极大差异的师生经历中,去理解和解构新自由主义视角以及其拥趸的论点。

毫无疑问的是,全球化并未带来其公开支持者所声称的全部好处;然而,与之相伴的一些活力却对很多人产生了深远的影响,并且至少为社会各阶层中的某些人群带来了积极的影响。"全球化并不仅仅是我们所有人或至少是我们中资源最多且最有进取心的那些人希望去做的事情。全球化是关于发生在我们身上的一切。"(Baumann,1998,p.39,斜体来自原文)南希在批判教育学课堂上的经历让她有机会反思新自由主义全球化在"平等和民主化"方面的局限性——她接受和传递的影响远远超越了她

自己的生活经历,以及她之前那种做出改变的能力。因此,对于那些想要使用批判教　569
育学的教师和教师教育从业者而言,重大的挑战在于如何致力于辨识和分析"自然化
的"和压迫式的学校教育动态(它们往往根植于资本主义、种族主义、性别歧视以及其
他形式的压迫中),而非从中品出一种无望感并丧失采取变革行动的意愿。此外,在面
对 Nancy 这样的教师(少数族裔,家里第一代大学生),尤其当她的个人生平表明新自
由主义教学模式至少对一小部分人而言能够提供成功的学习生涯时,该如何向她讲授
批判教育学呢? 凭什么 Nancy 要批判新自由主义和该类型的学校呢?

批判教育学:超越救赎式叙事

　　批判教育学的大多数实践者和支持者最强烈的主张之一是,学校教育的具体成果
是通过并经由人们的语言、文化、社会和教育的具体互动来进行构建的,而这些互动塑
造着社会、政治、经济和文化动态,同时也被它们塑造(Darder, 2002; Giroux, 1988,
1994, 2000, 2003; Giroux & McLaren, 1989; McLaren, 2005; McLauren &
Fischman, 1998; McLauren & Lankshear 1993,1994; McLauren & Leonard, 1993)。
从这种观点出发,社会、社区、学校、教师、甚至学生都参与了压迫的行为,因此理解这
些行为需要与转化它们相联系。本文认为,把意识和转变相联系,是批判教育学作为
一种教育理论、作为推动教育变革议程的一种共享实践,所做出的一个重大贡献;它迫
使我们在更广阔的社会政治语境中去理解教育实践。通过强调理解和转化教育—社
会现实的重要性,批判教育学也指向了教育和社会转化之间的内在关联,持续地审视
着旨在打破任何形式压迫的新手段。
　　批判教育学的第二个强力主张是,教育从业者在拥护或挑战教育体系时拥有中心
地位,但这种地位并不为他们所独有。例如,吉鲁(Giroux, 1993)基于葛兰西
(Gramsci)式的实践和弗莱雷(Freire)式的批判意识觉醒(Freire, 1989,1997a,1997b),
详尽地探讨了教师成长为"转化型知识分子"的可能性。吉鲁认为教师需要参与辩论
和质询,从而为他们对自己和他人的教育实践采取一种批判的姿态开拓机遇和空间。
通过这些活动,教育从业者能够开始以灵活积极的方式来塑造他们的课程大纲和学校
政策。转化型知识分子对自身的理论信念有着觉醒后的意识,同时拥有将这些理念转
化为实践的技巧和策略(Giroux, 1993,2002)。

吉鲁的观点得到了批判教育学相关人士的广泛欢迎（（Darder，2002；Giroux，2005；McLaren，2005）。很多拥护批判教育学的教育者共同关注的主题有：学校教育的社会和政治维度、理解和转化学校与社会的需求，以及教育者在这些过程中所应当发挥的关键作用（Darder，Baltodano，& Torres，2003；Fischman，McLaren，Sünker，& Lankshear，2005）。尽管很难量化，甚至很难质化批判教育学给北美带来的影响，但是不可否认的是，作为一场集体性的运动，它催生了过去三十年来最有活力也最具争议的一个学术思考流派。尽管如此，不可否认的是，也有很多像 Nancy 这样的教育从业者对批判教育学的主张持有很大的怀疑和失望。

本文认为，这些反应中的很大一部分与为批判教育学辩护时所使用的救赎式叙事（narrative of redemption，NR）有关。救赎式叙事对批判教育学（以及新自由主义的一些方面）持有类似精神分裂式的观点，即现在的学校很糟糕，同时学校也可以变得很美好。而这种糟糕现实和美好未来之间的联系就是那种把超级教师当作英雄来鼓吹的救赎式叙事。这种对超级教师的常见描述不单单出现在教师培训机构，在大众文化中尤甚。救赎式叙事给绝大多数的该主题好莱坞电影，例如《吾爱吾师》(*To Sir with Love*)、《危险游戏》(*Dangerous Minds*)和《为人师表》(*Stand and Deliver*)，以及相应的电视剧例如《波士顿公立高中》(*Boston Public*)中的教师形象，提供了一种基本脱离现实、不着边际的叙事结构。救赎式叙事的运作方式如下：一位教师凭借自己个人英雄式的、"有机的"意识和行为，以一己之力克服了教育体系中的所有失败。当别的同僚教师开始追随这位超级教师的做法时，整个课堂或学校或更大的教育系统就得到了救赎。这个叙事过程模仿的恰巧是《圣经》里那种原罪—危机—失败—创伤的传统，最终却以一种文化原型式的救赎—赦罪—成功—复原神话来作结。一旦被接纳，这种救赎愿景在击败了敌人之后将创造出一个完美的理想学校，其中的完美教师和模范学生将以一种独善其身的和谐方式开展教学，远离周边的教育系统和社会体系的混乱。

批判教育学的支持者和反对者都经常无差别地使用救赎式叙事，而它的一个典型标志特征是，教学看上去既是严苛的社会批判的对象，同时也是最后的充满希望之地。社会上对于教师形象想象的关键节点上，教师成了糟糕的现实和充满希望的未来的标志。此外，在对批判教育学进行教学时采用救赎式叙事同样也导致了失望和幻灭感的泛滥。事实上，它非常擅长此道。在讨论保罗·佛莱雷的研讨会上学生们提及了埃尔斯沃斯（Ellsworth，1989）、布洛和吉特林（Bullough & Gitlin，1995），正显示了未来任务的复杂性。对这些被引述的学者以及广大教师教育从业者而言，批判教育学会是一场自己击败自己的尝试,一部分原因在于它那"唯理论的假设"以及在分析批判教育学教师及其学生之间的权力不平衡时所遭遇的困难。对公立学校的批判,对我们自己作为教师和教师教育从业者的角色的批判是非常必要的,但同时本文认为,这种批判如果没有认识到希望的愿景不应以救赎式叙事为母版来构建,那么它也会变得虚弱无力。

救赎式叙事的一个显著特征是以程式化地呈现冲突和斗争,并以这种套路来表达与教育和社会变革相关的希望。然而,只有在那种个人英雄主义的教师和学生的救赎神话中,才有可能在种族主义、贫穷、歧视和别的冲突中找到"希望",因为这种对"希望"的追寻往往需要人们最小化或无视真实生活中与这种斗争相关的风险和苦痛。

笔者并不认为在斗争和希望之间,甚至在学校教育与希望之间,存在任何所谓的"自然联系"。本文的立场是认可冲突和斗争是学校和社会日常生活中的一部分,有时清晰明显,常常是隐晦和令人困惑的,但永远都是基于复杂的社会习俗,并且表述着阶层、种族、性别、语言和跨族裔关系的多元动态。正是在面对教育冲突的这种不可避免性,有担当的教师"必须为自由而发声,只要这不意味着压抑危险的性质"(Williams,1989,p. 322)。正是出于以上这些原因,本文发现批判教育学与南希那凯蒂猫(Hello Kitty)式的希望所表达出的救赎式叙事之间的交集,对那些觉醒了批判意识并且在有效地开展社会公平的学校改革的教师的成长会产生不利的反效果。

本文认为,可以通过师生之间教学关系的实际生活经历来理解学校教育的具体结果,而不是简单地把这种结果简化为绝对且放之四海而皆准的所谓完全失败或全面成功。对于南希以及无数的一线教师而言,对他们/我们的教育干预结果的评估受到了以下两个因素的制约:充满冲突的关系;我们每个人,作为多个和特定社会群体的一员,对复杂和矛盾的现实的认识、感知,以及所持的信念和采取的行动。本文认为,绝大多数教育过程中的这种"生活的不可简化性"让师生直面那些不可避免的压力,并且也是很多持改革论的教育者感到无助和失去动力的根源。这种失落感尤其会发生在当他们学习了一个学期的批判教育学课程之后,而这门课程过分强调二元对立,并且对意识觉醒有着过分简单化的理解。

本文主张,学校不需要也无法承载超级教师,或者那种觉醒了超级批判意识的"有机知识分子"(organic intellectuals)。相反,学校需要教师能认识到自己作为知识分子所应发挥的功能,从而承担起"尽心尽责的知识分子"这个角色(Fischman,1998)。尽心尽责的知识分子并非一种终结状态,它更像是一种导向或一个过程,或许更重要的是,责任意识可能早于或至少是与意识觉醒同步发展的(Fischman & McLaren, 2005)。因此,批判教育学的教学也应该以此为起点。保罗·佛莱雷(1989)指出:

> 意识觉醒准确来说并不是责任感的起点,它更多时候是责任意识的产物。我并不需要先成为一个觉醒了自我批判意识的人然后再去斗争。在斗争中我觉醒了自己的批判意识。(p. 46)

换而言之,作为一位尽心尽责的知识分子,一位教育工作者有时有着觉醒后的批判意识,有时也会有所疑惑,甚至未能意识到自身的局限性,以及自身能力不足以让自己成为社会变革的积极一员。他们依然会持续地当着被压迫者和压迫者,即使他们极力想要远离这两种身份。

Freire 开始意识到,对压迫和支配的复杂过程的深刻理解并不足以保证个人或团体的正确实践。责任心是最重要的,但是致力于与不公正进行斗争却并不是"有机的",它对于一些人而言比对另一些人更自然(Fischman & McLaren, 2005)。此外,这种责任感并不仅限于个人斗争,也适用于一群有着相似志向的同僚活动家团体。只有通过发展一种因在与他人合作中坚持社会公平而产生的认识,才能让这种认识通往挑战支配和剥削的霸权结构所需的意识觉醒和对抗体系的网络。资本全球化的不平等可以被挑战甚至被打败,但要打败它并不能仅仅靠理解它的形成,一个人闭门造车;相反,人们需要发掘出自身的意愿和勇气——责任感——并在与他人的合作中开展斗争。

把教师视为尽心尽责的知识分子的观念,与把教师视为教育变革的超级代言人的观念恰恰相反,因为超级教师被假定有能力完成任何英雄壮举,因此一切皆有可能。遵循 Badiou(2001)的观点,本文认为,教师作为尽心尽责的知识分子能够实现的成就相比之下要谦卑得多:

> 我们捍卫的政治理念远非"一切皆有可能"。事实上,试图提出一些可能性都是一个艰巨的任务,我们之所以用复数形式来形容可能性,指向的是某些人告诉我们可能的事情以外的若干可能性。问题在于显示可能性的成长空间是如何远超别人指派给我们的那些可能性,即某些别的事情是有可能的,但并非一切皆有可能。(p. 115)

本文认为所有的教师都有成为尽心尽责的知识分子的潜能,基于他们所发挥的功能,而非基于任何基本美德或特征。对这样一名教师而言,仅仅理解多种形式的剥削是如何影响自己的学生、他们的家庭和社区,这是远远不够的;他们必须致力于在自己的课堂(以及课堂之外)通过反思行动,并以此作为转化世界的焦点之一。正如福柯(1980)令人信服的观点表明:

> 对知识分子来说,核心的政治问题并不在于批判那些被假定与科学有关的意识形态内容,也不在于必须确保自己的科学实践伴有一个正确的意识形态,而在于找到能构建一种新的、关于真相的政治的可能性。问题并不在于改变他人的意识——抑或是他们心中所想——而在于产出真相的政治、经济、制度体系。(p. 133)

572

作为尽心尽责的知识分子,教师应当意识到,弗莱雷式的实践理念,以及唤醒批判的自我意识的能力,这两者并不足以转化霸权秩序的压迫和整合功能。尽管如此,它们对寻找积极干预世界秩序的方式也是必要的,因为可能通过这两者来找寻那些拥有转化世界的潜能的方式。

与那种无所不能的"英雄式超级教师"以及无所不知的用着救赎式叙事的"批判意识超级觉醒教师"都相反,本文提出教师作为尽心尽责的知识分子应当以教育和社会公平的目标为导向并承诺致力于此,而非屈从于本质主义者的立场,或那种轻易草率的所谓善恶之争的修辞话语,也不是民粹主义的虚妄怀旧,抑或出于占有目的的眼界狭隘,好斗的文化特殊主义(Glass,2004)。本文认可劳动力—资本的对立是资本主义社会的一种根本性的辩证对立的观点,但是反对把教育冲突弄巧成拙地简化为二元对立,比如邪恶的新自由主义对上好的社会民主。

结论

希望我们的学校和社会能有一个更美好更公正的未来这件事本身并没有问题;然而,仅仅依赖一种超级教师个人英雄主义的救赎式叙事的希望,无论它被包装在新自由主义意识形态或批判式话语中,都是徒劳无益的。从南希的例子中能得出以下认识：想要使用批判教育学来指导我们作为教师的工作，需要我们的课堂不仅提供持续的理论分析，还必须提供对价值观的承诺，并在实际的实践经验中为我们的学生提供帮助。

为了实现这个目标，本文提出了三个观点来指导批判教育学的教学实践，从而助其以一种教师增权赋能的方式，并以成功教师的实际经验，来对抗全球化和新自由主义的复杂影响，而非让他们感到沮丧和挫败。首先，讲授批判教育学的教师和教育工作者在课程开发时应当理解为何新自由主义全球化话语在现今的教育空间中占据如此主导的地位。第二，批判教育学，尤其是教育希望这个概念不应以救赎式叙事来构建，因为那样只会帮倒忙，让人陷入一种弄巧成拙的恶性循环，要求教师完成愈发具有挑战性的、个人英雄主义的任务。第三，批判教育学应当聚焦于发展让教育工作者优先成长为尽心尽责的知识分子的理念和实践，而不是把教师培养成批判意识超级觉醒，总是或完全抵制并否认全球化和新自由主义政策实践是学校改革体系的一部分。作为尽心尽责的知识分子的教师应当能够在充满矛盾和冲突的持续的意识觉醒和教育变革中参与到个人和集体的斗争行动中去。

弗莱雷（1997a）相信，希望是历史性的、本体论的需求，而非教育情境的外部特征，也并非与师生的日常抗争绝缘。批判教育学开发了一系列概念和实践去替代压迫式的教育体系（无论是否为新自由主义的体系），但批判教育学如果要提高自身效率，那就必须认识到很多教师的出发点和南希最初的那种凯蒂猫式的满怀希望的态度很相似。正如弗莱雷激烈的表述，"单纯只是期望，那你的希望一定会落空"（1997b，p. 9），尽管如此，希望永远是比愤世嫉俗或深感绝望要好得多的一个出发点。本文呼吁大家应当致力于重新思考我们学生还有我们自己的分析类别，反思以下两种希望的差异：基于个人英雄主义的救赎式叙事的希望和弗莱雷式的希望，即要求把希望置于具体的集体抗争、对话和冲突的实践经验中去。然后，批判教育学将会实现它最初希望达到的目标。

注：

1. 该课程（含文中提及的研讨会）由古斯塔沃·费奇曼（Gustavo E. Fischman）于 2005 年秋季学期在亚利桑那州立大学讲授。
2. 伊丽莎白·埃斯沃斯（Elizabeth Ellsworth）所著的《为何这没有给人赋权感》（"Why Does't This Feel Empowering"，1989）一文是该课程给全班的指定阅读材料之一。这篇文章被认为是对批判教育学理论和实践最尖锐的批评，因为她主张，批判教育学根本就未能提供充满希望的话语、转化或做出变革所需的能力,相反批判教育学让事情变得更为糟糕。

　　当我们班上的学生试图把[批判教育学]文献中针对赋权、学生发声、对话所给出的方案付诸实施,我们得出的结论非但毫无益处,事实上反而恶化了我们本来就试图对抗的那些情况,它们包括欧洲中心主义、种族歧视、性别歧视、阶级歧视,以及"灌输式教育"……与帮助克服课堂内的压迫这个初衷背道相驰的是,"批判教育学的话语"……它们本身变成了一种压迫的工具。(p. 298)

3. 联合国(The United Nations,2005)国际社会情况报告总结道:"在非洲、东亚、欧洲和拉美开展的调查表明,绝大多数的个人觉得自己对影响自身的经济、政治、社会因素缺乏控制力和影响力。经济和安全方面的担忧给人们造成了巨大的焦虑,人们对国家机构是否有能力或意愿来管理这些持续发酵的问题缺乏信心。"(p. 113)

4. 本文并未试图对用途广泛的信息技术和网络空间在转化日常生活中所施加的影响进行最小化,这种影响毋庸置疑是巨大的,但本文试图避免把网络空间和信息技术视为一种新的救赎工具。正如沃特海姆(Wertheim,1997)指出:"现今网络空间的说客把它们的虚拟在线领域描述成一种'凌驾'和'超越'了物质世界的理想境地。早期的基督徒宣扬天堂能让人类的灵魂摆脱肉体的脆弱和衰败,而今网络空间的鼓吹者将网络称之为能把自我从物质具现体的局限中解放出来。"(p. 296,引用自 Bauman,1998,p. 19)

5. 鲍曼(Bauman,1998)指出,公共空间不再主导私人空间,"情况恰恰相反,私人空间正在侵蚀占据公共空间,挤压并驱逐那些不能充分、不留残渣地转化为私人利益和追求的措辞的任何事物"(p. 107)。利普希茨(Lipsitz,2000)得出了相似的结论,他准确地主张,这些话语非常有效地"掩盖了公共的关注点,并把个人利益置于前台——鼓励人们把自己认同为纳税人和房屋拥有人,而非公民和工人,把白人男性的私人财产利益以及累积的优势视为天经地义,同时谴责要求公平再分配的女性、种族和性取向弱势群体,以及其他受侵害的社会团体,称其为'特殊利益群体的哀嚎'"(p. 84)。

（伍绍杨　译）

参考文献

Apple, M. (2004). *Ideology and curriculum* (3rd ed.). Oxford: Taylor & Francis.

Badiou, A. (2001). *Ethics: An essay on the understandings of evil*. London: Verso.

Ball, S. J. (2003). *Class strategies and the education market*. London and New York: RoutledgeFalmer.

Ball, S. J., Fischman, G., & Gvirtz, S. (Eds.). (2003). *Education, crisis and hope: Tension and change in Latin America*. New York: Routledge-Falmer.

Bauman, Z. (1998). *Globalization: The human consequences*. New York: Columbia University Press.

Bourdieu, P. (1998). *Acts of resistance: Against the tyranny of the market*. New York: The

574

New Press.

Bullough, J. , R. V. , & Gitlin, A. (1995). *Becoming a student of teaching*. New York: Garland.

Cato, I. (2005). *Handbook on policy* (6th ed.). Washington, D. C. : Cato Institute.

Colin, C. , & Streeck, W. (1997). *Political economy and modern capitalism: Mapping convergence and diversity*. London: Sage.

Darder, A. (2002). *Reinventing Paulo Freire: A pedagogy of love*. Boulder, CO and Oxford: Westview.

Darder, A. , Baltodano, M. , & Torres, R. (Eds.). (2003). *The critical pedagogy reader*. New York: Routledge-Falmer.

Ellsworth, E. (1989). "Why doesn't this feel empowering?" Working through the repressive myths of critical pedagogy. *Harvard Educational Review*, 59(3),297 - 324.

Elmore, R. (1996). Getting to scale with good educational practice. *Harvard Educational Review*, 66(1),1 - 26.

Fischman, G. , & McLaren, P. (2005). Rethinking critical pedagogy and the Gramscian legacy: From organic to committed intellectuals. *Cultural Studies ↔ Critical Methodologies*, 5(4),425 - 447.

Fischman, G. , McLaren, P. , Sünker, H. , & Lankshear, C. (Eds.). (2005). *Critical theories, radical pedagogies and global conflicts*. Lanham, MD: Rowman & Littlefield.

Fischman, G. E. , Ball, S. , & Gvirtz, S. (2003). Towards a neoliberal education? Tension and change in Latin-America. *In Education, crisis and hope: Tension and change in Latin-America* (pp. 1 - 19). New York: Routledge-Falmer.

Fischman, G. E. , & McLaren, P. (2000). Schooling for democracy: Toward a critical utopianism. *Contemporary Sociology*, 29(1),168 - 180.

Foucault, M. (1980). *Power and knowledge: selected interviews and other writings*. New York: Pantheon.

Fischman, G. E. (1998). Donkeys and Superteachers: Popular education and structural adjustment in Latin-America. *International Journal of Education*, 44(2 - 3),191 - 213.

Fischman, G. E. , & McLaren, P. (2005). Rethinking critical pedagogy and the Gramscian legacy: From organic to committed intellectuals. *Cultural Studies ↔ Critical Methodologies*, 5(4), 425 - 447.

Freire, P. (1989). *Education for the critical consciousness*. New York: Continuum.

Freire, P. (1997a). *Pedagogy of hope: Reliving the pedagogy of the oppressed*. New York: Continuum.

Freire, P. (1997b). *Pedagogy of the heart*. New York: Continuum.

Friedman, T. L. (2005). *The world is flat: A brief history of the twenty-first century*. New York: Farrar, Straus & Giroux.

Giroux, H. (1988). *Teachers as intellectuals*. New York: Bergin & Garvey.

Giroux, H. (1993). *Border crossings*. New York: Routledge.

Giroux, H. (1994). *Disturbing pleasures*: *Learning popular culture*. New York: Routledge.

Giroux, H. (2000). *The mouse that roared*. Lanham, MD: Rowman & Littlefield.

Giroux, H (2002) Rethinking cutural Politics and radical pedagogy in the work of Antonio Gramsci. In C. Borg, J. Buttiegieg, & P. Mayo (Eds.), *Gramsci and education* (pp. 41 - 66). Lanham, MD: Rowman & Littlefield.

Giroux, H. (2003). Thinking politics and resistance as a form of public pedagogy. In G. Fischman, P. McLaren, & H. Sunker (Eds.), *Critical theories*, *radical pedagogies and global conflicts* (pp. 1 - 12). Lanham, MD: Rowman & Littlefield.

Giroux, H., & McLaren, P. (1989). *Critical pedagogy*, *the state and cultural struggle*. *Albany*, NY: SUNY Press.

Glass, R. (2004). Moral and political clarity and education as a practice of freedom. In M. Boler(Ed.), *Democratic dialogue and education*: *Troubling speech*, *disturbing silence* (pp. 15 - 32). New York: Peter Lang.

Haas, E. (2006). Civil right, noble cause, and Trojan horse: News media portrayals of think tank initiatives on urban education. In J. Kincheloe, P. Anderson, K. Rose, D. Griffi th, & K. Hayes (Eds.), *Urban education*: *An encyclopedia* (pp. 439 - 450). Westport, CT: GreenwoodPress.

Hardt, M., & Negri, A. (2000). *Empire*. Cambridge, MA: Harvard University Press.

Hill, D. (2005). Globalisation and its educational discontents: Neoliberalisation and its impacts on education workers' rights, pay and conditions. *International Studies in Sociology of Education*, 15(3),256 - 288.

Huntington, R. (2005). *The nanny state*: *How New Labor stealthed us*. London: Artnik.

Hursh, D. (2005). The growth of high-stakes testing in the USA: Accountability, markets and the decline in educational equality. *British Education Research Journal*, 31(5),605 - 622.

Hursh, D. (2006). The crisis in urban education: Resisting neoliberal policies and forging democratic possibilities. *Educational Researcher*, 35(4),19 - 25.

Kellner, D. (2005). The conflicts of globalization and restructuring of education. In M. Peters (Ed.), *Education*, *globalization*, *and the state in the age of terrorism* (pp. 31 - 70). Boulder, CO: Paradigm.

McLaren, P. (2005). *Red seminars*: *Radical excursions into educational theory*, *cultural politics*, *and pedagogy*. Cresskill, NJ: Hampton Press.

McLaren, P., & Fischman, G. (1998). Reclaiming hope: Teacher education and social justice in the age of globalization. *Teacher Education Quarterly*, 25(4),125 - 133.

McLaren, P., & Lankshear, C. (1993). Critical literacy and the postmodern turn. In P. McLaren & C. Lankshear (Eds.), *Critical literacy*. Albany, NY: SUNY Press.

McLaren, P., & Lankshear, C. (Eds.). (1994). *Politics of liberation*: *Paths from Freire*. London: Routledge.

McLaren, P., & Leonard, P. (Eds.). (1993). *Paulo Freire*. *A critical encounter*. New York: Routledge.

Peters, M. (Ed.). (2005). *Education*, *globalization*, *and the state in the age of terrorism*.

575

Boulder, CO: Paradigm.

United Nations Development Project. (UNDP). (1996). *Human development report.* New York: UNDP.

Readings, B. (1996). *The university in ruins.* Cambridge, MA: Harvard University Press.

Robbins, C. G. (2006). *The Giroux reader.* Boulder, CO: Paradigm.

Stiglitz, J. E. (2002). *Globalization and its discontents.* New York: Norton.

Tabb, W. K. (2002). *Unequal partners: A primer on globalization.* New York: New Press.

Tabb, W. K. (2006). Trouble, trouble, debt, and bubble. *The Monthly Review*, 58(1). Retrieved from http://www.monthlyreview.org/0506tabb.htm.

United Nations. (2005). *The inequality predicament: Report on the world social situation.* NewYork: United Nations.

Wertheim, M. (1997). *Pythagoras' trousers: God, physics, and the gender wars* New York: W. W. Norton.

Williams, R. (1989). *Resources of hope.* New York: Verso.

38

创造地方民主，培育全球替代性方案

巴西阿雷格里港市公民学校项目案例

路易斯·阿曼多·甘丁（Luis Armando Gandin）

当谈及阿雷格里港市(Porto Alegre，Brazil)参与式民主的经验，或更具体地讨论在这个城市举办了多年的世界社会论坛(the Wold Social Forum)和世界教育论坛(the World Education Forum)时，葡萄牙社会学家布埃文图拉·得·苏萨·桑托斯(Boaventura de Sousa Santos)表示，这两个论坛以及阿雷格里港市的经验并不是反全球化的，而是一种"自下而上的全球化"形式(Santos，1995)。本章将展示一场并未打算成为全球经验的教育改革，它是一种对基于市场的教育政策的地方性革新式替代方案。尽管如此，因为在入学机会、课程大纲和教育管理等方面的创新有独到之处，它(与别的地方参与式民主议程一起)受到了很高程度的全球关注。迈克·阿普尔(Michael Apple)在 2004 年世界教育论坛上声称，阿雷格里港市是"公民学校和参与式预算的城市"，能够"教会全世界如何去遏止新自由主义和新保守主义"(World Education Forum，2004)。世界社会论坛和世界教育论坛(为了思考在经济、文化、社会生活和教育领域提供新自由主义以外的替代方案而创设的空间)之所以兴起于阿雷格里港市，正是因为该市地方政府实施的政策。

本章的目标是描述和分析公民学校项目、阿雷格里港市实施的城市教育改革，以及南美向全世界传递的潜在经验。

公民学校项目的背景

阿雷格里港市有大约 140 万人口，位于巴西南部，是南里奥格兰德州首府，也是该地区最大的城市。从 1989 年到 2004 年，由左翼政党联盟"全民管理"(The Popular Administration)执掌，并接受巴西工人党((Partido dos Trabalhadores，简称 PT，1979 年由各个工会、社会运动组织和其他左翼组织联合组建)的领导。全民管理连着当选了三届，因此让其自身及其政策得到了更大的合法性。尽管最近在大选中失利导致巴西工人党在 16 年后丢掉了这座城市的管理权[1]，但这个项目的基本构架依然保持运行。事实上本次当选的政党联盟(一个中立派联盟)为了能胜选不得不承诺不对巴西工人党市政府施行的大部分政策进行变更，这清楚地表明这些政策已经在阿雷格里港市市民的日常生活中变得多么得有机(不可或缺)。

几乎绝大多数的公民学校都建在阿雷格里港市的棚户区，服务对象是生活在极度贫困中的人口。很大一部分学校都是作为参与式预算进程的切实结果而兴建的；这一进程是全民管理组织所创建的参与式民主构架的一部分，由公民代表投票决定城市应当把某一部分的预算用于什么用途（拓展阅读请参看 Abers，1998；Baiocchi，2005；Santos，1998）。一些社区在自己的公民大会上把建设学校作为了优先考虑事项。学校能兴建在这些社区这一事实既是这些社区的公民组织的胜利，也是全民管理组织兑现自己的政治承诺的表现。

公民学校项目明显是作为一种全球市场化的教育意识形态的替代方案来构建的。当市场化意识形态声称教育应当像市场那样运作时，使用公民身份这个概念明显是一种反对把知识视为商品、把学生视为顾客的抵抗方式。公民学校项目的目标是创造出公民，而公民的定义是拥有足够自身生存的物质资源，足够的符号商品以满足自己的主体性，足够的政治商品以满足自己的社会存在（Azevedo，1999，p. 16）。

建设公民学校项目

公民学校项目对参与式民主理念的一大贡献在于其原则的创造方式。为了决定城市学校的目标和原则，一个民主的、审议的、参与式的论坛被设立起来，并被命名为"学校选民项目"。这个项目的建构借助于对学校社区的长期动员过程（运用了从参与式预算的动员中习得的无价经验），其目标是为阿雷格里港市的城市学校政策提供指导原则。

学校选民项目的组织过程非常漫长。整个过程持续了 18 个月，在学校层面、地区会议，以及最终的选民大会上涵盖了很多主题小组。引导讨论的主题包括学校管理、课程大纲、共同生存的原则和评估。选民大会为城市学校选择了激进的教育民主作为公民学校项目的主要范式目标。这种激进的民主必须在发生在三个维度上：入学机会的民主化、知识的民主化和管理的民主化。这三条原则将指导阿雷格里港市城市教育体系的每一项行动。这三条原则将影响并改变学校的结构以及学校和市教育局（SMED）之间的关系。

入学机会的民主化

如果学校想要给阿雷格里港市最贫困地区——城市学校正位于这些地区——的儿童的生活带来影响的话,为儿童提供初始入学机会应当成为优先考虑事项。因此,对于全民管理而言,确保这种机会是为那些在历史上被排除在社会商品之外的社群提升社会公平的第一步。

为所有学龄儿童提供入学机会并不像听上去那么简单。从历史角度来说,巴西的失学儿童数量巨大。全国性的统计数据显示,情况已经得到了迅速的改变,但是,在全民管理刚刚兴起的 1991 年,甚至是公民学校项目上马后仅仅一年,巴西初始入学机会的情况非常糟糕。1991 年时大约有 17％的巴西学龄儿童没有在接受正规教育;而 1994 年整个数字降到了大约 13％。

当巴西工人党 1988 年刚当选时,阿雷格里港市仅有 19 所初尊(K‐8)学校(在巴西,它们被称为"基础学校"),在校学生 14 838 人,教师、课程大纲协调员和教育督导共计 1698 人。在全民管理的任期内,学生的数量有了显著的快速增长。在 1988 年到 2000 年之间,巴西基础学校的在校学生数量增长了 232％。这个数字显示了市教育局所采取的行动在阿雷格里港市产生了多么深远的影响;并且,尽管以下这种对比并非基于相同情况,但值得指出的是,在 1991 年到 1998 年期间,巴西国内学龄儿童的全国增长率只有区区 22.3％(Sistema de informações, pesquisas e estatísticas educacionais [INEP],2000,p. 53)。

在全民管理政府的治理下,基础教育学校的数量增长了 126％(如果算上市政府所辖的所有学校——包括那些面向婴幼儿、少年和刚刚成年的群体的学校——增长率高达 210％)。需要再次指出的一个重点是,这些学校全部建造在该市非常贫困的地区,而新学校中的绝大多数直接建在了棚户区内部或周边。这意味着这些公民学校非但让那些从国立学校中辍学的儿童重返课堂,同时也为那些从未上过学,而且要不是有了这种新型的城市学校,一辈子都不会有机会上学的儿童提供了入学机会。

但保证初始入学机会未必能保证这些儿童可以从学校学习中获益。为了能真正实现入学机会的民主化,1995 年该市的市教育局开始为城市学校提倡一种新的组织形式。与传统学校那种把一年这个区间标识为一个年级(基础教育阶段涵盖一到八年级)的形式不同,新学校将不再保留年级这个构架方式,而是采用一种叫做"形成性循

578

环"(Cycles of Formation)的新构架。需要指出的一个重点是，以循环而非年级的形式来重新组织学校的课程大纲以及空间—时间安排，并非由阿雷格里港市首创。其所施行的公民学校本身也并非新鲜事物，但是据市教育局声称，他们采用了一种新的配置，而这将为应对入学机会和知识的民主化需求提供一个极其充分的更优越的机遇。

在这种新的配置中，传统的截止时间点——每个学年的末尾——即学生必须"证明"他们"有学到东西"的时间点，被移除了，取而代之的是一种新的时间组织方式。建立周期循环是一种有意识的尝试，试图消除原先那种一直困扰学校并造成排斥、学业失败和辍学等顽疾的机制，同时被消除的还有随之伴生的对受害者的指责。公民学校的理念是通过对等质等量的学习/时间概念进行重新界定，从而不去处罚那些被传统年级划分法划拨入学习进度"迟缓"的学生。

这种新型学校现在有三个周期，每个周期三年，是在巴西的"基础学校"年限上增加了一年(将一年的学龄前早教纳入小学阶段，把"基础学校"的就读年限增加到九年)。这让城市学校负责教育6—14周岁的少年儿童。这三个周期是基于生命的周期来组织的，每一个都对应着儿童人生发展的一个阶段(即儿童、青春期前期和青春期这三个阶段)。其设计理念是把相同年龄的学生归入三个周期里的某个特定年份。这旨在改变绝大多数巴西公立学校的现状，在全民管理开始执掌这个城市时，市教育局面对的正是这种满足普通民众子女教育需求的公立学校，而这些学校的一个顽疾是：在更幼龄儿童的班级里经常有那种多次留级后(因此年长同班同学好几岁)的学生。通过把同龄的学生归入某个周期的相同年份，市教育局宣称这能重新激发曾经多次留级的学生的学习动机。

在使用这种周期的学校里，学生从一个周期内的某个年份晋升入下一个年份，"学业失败"这个概念并不存在于这种学校。尽管获得了胜利，但是市教育局意识到，仅仅消除排斥的机制是不足以实现知识的民主化这一目标的。因此，公民学校创设了多种学业融合机制，旨在保障对学生的接纳。它为那种年龄和所学有差距的学生设立了进步小组。其理念是为那些在过去经历过多次学业失败的学生提供一个激励和挑战的情境，让他们在其中以自己的步调来学习，同时填补过往学业失败对他们的学业成长造成的差距。此外，进步小组也为那些因为来自别的学校体系而遭受学业失败的儿童(例如，从别的城市或从州立学校转学而来)提供了一个空间，让他们获得更仔细的关注，从而帮助他们最终融入符合他们年龄的那个周期循环中去。此处的理念是学校必须改变自身的构架来适应学生，而非相反，虽然历史上都是学生适应学校构架(Souza

579

et al. , 1999, pp. 24 – 25)。

这种通过构建学校新结构来回应学生需求的理念带来了另一种教育实体的创设：学习实验室。在这种空间里，那些有着更严重的学习问题的学生将获得个体关注，同时也让教师得以开展科研以提升常规课堂的教学质量。对于那些有特殊需求的学生，学习实验室提供了整合和资源房间，它是"一种专门设计的空间，用于调查和协助那些有着特殊需求的学生，需要通过互补和特定的教学工作来帮助他们整合融入，也帮助他们克服学业上的困难"（SMED, 1999a, p. 50)。

因为拥有以上这些机制，公民学校项目不仅提供初始入学机会，同时也试图保证让那些"没有权力的"从属阶级的儿童占据的教育空间能够向他们提供有尊严的、尊重他们的优质教育，确保学校能留住他们并把他们培养成真正的公民。

知识的民主化

课程大纲的转变是阿雷格里港市项目构建积极的公民身份的关键组成部分。必须指出的一个重点是，这个维度并不局限于接触传统知识的机会。此处的构建是从新认识论出发，重新理解究竟什么才能被视为知识。其基础并不在于把新知识整合进一个完美无缺的"人类智慧的核心"的边缘中去，而在于一种激进的彻底转变。公民学校项目超越了那种对文化表征，或对阶级、种族、两性和性别压迫的零星碎片式提及。它把这些主题作为构建知识过程中的基础组成部分。

在公民学校项目中，知识上的"核心"和"边缘"概念变得非常有问题。构建课程知识的出发点是学生自身社区的文化，并不仅仅局限于内容，同样也关乎视角。整个教育过程旨在翻转先前的优先考虑事项，转而为那些在历史上被压迫或被排斥的人群服务。这种新的知识构建过程的出发点是主题复合体(the matic complexes)的理念。课程的组织让整个学校以一种跨学科协作的方式致力于一个集中的、产出式的主题，经由这种主题让各个学科和知识领域决定自身教学内容的聚焦重点。

该项目鼓励学校在建设主题复合体以及把宏观讨论落实到课程设计中时遵循以下这些步骤，包括辨识和研究该校所处的环境，对社区里的学校联合体开展透彻的参与式研究，甄选从研究中收集到的重要论断，即那种代表着该社区的愿景、期望、利益、理念和文化的表述，以及对那些能指导学校的课程建设过程的原则进行详细阐述。

主题复合体为整个学校提供了一个中心聚焦点,它能在一段时间内指导该校的课 580
程设计,这个时间段可能是一个学期或一整个学年。教师有了指导原则——每个知识
领域为主题复合体的讨论作出更大的贡献,也有了概念矩阵——来自知识领域的概念
网络,而非仅仅拥有教师自己理解的孤立事实或信息,这些概念在应对主题复合体时
都能发挥关键的用途。有了原则和概念矩阵之后,教师们在周期中的每一年都会按照
自己的知识领域来组织会议,对课程进行详细阐发和计划。教师们必须"研究"自己的
知识领域,挑选出那些有助于将主题复合体问题化的概念。同时他们必须和来自别的
知识领域的教师合作,由此共同构建一种整合式、高密度的课程,以期能同时应对主题
复合体中列举的种种问题和事项。

因为主题复合体的出发点是大众知识或常识,教师们也被迫思考正式知识和这种
常识之间的关系。因此,这种方法同时处理了传统教育中的三个问题:知识的碎片
化、学校教授内容的"明显"中立性,以及传统学校赋予科学/渊深知识凌驾于地方社区
知识的绝对至高地位,尤其是在极度贫困的社区里——在阿雷格里港市亦是如此。

学生并不是用那种永远都无法解决他们的真实问题的课本学习那些无涉他们利
益的历史或社会文化研究。通过主题复合体的组织,学生们从他们家庭的历史经历中
开始学习历史。他们学习的重要的社会文化内容则聚焦于并讴歌他们自己的文化表
征。需要指出的一个重点是,这些学生依然会学习巴西和全世界的历史,包括所谓的
高端文化,但是这些知识会透过完全不同的棱镜(视角)来进行观察。该项目不会要求
他们遗忘自己的文化来学习所谓的"高地位的"文化。相反,通过理解他们的处境和文
化并认可其价值,这些学生将能够在学习的同时得到转变自身被排斥的处境的机会。
通过研究问题(例如,农村的空巢现象、居住在非法地皮上等)且并不止步于此,而是
(在邻里联合会,或是参与文化活动或团体中)学习自组织的力量,把这些事务与诸如
地理上的空间概念、历史事件、数学能力以及很多别的学校知识相联系,公民学校以此
来帮助生活在糟糕条件下的社区来构建真正的知识和替换方案。

这种对核心或中心知识界定的转变影响的不仅仅是指导课堂日常生活的那些教
学概念,同时也转变了学校作为一个整体的运作机制。这种对知识的新式概括现在已
经传播到了整个学校体系中去。这个项目不仅为"被排斥的"学生营造了一种全然不
同的正式教育,也为他们创造了一种新颖的周期构架,让那些历史上被排斥的社群里
的孩子有了重获(物质的和象征的)尊严的可能性。

管理的民主化

确保管理民主化的第一个机制是选民大会。它不仅提供了一个空间来决定项目该如何管理,也允许公民真正参与对公民学校目标的界定。然而,教育构架毕竟拥有非常多的管理层次,因此这些空间的民主化要求创造出更多的新机制。

581　　在阿雷格里港市教育系统民主化创造出的机制中,学校委员会是一个核心要素。它的作用是促进阿雷格里港市的决策进程和教育管理的民主化。学校委员会是全民管理组织的政治意愿的产物之一,也是要求参与该市教育的社会运动的需求,由 1992 年 12 月颁布的一条城市法案确立,并于 1993 年正式实施,继而成为了学校里最为重要的机构。学校委员会由选举出的教师、教职员工、家长、学生以及学校管理层的一位成员共同组成,拥有并发挥咨询、审议和监督功能。

学校委员会的职责是审议学校宏观层面的项目和管理的基本原则,分配经济资源,以及监督教育决策的实施情况。而学校委员会制定的政策,将由校长及其团队来负责实施。

就资源而言,需要提及的一个重点是,在全民管理掌权之前,(巴西常见的)一个做法是中央集权的预算。任何的花销(甚至是日常的那种)都必须递交给中央政府,然后才会被批准通过,接着,这笔款项会被拨给学校,或者专门采购必须产品和服务的中央机构。在这种旧体系中,学校委员会是“束手束脚的”,根本毫无自主权。而该市市教育局改变了这种构架,建立了一种新政策,让每所学校每三个月就能获得一笔拨款。根据市教育局所说,这种措施能确立学校的财政自主性,允许学校根据学校委员会制定的目标和优先考虑事项来管理自己的支出。在创造自主性的同时,这种举措赋予学校议会中的家长、学生、教师和教职工一种管理公共资金的社会责任意识,教导他们在对投资进行分层时拥有团结意识(SMED, 1999b)。

学校委员会也有权力,通过校长及其团队,来监督其决策的实行情况(SMED, 1993, p. 3)。事实上,学校理事会在校内是一个被赋权的构架。它是学校里主要的管理机制,仅仅受限于民主论坛为整体建构的教育所颁布的法规和政策。对于课程的决策可以成为审议的一部分,而吸纳家长、学生和教职员工(甚至教师,如果把传统学校也考虑在内的话)来参与这一过程,则是这个模式的一大创新之处。

在学校委员会以外,另一个确保公民学校民主空间的机制是:在阿雷格里港市的城市学校，由学校社区的全体成员通过直接选举的方式来推选校长。校长作为实施学校委员会决策的负责人，自身也是在对学校管理上的一个特定项目进行答辩后才得以当选的。这种事实就带来了校长身份的合法性。校长并非是中央政府派驻在学校委员会中代表中央利益的代言人，而是由一个特定的教育社区里绝大多数的支持者投票选出的。校长有很高程度的学校嵌入性，因此，市教育局觉得这样就有可能避免某些潜在问题，即让一个与项目无关的人来负责学校委员会审议后有待落实的事项。但整个教育社区的职能并不止于此：通过学校委员会，学校社区拥有了监督校长工作的途径，并对校长实施其民主决策进行问责。

　　直接选举一个人来负责实施由学校委员会给出的指令，而学校委员会本身也由学校社区直接选举产生，代表了一种旨在为地方学校层面开发民主管理原则的机制。　　582

潜在的问题

　　公民学校项目代表了入学机会民主化、知识民主化和管理民主化的一种显著进步。尽管如此，它和别的所有改革一样，也面临着亟待解决的挑战，如果这个项目想保持自身的民主性，并成为现有保守改革的一种有竞争力的、先进的替代方案。

　　教学周期代表了一种方向正确的进步：它们让学生得以继续留在学校，从而对抗辍学这个严重问题。然而，为了能给学生提供持续的对其学业的评估，所有因此而创设的机制都必须维持运作。这意味着那些新型的支持性构架（如密切评估学生的进步、学习实验室等）必须维持运作。但在预算受限时，这些往往是首先被砍掉的构架和项目。在那种废止了年级制和留级的学校，对学生进步的密切监控以及支持性的构架必须维持运作，否则很有可能学生就无法获得继续自己的学业所需的学术技能。这是一个严重的问题，有迹象表明有些教师已经开始质疑全面废除留级是不是一个正确的决定，因为它最终可能会在周期结构中重新创造出另外一种思路的年级制。

　　公民学校项目的另一个潜在问题与阶级有关。巴西工人党从历史上就是深深根植于马克思主义对阶级的重视之中。教育研究中对马克思主义传统的诟病（本文认为这种抱怨在很多个案中是正确的）在于他们把阶级不单单作为主要的，而且往往是唯一的分析类别，因此把别的形式的压迫也归结为阶级的子类别（参见 Apple，1988；Apple & Weis，1983）。因此，在全民管理起草的材料中，多次明显地提及了阶级压迫——这是正确的。但是很少提及种族压迫或性别压迫。这可能会导致一种潜在的立场，即无视那些并非基于阶级的、特定类型的压迫。因此，有理由相信，其他的一些公民组织，例如非洲裔巴西人持续增长的社会活动运动，妇女的社会运动、同性恋人群的组织，依然可以拥有开放空间去运作并要求州立教育机构接纳他们的诉求和事务，在无论是地方层面还是全球层面上将其作为每个公民与压迫作斗争的议程的一部分。

就管理结构而言，针对学校委员会，有一点是需要特别注意的。学校里有多种不同的利益在发挥作用，更重要的是，有些专业技术知识是只有教师才掌握的。当学校委员会的决策涉及需要用到这些专业知识的部分时，教师就掌握了很大的优势。因此，当这种决策涉及教学事务时，家长可能会觉得自己缺乏教师那种技术术语或令人信服的能力，而教师在发言时往往会满嘴都是家长听不懂的术语。因此，学校委员会中应当有一个让家长学习的过程。教师拥有的专业知识终将面对来自学会了如何更好地提出主张并为自己的利益而据理力争的家长的回应和争辩。公民学校项目面对的一大挑战是强化和延伸现有的对家长的教育，让他们认识到自己在学校里的权利和空间地位。这就需要创设一个让家长觉得自己是受欢迎的空间，在此他们对自己的社区和孩子的知识是受人尊重的，被认可是创建更好学校所必需的知识；在此家长将获得话语和学术工具和手段，让他们能够以一种民主的方式来与教师讨论这些问题。这个过程同样也要包含对教师的教育，从历史上来看，过去的教师习惯了作出所有的决策。教师和教学管理人员需要从社区那里学习如何倾听、如何建立一种高水平的互信，从而让家长感到他们不需要使用专门的术语才能让教师听到家长的观点。

最后，巴西工人党现在并未执掌阿雷格里港市这个事实也给这种经历的完整性造成了挑战。即使现任当局拥护了公民学校经验的部分核心原则，仍有人担心留级制度将会被重新引入，这对该经验的原则构成了严重的威胁。尽管如此，事实上该项目的主要机制在新政府当选两年后依然在运作中，这或许能对我们有所启迪，让我们看到把对教育的新认识渗透融入学校和社区文化的重要性。该州是发起变革进程的初始机构，但这种变革的延续不能仅仅依靠州政府。事实上，这些举措在政权更迭了数次之后依然在运作，也让我们看到了阿雷格里港市公民学校的优势和嵌入水平。

地方行动: 全球影响

可能该项目最有趣的一个方面在于公民学校项目和全民管理组织两者一起把整个城市的教育过程与地方事务、进步倡议和运动,甚至全球运动之间建立起了联系。

从 2001 年 1 月开始,阿雷格里港市开始每年承办世界社会论坛和世界教育论坛。该市管理层负担了承办的部分费用,也为这些会议和集会提供了基础设施。世界社会论坛被视为一个世界各国反霸权主义运动彼此交流经验和建立合作网络的平台,并构建了 Santos 和别的学者所说的"自下而上的全球化"(Evans, 2000;Santos, 1995)。

第一届世界社会论坛于 2001 年 1 月召开,共有 4 000 余名来自世界各国的代表出席。2002 年 1 月,第二次论坛也在阿雷格里港市召开,吸引了来自 131 个国家的 15 000 名与会代表,此外还有 25 000 位未注册人员出席了论坛(Whitaker, 2002)。有 1 500 名记者进行了官方注册以报道这次盛会(Klein, 2001)。第三次论坛依然在阿雷格里港市召开,与会者达到 100 000 名,包括 20 000 名代表、25 000 名青年营参与者、4 000 名记者,外加 50 000 多名普通观众(World Social Forum, 2003)。2004 年主办方决定把会址迁往印度。2005 年世界社会论坛重回阿雷格里港市,并吸引了 155 000 名注册与会者。

全民管理组织和市教育局借助世界社会论坛和世界教育论坛来推动建立的组织是为了构建埃文斯(Evans, 2000)称之为"跨国网络"(p. 230)作出的一种有益尝试。从这个角度来看,阿雷格里港市的经验不仅对巴西非常重要,对世界各地那些深深担忧新自由主义和新保守主义对教育和整个公共领域的重新构建,并且挣扎着寻求替代方案的人们也极其重要。从公民学校项目创设的成功的替代方案,以及它们遇到的挑战和矛盾之中,人们似乎能学到非常多的宝贵经验。

承办像世界社会论坛和世界教育论坛这样的大型会议向着建设一种"转译的话语"迈出了很大的一步,即在地方和全球规模上建立对教育的新共识并创造替换方案模型(Pedroni & Gandin, 2007)。公民学校项目帮助学校极大地改善了入学机会,并显著降低了辍学率,通过挑战传统观念对知识的界定来设计课程,创设民主的管理构架来激励参与度和社区参与。该项目通过上述这些举措为那种在教育中导入市场作为至高裁决方的做法提供了一个切实可行的替代方案。

公民学校项目最大的宝贵经验和启示在于,它与更大层面上的社会变革和转型保持了密切的一致和联系,与一系列实践活动紧密相连,这些活动旨在改变该州的机制以及改变何人能获准参与制定州政策的规则。所有这些对我们思考教育政策的政治事务及其在社会转型中扮演的角色都有着非常关键的启迪作用。公民学校项目将让学校把如何应对教育排斥和如何创造州政策来解决这种排斥问题(避免"权宜之计")作为学校生活的中心议题,这正反映了在真实生活环境中建设激进民主有多么困难。该项目所取得的成就和所遭遇的挑战不单单对阿雷格里港市的公民来说是一种宝贵经验,对全世界在自己所处之地为地方或全球转型而奋斗不息的人们而言亦是如此。

注:

1. 巴西工人党(PT)在阿雷格里港市的败选主要归结于中产阶层对城市管理层的支持日渐式微。现任政府在第二轮选举中以 57% 的选票当选(巴西工人党的准教师获得了余下的43% 的选票)。

(伍绍杨　译)

参考文献

Abers, R. (1998). From clientelism to cooperation: Local government, participatory policy and civic organizing in Porto Alegre, Brazil. *Politics & Society*, 26(4), 511 – 537.

Apple, M. W. (1988). *Teachers and texts*. New York: Routledge.

Apple, N. W., & Weiss, L. (Eds.). (1983). *Ideology and practice in schooling*. Philadelphia: Temple University Press.

Azevedo, J. C. (1999). Escola, Democracia e Cidadania. In C. Simon, D. Busetti, E. Viero, & L. W. Ferreira (Eds.), *Escola Cidadã: Trajetórias* (pp. 11 – 33). Porto Alegre, Brazil: Prefeitura Municipal de Porto Alegre—Secretaria Municipal de Educação.

Baiocchi, G. (2005). *Militants and citizens: The politics of participatory democracy in Porto Alegre*. Stanford, CA: Stanford University Press.

Evans, P. (2000). Fighting marginalization with transnational networks: Counter-hegemonic globalization. *Contemporary Sociology*, 29(1), 230 – 241.

Klein, N. (2001, March 19). A fete for the end of the end of history. *The Nation*. Retrieved May 17, 2002, from http://www. thenation. com/doc. mhtml? i = 20010319 & s = klein

Pedroni, T. C., & Gandin, L. A. (2007). *Building cosmopolitan solidarity across borders: Educational movements for the dispossessed in Brazil and the United States*. Paper presented at the CUFA Conference. Washington, D. C.

Sader, E. (2003). *Porto Alegre, até logo!* Zero Hora.

Santos, B. S. (1995). *Toward a new common sense: Law, science and politics in the paradigmatic transition*. New York: Routledge.

Santos, B. S. (1998). Participatory budgeting in Porto Alegre: Toward a distributive democracy. *Politics and Society*, 26(4),461 – 510.

Secretaria Municipal de Educação (SMED). (1993). *Projeto Gestão Democrática—Lei Complementar No.* 292. Unpublished text.

Secretaria Municipal de Educação (SMED). (1999a). *Ciclos de formação—Proposta político-pedagógica da Escola Cidadã. Cadernos Pedagogicos*, 9(1),1 – 111.

Secretaria Municipal de Educação (SMED). (1999b). Home page. Retrieved December 15,1999 from, http://www. portoalegre. rs. gov. br/smed

Sistema de informações, pesquisas e estatísticas educaciionais [INEP]. (2000). *Education for all: Evaluation of the year* 2000. Brasilia, Brazil: INEP.

Souza, D. H. , Mogetti, E. A. , Villani, M. , Panichi, M. T. C. , Rossetto, R. P. , & Huerga, S. M. R. (1999). Turma de progressão e seu significado na escola. In S. Rocha & B. D. Nery (Eds.), *Turma de progressão: a inversão da lógica da exclusão* (pp. 22 – 29). Porto Alegre, Brazil: SMED.

Whitaker, F. (2002). *Lessons from Porto Alegre. Retrieved June* 6, 2002 from, http://www. forum-socialmundial. org. br/eng/balanco_ChicoW_eng. asp

World Education Forum. (2004). *Lecturer stresses the importance of the Citizen School and of the Participatory Budgeting in the Education Forum.* Retrieved January 10, 2007 from, http:// www. portoalegre. rs. gov. br/fme/interna. asp? mst = 5&m1 = 23695

World Social Forum. (2000). *Goals of the World Social Forum.* Retrieved December 6,2000 from, http://www. forumsocialmundial. org. br

World Social Forum. (2003). *Background: The events of* 2001,2002 *and* 2003. Retrieved July 30,2006 from, http://www. forumsocialmundial. org. br

585

对第七部分的回应：
全球化与教育社会公平

大卫·吉尔伯恩(David Gillborn)

　　"全球化"无处不在；谷歌(Google)眨眼间就显示了超过 2 700 万条参考资料。政治家和记者对这个词特别热衷，很大程度上是因为这个词使得他们的观点听上去很重要，具有知识性。通过援引"全球化"，他们貌似变得深刻起来(好像他们对划时代的转变有深刻的理解似的)，而且，他们可以借此表达自己所选择的政治意识形态，将之表述成必须的甚至不可避免的生存路径。另一个吸引力是该术语非常灵活，可以应用于许多不同的议程。

　　全球化经常被用作特定经济和社会政策的理由，这些政策极力推动新自由主义改革，优先重视市场，攻击政府提供服务。其结果是，我们被告知，全球化——一个显然强大到无法抵抗的力量——意味着对工人的传统保护现在已经过时和不可持续。我们被告知，全球化意味着教育制度必须培养适合 21 世纪的高技能工人。最高成就者备受关注，"天才"项目基于优生学的理由而被大力推进："今天的天才学生将是未来的社会、智力、经济和文化领袖，他们的发展不能交给偶然性"(National Academy for Gifted and Talented Youth, 2007)。这些计划都被宣称为精英教育的顶点，而罔顾了(或者是因为?)这些项目的学生绝大多数是白人和中产阶级这一事实。但是，我们被迫相信这样做是为了所有人的利益，因为我们必须在新的全球化世界中与他人竞争。

　　如果这让你感觉不公平或带有剥削性质，全球化对此也有一个答案。我们被告知，因为全球化正以前所未有的姿态对国家和个人的身份提出了挑战。需要特别指出的是，西方的政策制定者将这些断言与对安全和国家身份的威胁联系起来，这种联系使得发言者坚持**他**或**她**所选择的国家身份受到威胁，亟须采取强有力防御措施的观点。因此，英国政府坚持英语的重要性，并对穆斯林人民"过度"使用宗教服装表示担心，因为政府认为国家的凝聚力岌岌可危。因此，有关大多数主流白人的期望和信念的这种狭隘立场被误解成常识，并被认为是符合所有人的利益的。用英国首相的话来说：

　　　　我们应该把使用英语作为公民资格的条件，这关系到凝聚力和正义的问题，……试图在一体化和多样性之间找到正确的平衡，这不是我们独有的问题。这是一个全球性的难题……我们的宽容是英国、英国人的一部分。所以要么顺应、遵守，要么别来这里。(Blair, 2006)

因此，这样一个有关身份和民族国家的"全球性的难题"就被迅速转化为新的公民 587
身份的限制条件，将英语（和主要来自白人国家的人）置于优先地位，同时歧视那些一
直想与其已在英国定居的家属团聚的南亚人：所有的这一切都是借着"凝聚力"、"正
义"和"宽容"的名义而发生的。

但是批判学者指出，全球化的历史比大多数当代评论家选择记住的历史更长。里
奇·李·艾伦（Ricky Lee Allen，2001）认为，全球化已经有几百年历史了，尽管资本主
义是它所选择的经济形式，但白人至上（White Supremacy）一直是它占主导地位的文
化隐喻。奠定了"西方"经济基础的凶残的奴隶贸易便是真正意义上的全球化，其发展
过程带来了无法估量的文化变革，而且将黑人的身体当作任何其他商品一样进行贸
易。当美国宣布独立、宣布"所有人生来都是平等的"这一不言而喻的真理时，人们当
时的理解是有色人种并不包括在内（Bell，1987）。

与此同时，全球人口流动愈加频繁，为移民人口服务的如卫星电视、广播台等媒
体蓬勃发展。这些媒体致力于从移民的家乡用他们自己的语言向居住在世界任何
角落的移民社区直接播送节目，这使得当今世界不同文化之间的高度多样性越演
越烈。

尽管如此，民族国家比以往任何时候都努力维持着一个谎言：他们是一个统一
的民族——一个建立在虚构的文化和虚假的生物基础上的单一民族（Anderson，
2006）。例如，在美国、澳大利亚和英国就有一套表面上信奉肤浅和空洞的多元文化
主义但实际上却维系种族不平等和白人至上主义的信念体系，政府和媒体正是在这
些信念体系的基础上认为国家是统一的。以上强调的这些张力变得越来越明显，并
且越来越频繁地发生在校园和课堂里；在那里正式课程和隐性课程所教授的历史是
干干净净的，这与学校、地方、民族国家以及全球范围内实际存在的种族压迫现状恰
恰相反。

（伍绍杨　译）

参考文献

Allen，R. L.（2001）. The globalization of White supremacy：Toward a critical discourse on theracialization of the world. *Educational Theory*，51(4)，467 - 485.

Anderson，B.（2006）. *Imagined communities：Reflections on the origin and spread of nationalism* (Rev. ed.). London: Verso.

Bell, D. (1987). *And we are not saved: The elusive quest for racial justice.* New York: Basic Books.

Blair, T. (2006). *The duty to integrate: Shared British values.* Retrieved December 10,2006, from http://www. pm. gov. uk/output/Page10563. asp♯content

National Academy for Gifted and Talented Youth (NAGTY). (2007). *Gifted education: The English model in full.* Retrieved April 29,2007, from http://www. nagty. ac. uk/about/english model_full. aspx

第八部分
当社会公平政治遇上实践

教师教育和学校变革

乔尔·韦斯特海默(Joel Westheimer)和
凯伦·艾米丽·撒塔姆(Karen Emily Suurtamm)
编辑导读

我们能否设法让教师和学生被一个令人兴奋的社会目标吸引而共聚在一起，而不是通过考试认证和人工筛选呢？我们能否解决这个古老的教育问题，即教给儿童重要价值观的同时，避免将教师的思想强加给他们呢？在解决这个问题的同时，我们能否真诚地将人类一代比一代好作为教育目的，并且承认这需要直截了当的宣言：教育的过程珍视平等、正义、共情和"四海之内皆兄弟"等价值观？那么，通过对这些价值观是否有意义的最激烈的辩论，有没有可能激发大家对目标的渴望呢？对于实现这些目标的可选方法，难道众多学校就不能有一个连续的、没有思想障碍的观点交流吗？

(Zinn, 1997, p. 539)

……在屈从于美国新奴隶制思想前，放弃教书，去开凿河渠……

(DuBois, 2002, p. 203)

近年来，教师教育项目普遍地受到越来越多的抨击，特别是那些以社会公平为目标的项目。最值得注意的是，2006 年 6 月美国全国教师教育认证委员会（National Council for the Accreditation of Teacher Education，NCATE）迫于保守派的压力，从认证标准中删除了简要提及的社会公平（Wasley，2006）。而像美国受托人及校友理事会（American Council of Trustees and Alumni）、全国学者协会（National Association of Scholars）和个人权利基金会（Foundation for Individual Rights）这样的组织，帮助营造了一种特殊的氛围——在这种氛围中，我们有理由将教师教育者标记为"狂热分子"，因为他们"相信所有教师都应该努力培养学生的'社会公平和社会正义素养'"（Stern，2006）。

要解决这种争议，需要破除最为常见的虚幻假设：社会公平教育带有明显的政治性；社会公平教育者是反对学术知识和学术严谨的。因为社会公平教育者以一种反对现状的方式将课堂政治化，他们的方法变得有明显又确切的政治性。但是，对于保守派的"学术扎实和无涉政治的教育"（Stern，2006，p. 53）的呼吁，这必须由那些持如下立场的人予以回应："教师教育从根本上是一个政治事务，我们必须从政治的视角去分析和理解它"（Cochran-Smith，2005，p. 179）。况且，政治化的教育可以而且必须是扎实的学术。应该清楚的是，这些对社会公平教育的抨击与对灌输教育的抨击有很大的

不同。很少有教育者认为，对于具有挑战性的社会问题，教师应主张特定的政治立场。　590
相反，教师和学生要将知识与社会目的联系起来的想法遭到了围攻。其实不必如此。
银行街教育学院（Bank Street College of Education）发布的一份文件强调了指导教师
教育项目的几项原则。他们指出，当务之急是让教师认识到"教育是创造和促进社会
公平、鼓励参与民主进程的媒介"，他们必须发展"深层的学科领域知识，并通过正式学
习、直接观察和参与，积极地投身于学习中"（Nager & Shapiro，2007，p. 9）。

　　教师教育是努力建设一支强大的师资队伍的基础——在这样的一支队伍中，教师
准备好去教育多元学习者，为社会公平而教学。对于"外界"的批评，一个深思熟虑的
回应既要捍卫我们的目标，同时也要如实且批判地审视我们的项目，深化我们对社会
公平教师教育意味着什么的理解，并致力于开发能够实现这一目标的项目（Fraser，
2005；Ladson-Billings，2005）。例如，邦廷（Butin，2007）呼吁采取"社会公平的否定之
否定"（anti-anti-social justice）取向对待学习，不断对我们的思想提出质疑，防止其变得
僵化。在这个愿景中，社会公平的斗争仍在继续，学生**与他人**合作，而不是**为他人**学
习，拒绝将他们的想法简单打包，以揭露事实为高潮。

　　本手册的这一部分内容旨在继续探索社会公平教师教育的适当目标和方法，并讨
论如何捍卫它。玛丽莲·科克伦·史密斯（Marilyn Cochran Smith）和她的同事们区
分了对社会公平教育的不同批评，这使我们拥有了思考和回应这些话语的概念和语
言。对于白人准教师如何努力克服种族身份以教授文化、种族和语言多元的学生，里
克特（Richert）、多纳休（Donahue）和拉博斯凯（LaBoskey）进行了丰富的讨论。麦克唐
纳（McDonald）和蔡克纳（Zeichner）警告我们要将社会公平引入教师教育项目，不应只
是象征性地作出努力，并认为多元文化教育与社会公平取向教育之间的关系可能不如
表面上那么简单。斯里特（Sleeter）就当前实施教师教育项目所处的政治氛围描绘了
一幅扣人心弦的（且令人惊恐的）画卷，同时概述了她对发展更全面地拥抱社会正义的
教师教育项目的想法。

　　这一部分（以及这些文献在总体上）提出的观点，揭示了至少两种对社会公平取向
教育进行概念化的重要方式。第一种方式是将教师理解成社会公平的代言人，他们教
导不同学习者，使所有的目标都能实现。这个使命旨在通过将边缘化群体培养为能够
取得成功的、强有力的未来领导者的方式，改变当前的社会不平等现象。第二个方式
是将学生自己看作是社会变革的代言人（而非工具）。在这个视角中，教师的角色是使
学生具备将社会变革为社会公平存在之地所需的知识、行为和技能。当然，一个全面、

有效的项目需要结合两种视角,准教师要理解学校教育是一种政治活动,使他们能够**为**实现社会公平而教,同时了解更大的政治图景,使他们能够教导**关于**社会公平的内容,以赋予其他人继续斗争的力量。

这种区分可以帮助我们弄清楚在这部分中出现的更多问题。首先,对一些人来说,社会公平教育成为多元文化教育的同义词。正如几位作者指出的那样,教师与学生的人口学构成有巨大的差距。许多新手教师不知道学生面临的现实,也不了解学生及其家庭和社区取得成功所需的工具。的确,未能在教师教育项目中推广这些工具与社会公平的目标背道而驰。例如,如果我们继续这种推理思路,投入更多精力去教导白人教师如何教授多元的学生似乎很有道理。同时,如果一个人认为社会是围绕权力关系构建的,在这个系统中,拥有特权的人疏远那些没有权力的人——或者如果人们认为,每个人都"成功",资本主义就不会存在下去——那确实还有更多的工作要做。那么,对这种权力文化的认同表明我们有必要在所有学校实施社会公平取向的项目,特别是那些全是从权力文化中获得特权的孩子们的学校。里克特(Richert)、多纳休(Donahue)和拉博斯凯(LaBoskey)引了米尔纳(Milner)的话,提醒我们:"学生的肤色不是问题。种族和种族主义的历史遗留及其对我们美国学校和学生的意义,才是真正的问题"(Milner, 2003, p. 176)。所谓"处境不利的儿童"并不妨碍社会公平的实现;相反,他们的边缘化才是阻止其实现的原因。因此,那些从我们的权力结构中获得特权的学生——那些长大后可能会巩固、主张和维护这些结构的人——是理解反种族主义和社会公平的理想准教师。就像莱德森·比林斯(Ladson-Billings, 2005)提醒我们的,建设一支更加多元的教学队伍,其目的不仅是让孩子们拥有更多种族/文化身份相同的教师,而且是"确保所有学生,包括白人学生,更准确地体会到在多元文化和民主社会中生活和工作意味着什么"(Ladson-Billings, 2005, p. 231)。此外,里克特(Richert)、多纳休(Donahue)和拉特斯凯(LaBoskey)正确地指出,白人教师必须先理解自己的种族身份和特权才能认识到在课堂上讨论种族主义是他们的责任。

第二个问题与学生和新教师经常听到的抱怨相关:他们在学校学到的社会公平"理论"在课堂上并不"实用"(Williams, Connell, White, & Kemper, 2003)。让新教师看到社会公平教育的重要性和实用性是尤为重要的,否则他们可能通过认证以后就会把证书丢在学院门口。教师教育者可以通过与K-12学校建立紧密关系,将被割裂的教师教育与实践重新连接起来,并以与实践相结合的方式教授社会公平。

第三个问题出现在该部分的多个章节中,这个问题涉及当前教育改革的政治氛围，以及这一氛围对社会公平教师教育项目的实施造成的障碍。我们把全部目光放到了基于测试的问责制上，而无法对社会问题进行检视。许多教育家声称他们希望学生好好学习，这样他们就能有效地工作，让世界变得更美好；但加强数学和读写训练的同时，削减社会科、艺术和课外课程，使我们难以想象我们民主社会的优势及其在所有教育层次所面临的挑战。事实上，教育政策中心（Center on Education Policy，2006）的一项研究发现，71％的学区缩短了其他科目的时间，以增加阅读和数学教学的时间。社会科是文献中最经常被提及的被缩短时间的课程之一。没有人怀疑读写或数学的重要性，但教育需求和培养有效的民主公民，需要的不只是这些学科技能。

结论

教导教师如何在课堂上关注和促进社会公平，这不应该是一件有争议的事情。我们说一个人支持社会公平教育，只是在说他支持教会学生运用他们在学校习得的知识和分析技能来辨别以何种途径让社会和社会机构能够更公平、更人道地待人。这些语言本身很简单。"社会"意味着教育工作者正在谈论人类社会及其组织方式的相关概念和实践。"公平"意味着对待人们和作出决定的方式是公平或合理的（Westheimer & Kahne，2007）[1]。

自公立教育诞生以来，教育者就一直在尝试提供一种能够缩小社会贫富差距的教育项目，通过改善贫穷、为贫困人口提供更广泛的就业机会、确保学生关心有需要的人和尊重所有个体，以及用当下流行的话语来说——制定"不让一个孩子掉队"的政策。这些努力，与其他所有的教育和社会政策一样，有不同的有效性，却很少有人怀疑这些目标的价值。事实上，公立学校本身可以被认为是最伟大的社会正义实验之一，其基本理念是所有儿童，无论其社会经济背景如何，都有权享受优质教育。没有人会否认教师教育项目应该教会教师如何发展学生的知识和技能，比如阅读和算术。但只有知识和技能是不够的。正如约翰·杜威（John Dewey）常说的，知识的一个重要组成部分是使公民能够参与社区生活，既付出个人的努力，也共同合作、齐心协力，使我们的社会更美好（Dewey，1916，1938）。毫无疑问，社会总是需要改进的。美国人口普查局（U. S Bureau of the Census）报告显示，几乎每五个儿童（18 岁以下）中就有一个生活在贫困之中。约 4 400 万美国人没有医疗保险，其中至少有 900 万是儿童。饥饿、无家可归和暴力使许多社区陷入困境,我们可以很清楚地看到,为了改善我们的社会,还有许多工作要做。世界其他地区的需求甚至更大。无论是国外还是美国国内,满足这些需求的最佳方式仍是有争议的。然而,我们应该清楚的是,当学生学会关心他人的需要时,当他们在面对重要的社会问题时,学会以体贴、关怀和知情的方式来分析、讨论和采取行动,我们会更好。这种崇高的目标需要"对教师职前培训中哪些东西需要被捍卫或哪些是错的和需要被更正的进行更广泛和更丰富的探讨"(Fraser,2005,p. 282)。教学不仅与学生的个人成功相关,更多是使他们做好准备,共同创造一个更加平等、公正的世界。教师教育项目,正如这部分所指出的那样,可以发挥关键作用。

注释

1. 这些观点来自韦斯特海默和卡恩的早期作品(2007)。

(彭正梅 伍绍杨 译)

参考文献

Butin, D. (2007). Justice-leaning: Service-learning as justice-oriented education. *Equity & Excellence in Education*, 40, 177 – 183.

Cochran-Smith, M. (2005). The politics of teacher education. *Journal of Teacher Education*, 56(3)179 – 180.

Dewey, J. (1916). *Democracy and education*. New York: Macmillan.

Dewey, J. (1938). *Experience and education*. New York: Macmillan.

DuBois, W. E. B. (2002). *DuBois on education* (E. F. Provenzo, Ed.). Walnut Creek, CA: Altamira Press.

Fraser, J. W. (2005). Notes toward a new progressive politics of teacher education. *Journal of Teacher Education*, 56(3), 279 – 284.

Ladson-Billings, G. J. (2005). Is the team all right? Diversity and teacher education. *Journal of Teacher Education*, 56(3), 229 – 234.

Milner, H. (2003). Teacher reflection and race in cultural contexts: History, meanings, and methods of teaching. *Theory into Practice*, 42(3), 173 – 180.

Nager, N., & Shapiro, E. K. (2007). *A progressive approach to the education of teachers: Some principles from Bank Street College of Education*. (Occasional Paper Series No. 18). New York: Bank Street College of Education.

Stern, S. (2006, April 14). "Social justice" and other high school indoctrinations. *Front Page*

593

Magazine. Retrieved April 24,2007, from http://www. psaf. org/archive/2006/April2006/
SolSternSocialJusticeandotherIndoct041306. htm

Wasley, P. (2006). Accreditor of education schools drops controversial "social justice" standard
for teacher candidates. *Chronicle of Higher Education*.

Westheimer, J. , & Kahne, J. (2007). Introduction: Service learning and social justice
education. *Equity & Excellence in Education*, 42(2),97 – 100.

Williams, N. L. , Connell, M. , White, C. , & Kemper, J. (2003). Real boats rock: A
transdisciplinary approach for teacher preparation. *Action in Teacher Education*, 24(4),95 –
102.

Zinn, H. (1997). *The Zinn reader: Writings on disobedience and democracy*. New York:
Seven Stories Press.

39

社会公平教师教育

莫尔瓦·麦克唐纳（Morva McDonald）
肯尼恩·M·蔡克纳（Kenneth M. Zeichner）

越来越多不同类型的教师教育项目都主张从社会正义的视角来培养教师。例如，一个自称为自由教师教育的项目，旨在从社会正义视角来培养教师——使教师能够意识到"学校可能是再生产基于种族、阶级、性别的等级体系的途径。当教师接受他们作为学生的支持者和积极的社区成员的角色，他们就会知而行之。"[1] 同样，一个以基督教为核心的项目旨在培养教师为促进公平[2] 和致力于"提供一个学生能够学习和体验到同理心与公平的课堂"做好准备。该项目认为，要达成目标，需要"学生的投入、反思、明辨和努力，而且最重要的是，将上帝的精神转化为力量"。虽然这两个项目所强调的社会公平不一定冲突，但是总的来看，在这个领域中，什么是社会公平教师教育并不明确，也不知道什么实践能够支持这样的一种努力，这使得有着不同视角、政治纲领和策略的机构都能宣称他们拥有相同的教师培训愿景。

模糊不清的定义，对于教师教育而言并非新鲜事。举例来说，从 20 世纪 80 年代开始，许多教师教育项目开始将预备教师类比成反思性实践者。这样的努力对于管理者、认证机构、学生、公众、改革者和艺术实践项目而言，仍然只是象征性的和标志性的（Valli, 1992；Zeichner & Liston, 1996）。然而，在很多情况下，采用"反思性实践"的概念去命名当前实践的项目，并不能对项目结构、课程和教学法的现状产生实质上的挑战。[3]

社会公平教师教育也可能会重蹈覆辙。按照这种套路，这些项目会强调社会公平的使命，使用社会正义的语言描述概念框架、项目概况和课程大纲，并且可能会对课程内容、教学法或实习项目进行小修小补。比如，一个项目可能会用社会公平的使命来传达其意图——培养能够教育来自多元背景的学生的教师。在许多方面，"社会公平"这个词只是简单地强调了现有做法，比如一门多元文化教育课程，或者面向来自不同学校的学生的实习，可能不会过多考虑这些做法在多大程度上能支持一个项目的社会公平使命。以前的教师教育改革趋势表明，社会公平的努力很可能仍是象征性的，无法从根本上改变教师培养的内容、结构和质量（Grant & Secada, 1990）。

如果社会公平教师教育不只是嘴上说说，或不只是对多元化的颂扬，我们认为它必须努力走一条不同的路。在这条路上，教师教育者将会受到挑战——他们会进一步对社会公平教师教育进行概念化，调和教师教育共同体内外的重重政治分歧，发展和明确能够培养教师从社会公平视角出发进行教学的特定项目和实践。这条路径不仅需要对项目内容和结构进行彻底的反思，而且需要拓宽原有的概念——到底谁应该参与到重新定义的努力中。如果这些重新定义社会公平的努力要体现出与社会公平使命相一致的民主进程，那么它们就必须将目光投向与改善儿童教育机会相关的所有人员，包括 K-12 教育者、学院与大学教师和职工、社区成员和父母，看他们怎样参与并决定如何培养教师。虽然这些包容和民主的思量不一定会得出有利于社会正义的决定（Zeichner，1991），但我们相信如果没有如此包容的社会关系，就不会得到一个社会公平取向的项目。

鉴于美国当前的政治氛围和教师教育所处的环境，实施社会公平教师教育，挑战压迫性的社会、政治和经济结构，将会尤其困难。越来越多的学校教育项目，尤其是教师教育项目，受到了抨击，它们被要求给出其有助于提高 K-12 学生学业成就的实质证据，以证明其存在的价值。这不一定是一个不合理的要求，但在当前将标准化考试的分数作为学习的唯一衡量标准的氛围中，搜集这些证据需要大量的资源，并有可能导致教师教育者将教师培养的重点放在更狭隘和技术的层面，而不是像社会公平之类需要教师考虑更广泛的教育目标的层面（Sleeter，2007）。此外，K-12 教育者——教师教育项目的重要合作者——同样处于高利害问责制带来的越来越大的压力之下，在很多情况下，他们不太愿意参与这种看似模糊不清的社会公平改革之中。尽管面对这些情况，我们仍会发现全国范围的教师教育项目一直在努力克服这些困难，并一直在尝试从社会公平的视角出发培养教师。

在本章中，我们的目标是支持社会公平教师教育的工作。在第一部分，我们辨别了多元文化教师教育和社会公平教师教育之间的联系和差别，这能使社会公平教师教育的概念和实践更加明确。在第二部分，我们思考了社会公平的两种视角，并探讨这两种视角将如何为教师教育者的工作搭建框架。我们还认为如果社会公平教师教育项目与本地、全国或全球范围内的其他社会运动联系起来，将会对其有莫大的助益，我们提供了一些关于这方面的历史和国际案例。在最后一部分，我们将确定能够确保教师教育项目朝社会公平方向发展的政策和实践，并对作出此努力的项目进行了简要的描述。这并不意味着我们必须要像它们那样做，而更多是关于教师教育是什么和应该是什么的一些案例。

多元文化和社会公平教师教育

在教师教育领域,社会公平教师教育用了将近 30 年的努力把多元文化教育纳入其体系中。自 1978 年以来,美国全国教师教育认证委员会(NCATE)要求将多元文化教育纳入职前课程,之后的 1988—1993 年期间,接受 NCATE 监督的机构超过 80％都将多元文化教育纳入了课程(Gollnick, 1995)。[4] 多元文化教师教育的工作重点是培养教师去改善有色人种学生、低收入家庭学生和英语学习者的学习机会和经验(Lucas & Grinberg, 2008)。社会公平教师教育有同样的目标,但实施上与多元文化教育有两方面的差异——概念和结构(Feiman-Nemser, 1990;Tom, 1997)。[5] 接下来,我们将重点分析这些概念和结构上的差异。

概念上的差异

从概念上讲,社会公平教师教育将重点从文化多元性问题转移到社会公平问题上,使社会变革和行动主义进入提升教与学的中心视野。社会公平项目关注的是延续不公的社会结构,它们尝试培养教师采取个人和集体行动去缓解压迫。虽然多元文化教育不是整齐划一的社会运动,但其主要实践倾向于颂扬文化多样性和个人经验,而很少注意到社会结构和制度化的压迫(Kailin, 2002)。许多学者,包括很多致力于反种族主义教育的人,都强烈批评多元文化教育的这种预设的观念(e. g., Mattai, 1992;McCarthy, 1998;Olneck, 1990)。例如,马塔(Mattai)和奥尔利克(Olneck)都认为多元文化教育优先考虑个体和文化的概念,而非群体间的制度化关系。结果是,某些形式的多元文化教育不太关注像制度化种族主义或阶级主义之类的议题。此外,多元文化教育的关注点通常是内容、价值观和信念,这与旨在改变导致不平等的制度结构的社会行动相割裂(Kailin, 2002;Sleeter, 1996)。

某些形式的多元文化教育确实强调公平和社会行动的理念,我们认为社会公平教师教育建立在这些理念之上并对其进行拓展,尤其是要在实践中践行这些理念。班克斯(Banks, 2002)归纳了多元文化教育的四个方法:贡献、附加、转化与社会行动。转化和社会行动法不止颂扬多元化,而侧重于变革和行动。转化法认为,内容和课程材料的内部结构必须包含不同群体的经验、视角和知识;而社会行动法在转化法的基础上更进一步,要求学生参与社会行动——真正参与到社会变革的努力中。类似的,斯里特(Sleeter)和格兰特(Grant，1993)归纳了多元文化教育的五个方面,其中就包括文化多元和重构主义的教育,这种教育强调了社会正义和挑战了压迫的制度化形式。其他人从更加整体的角度分析了教师教育的重构主义传统,并融入了正义的概念(例如,Grant ＆ Secada，1990；Liston ＆ Zeichner，1991)。更加公平取向的传统——从班克斯(Banks)的社会行动法到重构主义教师教育——处于大部分教师教育工作的边缘,包括那些关注多元文化的教师教育。然而,斯里特(Sleeter)提醒了我们公平作为多元文化教育核心的重要性:

> ……多元文化教育源自于民权运动。它不仅仅是关于"让我了解一下你的食物,我将会把我的食物与你分享",主要的问题是获取优质教育的机会。如果我们不解决为什么机会一直很重要的问题,如果我们不解决贫富差距过大的问题,我们就不能解决多元文化主义的核心问题。我知道这听起来老生常谈,但中心议题之一仍然是公平。(Sleeter，2000—2001)

作为多元文化教育中社会行动法的一种拓展,社会公平教师教育的目的在于响应斯里特的号召。为此,它采取了这样一种公平视角:颂扬多元化和关注结构性不平等都是培养教师的核心主题。除了要重新聚焦于教师教育项目的概念基础,我们还需要重新设计结构性元素,以扫除多元文化教师教育实施过程中遇到的障碍。

结构性挑战

在多元文化教师教育历史中,最为突出的是社会公平教师教育可能面临和需要克服的一系列挑战。多元文化教师教育在实施过程中受到了项目自身结构松散的限制(Cochran-Smith，Davis ＆ Fries，2004；Goodlad，1990；Grant，1994；Grant ＆ Secada，1990；Howey ＆ Zimpher，1987),某种程度上,这是高等教育的文化和酬偿结构的结果。因此,大多数项目对学生日渐多元化的回应是增加一门以多元文化为基础的课程,或者在学校申请一个场所来为多元文化背景的学生提供服务[6](Banks，1995；Gay，1994；Goodwin，1997b；Grant，1994；Ladson-Billings，1995)。研究表明,这些另外附加的努力很难影响到未来教师对有色人种、低收入家庭学生和英语学习者的信念、态度和教学实践(Cochran-Smith，Davis，＆ Fries，2003；Ladson-Billings，1995；Tom，1997；Villegas ＆ Lucas，2002)。然而,鲜有项目将多元文化内容整合到课程中。

就目前的实施情况而言,诸如种族、阶级和语言多元性的问题主要是在基础课程中有所回应,可能会给未来教师提供教育多元背景学生的一些概念知识,但却很少能提供在课堂教学实践中运用这些知识的策略(McDonald,2005)。结果是,这种另外附加的方法维持了一种危险的二元对立——培养教师的学科知识和学科教学知识,与培养他们教导不同背景学生的知识以及追求社会公平之间的割裂(Grossman,McDonald,Hammerness,& Ronfeldt,2008)。实践经验告诉我们这种二元对立是错误的,并且事实上,通过系统为传统意义上的弱势学生提供高质量的学习机会,这需要教师能够将学科专业知识与社会公平的责任融合在一起(例如,Gutstein,2003;Lee,2001;Moses & Cobb,2001)。

实施多元文化教师教育遇到的阻碍,为社会公平教师教育项目提供了很多经验教训。这些项目必须接受澄清其公平取向视角的挑战,这需要设法调和项目内的教职员工和社区的其他成员对社会公平和教师教育的不同政治观点。教师教育者也必须从根本上改变这些项目的现有结构——通常不太关注公平和多元性,并将这些基础性的关注点与实际教学实践割裂开来。这些努力要求我们重新思考现有项目的政策和实践,并可能要求我们做出改变以击溃那些拒绝整合的教师教育势力。

599 联合其他力量

正如概述部分提到的,尽管越来越多的教师教育项目自称是社会公平取向,教师教育项目中的社会公平努力大部分依然未能被表达出来。在这一节,我们将会审视社会公平教师教育如何思考其他领域中的社会公平概念,以及如何与其他类型的社会运动联合起来,以更好地澄清教师教育中的社会公平工作。

概念上的可能性

当个别项目声称他们从社会公平的视角出发培养教师,大多数情况下,其意思是不明确的,因而留下了很大的解释空间。在本节中,我们认为社会公平教师教育将受益于(1)思考其他学科的学者,如哲学、政治学、社会学,是如何将公平的观念概念化的;(2)联合其他旨在实现公平的社会运动。

教师教育中表现出来的社会公平努力,通常来自多元文化教育的概念化成果,并与培养能与多元背景的学生相处的教师这一更大的目标相联系。[7] 在某些情况下,社会公平的实施走向依赖于教师教育者对"什么是社会公平"的理解,而很少来自更广泛的公平理论(McDonald,2007)。如果与公平概念的其他工作缺乏联系,教师教育者和教师教育项目在其使命和愿景中融入公平概念的尝试可能会受到限制。

不同的公平概念会形成不同的目标和策略。主流的公平分配理论表明,实现公平的主要手段是公平地分配物品,例如经济财富、社会地位和成功的机会(Sturman,1997)。这个概念的一个中心原则是将馅饼切成相等的小块,目的是给每个人一样大小的饼块,特别是如果这样做能使最弱势群体的利益最大化(Rawls,1971)。然而,批评者认为分配理论过分强调个体,将个体视为独立于制度安排和社会结构的存在,而忽视了个人和社会群体受到压迫的各种方式(Young,1990)。

如果一个教师教育项目将公平定义为"分配",那么它就可能将未来教师的关注点聚焦在如何确保每个学生拥有平等的机会参与课堂或获得相同的课程材料和资源。例如,未来教师可能学会在小木棍上贴上每个学生名字的标签,然后用随机抽取的方式来保证公平。从这个角度来看,公正是通过平均分配资源来实现的。类似地,这个概念低估了学生作为被压迫者的身份的潜在影响;例如,学生的种族身份对其课堂经验和学业成就的影响。某种程度上,这种公平的概念很容易与教学中的主流观念相匹配——在主流观念中,教学的主要目标是回应个体学习者的需求。回到我们之前对多元文化教育的讨论,这种公平的概念反映了多元文化教育主流方法的哲学视角(Banks,2002;Sleeter,1996)。

教师教育者可以寻求思考公平的其他视角,以挑战分配的视角,同时将关注点从个人转移到对制度安排和社会结构如何决定个人机会的更深层次的理解和意识上。这种转变可以回应之前讨论过的对多元文化教育的批判。例如,教师教育者可能会思考扬(Young,1990)的观点,他认为分配的概念不能准确地应用在非物质物品上。简而言之,我们并不能分割尊重、荣誉或者权力。从这个视角来看,个人隶属于某个特定社会群体的身份往往很大地影响了他或她是否有机会获取物质和非物质物品及其对这些物品的体验。这种从属关系限制和赋予了人们参与决定自己的行为以及发展和运用其才能的能力。所以,对不公平的回应要求尊重群体差异,而不是再度肯定或形成压迫。

于是,以这种方式对公平进行概念化的教师教育项目可以为未来教师提供机会去

600

思考诸如种族和种族主义、阶级和阶级主义之类的社会结构是如何塑造学生个体的经验的。这也表明,课堂情境中的公平要求教师关注学生需求的差异——事实上,这不是简单的平均分配馅饼的事情,而是应考虑个体是否需要更多的"馅饼",或完全不同的"馅饼",才能取得成功。

正如上文提到,公平的基本概念在教师教育项目中无论是明显地还是隐性地发挥作用,都框定了参与其中的个体的决定和行动。从更广泛的公平理论和视角出发,可能有助于教师教育者澄清项目的目的和目标。基于此,教师教育者要接受挑战,去讨论以下问题:公平是提供相同的机会,但不保证相同的结果吗? 公平是要认识个人与被压迫群体的联系如何塑造他们的经验吗? 公平是减少压迫的影响吗? 公平需要联合其他教育领域内外的努力,以使压迫的影响最小化吗? 要回答这些问题,教师教育者可能会从努力理解不同的公平理论及其潜在假设中受益。这些努力也有助于教师教育领域澄清当前关于"什么是社会公平教师教育"的讨论中的模糊性。

与社会运动相联系

教师教育项目对于改善学生受教育机会有独特的优势,然而它们不能仅凭一己之力实现这个目标。社会公平教师教育工作必须与教育系统的其他层面以及公共和私营部门的组织联合起来,以改善当前有色人种学生、低收入家庭学生、英语学习者及其家庭的受教育机会和现状。当前教育领域的社会公平努力,特别是教师教育领域,都被孤立于其他旨在实现公平的运动,例如专注于经济平等、政治正义、社区复兴或医疗改革的运动之外。从某种程度上,把社会公平教师教育视为其他以改善学生生存环境为目的的社会运动的一部分,这需要对问题进行重新界定。有色人种学生、低收入家庭学生、英语学习者的受教育机会和成果的差距,不仅是不公正的教育制度导致的,更是整个不公正的系统导致的,这个系统使这些学生处于劣势,并限制了他们在学校内外的机会(Anyon, 2005; Children's Defense Fund, 2005)。从这个角度看,低成就的学校和低成就的学生以及他们的家庭都深陷于一个更广泛的社会结构中——我们需要先改变经济和政治方面才能改善学生及其家庭现状。

与更广泛的社会正义运动相联系的案例

601

可能有人会说,教师教育项目已经有足够多的问题需要解决了,它们在实践层面不可能再与其他公平运动结合起来。然而,历史和国际的案例展现了一些可能性。下面我们简要地描述三种可能性：新学院（New College，1932—1939），帕特尼学校（ThePutney School，1950—1964），以及巴西的无地工人运动与教师教育项目。

新学院（1932—1939）

新学院是哥伦比亚教师学院（Teachers College Columbia）的一个教师教育实验项目，旨在改变大多数学院和师范学校提供的教育经验。[8] 根据柯克帕特里克（Kirkpatrick）的说法，"普通院校和师范学校除了培养忽视社会现状、对其漠不关心的教师之外，没有任何成果"（转引自 Liston & Zeichner，1991）。新学院的一个基本目标是为了消除这种自以为是，把教师培养成社会重建的领导者。新学院的教职工们相信，教师专业培养的一个基本方面是拓展未来教师对自身角色的认识，以使其从更广泛的社会需求和问题出发看待他们的工作。基于这种视角，新学院通过一系列的活动来培养教师。例如，教师被要求在北卡罗来纳州一个由学生经营的农场里生活和工作一个夏天，在一个工厂里工作一个学期，在国外旅居和学习至少一个夏天。教师也有许多机会和学生、同事一起在有组织的集会中讨论政治问题。最后，如果这些学生依然对政治毫无觉悟和漠不关心，该项目的工作者将不准许他们毕业。

帕特尼学校（1950—1964）

帕特尼教育研究生院（1950—1964）位于佛蒙特州的帕特尼，是帕特尼中学的一个小型附属学校，旨在发展学生对社会公平、种族平等和环境可持续发展的责任感（Rodgers，2006）。罗杰斯（Rodgers）写道："在一个多种族杂居的地方共同生活，学习和聆听民权运动领导者的声音，几个星期一起坐在面包车上深入到南方各个民权活动地点，并定期对所有这些经验进行反思——这个项目旨在逐渐'转化'个体，准备好用行动去改变世界。"（p. 1267）学生受到挑战，要求他们将教育问题和民权问题联系起来，将个体行动和更广泛的社会行动联系起来。[9] 值得注意的是，帕特尼学校帮助学生重塑观念，使他们不再认为教育只发生在课堂内，而是理解课堂生活能够与民权和种族正义的问题联系起来。

巴西无地工人运动中的教师教育

无地工人运动（MST）——拉丁美洲当代最重要的社会运动之一——除了土地改革以外，还为社会和经济公平而斗争。迪尼兹·佩雷拉（Diniz Pereira，2005）指出，MST 认为土地和经济公平的斗争需要将重点放在教育上。[10] MST 的教师教育工作基于三个基本原则：技术和职业教育、政治准备和文化准备。类似帕特尼学校，政治准备强调发展历史和阶级意识，以使教师了解如何将他们的行动与更大的社会变革联系

602

起来。此外,文化准备强调发展教师组织和建立一种合作与团结的文化的能力(Dinize-Pereira, 2005)。在这个项目中,教师更多地参与社区活动,以了解更多(无地工人聚居的)营地的生存状况,并建立对社会运动和社区目标的更深层的责任感。(Dinize-Pereira, 2005)。

这三个案例都体现了教师教育项目与更广泛的社会运动结合的可能性。值得注意的是,在每个案例中,这些项目显然都要求教师拓展他们对学生生活的现状和教师角色的理解,要求他们积极参与政治,直接参与课堂和校门之外的社会运动。这些案例说明了当今的项目能够如何重新组织结构、教学法和课程,为未来教师提供更好的机会来发展追求社会公平所需的知识、实践和性情。有人可能认为这些都是特例,他们的所作所为是时代和背景使然,这些实践在当前美国教师教育的背景下很难被复制。然而,目前美国的许多项目都采取了支持社会公平的一系列实践,尽管这些努力有局限性,无法与更广泛的社会运动联系起来。在以下部分中,我们将重点放在一些特定的实践上,以提供教师教育项目尝试回应社会公平问题的参考案例。

社会公平教师教育实践

文献提到的声称由社会公平目标驱动的教师教育项目通常有两种策略:其一是教师教育者招收更多有色人种学生和教职工。其二是关注项目内的社会关系、教学、策略和结构。

招聘与招生

首先,招收更多有色人种学生和教职工进入教师教育项目的目标是经得起推敲的,因为为了给公立学校日趋多元化的学生群体提供高质量的教育,更加多元化的教学力量是必须的。这种观点源于这样一种意图,将有色人种教师树立为所有学生的榜样,使学生的学习和毕业率呈现更加公平的结果。也有人认为,教师教育的学生和教职工的多元化能够创造出使教师在今天的公立学校中取得成功所需的学习条件(Sleeter, 2007)。招收更多元化的教师教育学生群体,通常有两种方法。其中一种干预方式是改变传统本科、研究生和以大学为依托的教师项目的录取要求,由仅仅以学术成就为标准的系统转变为一个更加整体的系统,既维持高学术标准,同时考虑个人因素和生活经历。

第二种招募更多有色人种教师的方式是发展多种类型的替代性教师教育项目,重点关注教学需求很高的城市和农村。这些项目的安排方式对未来有色人种教师很有吸引力,并为他们提供支持,使所有参与其中的学生更有机会完成项目。这种努力的一个突出案例是 20 世纪 90 年代末在美国 40 多个州推行的德威特·华莱士——读者文摘基金计划(Dewitt Wallace—Reader's Digest Fund Programs)(Clewell & Villegas, 2001)。

另外一种招收更多有色人种学生进入到教师教育项目中的策略是四年制的学院和大学与两年制的社区学院、技术学院签署衔接协议,后者传统上接受了高等教育阶段超过半数的少数族裔学生(Villegas & Lucas, 2004)。这些协议的目的是帮助学生从两年制学院顺利过渡到学院和大学的教师教育项目,并支持学生成功完成这些项目。尽管有这些努力,美国教学的主导力量仍然是白种人和英语母语者(Wirt et al., 2005;Zumwalt & Craig, 2005)。

除了发展种族或民族构成更具多元化的教师教育学生群体,以社会公平为焦点的教师教育招生政策也在变化,其目标群体指向有意向成为成功的社会公平教师的学生。教师教育者意识到未来教师教育很难影响到未来教师的世界观和追求平等与社会公平的责任感(Haberman & Post, 1992),他们有时候会选择与那些认为自己应该有能力改变世界的未来教师一起工作。选择与那些渴望学习如何为社会公平而教学,并展示出以这种方式教学的潜力的未来教师,这种务实的立场得到了教师学习理论相关证据的支持(Hammerness, Darling-Hammond, & Bransford, 2005)。

此外,美国各地的一些机构已经实施了尝试招收有色人种教职工进入校园的政策,一些教育单位已经在利用这些政策,试图吸引更多有色人种教职工加入教师教育项目。这些尝试有时候被视为一些学校为改善氛围、向校园生活各个方面的多元化提供具体支持所做的更广泛努力的一部分(Melnick & Zeichner, 1997)。

项目内的举措

除了招生和招聘策略,教师教育者还在他们的项目中采取了一系列行动,进一步推进社会公平的目标。面对州强制实施的基于表现的评估,教师教育项目发展出的一种策略是修改和细化标准和评估,以清晰地反映社会公平目标。然而即使在一些自称以社会公平为目标的项目中,标准和评估通常是非常笼统的,并没有很明显地聚焦于社会公平。

常青州立学院(Evergreen State College)是标准和评估能够清晰地反映社会公平项目目标的一个案例(Vavrus, 2002)。例如,常青州立学院对于实习教师的标准之一是评估他们的多元文化知识和能否无偏见地进行课程规划。这个标准确定了不同的发展水平,从课程计划"未能融入多元文化视角和发展无偏见的目标"到"能够以多元文化和无偏见的目标改造传统的课程"(见 Vavrus, 2002, p. 47)。明确地将社会公平的要素融入项目所用的评估中,能够进一步强调这些要素是对未来教师至关重要的信息。

604

社会公平教师教育文献中最常见的方式可能是必修课程和聚焦于社会公平问题的部分课程。这些课程不仅颂扬多元化,而且对诸如种族主义、白种人与英语语言特权等问题作出了回应(e. g., McIntyre, 2002),并在一些情况下,聚焦于发展"平等教学"的各种要素(Banks, 2003)。这些课程运用了一系列不同的教学策略和课程作业,例如讲故事、自传、对话录、文学、电影、档案袋和案例研究等(e. g., Florio Ruane, 2001;Garmon, 1998;Gomez, 1996;Noordhoff & Kleinfeld, 1993;Obidah, 2000;Pleasants, Johnson & Trent, 1998)。需要注意的是,这些教学策略也能用于实现教育与学习的其他愿景,它们本身并不是证明一个项目正尝试培养教师为社会公平而教的证据。

教师教育课程采用不同教学策略的一个常见目标是拓展未来教师的社会文化意识,帮助他们理解"人的世界观不是普遍共有的,而是被各种要素深刻地影响着的,最主要的是种族/民族、社会阶级和性别"(Villegas & Lucas, 2002, p. 27)。人们通常会认为,培养教师为社会公平而教的关键是更深刻地理解个体的文化属性。除了这个和可以在课程方面的努力中找到的教师个人成长[11]的其他方面,教师教育者还重视培养教师的能力,使其能够开发与文化相关的课程,运用对文化多元性敏感的教学和评估手段,以及使所有学生能够展示其所知和所能(Goodwin, 1997;Irvine & Armento, 2001;Villegas & Lucas, 2002)。

社会公平教师教育实践另外一个重要元素,是为未来教师提供在学校和社区的现场(实习)经验。这些基于学校的经验有助于进一步推进培养教师为社会公平而教的目标,尽管对其特征的研究还非常不确定,但迄今为止的研究都认为这些经验的质量非常重要,而不仅仅是把实习教师和学校的多元学习者放在一起(Hollins & Guzman, 2005;Lane, Lacefield-Parachini, & Isken, 2003)。这些经验有时会强化实习教师消极的刻板印象,而不是对其造成挑战(Haberman & Post,1992)。

此外,一些项目已经开始融入基于社区的现场(实习)经验,旨在帮助实习教师了解关于他们学生所在社区的知识储备、结构和社交网络。虽然有些项目将这种社区实习视为服务学习(Boyle-Baise,2002),并将服务要素作为发展未来教师文化教学能力的一种方式,但仍有很多的案例将未来教师视为社区学习者,聚焦于利用这些实践经验培养为社会公平而教的教师(Boyle-Baise & McIntyre,2008)。有时这些经验与特定课程相联系,让未来教师参与到社区的参与式行动研究之中,或让社区中的成年人告知他们社区生活的特定方面(e. g., Buck & Sylvester,2005;Burant & Kirby,2002;Mahan,1982;McIntyre,2003;Seidel & Friend,2002)。有时,未来教师的社区实习包括一个学期或者更长时间的文化沉浸体验(Zeichner & Melnick,1996)。在一个案例中,教师教育项目与社区成员保持联系的焦点是帮助大学教师教育者了解特定的社区,以使他们能够将这种知识运用到课程教学中(Koerner & Abdul-Tawwab,2006)。许多基于社区的教师教育实践的假设是,未来教师会将社区和街区视为他们教学的潜在资源,并把自己视为他们所教社区的一分子(Ladson-Billings,1994)。

最后这个例子提出了一个普遍的问题——在那些自称要培养教师为社会公平而教的教师教育项目需要呈现出谁的声音和知识。我们一直严厉地批判那些所谓的社会公平教师教育项目——它们倾向于排斥或边缘化参与到教师教育过程中的 K-12 教师和社区成员的声音,我们认为这些精英主义的社会关系与任何社会公平理念的价值观有直接的冲突(e. g., Zeichner,2006)。在我们看来,从其定义来看,社会公平取向的教师教育除了需要学院和大学教职工以外,还需要 K-12 教师和社区成员的真正参与。

要理解教师教育者将"为社会公平而教"融入未来教师培养项目的努力,关键在于这个目标在多大程度上贯穿了整个项目。这个问题包括教师教育队伍中的哪些人应该参与这方面的工作(Moule,2005)。最近的研究表明,当有一个统一的教与学的愿景贯穿整个教师教育项目,而不是这个目标只存在于项目的某些要素中时,教师教育项目对未来教师的影响更大(Darling-Hammond,2006)。将社会公平融入教师教育课程,除了关注专业教育课程以外,也要关注教师的通识教育和内容准备。比如,美国全国各地高校已在实施旨在提高学生文化素养的种族研究和国际化/全球化要求。

麦克唐纳(McDonald,2005)对加利福尼亚州两个强调为社会公平而教的小学教师教育项目进行了研究,为此她研制了一个将社会公平融入教师教育项目的本质和质量的理解框架。她发现，由于这些项目在概念和实践工具上有不同的侧重点，未来教师学习"为社会公平而教"的机会也有所不同。[12] 此外，她还界定了教师与社会公平有关的四种学习机会，包括教师有机会注意到：独立于其所归属的更广泛社会群体的个体；作为某一教育范畴成员的个体（例如，特殊教育学生）；作为某一被压迫群体成员的个体（例如，他们的身份受到种族、民族、性别、阶级或性取向的影响）；公平，关注根源于制度结构的压迫性问题。麦克唐纳运用这个框架阐明不同项目给予培养社会公平教师的关注的特殊本质，并有可能帮助教师教育者思考"社会公平"在他们的项目和其他项目中的含义。

在关于培养教师"为社会公平而教"的文献中出现的另一个主要议题是，这些项目倾向于强调培养母语为英语的白人教师去教有色人种学生，而有色人种教师的培养需求却没有得到充分重视（Montecinos，2004；Sleeter，2000—2001）。缺乏对有色人种未来教师的背景和文化的关注，忽视他们对一种文化响应（cultural-responsive）的教师教育的需求，这通常与教师教育者鼓励他们学生在小学和中学要做的事背道而驰，从而削弱了教师教育的影响（Zeichner，2003）。

在关于培养教师"为社会公平而教"的文献中出现的最后一个问题是，美国很多地区对培养为英语学习者授课的英语作为第二语言（English as a second language，ESL）教师和双语教师的教育项目缺乏关注。这种忽视体现在对授课对象为英语学习者的教师培养的研究十分匮乏（Hollins & Guzman，2005；Lucas & Grinberg，2008），对教师教育项目的跟踪调查，甚至所谓的示范项目也有类似的结论（Darling-Hammond，2006）。

总之，这些声称专注于培养"为社会公平而教"的教师的项目中出现的各种实践，包括招聘和招生的努力，以及项目内旨在发展教师"为社会公平而教"需要具备的知识、技能和性情倾向的努力。这些实施社会公平教师教育项目的努力产生了一系列问题，包括社会公平在多大程度上贯穿这些项目；谁来执行教师教育工作（只是大学学者，还是也包括教师和社区成员）；教师培养是否考虑所有准教师的背景和经验，还是只考虑白人教师教授有色人种学生；最后除了其他形式的多元性以外，语言多元性的问题是否得到关注。除了这些问题，这些项目采取的一系列实践表明，对社会公平问题的关注需要有规划的投入——需要检视和改革招聘、招生政策和对未来教师的标准，以及与课程、教学法、现场实习经验相关的实践。如果没有这样的投入，追求社会公平的努力很可能依然无法触及未来教师教育工作的核心。

结论

在本章中,我们认为社会公平教师教育必须从其他改革的历史经验中学习,并重新定义教师教育中的努力。首先,社会公平教师教育项目和其他教师教育领域必须尽可能地澄清以下问题:社会公平教师教育是什么? 社会公平教师教育的项目结构、政策和实践是什么? 正如其他教师教育改革实践一样,不考虑这些问题,项目就有可能只是贴上了社会公平的标签,而没有挑战或改变现有实践。此外,社会公平教师教育在概念上和实践上的模棱两可使大量有着完全不同议程的项目都标榜同一个教师培养愿景。

我们不是说教师教育领域应该发展出一个规定性或狭隘的社会公平教师教育概念,因为不同项目和社区所处的特殊背景决定了其工作的本质。然而,我们敦促教师教育者能够勇于挑战自己和教师教育领域,努力发展出一系列概念和实践,为教与学的愿景和改革实践提供一些指导。上述实践是朝这个方向努力的开端,但进一步记录和研究这种努力对社会公平教师教育的不断发展和概念化至关重要。

最后,我们认为超越多元文化教师教育的传统概念,借鉴其他领域中的公平概念将有益于社会公平教师教育项目。正如我们所说,教师教育项目采取的公平概念为教师培养工作建立了框架,并影响着未来教师如何发展与平等和公平相关的概念和实践。社会公平教师教育也必须从多元文化教师教育的一些实施误区中汲取教训,努力克服项目碎片化和边缘化的障碍。如上所述,这需要对社会公平教师教育进行有计划的投入,不能只依靠于个别教师教育者或特定的多元文化课程。培养教师参与到社会正义的努力中,解决教育系统中的不平等,提高有色人种、低收入家庭学生和英语学习者的生活状况和学习机会,要实现这样的目标需要从政策到实践各个方面对项目进行重新设计。

607

注释

1. 这些项目的概念性框架的描述来自于提交给美国全国教师教育认证委员会(NCATE;2001)的文件。要感谢 NCATE 的 Art Wise 允许我们查阅教师教育项目递交的广泛的概念性框架。
2. 在这一章中,"社会公平"和"公平"这两个术语是可以互换的。我们发现在教师教育领域,社会公平是比较常见的术语,而诸如政治学和哲学领域的学者则更普遍的使用公平这个词。

3. 教师教育的其他一些实践创新,例如学校伙伴关系的专业化发展,对于什么构成这样一种伙伴关系的概念和实践维度仍然不大清晰。最终,这种模糊不清削弱了这个概念的基本价值,大多数情况下,对于 K-12 学校不会产生影响。

4. 戈尔尼克(Gollnick,1995)指出 NCATE 在 1 200 个教师教育项目中仅认可了 500 个项目,但这 500 个项目培养了 70% 的教师。

5. 费曼-奈姆瑟(Feiman-Nemser,1990)和汤姆(Tom,1997)认为,致力于重新设计教师教育项目,必须考虑概念性和结构性改革。概念性改革需要发展教学的愿景,为教师教育指明实践方向。结构性改革是指项目重新设计培养准教师的步骤和过程,例如课程顺序、类型和现场实习的时间。

6. 教师教育仍然很分散的一个主要原因是学院和大学的制度性奖励结构不重视为了更好的项目连贯性而进行的额外工作。

7. 虽然社会重构取向的项目一直把重点放在为了那些学生学业成就低下的学校培养教师,但是社会公平教师教育工作认为服务于充斥各种背景学生的学校是很重要的。

8. 所有关于新学院的资料都来自于利斯顿和蔡克纳(Liston & Zeichner,1991)。

9. 关于普特尼学校详细的描述请见罗杰斯(Rodgers,2006)。

10. 关于无地工人运动的教师教育工作的详细资料,请见迪尼兹·佩雷拉(Diniz-Pereira,2005)。

11. 有时也寻求个人成长目标的其他例子,包括培养教师为所有学生而学习的高期望,减少偏见,解决对于白种人和英语语言特权缺乏意识的问题(Hollins & Guzman,2005)。

12. 概念工具(例如,脚手架)体现了特定的教学策略,实践工具(例如,传授针对英语学习者的脚手架教学方法)则是一般性概念的体现。

(彭正梅 伍绍杨 译)

608 **参考文献**

Anyon, J. (2005). *Radical possibilities*: *Public policy*, *urban education*, *and a new social movement*. New York: Taylor & Francis.

Banks, J. (1995). Multicultural education: Historical development, dimensions, and practice. InJ. Banks & C. Banks (Eds.), *Handbook of research on multicultural education* (pp. 3 - 24). New York: Simon & Schuster Macmillan.

Banks, J. (2002). *An introduction to multicultural education* (3rd ed.). Boston, MA: Allyn & Bacon.

Banks, J. (2003). Multicultural education: Characteristics and goals. In J. Banks & C. Banks (Eds.), *Multicultural education*: *Issues and perspectives* (pp. 3 - 30). New York: Wiley.

Boyle-Baise, L. (2002). *Multicultural service learning*: *Educating teachers in diverse communities*. New York: Teachers College Press.

Boyle-Baise, L. , & McIntyre, D. J. (2008). What kind of experience? Preparing teachers in

PDS or community settings? In M. Cochran-Smith, S. Feiman-Nemser, & D. J. McIntyre (Eds), *Handbook of research on teacher education* (3rd ed. , pp. 307 - 330). Mahwah, NJ: Erlbaum.

Buck, P. , & Sylvester, P. S. (2005). Preservice teachers enter urban communities: Coupling funds of knowledge research with critical pedagogy in teachers' education. In N. Gonzalez, L. Moll, & C. Amanti (Eds.), *Funds of knowledge: Theorizing practices in households, communities, and classrooms* (pp. 213 - 232). Mahwah, NJ: Erlbaum.

Burant, T. , & Kirby, D. (2002). Beyond classroom early field experiences: Understanding an educative practicum in an urban community. *Teaching and Teacher Education*, 18, 561 - 575.

Children's Defense Fund. (2005). *The state of America's children*. Washington, D. C. : Author.

Clewell, C. B. , & Villegas, A. M. (2001). *Ahead of the class: A handbook for preparing new teachers from new sources: Design lessons from the Dewitt Wallace-Reader's Digest Fund's Pathways to Teaching initiatives*. Washington, D. C. : The Urban Institute.

Cochran-Smith, M. , Davis, D. , & Fries, M. K. (2004). Multicultural teacher education: Research, practice, and policy. In J. Banks & C. M. Banks (Eds.), *The handbook of research on multicultural education* (2nd ed. , pp. 931 - 975). San Francisco: Jossey-Bass.

Darling-Hammond, L. (2006). *Powerful teacher education programs: Lessons from exemplary programs*. San Francisco: Jossey-Bass.

Diniz-Pereira, J. (2005). Teacher education for social transformation and its links to progressive social movements: The case of the Landless Workers Movement in Brazil. *Journal of Critical Education Policy Studies*, 3(2). Available online at http://www. jceps. com

Feiman-Nemser, S. (1990). Teacher preparation: Structural and conceptual analysis. In R. Houston, M. Haberman, & J. Sikulka (Eds.), *Handbook of research on teacher education* (pp. 212 - 233). New York: Macmillan.

Florio-Ruane, S. (2001). *Teacher education and the cultural imagination*. Mahwah, NJ: Erlbaum.

Garmon, M. A. (1998). Using dialogue journals to promote student learning in a multicultural teacher education course. *Remedial and Special Education*, 19(1), 32 - 45.

Gay, G. (1994). *NCREL monograph: A synthesis of scholarship in multicultural education*. Naperville, IL: North Central Regional Education Laboratory.

Gollnick, D. (1995). National and state initiatives for multicultural education. In J. Banks & C. Banks (Eds.), *Handbook of research on multicultural education* (pp. 44 - 64). New York: Simon & Schuster.

Gomez, M. L. (1996) Telling stories of our teaching: Reflecting on our practices. *Action in Teacher Education*, 28(3), 1 - 12.

Goodlad, J. (1990). *Teachers for our nation's schools. San Francisco*, CA: Jossey-Bass.

Goodwin. A. L. (1997a). (Ed.). *Assessment for equity and inclusion*. New York: Routledge.

Goodwin, A. L. (1997b). Historical and contemporary perspectives on multicultural teacher education: Past lessons, new directions. In J. King, E. Hollins, & W. Hayman (Eds.), *Preparing teachers for cultural diversity*. New York: Teachers College Press.

Grant, C. (1994). Best practices in teacher education for urban schools: Lessons from the multicultural teacher education literature. *Action in Teacher Education*, 16(3),2 - 18.

Grant, C. , & Secada, W. (1990). Preparing teachers for diversity. In R. Houston, M. Haberman, & J. Sikula (Eds.), *Handbook of research on teacher education*(pp. 403 - 422). New York: Macmillan.

Grossman, P. , McDonald, M. , Hammerness, K. , & Ronfeldt, M. (2008). Dismantling dichotomies in teacher education. In M. Cochran-Smith, S. Feiman-Nemser, J. McIntyre, & K. Demers(Eds.), *The handbook of teacher education: A project of the Association of Teacher Educators*(3rd ed. , pp. 243 - 248). New York: Macmillan.

Gutstein, E. (2003). Teaching and learning mathematics for social justice in an urban, Latino school. *Journal for Research in Mathematics Education*, 34(1),37 - 37.

Hamerness, K. , Darling-Hammond, L. , & Bransford, J. (2005). How teachers learn and develop. In L. Darling-Hammond & J. Bransford (Eds.), *Preparing teachers for a changing world*(pp. 358 - 389). San Francisco: Jossey-Bass.

Hollins, E. , & Guzman, M. T. (2005). Research on preparing teachers for diverse populations. In M. Cochran-Smith & K. Zeichner (Eds.), *Studying teacher education*(pp. 477 - 548). Mahwah, NJ: Erlbaum.

Kailin, J. (2002). *Antiracist education*. Lanham, MD: Rowman & Littlefield.

Koerner, M. , & Abdul-Tawwab, N. (2006). Using community as a resource for teacher education: A case study. *Equity and Excellence in Education*, 39,37 - 46.

Ladson-Billings, G. (1994). *The dreamkeepers: Successful teachers of African-American children*. San Francisco: Jossey-Bass.

Ladson-Billings, G. (1995). Multicultural teacher education: Research, practice, and policy. In J. Banks & C. Banks (Eds.), *Handbook of research on multicultural education*(pp. 747 - 759). New York: Simon & Schuster Macmillan.

Lane, S. , Lacefield-Parachini, N. , & Isken J. (2003). Developing novice teachers as change agents: Student teacher placements against the grain. *Teacher Education Quarterly*, 30(2), 55 - 68.

Lee, C. (2001). Is October Brown Chinese? A cultural modeling activity system for underachieving students. *American Educational Research Journal*, 38(1),97 - 141.

Liston, D. , & Zeichner, K. (1991). *Teacher education and the social conditions of schooling*. NewYork: Routledge.

Lucas, T. , & Grinberg, J. (2008). Responding to the linguistic reality of mainstream classrooms. In M. Cochran-Smith, S. Feiman-Nemser, & J. McIntyre (Eds.), *Handbook of research on teacher education* (3rd ed. , pp. 606 - 636). Mahwah, NJ: Erlbaum.

Mahan, J. (1982). Community involvement components in culturally oriented teacher preparation. *Education*, 103(2),163 - 172.

609

Mattai, P. R. (1992). *Rethinking multicultural education: Has it lost its focus or is it being misused?* Journal of Negro Education, 67(1),65 – 77.

McCarthy, C. (1994). Multicultural discourses and curriculum reform: A critical perspective. *Educational Theory*, 44(4),81 – 98.

McDonald, M. (2005). The integration of social justice in teacher education: Dimensions of prospective teachers' opportunities to learn. *Journal of Teacher Education*, 56(5),418 – 435.

McDonald, M. (2007). The joint enterprise of social justice teacher education. *Teachers College Record*, 109(8),2047 – 2081.

McIntyre, A. (2003). Participatory action research and urban education: Reshaping the teacher preparation process. *Equity and Excellence in Education*, 36(1),28 – 39.

Melnick, S. , & Zeichner, K. (1997). Teacher education for cultural diversity: Enhancing the capacity of teacher education institutions to address diversity issues. In J. King, E. Hollins, & W. Hayman (Eds.), *Meeting the challenge of diversity in teacher preparation* (pp. 23 – 39). NewYork: Teachers College Press.

Montecinos, C. (2004). Paradoxes in multicultural teacher education research: Students of color positioned as objects while ignored as subjects. *International Journal of Qualitative Studies in Education*, 17(2),167 – 181.

Moses, R. , & Cobb, P. (2001). *Radical equations: Math literacy and civil rights*. Boston: Beacon Press

Moule, J. (2005). Implementing a social justice perspective: Invisible burden for faculty of color. *Teacher Education Quarterly*, 32(4),23 – 42.

National Council for Accreditation of Teacher Education. (2001). *Standards for professional development schools*. Washington, D. C. : Author.

Noordoff, K. , & Kleinfeld, J. (1993). Preparing teachers for multicultural classrooms. *Teaching and Teacher Education*, 91(1),27 – 39.

Obidah, J. (2000). Mediating boundaries of race, class and professional authority as a critical multiculturalist. *Teachers College Record*, 102(6),1035 – 1060.

Olneck, M. (1990). The recurring dream: Symbolism and ideology in intercultural and multicultural education. *American Journal of Education*, 98,147 – 183.

Pleasants, H. , Johnson, C. , & Trent, S. (1998). Reflecting, reconceptualizing and revising: The evolution of a portfolio assignment in a multicultural teacher education class. *Remedial & Special Education*, 19(1),46 – 58.

Rawls, J. (1971). *A theory of justice*. Cambridge, MA: Harvard University Press.

Rodgers, C. (2006). "The turning of one's soul"—Learning to teach for social justice: The Putney graduate school of teacher education (1950 – 1964). *Teachers College Record*, 108 (7),1266 – 1295.

Seidel, B. , & Friend, G. (2002). Leaving authority at the door: Equal status community-based experiences and the preparation of teachers for diverse classrooms. *Teaching and Teacher Education*, 18,421 – 433.

610

Sleeter, C. E. (1996). *Multicultural education as social activism*. Albany, NY: SUNY Press.

Sleeter, C. E. (2000 – 2001). Diversity vs. white privilege. *Rethinking Schools*, 15.

Sleeter, C. E. (2007, April). *Equity, democracy, and neo-liberal assaults on teacher education*. Vice presidential address presented at the annual meeting of the American Educational Research Association, Chicago.

Sleeter, C. E. , & Grant, C. (1993). *Making choices for multicultural education: Five approaches to race, class, and gender* (2nd ed.). New York: Merrill.

Sturman, A. (1997). *Social justice in education* (Vol. 40). Melbourne, Australia: The Australian Council for Educational Research.

Tom, A. (1997). *Redesigning teacher education*. Albany, NY: SUNY Press.

Valli, L. (1992). *Reflective teacher education: Cases and critiques*. Albany, NY: SUNY Press.

Vavrus, M. (2002). *Transforming the multicultural education of teachers: Theory, research, and practice*. New York: Teachers College Press.

Villegas, A. M. , & Lucas, T. (2002). *Educating culturally responsive teachers*. Albany, NY: SUNY Press.

Villegas, A. M. , & Lucas, T. (2004). Diversifying the teacher workforce: A retrospective and prospective analysis. In M. Smylie & D. Miretzky (Eds.), *Developing the teacher workforce* (pp. 70 – 104). Chicago: University of Chicago Press.

Wirt, J. G. , Choy, S. , Rooney, P. , Hussar, W. , Povasnik, S. , & Hampden-Thompson, G. (2005). *The condition of education*. Washington, D. C. : National Center for Education Statistics.

Young, I. M. (1990). *Justice and the politics of difference*. Princeton, NJ: Princeton University Press.

Zeichner, K. (1991). Contradictions and tensions in the professionalization of teaching and the democratization of schools. *Teachers College Record*, 92(3),363 – 379.

Zeichner, K. (2003). The adequacies and inadequacies of three current strategies to recruit, prepare and retain the best teachers for all students. *Teachers College Record*, 105(3),490 – 515.

Zeichner, K. (2006). Reflections of a university teacher educator on the future of college and university-based teacher education. *Journal of Teacher Education*, 57(3),326 – 340.

Zeichner, K. , & Liston, D. P. (1996). *Reflective teaching: An introduction*. Mahwah, NJ: Erlbaum.

Zeichner, K. , & Melnick, S. (1996). The role of community field experiences in preparing teachers for cultural diversity. In K. Zeichner, S. Melnick, & M. L. Gomez (Eds.), *Currents of reform in preservice teacher education* (pp. 176 – 196). New York: Teachers College Press.

Zumwalt, K. , & Craig, E. (2005). Teachers' characteristics: Research on the demographic profile. In M. Cochran-Smith & K. Zeichner (Eds.), *Studying teacher education* (pp. 111 – 156). Mahwah, NJ: Erlbaum.

40

教师教育、新自由主义和社会公平

克里斯汀·E·斯里特(Christine E. Sleeter)

教师教育中的社会公平可以被概念化为三条主线：（1）使所有学生都能接受基于其文化和语言背景的高质量和知识丰富的教学；（2）使教师有能力培养年轻人的民主参与；（3）使教师能够将不平等置于系统性的社会政治分析中，以支持儿童和年轻人。这三条主线与德尔皮特（Delpit，1995）所说的"教别人家孩子的困境"是相通的。对于历来都处于从属地位的群体，有机会接触到主流的权力文化是至关重要的。反映在第一条主线上，那就是教师必须能够有效地教导这些孩子，使其掌握这种文化。与此同时，正如第三条主线表明的，权力文化也必须受到批评，特别是那些维持压迫性关系的过程。所有这一切都必须涉及对话——第二条主线——在这些对话中享有特权地位的人，包括教师和教师教育者，学会倾听并与那些没有特权地位的人共事。

虽然建立社会公平教师教育的可能性很多，但是实施它们变得越来越难，因为植根于全球资本主义中的权力文化正在疏远社会公平。具有讽刺意味的是，教师教育与历来被边缘化的社区之间一向关系薄弱，也就是说即使教师教育者声称为社区服务，许多社区也并没有把教师教育者视为盟友。在讨论全球资本对教师教育的攻击之后，我建议教师教育迫切需要做几项工作，通过与一直处于弱势的社区合作，建立社会公平联盟。

对教师教育和社会公平的攻击

尽管很多教师教育者不知疲倦地、创造性地开发了强大的社会公平教师教育项目，一些州和认证机构对社会公平也有要求，可教师教育领域从来都不是社会公平的坚固阵地。但这个领域整体而言一直是相当传统的，主要以使年轻白人女教师接受学校现有的宗旨和实践为导向。教师教育工作人员绝大多数是白人，他们中的多数人几乎没有教授不同人群的经验（Zeichner，2003）。

目前，教师教育和社会公平受到了"商业改革议程鹊起的平行宇宙"的激烈攻击（Gelberg，2007，p.52）。在削减公共服务的背景下，整个教育事业已经被牢牢控制以服务企业的利益。现在所采取的寡头制形式——"金权政体"（corporatocracy），是当今政治局势的特征。如珀金斯（Perkins，2004）所言，金权政体是由少数精英管理的大公司、政府和大银行三个强大机构的联合，其成员很容易并且经常在这三大机构之间流动(p. 26)。通过建立越来越直接的联系，这些联合的机构帮助越来越强大的精英阶层建立起一个全球帝国，加速精英的财富积累(Harvey, 2005)。

金权政体是新自由主义的制度化，是经典自由主义的卷土重来。正如麦克切斯尼(McChesney, 2001)解释的那样，新自由主义假设支持自由选择的市场、企业竞争和个人主动性，能最大限度地解决社会问题和创造财富，特别是在不受政府法规约束的时候。麦克拉伦和法拉曼普尔(McLaren & Farahmandpur, 2005)更直白地说：

> （新自由主义）是指一个由企业统治的社会，它主张国家应该建立一个不受监管的市场，镇压非市场的力量和废除反市场的政策，取消免费的公共服务和社会补助，给予跨国公司无限的让步……并允许私人利益控制大部分社会生活，最后让少数人得利。(pp. 15—16)

新自由主义者与保守派联合，重建全球秩序并增强其影响力。赫什(Hursh, 2005)解释道："有影响力的保守主义和新自由主义的基金会和智囊团意图通过市场竞争、择校及私有化使教育发生激进的转型。"(p. 617)这些基金会正在通过以下三种方式对教师教育施压：(1)与社会公平教师教育相背离，将教师培养成提高学生分数的技术人员；(2)不关注教师专业知识和教师资质；(3)缩短教师教育的时间，甚至是完全取消。

培养技术人员的教师教育

教师教育应该与K-12教育直接挂钩。最佳的状态是教师教育项目和学校合作，发展高质量的教学，加强民主参与(Darling-Hammond, 2006)。全球资本主义的压力正在驱使学校远离民主参与，甚至远离多元的教学理念。在这个过程中，教师教育也遭受同样的境况。为了应对高利害考试，美国的各个学区，尤其是那些为低收入家庭和多元文化学生服务的学区，越来越多地实施与州标准和测试相一致的规定课程。很多规定课程更强调死记硬背，而非批判性思维。在弱势社区的学校中，教学更多地意味着"一字不改"地实施规定课程，而不是针对学生的需求，更不用说开发教师自制的课程(Achinstein, Ogawa, & Speiglman, 2004)。在这样的背景下，教师教育项目不仅被迫减少或删除培养社会公平教师的内容，以学习者为中心的教学内容也遭到削弱。

教师培养的标准被迫减少或删除对社会公平、多元文化教育或双语教育的要求。例如,2002年,爱荷华州要求用更多的阅读方法课取代多元文化教育课。加利福利亚州过去会为强调文化、语言和学术发展(CLAD)以及双语教育(BCLAD)的通识课教师提供认证。然而,其修订的标准"一再澄清,教师教育的作用是培养教师用州推荐的材料、按照州内容标准进行教学"(Sleeter,2003,p. 20)。教师培养标准的文件通篇都是"州的学术内容标准"这个术语,但却丝毫没有提到"文化""双语"和"与文化相关"之类的词。为研究这种变化对教师教育项目的影响,蒙塔诺(Montano)和同事(2005)调查了参与加州教师教育项目的16位教师,以前在规定课程中提到的文化和语言的内容,现在已经被"结合"在其他课程中或者是被删减了。2006年,美国全国教师教育认证委员会(NCATE)根据全国学者协会(National Association of Scholars)和其他保守组织的投诉,在理想教师应该具备的品质中删除了"社会公平"这个术语。虽然美国全国教师教育认证委员会没有明确阻止联盟机构把社会公平融入教师教育项目,但此举减少了许多教师教育者从他们的大学获得的支持。

学区也对教师教育项目施加压力。例如,安提亚克学院(Antioch College)的教师教育者塞尔温(Selwyn,2005—2006)评论说,除了照本宣科的教学之外,我们越来越难从为低收入家庭学生提供的课堂实习中发现什么模式。最近,一位长期积极从事社会公平教师教育的同事告诉我,校长现在坚持认为,他们需要培训教师去使用高度脚本化的小学阅读课程包《公开法庭》(Open Court),而不是多元文化社会公平教育。抵制照本宣科的教学、实施以学生为中心的新教师被排挤,即使他们的学生在考试中得分非常高(Achinstein & Ogawa,2006)。

从支持批判的多元文化和社会公平视角到技术培训的转变,强化了教育从培养民主参与能力到单纯就业预备的意识形态转变。这反映出对公平的理解正在缩窄,未能回应高贫困率社区包括教育资源在内的基础资源长期匮乏的问题(e. g.,Anyon,2005;Berliner,2005;Gándara,Rumberger,Maxwell-Jolly & Callahan,2003),而只关注测试成绩。建立更宏观的公平意识的项目能够阻止直接采取更狭窄、由考试分数驱动的公平概念的尝试。

教师教育与教师资质分离

教师资质被重新定义,使教师教育被认为是多余的。蔡克纳(Zeichner,2003)提出的关于教师资质的三个概念，有助于澄清到底发生了什么。一是专业概念，反映在诸如国家教学与美国未来委员会（NCTAF）、国家专业教学标准董事会（NBPTS）等专业群体的工作中，这种概念强调教师的专业教育知识基础和在课堂中运用知识的能力。二是社会公平的概念，反映在全国多元文化教育协会（NAME）等组织的工作中，强调教师运用文化回应教学策略的知识和能力。这两个概念将教师的专业教育知识与具体学科能力联系起来。

三是反常规的概念，反映在诸如福特汉姆和亚伯基金会等保守派智囊团的报告中，只强调学科知识训练，但很少或根本没有看到专业教学知识的价值，并认为教学知识只有通过经验才能被习得。这个概念得到了统计调查的支持——统计调查表明，学生考试分数的提高与教师的语言能力和学校中拥有学科知识的教师的比例呈正相关，而与受教育程度没有太大关系（Johnson，2000；Monk，1994）。《不让一个孩子掉队》是一部反常规概念的法案，它将具备资质的教师定义为"必须经过完整的州教师资格认证（包括其他可替代的认证途径）；或者通过州教师资格考试并持有该州的资格证"（Norfolk Public Schools，n. d.）。该法案强调教师必须具备与州内容标准相符的学科内容知识，强调教师考试。布什家族与麦格劳希尔集团（McGraw-Hill）有着长期的联系，麦格劳希尔集团是销售课程包和测试的主要公司之一，在对基于考试的系统进行质量评估方面有既得利益（Trelease，2006）。

教师资质的概念从专业知识转向传统学术内容的知识测量，使任何机构只要遵循州标准就可以对教师进行认证。这种转变使测试凌驾于其他判断教师资质的方式之上，无法测量的因素变得不再重要，比如种族倾向、对学生学习的期待以及使多元文化学生爱上学习的能力。以测试来定义教师资质忽略了与测试相关的社会公平问题。长期以来，有色人种教师不成比例的失败率是由于一系列的因素，包括在考试中谁的知识被看重、谁的知识被轻视的偏见（Alberts，2002；Alberts，2005），评分的主观性以及由此导致谁通过和谁不通过的种族结构（Memory，Coleman，& Watkins，2003），考试与害怕刻板印象得到印证的心理之间的关系（Bennett，McWhorter，& Kuykendall，2006；Steele & Aronson，1995）。日渐增多的考试削弱了使教师构成多元化的尝试，缄默地消解了教师多元化的价值（Epstein，2005；Flippo，2003）。

此外，考试剥夺了教育者决定什么是教与学的权力，并将其赋予生产和销售测试的立法机构和企业。例如，哈勒尔和杰克逊（Harrell & Jackson，2006）基于对得克萨斯州科学教师考试的分析指出，"州立法机构与测试公司勾结起来"，一起定义教师应该知道什么;最大的受益者似乎是测试公司。

缩窄专业教师教育

对教师教育的攻击将教师的专业课程知识与教学知识互相对立,主张教师需要前者而不是后者。这一点,加上国家对高等教育支出的削减,导致专业教师教育的时间缩短,在某些情况下减少或是挤占了培养社会公平的时间。

职前教师教育项目从 20 世纪 70 年代起至 90 年代初逐渐延长。例如,1973—1983 年,小学教师的通识课程学习所需课时平均为 41—62,实习课时从 10 增加到 17 (Feistritzer,1999)。那段时间里,开发了一系列更有目的性的实践项目并增加了反映学校变化的课程,例如将特殊儿童纳入主流,运用技术工作,教授不同学习者。到 1999 年,小学教师的通识课程学习所需课时下降到 51,实习课时下降到 15,专业研究学习课时从 38 下降到 31(Feistritzer,1999)。请记住,虽然教师教育正在缩减,但学生的多样性正在迅速增长;例如,英语学习者越来越有可能出现在教师的课堂中,他们将被期望知道如何教学。

615　教师教育已经从几个方面萎缩。一方面以考试为基础的项目出现,它需要的专业准备极少以至于不需要接触大学教育学知识。例如,美国教师工作认证理事会 (ABCTE)为教学提供了一套认证程序,持有学士学位的人只要完成网上认证考试,就能在认可这种形式教师资格证的州从事教师职业。这些基于测试的系统认证的教师根本没接受过任何形式的社会公平教育培训。

大多数教师仍然通过大学教育项目获得认证,但是许多这样的项目已经缩水,因为教育学院在大学财政预算的压力浪潮中受到压迫,需要缩短学生取得学位的时间。正如琼斯(Jones,2003)的解释,缩减税收加上公共服务成本的上升,导致了大多数州的高等教育公共支出减少。削减教师教育项目以及上述其他压力,压缩了教师教育中社会公平课程的空间。文化和社会公平教育课程不再是对教学方法课程的补充,而是与之争抢时间。缩减教师培训符合教学"渗漏"理论,即儿童应该知道什么已经被编入到标准和测试之中,教师使用那些详细规定每一个概念及其教学步骤的材料,只需要做最少的准备来讲授该内容。达林-哈蒙德(Darling-Hammond,2006)说,历史上,"有限的教师培训被认为是对忠实贯彻新设计的'科学化'课程有利"(p. 78)。

通过科学排除异见

金权政体为维护其利益一边排除异见,一边为其扩张建立共识。马丁(Martin,1999)指出:"因为人们普遍认同科学知识拥有来源于自然的权威,无可争议的科学言论可以使很多事情正当化。"(p. 105)布什政府被指控在一些领域利用科学作为政治工具,对那些有利于其目的的研究发现予以支持和推广,而对那些不利的研究则实施打压。政府少数族裔改革办公室(the Government Reform Minority Office,2003)通过审视政府对科学的政治干涉指出,误导性的言论、压迫性的报告等,其主要的受益者是"总统的重要支持者,包括社会保守派和强大的行业团体",也就是金权政体。

在教育中,什么是科学的概念被急剧狭隘化,用于支持教育改革和排除异见。"教育研究促进办公室"被重新命名为"教育科学研究所",印证了这一转变。研究所将"基于科学的研究"定义为"随机对照实验或准实验(包括运用等化、不连续回归设计和单一个案设计的准实验)"(What Works Clearinghouse,2006)。其他研究方法,如现象学研究,不被视为"基于科学的研究"。这样的科学概念肯定了考试是衡量成功的主要手段,而没有考虑到大量知识是源于研究的过程,而非实验研究本身。

这种对"科学"的重新定义使大多数的社会公平工作变得无关紧要,因为台面上剩下的唯一合法的问题是:通过实验研究或准实验研究,什么教学策略被证明为能够提高学生的考试分数? 运用如此确定的问题和研究方法,政府能够辨识出那些分数在提高的学校,并且强调这些学校证明了新自由主义改革卓有成效,"基于科学"的教学策略值得推广。如果哪位教师教育者质疑这种知识框架,或者重视其他没有"经过科学验证"的教学策略,那么他就是学校改进的障碍。比如,新闻报纸不时刊登文章来证明这样的疑虑:"有能力的人,做事;没能力的人,教书;不能教书的人,培训教师。"[1]

长期以来,教师教育未能为历来处于弱势的社区提供服务。现在,很多处于弱势的社区认为关注成绩差距的新自由改革,在改善他们孩子的教育上比教师教育者做得更多。在给美国国会的一封信中,超过 100 个非裔和拉丁裔负责人强调他们支持重点关注成绩差距的问责制改革,信中写到学习成绩不佳的有色人种学生和贫困学生"已经处于总体平均水平之下很久了"("Don't Turn Back the Clock",2003)。在金权政体之下更广泛的社会政治重构可能会迅速扩大贫富差距和削减公共服务力度,从长远来看,将不利于历来处于弱势的社区(Harvey,2005)。如果我们要认真对待教师教育中的社会公平问题,当境况变得越来越艰难,我们还能做些什么?

为了社会公平的教师教育

现有的做法和项目的各种条目都阐明了教师教育可以在哪些方面帮助确保不同群体公平地获得优质教学资源,使教师能够为多元化的学生提供支持,使所有学生能够为多元化社会中的民主参与做好准备。从招募致力于平等的多元的准教师,到构建支持社会正义教育的实习和专业课程,很多干预点和策略得到了研究的支持。

下面是我的一些建议。为了社会公平的教师教育的可能性已总结在表 40.1 中。表格的第一行是我在本章节所用的社会公平的三条线索。表格左边第一列是我将要讨论的教师教育三个领域:招聘和录用、专业课程、指导性实践工作实习。

招聘和录用

教师教育可以帮助确保所有的学生,尤其是那些历来处于弱势社区的学生,有公平的机会拥有高水平的教师——信任学生、认真负责,相信自己拥有建立学术学习和民主参与的文化和语言资源,知道如何促进学生学习。虽然这部分是师资培养将要面对的挑战,但也是教师招聘和录用的挑战。我们都知道教师和学生之间的人口结构差距很大并且在持续扩大。2004 年,美国公立学校招录的白人学生超过半数(58%),而有色人种学生低于半数,20% 的学生的母语不是英语(National Center for Education Statistics,2007)。然而,教师队伍中白人的比例还维持在 84% 左右。

尽管很多研究已经发现,大多数白人准教师都带有缺陷取向的刻板印象以及几乎不具备跨文化背景、知识和经验的难题(Sleeter,2008),然而教师教育很少会因为他们不愿意学习教好多元学生而拒绝录用他们。研究发现,比起他们的白人同行,有色人种的职前教师能够带来更多的多元文化知识和经验,在多元文化教学、社会公平上更有奉献精神和紧迫感,能提供给有色人种学生具有学术挑战性的课程(Dee & Henkin,2002;Knight,2004;Rios & Montecinos,1999;Su,1997)。研究还发现,更愿意待在有挑战性的市区学校的教师,往往是那些来自其所教社区的年长人士,而不是年轻的白人教师(Haberman,1996)。

表 40.1　教师教育和社会公平主题

617

	构建公平的、高质量的、智力丰富的、肯定文化的教学机会	使教师准备好培养儿童和青年的民主参与	使教师准备好成为为了儿童和青年的公平倡导者
招聘和录用	更多元的准教师	致力于多元文化民主的准教师	对公平深信不疑的准教师
专业课程包括	自我分析，为教与学构建社会文化框架，把学生背景与学术联系起来的教学策略	在课堂中构建多元文化民主的策略	社会和学校中制度性歧视的本质
指导性实习	在多元文化和/或低收入环境中。基于探究打破缺陷思维，在社区中了解学生的文化	在课堂上支持民主决策	探究学校和社区中不平等现象的模式

比起目前的情况，教师教育可能会更多地招聘、录用和储备多元背景有潜质的教师。例如，位于乔治亚州萨凡纳市的阿姆斯特朗大西洋州立大学的"通道项目"认证了约90名非裔美国教师。它采用严格的筛选程序确保准教师（主要是辅助专职人员）在学术和个人方面都非常适合教学。该项目为准教师的专业发展提供各种形式的支持，包括重新制定教师教育课程表以适应辅助专职人员的时间安排，在课程中为学生提供丰富的智力和文化，并为他们建立一个以成人为目标的支持网络（Lau, Dandy, & Hoffman, 2007）。威斯康星州密尔沃基市的阿尔维诺学院从城市高中和辅助专职人员中招聘教师，吸引了一批年龄较大的成年学生，其中约 25％是有色人种（Darling-Hammond, 2006）。

这样的努力并不是为了以有色人种教师替代白人教师，而是建立一股教学力量，使其不仅看起来更像目前所教的学生，而且能将更多来自社区的知识带入教育行业。如果教师教育看起来与历来处于弱势地位的社区无关，那么与他们积极协作，通过精心设计的教师教育项目，让更多的社区成员参与到教学中，这将是改变的开始。

618

专业课程

虽然社会公平课程应该被穿插在整个教师培训项目之中，但是通常，加进去的这一部分课程却没能与其他剩余部分形成一个有机整体。这些补充往往是小部分致力于为社会公平而教的教师所为。精心融入多元文化和社会公平课程的整体的、连贯一致的项目，与单一课程相比，能对准教师产生更大的影响（Darling-Hammond, 2006；

Villegas & Lucas，2002）。

发展社会公平的专业课程首先要通过让准教师审视自己的背景和经验来明确他们持有的假设、信仰与价值观以及影响他们对学校教育、孩子、家庭之理解的自身成长的文化背景（Feiman-Nemser，2001）。意识到这些准教师用于理解学生和教学的强大的"滤镜"，将开启他们的学习之旅。许多教师教育者让准教师写自传或是个人文化史（Lea，1994），谈论在其成长的社区中谁曾存在或缺席，从家人那里学到的核心价值观，对不同于自己的人所持有的信念，以及他们对什么是"好的教学"的概念。例如，熊代（Kumashiro，2004）在开始教授性取向之前，先让准教师们匿名写下他们对涉及性取向的问题的真实感受，因此，教学得以从准教师所关心的问题和事情展开。随着课程从准教师的生活开始，从内向外地推进，有经验的教师教育者在教学过程中采用系统化的、反思性的方式，让准教师运用分析框架和关键概念来审视他们的信念和经验。

在专业的教学中，准教师能学到一个有关学习与教学策略的社会文化框架，为多元学习者提供获得高质量教育的公平途径，如提供脚手架、使用教学对话、差异教学。古铁雷斯（Gutiérrez）和罗戈夫（Rogoff，2003）解释说，学习通过智力参与文化实践而发生。课堂是文化实践的一个所在，社区和儿童生活的家庭也是。随着准教师开始理解学生熟悉的语言运用和文化实践，课程可以帮助他们在学生熟悉的语言、参考系和关系模式的基础上学习。

专业课程关注多元文化民主，为在多元背景下建设社区和发展儿童对文化复杂性、差异和公平的意识奠定基础。准教师可以学习引导学生对他们看到的和经历过的差异进行开放而有建设性的讨论，并帮助他们学会进行集体决策，平衡冲突的利益和需求。阅读如弗莱雷（Freire，1998）、阿普尔（Apple，1996）和班克斯（Banks，2003）等理论研究者的著作可以协助准教师区分民主和市场，在后者，"自由"的概念已经从政治和文化的自由变成购买和赚钱的自由。《反思学校》（*Rethinking Schools*）定期刊登文章帮助准教师预想如何在多元背景下建立民主。当准教师来自于多元背景，不仅阅读过而且体验过在多元背景中建立民主社区的过程时，专业课程最为有力。

学习解决历来被压迫社区的学生在学校中遇到的障碍，这要求准教师了解制度歧视的本质。没有理解本质，教师会过分频繁地将学生的困难归因于家庭或社区的"文化缺陷"，而不是归因于那些可以被解决的制度化社会政治因素。安杰耶夫斯基（Andrzejewski，1995）的综合框架将宏观层面的压迫制度与当地日常生活中的不平等现象联系起来，并将不同形式的压迫，包括种族主义、性别歧视、异性恋主义和阶级主义联系在一起。在研究压迫制度的背景时,她还让准教师考察媒体如何塑造信念系统,并将对主流媒体与小众媒体的社会分析并置起来。她强调在找出和处理当地问题的同时,要将这些问题放在需要组织去改变的较大问题内。

当准教师确定了学校和课堂中阻碍学生平等学习的因素时,他们可以学习构建替代性的、有包容性的实践。例如,课程,包括州标准和教科书,仍然主要反映美国白人、中产阶级、异性恋的经验和观点,尽管多元的人群无处不在。在专业课程中,准教师可以探索课程中的主体与学生反应之间的关系,然后创造通过不同群体的经验教授核心学术概念的多元文化课程(Sleeter, 2005)。

指导性实习中有前景的实践

教师教育中各种形式的实习至关重要。广泛的、精心设计的现场体验组合可以实现几个目的,包括:帮助准教师决定他们是否真的想教多元学生;帮助他们审视自身关于儿童和教学的假设;将他们置于各种各样的教学模式中;教他们识别学生带到学校的智力资源;帮助他们收集和使用数据来指导教学并审视作为制度的学校;以及提供指导性的教学实践。然而,教师教育中的大部分实习都鼓励复制现状而不是批判性质疑和改变现状(Feiman-Nemser, 2001)。单纯要求准教师有在低收入或少数族裔学校的经验可能只会强化负面的刻板印象而不是对这些刻板印象(e. g. , Marx, 2000; Tiezzi & Cross, 1997; Wiggins & Follo, 1999)产生挑战(e. g. , Chance, Morris, & Rakes, 1996; Fry & McKinney, 1997; Lazar, 1998)。

一个很少使用但有望成功的做法是基于社区的跨文化指导性的探究。这种实习拥有巨大的潜力,可以让准教师与多元学生和成年人在生活中建立熟悉感,探究制度歧视并为学会从另一个角度审视学校教育。在基于社区的跨文化实习,准教师使用主动倾听和无偏见的观察等策略,学习如何在与其原生社区文化不同的社区中学习。在教室里,准教师看到学生对学校的反应,但往往将其归因于学生的校外生活。通过了解学生的社区背景,准教师可以更好地了解学生的能力、优势和兴趣。

实习在强度和持续时间上可能差别很大。浸入式经历是在另一种文化背景下生活一段时间,从几天或几周(e. g. , Aguilar & Pohan, 1998)到一个学期(e. g. , Mahan & Stachowski, 1993 - 1994)不等。强度稍小的经历(通常采取服务学习的形式),准教师考察其邻里或社区,并扮演真实的角色(如家教)或组织特定的指导性学习活动(如采访老年人或构建社区形象)(Boyle-Baise, 2002)。例如,准教师可以在社区中心,族裔俱乐部,

620

教会或收容所等机构工作,并将其与关于文化和社区的课程联系起来。指导性的探究活动可能会探索为什么人们来到这样的机构、人们有什么样的需求、当地社区感到自豪的是什么、哪些事情是居民擅长的、孩子们不在学校的时候做什么;等等。在结构良好的经历中,准教师亲身看到社区运作方式和日常文化模式,与人们建立关系,直面刻板印象,并聆听能够反映他们在教科书中可能读过的只有抽象概念的生活故事。

最终,这为在课堂里学习构建文化相关的教学提供了基础。例如,罗德霍夫(Noordhoff)和克莱因菲尔德(Kleinfeld, 1993)对一个小型土著阿拉斯加社区中长达一个学期的沉浸式经历的影响进行了案例研究,其结果证明了这一潜力。准教师就生活在这个社区,参加缝制或串珠小组,或是参与当地的教会活动。研究人员对该学期的学生教学实习进行了三次录像,记录了准教师们从讲授式教学到用当地文化相关的知识结合学术知识来吸引孩子进行教学的转变。

指导性探究项目可以研究社区中的歧视对家庭造成影响的方式。例如,准教师可以比较低收入和高收入社区汽油和杂货的价格,然后调查那些可能愿意在其社区外购物的低收入居民可利用的交通类型。或者,他们可能调查那些居住在低收入社区且英语不流利的移民持有医疗保险的多样性及可能性。在这种研究过程中制度歧视的概念开始变得具体。许多案例研究发现,准教师对以前的刻板印象提出质疑,基于社区的学习让他们对以前从未见过的社区文化优势和资源有所了解(e. g., Bondy & Davis, 2000;James & Haig-Brown, 2002;Melnick & Zeichner, 1996;Moule, 2004;Olmedo, 1997;Seidl & Friend, 2002)。

在课堂中,准教师需要与那些能够支持基于探究、民主、社会公平导向的实践的教师合作。能够提供支持的项目通常需要学校、大学和社区之间的密切合作。例如,萨克拉门托州立大学的双语/多文化系已经有足够多的毕业生,形成了能够深入了解、示范和支持社会公平教学的教师合作网络。此外,该系已经与几家当地学校建立了"专业发展学校"的合作关系。全体教员在这些学校从事职业发展,提高了"学生教学实习与课程中强调的理论和实践的一致性"(Wong, et al. 2007)。

结论

高质量的教师教育是宝贵的公共资源。然而,对历来几乎没有机会享受卓越教学的社区而言,要获得优质的教学资源,教师教育肯定是干系重大。教师教育的重要性要求教师教育者直接与社区合作,这也是社会公平的要求。在与社区合作的过程中,教师教育者可以制定策略,招募和培养文化与语言更加多元的准教师主体,比起当前,这些准教师更能直接反映当地社区的情况。通过建立在不同社区之间的对话之上的协作,可以培养教师支持儿童和青少年,促进民主参与,同时思考当地的不平等现象是如何被嵌入到压迫系统和行动的运动之中的。

新自由主义正在积极消减公共服务,包括教师教育。哈维(Harvey,2005)根据对 621
全球历史的全面分析得出结论:“全球的趋势是不平等现象的加剧,并将任何社会中最不幸的元素暴露出来……带来了几丝经济紧缩的寒风,以及边缘化加剧的黯淡前景”(p. 118)。教师教育的命运与广大公众的命运直接相关,特别是对大规模私有化承受能力最弱的人。因此,教师教育者必须认真对待社会公平。

注释

1. 这个短语的原始来源未知。出现该短语的几个网站,同样将其归于一个未知的原始来源。

（彭正梅　伍绍杨　译）

参考文献

Achinstein, B. , & Ogawa, R. T. (2006). (In) fidelity: What the resistance of new teachers reveals about professional principles and prescriptive educational policies. *Harvard Educational Review*, 67(1),30 - 63.

Achinstein, B. , Ogawa, R. T. , & Speiglman, A. (2004). Are we creating separate and unequal tracks of teachers? The effects of state policy, local conditions, and teacher characteristics on new teacher socialization. *American Educational Research Journal*, 41(3), 557 - 603.

Aguilar, T. E. , & Pohan, C. A. (1998). A cultural immersion experience to enhance cross-culturalcompetence. *Sociotam*, 8(1),29 - 49.

Alberts, P. (2002). Praxis II and African American teacher candidates (or, "Is everything Blackbad"?). *English Education*, 34(2),105 - 125.

Andrzejewski, J. (1995). Teaching controversial issues in higher education: Pedagogical techniquesand analytical framework. In R. J. Martin (Ed.), *Practicing what we teach* (pp. 3 - 26). Albany, NY: SUNY Press.

Anyon, J. (2005). *Radical possibilities*. New York: Routledge.

Apple, M. W. (1996). *Cultural politics and education*. New York: Teachers College Press.

Banks, J. A. (Ed.). (2003). *Diversity and citizenship education: Global perspectives*. San Francisco: Jossey-Bass.

Bennett, C. I. , McWhorter, L. M. , & Kuykendall, J. A. (2006). Will I ever teach? Latino and African American students' perspectives on PRAXIS I. *American Educational Research Journal*, 43(3),531 – 575.

Berliner, D. C. (2005). Our impoverished view of educational review. *Teachers College Record*. August 2nd, 2005. Retrieved August 20th, 2005, from http://www. tcrecord. org

Bondy, E. , & Davis, S. (2000). The caring of strangers: Insights from a field experience in a culturally unfamiliar community. *Action in Teacher Education*, 22(2),54 – 66.

Boyle-Baise, M. (2002). *Multicultural service learning*. New York: Teachers College Press.

Chance, L. , Morris, V. G. , & Rakes, S. (1996). Fostering sensitivity to diverse cultures through a nearly field experience collaborative. *Journal of Teacher Education*, 47(5),386 – 389.

Darling-Hammond, L. (2006). *Powerful teacher education*. San Francisco: Jossey-Bass.

Dee, J. R. , & Henkin, A. B. (2002). Assessing dispositions toward cultural diversity among preservice teachers. *Urban Education*, 37(1),22 – 40.

Delpit, L. (1995). *Other people's children*. New York: The New Press.

"Don't turn back the clock!" (2003). *The Education Trust*. Retrieved July 17th, 2004, from http://www2. edtrust. org

Epstein, K. K. (2005). The whitening of the American teaching force: A problem of recruitment orracism? *Social Justice*, 32(3),89 – 102.

Feiman-Nemser, S. (2001). From preparation to practice: Designing a continuum to strengthen and sustain teaching. *Teachers College Record*, 198(6),1013 – 1055.

Feistrizter, E. (1999). *The making of a teacher*: A report on teacher preparation in the U. S. National Center for Education Information. Retrieved September 18th, 2006, from http://www. ncei. com/MakingTeacher-rpt. htm

Flippo, R. F. (2003). Canceling diversity: High-stakes teacher testing and the real crisis. *Multicultural Perspectives*, 5(4),42 – 45.

Freire, P. (1998). *Pedagogy of freedom*. Boulder, CO: Rowman & Little field.

Fry, P. G. , & McKinney, L. J. (1997). A qualitative study of preservice teachers' early field experiences in an urban, culturally different school. *Urban Education*, 32(2),184 – 201.

Gándara, P. , Rumberger, R. , Maxwell-Jolly, J. , & Callahan, R. (2003, October 7th). English learners in California schools: Unequal resources, unequal outcomes. *Education Policy Analysis Archives*, 11(36). Retrieved October 8th, 2003, from http://epaa. asu. edu/epaa/v11n36/

Gelberg, D. (2007). The business agenda for school reform. *Teacher Education Quarterly*, 34(2),45 – 58.

Government Reform Minority Offi ce. (2003, August). *About politics & science: The state of science under the Bush administration*. Retrieved September 25th, 2006, from http://

democrats. reform. house. gov/features/politics_and_science/index. htm

Gutiérrez, K. D. , & Rogoff, B. (2003). Cultural ways of learning: Individual traits or repertoires of practice. *Educational Researcher*, 32(5),19 - 25.

Haberman, M. (1996). Selecting and preparing culturally competent teachers for urban schools. In J. Sikula, T. J. Buttery, & E. Guyton (Eds.), *Handbook of research on teacher education*(2nd ed. , pp. 747 - 760). New York: Macmillan.

Harrell, P. E. , & Jackson, J. K. (2006, May). *Teacher knowledge myths: An examination of the relationship between the Texas examinations of educator standards and formal content area coursework, grade point average and age of coursework*. Paper presented at the Science, Technology, Engineering and Mathematics Education Institute, University of Massachusetts, Amherst. Retrieved September 21st, 2006, from http://www. stemtec. org/ act

Harvey, D. (2005). *A brief history of neoliberalism*. Oxford: Oxford University Press.

Hursh, D. (2005). The growth of high-stakes testing in the USA: Accountability, markets, and the decline in educational quality. *British Educational Research Journal*, 31(5),605 - 622.

James, C. E. , & Haig-Brown (2002). "Returning the dues." Community and the personal in a university-school partnership. *Urban Education*, 36(2),226 - 255.

Johnson, K. A. (2000). *The effects of advanced teacher training on student achievement*. Washington, D. C. : The Heritage Foundation.

Jones, D. (2003, February). State shortfalls projected through the decade. *Policy Alert*. San Jose, CA: The National Center for Public Policy and Higher Education.

Knight, M. G. (2004). Sensing the urgency: Envisioning a Black humanist vision of care of teacher education. *Race Ethnicity and Education*, 7(3),211 - 228.

Kumashiro, K. K. (2004). Uncertain beginnings: Learning to teach paradoxically. *Theory in to Practice*, 93(2),111 - 115.

Lau, K. F. , Dandy, E. B. , & Hoffman, L. (2007). The Pathways Program: A model for increasing the number of teachers of color. *Teacher Education Quarterly*, 34(4),27 - 40.

Lazar, A. (1998). Helping preservice teachers inquire about caregivers: A critical experience for field-based courses. *Action in Teacher Education* 19(4),14 - 28.

Lea, V. (1994). The reflective cultural portfolio: Identifying public cultural scripts in the private voices of white student teachers. *Journal of Teacher Education*, 55(2),116 - 127.

Mahan, J. M. , & Stachowski, L. (1993 - 1994). Diverse, previously uncited sources of professional learning reported by student teachers serving in culturally different communities. *National Forum of Teacher Education Journal*, 3(1),21 - 28.

Martin, B. (1999). Suppression of dissent in science. *Research in Social Problems and Public Policy*, 7,105 - 135.

Marx, S. (2000). An exploration of preservice teacher perceptions of second language learners in the mainstream classroom. *Texas Papers in Foreign Language Education*, 5(1),207 - 221.

McChesney, R. W. (2001, March). Global media, neoliberalism, and imperialism. *Monthly Review*, 1 - 19.

623 McLaren. P. , & Farahmandpur, R. (2005). *Teaching against global capitalism and the new imperialism*. Boulder, CO: Rowman & Littlefield.

Melnick, S. , & Zeichner, K. (1996). The role of community-based field experiences in preparing teachers for cultural diversity. In K. Zeichner, S. Melnick, & M. L. Gome (Eds.), *Currents of reform in preservice teacher education* (pp. 176 - 196). New York: Teachers College Press.

Memory, D. J. , Coleman, C. L. , & Watkins, S. D. (2003). Possible tradeoffs in raising basic skills cut off scores for teacher licensure: A study with implications for participation of African Americans in teaching. *Journal of Teacher Education*, 54(3),217 - 227.

Monk, D. H. (1994). Subject area preparation of secondary mathematics and science teachers and student achievement. *Economics of Education Review*, 13,125 - 145.

Montaño, T. , Ulanoff, S. , Quintanar-Sarellana, R. , & Aoki, L. (2006). California Senate Bill2042: The debilingualization and deculturalization of prospective bilingual teachers. *Social Justice*, 32(2),103 - 121.

Moule, J. (2004). Safe and growing out of the box: Immersion for social change. In J. Romo, P. Bradfield, & R. Serrano (Eds.), *Working in the margins: Becoming a transformative educator*(pp. 147 - 171). Upper Saddle River, NJ: Merrill Prentice-Hall.

National Center for Education Statistics. (2007). *The condition of education* 2000 - 2007. Retrieved June 1st, 2007, from http://nces. ed. gov/programs/coe

Noordhoff, K. , & Kleinfeld, J. (1993). Preparing teachers for multicultural classrooms. *Teaching and Teacher Education*, 9(1),27 - 39.

Norfolk Public Schools. (n. d.). Glossary of terms from the No Child Left Behind Act of 2001. Retrieved August 15th, 2006 from, http://www. nps. k12. va. us/NCLB/NCLB_glossary. htm

Olmedo, I. M. (1997). Challenging old assumptions: Preparing teachers for inner city schools. *Teaching and Teacher Education*, 13(3),245 - 258.

Perkins, J. (2004). *Confessions of an economic hit man*. San Francisco: Berrett Koehler.

Rios, F. , & Montecinos, C. (1999). Advocating social justice and cultural affirmation. *Equity & Excellence in Education*, 32(3),66 - 77.

Seidl, B. , & Friend, G. (2002). Leaving authority at the door. *Teaching and Teacher Education*, 18(4),421 - 433.

Selwyn, D. (2005 - 2006). Teacher quality: Teacher education left behind. *Rethinking Schools*, 20(2). Retrieved June 2,2007, from http://www. rethinkingschools. org/archive/20_02/left202. shtml

Sleeter, C. E. (2003). Reform and control: An analysis of SB 2042. *Teacher Education Quarterly*, 30(1),19 - 30.

Sleeter, C. E. (2005). *Un-standardizing curriculum: Multicultural teaching in standards-based classrooms*. New York: Teachers College Press.

Sleeter, C. E. (2008). Preparing white teachers for diverse students. In M. Cochran-Smith, S. Feiman-Nemser, & J. McIntyre (Eds.). *Handbook of research in teacher education: Enduringissues in changing contexts* (3rd ed. , pp. 559 - 583). New York: Routledge.

Steele, C. M. , & Aronson, J. (1995). Stereotype threat and the intellectual test performance of African Americans. *Journal of Personality and Social Psychology*, 69(5),797 - 811.

Su, Z. (1997). Teaching as a profession and as a career: Minority candidates' perspectives. *Teaching and Teacher Education*, 13(3),325 - 340.

Tiezzi, L. J. , & Cross, B. E. (1997). Utilizing research on prospective teachers' beliefs to inform urban field experiences. *The Urban Review*, 29(2),113 - 125.

Trelease, J. (2006). The Bushes and the McGraws. *Trelease on Reading*. Retrieved May 29th, 2007, from http://www. trelease-on-reading. com/whatsnu_bush-mcgraw. html

Villegas, A. M. , & Lucas, T. (2002). *Educating culturally responsive teachers*. Albany, NY: SUNYPress.

What Works Clearinghouse. (2006). *Evidence standards for reviewing studies*. Retrieved September 25th, 2006, from http://whatworks. ed. gov/reviewprocess/standards. html

Wiggins, R. A. , & Follo, E. J. (1999). Development of knowledge, attitudes, and commitment to teach diverse student populations. *Journal of Teacher Education*, 50(2), 94 - 105.

Wong, P. L. , Murai, H. , Berta-ávila, M. , William White, L. , Baker, S. , Arellano, A. , et al. (2007). The M/M center: Meeting the demand for multicultural, multilingual teacher preparation. *Teacher Education Quarterly*.

Zeichner, K. (2003). The adequacies and inadequacies of three current strategies to recruit, prepare, and retain the best teachers for all students. *Teachers College Record*, 105(5),490- 519.

41

社会公平教师教育

对批判的批判

玛丽莲·科克伦-史密斯（Marilyn Cochran-Smith）

琼·巴奈特（Joan Barnatt）

兰德尔·拉汉（Randall Lahann）

凯伦·沙克曼（Karen Shakman）

戴安娜·特雷尔（Dianna Terrell）

在最近一次美国教育研究协会(AERA)关于教师教育评估的研讨会上,作为讨论者的代顿大学教育学院院长汤姆·拉斯利(Tom Lasley,2007)评论说,教师教育者能保证让准教师知道诸如乔纳森·科佐尔(Jonathan Kozol,1991)对美国富人和穷人学校中"野蛮不平等"分析之类的事情,却不能确保他们知道如何教孩子们阅读。在一则斯坦福大学教育学院校友时事通讯的评论中,卡内基教学进步基金会主席李·舒尔曼(Lee Shulman,2005)呼吁采取一致的教师专业发展路径,并且这一路径要基于在内容领域和教学实践上的充分准备和对教学成果的严格评估。最后,他写道:"对社会公平理念的信奉是不充足的,凭借热爱远远不够"。

拉斯利和舒尔曼是教师教育界的内部人士,他们在该领域中有卓越的个人履历。然而,正是他们局内人的身份,使得他们的评论如此重要,但又如此苛刻。他们反思了一些业内人士和许多业外人士的批评:社会公平教育以孩子们感觉良好以及教师政治正确为中心,却没有人关注学习。在当前的政治环境中——新自由主义、基于市场的教育分析已经成为了"常识"(Apple,2006,p. 15),问责制从一种资源变成了一个底线结果(Cuban,2004)——这一针对社会公平教师教育的评论是非常糟糕的。

在本章中,我们分析在话语中普遍存在的四个有所重叠,但彼此区别的对社会公平教师教育的批判:"模糊性批判"、"知识批判"、"意识形态批判"和"自由言论批判"。本章从讨论模糊性批判开始,模糊性批判有时是独立的,却往往成为了对社会公平教师教育的其他批判的序言。然后,我们讨论其他三个主要批判,阐释其核心思想和假设,并确定这些争论的主要参与者。最后,我们重新审视这三个批判,将我们的反驳与对它们所依附的更宏大议程的分析相结合。我们认为,虽然这些批判声称它们与政治和价值无涉,但事实上,两者皆有。恰好相反,对社会公平教师教育的很多批评是更大的政治意识形态的一部分,它基于狭隘的学习观、个人主义的自由观,以及以问责制代替民主的、以市场为基础的教育观。大多数批评者想要的不是价值无涉的教师教育,而是符合他们价值观的教育,他们想要的不是政治无涉的教师教育,而是一种更加霸权和隐蔽的政治。

社会公平教师教育与模糊性批判

626

在美国和其他地方，"培养教师为社会公平而教"的理念在教师培训项目和其它举措中是非常普遍的。地方的努力通过一些全国性的组织松散地联系起来，比如国家多元文化教育协会（National Association for Multicultural Education，NAME）、教师教育改进城市网络（Urban Network to Improve Teacher Education，UNITE）和美国教师教育学院协会（American Association of Colleges for Teacher Education，AACTE）属下的一些委员会和特殊利益团体，以及美国教育研究协会（American Education Research Association，AERA）。制度性努力得到了 AACTE 和全国教师教育认证委员会（National Council for the Accreditation of Teacher Education，NCATE）的支持，前者在20 世纪 70 年代早期促进了对教师教育中多元化问题的关注，后者将"培养适应多元化的教师"纳入了其 1976 年的标准中，将"社会公平"作为一种理想的专业特质纳入了其 2000 年的标准中。

尽管"社会公平教师教育"（teacher education for justice）这个术语获得了全国性的关注，但对它的理解却有相当大的差异。一些贴着这个标签的项目强调教师和学生的文化和种族认同，教导未来教师们如何提供文化适应性课程和教学，以及如何为所有学生的学习提供社会支持。其他项目关注教师和学生对社会、经济和制度结构的能动性，强调这些结构使特定种族、文化、语言、社会经济和性别的群体无法获得某种权利和处于劣势。一些使用社会公平语言的项目则强调公民教育，聚焦于教授教师如何培养民主社会的未来参与者，使他们以对社会负责的方式去思考、表达不同意见和采取行动。一些项目的特点是创新的基于社区的学习场所，教师、社区活动家和家长们一起在里面学习，还有一些项目主要专注于改变传统大学项目中的课程。

许多贴着社会公平标签的教师教育项目强调了上述这些和其他一些理念的某种组合，比如教学如何与以下要素联系起来：公平、多元化、学习机会的获得、社会和经济资源的分配，以及公民社会中自我利益和共同利益的紧张关系。然而，这种语言被应用于不同的方案和项目，但却缺乏完备的定义或理论，这已经成为尖锐批评的来源，我们在这里将其称为"模糊性批判"（ambiguity critique）。批评者认为社会公平教师教育是一个有多样的实例却模糊不清的口号，缺乏清晰和一致的专业定义，缺乏坚实的理论基础。有趣的是，不论是社会公平教师教育的倡导者还是反对者都提出了这样的批评。比如，诺思（North，2006）在介绍一篇关于社会公平教育的综述时声称：

> "社会公平"这个标签在这个领域中随处可见——教师教育项目的话语和政策、教师活动者组织的声明……，教育会议项目，以及学术文章和书籍。不幸的是，教育家、教育研究人员以及教育政策制定者经常使用这个时髦语，却不提供其社会、文化、经济和政治意义的解释。（p. 507）

类似地，格兰特和阿戈斯托（Grant & Agosto，2008）认为，过去二十年对社会公平与日俱增的关注"更多在名义上而不在实质上"。蔡克纳（Zeichner，2006）断言，"在美国很难找到一个教师教育项目不声称在培养社会公平教师"（p. 328）。这些引文都代表了对社会公平"无所不包"的模糊性批判，这种版本的批判强调"社会公平"的概念缺乏理论支撑，并且教育界对其缺乏共同的定义。此外，从这个角度看，教师教育者只是偶尔会确认"为社会公平而教"这个概念的哲学和历史根源，这增加了它被稀释、琐碎化或被吸纳到其他概念中的可能性。虽然我们是社会公平教师教育的倡导者，我们必须承认我们同意对社会公平"无所不包"的模糊性批判；通过使这个术语更加清晰、一致和深刻推动这个领域往前发展，这是一个正确的方向。

社会公平教师教育的强烈反对者也会运用模糊性批判。然而，对于一些立场坚定的批评者而言，虽然模糊性显然是一个问题，但这实际上几乎都是对学校教育、政治和意识形态的更广泛批判的序言或前奏。例如，在 NCATE 将社会公平纳入教师理想特质（下面会对此加以讨论）的争论中，国家学者协会（National Association of Scholars，NAS）质疑了社会公平作为认证标准的"宪法适当性"（constitutional propriety），因为它缺乏一个确定的意义，或者他们所说的它蕴含了"自相矛盾的意识形态意义"（contested ideological significance）（Balch，2005，p. 1）。同样地，个人教育权利基金会（FIRE，Foundation for Individual Rights in Education；2005）质疑社会公平是否应该作为准教师的理想特质，称之为"一个完全抽象的概念……对不同的人而言，它可以代表截然不同的事物"（¶3）。在这些情况下，正如我们下面想要说明的那样，真正的议题不是模糊性，而是打着"社会公平"旗号的特定政治和更广泛的社会运动。

社会公平教师教育：知识批判

"*知识批判*"聚焦于社会公平教师教育的内容和目的，是当前最为流行的批判，也可以说是根源最为深远、獠牙最为锋利的。在当前问责运动的背景下，高风险测试结果被广泛认为是教师培养和教师质量的最终评判标准，知识批判正中要害。

概括来说，知识批判认为，社会公平教师教育就是教师很友好，孩子们感觉良好，每个人都在幸福中忽视了知识。《新闻周刊》（*Newsweek*）专栏作家乔治·威尔（George Will，2006）引用希特·麦克唐纳（Heather MacDonald，1998）在曼哈顿学院的《城市杂志》（*City Journal*）上发表的被广泛传播的文章《为什么约翰尼的教师不会教学》（*Why Johnny's Teacher Can't Teach*），评论了当时由于 NCATE 将社会公平纳入教师理想特质引发的争议。他说：

> 今天的教师教育所关注"专业特质"，只是麦克唐纳所说的学校教育中"不变的教条"的最新排序，她称之为"知识之外的任何东西"。这一教条就是中小学教育与"自我实现"、"发现乐趣"、"社会调整"、"多元文化敏感性"或"赋权少数族裔"有关，但绝不会与像纯粹的知识一样枯燥的任何东西有关。(p. 98)

威尔在整个专栏中再三地强调了社会公平与知识之间的鸿沟：教师教育所声称的致力于培养"促进社会公平"的个体，与他所断言的几乎从未被教育学院视为责任的培养学生"阅读、写作和推理"的能力，被放在了对立面上。他认为教育学院课程的特质是"空泛"、"进步主义的政治问答"以及"当前进步主义的圈内用语"，与之相对的是"严肃的教育学"，后者关注的是"以考试衡量的成就"，以及"知识就是一切，以教师为中心的课堂"(p. 98)。总之，尽管乔治·威尔肯定不是社会公平教师教育的主要敌人，但他的专栏成功地将批评展现给了全国《新闻周刊》的读者们。接下来我们通过辨析知识批判的主要论点和假设来看它背后的内容。

知识批判的主要论点

知识批判建立在关于社会公平教师教育的互相影射的两个论点：(1)以社会公平为目标的教师教育项目过分强调进步主义和政治教育目标，尤其是一方面尊重学生的文化身份和增强他们的自尊,另一方面促进公平和社会变革。(2)同时,以社会公平为目标的教师教育项目很少强调与传授学科知识和基本技能直接相关的传统教育目标。从这个角度来看,教师教育的第一个缺点——其进步主义的取向——是其第二个缺点——缺乏对基本知识和技能的关注——的原因。

第一个论点是陈旧的,与许多保守的进步主义教育批评者的立场是一致的。从这个角度来看,诸如多元文化课程、文化适当性教学之类的"为社会公平而教"的核心方面,被认为是表现出优越感的、制造分裂的和反智的。同样,学校知识的文化批评被认为是纯粹的政治正确,但是经不起实质的推敲。社会公平教师教育的这些方面经常被批评者打包在一起,贴上帮助学生"拥有良好的种族或民族认同感"(Ravitch,2001,p. 426)或仅仅是"治疗"(Thernstrom & Thernstrom,1997,p. 373)的标签。

从这种角度看,社会公平教师教育项目不恰当地将教学视为一种政治活动,强调教师应该是更广泛的社会运动的一部分。从这个角度看,将教育系统视为社会和经济不平等的再生产者的历史批判被认为是毫无根据和有误导性的。没有任何东西比过去十年对社会科(social studies)教育的攻击更明显地运用了这种知识批判。例如,福特汉姆基金会(Fordham Foundation)的专著《没有进步的激情》(*Passion Without Progress*,Leming,Ellington,& Porter-Magee,2003),反映了过去十年对"社会科出了什么问题"的保守分析,正如切斯特·芬(Chester Finn,2003)在前言中写道:

> 为什么社会科教育陷入如此深重的麻烦中?……一个原因是在教育学院和教育系培训未来教师的社会科教育专家们的主导信念系统……理论家对激进社会变革的热情和他们将公立学校作为实现这一目标的工具的倾向,无疑是社会科陷入危机的另一个原因。这导致这个领域回避实质内容,并将对有效实践的关注置于教育和政治正确的从属地位。(pp. i—ii)

这段引文说明了知识批判的两个论点,暗示教师教育的错误目标使他们无法确保准教师能够传递重要的知识和技能。

乐明、艾林顿和波特-麦基(Leming,Ellington,& Porter-Magee,2003)将这称为"普通美国人认为对孩子学习来说重要的基本知识"和"传统历史和社会科学内容"(p. ii)。同样,在希特·麦克唐纳(Heather MacDonald,1998)对为什么教师无法教学的充满斥责的解释中,她将这称为"枯燥无味的过时知识"(p. 14),并讽刺地指出"知识以外的任何东西"的信条使教育专家和他们的追随者不受约束地专注于"比教授历史事实或句子结构规则更加迫切的事情"(p. 18)。拉维奇(Ravitch, 2001)认为,导致 20 世纪学校改革失败的罪魁祸首——进步主义教育——也在这里推波助澜。她将那些挑战所有公民都应该拥有一致认同的知识信条的理念倡议(例如建构主义,多元文化主义和自尊运动)与类似赫希(E. D. Hirsch, 1987)的"文化素养"(cultural literacy)的改革倡议进行了对比。

知识批判的潜在假设

知识批判的主要论点背后有很多紧密联系的假设。首先,也许是最重要的假设是,当代版本的社会公平教师教育是美国进步主义教育的长期谱系的一部分,进步主义教育在历史上一直是反知识和反智的,并且与教育能够促进社会与政治变革的观点联系在一起。其次是假设正义与知识之间存在完全的二分法。简而言之,这意味着如果教师培养项目促进社会公平,那么就不会促进学生对学术知识和技能的学习,而后者才是社会中学校教育的主要目的。

大多数对社会公平教师教育的知识批判都依赖于以上的两个假设,这些假设通常是纠缠牵连而非独立存在的。克罗(Crowe, 2008)在评论问责制和教师教育时说:

> 作为基于经验的和科学上可接受的知识的替代品,这组被松散地打包成"社会公平"的概念的价值观,可能最好被理解为困扰教育领域的"教育浪漫主义"(Sedlak,印刷中)的最新表现。这些价值观与学生学习之间的联系仍然是不清晰的……NCATE 的"特质"非常重视教师态度和自我效能感的概念,但这对学生在课堂上是否在学习任何可客观测量的任何东西没有任何经验上可证明的关系……
>
> 关于"教育的道德基础"的无休止的争论削弱了对教育合法性和专业地位的主张……学者们可以沉醉于知识、真理和道德的讨论之中,但学校和政策领导者有现实世界的问题要解决。(p. 992)

在这篇评论中,克罗将社会公平教师教育与信念、价值观、浪漫主义、自我效能感和道德联系起来。另一方面,他将社会公平教师教育与基于经验和科学上可接受的知识、学生学习、可客观测量的学习、合法性、专业地位和解决现实世界中的问题进行对比。这样,克罗将社会公平教师教育与以往的浪漫主义和进步主义改革联系起来,同时将其与当代强调的有科学基础的研究和基于证据的教育分离开来。这样,他将社会公平与知识分割开来,反而强调它们互不相容。

这段引文揭示了很多稍显不同的概念,这些概念通常都被卷进了教师教育预设的

社会公平与知识的二分法当中:不重要的信息和活动垄断了教师教育课程,因此没有时间或空间关注学科知识。为社会公平而教和社会公平教师教育,从其定义来看,关注的是学科知识和高标准以外的东西,并且这些东西在知识本质上是琐碎和局限的。也许最重要的是,"真正的"知识——应该成为学校教育的核心和能够通过标准化测试检验的知识——是客观的和与政治无涉的,因此它不能与促进行动主义和社会公平的完全政治化的知识混为一谈,或者同时教授,或者与之相结合。总而言之,从知识批判的角度来看,社会公平教师教育不会也不想,即使想也没法促进学生对学科知识和技能的学习。

社会公平教师教育:意识形态批判

对社会公平教师教育的意识形态批判与知识批判密切相关,因为它们对学术知识的中立性和非政治性以及学校的知识传播角色做出了许多相同的假设。然而不同的是,意识形态批判关注的不是教师教育的内容和目的,而是准教师是否被允许从事这个职业的标准。

简而言之,意识形态批判认为,基于道德价值观、政治观和某些特质(比如社会公平)对准教师进行评估,是公然滥用专业认证者机构的守门权力(gate-keeping)。尽管在 NCATE 关于特质的争议爆发之前或之后,意识形态批判一直都存在,但它变得主流是在 NCATE(2001)将社会公平纳入准教师的理想特质之时,这一事件成为了如何评估教师、谁应该决定他们是否被允许从事这个职业的持续争论的导火索。

在全国性的保守组织的支持之下,很多学院和大学的学生抱怨,为了取得教师认证的资格,他们必须秉持特定的意识形态信念。2005 年 12 月,《高等教育纪事》(*Chronicle of Higher Education*)讲述了一个故事(Wilson, 2005),标题为《我们不需要那种态度》(*We Don't Need That Kind of Attitude*),副标题为"教育学院希望确保未来教师拥有正确的'特质'"(*Education Schools Want to Make Sure Prospective*

Teachers Have the Right "Disposition")(p. A8)。文章描述了一些案例,比如像这个《纽约阳光报》(*New York Sun*,Gershman,2005)首次报道的案例:

> 布鲁克林大学的教育学院已经开始将准教师对社会公平的承诺作为考评的指标之一,这引发了对学院是否在根据学生的政治观点作出筛选的担忧……如果准教师被发现有错误的倾向,他们将被赶出教育学院。(p. 1)

《高等教育纪事》的文章还报告称,一些教师教育机构已经开发了关于准教师特质的评估方法,很多人对这些机构的有待进一步确定的标准表示不满。

意识形态批判的主要论点

意识形态批判由两个密切相关的并且同时发生的主要论点构成:(1)道德价值观、信念和政治意识形态因家庭、社区、宗教以及其他团体的世界观和传统的差异而有所不同;在我们的社会中,这些价值观和意识形态是动态的、有争议的,而非一种共识。(2)培养专业人员的机构和监督它们的认证机构是这个专业的守门者;它们应该基于候选者的专业知识和表现予以评定,而非他们的政治立场、人格特质或意识形态取向。从这个角度看,基于准教师的社会公平取向对其作出评定,无异于以党派的和有争议的意识形态立场作为标准,而非对教师认证和评审而言正当的标准——即确保只有能够有效地将学术知识传授给学生的人才会被允许从事这个职业。

这里的第一个论点明显具有欺骗性——如果或当教师认证和评审关注信念、道德价值观或特质时,它变得不恰当地政治化和意识形态化。一旦这个前提被接受,我们从逻辑上就很容易推导出第二个论点:教师认证和评审应该基于对准教师的知识和技能的评估,而非他们政治立场或意识形态。2000 年的 NCATE 标准以及 NCATE 认证机构开发准教师特质的评价工具的后续努力都是对这两个论点的悍然挑战,同时使那些早已反对社会公平议程的组织和个人有机会去质疑 NCATE 的准入标准。

例如,在 2005 年 11 月,一个长期反对社会公平议程的组织全国学者协会(NAS),向美国教育部高等教育助理国务卿提交了一封正式信函。NAS 要求美国教育部对"NCATE 认证标准的教育适当性和宪法适当性"进行调查,尤其是质疑标准中提到的社会公平,他们声称这个术语"必定充满自相矛盾的意识形态意义"(Balch,2005,p. 1)。在这份信函中,NAS 还质疑了一所社会工作学校的职业标准,这所学校的一份声

631

明中称社会工作教育的目的是"培养社会工作者以减轻贫困、压迫和其他形式的社会不公",NAS将这样的假设称为"进步的政治行动主义"(Balch，2005，p. 3)

几个月后,在紧张的政治压力和媒体关注之后,NCATE删除了标准中有关社会公平的话语。值得注意的是,虽然大部分关于NCATE的争议似乎表面上关注的是专业特质的议题,但事实上某些"特质"能够支持好的教学,这样的观点并不是2000年的NCATE表现标准率先提出的(Wise，2006)。相反,这种观点与其他被广泛使用的教学标准是一致的,但这些教学标准并没有引起喧哗。还值得注意的是,关怀、公平或诚实的准教师特质并没有引起舆论争议,尽管在NCATE对"特质"这个术语的词条解释中,这些品质与社会公平都是被列举的例子。毫无疑问,招致批评的是社会公平,而非这些特质是否应该作为教师职业准入标准的争议。

意识形态批判主要探讨教师教育的问责过程。与关注课程内容的知识批判不同,意识形态批判聚焦的是教师认证和评审,尤其是如何判断准教师是否适合进入这个领域的职业标准。意识形态批判,至少围绕NCATE的"特质"展开的意识形态批判,认为教师认证标准的政治意味过浓了。

632　意识形态批判的潜在假设

许多构成知识批判的假设——核心学术知识的中立性、客观性,以及学校教育传播知识的目的——同样也构成了意识形态批判。我们在这里不再重复讨论这些假设,但会指出意识形态批判所运用的假设。然而,驱动意识形态批判的核心假设是,当涉及道德和伦理议题时,教师认证可以也应该是非政治的、价值无涉的和中立的,并且教师教育也应当如此。当然,这是在假设,教育以及其他所有社会机构都可以在政治和非政治之间做出选择,并且以非政治的方式参与教师培养、认证和项目评审的实践和政策制定是可能的。

意识形态批判基于这样一个假设,即准教师的遴选标准不应该是政治化和意识形态化的。例如,美国企业公共政策研究所的常驻学者弗雷德里克·赫斯(Frederick Hess，2005)在评论教师教育的政治时非常担忧"教师培养的主导声音……毫无道理地认为教师教育会不可避免地拥护某些价值观"(p. 195)。

从赫斯的角度来看,问题不仅在于教师教育的领导者将价值观、意识形态与教师教育联系起来,而且还在于他们声称这是不可避免的。赫斯反对教师教育制度允许"当权者"的观点和价值观左右谁有资格教学。相比之下,赫斯支持放权的"常识"做法,这为更多想要成为教师的人踏上教学岗位开辟道路,让市场决定谁有资格教学,以学生的考试成绩作为成功的最终衡量标准。赫斯的评论表明,虽然意识形态批判表面上关注的是教师认证和评审的守门功能,但这种批判还与更大的政治议程相联系,它还支持教师教育的市场化改革和教育机构与经济相联系的新自由主义观点。

社会公平教师教育:言论自由批判

对社会公平教师教育的第三个主要批判是"言论自由批判",它关注的是负责教师培养的学院和大学的理智氛围及公民环境。尽管言论自由批判聚焦的是制度氛围而非问责标准,但它与意识形态批判有许多相同的论点和假设。跟意识形态批判一样,在 NCATE 的"特质"争论爆发时,言论自由批判在教师教育话语中变得显著起来。然而,意识形态批判和自由言论批判都不仅是对 NCATE 将社会公平纳入其标准的简单回应。相反,这两种批判都是伴随着新保守主义者日渐加深的忧虑而出现的,他们认为,一直以来自称思想自由的大学已经变得过度自由,以致于它们排斥带有保守主义观点的学生,并且尝试将正统和自由主义的观点灌输给每个人。

简而言之,言论自由批判认为,社会公平教师教育项目限制了准教师思考和表达自己观点以及遵循他们所选择的道德原则的自由。个人教育权利基金会(FIRE)和其他一些组织宣扬了这种批判,它们的目的是"捍卫和维护美国学院和大学中的个人权利……并且教育公众和相关美国人警惕对大学校园中这些个人权利的威胁,以及使他们知道保护这些权利的方式"。

言论自由批判的主要论点   633

对社会公平教师教育的言论自由批判由两个紧密联系的论点组成:(1)带有社会公平的标准、要求、任务、课程或评估的教师教育课程或项目是对准教师的政治审查,因此限制了第一修正案赋予他们的选择任何信仰和道德原则的权利。(2)促进社会公平教师教育是对现代大学的使命和传统的"诅咒"(anathema),大学应该营造一种开放的思想自由和言论自由的理智氛围。

自由言论批判把这两个论点结合在一起,认为大学和学院不可能将社会公平作为教师项目的核心,同时营造一种适宜的教育环境。FIRE 主席格雷格·卢基亚诺夫(Greg Lukianoff,2007)为《高等教育纪事》撰写的一篇社论说道:

现代自由大学的核心是理想的,同时也是宏大和谦逊的:我们当中没有任何人是无所不知的,没有人能知道哪一条崎岖的道路通往智慧和理解,任何想承担真理的最终仲裁者角色的机构都是傲慢的。官方的正统观念阻碍而不是促进教育,造成教条而不是生动的、有机的思想。人们希望,教育被视为灌输对哲学、道德和社会问题的"正确的"和绝对权威的答案的机会,这样的时代早已一去不复返。

卢基亚诺夫引用了教育和诸如社会工作、法律等其他专业的例子,FIRE 支持了这些领域的学生对社会公平项目提起诉讼或表达不满的努力。他将社会公平教师教育描述为大学建立"强制性的政治正统"、宣扬教条和"强制性的统一思想"的更宏大趋势的一部分。他将这些与他所说的应该成为"大学的核心"的理想——"生动的、有机的思想"、"自由教育"和"自由"放在对立的位置上(p. B8)。卢基亚诺夫的结论是,致力于社会公平的教师教育项目不可避免地侵犯了学生的公民权利,并威胁着大学共同体的核心——开放的理智氛围。

运用言论自由批判的人认为,社会公平教师教育是一个损害公民社会的核心——理智自由——的过程。同样地,在《美国新闻与世界报道》(*U. S. News & World Report*)的一个名为"课堂中的勇士"(*Classroom Warriors*)的栏目上,约翰·利奥(John Leo,2005)认为,教育学院的"左翼文化"正在通过关注社会公平来强制灌输"政治一致性"和"集体思维",这将会对学生和教职员造成可怕的后果:

> 教育学院,本质上是自由主义的单一文化……需要多元化和左翼文化议程的支持,包括反对教育学院有时候所称的"制度性种族主义、阶级主义和异性恋主义"。可预见的是,有些学生认为思想控制会使课堂中的异议非常危险……五名学生提交了书面的投诉,但没有收到学院的正式答复。其中一人被告知他要离开学院,并在社区学院学习一门同等的课程,还有两名投诉的学生被指控剽窃,并且成绩被降低了一个等级。

一位教育学院的历史教授约翰逊(K. C. Johnson)为这些异见学生辩护。他在《高等教育内幕》上(Inside Higher Ed)撰写了一文章,抨击"特质理论"是一种思想控制的形式,在此之后,他可能面临教师诚信委员会的调查。(p. 75)

634

在学生和教师的言论自由受到威胁的情况下,利奥将 FIRE 视为合法的声援者。从这个角度看,大学是一个更广阔社会的缩影——两者都将思想的开放交流视为它们的生命线,意见分歧和审慎思考是被鼓励的,正统被合理地认为是危险的。

言论自由批判的潜在假设

言论自由批判有两个潜在的主要假设。第一是教师培养课程和项目可以而且应该是非政治性的,而在道德和价值观上,则是海纳百川、包罗万象的,而不是狭隘和排他的。因为这个假设类似于意识形态批判的其中一个潜在假设,所以我们不在这里详细阐述。第二,言论自由批判假定当前的大学是由自由主义者——在某些情况下,由激进的自由主义者——所主导的,他们的观点备受推崇,但却对持有异见的教职员和学生的理智自由造成威胁。在这里,自由被定义为个人有权利自由地和无顾虑地表达自己的想法和有自由拒绝接受特定的观点。

对社会公平教师教育的言论自由批判强调学术的自由主义与保守主义——越来越多保守主义的大学生,但相对较少的保守主义教职员——之间可感知的差距越来越大。言论自由批判是保守主义者在全国范围内所作的更大努力的一部分,他们的目标是确保大学——以及在某些情况下,K-12 学校——避免在某些党派议题上支持的特定观点,或者是给予对立的观点“均等的发言时间”(equal time)。根据这样的逻辑,一些州的立法机构正在考虑新的“学术自由”或“学术权利法案”的立法。美国教师联合会(American Federation of Teachers)“学术自由论坛”(2007)的一篇文章以这个很有挑衅性的例子开篇:

> 据《亚利桑那每日晨报》(Arizona Daily Start)报道,亚利桑那州的立法机构正在考虑通过一项法案,对于那些支持某一社会、政治或文化议题的某一方的教授,如果这个议题是一个党派争议,可以对其征收 500 美元的罚款。如果 K-12 教师同样这么做,可能面临三个小时的再教育或失去教学资质。(¶1)

文章报道说,肯塔基州、西弗吉尼亚州、格鲁吉亚州和纽约也考虑过这种类型的法案,在某些地方,比如弗吉尼亚州,立法者甚至发起了一些法案,要求大学和学院必须证明它们在校园内保持“理智的多元化”或“意识形态平衡”(¶3)。(弗吉尼亚州的法案被反对者批评为更多的是宣扬保守主义的观点,而非促进真正的思想交流,随后被驳回。)

635

对教师教育的言论自由批判,假定只要教师教育项目在其标准、要求、任务、课程或评估中提到社会公平,就等同于强制性的"荣誉准则"或"效忠宣誓",这与大学不可或缺的开放的理智氛围是互相矛盾的。这等同于灌输,限制个人自由和损害大学的开放的理智氛围。从这个角度看,批评者希望确保大学生有权利表达不同于他们教授和导师的意见,也有自由拒绝接受被认为是充斥党派立场和意识形态的关于社会公平的特定观点。

结语:重新审视批判/重塑社会公平

正如我们已经展现的那样,对社会公平教师教育的批判是重叠的,但也是有所区别的。知识批判关注内容和目的,意识形态批判聚焦于准入标准,言论自由批判侧重于理智氛围。虽然这些批判有所不同,但它们是一致的,也往往是混合在一起的。此外,每一种批判有时候都会先以模糊性批判作为引子,即认为"社会公平"是一个模糊的术语,使它可以有极为不同的意识形态和政治诠释。特别需要注意的是,这些批判不是由学术界的偏执分子或边缘文化群体提出的。相反,它们代表了强大的并且越来越被广泛接受的——关于教师培养、支持学习的教育环境以及民主社会学校教育的目的——论证。虽然我们是社会公平教师教育的坚定支持者,但我们也认为应该认真对待这些批判。由于篇幅的限制,我们无法对我们找到的每一种论证一一作出反驳,所以我们总结出了重叠的观点,这些观点帮助我们重新审视批判,重构我们对于社会公平教师教育的思考方式。

致力于社会公平和学习的教师教育

社会公平教师教育项目与关注知识的项目之间的所谓的"二分法"是一些最糟糕的批评的致命弱点。用最直接的话来讲,这暗示了我们要选择教师教育的目标:要么知识和学习,要么社会公平。但这个结论也暴露了批评家所用的一个经典的修辞手法——构造一个"知识"与"很少或没有知识"之间的"霍布森选择"(Hobson's choice)——因为没有任何一个理性之人会选择一个不会关注知识和改善学生学习的教师教育项目。政治学家黛博拉·斯通(Deborah Stone, 2002)指出,"霍布森选择"让一个真正的选择披上"各种言语的华丽外衣,然而实际上正是那一系列选项决定了人们将如何选择,因为它们使其中一个选项看起来是唯一合理的可能性"(p. 246)。

作为教师教育者,我们必须揭露这样的事实,知识和社会公平之间的抉择是人为构造的,建立在一个完全错误的二分法之上。另一方面,我们必须严格地审视自身和我们的项目,确保社会公平教师教育真正地将关注学生的学习和生活机会放在其核心位置。但作为社会公平教师教育的核心的"学习"和"知识"的概念,不同于且大于这些批判所隐含的概念。从社会公平的角度来看,促进学生的学习,既包括教授大量的传统经典,但也包括教授批判性地思考和质疑知识的普遍性。按照同样的逻辑,我们必须确保社会公平教师教育关注问责制(比如基于证据的策略、测试、使用数据来改进实践),但同时也应该批评对"教育科学"的狭隘理解,并且对当前限制课程、使教学去专业化以及总是让同样的孩子掉队的考试制度提出质疑。

这一点必须特别澄清:以社会公平为目标的教师教育项目绝不是对教师的学科知识不屑一顾,或者是推脱对学生学习的责任。社会公平项目也不会做这样的事情。它们关注知识和问责制,同时也批评植根其中的不平等。与本章开篇的批评相反,我们必须明确地指出,当教师教育项目关注社会公平时,未来教师知道如何教孩子阅读,他们也知道学校教育和社会的不平等使一些孩子比其他孩子更容易地学习阅读。知识和正义不是二择其一的,而是互补的目标。事实上,很多人认为对社会批判和改善社会的关注会向学生提供动力,激发他们对知识的获取。这意味着我们不仅可以同时教授社会批判和学科知识,而且对前者的追求往往能够推进后一个目标的实现。

致力于社会公平和自由的教师教育

正如我们已经展现的那样,批评家认为社会公平教师教育等同于对准教师的意识形态审查,剥夺了他们的理智自由,并且扰乱了他们所在大学的开放氛围。毫无异议,与声称社会公平教师教育回避了知识一样,这个批判也是同样严重的指控。

将社会公平教师教育视为是对个人自由的侵犯,这是一个强有力的策略,因为自由是美国人最为珍视的权利之一。然而,正如斯通(Stone, 2002)提醒我们的,自由本身就是一个有争议和不断被建构的概念,而不是一个既定的概念。这些批判假定,自由是支持个人坚持他们所希望的关于教育和学校教育的任何信念和价值。另一方面,植根于社会公平教师教育的前提是,教学是带有某些不可剥夺的目的的专业,其中就包括挑战教育机会的不平等,正是这种不平等损害了某些个人和群体获得高质量教育的自由。与前者一样,自由也被定义为防止个人的思想受到外部干预。从这个角度看,它与批判的基础是一致的,即准教师不仅有自由表达自己观点,而且也有自由拒绝他们不认同的教育思想以及与他们观点的不一致的教学见解。然而,当教学被概念化为挑战教育不公平以使每个人都有充分的学习机会时,这就是以一种将个人自由和社会责任结合起来的方式去定义自由。从这个角度看,自由就是消除那些在人类能动性范围以内的、限制个人和群体获取教育机会和资源的社会、经济和制度的障碍。

为了回应批评者,我们必须再次特别澄清。与社会公平教师教育限制自由的说法相反,为社会公平而教的目的是真正的自由——不是那种保护个人免受某些思想影响的自由,而是将个体教师的努力与追求公共利益的更广泛的教育目标联系起来的自由。从这个角度看,教学被合理地定义为帮助减轻损害所有社会参与者获得优质教育的自由的不平等。这个目标是学会教学的不可分割的一部分。简而言之,就像承诺救死扶伤的现代版的希波克拉底誓言对所有医学院的未来医生所带来的情感,为社会公平而教不是一种选择,而是教学的至关重要的和不可分割的一部分。

社会公平教师教育批判的背后

正如我们在本章所展示的,虽然对社会公平教师教育的三种主要批判都声称它们是非政治性的、"去意识形态的",但它们背后隐含的观点事实上是更宏大的政治意识形态的一部分。迈克尔·阿普尔(Michael Apple, 2006)将这称为教育政策的"右转"。他认为,这是通过"右派的成功斗争去建立有广泛基础的联盟"实现的,这已经赢得了"常识之战"(p. 31)。阿普尔解释说:

> [这个新的联盟]创造性地将不同的社会倾向和社会目标结合在一起,并且在其总体领导下组织了他们,处理社会福利、文化、经济和……教育……的议题……这个联盟包含四个要素……它们被联合到一个更普遍的保守主义运动中。这些要素包括新自由主义者、新保守主义者、威权民粹主义者以及一部分向上流动的、作为专业人员和管理层的新中产阶级(p. 31)。

阿普尔认为,前两类群体,尤其是新自由主义者,是保守联盟和努力"改革"教育的领导者。

运用阿普尔对这些批判的分析,我们可以看到知识批判将新保守主义回归传统知识和学科经典的愿望与新自由主义对鼓励私人企业、消费者选择和将考试分数作为问责制底线的市场导向教育改革的坚持结合起来。无论是意识形态批判，还是言论自由批判，都预设了一种新自由主义的观点，即将自由视为个人选择。意识形态批判将这种观点与新自由主义对监管的蔑视结合起来，认为教师教育的认证、评审和许可是不利于提高教师质量的未经证明的政策和不必要的拦路虎。言论自由批判则将这种观点与新保守主义对现代大学的指控联系起来，认为现代大学是反美国的、反白人的、反保守主义的自由主义——如果不是激进自由主义的话——思想的温床。这三种批判都巧妙地运用了斯通（Stone，2002）所称的"衰落的故事"（p. 138）的修辞手法来说服听众——如何我们不采取一些行动去扭转局面（这里指的是越来越多教师教育项目以社会公平作为目标）的话，我们为整个国家的学校培养教师的系统将持续地恶化下去。

简而言之，与他们的说辞恰好相反，对社会公平教师教育的批判完全是政治化和意识形态化的。从这些批判的视角来看，终极的自由是自由市场，民主被狭隘地定义为市场导向和作为底线的问责制与对学校、教师培养方式和其他教育服务的去监管化相结合。然而，从社会公平的视角来看，自由是将个人的权利与追求公共利益的社会责任结合起来，确保每个人都有自由获得丰富的学习机会和使之实现的资源。

我们是社会公平教师教育的坚定支持者。根据我们的判断，除了确保全国各地的学童拥有更丰富和更有意义的学习机会，更容易和真正公平地获取教育资源，并且在完成 K-12 的学校学习之后能够拥有继续接受教育或获得一份体面的工作的合法前景以外，在学校或整个社会的眼前没有比这更加迫切的问题了。正如我们前面指出的，社会公平教师教育必须把提升学生的学习和生活机会作为它的底线。为了实现这一目标，我们需要认真地建构社会公平的教师教育理论，将这个术语的社会、历史和哲学基础考虑在内，并且谨慎地将它们运用到教育场景中。但是我们也相信，我们要认真地对待关于社会公平教师教育的批判；我们要一针见血地拆解它们关于教学、学习和学校教育的有力论证，揭露它们与当前主导的新自由主义的政治和经济范式的关系。

注释

1. UNITE 是从霍姆斯合作计划（Holmes Partnership）拆分出来的独立组织或隶属组织，在 1994 至 2003 年的十多年间，该组织专注于城市学校教师的培养。

（彭正梅　伍绍杨　译）

参考文献

American Federation of Teachers. (2007). Academic Freedom Forum. Retrieved May 17, 2007 from, http://www. aft. org/higher_ed/aff/marchapril07. htm

Apple, M. (2006). *Educating the "right" way: Market, standards, God, and inequality.* NewYork: Routledge.

Balch, S. (2005). National Association of Schools' letter to Sally Stroup requesting NCATE Investigation. Retrieved May 17, 2007 from, http://www. nas. org/aa/DoEd _ ltr _ EdSchPoliticization. pdf

Crowe, E. (2008). Teaching as a profession: A bridge too far? In M. Cochran-Smith, S. FeimanNemser, J. McIntyre, & K. Demers (Eds.), *Handbook of research on teacher education: Enduring questions in changing contexts.* Mahwah, NJ: Erlbaum.

Cuban, L. (2004). Looking through the rearview mirror at school accountability. In K. Sirotnik(Ed.), *Holding accountability accountable* (pp. 18 – 34). New York: Teachers College Press.

Finn, C. (2003). Foreword. In J. Leming, L. Ellington, & K. Porter-Magee (Eds.), *Where did socialstidies go wrong?* Retrieved May 19, 2007, from http://www. edexcellence. net/ institute/publications/publication. cfm? id = 317

Foundation for Individual Rights in Education. (2005). Letter to Columbia University PresidentLee Bollinger. Retrieved May 19, 2007 from, http://www. thefire. org/index. php/ article/5100. html

Foundation for Individual Rights in Education. (2007). About FIRE. Retrieved May 17, 2007 from, http://thefire. org/index. php/article/4851. html

Gershman, J. (2005, May 31st). "Disposition" emerges as issue at Brooklyn College. *The NewYork Sun.* Retrieved May 17, 2007 from, http://www. nysun. com/article/14604? page_ no = 2

Grant, C. , & Agosto, V. (2008). Teacher capacity and social justice in teacher education. In M. Cochran-Smith, S. Feiman Nemser, J. McIntyre, & K. Demers (Eds.), *Handbook of research on teacher education: Enduring questions in changing contexts.* Mahwah, NJ: Erlbaum.

Hess, F. (2005). The predictable, but unpredictably personal, politics of teacher licensure. *Journal of Teacher Education*, 56, 192 – 198.

Hirsch, E. D. (1987). *Cultural literacy: What every American needs to know.* New York: HoughtonMifflin.

Kozol, J. (1991). *Savage inequalities: Children in America's school.* New York: HarperCollins.

Lasley, T. (2007, April). *Rethinking teacher education: From teacher learning to student learning.* Discussant at symposium presented at American Educational Research Association AnnualMeeting, Chicago.

Leming, J. , Ellington, L. , & Porter-Magee, K. (2003). Where did social studies go wrong?

Retrieved May 19, 2007 from, http://www. edexcellence. net/institute/publication/ publication. cfm? id＝317

Leo, J. (2005, October 24th). Class(room) warriors. *U. S. News & World Report*, 139, 75.

Lukianoff, G. (2007). Social justice and political orthodoxy. *The Chronicle of Higher Education*,53(30), B8. Retrieved May 17, 2007, from Academic OneFile database.

MacDonald, H. (1998). Why Johnny's teacher can't teach. *City Journal*, 8(2), 14 - 26.

National Council for Accreditation of Teacher Education. (2001). Professional standards for theaccreditation of schools, colleges, and departments of education. Retrieved May 19, 2007from, http://www. ncate. org/2000/2000stds. pdf

North, C. (2006). More than words? Delving into the substantive meaning(s) of "social justice" ineducation. *Review of Educational Research*, 76(4),507 - 535.

Ravitch, D. (2001). *Left back: A century of battles over school reform*. New York: Simon & Schuster.

Shulman, L. (2005, Fall). Teacher education does not exist. *Stanford Educator*, 7.

Stone, D. (2002). *Policy paradox: The art of political decision making*. New York: W. W. Norton.

Thernstrom, S. , & Thernstrom, A. (1997). *America in black and white: One nation, indivisible*. New York: Touchstone.

Will, G. (2006, January 16). Ed schools vs. education: Prospective teachers are expected to havethe correct "disposition," proof of which is espousing "progressive" political beliefs. *Newsweek*, 98.

Wise, A. (2006). A statement from NCATE on professional dispositions. Retrieved on June 4, 2007 from, http://216. 139. 214. 92/public/0616_MessageAWise. asp? ch＝150

Wilson. R. (2005, December 16). We don't need that kind of attitude: Education schools want to make sure teachers have the right "disposition. " *The Chronicle of Higher Education*, 52 (17),A8.

Zeichner, K. (2006). Reflections of a university-based teacher educator on the future of college and university-based teacher education. *Journal of Teacher Education*, 57(3),326 - 340.

42

培养白人教师在一个种族主义国家任教

他们需要知道什么和能够做什么？

安娜·E·里克特（Anna E. Richert）

大卫·M·唐纳修（David M. Donahue）

维姬·拉博斯凯（Vicki K. LaBoskey）

约翰：自从两年前我作为一名白人男性成为了公立学校的一名教师,30 多岁的我就一直惊讶于在何种程度上,种族会成为影响我与学生关系的因素(尤其是我与非裔美国学生的关系)。我曾在不同的种族混合的环境工作,但并没有察觉到与不同种族背景的同事相处会产生紧张感。然而,当我进入市区公立学校的教室,很快就感受到:我的白人种族背景是与非裔美国学生发展积极关系的障碍。在早期的课堂经历中,我发现我的学生在回应我的一些行为时将我称为"种族主义者",而这些行为我认为是合理的。在完成这个强调个人探究的教师教育项目时,我想探究我的非裔美国学生如何将我的行为视为"种族主义"。

约翰是加利福尼亚州奥克兰市的一名中学历史教师。他的大多数学生是非裔美国人。虽然致力于教育那些市区里处于弱势的学生,约翰想知道他作为一个白人是否能够实施有效教学。为了完成他的硕士项目,他开始了一项研究,这项研究是一段旅程,一段为期两年的自我发现其白人身份的旅程。

在整个国家,像约翰这样的教师正在努力工作,为了更好地在课堂上教授非裔美国人,拉美裔以及其他有色人种的孩子。然而,我们这个国家在实现这一目标上几乎没有什么进展。证据表明,有色人种的儿童与他们白色人种的同龄人在学业成就上的差距持续存在,而并未缩小(English,2002;Lee,2002)。例如,国家教育进步评估(National Assessment of Educational Progress,NAEP)表明,非裔美国学生和拉美裔学生在数学和阅读方面的成绩水平以及高中毕业率都始终显著低于白人学生的水平(Banks et al. ,2005,p. 237)。

影响学生的学业成就和在学校取得成功的一个因素是贫困。美国虽被认为是一块"丰饶之地"(land of plenty),但对很多学生而言却并非如此。美国的儿童贫困率在西方民主国家中位居首位(UNICEF,2005)——这一现实影响着非裔美国儿童和拉美裔儿童,而这种影响惊人地不成比例(U. S. Census Bureau,2003)。

贫穷导致了与低学业成就相关的状态:营养不良,缺乏医疗保障,不安全的生活条件以及有限的校外学习机会。对于贫困儿童而言,"校内"的学习机会通常也不利于他们取得高成就。与富裕社区的学校相比,为贫困社区服务的学校所能提供的课程更少,获得技术和其他资源的机会更少,不符合资质的教师更多(Darling-Hammond,

641

2004；Oakes & Saunders，2002；Shields et al.，2001）。但是，仅贫困本身并不能解释学业成功的不平等。不考虑社会经济地位的话，白人儿童在如今学校使用的标准化评估中仍然比同龄的有色人种儿童表现更为出色（Aronson，Fried，& Good，2002；Singham，1998；Steele & Aronson，1995）。

尽管标准化考试非常重要，因为它决定了学生的入学机会，但这仅是反映这个国家无法满足有色人种儿童学习需求的其中一个指标。在辍学率、停学率以及退学率上，有色人种学生皆超过白人和亚裔学生（Kaufman，Alt，& Chapman，2002；Skiba，Michael，Carroll Nardo，& Peterson，2002；Townsend，2000；Verdugo，2002）。对于在校的有色人种学生来说，现状也不是那么乐观。相比白人同龄人，黑色和棕色肤色的儿童更有可能由准备不足或不合资质的教师教导（Darling-Hammond，2004）；或者被分配到特殊教育（Donovan & Cross，2002）；或者他们所在的学校，在图书馆、技术和其它有助于促进学生的学业准备和成功的服务设施上资源匮乏（Oakes & Saunders，2002）。此外，他们完成高中学业的可能性更低，无论是通过获得高中文凭还是普通同等学历证书（GED）（Kaufman，Alt，& Chapman，2002）。就算他们完成高中学业，被大学录取，他们从大学顺利毕业的可能性也更低（Cross & Slater，2001）。大量证据表明，美国的教育系统无法很好地服务有色人种儿童。我们需要扪心自问："为什么？"

阿莎·希利亚德（Asa Hilliard，1991）认为，意愿是阻碍我们让所有儿童取得卓越成果的另一个因素。他问："我们是否真的希望看到这个国家的每一位孩子都能充分地发展他们的能力？"如果是的话，他说，"我们所能设想的最高目标是让有意愿追求卓越的孩子能尽其所能"（Hilliard，1991，p. 22）。我们都知道国家在教育上的重心和经费投入，那么对于学校为什么无法很好地服务所有学生，缺乏意愿似乎是一个合理的假设。科佐尔（Kozol，2005）描述了美国种族隔离的学校教育，并且指出学校根据人种进行种族隔离，以及为非裔美国学生和拉丁裔学生服务的学校存在可预测的资源不平等状况。

尽管国家的教育战略显示我们对教授所有儿童走向高水平的学术成就缺乏关注，但我们仍有大量证据表明这不是影响教师的一个因素——至少对约翰这样的教师而言。教师更可能是不知道如何做，而不是缺乏关注。同这一国家的其他许多人一样，约翰决心采取一种能够满足有色人种儿童的需求并且带领他们走向学术成功的课堂实践。他在寻找如何做到这一点的知识和技能。

　　这显示了导致白人儿童与有色人种同龄人存在成就差距的第三个因素：白人教师与学生之间的种族和民族差异。朱姆沃尔特和克雷格（Zumwalt and Craig，2005）在最近对美国公立学校教师人口状况调查的综述中说，虽然美国的学生群体日益多元化，但白人依旧是教师群体的主体。据美国教育部下属的国家教育统计中心（National Center for Educational Statistics，NCES）2003 年的调查结果，在 1999 年和 2000 年的公立学校教师队伍中，白人占 84%，其余的占 16%，"其中 7.8% 为非洲裔美国人，5.7% 为拉美裔，1.6% 的亚裔以及 0.8% 的美洲土著人"（p. 114）。霍林斯和古兹曼（Hollins and Guzman，2005）也根据 NECS（2003）的数据，报告说，"在公立学校，少数族裔学生的百分比从 1972 年的 22% 急剧上升到 2000 年的 39%"（p. 477）。他们还报告称，"到 2035 年，美国有色人种学生将构成美国公立学校的学生主体"（P. 478）。

642

　　我们认为导致白人儿童与有色人种同龄人存在成就差距的最后一个因素，其潜藏的论点是白人教师不能充分理解那些种族和族裔背景有别于他们的儿童的经验、视角和学习需求。一种类似的观点是，白人的特权使教师们无法看到了学校在支持白人学生成功的同时，阻碍了有色人种学生取得类似的成功。

　　我们在这篇文献综述关注的是种族及其引导学生走向学业成功的作用。作为教师教育者，我们必须有所准备去支持像约翰这样的决心教导学生走向高水平学业成就的教师。约翰是白人，但是他的大部分学生不是白人。对于像他这样的教师们来说，当他们尝试理解学生时，种族差异将会带来挑战。因此，我们期待本次文献综述能告诉我们如何使教师为教授有色人种学生做好准备。这篇综述要回答两个问题：白人教师在致力于使每个学生都获得平等和卓越的学业成果时，他们需要知道什么以及如何实现他们的公平目标？教师的培训和专业发展如何才能更好地支持这些教师做好这项重要工作？

关于种族和种族主义，白人教师在教学时需要知道什么？

　　无论是出于无知、恐惧、冷漠，或误以为那是他人的工作，大多数白人教师不愿与学生提及种族和种族主义，即使学生在学校热衷于谈论这样的话题（Lawrence，1997；Lewis，2004；Tatum，1992a）。诸如盖伊与霍华德（Gay and Howard，2000）以及拉德森-比林斯（Ladson-Billings，2001）等教师教育者都指出，白人教师可以并且必须学习以文化相关的方式教授有色人种学生,包括教授种族和种族主义的议题。要做到这样,他们必须了解种族和种族主义如何塑造了美国人的生活(Ladson-Billings,2000;Leavell,Cowart,& Wilhelm,1999;Solorzano,1997)。

理解种族和种族主义

拉德森-比林斯(Ladson-Billings,2000)在写到为教授非裔美国学生做准备时,提到非常重要的一点是理解美国历史上无处不在的种族主义,在美国种族等级秩序中,白人和黑人处于对立的两端,每一个人是如何被放置在这个连续体上,以及如何在这个连续体上越是向白人一端靠拢,越是获得更大的特权。

除了历史,语言在学习和教授种族主义相关议题上发挥着关键作用。拉德森-比林斯(Ladson-Billings,2000)提到教师需要掌握"等同(equivalent)"和"类似(analogous)"两个概念以避免"压迫的等级链"(hierarchy of oppression),使对种族主义的讨论蜕化谁受伤害最大的争论。索罗佐诺(Slorzano,1997)解构了用来诋毁有色人种的在智力、个性和外貌方面的刻板印象,这些刻板印象是如何被用来为种族主义行为辩护,以及这些刻板印象与语言的关系。他写道,"当提及福利、犯罪、毒品、移民以及教育问题时,我们通过描绘有色人种的刻板印象来使这些问题种族化"(p.10)。在他的这份清单中,我们还可以加上"市区学校"、"英语学习者"或者"特殊学生"。他呼吁我们持续地审视大众和专业媒体的语言中的种族刻板印象。

理解白人、特权以及个体种族身份的发展

643

大量文献认为(Banks,2001a;Berlak & Moyenda,2001;Causey,Thomas,& Armento,2000;Gay & Howard,2000;Howard,1999;Ladson-Billings,2001;Lawrence,1997;Valli,1995),在白人教师能够成功教授种族和种族主义的议题之前,甚至是在他们能够想象这是其责任的一部分之前,他们必须先了解自己的种族身份。当白人教师反思他们的种族身份时,他们才开始理解种族主义远不止是个人偏见——当他们认为种族主义是个人偏见时,他们就不会把它归咎于自己。当白人教师认为自己没有偏见的时候,他们就认为种族主义与他们自身无关。相反,当白人教师看到他们的白人身份限制了他们的经验和意识形态,而正是这些经验和意识形态赋予了他们特权,他们就会明白自己是如何参与和维持对有色人种的种族压迫。他们也开始理解非白种人是如何看待他们的(Lawrence,1997)。

白人身份,与更加一般性的种族身份一样,是在社会中建构和发展的。赫尔姆斯(Helms,1990,1994)描述了白人种族发展的六个阶段,包括认识和克服个人种族主义,以及建立积极的非种族化的种族和文化身份。与任何阶段理论一样,这些阶段并不完全是线性的或非此即彼的。在发展的最后阶段,白人教师内化了一个新的种族身份:承认个人和制度的种族主义,并与盟友——无论是白人,还是有色人种——一起消除种族主义。对于致力于反种族主义的白人来说,这个最后阶段代表的是一种持续的抗争,而不是一个终点。为了发展这种对白人身份的理解,教师教育者可以要求未来教师去撰写和阅读个人种族自传(Berlak & Moyenda,2001;Causey et al. 2000;Ladson-Billings,2000)。这样的策略使教师"在认识到相似或不同的观点和经验时,能有意识地重新审视自己的主体性"(Ladson-Billings,1990,p. 26)。

理解有色人种的身份发展和经验

同时,白人教师也必须理解他们自己的种族发展阶段,他们必须与其他人合作,包括那些处于不同种族发展阶段的有色人种学生。在选择教学材料、设计和实施关于种族和种族主义的课程时,白人教师必须能够将学生的种族身份发展阶段作为判断学生是否适合参与到关于种族的特定对话中(Gay,1985)。在处理自己和他人的种族身份时,他们必须准备好应对促进课堂对话的挑战(Tatum,1992b)。

克罗斯(Cross,1991)描述了黑人身份发展的五阶段理论,这个理论也适用于来自于其他边缘群体的人。在前接触阶段,非裔美国人接受了更广泛社会对黑人的负面信息,这些信息使他们远离自己的种族身份,降低种族在日常生活中的重要性。当他们经历种族主义,比如在学校或执法过程中遭受种族歧视,他们进入一个新的阶段,种族与非裔美国人的日常生活联系起来。白人的种族歧视引起的愤怒导致他们有了切身的感受(immersion/emersion)。在这个阶段,非裔美国人致力于从多个层次探索黑人历史和经验,同时经常绕开或避免谈及任何关于白人的事情。下一个阶段即内化,其特征是对黑人身份形成一种积极的、开放的和非抗拒的态度,愿意与他人共事,包括白人。最后阶段即"内化-认同"(internalization-commitment),非裔美国人对他们的种族身份感到安全,并且投身于支持非裔美国人社区的工作,为反对种族主义的多元文化付出努力。

644

教师如何运用有关种族身份发展的知识,将种族作为课堂的学习主题?有关种族身份的知识没有给出答案,而是挑战教师去澄清如何运用这些理解、如何应对新的困境、如何重构实践。瓦利(Valli，1995)建议，在教师是白人但学生不是白人的课堂中，教师必须应对无肤色差别(color blind)而有肤色意识(color conscious)的双重难题。对白人教师而言，学会无视肤色差异似乎与那些频繁的警告截然相反，即如果他们无视肤色的话，他们也会无视这些儿童。在这里，"无视肤色差异"是指"肤色不再成为障碍，不再是一种物化的和本质的建构，仅仅意味着敌意和他者"(Valli，1992，p. 122)。成为一名有肤色意识的白人教师意味着教师要理解学生的种族和文化。这也意味着教师知道学生将白人教师视为"种族的存在者"(racial beings)，并且颠覆大部分的先前信念，理解一个人的白人种族身份并不是中立的。

班克斯(Banks，2001a)通过鼓励教师和学生们平衡文化、国家和全球身份认同，为理解身份形成增加了额外的维度。在他看来，国家身份认同不会表现为课堂中普遍存在的同化主义，即白人教师不看肤色或者认为其他种族和文化是劣等。"……只有当个人获得了健全的和反思的文化身份认同，他才能获得健全的和反思性的国家身份认同；只有当个人获得了现实的、反思的和积极的国家身份认同，他才能形成反思的和积极的全球身份认同"(Banks，2001a，p. 9)。要实现这一点，教师需要"挑战元叙述"(metanarrative)(Banks，2001a，p. 12)，因为元叙事定义了探究美国历史和文化的课堂学习。

有关有色人种在历史上和当下的经历的对话，必然会成为学校工作日程的一部分，并且让白人教师看到"有色人种学生不是问题。种族和种族主义的历史遗产以及这些议题对美国学校和学生的意义才是真正的问题"(Milner，2003，p. 176)。这种关于种族的学与教的概念对教师教育的白人学生的现有观念造成了挑战，因为他们大多数认为教授有别于自己的学生是一个难题(Vavrus，1994)，这个问题只能通过教学法来解决(Bartolome，1994)，而不能通过批判地看待自己和他人来解决。

盖伊和霍华德(Gay and Howard，2000)描述了当白人教师分析"自己的种族遗产……他们对其他族裔和文化所持有的假设与信念；以及将他们对文化多元性的假设与其他群体关于知识、真理和现实的版本进行比较时，他们需要批判性文化意识(critical cultural consciousness)"(pp. 7 - 8)。然后，这种自我认知可以转化为实践，比如跨越种族边界的有效沟通以及用于讨论种族和种族主义议题的教学技能。这也是与轻率地将白人中心化和使有色人种的经验和知识边缘化分道扬镳的第一步。

通往批判性文化意识和探究种族主义的道路不会没有绊脚石。白人教师害怕教授有色人种学生，不愿回应种族和种族主义的议题，这可以表现为沉默、转移视线、内疚、仁慈的自由主义和新保守主义（Gay & Howard，2000；Gay & Kirkland，2003；King，1991）。小学教师可能会表现出害怕教授其他种族的学生，或害怕种族和种族主义成为教学主题的一部分，因为他们认为这些内容不是适龄的，或者加剧当地的种族隔离和对民族团结造成威胁。中学教师，尤其是数学和科学教师，可能会质疑种族和种族主义与他们所教学科的相关性。不同年级的白人教师都担心他们对其他群体不够了解，可能会说出一些冒犯他人或延续刻板印象的话。

　　另一块绊脚石是金（King，1991）所说的"意识障碍"的种族主义（dysconscious）。她警告说，这个问题并不是"缺乏意识……而是一种受损的意识或者被扭曲的种族思维方式"，这是由"通过被动地接受事物的现有秩序，将不平等和剥削正当化的……一种不加批判的思想习惯"造成的（p. 135）。意识障碍的白人教师批评种族主义，但他们为白人特权辩护或者对其视而不见，这意味着他们的反思必须聚焦于压迫的意识形态和历史，这样他们能够"重新体验意识障碍的种族主义和错误教育对他们造成伤害的方式（p. 143）。

　　还有一个障碍是白人教师坚持在一个"'安全'的环境"才去谈论种族主义和压迫。这些"'安全的环境'通常没有明确的定义，但他们似乎暗示对话必须是回避争议、冲突、对抗和竞争的"（Gay & Howard，2000，p. 5）。胡克斯（hooks，1994）认为"安全"阻碍了对种族主义的批判性学习，然而弗莱雷和马赛多（Freire and Macedo，1995）指出固守种族讨论的前提条件本身是一种未经审视的白人特权。

创设积极的学习环境和教学内容

　　除了直接参与种族和种族主义问题的讨论外，准教师还需要学习能够让有色人种学生取得高成就的教学方法，而不是采取死记硬背的教学方法。如果新教师想要适当地使用这些策略，他们就必须了解这些策略在哲学、理论和经验上的原理。杜威（Dewey，1938）强调教育工作需要以清晰表述的"看得见的目标"（end-in-view）为指导。如果教师要对活动的性质做出有益的决策，那么他必须清楚他们的工作应该朝向的目的、目标和结果。正如佩里（Perry，2003）所指出的，在一个种族主义的国度，教师和学校要理解有色人种学生，必须具备一些"额外的"和特定的能力，并将这些要求纳入到他们对学生成就的期望之中。涅托（Nieto，1999）用"保持文化完整性的学业成功"(academic success with cultural integrity, p. 116)来描述这个概念的双重性。一方面,这些学生需要构建"*强有力的学科知识*"。另一方面,他们必须形成以"*积极的种族身份发展*"为特征的取向,这两个方面可以帮助他们获得成功和参与消除那些由种族主义产生的阻力,即便他们仍然面临现存的结构性障碍。

"强有力的学科知识"包括技能和深度理解,以及创造性地运用和拓展知识的能力。正如拉德森—比林斯(Ladson-Billings, 1994)指出的,"如果学生要具备与种族主义作斗争的能力,他们需要具备卓越的技能:从基本的读写算,到历史理解、批判性思维、问题解决和决策。他们必须超越仅仅是用 2B 铅笔在答题纸上作答(pp. 139 - 140)"。德尔皮特(Delpit, 1995)认为,只有当这些技能在"批判性思维和创造性思维的脉络(*context*)"中得到发展,学生才能最好地吸获取和建构学科知识。但强有力的学科知识只是在一个种族主义国家中有色人种学生的发展目标的一部分;它是必要的,但不是充分的。他们还必须学会质疑"社会上存在的结构性不平等、种族歧视和不公正"(Ladson-Billings, 1994,p. 128),以及"掌握参与公民行动与社会变革所需的知识、技能和价值观"(Banks,2001b,p. 197)。

学习社区

646

为实现这些目标,教师需要能够为有色人种学生创造一个"身份安全"(Steele, 2003)的学习社区。根据斯梯尔(Steele, 2003)的观点,教师可以通过"运用高标准和能力认可的简单关系策略"来建立"身份安全"(pp. 126 - 127)。其他很多学者支持这一观点,将"高期望与明确的支持"结合起来,将"有挑战性的教学与个人关怀"结合起来(Gay, 2006, p. 363)。尽管创建学习社区的教师与学生是同一种族时会很有优势(Foster, 1997;Lee, 2001;Tatum, 1997),但一些研究发现白人教师也可以取得同样的成功(e. g. , Haberman, 1995;Steele, 2003)。要做到这一点,他们需要真正相信有色人种学生是聪明和有能力的,并且能够将这一信息传达给他们,当然也需要教师拥有适当的内容知识和教学技能。

文化相关性教学

要营造反种族主义的氛围,教师必须"关注有些学生可能会比其他学生更受青睐的所有地方"(Nieto, 1999, p. 169),这意味着同时关注到课堂生活的"人际关系"和"教学"两个方面,以及两者之间的关系。大量文献的共识是,我们需要从整体的视角对有色人种学生的理想化教学进行概念建构。许多不同的术语被用来描述这样的教学方式,但目前最为广泛使用的是 CRT,即文化相关性教学(culturally relevant teaching)(Ladson-Billings,1994;Milner,2006)或文化回应性教学(culturally responsive teaching)(Gay,2006;Irvine,2003),二者经常互换使用。

根据拉德森-比林斯(Ladson-Billings,2001)的观点,文化相关性教学是"基于什么促使所有学生获得成功的三个命题,尤其是非裔美国学生,即成功的教师专注于学生的学业成就;成功的教师发展学生的文化能力;成功的教师培养学生的社会政治意识"(p.144)。这里值得注意的是,这是从目标或结果去定义文化相关性教学,而不是特定的项目或策略。同样,这一领域的许多学者也支持以下的观点,即白人教师可以学习运用 CRT,但由于他们可能对有色人种学生的社会现实和文化历史缺乏先前的知识,因此除了支持他们的态度以外,在发展那些理解上他们还需要特定的帮助。

这个过程中更有争议性的一个特征与白人准教师需要学到的文化或种族信息的内容有关。一个经常被强调的危险与过度概括或刻板印象相关。为了缓解这个问题,古铁雷斯和罗戈夫(Gutiérrez and Rogoff,2003)运用文化历史理论提倡未来教师要熟悉不同文化群体的历史"规律",同时也要期望个体学生在参与和回应他们所处的多元群体时有所改变。这样做的目的是防止对特定的学生进行"分类",从而使他们能够更好地运用确保有效学习的熟悉的和全新的方法去帮助有色人种儿童(p.23)。

CRT 对于培养白人教师的启示在于教师教育项目需要采取整体的方法。教师教育者不应该将这种努力概念化为具体内容知识或教学技能的习得,而应该将其概念化为发展"原则性的教学方法"(Kroll et al.,2005),促使他们终身参与到一种基于具体情境的、基于探究的实践,以确保所有学生的有效学习。尽管如此,在这样的整体框架中,我们也可以从文献中找到一些更确切的指引,比如哪些课堂管理方法和教学干预最好被添加到教师可以运用的策略库当中。

人际关系(课堂管理)

诸多文献都确信课堂中的人际关系和教学存在紧密联系。《课堂管理手册》(Handbook of Classroom Management,2006)中为城市学生、贫困学生和有色人种学生的成功课堂管理的相关文献撰写综述的作者都强调以下这一点:批判理论家都支持"建构主义的哲学,即当学生积极地参与有意义的、有趣的和重要的工作时,学习效果最佳。一个真实的(相关的和有吸引力的)课程是减少运用行为控制策略的关键"

(Brantlinger & Danforth, 2006, p. 168; 同见, Gay, 2006; Milner, 2006)。但同时,这些学者和这一领域的其他学者都同意应该对师生之间人际交往的质量和本质予以特别的关注。弗格森(Ferguson, 2001)、维达和蒂尔(Obidah, Teel, 2001)和刘易斯(Lewis, 2005)之类的研究可以帮助我们理解原因。刘易斯(Lewis, 2005)明确指出,即使是日常的、即时的交流对学生的积极种族身份认同能否得到发展产生强大的影响。

这对白人教师教育的主要启示是:首要的是,他们必须发展批判性文化意识。其次,他们必须更加了解有色人种学生的"文化价值观、取向和经验"(Gay, 2006, p. 343),因为"在文化多元的课堂中,话语、行为和自我表露(self-disclosure)风格中的文化差异都是有效教学和管理的最具挑战性的障碍"(p. 354)。

对于种族多元化课堂中的积极课堂管理,大多数的建议都集中于"社区"的概念——班级之中、学校之内和学校之外的社区。如果学生感觉自己是一个充满爱心的和民主的社区中有价值的一份子,并且他们为社区的成功运作分担责任,竞争和等级划分被最小化时,他们会更积极地参与其中。此外,他们也会更倾向于帮助他们的同学建设性地参与其中。将社区置于课堂互动中心,这一理念与文献所建议的教学过程也有非常大的关联。

教学过程

在德尔皮特(Delpit, 1995)对阿拉斯加土著学生的成功教师的研究中,她得出这样的结论:学校是我们教授"别人的孩子"的地方,我们需要给学校带去的是"充满生命奇迹的、充满关联的、植跟于我们所在社区的、洞见如此深刻、分析如此精妙的经历和体验。我们所有人,无论是教师还是学生,都能学会过令我们真正满意的生活"(p. 104)。

教学法

648

这里强调的是教师需要运用能够促使学生积极且快乐地与人交往和学习相关材料和思想的教学策略。很多研究者发现,当设计小组活动时尽量减少潜在的"身份泛化"(status generalization)的种族主义社会现象,小组活动可以在这个方面卓有成效(e. g. , Au & Kawakami, 1985; Lotan, 2006)。

德尔皮特(Delpit)的陈述也暗示教学需要"从学生现在所处的地方开始"(Nieto, 1999),充分发挥现有优势,将其作为进一步知识发展和批判的基础和手段。因此,白人准教师应该熟悉关注显著的文化规律的研究,当然这还要考虑上述关于个体差异的提醒。更重要的是,如果白人准教师要发挥他们需要成为的"社会文化的调解者"的作用,他们就必须掌握足够的策略去理解他们的特定学生及其所在社区的文化能力。教师能在学生差异和社会主流文化之间搭建桥梁(Nieto,1999,p. 115)。

从这些文献中,可以显而易见地认识到:如果白人教师要做到这一点,那么他们就必须有尽可能多的不同的教学策略可供选择,也有能力和自由去选择和适当地调整这些教学策略:"有能力的教师知道如何以多样的方式呈现知识,运用学生的日常生活经验来激励和帮助他们将新知识与家庭、社区和全球环境联系起来"(Irvine,2003,p. 46)。这对教师教育的启示在于培养准教师运用各种教学策略的能力和意愿,包括有时被认为是彼此相对立的教学策略,比如早期教育使用的整体语言教学法和基础文本教学法(Ladson-Billings,1994)。他们还必须知道如何决定在何种时机和面对哪些对象运用哪些策略,这样的决策需要考虑学生及其家庭的需求和兴趣,以及对学生学习的持续评估和分析。这些研究者还认为,根据学习者、情境和正在构建中的学科知识或者他们需要学习的其他东西,评估的形式同样需要作出相应的调整。

教学内容

对于在一个种族主义国家教授有色人种学生,近乎普遍的建议是以多种重要方式拓展课程并使其精细化。首先,考虑通过学生阅读的文学作品(e. g.,Gay,2006;Lee,2001)和学习的历史(e. g.,Brantlinger & Danforth,2006;Sleeter & Grant,2003),将多元文化的经验、诠释以及贡献融入课程。但这一条建议可能会有一些必要的限制,比如避免采用被班克斯(Banks,2001b)称为"英雄和节日"(heroes and holidays)的方法。相反,他和其他一些人提出课程要关注"[不同文化群体的]生活机会,而不是他们的生活方式"(p. 233)。此外,这应该作为一种常规渗透在所有课程主题中,而不仅是在"黑人历史月",或者是在阅读、英语和社会研究等学科才有所提及,这与第二频繁被提及的课程转变的支持方式有关。

熊代(Kumashiro,2001,2002)认为,反压迫教育"要求我们的视野不断超越我们教授和学习的知识"(p. 6)。他这样说的意思是,学生在学习新知识时也应该对知识进行批判,因为所有知识,包括科学和数学在内,都受到知识生产所处的政治和社会背景的深刻影响。这样,他们也能够明白他们也能参与知识生产的过程。这对教师教育的启示是,准教师需要"有机会建构概念、做出归纳以及建立理论,这样才能增进他们对知识本质和局限的认识"(Banks,2001b,p. 212),正是通过这一种特别的方式,白人准教师能够成为他们在教授有色人种学生时需要成为的"教学内容的专家（pedagogical-content specialists）"（Irvine，2003）。

拓展课程的第三个建议与德尔皮特（Delpit，1995）的"权力文化"（culture of power）的概念，或者参与权力的规范或准则有关，这"关系到语言形式、交际策略和自我陈述；即由当前掌权者决定的说话方式、写作方式、穿着方式和交往方式"（p. 25）。她认为，如果有色人种儿童想要充分融入美国主流生活，那么他们需要被教授这些规范（p. 45）。但与此同时，教师必须帮助他们理解这些规范的任意性（arbitrariness），从而表明他们现有的规范也是有价值的；但鉴于美国当前的权力现状，他们必须同时要理解这两者，这与第四条课程建议相关。

有色人种学生需要发展社会政治意识，这种意识能够鼓励他们以更符合民主和社会正义理想的方式参与社会变革。除了之前描述的转变课程的建议以外，教师还必须为学生提供政治参与的工具，最好的实现方式是为学生提供"践行民主和决策的机会"（Sleeter & Grant，2003），以及让他们参与"危险的话语"（Nieto，1999，p. 120）中，即对社会和课程中的种族及种族主义议题予以澄清和批判。

结语

那么，在培养白人教师教授有色人种学生时，我们还有什么可做的呢？我们保持谨慎的乐观。我们在工作的每一天都会遇到像约翰一样的新教师和老教师，就如我们开篇提及的那样，他们清晰地展示出一定要成为所有孩子的优秀教师的决心。他们给了我们希望。我们也意识到，在这些教师做他们的重要工作时，我们还是可以做很多工作来培养和支持他们。尽管有相当多的证据支持希利亚德（Hilliard）的观点，他认为作为一个国家，我们缺乏为所有儿童提供服务的意愿——而且我们可以看到，为解决拉德森-比林斯（Ladson-Billings，2006）所称的"教育债务"（education debt），我们还有许多工作要做——但我们感觉到，我们在学校基层的同事有这样的意愿，并且承诺去做这些工作和作出我们在这里描述的那些改变。此外，我们有一个坚实的知识基础去指引这个国家的教师教育课程和议程。我们能够而且必须运用这个知识基础，并将其融汇在教师培养和教师支持的理念和策略中，这会帮助教师带领非裔美国人和其他有色人种学生走向高水平的学术成功。

从文献综述中,我们清楚地认识到这一过程必须始于一项重要的"种族工作"(race work),即帮助白人教师和教师教育者理解和接受他们的白人身份,并承认他们的白人特权。如果教师和教育工作者不能真正地理解美国的种族、种族主义和种族政治的现实——以及它们在维持压迫制度上发挥的作用——那么我们将无法瓦解这些制度,并且建立起能够带领有色人种学生在学校中获得更多成功体验的新制度。约翰可以成为我们的榜样。他开诚布公地承认他不知道如何教授非裔美国学生,他要为这些学生缺乏参与和成功负责。他开始思考种族如何影响他能否胜任这份工作。这样的旅程让他重新思考种族在他能够和想要成为的专业角色中处于什么位置。

以一种整体的取向在一个种族主义国家教授有色人种学生,最重要的一点是关注学校与学区的整体环境,而不是某一课堂上特定教师的行为和信念。许多人强调系统性的变革是不可或缺的,我们也认同这一点。我们承认我们不能过分依赖哈伯曼(Haberman, 1992)所说的"明星教师"的意志和技巧。但我们也知道,对于儿童和他们可能在学校中取得的成功,最为关键的是每天与他们一同合作的教师。从这篇综述中,我们知道在教师教育中我们还可以做很多工作去培养和支持白人教师——还有白人教师教育者——在变革的背景下取得成功。对于我们在这里主张的更广泛的变革,我们作为教师教育者的角色是必要的,但远不是充分的。教师教育者们必须帮助他们的学生和他们自己去理解种族和种族主义如何削减黑色和棕色肤色儿童的教育机会,以及降低他们的学业成就。只有这样,我们才有真正的机会"不让一个孩子掉队"。

(彭正梅　伍绍杨　译)

参考文献

Aronson, J., Fried, C., & Good, C. (2002). Reducing the effects of sterotype threats on African American college students by shaping theories of intelligence. *Journal of Experimental Social Psychology*, 38, 113 - 125.

Au, K., & Kawakami, A. (1985). Research currents: Talk story and learning to read. *Language Arts*, 62(4), 406 - 411.

Banks, J. (2001a). Citizenship education and diversity: Implications for teacher education. *Journal of Teacher Education*, 52(1), 5 - 16.

Banks, J. (2001b). *Cultural diversity and education: Foundations, curriculum, and teaching* (4thed.). Boston: Allyn & Bacon.

Banks, J., Cochran-Smith, M., Moll, L., Richert, A. E., Zeichner, K, LePage, P., et al.

(2005). Teaching diverse learners. In L. Darling Hammond & J. Bransford (Eds.), *Preparing teachers for a changing world* (pp. 232 - 274). San Francisco: Jossey-Bass.

Bartolome, L. (1994). Beyond the methods fetish: Towards a humanizing pedagogy. *Harvard Educational Review*, 64(2), 173 - 194.

Berlak, A., & Moyenda, S. (2001). *Taking it personally: Racism in the classroom from kindergarten to college*. Philadelphia: Temple University Press.

Branlinger, E., & Danforth, S. (2006). Critical theory perspectives on social class, race, gender, and classroom management. In C. M. Evertson & C. S. Weinstein (Eds.), *Handbook of classroom management: Research, practice, and contemporary issues* (pp. 157 - 180). Mahwah, NJ: Erlbaum.

Causey, V., Thomas, C., & Armento, B. (2000). Cultural diversity is basically a foreign term to me: The challenges of diversity for preservice teacher education. *Teaching and Teacher Education*, 16, 33 - 45.

Cohen, E. (1994). *Designing group work: Strategies for heterogeneous classrooms*. New York: Teachers College Press.

Cross, T., & Slater, R. (2001). The troublesome decline in African-American college student graduation rates. *The Journal of Blacks in Higher Education*, 33, 102 - 109.

Cross, W. (1991). *Shades of black: Diversity in African-American identity*. Philadelphia: Temple University Press.

Darling Hammond, L. (2004). What happens to a dream deferred? The continuing quest for equal educational opportunity. In J. A. Banks & C. A. M. Banks (Eds.), *Handbook of research on multi-cultural education* (2nd ed., pp. 607 - 630). San Francisco: Jossey-Bass.

Delpit, L. (1995). *Other people's children: Cultural conflict in the classroom*. New York: New Press.

Dewey, J. (1938). *Experience and education*. New York: Macmillan.

Donovan, S., & Cross, C. (2002). *Minority students in special and gifted education*. Washington, D. C.: National Academies Press.

English, F. (2002). On the intractability of the achievement gap in urban schools and the discursive practice of continuing racial discrimination. *Education and Urban Society*, 34(3), 298 - 311.

Ferguson, A. (2001). *Bad boys: Public schools in the making of black masculinity*. Ann Arbor: University of Michigan Press.

Foster, M. (1997). *Black teachers on teaching*. New York: New Press.

Freire, P., & Macedo, D. (1995). A dialogue: Culture, language, and race. *Harvard Educational* Review, 65(3), 377 - 402.

Gay, G. (1985). Implications of selected models of ethnic identity development for educators. *The Journal of Negro Education*, 54(1), 43 - 55.

Gay, G. (2006). Connections between classroom management and culturally responsive teaching. In C. M. Evertson & C. S. Weinstein (Eds.), *Handbook of classroom management: Research, practice, and contemporary issues* (pp. 343 - 370). Mahwah, NJ:

651

Erlbaum.

Gay, G. , & Howard, T. (2000). Multicultural teacher education for the 21st century. *Teacher Educator*,36(1),1 - 16.

Gay, G. , & Kirkland, K. (2003). Developing cultural critical consciousness and self-reflection in preservice teacher education. *Theory into Practice*,42(3),181 - 187.

Gutierrez, K. , & Rogoff, B. (2003). Cultural ways of learning: Individual traits or repertoire of practice. *Educational Researcher*,32(5),19 - 25.

Haberman, M. (1995). Selecting "star" teachers for children and youth in urban poverty. Phi *Delta Kappan*,76(10),777 - 781.

Helms, J. (Ed.). (1990). *Black and white racial identity: Theory, research, and practice*. Westport, CT: Greenwood.

Helms, J. (1994). Racial identity and "racial" constructs. In E. Trickett, R. Watts, & D. Birman(Eds.), *Human diversity*(pp. 285 - 311). San Francisco: Jossey-Bass.

Hilliard, A. (1991, September). Do we have the will to educate all children? *Educational Leadership*,49(1),31 - 36.

Hollins, E. , & Guzman, M. T. (2005). Research on preparing teachers for diverse populations. In M. Cochran-Smith & K. M. Zeichner (Eds.), *Studying teacher education* (pp. 477 - 548). Mahwah, NJ: Erlbaum.

Hooks, b. (1994). *Teaching to transgress: Education as the practice of freedom*. New York: Routledge.

Howard, G. (1999). *We can't teach what we don't know: White teachers, multiracial schools*. New York: Teachers College Press.

Irvine, J. (2003). *Educating teachers for diversity: Seeing with a cultural eye*. New York: Teachers College Press.

Kaufman, P. , Alt, M. , & Chapman, C. (2002). Dropout rates in the United States: 2000. *Education Statistics Quarterly*, 3(4). Retrieved April 16, 2007, from http://nces. ed. gov/programs/quarterly/Vol_3/3_4/q3-3. asp

King, J. (1991). Dysconscious racism: Ideology, identity, and the miseducation of teachers. *The Journal of Negro Education*,60,133 - 146.

Kozol, J. (2005). *The shame of the nation: The restoration of apartheid schooling in America*. New York: Three Rivers Press.

Kroll, L. , Cossey, R. , Donahue, D. , Galguera, T. , LaBoskey, V. , Richert, A. , et al. (2005). *Teaching as principled practice: Managing complexity for social justice*. Thousand Oaks, CA: Sage.

Kumashiro, K. (2001). "Posts" perspectives on anti-oppressive education in social studies, English, mathematics, and science classrooms. *Educational Researcher*,30(3),3 - 12.

Kumashiro, K. (2002). Against repetition: Addressing resistance to anti-oppressive change in the practices of learning, teaching, supervising, and researching. *Harvard Educational Review*,72(1),67 - 92.

Ladson-Billings, G. (1994). *The dreamkeepers: Successful teachers of African American*

652

children. San Francisco: Jossey-Bass.

Ladson-Billings, G. (2000). Fighting for our lives: Preparing teachers to teach African American students. *Journal of Teacher Education*, 51(3), 206 - 214.

Ladson-Billings, G. (2001). *Crossing over to Canaan: The journey of new teachers in diverse classrooms*. San Francisco: Jossey-Bass.

Ladson-Billings, G. (2006). From the achievement gap to the education debt: Understanding achievement in U. S. schools. *Educational Researcher*, 35(7), 3 - 12.

Lawrence, S. (1997). Beyond race awareness: White racial identity and multicultural teaching. *Journal of Teacher Education*, 48(2), 108 - 117.

Leavell, A. , Cowart, M. , & Wilhelm, R. (1999). Strategies for preparing culturally responsive teachers. *Equity and Excellence in Education*, 32(1), 64 - 71.

Lee, C. (2001). Is October Brown Chinese? A cultural modeling activity system for underachieving students. *American Educational Research Journal*, 38(1), 97 - 141.

Lee, J. (2002). Racial and ethnic achievement gap trends: Reversing the progress toward equity? *Educational Researcher*, 31(1), 3 - 12.

Lewis, A. (2004). *Race in the schoolyard: Negotiating the color line in classrooms and communities*. New Brunswick, NJ: Rutgers University Press.

Lotan, R. (2006). Managing group work in the heterogeneous classroom. In C. M. Everts on & C. S. Weinstein (Eds.), *Handbook of classroom management: Research, practice, and contemporary issues* (pp. 525 - 539). Mahwah, NJ: Erlbaum.

Milner, H. (2003). Teacher reflection and race in cultural contexts: History, meanings, and methods in teaching. *Theory into Practice*, 42(3), 173 - 180.

Milner, H. R. (2006). Classroom management in urban classrooms. In C. M. Everts on & C. S. Weinstein (Eds.), *Handbook of classroom management: Research practice and contemporary issues* (pp. 491 - 522). Mahwah, NJ: Erlbaum.

Nieto, S. (1999). Who does the accommodating? Institutional transformation to promote learning. In *The light in their eyes: Creating multicultural learning communities* (pp. 72 - 102). New York: Teachers College Press.

Oakes, J. , & Saunders, M. (2002). *Access to textbooks, instructional materials, equipment, and technology: Inadequacy and inequality in California's public schools*. Los Angeles: University of California at Los Angeles.

Obidah, J. E. , & Teel, K. M. (2001). *Because of the kids: Facing racial and cultural differences in school*. New York: Teachers College Press.

Perry, T. (2003). Up from the parched earth: Toward a theory of African-American achievement. In T. Perry, C. Steele, & A. G. Hilliard III (Eds.), *Young, gifted and black: Promoting high achievement among African American students* (pp. 1 - 108). Boston: Beacon Press.

Shields, P. , Humphrey, D. , Weschler, M. , Riel, L. , Tiffany-Morales, J. , Woodworth, K. , et al. (2001). *The status of the teaching profession*, 2001. Santa Cruz, CA: The Center for the Future of Teaching and Learning.

Singham, M. (1998). The canary in the mine: The achievement gap between Black and White students. *Phi Delta Kappan*, 80(1), 8 – 15.

Skiba, R., Michael, R., Carroll Nardo, A., & Peterson, R. (2002). The color of discipline: Sources of racial and gender disproportionality in school punishment. *The Urban Review*, 34 (4), 317 – 342.

Sleeter, C., & Grant, C. (2003). *Making choices for multicultural education: Five approaches to race, class, and gender* (4th ed.). Hoboken, NJ: Wiley.

Solorzano, D. (1997). Images and words that wound: Critical race theory, racial stereotyping, and teacher education. *Teacher Education Quarterly*, 24(3), 5 – 19.

653 Steele, C. (2003). Stereotype threat and African-American student achievement. In T. Perry, C. Steele, & A. G. Hilliard III (Eds.), *Young, gifted and black: Promoting high achievement among African American students* (pp. 109 – 130). Boston: Beacon Press.

Steele, C., & Aronson J. (1995). Stereotype threat and the intellectual test performance of African Americans. *Journal of Personality and Social Psychology*, 69, 797 – 811.

Tatum, B. (1992a). African-American identity, academic achievement and missing history. *Social Education*, 56(6), 331 – 334.

Tatum, B. (1992b). Talking about race, learning about racism: The application of racial identity theory in the classroom. *Harvard Educational Review*, 62(1), 321 – 348.

Tatum, B. (1997). *Why are all the Black kids sitting together in the cafeteria?* New York: BasicBooks.

Townsend, B. (2000). The disproportionate discipline of African American learners: Reducing school suspensions and expulsions. *Exceptional Children*, 66(3), 381 – 391.

UNICEF. (2005). *Child poverty in rich countries* 2005: *Report card no. 6.* Florence, Italy: UNICEF Innocenti Research Centre.

U. S. Census Bureau. (2003). *Poverty in the United States, 2002.* Retrieved April 15, 2007, fromwww. census. gov/prod/2003pubs/p60-222. pdf

Valli, L. (1995). The dilemma of race: Learning to be color blind and color conscious. *Journal of Teacher Education*, 46(2), 120 – 129.

Vavrus, M. (1994). A critical analysis of multicultural education infusion during student teaching. *Action in Teacher Education*, 16(3), 45 – 57.

Verdugo, R. (2002). Race-ethnicity, social class, and zero-tolerance policies. *Education and Urban Society*, 35(1), 50 – 75.

Zumwalt, K., & Craig, E. (2005). Teachers' characteristics: Research on the demographic profile. In M. Cochran-Smith & K. M. Zeichner (Eds.), *Studying teacher education* (pp. 111 – 156). Mahwah, NJ: Erlbaum.

对第八部分的回应：自下而上的社会公平斗争

教师去哪儿？

卡尔·格兰特(Carl A. Grant)

我会不假思索地说,我所看到的每一场争取社会公平的重大斗争都是由普通民众发起和捍卫的,这些人往往生活在主流社会的边缘。社会公平的动力不会起源于那些处于权力金字塔最顶端的现有机构和个体,而是那些决定打破现状的人,为公平与平等揭竿而起的人。苏格拉底(Socrates)、马丁·路德(Martin Luther)、圣雄甘地(Mahatma Ganhdi)、琼斯夫人(Mother Jones)、索杰纳·特鲁斯(Sojourner Truth)、W·E·B·杜布瓦(W. E. B. DuBois)、安娜·朱莉·库珀(AnnaJulie Cooper)、马丁·路德·金(Martin Luther King)、简·亚当斯(Jane Addams)、保罗·弗莱雷(Paulo Freire)和凯萨·查维斯(Cesar Chaves)都是打破现状的先驱者。这些男人和女人拒绝屈从于他们的地理和政治处境。他们站起来,讲真话,为实现社会平等采取行动。

教师(包括我在内的教师教育者),除了少数例外,似乎没有人完全投身于争取社会公平的斗争。此外,未来也不是一片光明,因为太多准教师声称自己想教书,因为他们"爱孩子",但其实他们"爱"的是心目中一种特定类型的学生,而不是同一个教室里所有不同的学生。还有,如果他们被分配到一所市区学校,或者那所学校中的学生与他们不一样,或者他们需要承担不是由他们造成的问题和挑战,他们往往会在两年或三年内就逃离教学岗位。同样地,那些在大学里担任教师教育者的人似乎更关心升职和终身教席——所以最好保持现状——让对社会公平的关注退居二线。

当然,教学是非常辛苦的工作,当我们认为教师应该成为社会公平的战士时,也许对他们要求太多了。或者,我们应该更慎重地挑选准教师和教师教育者,并告知他们大多数学校所面临的社会问题,特别是市区学校。此外,我们应该使准教师们更清晰地意识到在取得资格证以后他们要教的人可能是谁、可能在哪里教。

我知道,诸如分配不公、资源不均,以及城市学校的文化认同缺乏公平性等社会公平问题不是由教师单独造成的,也不是单靠教师就能解决。不过,我很少看到教师和教师教育者为他们的学生寻求社会公平——有色人种教师和白人教师都是如此。计算一下你所在学校的教师人数,再计算一下积极支持学生所需的社会公平的教师人数。我不仅是在谈论"公平"或平等,比如说,为学生争取举行一次春季舞会,或者在高中阶段的食堂菜单上做些改动,我也不是在谈论在大学阶段可能出现的"公平"或平等议题,例如将有争议的演讲者带到校园。是的,那是为了学生而斗争,但这些斗争与学生的未来生活机会几乎无关。

我相信教师是关键,但在学校争取社会公平的斗争中,他们却是一群无声的人。

在这里，我回忆起发生在 1963 年的一个事件。那时候跨文化运动正处于高潮，民权运动的声浪在不断推高，这些运动的课程和教育学呼吁公共知识分子、诗人、小说家以及其他人与教师们谈谈种族主义和贫困对城市与郊区的影响，谈谈这些社会不平等的特征如何影响在贫困地区生活的学生。这两场运动都意识到非裔美国人和低收入家庭儿童要获得教育上的成功，教师发挥着重要作用。

詹姆斯·鲍德温(James Baldwin)是这些运动中的主要人物，他被邀请向一群教师讲述自己的故事，讲述他成长过程中曾面临的挑战和在美国作为黑奴的经历。其讲话最初的标题是《黑人儿童——他的自我形象》(*The Negro Child—His Self-Image*)——现在通常被称为"与教师的谈话"——当时是向纽约市约 200 名教师发表的演讲。随后，它被刊登在 1963 年的《星期六评论》(*Saturday Review*)上，并在几个选集中再版。从那时起，他的演讲就被无数人看到了。

在他的演讲中，鲍德温激励教师在个人层面上成为我们现在所说的社会公平工作者。他坚决表达了他们在争取社会公平斗争中的责任。他毫不讳言，也没有开脱教师对学生的责任。在谈话中，鲍德温向观众发出了以下质疑：

> 如果你认为自己是一个受过教育的人，那么你有责任改变社会……现在如果我是这所学校或是任何黑人学校的教师，我正在和黑人孩子打交道，这些孩子我每天只能关心他们几个小时，然后他们会回到自己的家园和街区。那些对未来感到担忧的孩子，每一个小时都会变得更加沉闷更加黑暗。我会试着教他们，我会试图让他们知道，那些街道、那些房子、那些危险、那些缠绕他们的痛苦是不公的、罪恶的。
>
> 我会尽量让每个孩子都知道这些事情是意图摧毁他们的邪恶阴谋造成的。我会教他，如果他打算成为一个男人，他一定要毫不犹豫地认定自己比这个阴谋更强大，他决不能与它和平相处。(1963/1985，p. 331)

鲍德温继续讲了很多精彩的话，他也将教师视为争取社会公平的关键群体。甘地提醒我们要成为"我们希望看到的变化"，此时我关心的是教师和教师教育者希望看到什么样的变化。如果他们不想看到变化，或者消极地参与到实现社会公平变化的斗争中，那么在学校和教师教育项目中实现社会公平的希望就会十分黯淡。

（彭正梅　伍绍杨　译）

第九部分
课堂、教学法与实践公平

瑞克·艾尔斯(Rick Ayers)编辑、导读要将梦想付诸行动，为之奋争自是必然。除非我们给想象留出空间，并且对人性的解放抱有愿景，否则这人世间所有的抗议和示威都不会给我们带来自由。

(Kelley，2003，p. 198)

尽管有这样那样的局限性，教室依然是一个充满希望的场域。在那里，我们有机会为自由而奋斗；在那里，我们和同伴们一道要求自己敞开胸怀，即使只是在集体的想象中寻求突破边界的种种办法，我们也会面对现实。追求自由，这就是教育。

(Hooks，1994，p. 207)

这一部分将呈现课堂上发生的事情。作为师生共同创造的成果，这些有关社会公平教育的教学活动不仅适用于历史课，也同样适用于数学课、英文课、科学课以及艺术课。这些故事发生在小学、初中和高中学校师生的身上，产生了不同凡响的效果。有些教学活动在那些重视社会公平教育的小学校里是官方认可的课程的一部分；有些教学活动，尽管在那些缺乏人情味、充满官僚风气的学校里处于边缘化的"潜伏"状态，却发挥着颠覆性的作用。这样的教学活动总是挑战和激励着我们，超越教师最初的设想，产生一系列涟漪效应：超越一堂课而影响到全班同学；超越一个班级而影响到整个学校；超越一所学校而影响到更为广阔的社会。

强有力的社会公平教育遍布美国和全球，有时由激情满怀的教师引领，有时则由学生、家长和别的社区成员发起。当一切运行良好的时候，我们都清楚那种感觉多么美好。但是迄今为止，我们还无法确切地指出，构成行之有效的社会公平课程的因素有哪些。

先说说社会公平课程不是什么。首先，社会公平课程不是教条，它不是要把老师的意见灌输给学生。我们都碰到过这样的老师。但他们这样组织教学是无效的，无法达成自己的教学目标。学生必须得到尊重，他们是有思想的人；必须为学生提供机会，让他们对自己的身份和生活的世界进行探究。学生应该学会从不同的角度看问题，批判性地思考问题，从而推动社会的变革。从社会公平的角度出发组织教学要求我们充分认识到每个个体就是一个完整的"宇宙"，每个个体在一个公平、公正的社会里都可以发展成为一个全面的、自主的人，与他人休戚与共。

其次，社会公平教育不是对批判理论和社会公平的学术化。但批判性研究旨在赋予边缘群体话语权，从"他者"的角度出发揭示世界的真实面貌。一波新的教科书把批判性研究作为一门新的大学先修（AP）课程来对待。这样做只是为富有的白人家庭的孩子在高中和大学"冲关过卡"又增加了表现的机会而已。在这种教学氛围里，学生缺乏积极性，得过且过。毕竟，他们只要按老师的要求去做就行。然而，这样做偏离了批判教学法（和社会公平教学法）真正的精神实质，这是因为问题的核心在于边缘群体的洞见是缺失的。对于这种僵化的批判性研究而言，社会公平只不过是一轮对话，只不过是又一场才智表演罢了。

社会公平教育对学生群体而言必须有切身意义。它促使课堂里的每一个学生——从生来享有特权的学生到那些被认定为"局外人"的学生——有所领悟并由此引发改变。最重要的是，社会公平教育必须通过学生在课堂、学校和更为广阔的社区里采取推动变革的行动来实施。这并不意味着每一项社会公平教育活动都得表现为行动。关键在于学生要批判性地审视他们生活的世界，对其进行解读，然后采取他们认为必要的行动。

我们可以借鉴那些走在教改前沿、不断反思并极力倡导社会公平教育的机构所持有的理念。比如，反思学校教育（Rethinking Schools）这家机构出版发行教学刊物、书籍，并拥有自己的网站。在论文集《反思课堂教学》（*Rethinking the Classroom*）的导言中，琳达·克里斯滕森和斯坦·卡普（Linda Christensen & Stan Karp, 2003）主张"学校和教室应成为建设公平社会的实验场，而不是目前这个样子……据此，要想真正取得成功，学校教学改革必须以民主社会的目标和价值观念为导向，而较为传统的学术追求正是建立在这些深层的目标和价值观念之上"（p. i）。

他们认为，社会公平课堂的课程设置和课堂实践应当具备以下特征：

- 以学生的生活为基础；
- 以批判的方法对待世界和课程本身；
- 倡导多元文化，抵制偏见，崇尚正义；
- 重视学生的参与和体验；
- 积极向上，快乐友善，抱有愿景；
- 人人都是行动者；
- 既有学术趣味性，又有学术挑战性；
- 敏锐的文化感知力。

最后,社会公平课堂要求教师能够挑战已有的"明智之举",对有关学生学什么,以及评价规范和评价过程进行质疑。我们的学校在教授学生阅读、写作和思考方面有着深厚的基础。然而,除非学校能够"高瞻远瞩,以平等、民主和社会公平的理念为学校教育注入活力,学校就永远不会实现其声名远播的目标,即提高所有学生的教育成就"(Christensen & Karp 2003,p. 1)。社会公平课堂探究学习成绩差异,但同时淡化这种差异;它看重学生的积极参与,倡导所有学生取得成功。

在下面的故事中,你会看到上文讨论的这些因素的一些情况。但这并不是要求每周、每堂课都会出现这样的新面貌。教师面临着各种挫折和阻碍,他们得面对体制中各种乏味的条条框框;他们还得面对学生在这种体制下积年累月形成的种种被动的坏习惯。但是,社会公平课堂总是充满着各种可能性,总是在寻找与学生自身的关联性,挖掘深层意义,建立起与他人的关系。大多数学校关注的焦点是如何对学生分级分类,营造出一种以我为先的竞争型伦理;而社会公平教学法看到的却是另外一番景象:学生开始把自己接受的教育任务作为他们生活内容的一部分,作为他们价值观念的一部分。我们看到这种教学实践正在四处发扬光大。

(张昌宏　译)

659 **参考文献**

Christensen, L. , & Karp, S. (2003). *Rethinking the classroom*. Milwaukee, WI: Rethinking Schools Press.

Hooks, B. (1994). *Teaching to transgress: Education as the practice of freedom*. New York: Routledge.

Kelley, R. D. G. (2003). *Freedom dreams: The Black radical imagination*. Boston: Beacon Press.

43

在阳光中弹奏①

体验式教学和白人身份的演变

格雷琴·布莱恩-梅塞尔（Gretchen Brion-Meisels）

---

① 文章的标题灵感应该来自于托妮·莫里森的文学评论集《在黑暗中弹奏：白人的身份与文学想象》。

> 你永远无法理解一个人，除非你换位思考，去他的内心世界一探究竟。

（Harper Lee，1960）

九月，我询问八年级的学生，在这多元化的学校，身为他们所属种族的学生意味着什么。此时，我们对彼此知之甚少，而他们的回应将作为一份精彩的引言，开启美国历史课程的学习。这正是我所希冀的。

我的非裔美籍学生在回答这个问题时条理清晰、思路明确。他们中的大多数言谈中都透露着对祖先的骄傲，其余的人则谈到了种族歧视，这一问题延续至今。其中，我以前的一个学生谈到了一项为人熟知的内容，说道：

> 以下是黑人姑娘们的部分原则：（1）相互扶持；（2）永远不在打斗中退缩；（3）不在朋友面前显摆；（4）当新人造访时，不要改变你的态度或过于热情……（11）保持真我，不在背后谈论朋友……如果你决定要加入黑人姑娘的团体，那么在大多数时候，你都要遵循这些原则。当试图加入黑人姑娘的团体时，有时会十分艰辛，而且会存在许许多多的问题。

对比鲜明的是，白人学生在回答这个问题时，往往比较纠结。他们的答案较为含糊，也很少涉及种族话题。今年，一名学生在回答这个问题时，只写了寥寥数笔："很好，正常……，我们很少谈论种族问题。"

另一个人则反映道：

> 我在美国南部出生和长大，为此时常受到捉弄，由于我的出身，人们往往理所当然地将我视为牛仔或者乡巴佬，尽管我骨子里拥有的是欧洲人的血统，却无法感受到与该文化的联系。

年轻的白人学生很少去认真考虑身为白色人种的经历，尽管身份问题对他们来说同等重要。他们更倾向于关注其他社会标记，譬如性别、地域或个人风格。大多数的白人学生在叙述他们的经历时，都未曾涉及种族问题。在我们的社会中，白种人很大程度上因其"不是什么"而被贴上标签,白种人就等于是"正常人"。因为白种人的问题很少会被摆在桌面上讨论,大家往往选择掩耳盗铃。

这些学生的描述证实了在公立学校中,白人为何存在感较低。尽管所有学生学习的是同样的课程,享受的是同样的午餐时光,但他们对种族重要性的阐述却大相径庭。身为一名白人教师,我本可以选择对这些有差别的经历视若无睹,允许白人学生继续以低存在感生活。抑或是,我可以与非裔美籍的学生和同事站在同一战线,主张种族问题不可忽视。那么,我的非裔美籍学生需要我——一名白人教师——为他们做什么呢?我在证实他们经历的同时,又该如何为白人学生创造安全空间,以寻求自身的种族身份呢?我该如何展开种族对话,从而使班里的学生能够质疑已有的假设,对种族身份产生新的认知呢?

如今,面对课堂里出现的种族歧视,许多教育者在应对时往往都是扬汤止沸(或是含糊其辞地糊弄过去,或是咒骂、驳斥,或是采取隔离方式,等等),但这一行为并没有从根本上改变学生的种族意识:多数情况下,白人学生都尽量避免在公开场合表现出种族歧视的倾向,却未曾尝试着推翻他们所谓的"刻板形象";同样地,在自己的学习能力遭遇别人质疑时,非裔美籍学生大都选择默默忍受,而非据理力争。就反对种族歧视而言,这种扬汤止沸的方法,断不可取。因为它致使白人学生只是一味地隐藏成见,却从未提出质疑。当然,对于非裔美籍学生,这种潜在的种族主义,更具危险性。一直以来,这些年轻人承载着双重压力:一方面,学校无法满足他们的需求(这一点从成绩差距上清晰可见);另一方面,由于政治气候在学术中的蔓延,成绩往往成为衡量一个人是否具有学术潜力的重要因素。

为了能够推翻学校中关于种族歧视的固有观念,必须给予学生们一次机会,使他们知晓制度化种族主义的演变。对于白人学生而言,这意味着他们需要去了解白色人种的存在方式以及与其相关的社会特权。获悉白人作为一种特权而存在会带来愧疚感和呆滞感,这对于白人学生接受不同的白人模式,大有助益。通过寻觅白人中反种族歧视的楷模,帮助学生们产生新的、多元化的身份认知,是较为有效的途径之一。本文将试图提供一种方法,从而启发白人学生思考自身的种族身份演变。如此一来,身为一名多元化课堂中的白人女性教师,我也不可避免地要谈论一番自己的种族认同观点。

* * *

对于那些研究种族身份发展的理论家而言,学生们的答案不足为奇(Fine, Weirs,

662

Powell，& Wrong，1997；Tatum，1997）。身处一所多元化的中学，大部分非裔美籍学生，正如心理学家 William Cross 所提到的那样，正处于黑人种族认同的接触期，在经历几年黑人与白人、黑人与非白人的碰撞阶段后，这份种族经历将会深深地镌刻在他们的脑海里。在我们"自由"的学校文化中，假若没有强迫性因素掺杂其中，年轻非裔美籍学生的诸多经历将激励着他们不断地去探寻种族身份的影响。这些学生中的大多数，早已通过一幕幕具有冲突性的画面，领悟到在这个社会身为黑人的意义。

有趣的是，同样的多元化校园文化在改变白人学生的种族认知方面却收效甚微。通过其作品，珍妮特·赫尔姆斯（Janet Helms）揭示了白人学生在种族认知过程中经历的六个阶段：接触、瓦解、重塑、伪自主、再现、自主（Helms，1990）。赫尔姆斯的模式考量了形形色色的学生经历，这些学生的种族身份在美国学校中都存在感较低。概而论之，这些阶段从最初无视肤色差别——抑或是没有能力识别生活中的种族影响——一直延伸到探索积极的白人身份认同。九月时，班上的白人学生似乎正处于赫尔姆斯模式中的接触期，他们在种族主义的世界中相互往来，甚至开始意识到种族身份给他人带来的影响，意识到他人遭受的种族歧视，但对于自身种族身份的意义，却仍有待认知。

* * *

663 到十月份时，班上的学生已经完成了对于三类人种的初步了解。我吩咐学生们任选一个美国早期的种族群体进行调查，可以是非洲人，可以是欧洲人，印第安人亦可。为此，我们浏览了一些影像资料，翻阅了第一手文献，并对相关辅助材料进行剖析。学生们根据自己研究的种族方向，组成小型的"类似种族"团队，深入探讨。这确实是一次野心勃勃的任务。学生们需要在短时间内将大量信息熟稔于心。在一个以标准和测试为基础，假设八年级学生能记住他们 9 岁时所学之物的机构中，这是我们追寻"美国的根源"的方式。在本单元中，种族所扮演的角色十分错综复杂。正是在这一时期，美国的法律制度开始变更，"非洲人"也开始与"奴隶"一词划上等号。

随着讨论的深入，一个较为有趣的现象引起了我的注意："非洲专家"的自豪感正在团队中一点点蔓延。当他们谈及奴隶制的罪恶，谈及为废除奴隶制而进行的艰苦奋斗时，无不触动队员的内心，激发了深深的共鸣。我听着他们满怀荣耀地谈论着抵制种族主义的行动。此刻，他们专注、诚挚，饱含着一颗追本溯源的探究心。当然，非洲团队中的学生并非全是非裔美籍，拉丁美洲、非洲学生以及若干白人学生也参与其中。最后，一个白人学生喊出了"黑人权力"的口号，声音响彻了整个教室。

从一个观察者的视角，我注视着这一幕幕的发生。身为一名白人女性，我仍挣扎于自己种族认知发展的层次。起初，目睹学生们"代表"黑人权力时，我的内心并未有太大的触动。因为我忘记了，他们在"营造"自己的黑人形象时，需要付出何种的努力。这一刻，并且陶醉在这种跨种族的种族自豪中。

当成员们将材料呈现给其他团队的专家后，这一活动也随之落下帷幕。那些参与新团队的学生，理当将团队的信息共享，带动其他人感受不同的种族身份。与其说这是一次活动，不如说这是一次拼图游戏，意在教会孩子们通力合作，共享成果。这绝非是单纯的角色扮演。因此，当一名学生轻轻地戳了戳我，在我耳边细声细语地说，"布莉安夫人，杰弗里哭了"，种族就是我脑海里的最后一件事。

杰弗里，我班上的一名白人学生，正在啜泣。泪水已经模糊了他的脸，他整个人瑟瑟发抖，一副挫败的神情。当我靠近他时，他不由自主地喊道："我再也不会参加这种活动了！我拒绝！我不会再接受这样的侮辱！"面对眼前的状况，我大为不解。他继续说道："肖恩在刚才的15分钟内一直在羞辱我，我被讥讽为奴隶主、种植园主还有压榨者，我已经告诉过他停止这种行为，但他却不愿意，我已经告诉过他了！"

我环顾了一下四周，杰弗里的身边坐着两名白人学生。其中一名便是肖恩，他代表的是非洲人团队，直言不讳地流露出对黑人权力的骄傲。另一名则是印第安人专家，神情上看起来喜忧参半。

肖恩看上去有些吓坏了，他立即说"对不起"。就中学生而言，肖恩的这一行为有些一反常态，不过倒是遏制了我的怒火。"都是我的错，我是开玩笑的，我不是有意的，我真的很抱歉。"肖恩变得更加诚挚，确实，他承认错误的态度，很多成人都自觉形秽。但杰弗里依旧在哭。

仙妮丝，一名非裔美籍学生，也是邻桌的非洲人代表站了起来。她说道："杰弗里，肖恩是开玩笑的。"她试图能帮忙做些什么，希望二人能够握手言和，但杰弗里却拒绝了。我尝试着去跟他交流，希望能让他明白这是一个误会。我本打算通过这一幕去探寻真正让他伤心的原因，但显然杰弗里并不能承载这么多。他的眼泪更加汹涌，很快地，他将头埋在了书的后面。

一种不祥的感觉浮现在我的脑海中。我不是一个好老师，我惹出了一堆麻烦。我为孩子们勾勒了一幅假想的美国早期种族暴乱景象。我摧毁了杰弗里的自我认知，或许也摧毁了班里面其他白人孩子的认知。显然，我并不具备管理这个班级的能力。随着一项更为紧要的需求出现，这些想法便被搁置在了一旁：在下课铃响、他们离开之前,我必须要想出解决办法。我该如何做才能让学生们理解杰弗里伤心的背后另有"隐情"呢?我又该如何帮助他们走出自己臆想出来的种族歧视与特权的荆棘呢?

我的第一反应就是不要偏离话题,在彷徨和困惑的时刻,我选择了常用的方式:坦白内心的想法。我与他们交谈了自己身为一名白人的经历,畅聊了自己所掌握的奴隶制知识。在这一过程中,我提及应当去找寻历史长河中那些为反种族歧视而奋斗过的白人楷模们。我告诉他们,大多数的成年人都对种族话题避之不及,也很少会为这一问题付出心力。学生们开始意识到不同的人面对伤痛会有不同的处理方式,或是一笑置之,或是悲恸不已,也可能勃然大怒。最后,班上的学生都赞同应当继续尝试去了解他人。

* * *

在她的文章——《在黑暗中弹奏》(Playing in the Dark)一文里,托尼·莫里森(Toni Morrison)概述了美国白人作家在定义白人形象时常用的几种隐晦方式,而且这一点的实现,往往都借助于黑人形象的塑造。莫里森将文学比喻为一个世界,在这之中,美国人可以自由地想象和定义种族(Morrison, 1992)。如同其他的文化领袖一样,莫里森在分析某一种人的阴暗面时,大都选择比照他人。白人的种族形象比较空洞,通常只能通过排除法进行定义。但这一现象深深地伤害了我们,因为它阻碍了认知的发展。对于白人来说,"这是一种可怕的悖论,因为他们中的很多人认为自己能够掌控和定义黑人,但最终却连掌控和定义自己的权利都被剥夺"(Baldwin, 1984, p. 180)。

对于我的非裔美籍学生而言,想象和定义种族身份,就犹如家常便饭一样:它既可能发生在前往学校的路上,在街角小店,在教室,在餐厅,在公交站;也可能发生在观看电视、浏览杂志之时,甚至一次简单的问候,亦能引发他们的想象。相比之下,我的白人学生们拥有忽略种族身份的"选择权"。然而,学校文化中白人的低存在感,使他们的形象更为弱化。因而,在认识自己的种族时,他们往往只是单纯地通过肤色差异。当被问及其种族文化时,这些学生大都一副低声下气、吞吞吐吐的样子。若话题进一步深入,他们就会开始叙述祖先的民族、宗教、地区甚至是性别。凡此种种,使得他们很难意识到"白人特权"的存在。这正是制度化的种族主义所期待的,同时也是权力结构所依据的原理。

这次"拼图"游戏,在无意中为白人学生们提供了一次种族角色互换的机会,从而得以体验不同的文化。在担任专家的过程中,白人学生们渐渐认同其所加入的种族团体。对于那些扮演过非洲人或印第安人的学生,这份经历引发了其自豪感和赋权观念。但对于那些体验白人身份的学生而言,则被迫需要以一种新的方式来体验特权。对于那些真实身份与角色相符的学生,这次活动尤为奏效。

即使是对那些角色和现实相符的学生来说,种族角色扮演也是另辟蹊径,为他们提供了一种独特的视角。白人就等于特权这一概念,早已在无形之中渗入生活。而这一点,在美国早期体现得淋漓尽致。我们所有人,无论是什么种族,在探寻种族身份时,都不得不正视种族带来的影响。但对于我的白人学生,他们中的许多人都是初次触碰这样的现实,因而,在游戏中大都较为缄默。

当美国白人开始将白色人种视为一种社会建构的特权时,他们常常为自己的种族身份困惑不已。如果白人不是作为一种特权存在,又会是怎样呢?如果特权是无形的,我们又该如何作出改变?认同白人身份是否等同于认同种族歧视?种种问题,让许多人饱受困扰。

此次种族角色扮演活动,为孩子们提供了一次机会,以便他们能够在一个安全的距离提出这些问题。通过扮演非洲人,肖恩卸下了内心的羞愧感和不适感,而杰弗里则是哀伤在别人眼中,他所扮演的白人角色替代了真实的自己。尽管如此,两个孩子的举动都揭示出他们正处于赫尔姆斯模式的第二阶段:瓦解(Tatum, 1997)。他们已 665 经开始有意识地关注种族主义给自己生活带来的影响,当然,也关注着对其他非白人群体的影响。

除此之外,这份经历也是一个契机,两个孩子因而对白人特权问题产生警觉。通过饰演白人特权,杰弗里开始摆脱原有认知的桎梏,并且将自己定义为反对特权的白人。扮演非洲人的肖恩,也有着类似经历。尽管这两个孩子是白色人种,但他们在思想上却勇于与白人特权抗争。如此一来,他们为班上的其他学生创造了一个与众不同的、多元的白人形象。

即便对成人而言,在生理上认同白人身份,在意识形态上却反对白人特权,也是一件甚为艰难的事。针对这一挑战,贝基·汤普森(Becky Thompson)与她的同仁在《反种族主义运动与白色的寓意》("Home/work, Antiracism Activism and the Meaning of Whiteness")一文中,进行了一场雄辩。他们写道:

> 分析白人身份是一件既困惑又复杂的事情,在一定程度上,主要是因为,白人既作为一种符号代表群体,同时又指向个人……通过描述,我们认识到自己是白种人,通过种族等级,我们经历了特权,我们面对着一个虚构的理想化体系的谬

论,在这个体系中,权力以外貌特征的差异为基础。我们必须承认一个事实,那就是我们都拥有白色的皮肤,但我们也应当与这种不劳而获的特权抗争,勇敢地揭露其面目:所谓的等级制度不过就是一个虚构出来的产物(1997, p. 357)。

为了能够更好地阐述这一经历的多样性,Becky 一行人选择从不同的角度定义白人身份:白人的外貌特征(肤色)、白人的经历(不劳而获的特权)、白人的意识形态(建立在白人霸权之上的剥削思想)。[2] 部分小组成员甚至把自己称作"反种族歧视的种族主义者"[3]。尽管在制度上,他们是有特权的白人,但这一称呼却透露出他们有着一颗反对种族歧视的心。

肖恩和杰弗里,尽管经历较为稚嫩,也难以言表。但他们面对挫败时全盘接受的勇气,表明他们对于自己的定位是反种族歧视的种族主义者。通过在感受、行为、应对、饰演等方面表达的意愿,这些青年们正在努力地与一个难题斗争,而我们中的大多数已经耗费了多年时间,仅为了将其命名。

* * *

如果所有人都陷入对白人的种族误解,会遭遇什么境况呢? 通过在课堂中饰演专家,非裔美籍学生从中获取了解决困境的灵感。在有所体验并深思熟虑后,这些学生挺身而出,以促进信仰上的治愈。比如,在帮助肖恩解决矛盾时,仙妮丝就采取了将现实带回"游戏"中的方法。此外,这份经历也使得班里的学生开始重新审视白色人种。

到了十一月中旬,我们已经做好了更加公开地谈论此事的准备。我们每个人之间都保持着一些距离,留出呼吸的余地。在这个教室中充斥着许多勇气与敏感的时刻。看起来这似乎是一个重提旧事的好时机。于是,我邀请同学们回顾在学习第一单元时的体验。在此之前,我们已经深入研习了美国独立战争;我们花费了数天以思索奴隶主在为自由抗争时所体现的伪善。

在他们的反思中,白人学生分享了自己的悲伤和困惑。肖恩写道:"当得知我们的族人曾经拥有过奴隶时,我一点都不感到自豪。"杰弗里则更为直白:"我仿佛感觉其他团队的人都在针对我。"另一个白人学生写道:"我对那些反对奴隶制的白人深感自豪,我相信总有一天我也会是其中的一员。"

面对他们的坦诚,我情不自禁地想要分享自己在多元化学校中的成长经历。或许,这有些自私。我分享了自己的羞愧以及对如何做一名白人的无知。一些非裔美籍学生被这一点深深吸引。"为什么你会觉得糟糕?"他们说,"这并不是你的错。"我尝试着用一种稳妥的方式来解释这一点,以使得白人学生不会进一步被孤立。我自始至终都小心翼翼。我深知自己的种族体验会不可避免地影响到故事的色彩。我畏惧于自己所掌握的权威,却又欣慰于他们的坦诚。我向他们介绍了自己所找寻的、反种族歧视的白人楷模。

我们拜读了托马斯·杰斐逊(Thomas Jefferson)的文章,他们知道托马斯的名字,但却很震惊地发现,托马斯自己就是一名奴隶主,因此在奴隶制的问题上,托马斯既困惑又羞愧。他写道:

> 事实上,当我发现上帝是公平的,我开始为我们国家感到忧虑,但却很难以一种温和的方式,通过思考政策、道德、历史、国民等因素来追寻自己的目标。我们只能希冀这些因素能以自己的方式为人们所知(p. 173)。

我们首先要了解的就是目前有许多的人,白人也好,黑人也罢,正在为种族问题抗争。种族歧视伤害着我们每一个人,痛苦是能被转化的。

在这一年中,我们将会讨论不同历史时期的白人形象。我将会从外貌特征、经历、意识形态三个方面展开论述。当我们探讨奴隶制时,跨种族主义的运动也牵涉其中:共同逃跑或反抗的奴隶和契约仆役,通力协作撰写新闻的伙伴。我们将花费一些时间分析不同的美国人,白人抑或黑人,是如何加入"地下铁路"(the Underground Railroad,一个地下秘密组织)的。在指挥者冒着生命危险,领袖们顶着可能被监禁的风险时,赞助者们却仍默默无闻。这些例子从不同的层次上为我们展现了个人在反种族歧视中的多元化形象。我期望这些内容能够引发学生的探索,从而批判性地看待对自己所信仰的意识形态。

* * *

在学校这一大背景下,想要让学生们批判性地审视种族和种族歧视,是一件甚为艰难的任务。质询权力结构的能力,并不是仅仅写入课程或者在标准中设定就可以实现的。此外,即使我们为学生们提供改变认知的机会,也无法直接更改已经发生的现实。许多教育者辩驳:对于非裔美籍学生而言,比起增强洞察力,提高学业成绩更为重要。尽管我深知意识的改变并不能直接影响权力结构变更,但我坚信,这些因素对于都市青年理解他们在种族环境中的位置来说,都是不可或缺的。通过鼓励年轻人自我反思和批判性思维,一扇充满无限可能的大门被缓缓开启,而这正是迈向变革的关键。

在写给侄子的信中,詹姆斯·鲍德温(James Baldwin)曾提出这样一个观点:美国白人们畏惧丧失其身份认同感。他写道:

> 白人们一直深陷于无知的历史中,在他们醒悟之前,都不会选择从中解放自己。由于种种原因,从多年以前,他们就一直深信黑人比白人卑下。事实上,他们中有许多人是明事理的,但你随后就会发现,人们认为通过行动表达这种想法是一件很难的事。因为有所行动就代表着承认,承认就意味着会陷入危险境地。对大多数美国白人而言,这种危险主要是指身份认同感的丧失(转引自 Groot & Marcus,1998,p.5)。

作为教育者,为美国白人青年们提供与众不同的、多元的身份认知,是我们义不容辞的责任。否则,恐惧将会以压倒性的优势战胜他们对于公平的殷切希望。通过给予学生们自由,以体验和想象不同的白人模式,我们可以创造出多元化的种族形象。在美国历史的学习旅程中,探寻白人身份,孩子们或许可以更好地拼凑出特权和权力的概念。

注:

1. 为了保护个人隐私,文中所有学生的名字都用了化名。
2. 所有标签要感谢小组成员 Patti DeRosa(Thompson,1997,p.357)。
3. 同上。

（刘文静 译）

参考文献

Baldwin, J, (1984). On being "white"... and other lies. In D. R. Roediger (Ed.), *Black on white: Black writers on what it means to be white* (p. 177 - 180). New York: Schocken Books.

Cross, W. E. (1991). *Shades of Black: Diversity in African-American identity*. Philadelphia: Temple Unoversity Press.

Fine, M., Weis, L., Powell, L., & Wong, L. (1997). *Off white: Readings on race, power and society*. New York: Routledge.

Groot, M. , & Marcus, P. (1998, March/April). Digging out of the white trap. In C. Hartman (Ed.), *Challenges to equality: Poverty and race in America*, part I (pp. 15 - 19). Armonk, NY: Sharpe.

Helms, J. E. (Ed.). (1990). *Black and white racial identity: Theory, research and practice*. Westport, CT: Greenwood.

Jefferson, T. (1788). *Notes on the State of Virginia*. Philadelphia: Prichard & Hall.

Lee, H. (1960). *To kill a mockingbird*. Philadelphia: J. B. Lippincott.

Morrison, T. (1992). *Playing in the dark: Whiteness in the literary imagination*. New York: Vintage Books.

Tatum, B. (1997). *"Why are all the black kids sitting together in the cafeteria": A psychologist explains the development of racial identity*. New York: Basic Books.

Thompson, B. (1997). Home/work: Antiracism activism and the meaning of whiteness. In M. Fine, L. Weis, L. Powell, & L. M. Wong (Eds.), *Off white: Readings on race, power, and society* (pp. 354 - 366). New York: Routledge.

44

教授诗歌研习课

拉斐尔·卡萨尔(Rafael Casal)

关于教授写作课，我还能如何形容呢，大抵就像潜水一样，它很危险，往往就像一场冒险，但你潜得越深，收获的奖励越多。与年轻的作家共事，挑战一路随行；但当你挖掘出一个年轻人的潜力，足以让其吐露心声时，你所实现的就不仅仅是令他们按时完成某件事，而是彻底改变了他们余生与这个世界的互动方式。语言的恩赐是无价的，有了它，便可以驱散痛苦，挣脱黑暗。语言给人以力量，从而吐露某一历程中所遭遇的挫折和挑战（比如高中时），而在这段时期你的学习状况和需求尤为重要。

她坐在教室的后面，其他十五名学生或是在高谈阔论，谈笑风生，或是在喧嚣打闹，拌嘴斗舌，抑或是在发送简讯，所有人都在等着上研习课。而她则埋头于杂志中，好似读到了某些可能会造成致命一击的内容。关于这一点，通过其浏览时紧张的神情，便可以一览无余。她叫拉蒂娜，应该没到 16 岁，但衣着较为成熟。她的一条眉毛高高扬起，仿佛她的杂志说了些与她有关的事情，但她并不认同。在她前面，一名女生在和她的男朋友因无法沟通争吵着，看起来并没有什么进展。我则用我惯常的方式打断了这场"社交嘉年华"：

"好……了……！"

人们在交头接耳中匆匆结束了话题，紧接着回到座位上，随手抓了些东西，准备写作。而坐在后排的那个女生并没有打断自己的思绪，注意力仍集中在杂志上，就好像她没有出现在研习课上一样。

下午四点整，这时放学已经一个小时了，她还在学校，当然仍旧是在我的研习课上。

我要求他们在五分钟内完成一篇自由写作练习，文章的第一行要以"你怎么能这样对我/我们/他们"开头。除了她以外，每个人都开始疯狂地书写，试图在限定的五分钟内给大家分享一些"新颖的"想法。这时，从她坐的那个角落里传来一声细微的磨牙齿的声音，我抬头望去，发现她并没有动笔。

我打算等限时练习结束后正式上课前，也就是分享交流阶段，去看一眼她是否开始了写作。然而，在这五分钟内，她一直盯着手机屏幕，直到我让每个人把注意力都集中到我这里。

"好了，五分钟时间已到，把你们最后一句话写完，放到桌子上。在我们开始前，有谁想和我们分享什么吗？"

此时,从她那个角落里又传来了嗑牙齿的声音。

人们陆陆续续地举起了自己的手,分享了几篇新手诗作,对于这个班的写作经历, 我也有了较为深入的了解。对于我而言,这一点可以大加利用;但显然,对于"手机控 小姐"而言,这并不能激起她的头脑风暴。 669

接下来的一个小时中,我们通过一个故事情节,对言论自由这一理念进行了剖析。 这个故事是关于我一位同事的,他在 HBO 电视台的节目中,基于言论自由的想法,朗 诵了一首可以说是非常"反美"的诗。在那之后,因其在公共场合所展现的激进观点, 以及雄心勃勃的表达方式,FBI 调查了他很长一段时间。研习课的内容主要是聆听诗 歌、分享故事、研读《人权法案》,同时也需要分析法案所作的承诺是什么,而言论自由 政策中又有哪些内容得到了贯彻。许多对话都是对美国标志性人物的回顾,由于对现 有事务的批判,他们都曾遭受过政府的恐吓:无线电台就曾对麦卡锡(McCarthy)、约 翰·列农(John Lennon)、马丁·路得·金(Martin Luther King)、黑豹党等提出过 异议。

我们回顾了连锁反应这一概念。许多学生都会质疑,是不是无论他们做什么或是 不做什么,就会被政府干扰。于是,我们谈论了关于在沙滩上画线的事情。

它看起来无关紧要,任何人都可以走过来,踢掉它,擦掉它,抹去它;但如果总有人 将它再画一遍,那么坚持终究会胜利。当别人在目击了不公平后,我的这位同事就成 了他们坚持划线的动力。为了改善他们的社会或国家,人们愿意去牺牲自我。反美? 对于我而言,在很多方面,这都是美国人的缩影。

我想让大家做的是,想象一下你看到了一条需要绘制的线,然后现在就把它画出 来,在沙子上绘制出你的线来给我看。在你感到不公平的地方,停止这条线的绘制,然 后静静地等待下一个三十分钟。不要让你的笔离开纸。如果你的大脑一片空白,告诉 我为什么,但一旦你开始后,就不要停下来。

铅笔抵住了下唇,双眸望向天空,学生们盯着空白的纸张,一分钟过去了,什么都 没有写出来。此刻对于我而言,最重要的就是尽可能保持安静。我的情绪为接下来 30 分钟的气氛奠定了基调。一只又一只的笔逐渐开始在桌面上飞舞。有的人起初慢 条斯理,但很快又变得激情澎湃。有的人则忽视了我的指导,用尽全力不停地写作,接 着又停下很长时间思考下一条线。我的完美主义者们。

"手机控小姐"则很无聊。在这段时间,她没有写任何一个字,反而打开书开始 阅读。

我无力吐槽。

当我要求学生们结束思考时,他们如释重负的叹息声和要求宽限的恳求声交织在一起。不管怎样,时间到了。我给予了所有的积极参与者们一个机会,以展示他们在最后半小时内闪现的灵光。那些较为安静的学生则最后发言。踊跃参加者和写作能手们都在第一时间举起了手。他们的表现都很令人称赞。高手们的写作不仅能将碎片化的内容整合在一起,而且在发挥文采方面也游刃有余,但通常有许多辞藻都是简单地堆砌在一起,以体现风格;对此,我们还要花时间将其剔除。踊跃参加者们大多都只擅长巴歌体(bar form)①。尽管我自己也是一个"踊跃的人",但我可以通过他们所选择的限定风格发现一些东西,从他们还没充分挖掘的部分听出潜在的内容。这是一种天赋的馈赠。尽管我必须帮忙整合出一个模型,但我可以预知到它仿佛就像是盒盖似的,当他们真正开始自由写作时,便会将其丢掷在一旁。他们不再对自己评头论足,也不再将注意力放在与教室同伴所谈论的那个人身上,而是企图让自己比高中时代更具能力。

670

坐在后面的"手机控小姐"举起了手。

"请说。"

"什么是人? 什么是诗歌? 需要对所有的事情都他妈不停地抱怨吗? 就像现在一直在指责政府是怎么回事呢,与权力斗争的这一切都是在扯淡吗? 这就是废话。人们写这些东西,无非就是想获得一些掌声或其他东西罢了,但这都是无用功。如果你打算在沙滩上画条线或其他什么东西,那就去做啊,不要只是纸上谈兵,那样简直就是胡扯。"

我情不自禁地微笑着。我想我可能在前一天对朋友说过同样的话。

"你是在问我个人吗?"

"嗯,是的。"

"图帕克(Tupac)的一句话一直伴随了我很久:'我不会是那个改变世界的人,但我绝对会为那些未来能够改变世界的人,点亮智慧的火花。'你认为'我有一个梦想'这句话不如洛杉矶暴乱更有冲击力吗? 一个是肉体上的冲突,一个是语言上的碰撞,我认为他们同等重要。那些具有语言天赋的人必须尝试着运用这种灵感,仅仅写下感受

---

① 巴歌体是指欧洲早期的一种单声部歌曲结构,其典型结构为诗歌的第一诗节和第二诗节是同一旋律的反复,后面的叠句为副歌。——译者注

是不够的,还要灵活地运用到实践中。不管怎样,我们并不是要将这间教室里的人培养成超级市民。我非常清楚,自己并不是一名斗士;但可以肯定的是,我认为我的写作是为那些还未替自己辩护的人主持公道。为无言者发声,这是每一位作者的动力。"

我觉得她对我的回答一点都不满意。

研习课继续,一直到下午六点,下课了。下课后,我和不同的学生交谈着。之后,大家陆陆续续地走掉了,最后房间里只剩下我和这位年轻的女士。在她走向门口时,我问她,我们能否在课堂上听到她走路时抱在怀中的那本书的内容。

"哦,不会。我写的不好。"

"我怀疑并非如此。"

"再见。"

"再见。"

在接下来的几周里,她并没有回到我的课堂。

大约一个月后,我突然在个人空间里收到了她的信息。我认出了那张脸,好奇地点开了它,看到她写了下面这段话:

"嗯……那天,我在我姑妈家的电视里看到您了。您作了这首关于女性形象的诗……总之,我想告诉您,我很喜欢您的诗,它让人感到神清气爽。它……正是我所需要的。而且,在没去上课的日子里,我仍然坚持写作;很抱歉,我没去上您的写作课。您还在上那门课吗?——坎迪斯(Candace)。"

"嘿,坎迪斯,我很高兴你能喜欢那些诗。总之……要坚持在沙滩上画线,否则,你永远不知道它们将帮助到谁。研习课将会在下周一重新开始,时间像上次那样,还是四点到六点。也许我能在那里看到你,听到你分享的自己的诗歌。拉斐尔·凯瑟欧(Rafael Casal)。"

那节课,她回来了,分享了自己的诗歌。

一鸣惊人。

(刘文静　译)

45

教学纪事

软办法啃硬骨头[1]

阿维·莱辛(Avi Lessing)

第一幕

到了我开戏剧表演课的第二年，道森高中——所位于芝加哥北部的学校——古老的舞台上坐满了学生，我们就在凸起的舞台上上课。有时候，观众席上也会坐满观摩的群众。人群中也有来自其他班级的学生，他们有的想看我是怎么上课的，有的是想要逃掉自己的课。课堂进展顺利的时候，孩子们的表现简直棒极了，这时候孩子们不只是在表演。一位名叫 Lily 的学生对我说："在你的课堂里，学生可以做真实的自己，就像是在自己家里。"我认为学生就应该做自己。不过这种做法也存在问题。那是隆冬时节一个星期五的下午，我们在上表演课，安东尼奥·勒布朗（Antonio LeBlanc）惹恼了我，我大发雷霆，追着他跑过了好几条走廊。最后，我们还是当着教务长的面才解决了问题，他的父母也被请到了办公室。那是我第一年从事教学时发生的事情。当时我有一种奇怪的感觉，我觉得那不是安东尼奥的错，那是我的问题。

我扪心自问，这难道不是我造成的吗？坐在安东尼奥旁边绿色的小椅子上，我等着面见校长，心里暗自思忖：为什么走到了这般田地？要是我多加管束就好了，这一切就不会发生了。不管这样的想法是缘何而起，但最后总是归结为一个响亮而肯定的答案：我不是一个真正合格的老师；我最初心里是怎么想的，竟然从事教师这个职业？我们被叫进了办公室。安东尼奥说，"莱辛（Lessing）先生，我不知道当时您很生气，您一直咧嘴在笑。"是吗？我一时语塞。因为我一直认为，正是这个孩子的缘故，好多次我简直就要气炸了。可是，现在他的说法跟我的想法却恰恰相反。这消息来得太晚了——当时我就像个疯子，狂喊狂叫，潮水似的追着他跑过一个又一个教室，搅扰了别的课堂。

那孩子给我上了宝贵的一堂课，让我学到了从正统教育中永远不会得到的东西。先前，我认为应当建立起一种师生关系，使之为教学服务。"了解你自己"的训练不应当只是第一堂课才做的事情，而应贯穿于整个学年的活动。现在我坚信，建立师生关系本身就是教学。对我而言，师生彼此了解就是教学。师生关系必须是真诚的，否则学生就不会认真对待老师提供给他们的学习材料。上课的时候，教师从日常生活的本真身份切换到教师身份，这暗示学生，他们在学校里的表现和在家里的表现应当是不一样的。从本质上来说，这种做法让学生形成这样一种观念：上学的重要性只是意味着能上大学、能找到一份好工作；除此之外别无益处，因为它不能解决诸如"我是谁"和"生活是什么"这样的重大问题。对于这两种做法的差异，13 世纪的玄幻诗人鲁米（Rumi）在其诗作《两种智慧》（"Two Kinds of Intelligences"）中有所讨论：

> 智慧有二，其一者取自外边。
> 恰似学童背记定理和概念，
> 一从书页间，二从老师言，
> 三者从科学，新旧搜罗遍。

672

> 有此智慧，出类拔萃。
> 夺魁占先抑或名落孙山，
> 全看博闻强记的手段。
> 凭此智慧驰骋于知识的原野，
> 功劳簿上定是成绩斐然。

> 另有成就，无需外求，
> 成于内心而备于心田。
> 恰若清泉喷涌，令人倍感新鲜。
> 有此智慧，永无死水静潭。
> 无需外接导管，自会灵活应变。
> 此种智慧乃新知之源，
> 由内而外，奔流不断。

——鲁米[2]

作为老师，我希望我们能从内心的直觉领域出发，凭着热情和正确的思维进行教学。同时，我希望这样的想法不要招致同事的嘲笑。

面对安东尼奥，我有两种选择：要么通过一系列从其他老师那里借用的规定和要求，预先划定我们之间的关系——我第一年的教学就是采用这种做法；要么相信安东尼奥说的是真话，相信追赶事件发生之前，他不知道我很生气。同时，还要相信我们两个人都有责任来协调彼此之间的关系。这并不是说我要改变我的教学方法,总是要板着脸,要冲着学生大喊大叫。事实上,我的确笑的时间比较多。这不是说我要对他妥协让步,毕竟,课堂由我引领。我们真正要做的是建立一种真诚的师生关系,搞清楚我怎么看他以及他怎么看他自己,而不是列出一个连我本人都不相信,且对他毫无意义的要求清单。更好的,同时也是更复杂的做法是对待学生保持开放的态度,让学生清楚我的教学方式,告诉学生我为什么这样做,告诉他们我认为自己哪里做对了,哪里可能做错了,或者我在哪里做了违心的事。毫无疑问,我原本可以采用一系列规定,让安东尼奥闭嘴,那样做会更简单些。担心自己不能毕业,安东尼奥自然会退到课堂的角落里去。但是,"易于管理"的做法会让当初我决定从教的灵魂枯萎。如果那样做,我将再也看不到他的即兴表演,看不到他领着大家做热身活动,看不到表演时他那恰到好处、信手拈来的欢闹和恶作剧。以后的好多年里,我都和他都保持着联系。他是我遇到的学生中最具即兴表演才华的学生。后来他去了位于芝加哥的第二都会喜剧培训中心深造。

善于发现自我,承认自己教学中的"无能"、恐惧和疑虑,这成为我强大的教学工具。承认自己不一定非得知道所有问题的答案,这比装着无所不知要管用得多。在课堂上,虽然怀揣美好的愿望,但有很大的可能会适得其反,伤害到学生。当我妄下结论,认为学生是什么样的人,或者认为他们应当如何对待我的时候,这种伤害学生的可能性便增加了。当学生的家庭背景与我的家庭背景存在的差异越大,误会的几率也就越大。毫无疑问,我更容易与那些跟我相似、在中产阶级上层家庭中长大的犹太学生打成一片。然而,我的大部分学生并不符合这样狭隘的条件限定。不过,我很早的时候就意识到"肤色"问题的存在。若有人说"不",我怀疑他们在撒谎。看看我们国家的历史,看看我们城市目前面临的困境,看看学校实际上的隔离状态,你怎么会看不到种族问题的存在?老师和学生怎样才能跨越横亘在我们之间的障碍?

教授戏剧表演课给我指明了一条出路,可以避开学校教育的制度性障碍——这种制度似乎赋予教师一切权力,而学生则一点儿权力都没有。像安东尼奥这样的学生,他们随时可能惹出大乱子来。但他们又极具才华,让我着迷。在一个要求服从的学校机构里,他们的力量、智慧和天赋被广泛地忽视了。而这种权力结构不能不说面临着随时崩塌的危险。我想选一出戏剧,作为我第二学年秋季学期的教学内容。我把权力下放给了学生,从而听到了那些被忽视了的学生的声音。那些不在乎学习成绩的学生最难教,拿成绩要挟他们无济于事。我不仅要赞赏他们的诚实、赞赏他们有勇气,能够待在一个有史以来对他们毫无前途的体制里。

第二幕

安娜·迪佛·史密斯(Anna Deavere Smith)的戏剧《黄昏》(*Twilight*)反映的是1991年罗德尼·金(Rodney King)暴动的后续事件。五名白人警察在路边殴打一名手无寸铁的黑人男子,此过程被拍摄了下来,随后法庭判定五名白人警察无罪。该剧完全是通过对那些受暴力影响最深,或者直接卷入其中的当事人的访谈而设计的。它表现了手握权柄的人和那些没有权力的人之间的分歧,以及这种分歧——尤其是在危机出现的时候——如何变得模糊不清。该剧的第一句台词是"他们是谁?",来自一名斯坦福的混血学生。这个小小的代词"他们"指出了我们使用语言过程中的一个严重问题。尤其当我们把它拿来指称种族时,便会引起轩然大波。若我们把这个词运用到教育环境中去,情况会是怎么样的呢? 当我们谈论提高"他们"的分数,或者找到约束"他们"的较好的办法时,我们在说谁呢? 如果我们痛惜地说,"他们"是洛杉矶暴动事件的元凶,以及"他们"的成绩没有达到应该达到的高度时,难道我们的意思不是说"这是他们的错吗"?

该剧探讨了人们被分割成不同社会群体的方式。然而在众声喧哗中,每个个体又是如此的独特。阅读史密斯女士的剧本就像是看到被掩藏了几个世纪的人突然现身。其作品的想法是要探究对"我们人民"(We the People)这个说法更加全面的认识。为了这个目的,剧中的人物不再是角色,他们是有血有肉的人,说着自己独特的语言,超越了任何规范的审查。

就我们学校的多种族生源背景而言,该剧给黑人学生和拉丁裔学生提供了绝佳的机会,让他们能够在一出典型的现代戏剧里尽情表演,借此讨论我们在学校很少谈及但却至关重要的议题。这里也存在着巨大的障碍:一方面,有色种族的学生,尤其是黑人男学生在戏剧中表演是一项禁忌;另外,尽管在整个学校里白人学生占少数,但是在戏剧部里他们是大多数;更别提这还是由一位白人教师导演的、大多数角色是有色人种的一出戏剧。我得谨慎为之,不可随便介入,为那些我本没有归属资格的群体代言。还有一点,这座小镇在20世纪60年代末发生了一场种族骚乱,留下了深深的、压在心底的种族裂痕。后来,在20世纪80年代拉丁美洲人口激增时,许多白人家庭选

674 择离开了镇子。许多人认为,学校总体上无所作为。从地理位置而言,学校设在郊区,但就本质而言,它又属于城市。这就意味着我们的学生大部分来自边缘群体的家庭,可供他们利用的资源极其有限。

每次演出后,我们会都安排和观众以及特邀嘉宾进行对话。嘉宾包括全国有色人种协进会的代表、社会工作者、学者、警察部门首长、社会活动人士和诗人。嘉宾们既和观众交流,也和参加演出的学生交流。学生演员充沛的情感——在许多情况下,他们的经历会跟剧中的台词直接相关——迫使观众反观自身,思考剧中涉及的社会问题。观众也会和其他人进行讨论。一般情况下,人们不愿意和陌生人说起这类话题。在场的学生也开始谈论他们在学校的经历,谈论他们被排斥、被责怪以及心存负罪感的种种感受。一出戏剧解决不了任何问题——戏剧和电影不一样——但是,毕竟人们冒着很大的风险张嘴谈论了,尽管他们不知道该怎么办。这种不知该怎么办的状况并不可怕,实际上它提供了一种方式,让人们可以进行更广泛的对话。这和解决问题无关,它的意义在于人们首先承认有这样的问题存在。

演出结束后,校长劳里·舒拉(Laurie Shula)向我走过来。虽然在演出过程中,其中一个角色说了脏话,她大为诧异,但是她对演出表示由衷的赞赏。"这很特别,莱辛先生。"就因为这句赞扬的话,在接下来的两个星期里,我都感觉美滋滋的。那年第二学期戏剧课的第一天,上课才三分钟,我示意一群穿着夹克的黑人男孩说:"小伙子们,你们能安静下来吗?"接着我又喊了一声"小伙子们!"其中一个孩子反问道:"你这是什么意思——'小伙子们'?"我是什么意思? 我在这里指导《黄昏》这出剧目开场的独白,其中有一句具有挑衅性的话:"他们是谁?"这样,我的称呼基本上是给这三个男孩贴了同一个标签。可是,难道他们没有扰乱课堂吗? 难道我不是在维持课堂秩序吗? 这种推理掩盖了我没有明说的、武断的想法。这个想法甚至在上课之前就已经有了。事实上,我走进教室的时候心里就已经认定,那三个学生——肤色最黑,尤其是块头最大的男生——将是个难缠的主儿。他们刚走进教室,我就已经在内心里打退堂鼓、想要回避他们了。认识到这一点让我感到非常羞愧,这种羞愧感延续至今。但是,与此同时它也打开了一扇大门。如果我不能正确地看待那几个男孩,我怎么能对他们展开教学呢? 我由此想到,其他的成年人又是如何对这几个孩子的人生经历施加影响的? 或许,他们也以这样那样的方式回避这几个孩子,心里在想"麻烦来了"。

不必走出校园我就能发现种族偏见的存在,它就在那里,在我的内心深处。第二天,我当着全班同学的面向那三个孩子道了歉。这并不能洗刷掉我这种行为的污点。

最初,我承认错误的时候,大家都有点儿不自在。我的一位学生把那一刻准确地概括为"检视自己内心的不安……我们似乎已经习惯了冷眼面对世界。但是,你却要我们在教室里有一副'软心肠'。于是,外面的规则在这里失效了。"我对一所完美学校怀有的愿景是:老师回归普通人,让学生看到老师犯错误、伤心流泪,看到老师逛杂货店。看到这一切却并不感到诧异、震惊或者有一丝一毫的尴尬。在一所糟糕的学校里,老师就像冷冰冰的机器;甚至更糟,就像个维持课堂秩序的管理员。这听起来有点儿像奥威尔(Orwell)小说里的情形:一个向学生传达信息的权威人物。实际上,我们拥有的信息泛滥成灾,但是身体力行严重匮乏。我们可以真诚做人,不是弃师道尊严于一边,而是老师工作的性质要求我们坦诚做人。学生最需要的恰恰是我们身上所体现出来的人性本色、我们面临的道德两难和我们实实在在的困惑。可是,我们却觉得自己有义务将这一切掩饰起来,不愿跟学生分享。这不论对学生还是老师而言都是极大的损失。

第一天上课时,我在潜意识里孤立的三个学生中,有个名叫托尼·奥伦(Tony Warren)的孩子,他是一位很有天赋的足球运动员。在紧接的两年里,他潜心于戏剧表演,甚至在音乐剧《红男绿女》(Guys and Dolls)中出演一个黑帮成员的角色。后来,他还参演了贝克特(Beckett)的戏剧。另一个学生名叫弗里曼(Fryman),是个名副其实的顽劣的孩子,曾因为劫持车辆而被警方逮捕。但他也是个爱开玩笑、随和可爱的孩子。尤金·林肯(Eugene Lincoln)是班里的大块头,也是最腼腆的一个学生。我并不想夸大其词,也不想为他们澄清过往。他们都不招老师喜欢。他们是黑人男孩,在公立学校体系中是后进生。但他们不是"恶棍",不是捣蛋鬼,也不是对学习没有兴趣。他们本是好孩子。

每个孩子都有自己的故事。就如同安娜·史密斯(Anna Smith)剧作中呈现的,在洛杉矶暴动事件中遭受苦难的人们,他们都有着各自不同的人生经历。通过道歉,我其实是在向学生承认我也会犯错。这样做会给我的教学带来麻烦,但是也丰富了我的教学。这就意味着,他们在学校里拥有自己的一席之地。所以,他们也就没有必要去扮演那种看透一切、外表冷漠的角色。我也无需表现得成竹在胸、无所不知。

当然,事情总会出错。情况不妙的时候,大家感到很沮丧。有些学生希望我能掌控局面,将某些人踢出教室。然而,我目前与学生建立起的真诚关系要优于任何管理制度。托尼、弗里曼和尤金是具有鲜明个性的独立个体。我了解他们,了解他们真实的生活。他们不再长着一模一样的黑人面孔,他们每人都有特色鲜明的一张脸。一见

675

到他们的名字,我就会想起他们的脸庞;一见到他们的脸庞,我就会想起他们的言谈举止和发生在他们身上的故事。或许,教育的核心就是关爱,对他人温柔以待。

第三幕

当然,教学中我们不会只是遇上小麻烦,而且还会摊上大事情,这都是难免的。我的教学就没有逃出这种魔咒。一通表扬过后,随之而来的就是一系列的审查。我的部门领导巴里·艾利森(Barry Allison)告诉我说,我是部门里最极端的老师。"不过好的方面要远胜过糟糕的方面,"他打了一句官腔。当然,如果没有巴里,我就没有机会教授这门由我创设的选修课——解读文学和世界实验课。一有机会我就感谢他,他总是简短地提醒我,说我已经感谢得够多的了。

有时候,我很诧异他竟然雇用了我。面试的时候我迟到了45分钟,身上散发着烟熏火燎的味道,穿着橙色的衬衫,衬衫的右肘部位沾染了芥末——这是在面试的中途我才注意到的情况。之前的一周,我花了一大笔钱买了新衣服去参加另外一场面试。我很想得到那份工作,并为之做了大量的准备工作,可是最后我还是被拒绝了。这不,巴里出现了。实际上,是他把我从消沉中拉了出来,给了我这份工作机会。我想他当时一定是凭着直觉做出的决定。后来的事情证明他没有看错人。我们两人的教学风格迥异:在20多年的教学生涯中,他从未接到过任何教学方面的投诉。在短短六年的时间里,我接到的投诉大概平均在每年3—4次。我没能按他的要求去做,我总是一个富有争议的教师。

我开设这门实验课程到现在已经是第六个年头了。打眼一看,在上课学生的人员组成方面,第二学期的第七堂课与第一学期的第七堂课相似。这两个班有色学生的百分比较高,比我教的另外两个班的总和还要高。在这两个班里,大概一半的学生是有色学生。就在上学期,这个班级偶尔显露出难以指挥的苗头,它是三个班级里面最难管理,同时也无疑是我收获教学经验最为丰富的班级。

关于种族话题,我们在前一个学期进行的富有挑战性的讨论对我在后一个学期的教学没有任何帮助。首先,在第一学期的班级里,大约一半的有色学生来自中产阶级或中上层的家庭。他们上的是大学预修课程班,他们有混合的朋友群。因此,他们拥有的社会地位足以让他们去冒险一试,可以讨论令人不适的社会话题而不用担心会给自己造成什么损失。然而,第二学期的班级里既存在阶级鸿沟,又存在种族鸿沟。有时候,帮助大家承认这种鸿沟存在的努力看起来似乎是一种愚蠢的做法,更不用奢谈什么弥合鸿沟了。

这个特殊的班级从一开始就四分五裂。我邀请一位朋友来给他们上课,他恰当地将其定义为"脆弱"的班集体。这学期中期的一个星期五,我因病未能来上课,全班同学讨论巴拉克·奥巴马(Barack Obama)是否有一天会当选美国总统。结果,一个学生哭着冲出了教室,其余的同学也都各执己见,裂痕重重。

676

在这学期晚些时候,我在课堂上组织一项名为"高薪工作赛跑"的活动。这项活动给学生提供了一系列与种族和阶级有关的陈述,要求学生要么朝着终点线的方向前进,要么朝着相反的方向后退。在交代完五十条陈述之后,我指着墙说,这是一场争取高薪工作的比赛,"开始!"。有两个女孩,一个是波多黎各裔学生,另一个是黑人学生,她们两个被远远地抛在后边,其他同学散布在她们前方的位置。靠近前面的大多是白人学生,他们争先恐后地向前面的那堵墙跑去。站在后面的大多是有色学生,他们有的向那堵墙走过去,有的根本懒得去碰它。当时,我认为我们的活动搞得很成功,我们终于可以打破这个神话:所有人在社会上都享有均等的机会。我们终于可以开始解构制度性的种族歧视。可是,由于我的疏忽,没有考虑到一些重要的因素,从而导致了随后的一系列错误,让学生在讨论种族差异的时候陷入了不能自拔的泥沼中。首先,受这些社会障碍影响最大的学生在"赛跑"活动中一退再退,他们怒火中烧,认为整个班级——尤其是我——基本上是在羞辱他们。莱翠西·华盛顿(Letrice Washington)和安杰莉卡·富恩特斯(Angelica Fuentes)一路向后退去。正如安杰莉卡在随后的几周里反复提醒全班同学时所说的那样:"我都退出了门口,退出了教室!"

很显然,大家认识"高薪工作赛跑"的出发点不同,其中掺杂了个人因素。我原本是要通过动态的静默的活动,引导他们挑战社会所宣称的人人平等的观念。不曾想,有学生开始质疑我组织这项活动的初衷。而且学生彼此之间也互相猜疑。更糟糕的是,其他学生也害怕了,他们一致拒绝对平等议题进行质疑,甚至认为这项活动压根儿就没有意义。

我始料未及的是大家的反应所具有的破坏性。在我的教学理念、教学实践以及教学愿景中,我欢迎学生进行争论,表达他们的不满,发表激励的言论,目的就是让学生能够真正地参与到课堂活动中。而当这一切真正发生的时候,情况却变得复杂而可怕。这让老师看上去就像个傻瓜,颜面尽失。这时候,我的教师身份对自己拉响了警报。一个批评的声音在我的内心骤然响起,挥之不去:这下好了,阿维!怎么办?你想和学生打成一片,现在却适得其反。你怎么就不能做个"正常"的老师呢?你准备如何收场?或许我该另谋出路,比如重新来过,做个体育经纪人。尤其是莱翠西,她把怒火准确无误地泼洒到我的身上:

> 这个活动就是扯淡,我并不落后于任何人。一进教室,总能看到你的学生在上学期办的墙报。我简直受够了!你为什么总是要在这所学校里谈论"成就差距"呢?黑人学生这样啦,黑人学生那样啦。你怎么知道那些数据不是错的?即使是对的,于我有何益处?

我不知道怎么回答她。我没有意识到我私下里引以为豪的、并且鼓励学生进行质疑的特质并没有激发起学生内心的自信。我很佩服那些具有佛学思想的老师,他们在危机时刻还能泰然谈论保持平静。然而,我无法静下心来。每天下班的时候,我心里难受极了,百感交集。我只好没精打采地进了游泳池,直到累得精疲力竭,游不动为止。

677 　　难道莱翠西说的不对吗?我的确想得不够周全。像这样跑前跑后的活动,若是一个中上层阶级的白人男生,他就比较乐意去做。如果我也参与了活动,就会发现自己处于靠前的位置。可是对于黑人学生而言,这个练习不是一项课堂活动,而是他们的日常生活。承认真相会让人无力承受。我执意要指出的真相正是他们努力要打破的现实,而活动本身却让他们泄气。那么,安排这样的练习,我的目的是什么呢?用他们机警的眼光来看,我原本高尚的想法一文不值,与他们每日的抗争相去甚远。

　　时间过去了很久,我才了解到问题的另一个症结所在:莱翠西和安杰莉卡对另一个名叫 Lisa 的学生怀有怨恨。她们认为在活动过程中,莉莎瞪了她们一眼。在紧接着的几周里,她们两个心里装着对莉莎一肚子的怒火。也许并不是巧合,莉莎是我们班上最典型的白人学生;此外,她会演奏小提琴。无论我们怀有多么美好的愿望,肤色依然"撕裂"着家庭,决定着一个人与谁结成要好的朋友,它常常影响着人们相互交往的方式。莱翠西在课堂上讲,她有一个浅色皮肤的亲戚,而那个亲戚不愿意跟她说话,就是因为她的肤色太黑了。那亲戚认为跟她说话让自己觉得丢脸。在这样一个淡化种族、肤色和族裔差异的学校文化中,安杰莉卡认同自己的黑人身份。

　　然而,肤色问题只是部分原因。莉莎也有她自己的困扰和麻烦。她男朋友的父母不喜欢她；她的母亲因中风生病而只能待在家里；她的大学申请遭拒。更何况，即使她被大学录取，她也负担不起上大学的费用。

第四幕

有一天，莉莎在做口头课堂汇报，情况就有些不妙。报告内容是对滑冰领域出现的一些现象的调查。在这个特定的调查项目中，要求学生对某个领域或者某种现象进行调查研究，并分析这些人出现在这些领域或者出现这种现象中的含义。莉莎探究的领域正是她身在其中的领域，她是一流的花样滑冰运动员。在她的汇报中，她感叹见不到非洲裔运动员的身影。她说，昂贵的冰鞋是运动员缺乏多样性的原因之一。

在莉莎做汇报的过程中，班里出现了令人压抑的气氛。说真的，我没有意识到黑人学生或者贫困学生会对丽莎的推论产生什么样的反应，也没有对此在课后进行调查。教学中经常发生的情形出现了：对于学生之间的动态互动，我几乎完全不知情。我没有注意到，在随后的几天里，莱翠西和安杰莉卡疏远了许多。她们共同的朋友安德鲁在课堂上查阅手机短信的次数也增加了。肯德里克（Kendrick）最初想对班里的"裂痕"探个究竟，曾在课堂活动中踊跃带头，而现在却上课迟到，无精打采，自始至终一言不发。我感觉整个班级，包括我在内，成了一盘散沙。

一学期过半，就像人到中年：深入其中，反倒不能把一切看得清楚。你很想停下来休息，可什么都想抓在手里，一切都沉重地压在我的身上。我尽量去想其他两个班级的事情，哀叹说这个班级只不过是出了点棘手的问题，我没有把同学们的学习热情激发起来。我用上了教师借以缓解矛盾冲突的所有其他手段。每天十二点，铃声就会响起，十五分钟后便是上课时间。原本美妙的铃声现在听起来就像是敲响的丧钟。

莱翠西的怒气依然未消，在课堂上她总是看其他课程的课本。她说不喜欢这门课。她只跟安杰莉卡说话，似乎把周围的其他人屏蔽在了自己的视野之外。当我坚持要她在课堂上说出内心的困惑。她说道："好吧，你真想知道？这个班里有个种族主义者。"接着下课铃就响了。

第二天，大家都很紧张，人人小心谨慎。谁是那个人？我们班里真有个种族主义者吗？若是读了马尔科姆·格拉德威尔（Malcolm Gladwell）、詹姆斯·鲍德温、比尔·艾尔斯（Bill Ayers）以及佩吉·麦金托什（Peggy McIntosh）的论著，那就不至于让我们成为现在这个样子。莱翠西说出了莉莎在课堂汇报中所说的话,压在她心底的怒火终于爆发了出来。她也不正眼看着人家,把尖锐的批评直接撒在莉莎的身上。莉莎开始啜泣,莱翠西则一脸的厌弃,其他学生慌里慌张地排队站边。

等到了第二天,我们试着旧话重提,莱翠西提前收拾好了书包,再次离开了教室。不过这次她是有意为之,她走得很慢,像是行进在送葬的队伍中。我跟了出去。

"你要干什么?"她问道,转身盯着我。

"我只是想看看你怎么样?"。

"很不好,看出来了吗?"

"是的,我知道你不好受。我不是有意要这样,让你高中的第二个学期成了一场灾难。"

"的确是灾难!"

"非常抱歉。"

"你知道吗?"眼泪从她的脸颊上滚落了下来,她说,"我多么希望能像莉莎那样,人人都围在我的身边,关心我的处境。可恰恰相反,别人只是用眼睛瞪着我。'为何莱翠西总像个招人嫌弃的贱货?''为何那个莱翠西老是斤斤计较?'没人知道我有多难。我得坚强,谁也别想欺负我。"她蜷缩着身子,不断点着头,似乎在说"是的",她需要这样的反抗挺过每一天。

虽然班里平静无事,但却是一番冷峻气象。大家懒洋洋地来到教室,巴望着快点下课。我也不知所措,一节课就稀里糊涂地过去了。我把往届的学生请进课堂,让他们讲"闯入不适区"的价值所在。班里的学生立马叫他们的学长离开。"他们算哪门子人物?竟然来教训我们!"——这似乎是学生普遍的心声。我算是彻底失败了,课堂教学只好转向纯粹的学术讨论,我只希望能够从学生的彼此交流中找到突破口。

当我们终于再一次回到课程的核心内容——讲述故事时,我认为我们已经取得了一次小小的胜利。受安娜·迪佛·史密斯的启发,最后的活动项目是收集发生在学生自己身上的故事,并通过表演来刻画自己的同学。第一学期的时候,学生们的表演产生了令人惊喜的效果,观众给予高度的赞扬。那次活动密切了学生之间的关系,大家感同身受,倍感亲切。有一个同学说,当他在表演那名来自泰国的交换生的时候,他面朝观众,目光与那个女孩的目光相遇,"就在那一刻,我变成了她。莱辛先生,我从未有过那样的感觉"。不过,这种教学方法的困难在于你无法预知到底会发生什么。第一学期的情况不能帮助我解决目前班里存在的问题。

安德鲁把手机丢到一边儿,讲起他自己的故事。他讲了如何告诉妈妈他是个同性恋;他讲了自己所做的种种努力,如何既要参加芝加哥的各种同性恋活动,又不耽误上学和参加教会活动。很显然,学生们很不自在。这不只是因为他承认自己是个同性恋,更因为他对参与的同性恋活动的详细披露,以及他对其产生的浓厚兴趣。故事讲完了,没有同学认同他的做法。一大帮学生离开了教室,没有人正眼瞧他一下——莉莎也在其中,她心里明白,在她与莱翠西的冲突事件中,安德鲁站在对方的一边。

次日,安德鲁对莉莎和其他学生大加指责,他觉得他们对他冷嘲热讽。那天,还有一位教育学方向的研究生前来观摩教学,他把那件事早就给忘了。安德鲁的愤怒让他和全班同学都感到特别震惊。这位研究生会怎么想? 我猜他大概是这么想的吧:这还是教学吗? 如果这也算教学,那么我宁可不要进行任何教学活动。不过话又说回来,这不过是我的猜想而已,并非他真实的想法。安德鲁大喊大叫,骂骂咧咧,还说了一堆威胁性的话。一触即溃的冷战局面被打破了,整个班级再次分崩离析。

第二天,安德鲁的精神状态感觉好了许多,他大大方方地微笑着。

"今天感觉好点了吗?"我问。

"哦,是的,我很坦率。为什么这样问?"

"我也不知道。也许是因为 24 小时前你好像要揍我的样子。"我半开玩笑地戳了他一下。

"哦,那件事啊! 我们就是那样讨论问题的。我只是在发表意见。"

学生的情况很难一概而论。不过,安德鲁的行为让我想起了许多年前的一名学生,他的名字叫安东尼奥·勒布朗。前一天,我以为安德鲁已经无法自控,差点儿就要叫他平复一下情绪,甚至在盘算要不要把他踢出教室。每当这种情况发生的时候,我就在心里犯嘀咕:我是不是给了他太大的权力? 是的,在课堂上,我们的工作就是确保我们的学生免受伤害;但是,许多情况下,我们对说脏话、行为不端以及违反规定的零容忍也常常会阻碍学生的真正成长,阻碍他们发展自行解决问题的能力。

第五幕

从那天开始,大家表现得客客气气。第二天,我们都接纳了安德鲁。莉莎拥抱了安德鲁以表示歉意。尽管他有点不情愿,但还是接受了她的道歉。莱翠西仍然与别人保持着距离，而安杰莉卡时有反悔之意。年终的时候，她俩也终将从"伤痛"中恢复过来，给我们的故事留下浓墨重彩的一笔。

最初的突破发生在莱翠西、安杰莉卡和其他的学生坚持要我也讲个故事的时候。"该讲怎样的故事呢？"话一出口我就发现没了退路。"就像你要求我们的那样"，另一名学生安娜插嘴说道，"老师们一般不会说的，或许会让你感到不自在的却不会对你造成伤害的那种故事。""在不适度 1 到 10 之间，选择不适度是 5 的那种"，另一名学生模仿着我的样子启发道。我谈到了自己发火的一次经历、当时的窘迫状况以及为什么有时候会出现这种情况。同学们感到有些意外，因为我留给学生的印象即使不是一个古怪的老师，至少也是个随和的、好脾气的、有反叛意识和自知之明的老师。下课后，我问莱翠西："我很好奇，听了我的故事，你对我的尊重是增强了还是减弱了？"

"增强了。"她轻声说道。

"你说过'冷酷'，现在怎么样？"

"没错。当然，我也想对别人'软心肠'。"停顿了一下，她用指头戳了一下我的胸膛，"不许告诉别人。"

我安排莱翠西和安娜互相交换，讲述彼此的故事。她们讲的都是与父亲之间发生的不堪回首的往事。排练的时候，鉴于先前的风波，安娜小心谨慎地模仿着莱翠西的仪态——她的手势、说话的腔调、声音的大小以及口音。我猜想，她不想让任何人说她在嘲笑莱翠西说话的语气。毫无疑问，她担心被戴上种族主义者的帽子。我建议她多听录音带，让故事本身成为她的向导。至于莱翠西，她抱怨说她真不想把安娜的整个故事背下来，并放言说她将尽可能地简要讲述。

680　　　　安娜演出的那一天也是这学期的最后一天，莱翠西就坐在我的前方。当安娜面对着她开始讲述她自己的故事的时候，莱翠西的背部也在轻微地颤抖着。安娜完美地表现了莱翠西故事中的情感，而且多数情况下都准确地再现了莱翠西说话时的腔调和节奏快慢。显然，安娜不但记住了故事，而且反复演练了故事中的整个环节。莱翠西的反应大出我的意料之外：安娜真诚的刻画打动了她，当着众人的面，她哭了。安娜将她的一言一行都看在眼中，设身处地，不作评判，也不作解释。她的表演让莱翠西遭受的困惑和苦难历历在目，也让全班同学深有感触。

最惊喜的一幕终于到来了。莱翠西对安娜的故事的呈现也是精彩至极。表演结束的时候，两人紧紧地拥抱在一起。安德鲁也不甘落后，给我们献上了一场难忘的收场表演。下课的铃声响起了，这一学年结束了。作为毕业班，我们的整个高中学习也结束了。

　　这一次,安德鲁真心诚意地拥抱了莉莎。莱翠西就站在他的身后,等着与莉莎和解。他们微笑着,拥抱着,流着泪。这并不是我导演的一出剧目。老实说,我已精疲力竭,只能举目旁观。

注:

1. 为了保护隐私,故事中除了著名人物使用真名实姓外,其余的人名、校名和细节信息均有改动。
2. 本资料已获"Coleman Barks Essential Run"的正式授权。

（张昌宏　译）

46

真心实意为学生

米尔顿·雷诺兹(Milton Reynolds)

　　这个故事发生在我的教学生涯刚刚开始的时候。当时,我在希尔斯伯勒的努埃瓦中学任教。那是一所致力于超常儿童(gifted children)教育的学校。办这样的学校有其合理之处。当然,其办学理念还需要进一步深入探究,因为它根植于富有争议的历史语境。追求社会公平和机会均等是我为自己制定的奋斗目标和原则。因此,在决定进入努埃瓦中学之前,我有过一番激烈的思想斗争。其中的一个困惑就是,要彻底弄清楚"教育者"这个词——就其最宽泛的意义而言——意味着什么,我要为谁提供服务?

　　既来之,则安之。我用来宽慰自己的说法是,我想成为这所学校为数不多的、有色人种学生的依靠。我将是他们的试金石,是他们潜在的庇护所。我太了解做个"显眼的外人"是什么样的感受;那种经历刻骨铭心。我是这所学校里唯一全职的非白人教师,因此,我持有这样的立场似乎天经地义。校园里也有几位非白人工作员工,几个园丁、门卫数人,还有两三个勤杂人员。但是,我觉得重要的是要给学生们树立更多的模范角色。别忘了,这是给超常儿童办的学校,有色人种教员的缺席是个实实在在的困境。但对我来说,这是个可以有所作为的地方。

　　一切皆是因缘际会,我能在此登台亮相。在成长的大部分时间,我是所在社群里的那个"显眼的外人"。虽然我的成长过程时有艰辛,但是它磨砺出我在这样的社群里应对各种微妙状况的技巧。很早我就学会了如何捕捉社会环境发出的潜在信号,从而避免"我投下的巨大身影"——这是我爸的原话——给我带来麻烦。这样的教训往往来之不易,其过程也常常让人备受煎熬。若是能够分享我的人生经历和应对策略,我就可以帮助我的学生免于遭受类似的羞辱和白眼。这样看来,这是一个值得追求的高尚目标。

　　结果证明,由于我的出现而受益最大的偏偏是许多白人学生。在他们的生活中,除了典型的、传统的主从交往模式之外,他们中大部分人从未有机会与其他种族的人有过实质性的交往。因此,对一些白人学生而言,跟我的长期交流让他们大开眼界。许多白人学生与我有着良好的交往,其中有许多曾是我以前教过的学生。不过,这不是我要讨论的主旨,在此一笔带过。

　　我主要想说的是我的一位学生,他名叫拉赫曼·贾马尔·麦克克雷迪(Rahman Jamaal McCreadie)。在他来中学上七年级之前,我就注意到他了。我是在校园里见到他的，他是那种眼睛放着亮光的孩子，显然很聪明，也许带着点儿机警。如果时间允许，我常常会去低年级的班级里去看看小孩子们，这让我有机会认识他们，也让他们认识了我。所以我熟悉拉赫曼，并清楚地知道，等他上中学的时候，我会和他进行深入交流。等他要上七年级的时候，我做了一番游说工作，把他分配到了我的班里。从他先前的档案来看，他显然是背着"包袱"来的，但与此同时，大家显然没有真正"看懂"他。

我对他的档案记录进行了详细研究。档案中呈现出来的学生和我认识的这个学生相去甚远。在我看来，这和以前老师看待他的方式以及他们解读他行为的方式有很大的关系。档案显示，拉赫曼是个混血儿，但他看上去是个"典型的"非洲裔学生。他由母亲抚养长大，大体说来，不论是在校内校外，他身处白人占主导地位的社群，出出进进遵循着白人社群的社会规范。

拉赫曼不是你们想的那种"普通"孩子。到七年级的时候，他已经是空手道黑带，颇有成就的小号手，数学能力超常，写作技能超强，同时也是个小有名气的演员。不夸张地说，他才华横溢。许多从前的老师们把他看作问题学生，这自然让我忧心忡忡。我想没人会这样评论这个孩子：他是个劣迹斑斑的学生，但总体说来，他还是挺招人喜爱的。即使这些是小问题但依然很重要。

他成为我的学生已经过去半年了。在七年级，他依然被行为方面的问题所困扰，正经历着挫败感的煎熬。作为他的指导老师，我找他谈话说："拉赫曼，作为一个黑人小伙子……"他打断了我的话。从他脸上的表情和他的动作明显地可以看出，我的话让他很不高兴。或许用"不高兴"这个词不是很贴切。但是，显然我的说法和他的自我定位不一致。这让我很是窘迫。一直以来，我以此为豪，认为自己总是站在学生的一边，密切关注他们的需求；认为自己永远是他们的帮手，与所有学生都息息相通——尤其是拉赫曼。认识到我的做法与其他人别无二致，我心里为之一震。我没有站在他的立场上去看待他。

他继续说道："是这样的，我既把自己当白人看待，同时也把自己当黑人看待。我需要你也从这两方面来看……"我停顿了一会儿，心想应该怎么说。人们的第一反应一般是为自己辩解，比如说"呃……，不！那不是我的意思……"不过我心里明白，在那一刻，在那样的情况下，那样做不合适。重要的一点是，我必须允许拉赫曼告诉我，他希望我了解什么情况，而我能做的就是倾听。坦率地说，自我辩护从来就没有能够让我从反思自己童年的种族遭遇中获益。所幸，为了建立良好的师生关系，我静静地听他说出了他自己的想法。那一刻，我在向他表明，我更看重的是我们之间的关系，而不是关心我的说法的对与错。

即使是现在，那件事仍能引起我的情绪波动。回顾那定格的一幕，我依然百感交集。每一位老师都会有类似的人生时刻：师生角色反转，我们成了学生，学生成了老师。这种亲密的关系一直延续到现在，我们还经常交流彼此的想法。不止一次，我们重温那次经历，都认为它在决定我们关系的过程中起到了至关重要的作用。

拉赫曼清楚，我对他是倾力相助。我们走得很近，无所不谈。有时候我们谈论学习，有时候我们谈论人生。在某种程度上，他是把我当成了"替身父亲"。在他的早期生活中，父亲的角色是缺失的。因此，你可以想象得出，当他向我宣布他为自己选定的身份时，那一刻对我造成了多么大的心理冲击。幸好，我强忍住了，任他"教训"我。这是我教学生涯中做得最明智的事情之一。事后看来，也没什么大不了的，我只是愿意接受一名勇敢的学生给我上一堂重要的课罢了，而且我做到了——用他的话说——"真心实意"听他讲。

多年前我们之间开启的对话延续至今。后来，他告诉我说，那是他人生中第一次开始思考自己的黑人身份——尽管他否认自己是个黑人，至少不全是。事后看来，他对自己做出那样的身份认定也没什么大惊小怪的，因为包围着他的大家庭是清一色的欧洲裔白人，况且他还生活在白人社群中。无论如何，我们之间的互动开启了他对自己身份的探寻之旅。

随着我们对身份和社会地位讨论的深入，我们之间的关系走得更近了。这就为其他方面的讨论打开了方便之门。尽管我的第一次尝试搞砸了，但最终我们还是达成了共识，那是我当初想要传达给他的观念，即他遭遇挫折的根源在于一系列的社会规约，它制约着人们如何看待他这个人，制约着人们如何看待他的行为。有了这样的认识我们就可以一起努力，共同解决这些问题——就像当年孤立无援的我，必须找到解决类似问题的策略。身为他的指导老师，我的任务就由此转变为如何帮助他应对其所在社群的社会规约，以及如何避免对行为的不同解读而引发的冲突。这样做不是因为他的行为表现劣于他人，而只是因为它更加"显眼"。

我们的探讨帮助他认清了他努力想弄明白但却弄不清楚的生活环境。在这之前，他并没有真正地从种族意识的角度思考自身，至少没有思考这与别人怎么看待他有何关联。一旦社会语境浮出水面，一切都有了改观。没过多久，他就把自己的"行为问题"给解决了，并能相当轻松地应对学校里出现的各种情况，而且也能成功应对社会上的情况了。

当他要去上高中时，我们又有新的障碍需要跨越。该上哪所学校呢？拉赫曼已经告诉过我，他想"跟自己人待在一起"，因为在那样的学校里他不再是个"显眼的外人"。我们和他的妈妈反复讨论了这件事。我给他的建议是，我希望他站在"他想从这所学校得到什么"的位置去思考。我认为，首要考虑的是他能以学业为重，为将来上大学做好准备。我鼓励他好好思考一下这个问题，提醒他一定要从大处着眼。我理解他的心情，他渴望去一所规模较大的学校，因为在那样的学校里他就不会如此"显眼"，而且他还可以结识到更多的朋友。同时，我也不想看到他迷失了自己，或是因为学校里的某些社会因素而让他走上歧途。

许多学校对他抛出了橄榄枝，有些学校还给他提供高额奖学金。我心里清楚，尽管进入这些学校的"代价"既有经济方面的，又有社会方面的，尽管他又得再次承受"显眼的外人"的残酷现实，但是从长期着眼，四年的高中生活结束后，他将有更多的选择机会。我和他母亲共同担心的另外一个问题是：他宣称渴望加入的社群所主张的行为和做法是否会与他的学业需求相抵触。幸运的是，他信任我，让我在这样重大的决策中发挥了很大的作用。

最后，他从那些极力想招收他的学校中选取了一所。不出我们所料，那所学校潜在的机遇不久就显现出来。高一的时候他有机会前去非洲游学；在随后的几年里又去了古巴和冰岛。他几乎包揽了学校戏剧演出中所有的头号角色。等他毕业时，学校实际上因他而声名远播。其中的益处有两方面：一方面，他的确帮助那所学校和他的同学取得了进步，帮助他们挑战了那些传统的课堂实践活动，比如"资深奴隶竞拍"以及其他问题重重的活动项目。另一方面，就他个人而言，他能够运用日臻成熟的社会技能来达到自己的目的，让自己的意见得到重视。

长话短说，他以优异的成绩从那所高中毕业，以压倒性的优势被推选为毕业典礼发言人。恰如我们当初期待的那样，众多大学等着他去申请。他去了南加州大学，从该校的影视艺术学院毕业，现在他的音乐和电影事业蒸蒸日上。

故事的结局是圆满的。回顾拉赫曼中学时期的行为表现，他并不比他们的同学有 684 多糟糕。事实上，他的表现与别的学生并没有什么两样，他只不过是比其他学生"更显眼"罢了。教育中存在的一个主要困境在于：谁是班里的好学生与谁只不过是这个班里的一员这二者之间存在巨大的分野。这种区分有其社会阶级的因素，也有性别和种族的因素，它们都在其中起着很大的作用。我的一名朋友曾经说过："人人都喜欢狗狗，但有些人却害怕狗。"不该拿人和动物作比，但是，他的说法却相当准确地描述了许多年轻人——尤其是有色人种的年轻人——从小学到初中,乃至高中所遭遇的人生经历。

这些年轻人步入教室,与我们大部分人一样希望得到认可和鼓励,希望老师会喜欢他们。客观地说,好多学生幸运地遇到了这样的班级。但更多情况下,他们却遭遇了相反的对待。随着年龄的增长和体格的发育,成年人对他们表现出的恐惧和不信任常常让他们陷入不被看好的窘境。在我的人生中,这种经历给我带来了伤害,伤害催生了挫败感,挫败感又转化为满腔怒火。没有可以信赖的老师,没有"真心实意为我"的老师,我的愤怒和疏离感与日俱增,直到高中要毕业的那一年,我终于被学校开除。

悲哀的是,在学生还没来得及弄明白怎么回事之前,这种互动过程产生的惩诫和恶果却主要落在了学生身上。当我对拉丁裔和非洲裔男性学生的辍学率和被开除的比例进行研究后,不能不得出这样的结论:这种情况与他们所处的环境以及这种环境下的各种互动有极大的关系——这与当年发生在我身上的事情何其相似。这一切原本是可以避免的。

我坚信,任何老师都可以对任何学生进行有效教育。不可否认,"种族"问题会产生障碍,但是这个障碍完全可以跨越。学习和生活中的许多事情一样,很大程度上是一个社会化的过程。对学生进行有效教育取决于老师让学生知道他们之间关系重要性的沟通能力。毫无疑问,老师有其他的职责,比如传授知识,但我觉得主要是学校教育所欠缺的等式中的关系方面。

拉赫曼所在乎的是我关心他,我重视他这个人。他打心底里明白这一点。我们最初的交流始于我让他做了一回老师,而且我能够以开放的态度去聆听。现在,我经常给实习教师和刚入职的老师讲课,我对他们强调的其中一点是:教学基本上是建立良好的师生关系。的确,掌握知识内容固然重要,帮助学生建立起知识体系以便学生进行探究固然重要,但如果学生认定你不在乎他们,你没有花时间和精力在他们身上,那么你只能算个表演教学法的能手,一切努力都不会真正落到实处。

(张昌宏 译)

47

给月亮重命名

谈谈中学英语学习

朱莉·塞尔(Julie Searle)

语言如何能够凝聚众人？它又如何能够置我们于可怕的孤寂？对于遭遇文化冲击(culture shock)的小孩子而言,学校能否成为一个理智的地方？是什么赋予了我们书面表达的自由？如何让写作成为一种爱好？我们期待我们分享的语言能够凝心聚力,但与此同时,我们如何能够在语言学习过程中构建起有思想的社群？

这些问题是本年度我努力探究的众多问题的一部分。作为一名人文学科教师,这是我第一次在加州伯克利初中给英语学习者上课。开学的前一周我才接到通知,这一年我需要承担七、八年级的一、二级英语和历史课的教学任务。学生共有 20 名,其中有 8 名学生说的是他们的母语。我无法拒绝。

开课的前一天,我与几名同事们说起这次出乎意料的工作安排。有个老师在去年教过我班里的好几个学生。他看了一眼学生名单,说道:"天哪,差……差……差……相当差——他真的很吃力……她也是,不能再差了。天哪!"我马上意识到,我应当抵制这种把学生当成包袱的观念。

相反,能够给课堂注入活力的理念之一就是让学生感到他们"受欢迎"。开学的第一天,我们满怀憧憬地写下"欢迎"这个词,并加上一个感叹号。但是,整个学年我们却让它消失得不见踪影。对学生的"欢迎"态度应被反复重申,要让学生时时刻刻感受得到。欢迎学生心存困惑!欢迎学生再试一次!欢迎学生做真实的自己!

我对新接的班级进行了大量的分析研究,觉得最紧急的事情是提高他们的语言学习。但是,在尊重学生的前提下进行教学一定意味着要经常性地进行课程创新。我意识到,要做到这一点需要从学生那里找线索。在第一堂课上,我拿出一张写着"门"字的卡片。我用胶带把它粘贴在教室的门上,然后问道:"这个屋子里还有哪些单词是你知道的?"孩子们热情很高,他们列举了"电话"、"窗户"、"墙"等。我们的卡片都用完了。有个学生爬到凳子上,他想看清楚挂在墙壁高处的卢梭画像里的一个小标牌上的字:"狮子"。孩子们给莎士比亚那张神秘的脸庞找到的词语是"男人"。我的讲台上方有一张马尔科姆·艾克斯(Malcolm X)的照片。我们给它贴上了两张卡片——"微笑"和"眼镜"——简明扼要地描述了人物的"心灵之光"和聪明才智。

从第一天的教学来看,显然我们共有的强大语言是"比划"——也就是我们的面部表情和手势。第二周的时候,我感觉自己就像一个绝望的喜剧演员,费力地给孩子们表演动词和名词。教师手册《谢尔特英语教学》(又名《即兴表演》)中的任何方法似乎都不怎么管用。某个周二的课堂上,我一边把纸条发给围桌而坐的各小组,一边对学生说:"写下一句好句子,描述你的所见。希望大家互相帮助。"我手里拿着一盒纸巾,踉踉跄跄地走过教室,然后抓起教室的电话,假装与妈妈通电话。教室里响起了嗡嗡的讨论声,小手一个个地举了起来。第一个纸条上写着:"老师生病了,她在打电话告诉妈妈。"教室门口走廊上有一只玩具猴子,我把它移到身旁,用学生的手工剪刀比划了一下。学生商量了一会儿,写下了一句话,然后很有把握地宣布:"疯狂的猴子先生在剪空气。"

一个秋季学期的下午,正值两点,我正在备课,刚好要到外边复印一些资料。这时,阿米娜(Aminah)从大厅跑了过来,她是我的班里唯一来自也门的学生。听说她去年就在这里学习了,但"没多少进步"。她也是班里唯一佩戴头巾的学生。她上气不接下气,我发觉她都急得要哭了,自己也不由得有些哽咽。显然,学校这个"世界"太大、太陌生。我们一起查看了她的课表,她应该去上电脑课,这是她自己的选修课。我开车很容易走错路,好多次在高速公路和街道迷失了方向。因此,我步行送她去教室,老师已经在那里等着她了。好了,深呼吸!我们相视而笑——找对地方了!

从一开始,我就找人一起探讨沉默的阿米娜和其他孩子的情况。吉娜(Gina)是从加州大学伯克利分校来的辅导员,她来自墨西哥米却肯州,母语是西班牙语。她只有二十岁,看问题却很有见地。那是九月份,她就像一个天使,自愿来到我的课堂上帮忙。吉娜和孩子们相处得很好,很有耐心,平易近人,而且脚踏实地。我问她感觉学生怎么样,她简单地说:"嗯,他们在经历心理'创伤'。"她一本正经的态度和有些夸张的措词让我吃了一惊。但这却让我思考在一个陌生的文化环境里,还未到青春期的孩子所面临的精神压力。有时候,有一半学生上学迟到,有的学生没有带铅笔。这时,我就会想起吉娜所说的话来,这对我的帮助很大。

到了十月,我遇到了另外一种类型的"支援"。每周二,志愿者们乘坐公共汽车来到学校,一对一帮助学生进行英语学习。这些志愿者们是生活富有的退休人员。我的班里学习稍好一些的四个学生得到邀请,与这些辅导老师会面。这项活动已经持续了好些年,其主要内容是志愿者们向学生讲述他们在读的书籍,扩展学生的词汇量。负责学校新生工作的主任尽职尽责,她向我透露,今年我们要重新评估这些志愿者们与学生互动的效果到底如何。

在一次了解学生基本情况的会议上,一位女士坚持要求对学生进行阅读测试。"这有助于我们弄清楚学生距离分级测试的标准要求有多远。"我的心猛地一沉。难道她提不出更为有趣的问题来吗?我对这些志愿者辅导员解释说,跟着他们在一起学习的所有学生都将"低于"分级测试标准的基本要求。但是,作为辅导老师,他们将有机会见识学生们在他们自己的母语中所表现出来的读写技能;他们还有机会了解学生真正对什么感兴趣,以及他们的理解水平现在达到了什么样的层次。

这些志愿者们想当然地认为,作为辅导老师他们可以教给学生好多东西,因为他们接受过"良好的教育"。但是,我觉得他们缺少了最基本的一点——好奇心和想象力。几周过后,我觉得很沮丧。每周二我送学生去图书馆的时候,参与活动的学生根本提不起精神来。另外,他们也不踊跃发言。到了这个田地,我的四个学生没有必要再去了,活动提前结束。

与此同时,我在搜寻不但能够拿来导入美国历史课程,而且适合培养学生语言技能的阅读素材。我想让学生阅读一些有重大意义的材料。有些句子非常具体,让人感到心里踏实,比如:

"昨天,我给我的表弟打了电话。

今天,我要给我的表弟打电话。

明天,我打算给我的表弟打电话。"

然后呢?

在一本教科书中,我找到了一张约瑟夫(Joshep)酋长的全页画像,上面写着"我将永远不再战斗"。这是他带领内兹帕斯部族到达加拿大后说的一句话。我查阅了有关资料,找到了演讲的特点:"句子简短,意思清楚;句式简单,结构清晰;富有感召力,琅琅上口。"好,就这么干!

上课了,我站到一张绿色的椅上,挥动一条臂膀说:"听着,我的人民!"

我问学生:"你们借用别人铅笔的时候会这么说话吗?"

"不"。耀西(Yoshi)带着嘲笑的口吻说道,"说重大事件的时候才会这样!"

我先请大家看那幅画像。学生争论了起来。

"他是中国人吗?"

"不! 他是印第安人(Indian)!"

"什么? 印度人(Indian)?!"

"不,美洲土著。"

我参与到他们的讨论中来。

"好了,大家注意,他还是一位酋长。关于这一点,你们是怎么理解的?"

有学生猜度着说:"跟美国总统布什一样?"

687

（其他学生哄堂大笑……。）

我问他们："我的意思是，你们想到的领袖人物是谁？"

"也许更像墨西哥总统韦森特·福克斯(Vicente Fox)？"

说到这里，我们就进一步深入下去，讨论了更多内兹帕斯部族的情况，以及他们生活的历史背景。然后，我朗读了约瑟夫(Joseph)酋长的演说。我让大家都站起来，齐声朗读了演说中的最后几句话。读了三次之后，大家听起来已经相当不错了。

朗读完毕，我问道："那么，约瑟夫酋长为什么这样说话呢？"

那一刻，站在同学们面前，我问自己："我心里在想什么呢？这究竟是要往哪儿去？"尽管我跟城里中学的任何一个老师都一样，花了好长的时间努力工作，但是依旧有种"准备不足"的奇怪感觉。

就在我困惑的时候，一个念头一闪……我注意到教室门上张贴的 King 博士的黑白图片。他站在加州大学伯克利分校斯普罗大厅前的一排麦克风旁。谢天谢地，这当然有关联，我暗自思忖。

后来，我们在黑板上画起了文氏图，将马丁·路德·金(Martin Luther King)和约瑟夫酋长进行了比较。做学生的时候，我就讨厌使用这些有重叠区域的圆圈，用起来很别扭，没有足够空间把我所有的想法都写下来。我尝试着教学生把书写两人共同点的重叠部分画大些。好主意得配大空间。

"两人都——遭受了白人歧视！"

"一个——说的是毛毡和食物……"

"另一个人——说的是非洲裔美国人，时代离我们更近。"

"两人都——为孩子们操心！"

"两人都——有爱人之心！"

课堂学习的内容断断续续，其间夹杂着语法和短句练习，就这样几周过去了。我很想把大家耳熟能详的文学作品引入课堂。我找到了一本民间故事集在课堂上与大家一起阅读。我们阅读了心怀嫉妒的帕布罗和被父亲赶出家门的卡隆。我们讨论了这些故事被称为"民间故事"的原因。正如孩子们注意到的："人们喜欢拿这些故事讲给对方听。这些故事不是某一个人写的，也没有人靠它来赚钱。"

我们与公共图书馆合作，参加了"耳麦英语"（录音带教材）学习项目。图书馆的管理员每隔一周跟学生见一次面。三个月后，我给这位管理员发了一份学生近况通报："米拉因为她刚出生的弟弟的缘故要回印度去；艾曼纽尔要去莫雷利亚读高中。"在键盘上敲下这条消息的时候，一股沉重的失落感涌上心头，他们真是令人难以忘怀的两个孩子！我每天遭受的大多是挫折感和无力感。整个秋季学期，每一堂课，每一次调整方向，每一次教学推进都花去了我大量的时间。情绪跌入低谷的时候，我曾向他们抱怨说："我感觉就像遭遇了交通堵塞，走走停停，乏味至极。"

688   十二月初，我有了新的打算，心里别提多高兴了。即使天崩地裂，洪水滔天，我也要和孩子们一起玩写作。其中一定会有磕磕绊绊的事情发生，但是我们一定要充满热情。我刚参加完一期写作教学工作坊。我的想法是，写作内容一定要贴近孩子们的生活，要让孩子们写起来轻轻松松；同时，表述要书面化，结构要规范。我问学生的第一个问题是："每天早晨你是怎么醒过来的？"不一会儿，我们就在模仿心急的妈妈摇醒熟睡的孩子的情形了；骤然响起的闹钟也在我们的表演之列。"还有别的方式吗？"这时，有学生主动站了起来，她拍了拍头，拍了拍胸脯。我明白了。"对呀！有的人体内有一台'闹钟'！"接着，我们一起"按步骤写段落"，就从"如何在该起床时继续赖床"开始。我的学生是这样写的："首先，告诫自己时间很充足；接着，心里盘算好再睡五分钟就起床。最后，盖好被子，闭上眼睛。"

一个大雾迷蒙的早晨，复印机坏了。所以，我临时决定朗读威廉姆斯·卡洛斯·威廉姆斯（William Carlos Williams）的诗《这只是说》（"This is Just to Say"）。这是一首表达作者内心愧疚的诗歌，收录在我手头的诗集里。诗集恰好有许多本。我们放声朗读，每个学生朗读一短行。我们还进行了相关讨论：读过这首诗歌的人是否会原谅诗人偷了李子果。接下来，我让学生写道歉书。有些学生只是模仿了我给的例子。胡安写道："对不起，我看了你的日记。我以为写的是关于我的事情。"

维罗妮卡写道："真抱歉，我没有参加你的聚会。可是那天我非常、非常'死了'。"

费尔南多请我帮他拼写几个单词，随后写道："对不起，我去跟人打架，被停课了。我恋爱了。"

就在寒假来临之前，我感到非常沮丧。我班里的好几个学生遇上了麻烦。吉瑟斯因为将超级胶水抹在了门把柄上而被责令停课反省。阿米娜和贾斯明操着阿拉伯语和西班牙语，吵得不可开交。"她侮辱我的妈妈！"米格尔因为在别人的练习本上画了下流图画被安排去接受心理咨询。奥马尔遇上了麻烦，他听不懂"精灵鼠小弟"的录音带。寒假前的最后一节课来临了。这时，我才意识到教材中的下一个民间故事来自中国，内容很不好理解。就在那时，我听米格尔小声嘟哝了一句："啊！月亮讲的是西班牙语。"这话似乎带有一种魔力，我一下子豁然开朗。

是时候该写一首诗了。于是，我们将一只快写干的蓝色水笔举过头顶，大家一起完成了这首诗：

月亮

（作于 12 月，201 教室）

月亮会说西班牙话，

它说"布艾诺斯-诺奇斯！"①

俄国的月亮跟着你，

走在铺满白雪的小径上。

月亮一直在说话，

可是没人理睬它。

印度的月亮圆又白；

泰国的月亮泛金光；

挪威的月亮戴小帽，

哼着歌曲《蓝奶酪》，

歌声嘹亮啊，

把明天畅想。

月亮是只大白兔，

月亮是人名吴刚！②

高空俯身看着你，

瞌睡的眼睛快要合上。

奶奶讲，

月亮说的是西班牙话，

月亮对你说"晚安！"

它说明天还要回头见。

689

（张昌宏　译）

---

① Buenas noches，西班牙语，"晚上好，晚安"之意，此处为音译。——译者注
② 此处是对中国传统民间故事中玉兔、吴刚形象的误解。——译者注

48
扎根学生社会现状，建设社会公平数学课程

芝加哥公立高中数学教学案例

埃里克（里科）·古斯坦［Eric (Rico) Gutstein］

我们要抗议,我们要用数学告诉他们我们的推理。我们应当抗争,让我们的学校不至于沦落成种族隔离学校。作为个体,我们的能力特别有限。因此,我们大家要共同努力,以便促成变革。这所学校本来就是这样建立起来的。

——九年级拉丁裔学生米尔塔

我认识到黑人学生的就学机会受到排挤。这样一来,哪所学校我们都去不了。

——九年级非洲裔学生爱丽丝

2001 年 5 月份,受够了市政官员的推脱和无所作为——政府原本答应为芝加哥利特尔村新建一所社区高中——14 名当地居民发起了一场绝食抗议(Russo, 2003;Stovall, 2005)。19 天后,出于健康因素的考虑,他们终止了抗议活动。几周后,芝加哥公立学校管理当局筹备好了早在 1998 年就答应要分拨给利特尔村的建校资金。也是在同一时间,芝加哥公立学校管理委员会着手在白人人数较多、更加富有的社区里新建两所大学预科高中,采取择优录取的入学方式。没有社区居民的奔走求告,这两所学校如期完成。这让利特尔村以及其他地方的人们认为,现实情况已经表明"富者更富"。身处在这个墨西哥移民社区的活动人士不肯善罢甘休,这才导致了持续十年之久的斗争以绝食抗议而告终。他们斗争的目的就是要在这个人口密集的社区修建一所新的高中——社区里的许多学生只能在附近严重超员的高中学校。

就这样,利特尔-劳戴尔高中(简称利劳高中)诞生了,耗资多达 6 800 万美元,是芝加哥有史以来建造费用最高的公立学校。学校于 2005 年秋季落成,实际上由四所小学校组成,每所小学校都分开管理,有各自的教学大楼。这些教学楼分两层,两端与外部环形公共空间相连,包括餐厅、礼堂、图书馆、体育馆、游泳池等。社区活动人士首先出面对社区居民进行了走访调查,搞清楚了大家对新学校关注的重点所在。在此基础上,组织者和社区成员共同决定把新学校分成四所小学校,以确保每个小学校各有侧重。每所小学校招收学生 350—400 名。四所小学校分别是世界语高中、多元文化艺术高中、数理科技高中和社会公平高中(简称社高)。本篇文章讨论的是有关社高的数学课程。

我是大学数学教师，从 2003 年 12 月份开始，我全程参与了社高数学课程的设计工作。目前，我仍然与社高的老师们一起工作，被当作学校的一员。截至 2008 年 9 月份，跟其他三所小学校一样，社高刚刚完成了第四届九年级学生的招生，所招学生的数量不足 100 名。这样，社高的学生总数已经达到了 375 人。因此，四个小学校合起来，利劳高中的在校人数达到 1 500 名。

尽管社区居民的斗争取得了胜利，事态的发展还是偏离了原来的计划——这种事情在芝加哥尤为如此。当时，利特尔村的居民绝食抗议就是为了在这个人口稠密的地区建立起一所新学校，芝加哥公立学校管理委员会也兑现了承诺。居民们想着，这回新学校该为他们的社区提供服务了吧。然而，更大的政治因素牵涉了进来。因为芝加哥有种族排外的历史污点。1980 年，联邦政府因芝加哥公立学校管理委员会实施隔离办学对其提出了诉讼。随后颁发的"准许入学法令"规定，条件许可的情况下，在学生入学时，新设学校必须照顾种族之间的数量均衡。该法令的本意是对白人学生与有色学生实行混合教育（目前，芝加哥学校里的白人学生占比不足 9%）。可是，教育委员会对于这项法令有自己的解读。他们调整了学校的招生片区，把紧临利特尔村北面的非洲裔社区也纳入了招生范围（事实上，利特尔村属于南劳戴尔区）。参与绝食示威的人士和其他民众要求，新学校必须在其招生片区内不设限制，放开招生。如此一来，既要在片区内放开招生，又必须把北劳戴尔加入招生片区。而教育委员会采取的办法是缩小利特尔片区的范围。这就引发了利特尔村内部的分歧；因为这意味着，一些原本可以进入新学校的学生将被非洲裔学生所"取代"。当初绝食抗议的人、许多本村居民以及其他社区活动人士认为，新学校应当对这两个社区都放开，这就让其余的人心怀不满。考虑到芝加哥的历史划界和曾经的种族"驱逐"问题，以及劳戴尔大社区内部两个地域之间说不清的关系，情况就更加复杂了。

691

混合状态的复杂化：用数学语言探讨学生社会状况

2005 年秋季，新学校对民众开放，非洲裔学生占比 30%，拉丁裔学生占比 70%。这两个族裔学生之间的关系总体良好，他们在一起进行体育活动，没有出现过暴力事件。在可以自由选择座位的情况下，比如在餐厅里，学生也会偶尔跨越种族界限，自然而然地坐在一起。尽管在语言、做事方式、文化差异等方面学生有时会有所顾忌，但是我们还是观察到不同种族学生之间大量的亲近情形。社高的老师想方设法，要创建一个让非洲裔学生感到安全、感受到欢迎的学习空间。为此，在2005—2006学年度，学校举办了一系列对话交流活动，反复强调学生和他们所在社区之间的共同点远比他们之间的差异更重要。虽然从表象来看，学生之间的关系比较和谐融洽，但是根据非洲裔教职员工的反映，黑人学生认为，他们感觉到拉丁裔学生在孤立和排斥他们，他们被边缘化了。很明显，学校还有很长的路要走。老师们在校园里面所做的努力无法轻易消除社会上根深蒂固的种族敌意。如果黑人学生放学后晚些时候才回家，那么他们就得步行半英里，穿过利特尔村去搭乘开往北劳戴尔的公共汽车（市政公共汽车只在放学时间通达学校）。学校所在地的各种种族流氓团伙之间的紧张关系也会对学生造成极大的影响——尽管只有个别学生会遭遇黑帮的欺凌。

2006年1月，复杂的混合状态浮出水面，当地的一名拉丁裔政客桑多瓦尔（Sandoval）召集了一场新闻发布会，提出要通过全民公投恢复以前的招生片区的划界。这次没有任何法律约束力的公投被安排在2006年3月举行。这样做的实质是要把非洲裔学生清理出利劳高中。事发当天，社高的黑人学生就问老师他们会不会被踢出学校。社高的校长公开明确表态，学校坚持对劳戴尔社区开放（他的立场在当地拉丁语小报上受到严厉批评）。尽管如此，学生还是担惊受怕，怒气难消。社高的数学老师们提议，组织学生用一周时间做个数学项目，其核心问题是：对两个社区公平招生的解决方案是什么？在这篇文章的后续部分，我将在社会公平数学课教学的框架下，对该项目——"招生划片数学项目"进行分析讨论。

692 社会公平数学课的教与学

社高的数学课程团队由三个老师和我组成。我们将数学课程总体框架的核心设定为双目标。其一关乎数学知识。这类目标是通过相互关联而丰富多样的手段开发学生数学能力，加深概念理解，掌握解题步骤，提升解题效率。我们希望所有学生的数学能力能够通过诸如大学入学考试（ACT）这样的"选拔"测试，从而让他们有机会进行更高级别数学课程的学习，从事基于数学知识的职业。同时，我们希望学生能够改变他们对数学学习的传统看法，如认为数学就是一系列抽象的、毫无联系的知识；只要按照要求死记硬背，生搬硬套就可以了。恰恰相反，我们希望学生能够把数学当作理解世界的工具。我们采用的教材是《交互式数学教程》(*Interactive Mathematics Program*，简称 IMP；Fendel，Resek，Alper，& Fraser，1998)。这是一套由国家科学基金会资助、全国数学教师委员会加盟的"教改"课本。这些目标构成了 Ernest Morrell(2005)所说的"通达的教学"(pedagogy of access)。在这些方面，社高的数学课程与其他重视教育公平的学校相似。

然而，社高的不同之处在于我们强调社会公平。在数学课上，我们还有社会公平的教学目标(Gutstein，2006)。这些目标是学生利用数学发展以下能力：(1)基于本地以及更为广阔的社会现实形成有关社会政治的批判性知识(即用数学"读懂世界")。(2)培养为社会代言的使命感，也就是说，让学生相信自己有能力促进社会变革，追求意义深远的社会正义(即用数学"书写世界")。(3)形成牢固的文化和社会身份。这就构成莫雷尔(Morrell)(2005)所说的"异见的教学"(pedagogy of dissent)，其最终的目标是培养青年担负起建设公平社会的责任。对学生而言，能够进入学校，获取学习机会，甚至更进一步，能够享有公平的待遇，做到这些还远远不够。因为归根到底，这只是解决了个人问题。"通达的教学"无法动摇社会不公产生的制度性架构的根基。因此，我们提倡将掌握数学知识和追求社会公平二者结合起来，既要遵循"通达的教学"，又要遵循"政见相异的教学"。

社会公平数学教学是一件相当复杂的事情。数学老师不但需要有坚实的、基于对概念充分理解的学科知识，而且要拥有学科教学法知识(Shulman，1986)、通用教学法知识、有关人的发展的知识；更重要的是教师要了解学生，了解他们的不同文化、语言以及社区(Ladson-Billings，1994)。除此之外，在任何一门学科，要为社会公平而教，教师都需要具备历史、政治、社会运动等方面扎实的知识(Camangian & Yang，2006；Christensen，2000；Gutstein，2008)。

再者，建立起社会公平课程体系也非易事。尽管我们已经有了一些进行社会公平数学教学的单元和项目，但是还没有形成一个各部分相互关联的综合性课程(类似于《交互式数学教程》)供学生使用，以达到上文提到的社会公平数学课程目标。在社高，我们采取的课程框架模式参照了保罗·弗莱雷(Paulo Freire)(1970/1998)的主张。他说以"读懂"和"书写"世界为导向的教学应当从"现存的、具体的情况出发，反映民众的所思所想"(p.76)。这是 20 世纪 60 年代弗莱雷在讨论如何基于社区对拉丁美洲成年人进行读写扫盲时提出的观点。几十年来，他的看法深刻地影响了世界各地的教育工作者。从他的这种观点出发，我们必须承认学习者有关他们自己生活和社会状况的知识是有效的,是非常有价值的。弗莱雷倡导老师进行调研,然后把他所称的"生成性议题"——学生生活中的主要社会矛盾以及他们对这些矛盾的理解——用于课程开发。这些议题是我们称之为"社区知识"的一部分。社区知识同时还包括了部分非严格意义上的数学知识(Mack,1990)、其他学生在学校之外习得的闲杂知识、学生对日常生活的认知以及学生群体特有的语言和文化。"招生片区数学项目"的诸多问题构成了我们学生生活中的一个"生成性议题"。学生们的忧虑、对事态发展的认知、自己怀有的偏见、邻里的种种不确定因素、身份认同以及与他人的互动等都属于社区知识。

693

图 48.1 呈现了学生已有的社区

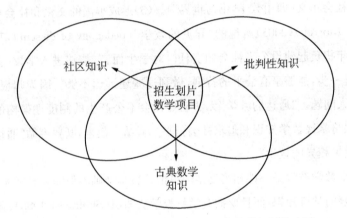

图 48.1 社区知识、批判性知识和古典数学知识的交融

知识与发展数学学科的"批判性知识"(Frankenstein,1987,1998)和实现数学学习各项目标(我们总称为"古典数学知识")之间的关系。这三种知识之间的界限是弥散性的、模糊的。它们之间的区分一般不甚明晰,而且彼此之间可以相互转化。采用弗莱雷模式,我们试图从学生已有的社区知识(也就是生成性议题)出发,引导学生在较深层次上,用数学方法发展他们有关社会政治现状的批判性知识;同时,发展他们争取各种人生机遇所需的数学能力。然而,经验告诉我们,要做到三种知识无一偏废,并把三者有机结合起来绝非易事。依照我们掌握的情况来看,以这种方式进行数学教学还没有先例可循(来自巴西的报告请参阅 Gandin,2002;O'Cadiz, Wong, & Torres,1998)。

招生划片数学项目

　　本项目持续时间长达一周(我校高一学生数学课学时为每周400分钟),涉及问题相当复杂。我们主要采用拉丁裔学生对非洲裔学生70∶30的比例,在此基础上讨论其他问题。每所小学校的每个年级当时都有约100名学生。我们问学生,下一年如果这个比例不变,或者比例有所变动,那么整个学校会是什么状况。实际情况是,学校满员时总人数为1400,应当有420名非洲裔学生和980名拉丁裔学生。利用人口普查数据,接下来学生探究在给定的不同比例条件下,利特尔村或者北劳戴尔社区的孩子随机入学的几率有多大。这时候,情况就变得复杂了。尽管利特尔村的高中适龄学生估算有4000名,但是北劳戴尔社区的数据是缺失的。人口普查只提供了15—19岁年龄段(5年为一组)的人口总数,因此,学生就得调整方法,搞清楚该社区有多少高中适龄学生。这就引发了学生对当地辍学率的讨论与调查研究。学生心里清楚,并非所有适龄青年在校学习。另外,辍学情况在高中低年级出现得更多。但是,学生自己明白,在劳戴尔年龄较大的青年离开社区的可能性更大——有的去部队服兵役,有的进了监狱,有的入了坟墓。这些严峻的现实情况影响着学生如何建模,从而根据已知的15—19周岁年龄段人数计算出15—18周岁年龄段的人数。最终,学生发现问题可以简化,所给年龄段青年总数的80%是高中适龄人数——在此数学运算过程中,学生也在"计算"他们生活中某些遭遇压迫的情况。

694

　　基于70∶30的比例,我们问学生,这两个社区的青年中真正能够入学的几率有多高。结果是利特尔村的青年有24.5%的几率,北劳戴尔的青年只有10.1%的几率——大家觉得这是非常不公平的。那么问题来了:如何调整比例,让两个社区的青年享有均等的入学机会——这是因为两个社区的潜在入学学生的数量不同,利特尔村有4000名,北劳戴尔有4150名。有些学生还研究了本校辍学率以及邻校的招生情况,试图确定需要提供多少个工作岗位给潜在辍学的在校生。

项目分析:学生学到了什么? 我们学到了什么?

　　项目的首要目标是发展学生的数学能力。绝大多数学生能够回答相对简单的问题(比如,如果比例是 20∶80 或者 40∶60,那么两个社区学生的入学几率分别是多大?)许多学生运用了百分条图来计算入学的几率大小。百分条图是表达抽象概念的工具,是初中教材《语境中的数学》(*Mathermatics in Context*; National Center for Research in Mathematical Sciences Education & Freudenthal Institute [NCRMSE & FI], 1997 - 1998)百分比单元中学习的知识。先前我们只学习了这个单元的部分内容,因为当时老师们认为学生对百分比概念的理解还不够深入。尽管如此,大部分学生面临富有挑战性问题的时候困难重重。鲜有学生成功地解答了这个可算是最为复杂的问题:在计算出两个社区 15—18 周岁年龄段青少年总数后,我们要学生算出这个年龄段在整个社区中的占比(7.5%)。我们提供给学生的是一张人口普查表,上面有北劳戴尔 16 个抽样街区的居民人数——学生得计算出每个街区的平均居民数(171),然后按照 7.5% 的比例算出每个街区高中适龄青年人数(约 13 名)。最后他们还要算出应当在北劳戴尔增加多少个这样的"平均"街区,才能使得该地区与利特尔村的高中入学机会均等——学生可以自己选定入学比例,大部分学生所选比例处于 30∶70 至 50∶50 之间(这自然包括了 35∶65 和 40∶60)。当然,这是相当有难度的问题,几乎没有学生能够完全解答。

这种棘手的数学问题对学生形成相当大的挑战。我们不禁要问,难道学生学习高中数学就是因为在初中他们基本上学习的是按比例推理吗?——尽管计算概率和数据分析更贴近于高中的学习水平。学生的作业情况表明,只有在问题比较直接时,学生才能较好运用相关的数学概念。可以这么说,要对学生的数学进步进行评估,我们必须考虑这样的事实:让问题复杂难解的不是实际的数学运算或算法,而是如何把实际问题转化成数学问题,如何理解,如何分析具体情况,如何估算以及如何将问题简化。对该项目的分析表明,学生从该项目中学到的具体数学知识是有限的。但是,他们在解答复杂的数学问题的过程中获得了经验——数学表达、数学推理、交流沟通以及解决问题等诸多方面的经验。

不止如此,我们的目标还包括发展学生的社会政治意识(即对所处社会环境的批判性知识)和为社会代言的意识。我们从老师的观察以及学生的书面反馈中寻找学生在这些方面获得发展的证据。通过分析认为我们,学生对事态的了解更加全面、更加清晰。他们理解了芝加哥教育委员会调整学生种族构成(以及招生片区划界)的(数学)原因。他们听到了部分绝食抗议人士和他们的校长支持非洲裔学生的声音;同时也看到了利特尔村内部的意见分歧。另外,他们为民众代言的强烈意识是显而易见的。对于"你认为我们应该怎样处理这件事情？"这个问题，学生的书面回答毫不含糊。超过 2/3 的学生回答说，应当采取实际行动进行"斗争"、"联名上书"、"示威游行"、"抗议"、"与教育委员会协商"、"公之于众"等等。只有五名学生的回答是没有办法解决。拉丁裔学生法比奥拉给出的回答具有强烈的"代言"意味："除了数学知识外，我认识到，我们利劳高中——尤其是社高，应该继续与桑多瓦尔的全民公投做斗争，以避免我们的学校沦落成一所种族隔离学校……我们应持续反对公投……，继续调查研究，让招生片区的划界更加公平。"

我们认识到，或者说我们重新认识到，正如本文开篇爱丽丝的话所表明的那样，涉及的问题虽然没有定论，但是却牵动着学生们的心弦。这从学生如何解决该项目的核心问题中就可以看得出来。核心的问题是社高（以及整个校区）是否应当沿袭 70∶30 的种族比例。我们让学生就这个问题写出自己的观点并且进行论证。大部分的拉丁裔学生认为应当保持目前的比例不变；而许多非洲裔学生希望比例变为 50∶50；基本上没人建议非洲裔学生应当离开，让学校实行种族隔离——至少没人公开说，也没人这样写。在一节课上，学生们激烈地讨论了这个比例。阿玛拉，一名非洲裔学生，她发表意见说"公平"意味着学校里应该有一半黑皮肤学生，一半棕皮肤学生；而弗吉尼亚，一名拉丁裔学生，他反驳说，既然学校的地理位置设在拉丁裔社区，那么目前的这种比例是合理的。她反问阿玛拉，如果学校设在北劳戴尔，那么她打算如何设定校园里的种族比例。对此，一位名叫西蒙的拉丁裔学生即刻回答说，那样的话他们拉丁裔的学生会被赶走的。阿玛拉坚持认为无论学校设在何处，比例应当保持 50∶50 不变。争论持续了好一阵子，学生们的情绪渐渐平复了，其中的情感投入是不言自明的。在英文课上，学生们也涉及了这个话题。一些学生给桑多瓦尔先生和媒体写信表达他们的看法。书信里几乎所有的观点都支持目前的片区划界。有些赞同保持目前的招生比例，有些建议把招生比提高到 50∶50（一些非洲裔学生支持这个比例）。

众所周知，一般而言，当一所学校有多重目标，而且这些目标相互关联、相互影响的时候，就很难进行单一归因。在全校师生共同努力追求社会公平的环境下，要对社会公平教学的教法和课程本身进行研究就面临这样的问题。从这种意义上说，我们的数学课能够这样开展，全是因为学生在其他课程里也在讨论同样的话题；校长公开声明自己的立场；事情的来龙去脉新闻里有报道；这两个社区里的人们都在讨论着同一个话题。因此，争论就在身边。实际情况显示，我们的学生在采用多种数学方式对所处的社会状况进行探究。比如，上文讨论过的对于 15—18 周岁青年人数的探寻；数学课堂上发展起来的社会批判性知识以及为社会代言的意识。然而,我们并不认为,所有这一切仅仅是通过数学课的训练而发生的;我们也不认为,数学分析必然在整个知识形成过程中起着决定性的作用。由于学校里各项活动形成一个互相叠加、相互关联的过程,所以我们认为,花太多时间去厘清每个方面在发展学生批判性知识中所起的作用没有多少裨益。数学课程能够在发展学生这类知识方面有所贡献,目睹学生能够用数学方法"解读"和"书写"世界,我们也就心满意足了。

我们也认识到,把社区知识、批判性知识和古典数学知识融合起来是一项复杂的工程。例如,我们很难保证学生在发展古典数学知识的同时,还能对比例是否公平的问题进行卓有成效的辩论(即发展学生批判性知识)。同时,与之相反的例证也屡见不鲜:比如,有些学生在按比例推理方面有困难,这就对学生造成了障碍,使他们无法回答公平公正方面的问题。换句话说,古典数学知识的匮乏阻碍了批判性知识的发展。现在,我们考量一下社区知识与古典数学知识之间的关系。从生成性议题出发,进行古典知识教学,我们在这一方面做得比较成功,但还可以做得更好。最后,在这个教学案例中,尽管我们成功地融入了学生的社区知识,但是我们很清楚,总体上来说,要想把握好学生生活中的生成性议题绝非易事;而且也无法保证所选议题能够与社区里成年人关注的话题保持一致。在某种意义上,我们把这一切都看成有待研究的领域,不妨一边前行一边解决。

结论

本项目以及我们从中所学,都得置于在社高的社会公平数学教学这个较大的课程体系中加以审视。我们呈现这个项目不是要展示学生从中学到了什么,而是要讨论该课程在发展古典数学知识的同时,在力图把社区知识与学生的批评意识结合起来的过程中,我们所面临的挑战、各种复杂情况以及课程潜在的优势。这些局限性和不确定因素为我们提供了无尽的研究领域,为我们促进教学方法、完善课程建设提供了契机。我们只用了两天的时间来创立这个项目,因为涉及的议题是现成的——我们没有大量的时间和精力来创设一个考虑周全、与学生正在学习的内容紧密关联、浑然一体的学习单元。尽管问题本身无解,千头万绪,难度很大,教学任务对学生很有挑战性,而且有时会让学生遭受挫折,但是我们需要及时抓住恰当的教学时机。我们认为,日常的社区生活的弱构本质决定了会出现这样的状况，有些事情在所难免，我们所能做的就是把不协调因素降到最低。不过，我们还是要特别指出，与本学年其他时间段相比，总体说来大部分学生能够充分地参与到本项目的学习中来。

在 2008—2009 学年度，我们要从理论和实践两个方面着手解决这里讨论过的几个问题。比如，在类似的项目中加强古典数学知识的学习；创建更加浑然一体的数学项目；充分开发生成性议题。我们已经规划好了一个长达好几周的议题单元，用来探讨困扰两个社区的搬迁安置问题。对于北劳戴尔而言，芝加哥城肆意蔓延的中产化进程迫使本地区的居民搬迁到城市的边缘地带，甚至搬迁到极度贫困的郊区。而对于利特尔村来说，他们忧虑移民政策的变化会强行将他们遣返回墨西哥。很不幸，两个社区都面临现实社会的"排挤"。这也给了他们机会，让他们在政治上联合起来，团结一致进行斗争。

在学生同一年完成的诸多社会公平教学项目中，本项目之所以脱颖而出，原因在于它很好地建立在生成性议题之上，各项活动与议题紧密关联。总体来说，如果没有对学生生活的全面调查，就很难基于学生的生活现实创建真实的课堂活动。正是由于现存的学校和社区的政治环境，我们才有机会创建这个数学项目。如果没有这样的政治语境，我们也不会做这样的项目。进一步而言，生成性议题与不易解决的真实性问题密切相关。没有人能够回答我们提出的基本问题：公平地解决学校招生的方案到底是什么？无论是个体的教师、学生、家长、社区成员、政府官员或是政客都无法给出公平的解答。只有所有社群协同合作、共同努力才能解决这个问题。归根到底，这是一个社会资源分配的问题。采用学生的话来说，虽然有了新学校，可还是不能完全满足南、北劳戴尔两地所有学生对高质量学校的需求。正是由于类似的不公现象的存在，社会公平数学课程的根本目标就是给年轻人创造机会，让他们参与到解决社区实际问题的过程中来，让他们成为推动变革的"代理人"，让他们勇敢地站出来，运用数学方法及其他的手段为争取社会公平而斗争。

致谢

虽然这篇文章由作者单独撰写，但其中涉及的教学过程、教学计划、教学评估和分析由作者和其他三名成员共同合作完成。他们是：乔伊斯·西娅（Joyce Sia，教师）、菲·盘恩(Phi Pham,教师)以及帕特丽夏·布恩罗斯佐(Patricia Buenrostro,运算支持人员)。

注：

1. 文中学生名字全部采用化名。
2. 根据 2008 年芝加哥公立学校管理委员会文件(Chicago Public Schools,2008)：

   ⋯⋯本辖区的学校在招生的时候,应该按照切实可行的种族比例进行招生录取。每个学校注册的少数族裔学生比例应该达到 65％—85％(包括黑人学生、西班牙裔学生、亚裔/太平洋岛族裔学生、美洲印第安人土著/阿拉斯加土著学生);非少数族裔的白人学生的比例应保持在 15％—35％(p. 3)。

(张昌宏　译)

参考文献

Camangian, P., & Yang, K. W. (2006, March 30). *Trans form ative teaching and youth resistance*. Talk given at DePaul University, Chicago.

Chicago Public Schools. (2008). Chicago public schools policy manual: Magnet schools and programs. Chicago: Author. Retrieved June 23rd, 2008, from http://policy. cps. k12. il. us/documents/602. 2. pdf

Christensen, L. (2000). *Reading, writing, and rising up: Teaching about social justice and the power of the written word*. Milwaukee, WI: Rethinking Schools.

Fendel, D., Resek, D., Alper, L., & Fraser, S. (1998). *Interactive mathematics program*. Berkeley, CA: Key Curriculum Press.

Frankenstein, M. (1987). Critical mathematics education: An application of Paulo Freire's epistemology. In I. Shor (Ed.), *Freire for the classroom: A sourcebook for liberatory teaching* (pp. 180 - 210). Portsmouth, NH: Boyton/Cook.

Frankenstein, M. (1998). Reading the world with math: Goals for a critical mathematical literacy curriculum. In E. Lee, D. Menkart, & M. Okazawa-Rey (Eds.), *Beyond heroes and holidays: A practical guide to K - 12 anti-racist, multicultural education and staff development* (pp. 306 - 313). Washington D. C.: Network of Educators on the Americas.

Freire, P. (1998). *Pedagogy of the oppressed*. (M. B. Ramos, Trans.). New York: Continuum. (Original work published 1970)

Gandin, L. A. (2002). *Democratizing access, governance, and knowledge: The struggle for educational alternatives in Porto Alegre, Brazil*. Unpublished doctoral dissertation, University of Wisconsin, Madison.

Gutstein, E. (2006). *Reading and writing the world with mathematics: Toward a pedagogy for social justice*. New York: Routledge.

Gutstein, E. (2008). Building political relationships with students: An aspect of social justice   698
pedagogy. In E. de Freitas & K. Nolan (Eds.), *Opening the research text: Critical insights
and in(ter)ventions into mathematics education* (pp. 189 – 204). Albany, NY: SUNY Press.

Ladson-Billings, G. (1994). *The dreamkeepers*. San Francisco: Jossey-Bass.

Mack, N. K. (1990). Learning fractions with understanding: Building on informal knowledge.
Journal for Research in Mathematics Education, *21*, 16 – 32.

Morrell, E. (2005, February 3rd). *Doing critical social research with youth*. Talk given at
DePaul University, Chicago.

National Center for Research in Mathematical Sciences Education & Freudenthal Institute
(NCRMSE & FI). (1997 – 1998). *Mathematics in context: A connected curriculum for
grades* 5 – 8. Chicago: Encyclopedia Britannica Educational Corporation.

O'Cadiz, M. , Wong, P. , & Torres, C. (1998). *Education and democracy: Paulo Freire,
social movements, and educational reform in São Paulo*. Boulder, CO: Westview Press.

Russo, A. (2003, June). Constructing a new school. *Catalyst*. Retrieved March 3rd, 2004,
from http://www. catalyst-chicago. org/06-03/0603littlevillage. htm

Shulman, L. S. (1986). Those who understand: Knowledge growth in teaching. *Educational
Researcher*, *15*, 4 – 14.

Stovall, D. O. (2005). Communities struggle to make small serve all. *Rethinking Schools*, *19*,
4. Retrieved September 1st, 2006, from http://www. rethinkingschools. org/archive/19_04/
stru194. shtml

49

罗布雷斯的困境

阿曼多·托雷斯（Armando Torres）

我的教师生涯并非始于踏入教室的第一天，而是始于一节英语课，或者可能是始于高中毕业的那一天，我的英语老师非常真诚地询问我："他们（学校）决定让你当着整个毕业班发言？"也有可能始于卡德特（Cadet）老师对我说，从我待人处事的方式来看，我能够成为一名优秀的教师。也许，当我意识到教师对他们学生的巨大影响时，无论这种影响是积极的还是消极的（在我的大部分记忆中，这种影响是消极的，我想起当我真正想学习的时候，我的老师却没有尽到让学习发生的责任），我对于教师职业的真正热情变得清晰起来。

多年以后，已身为教师的我脑海中还是会浮现出一些不美好的回忆：当我对课程发表评论时，英语老师在课堂上完全无视了我；我的代数老师因为我单元考试分数全班最低而把我叫到全班面前罚站（不管我有多努力）；我就读的公立学校老师因为我在课堂上睡觉而罚我放学后留下来（在每周五天、每天八小时的轮番学习后——而且我还必须在早晨 7：30 起床去上课）；再或另外一位英语老师因为我在课堂上说了非英语的语言，而罚我在全班面前做俯卧撑。现在，因为一名学生在发生于教学楼前的帮派组织枪击案中丧生，我将所教班级的学生关了禁闭，我感觉自己面对的班级与我老师面对的班级是相同的。但是有时，我觉得我正在从事的教学，都是我原本希望我的老师能够教给我的。在与学生谈话时，我会尽力避免使用任何悲观的词汇。

多年之后，当我向各个学区申请教师工作时，我的梦想才开始实现。在对络绎而来的拒绝信认命之后，我前往加利福尼亚州南部度了一次非常短暂的假期。当我正在办理入住手续的时候，我接到了来自于里士满高中（Richmond High School）训导主任的电话，这所位于旧金山湾区（the Bay Area）的高中是我的母校。"托雷斯（Torres）先生，我们现有 80％的教师岗位空缺。如果可能的话，我希望你能够加入我们。"第二天，我就坐上了回旧金山湾区的飞机。我一路精神振奋，想象着我单薄的形象即将就此由阿曼多·托雷斯（Armando Torres）转变为托雷斯老师，站在教室的前面，我终于有机会能实现高中生时期所渴求的事情——教书育人。在挂断电话后我才意识到，我甚至忘记询问我要教的学科。不过当时这也不重要。重要的是，我终于得到了一个走进教室的机会，这个教室恰好是我之前作为学生待过多年的教室。但是这一次将会有所不同。这一次，我将会掌控课堂的学习环境。这一次，我将会在教师与学生之间建立起应有的积极乐观、互相支持的关系。这一次，我很确定我对这些班级的新教学将

会完全不同于我在里士满高中时代经历的，也完全不同于很多学生正在经历的。 700

十分讽刺的是，我的教师生涯始于 10 年前将我开除的学校。许多教师至今仍记得我。尽管有个别教师很开心能再次见到我，其他教师却对我这个曾经的"麻烦制造者"成为他们中的一员表现出冷漠和不满。尽管如此，我还是很自豪：我很自豪这些曾经以我"不可教"为由将我赶出学校的老师，现在不得不接受我要成为他们同事的现实。我同样也会与另外一些老师成为同事，他们提醒我有朝一日我将会成为一位令人惊叹的老师。

"你确定你要从事这份工作吗？"在我走进他办公室的时候，克罗兹利先生这样对我说。"如果有机会，你愿意从事全职的教师工作？"他补充道。我毫不犹豫地点头，并且接受了这一挑战。那时我几乎不知道迎接我的会是什么。然而他打破了我的设想，说道："既然你不是全职员工，我们就不能给你分配一个班级，所以你会教授三个不同的班级以及三门不同的科目。"我前两天所有的热情，突然间消失殆尽，仿佛这一切夺走了我的梦想——拥有我自己的教学班级。对我而言，拥有自己的班级极其重要，因为只有这样才能让我完全掌控教学并保持教学的稳定性。克罗兹利先生很关心地问我："你觉得可以吗？"这样可以吗？我有其他选择吗？我只能接受这个现实。这对我而言应该是一个绝好的机会，让我在第一年的教学中得到磨炼，也许在我的努力之下，某日就能实现拥有个人教学班级的目标。现在回想起来，这并没有达到多少磨炼的效果，我真心认为这不过是我做出的一个愚蠢决定，我因此后悔过一阵，而后把这次经历当做一次深刻的教训。

情形是这样的：第一节课我会在学校的东侧工作，第二节课我需要整理好我的教学材料并带到学校西侧。教室唯一的一把钥匙在另一位老师手上，我必须要赶在他离开前到达教室。第三节课我需要跑回到我先前上过课的教室，这个教室中的老师每天只上三节课，但是他并不愿意将教室交给他曾经教过的学生，或者说至少他认为是他教过的学生。直到第四节、第五节课我才有机会躲在社会科学学科休息室里稍作歇息。我最初还考虑过将这个空闲的空间用作我的教室，但是它太小了，不能用作教学，更何况里面还有太多教师废弃的寄物柜。它看起来不是我理想中的教室应该的样子。第六节课我需要赶到学校北侧，为一个 43 人的班级教授世界历史。从学校的东侧到西侧、再到北侧，这一路简直就是朝圣之旅，我需要穿越一大波走向教室、走向寄物柜、走向朋友、走向卫生间、走向斗殴发生地的学生。走在我前面、后面、旁边的学生总是会挡住我去往教室的路。在我要前往的教室里，我总能找到一些学生，希望从教师教学中有所收获,至少让他们对学校学习保持兴趣。

从学生的出勤率得知,我成功地留住了他们对学校学习的兴趣,班级规模不断扩大。从第二节社会科学课时的 24 名九年级学生,到第六节世界历史课时有分别来自十年级、十一年级和十二年级的 43 名双语学生。正如所有学生和教师都会在一整天的课程结束后感到精疲力尽,我也不例外。

我永远也忘不掉那一次返校日的晚上:我和那些完成了一整天工作的父母一样疲倦。这些家长来到学校,却只看到一个没有教室的老师。这个老师像高校入伍中心的招兵人员一样,在走廊中间摆一个桌子,冷清地站在桌子后面。他的桌子后面,只有学生的成绩单以及零零星星的几本《怎样帮助你的儿子或女儿学习》的小册子。我强撑起微笑,假装一切都很好。不过,一切的确很好!我很享受我的工作。我有一群很棒的学生,因为他们决定要来上我的课。现在看来,尽管班级出勤率并不是很大的成就,但是对于我所教的那一群学生而言,单单使他们来上课就不是一件容易的事情,总的说来还算成功。对于那些正在考虑辍学的学生而言尤其如此,而在里士满高中有太多那样的学生了。我相信我教师生涯的成功首先归功于我与学生建立良好关系的能力。我能够与学生建立良好关系是由于我对待他们的态度。正是这一态度和他们对学习的兴趣,使我不至于半途而废。尽管如此,我依然不停地怀疑我为什么要坚持这份职业。没过多久,在不同教室之间的奔波就对我的身体造成了极大的损害,更别提随着学年的推移,班级规模越来越大。

不要误解我的意思,我在里士满高中的繁忙日子里还是上了一些好课的。我永远都不会忘记我的学生最初对类固醇毫无兴趣。那一段时间,大约是阿诺德·施瓦辛格(Arnold Schwarzenegger)竞选加州州长的时间,报纸杂志等印刷品发表了大量关于类固醇的文章。我和学生都对一篇名为《类固醇与高校运动员》的作品很感兴趣,学生们展开讨论并各抒己见。鲁比(Ruby)说:"这些都是富有的白人小朋友才会有的问题,我们并没有这篇文章里提出的问题。"这是在课堂上利用这个备受争议的话题进行教学的绝佳契机。学生和我将班级一分为二进行辩论——支持类固醇和反对类固醇。学生们直到下课走出课堂时,还在说"我甚至都不支持使用类固醇,但是不得不为此辩护,这真有趣。"或者是"我们应该经常开展这样的课堂活动,托雷斯老师。"这再次使我明白,作为教师我必须灵活地利用那些预料之外的教学契机。我从这次活动中看到了学生互动及学生发言的重要性。那时我丝毫不知道,鲁比会在大学三年级就登上地方报纸的封面,分享她在里士满高中辩论队的经历以及这段经历是如何激励她走上法律方面的职业道路。

尽管许多学生在教师的生命中留下值得纪念的瞬间，但只有很少一部分学生会使教师决定下一学年是否还会继续从事教学工作。我也许永远也忘不了庞达·罗布雷斯（Panda Robles）的出现。他身高约 1.57 米，是一位深色肤色的墨西哥裔美国人，他可以去任何他想去的地方，也总能引起学生和老师的注意。学校里的年轻女孩不会觉得他很有魅力，（因为）他实在太可爱了。他的微笑始终如一，让人不能不注意到他。他对足球抱有极大的热情，尽管他是校队的后补力量，但他总是坐在校队的替补席上。从新生开始，他就一直渴望进入足球校队。谁又不想进入里士满高中的校队呢？这是一个在加州排名第四、全美排名第十三的国家级精英足球队。这支校队的每个成员都把罗布雷斯看作人见人爱的小兄弟，一个活泼有趣、诚实坦率、能言善辩的开心果，他很可爱，也总能吸引大家的注意。

在课堂上，罗布雷斯会参加所有的课堂活动，只除了一个例外——阅读。我们通过 KWLH 表（Know/Want/Learn/How，我知道什么/我还想知道什么/我学到什么/我如何学更多）分析一篇时事文章。时间充裕的情况下，我们会讨论一些问题。他很喜欢进行反对高校运动员使用类固醇的辩论。他经常会被选为小组展示的发言人或代表。在一次讲述旧金山湾区美国土著经历的课堂上，我让罗伯斯阅读文章。这也难怪，他的话如此之多。

九年级时，罗布雷斯却只能达到二年级的阅读水平！the、they、a、if 这些词对于他来说十分容易，但是 became、plagues、instinct 这一类词对他而言就完全是一种折磨。整个班级都明显地感觉到他的阅读困难，班级上竟然还有些忍俊不禁的笑声。我不断地提醒班上同学"尊重其他同学的学习权利，尊重我的教学权利"。最后罗布雷斯通过口头表达弥补了他阅读能力的缺乏。就如盲人有敏锐的听力一样，罗布雷斯发展言语技能其实是弥补其阅读能力不足的自我保护机制。

作为他的老师，我寻求其他高中教师的支持。从他的辅导员那里得知，由于出言不逊、闲话太多、不尊重他人意见等行为，罗布雷斯已经被踢出了以前的班级。我惊恐地站了起来！我永远都不可能猜到罗布雷斯遭遇过这些问题。我的意思是说，的确有几次，可能是两次，我因为他用词过火而在课后跟他谈话，提醒他注意自己的语言，但我的假设（我从不假设）是当学生遇到纪律问题时，每个老师都会这么做——与他们进行单独谈话，而不是在全班面前要求他们出来。其他老师与罗布雷斯都有过消极的经历，但我没有，也许是两次，但是不会更多了！罗布雷斯和我的相处是愉快的。老师和

702

学生之间相互尊重，即使我有时会惩罚他，他也总是知道这种惩罚中包含着希望他成功的真诚愿望。为了让他能够更好地在课堂上阅读，我们甚至在当地的巴诺书店（Barnes & Noble，美国最大的实体书店）度过了几个晚上，提高他的阅读技巧。他很乐意让我提供额外的帮助，同样我也很高兴能够提供帮助。如果你想让我猜测他选择了哪几本书，我猜不到，你也不会猜到：《赛琳娜的生活》（The Life of Selena）和《泰坦尼克号》（The Titanic）。很明显，他知道赛琳娜的人生经历——她的童年、她的家庭生活、她作为歌手的职业生涯以及其他一些她生活中我不知道的话题。

听了辅导员向我介绍了其他教师与罗布雷斯相处的经历，让我不禁疑问："这是罗布雷斯被安置在我班上的原因吗？"现在罗布雷斯已经到了没有人想要他上课的地步。在许多教师的眼中，罗布雷斯已经成为一名"不可教"的学生，正如我多年前被那样归类。不过，我相信没有"不可教"的学生，而罗布雷斯也证明了这一点。每次我在部门会议上谈到罗布雷斯的时候，就好像没人知道我说的是谁，好像我在说的是一个罕见的物种。一位老师表达出自己的意见："他甚至不应该出现在这所学校里，教他是一件根本不可能的事情。"这恰是我最讨厌的话，这样的话语困扰了我多年。多年前用于针对我的话语现在同样被用于罗布雷斯身上：这些贬低学生的语句。这些话语没有对我构成身体伤害，但可恶的是，他们的做法不仅过去且至今都对我产生了心理创伤。不幸的是，对我以及许多学生来说，我们很容易对这样的评判信以为真，尤其是当我们缺乏正强化的时候。事实上只要有一丝正强化，学生的表现就很容易有极大的改观。

我注意到很多老师没有一种相信"所有学生都能成功"或者"他们都可教"的态度。即使他们有这样的态度，对于弱势社区中的教师而言，这种态度的积极效果也容易被繁重的工作排挤掉。收入过低酬不抵劳、过于庞大的班级规模、学生的纪律问题、教师的份外职责，以及作为许多学生的代理父母，这些对于教师而言都是常见的经历。然而，在里士满高中这样的学校，地处低收入、高犯罪率的社区，位于全国最暴力的城市之一，这些经历更是无穷无尽。不幸的是，这种额外的负担表现在教师对待这群学生的态度上，这些学生很容易受到他们自己行为的伤害：低收入家庭的学生、父母是第一代移民的学生、英语语言学习者、"不可教"的学生，这些学生在我们的教育体系中被边缘化，他们没有机会选择在哪里上高中。这些教师给了我非常重要的经验教训：不要像他们一样。不要以为学生是"不可教"的，不要使学生边缘化，不要将负面情绪施加在学生身上。其他一些经验教训包括：避免在教师自助餐厅用餐；不要听他们对学生的负面反馈；最明确的是，不管他们在教学领域多少年，还是他们拥有多少荣誉，都

703

不要步他们的后尘。

　　尽管不得不从一个班级赶到另外一个班级，我的原则是一直和门口的学生打招呼。你可能会问为什么要向他们打招呼呢？对我来说，和每个学生打招呼是很重要的，因为这样做，我是在承认个体的存在。有趣的是，当他们习惯了，在你忘记的时候他们就会问候你。此外，不要对他们表现出沮丧的情绪——他们也是教育体系的受害者。不要怯于在离开教室时祝福他们度过开心的一天——这可能是他们在离开里士满高中、混迹街头之前听到的最后也是唯一的积极话语。

　　一天下午，罗布雷斯来到了我第六节课的课堂。他以一种开玩笑似的愤怒声音说："我一直在寻找你，托雷斯先生。"他就像正漫步空中一样，带着满满的兴奋情绪。他一手拿着一张纸，我不明白为什么他很兴奋。他甚至不敢相信，他获得的成绩可以让他成为里士满高中的足球队的一员。"托雷斯！我成功了！""什么？"我假装不知道他在说什么。"我的分数达标了！我能够在里士满足球队踢球了！"他满怀兴奋地说。

　　球季还没开始，谣言就传遍了学区——削减经费将会导致课外活动被取消，体育活动也会受其影响。不久，这个谣言演变为董事会上的辩论，像罗布雷斯这样的校队运动员开始担忧，毕竟对于他们而言去上学的唯一理由就是在球队踢球。罗布雷斯在里士满高中上学，并不是为了获得高中文凭，也不是为了上大学，而只是因为他想踢球。学校经费问题开始引起了西班牙语和英语媒体的关注。媒体联系了教练，并要求为那些以学校运动为动力继续学业的学生制作一个专题报道。教练们一致认为，如果他们在某个学生身上看到了其学业成绩和对学校的态度的转变，那个学生一定是罗布雷斯。根据这个建议，摄影师在学校对罗布雷斯进行跟踪拍摄，他们想要捕捉这位曾经的问题学生如今通过团队运动对学术产生兴趣的镜头。他和拍摄人员一起走进课堂时，我都震惊了！"托雷斯先生，他们想跟你聊聊。"在他所有老师和辅导员中，罗布雷斯选择了我，让我谈谈自从进入足球队以来他所取得的进步。对于是否要出现在旧金山湾区的新闻中犹豫片刻后，我勉强同意和罗布雷斯一起参与采访。为什么不？这是一个很好的机会，可以与更大的社区分享，告诉他们一位积极向上的老师，如果能够抛开对学生的刻板印象，到底能带来多大的成就。最令我震惊的是，我的班上曾经有过而且以后也会有很多像罗布雷斯这样的学生，其他老师认为"不可教"和"不愿学习"的学生。

　　这下你应该清楚，我一直都在教那样的学生，像罗布雷斯一样被其他老师视为"不可教"、甚至不期望在课堂中出现的学生。也正是这些老师惊奇地发现这类学生在我的课堂上表现得如此之好,以及我有能力去发现学生真正想要知道的东西。事实上,这些学生有着不同的生活轨迹,他们非常艰辛地维系着学生的身份,而我不会找他们麻烦。我能够与他们建立起良好的关系,并且成为一名他们需要的积极乐观的老师——就像我在学生时代在这同一所学校中遇到过的极少数积极乐观的教师一样。我同样也教过一些发愤图强的学生,无论课堂多么嘈杂,也不论是在家里还是在学校,他们总能完成他们的作业。他们一定会完成。

704　　　我最大的困境是如何在州强制实施的标准与包容罗布雷斯之类自我动机性较强的学生之间寻求学术平衡,同时我自己也需要维持一个良性的平衡,以避免由于教师职业倦怠而改变职业——教师是我非常愿意干一辈子直至退休的职业。我不断质疑自己,为了教导那些决定来上我的课的学生,我是否找到了所需的平衡点?我所做的与其他那些希望把学生吸引到课堂上的教师是否不一样?如果是,这种差异又是来自于哪里?是因为我曾经遇到过低估了我的老师吗?是因为我在学生时代的成长环境与他们一样吗?还是因为我是一名有色人种老师?或是因为我对学生的尊重与高期望值呢?对此类问题我没有答案,我有的只是真诚的承诺:我将永不停歇地教导所有踏进我的教室的学生。

50

在暗流中教学

抗拒"学校常规教育"的引力

格雷戈里·米奇（Gregory Michie）

孩童时代,海洋使我大为惊奇。我至今还深刻地记得,当我望向南卡罗来纳海岸广阔深邃的蓝绿色水面时,内心冉冉升起的敬畏之情。每次我尝试蹚过水深过腰的浅滩时,我总会记起母亲提醒的话语:"小心暗流"。

我母亲说,暗流是在海洋表面看不见的潜流,如果你不小心,它会在你意识到发生什么之前将你拉下海岸线或卷入海洋之中。她说,它几乎以无法察觉的方式拖拽着你,所以你必须有意识地弄清自己所处的位置:选择一个可识别的地标,让它一直在自己的视野范围内。

20年后,当我开始在芝加哥南部教授七年级和八年级时,我本可以采用她的建议。我参与教学时并没有接受正规的培训或具备证书,而只是一名从南方移居而来的男性白人。在很多方面,我对于学生而言都是局外人。我当时的做法大部分只是源自我想当然的理解。我认为教室应该是活跃的空间,在那里孩子们有定期的机会做些什么。我认为应该鼓励学生创造性地表达自己,他们的声音不仅应该被听到而且应该被重视。我相信孩子们应该要感受到校内所学知识与校外生活之间的联系,我应该促使他们批判地思考周遭的世界。最重要的是,我认识到一种有意义的优质教育对于我要教授的年轻人至关重要,他们的社区在很大程度上被当权者忽视和遗弃。

但我逐渐认识到,拥有信念或指导原则是一回事,而懂得如何把它们付诸为实践是另一回事,特别是当你在一个在困境中挣扎的市区学校教书,在这样的地方,哈伯曼(Martin Haberman)(1996)所谓的"贫穷教育学"(pedagogy of poverty)被广泛使用——其特点是"教师一直在发号施令,而学生被动服从"。在这样的环境中,作为一个新教师,你很容易失去立足点,开始偏离你的初衷,受到惯例、权宜之计或者外部要求的拖拽。于是你很快就会发现,学校教育的暗流可以像任何一片海洋中的暗流一样强大和隐秘——甚至有过之而无不及。

那么该如何抗拒?首先要知道的是,乍看上去它似乎只是奔你而来,但其实你并不孤单。多年来,我在芝加哥十几所学校度过了有意义的时光,尽管有许多同类的成年人,他们已经变得,至少表面上看,疲倦不堪或者因平庸而辞职,但我也发现我到过的每一所学校都可以看到敬业、有爱心、甚至有远见的教师。作为新任老师,理解这点非常重要,因为这样你才不会陷入将自己视为救世主的陷阱中,才不会以为自己是在不公平的学校和世界中为公平而奋斗的孤身斗士。现实世界里并没有像英雄老师的回忆录或好莱坞大片那样的故事，即使有也很少。

虽然你所在学校的组织结构和时间安排可能不支持教师之间结成联盟（实际上，甚至暗地里鼓励你保持孤立状态），但作为新教师，你最好在你的学校和更广泛的教育者群体中为自己寻找盟友。在人生观和政治观上与你一致的同伴教师可以成为情感支持和实践思想的重要来源，甚至那些似乎与你意见不合的教师有时也大有裨益。一位与你在同一栋教学楼工作的有 25 年教学经验的同事，即使乍一看会觉得"传统"或"倦怠"，但他们仍可以传授经验、提供有用的建议，并且你可能恰好会发现他们不像你原来想象的那样片面。

这并不是说你应该指望你的周围都是满怀信心和意识超前的教育者。愤世嫉俗的风气深深扎根于大城市的公立学校，并且极具传染性。对新教师而言，你面对的第一个诱惑就是加入到这样的负面风气中，然后开始不情愿地重复那些你以前非常肯定自己不屑一顾的借口：你不能真正了解你的学生，因为他们人数太多；你不能让学生团结合作，因为他们总是失控；这些孩子连查字典都不会，所以你不可能培养他们的批判性思维技能。我自己也曾偶尔说过或者想过这些事情，它们的确是真实的困境。但是，正如《教学》（*To Teach*，2001）的作者终身教育家比尔·艾尔斯（Bill Ayers）所说的那样，将全部目光放在工作中的障碍，在短期内可能是有疗效的，但对于负责任的教师而言无异于饮鸩止渴。艾尔斯建议我们绕过这些障碍，以一种更乐观的视角对其进行审视，告诉自己："好吧，这就是我的现状，这就是现实。既然如此，我能怎么办？"也许你不能按照预期地做所有你想做的事情——至少不能立马实现——但是你总能有所作为。

你可能必须从一些细小的、看似无关紧要的东西开始——比如说公告栏。在许多小学和中学，公告栏只是一个摆设，贴满了例行公告或节令消息，很少发人深省或引人（不论大人或小孩）驻足观看。但正如空白墙壁之于涂鸦艺术家，公告栏对于教师和学生而言也同样是一次机会——在很多学校，公告栏都位于最显眼的地方——可以用于陈述观点、提出问题、就某个问题发表意见、将学生的生活带进教室或者走廊之中。在我访问的一所学校中，我看到一个公告栏，中间是"他们最先到达"几个大字，然后围绕着这几个大字写满了美国印第安部落的名字。在另一所学校，七年级学生通过展示他们写给已故亲人的信件来了解亡灵节（the Day of the Dead，墨西哥节日）。另外，一位老师在公告栏写上了一句发人深思的名人语录，然后邀请学生也写上他们觉得有挑战性或鼓舞人心的名言。

跟批判教育理论家更为详尽的建议相比,这些行为可能听起来不那么具有变革性。但是,一旦你在自己的课堂上开展这些行动,你就会开始意识到如宏观理论建构一样,从细节入手也能使批判性教学的概念焕发生机。班级群体是如何形成的、决策是如何制定的、墙壁和书架上展示的是谁、课堂鼓励和阻止什么样的互动、谁的思想和认识是有价值的,甚至公告栏上贴的是什么,所有这些都能使孩子们学会公平与正义。事实上,在社会公平教学实践中,你创设的环境和你所教的课程是同等重要的。

教学内容确实很重要,但作为一名新教师,你将受到的挑战来源于另一个层面——秉承自己的信仰。一方面,你可能会感觉到你在课上所做的每一个决定都笼罩在高利害测试的阴云之下。这带来的最悲剧的后果之一就是,"对我的学生来说,什么知识和经验最有价值"这个关于课程的最基本问题对于作为一名教师的你来说,要么超出你的能力范围,要么毫无意义。当你手上拿着州教育目标或学区指导方针的小册子,肩膀上扛着一本本教科书和教师指导用书,然后有人告诉你要按什么顺序来教授这些课程,课程很容易,不再是需要你精心安排或认真讨论的,而变成了你要"撕开包装"的东西:有一门社会科课程被称为"发现",但我得说,这门课程几乎不会向孩子们提供什么机会或灵感去发现什么。

除此之外,为了使你的教学变得更有意义、变得有批判性,你可能会被要做的事弄得晕头转向:减少使用带有偏见和过度简化的教科书;引用原始来源的文献;将主题与现实议题相联系;阅读整本小说,而不是碎片化的初级节选;创造机会让学生写下自己的生活;将艺术教学贯穿于学科教学;让你的学生一起决定他们要学习什么,等等。铺天盖地而来的挑战可能使你动弹不得:因为你不能每一件事都做,所以你干脆什么也不做,重新回归教科书,按部就班地教学,直到你感到自己安全地着陆,站稳脚跟。

然而当你是一名教师的时候,事情总是在变化,你永远不可能站稳脚。与其作壁上观,不如抓紧做一些力所能及的事:从一个主题着手投身其中,努力使其对你的学生产生意义,即使你暂时只能依靠为其他主题设计的老套课程。或者,如果你只给几组孩子教一两个主题,尝试每个星期有一天将你自己的见解放到你的课程中。我再重复一遍,你可能无法如你所愿一劳永逸地做完所有事情——但你能有所作为。

如果你是带着为社会公平而教的目标走进课堂的,那么你应该已经意识到对于贫穷子弟和有色人种学生的生活而言,公立学校通常被视为一股施加压迫的势力。我刚成为教师,就谨记这个现实,并且想尽我的一份力量来打破它。但至少在一开始,我的做法是天真的：如果学校如我所想是压迫的，那么解药就是自由，所以在我的课堂上，学生应该是"自由"的。在我的脑海里，这听起来没毛病。但我没有认真地思考在公立学校背景下，自由究竟意味着什么——或者我要创造什么条件使其真的发生——我很快发现我的课堂处于彻底的混乱之中。

　　课堂混乱这一问题不仅让你疯狂，而且会使你将所有精力倾注在预测和解决学生的不当行为上。而其他的关注点，例如你的学生是否在学习任何有价值的东西，往往变得无足轻重。事情的轻重缓急被歪曲，重视秩序和控制的管理者可能会进一步加剧这种情况，他们往往会将那些对学生严加管制的教师视为楷模。如果不小心，你会发现自己陷入了类似的思维怪圈：你日子过得是好是坏，仅仅取决于你的学生是否安安静静地坐在课桌旁，或者他们是否整整齐齐地在走廊里排队。

　　许多年轻教师自信一旦他们有了自己的教室，就有能力摆脱这种压力，或者用这样的信念来欺骗自己：他们会被视为很酷的老师而无须担心纪律问题。进步主义的教学方法往往会用这样一种态度来掩盖课堂管理的问题，或者认为如果教师能够设计出有吸引力的课程，那么管理的问题就会不攻自破。但我的经验是，在很多市区学校的课程中，情况要比这复杂得多，当你面对严重的纪律问题手足无措时，像我曾经遇到的那样，很可能会采取矫枉过正的措施。对于新教师而言，关键是不要过度纠结于秩序和控制，而是要有切实的行动计划来与你的学生建设一个共同体，而不是抓住模糊的"自由"概念不放。如果你真的想在你的课堂上营造一个合作民主的环境，你必须经过深思熟虑，创设可以支撑它的结构。

　　这些实践的细节——创设一个有利于学习的环境，重新思考你的课程内容，以及培养一个民主共同体——都可以为你将社会公平带进课堂提供机会。但是你也有可能在日常琐事中迷失，使你只看到教学中燃眉之事，而看不到更大的格局。事实上，暗流可能会将你拽进这种方向中：专业发展研讨会和在职工作坊往往只关注特定的方法、策略，或者一刀切的教学方式，从而导致新教师视野狭窄。

　　这就是为什么你要提醒自己，如果不放在更大的政治、经济和社会背景下考虑，所有方法和实践都毫无意义。对于市区学校的新教师——特别是那些以"局外人"的身份进入他们所教社区的人——在种族、文化和贫困等问题上进行不懈的自我教育是至关重要的（并且这也是你在任教期间不可能懂得的一些东西）。中产阶级教师对贫困以及它将如何影响儿童、家庭和邻里关系缺乏个人理解，所以他们需要尽其所能地提高他们的意识。同样，白人教师需要努力学习有色人种学生的文化历史以及他们当前

708

遇到的困难,同时反思自己的特权地位。

如果他们不这么做,结果可能是教师只从他们自己种族、文化和阶级的视角看待这个世界,不管他们是否有所意识——这种倾向可能导致他们以一种不利的方式与学生及其家庭交往。一次,一位教师朋友告诉我,一位白人同事曾向一个无法完成家庭作业的墨西哥移民学生建议:"走进你的房间,关上门,关闭所有的噪音,专注于你的工作。"但是这位教师从未想过这个学生可能没有自己的房间或者无房门可关。最近,另一位我认识的白人辅导员对我说,她任教学校的一些墨西哥裔学生经验匮乏,她对此感到沮丧。她说:"我不敢相信这些孩子没有去过海军码头,"这里指的是芝加哥市中心的一个旅游景点。"他们的父母不带他们去这样的地方。在我小时候,我妈妈还会驱车带我们去格兰特公园。"她补充说,"我们那时也不富有,但她仍然带我们去这些地方。"

这样的反应源自一种无意识的世界观,即理所当然地将英语为母语的白人中产阶级的生活作为参考系。反思从前未被认识到的社会优势和特权,可以帮助白人中产阶级教师质疑这样的世界观,并如人类学家韦德·戴维斯(Wade Davis, 2004)所言,意识到"我们生活的世界并不是以一种绝对的意义存在,而只是一个现实的模型"。反过来,意识到他们视角的局限性,可能有助于他们以一种更真诚和更尊重的方式与有色人种学生及其家庭合作。但是就像学习如何教学一样,正视一个人的阶级特权和重新定义白种人的概念是一个持续的过程(Howard, 2005;Tatum, 1997)。对于投身于此的白人教师——包括我自己——这是一项方兴未艾的事业。

作为新教师,无论你做什么来使自己振作起来,你几乎都会经历过这样的时刻——可能还不是偶尔——你会怀疑你所做的事的价值和作用。对于一个有社会意识的老师而言,至少对于我而言,刚开始最持久的一项挑战就是与你自己的感觉做斗争,你总是感到自己的工作没能带来改变,或者至少没有带来你想象中的改变。当你的目标远大并且充满希望,当你相信教学有可能改变世界时,如果你的努力远远达不到预期,你就可能感到气馁。作为一名年轻教师,我知道怎么表达这种感觉:"你觉得你每天都应该看到孩子们的头脑像灯泡一样发亮,希望他们一下子就能以不同的眼光审视世界"。但在很多时候,你在想:"整整一个星期——一事无成! 我并没有为社会公平而教!"

在这种时候,这股暗流会牵引着你朝宿命主义、绝望和冷漠的方向前行。它诱惑你不要再那么努力,更"现实"地面对你所教的孩子,放弃你的信念——你无法以有意义或者持续的方式改造公立学校。想抗拒这种令人窒息的引力、抓住希望，需要小心翼翼地维持一种脆弱的平衡：承认整个系统的严峻现实和你作为一名教师的局限性，同时又不懈地努力使事情朝好的方向发展。你必须原谅自己的失败，那么回过头来，尝试利用它们再度聚焦和激活你第二天的教学。你也必须使自己能够欣赏课堂上发生的美好时刻，无论它们在那些宏大计划中看起来多么渺小。在这样做的时候，你应该记住诗人和散文家奥德莱·洛德（Audre Lorde）的话："即使是最小的胜利也决不能被认为理所当然。每场胜利必须受到颂扬，因为缴械投降、坦然受之，并称之为不可避免是那么容易。"（1999，p. 152）。我认为每位新任教师都应该把这句话贴在他的书桌、他的教室门、他的汽车后视镜、他的闹钟上——贴在每个他需要更多勇气继续这段旅程的地方。

说到底，成为一名教师是一段不断学习的旅程。我在写这篇文章时学到的一件事是，所谓的暗流并不存在。将你拽下浅滩的涌动之力实际上被称为"沿岸流"，拖你下海的被称为"离岸流"。事实上，"暗流"只是一种口语表达。考虑到我的母亲出生在乔治亚州的一个农场，并在肯塔基州的乡下长大，不难理解为什么她经常用这个词。对我而言，沿岸流和离岸流可能永远都是"暗流"。

我还学到了一件事。如果你发现自己陷入一股真正的离岸流之中，最好的方法不是逆流而上。你会筋疲力尽，潮汐之力终将你拉回来。相反，那些深谙波浪运动科学的人说，不要惊慌，顺势而游，你将获得自由。

根据我的经验，学校的暗流不会让教师轻易从中挣脱。尽管精疲力竭是不可避免的，但对新任教师而言，我还是有些需要交代的事情：不要每次都拼尽全力。我认为最好的建议是提前选择你的战场，调整自己，在必要的时候顺势而游，但永远不要让岸上的地标在你的视野中消失。

（伍绍杨　译）

参考文献

Ayers，W.（2001）. *To teach*：*The journey of a teacher*（2nd ed.）. New York：Teachers College Press.

Davis，W.（2004，February 9）. Interview with John Burnett. National Public Radio. Retrieved April 25,2006, from http://news. kusp. org/templates/story/story. php? storyId = 3809815

Haberman，M.（1996）. The pedagogy of poverty versus good teaching. In W. Ayers & P.

Ford (Eds.), *City kids*, *city teachers*: *Reports from the front row* (pp. 118 – 130). New York: New Press.

Howard, G. (2005). *We can't teach what we don't know*: *White teachers*, *multiracial schools* (2nd ed.). New York: Teachers College Press.

Lorde, A. (1999). A burst of light: Living with cancer. In J. Price & M. Shil drick (Eds.), *Feminist theory and the body*: *A reader* (pp. 149 – 162). New York: Routledge

Tatum, B. D. (1997). *"Why are all the Black kids sitting together in the cafeteria?" and other conversations about race*. New York: Basic Books.

710

51

激进的墙

颂扬行动主义和社会公平的课堂：
与乔什·麦克菲的访谈

尼古拉斯·兰珀特（Nicolas Lampert）

乔希·麦克菲（Josh MacPhee）

乔什·麦克菲(Josh MacPhee)是一名街头艺术家、设计师、策展人、作家和活动家。他的第一本书是《模板涂鸦制作：街头模板涂鸦的全球调查》(*A Global Survey of the Street Stencil*，2004)。麦克菲是一位有十多年经验的街头涂鸦艺术家和海报创作者，也参与了"正义之种"(JUST SEEDS)的运营，这是一个激进的艺术传播项目，其工作是创作和分发印有政治内容的T恤、海报和贴纸。自2000年以来，他策划了"颂扬民众之历史"(Celebrate People's History)的系列海报，这是一个价格不高的教育海报集，其关注的焦点是历史中被掩盖或鲜为人知的社会公平运动。

兰珀特(Lampert)：是什么给了你灵感，使你开始创作"颂扬民众之历史"的系列海报？

麦克菲：从1998年我搬到芝加哥不久后，我就开始创作海报。我注意到街上到处都是各种花哨的东西，但是99％是各种形式的广告，要么是商业电影或唱片的广告，要么是宣传独立音乐会，甚至有些是用于抗议或者会议。我不是说所有这一切都很糟糕，但令人惊讶的是这一切都是有指向性的，它们都期望观众购买某样东西或者去某个地方。我想在街上放一些更公益的东西。我室友是一名教师，与他的一次谈话之后，我决定为马尔科姆·艾克斯的生日制作一张海报，把它张贴在街头。这是第一张"民众之历史"海报，之后我萌生了一种想法——我要为历史中对于社会公平运动极其重要，但却被主流历史抹去和遮盖的人物、组织和事件创作海报。

兰珀特：该系列的海报现在已经非常完备了，并张贴在街头。你注意到有老师在教室里悬挂"颂扬民众之历史"的海报了吗？

麦克菲：是的，很多老师把它们张贴在课堂上。来自全国各地的教师通过电子邮件告诉我他们使用了这些海报；甚至有很多人给我发他们在教室墙上张贴海报的照片。

兰珀特：它主要针对的年龄群体是？

麦克菲：在大多数情况下，它似乎是针对初中到高中的孩子，但我知道有些小学教师和大学教授也在使用这些海报。

兰珀特：这些教师对你的系列海报有什么反馈吗？

麦克菲：大多数教师在知道他们可以使用这些海报且价格平易近人的时候，都很兴奋。对教师来说，在"另类历史"或"民众之历史"的主题上，这似乎是少有的高质量视觉资源。这个主题的书籍像雨后春笋般涌现出来，但能够悬挂在教室中或供学生使用的图像材料却寥寥无几,而学生往往喜欢视觉材料多于单纯的文本。

图 51.1　占领恶魔岛(乔什·麦克菲绘)

　　兰珀特:目前为止,该系列是否有一些海报关注创建学校或"另类教育"的民众运动?

　　麦克菲:虽然这些海报供教师使用,但它们本身并没有明显地把主题聚焦于教育。海报上颂扬的一些人物是学者和教育家,例如,Elisé Reclus,他是 19 世纪的地理学家和无政府主义者。最近,我创作了一幅关于海兰德公众学校的海报。海兰德公众学校最早在 20 世纪 30 年代对南方贫困人口和工人阶级敞开大门,让他们自我教育,以激进地变革社会。在 50 年代,海兰德成为早期民权运动的主要培训场所,举办工作坊,并为团体集会和组织提供空间。

　　兰珀特:有没有一些老师让他们的学生自己做一些颂扬民众历史的海报?

　　麦克菲:有很多老师告诉我,他们正在将制作"民众之历史"海报纳入他们的课程中。我最熟悉的一个例子是匹兹堡艺术高中(即卡帕中学)的版画老师特雷莎·瓦尔纳(Tresa Varner)。特雷莎在"民众之历史"单元的教学是让她的每一位学生创作一幅关于"民众之历史"的双色油布版画。然后,挑选部分学生的版画与我组织和创作的

图 51.2　Jane 的合作社(乔什·麦克菲绘)

"颂扬民众之历史"海报选集一道张贴在匹兹堡市中心"空间画廊"一个名为"微行"(Small Acts)的展览中。

兰珀特:回忆一下,从你过去作为 K－12 学生的经历来说,教室中是否有一些相似类型的、给你带来灵感的海报?

麦克菲:我记不起学校中有任何解放性的视觉材料。我从研究中得知,20 世纪70 年代出现了一些类似的材料,但我上的学校并没有使用。我的大部分教师朋友也没有这方面的经历,我想这就是为什么大部分教育者都很欣赏这些海报。

兰珀特:K－12 的很多课程都是以一种非常传统、居高临下的欧洲裔美国人的视角来看待美国历史。学生很少会学到民众的斗争,或者说他们自己种族的历史。你如何看待"颂扬民众之历史"的海报对此提出的挑战?这些海报可以为人们了解不同人物和事件提供一扇窗口吗? 它们的目的是启发人们吗?

麦克菲:首先,海报本身并不打算成为完整的历史课程。创作海报的目的是教育和激励人们更多地了解与他们切身相关的一些主题。另外,当我十年前开始创作这个系列的时候,大部分的海报都是关于特定个人的,他们可以说是一群"另类英雄"。在这个过程的某个时刻,我认为就算海报很重要,这种颂扬民众英雄的方法却有碍我们

图 51.3 海兰德大众学校（林德塞绘）

理解历史。如果海报真的要成为主流历史的替代版本，它们就不止是关于我们视角的伟大任务和伟大战役，还要有助于解释历史其实是如何发生的——正是由于众多普通民众的艰苦奋斗。所以，我把这项工作的重点从个人转移到群体和集体以及特别的事件和活动上。我觉得这是以一种更诚实的视角看待我们的历史，同时珍视那些集体的方面——这些方面对推动历史和创造我们所期待的未来生活至关重要。我也开始更 715 多地转向创作以美国之外的事件和群体为主题的海报。我们的文化如此短视，固执地认为"美利坚"才是一切事情中最重要的，我认为这些海报可以打开一扇窗户，让我们看到美国之外的历史。

兰珀特：你最近很多演讲和讨论的主题都是"掌控你的视野"，你批判公众视野变得过于统一，及其对文化和人们对什么可能、什么不可能的态度的影响。对于学生，K－12 的群体，为什么有必要在这样的年纪开始对自己的视野进行批判？

麦克菲：学生越早明白他们的视野不是自然的产物，而是有人刻意为之，他们就越早明白那些人的动机，弄清楚自己是否认同那些人，然后才能理性地选择自己的视野，而不是无意识地接受别人的安排。这确实关系到选择和自主权，如果不知道他人试图如何影响你，那就几乎不可能作出理性的选择——决定你是否想被影响，或者为 716

图 51.4　西尔维亚·雷·里韦拉(Sylvia Ray Rivera)(约翰·格尔肯绘)

何种原因、被何人影响。

图 51.5　ADAPT(佚名绘)

兰珀特：影像对社会有非常深远的影响，但在大多数教育课程中，视觉素养（和艺术素养）都被淡化了。在你看来，为什么学生必须学习和参与艺术？

麦克菲：每一天我们的世界都在向着一张越来越复杂的影像和符号之网发展，这些影像和符号不都是中性和有益的，而是意图使我们以特定的方式说话、行动和做事。无论是在电视、互联网、杂志、广告牌，还是我们社会中的其他信息传递途径，其中传递的信息不再仅仅是书面语言，而越来越多地是文字配合影像。除非我们被教会解码这个复杂之网所需的技能，否则我们将任由影像制造者宰割。越多学生参与到艺术教育中，他们对视觉语言的理解就越深，我称之为"元素养"的（meta-literacy）水平就越高，他们对标准书面语之外的语言的理解就越深。

致谢

717

乔什·麦克菲的采访由尼古拉斯·兰珀特于 2006 年 2 月完成。更多关于乔什·麦克菲作品的信息请登录：http://www.justseeds.org.

更多尼古拉斯·兰珀特作品的信息（含 Josh MacPhee 的访谈）请登录：http://www.machineanimalcollages.com.

（伍绍杨　译）

参考文献

MacPhee, J.（2004）. *Stencil Pirates：A global survey of the street stencil.* Brooklyn, NY：Soft Skull Press.

MacPhee, J.（2007）. *Realizing the impossible：Art against authority.* Oakland, CA：AK Press.

52

教会教师为同性恋教学

凯文·K·熊代(Kevin K. Kumashiro)

我写下这个章节之时，正值新学年伊始。我为本科生开设了一门关于城市教育的导论课程，秋季入学以来的三周，我仍在努力地记住班上这些未来教师的名字。我喜欢教这门课程，也许是因为我在尝试颠覆他们关于学校应该是什么样子和可能是什么样子的假设和观点时，常常使我有新的觉悟。

我们用最初几个周的时间发展了一些主题或"透镜"，之后整个学期，在我们审视学校如何维持社会不平等时，我们会不断回到这些主题或"透镜"上。其中一个"透镜"是关于隐性课程的，这就是我前几天的课堂话题。我先将黑板分成两半，要求学生展开头脑风暴：学校中的性别或性取向是何时产生的？就是说，我们什么时候知道或学到关于性别或性取向的东西？我绕着教室走，要求每个学生分享一个实例，我在黑板的另一半记录他们的回答。黑板左侧写满了诸如此类的实例：洗手间排队，女生运动队的资源比男生少，着装规范，更频繁地提问男生，鼓励男生学习科学（并反对他们从事文艺），舞会上男女配对，叫蔑称（如"娘炮"）和成年人失败的干预，"母亲或父亲"的许可形式，历史教科书中更多的男性角色。只有在我给出一些提示之后，右边才变得充实：庆祝妇女历史月，关于女作家、性别歧视、多元化家庭的课程，以及同性恋、双性恋和变性者（LGBT）问题的演讲嘉宾。

然后，我们讨论了两个列表之间的差异。左列表更长。左边的内容一直在发生，而右边的内容即使不是完全不发生，也只是偶尔发生。左侧的内容体现了我们在大众文化或社区中通常听到的关于性别和性别差异的信息，而右侧的内容往往是试图质疑这些信息。左侧的内容往往不被注意到，因为它们在学校和社会中司空见惯，而右侧的内容往往是教师有意识提出这些问题的结果。

事实上，研究人员区分了这两个范畴，右边是正式或官方的课程（我们有意教授的），而左侧则是隐性课程（我们间接地、无意地、经常是不知不觉地传授的）。隐性课程往往与正式课程形成强烈的对比，形成了一种多元的相互矛盾的教学混合在一起的教育形式。因为隐性课程更加普遍和流行，因为它印证了学生从学校以外听到的信息，因为它很少受到质疑，因为它更多是我们实际怎么做，而不是我们说我们应该怎么做，可以说，它比正式课程更具教育意义。这有助于我们明白这样的一个事实：如果学生观察到教师让男生搬桌子，而让女生打扫，或者教科书强调男性在历史中的作用，而忽视了女性，那么我们偶尔地教育学生男女应该被一视同仁并没有多大的意义。换言之,挑战性别和性歧视,仅依靠教授关于性别和性差异的课程是不够的——还需要对这些业已存在的隐性课程作出回应。

我要指出这项活动提出的一些关键问题。首先,每所学校和每个课堂都存在一套独特的隐性课程,没有任何学校或课堂不存在这样的隐性课程。甚至是在我们的课堂上,授课的是一名对隐性课程有深入思考的研究者,学生依然有可能学到非我本意,甚至是我不支持的东西。第二,如果学校在传授各种相互矛盾的信息,那么不同的学生可能会"学到"非常不同的东西。我们通过头脑风暴法想出很多影响学生学习内容和学习方式的因素:他们从父母和媒体那里学到了什么;他们对什么感兴趣或者说他们看重什么;他们对教师有什么感觉;他们是否每个时候都在集中精神。身份认同、人生阅历、学习方式和已有知识共同打造出独一无二的"透镜",学生通过这个透镜来理解他周遭的世界。由于我们所有人拥有的透镜都是不一样的,所以我们应该预料到我们学习课程的方式和对课程的反应都是无法预测且独一无二的。

当我们对此项活动进行反思时,我的学生给出了很多不同的回应。比如,他们谈到这样的一种预设,即学校应该把重点放在"学术"课程上,而对诸如性别歧视以及性取向之类有争议的社会议题保持中立或者沉默。这种预设是站不住脚的,因为我们看到这些议题是如此普遍且不可回避,学校不可能在这些问题上保持中立。有学生也提到了与教师一起开展这样的活动,使学生意识到学校可能会间接地传授性别和性取向的内容,这是有意义的。学生们回忆起过去教师声称他们的学校不存在歧视,因为他们没有看到很明显地存在歧视,或者更有甚者,对歧视保持缄默。然而沉默也是一种教学,成人对反同性恋的谩骂保持沉默,实际上就是间接地告诉学生这种行为是可接受的。

但是可能令我的学生感到困惑的是学生在使用不同的"透镜",尤其是考虑到学校中存在着各种相互矛盾的课程,这项活动对他们有何启示?老师意识到他们学校中所有的隐性课程了吗?这些隐性课程会使关于歧视的正式和有意义的课程变得毫无意义吗?如果学生都在使用不同的"透镜",那么我们又如何确保他们在学习我们想让他们学习的东西?

我想起来多年前我给准教师们上的一节课。与为在校教师开设的关于恐同的工作坊一样,我用一系列的统计数据和语录反映出 LGBT 青年面临的诸多挑战,尤其是欺凌、酗酒及滥用药品、家庭关系紧张、无家可归,甚至是抑郁和自杀的问题。这些数据激起我深深的怜悯和愤怒之情,我以为其他人会有相同的反应并下定决心有所行动。但当我把这些统计数据读完,一个人的反应证明了我的想法是错的。她问我,当我在其他情况下分享这些数据时,别人会有什么反应。尽管她自己为此感到不安并且迫切想要解决这些问题,但是她说她可以想象有人会这么说:"我总是觉得同性恋是件错事,瞧,这就是证据——看看他们经历的那些问题。"

720   学生带进教室的"透镜"可能会使他们对这些课程产生我们意想不到的不同反应。就如想象中学生的反应一样,那些意在挑战歧视的信息实际上却强化了歧视。我将这个经历与我的学生分享,以说明学生的"透镜"是如何使课程产生事与愿违的效果。在我们探寻不同的教学方法时,我们至少要考虑三点:

首先,发展一个共同的"透镜"。不同的"透镜"可能会使学生"学到"与课程目标完全相反的东西,这意味着教师必须设法帮助学生发展不同的"透镜",尤其是能使课堂中的不同个体通过共同语言和共享的视角互相听取意见的共同"透镜"。当老师谈及为课堂搭建"脚手架",或者"循序渐进"地安排课程时,在某种意义上,他们是在改变学生的"透镜",以使其能够对课程产生更有成效的反应。假如让我再次用一连串的统计数字来组织我的课程,我会精心安排一些导入或课后活动,使学生以反压迫的方式而非强化已有恐同心理的方式"解读"这些数据。

当然,教学不应该只是让每个人达到同样的结果,这意味着发展一个共同的"透镜"并不是唯一目标。这引出了第二个考虑:鼓励学生尝试未有人走过的路。我没有预料到学生可能会有不同的反应,这确实是一个问题。但如果我期待所有学生都有相同的反应,即以我认为的更好的方式作出回应,那也是有问题的。我们常常将教学定义为"必须遵循的要求":我们说我们要学生达到某个目标(目标),于是我们设计一个课程让他们达到目标(活动),然后我们评估他们是否达到目标,如果他们达到了,那么我们的结论是我们的教学是有效的,他们的学习是卓有成效的。但如果我们承认所有"透镜"都是片面的,有优点也有缺点,包括老师的透镜,那么遵循这样的要求就有问题了。事实上,这样的要求受到了某些多元文化教育形式的普遍批评,它们认为我们只是用一种视角(政治正确的视角)代替另一种视角(霸权主义的视角)。学习必须深入到无论是学生还是老师都无法预见的境界,整个班级尝试一条未有人走过的路。

但这并不是说每一种解读方式都同样具有反压迫性,这就导致了第三个考虑:教与学的悖论。有些解读方式支持和维持歧视,有些则对歧视发起挑战。因此,教师的基本目标既不是坚持用"最好的透镜"进行教学,也不是认为所有"透镜"都一样重要。相反,其目标应该是表达各种各样的"透镜",审视每个"透镜"的可能性和不可能性。

学生可能会问，这种"透镜"如何强化或挑战刻板印象？这种"透镜"凸显了什么？遮蔽了什么？这种"透镜"为我们带来了什么问题？这种"透镜"使我们产生了什么情绪，这种"透镜"呼吁谁行动起来？

这些问题使得教与学的悖论变得清晰，因为它们对我们所教所学的东西提出了质疑。作为教师，我们通常难以承认我们教学中的预设、不足和政治倾向，更难承认这些偏好已经成为了我们课程的核心。然而，也许正是当学生对我们的教学提出批判的问题时，他们才开始批判地思考他们在学习什么、如何学习，以及为什么任何学习甚至是"反压迫"的学习都是片面和政治化的。

当我教导准教师时，我经常很渴望有应对校园恐同情绪的具体策略，或者像他们经常说的那样："当有人说'娘炮'的时候，我要怎么做？"这样的需求是可以理解的——教学不易，我们需要工具使反压迫的教学变得可行。此外，让学生对其学习内容和学习方式的片面性和政治本质提出批判性问题，这会带来一定程度的伤害和不可预测的后果，因为我们作为教育者很少有所准备。但可能是对确定性的渴望和控制欲阻止了我们构想和运用各种教学方式帮助我们解决反压迫变革中的内在矛盾。讽刺的是，当我承认我对学生学习内容和学习方式的控制欲，并据此找出我们教学的不足时，反压迫教学的挑战给我和我的学生造成的压力似乎减少了，我们也更有信心在课堂中实施这样的教学。带着这些悬而未决的问题，我们结束了课堂，我带着希望离开了教室——在这些未来教师和我自己的课堂上，这样的工作也只是刚刚开始。

721

（伍绍杨　译）

对第九部分的回应
课堂、教学法与实践公平

赫克托·卡尔德龙(Héctor Calderón)

　　人应该是教育的主体，而不仅仅是被教育的对象，因为人是自己命运的主宰。

(Freire，1970，p. 59)

　　1991 年秋天，我在埃尔普恩特供职，担任一个新教育项目的高级导师。该项目旨在提高学生的读写能力和数学水平。与我分在同一小组的还有其他 5 位导师，我负责辅导学员的作业、考试和报告等学校课业。一个酷热难耐的夏日，恰逢随机对照试验和评议考试前夕，一位学员来到了我的办公室。她一进门就瘫坐在椅子上，很明显，学习和考试的压力已让她不堪重负。她双手托着下巴，用微弱而充满绝望的声音向我连续发问："我们为什么要考试呢？是哪个混蛋发明了学校这么个东西？我们上的这些课有什么意义吗？我的这些老师怎么教起来就那么没劲？"我则搪塞了几句空话，以示安慰："你看，在班上表现不好或考试不过关就无法毕业，毕不了业就不能申请去上大学，上不了大学就没法……"还没等我说完，她又冲我嚷嚷起来："可那又能怎样？学校跟我一毛钱的关系都没有！我来这里就是为了变成现在这个死样吗？不！我才不管什么'好好学习，天天向上'，我要寻找真正的自我。"她的话让我的思路停滞下来。我的建议是老生常谈，说过成千上百遍。但这次叶塞尼亚的一串连珠炮让我无话可说。其实，她的话也让我产生了共鸣。我本人也在探寻，不断地探寻我们自身存在的价值和这个世界对于我们的意义。那天的谈话让我意识到，我们目前的教育机构并没有真正解决人的本质需求——那些来自我们灵魂的呼唤。教育工作者总是武断地教导人们人生该如何如何才能获得所谓的"成功"，但这种说教对很多人来讲并没有什么实际意义。不幸的是，我们每个人都在这个体系中扮演着特定的角色，如教师、管理人员、导师等等。当然，我也位列其中，上述那番安慰学生的"精辟"话语就是明证。

　　对我来说，这次谈话意义重大。由此我开始考虑如何解决学习的问题并最终帮助建立了埃尔普恩特和平与正义学院。在学习过程中，我特别注重剔除那些传统教育灌输给我的错误理念。有些熟悉的传统思路和做法必须要抛弃。保罗·弗莱雷（Paulo Freire）是巴西的知名教育家。从我被引荐到他面前的那一刻起，就发现他正是我苦苦追寻的那个理想导师。他在经典著作《被压迫者教育学》（*Pedagogy of the Oppressed*）中曾指出："人应该是教育的主体，而不仅仅是被教育的对象，因为人是自己命运的主宰。"这句话我记忆犹新，也正是它彻底改变了我的教育观。其实，叶塞尼亚提出的也是这方面的问题。她希望学习的过程也能关照到她的疑惑、她的愿望、她的故事和她的精神世界。上了这么多年的学，她一直在学习所谓的"重要技能"，但最终是为了什么呢？我们好像一直在回避"到底为什么而学？"这样的问题。那次重要的谈话之后，我和叶塞尼亚又有过交流。我告诉她她对我有了怎样的启发。她也长出了一口气，解释说"那天的确对自己的人生感到气急败坏"。我说她是对的，学校教育应该有意义才对。她认真地看着我说："要是那样就好了。"从那以后，我们便成了不错的朋友。

当我们尝试着去了解生活时，可以诉诸集体的力量，它能够帮助我们探寻到真正的自我。我与叶塞尼亚及其他不胜枚举的年轻人的谈话，为相关课程的开设奠定了基础，这些课程满载着我与年轻人的心血。最终，这项工作的重心将致力于促进埃尔普恩特和平与正义学院的设立。

作为一个创建团体，展现集体文化的内涵和历史底蕴只是学校应为的一部分，关怀和福祉也不可或缺。在一篇名为《改革的灵魂：一项在纽约拉丁裔社区进行的教育改革运动》的文章中，作者里维拉（Rivera）和佩德拉萨（Pedraza）这样阐述了自己的观点（2000）：

> 作为教育宗旨，集体发展的目标隐晦地体现在教育学方法中，学生的社会历史背景，尤其是他们的日常生活经历，都被纳入考量范围内，这些都是头等要事。以语言、文化和认知为中心的教育学实践，尝试着通过一系列旨在促进拉丁裔学生个体发展的活动，从而将个体和集体两个层面融为一体。

教育的目的（尤其是处在边缘化的集体中）关乎集体发展，在联结学习和学生的基本技能时，该目的也起到了举足轻重的作用，当学生们身处集体或更大的社会环境中时，基本技能将会是他们生存和斩获成功的资本。我相信学校的愿景并不是将自身与整个世界剥离开来，对于家庭和社会，学校的责任在于与它们携手共进，共同致力于我们思想和灵魂的解放。如果学校没有肩负起该使命，人们就有权去陈诉，并为之坚持自我。"教育，"正如切·格瓦纳（Che Guevara）所说，"教育并不是一个人的全部，但如果教育对人无所裨益，人们就必须主动出击。"（Walters，2000，p. 69）。

（刘文静　译）

723

参考文献

Freire, P. (1970). *Pedagogy of the oppressed*. New York: Herder & Herder.

Rivera, M. , & Pedraza, P.. (2000). The spirit of transformation: An education reform movement in a New York City Latino/a Community. In S. Nieto (Ed.), *Puerto Rican Students in U. S. Schools*. Mahwah, NJ: Erlbaum.

Walters, M-A. (Ed.). (2000). *Che Guevara talks to young people*. New York: Pathfnder Pess.

编者结语

我——已经"经历了全部过程",从我黑色的皮肤被那些遭受洗脑的兄妹几近疯狂的排斥,到重新为自己的黑人肤色而自豪——现在至少具备了进入新意识初级阶段的资格。对于新意识及迈向进步的艰难跋涉,我对自己有了信心。

(Brooks, 1972, p. 86)

学习通往行动的道路并不漫长。

(Zinn, 2001, p. 206)

贝托尔特·布雷希特(Bertolt Brecht)曾在他的诗歌《家庭格言》("Motto")中问过这样一个问题:"在黑暗的时代,还会有人唱歌吗?"他的回答是:"是的,那时会有歌声。为黑暗时代而歌唱。"布雷希特了解黑暗时代——在20世纪50年代,黑人被追捕、袭击和驱逐出美国。

我们这本著作和现在就是为这个黑暗时代而歌唱,因为这个黑暗时代正在将我们吞没。在这样的时刻,我们有必要从一个特别宝贵的理念出发——相信教育是一项帮助每一个人实现其人性之圆满的事业,它将人们引向更有思想和能力、更有力量和勇气,其计划和追求更有人性的道路。这样的理想——永远是革命性的,放在今天更是如此——正是成为民主和开放社会的关键。就像民主本身,这种理想永远没有终点,也绝不可能被轻易或简单地总结——它既不是一件带有某些显而易见的特征的商品,也不是一个消费品。不,应该说就像教育,民主是一个需要得到持续滋养、参与和践行的愿景,也是一个动态的且规模庞大的试验,如果它要继续存在,就必须由每个个体以及每个世代反复地履行。

随着这本文集临近完结,我们认识到这只是一本"草稿中的草稿",既不完整也未完成。当我们思考教学、学校教育和社会正义时,我们能够将教育者、思想家、艺术家、活动家和作家集结在一起,形成一个临时的小型共同体,他们帮助我们找到、陈述和再呈现这一系列重要的议题。但是这样的努力依旧不够细致,并且这绝对是此类事情的永久现象:在这种充满活力、奋勇向前、尚未完善的人类努力之中,总是存在着更多需要知道的东西、更多需要揭示的问题、更多需要推广和接受的事物。因此,我们目前将这种努力作为对话中的一种声音,也作为一种号召呈现出来,要求那些甚至还处于半清醒状态的读者予以回应。

安东尼奥·葛兰西(Antonio Gramsci)的时事通讯《新秩序》(*the New Order*)的创刊号,在其发行刊头充满希望地振臂疾呼:"武装起来,因为我们需要全部理智。动员起来,因为我们需要全部激情。组织起来,因为我们需要全部力量。"

我们注意到教育者在其努力的核心部分面临着一种矛盾:人文主义的理想、民主化的诉求告诉我们每个人都是一个完整的宇宙,每个人都能够发展为一个完整和自主的个体,与他人一起参与共同的政体和行使同样的权力;资本主义的律令坚持将利润作为经济和政治进步的核心,并形成了竞争文化、精英主义和阶层制度。为资本主义服务的教育无法成为一种人性化的实践;民主和公平的教育无法成为资本主义的附属物——学校教育与体制,两者中必定会有一个要消亡。

教学的目标既在于指引也在于给予自由,既在于教导也在于将其解放。教学一部分是指令,一部分是许可。优秀的教师应具有勇气和信心,有意识地穿梭于这条分界线之间,努力使学生为了他们自己而思考,唤醒其新意识,激发其想象并鼓励他们用一些时间在各种可能性中遨游,激励他们走得更远。并且教师要同时给学生提供接触文化工具、课程结构、不同的语言及素养的机会,让学生能够充分和自由地参与。这只有当教师自身表现出不完整、充满疑问、会犯错误,也在探寻人类自身的本质时才是可能的——在这一方面他们与其所教的人是一样的。

我们确实不知道该如何改变这个世界;我们不知道我们的努力付诸东流——但是我们却知道细小处的改变能够引发更大的转变,并且一个心灵的改变能够释放一个宇宙的可能性。我们能为细小的改变而采取行动,而不是等待某个历史性的运动,然后一切事情都能奇迹般地水到渠成;我们能为更大的改变而采取行动,即使我们关注的是特定人群的需要和需求。

学校和课堂终究还是一个被争夺的空间、一个希望与斗争并存的地方——为了变革的未来或独特的可能性而抱有希望,为从未来意味着什么到谁应该被邀请参与和塑造我们共同的世界的一切事情而斗争。于是,每一波官方"学校改革"——每一项提案、每一次冲动、每一个机会——都必须面对怀疑论、不可知论,并且被我们这些朝着更加民主的未来和更加公正的社会秩序而努力的人的质疑。就算接受了特定的战略及策略,就算参与了特定的斗争,我们必须要有意识地抵抗正统观念、必然之物以及轻信的诱惑,避免陷于教条狂热且躁动不安的市场原教主义占据上风的迹象随处可见,不仅是在大街上,而且也渗入了我们的住所、我们的家庭、我们的祈祷之处——我们引以为豪的私生活之中。私有化重新定义了从医疗保健到犯罪审判、从雇佣兵到私人监狱、从废物处理到选举、从安全到水资源分配的一切事务在这个怪诞的畸形世界中,阶层统治、各式各样的竞争成为了永远的善,利益成为了一种无可非议的美德,效率和标准化成为了一种恩赐,广告成为了一种精美的艺术,个人消费成为了公民参与的最佳体现。

此起彼伏的校园冲突映照出这些问题:商人阶层大量涌现,使建立一个掌握在多数人手里的(现实中也肯定包含一些显著的排斥现象)强有力的、多元化的和资金充沛的公立教育系统的梦想破灭了,进而转向只有少数人受益的私立学校系统。爱迪生学校(Edison school)只是一个极端的案例——沉浸在自由和市场的花言巧语之中,这些自负的、以盈利为目的的快餐式学校(McSchools)既不在生产什么,也不在推销什么,而是依靠一种精巧的骗局,其主要成就似乎就是在"自由选择"(Free choice)的名义之下将公共资金转入私人的囊中。对所有人而言,公共教育的解体已经开始了。

727　　在这种谈不上完全成熟的模式中,"小打小闹"还是较为普遍的,各种标签也是如此:大量资源被用到一种简单任务之中,即将年轻人归类为校园中的赢家和输家;缺乏包容的学校文化对"顺从"和"一致"予以奖励,对"创新"和"勇气"予以惩罚;课程是碎片化的、异化的,以及毫不相关的;层级监督及规章制度将教师的角色削弱为文员或公职人员的角色,犹如一把匕首直插教学的理智和道德核心。

质问商人的信条,例如,质问我们的学校或孩子在这种情形之下是否得到很好的服务,都被贬低为"远离礼貌或严肃的政治话语"。

在这本书结尾,我们需要从根本上反思学校的全部意图和更宏大的意义,正如我们所知的——我们目睹了大量的"错置现象",伴随着各式各样的贫穷和异化出现。这对所有人的生存或福社意味着什么呢?我们的选择又是什么?作为职业培训和生涯预备的学校教育变得不合时宜,然而这个被简化的目标却不断地受到从白宫到州政府的吹捧。学校需要从根本上以一种联结当今现实世界的方式进行重新思考和建构。

我们知道为民主化学校所做的努力不可能在一个极度不民主的秩序中完全实现。一个建立在平等和社区、共享的权力、人道待遇的权利、充分的参与和获取资源的机会之上的课堂,总是会与阶层化的社会、精英主义以及财富和权力的过度集中产生激烈冲突。教育作为人性化的理想——在这项事业中,机遇和资源被组织起来,用于克服那些根深蒂固的和历史性的不公,让每个人都能充分参与政治、社会、文化和经济生活,进而实现自我——与体制的需求——物化每一个人,强迫每个人都对公司机构的需求保持默许——处于直接对立之中。

　　在我们的社会之中,民主的使命、平等主义的诉求,都与公司或市场的律令产生了冲突。学校作为民主的前哨站、坚守正派作风的孤岛——一个平等、接纳、提供机会和尊重人性的场所——动摇了精英主义,值得我们为之奋斗。它们既可以当作行动的号召,也可以当作行动的跳板。但是民主化学校通过自身进行改革却是完全不可能的——变化得越多,他们就越愿意维持原样。如果改革能够取得任何成功,那么它们早已与更广泛的利益共同体建立联系——包括家长、公民和勇于担当的个人。在此时,教师不能去维护教师自身领域,也不能单独地作为一名工会成员,而是要将其自己重新定义为教育者-工人-家长-公民-艺术家-行动主义者。在这个地方,他们拓展了他们的力量和目标。正是这个地方,我们有可能揭示民主与资本的被巧妙地隐藏起来的矛盾。学校不能(就算他们敢)创造出一个新的社会秩序——至少不能单独创造。需要的东西不止这些。

　　今天的市场原教主义者在"所有权社会"(Ownership society)的名义下招摇过市,所有权被假定是被所有人共享的全民性目标,无论是安然的高管,还是工厂工人,抑或是公共住房的居民。这些目前都随处可见,已经渗入到我们的学校、住处、家庭、祈祷的场所——我们的私人生活。这个"所有权社会"正在将一个被狭隘地重新想象和重新定义的公共空间强加于我们,将竞争关系引入从医疗保健到退休福利、犯罪审判、废物处理、选举、公共安全到用水权利的一切事务。任何在传统上是"公共利益"和被公共管理的领域,现在都成为了"开放部门"的一部分,供私人竞购,而公立学校正成为这股反动逆流的中心。公共空间被拆分为几个部门予以拍卖或者由私人经营。

　　在 2001 年的母亲节那天,在以墨西哥人为主体的利特尔村的一群母亲和祖母开始了一场绝食抗议,要求芝加哥公立学校管理委员会的领导层履行其在该社区修建一所新高中的承诺。原本为新学校留出的资金被花在北边的一所新私立学校之上。绝食抗议得到了从教会到社区团体的广泛支持而取得成功,新主管阿恩·杜肯(Arne Duncan)最终宣告资金"被发现"用于在利特尔村修建一所芝加哥地区最昂贵的高中。然而家长们没有因此而罢休。在大量的谈论之后,社区组织决定为那 1 451 名学生建造的新学校应该被设计成为四个规模较小、主题化、享有自治权的高中校区,并且这四个校区共享一个公共空间。

728

　　在 2002 年春季的时候,芝加哥居里高中的一组教师曾给学校董事会致信,宣布他们将作为一个团体拒绝执行标准化测试,因为他们发现标准化测试"并不符合学生的最佳利益"。对他们而言,一个测试都是负担过重的,并且他们计划的拒绝服从行为在当地已经成为轰动性消息。来自其他学校的教师接受了挑战,并很快演变成为一个关于标准和教育测验价值的公开辩论,并且形成了一股反对这项测试的势头。就在数月的时间内,学校董事会宣布它们会中止这项测试,但在这样做之前要开始对整个测试行业进行更深刻的反思。

有时学生开辟了道路,并且一些敏锐清醒的教师——向其学生学习——能对关于勇气及正直的事情略知一二。一群惠特尼·杨高中(Whitney Young High School)已经取得了大学入学资格的孩子抵制学术能力评估考试(SAT),宣称这个考试削弱了任何关于有思想的和吸引人的教育的理念。他们认为这种考试体制会伤害到所有学生,这群既得利益者的反叛对他们的老师提出挑战:教师们必须公开支持或反对学习研究能力测验,以及支持或反对向学生的行动提供支援。学生们发出呼声,教师倾听并采取行动,此时,师生之间产生了共鸣和鼓励。

的确,我们能够为了这黑暗时代而歌唱。与此同时,也去倾听这些由母亲、学生、教师及邻里所组成的"希望协奏曲"。他们聚集在一起并改变了这个世界,或是这个世界的一部分。这些都是激动人心的、不断觉醒的、持续开放的。每一次都是对公平的呼喊。每一次都是沿着道路前行的一步。而我们正结伴而行。

(伍绍杨　译)

参考文献

Brooks, G. (1972). Report from part one. Detroit: Broadside Press.

Zinn, H. (2001). Howard Zinn on history. New York: Seven Stories Press.

相关资源

这项工作耗时很长，但是很多人参与其中。接下来的是我们现在知道和热爱的东西的一张快照、一个瞬间和一个合集——一些信息和灵感的在线来源，我们从艺术类开始。

艺术及行动主义

广告克星(Adbusters)

www. adbusters. org

一个集结了艺术家、活动家、作家、恶作剧者、学生、教育者和企业家的全球网络，他们想要在信息时代推动新的社会行动主义运动。他们的目标是颠覆现存权力结构并且为我们 21 世纪的生存方式带来重大转变。

AREA 芝加哥(AREA Chicago)

areachicago. org

艺术/研究/教育/行动主义。对整个芝加哥地区所发生的事件、活动和集会的不定期的时事通讯。

蜂巢设计团体(Beehive Design Collective)

http：//www. thebeehivecollective. org/

一个艺术及行动主义的团体。他们创作共享的和反版权的图像，这些图像可作为教育或组织的工具。

民众文档：面向公众的档案(Docs Populi: Documents for the Public)

http：//www. docspopuli. org/

这是一个图书馆管理员和数字影像档案管理员林肯·库欣(Lincoln Cushing)所创建的网站。正如库欣所指出的，这个网站是一个令人惊叹的"重要的图像资料"来源，其中包括了中国及古巴的海报艺术，"紧握的拳头"(clenched fist)这一形象的历史，以及劳工与图书馆文物。网站上还有一些其他重要影像来源的链接，包含一个关于 20 世纪三十年代学生运动的网站、政治画报研究中心以及芝加哥妇女画像集的网站。

画像见证：视觉艺术和社会评论（Graphic Witness：Visual Arts and Social Commentary）　　730

http://graphicwitness.org/ineye/index2.htm

该网站致力于通过艺术家们从 20 世纪之交至今所创作的插画形象来进行社会评论，网站上有相关的传记和书目数据库。这个网站包含了墨西哥革命的影像历史、胡戈·格勒特（Hugo Gellert）所创作的关于卡尔·马克思的 1934 年完整版《资本论》的版画以及艺术家们的索引。

嘻哈协会（Hip-Hop Association）

http://www.hiphopassociation.org

"嘻哈协会"社区建立了一个全国性的组织，总部设在纽约市哈莱姆区（Harlem）。协会的使命是将嘻哈文化作为工具，通过媒体应用、科技、教育和领导力发展，促进批判性思维，推动社会变革和团结；在此同时，这也为未来世代保存嘻哈文化。

图形研究所（The Institute for Figuring）

http://www.theiff.org/

图形研究所是一个关注科学、数学和科技艺术的诗意及审美维度的组织。网站包含一个"幼儿园的历史"的线上展示。

正义之种（Justseeds）

http://www.justseeds.org/

"正义之种"/视觉抗议艺术家合作组织是一个去中心化的艺术家社区，艺术家们可以在一个集中的地点在线售卖他们的作品。但网站不仅是一个商城，而且也是一个可以找到关于激进艺术和文化的时事动态的地方。他们的博客涵盖了政治版画制作、大众参与的街头艺术，以及与社会运动相关的文化。这个协会相信个人表达与集体行动相结合能够变革社会。在这个网站上可以购买"人民之历史"海报（样品参见第

51 章）。

激进艺术小组（Radical Art Caucus）

http://www.radicalartcaucus.org

"激进艺术小组"（RAC）的主要使命是促进艺术和艺术历史的学术研究，以回应压迫和反抗的可能性的历史和当代问题。RAC 将一些相关的学者和艺术家汇集起来，他们的研究对象是与基本议题的批判相关的文化条件和实践的实质知识，这些议题包括资源分配不平等、社会阶层，以及对每个历史时期的被剥夺公民权利者造成影响的不公正的政治权力。网站上提供了一些艺术家的个人网站和时事通讯的链接。

731

注册商标（*RTMark*）

http://archive.rhizome.org/artbase/1693/index.html

"注册商标"（RTMark，Registered TradeMark）向互联网用户收集项目理念，然后在网站上列出。每个被列出的项目都有自己的（与项目相关的）讨论列表。如果一个项目需要少许资金来完成，有时候会有一些投资者出面并提供帮助。这些人给世界带来了"芭比解放组织"（Barbie Liberation Organization）、2002 年"电话病假日"、"没问题侠客"（The Yes Men）——见下一条。

"没问题侠客"（The Yes Men）

http://www.theyesmen.org/

这个组织扮演着高级罪犯的角色，为了使其目标在公众面前出丑。他们的目标是一些唯利益至上的领导人和大公司。

第一部分：历史和理论视角

公民参与研究组织（Civic Engagement Research Group）

http://www.civicsurvey.org/

该组织的使命是为政策和项目设计提供证据基础，以推动公民朝向一个高效、公正、人道和民主的社会而努力。该网站提供可下载的报告和文件，以及其他关于公民参与和教育的组织的链接。

民主对话(Democratic Dialogue)

http://www.democraticdialogue.com/

"民主对话"通过一个国际合作研究和传播项目，致力于对教育和社会的民主理念进行批判性研究。该组织的参与者包括教育家、政治科学家、社会学家、哲学家、教师、政策制定者和文化工作者(例如艺术家、策展人和评论家)，以及关注民主教育的理念、冲突、政策和实践的更为广泛的公众社区。通过创新的研究项目、传播方式、社区对话和活动，以及寻求与民主、教育和社会相关的项目的创造性研究方法，"民主对话"超越了学科、制度和国家的边界。网站上提供了这些研究项目的出版物和简介的链接。

高地研究与教育中心(Highlander Research and Education Center)

http://www.highlandercenter.org/

"高地中心"(Highlander Center)是一个成人教育中心，成立于 1932 年，为参与社会和经济正义运动的社区工人提供服务。高地中心的宗旨一直都是为那些与经济不公、贫穷、歧视和环境破坏作斗争的贫穷和工薪阶层提供教育和支持。高地中心的基本原则和指导思想是解决社会问题的答案蕴藏在普通民众的经验和智慧之中。

"社会公平"期刊(Social Justice)

732

http://www.socialjusticejournal.org

这是一个非盈利性的教育季刊，旨在促进人类的尊严、平等、和平以及真正的安全。其早期关注的是犯罪、警察镇压、社会控制和刑事制度等议题，目前已经拓展到涵盖全球化，人权及公民权利，边界、公民身份和移民问题，环境受害者、健康和安全问题、影响福利和教育的社会政策、种族和性别关系，以及持续性的全球不公平等议题。这个网站提供了一个"教师资源"中心，其中包括了教育者可以使用的各种期刊论文和文章。

和平与正义联合会(United for Peace and Justice)

http://www.unitedforpeace.org

和平与正义联合会是一个由遍布美国的超过 1300 个本地及全国性组织组成的联盟。这些组织一起抗议不道德且灾难性的伊拉克战争,并且反对美国政府旷日持久的战争及帝国扩张政策。

第二部分:社会正义教育的国际视角

欧盟的活动,立法概要——第三国权利

http://europa. eu/

这个网站致力于推进"反对种族主义、种族歧视、仇外心理和的有关不容忍行为的世界大会"(*World Conference against Racism*,*Racial Discrimination*,*Xenophobia*,*and Related Intolerance*)的工作。

有色人种抗争组织

http://www. coloursofresistance. org/

"有色人种抗争组织"(COR)是由一群有意识在反全球资本主义的运动中发展反种族主义和多元种族政治的人组成的草根网络。COR 致力于建立一种与全球资本主义对抗的反种族主义、反帝国主义、多元种族主义、女权主义、同性恋和跨性别解放主义以及反独裁主义的运动。

联合国人权宪章(UN Charter of Human Rights)

https://www. un. org/zh/charter-united-nations/index. html

联合国承认人权是一项基本权利,比如,这在联合国宪章的序言中表现得尤为明显:"……重申他们对基本人权、人格尊严和价值以及男女平等权利的信念,并决心促成较大自由中的社会进步和生活水平的改善"。联合国组织在这个领域的主要作用是通过一系列与人权相关的文本实现的(正如这里描述的),有些可以追溯到联合国成立之初。

联合国世界人权宣言(United Nations Universal Declaration of Human Rights)

https：//www. un. org/en/universal-declaration-human-rights/

1948 年 12 月 10 日,联合国大会通过并颁布了《世界人权宣言》,在这个网址上可以看到全文。根据这个具有里程碑意义的法案,联合国大会号召求所有会员国广为宣传,并且"不分国家或领土的政治地位,主要在各级学校和其他教育机构加以传播、展示、阅读和阐述。"

欧洲议会——公民自由、司法和内政事务委员会(European Parliament—Committee for Civil Liberties, Justice, and Home Affairs)

https：//www. europarl. europa. eu/committees/en/LIBE/home. html

这个网站详细描述了委员会的职责,正如《欧洲联盟条约》和《欧洲联盟基本权利宪章》所规定的,该委员会负责保障欧盟管辖范围内的公民权、人权和基本权利,包括对少数群体的保护以及更多其他方面。

欧盟基本权利署(The European Union Agency for Fundamental Rights)

https：//fra. europa. eu/en

欧盟基本权利署(FRA)隶属于欧盟,通过(EC)168/2007 号理事会条例成立于2007 年 2 月 15 日。其总部位于维也纳,前身为欧洲监督种族主义及排外现象监测中心(European Monitoring Centre on Racism and Xenophobia, EUMC)。FRA 是独立运营的机构,并且与国家和国际机构和组织开展合作,尤其是欧洲议会。它也与公民社会组织密切合作。该机构的第一份报告是《欧盟成员国的种族主义及排外现象报告》(Report on Racism and Xenophobia in the EU Member States, 2006),可从以下网址获取 https：//fra. europa. eu/sites/default/files/fra_uploads/11-ar07p2_en. pdf

第三部分：种族、民族和语言：追寻教育的社会正义

黑人激进大会(Black Radical Congress)

http：//www. blackradicalcongress. org/

这是"黑人激进大会"(BRC)的主页。任何认同自己是黑人(非洲黑人或非洲裔),

并且认同其团结原则的个体都有资格成为 BRC 的成员。不论身份,任何个体都可以成为 BRC 的支持者。

"挑战白人至上"工作坊(Challenging White Supremacy)

http://www.cwsworkshop.org/

"挑战白人至上"(CWS)工作坊的组织者相信,能给美国带来根本性社会变革的最有效方式是由有色人种激进行动主义者所领导的基于民众的、多元种族的草根运动。

格林斯伯勒正义基金(Greensboro Justice Fund)

http://www.highlandercenter.org/programs/internships-fellowships-and-volunteers/greensboro-justice-fellowships/

诞生于 1979 年格林斯伯勒大屠杀惨案,格林斯伯勒正义基金致力于服务所有今日在南方为了人类尊严对抗偏见的人群。格林斯伯勒基金协助南方的草根组织,追求种族正义、政治和经济赋权,以及消除源自于种族主义、宗教信仰和同性恋恐惧的暴力。

734 ### 拉丁联合基金会(La Unidad Latina Foundation)

https://www.lulf.org/

拉丁联合基金会成立于 1999 年,作为一个独立、非盈利的慈善组织,致力于促进拉丁社区的教育成就和公民赋权。

全国双语教育协会(National Association for Bilingual Education)

http://www.nabe.org

全国双语教育协会是双语教育或英语作为附加语言(English as an additional language,EAL)教育的主要倡导者之一。全国双语教育协会非常亲民,并且为刚接触双语或 EAL 教育的新手,以及长期的活动家和教育者提供大量资源。这个网站也提供了倡导双语或 EAL 教育的一些相关信息。

地球语言(Terralingua)

http://www.terralingua.org

"地球语言"组织通过创新的研究、教育、政策和切实的行动计划,为生活中的生态文化多样性——世界的生态、文化和语言的多样性——的综合保护、维持和复原提供支持。

Z 站：种族观察(Znet. org: Racewatch)

https://zcomm. org/znet

"Z站"收集了一系列关于社会正义或社会变革议题的文章。这是一个关于种族观察的页面,里面有很多文笔很好的文章归档,主题涵盖了反种族主义白人特权、制度性组织和青年工作等。

第四部分：性别、性和教育社会公平

青年之声(Advocates for Youth)

http://www. advocatesforyouth. org/

这个网站有很多可用于设计性教育的课程计划以及各种相关活动的材料。网站为有色人种青年设立了专门的板块,并且为有色人种妇女设立了一个新的附属网站——www. MySistahs. org(失效)。他们对同性恋群体也十分友好。这个网站也有西班牙语版和法语版。

www. MySistahs. org(已失效)

http://www. womenandprison. org/(新网站)

超媒体教育(Beyondmedia Education)

http://www. beyondmedia. org/

"超媒体教育"的使命是与那些处于劣势和被忽视的妇女、青年和社区开展合作,让他们讲述他们的故事,将这些故事与我们周围的世界联系起来,然后通过非传统媒介和艺术的创作和传播,以促进社会正义。"超媒体教育"与那些亟须媒体教育及服务的社区展开合作,这些社区由于受到经济和政治的排斥而缺乏相关的资源。从1996年以来,"超媒体教育"与超过100个基于社区的组织和学校结成伙伴关系,它们共同创作了从女性青年行动主义到妇女禁闭等主题的媒体艺术。这个网站包含了一个由妇女和女性青年创作的(付费)视频的目录,主题涉及残疾到家中分娩等。

积极性联盟(Coalition for Positive Sexuality)

http://www. positive. org/

这是一个建立在华盛顿特区的草根组织。这个网站有同性恋相关议题的资料。它同时还有一个全国性网络资源库,包括以积极地看待性,以及关于青少年堕胎必须征得父母同意的相关法律的信息。这个网站有英语版和西班牙语版。

男女同性恋与非同志教育网(Gay, Lesbian and Straight Education Network, GLSEN)

www. glsen. org/cgi-bin/iowa/all/home/index. html

该组织致力于保护校园内所有学生和教师免受伤害,无论其持有何种性取向。网站提供了很多关于如何在你的学校建立同性恋或异性恋联盟的信息。GLSEN 也提供对同性恋友好的学校的各种活动和立法的相关信息。

同性恋耻辱(Gay Shame)

https://gayshame. net/

"'同性恋耻辱'是'系统的病毒'。我们致力于一种同性恋的夸张行为表演,使直接行动达到一种令人震撼的戏剧性效果。"这个组织声明,它对一种商业化的同性恋身份感到不满,认为这种身份否定了同性恋斗争与挑战权力结构之间的内在关系。"同性恋耻辱"寻求的是一种新的同性恋行动主义,将种族、阶级、性别和性放在最重要的位置,对消费同性恋的自私"价值观"和日趋伪善的左翼予以还击。"同性恋耻辱"将竭尽全力地发动同性恋群体的才能,与狂暴的同化主义怪物作斗争。

北美中性人协会(Intersex Society of North America)

http://www. isna. org

"北美中性人协会"(ISNA)致力于推动系统性变革,以消除那些与生俱来的身体构造被认为不符合男性或女性标准的人所面临的羞耻感、难以启齿的秘密以及非自愿的生殖器手术。

全国支持性教育联盟(National Coalition to Support Sexuality Education)

736

http://www.siecus.org

该组织由"超过135家全国性的非盈利组织组成,其中很多是促进美国青少年健康、教育和社会正义的卓越模范和发起者"。一神普救派协会(Unitarian Universalist Association)是这些组织的其中之一。这些组织不仅提供与学校性教育相关的资源,而且还有一些组织关注宗教和性。

全国妇女法律中心(The National Women's Law Center)

http://www.nwlc.org/

该组织的使命是保护妇女和女童,并促进她们在工作、学习以及生活的每一方面的进步。

全国性取向教育公共教育项目(The Public Education Regarding Sexual Orientation Nationally Project, P. E. R. S. O. N)

http://www.personproject.org/

这个行动主义网络致力于提供关于公立学校中同性恋及变性人群体的公正、准确和无偏见的信息。他们在其网站上提供了一份极佳的组织手册,以及很多非常好的组织资源的链接。

浪达法律辩护与教育基金会(The Lambda Legal Defense and Education Fund)

http://www.lambdalegal.org/

"浪达法律辩护与教育基金会"是一个追求高影响力诉讼案件、促进公共教育和支持同性恋者、双性恋者及跨性别者(lesbians, gay, bisexuals, transgender, LBGT)、艾滋病患者的平等和公民权利的最古老的全国性组织。浪达基金会的工作对我们的生活方式产生了影响——它致力于改变法律、政策和理念。浪达基金会的法律和公共教育专家,从它们的全国总部纽约和四个地区办公室,包括亚特兰大、芝加哥、达拉斯和洛杉矶,选取能够对保护和促进LBGT群体和艾滋病患者的权利最有影响力的案件和议题。

性及其他(Sex Etc.)

http://www.sexetc.org/

这是一个关于性教育的众多议题的拓展性网站,包括怀孕、性传播疾病、堕胎、虐待和暴力、情绪健康以及其他很多主题。这个网站有留言板、文章以及性教育相关的问题。另一个优势在于——它的编辑部是由年轻人组成。

争取生育自由的高尚青年(Spiritual Youth for Reproductive Freedom)

http://www.syrf.org/

"争取生育自由的高尚青年"(SYRF)教育、组织和赋权青少年和年轻的成年人(16—30岁),使他们能够践行自己的信念,支持女性有权利选择堕胎的社会正义。

第五部分：身体、残疾及追求教育社会公平的斗争

美国残疾人协会(American Association of People with Disabilities)

http://www.aapd.com/index.php

"美国残疾人协会"是美国最大规模的、由不同类型残疾人成员组成的非盈利组织,该组织致力于确保美国超过5600万残疾人的经济自足和政治赋权。

艾滋病解放力量联盟(AIDS Coalition to Unleash Power, *ACT UP*)

http://www.actupny.org/

这是一个多元的、非党派组织,这个组织的成员由于愤怒而团结在一起,并且致力于采取行动终结艾滋病危机。

737　### 残疾人社会历史项目(The Disability Social History Project)

http://www.disabilityhistory.org/dshp_about.html

"残疾人社会历史项目"是一个欢迎大家参与的社区历史项目。它让残疾人有机会重述他们的历史的机会,以及决定他们希望如何定义自身以及他们的抗争。残疾人拥有一个令人振奋和丰富多彩的历史,这段历史应该与世界分享。如果你想加入残疾人社会历史项目,请发送电子邮件,讲述你的残疾人英雄、残疾人历史上的重要事件,以及提供相关资源。

残破边缘(原名为"残疾人边缘")(The Ragged Edge (formerly Disability Rag))

http://www.ragged-edge-mag.com/

"残疾人边缘"创办于 1980 年。1997 年,它从印刷版转向网络版,同时更名为"残破边缘"。这个网站提供了早期残疾人运动的资料以及一些当前的报告,博客链接、诗歌和个人散文。

伊利诺伊大学芝加哥分校残疾人研究协会(UIC Society for Disability Studies)

http://disstudies.org/

"残疾人研究协会"是一个通过研究、艺术作品和教学促进对残疾人的研究的国际性非盈利组织。

第六部分: 青年和教育社会公平

自由儿童(Freechild)

http://www.freechild.org/

"自由儿童"项目是美国和加拿大展开跨国合作,为青少年的发展、赋权和参与提供工具、培训和专家咨询。

贫民区抗争(也被称作"学校不是监狱")Inner City Struggle ("Schools Not Jails")

http://www.innercitystruggle.org/

"贫民区抗争"通过组织博伊尔高地和东洛杉矶的青年和家族追求经济和社会的正义,建设安全、健康和非暴力的社区。

全国反青年军事化网络(The National Network Opposing Militarization of Youth)

http://www.youthandthemilitary.org/

"全国反青年军事化网络"(NNOMY)致力于团结各个群体,以使这个国家形成这样的理解,即为年轻人提供其他和平与可行的选择去实现生命的成功是文明社会的一项重要特征。

社会公平教育(Social Justice Education)

http://www.socialjusticeeducation.org/

"社会公平教育"是一个扎根于波士顿非洲裔美国人、加勒比人和拉丁人社区的机构。这个机构致力于发展青年的领导力。

738

青年理事会(Youth On Board)

https://www.youthonboard.org/

"青年理事会"培养青年人成为其社区的领袖和决策者,并且通过出版物、定制化的工作坊以及技术支持,增强青年人和成年人之间的关系。

青少年恢复行动计划(Youth Restorative Action Project)

http://www.yrap.org/

"青少年恢复行动计划"(YRAP)是一个根据《青少年刑事审判法》(Youth Criminal Justice Act)第18节成立的青少年司法委员会。YRAP是第一个获得授权在青少年法庭帮助那些由于种族主义、不宽容行为和其他重要社会议题而被检控的青少年的委员会。YRAP与那些年轻的违法者讨论犯罪行为所造成的伤害,提出创造性的和有效的解决方案去弥补伤害和以教育和改造的方式解决青少年的行为问题。

第七部分:全球化和教育社会公平

校园反战网络(Campus Antiwar Network)

http://www.campusantiwar.net/

"校园反战网络"是一个反对占领伊拉克和全国范围内校园征兵的最大且最重要的独立、民主和草根的学生网络。

要食物不要炸弹(Food Not Bombs)

http://www.foodnotbombs.net

这个网站旨在帮助社区与全世界范围内的"要食物不要炸弹"运动建立联系。这是一个小规模并且完全自愿的组织,致力于帮助人们建立和维持地方的"要食物不要炸弹"组织。该组织的目标是鼓励人们加入到"要食物不要炸弹"的运动中来,为了和平和社会正义而采取直接行动。

全球化和教育(Globalization and Education)

http://globalizationandeducation.ed.uiuc.edu/

"全球化和教育"是一个提供教育如何被全球化进程所塑造的多元视角的网络资源库。该网站由伊利诺伊大学厄巴诺香槟分校(University of Illinois, Urbana-Champaign)的一群研究生所开发。

人权和社会公平组织(Human Rights and Social Justice Organizations)

739

https://bfsr.abainternational.org/

这个网站提供了其他超过 25 个致力于促进社会正义和人权的不同组织的链接。

人权影像计划(Human Rights Video Project)

http://www.humanrightsproject.org

"人权影像计划"是一项以纪录片作为媒介提升公众对人权议题的意识的全国性图书馆计划。

独立媒体中心(Independent Media Centre)

http://www.indymedia.org

"独立媒体中心"是一个共同运营的媒体网络,以一种激进的、准确的和充满激情的方式讲述事实。这个中心以爱的名义进行工作,并激励人们为了一个更好的世界而奋斗,尽管一些企业媒体对追求自由人性有所曲解,并且不愿意对其进行报道。

"母亲"(MADRE)

http://www.madre.org

作为一个人权组织,"母亲"在记录和谴责虐待行为之外还做了很多工作。"母亲"帮助那些遭受暴力的女生获得公正,并且其最终的目标是改变诱发人权被侵犯的社会环境。

为全球正义而行动(Mobilization for Global Justice)

http://www.globalizethis.org/

在这个网站上找到关于重要的反全球化抗议和共同行动的信息。这个网站的关注点是国际货币基金组织(IMF)和世界银行的相关信息。

不要以我们的名义(Not In Our Name)

http://www.notinourname.net

"不要以我们的名义"(NION)成立于2002年3月在纽约市举行的会议,该会议提出了多种方式去增强和扩大对2001年911事件之后的政府行为的抵抗。在这个网站上提供了区域的联系方式、活动日程表、资源、链接,以及其他关于反战和反全球化的有用信息。

骚动协会(The Ruckus Society)

http://www.ruckus.org/

"骚动协会"为环境、人权和社会正义组织提供工具、培训以及达成其目标所需的支持。

美国学校观察(School of the Americas Watch)

http://www.soaw.org/

"美国学校观察"(SOA Watch)是一个独立组织,它通过不眠和绝食、游行和非暴力抗议,以及媒体和立法工作,迫使美国的军事学校关闭,不管这些学校的名称是什么。

740　第八部分：当社会公平政治遇上实践：教师教育和学校变革

替代性教育资源组织(The Alternative Education Resource Organization)

http://www.educationrevolution.org/

"替代性教育资源组织"(AERO)向家庭、学校和组织提供教育选择的相关信息、资源和指引。AERO向全国和国际传达信息,涉及的主题包括：在家上学、公立和私立的替代性学校,以及特许学校。

社会责任教育者(Educators for Social Responsibility)

http://www.esrnational.org(该组织已更名为"有吸引力的学校"(Engaging Schools)，新网址为 https://engagingschools.org/)

"社会责任教育者"(ESR)帮助教育者创设安全、关怀、尊重及富有成效的教学环境。我们也帮助教学者与年轻人一道,发展他们在学校取得成功所需的社会技能、情感能力和性格特质,并使其成为对其社区有贡献的成员。

国际替代性学习协会(The International Association for Learning Alternatives)

http://www.learningalternatives.net/

"国际替代性认知协会"(IALA)的宗旨是支持父母和学生有权利选择符合其需求、兴趣、学习风格和智力水平的教育项目。IALA 相信千篇一律的教育项目并不适合每一个人,能为所有人提供选择的教育是最好的。

国家公平及公开测试中心(The Nation Center for Fair and Open Testing)

http://www.fairtest.org/

该组织致力于改革或终结标准化测试和推广其他评价方式。它聚焦于消除测试中可能存在的种族、性别、文化和阶级障碍。该网站提供了很多关于测试的文章、事实和统计数据。

全国多元文化教育协会(National Association for Multicultural Education)

http://www.nameorg.org/

"全国多元文化教育协会"(NAME)的愿景是让来自不同层次的教育、不同的学术领域、不同的机构和职业的个体和群体都关注多元文化教育。

北达科他评价研究小组(The North Dakota Study Group on Evaluation, *NDSG*)

http://learn.aero.und.edu/pages.asp? PageID=43095

这是一个由进步主义教育者组成的多元网络,该组织倡导以有效、公平和民主的方式记录和评价学生的学习。该组织持续地关注民主和儿童的生存状态,并从这一视角出发对教育改革和实践提出批判。在线讨论论坛: http://groups.yahoo.com/group/ndsgroup/

741   **学校经费平等(School Funding Equity)**

http://www.geocities.com/~schoolfunding/

访问者可以从这个网站上了解到困扰美国学校的经费差异的概览。

      反对测试学生组织(Students Against Testing)

http://www.nomoretests.com

这个网站旨在成为对抗"唯分数论"的教育制度(即标准化测试)的一股强劲力量同时,"反对测试学生组织"(SAT)也倡导将积极的、创造性的和真实生活的学习活动带进校园。SAT 相信,学生群体最紧迫的行动是以最直接的方式对抗目前困扰学校的无聊且无用的竞争。这个网站提供了大量资源。

      致力于改进学校和教育(Working to Improve Schools and Education)

http://www.ithaca.edu/wise/

这个网站面向教育者和对不同教育议题感兴趣的人。这个网站囊括了一系列教育议题的丰富资源:从校服问题到华德福教育,再到学校中的性别问题。很多教育改革的讨论中没有涉及的议题在这个网站上都有所讨论。这个网站的联络人是杰夫·克劳斯(Jeff Claus),他是伊萨卡学院教师教育中心的教授。

第九部分:课堂、教学法与实践公平

      教育变革

http://www.edchange.org/

"教育变革"致力于学校和社会的公平和正义。它致力于塑造学校、组织及社区,使所有不同的人在其中都有机会不受压迫地生存、学习和繁盛。

      解放教育(Education for Liberation)

http://www.edliberation.org

这是一个由教师、社区活动家、青年、研究者和家长组成的联盟,他们相信好的教育应该教会人们——尤其是低收入阶层和有色人种青年——理解和挑战他们所在社区所面临的不公。

全人教育有限公司(Holistic Education, Inc.)

http://www.holistic-education.net/

全人教育有限公司的使命在于通过全人教育帮助个体最大限度地发展其长处和能力。

纽约激进教育者组织(New York Collective of Radical Educators)

742

http://www.nycore.org

"纽约激进教育者组织"(NYCoRE)由一群公立学校教育者组成,它通过组织和动员教师、开发课程,以及与社区、家长和学生组织合作,在学校系统和更广泛社会中争取社会正义。他们相信教育是社会变革不可或缺的部分,必须同时从课堂之内和课堂之外着手,因为为了正义的抗争不会因为学校铃声响起而结束。

激进数学(Radical Math)

http://www.radicalmath.org

"激进数学"的教师努力将经济和社会正义的议题融入数学课堂之中,并尝试激励和支持其他教育者也这样做。他们认为数学素养是一项公民权利,但美国无法向学生,尤其是低收入的有色人种青年,提供高质量的数学教育,这是一个很严重的社会不公。

《激进教师》(Radical Teacher)——一本社会主义者、女权主义者和反种族主义者的关于教学理论和实践的期刊

https://radicalteacher.library.pitt.edu/ojs/index.php/radicalteacher

《激进教师》是一本面向所有层次和各类机构的教育工作者的独立期刊。这本期刊关注的是批判性教学实践、教育的政治经济学,以及制度抗争。

反思学校(Rethinking Schools)

http://www.rethinkingschools.org/

这个组织由教育者、行政人员、家长、活动家以及其他想要改变学校的人所组成

的。它成立于 20 世纪 80 年代,作为一份应对密尔沃基公立学校问题的杂志。尽管"反思学校"最初是一份季刊(现在仍在发行),它现在也创设了网站,不仅提供过去关于不同主题的文章,而且也提供了相关网站的链接。

为变革而教学

http://www.teachingforchange.org/

"为变革而教学"为教师和学生提供变革学校的工具,使学校可以成为学生学会阅读、写作和改变世界的正义中心。

社会正义教师(Teachers for Social Justice),芝加哥

http://www.teachersforjustice.org/

这个组织由在芝加哥地区的公立学校、私立学校、替代性学校、特许学校和大学工作的教师、行政人员、未来教师和其他教育者组成。基于对社会正义教育的承诺,他们聚集在一起。他们努力使课堂和学校朝向反种族主义、多元文化、多元语言和基于学生经验的方向发展。他们相信所有儿童都应该接受一种既关怀又批判的、学术严谨的教育,帮助学生向社会提出批判性问题和回应这个世界。他们分享理念和课程,并在工作中相互支持。他们也是一个行动主义者组织,致力于在学校政策的公共讨论中发出教育者的声音。

社会正义教师(Teachers for Social Justice),旧金山

http://www.t4sj.org

"社会正义教师"(T4SJ)是领导一个教师支持与发展的非营利草根组织。其使命是向教育者提供机会去自我转化、发展领导力和建设社区,以使课堂、学校、社区和社会产生有意义的变革。T4SJ 将教师和社区教育者组织起来,实施项目和方案,以创设赋权的学习环境,提供更平等的机会去获取资源和权力,建立一种公正和关怀的文化。

教师联盟(Teachers Unite)

http://www.teachersunite.net

"教师联盟"正在创建一个与争取社会、经济和教育公平的学生和家长团结一致的教育者社区。"教师联盟"的政治经济论坛,以及它与一些倡导组织合作的项目,都致

力于帮助教师审视公立教育危机的根源并且采取行动。驱动"教师联盟"的理念是从公立学校毕业的有远见的领导者要与他们的教师一起并肩作战,向权力结构发起挑战和争取平等。

非学校教育网(Unschooling. com)

http://www. unschooling. com/

这个网站提供了一系列非学校教育的资源,包括新闻文章和相关法律的信息。

（伍绍杨 译）

编著者

A·A·埃康(A. A. Akom) 埃康审视了批判性种族理论和青年参与行动研究之间的关系。他的学术研究聚焦于当年轻人及成年人在建构文化、阶级、特权和日常特权的本土意义之时,是如何努力克服种族化的社会行为的。他是旧金山州立大学城市社会学和非洲裔研究的一位助理教授,并在该校的凯撒·查韦斯研究所(the Cesar Chavez Institute)负责教育公平活动。

里奇·李·艾伦(Ricky Lee Allen) 新墨西哥大学教育思想和社会文化研究的助理教授。他的研究领域是不同教育思想形式中白人身份认同政治的作用。

安东尼·阿诺夫(Anthony Aronve) 作家、社会活动家以及公共知识分子。

丹尼斯·阿蒂克(Dennis Attick) 乔治亚州立大学教育社会基础领域的博士研究生。Dennis同时也是桥梁学校(The Bridge)的教务主管,这是一所替代性学校并且还是亚特兰大市青少年犯罪矫正中心。

瑞克·艾尔斯(Rick Ayers) 正在加利福尼亚大学伯克利分校教育研究生院进修语言、文学和文化项目。他是《教师和教材之间》(*Between Teacher and Text*; *Teachers College*)系列书籍的合作主编,也是《伯克利常用俚语词典》(*Berkeley High Slang Dictionary*)的共同编写者(和学生)。

威廉·艾尔斯(William Ayers) 伊利诺伊大学芝加哥分校教师。

琼·巴奈特(Joan Barnatt) 波士顿学院林奇教育学院课程与教学专业的博士研究生。她的研究兴趣包括执教者调查、指导和培训、全球化教育以及学校改革。

祖伊·贝克曼(Zvi Bekerman) 耶路撒冷希伯莱大学学校教育和麦尔顿中心的教育人类学教师。他同时也是希伯莱大学杜鲁门促进和平研究所的研究人员。他的主要研究兴趣在于文化、民族和国家身份认同,包括在跨文化际遇过程及正式或非正式学习情景中自我同一性的演变和达成。

万达·J·布兰切特(Wanda J. Blanchett) 科罗拉多大学丹佛校区及健康科学中心教师教育和推广课程的副院长。他的研究关注不平等问题,包括市区教师培养,种族、阶级、文化和性别问题,特殊教育领域有色人种学生的不均等问题,重度残疾以及残疾学生的性别问题。

格雷斯·李·博格斯(Grace Lee Boggs) 作家兼倡导社会公平超过60年的政治活动家。

745

德龙·博伊尔斯(Deron Boyles)　乔治亚州立大学教育学院教育政策研究的教授。他的研究兴趣在于学校——企业合作、认识论、实用主义，以及约翰·杜威(John Dewey)的哲学思想。

艾伦·布兰特林格(Ellen Brantlinger)　从印第安纳大学布卢明顿分校的课程与教学系退休。她的研究著述是关于社会阶级、残疾人研究、与残疾人有关的性别问题、质性研究以及教师教育。

格雷琴·布莱恩-梅塞尔(Gretchen Brion-Meisels)　成长于马萨诸塞州的剑桥，在那里她努力去理解在不同社会背景下的自身特权。在完成她的毕业论文《白人反种族主义的积极模式》后，她开始在中学担任人文学科教师。在巴尔的摩市的课堂上，她遭遇到了一些制度性不平等所带来的严重影响。受其愿望的不断驱使，她的工作围绕着平等校园的建立而展开。在 2007 年的时候，她开始攻读博士学位。

伊诺拉·布朗(Enora R. Brown)　德保罗大学教育学院的副教授。她主要从事人类发展的批判性研究，关注社会文化及心理过程、人际互动，以及构建人类发展和身份建构的制度层次。她的著作强调建构年轻人身份认同和教师身份认同之间的交互作用、教育政策与改革，以及种族的社会历史因素和学校情境下的社会阶级分类。

赫克托·卡尔德龙(Héctor Calderón)　埃尔蓬特和平与正义学院的校长。

帕特里克·卡马吉安(Patrick Camangian)　旧金山大学教育学院与教师教育系的助理教授。

朱利奥·卡马罗塔(Julio Cammarota)　亚利桑那大学人类学应用研究所墨西哥裔美国人研究中心的助理教授。他的研究关注拉丁裔青年的解放行动、学术成就中的制度性因素以及解放教育学。他发表了一些关于拉丁裔人群的家庭、工作、教育，以及文化和学术成就之间关系的文章。

托尼·卡鲁西(Tony Carusi)　乔治亚州立大学教育政策研究的教师教育者及博士研究生，专注于教育哲学思想。他的主要研究包括对为学校教育提供经济合理性并界定相关公共教育群体的实证主义教育理念进行意识批判。

拉斐尔·卡萨尔(Rafael Casal)　赢得大量奖项的诗人活动家，其中包括美国诗歌朗诵擂台赛。他是一个独立的音乐制片人并且为旧金山的"青年之声"工作。

珍妮弗·陈(Jennifer Chan)　不列颠哥伦比亚大学的副教授。她的研究关注全球治理问题，尤其是人权和教育多元化、跨国社会运动、日本公民社会、日本和法国的教育多元文化主义发展。她最新的著作包括《日本的性别和人权政治：国际规范与国

746

内网络》(*Gender and Human Rights Politics in Japan：Global Norms and Domestic Networks*)，以及《另一个日本是有可能的：新社会运动和日本的全球公民教育》(*Another Japan is Possible：New Social Movements and Global Citizenship Education in Japan*)。

玛丽莲·科克伦-史密斯(Marilyn Cochran-Smith) 约翰·E·考索恩教育千禧年主席，并在波士顿学院林奇教育学院主持课程与教学专业的博士生课程。美国教育研究协会 2007 年"教师教育领域政策、实践和政治"实践研究获奖者。她的研究兴趣包括教学及教师教育研究、社会公正和执教者调查。

大卫·J·康纳(David J. Connor) 纽约大学亨特学院教育学院的副教授。他的研究包括残疾人研究、认知缺陷以及关于教育的种族、阶级、性别问题。

金伯利·科西尔(Kimberly Cosier) 威斯康辛大学密尔沃基分校的副教授，从事教师理论与实践艺术教育、艺术与视觉认知以及 3D 概念的教学，并担任艺术教育的学监教师。

希拉里·达基(Hillary Dachi) 高级讲师，教育规划行政部门的负责人，教育战略规划委员会主席，达累斯萨拉姆大学评议会的成员。他的研究兴趣包括了教育资助、教育行政和规划、劳动儿童的教育以及全球化和教育政策。

大卫·M·唐纳修(David M. Donahue) 加利福尼亚州奥克兰米尔斯学院的副教授，从事中学教师认证。之前曾负责米尔斯学院服务学习计划。他从事大赦国际的人权教育计划及加拿大平权会国际中心的人权教育工作已逾 15 年，在全球范围内制定和引领着教师和社会活动家的人权培训计划。

杰弗里·邓肯-安德拉德(Jeffrey Duncan-Andrade) 旧金山州立大学凯撒·查韦斯活动中心负责教育公平倡议行动的主管，种族意识研究和教育学院的助理教授。他同时在加利福尼亚东奥克兰地区从事 12 年级的英语文学课程教学。

劳拉·C·恩格尔(Laura C. Engel) 英国诺丁汉大学教育学院的研究人员。她是教育公平及差异化研究中心的成员，同时也是联合国教科文组织比较教育中心的成员。目前，她正在从事 2 个欧盟框架计划和 6 个研究项目，这些都围绕着欧洲境内的全纳现象、教育政策、公民权以及终身学习所带来的交叉性问题展开讨论。她的研究兴趣也包含了全球化、多级治理以及教育政策。

贝丝·A·费里(Beth A. Ferri) 美国雪城大学副教授，在雪城大学她将特殊教育的博士课程和全纳(特殊)教育(7—12 年级)的硕士课程相协调。她同时也是残疾人研究计划的核心成员及妇女研究的协助成员。她最近和 David J. Connor 合编了书籍《解读反抗：废除种族隔离的排斥性话语及对全纳的争论》(*Reading Resistance*：*Discourses of Exclusion in Desegregation and Inclusion Debates*)。

吉姆·费里斯(Jim Ferris) 引领残疾人研究的国际性学术组织残疾人研究协会前任主席,也是获奖图书《医院诗集》(*The Hospital Poems*)的作者。他的著作发表在很多期刊上,包括《乔治亚评论》(*The Georgia Review*)和《密歇根季评》(*Michigan Quarterly Review*)。作为一个曾经的记者和电视节目制作人,他也获得了托莱多大学残疾人研究的首席教授席位,并负责残疾人研究计划。

古斯塔沃·E·费希曼(Gustavo E. Fischman) 亚利桑那州立大学玛丽·卢·富尔顿(Mary Lou Fulton)教育学院课程与政策研究副教授。他的研究领域是比较教育、教育的性别研究、批判性教学,以及基于形象的教育研究方法运用。他是《塑造教师：师范教育、性别、法规及土地的重新思考：流失的历史》(*Imaging Teachers*：*Rethinking Teacher Education and Gender/La Ley y La Tierra*：*Historia de un Despojo*)的作者。

戴维·加伯德(David Gabbard) 因其在批判性教育政策研究和民主教育理论而获得国内外的认可。除了已经出版的五本书籍之外,他的学术创作记录包含了超过50篇文章及专著章节。他的书籍《全球经济的知识和力量：学校改革的政治和修辞》(*Knowledge and Power in a Global Economy*：*Politics and the Rhetoric of School Reform*)的出版荣获了美国教育研究协会 2001 年的"评论家之宠"(the Critic's Choice Award)奖。

苏珊·L·加贝尔(Susan L. Gabel) 她是国家路易斯大学国家教育学院特殊教育专业教授,从事残疾人教育、特殊教育和教育原理的课程教学。她的研究关注教育领域残疾人的社会及政治情境。她主编了《教育界残疾人研究：理论及方法解读》(*Disability Studies in Educaiton*：*Readings in Theory and Method*),并且与 Scot Danforth 共同编写了《面对教育界残疾人研究的致命问题》(*Vital Questions Facing Disability Studies in Education*)。

路易斯·阿曼多·甘丁(Luis Armando Gandin) 巴西阿雷格里港南里奥格兰德联邦大学教育学院教育社会学教授。他是期刊《无边界课程》(*Currículo sem Fronteiras/Curriculum without Borders*, http://www. curriculosemfronteiras. org)的编辑之一,这是一个开放获取、同行评审的教育出版物。他还是期刊《教育与现实》

(*Educaçao & Realidade/Education Reality*)的编辑。Gandin 教授一直从事教育社会学、国际比较教育、批判性教育和教学、教育政策,以及进步主义教育改革领域的研究和写作。他已出版了 6 本书(作为主要作者或主编),并且作为两本批判性教育和教育社会学方面的国际手册的主编之一。

大卫·吉尔伯恩(David Gillborn) 伦敦大学教育学院的教育学教授,同时是期刊《民族、种族及教育》(*Race,Ethnicity,and Education*)的编辑。

卡尔·A·格兰特(Carl A. Grant) 威斯康星大学麦迪逊分校课程教学系赫夫斯-巴斯科姆(Hoefs-Bascom)荣誉教授,同时也是非洲裔美国人研究所教授。他已经在多元文化教育领域或师范教育领域撰写或主编了 25 本书籍或专著以及超过 135 篇文章、书籍章节和评论。

埃里克(里科)·古斯坦[Eric (Rico) Gutstein] 在伊利诺伊大学芝加哥分校从事数学教育。他的领域是数学教学的社会公平、弗莱雷教学法以及市区教育。他教授初中数学和高中数学。Rico 是"教师社会公平"(芝加哥)组织的创始人之一并且是社会活动的积极参与者。他是《凭借数学读写世界:指向社会公平的教学》(*Reading and Writing the World with Mathematics:Toward a Pedagogy for Social Justice*)的作者。

埃里克·哈斯(Eric Haas) 美国洛克里奇研究所(the Rockridge Institute)的高级研究员。

霍勒斯·R·霍尔(Horace R. Hall) 德保罗大学教育政策研究系助理教授。他同时也是基于芝加哥的青年计划"REAL"(尊重、卓越、态度和领导权)的创始人和负责人。REAL 为学生提供一个艺术性地展示自身的校内空间,同时使其获得关于社会、政治和经济因素如何塑造周围世界的洞察力。

安妮特·亨利(Annette Henry) 华盛顿大学塔科马分校多元文化教育教授。她的研究在审视美国和加拿大黑人女教师实践的同时,审视社会文化教学背景下的种族、语言、性别和文化。她的兴趣涵盖了不同的认识论和方法论,并有大量关于黑人女性研究概念性及方法论问题的论述。

安娜·希基-穆迪(Anna Hickey-Moody) 澳大利亚莫纳什大学创新艺术教育讲师。她的专题著作《不可思议的身体》(*Unimaginable Bodies*)已于 2008 年问世。从 1999 年以来,Anna 一直在大学从教,并且 1996 年以来一直在扎根于社区环境中。她的研究通过关注边缘化青年的社会公平,将创新艺术和文化研究结合在一起。

帕特里夏·胡尔塞博什(Patricia Hulsebosch)　高立德大学教育学教授及副院长，从事课程论教育和早期儿童教育。她的研究专注于家庭、学校、社区之间的关系以及文化对教学的影响。

大卫·赫尔什(David Hursh)　罗彻斯特大学华纳教育研究院副教授。他最近的研究是调查高风险测试的兴起和新自由主义思想背景中的问责制的关系，以及正在改变的治理形式。他近期在《美国教育研究杂志》(*American Educational Research Journal*)、《教育政策未来》(*Policy Futures in Education*)以及《民族、种族及教育》(*Race，Ethnicity，and Education*)上发表了一系列文章。

阿曼达·凯迪(Amanda Keddie)　昆士兰大学博士后研究员。她的教学领域、研究和著述关注教学、性别、男子气概、学校教育，以及社会公平等问题。她近期出版了她的第一本合著书《教授孩童：发展有效的课堂实践》(*Teaching Boys：Developing Classroom Practices that Work*)(与 Martin Mills 合作)。

简·肯威(Jane Kenway)　澳大利亚莫纳什大学教育学教授。她的研究专业是在宏观社会、文化及政治变革背景下的教育改革政治。她最近参与编写了《超越都市的男子气概》(*Masculinity Beyond the Metropolis*)、《令人不安的知识经济》(*Haunting the Knowledge Economy*)以及《毁灭儿童：教育——广告——娱乐》(*Consuming Children：Educaiton—Advertising—Entertainment*)。

凯文·K·熊代(Kevin K. Kumashiro)　伊利诺伊大学芝加哥分校政策研究副教授，并且是反压迫教育中心的创始负责人。他在美国境内外的学校及大学担任教师和教师教育者，同时也是学区、教育组织、政府机构的顾问。他总共撰写或主编了七本书，包括《令人烦恼的教育》(*Troubling Education*)，此书荣获 2003 年古斯塔夫斯迈尔斯杰出图书奖(Gustavus Myers Outstanding Book Award)。

尼萨·科瓦(Nishat Kurwa)　领导青年电台(Youth Radio)新闻室和国际业务部，与旧金山大湾区的记者一起，为本地和全国的青年电台录制国际性的故事。1995 年秋季从青年电台的核心项目毕业后，她转而成为 KMEL 公共事务节目《戴维·D 的街头知识》(*Street Knowledge with Davey D*)的制片人，目前也是旧金山 KCBS 广播的新闻制片人。2004 年，Kurwa 女士被任命为萨尔斯堡研讨会成员。

维姬·拉博斯凯(Vicki K. LaBoskey)　加利福尼亚州奥克兰米尔斯学院教育学教授，从事教学的同时管理"明日学校教师认证项目"的初级部分。她的研究和咨询工作集中于在教师行为演变过程中，通过反思性教学、叙事研究、个人学习的平等目标及

749

社会公平所建立的制度,对教师教育者和职前与在职教师给予支持。

兰德尔·拉汉(Randall Lahann) 波士顿学院林奇教育学院课程教学论博士生。她的研究兴趣包括社会公平教师教育以及教师培养计划的备选路径。

尼古拉斯·兰珀特(Nicolas Lampert) 以密尔沃基/芝加哥为基地的跨学科艺术家及作家。他与公平种子/视觉抗争(Justseeds/Visual Resistance,http:www.justseeds.com)、街头艺术工作者组织(the Street Art Workers,http:www.streetartworkes.org),以及剪涂电子杂志项目(the Cut and Paint e-zine project,http:www.cutandpaint.org)协同工作。他的视觉艺术工作网站:http:www.machineanimalcollages.com.

莉萨·李(Lisa Lee) 伊利诺伊大学芝加哥分校内简·亚当斯·赫尔(Jane Addams Hull)之屋(赫尔馆)博物馆的主管。

佩皮·莱斯蒂纳(Pepi Leistyna) 马萨诸塞大学波士顿分校应用语言研究所副教授。在那里,他协调了研究计划并且从事文化研究、媒体素养、语言习得的课程教学。在民主、公共教育、社会公平的国际性问题上,他发表了一系列期刊文章,相关著作包括《打破自由:批判性教学的权力转换》(*Breaking Free:The Transformative Power of Critical Pedagogy*)。

宙斯·莱昂纳多(Zeus Leonardo) 是《意识形态、话语权和学校改革》(*Ideology,Discourse,and School Reform*;Praeger 版)的作者、《批判性和种族》(*Critical Pedagogy and Race*;Blackwell 版)的主编,以及《奇卡诺拉丁裔教育新领域界定》(*Charting New Terrains of Chicano(a)/Latino(a) Education*;Hampton 版)的合编者(与 Tejeda 和 Martinez)。他的文章发表在了《教育研究者》(*Educational Researcher*)、《民族、种族及教育》(*Race,Ethnicity,and Education*)和《教育哲学和理论》(*Educational Philosophy and Theory*)上。

750 　　**阿维·莱辛(Avi Lessing)** 芝加哥郊区高中的一名教师,从事英语选修课"尝试解读文学和世界"的教学。他在课堂上使用戏剧、讲故事、沉思、治疗模式来引发更大的自我意识与社区意识。

阿曼达·刘易斯(Amanda Lewis) 乔治亚亚特兰大埃默里大学社会学副教授。她的研究专注于种族如何塑造从幼儿园到研究生院期间的教育机会以及我们关于种族的日常意识是如何达成一致的。她在一些专题上的研究已经刊登在大量的书籍和期刊之上,包括《社会学理论》(*Sociological Theory*)、《美国教育研究杂志》(*American*

Educational Research Journal)、《美国行为科学家》(*American Behavioral Scientist*)以及《杜博斯评论》(*Du Bois Review*)。

波琳·利普曼(Pauline Lipman) 伊利诺伊大学芝加哥分校教育学院政策研究教授,以及教育平等和公平集体的主管。她的研究关注学校中的种族和阶级不平等、全球化,以及政治经济和市区教育环境下的种族文化政治。她是芝加哥的教育活动家,并著有《重建学校中的民族、阶级和权力》(*Race, Class, and Power in School Restructuring*)和《高风险教育:不平等、全球化和市区学校改革》(*High Stakes Education: Inequality, Globalization, and Urban School Reform*)。

乔希·麦克菲(Josh MacPhee) 是一位目前居住在纽约布鲁克林的艺术家、策展人和社会活动家。他的作品经常围绕着激进政治、私有化和公共空间等主题。他最近的一本书是《复制和反抗》(*Reproduce & Rvolt/Reproduce Y Rebélate*;Soft Skull Press,2008;与 Favianna Rodriguez 合编)。他还组织了"颂扬人民之历史"海报系列,这也属于公平种子的公共艺术品之一。

桑德拉·马西森(Sandra Mathison) 不列颠哥伦比亚大学教育学教授。她的研究关注作为学校民主化实践的评价的潜力与缺陷,而近期强调通过简化的、基于效果的问责策略对学校评价的有害行为提出批判。

贝利亚·马耶诺·萨维德拉(Belia Mayeno Saavedra) 南布朗克斯非营利组织"不间断之声"研讨会的协调者及促进者,这个组织为遭受监禁的妇女和女孩提供具有创造性写作和诗歌研讨会。她目前正在曼哈顿亨特学院学习英语和非洲裔/拉丁裔研究。1997 年,她从青年电台中的核心项目中毕业,并且赢得了广播电视新闻编辑艾德·布莱德利奖学金,同时获得了美国妇女广播电视格雷西奖。

克里斯·梅奥(Cris Mayo) 伊利诺伊大学大学香槟分校教育政策研究及性别和女性研究副教授。她在性别研究和教育哲学领域的著作包括《有争议的性别话题:性倾向和公立学校之争》(*Disputing the Subject of Sex: Sexuality and Public School Controversies*),同时还在《教育理论》(*Educational Theory*)、《教育哲学》(*Philosophy of Education*)和《教育哲学研究》(*Philosophical Studies in Education*)上发表文章。

兰斯·T·麦克雷迪(Lance T. McCready) 多伦多大学安大略教育研究院市区教育助理教授。他从加州利福尼亚大学伯克利分校获得了社会文化研究的博士文凭,研究方向为妇女、性别、性倾向等。McCready 博士的研究和著述专注于市区教育课程和教学问题,尤其是市区学校中黑人男性学生面临的"麻烦"。

751   **雷·麦克德莫特(Ray McDermott)** 从小学老师转变而来的文化人类学家。四十年以来,他一直运用文化分析手段揭示学生如何学习、学校如何运转,以及为什么美国人在这两者之间的投入严重失配。尤其是近期,他一直从事于认知、天才、公平、逻辑和身体等观念的思想史研究。他是《成功的失败：学校的美式建构》(*Successful Failure：The Schools America Builds*)的作者(与 Hervé Varenne 合作),并且是《精细描述》(*Fine Description*)的主编之一(与 Joel Kuipers 合作)。

    莫尔瓦·麦克唐纳(Morva McDonald) 华盛顿大学教育学院教育学助理教授。她的研究关注教师教育以及多样化教师培养,同时还有学生校内外学习机会。她使用学习的社会文化理论去构建和理解教师培养以及学生学习机会。

    埃丽卡·R·迈勒斯(Erica R. Meiners) 伊利诺伊州西北大学教育学及妇女研究副教授,她参与了大量芝加哥本地社会公平的法案,这些法案与监狱抗争、同性恋组织,以及教育公平有关。1999 年以来,她一直在曾被监禁的男女就读的替代性高中从事教学及协调工作,她还是《敌对的权利：学校、监狱和制造公敌》(*Right to Be Hostile：Schools, Prisons and Making of Public Enemies*, 2007)的作者。

    格雷戈里·米奇(Gregory Michie) 伊利诺伊州立大学课程与教学系教师,在那里他与芝加哥的各所公立学校协调组织了为期一年的学生教学实习计划。他也是《听到我就呐喊：一个教师及其学生的教育》(*Holler if You Hear Me：The Education of a Teacher and His Students*)的作者,这是其在芝加哥从教经验的回忆录。

    马丁·米尔斯(Martin Mills) 澳大利亚昆士兰大学教育学院副教授,同时也是英国伦敦罗汉普顿大学客座教授。他从事性别和教育、暴力、以及学校改革与教学领域的教学和研究工作。他最近的著作包括《挑战学校暴力：一个男子气概的问题》(*Challenging Violence in Schools：An Issue of Masculinities*, 2001),以及合著的《引导学习：使学校的期望变得实际》(*Leading Learning：Making Hope Practical in Schools*, 2003)。

    卡伦·蒙克曼(Karen Monkman) 德保罗大学教育政策研究室副教授,也是博士课程的负责人。她从事比较教育、人类学、教育社会学以及质性研究方法的课程教学。她的研究关注美国境内及世界低收入地区的教育与全球化、移民和性别之间的关系。

    珍妮弗·米勒(Jennifer Mueller) 威斯康辛大学密尔沃基分校课程与教学系助理教授。她的研究专注于教师教育,尤其是在政策、教学,以及在市区和多元化学校中创设培养高效、公正教学教师的学习情境项目方面。

萨丽姆·穆瓦基尔(Salim Muwakkil)　致力于为了社会、环境和经济公平而普及和分析民众运动的杂志《在这个时代》(*In These Times*)的资深编辑。他目前是开放社会研究所犯罪学和社区媒体研究员，研究前因犯和黑人社区处于领导地位的帮派领袖所带来的影响。Muwakkil 正在制作纪录片《芝加哥帮派：一个美国故事》(*Chicago Gangs：An American Story*)。并且，他也正在为记载芝加哥第一个黑人市长 Harold Washington 的图片集撰写文本。

752

卡拉·奥康纳(Carla O'Connor)　密歇根大学亚瑟·F·图尔瑙(Arthur F. Thurman)教授和教育学副教授。她的研究关注种族身份、学术研究和黑人青年的教育复原力。

伊丽莎白·C·佩恩(Elizabethe C. Payne)　雪城大学教育系文化基金会的教育社会学家。她同时也是在纽约中心地区支持同性恋、双性恋及变性者青年中心，即"Q 中心"(The Q Center)的创始负责人。伊丽莎白的研究专注未成年女同性恋的生活历程，同性恋、双性恋及变性者青年的学校历程，以及学校的艾滋病和性教育。她在学校教授质性研究方法、青年文化，以及同性恋青年体验等课程。

特雷丝·奎因(Therese Quinn)　芝加哥艺术学院艺术教育系副教授。她与 Erica Meiners 共同撰写了一本书，探讨私有化对公立学校同性恋教师和学生的影响。

杰森·杜克·雷利(Jason Duque Raley)　毕业于加利福尼亚大学圣芭芭拉分校，他在社会关系的局部结构、即兴创作的分析和学校所呈现的特殊可能性(和问题)上展现出宽泛的兴趣。他目前的研究包括面对面接触中的信任和权威问题以及学校话语中相互影响的因素构成，并从事动机的思想史研究。

米尔顿·雷诺兹(Milton Reynolds)　国际教育专业发展和课程开发组织，"面对历史和我们自己"项目的助理。他最近主持了基于湾景区/猎人角的青年领导力/环境公平组织环境公平素养委员会的工作，也同时服务于工作小组委员会，除此之外还在圣马特奥市青少年司法与犯罪预防委员会担任委员。

安娜·E·里克特(Anna E. Richert)　加利福尼亚州奥克兰米尔斯学院教育系的教育学教授。她是该校硕士/认证及"明日学校教师认证项目"的负责人。最近，Richert 成为了卡内基教师教育学者，她目前的研究关注市区教师培养目标下基于网络的多层级行为表现具有的潜能。她的研究着眼于教师的学习和学校改革的交汇点。

法扎尔·里兹维(Fazal Rizvi)　伊利诺伊大学大学香槟分校教育政策研究教授，指导教育项目的全球研究。他的新书《全球化教育政策》(*Globalizing Educational*

Policy)已于 2008 年出版。

苏珊·R·罗伯逊(Susan L. Robertson) 英国布里斯托尔大学教育社会学教授。她近期的研究关切点通过对经济规划和社会公平之间关系的特别聚焦,囊括了全球化进程、区域化和教育。她是布里斯托尔大学全球化、教育和社会中心的课程协调人,并与他人共同创办了《全球化、社会和教育》(*Globalization*,*Societies and Education*)杂志。

753　**奥古斯丁·F·罗梅罗(Augustine F. Romero)** 图森联合学区种族研究高级学术主管。他是亚利桑那大学语言阅读与文化系博士研究生。Augustine 的研究关注指向批判性情感理智主义的运动及其对有色人种儿童的影响。

肯尼思·J·索尔特曼(Kenneth J. Saltman) 芝加哥德保罗大学教育政策研究副教授。他的研究审视与宏观政治、文化和经济事物相关联的教育政治及政策。他的著作包括《利用混乱:进入并破坏公立学校》(*Capitalizing on Disaster*:*Taking and Breaking Public Schools*)、《爱迪生学校》(*The Edison Schools*)、《间接的破坏》(*Collateral Damage*)。

马拉·萨蓬-谢文(Mara Sapon-Shevin) 美国雪城大学全纳教育教授,并且是社区和平活动家。她所投入的领域包括社会公平教学、音乐和教育运动、反种族主义、反同性恋恐惧症的研究以及教师教育。她积极地参与中东和平问题、反战运动,以及倡导社会公平。她最近的一本著作是《拓展圈子:全纳课堂的力量》(*Widening the Circle*:*The Power of Inclusive Classrooms*)。

朱莉·塞尔(Julie Searle) 加利福尼亚大学伯克利分校的英语和历史老师。她写了一些艺术本位教育及语言发展的文章,同时是"可食校园"计划(the Edible School Yard)指导委员会的一员。作为三个女儿的家长,她是以奥克兰为基地的家长反战组织(Parents Against the War)的共同创始人,之前也在旧金山的诗歌中心工作。

凯伦·沙克曼(Karen Shakman) 波士顿学院林奇教育学院博士研究生。她是学会教学的纵向质性案例研究方面的首席研究员。她的研究兴趣包括社会公平教师教育、教师入职培训以及学校情境对教师的影响。

劳伦·E·西姆斯(Laurene E. Simms) 高立德大学教育系教授。她同时也是该校研究生项目的负责人。

托夫·斯库特纳布-坎加斯(Tove Skutnabb-Kangas) 丹麦罗斯基勒大学和芬兰埃博学术大学荣誉退休教授。他已经撰写或主编了约 50 本著作和将近 400 篇文章及书目章节,这些成果被翻译成为 31 种语言,内容涉及少数民族教育、语言人权、语言清洗、英语的负向传播、生物多样性和语言多样性的关系。她是 2003 年国际母语日奖获得者。

克里斯汀·斯里特(Christine E. Sleeter) 加利福尼亚州立大学蒙特雷湾分校职业研究学院荣誉退休教授。她的研究关注反种族主义的多元文化教育和教师教育。她已经获得了包括加利福尼亚州立大学蒙特雷湾总统奖章、全国多元文化教育研究协会奖、美国教育研究协会少数族裔在教育中的身份及地位委员会卓越学者奖等若干奖项。

安德鲁·斯迈勒(Andrew P. Smiler) 纽约州立大学奥斯威戈分校心理学助理教授。他的研究关注个体构成方式(包括男性和女性)、定义及规定男子气概的概念,以及文化影响(活动选项、媒体)。他同样也做未成年人及年轻成年人的爱情和性行为研究。

伊丽莎白·索普(Elisabeth Soep) 全国性青年发展组织和独立制片公司"青年电台"的教务主管及资深制片人。在那里,她与其他记者为了美国国家公共电台和其他地方电台的报道而展开合作。她从斯坦福大学取得了教育博士学位,并且从事年轻人、媒体文化和教育方面的写作和教学。她的研究被发表在了包括《哈佛教育评论》(*Harvard Educational Review*)和《师范学院记录》(*Teachers College Record*)等杂志上。

754

大卫·斯托瓦尔(David Stovall) 伊利诺伊大学芝加哥分校政策研究和非洲裔美国人研究助理教授。他同时也是大劳恩代尔利特尔镇社会公平高中的社会研究志愿教师。

凯伦·艾米丽·撒塔姆(Karen Emily Suurtamm) 渥太华大学教育系的教育研究单元"民主对话"的项目负责人。

劳伦斯·谭(Laurence Tan) 122 号大街小学的全职教师。利用他作为移民在圣地亚哥市边境成长的经验,他与年轻人和家庭一道朝着社会变革和社区建构的方向发展。Laurence 参与了众多社区和基于公平的草根组织,目前他投入最大并引以为荣的工作是与其曾经的五年级学生成立了沃茨青年小组(Watts Youth Collective, WYC)来积极地改变他们的沃茨社区。

谢利·K·泰勒(Shelley K. Taylor) 她在西安大略大学教育系从教,教授英语和法语作为第二语言/多种语言教育的课程、少数族裔语言问题,并将微观层面(基于课堂)的人种志研究导入宏观视野(社会政治)之中。她目前在作为外语的英语教学方面处于领导地位。

戴安娜·特雷尔(Dianna Terrell) 波士顿学院林奇教育学院课程与教学专业博士研究生。她的研究兴趣在于中学历史课程与公民教育、社会公平,以及教育政策。

海伦·R·图曼(Helen R. Thumann) 高立德大学教育系副教授和本科生课程负责人。她的兴趣领域包括了聋人和听力障碍儿童教育、未成年人和成年人的读写教育、学校到工作的转变、双语教育以及教师培养等。

里昂·蒂克利(Leon Tikly) 布里斯托尔大学教育学教授,并且是低收入国家实施教育质量研究项目联盟(EdQual)的负责人。他的研究兴趣包括全球化对非洲的社会公平与教育的影响以及英国的黑人和少数民族学习者的成就。

阿曼多·托雷斯(Armando Torres) 在他毕业的加利福尼亚州里士满市里士满高中教授社会科学。他的目标是要将尊严和同情心带入到不同学习者所构成的课堂中,并且教会他们如何引领独立、成功的生活。

马克·A·范奥弗贝克(Marc A. VanOverbeke) 北伊利诺伊大学教育学院助理教授,从事教育史和教育原理的课程教学。他在威斯康星大学麦迪逊校区获得教育政策研究博士学位。

K·韦恩·杨(K. Wayne Yang) 加利福尼亚大学圣地亚哥分校种族研究助理教授。

乔尔·韦斯特海默(Joel Westheimer) 渥太华大学民主和教育研究主席,并且是该校教育社会基金会的教授。在渥太华大学,他还管理着网站 www. DemocraticDialogue. com。他近期的著作是《宣誓效忠:美国学校的爱国主义政治》(*Pledging Allegiance*:*The Politics of Patriotism in America's Schools*;Teachers College Press,2007)。

肯尼思·M·泽伊克纳(Kenneth M. Zeichner) 威斯康星大学麦迪逊校区赫夫斯-巴斯科姆(Hoefs-Bascom)荣誉教授。

(伍绍杨 译)

索　引*

A

Abjection　贱民化

concept, 95　97 - 99　贱民化的概念

historical and spatial processes, 97 - 99　历史和空间过程

moving scapes of, 104　贱民化的移动景观

processes, 97 - 98　贱民化的过程

Ableism, 377 - 378　健全至上

Abolitionist movement, 88　废奴运动

Aboriginal Australians 澳大利亚土著

alcohol, 103　酒精

contested subordination, 99　饱受争议的从属关系

deployment of abjet splitting, 103　运用贱民化

government welfare support, White backlash, 98 - 99　政府福利支持, 白人的抵制

history, 98　澳大利亚土著的历史

life chances and opportunities of males, 98　男性的生活际遇与机会

moving abjection, 104　移动的贱民化

processes of abjection, 97 - 99　贱民化的过程

tourist gaze, 99 - 102　游客的目光

Walkabout Australian Travel Guide, 102　澳大利亚丛林流浪旅行指南

Aboriginal culture temporally distinct, 100 - 101　暂时将原住民文化区别开来

acceptable and commodifiable parts, 100, 101 - 102　可接受并可以商品化的部分

artificial authenticities, 102 - 104　模拟现实

Coober Pedy, 101 - 102　库伯·佩迪

denials and erasures, 100　否认和抹掉

erasure and spatial purification, 102 - 104　抹除和空间净化

Fairfax Digital's international tourist website, 102 - 104　费尔法克斯数码公司的国际旅游网站

historical and spatial fixing, 100　历史和空间定位

White legal system, 103 - 104　白人法律体系

Academic achievement　学业成就

hope, 451 - 452　希望

positive self-identity, 451 - 452　积极的自我认同

racism, White teachers, 641 - 642　种族主义, 白人教师

sense of purpose, 451 - 452　目的意识

Academic failure, urban schools, 449　学业

---

*索引中的页码, 均指原版书页码, 请按中文版边码检索。——编辑注

失败，城市学校

Academic identity, Chicana/o students, 472 – 473　学术认同，墨西哥裔学生

Accelerated secondary school program, evaluation, 5 – 15　中学快班课程，教育评估

Access, 577 – 579　入学机会

democratization, 571 – 579　入学机会民主化

Accountability, 6　问责制

Acculturation-acquisition plan, 69 – 70　文化适应-兼并计划

ACT UP, 55　艾滋病解放力量联盟

Activism, history, 54 – 56　行动主义，历史

Adams, Henry, 441, 442　亚当斯，亨利

Adequate yearly progress, No Child Left Behind Act, 158 – 159　适当的年度进步，不让一个孩子掉队法案

Admissions, social justice teacher education, 602 – 603　招生，社会正义教师教育

Adult education programs　成人教育课程

Cambridge University, 16　剑桥大学

history education, 15 – 21　历史教育

university extension movement, 15 – 21　大学推广运动

Affinity groups, 55　亲和团体

Affirmative action, 61　肯定性行动（或译平权法案）

elimination, 59　肯定性行动的废除

Africa　非洲

Commission for Africa, 122, 124, 128 – 131　非洲委员会

educational language rights, 183　非洲的教育语言权

gender equity, 125 – 126　非洲的性别平等

globalization, Africa's marginalization, 121 – 123　全球化，非洲边缘化

neoliberalism, 123 – 124　非洲的新自由主义

New Partnership for Africa's Development, 124, 128, 129, 131　非洲发展新伙伴关系

social exclusion, 123　非洲的社会排斥

social justice　非洲的社会正义

context, 121 – 124　社会正义的大环境

framework, 120 – 121　社会正义的框架

African Americans, *see also* Blacks　非洲裔美国人，同见黑人

as distinct ethnic variation, 277　非洲裔美国人作为独特的民族

as visible visitor, 681　非洲裔美国人作为"显眼的外人"

early efforts to educate, 80　对非洲裔美国人的早期教育努力

education, racialized system, 80 – 82　教育，种族化教育体系

educational research, 249 – 268　非洲裔美国人的教育研究

Black heterogeneity, 260 – 262　黑人异质性

cultural ecological model, 259　文化生态模式

ethnographic research, 265　非洲裔美国人的人种学研究

everyday racism, 266 – 267　日常的种族主义

family income, 252 – 253　非裔美国人的家庭收入

future research, 265 – 268　对非洲裔美国人的未来研究

institutional racism, 266 – 267　制度性种族主义

institutionalized productions of race, 262 – 263　种族制度化产物

intersections of race, class, and gender, 267　种族、阶级和性别之间的交叉领域

meaning making, 265　意义建构

Multi-Dimensional Model of Racial Identity survey, 256　种族身份调查的多维模型

multilevel ecological analyses, 266　多层

次生态分析

multimethod research strategies，267－268　多方法研究策略

participant observation，265　参与者观察

race as capital，264　种族作为资本

race as culture，257－260　种族作为文化

race as undertheorized social construct，250－268　种族作为理论化不足的社会建构

race as variable，250－251　种族作为变量

school processes，265　学校教育过程

significance interpretation，251－253　对意义的解读

underanalyzing racial discrimination，253－255　种族歧视的分析不足

underconceptualization，249－268　概念化不足

　class and gender intersectionalities，262－263　阶级和性别的交叉领域的概念化不足

variation within category "Black，" 255－257　"黑人"种类的多样性

　end of Civil War，36　内战结束

　segregated schools，36－37　种族隔离学校

African cultural renaissance，128－129　非洲文化复兴

African education　非洲教育

　access，124－125　非洲的入学机会

　English language，128－129　英语语言

　gender equity，125－126　非洲教育的性别平等

　governance，130－131　非洲的教育治理

　indigenous language，128－129　本土语言

　leadership，130－131　非洲的教育领导力

　participation，124－126　非洲的教育参与

　privatization of education，129－130　非洲的教育私有化

　quality of education，126－128　非洲的教育质量

　representation of marginalized groups，130－131　边缘群体的代表

　social justice，120－131　非洲教育的社会正义

African Union，124　非洲联盟

African-American identity development　非洲裔美国人的身份认同发展

　experiential learning，661－667　体验式学习

African-American students，multiracial schools，62　非洲裔美国人学生，多种族学校

Agency，fundamental dialectic，455　能动性，基本辩证

Agentic silence，307－310　能动的沉默

Alcohol，Aboriginal Australians，103　酒精，澳大利亚土著

Alliance High School，Milwaukee，WI，285，293－295，296－297　威斯康星密尔沃基联盟高中

Alterity，144　他异性

Alternative globalization movement，554－561　另类全球化运动

　constructing，554　建构另类全球化

　Education　教育

　　abundant yet invisible，555－556　广泛存在却隐而不见

　　as counteranalysis，556－558　教育作为反分析

　　as new subjectivities/citizenships，560　教育作为新主体性/公民身份

　　as possibilities，558－560　教育作为可能性

　　metanarrative，557　元叙事

Alternative tourists，99　另类旅行者

Ambiguity critique，625，626－627　模糊性批判

Ambiguity，gender，279　性别模糊

American democratic experiment，racist and imperial roots，24　美国民主实验，种族主义和帝国主义之根

American education，social justice，33－37

美国教育,社会正义

18th century, 33 十八世纪的美国教育

19th century, 33 十九世纪的美国教育

initial concept of public education, 33 公共教育的最初概念

Old Deluder Satan Law, 33 老骗子撒旦法

private institutions, 33 私立学校

American frontier, national identity, 15 美国边界,民族身份

American Sign Language, 195 美国手语

vs. English-based sign system, 195 - 196 美国手语与基于英语的手语系统

Americans with Disabilities Act, students with disabilities, 390 - 391 美国残疾人法案,残疾学生

Anarchist movement, 24 - 28 无政府主义运动

Androgyny, defined, 299 双性现象,定义

Annual yearly progress, 8 适当的年度进步

Anti-insurrection laws, slavery, 66 反暴动法,奴隶制

Anti-Vietnam war movement, 55 反越战运动

Antibullying campaigns, lesbian, gay, bisexual, transgendered, and queer youth, 281 反欺凌运动,女同性恋,男同性恋,双性恋

Antidiscrimination policies, 295 反歧视政策

Antihomophobia education, 342 反恐同症教育

Antiracism 反种族主义

historically self-reflective, 242 - 243 历史的自我反思

how to talk, 243 - 244 谈话方式

Antiracist education, 209 - 210 反种族主义教育

critically compassionate intellectualism, 474 批判性共情理智主义

discourses and sets of concepts, 239 反种族主义的话语和概念

White racial knowledge, 231 - 233 白人种族知识

Apparatuses of power, Latinos, 241 权力机器,拉丁裔

Aristotle, 31 - 32 亚里士多德

Assimilation, 37 同化

Australia, 95 - 104 澳大利亚

national values education, 113 国家价值观教育

Auto-ethnography unit, 499 - 500 自传式人种志单元

B

Baldwin, James, 655 詹姆斯·鲍德温

Battle for Seattle, 55 西雅图冲突事件

Bett, Mum, 69 摩姆·贝特

Bilingual Education Act, 61 双语教育法案

Bilingual schools 双语学校

integrated, 138 - 149 融合双语学校

Israel 以色列

alterity, 144 他异性

Center for Bilingual Education, 143 双语教育中心

educational background, 142 教育背景

homogeneous students, 146 - 147 同质性学生

introduction of English, 143,144 英语的引入

Israel's sociopolitical context, 146 以色列的社会政治环境

issues of national identity, 144 - 145 民族身份问题

language, 143 - 144,147 语言

longitudinal ethnographic study, 142 - 145 纵向人类学研究

parents' backgrounds and perspectives, 143 - 144,145 父母的背景和视角

partial success, 146 部分成功

political background, 142 政治背景

recognition of nationhood and culture, 144 对民族身份和文化的认同

social mobility of their children, 145 儿童的社会流动性

sociocultural background, 142 社会文化背景

symmetry in multiple aspects of activity, 143 活动的很多不同方面的对称性

social justice, 145 社会正义

Bilingualism, 167 双语

Biological sex, defined, 299 生理性别,定义

Birmingham AL March, 46 阿拉巴马州伯明翰游行

Bisexual youth, *see* Lesbian, gay, bisexual, transgendered, and queer youth 双性恋青年,见女同性恋,男同性恋,双性恋,跨性别和酷儿青年

Bisexual, defined, 299 双性恋,定义

Black Codes, 77, 78 黑人法典

Black heterogeneity, 260 - 262 黑人异质性

Black History Month, 277 黑人历史月

Black identity development, 44 - 45 黑人身份认同发展

experiential learning, 661 - 667 体验式学习

Black male students 黑人男性学生

social justice education, 332 - 342 社会正义教育

urban schools, 332 - 342 城市学校

Black youth 黑人青年

perceptions of, 682 - 684 黑人青年的洞察力

public intellectuals, 514 - 517 公共知识分子

youth bill of rights, 514 - 516 青年权利法案

Blacks, *see also* African Americans 黑人,同见非洲裔美国人

gay students, identity issues, 282, 332 - 342 同性恋学生,身份问题

Brazil 巴西

adult literacy, 456 成人识字

Citizen School Project, 576 - 584 公民学校项目

Landless Workers Movement, 601 - 602 无地工人运动

Brown v. Board of Education of Topeka, Kansas, 36, 39, 43 - 45, 60 - 63 布朗诉堪萨斯州托皮卡教育委员会案

Bullying, lesbian, gay, bisexual, transgendered, and queer youth, 286, 288 - 297 欺凌,女同性恋,男同性恋,双性恋,跨性别和酷儿青年

Bush, George W. , impeachment, 24 乔治·W·布什 弹劾案

Business Coalition for Education Reform, 9 教育改革商业联盟

Buy-in, 486 - 487 认可

C

California Gold Rush of 1848, 75 1848 年加利福尼亚州淘金热

California High School, school-university 加利福尼亚高中,学校-大学

collaborative action research project, 333 - 342 合作行动研究计划

antihomophobia education, 342 反恐同症教育

gay Black male students, 334 - 340 黑人同性恋男生

gender nonconforming Black male students, 334 - 340 性别错位的黑人男生

intersectionality, 340 - 341 交叉性

issues, 334 问题

California Standards Test, 496 加利福尼亚标准测试

Cambridge University, adult education programs, 16 剑桥大学,成人教育课程

Capitalism 资本主义

critiqued, 554　资本主义批判

disability studies　残疾研究

　　faith in, 410 - 412　对残疾研究的信仰

　　rethinking, 412 - 413　反思残疾研究

　social hierarchy, 401　社会等级

Carlisle Indian Industrial School, 81 - 82　卡莱斯尔印度安工业学校

Cartesian doubt, 32　笛卡尔式怀疑

Center for Bilingual Education, 143　双语教育中心

Change, 1　变革

　education, 725 - 726　教育变革

Cherokee Nation relocation, 72　切诺基部落迁移

Chicago Public Schools, 690 - 697　芝加哥公立学校

　Mexican community, 728　墨西哥人社区

　neoliberalism, 156 - 158　新自由主义

Chicana/o students　墨西哥裔学生

　academic identity, 472 - 473　学术认同

　Social Justice Education Project, 465, 469 - 474　社会正义教育项目

　Tucson Unified School District, 465, 469 - 474　图森联合学区

Children's National Medical Center, gender variant youth, 287　国家儿童医疗中心，多元性别的青年

Chomsky, Noam, 26　诺姆·乔姆斯基

Citizen education, university extension movement, 15 - 21　公民教育，大学推广运动

Citizen School Project, Porto Alegre, Brazil, 576 - 584　公民学校项目，阿雷格雷港，巴西

　constructing, 577　建设公民学校项目

　contextualizing, 576　公民学校项目的背景

　democratization of access to schools, 577 - 579　入学机会的民主化

　democratization of governance, 580 - 582 治理的民主化

democratization of knowledge, 579 - 580　知识的民主化

local action: global reach, 583 - 584　地方行动：全球影响

potential problems, 582 - 583　公民学校项目的潜在问题

Citizenship, 560　公民身份

　defining, 543 - 544　公民身份，定义

　globalization　全球化

　　effects, 544 - 545　全球化对公民身份的影响

　　relationship, 544 - 545　全球化与公民身份的关系

　history, relationship, 18 - 19　与历史的关系

Citizenship regimes　公民体制

　claims-making, 547 - 549　诉求表达

　defining, 543 - 544　公民体制，定义

　globalization, 542 - 550　全球化

　effects, 544 - 545　全球化对公民体制的影响

　relationship, 544 - 545　全球化与公民体制的关系

　governance, 542 - 550　全球化治理

Civil liberties, erosion, 1 - 2　公民自由，受到侵蚀

Civil Rights Act of 1964, 44　1964年人权法案

　legislative rollback, 61　司法反弹

Civil rights legislation, 60 - 63　民权法案

Civil Rights Movement, 45 - 47, 241　民权运动

　antidiscriminatory legislation, 47　反歧视立法

　foundation, 46, 47　民权运动的基础

　intersection between King, the media, and the movement itself, 46　金、媒体和运动本身的交汇点

　organizations, 45, 46　民权运动的组织

rugged individualist ideology, 47 粗暴的个人主义意识形态

socioeconomic status, 47 社会经济地位

White resistance to Black nonviolent protest, 46 白人对黑人非暴力抗议的抵抗

Civil War, 76-77 美国内战

Claims-making 诉求表达

citizenship regimes, 547-549 公民体制

education, 547-549 教育

Class 阶级

Civil Rights Movement, 47 民权运动

educational reform, 140-141 教育改革

gender, intersection underconceptualized, 262-263 阶级与性别交叉领域概念化不足

intersections, 267 交叉领域

poor White people, 223-224 贫穷的白人

race, intersections, 267 种族,交集

Class exploitation, teachers, 509 阶级剥削,教师

Class relations, race's material cognate, 244 阶级关系,种族的物质等价物

Class size, SchoolMatters, 11-12 班级规模,"学校事务"

Classical knowledge, 692-693 古典知识

Classical thought, 32-33 古典思想

Classroom management, 647 课堂管理

Collaboration, evaluation, 5 合作,教育评估

Colonial America, labor force, 63-71 殖民时期的美国,劳动力

Color-blindness, 61 消除种族偏见

Coming out, defined, 300 出柜,定义

Commission for Africa, 122,124,128-131 非洲委员会

Commitment, 571 责任感

Committed intellectual, 571 尽心尽责的知识分子

teachers, 571 教师

Common people, Turner, Frederick Jackson, views on, 17-21 弗雷德里克·杰克逊·特纳关于大众的观点

Common School Movement, 80 公立学校运动

Common schools, 33-34 公立学校

Community knowledge, 692-693 社区知识

Compassion, critically compassionate 共情,批判性共情

intellectualism, 467-468 理智主义

Competition, neoliberalism, 155 竞争,新自由主义

Comprehensive Slave Act, 67 全面奴隶法案

comparable state laws, 67 同类的州法律

Compulsory schooling, 24-28 义务学校教育

anarchist critique, 25-28 无政府主义批判

Concientization, 571 意识觉醒

Conflict-ridden societies, identity politics, 138-149 激烈冲突的社会,身份政治

Conformity, 727 顺从

special education, 419-420 特殊教育

Consciousness, critically compassionate intellectualism, 468-469 意识,批判性共情理智主义

Consensus decision making, 55 共同决定

Constitutional protection, executive power, 1-2 宪法保障,行政权力

Control, 707 控制

Convention on the Rights of the Child, United Nations, 51 儿童权利公约,联合国

Coober Pedy, Australia, 95-96,98-99, 102-104 澳大利亚,库伯佩迪

as tourist destination, 101-102 库伯佩迪作为旅游目的地

image, 103-104 库伯佩迪的形象

Cooperation, critically compassionate 合作,

批判性共情
intellectualism, 466－467 理智主义
Cosmopolitan/multiple citizenships, 560 世界/多重公民身份
Counts, George, social injustice, 35 乔治·康茨,社会不公
Criminal justice system, racial disparities, 277 刑法司法制度,种族差异
Critical communities of struggle, 53 重要的斗争群体
Critical consciousness, young people, 53－54 批判意识,年轻人
　apprenticeship into theorizing, 53 理论化的训练
Critical knowledge, 692－693 批判性知识
Critical pedagogy 批判教育学
　narrative of redemption, 569－573 救赎式叙事
　neoliberal globalization, 569－573 新自由主义全球化
　value, 569 批判教育学的价值
Critical race pedagogy, White hegemonic alliance, 224－225 批判种族教学,白人统治联盟
Critical race theory 批判种族理论
　disability studies, intersections, 383－384 残疾研究,交叉领域
　education, 510－511 批判种族教育
　elements, 510－511 批判种族理论的元素
　participatory action research, 508－517 参与式行动研究
　　advocating for social change, 516－517 倡导社会变革
　　disseminating research findings, 516－517 推广研究成果
　　emancipatory knowledge for urban and suburban educators, 513－514 城市和郊区教育者的解放性知识
　　merging, 513－514 结合

repositioning students as subjects and architects of research, 511－513 将学生重新定位为研究的主体和设计者
theory as liberatory practice, 511－513 作为解放实践的理论
poor White people, 212－213, 216－217 贫穷的白人
Critical Resistance Youth Force and Youth Organizing Communities, 56 批判性抵制青年力量和青年组织社区
Critical theory, 53－57 批判理论
Critically compassionate intellectualism 批判性共情理智主义
　antiracist pedagogy, 474 反种族主义教学
　compassion, 467－468 共情
　consciousness, 468－469 意识
　cooperation, 466－467 合作
　cycle, 469 批判性共情理智主义的循环
　Social Justice Education Project, 469－474 社会正义教育项目
　　Chicana/o students academic identity, 472 墨西哥裔学生的学术认同
　theory, 466－469 批判性共情理智主义的理论
Cronbach, Lee, 7 李·克伦巴赫
Cuban literacy campaign, 456 古巴扫盲运动
Cultural difference, Gay-Straight Alliances, 326－327 文化差异,同性恋和异性恋联盟
Cultural ecological model, 259 文化生态模式
Cultural genocide, 81－82 文化灭绝
Cultural imperialism, Native Americans, 64 文化帝国主义,美洲土著
Cultural traditions, gender equity, 107 文化传统,性别平等
Culturally relevant teaching, 646－647 文化相关教学
Culture 文化

as racialized meaning-making, 262 文化作为种族化的意义建构

race as, 257 - 260 种族作为文化

students with disabilities, 373 残疾学生

Curriculum, 365 - 366, 386 - 389 课程

developing social justice mathematics curriculum from students' realities, 690 - 697 扎根学生的现状,建设社会正义数学课程

emancipatory pedagogy, 490 - 497 解放教育学

lesbian, gay, bisexual, transgendered, and queer youth, 299 女同性恋,男同性恋,双性恋,变性人和酷儿青年

standardization, 2 课程标准化

students with disabilities, 386 - 389 残疾学生

access, 389 入学机会

uniform, to maintain uniform culture, 39 统一课程,为了维持统一文化

youth liberation, 53 青年解放

D

Dating, 362 - 365 约会

Dawes Severalty Act, 79 - 80 道斯土地占有法

Deaf community, heterogeneous, 168 聋人社区,异质化

Deaf culture, 198 失聪者文化

Deaf education 失聪者教育

pathological view, effects, 202 - 203 病理学视角,影响

research, 197 - 199 失聪者教育研究

by hearing researchers, 197 - 199 听人研究者的失聪者教育研究

teachers characterized, 198 - 199 与教师相关的失聪者教育研究

Deaf people 失聪者

American Sign Language, 195 美国手语

vs. English-based sign system, 195 -

196 基于英语的手语系统

as researchers, 199 - 202 失聪者作为研究者

Bell, Alexander Graham, 194 - 195 亚历山大·格雷厄姆·贝尔

characterized, 191 - 196 失聪者的特征

decision making, 191 - 204 失聪者的决策

English as second language, 202 英语作为第二语言

epistemology of insider-ness, 200 - 201 内部认识论

handicapped, 201 残障

historical treatment, 191 - 196, 193 历史的方式,

methods of communication, 194 沟通方法

oral vs. manual controversy, 194 口语与手语的争议

pathological view, 191 - 194 病理学视角

maintained through education and research, 196 - 197 通过教育和研究延续的病理学视角

society's view, 191 - 196 社会视角

Deaf self-determination, 168 失聪者的自我决定

Deaf students, 374 - 376 失聪学生

Individualized Education Planning, 376 个别化教育计划

Deaf, terminology, 201 - 202 失聪者,术语

Deafness, terminology, 201 - 202 失聪,术语

Decision making, 191 - 204 决策

Dehumanization 非人性化

learning, 485 非人性化学习

teaching, 485 非人性化教学

Deliberative democracy, 152 - 162 协商民主

Democracy 民主

Dewey, John, 34 - 35 约翰·杜威

education, relationship, 725 民主与教育

的关系

students with disabilities, 441 - 443 残疾学生

Democratic citizenship, 15 - 21 民主公民身份

history and education as foundation, 15 历史和教育作为保障民主公民身份的基础

Denmark 丹麦

characterized, 174 - 175 丹麦的特征

educational language rights, 174 - 177, 180 - 186 丹麦的教育语言权利

genocide, 182 种族灭绝

Kurds, 174 - 177, 180 - 186 库尔德人

Turkish students, 175 - 177 土耳其学生

Deregulation 消除管制

East Oakland Community High School, 460 东奥克兰社区高中

nonbenign, 460 - 461 非温和的

social justice, 460 社会正义

Deviation from norm, 192 偏离常态

Dewey, John, 34,152 - 153 约翰·杜威

democracy, 34 - 35 民主

social change, 35 社会变革

social justice, 34 - 35 社会正义

Disabilities, 716 残疾

characterized, 380 - 382 残疾的特征

defined, 380 - 382 残疾,定义

history, 380 - 382 残疾的历史

minority group model, 380 少数群体研究模式

social model, 380 - 381 社会研究模式

special education, relationship, 377 残疾与特殊教育的关系

Disability studies 残疾研究

Capitalism 资本主义

faith in, 410 - 412 对资本主义的信仰

rethinking, 412 - 413 反思资本主义

critical race studies, intersections, 383 -

384 批判种族研究,交叉领域

education, 378 - 380 残疾教育研究

goals, 401 - 402 残疾研究的目标

intersections with other fields of study, 382 - 386 残疾研究与其它研究领域的交叉

labels, 401 残疾标签

multicultural studies, intersections, 382 - 383 残疾研究与多元文化研究的交叉

progress 残疾研究的科学进步

faith in, 410 - 412 对进步的信仰

rethinking, 412 - 413 反思进步

queer studies, intersections, 384 - 386 残疾研究与酷儿研究的交叉

Science 科学

faith in, 410 - 412 对科学的信仰

rethinking, 412 - 413 反思科学

social segregation, 401 社会隔离

special education 特殊教育

personal histories, 421 - 425 个人历史

reframing practice, 418 - 421 重构特殊教育实践

reimagining, 421 - 426 重新构想特殊教育

remaking, 417 - 428 重塑特殊教育

Disability theorizing, 377 - 392 残疾理论化

stigmatizing difference, 377 - 378 差异污名化

Discipline, 26 - 27 规训

early advocates, 27 - 28 义务教育的早期倡导者

functions, 26 - 27 义务教育的规训作用

Distributive justice, 31 - 32,37 分配正义

social justice, relationship, 38 分配正义与社会正义的关系

Washington, Booker T., 36 布克·T·华盛顿

Distributive paradigm, globalization, 93 - 94 分配范式,全球化

Distributive social justice, Rugg, Harold, 35 社会分配正义,哈罗德·拉格

Dominant-language-only submersion programs，184　唯主导语言沉浸式项目

Doubt，32　怀疑

Du Bois，W. E. B.，36　W. E. B　杜博斯

E

East Oakland Community High School，458 - 459,460　东奥克兰社区高中

　deregulation，460　消除管制

　　nonbenign，460 - 461　非温和

　regulation，460　管制

　　nonbenign，460 - 461　非温和

Ecological analysis，266　生态分析

Economic equality，152 - 162　经济平等

Economic war，United States，1　经济战争，美国

Education，*see also* Schools　教育，同见学校

　African Americans，racialized system，80 - 82　非洲裔美国人，种族化教育体系

　alternative globalization movement　另类全球化运动

　　abundant yet invisible，555 - 556　广泛存在却隐而不见

　　education as counteranalysis，556 - 557，557 - 558　教育作为反分析

　　education as new subjectivities/ citizenships，560　教育作为新主体性/公民身份

　　education as possibilities，558 - 560　教育作为可能性

　　metanarrative，557　元叙事

　anarchist critique，25 - 28　无政府主义批判

　as global commodity，526　教育作为全球商品

　as humanization，727　教育作为人性化

　as instrument of state power，26 - 28　教育作为国家权力的工具

　as promoting ideology，26　教育作为意识形态宣传

business interests，9　教育的商业利益

change，725 - 726　教育变革

changing institutional norms，88　变革教育制度规范

claims-making，547 - 549　诉求表达

commoditizing，547 - 548　教育商品化

critical race theory，510 - 511　批判种族理论

　elements，510 - 511　批判种族理论的元素

current legislation undermining，59　新立法的破坏作用

democracy，relationship，725　教育与民主的关系

equal opportunity，37 - 38　机会均等

equity　公平

　access，534 - 535　入学机会

　competing conceptions，534 - 536　竞争性概念

　girls，535 - 536　女孩

gender equity，110 - 112，535 - 536　性别平等

global convergence toward neoliberal thinking，92 - 93　全球趋同的新自由主义思想

globalization，525 - 528　全球化

　transformation of education，545 - 547　教育的转型

historic gains，59　历史成果

ideal purpose，725 - 726　理想的目的

inequalities，62　不平等

international perspectives，91 - 94　国际观点

Linguistic Language Rights，171 - 186　语言权利

market metaphors，9　市场隐喻

market system，156　市场机制

means，152　手段

Mexican peoples，racialized system，80 - 82　墨西哥裔，种族化教育体系

nation-state machinery，139　民族 - 国家

机器

Native Americans 美洲土著

cultural genocide，81－82 文化灭绝

forced boarding schools，81－82 强制寄宿学校

racialized system，80－82 种族化话语体系

neoliberalism，110－112，156－161 新自由主义

social justice，156－161 社会正义

objectives，152 教育目标

privatization，156 教育私有化

purposes，92－93 教育目的

rescaling，547－548 层级重建

reversion to legalized inequality，62－63 立法不平等的回潮

role of business leaders，9 商业领袖角色

schooling as peculiar form，455 特殊形式的学校教育

science 科学

eminence of science，405－410 科学的突出地位

overachievement，408－409 超乎预期的成就

overreach of science，405－410 科学的过度扩张（译文错误）

rethinking science，409－410 反思科学

social position of science's objects，405－406 科学对象的社会地位

social position of scientists，405－406 科学家的社会地位

special education science，406－408 特殊教育科学

struck dumb by science，408－409 被科学所震惊

students with disabilities，404－410 残疾学生

technical-rational agendas for social life，405 技术理性的社会生活议程（译文漏译）

social democratic liberalism，156－161 社会民主自由主义

social justice 社会正义

discourse of distribution，141 分配的话语

discourse of recognition，141 认同的话语

legacy of radical thought and action，54－55 激进思想和行动的遗产

lessons from history，54－57 历史的教训

new technologies，56－57 新技术

reinstituting rights and deliberation，161－162 将权利和商议重新制度化

strategic rollback of social policy，59－60 社会政策的战略性反转

to build and maintain stratified society，59－60 建立和维持阶层分化的社会

U. S. expansionism，71－76 美国扩张主义

value context，10 价值环境

Education of gifted children，681－684 超常儿童教育

Education Summit（1989），9 教育峰会（1989）

Education Summit（1996），9 教育峰会（1996）

Education Summit（1999），9 教育峰会（1999）

Education Summit（2001），9 教育峰会（2001）

Educational inequality 教育不平等

neoliberalism，159－160 新自由主义

No Child Left Behind Act，159－160 不让一个孩子掉队法案

Educational language rights，171－186 教育语言权利

Africa，183 非洲

comparisons，180－186 比较

global comparisons，182－186 全球比较

usefulness，171－172 有效性

Denmark，174－177，180－186 丹麦

Inuit children，182－183 因纽特儿童

Iraq, 177 - 178,180 - 186 伊拉克

North West Kurdistan, 172 - 174,180 - 186 西北部库尔德斯坦

South Kurdistan, 177 - 178,180 - 186 南部库尔德斯坦

Turkey, 172 - 174,180 - 186 土耳其

Educational opportunity, 37 - 39 教育机会

role of social justice, 38 社会正义的角色

Educational policy 教育政策

Globalization 全球化

accelerating political dynamics, 531 政治机制的加速发展

relationship, 92 - 93 教育政策与全球化的关系

neoliberal globalization, 529 - 539 新自由主义全球化

efficiency, 537 - 539 效率

equity, 537 - 539 公平

governance, 537 - 539 全球化治理

shifts, 532 - 534 转变

social justice, 529 - 539 社会正义

Educational posters, social justice, 711 - 716 教育海报,社会正义

Educational reform, 522 - 523 教育改革

assumptions, 139 教育改革的假设

class, 140 - 141 阶级

cultural assumptions, 139 - 140 教育改革的文化假设

failure, 140 教育改革的失败

ideological belief, 534 意识形态信念

neoliberalism, 156 - 158 新自由主义

paradigmatic gaze, 139 - 141 范式关注

positivism, 2 - 3 实证主义

social justice, 426 - 428 社会正义

Educational research 教育研究

African Americans, 249 - 268 非洲裔美国人的教育研究

Black heterogeneity, 260 - 262 黑人异质性

cultural ecological model, 259 文化生态模式

ethnographic research, 265 非裔美国人的人种学研究

everyday racism, 266 - 267 日常的种族主义

family income, 252 - 253 非裔美国人的家庭收入

future research, 265 - 268 非裔美国人的未来研究

institutional racism, 266 - 267 制度性种族主义

institutionalized productions of race, 262 - 263 种族制度化产物

intersections of race, class, and gender, 267 种族、阶级、和性别的交叉领域

meaning making, 265 意义建构

Multi-Dimensional Model of Racial Identity survey, 256 种族身份调查的多维模型

multilevel ecological analyses, 266 多层次生态分析

multimethod research strategies, 267 - 268 多方法研究策略

participant observation, 265 参与者观察

race as capital, 264 种族作为资本

race as culture, 257 - 260 种族作为文化

race as undertheorized social construct, 250 - 268 种族作为理论化不足的社会建构

race as variable, 250 - 251 种族作为变量

school processes, 265 学校教育过程

significance interpretation, 251 - 253 对意义的解读

underanalyzing racial discrimination, 253 - 255 对种族歧视的分析不足

underconceptualization, 249 - 268 概念化不足

underconceptualization of class and gender intersectionalities, 262 - 263 阶级和性别的交叉领域的概念化不足

variation within category "Black," 255 - 257 "黑人"种类的多样性

race, 249 - 268 种族

  Black heterogeneity, 260 - 262 黑人异质性

  cultural ecological model, 259 文化生态模式

  ethnographic research, 265 非裔美国人的人种学研究

  everyday racism, 266 - 267 日常的种族主义

  family income, 252 - 253 非裔美国人的家庭收入

  future research, 265 - 268 非裔美国人的未来研究

  institutional racism, 266 - 267 制度性种族主义

  institutionalized productions of race, 262 - 263 种族制度化产物

  intersections of race, class, and gender, 267 种族,阶级和性别的交叉领域

  meaning making, 265 意义建构

  Multi-Dimensional Model of Racial Identity survey, 256 种族身份调查的多维模型

  multilevel ecological analyses, 266 多层次生态分析

  multimethod research strategies, 267 - 268 多方法研究策略

  participant observation, 265 参与者观察

  race as capital, 264 种族作为资本

  race as culture, 257 - 260 种族作为文化

  race as undertheorized social construct, 250 - 268 种族作为理论化不足的社会建构

  race as variable, 250 - 251 种族作为变量

  school processes, 265 学校教育过程

  significance interpretation, 251 - 253 对意义的解读

  underanalyzing racial discrimination, 253 - 255 对种族歧视的分析不足

  underconceptualization, 249 - 268 概念化不足

  underconceptualization of class and gender intersectionalities, 262 - 263 阶级和性别的交叉领域的概念化不足

  variation within category "Black," 255 - 257 "黑人"种类的多样性

Efficiency, 537 - 539 效率

Egypt 埃及

  gender equity, 114 - 115 性别平等

  Islamic militant groups, 114 伊斯兰激进组织

  secularist educational policies, 114 世俗教育政策

Eight Year Study, 6 八年研究

El Puente Academy for Peace and Justice, 722 - 723 埃尔普恩特和平与正义学院

Elementary and Secondary Education Act, 5 - 6, 7 初等和中等教育法案

Emancipation, 76 - 78 解放

  White backlash, 77 白人的抵制

Emancipation Proclamation, Mexico, 73 《解放宣言》,墨西哥

Emancipatory pedagogy 解放教育学

  action, 489 - 490 行动

  buy-in, 486 - 487 认同

  developing academic and critical competencies, 487 发展学术和批判能力

  empowerment of self, 489 自我赋权

  from exposure to lived experience, 488 - 489 从接触至真实体验

  longitudinal impacts, 493 - 494 纵向影响

  mandated scripted curriculum, 490 - 491,

495 - 496　规定课程

measuring effectiveness, 491, 491 - 493, 496　衡量有效性

Open Court unit, 490, 495 - 496　"公开法庭"单元

outcomes, 491 - 493　结果

respect, 486 - 487　尊重

trust, 486 - 487　信任

urban schools, 485 - 496　城市学校

Watts Youth Collective, 493 - 494　沃茨青年团体

Emerson, Ralph Waldo, 433, 435　拉尔夫·沃尔多·爱默生

Emotional disengagement, 706, 709　冷漠

Empowerment　赋权

gender equity, 109 - 110　性别平等

nonbenign theory, 462 - 463　非温和的赋权力量

young people, 52　年轻人

English as second language, Deaf people, 202　英语作为第二语言, 失聪者

English language learners, middle school, 685 - 689　英语学习者, 中学

English language, African education, 128 - 129　英语, 非洲教育

English teaching, see Transformative English Teaching　英语教学, 见转化英语教学

English-based sign system, 195 - 196　基于英语的手语系统

English-only instruction, 59, 184　纯英语教学

Epistemology of ignorance, 168　无知的认识论

Epistemology of insider-ness, Deaf people, 200 - 201　内部认识论, 失聪者

Equal Access Act, Gay-Straight Alliances, 321 - 322, 323 - 324　平等机会法案, 同性恋-异性恋联盟

Equality　平等

equity, 47 - 48　公平

social perspective-taking, 47 - 48　社会视角的运用

Equity, 537 - 539　公平

education access, 534 - 535　教育机会

competing conceptions, 534 - 536　竞争性概念

girls, 535 - 536　女孩

equality, 47 - 48　平等

social perspective-taking, 47 - 48　社会视角的运用

Ethnicity　种族

language, 167 - 169　语言

Turkey　土耳其

ethnic minority suppression, 172　少数种族压迫

laws suppressing Linguistic Language Rights, 173 - 174, 175 - 177　压制语言权利的法律

Ethnographic research, 265　人种学研究

Ethnoscapes, 95　种族景观

defined, 95　种族景观, 定义

European colonial rule, racial ideology, 63 - 64　欧洲殖民地规定, 种族意识

Evaluation　教育评估

1960s to 1980s, 7　20世纪六十年代至八十年

accelerated secondary school program, 5 - 15　中学快班课程

collaboration, 5　合作

conceptualization as public good, 8　教育评估被概念化为公共利益

encouraging private interests, 10 - 12　教育评估鼓励私人利益

funding, 8 - 9　教育评估的经费

historical context, 5 - 8　教育评估的历史背景

in service of what?, 12 - 13　教育评估为何服务?

local needs for, 7　地方性需求

No Child Left Behind Act　不让一个孩子

掉队法案

annual yearly progress, 8 适当的年度
进步

narrowed scope, 8 - 9 缩小教育评估的
范围

prescriptive, 8 教育评估的规定

U. S. Department of Education, funding, 9 -
10 美国教育部,经费

Everyday racism, 266 - 267 日常的种族歧
视

Executive power, constitutional protection, 1 - 2
行政权力,宪法保障

Experiential learning 体验式学习

Black identity development, 661 - 667 黑
人身份认同发展

White identity development, 661 - 667 白
人身份认同发展

Expository unit, 500 - 501 说明文单元

Extension courses, 15 - 21 拓展课程

Extracurricular activities, 360 - 362, 703 课
外活动

F

Family income, 252 - 253 家庭收入

Federally mandated reporting requirements, 7
联邦政府报告的强制要求

Femininity, 358, 359 - 360 女性特质

Feminist researchers, 200 - 201 女性主义研
究者

Follow-Through, 8 接续方案(译文错误)

Foucault, Michel, 26 - 27 米歇尔·福柯

Free speech critique, 625, 632 - 635 自由言
论批判

arguments, 633 - 634 论点

assumptions underlying, 634 - 635 潜在
假设

Free Trade Area of the Americas, 548 美洲
自由贸易区

Freedmen's Bureau, 77 自由民局

Freedom, 636 - 637 自由

Freedom of thought, 25 - 26 思想自由

Freire, Paulo, 565, 571 保罗·弗莱雷

social justice, 456 - 457 社会正义

French and Indian Wars, 68 北美殖民地
战争

Fugitive Slave Clause, U. S. Constitution, 69
逃亡奴隶条款,美国宪法(译文错误)

Fugitive Slave Law, 68 逃亡奴隶法

Fundamentalism, worldwide revival, 114
原教旨主义,全球复兴

Funding 经费

evaluation, 8 - 9 教育评估

U. S. Department of Education, 9 - 10 美
国教育部

G

Gallaudet University, 168, 199 加劳德特大
学

cultural and linguistic view, 199 文化和
语言学视角

sign proficiency, 199 熟练的手语能力

Gang life, 500 - 501 帮派生活

Gay Black male students, 334 - 340 黑人同
性恋男生

Gay youth, see also Lesbian, gay, bisexual,
transgendered, and queer youth 男同性恋
青年,见女同性恋,男同性恋,双性恋,跨性
别和酷儿青年

Gay, Lesbian, and Straight Education
Network (GLSEN), 285, 297 - 298, 320 -
321 男同性恋、女同性恋和异性恋教育
网络

Gay-Straight Alliances, 319 - 329 同性恋和
异性恋联盟

access to school space, 320 - 322 立足于
校内空间

as liberal alliance groups, 326 作为自由
的联盟组织

cultural difference, 326 - 327 文化差异

Equal Access Act, 321 - 322, 323 - 324

平等机会法案

gender dynamics，325－326　性别动态（翻译错误）

homophobia affects youth of all sexualities，325　恐同症影响所有性取向的青少年（译文翻译错误）

identity groups, contrasted，320　与其他身份团体的对比

identity politics，324　身份政治

mixed membership，324　混合的成员

obscenity，322－324　淫秽

obstacles，322－324　障碍

parental notification，322－324　家长通知（译文翻译错误）

racial difference，326－327　种族差异

school safety，319－329　学校安全

sexual identity，320，327　性身份

work against bias without centralizing，328－329　对抗偏见不需要统一性别认同（译文翻译错误）

social justice，319－320　社会正义

varying levels，324－329　同性恋和异性恋联盟的不同层次

voluntary associations，319　志愿组织

Gender，279－283　性别

ambiguity，279　性别模糊

binary construction，358，359－360，365－366　二元建构

Class　阶级

intersection underconceptualized，262－263　交叉领域概念化不足

intersections，267　交叉领域

defined，358　阶级，定义

poverty，109　贫穷

race, intersections，267　种族与阶级的交叉领域

Gender dynamics, Gay-Straight Alliances，325－326　性别动态，同性恋和异性恋联盟

Gender dysphoria, defined，299　性别焦虑

症，定义

Gender equity，107　性别平等

Africa，125，125－126　非洲

cultural traditions，107　文化传统

education，110－112，535－536　教育

Egypt，114－115　埃及

empowerment，109－110　赋权

globalization，108－110　全球化

Muslims，112－115　穆斯林

neoliberalism，108－112　新自由主义

post-September 11 context，112－115　后911情境

productivity，109　生产力

World Bank，111－112　世界银行

Gender identity, defined，299　性别认同，定义

Gender justice，107　性别正义

Gender lessons, schools　性别课程，学校

binary constructions of gender，365－366　性别的二元建构

conformity to cultural expectations，360　符合文化期望

curriculum，365－366　性别课程

dating，362－365　约会

extracurricular activities，360－362　课外活动

femininity，358，359－360　女性特质

gender content and（non-）conformity，359－360　性别内容和性别一致（错位）

masculinity，358，359－360　男性特质

school structure，365－366　学校结构

sexuality，362－365　性

unintentional，358－366　无意识的性别课程

Gender nonconforming Black male students，334－340　性别错位的黑人男性学生

Gender roles，280　性别角色

defined，299　性别角色，定义

limitations，282　性别角色的限制

Gender transgression，280　跨性别

Gender variant youth, 286 - 287　多元性别
青年
　Children's National Medical Center, 287
　　儿童国家医疗中心
Genderqueer, defined, 299　性别酷儿,定义
General Agreement on Trade and Tariffs,
　554 - 560　贸易关税总协定
General Agreement on Trade in Services,
　526,548　贸易服务总协定
General Allotment Act, 79 - 80　土地分配法
Genocide　种族灭绝
　definitions, 182　种族灭绝,定义
　Denmark, 182　丹麦
　Linguistic Language Rights, 182,184　语
　　言权利
　Turkey, 182　土耳其
Ghetto, Massey and Denton's argument, 244
　　梅西和丹顿关于"贫民窟"的观点
Global economy, 92 - 93　全球经济
Global ethnography, 95 - 104　全球人种学
Global hierarchies of mobility, 95　全球流动
　的层次
Global ideoscapes, 95　全球意识形态景观
Global mediascapes, 95　全球媒体景观
Global tourist ideoscapes and mediascapes
　全球游客的意识形态景观和媒体景观
　Aboriginal Australians, 99 - 102　澳大利
　　亚土著
　Lonely Planet publishers, 100 - 101　孤独
　　星球出版商
Global War on Terror, 2　全球反恐战争
Globalization　全球化
　Africa's marginalization, 121 - 123　非洲
　　的边缘化
　as contested process, 526　全球化作为一
　　个竞争的过程(译文为"有争议的过程",
　　结合上下文应该是翻译错误)
　characterized, 525 - 528　全球化的特征
　citizenship　公民身份
　　effects, 544 - 545　全球化对公民身份

　　的影响
　　relationship, 544 - 545　全球化与公民
　　　身份的关系
　citizenship regimes, 542 - 550　公民体制
　　effects, 544 - 545　全球化对公民体制
　　　的影响
　　relationship, 544 - 545　全球化对公民
　　　体制的关系
　concept, 530 - 532　公民体制的概念
　distributive paradigm, 93 - 94　分配范式
　education, 525 - 528　教育
　　transformation of education, 545 - 547
　　　教育转型
　educational policy　教育政策
　　accelerating political dynamics, 531　政
　　　治机制的加速发展
　　relationship, 92 - 93　全球化与教育政
　　　策的关系
　gender equity, 108 - 110　性别平等
　governance, 542 - 550　全球化治理
　interpreting, 530 - 532　解读全球化
　neoliberalism, 108 - 110,565 - 573　新自
　　由主义
　　critical pedagogy, 569 - 573　批评教育
　　　学
　social justice, 92 - 93,525 - 528,586 - 587
　　社会正义
　　relationship, 120 - 121　全球化与社会
　　　正义的关系
Goals 2000, 9　千年发展目标
Godwin, William, 25 - 26　威廉·戈德温
Goldman, Emma, 26　艾玛·高曼
Governance, 537 - 539　治理
　citizenship regimes, 542 - 550　公民体制
　democratization, 580 - 582　民主化
　globalization, 542 - 550　全球化
Government welfare support, Aboriginal　政
　府福利支持,土著
　Australians, White backlash, 98 - 99　澳
　　大利亚,白人的抵制

Government-controlled schools 政府控制的
学校
reasoning, 26 推理能力
social justice, 26 社会正义

H

Hampton-Tuskegee Idea, 81 汉普顿-塔斯
基吉理念(漏译)
Handicapism, 380 残废主义
Handicapped 残障
Deaf people, 201 失聪者
terminology, 201 残障,术语
Harassment, lesbian, gay, bisexual,
transgendered, and queer youth, 286, 288 -
297 骚扰,女同性恋,男同性恋,双性恋,
跨性别和酷儿青年
Hate speech, 290 - 291 仇恨言论
Hearing impaired, terminology, 201 听觉
受损,术语
Hegemonic identity, 546 霸权身份
Hegemony, education and the law, 60 霸权
主义,教育和法律
Heteronormativity, defined, 300 异性恋正
统主义,定义
Heterosexism, defined, 299 异性恋主义,
定义
Heterosexuality, constant assumption of, 297
长久以来的异性恋假设
High school drop-out rate, lesbian, gay,
bisexual, transgendered, and queer youth,
315 高中辍学率,女同性恋,男同性恋,双
性恋,跨性别和酷儿青年
Higher education, marketization, 130 高等
教育,市场化
History 历史
characterized, 43 历史的特征
citizenship, relationship, 18 - 19 历史与
公民身份的关系
importance, 2 历史的重要性
History education, 15 - 21 历史教育

biography of society, 17 社会传记
broader, more democratic version, 17 更
广泛和民主的历史知识(原译文不同)
HIV/AIDS prevention and sexuality
education, 345 - 355 艾滋病预防和性教
育
importance, 345 - 346 艾滋病预防和性教
育的重要性
for all students, 346 - 347 对所有学生
的重要性
for students with disabilities, 347 - 349
对残疾学生的重要性
Teachers 教师
current state of teacher preparation, 349 -
350 教师培养的现状
segregated teacher preparation
programs, 348 双轨制教师培养计划
special educators' preparation, 350 - 351
培养特殊教育工作者
Homogeneity, special education, 419 - 420
同质性,特殊教育
Homophobia, defined, 299 恐同症,定义
Homophobic slurs, 290 - 291 对同性恋的
言语侮辱
Homosexuality, see also Lesbian, gay,
bisexual, transgendered, and queer youth
同性恋,同见女同性恋,男同性恋,双性
恋,跨性别和酷儿青年
perception as, 286 - 289 被视为同性恋
Hope 希望
academic achievement, 451 - 452 学业成就
neoliberal globalization, 565 - 573 新自由
主义全球化
Howe, Kenneth, 38 - 40 肯尼思·贺维
Human capital theory, 533 - 534 人力资本
理论
Hyperactivity, 439 - 441 多动症

I

Identity 身份认同

Chicana/o academic identity，472－473
墨西哥裔学生的学术认同

pluralizing，546　身份认同的多重化

students with disabilities, official imposition
of damaged identity，404　残疾学生，官
方强加的破坏性身份

Identity formation, students with disabilities,
404　身份形成，残疾学生

Identity groups, Gay-Straight Alliances,
contrasted，320　同性恋和异性恋联盟与
其他身份团体的对比

Identity politics，546　身份政治

conflict-ridden societies，138－149　激烈
冲突的社会

Gay-Straight Alliances，324　同性恋和异
性恋联盟

Ideology critique，625，630－632　意识形态
批判

assumptions underlying，632　潜在假设

major arguments，630－631　主要论点

Ideoscapes，95　意识形态景观

as public pedagogies，96　意识形态景观作
为公共教育（翻译错误）

tourist gaze，99－102　游客的目光

Immigrant rights protests，457　关于移民权
利的游行

Indentured servants，66　契约奴

Indian Removal Act，72　《印第安人迁移法案》

Indian Trade and Intercourse Act，72　《印第
安人贸易与往来法》

Indigenous language, African education,
128－129　本土语言，非洲教育

Individualized Education Planning, Deaf
students，376　个别化教育计划，失聪学生

Individuals with Disabilities Educational
Improvement Act，377，391　残疾人教育
促进法

Industrial capitalism, power，76－82　工业
资本主义，权力

Industrial capitalist democracy, first half of

19th century，71　工业资本主义民主，19
实际上半叶

Inequality　不平等

legal foundations for，68－71　不平等的法
律基础

U. S. Constitution，68－71　美国宪法

Injustice, forms，96－97　不公，形式

Institutional racism，266－267　制度性种族
主义

Institutional Review Boards, lesbian, gay,
bisexual, transgendered, and queer youth,
324－325　机构审查委员会，女同性恋，男
同性恋，双性恋，跨性别和酷儿青年

Institutionalized productions of race，262－
263　种族制度化产物

Institutionalized racism，253－255　制度性
种族主义

historical progression，662　历史进程

International competitiveness，9　国际竞争

International Monetary Fund，554－560　国
际货币基金组织

Interracial marriages，66　跨种族婚姻

Intersectionality，340－341　交叉性

defined，333－334　交叉性，定义

Intersex　间性现象

conditions，287　间性状况

defined，300　间性现象，定义

Inuit children, educational language rights,
182－183　因纽特儿童，教育语言权利

Iran, Kurds　伊朗，库尔德人

history，179－180　历史

language，179－180　语言

Iraq　伊拉克

educational language rights，177－178，180－
186　教育语言权利

Kurds，177－178，180－186　库尔德人

history，179－180　历史

language，179－180　语言

Islam, Western ideologies, ideological
conflicts，107　伊斯兰，西方意识形态，意

识形态冲突

Islamic militant groups, Egypt, 114 伊斯兰
激进组织,埃及

Israel 以色列
bilingual schools 双语学校
alterity, 144 他异性
Center for Bilingual Education, 143 双
语教育中心
educational background, 142 教育背景
homogeneous students, 146 - 147 同质
性学生
introduction of English, 143, 144 英语
的引入
Israel's sociopolitical context, 146 以色
列的社会政治背景
issues of national identity, 144 - 145 民
族身份问题
language, 143 - 144, 147 语言
longitudinal ethnographic study, 142 -
145 纵向人种学研究
parents' backgrounds and perspectives,
143 - 144, 145 父母的背景和视角
partial success, 146 部分成功
political background, 142 政治背景
recognition of nationhood and culture,
144 对民族身份和文化的认同
social mobility of their children, 145 儿
童的社会流动性
sociocultural background, 142 社会文
化背景
symmetry in multiple aspects of activity,
143 活动的很多不同方面的对称性
history, 141 - 142 历史
integrated Palestinian-Jewish education,
138 - 149 融合巴勒斯坦和犹太教育
sociopolitical context, 141 - 142 社会政
治背景

J

Jim Crow era, 78 吉姆·克劳时代(或译种

族隔离时代)

Justice 正义
classical ideas, 30 - 32 古典概念
defined, 30 - 31 正义,定义
distributive, 31 - 32 分配正义

K

K - 12 students, as agents of change, 53 中
小学学生,作为变革的动力
Kindergarten, obedience, 52 幼儿园,服从
King, Dr. Martin Luther, Jr. , 45, 46 - 47
马丁·路德·金博士
media, 46 - 47 媒体
Knowledge 知识
broader, more democratic version, 17 更
广泛和民主的历史知识
democratization, 579 - 580 民主化
Knowledge critique, 625, 627 - 630 知识批
判
arguments, 628 - 629 论点
assumptions underlying, 629 - 630 潜在
假设
Knowledge economy, 533 知识经济
Knowledge reproduction, schools, 455 知识
再生产,学校
Ku Klux Klan Act, 77 3K 党法案
Kurdistan, characterized, 172 库尔德斯坦,
特征
Kurds, 167 库尔德人
characterized, 171 - 172 库尔德人的特征
Denmark, 174 - 177, 180 - 186 丹麦
Iran 伊朗
history, 179 - 180 伊朗的历史
language, 179 - 180 伊朗的语言
Iraq, 177 - 178, 180 - 186 伊拉克
history, 179 - 180 伊拉克的历史
language, 179 - 180 伊拉克的语言
North West Kurdistan, 172 - 174, 180 -
186 西北部库尔德斯坦
South Kurdistan, 177 - 178, 180 - 186 南

部库尔德斯坦

Soviet Union 苏联

history, 179 - 180 苏联的历史

language, 179 - 180 苏联的语言

Syria 叙利亚

history, 179 - 180 叙利亚的历史

language, 179 - 180 叙利亚的语言

Turkey, 172 - 174,180 - 186 土耳其

history, 179 - 180 土耳其的历史

language, 179 - 180 土耳其的语言

L

Labels, disability studies, 401 标签,残疾儿童

students with disabilities, 432 残疾儿童

body politic, 434 - 436 身体政治学

Labor force 劳动力

Colonial America, 63 - 71 美国殖民地时期的劳动力

creation, 63 - 64 劳动力的生产

institution of racialized hierarchy, 66 种族等级制度

Labor movement, youth participation, 54 工人运动,青年的参与

Land acquisition, 63 - 64 掠夺土地

Native Americans, 63 - 65,68 美洲土著

acculturation-acquisition plan, 69 - 70 文化适应-兼并计划

Dawes Severalty Act, 79 - 80 道斯土地占有法

final conquest, 78 - 80 最后征服

General Allotment Act, 79 - 80 普通分配法

Peace Commission, 79 和平委员会

Landless Workers Movement, social justice teacher education, 601 - 602 无地工人运动,社会正义教师教育

Language 语言

ethnicity, 167 - 169 种族

race, 167 - 169 种族

Latinos, apparatuses of power, 241 拉丁裔,权力机器

Law 法律

Reconstruction, 77 重建时期

slavery, 65 - 68 奴隶制

U. S. expansionism, 71 - 76 美国扩张主义

Learning communities, 646 学习社区

Learning disabilities, 375 - 376 学习障碍

diagnosis, 418 诊断

Response to Intervention, 418 反映干预法

Learning environments, White teachers 学习环境,白人教师

classroom management, 647 课堂管理

content, 648 - 649 教学内容

creating positive, 645 - 649 创设积极的学习环境

culturally relevant teaching, 646 - 647 文化相关教学

instructional processes, 647 - 649 教学过程

learning communities, 646 学习社区

pedagogy, 648 教学法

Lesbian youth, life history study 女同性恋青年,生活史研究

agentic silence, 307 - 310 能动的沉默

broken silence, 310 - 311 打破的沉默

interview analysis, 306 - 307 访谈分析

interview method, 306 - 307 访谈方法

method, 305 - 307 方法

participants, 305 - 306 参与者

self-labeling as lesbian, 305 女同性恋的自我标签

speaking out, 311 - 316 大声表达

subjectivity, 306 主体

Lesbian, gay, bisexual, transgendered, and queer youth, 280, 286 - 287 女同性恋,男同性恋,双性恋,跨性别和酷儿青年

antibullying campaigns, 281 反欺凌运动

as canaries in coal mine，280－281 煤矿里的金丝雀

bullying，286，288－297 欺凌

curriculum，299 课程

glossary of queer terms，299－300 酷儿术语词汇表

harassment，286，288－297 骚扰

high school drop-out rate，315 高中辍学率

Institutional Review Boards，324－325 机构审查委员会

resources for educators，297－299 教育者的可用资源

runaway hotlines，300 逃离热线

school experiences，281，304－317 学校经验

school safety，285－301 学校安全

　antidiscrimination policies，295 反歧视政策

　hate speech，290－291 仇恨言论

　homophobic slurs，290－291 对同性恋的言语侮辱

　public alternative schools，292－297 公立非传统学校

　research on school experiences，288－289 学校经历的研究

　reversing negativity narrative，291－292 改变负面描述

　social aggression impact on academic achievement，291 社交攻击对学业成就的影响

　teachers' perceptions，289 教师的看法

　who is at risk，285 谁处于危险中

　youth with queer families，288 酷儿家庭中的青年

schools as safe havens，281，285－300 学校作为避风港

suicide，281 自杀

teacher education，718－721 教师教育

teachers 教师

bullying，289 欺凌

　student perceptions of teachers' ability/willingness to respond，289－290 学生对教师的回应能力或意愿的感知

Liberalism，*see* Social democratic liberalism 自由主义，见社会民主自由主义

Life history study，lesbian youth 生活史研究，女同性恋青年

　agentic silence，307－310 能动的沉默

　broken silence，310－311 打破的沉默

　interview analysis，306－307 访谈分析

　interview method，306－307 访谈方法

　method，305－307 方法

　participants，305－306 参与者

　speaking out，311－316 大声表达

　subjectivity，306 主体

Lifelong education，533 终身教育

Linguistic identity，167 语言认同

Linguistic Language Rights 语言权利

　comparisons，180－186 比较

　　global comparisons，182－186 全球比较

　　usefulness，171－172 有效性

　education，171－186 教育

　genocide，182，184 种族灭绝

　No Child Left Behind Act，183－184 不让一个孩子掉队法案

　United States，183－184 美国

Linguistic minority children，171－186 语言少数族群儿童

　effects，171 影响

Lonely Planet publishers，global tourist ideoscapes and mediascapes，100－101 孤独星球出版商，全球旅游的意识形态景观和媒体景观

Los Angeles CA public schools，497－507 洛杉矶加州公立学校

Lunch counter sit-ins，46 午餐柜台静坐事件

Lynching，White racial knowledge，240 私

刑,白人种族知识

M

MacPhee, Josh, 711 - 716　麦克菲·乔希

Manifest Destiny, 71, 76　天定命运论（99页标题翻译错误,权力之源）

Mann, Horace, 33 - 34　贺拉斯·曼

Market　市场

　neoliberalism, 155　新自由主义

　social justice, relationship, 92　市场与社会正义的关系

Market efficiency, as meta-value, 536 - 537　市场效率,作为元价值

Market fundamentalism, 726 - 727　市场原教主义

Market system, education, 156　市场机制,教育

Market-individualism, 92　市场-个人主义

Marketization of education, 129 - 130　教育的市场化

Masculinity, 358, 359 - 360　男性特质

Mass education, 33 - 34　大众教育

　Americanization, 15　美国化

　diverse population of students, 33 - 34　多元构成的学生

Material redistribution, 1　物质再分配

Mathematics　数学

　learning, 692 - 693, 693　数学学习

　social justice　社会正义

　　curriculum development, 690 - 697　课程开发

　　student reality-based curriculum, 690 - 697　基于现实的数学生课程

　teaching, 692 - 693　数学教学

Mayer, Deborah, 25　黛博拉·迈尔

Meaning making, 265　意义建构

Media, King, Dr. Martin Luther, Jr., 46 - 47　媒体,马丁·路德·金博士

Mediascapes, 95　媒体景观

　as public pedagogies, 96　媒体景观作为公共教育

　tourist gaze, 99 - 102　游客的目光

Medieval thought, 32 - 33　中世纪思想

Meta-evaluations, 8　元评估

Mexican community, Chicago Public Schools, 728　墨西哥裔社区,芝加哥公立学校

Mexican peoples　墨西哥人

　education, racialized system, 80 - 82　教育,种族化教育系统

　racialized displacement, 74 - 76　种族化驱逐

　Spanish colonization, 63 - 65　西班牙殖民

Mexico　墨西哥

　annexation of, 74 - 76　吞并墨西哥

　Emancipation Proclamation, 73　奴隶解放宣言

　Monroe Doctrine, 75　门罗主义

　racialized displacement, 74 - 76　种族化驱逐

Middle school, English language learners, 685 - 689　中学,英语语言学习者

Mills of Lowell MA self-education, 89　马赛诸塞州洛厄尔的磨坊,自我教育

Minority-based schools, 241　少数民族学校

Mississippi Freedom Summer, 523　密西西比自由之夏

Mobility, White racial knowledge, 235 - 236　流动性,白人种族知识

Monroe Doctrine, Mexico, 75　门罗主义,墨西哥

Montgomery, Alabama Bus Boycott of 1955, 45　亚拉巴马蒙哥马利校车抵制事件

Mother tongue medium education, effects, 171　以母语为媒介的教育,效果

Multi-Dimensional Model of Racial Identity survey, 256　种族身份调查的多维模型

Multicultural education, social justice teacher education, 595 - 598　多元文化教育,社会正义教师教育

　conceptual distinctions, 597 - 598　概念上

的差异

structural challenges, 598 结构性挑战

Multicultural studies, disability studies intersections, 382 - 383 多元文化研究与残疾研究的交叉

Multiple masculinities, characteristics, 341 多重男性特质,特征

Multiracial schools, African-American students, 62 多种族学校,非裔美国人学生

Muslims, gender equity, 112 - 115 穆斯林,性别平等

N

Narrative of redemption, critical pedagogy, 569 - 573 救赎式叙事,批判教育学

Nation-state machinery, education, 139 国家机器,教育

National Assessment of Educational Progress, 7 - 8 国家教育进展评估

National Council on Education Standards and Testing, 9 国家教育标准与测试理事会

National Education Goals Panel, 9 国家教育目标委员会

National identity, American frontier, 15 民族身份,美国边界

National school system, Native Americans, 72 国家学校系统,美洲土著

National security, 112 - 115 国家安全

Native Americans 美洲土著

cultural imperialism, 64 文化帝国主义

Education 教育

cultural genocide, 81 - 82 文化灭绝

forced boarding schools, 81 - 82 强制寄宿学校

racialized system, 80 - 82 种族化教育系统

land acquisition, 63 - 65, 68 土地掠夺

acculturation-acquisition plan, 69 - 70 文化适应-兼并计划

Dawes Severalty Act, 79 - 80 道斯土地占有法

final conquest, 78 - 80 最后征服

General Allotment Act, 79 - 80 普通分配法

Peace Commission, 79 和平委员会

national school system, 72 国家学校系统

racialized displacement, 74 - 76 种族化驱逐

slavery, 63 - 65 奴隶制度

sovereignty, 68 主权

Spanish colonization, 63 - 65 西班牙殖民

syncretism, 64 宗教信仰融合

U. S. Constitution, 70 美国宪法

westward expansion, 72 - 73 西进运动

Naturalization Act of 1790, 69 1790 年美国国籍法

Nature vs. nurture, 431 先天与后天

Neoliberal citizenship regimes, spaces of social justice, 549 - 550 新自由主义公民体制,社会正义的空间

Neoliberal globalization, 108 - 110, 565 - 573 新自由主义全球化

critical pedagogy, 569 - 573 批判教育学

educational policy, 529 - 539 教育政策

efficiency, 537 - 539 效率

equity, 537 - 539 公平

governance, 537 - 539 治理

shifts, 532 - 534 转变

hope, 565 - 573 希望

Neoliberalism, 10 - 12 新自由主义

Africa, 123 - 124 非洲

characterized, 154 - 156 新自由主义的特征

combating neoliberal educational discourse, 152 - 162 与新自由主义教育话语权做斗争

competition, 155 竞争

education, 110 - 112, 156 - 161 教育

social justice, 156 - 161 社会正义

educational inequality, 159 - 160 教育不

平等

gender equity，108－112　性别平等

critical pedagogy，569－573　批判教育学

ideals inherently masculinist，109　本质上的男权主义理想

market，155　市场

objectives，155－156　目标

social democratic liberalism，156－161　社会民主自由主义

societal hierarchy，410　社会等级

New College, social justice teacher education，601　新学院，社会正义教师教育

New Dawn Alternative High School，285，292－293，296－297　新曙光非传统高中

New Partnership for Africa's Development，124，128，129，131　非洲发展的新伙伴关系

New racism，231　新种族主义

New York State　纽约州

standardized testing regime，158　标准化测试体制

standards-based assessment，158　基于标准的评估

No Child Left Behind Act，7　不让一个孩子掉队法案

adequate yearly progress，158－159　适当的年度进步

criticism，52－53　批判

educational inequality，159－160　教育不平等

evaluation　教育评估

annual yearly progress，8　年度进步

narrowed scope，8－9　缩小教育评估的范围

prescriptive，8　视角

Linguistic Language Rights，183－184　语言权利

Nolan，Christopher，432－433　克里斯托弗·诺兰

Non-White racism，239，240　非白人种族主义

Nonviolent civil disobedience，55　非暴力抵抗运动

North American Free Trade Agreement，548　北美自由贸易协定

North West Kurdistan, educational language rights，172－174，180－186　西北部库尔德斯坦，教育语言权利

Kurds，172－174，180－186　库尔德人

Novice teachers，705－709　新手教师

O

Obedience，727　服从

kindergarten，52　幼儿园

Obscenity, Gay-Straight Alliances，322－324　淫秽，同性恋和异性恋联盟

Open Method of Coordination，533　开放协调法

Oppression，1　压迫

poor White people，221－222　贫穷的白人

women's position，107　妇女地位

Order，707　秩序

Out, defined，300　出柜，定义

Overrepresentation, special education，419，426　比例过高，特殊教育

Ownership society，727　所有权社会

P

Palestinian-Jewish education, in Israel，138－149　巴勒斯坦-犹太教育，以色列

Panoptical time，101　全景时间

Paradigmatic gaze, educational reform，139－141　范式关注，教育改革

Parental notification, Gay-Straight Alliances，322－324　家长通知，同性恋和异性恋联盟

Participant observation，265　参与者观察

Participatory action research, critical race theory，508－517　参与式行动研究，批评

种族理论

advocating for social change, 516 - 517　倡导社会变革

disseminating research findings, 516 - 517　推广研究成果

emancipatory knowledge for urban and suburban educators, 513 - 514　城市和郊区教育者的解放性知识

merging, 513 - 514　结合

repositioning students as subjects and architects of research, 511 - 513　将学生重新定位为研究的主体和设计者

theory as liberatory practice, 511 - 513　作为解放实践的理论

Passing, 509　人种改良

Perceived to be bisexual youth, 286　被认为是双性恋青年

Perceived to be gay youth, 286　被认为是男同性恋青年

Perceived to be gender variant, 286 - 287　被认为是多元性别青年

Perceived to be lesbian youth, 286　被认为是女同性恋青年

Perceived to be transgendered youth, 286 - 287　被认为是跨性别青年

Performance-based assessment, 2　基于表现的教育评估

Personal growth, 152　个人成长

Picturing War radio program, 477 - 483　《描述战争》电台节目

Place-based global ethnography, 95 - 104　基于地区的全球人种学

Plato, 30 - 32　柏拉图

Poetry as persuasive literary device, 501 - 503　诗歌作为说服性文学手法

Poetry workshop, 668 - 670　诗歌研讨会

Poor White people, 209 - 225　贫穷的白人

class, 223 - 224　阶级

class-based approaches, 223 - 224　基于阶级的方法

critical race theory, 212 - 213, 216 - 217　批判种族理论

feelings of inferiority, 223　低人一等的感觉

feelings of victimization, 223　被伤害的感觉

intraracial rhetoric, 209 - 210　种族内的辞令

nonpoor White interactions, 213 - 216　非贫穷白人与贫穷白人的互动

nonpoor Whites distorting image of, 214 - 216　非贫穷白人扭曲了贫穷白人的形象

not victims of racism, 214　贫穷白人并非种族主义的受害者

oppression, 221 - 222　压迫

oppressors and oppressed, 216　贫穷白人既是压迫者, 也是被压迫者

poor White Southerners, 214 - 215　贫穷的南方白人

poor White students, 220 - 225　贫穷的白人学生

positionality, 214 - 215　定位

racial politics, 211 - 219　种族政治

role of decoy, 218　贫穷白人作为反种族歧视的诱饵

signification by nonpoor Whites, 210　非贫穷白人的重要性

social construction of race, 210 - 211　种族的社会建构

social justice, 219　社会正义

stereotypes, 214 - 215　刻板印象

U. S. White racial polity, 217 - 218　美国白人种族政体

White Appalachians, 215 - 216　阿巴拉契亚白人

White hegemonic alliance, 211 - 225　白人统治联盟

benefits, 218　利益

Porto Alegre, Brazil, Citizen School Project,

576－584　巴西,阿雷格雷港,公民学校项目

constructing, 577　建设公民学校项目

contextualizing, 576　公民学校项目的背景

democratization of access to schools, 577－579　入学机会的民主化

democratization of governance, 580－582　治理的民主化

democratization of knowledge, 579－580　知识的民主化

local action: global reach, 583－584　地方行动:全球影响

potential problems, 582－583　公民学校项目的潜在问题

Positive self-identity, academic achievement, 451－452　积极的自我认同,学业成就

Positivism, 2　实证主义

educational reform, 2－3　教育改革

Poverty, 640 － 641. *See also* Poor White people　贫困,同见贫穷的白人

gender, 109　性别

women's position, 107　妇女地位

young people, 52　年轻人

Power　权力

consolidation, 76－82　权力的巩固

industrial capitalism, 76－82　工业资本主义

U. S. expansionism, 71－76　美国扩张主义

Privatization, 1　私有化

education, 129－130,156　教育

Productivity, gender equity, 109　生产力,性别平等

Program evaluation, U. S. Department of Education, types, 10　美国教育部,课程评估,类型

Progress, disability studies　进步,残疾研究

faith in, 410－412　对进步的信仰

rethinking, 412－413　反思进步

Progressive education, political backlash, 113－114　进步主义教育,政治抵制

Property, 31－32　财产

Proportional sense, 31－32　成比例的意识

Proudhon, Pierre-Joseph, 25　皮埃尔·约瑟夫·蒲鲁东

Public democratic culture, 1－2　公共民主文化

Public intellectuals, Black youth, 514－517　公共知识分子,黑人青年

youth bill of rights, 514－516　青年权利法案

Public life, preparing for, 51－57　为公共生活做准备

Push-Excel, 8　助优计划(没有翻译)

Putney Graduate School of Education, social justice teacher education, 601　帕特尼教育研究生院,社会正义教师教育

Q

Queer, defined, 300　酷儿,定义

Queer families, 288　酷儿家庭

Queer studies, 329　酷儿研究

disability studies, intersections, 384－386　酷儿研究与残疾研究的交叉

Queer youth, *see* Lesbian, gay, bisexual, transgendered, and queer youth　酷儿青年,见女同性恋,男同性恋,双性恋,跨性别和酷儿青年

Questioning, defined, 300　未定者,定义

R

Race　种族

class, intersections, 267　种族与阶级的交叉领域

educational research, 249－268　关于种族的教育研究

Black heterogeneity, 260－262　黑人异质性

cultural ecological model, 259　文化生

态模式

　　ethnographic research，265　人种学研究

　　everyday racism，266－267　日常的种族主义

family income，252－253　非裔美国人的家庭收入

future research，265－268　非裔美国人的未来研究

　　institutional racism，266－267　制度性种族主义

institutionalized productions of race，262－263　种族制度化产物

intersections of race，class，and gender，267　种族，阶级和性别的交叉领域

meaning making，265　意义建构

Multi-Dimensional Model of Racial Identity survey，256　种族身份调查的多维模型

multilevel ecological analyses，266　多层级生态分析

multimethod research strategies，267－268　多方法研究策略

participant observation，265　参与者观察

race as capital，264　种族作为资本

race as culture，257－260　种族作为文化

race as undertheorized social construct，250－268　种族作为理论化不足的社会建构

race as variable，250－251　种族作为变量

school processes，265　学校教育过程

significance interpretation，251－253　对意义的解读

underanalyzing racial discrimination，253－255　种族歧视的分析不足

underconceptualization，249－268　概念化不足

　　of class and gender intersectionalities，262－263　阶级和性别的交叉领域的概念化不足

variation within category "Black，" 255－257　"黑人"种类的多样性

gender，intersections，267　种族与性别的交叉

　　language，167－169　语言

　　White teachers，642－645　白人教师

Racial dialogue，White racial knowledge，238，239　种族对话，白人种族知识

Racial difference，Gay-Straight Alliances，326－327　种族差异，同性恋和异性恋联盟

Racial discrimination，253－255　种族歧视

Racial disparities，criminal justice system，277　种族不平等，刑法司法制度

Racial hierarchy，White children socialized，235　种族等级，白人儿童社会化

Racial identity　种族身份

　　development，661－667　种族身份发展

　　teachers of color，682－684　有色人种教师

Racial ideology，European colonial rule，63－64　种族意识，欧洲殖民统治

Racial knowledge，racial understanding　种族知识，种族理解

　　distinguished，233－234　辨析

Racial politics，poor White people，211－219　种族政治，贫穷的白人

Racial power，White privilege，234　种族权力，白人特权

Racial understanding，racial knowledge，distinguished，233－234　种族理解与种族知识的辨析

Racialized displacement　种族化驱逐

　　Mexican peoples，74－76　墨西哥人

　　Mexico，74－76　墨西哥

　　Native Americans，74－76　美洲土著

Racism　种族主义

　　academic achievement，White teachers，641－642　学业成就，白人教师

　　individualistic notion，209－210　个人主义的概念

　　White teachers，642－645　白人教师

Radio programs，477－483 电台节目

Randomized clinical trials，5，10 随机临床实验

Reaganomics，442 里根经济政策

Real Talk，497－507 真实谈话

Reasoning, government-controlled schools，26 推理能力,政府控制的学校

Recognition, social justice，39－40 认同,社会正义

Reconstruction，76－78 重建时期

　law，77 法律

　vigilante justice，77－78 私刑执法（没有翻译）

Reconstructionist movement，35－36 重建运动

Recruitment, social justice teacher education，602－603 招聘,社会正义教师教育

Regulation, East Oakland Community High School，460 管制,东奥克兰高中

　nonbenign，460－461 非温和

Reification of knowledge，38 知识具体化

Religion, social reciprocity，401 宗教,社会互惠

　Research collaboration on youth activism，514－516 青年行动主义研究合作组织

Resegregation of schools，61 种族隔离学校

Respect，486－487 尊重

Response to Intervention, learning disabilities，418 反应干预法,学习障碍

Reverse segregation，241 逆向隔离

Roosevelt, Franklin D.，153－154 富兰克林·D·罗斯福

Rugg, Harold, distributive social justice，35 哈诺德·拉格,社会分配正义

Rugged individualist ideology, Civil Rights Movement，47 粗暴的个人主义意识形态,民权运动

Runaway hotlines, lesbian, gay, bisexual, transgendered, and queer youth，300 逃离热线,女同性恋,男同性恋,双性恋,跨性别和酷儿青年

Rush, Benjamin，27 本杰明·拉什

S

SATs, boycotted，728 标准评估考试,抵制

Scapes of abjection，95－104 贱民化景观

Scapes of noxious mobility and immobility，96－97 有害的流动性和非流动性景观

School change, social justice，589－592 学校变革,社会正义

School desegregation，61 废除学校种族隔离

　antipathy toward，44 对废除学校种族隔离的排斥

School experiences, lesbian, gay, bisexual, transgendered, and queer youth，282，304－317 学校经验,女同性恋,男同性恋,双性恋,跨性别和酷儿青年

School funding, inequalities，62 办学经费,不平等

School processes，265 学校教育过程

School safety 学校安全

　Gay-Straight Alliances，319－329 同性恋和异性恋联盟

　lesbian, gay, bisexual, transgendered, and queer youth，285－301 女同性恋,男同性恋,双性恋,跨性别和酷儿青年

　antidiscrimination policies，295 反歧视政策

　hate speech，290－291 仇恨言论

　homophobic slurs，290－291 对同性恋的言语侮辱

　public alternative schools，292－297 公立特殊学校

　research on school experiences，288－289 学校经历的研究

　reversing negativity narrative，291－292 改变负面描述

　social aggression impact on academic achievement，291 社交攻击对学业

成就的影响

teachers' perceptions, 289 教师的看法

who is at risk, 285 谁处于危险中

youth with queer families, 288 酷儿家庭中的青年

School-university collaborative action research project, California High School, 333 - 342 学校-大学合作行动研究计划,加利福利亚高中

antihomophobia education, 342 反恐同症教

gay Black male students, 334 - 340 黑人同性恋男生

gender nonconforming Black male students, 334 - 340 性别错位的黑人男生

intersectionality, 340 - 341 交叉性

issues, 334 问题

SchoolMatters, 11 - 12 学校事务

class size, 11 - 12 班级规模

website, 11 网站

Schools, *see also* Education 学校,同见教育

as contested spaces, 726 学校作为斗争的空间

as dialectical space, 455 学校作为辩证的空间

gender lessons 性别课程

binary constructions of gender, 365 - 366 二元性别建构

conformity to cultural expectations, 360 符合文化期望

curriculum, 365 - 366 课程

dating, 362 - 365 约会

extracurricular activities, 360 - 362 课外活动

femininity, 358, 359 - 360 女性特征

gender content and (non-) conformity, 359 - 360 性别内容和性别一致(错位)

masculinity, 358, 359 - 360 男性特质

school structure, 365 - 366 学校结构

sexuality, 362 - 365 性

unintentional, 358 - 366 无意识的性别课程

institutionalizing a just state, 461 - 462 使公正的州政府制度化

knowledge reproduction, 455 知识再生产

Science 科学

disability studies 残疾研究

faith in, 410 - 412 对残疾研究的信仰

rethinking, 412 - 413 反思残疾研究

education 教育

eminence of science, 405 - 410 科学的突出地位

overachievement, 408 - 409 超乎预期的成就

overreach of science, 405 - 410 科学的过度扩张

rethinking science, 409 - 410 反思科学

social position of science's objects, 405 - 406 科学对象的社会地位

social position of scientists, 405 - 406 科学家的社会地位

special education science, 406 - 408 特殊教育科学

struck dumb by science, 408 - 409 被科学所震惊

students with disabilities, 404 - 410 残疾学生

technical-rational agendas for social life, 405 技术理性的社会生活议程

teacher education, managing dissent through science, 615 - 616 教师教育,通过科学排除异见

Scientific racism, slavery, 73 - 74 科学种族主义,奴隶制

Secularist educational policies, Egypt, 114 世俗主义的教育政策,埃及

Segregated schools, African Americans, 36 -

37 种族隔离学校,非洲裔美国人

Segregation, buses, 45 种族隔离,公交车

Self-education, mills of Lowell MA, 89 自我教育,马赛诸塞州洛厄尔的磨坊

Self-respect, social justice, 39 - 40 自我尊重,社会正义

Self-righteousness, as American trait, 24 伪善,作为美国人的特质

Self-segregation, 241 自我隔离

Self-separation, 241 自我分离

Sense of purpose, academic achievement, 451 - 452 目的意识,学业成就

Separate but equal, 37 隔离但平等

Sex education, see HIV/AIDS prevention and sexuality education 性教育,见艾滋病预防和性教育

Sexual identity 性身份

  defined, 300 性身份,定义

  Gay-Straight Alliances, 320, 327 同性恋和异性恋联盟

  work against bias without centralizing, 328 - 329 对抗偏见不需要统一性别认同

Sexual orientation, defined, 300 性倾向,定义

Sexuality, 279 - 283, 362 - 365 性

Slave Codes, 66 - 67 奴隶法案

Slavery, 277 奴隶制

  anti-insurrection laws, 66 反叛乱法

  denial of education to slaves, 67 - 68 拒绝对奴隶进行教育

  end, 76 - 78 奴隶制的终结

  history, 65 - 66 奴隶制的历史

  law, 65 - 68 奴隶制的法律

  Native Americans, 63 - 65 美洲土著

  scientific racism, 73 - 74 科学种族主义

  social resistance, 73 - 74 社会抵抗

  sports, links, 243 体育,关系

Small schools movement, 461 - 462 微型学校运动

Snedden, David, 152 大卫·斯奈登

Social change, Dewey, John, 35 社会变革,约翰·杜威

Social democratic liberalism 社会民主自由主义

  education, 156 - 161 教育

  history, 153 历史

  neoliberalism, 153 - 161 新自由主义

Social efficiency, 152 - 153 社会效率

Social hierarchy 社会等级(25 章译文有误)

  as human universal, 400 社会等级作为人类共性

  capitalism, 401 资本主义

  mechanisms, 402 - 404 机制

  purposes of hierarchy production, 402 - 404 等级产生的目的

  science 科学

    eminence of science, 405 - 410 科学的突出地位

    overreach of science, 405 - 41 科学的过度扩张

    rethinking science, 409 - 410 反思科学

    social position of science's objects, 405 - 406 科学对象的社会地位

    social position of scientists, 405 - 406 科学家的社会地位

    special education science, 406 - 408 特殊教育科学

    struck dumb by science, 408 - 409 被科学所震惊

    students with disabilities, 404 - 410 残疾学生

    technical-rational agendas for social life, 405 技术理性的社会生活议程

Social injustices 社会不公

  Counts, George, 35 乔治·康特

  education's role in maintaining, 34 - 35 教育维系社会不公的作用

  radical rise of, 1 社会不公的剧烈增多(翻译错误)

Social justice, 1, 30 - 41, 167 - 169, 345 - 355

社会正义

Africa 非洲

context, 121 - 124　社会正义的大环境

framework, 120 - 121　社会正义的框架

African education, 120 - 131　非洲教育

access, 124 - 126, 125　非洲的入学机会

English language, 128 - 129　英语

gender equity, 125 - 126　非洲教育的性别平等

governance, 130 - 131　非洲的教育治理

indigenous language, 128 - 129　本土语言

leadership, 130 - 131　非洲的教育领导权

participation, 124 - 126　参与

privatization of education, 129 - 130　教育的私有化

quality of education, 126 - 128　非洲的教育质量

representation of marginalized groups, 130 - 131　边缘群体的代表

American education, 33 - 37　美国教育

18th century, 33　18 世纪

19th century, 33　19 世纪

initial concept of public education, 33　公共教育的最初概念

Old Deluder Satan Law, 33　老骗子撒旦法

private institutions, 33　私立学校

as contested notion, 92　社会正义作为有争议的概念

assaults, 611 - 615　对社会正义的攻击

biblical grounding, 33　社会正义在圣经中的根据

bilingual schools, 145　双语学校

bottom-up struggle, 654 - 655　自下而上的社会正义斗争

characterized, 30　社会正义的特征

comparative analysis, 92　社会正义的比较研究

concept, 30　社会正义的概念

deregulation, 460　解除管制

Dewey, John, 34 - 35　约翰·杜威

different senses, 37　不同意义上的社会正义

dimensions, 121　社会正义的维度

distributive justice, relationship, 38　社会正义与分配正义的关系

distributive paradigm, 37　分配范式

education 教育

discourse of distribution, 141　分配的话语

discourse of recognition, 141　认同的话语

legacy of radical thought and action, 54 - 55　激进思想和行动的遗产

lessons from history, 54 - 57　历史的教训

new technologies, 56 - 57　新科技

reinstituting rights and deliberation, 161 - 162　将权利和商议重新制度化

educational policy, 529 - 539　教育政策

educational posters, 711 - 716　教育海报

educational reform, 426 - 428　教育改革

emancipatory emphasis, 38　解放作为社会正义的重点

Freire, Paulo, 456 - 457　保罗·弗莱雷

Gay-Straight Alliances, 319 - 320　同性恋和异性恋联盟

globalization, 92 - 93, 525 - 528, 586 - 587　全球化

relationship, 120 - 121　社会正义与全球化的关系

government-controlled schools, 26　政府控制的学校

impediments, 400 - 412　阻碍

international perspectives, 91 - 94　国际视角

market, relationship, 92　社会正义与市场的关系

mathematics 数学
  curriculum development, 690-697 课程开发
  student reality-based curriculum, 690-697 基于现实的学生课程
poor White people, 219 贫穷的白人学生
practicing justice, 722-723 践行正义
present meaning, 37-40 当前的意义
recognition, 39-40 认可
rise of, 32-33 社会正义的兴起
school change, 589-592 学校变革
school-education dialectic, 455-463 学校-教育的辩证关系
self-respect, 39-40 自尊
students with disabilities, 348, 373-376, 417-418, 446-447 残疾学生
Taparelli's theory, 32-33 塔帕雷伊的理论
teacher education, 589-592, 595-607, 616-620 教师教育
  admission, 616-617 招生
  ambiguity critique, 625, 626-627 模糊性批判
  behind the critiques, 637-638 批判的背后
  conceptualized, 611 社会正义的概念化
  critiquing the critiques, 625-638 对批判的批判
  free speech critique, 625, 632-635 自由言论批判
  freedom, 636-637 自由
  guided fieldwork, 617, 619-620 指导性实习作
  ideology critique, 625, 630-632 意识形态批判
  knowledge critique, 625, 627-630 知识批判
  learning, 635-636 学习
  professional coursework, 617, 618-619 专业课程

recruitment, 616-617 招聘
reframing social justice, 635-638 重构社会正义
teachers, 348-349 教师
  HIV/AIDS prevention and sexuality education 艾滋病预防和性教育
  as component, 351-355 艾滋病预防和性教育作为社会正义的一部分
urban schools, intersectionality, 333-334 城市学校,交叉领域
varied meanings, 37 社会正义的不同意思
young people, 51 年轻人
youth media, 477-483 青年媒体
Social justice education 社会正义教育
  Black male students, 332-342 黑人男学生
  students with disabilities, 386-391 残疾学生
  curriculum, 386-389 课程
  educational policy, 390-391 教育政策
  teaching, 390 教学
  urban schools, 332-342 城市学校
  antihomophobia education, 342 反恐同症教育
  conceptual tools, 340-342 概念工具
  intersectionality, 340-341 交互性
  multiple masculinities, 341-342 多重男性特质
  youth radio, 482-483 青年电台
Social Justice Education Project 社会正义教育项目
  Chicana/o students, 465, 469-474 墨西哥裔学生
  critically compassionate intellectualism, 469-474 批判性共情理智主义
  Chicana/o students academic identity, 472 墨西哥裔学生的学业认同
  Tucson Unified School District, 465, 469-474 图森联合学区

Social justice teacher education, 589 - 592, 595 - 607,616 - 620 社会正义教师教育

conceptual possibilities, 599 - 600 概念上的可能性

connecting to social movements, 600 - 601 社会正义教师教育与社会运动相联系

connecting with other efforts, 599 - 602 社会正义教师教育与其它尝试相联系

definitions, 595 社会正义教师教育的定义

in-program initiatives, 603 - 606 项目内的举措

Landless Workers Movement, 601 - 602 无地工人运动

multicultural education, 595 - 598 多元文化教育

conceptual distinctions, 597 - 598 概念上的差异

structural challenges, 598 结构性挑战

New College, 601 新学院

practices in, 602 - 606 社会正义教师教育实践

Putney Graduate School of Education, 601 帕特尼教育研究生院

recruitment, 602 - 603 招聘

Social order, democratic vs. undemocratic, 727 社会秩序,民主与非民主

Social perspective-taking, 43 社会视角的运用

equality, 47 - 48 平等

equity, 47 - 48 公平

Social reciprocity 社会互惠

religion, 401 宗教

socialism, 401 社会主义

Social reciprocity ethics, 400 - 401 社会互惠道德

Social resistance 社会抗争

slavery, 73 - 74 奴隶制

U. S. expansionism, 71 - 76 美国扩张主义

Social segregation, disability studies, 401 社会种族隔离,残疾研究

Socialism, social reciprocity, 401 社会主义,社会互惠

Societal hierarchy, neoliberal ideology, 410 社会等级,新自由主义意识形态

Society, characterized, 32 社会,特征

South Kurdistan 南部库尔德斯坦

educational language rights, 177 - 178,180 - 186 教育语言权利

Kurds, 177 - 178,180 - 186 库尔德人

Southern Christian Leadership Conference, 523 南部基督教领导权会议

Sovereignty, Native Americans, 68 主权,美洲土著

Soviet Union, Kurds 苏联,库尔德人

history, 179 - 180 苏联的历史

language, 179 - 180 苏联的语言

Spaces of social justice, neoliberal citizenship regimes, 549 - 550 社会正义空间,新自由主义的领导体制

Spanish colonization 西班牙殖民

Mexican peoples, 63 - 65 墨西哥人

Native Americans, 63 - 65 美洲土著

Spatial purification, Aboriginal Australians, 102 - 104 空间净化,澳大利亚土著

Special education, 417 - 428 特殊教育

conformity, 419 - 420 顺从

disability, relationship, 377 特殊教育与残疾的关系

disability studies 残疾研究

personal histories, 421 - 425 个人历史

reframing practice, 418 - 421 重构特殊教育实践

reimagining, 421 - 426 重新构想特殊教育

remaking, 417 - 428 重塑特殊教育

history, 419 特殊教育的历史

homogeneity, 419 - 420 同质性

overrepresentation, 419,426 比例过高

questioning foundations, 377　特殊教育的理论基础被质疑

Spokescouncil meetings, 55　发言委员会

Sports, 703　体育运动

　slavery, links, 243　体育运动与奴隶制的关联

Stake, Robert, 7　罗伯特·斯塔克

Standardization, curriculum, 2　标准化,课程

Standardized testing, 2, 159, 641　标准化测试

　New York, 158　纽约

　teachers protest, 728　教师抗议

Standards-based assessment, New York, 158　基于标准的评估,纽约

Stereotypes　刻板印象

　poor White people, 214 - 215　贫穷的白人

　White Appalachians, 220 - 221　阿巴拉契亚白人

Straight ally, defined, 300　异性恋盟友,定义

Student protests, 457 - 459　学生抗议

Students of color, White Appalachians, not equivalent, 221　有色人种学生,不等同于阿巴拉契亚白人

Students with disabilities　残疾学生

　Americans with Disabilities Act, 390 - 391　美国残疾人法案

　constitution of disabilities, 431 - 443　残疾的构成

　　history, 433, 441 - 443　历史

　culture, 373　文化

　democracy, 441 - 443　民主

　HIV/AIDS prevention and sexuality education, 347 - 349　艾滋病预防与性教育

　Identity　身份认同

　　formation, 404　身份形成

　　official imposition of damaged identity, 404　官方强加的破坏性身份

labels, 432　残疾标签

　body politic, 434 - 436　身体政治学

social justice, 348, 373 - 376, 417 - 418, 446 - 447　社会正义

social justice education, 386 - 391　社会正义教育

　curriculum, 386 - 389　课程

　educational policy, 390 - 391　教育政策

　teachers, 390　教师

Students' social realities, mathematizing, 690 - 697　用数学语言探讨学生社会现状

Suicide, lesbian, gay, bisexual, transgendered, and queer youth, 281　自杀,女同性恋,男同性恋,双性恋,跨性别和酷儿青年

Syncretism, Native Americans, 64　宗教信仰融合,美洲土著

Syria, Kurds　叙利亚,库尔德人

　history, 179 - 180　叙利亚的历史

　language, 179 - 180　叙利亚的语言

T

Taparelli, Luigi, 32 - 33　路易吉塔帕雷伊

Teachable moments, 701　教育契机

Teacher education　教师教育

　as preparation of technicians, 612 - 613　培养技术人员的教师教育

　assaults, 611 - 615　对教师教育的攻击

　definitions, 595　教师教育的定义

　disconnecting teacher education from teacher quality, 613 - 614　教师教育与教师资质分离

　lesbian, gay, bisexual, transgendered, and queer youth, 718 - 721　女同性恋,男同性恋,双性恋,跨性别和酷儿青年

　preparing White teachers to teach in racist nation, 640 - 650　培养白人教师在种族主义国家任教

　science, managing dissent through, 615 - 616　科学,通过科学排除异见

　shortening, 614 - 615　缩短教师教育

social justice, 589 - 592,616 - 620, *see also*
Social justice teacher education 社会正
义,同见社会正义教师教育

admission, 616 - 617 招生

ambiguity critique, 625,626 - 627 模糊
性批判

behind the critiques, 637 - 638 批判的
背后

conceptualized, 611 概念化

critiquing the critiques, 625 - 638 对批
判的批判

free speech critique, 625,632 - 635 自
由言论批判

freedom, 636 - 637 自由

guided fieldwork, 617,619 - 620 指导
性实习

ideology critique, 625,630 - 632 意识
形态批判

knowledge critique, 625,627 - 630 知
识批判

learning, 635 - 636 学习

professional coursework, 617,618 - 619
专业课程

recruitment, 616 - 617 招聘

reframing social justice, 635 - 638 重构
社会正义

to teach queerly, 718 - 721 针对酷儿的教
学

Teacher-student relationship, as teaching,
671 - 680 师生关系,作为教学

Teachers, *see also* Specific type as workers
for social justice, 655 教师,同见教师作
为社会正义工作者的特殊类型

class exploitation, 509 阶级剥削

classroom experiences, 661 - 667, 668 -
670,671 - 680,681 - 684,685 - 689,690 -
697,699 - 704,705 - 709 课堂经验

committed intellectual, 571 尽心尽责的
知识分子

HIV/AIDS prevention and sexuality education
艾滋病预防和性教育

current state of teacher preparation, 349 -
350 教师培养的现状

segregated teacher preparation
programs, 348 双轨制教师培养计划

special educators' preparation, 350 - 351
培养特殊教育工作者

lesbian, gay, bisexual, transgendered, and
queer Youth bullying, 289 女同性恋,
男同性恋,双性恋,跨性别和酷儿青年的
欺凌行为

student perceptions of teachers' ability/
willingness to respond, 289 - 290 学
生对教师的回应能力或意愿的感知

profession's fear of teaching like a girl, 371
消除教师对女性化教学的恐惧

race and ethnicity differences with students,
641 - 642 学生的民族和种族差异

resisting schooling-as-usual, 705 - 709 抗
拒学校常规教育

self-discovery, 671 - 680 自我发现

social justice, 348 - 349 社会正义

HIV/AIDS prevention and sexuality
education 艾滋病预防和性教育

as component, 351 - 355 艾滋病预防
和性教育作为社会正义的一部分

standardized tests, protest, 728 标准化
测试,抗议

students with disabilities, 390 残疾学生

urban schools, 451 城市学校

wrongful termination suit, 25 非法解雇
诉讼

Teachers of color, 681 - 684 有色人种教师

racial identity, 682 - 684 种族身份

White students, 681 白人教师

Teaching content, White teachers 教学内
容,白人教师

classroom management, 647 课堂管理

content, 648 - 649 教学内容

creating positive, 645 - 649 创设积极的

学习环境

culturally relevant teaching, 646 – 647　文化相关教学

instructional processes, 647 – 649　教学过程

learning communities, 646　学习社区

pedagogy, 648　教学法

Teaching poetry workshop, 668 – 670　诗歌研讨会教学

Teaching theater, 671 – 680　话剧教学

Terrorist attacks, gender equity, 112 – 115　恐怖分子袭击,性别平等

Textbooks, Webster, Daniel, 28　课程书籍,丹尼尔·韦伯斯特

Tourism, 99　游客

Tourist gaze　游客的目光

　Aboriginal Australians, 99 – 102　澳大利亚土著

　　Walkabout Australian Travel Guide, 102　澳大利亚丛林流浪旅行指南

　Aboriginal culture temporally distinct, 100 – 101　暂时将原住民文化区别开来

　acceptable and commodifiable parts, 100, 101 – 102　可接受并可以商品化的部分

　artificial authenticities, 102 – 104　模拟现实

　Coober Pedy, 101 – 102　库伯·佩迪

　denials and erasures, 100　否认和抹掉

　erasure and spatial purification, 102 – 104　抹除和空间净化

　Fairfax Digital's international tourist website, 102 – 104　费尔法克斯数码公司的国际旅游网站

　historical and spatial fixing, 100　历史和空间定位

　ideoscapes, 99 – 102　意识形态景观

　mediascapes, 99 – 102　媒体景观

Transformative English teaching, urban schools, 497 – 507　转化性英语教学,城市学校

auto-ethnography unit, 499 – 500　自传式人种志单元

expository unit, 500 – 501　说明文单元

gang life, 500 – 501　帮派生活

needs of learners in social contexts, 498　社会背景下的学习者需求

outcomes, 503 – 506　成果

poetry as persuasive literary device, 501 – 503　诗歌作为说服性文学手法

transformed lives, 503 – 506　变革的生活

Transgender youth, see Lesbian, gay, bisexual, transgendered, and queer youth　跨性别青年,见女同性恋,男同性恋,双性恋,跨性别和酷儿青年

Transgender, defined, 300　跨性别者,定义

Transition, defined, 300　性转变,定义

Transsexual, defined, 300　变性者,定义

Trust, 486 – 487　信任

Tucson Unified School District　图森联合校区

　Chicana/o students, 465, 469 – 474　墨西哥裔学生

　Social Justice Education Project, 465, 469 – 474　社会正义教育项目

Turkey, 172　土耳其

　educational language rights, 172 – 174, 180 – 186　教育语言权力

　ethnicity　种族

　　ethnic minority suppression, 172　少数种族压迫

　　laws suppressing Linguistic Language Rights, 173 – 174, 175 – 177　压制语言权力的法律

　genocide, 182　种族灭绝

　Kurds, 172 – 174, 180 – 186　库尔德人

　　history, 179 – 180　库尔德人的历史

　　language, 179 – 180　库尔德人的语言

Turkish students, in Denmark, 175 – 177　土耳其学生,在丹麦

Turner, Frederick Jackson, 15 – 21　杰克

逊·弗雷德里克·特纳

as reformer, 15 - 21　作为改革者的特纳

common people, views on, 17 - 21　特纳关于大众的观点

Tyler Rationale, 6　泰勒原理

Tyler, Ralph, 7 - 8　拉夫·泰勒

U

United Nations Convention on the Rights of the Child, 51　联合国儿童权利公约

United States　美国

economic war, 1　经济战争

Linguistic Language Rights, 183 - 184　语言权利

United States Constitution 13th Amendment, 76 - 77　美国宪法第十三修正案

Equal Protection Clause, 36, 39, 43 - 45　平等保护条款

Fugitive Slave Clause, 69　逃亡奴隶条款

inequality, 68 - 71　不平等

Native Americans, 70　美洲土著

Representation Clause, 68, 69　代表条款

Three-Fifths Clause, 68, 69　五分之三条款

United States Department of Education

evaluation funding, 9 - 10　美国教育部对教育评估的经费支持

program evaluation types, 10　教育评估的类型

United States expansionism education, 71 - 76　美国扩张主义时期的教育

law, 71 - 76　法律

power, 71 - 76　权力

social resistance, 71 - 76　社会抗争

United States White racial polity formation, 217 - 218　美国白人种族政体的形成

poor White people, 217 - 218　贫穷的白人

University extension movement, 15 - 20　大学推广运动

failure to thrive, 20　大学推广运动未能蓬勃发展

University of Wisconsin　威斯康辛大学

history education, 15 - 21　历史教育

outreach programs, 16　外展方案

university extension movement, 15 - 21　大学推广运动

Unteachable students, 702 - 704　不可教的学生

Urban schools　城市学校

academic failure, 449　学业失败

Black male students, 332 - 342　黑人男性学生

confronting the "urban" in, 450 - 451　在城市学校直面"城市"

emancipatory pedagogy, 485 - 496　解放教育学

action, 489 - 490　行动

buy-in, 486 - 487　认可

developing academic and critical competencies, 487　发展学术和批判能力

empowerment of self, 489　自我赋权

from exposure to lived experience, 488 - 489　从接触到真实体验

longitudinal impacts, 493 - 494　纵向影响

mandated scripted curriculum, 490 - 491, 495 - 496　规定课程

measuring effectiveness, 491, 491 - 493, 496　衡量有效性

Open Court unit, 490, 495 - 496　"公开法庭"单元

outcomes, 491, 491 - 493, 496　成果

respect, 486 - 487　尊重

trust, 486 - 487　信任

Watts Youth Collective, 493 - 494　沃尔茨青年组织

means of failure, 449 - 450　失败的措施

reform movements, 450　改革运动

social justice education, 332 - 342　社会正

义教育

  antihomophobia education，342　反恐同
    症教育

  conceptual tools，340 - 342　概念工具

  intersectionality，340 - 341　交叉性

  multiple masculinities，341 - 342　多重
    男性特质

    social justice，intersectionality，333 -
    334　社会正义，交叉领域

  teachers，451　教师

  transformative English teaching，497 - 507
    转化性英语教学

  auto-ethnography unit，499 - 500　自传
    式人种志

  expository unit，500 - 501　说明文单元

  gang life，500 - 501　帮派生活

  needs of learners in social contexts，498
    社会背景下的学习者需求

  outcomes，503 - 506　结果

  poetry as persuasive literary device，501 -
    503　诗歌作为说服性文学手法

  transformed lives，503 - 506　变革的
    生活

V

Violent self-righteousness，as American
  trait，24　极度伪善，作为美国人的特质

Voluntary associations　志愿组织

  Gay-Straight Alliances，319　异性恋盟友

  in public schools，319　公立学校的志愿
    组织

  Voter registration，46　选民登记

W

Walking，436　走路

  preschool classroom，436 - 439　学前课堂

War of Independence，68 - 69　独立战争

War on terror，gender equity，112 - 115　反
  恐战争，性别平等

Washington，Booker T.，distributive justice，
36　布克 T·华盛顿，分配正义

Watts Youth Collective，493 - 494　沃茨青
  年团体

Webster，Daniel，textbooks，28　丹尼尔·
  韦伯斯特，教科书

Webster，Noah，27 - 28　诺亚·韦伯斯特

Western ideologies，Islam，ideological
  conflicts，107　西方意识，伊斯兰，意识形
  态冲突

Westward expansion　西进运动

  education，71 - 73　教育

  law，71 - 73　法律

  Native Americans，72 - 73　美洲土著

What Works Clearinghouse，12　有效教育策
  略资料中心

White Appalachians，215 - 216　阿巴拉契亚
  白人

  as culturally corrupt，220　文化上的腐败

  both oppressor and oppressed，224　阿巴
    拉契亚白人既是压迫者也是被压迫者

  educational attainment，222　受教育程度

  racial innocence narrative，216　种族清白
    的叙述

  stereotypes，220 - 221　刻板印象

  exceptions，221　例外

  students，220　学生

  students of color，not equivalent，221　阿
    巴拉契亚白人不等同于有色人种学生

White epistemology，232　白人认识论

White ethnic cultures，Whiteness，
  distinguished，240　白人种族文化，白人特
  性，辨析

White hegemonic alliance　白人统治联盟

  allegiance to，168 - 169　对白人统治联盟
    效忠

  critical race pedagogy，224 - 225　批判种
    族教育学

  dutiful White ally，219　忠实的白人盟友

  higher-status benefits，219　地位较高的利
    益

higher-status, nonpoor Whites，219　地位较高，非贫困的白人

poor White people，211 - 225　贫困的白人

　　benefits，218　利益

　　situatedness within，222　在白人统治联盟中的地位

　　ultimate racist，219　极端种族主义

White identity development, experiential learning，661 - 667　白人身份发展，体验式学习

White people. *See also* Poor White people　白人，同见贫困的白人

　　as subject of Whiteness，234　白人作为白人特性的主体

　　entering race discourse with different lens，231 - 232　以有色人种的视角进入种族话语中

　　initially ignorant of race argument，231　白人最初对种族的争论充满无知

　　monolithically privileged by Whiteness，212　白人特性赋予了白人特权

　　realizing their position of privilege，234　白人实现他们的特权地位

White privilege　白人特权

　　all Whites benefit equally from race，242　所有白人都同等地受益于种族（原页码错误）

　　racial power，234　种族权力

　　semantic moves，209 - 210　语义学策略

　　Whites benefit from race in differing degrees，242　白人不同程度地受益于种族（原页码错误）

White racial knowledge，232 - 233　白人种族知识

　　antiracist pedagogy，231 - 233　反种族主义教学

　　as particular way of knowing，233 - 237　作为特殊的认知方式

　　constructing racial knowledge when threatened，237 - 239　受到威胁时构建种族知识

　　content，233 - 239　内容

　　generalization card，238 - 239　"普遍原则牌"

　　knowing where to traverse social landscape，235 - 236　知道在哪里穿越社会版图

　　lynching，240　私刑

　　mobility，235 - 236　流动性

　　nothing but false and oppressive，232　白人种族知识不仅错误，而且具有压迫性

　　racial dialogue，238，239　种族对话

　　Whiteness made visible，233　让白人特性"显形"

White servants, history，65 - 66　白人公务员，历史

White students, teachers of color，681　白人学生，有色人种教师

White supremacist organizations, White Appalachians，221　白人至上组织，阿巴拉契亚白人

White supremacy，239 - 240，277　白人至上主义

　　as "rationally" invested in Whiteness，218　将白人至上主义理性地赋予了白人特性

　　concept，247　白人之上的概念

　　making distinctions between different forms of racism，241 - 242　区分不同形式的种族主义

　　psychological and material benefits，223 - 224　精神和物质利益

White teachers, learning environments　白人教师，学习环境

　　classroom management，647　课堂管理

　　content，648 - 649　内容

　　creating positive，645 - 649　创设积极的学校环境

　　culturally relevant teaching，646 - 647　文化相关教学

instructional processes, 647 - 649　教学过程

learning communities, 646　学习社区

pedagogy, 648　教学

one's own racial identity, 643　个人的种族身份

privilege, 643　特权

race, 642 - 645　民族

racism, 642 - 645　种族主义

teaching content, 648 - 649　教学内容

classroom management, 647　课堂管理

creating positive, 645 - 649　创设积极的学习环境

culturally relevant teaching, 646 - 647　文化相关教学

instructional processes, 647 - 649　教学过程

learning communities, 646　学习社区

pedagogy, 648　教学

understanding identity development and experiences of people of color, 643 - 645　理解有色人种的身份发展和经历

understanding Whiteness, 643　理解白人特性

Whiteness　白人特性

hypervaluation, 508　抬高白人身价

effect, 509　抬高白人身价的影响

knowledge about its unspoken structures, 234 - 235　关于白人特性的隐性结构的知识

people of color its objects, 234　有色人种作为白人特性的客体

representations, 508　代表

White ethnic cultures, distinguished, 240　白人种族文化,辨析

Whites as subjects of, 234　白人作为白人特性的主体

Women's rights, 89　妇女的权利

Work productivity, 9　工作生产率

World Bank, 554 - 560　世界银行

gender equity, 111 - 112　性别平等

World Trade Organization, 554 - 560　世界贸易组织

Writing workshops, 668 - 670　写作研习课

Y

Youth, see also Specific type　青年,同见青年的具体类型

critical consciousness, 53 - 54　批判意识

apprenticeship into theorizing, 53　理论化的训练

empowerment, 52　赋权

growing problems, 52　日益严重的问题

"othered" identity, 304 - 305　"异类"的身份

poverty, 52　贫穷

social justice, 51　社会公平

Youth activism, 51　青年行动主义(译文为青年积极性)

Youth liberation, curriculum, 53　青年解放,课程

Youth media, social justice, 477 - 483　青年媒体,社会公平

Youth organizing, pedagogical strategy, 457 - 459　青年组织,教学策略

Youth radio, 477 - 483　青年电台

history, 477　历史

social justice education, 482 - 483　社会公平教育

（伍绍杨　译）

译者后记

任何社会正义的保持和发展都需要培养具有相应的正义视野和正义能力的公民。美国学者艾尔斯（William Ayers）等主编的《教育社会公平手册》，从历史的多元的视角探讨了社会正义和教育之间的理论和实践问题，是这个领域目前为止最权威的作品。

我们知道，"正义"是一个古老的概念，柏拉图的《理想国》就是从苏格拉底与希腊城邦的青年们对"什么是正义"的辩论展开的。对于柏拉图而言，正义既是人的一种美德，也是将社会联结起来的纽带；当每个人都能够按照其天赋在城邦中各司其职，城邦的正义就得以实现。但"正义"与公平、平等、解放等社会价值联系在一起，更多是受"上帝面前人人平等"的基督信条的影响，这种思想在文艺复兴和宗教改革中得到了进一步发展。

随着工业革命的推进和社会主义运动的兴起，"社会正义"的概念开始出现在西方的人道主义思想和政治语言中，卡尔·马克思、约翰·穆勒、约翰·杜威等著名的哲学家都思考过一个正义的社会需要什么样的社会制度和安排。"社会正义"成为了弱势和劳工群体抗议资本主义剥削、争取权利与福利，以及寻求改善人类生存状态的重要意识形态与革命标语。

在当代，关于"社会正义"的最重要的论述是罗尔斯的《正义论》（1971）。在罗尔斯眼中，社会正义可以被视为分配正义，基于"无知之幕"的思想实验，他提出了两个正义原则，简单言之，即权利与义务必须被平等地分配（平等原则），除非不平等能使处于最不利处境的人得到补偿性的利益（差异原则）。社会制度和机构（包括政治、经济、法律、教育等多个方面）在分配资源和负担时扮演重要角色，从而决定了一个人可能获得的生活机会，而罗尔斯的理论为建立公平的社会制度和机构提供了规范性框架。同样的观点也可以被用于理解国际关系与合作，比如联合国在《开放世界中的社会正义》（2006）中指出，在广泛的意义上，社会正义可以被理解为"公平并富有同情心地分配经济增长的果实"。追求社会正义的全球运动强调公平的经济分配,消除社会流动的障碍和确保机会均等,保障弱势群体的权利和建立社会保障体系。

在社会正义的议题中,教育扮演着双重角色。一方面,由于教育作为社会分化的"筛选器"和社会流动的阶梯,在社会、政治、经济等方面存在巨大不平等的前提下为个体提供了相对公平和向上流动的机会,教育被视为确保社会正义的重要途径之一;但另一方面,不可否认的是,教育作为一个重要的"分配领域",因而很可能变成阶级和文化再生产的工具:学生按照特定的原则被分配到拥有不同前景和资源的教育轨道和学校,然后又被分配到不同能力水平的班级中,因而很有可能遇到资质水平不同的教师。但即便是在同一班级上,差异仍然是极为显著:教师在"分配"知识和分数的同时,也在分配他的注意力、尊重、关怀和学习支持。于是,学生获得了极为不同的学习机会和社会经验,这些都影响了学生的学习动机、学业成就,进而影响到后续的教育机会、职业选择和生活可能性。从这种意义上看,教育资源的分配基于何种原则、条件、过程和结果决定了社会正义的目标是否能够达成。

尽管很多教育政策致力于实现最大可能的公平,但令人遗憾的是,教育资源的分配总是受某些偏见或假设的影响,而构成这些偏见或假设的最为重要的因素竟然是社会群体的多元性,包括种族、民族、经济阶层、文化、语言、性别、性取向、残疾、移民、宗教信仰等社会建构的属性。这些偏见或假设很可能是隐性的或无意识的,比如在英美等国家,教师通常是来自于中产阶级的说英语的非少数族裔的女性白人,教师的同质性与学生的多元性形成了一种"人口学分离";他们对主流盎格鲁撒克逊白人新教以外的文化和历史知之甚少,而且倾向于用"缺陷思维"去看待有色人种学生和低收入学生。反过来,如果这些边缘群体想要在学业上取得成功,他们将不得已否定他们原有的身份认同、语言和文化,甚至是逃离他们的原生社区和家庭,而接受主流的文化与价值观。

然而,一个人拥有何种身份属性在很大程度上只是运气或概率的问题,却因而获得了不同的教育机会和资源,受到不公正的待遇,这显然是不正义的。因此,"教育中的社会正义"还意味着一种公正和平等的教育过程,包括对边缘和受压迫的文化和群体的认可和尊重。本书的很多章节都审视了这些不同的边缘和受压迫群体所面临的重重困境,这些多元视角也使我们看到社会正义教育议题的错综复杂和不确定性。社会与教育实践中的权力关系和等级结构处于不断的变动中,实现教育中的社会正义需要教育者与受教育者的通力合作。

"为社会正义而教学"是本书的重要主题之一,这主要强调的是教育者的责任:教育者需要知道如何唤醒这些边缘和被压迫群体的平权意识,使他们掌握与偏见和不公对抗的能力和策略;基于整个学习共同体一致认同的规范和准则建立一种包容、承认和安全的学习环境;帮助学习者确认他们在不公平系统中所处的多种位置,理解压迫如何在多种层次上发挥作用;平衡社会正义教学的情感维度和认知维度;鼓励学习者积极地参与到相关议题的行动与合作中;培育和评价学习者的个体意识,促进知识与技能的习得,以及有规划地行动以创造变革。另一方面,受教育者也需要采取一种转变的思维,当他们取得成功时不再逃离,而是重新确认他们的身份和文化认同,他们有能力通过社会运动、艺术创作以及向公众诉说他们的故事等各种手段为他们的群体和社区争取平等的权利和机会。

需要承认的是,教育中的社会正义仍然面临巨大挑战。近代民族国家的发展使教育制度化,教育成为了一项公民权利和公共责任,但从更广泛的历史视角看,教育在很长一段时间里都是少数精英群体的特权。在十九世纪得到巩固并延续至今的西方教育系统带有两种截然不同的色彩,一方面强调教育的平等主义,确保全民教育和教育机会均等,但另一方面教育仍保留了很强的自由主义传统。阿普尔对这种传统在当代美国的表现提出了非常有洞见的批判,由"新自由主义者、新保守主义者、威权民粹主义者以及一部分向上流动的、作为专业人员和管理层的新中产阶级"组成的新联盟造成了教育的"右转":新自由主义的教育改革促进教育市场化、私有化和问责制;新保守主义者强调回归传统的学科知识,推动了基于国家标准、国家课程的改革;威权民粹主义者想要回归基督的神学教育和道德规范;新中产管理主义者追求教育的效率与竞争,主张采取更广泛和更频繁的测试和评估,以及寻找普遍有效的教育管理和教学的策略。这些趋势都在削弱社会正义教学的合法性,将社会正义的议题边缘化。

与西方复杂的教育社会正义问题相比,中国教育公平目前可见的最大挑战可能是区域间、城乡间的教育资源分配不均衡。而近年来,逐渐凸显的是社会阶层间的不平等,社会经济地位处于优势的家庭和学生通常能够获得更优质的教育资源,不少人认为通过教育改变出身、知识改变命运的可能性正在减少。但更有可能的是不公平始终存在,并且现在越来越多人意识到这种阶层不平等的存在。同样的逻辑,还有很多教育公平议题,比如民族、文化、性别、性取向、语言、残疾等,在中国可能并非不存在,而只是没有被关注到或者被掩盖了。从这个角度而言,本书提供的多元视角和议题有助于我们重新审视中国的教育公平状况,从而帮助那些边缘和被压迫群体摆脱教育不公的处境,确保每个人都有自由获得丰富的学习机会和使之实现的资源。

当然,本书也能激发我们从自己的传统中寻找教育机会均等和分配正义等资源。例如,"有教无类"与"因材施教"就是一对很好的原则。按照这个原则,我们既要照顾好所有的孩子,同时也要照顾好我们有天赋的孩子,不能为了追求公平而使这些孩子在标准化考试中被平庸化,耗尽他们的天赋。尤其是在当今"国际竞争取决于创新能力"的全球知识社会中,如何把追求教育公平与因材施教、照顾好天赋儿童结合起来,并使追求教育卓越成为优先战略,是我国未来国家战略以及教育战略需要认真面对的紧迫课题。

与这些国家战略同样重要的是,追求教育公平和教育卓越的行动必须转化为每一个公民、团体、专业组织的自觉的意识和富有勇气的行动。我们可以从本书附录的"相关资料"索引中,就可以看到,公平和卓越的追求以及"不让一个孩子掉队"的承诺,是需要各方艰辛的高贵的努力。这些努力也显示,我们是可以有所作为的,而公平、正义的改善是需要一种"虽千万人吾往矣"的战斗的公民勇气。

这种公民勇气对于处于全球竞争的中国来说至关重要。因为只有通过公民勇气,才能真正实现一个正义的国家。而只有一个正义的国家,公民才有真正的战斗力。

公元前684年鲁国一介平民曹刿问他的君主鲁庄公,鲁国靠什么去与齐国战斗。一个国家要战争,自然是要靠老百姓去打仗。那么鲁国的老百姓为什么要去为国家战斗呢?

鲁庄公给出了三个回答。第一,他从不独占衣食,一定会分给身边的大臣。第二,他对祭祀用品,一定诚实忠信,一定不欺骗神灵。第三,大大小小的诉讼案件,一定会根据实际情况来加以公正裁决。

曹刿认为,衣食分配没有惠及普通百姓,老百姓不会为此一战;仅仅在祭祀用品上诚实,神灵不会赐福;只有第三个回答体现了鲁庄王忠于职守,尽职尽责,可以一战。

第三个回答表明,在曹刿看来,只有司法公正,人民才愿意为国家战斗。而且,从曹刿对于前两个回答的否定也可以看出,利益的普遍惠及,取悦于神灵的真正的诚实,也是战争的基础。如果把三个回答结合起来,那么,我们可以推测,在曹刿看来,司法正义,进而一种社会正义,才是战争的基础。一个没有正义的国家,怎么会有真正的战斗力呢。

《曹刿论战》告诉我们社会正义与社会卓越不是对立的。只有正义才能卓越,才可以完成"以少胜多"。

2700 多年以后，世界进入一种全球大争之世，战争的概念已经不仅仅指军事战争，还包括经济战、科技战、信息战、人才战、智力战以及创新战，等等。但其核心则是人的素质及卓越人才的战争。作为培养人的教育领域，对于社会正义的理解及其能力的培养有着更为基础性的作用。对于中国教育而言，首先重要的是在教师教育和教育中谈论和思考社会正义问题。学校要敢于讨论和建立一个新的正义的社会秩序。

本书分为上下册，上册由张春柏等翻译，下册由彭正梅、周小勇和伍绍杨等翻译；华东师范大学国际与比较教育研究所 2016 级硕士研究生（计莹斐、孟宇、王瑞雪、张留娣、王丽丹、黄蓉、钱黎、吴伟、张希倩、杨苗苗、毛云琪、郭悦娇）也对翻译工作作出了贡献，这里表示感谢。

彭正梅　伍绍杨
华东师范大学教育学部
国际与比较教育研究所
2020 年 3 月 7 日